Internationale Rechnungslegung

Karlheinz Küting / Günther Langenbucher (Hrsg.)

Internationale Rechnungslegung

Festschrift für Professor Dr. Claus-Peter Weber zum 60. Geburtstag

1999
Schäffer-Poeschel Verlag Stuttgart

Die Deutsche Bibliothek – CIP-Einheitsaufnahme

Internationale Rechnungslegung : Festschrift für Professor Claus-Peter Weber zum 60. Geburtstag / Karlheinz Küting/Günther Langenbucher (Hrsg.). – 1. Aufl. – Stuttgart : Schaeffer-Poeschel, 1999
ISBN 3-7910-1446-3

Gedruckt auf chlorfrei gebleichtem, säurefreiem und alterungsbeständigem Papier

ISBN 3-7910-1446-3

Einbandgestaltung: Willy Löffelhardt
Satz: Typomedia Satztechnik GmbH, Ostfildern
Druck und Bindung: Franz Spiegel Buch GmbH, Ulm
Printed in Germany

Schäffer-Poeschel Verlag Stuttgart
Ein Tochterunternehmen der Verlagsgruppe Handelsblatt

Inhaltsverzeichnis

Konzernrechnungslegung

Deutsche Rechnungslegung im Umbruch

Geleitwort

Am 13. Februar 1999 vollendet Professor Dr. Claus-Peter Weber sein 60. Lebensjahr. Aus diesem Grunde haben Freunde und Kollegen an der vorliegenden Festschrift mitgearbeitet. Sie wollen damit eine Persönlichkeit ehren, die das deutsche Bilanzierungs- und Prüfungswesen nachhaltig beeinflußt hat. Gleich drei grundlegende Umstellungsprozesse in den letzten 20 Jahren tragen seine gleichermaßen praxisbezogene wie auch wissenschaftsgeprägte Handschrift: der Übergang auf die europäische Bilanzierung, die Umstellung der planwirtschaftlichen auf die marktwirtschaftliche Rechnungslegung in den neuen Bundesländern und die Überleitung auf die internationalen Bilanzierungssysteme.

Claus-Peter Weber wurde am 13. Februar 1939 in Hamburg geboren. 1958 bestand er seine Abiturprüfung. Die Studien der Rechtswissenschaft sowie der Volks- und Betriebswirtschaftslehre führten ihn nach London, Paris, Freiburg, Heidelberg und in seine Geburtsstadt Hamburg. Im Jahr 1963 legte er seine erste juristische Staatsprüfung ab, danach setzte er sein wirtschaftswissenschaftliches Studium fort und legte im Jahr 1967 die zweite juristische Staatsprüfung ab. Seine zweigleisige Ausbildung, die ihn zugleich zum Juristen und Ökonomen werden liess, und die internationale Ausrichtung seiner Studien waren hervorragende Voraussetzungen für die berufliche Tätigkeit als Wirtschaftsprüfer in einem internationalen Umfeld. Und so lag es nahe, daß er sich im Jahr 1967 entschied, als Prüfungsassistent in die Niederlassung Hamburg von Arthur Andersen einzutreten. Arthur Andersen war damals in Deutschland ein junges und auch noch wenig bekanntes Unternehmen; Claus-Peter Weber gehörte damit zu den »Männern der ersten Stunde«.

Nach drei Jahren Tätigkeit im Büro Hamburg wechselte er nach USA und war ein Jahr als Prüfungsleiter im Büro Cincinnati von Arthur Andersen tätig. Er hatte damit Gelegenheit, sich bereits zu Beginn seiner beruflichen Karriere intensiv mit den US-amerikanischen Prüfungs- und Bilanzierungsgrundsätzen auseinanderzusetzen. Nach seiner Rückkehr nach Hamburg legte er im Jahr 1972 das Steuerberater- und im darauffolgenden Jahr das Wirtschaftsprüfer-Examen ab. Nach weiteren drei Jahren wurde Claus-Peter Weber im Jahr 1976 als Partner in die weltweite Arthur Andersen Organisation aufgenommen und übernahm ein Jahr später die Leitung des Büros Hamburg. Ab dem Jahr 1979 hatte Claus-Peter Weber die fachliche Gesamtverantwortung für die Prüfungspraxis von Arthur Andersen in Deutschland und war damit auch zuständig für alle Grundsatzfragen, für die Qualitätssicherung und für das interne Risikomanagement.

Über seine Tätigkeiten und Funktionen in der deutschen Praxis hinaus wurde Claus-Peter Weber auch in internationale Gremien der weltweiten Arthur Andersen Organisation berufen. Die Mitarbeit in diesen Gremien gab ihm die Möglichkeit, vielfältige Probleme der internationalen Rechnungslegung, aber auch andere Themen, wie etwa Corporate Governance oder allgemeine berufsständische Fragen, mit Fachleuten und

Kollegen aus den USA, aber auch aus anderen Teilen der Welt intensiv zu diskutieren und zu beleuchten und hieraus Anstöße für Diskussionen und Initiativen wie auch für die Weiterentwicklung der externen Rechnungslegung zu entwickeln. Es verwundert daher auch nicht, daß er in der internationalen Arthur Andersen Organisation schon frühzeitig der gesuchte und geschätzte Ansprechpartner war, wenn es um Belange der deutschen Arthur Andersen Prüfungspraxis oder auch ganz allgemein um Fragen der externen Rechnungslegung und ihrer Prüfung in Deutschland ging.

Im Jahr 1996 übernahm Claus-Peter Weber als Alleingeschäftsführer die Gesamtleitung der deutschen Arthur Andersen Praxis. Er hat diese wichtige und verantwortungsvolle Aufgabe in einer Zeit übernommen, die in ganz besonderem Maße durch tiefgreifende Veränderungen und Umwälzungen im System der Rechnungslegung, im Prüfungswesen und auch in der Corporate Governance gekennzeichnet ist. Diese Veränderungen haben auch zu neuen und größeren Herausforderungen für den Berufsstand der Wirtschaftsprüfer geführt, und sie haben neue Wachstumschancen eröffnet.

Claus-Peter Weber hat es im Laufe seiner langjährigen beruflichen Tätigkeit immer verstanden, Initiativen und Chancen zu ergreifen und zu nutzen und insbesondere nach vorne zu schauen und die Weichen für eine erfolgreiche Entwicklung auch in der Zukunft zu stellen. Wenn Arthur Andersen heute in Deutschland als jüngste Gesellschaft und ohne ins Gewicht fallende Zukäufe von Praxen zu der Gruppe der vier größten und bekanntesten Gesellschaften gehört, dann hat er an diesem großen Erfolg einen ganz maßgeblichen Anteil. Langfristig kann sich Erfolg nur einstellen, wenn das Wachstum von höchsten Qualitätsstandards und von uneingeschränkter Mandantenzufriedenheit begleitet und unterstützt wird. Diese Grundsätze zu beherzigen und sich für ihre Einhaltung nachhaltig einzusetzen war für Claus-Peter Weber immer eines der wichtigsten Ziele und Anliegen und wird es auch in Zukunft bleiben.

Trotz seiner vielfältigen Belastungen in leitenden Spitzenfunktionen eines weltweit agierenden Dienstleistungsunternehmens hat sich Claus-Peter Weber nicht auf eine rein praktische Tätigkeit beschränkt. Wie kaum eine andere Unternehmenspersönlichkeit hat er sich vielmehr bereits früh und intensiv in die universitäre Lehre und Forschung eingebracht. Und das sowohl in mehrfacher Weise als auch mit großem Erfolg.

Das Europäische Bilanzrecht bescherte den deutschen Unternehmen eine grundlegend neue Rechnungslegung und erwies sich für alle Beteiligten als echte Herausforderung. Im Rahmen dieses Umstellungsprozesses hat Claus-Peter Weber entscheidende Eckpunkte gesetzt. In zahlreichen Seminaren und Vorträgen schulte er die Bilanzierungspraxis und nahm damit maßgeblichen Einfluß auf die Auslegung und Interpretation der Vierten, Siebenten und Achten EG-Richtlinie und ihrer Umsetzung in deutsches Recht. Die größte Aufmerksamkeit erzielte er aber mit dem Erfolgsbuch »Der Übergang auf die neue Rechnungslegung«, das in kurzer Zeit in der vierten Auflage erschien. Das Parallelwerk »Der Konzernabschluß nach neuem Recht«, das in zwei Auflagen veröffentlicht wurde, erleichterte die Einarbeitung in ein völlig neues Konzernbilanzrecht.

Claus-Peter Weber hat auch den Übergang auf die DM-Bilanzierung in den neuen Bundesländern maßgeblich mitgestaltet. In zahlreichen Veranstaltungen hat er zu offenen Problemen Stellung genommen. Mit dem Buch »Der Übergang auf die DM-Bilanzierung« legte er eine erste praxisbezogene und zugleich aktuelle Hilfestellung vor, die als Pionierarbeit bei den Transformationsarbeiten betrachtet werden konnte.

Wie bei allen wichtigen Bilanzierungs- und Prüfungsfragen in den letzten Jahrzehnten gestaltet Claus-Peter Weber auch den derzeitigen Transformationsvorgang auf die internationale Rechnungslegung maßgeblich mit. Mit seiner international geprägten Ausbildung bringt er hierzu ideale Voraussetzungen mit. Aus der Vielzahl seiner Aktivitäten sei zunächst seine Dissertation »Praxis der Kapitalkonsolidierung im internationalen Vergleich« genannt. Anzuführen ist auch das Werk »Internationale Bilanzierung – Rechnungslegung in den USA, Japan und Europa«, das für viele Leser zu einer ersten Einstiegshilfe in völlig andere Bilanzierungssysteme wurde. Ferner ist auf die intensive Vortrags- und Seminartätigkeit zur internationalen Rechnungslegung und auf die Mitarbeit bei der deutschen Übersetzung der International Accounting Standards hinzuweisen. Zur Zeit arbeitet er an der Herausgabe eines umfangreichen Kommentars zur internationalen Rechnungslegung. Und schließlich sei angemerkt, daß Claus-Peter Weber Mitglied des Hauptfachausschusses des IDW und Mitglied des Verwaltungsrats des neu gebildeten deutschen Rechnungslegungs-Standards-Committee ist.

Welche Projekte Claus-Peter Weber auch immer in Angriff nahm, sie waren stets von Erfolg gekrönt. Diese Aussage gilt auch für die Lehrbücher »Der Konzernabschluß« und »Die Bilanzanalyse«, die derzeit in fünfter und vierter Auflage erscheinen. Beide Lehrbücher werden mit großem Erfolg sowohl an den Hochschulen als auch in der Praxis eingesetzt und haben sich schnell als Standardwerke beim Einstieg in die Konzernrechnungslegung und die Bilanzanalyse etabliert.

Den zweifelsfrei größten Erfolg erzielte Claus-Peter Weber jedoch mit der Herausgabe seiner Kommentare »Handbuch der Rechnungslegung«, 4. Auflage, und »Handbuch der Konzernrechnungslegung«, 2. Auflage. Diese Werke zählen zur Pflichtlektüre für die Bilanzierungs- und Prüfungspraxis und haben die Kommentar-Landschaft in Deutschland grundlegend verändert, indem nunmehr kontroverse Meinungen in den von allen Beteiligten akzeptierten Auslegungshilfen zur Diskussion gestellt werden.

Für die Studenten, die akademische Ausbildung und für die Fachwissenschaft der Betriebswirtschaftslehre war es ein großer Glücksfall, daß Claus-Peter Weber schon früh den intensiven Kontakt zur Hochschule suchte. Dieser Hang zur akademischen Forschung und Lehre war die Keimzelle einer engen Verzahnung von praxisorientierter Wissenschaft und wissenschaftsgestützter Praxis, von der alle Beteiligten profitierten. Die Studenten der Universität des Saarlandes konnten bereits während ihres Studiums ihr erworbenes Fachwissen mit der Bilanzierungs- und Prüfungspraxis konfrontieren.

Außerdem hat die Symbiose von Wissenschaft und Praxis die Forschungskonzeption und -arbeiten des Instituts für Wirtschaftsprüfung an der Universität des Saarlandes nachhaltig geprägt. Die Verleihung der Honorarprofessur im Jahr 1993 war die logische Konsequenz für eine langjährige akademische Tätigkeit. Sie ehrte eine Persönlichkeit, die nur wie wenige andere die universitäre Lehre und Forschung von außen nachhaltig beeinflußt hat.

Claus-Peter Weber ist einerseits bekannt für harte Sachdiskussionen, in denen er seine Meinungen und Ansichten zwar höflich, aber sachlich bestimmt zu vertreten weiß. Seiner Umwelt gegenüber setzt er hohe Maßstäbe. Andererseits haben seine Freunde und Kollegen ihn stets als hilfsbereiten, hochmotivierten und einsatzbereiten Menschen kennengelernt. Er lebt vor, was er von seiner Umwelt erwartet. Durch seine geradlinige Haltung und sein Vorbild wird seine Lebenseinstellung glaubwürdig.

Stellvertretend für alle Freunde und Kollegen möchten wir unserem Jubilar für die bisherige, stets loyale Zusammenarbeit danken und ihm auf diesem Wege unsere herzlichsten Glückwünsche übermitteln. Nicht zuletzt auch dem prüfenden und beratenden Berufsstand sowie der Betriebswirtschaftslehre zuliebe wünschen wir, daß er noch viele Jahre lang sein erfolgreiches Schaffen fortsetzen und noch weitere Pionierarbeit leisten kann.

Saarbrücken und Stuttgart, den 13. Februar 1999

Karlheinz Küting Günther Langenbucher

I. Rechnungslegung und Umfeld

Internationalization of Accounting and Financial Reporting: at the Crossroads?

Jeannot Blanchet / Michael Crooch*

»Facts do not penetrate the world of beliefs; they did not give rise to them, they do not destroy them.«

Marcel Proust

Contents

* Jeannot Blanchet, Managing Partner of Arthur Andersen's Professional Standards Group, Chicago, Mitglied des SIC (Standing Interpretation Commitee) des IASC; Michael Crooch, Managing Partner of Arthur Andersen's Professional Standards Group, Chicago, Mitglied des Board des IASC.

Not a week goes by these days without an article appearing in the financial press about the need for, the desire for, and the inevitability of international accounting and financial reporting standards. Multinational companies want them, international investors and creditors want them, large international auditing firms want them. The argument is compelling: financial reporting must adapt to the new worldwide economic environment. So why has it been such an emotional debate over the years, fueled mainly by firmly-held beliefs rather than being supported by hard facts?

It is undeniable that the debate has gained momentum over the past two years. A major reason is the strong showing of the principal capital markets around the world until very recently. International investors have flooded the markets in search of attractive equity securities, whether these securities were available in their domestic markets or abroad. This incredible appetite for investments, coupled with the need for comparable financial information for making efficient investment decisions, clearly highlights the desirability of a common international accounting language.

It is also obvious to most observers that the debate is a critical (and some would argue a final) phase that can be summed up in one question: will the International Accounting Standards (IAS) issued by the International Accounting Standards Committee (IASC) become the common international accounting and financial reporting language for multinational companies seeking to raise cross-border capital?

The authors of this article wish to add their modest contribution to the body of beliefs on this question by examining:

- the current status of the IASC's quest to becoming *the* international accounting standards setter
- the obstacles and challenges facing the IASC in its quest
- the upcoming decision to be taken by the International Organization of Securities Commissions (IOSCO) of whether to endorse IAS as the standards to be adopted by multinational companies seeking to raise cross-border capital, and its likely impact on the debate; and
- whether we are really at the crossroads on this issue?

1. The IASC

Most commentators over the past several years have expressed the view that the IASC is the best-positioned accounting standards-setting organization to deliver the sought-after common international accounting language (once referred to by an ex-U.S. Securities and Exchange Commission's (SEC) Chief Accountant as »accounting esperanto«). It is worth examining briefly the reasons for this view.

1.1 The IASC has momentum

The IASC has definitely gathered momentum over the past couple of years:

- The IASC has put the Improvements project into high gear by committing to complete its package of core standards by the end of 1998 (it appears at this stage that the deadline might be extended by a few months). This commitment was made as a result of an agreement with the IOSCO that it would review the package of core standards (the content of the package was set by the IOSCO) and determine whether to endorse IAS for purposes of cross-border offerings of securities on its members' capital markets.
- The IASC is addressing more complex and difficult accounting and financial reporting issues, sometimes even being at the leading edge of accounting standards setting. Financial instruments and intangible assets are two good examples · Many observers believe that the IASC is only now truly assuming its role of international standards-setter, rather than being a compiler of accepted accounting practices around the world.
- The IASC also has been preparing its future, its post-IOSCO endorsement period, by:
- Creating the Standings Interpretations Committee (SIC) in April 1997 to issue timely guidance on areas where an IAS is silent or requires further interpretation.
- Creating a Strategy Working Party to review the IASC structure and process and recommend areas for improvement. It is likely that the Working Party's final recommendations will include the increase in the IASC's resources (both in terms of personnel and financial) and due process (for example, a requirement to hold meetings in public, more involvement of national standards-setters in the process, etc.).
- The IASC has received considerable attention from the business and financial press, detailing its efforts and struggles in meeting its deadline and getting endorsement from the IOSCO. In general, the press has been favorable to the IASC and some of the credit is due to the masterful handling of the press by the IASC's Secretary General, Sir Bryan Carsberg. He correctly understands that constituents' perceptions and opinions will be critical in determining the final outcome of this political debate that is being played out on the international business scene.

The IASC, particularly its staff and Board, must be commended for their relentless efforts that resulted in developing this momentum and attracting the appropriate degree of attention to its work.

1.2 The IASC has support

In addition to the general support afforded by the financial and business press (particularly in Europe) referred to above, the IASC has been able to count on the support (tentative or otherwise) of different organizations and constituencies:

- The IOSCO is supporting the IASC in its efforts to develop its package of core standards. It communicates with the IASC staff on a regular basis to provide input on Board projects and updates on its internal discussions on the eventual acceptability of IAS to IOSCO members. IOSCO representatives also participate more directly in the IASC process, for example as observers to SIC meetings, on steering committees and at the IASC meetings.
- The national professional accounting organizations that are chartered members of IASC are, at least in theory, all active supporters of the IASC, its process and IAS. By joining the IASC's membership, these organizations have committed to promote the use of, or compliance with, IAS in their respective countries. For example, some countries systematically look to IAS in setting local accounting standards; others require publicly-listed companies to mention specifically in their annual report that their financial statements (prepared under local accounting rules) comply also with IAS (or state the nature and extent of any departure); still others simply use IAS as their local accounting standards.
- Several multinational companies have gone on record in the recent past to promote the use of IAS as the standards to use for cross-border offerings of securities. These views were expressed mainly by non-U.S. multinational companies wishing to raise capital in the U.S. market, and trying to put pressure on the U.S. SEC to accept IAS financial statements for purposes of registering securities in the U.S.
- Recently, France and Germany amended their respective legal accounting and financial reporting requirements to allow certain multinational companies to prepare their consolidated financial statements in accordance with IAS rather than local accounting standards. This move has been considered by many observers as a very important event, particularly in Germany, in the promotion and acceptance of IAS worldwide.

2. Challenges and obstacles faced by the IASC

Notwithstanding its current momentum and the level of support it can count on, the IASC's road to its ultimate objective of becoming the worldwide international accounting standards-setter is paved with a few remaining challenges and obstacles. Set out below are some of the most important and obvious ones.

2.1 The G4+1

Over three years ago, the national standards-setters of the U.K., U.S., Canada and Australia decided to create an umbrella group (called the G4) to discuss accounting and financial reporting topics of common interest. The objective was to agree, if possible, on the conceptual and broad answers to the topics and endeavor to implement these answers in each country's respective accounting and financial reporting standards. By limiting the group to a small number of national accounting standards-setters already sharing a somewhat common accounting framework (sometimes referred to as the »Anglo-Saxon« accounting framework), the G4 believed that they had a realistic chance of making good progress and thereby of contributing at least partially to the internationalization of accounting.

From the start, the G4 defended themselves against the accusation of trying to set up a parallel international standards-setting organization to compete with the IASC. Instead, they argued that their group would raise the level of international accounting, and IAS in particular, by providing the IASC with coordinated and common views on important accounting and financial reporting matters. In other words, one of their goals was for their voice to be heard better by the IASC. In addition, they invited the IASC to participate in their meetings. The IASC, recognizing early that the G4 represented a potentially powerful force in the international standards-setting debate, swiftly accepted the invitationand the G4 became the G4+1.

More recently, the G4+1 also seems to have picked up momentum; they have produced useful and well thought out discussion papers that have attracted the attention of observers. They also have invited other national standards-setters (for example, New Zealand) to participate in their work on an ad-hoc basis. In fact, some other national standards-setters have approached the G4+1 to become full-time members of the group. In addition, the financial and business press (particularly in the U.K.) has started paying closer attention to the group's activities.

Some believe that the G4 entertain greater ambitions than they are admitting publicly, that they might ultimately become an umbrella organization whose work will form the basis for harmonizing the national accounting standards of countries that »really matter«, i.e. countries in which the major capital markets reside. Others believe that the G4 does not desire to supersede the IASC, but rather to become effectively the decision-maker within IASC on technical accounting issues.

2.2 The European Commission (EC)

Several years ago, the European Commission (EC) reviewed the existing IAS to identify the differences, if any, with the accounting and disclosure requirements contained in the EC 4th and 7th Directives. The conclusion was that only minor differences were identified, and that financial statements prepared by companies located in Member States could comply both with the EC requirements and IAS. Further, the Commission decided to express its overall support to the IASC in its efforts to provide international accounting and reporting standards for multinational companies seeking to raise cross-border capital.

However, it appears that previous talks about creating an »European FASB« have resurfaced recently. Apparently, several countries in continental Europe believe that their voice is not being heard sufficiently at the IASC Board, and there is a general concern that the IAS are becoming too »Anglo-Saxon« or even »Americanized«. They also believe that there needs to be a counter-force to the G4 in the international arena. It will be interesting to see whether this European standards-setting body will be created in the coming months.

2.3 The U.S. SEC

Much could be written about the desirability of having all companies in all countries of the world using a single set of accounting and financial reporting standards to prepare their financial statements. But this is not a realistic, and therefore useful, goal. Rather, the goal has been correctly framed, particularly in recent years, as the use of a single set of accounting and financial reporting standards by multinational companies seeking to raise cross-border capital. To many the entire debate can be further refined and summed up in one politically sensitive question: will the U.S. SEC amend its rules to allow foreign companies to raise capital on the U.S. capital markets using solely financial statements prepared in accordance with IAS? This question is really the heart of the debate, this is what the IASC is looking for as it seeks to get IOSCO's endorsement (the U.S. SEC being a prominent member of the IOSCO). It is believed in many circles that the U.S. SEC is really the only IOSCO member holding out against a full endorsement of IAS, that other members will give their endorsement if the SEC were to change its mind. The SEC has been paying much closer attention to the IASC and its work over the past few years. The evidence indicates that the SEC is serious about considering the acceptance of IAS for foreign registrants:

- A few years ago, it amended its rules for foreign registrants to allow the use of certain specific IAS (IAS 7 on cash flow statements, IAS 22 on the classification of a business combination and the amortization period of goodwill, and IAS 29 on hyperinflation accounting) without having to provide a quantitative reconciliation to U.S. generally accepted accounting principles (GAAP) for these items.
- The SEC participates in the IASC process by commenting on exposure drafts and other proposals, and sending SEC staff to meetings of IASC working groups and as representatives of the IOSCO to SIC and other meetings.

- The SEC Chief Accountant and staff have made public speeches on the issue of international harmonization of accounting and on the eventual acceptability of IAS for foreign registrations in the U.S. In recent speeches, the SEC was clear as to the need for IAS to be of high-quality and for appropriate enforcement and consistent interpretation of IAS by all stock exchange authorities around the world. The SEC is very concerned about the comparability of financial information and, at this point, seems to believe that IAS will not yield comparable financial statements between companies coming from different countries with different local accounting frameworks.

3. So what will happen now?

All eyes seem to be turned to the IOSCO as the organization holding the unique key to the future of the internationalization of accounting. What will be IOSCO's decision? Yes or no? What will the decision mean in practice? How would a »Yes« answer be implemented by IOSCO members? When would it be effective? All these questions have yet to be answered. Let us examine briefly the potential meaning of the IOSCO's decision and the authors' beliefs on the question.

3.1 A »No« answer

The impact of a »No« answer, i.e. the IOSCO would reject to endorse the package of core IAS, could be:

- The end of IASC's efforts in promulgating IAS to be used by multinational companies for cross-border capital-raising activities and, consequently, the end of the relevance of IAS. The authors believe this scenario unlikely. Notwithstanding IOSCO's answer, IAS have gained wide recognition in many countries; in some, they even serve as local GAAP. IAS are also already accepted by some important stock exchanges around the world (for example, the London Stock Exchange); it is unlikely that such acceptance would be withdrawn were the IOSCO rejecting to endorse IAS.
- The start of new »negotiations« between the IASC and the IOSCO as to further the improvements to be made to IAS in order to gain endorsement. This scenario is the more likely scenario, considering that it is widely acknowledged that the IASC has made great progress in recent years in improving the overall quality of its standards. Some IOSCO members might believe that additional work should be done on certain topics already addressed by the core standards, or on new topics, before a final endorsement is given.

3.2 A »Yes« answer

There is no doubt that an IOSCO endorsement would be valuable to the IASC in achieving its goal of becoming the predominant international accounting standards-setters, and of promoting IAS as the international accounting language. The ideal scenario for the IASC would be for the IOSCO to endorse fully both IAS and the IASC process, and for all its members to amend their listing and registration rules to allow unconditionally the use of IAS financial statements by foreign companies seeking to raise capital in their markets. The authors believe that such a scenario is unlikely; a »Yes« answer by the IOSCO will likely **not** mean:

- **An immediate application by IOSCO members**. Most IOSCO members have an extensive rulemaking process that would need to be followed in order to amend the listing or registration rules to allow the use of IAS by foreign companies seeking to enter their markets. For example, it could take years for the U.S. SEC to amend its rules to allow the use of IAS financial statements; a transition period and/or a delayed effective date could also delay further the acceptance process.
- **A »full, unequivocal, unconditional« acceptance of IAS financial statements by all IOSCO members**. A »Yes« answer at the IOSCO level might become a »qualified Yes« answer at the members' national level. For example, some members might decide to require additional qualitative or quantitative disclosures in the offering documents of foreign multinational companies using IAS financial statements. Others might allow only certain foreign companies (for example, based on size, industry, or financial history) to use IAS financial statements in their offering documents. Others might decide to allow the use of only certain IAS, i.e. using a piecemeal approach to IAS acceptance, similar to the U.S. SEC approach a few years ago when it partially accepted the use of IAS 7, IAS 29, and parts of IAS 22. These additional requirements might in certain cases render the benefits of using IAS financial statements marginal, and drive multinational companies away from IAS.
- **An immediate huge increase in the number of companies using IAS for cross-border capital-raising activities**. Certain observers believe that the timing of the answer is too late already. They believe, as was discussed earlier in this article, that the only issue is the acceptance by the U.S. SEC of IAS financial statements prepared by foreign companies to raise capital in the U.S. Their view is that most large non-U.S. multinational companies that wished to raise capital in the U.S. have already done so, and, therefore, have had to comply with the U.S. accounting and reporting requirements. The benefits of switching now to IAS would be marginal for those companies; in fact, it would likely be perceived negatively by U.S. investors and financial analysts that have been relying on the companies' »U.S. style« information.

4. At the crossroads?

This article started by asking whether we were really at the crossroads on the future of the internationalization of accounting. By now, readers will have realized that the authors do not believe it is the case, based on their answers to the various scenarios on the IOSCO's decision whether to endorse IAS. Whatever IOSCO's answer will be, the internationalization of accounting and financial reporting, in some form, will go on.

To some extent, the issue of IOSCO's endorsement has detracted everyone's attention from the real and sole objective of the internationalization of accounting: the promulgation of high-quality global accounting and reporting standards that will result in financial statements that will assist users worldwide in making sound investment and financing decisions. This goal transcends the issue of whether the IASC should be the international accounting standards-setter, whether IAS should form the common accounting language, and whether the IOSCO should»play the role of God« in this debate. The goal is a never-ending, frustrating quest for quality, improvement, relevance and usefulness. It is consistent with the history of accounting and financial reporting throughout times; an evolutionary rather than a revolutionary process.

We are operating in a world of beliefs. Facts are yet to surface that will provide us with the insight to validate or invalidate our beliefs. But it is a time for optimism; many great organizations are focusing on the issue of accounting internationalization and time is ripe for making tangible progress. Above all, the market demands high-quality global accounting and reporting standards; this demand is normally enough to guarantee eventual success.

Someone once said, in a philosophical debate, »America (and its promises) was a lie«. Someone responded that »America is not a lie, it is a disappointment. But it is a disappointment because it is also a hope.« The authors believe that, in the constant search for high-quality global accounting and reporting standards, the line between disappointment and hope is indeed a fine one.

Erschließung neuer Märkte für Hochschulen durch die Entwicklung medienbasierter Contentware

Wolfgang Kraemer / August-Wilhelm Scheer*

Inhalt

* Dr. Wolfgang Kraemer, Institut für Wirtschaftsinformatik, Universität des Saarlandes; Prof. Dr. Dr. h.c. August-Wilhelm Scheer, Direktor des Instituts für Wirtschaftsinformatik, Universität des Saarlandes.

1. Lehren und Lernen im Wandel

Der Wettlauf um den Zukunftsmarkt der Bildungprodukte und -dienstleistungen hat begonnen. So entstehen in den USA Universitäten, die nicht gemeinnützig, sondern gewinnorientiert wirtschaften (vgl. o.V., 1997a, S. 26). Die University of Phoenix wird bereits als Modell für den Bildungsmarkt des 21. Jahrhunderts gesehen. Dieses Programm richtet sich an Bildungsinteressenten und wird als Distance Learning Studium im Internet angeboten; ein Campus wird hier weder als notwendig und noch als wünschenswert erachtet. Noch ist in diesem Zusammenhang von Billigbildung im Vorbeigehen (»Drive thru«) oder McUniversity die Rede. Andere US-amerikanische Universitäten, wie zum Beispiel die California Virtual University, haben mittlerweile nachgezogen und bieten ebenfalls international anerkannte Bildungsabschlüsse an. Es ist absehbar, daß diese Bildungsangebote auch in Deutschland vertrieben werden. Erste Niederlassungen in Europa sind bereits im Aufbau. Für die deutschen Hochschulen besteht somit die Gefahr, den Wettbewerb gegenüber den finanz- und servicestarken anglo-amerikanischen Hochschulen zu verlieren.

Es erscheint paradox, wenn zum Beispiel der deutsche Softwarehersteller SAP AG zu den Weltmarktführern für betriebswirtschaftliche Standardsoftware zählt, wobei der Erfolg dieser Informationssysteme nicht unerheblich auf den Methoden und Modellen der deutschen Betriebswirtschaftslehre beruht und zugleich im Rahmen der Aus- und Weiterbildung betriebswirtschaftliche Inhalte von den oben erwähnten Bildungslieferanten importiert werden.

Es ist erkennbar, daß die betriebswirtschaftlichen Inhalte, losgelößt von der informationstechnischen Umsetzung, durch die Möglichkeiten der Informations- und Kommunikationstechnik den Charaker von Bildungs- bzw. Wissensprodukten erhalten. In diesem Zusammenhang wird auch von **Contentware** gesprochen.

Durch die verstärkte Verbreitung virtueller Bildungsangebote werden sich volkswirtschaftliche Impulse und Veränderungen ergeben: Unternehmen der Informations- und Kommunikationstechnologie-Branche werden als Hersteller multimedial aufbereiteter Lernangebote, wie zum die Oracle Learning Archictecture oder die Global Learning Initiative der Deutschen Telekom AG auftreten und dadurch neue Anwendungsgebiete und Märkte öffnen. Institutuionen der Aus- und Weiterbildung werden als Anbieter von Contentware auftreten. Dies führt zu einem wachstumsfördernden Wettbewerb im Bildungsmarkt. Bildungsprodukte und damit verbundene Dienstleistungen werden **global vermarktbar** und **exportierbar**.

Die Fähigkeit zum problemorientierten, innovativen Umgang mit Wissen avanciert zum grundlegenden Wettbewerbs- und Arbeitsplatzfaktor des Industrie- und Dienstleistungsstandorts Deutschland. Bildung wird somit zum Megathema in unserer Gesellschaft (vgl. Ramthun, 1997, S. 42).

Ausgangspunkt zur Überprüfung der Wissenswertschöpfungskette sind die wissensliefernden Institutionen, also das deutsche Bildungssystem. Die aktuelle Diskussion um eine Reform des Bildungssystems zeigt, daß zumindest das Problembewußtsein vorhanden ist, obwohl die Defizite nicht erst seit gestern bekannt sind. Das Lehren und Lernen an deutschen Universitäten hat sich verändert, wobei der Hochschulstandort Deutschland spürbar an Qualität und Effizienz verloren hat (vgl. Julitz, 1997, 49). Nicht zuletzt deshalb, weil die Universitäten trotz sinkender Studentenzahlen an ihre Kapazitätsgrenzen gestoßen sind und die Kassen der »Alma Mater« leer sind. Überfüllte Hörsäle, lange Studienzeiten von im Durchschnitt 7 Jahren an Universitäten und 5 Jahren an Fachhochschulen, ein überalterter Lehrkörper, die Reduktion des wissenschaftlichen Personals verbunden mit einem geringen Grad an persönlicher Betreuung, eine Studienabbrecherquote mit einem Gesamtdurchschnitt von 25 Prozent, Studienstrukturen und Abschlüsse, die inkompatibel mit dem angloamerikanischen System sind, das Fehlen eines Credit Transfer System, mit dessen Hilfe bereits erworbene Studien- und Prüfungsleistungen an anderen, auch ausländischen Hochschulen problemlos anerkannt werden, der von der Wirtschaft als unzureichend charakterisierte Praxisbezug des Studiums etc. verdeutlichen die Misere an deutschen Universitäten (vgl. Rüttgers, 1997). Darüber hinaus ist zu konstatieren, daß der Studienstandort Deutschland seine ehemals internationale Attraktivität für ausländische Studierenden verliert. So studieren zur Zeit lediglich 80.000 Studenten aus dem Ausland an deutschen Universitäten (vgl. Schmitz, 1997). Der Bildungsexperte Peter Glotz merkt hierzu an: »Früher wollten alle Ausländer in Heidelberg studieren, heute wollen alle Heidelberger in Stanford studieren« Auch Roman Herzog stellt zu dieser Mißstand fest: »Japanische Musikstudenten reichen allein als Botschafter für den Standort Deutschland nicht aus (vgl. Ramthun, 1997, S. 43.). Die langfristigen Konsequenzen für die Exportnation Deutschland sind damit absehbar. Dennoch zeichnen sich erste erfolgversprechende Ansätze ab, wo einer **Internationalisierung der Bildung** zunehmend Rechnung getragen wird.

Maßnahmen zur Verbesserung der Servicebeziehungen zwischen den Hochschulen und deren Kunden, den Studierenden, werden als ein weiteres wichtiges Merkmal im Rahmen der Hochschulreformdiskussion diskutiert (vgl. Müller-Böling, 1997, S. 29). Das traditionelle Vollzeitstudium entspricht nur noch teilweise den Bedürfnissen der Gesellschaft: »Die Vorlesung stammt aus der Zeit, als es noch keine Bücher gab«(vgl. Froitzheim, 1997, S. 182).

Die Entscheidungsträger in Politik und Wissenschaft haben die Mißstände erkannt und gemeinsam mit der Wirtschaft umfangreiche Maßnahmen zur Reform der Universitäten definiert. Hierunter fallen beispielsweise Ansätze zur Reduzierung des Lehrstoffs, die Berufung von Professoren auf Zeit, die Abkehr von der kameralistischen Haushaltsführung bis hin zur Entstaatlichung der Hochschulen durch mehr Finanzautonomie oder die Einführung von Studiengebühren für Langzeitstudenten.

Zunehmend wird der integrative Einsatz von neuen Medien und ihrer internen sowie externen Vernetzung in der universitären Lehre als weiterer Katalysator für die Hochschulentwicklung angesehen (vgl. Hultzsch, 1996, S. 91–96). Die Nutzung der neuen Medien eröffnet dabei neue Szenarien für das Lehren und Lernen an den Hochschulen (vgl. o.V., 1997b, S. 307):

- Synchrone Übertragung von Lehrveranstaltungen von Hörsaal zu Hörsaal an verschiedenen Standorten (Teleteaching),
- horizontale und vertikale Kommunikation durch Computer Conferencing und Telekooperation,
- Abspeichern von multimedial aufbereiteten Lerninhalten auf Hochschulservern, so daß von beliebiger Stelle zu beliebigen Zeitpunkten ein Zugriff möglich ist (Telelearning).

Die Vorteile dieser Konzepte können wie folgt zusammenfassend charakterisiert werden:

- Die Virtualisierung des Lehrens und Lernens ermöglicht den zeit- und ortsungebundenen Zugriff auf studienrelevantes Wissen, so daß der Lernende flexibel und bei Bedarf die multimedialen Bildungsangebote unabhängig von tradierten Zeitrastern nutzen kann.
- Lernen wandelt sich so vom passiven und anonymen Konsum von Präsenzveranstaltungen hin zum individuellen Lernprozeß, bei dem der Studierende selbst seine Lernumgebung gestalten und sein Lerntempo bestimmen kann.
- Über die räumliche und zeitliche Entkopplung von Lehre und Lernen hinaus, eröffnen die Imaginations- oder Cyberpotentiale interaktiver Multimediasysteme vielfältige Chancen zur didaktisch-pädagogischen Anreicherung, Belebung, Neugestaltung von Lehreinheiten. Gegenüber den konventionellen Lehrformen, wie zum Beispiel Vorlesungen und Übungen, können durch die multimediale Darstellung komplexe Sachverhalte verständlich gemacht werden.
- Weiterhin eröffnen solche Lernsysteme den Studierenden eine effiziente Lernerfolgskontrolle. Teletutoren, die mittels Email oder Videokonferenz für Rückfragen zur Verfügung stehen, gewährleisten eine individuelle Betreuung der Studierenden.

Die computergestützte Ausbildung unter Nutzung multimedialer Telematikdienste, häufig mit Telelearning, Teleteaching, virtuelle Universität/Campus, Distance Learning/ Education, Learning on demand bezeichnet, kann als Chance betrachtet werden, die Bildungs- und Qualifizierungsprobleme zu lösen. Durch den Einsatz der Neuen Medien unter Nutzung der modernen Informations- und Kommunikationstechnologien gelingt es auch, die bisherige Trennung zwischen Arbeiten und Lernen zu überwinden. **Web-based Training**, das auf die Vermittlung von multimedial aufbereiteten Lerninhalten via Internet oder Intranet abzielt, wird in diesem Zusammenhang als die **Lerntechnologien der Zukunft** genannt:

»Web-based training (WBT) is an innovative approach to distance learning in which computer-based training (CBT) is transformed by the technologies and methodologies of the World Wide Web, the Internet, and intranets. Web-based training presents live content, as fresh as the moment and

modified at will, in a structure allowing self-directed, self-paced instruction in any topic. WBT is media-rich training fully capable of evaluation, adaptation, and remediation, all independent of computer platform. Web-based training is an ideal vehicle for delivering training to individuals anywhere in the world at any time. Advances in computer network technology and improvements in bandwidth will usher in capabilities for unlimited multimedia access. Web browsers that support 3-D virtual reality, animation, interactions, chat and conferencing, and real-time audio and video will offer unparalleled training opportunities. With the tools at hand today, we can craft highly effective WBT to meet the training needs of a diverse population «(Kilby, 1998).

Der derzeitige Verbreitungsgrad verschiedener Lerntechnologien ist in Abbildung 1a dargestellt (vgl. Gallego, 1998). Abbildung 1b veranschaulicht die Vorteile von WBT gegenüber den bisher eingesetzten Lerntechnologien und -methoden. Als weitere Vorteile von WBT werden eine Reduktion der durchschnittlichen Lerndauer um 60% genannt (vgl. Kannan, 1998). Weiterbildung auf der Basis von WBT findet unmittelbar vor einem konkreten Bildungsbedarf statt. Studien prognostizieren für das Online-Lernen - parallel zur steigenden Anzahl der Internet-Nutzer - bis zum Jahr 2000 signifkante Zuwachsraten (Abbildung 1c) (vgl. Kannan,1998). So werden in Europa die Wachstumsraten des Telelearning-Marktes, wie in Abbildung 1d dargestellt, auf bis zu 100% jährlich geschätzt (vgl. o.V., 1998a, S. 1).

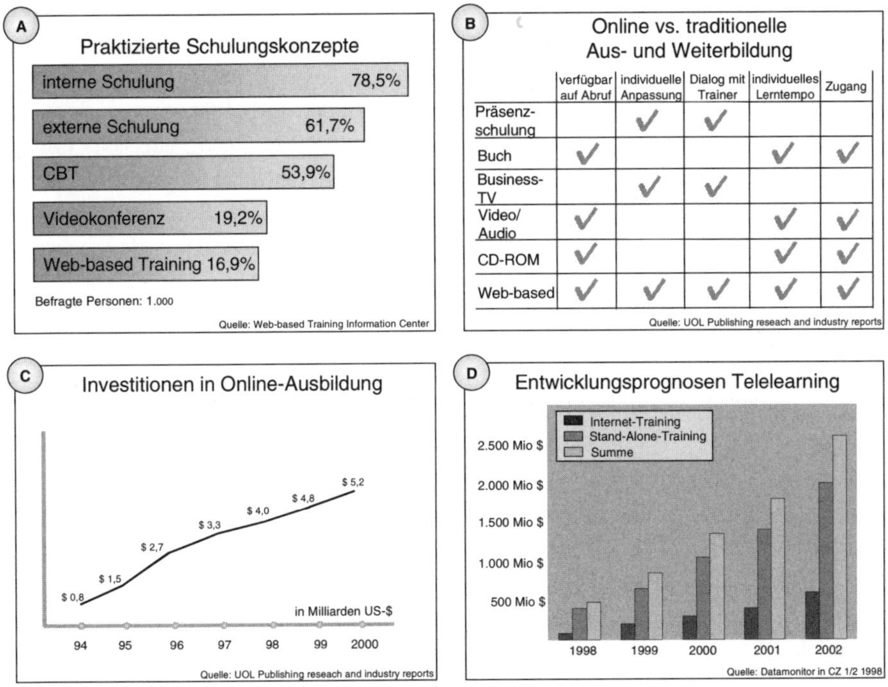

Abb. 1: Entwicklungs- und Markttrends von Lerntechnologien

2. Etablierung von elektronischen Bildungsmärkten: Eine Chance für die Hochschulen

»Der Wissenschaftsrat empfiehlt den Hochschulen, sich endlich dem Weiterbildungsmarkt zu öffnen und sich so neue Märkte für ihre Dienstleistungen und neue Mittel zu erobern« (Hoch, 1998, S. 53). 34 Milliarden sind 1996 alleine auf dem deutschen Weiterbildungsmarkt umgesetzt worden. Das wirtschaftliche Potential für die Wissenslieferanten ist somit vorhanden. Für die Hochschulen ist hier zu berücksichtigen, daß neben dem Ausbildungs- auch ein Weiterbildungsangebot im Hochschulrahmenrecht verankert ist. Damit ergibt sich beim Einsatz multimedialer Technologien die Notwendigkeit, Aus- und Weiterbildungsangebote zu kombinieren. Lehr-Lern-Arrangements, die über Kommunikationsmedien wie das Internet verbreitet werden, sind global zugänglich. Dieses fördert einen ganz neuen Austausch von Lerneinheiten und -angeboten zwischen Wissenschaft und Praxis. Neben neuen Formen des telebasierten Studiums lassen sich auch Tele-Heimarbeitsplätze um Komponenten des Telelearnings ergänzen. Damit würde letztendlich auch der Know-how-Transfer zwischen Wissenschaft und Praxis positiv beeinflußt.

Im Gegensatz zu konventionellen Aus- und Weiterbildungsmaßnahmen wird mit medienbasierten Bildungsprodukten das Ziel verfolgt, das Wissen direkt in die individuelle Lern- und Arbeitsplatzumgebung der Bildungsinteressenten zu integrieren. In solchen Lernallianzen werden alle involvierten Akteure, also Kunden und Lieferanten der medienbasierten Bildungsdienstleistungen quasi just-in-time zusammengeführt. Die Nutzung dieser Bildungsprodukte eröffnen für Unternehmen die Möglichkeit einer zeit- und kostengünstigen Qualifizierung ihrer Mitarbeiter. Die Qualifzierungsmaßnahmen erfolgen somit zielgerichtet am Arbeitsplatz oder von zu Hause aus, womit der häufig genannten Restriktion der mit den konventionellen Schulungsmaßnahmen verbundenen Nebenkosten (Reisekosten, Arbeitsausfall etc.) begegnet wird.

Für die Erstellung und Vermarktung von medienbasierten Bildungsprodukten wird es erforderlich sein, die Organisation des universitären Wissensaustausches zu verändern (vgl. Kraemer, 1998a, Kraemer, 1998b, Kraemer, 1998c). Die bisher orginäre Aufgabenstellung des Hochschulsektors ist es, Lern- und Forschungsinhalte seinen derzeitigen Kunden (Studierenden) mit dem Ziel der Qualifikation im Sinne von Handlungskompetenz zur Verfügung zu stellen. Die Hochschule fungiert in der klassischen Ausprägung für die Vorbereitung auf das Berufsleben. Die Weiterbildung für die anschließenden 35 bis 40 Berufsjahre im Rahmen der Erwerbstätig- oder Selbständigkeit erfolgt weitgehend auf Basis von Personalentwicklungsmaßnahmen durch Schulungen, Seminare, Kongresse Tagungen etc., die entweder von betrieblichen oder unternehmensexternen Weiterbildungseinrichtungen veranstaltet werden. Somit ist es sinnvoll, wenn sich die Wissenserzeuger an den Hochschulen mit den betrieblichen und unternehmensexternen Weiterbildungseinrichtungen inhaltlich vernetzen.

Die Entwicklung des Telelearningmarktes verdeutlicht, welche wirtschaftlichen Potentiale sich für die Lieferanten von medienbasierten Bildungsprodukten ergeben, die über globale oder firmeninterne Datennetze zugänglich sind. In diesem Zusammenhang sind auch Aussagen (vgl. HÄMÄLÄINEN/WHINSTON/VISHIK, 1996, S. 58) zu sehen, wie » ... *education is a prime candidate for becoming the ultimate electronic commerce application*«.

Für die Hochschulen bedeutet dies, bereits in der Erstellungsphase der Wissensinhalte zu kooperieren und das bisherige »Vermarktungsverständnis«, das einer Monopolstellung gegenüber den immatrikulierten Studenten gleicht und nicht auf weitere Bildungsinteressenten ausgerichtet ist, zu überprüfen. Weiterhin bedarf es, die Kernkompetenzen der Wissenslieferanten mit spezialisierten Multimedia-Dienstleistern, Network-Providern, deren Infrastruktur von Content- und Serviceanbietern genutzt werden können und Service-Providern, die primär die Vermarktung und Abwicklung zum Endkunden vornehmen, zu verbinden. Dabei bietet sich eine Kooperation im Sinne einer Public Private Partnership an.

Zeitpunkte und Dauer des individuellen Wissenserwerbs werden sich durch die Notwendigkeit zum lebenslangen Lernen verändern. Die Wissensakkumulation, die bisher schwerpunktmäßig im Vorfeld der Berufstätigkeit stattfindet wird bis zum Ende der Berufstätigkeit ausgeweitet. Dies eröffnet Hochschulen die Möglichkeit, als Dienstleistungsunternehmen im Bildungssektor zu agieren. Dies kann bedeuten, daß Hochschulabsolventen in Zukunft an Wissensupgrade-Programmen teilnehmen können, um ihr Wissen regelmäßig aufzufrischen. Dadurch wird vor allem die Form des Wissensaustausches verändern. Die Leistungsbeziehungen zwischen den Hochschulen und Studierenden enden dann nicht mit der Exmatrikulation, sondern werden in eine lebenslange Lernallianz überführt. Bildungsbroker koordinieren in dieser Lernallianz die gesamte Wertschöpfungskette der medienbasierten Bildungsprodukte. Durch diese Lernallianzen entstehen völlig neue Aufgaben und Leistungsbeziehungen zwischen den involvierten Akteuren, die durch ein Kunden-Lieferanten-Szenario, wie in Abbildung 2 dargestellt, beschrieben werden kann:

- Zukünftig können neben den betrieblichen und unternehmensexternen Bildungseinrichtungen die Hochschulen als Entwickler und Lieferanten von Wissensinhalten fungieren. Zielsetzung ist es, diese Wissensinhalte für das Life Long Learning weiter zu nutzen. Dabei kann auf bereits existierende Wissensinhalte der tertiären Ausbildung zurückgegriffen werden. Voraussetzung ist allerdings, daß bereits bei der Gestaltung und Erstellung dieser Bildungsbausteine den Hochschulen die Anforderungen ihrer potentiellen Kunden bekannt sind. Dadurch kann ein »Komplementärmarkt« für die Wissensinhalte des tertiären Sektors geschaffen werden. Die Modularität von Lerneinheiten ist eine Grundanforderung, um spezialisierte Bildungsprodukte zusammenfügen zu können und Make-or-Buy-Entscheidungen treffen zu können. Modular aufgebaute Bildungsprodukte haben zudem den Vorteil, daß sie im Rahmen von ähnlichen Lernkonzepten mehrfach verwendet werden können.

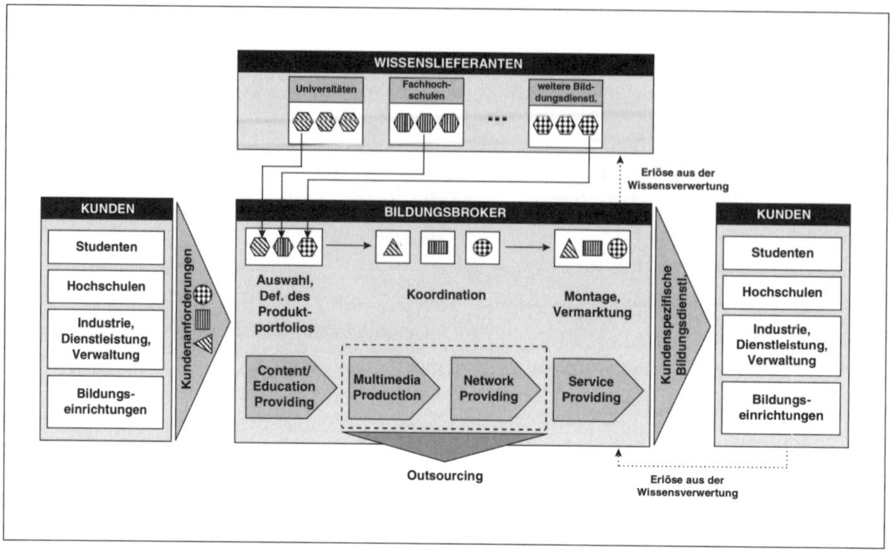

Abb. 2: Bildungsbrokerage

Deshalb ist es erforderlich frühzeitig organisatorische und informationstechnische Standards bei der Konzeption und Realisierung von medienbasierten Bildungsprodukten zu definieren, damit die Bildungsbausteine der Wissenslieferanten effizient und auf die entsprechenden Zielgruppen angepaßt zusammengefügt werden können.

- Die Bewertung, Auswahl sowie der Erwerb der Bildungsbausteine erfolgt durch Bildungsbroker. Diese Bildungsbausteine werden in Zusammenarbeit mit spezialisierten Multimediaunternehmen veredelt und zu kundenspezifischen Bildungsprodukten zusammengefaßt. Es entstehen so medienbasierte Bildungsprodukte, die unabhängig von Ort und Zeit im Internet zur Verfügung stehen und von den Endverbrauchern gegen Entgelt abgerufen werden können.
- Diese Bildungsprodukte werden von Bildungsbrokern über elektronische Bildungsmärkte, die von Network-Providern zur Verfügung gestellt werden, den Endkunden angeboten. Hierbei kann es sich um Selbständige, Erwerbstätige in Industrie, Dienstleistung und Verwaltung, Erwerbslose, aber auch um Hochschulen sowie betriebliche und unternehmensexterne Bildungseinrichtungen handeln. Es wird im elektronischen Bildungsmarkt »Hitlisten« der erfolgreichsten Bildungsprodukte geben, die Aufschluß über die Zufriedenheit der Kunden geben und gleichzeitig als Indikator für die Qualität der angebotenen Bildungsdienstleistungen fungieren. Dabei kann letztendlich auch auf die Leistungsfähigkeit der Lieferanten, also der Hochschulen, geschlossen werden. Die Weiterbildungseinrichtungen können sich bei der Lieferantenauswahl der Bildungsbausteinanbieter an diesen Hitlisten orientieren.

- Die Endverbraucher können unter den verschiedenen Angeboten der Bildungsbroker eine freie Auswahlentscheidung treffen. Erfolgreiche Bildungsdienstleistungen werden nachgefragt, weniger erfolgreiche Angebote können sich auf Dauer am Markt nicht behaupten.
- Mit dieser Wettbewerbssituation werden letztendlich auch die Hochschulen konfrontiert. Dies kann als Maßstab für ein marktorientiertes Hochschulranking verwendet werden, das als Orientierungshilfe bei der Hochschulauswahl der Studenten dienen kann.
- Die Erlöse aus dieser neuen Form der Wissenswertschöpfung teilen sich die involvierten Akteure. Durch diesen geschaffenen Komplementärmarkt für medienbasierte Bildungsdienstleistungen eröffnen sich auch neue Einnahmequellen für die Wissenslieferanten. Dadurch ist die Argumentationskette für ein Refinanzierungsmodell der Hochschulen durch die Vermarktung von Lerninhalten geschlossen. Die finanzstarke Hochschule der Zukunft wandelt sich zum Education Provider. Die Lerninhalte werden entweder von Bildungsbrokern oder den Wissenslieferanten selbst vermarktet.

Universitäten und Weiterbildungsinstitutionen forcieren derzeit die Entwicklung und den Einsatz von multimedialen Bildungsangeboten für das Internet. Wie Untersuchungen zum Entwicklungsstand des multimedialen Lehren und Lernens belegen, gibt es heute kaum noch eine Bildungsinstitution, die sich nicht mit der Fragestellung beschäftigt, wie sie eine stabile Wettbewerbsposition im Bildungsmarkt der Zukunft erreichen kann (vgl. Kraemer/Milius/Scheer, 1997, S. 1 ff.). Die Aktivitäten der jeweiligen Aus- und Weiterbildungsinstutitionen vollziehen sich dabei meist auf mehreren Ebenen.

Auf der **inhaltlichen Ebene** werden beispielsweise bestehende Studiengänge um virtuelle Angebote ergänzt oder sogar neue Bildungsangebote für das Internet konzpiert.

Auf der **technischen Ebene** werden beispielsweise neue Produktionskonzepte entwickelt. Sie umfassen die Art und Weise der Entwicklung multimedialer Lerneinheiten von der Modularisierung bis zum graphischen Design. Dabei werden zunehmend Konzepte der modularen Softwareentwicklung (Stichwort: Componentware) und des Electronic Commerce adaptiert und auf die Bildung übertragen.

Auf der **organisatorischen Ebene** werden neue Strukturen von Universitäten oder Weiterbildungsinstitutionen definiert, die beispielsweise in der Etablierung von strategischen Allianzen und Kooperationen münden (vgl. Kraemer/Milius, 1997, S. 51–81.).

Auf der **pädagogischen Ebene** werden die Fragen des Instruktionsdesigns und der didaktischen Gestaltung der Bildungsprodukte behandelt.

Auf der **administrativen Ebene** werden Serviceleistungen, Berechtigungs- und Fakturierungskonzepte überlegt, die bis hin zu einer laufenden Aktualisierung der

Personalakte von Mitarbeitern im Sinne eines dynamischen Qualifikationsprofils als Instrument der Personalentwicklung reichen. So wird das im Laufe der Berufstätigkeit erworbene Wissen einzelner Mitarbeiter dokumentiert und permanet aktualisiert.

Auf der **methodischen Ebene** werden Überlegungen zur Wissensprofilanalyse, Lehr- und Lernsteuerung sowie zum Testen entwickelt.

3. Telelearning in der Aus- und Weiterbildung

Die Prognosen zur Zukunft des Lernens reichen gar bis zur vollständigen Auflösung der bisherigen Präsenzuniversitäten: »In 30 Jahren werden Universitätsgelände leergefegte Relikte veralteter Bildungstradition sein. Sie werden aussterben« (LUGGER, 1998, S. 126). Bis zur Realisierung dieser Vision, bei der sich die Studierenden auf Basis einer individuellen Lernstrategie die besten Bildungsinhalte der jeweiligen Content-Provider abrufen können, ist noch viel Detailarbeit zu leisten. Eine einfache 1:1-Übertragung von klassischen Bildungsprodukten wie zum Beispiel Bücher oder Skripten, die über das Internet abgerufen werden können, entfalten kaum die innovativen Anwendungspotentiale von Multimedia. Die multimediale Aufbereitung von Lerninhalten sowie die Bereitsstellung von telebasierten Dienstleistungen in virtuellen Lernwelten gilt als ressourcenintensiv. Doch die Kassen der Universitäten sind leer und eine Trendwende ist nicht in Sicht (vgl. VISINTIN, 1998, S. 96). Es ist deshalb erforderlich, die Entwicklungsziele vergleichbarer medienbasierter Lernsysteme zu koordinieren und diese Entwicklungen ressourcensparend im Verbund zu realisieren. Dadurch können Doppelentwicklungen vermieden werden. Die Projektbudgets werden dadurch um die mit Parallelentwicklungen verbundenen Doppelaufwendungen entlastet, so daß eine Konzentration auf die eigentlichen Projektaufgaben erfolgen kann. Darüber hinaus ermöglicht die kooperative Bereitstellung von Bildungsprodukten mehr Gestaltungsvarianten als dies ein einzelner Lehrstuhl erbringen kann. Kooperation bei der Entwicklung von multimedialen Lerneinheiten wird somit zu einer »sine qua non«, wenn die deutschen Hochschulen wettbewerbsfähig bleiben wollen und mit der internationalen Entwicklung Schritt halten wollen.

3.1 Das interuniversitäre Kooperationsprojekt »Wirtschaftsinformatik-Online«

Wirtschaftsinformatik-Online (WINFO-Line) wird im Rahmen der BIG-Initiative (Bildungswege in der Informationsgesellschaft) von der Bertelsmann Stiftung und der Heinz Nixdorf Stiftung gefördert. Die Wirtschaftsinformatik-Institute und -Lehrstühle der Universitäten Saarbrücken, Göttingen, Leipzig und Kassel entwickeln eine virtuelle

Lernwelt für das Studienfach Wirtschaftsinformatik im World Wide Web. Abbildung 3 verdeutlicht die Konzeption sowie die beteiligten Partner von WINFO-Line. Die Projektpartner bringen ihre Kernkompetenzen und Ressourcen in die Bildungsallianz ein. Als Kernkompetenzen werden in diesem Zusammenhang Inhalte von Lehrveranstaltungen verstanden, die einen engen Bezug zu den Hauptforschungsgebieten der Lehrstühle besitzen. Jeder Projektpartner entwickelt gemäß seiner Kernkompetenzen multimediale Bildungsprodukte und Services. Der Einsatz der Informations- und Kommunikationstechnologien dient zur Kommunikation und Koordination zwischen den Kooperationspartnern und den Lernenden. Die IuK-Technologien ersetzen dabei die typischen Attribute einer Präsenzuniversität wie Hörsäle oder universitäre Gremien.

WINFO-Line geht von dem Ansatz aus, daß die Entwicklung und Einführung des virtuellen Studienfachs Wirtschaftsinformatik nicht notwendig zur Vorab-Änderung von Studiengängen führen muß, sondern will testen, wie die Einführung multimedialer, interaktiver Lernsysteme integriert werden kann, welche Änderungen sinnvoll

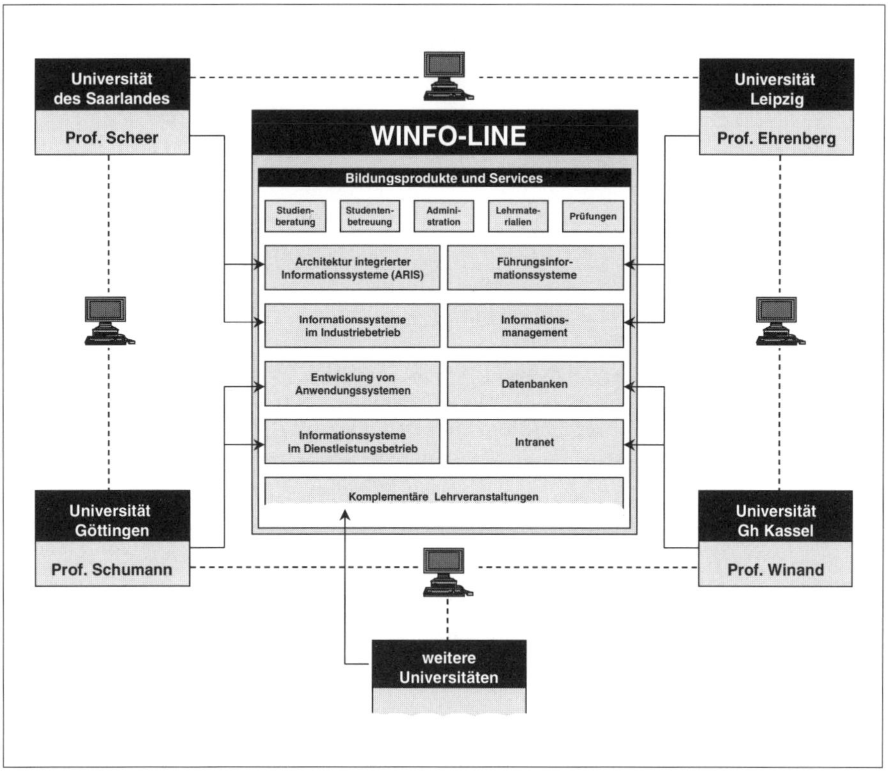

Abb. 3: Konzeption des virtuellen Studienfachs »Wirtschaftsinformatik«

sind und wie diese zu begründen sind. Die Nutzeffekte von WINFO-Line sind in den Abbildungen 4 bis 7 dargestellt.

Abbildung 4 veranschaulicht die freie Auswahl der Bildungsprodukte für die Studierenden an den WINFO-Line-Standorten Saarbrücken, Leipzig, Göttingen und Kassel. Eine gegenseitige Anerkennung der virtuellen Studienleistungen auf Basis eines Credit Point-Systems ist gewährleistet. Die Studierenden haben dadurch die Möglichkeit, nicht nur auf die Bildungsprodukte ihrer Heimatuniversität zurückzugreifen, sondern auch alternative Bildungsangebote der drei anderen WINFO-Line-Projektpartner zu nutzen. Damit steht den Studierenden ein vergrößertes Leistungsangebot zur Verfügung.

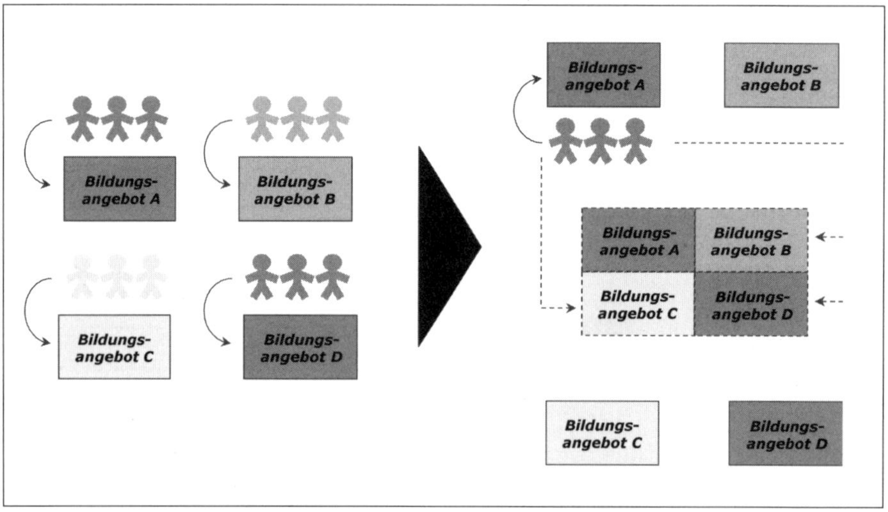

Abb. 4: Steigerung der inhaltlichen Vielfalt

Durch die Wahlfreiheit der Studierenden bezüglich der Nutzung der in WINFO-Line angebotenen Bildungsprodukte wird die einer bisher Monopolstellung gleichkommenden Postition der jeweiligen Heimatuniversität aufgehoben. Das WINFO-Line-Projektkonsortium erprobt dadurch eine Wettbewerbssituation zwischen den einzelnen Standorten. Für das WINFO-Line-Projektteam ist hierbei die Fragestellung von Interesse, unter welchen Prämissen, welche Bildungsprodukte von den Studierenden ausgewählt werden. Dabei lassen sich zum einen Rückschlüsse auf die angebotenen Lerninhalte als auch auf die multimediale Gestaltung der Bildungsprodukte ziehen.

Die Nutzung der WINFO-Line-Bildungsprodukte und –Services ermöglicht ein zeit- und ortsunabhängiges Studieren. Ob von zuhause, auf Reisen oder vom Arbeitsplatz, der Zugriff auf studienrelevantes Wissen über das Internet ist nahezu von jedem Ort

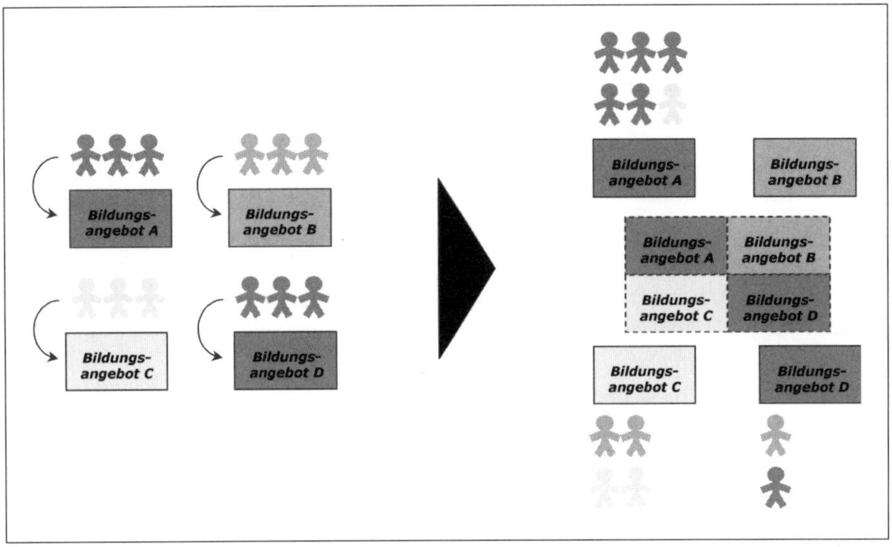

Abb. 5: Schaffung einer Wettbewerbssituation

der Welt möglich. Über die räumliche und zeitliche Entkopplung von Lehre und Lernen hinaus, eröffnen die Imaginations- oder Cyberpotentiale von WINFO-Line vielfältige Chancen zur didaktisch-pädagogischen Anreicherung, Belebung, Neugestaltung von Lehreinheiten. Gegenüber den konventionellen Lehrformen, wie zum Beispiel Vorlesungen und Übungen, können durch die multimediale Darstellung komplexe Sachverhalte verständlich gemacht werden.

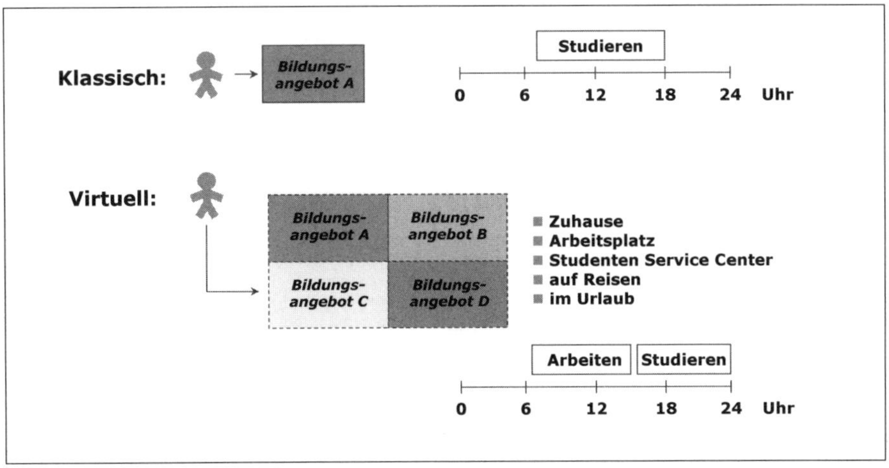

Abb. 6: Zeit- und ortsunabhängiges Studieren

Mit der Virtualisierung der universitären Lehre wird das Ziel verfolgt, den Zugriff auf Lerninhalte für die Studierenden mit Hilfe der neuen Medien sowie Technologien zu flexibilisieren und damit die Studienzeiten entscheidend zu verkürzen. In WINFO-Line werden zwei Lernszenarien unterschieden. Zum einen können multimediale Bildungsangebote ergänzend bzw. unterstützend zu einer Lehrveranstaltung angeboten werden. In diesem Fall dienen die Bildungsangebote zur Vor- bzw. vertiefenden Nachbereitung von Lehrinhalten einer Präsenzveranstaltungen. Zum anderen können jedoch auch örtlich und zeitlich gebundene Lehrveranstaltungen substituiert werden. Dies ist dann der Fall, wenn beispielsweise multimediale Lernsysteme zum Selbststudium die reale Lehrveranstaltung ganz ersetzen. Dabei schließen beide Varianten sich nicht gegenseitig aus, sondern können auch komplementär eingesetzt werden. WINFO-Line ermöglicht den Studierenden somit mehr Möglichkeiten zur individuellen Planung der einzelnen Semester. So ist es zum Beispiel denkbar, in einem Semester neben den Präsenzveranstaltungen an der Heimatuniversität zusätzliche Credit Points der anderen WINFO-Line Standorte zu erwerben, um dadurch die Gesamtstudienzeit zu reduzieren. Durch eine Erhöhung der substituierenden Lernangebote und der damit verbundenen Auflösung von tradierten Zeitrastern des Lehrbetriebs sollte es gelingen, die Fähigkeit der Studierenden zur Selbstorganisation vorausgesetzt, die verfügbaren Zeitressourcen effizienter zu nutzen. Dieser Aspekt trägt auch der Tatsache Rechnung, daß immer mehr Studenten gezwungen sind, über die staatlichen Förderungsmaßnahmen hinaus, ihren Lebensunterhalt durch Teilzeitjobs zu bestreiten. Substituierende

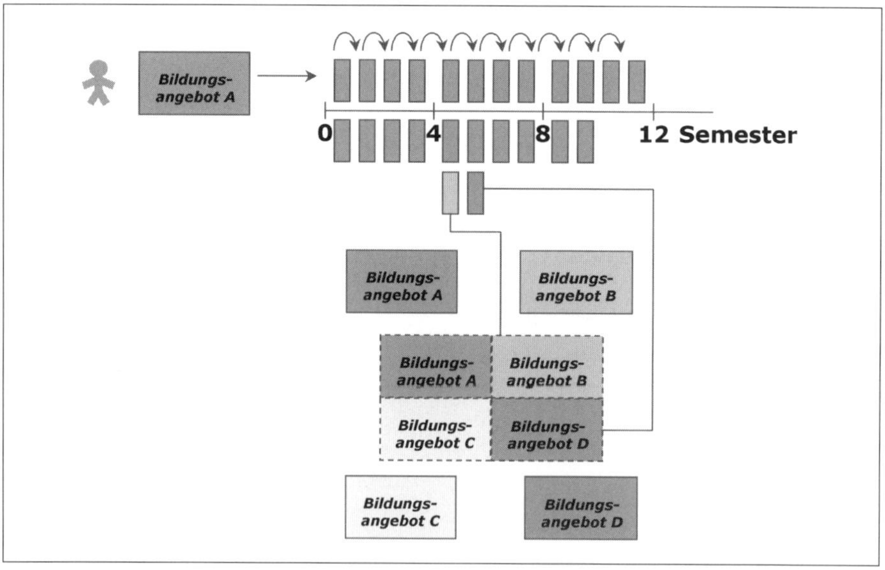

Abb. 7: Reduktion der Studienzeiten

virtuelle Lernangebote ermöglichen somit eine Flexibilisierung von Lern- und Arbeitsphasen. Der Zielkonflikt zwischen einer geforderten Verkürzung der Studienzeiten und einer Verbesserung der finanziellen Grundlage der Studierenden kann damit aufgelöst werden.

Abbildung 8 verdeutlicht ein beispielhaftes Lernszenario mit WINFO-Line eines Studierenden, der an der Universität Leipzig immatrikuliert ist und die Bildungsprodukte der Universität Kassel nutzt. Nach Abschluß der Auswahl- und Registrierungsphase erfolgt durch den WINFO-Line Partner in Kassel eine Überprüfung zur Teilnahmeberechtigung. Im nächsten Schritt wird dem Studierenden ein Teletutor aus Kassel zugeordnet. Durch eine Zwischenprüfung kann festgestellt werden, ob der Student das Bildungsangebot aktiv nutzt. Die Prüfungsleistungen können zum Beispiel durch eine mündliche Prüfung erbracht werden. Der Student nutzt hierzu das Studenten Service Zentrum in Leipzig, das die prüfungsrelevanten Bedingungen (Aufsicht) gewährleistet. Die Prüfungsleistungen werden durch die Vergabe von Credit Points aus Kassel dokumentiert.

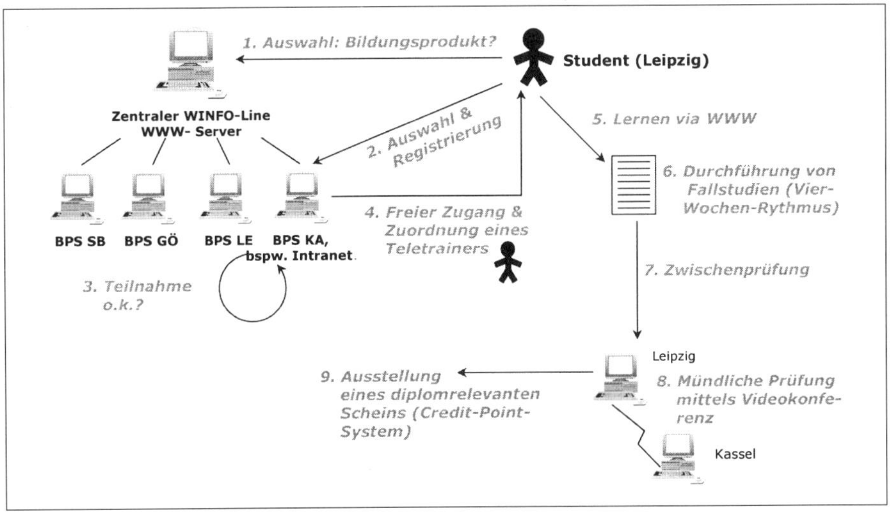

Abb. 8: Beispiel: Lernen mit WINFO-Line

Die WINFO-LINE-Bildungsprodukte weisen folgende Charakteristiken auf:

- Modularer Aufbau der Bildungsprodukte
  Jedes Bildungsprodukt setzt sich aus einzelnen Lerneinheiten zusammen. Diese lassen sich jeweils unabhängig voneinander bearbeiten und miteinander kombinieren: Ziel ist es, Redundanzen im Lernstoff zu verhindern und durch Wissensvernetzung neue, kundenindividuelle Lehrveranstaltungen zu kreieren.

- Einheitliche Struktur der Bildungsprodukte
  Jede einzelne Lerneinheit ist auf gleiche Art und Weise aufgebaut. Ziel ist es, den Lernenden eine einfache und durchgängige Handhabung der Bildungsprodukte zu ermöglichen.

Zum Wintersemester 98/99 stehen die Bildungsprodukte »*Architektur integrierter Informationssysteme (ARIS), Entwicklung von Anwendungssystemen, Führungsinformationssysteme und Intranet*« zur Verfügung. Das Bildungsangebot wird kontinuierlich erweitert. Das Konzept von WINFO-Line, das insbesondere die kooperative Leistungserstellung hervorhebt, ist gegenüber weiteren Wissenslieferanten offen gestaltet. Das virtuelle Bildungsangebot kann jederzeit um komplementäre Angebote ergänzt werden. Die Einbindung von internationalen Bildungsangeboten sowie die internationale Verbreitung der oben angegebenen Bildungsprodukte ist in Vorbereitung. Die Bildungsprodukte und Services von WINFO-Line werden auch von ausgewählten Industriepartnern in firmeninternen Intranets für die Weiterbildung der berufstätigen Mitarbeiter genutzt. Es wird sich somit zeigen, ob sich die Lerninhalte und der Medieneinsatz für die Ausbildung an den Hochschulen grundsätzlich von den Anforderungen der Unternehmen unterscheidet oder ob diese Anfordererungen der beiden Zielgruppen sukzessive konvergieren.

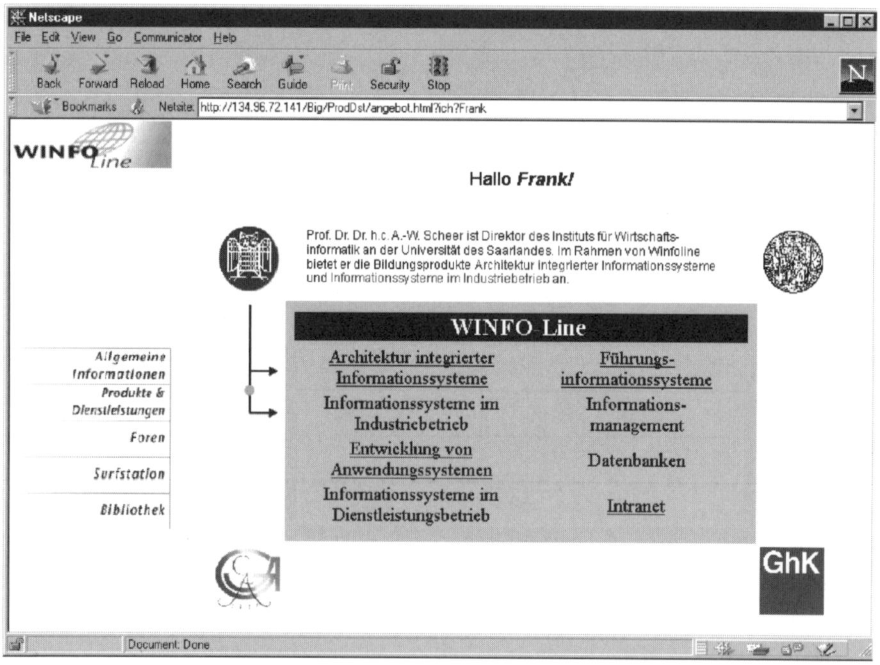

Abb. 9: Das WINFO-Line Curriculum

Am Beispiel des in Saarbrücken realisierten Bildungsproduktes »ARIS« wird exemplarisch das Lernen mit WINFO-Line erläutert. Dieses Bildungsprodukt ist in zwanzig Lerneinheiten segmentiert und entspricht einer einsemstrigen Lehrveranstaltung. Aufgrund der unterschiedlichen Lernpräferenzen eines jeden Studierenden existieren drei verschiedene Zugänge, sogenannte *Lernstrategien*, über die die Bildungsprodukte erschlossen werden können:

1. *Lehrbuch:* Das dem Bildungsprodukt zugrunde liegende Lehrbuch ist hypermedial aufbereitet und um Verweise auf online verfügbare Sekundärquellen ergänzt. Diese primär textbezogene Lernvariante dient der theoretischen Vertiefung des Lehrstoffes. Die wichtigsten Begriffe werden darüberhinaus in einem *Glossar* erläutert.
2. *Testcenter:* Viele Studierende verzichten heute – aus unterschiedlichen Gründen – nahezu vollständig auf den Besuch von Vorlesungen. Die Lerninhalte werden dann durch die Bearbeitung von Übungsaufgaben und Fallbeispielen erschlossen. Das übungsbasierte Lernen wird dieser Tatsache gerecht, indem den Studierenden ausschließlich Übungsaufgaben mit integrierten Musterlösungen in WINFO-Line zur Verfügung gestellt werden.
3. *Lerneinheiten(LE)-Story:* Lernen über das Internet erfordert multimediale Lerninhalte, die den Studierenden einen echten Mehrwert gegenüber dem klassischen Präsenz-Bildungsangebot vermitteln und die die Lernenden durch Interaktivität und Dialog fesseln.

Wie in Abbildung 10 dargestellt, verzichtet die Lernstrategie des Story-basierten Lernens nahezu vollständig auf eine textorientierte Darstellung von Lerninhalten. Vielmehr werden diese durch sich sukzessiv aufbauende multimediale Animationen expliziert. Die Lerndauer einer Story je Lerneinheit nimmt 10 bis 15 Minuten Zeit in Anspruch. Diese Form der Wissensvermittlung ist mit einer Präsentation oder einem Lehrfilm/-video vergleichbar, in der ein Dozent den Lösungsweg eines Problems nachvollziehbar erläutert. Dadurch unterscheidet sich das Story-basierte Lernen signifikant von Lernstrategien, die primär auf eine Darstellung des Endergebnisses fokussieren.

Der Lernablauf für das Bildungsprodukt »ARIS« könnte folgendem Lernpfad entsprechen:

1. Einarbeitung in die Thematik einer Lerneinheit durch das Modul *»Story-basiertes«* Lernen.
2. Theoretische Fundierung des Wissens durch gezielte Recherche im Modul *»Lehrbuch«*.
3. Überprüfung des erworbenen Wissens durch Bearbeitung des Moduls *»Übung«*.

WINFO-Line Services ermöglichen es, die Bildungsangebote zu nutzen sowie mit den Lehrenden und Lernenden zu kommunizieren. Diskussionen zu bestimmten Themen werden dabei über Foren oder Videokonferenzen abgewickelt, Fragen an die Dozenten

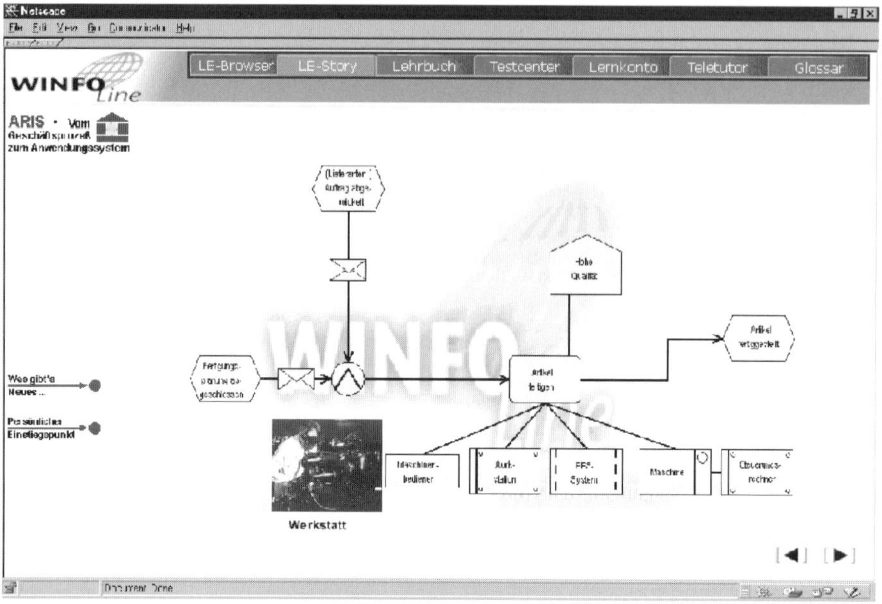

Abb. 10: Story-basiertes Lernen am Beispiel des Bildungsproduktes »ARIS«

(Teletutoren) werden über E-Mail gestellt, gemeinsames Bearbeiten von Dokumenten ist über Document Sharing möglich. Darüber hinaus existieren Services zur Abwicklung von virtuellen Prüfungen. In WINFO-Line läßt sich das Service-Angebot wie folgt differenzieren:

- Services zur Unterstützung der Lehrer-Lerner-Relation und
- Services zur Unterstützung der Administration und Qualitätssicherung des Bildungsangebotes.

Zur Nutzung des Serviceangebotes stehen an den beteiligten Universitäten Studenten Service Zentren zur Verfügung. WINFO-Line baut auf den gängigen Standards des Internet auf. So wird sichergestellt, daß jeder Lernende, der über einen handelsüblichen Multimedia-PC und einen Internet-Zugang verfügt, die Bildungsprodukte und Services von WINFO-Line nutzen kann.

Zentraler Gedanke von WINFO-Line ist, daß die Neuen Medien zur Untersützung nicht aber der Anonymisierung und Automatisierung des Lernens dienen. Lernen wandelt sich vom passiven und anonymen Konsum von Präsenzveranstaltungen hin zum individuellen Lernprozeß, bei dem die Studierenden selbst ihre Lernumgebung gestalten und ihr Lerntempo bestimmen können. Das rezeptive Lernen wird so durch aktives Erfahren und Erarbeiten ergänzt. Es ist zu erwarten, daß die zunehmende Anzahl an multimedial aufbereiteten und über das Internet zugänglichen Bildungsangeboten auch zu einer Anpassung des Präsenzlernens an den Hochschulen führen wird. Die Dozenten treten in einen Wettbewerb um die Studierenden, die zwischen Präsenzveranstaltungen und den virtuell verfügbaren Bildungsangeboten auswählen können. Erstere werden in Zukunft nur noch frequentiert, wenn sich die Studierenden einen Mehrwert vom Besuch der Veranstaltungen versprechen.

3.2 Telelearning in der Weiterbildung

Die Meta Group stellt in dem Worldwide Benchmark Report 1999 fest, daß der Mangel an qualifiziertem IT-Personal und damit das Thema Personalbeschaffung jetzt auch in Deutschland massiv an Wichtigkeit gewinnt (vgl. o.V., 1998b). Die Einnahmenverluste, die durch den Engpaß an IT-Fachkräften verursacht werden, beziffern sich in den USA auf jährlich 15 Mrd. Dollar (vgl. o.V., 1998c, S. 94). Aufgrund dieser Ressourcenengpässe werden immer mehr IT-Projekte an spezialisierte Dienstleistungsunternehmen outgesourct, die demzufolge zweistellige Wachstumsraten verzeichnen können. Knappe IT-Personalressourcen verbunden mit zeit- und unternehmenskritischen IT-Projekten, wie zum Beispiel die Jahr 2000-Umstellung, führen dazu, daß sämtliche Nicht-IT-Projektbezogenen Aktivitäten auf ein Minimum reduziert werden. So wird der propagierte Aufbruch in die Wissensgesellschaft durch eine alamierend niedrige Trainingsrate ad absurdum geführt. So betrug 1997 die Zahl der Trainings- und Fortbildungstage pro Mitarbeiter nur noch 8,5 Tage, im Vergleich zu 12 Tagen in 1994 (vgl. o.V., 1998b). Das eigenverantwortliche Lernen –oft während der Freizeit – gewinnt somit immer mehr an Bedeutung, um den Anschluß in einer von kurzen Innovationszyklen gekennzeichneten Branche halten zu können. Um der Forderung nach lebenslangem Lernen gerecht zu werden, ist es also erforderlich, neue Formen der Wissensvermittlung zu etablieren.

Das bisherige »Lernen auf Vorrat« wandelt sich zu einem »Lernen auf Abruf«. Multimedial aufbereitete Lerninhalte, die über das Internet distributiert werden, sind 24 Stunden am Tag, 365 Tage im Jahr verfügbar. Reisezeiten und -kosten entfallen vollständig, da die Weiterbildung direkt am Arbeitsplatz stattfindet. Ist es zum Beispiel erforderlich, eine große Anzahl von Mitarbeitern zu einem bestimmten Thema innerhalb einer kurzen Zeitspanne weiterzubilden, stoßen traditionelle Lernkonzepte an ihre Grenzen. Das folgende Fallbeispiel zeigt die Nutzenpotentiale von Web-based Training auf.

Fallbeispiel: Zertifizierung eines Beratungsunternehmens:
Die Zertifizierung von Consultants hinsichtlich neuer Themen und Methoden ist ein kritischer Erfolgsfaktor für Beratungsunternehmen. Beispielsweise wurde durch die weltweite Einführung der Implementierungsmethode AcceleratedSAP (ASAP) ein enormer Weiterbildungsbedarf in dieser Branche erzeugt. Beratungshäuser dürfen die Methode offiziell erst dann anwenden, wenn 70% ihrer Berater entsprechend zertifiziert sind. Für die großen Beratungsunternehmen entsteht dadurch ein enormer Qualifizierungsaufwand. Kalkuliert man auf der Basis der **Total Cost of Learning**, also werden Ausfallzeiten, Opportunitätskosten durch entgangene fakturierbare Beratungstage im Zeitraum der Trainingsmaßnahme, Reisekosten und Trainingsgebühren berücksichtigt, so entstehen z.B. für eine zweitätige Präsenzschulung bei mehr als 1.000 eingesetzten SAP-Beratern zweistellige Millionenbeträge. Ziel des Einsatzes von Web-based Training ist deshalb die Bereitstellung von zertifzierungsrelevantem Wissen, so daß die trainingsbedingte Ausfallzeit der Consultants von zwei auf einen Tag reduziert werden kann. Auf diese Weise werden trotz Entwicklungskosten für das Web-based Training-System bis zu 50% der Total Cost of Learning eingespart. Abgesehen davon, daß für die Ausbildung von mehr als 1.000 Beratern die benötigten Trainingsresourcen nicht verfügbar wären. Zudem würde sich die Ausbildung über einen deutlichen längeren Zeitraum erstrecken. Aus diesem Grunde wird zur Zeit das entsprechende Web-based Tutorial »ASAP Learning« entwickelt. Ziel ist es, den Aufwand für die Präsenzschulung von 2 auf 1 Tag zu reduzieren. In der Präsenzschulung sollen die inhaltlichen Schwerpunkte verstärkt auf Erfahrungswissen und Fallstudien verlagert werden. Darüber hinaus bietet das Web-based Training-System einen permanenten und leichten Zugang zu aktuellem Consulting-Know-how zu ASAP.

Ein weiteres Beispiel einer Web-based Training-Anwendung ist die Business Telelearning Akademie. Seit Mai 1998 kann das Zertifikat »Business Engineer« erworben werden. Dieses Zertifikat wird offiziell von der IHK Industrie- und Handelskammer im Saarland bundesweit vergeben. Damit wurde ein bisher einmaliges Weiterbildungsmodell in der Bundesrepublik geschaffen. In über 70 Online-Lernstunden wird Wissen der Wirtschaftsinformatik zu Themen der Unternehmensgestaltung, des Geschäftsprozeßmanagements, Informationssystemgestaltung und -entwicklung, Standardsoftwareeinführung sowie Konzeption von Internet/Intranet-Systemen bereitgestellt. Begleitet wird das Online-Lernen durch Präsenzveranstaltungen, die das online-vermittelte Wissen ergänzen. Auch werden die Teilnehmer von einem Teletutor unterstützt. Dieser organisiert gemeinsame virtuelle Veranstaltungen zwischen den Teilnehmern. Beispielsweise werden moderierte Fachgespräche virtuell durchgeführt, virtuelle Gruppenarbeiten organisiert und die entsprechenden Testergebnisse überprüft. Die Akademie stellt hierbei die Lern-, Wissens- und Kommunikationsplattform dar.

Inhaltliche Grundlage der Business Telelearning-Akademie stellen die in den Fächern Informationsmanagement, Organisation und Wirtschaftsinformatik an Universitäten gelehrten Inhalte dar, wobei dieses Wissen in multimediale Lerneinheiten umgesetzt wurde. Es werden unterschiedliche Lerntypen in der Akademie unterstützt.

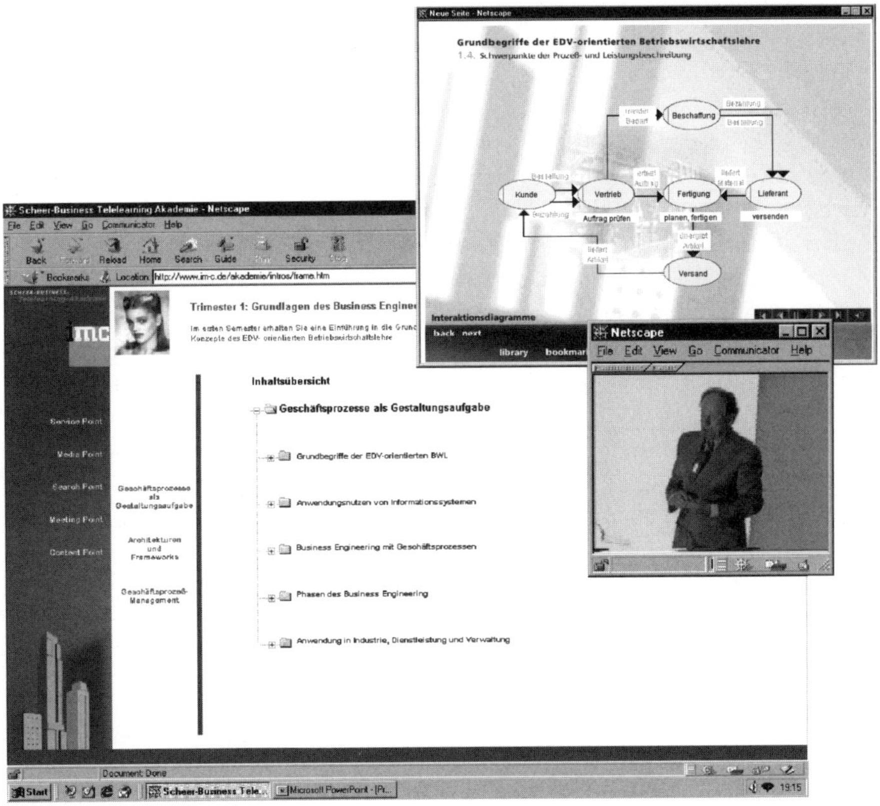

Abb. 11: Multimediales Lernen in der Online-Akademie

Teilnehmer, die eher Wissen konsumieren wollen, um es dann zu lernen, können sich dieses Wissen in Form von vertonten multimedialen Animationen aneignen. Lerntypen, die primär textorientiert arbeiten, können die Inhalte mit Hilfe multimedialer Skripte erarbeiten. Auch Kombinationen beider Wege sind möglich. In einer Bibliothek stellt die Akademie Hintergrundliteratur, Links und weitere Medien wie Foliensätze, Fallbeispiele und Musterlösungen bereit.

Die Teilnehmer an der Online-Akademie kommen vorwiegend aus Einsatzbereichen wie Beratung, Informationsmanagement oder Controlling. Ihnen wird die Möglichkeit geboten, neben ihre Berufstätigkeit umfassende Weiterbildungsprogramme in Anspruch zu nehmen. Beruflichen Quereinsteigern beispielsweise aus der Physik, der Chemie oder der Mathematik, die aufgrund neuer Aufgabenstellungen in Reengineering- oder Einführungsprojekten von Standardsoftware eingesetzt werden, bietet die Akademie die Möglichkeit, erforderliches Wissen »on demand« zu erwerben. Erfahrenen Beratern gibt es die Chance, neues Methoden- und Vorgehenswissen gezielt upzudaten und auszubauen. Die Inhalte der Akademie konzentrieren sich aufgrund dieser Teilnehmergruppen auf praxisrelevante Aspekte.

Abbildung 12 stellt das Curriculum den und zeitlichen Rahmen des Online-Zertifikatslehrgangs zum Business Engineer dar.

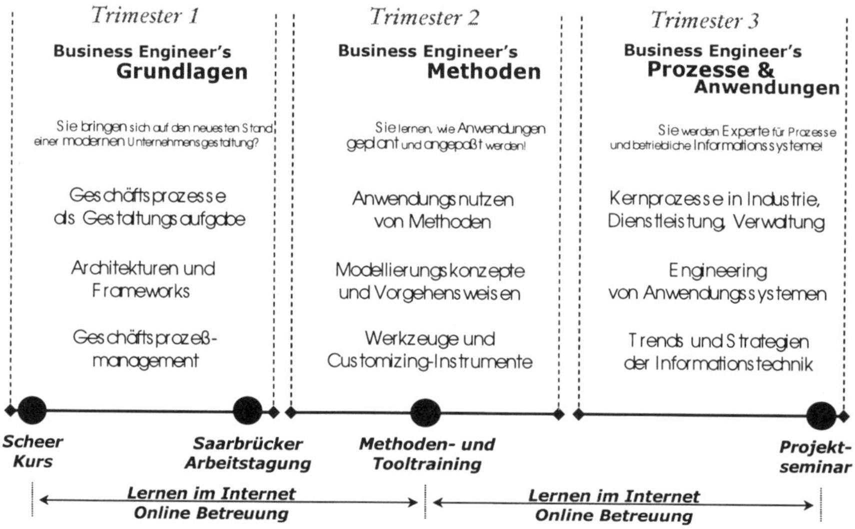

Abb. 12: Curriculum-Überblick und zeitlicher Rahmen

Um die Inhalte zu erwerben, unterstützt die Akademie verschiedene Lerntypen.

- Im Rahmen von geführten Lerntouren über den gesamten Lernzyklus des Lernangebotes werden die Teilnehmer individuell durch die Lehreinheiten gelenkt und können entsprechend ihres jeweiligen Ausgangswissens systematisch das Wissen aneignen.

- Über Themenblöcke haben die Teilnehmer die Möglichkeit, Wissenslücken zu einzelnen Themenschwerpunkten gezielt zu füllen. Hierzu legen sie ihre Wissenserwerbsschwerpunkte selbst fest, setzen sich Bookmarks, die sie immer wieder zu dem Schwerpunkt führen.
- Über problem- und zielorientierte Suchmechanismen von Lerneinheiten besteht darüber hinaus die Möglichkeit, unabhängig von den angebotenen Lerntouren Inhalte nach kurzfristigem Bedarf und Rhythmus zu nutzen. Im Sinne von Knowledge on Demand werden zu einzelnen Stichworten die relevanten Inhalte in Form von Animationen, Skripten, Hintergrundliteratur, Folien und Fallbeispielen bereitgestellt.

Das Zertifikat wird erreicht, wenn eine bestimmte Zahl von Lerneinheiten und Leistungen nachweislich und aktiv vom Teilnehmer genutzt wurde. Zudem wird in einem Abschlußtest das erworbene Wissen abgeprüft.

Die Ausführungen haben die Nutzenpotentiale von Telelearning-Konzepten in der Aus- und Weiterbildung aufgezeigt. Multimedial aufbereitete Lerninhalte können grenzenlos und ohne zeitliche Limitationen genutzt werden. Für Anbieter von Contentware ergeben sich dadurch neue Möglichkeiten für **eine internationale Wissensvermarktung**. Insbesondere für die Hochschulen lassen sich dadurch neue Finanzierungsquellen erschließen.

Literaturverzeichnis

Froitzheim, U. J. (1997), Geld sparen: Virtuelle Seminare, Studium per Netz – Reformer wollen den Lehrbetrieb effizienter gestalten, in: Wirtschaftswoche 42/1997, S. 182.

Gallego, G. (1998), Types of Training used, in: The State of the Art in Web-Based Training and Learning Technologies, Learning Technology Conference & Expo, 14.–18.6.98, Atlanta, http://www.gracespace.com/weblearn/presentations.htm.

Hämäläinen, M. / Whinston, A.B. / Vishik, S. (1996): Electronic Markets for Learning: Education Brokerages on the Internet, in: Communications of the ACM 6/1996, S. 58.

Hoch, M. (1998), Professoren scheuen die Feuerprobe, in: Süddeutsche Zeitung vom 17/18.1.98, S. 53.

Hultzsch, H. (1997), Telelernen – Die Strategie der deutschen Telekom, in: Glowalla, U./Schoop, E. (Hrsg.), Deutscher Multimedia Kongreß 96 – Perspektiven multimedialer Kommunikation, Berlin u. a. 1996, S. 91-96.

Julitz, L. (1997), Die Qualität des Hochschulstandorts Deutschland hat erheblich gelitten, in: Frankfurter Allgemeine Zeitung vom 28.6.97, S. 49.

Kannan, N. (1998), Information and Insight about Online Education & Training, White Paper, http://www.uol.com/website/webBasedTraining.htm, S. 4.

Kilby, T. (1998), What is Web-based Training, Web-based Training Information Center, http://www.filename.com/wbt/pages/whatiswbt.htm.

Kraemer, W. (1998a), Vom Lehrbetrieb zum Education Provider – Refinanzierung der Hochschulen durch die Vermarktung von medienbasierten Lerninhalten, Vortrag beim Workshop: Hochschulmanagement, Centrum für Hochschulentwicklung, 19.–20.2.98, Dortmund.

KRAEMER, W. (1998b), Von der virtuellen Universität zum Education Broker, Vortrag beim Workshop: CeBit Treffpunkt 22 – Virtuelle Unternehmen, 19.03.98, Hannover.

KRAEMER, W. (1998c), Bildungsarchitekturen für das multimediale Lehren und Lernen, Vortrag beim Workshop: Neue Medien im Fernstudium, GI-Fachtagung 98 Informatik und Ausbildung, 30.3.–1.4.98, Stuttgart

KRAEMER, W. / MILIUS, F. / SCHEER, A.-W. (1997), Virtuelles Lehren und Lehren an deutschen Universitäten – Eine Dokumentation, in: Bertelsmann Stiftung/Heinz Nixdorf Stiftung (Hrsg.), Gütersloh 1997.

KRAEMER, W. / MILIUS, F. (1997), Der Virtuelle Campus: Bildungsdienstleistungen für lernende Organisationen, in: Scheer, A.-W. (Hrsg.): Organisationsstrukturen und Informationssysteme auf dem Prüfstand, Heidelberg 1997, S. 51–81.

LUGGER, B. (1998), Dr. Internet – Studenten tauchen ab ins Netz und surfen durch die moderne Lernwelt von morgen, in: FOCUS 6/1998, S. 126.

MÜLLER-BÖLING, D. (1997), Mehr Freiheit für die Universität – Was getan werden müßte, um unser marodes Bildungssystem wieder in Schwung zu bringen. Vier Vorschläge, in: DIE ZEIT 9/1997, S. 29.

o.V. (1997a), Eine private Universität im Internet wirbt mit Gewinnen für Aktionäre, in: Frankfurter Allgemeine Zeitung vom 31.10.97, S. 26.

o.V. (1997b), Positionspapier des Fachbereichs Ausbildung und Beruf der Gesellschaft für Informatik e.V. mit Empfehlungen für die Ausstattung der Hochschulen: Nutzung Neuer Medien für die Ausbildung an Hochschulen, in: Informatik Spektrum 5/1997, S. 307.

o.V. (1998a), Europäer entdecken das Online-Training, in: ComputerZeitung 1/2/1998, S. 1.

o.V. (1998b), Jahr 2000: Umstellung und Anpassung der IT sind zentrale Probleme, in: Information Management & Consulting 3/1998, S. 100.

o.V. (1998c), Dollars gegen Job-Hopping, in: Information Management & Consulting 2/1998, S. 94.

RAMTHUN, C. (1997), Ein Dialog mit der Realität, in: Wirtschaftswoche 42/1997, S. 42.

RÜTTGERS, J. (1997), Hochschulen für das 21. Jahrhundert. Pressedokumentationen des Bundesministeriums für Bildung, Wissenschaft, Forschung und Technologie, Bonn, 26.2.1997, in: http://www.bmbf.de/dokus /hochschul.htm.

SCHMITZ, U. (1997), Hochschulen unattraktiv für Ausländer, in: Handelsblatt Karriere vom 24.1. 1997, in: http://www.handelsblatt.de/karriere/studium/st–056.htm.

VISINTIN, G. (1998), Hochschulen meinen, Sie kämen mit Amateuren aus, in: Computerwoche 10/1998, S. 96.

Internationalisierung der Rechnungslegung – Die Kapitalmarkt- und Analystenperspektive

Johannes Maret / Lothar Wepler*

* Johannes Maret, Mitinhaber Sal. Oppenheim jr. & Cie.; Lothar Wepler, Geschäftsführer Oppenheim Finanzanalyse GmbH.

»German research is rubbish (Müll)!« So drastisch be- und verurteilte vor einigen Jahren ein seinerzeit recht angesehener Londoner Finanzanalyst die Arbeit seiner Kollegen in Deutschland. Er traf damit aber nicht nur die hiesigen Finanzanalysten, sondern auch die deutsche Rechnungslegung, denn die Finanzanalyse kann nur so gut sein wie es die Rechnungslegung der zu untersuchenden Unternehmen zuläßt. Dies hängt nicht in erster Linie von dem ab, was Unternehmen tun oder unterlassen, sondern vom rechtlichen Hintergrund. Dazu schrieb noch am 24. April 1998 Professor Dieter Ordelheide, Universität Frankfurt, in der Frankfurter Allgemeinen Zeitung: »Das deutsche Bilanzrecht steckt in einer Krise. Es ist international nicht mehr wettbewerbsfähig.« Wäre dieser Zustand von Dauer, müßte auch an der Wettbewerbsfähigkeit der deutschen Finanzanalyse und damit des Finanzplatzes Deutschland gezweifelt werden.

Nun ist jedoch einiges in Bewegung gekommen, was neue Perspektiven für deutsche Unternehmen, Analysten und für den Finanzplatz eröffnet. Zwar wurde das deutsche Rechnungswesen nicht in einem Handstreich »renoviert«. Aber seine – aus internationaler Sicht – vorhandenen Unzulänglichkeiten wurden zum Teil abgebaut oder können umgangen werden. Dies rührt zum einen vom Kapitalaufnahmeerleichterungsgesetz (KapAEG) und zum anderen vom Gesetz zur Kontrolle und Transparenz im Unternehmensbereich (KonTraG) her. Das KonTraG schreibt unter anderem vor, daß börsennotierte Mutterunternehmen den Konzernanhang um eine Kapitalflußrechnung und eine Segmentberichterstattung zu erweitern haben. Die Unternehmen geben damit einen tieferen Einblick in die wirtschaftliche Leistung der vergangenen Periode und das ökonomische Potential am Stichtag der Rechnungslegung. Dies wiederum versetzt die Analysten, die die Anlageentscheidungen der Investoren vorbereiten, besser als bisher in die Lage, Schätzungen über die zukünftige Leistung des Unternehmens (und über die mögliche Entwicklung des Aktienkurses) abzugeben. Eine wahrscheinlich noch wichtigere neue Regelung enthält das KapAEG: Unternehmen, die Muttergesellschaft eines Konzerns sind, können einen befreienden Konzernabschluß nach international anerkannten Rechnungslegungsstandards aufstellen. Dies sind heutzutage die »Generally Accepted Accounting Principles« der USA (US-GAAP) sowie die »International Accounting Standards« des International Accounting Standards Committee.

Durch diese und andere neue Regelungen wurde Forderungen Rechnung getragen, die in Deutschland zum Teil seit vielen Jahren gestellt worden waren. Insbesondere die Fragen der Anpassung der deutschen Vorschriften an internationale Usancen und – weitergehend – die volle internationale Harmonisierung der Rechnungslegungsvorschriften wurden in Theorie und Praxis intensiv diskutiert.

Es gibt in der Tat zahlreiche Gründe, die für eine möglichst weltweite Vereinheitlichung der entsprechenden Praktiken sprechen. So werden zum Beispiel die meisten Mitarbeiter im Rechnungswesen multinationaler Unternehmen denken wie schön es wäre, wenn es in der ganzen Welt nur eine Rechnungslegungs-Sprache gäbe. Derzeitig ist die Rechnungslegung aber noch weit von diesem Ziel entfernt. Buchhalter leben in einer Art »Turm von Babel«, wo sie nicht nur unterschiedliche Sprachen sprechen, sondern auch noch die gleichen Ereignisse und Transaktionen unterschiedlich interpretieren.

Eine einheitliche Rechnungslegung ist wahrscheinlich von vielen Betroffenen schon seit Jahrzehnten für wünschenswert gehalten worden. Seit etwa zwanzig Jahren aber werden die Argumente dafür immer zwingender, und heute sieht es so aus, als sei die Vereinheitlichung nicht mehr aufzuhalten. Ein Faktor dabei ist die zunehmende Globalisierung der Wirtschaft. Multinationale Gesellschaften existieren schon lange. Aber aufgrund ökonomischer Trends gibt es nun immer mehr Anreize, die Geschäftstätigkeit wirklich international auszurichten.

Die unmittelbar bevorstehende Einführung des Euro schafft für die Unternehmen im europäischen Wirtschaftsraum wettbewerbsintensivere Rahmenbedingungen und Anpassungsdruck. Trotz langjähriger Bemühungen zur Harmonisierung der Rechnungslegung im Rahmen der EU mittels zahlreicher Richtlinien und deren Umsetzung in nationales Recht ist in der Realität kein wirklich einheitliches europäisches Bilanzierungsgefüge entstanden. Einigung auf dem kleinsten gemeinsamen Nenner, hohe Toleranz bei der Einräumung von Wahlrechten, zögerliche Umsetzung und geringer Überwachungsdruck bei der Implementierung in nationales Recht und die fehlende Konvergenz europäischer Steuersysteme insbesondere im Bereich der Unternehmensbesteuerung, dies alles sind die Gründe für wenig wirklichen Fortschritt in der europäischen Bilanzierungsrealität. Andererseits hat der nahende Euro schon hohe Konvergenz der Kapitalmärkte kreiert; Ereignisse wie das Zusammengehen der Frankfurter und der Londoner Börse und das rasante Wachstum der Euro STOXX Fondsprodukte in jüngster Zeit sprechen eine deutliche Sprache. Und während die europäischen Unternehmen noch mit Eurostrategien befaßt sind und Politik, Wirtschaft und Bilanzierungsexperten um Normenangleichung ringen, entsteht mit der Fusion von Daimler Benz AG und Chrysler Corporation ein wirklich globales Unternehmen, trotz aller offenen Fragen in Gesellschafts-, Steuer- und Bilanzierungsrecht, weil der Marktwettbewerb eine starke Präsenz in allen Kernmärkten der Triade fordert und die Aktionäre und die Kapitalmärkte die Sinnhaftigkeit eines solchen mutigen Schrittes erkennen und begrüßen. Es ist müßig, darüber zu spekulieren, ob der seinerzeit – als man noch glaubte, dem deutschen Bilanzierungsrecht europäische oder sogar weltweite Geltung verschaffen zu können – von der deutschen Industrie- und Rechnungslegungspraxis häufig kritisierte Schritt der Daimler Benz AG zur US-GAAP-Bilanzierung erst die Voraussetzungen für das Entstehen der DaimlerChrysler AG geschaffen hat und ob ein solcher Schritt ohne Daimlers Präsenz an der New Yorker Börse möglich gewesen wäre; jedenfalls war es kein Nachteil, so frühzeitig und konsequent auch in Bilanzierungsfragen global gedacht und gehandelt zu haben.

Auch die erfolgreiche Beendigung der »Uruguay-Runde« des GATT, die zur Errichtung der World Trade Organization (WTO) geführt hat, wird dafür Sorge tragen, daß das Tempo der Veränderung zumindest gleich bleibt. Die Entwicklungen in der

Europäischen Union sind ein anderer wichtiger Faktor. In den nächsten Jahren werden weitere Länder – vor allem mittel- und osteuropäische – der Union beitreten. Viele Unternehmen aus den neuen Mitgliedsländern werden dann eher einen europäischen Charakter annehmen als rein national zu bleiben, so daß immer mehr Multis entstehen.

Eng verbunden damit ist die zunehmende Globalisierung der Kapitalmärkte. Wenn Unternehmen in vielen Ländern geschäftlich tätig sind, ist es wahrscheinlich, daß sie auch in vielen verschiedenen Ländern Kapital aufnehmen möchten und sogar müssen. Sie werden dabei unterstützt vom härter werdenden Wettbewerb der Kapitalmärkte, von denen jeder seinen Anteil am weltweiten Geschäft erhöhen möchte. Möglicherweise übt dieser Wettbewerb der Kapitalmärkte einen so starken Einfluß auf die nationalen Regulierungsbehörden aus, daß sie ihre Haltung gegenüber einer Internationalisierung der Rechnungslegung revidieren. Große Kapitalmärkte bzw. Börsen – wie zum Beispiel New York – genießen einen Wettbewerbsvorteil, indem sie Unternehmen aus anderen Ländern dann zur Notierung zulassen, wenn diese nach international anerkannten Regeln bilanzieren. Um in diesem Wettbewerb mithalten zu können, könnten kleinere Börsen sogar soweit gehen und internationale Abschlüsse einheimischer Unternehmen für nationale Zwecke (Zulassung) akzeptieren. Sie würden damit der Gefahr begegnen, daß die einheimischen Gesellschaften sich mit einer Notierung an einer ausländischen Börse begnügen und gar nicht erst die Zulassung im Heimatland anstreben.

Die Welle der Privatisierung von früher staatseigenen Unternehmen hat ebenfalls eine große Rolle gespielt bei dem Trend, die Zulassung an ausländischen Börsen zu beantragen. Die Übertragung von Energieversorgungs- oder Telekommunikationsunternehmen in Privateigentum in vielen Ländern der Welt hat zusätzliche Nachfrage nach privatem Kapital geschaffen. Diese Nachfrage war häufig so groß, daß sie im Kapitalmarkt des jeweiligen Landes gar nicht bedient werden konnte. So belief sich zum Beispiel das Volumen bei der Privatisierung der Deutschen Telekom im Herbst 1996 auf über 20 Mrd. DM, die zu einem erheblichen Teil im Ausland aufgebracht wurden. Dafür mußte die Telekom aber zusätzlich zum deutschen Abschluß nach HGB eine Überleitungsrechnung nach US-GAAP veröffentlichen, um an der New York Stock Exchange zugelassen zu werden.

Angesichts der zunehmenden Globalisierung ist für die betreffenden Unternehmen eine einheitliche Rechnungslegung unabdingbar. Ein Grund dafür ist die Wirtschaftlichkeit. Falls nämlich Gesellschaften ihre Bilanzen nach mehreren unterschiedlichen Vorschriften aufstellen müssen, entweder um mit Anlegern in den verschiedenen Kapitalmärkten, in denen ihre Aktien notiert sind, zu kommunizieren oder für sonstige Zwecke im Heimatland, fallen nicht unerhebliche Kosten an. Die Unternehmen stellen dann fest, daß dies gemessen an den Standards einer vernünftig denkenden Welt verschwendetes Geld ist. Dies ist wahrscheinlich der Hauptgrund dafür, daß bisher nur vergleichsweise wenige deutsche Unternehmen Abschlüsse nach anderen Richtlinien als denen des HGB aufgestellt haben. Die Vermutung liegt nahe, daß sich nun nach Inkrafttreten des KapAEG die Anzahl der Abschlüsse nach IAS oder US-GAAP schnell erhöhen wird.

Es gibt aber noch weitergehende Gründe für eine internationale Harmonisierung der Rechnungslegung als die reine Kostenfrage. Die Unternehmen streben soviel Kongruenz wie möglich zwischen dem internen und dem externen Reporting an. Nur dann können die Maßstäbe, an denen intern die Leistung gemessen wird, mit den Maßstäben verknüpft werden, nach denen die Gesellschaft in der Öffentlichkeit (an der Börse) beurteilt wird. Am shareholder value ausgerichtete Managementvergütungsstrukturen fordern die Konvergenz externer und interner Erfolgsmessung. Eine volle Übereinstimmung zwischen internem und externem Reporting ist außer Reichweite, solange unterschiedliche Rechnungslegungsvorschriften angewendet werden müssen, um den externen Ansprüchen in verschiedenen Ländern zu entsprechen.

Es gibt aber noch »schlagendere« Argumente für eine Vereinheitlichung der Rechnungslegung: Dies ist die fundamentale Frage nach ihrer Glaubwürdigkeit. Wenn eine Gesellschaft über dramatisch unterschiedliche Jahresergebnisse berichtet, weil sie entsprechend den Regulierungen in verschiedenen Ländern berichten muß, leidet die Glaubwürdigkeit der Rechnungslegung und dies färbt auf Standing und Kredibilität des Unternehmens und seines Managements ab. Ein drastisches Beispiel dafür ist der wohlbekannte »Fall Daimler«. Die Gesellschaft veröffentlichte für das Geschäftsjahr 1994 einen Jahresüberschuß nach HGB in Höhe von 895 Mio. DM, während der Gewinn nach US-GAAP 1,05 Mrd. DM betrug. Dies war eine zwar nicht zu vernachlässigende aber vielleicht doch relativ kleine Differenz und lag in einer Größenordnung, die zu erwarten gewesen war. Die deutschen Vorschriften zur Rechnungslegung wurden als konservativer – oder auch vorsichtiger – angesehen, so daß ein Gewinnausweis aller Wahrscheinlichkeit nach niedriger als ein solcher nach US-Vorschriften ausfallen würde.

Das Ergebnis des Gechäftsjahres 1995 gab jedoch Anlaß, ein neues Kapitel für die Bilanzierungs-Lehrbücher zu schreiben. Als es veröffentlicht wurde, ging geradezu eine »Schockwelle« durch die »Rechnungslegungswelt«. Daimler wies damals einen Jahresüberschuß nach HGB von 615 Mio. DM aus -- aber die Aufbereitung des Zahlenwerkes nach US-GAAP führte zum Ausweis eines Verlustes von nicht weniger als 1,8 Mrd. DM. Kann man erwarten, daß Rechnungslegung überhaupt ernst genommen wird, wenn solche Dinge passieren können? Und der »Fall Daimler« ist beileibe nicht das einzige Beispiel. Die norwegische Norsk Hydro veröffentlichte für 1992 nach norwegischem Recht einen Gewinn von 167 Mio. Kronen und nach US-Recht einen solchen von 1,8 Mrd. Kronen. Ebenfalls im Jahre 1992 hatte die australische Gesellschaft News Corporation nach australischen Vorschriften einen Gewinn von 500 Mio. Dollar und nach amerikanischem Recht einen Gewinn von 240 Mio. Dollar. Der Fall der News Corporation mit einem Unterschied von mehr als 100% zwischen australischer bzw. amerikanischer Rechnungslegung ist besonders vielsagend, weil häufig angenommen wurde, daß Differenzen dieser Art nur aufgrund der Gegensätze zwischen der Rechnungslegung im englischsprachigen Raum und der in anderen Ländern entstehen könnten.

Vielfach werden beim Vergleich der Rechnungslegungsvorschriften verschiedener Länder zwei Kategorien gebildet. In der einen finden sich Länder wieder, wo die Finanzierung von Unternehmen mehr auf Fremdkapital- als auf Eigenkapitalbasis beruht und folgerichtig der Gläubigerschutz im Vordergrund des Bilanzierungsinteresses steht. Gleichzeitig werden die Rechnungslegungsvorschriften von fiskalischen Überlegungen dominiert, und in den herrschenden Rechtssystemen enthalten die Gesetze normalerweise detaillierte Vorschriften auch in Sachen Rechnungslegung. Der Einfluß von Steuersystemen kann besonders durchschlagend sein. Häufig haben die Unternehmen steuerliche Gestaltungsmöglichkeiten der Art, daß sie Aufwand großzügig aber Ertrag nur bescheiden zu bewerten brauchen, jedoch unter der Voraussetzung, daß diese Bewertungsmaßstäbe auch für allgemeine Berichtserfordernisse verwendet werden. Die Unternehmen sind natürlich sehr daran interessiert, diese Steuerzugeständnisse auch zu nutzen, weil flüssige Mittel betroffen sind. Auf der anderen Seite geht aber für den Anleger, der Aktien des betreffenden Unternehmens hält, ein Großteil der Tansparenz verloren.

In den Ländern der hier beschriebenen ersten Kategorie waren – zumindest in der Vergangenheit – die Kapitalgeber den Unternehmen, in die sie investiert hatten, eng verbunden, sei es aufgrund von vertraglichen Vereinbarungen hinsichtlich des Informationsflusses, sei es aufgrund einer Einbindung in das Management. Der Mangel an Transparenz in der Bilanzierung fiel dabei kaum ins Gewicht. Zu den Ländern, deren Rechnungslegungsvorschriften den hier skizzierten Charakteristika entsprechen, wird neben Japan und Frankreich auch Deutschland gezählt. Der deutsche Gesetzgeber hat sich aber in diesem Jahr mit dem KapAEG und dem KonTraG doch schon beweglich gezeigt. Dies geschah sicherlich nicht zuletzt aufgrund des Drucks der Märkte und der Unternehmen. Letztere müssen für ihren wachsenden Kapitalbedarf zusätzliche Märkte erschließen und drängen deshalb auf international anerkannte Rechnungslegungsgrundsätze.

In der anderen Ländergruppe, zu der die Vereinigten Staaten, Großbritannien, Australien und die Niederlande gehören, ist die Eigenkapitalfinanzierung vorherrschend. Auch werden die Rechnungslegungsvorschriften nicht durch fiskalische Überlegungen dominiert, weil steuerliche Gestaltungsmöglichkeiten unabhängig von der Art und Weise wahrgenommen werden können, in der die Ergebnisse den Aktionären berichtet werden (kein Maßgeblichkeitsprinzip). Diese Länder haben im allgemeinen auch private Institutionen, die als »Standardsetter« für die Rechnungslegung fungieren. Sie arbeiten dabei in einem Umfeld, in dem nicht alle Details gesetzlich geregelt sind. Die Eigenkapitalfinanzierung spielt deshalb eine so große Rolle, weil die Forderungen der Kapitalmärkte eine laufende Qualitätsverbesserung bei den Informationen erzwingen, die den Investoren zur Verfügung stehen.

Die Unterschiede in den Rechnungslegungsthemen dieser beiden Ländergruppen werden häufig mit kulturellen Unterschieden begründet. Dies könnte eine irreführende Erklärung sein, weil sie impliziert, daß jedes Land eigene Bilanzierungsvorschriften benötige. Der Wahrheit näher kommen dürfte die Vermutung, daß diese Unterschiede eher historische Hintergründe haben. In Deutschland ist es ja so, daß – wie ORDELHEIDE schreibt – die Rechnungslegung für eine Aufgabe konzipiert wurde, die eine andere Zielrichtung anpeilt als die Information von Kapitalmärkten. Die gegenwärtig noch geltenden Bilanzierungsvorschriften sind an der Ermittlung eines ausschüttbaren und besteuerbaren Gewinnes und deshalb an einer vorsichtigen Vermögensbewertung orientiert. Vorsicht bei der Gewinnermittlung und damit auch bei der Gewinnverteilung schützt die Gläubiger. Das war in der Aufbauzeit nach dem Krieg wichtig, wurde doch der Wiederaufbau der Unternehmen vor allem durch Fremdkapital finanziert. Aber die Nachkriegszeit ist vorbei. Die Eigenkapitalfinanzierung über die Kapitalmärkte gewinnt an Bedeutung und deshalb auch eine Rechnungslegung, wie sie auf internationalen Kapitalmärkten üblich ist.

Die Vereinigten Staaten haben die längste Tradition im »Standardsetting« und verfügen über die größte (private) Organisation, die Standards der Rechnungslegung ausarbeitet. Trotzdem weisen die Bilanzierungsregeln der USA Schwachstellen auf in Form von Kompromissen für die Bilanzierung unterschiedlicher Sachverhalte, bei denen genauso gut auch unterschiedliche Ansätze hätten gefunden werden können. Und bei den amerikanischen Rechnungslegern herrscht keineswegs Einmütigkeit hinsichtlich der Vorzüge oder der Nachteile solcher Kompromisse. Besonders deutlich wird dies in der anhaltenden Diskussion über die Art und Weise der Bilanzierung von Pensionsrückstellungen.

Zusammenfassend bleibt festzuhalten: Die Kapitalmärkte wachsen zusammen, Informationstechnologie überbrückt zeitliche und räumliche Distanz. Die Anleger brauchen vergleichbare, verläßliche Informationen und honorieren denjenigen, der diese liefert. Kein Land hat heute Rechnungslegungsvorschriften, die als mustergültig angesehen werden können, wenngleich US-GAAP am ehesten als richtungsweisend von den Kapitalmärkten gesehen wird. Also werden Bilanzierungsexperten vieler Länder auf internationaler Ebene noch einiges an Arbeit leisten müssen, bis eine breite Basis für eine harmonisierte Rechnungslegung gefunden ist.

Dafür scheint das IASC in London das am besten geeignete Forum zu sein. Die von ihm entwickelten International Accounting Standards (IAS) sind zwar noch nicht vollständig, haben darüber hinaus weiteren Entwicklungsbedarf und werden manchmal als zu eng angelehnt an die US-GAAP kritisiert; sie werden aber schon von vielen Börsen als Grundlage für die Zulassung von Unternehmen akzeptiert. Von besonderer Bedeutung für die Chancen der IAS, als weltweite Bilanzierungsstandards akzeptiert zu werden, ist die Zusammenarbeit des IASC mit der International Organisation of Securities Commissions (Iosco). Die beiden Organisationen planen, bis Ende 1998 gemeinsam eine erste Liste von grundlegengen internationalen Standards vorzulegen.

Damit rückt das Ziel, gegenseitig akzeptierte Standards für eine Börsennotierung auf der ganzen Welt zu formulieren, wesentlich näher. Aus deutscher Sicht ist dabei wichtig, daß durch eine Einigung auf internationale Bilanzierungsstandards auch deutschen Aktiengesellschaften der Zugang zu den Wertpapierbörsen außerhalb des europäischen Wirtschaftsraums erleichtert wird.

Meeting the Changing Needs and Challenges of the Information Age

Robert Mednick*

Contents

* Robert Mednick, Managing Partner of Arthur Andersen Professional and Regulatory Matters, Chairman of the Andersen Worldwide SC Committee on Professional and Regulatory Matters, Chairman of the AICPA (bis 1998).

It is almost passé to point out that we are in the midst of a major information revolution throughout the world. New computer and telecommunications technologies have made possible a virtual explosion of affordable information. This situation is having significant effects on substantially all aspects of society.

Among its impacts on global business, the information revolution is causing

- A shift in power from the producers to consumers of goods and services (e.g., when Henry Ford first introduced the Model T automobile, one bought whatever he brought to the market; today, on the other hand, the purchaser of a car can sit down at a computer console in the automobile dealership, select from dozens of alternative options, and literally design a unique automobile to his or her personal taste and needs)
- A transition from blue-collar to knowledge workers ... with all the attendant problems this creates for the educational and other sectors of society
- A need to reduce product-design and production cycle times as well as to get closer to customers
- The introduction of computer-integrated manufacturing
- A switch from seniority and loyalty as the basis for pay to performance-based incentive systems
- A shift from domestic to global business (e.g., even a brand new start-up entity with only one employee can »go international« the very first day of business by marketing its products or services on the Internet)
- And, most importantly, the strategic use of information technology and knowledge to gain and retain competitive advantage

We in the accounting profession are certainly not immune from the enormous changes created by the information revolution. As a matter of fact, they have serious impacts on financial reporting and auditing. While I cannot touch on all of them in this article, I do want to comment on a few of the more serious impacts on the profession, admittedly raising as many questions as I will answer.

The specific subjects I would like to cover include:

- The form and content of public financial reporting
- The internationalization of the capital markets
- Changes in the attest function
- The very definition of the profession

1. The form and content of public financial reporting

The fact that computerized systems technology has made possible a virtual explosion of affordable information is especially true with respect to the seemingly inexhaustible abundance of data available to investors and other users of financial information through a wide range of investment advisory and other services. Such information goes well beyond the boundaries of the traditional accounting system database. Even the traditional published annual report has expanded considerably during the past decade or two to include such new sections as, for instance in the United States, Management's Discussion and Analysis of the financial statements and a statement of management's responsibility for the financial information and system of internal controls.

Nevertheless, the basic form and content of the financial statements in such reports – the information with which the accounting profession is associated – has actually changed very little over the years. Such statements are still limited to past transactions, prepared in nominal dollars, and based primarily on historical costs. And they contain only limited and spotty disclosures of risks and uncertainties or the factors on which the company's future success is most dependent.

This is why, in my view, the audit function, which is directly associated with such financial statements, is quickly becoming a commodity that is increasingly purchased from whoever is the lowest bidder. The question for us is: »Is this what users really want?«

Despite assertions sometimes to the contrary, I believe investors and others want and expect more-more predictive and value-based information; more of the whys, not simply the whats, of financial data; more of an »early warning« that a company is making poor financial and other decisions or may be nearing the brink of financial collapse; and more of an opportunity to bore down into a company's database to get specific information they personally need. That is why, for instance, I believe the U.S. Securities and Exchange Commission requires registrants, in their Management Discussion and Analysis, to »focus specifically on material events and uncertainties known to management that would cause reported financial information not to be necessarily indicative of future operating results or of future financial condition.«

It is also why, in my view, two-thirds of the respondents to a survey performed for the Financial Accounting Standards Board in the U.S. more than a decade ago indicated that »qualitative information presented outside the financial statements, such as management observations, strategic plans and goals, market growth, etc., often can be more useful than quantitative measures included in the financial statements.« In this respect, even the FASB's conceptual framework acknowledges that traditional financial statements are useful to investors and others only to the extent they help to discern trends and predict the future. The problem is that in today's extremely fast-changing world, historical trends are often no longer a very good measure of likely future performance putting our historical cost-based model for financial reporting, like the horse and buggy, in serious jeopardy.

What is the solution? As I suggested over twelve years ago in a February 1986 **Journal of Accountancy** article, we could, for starters, have moved Management's

Discussion and Analysis into the financial statements or otherwise associated auditors with its description of the **meaning** of the reported financial data and its more future-related orientation.

We also could have acknowledged that the presentation of values and value changes is the objective of financial statements and have begun to at least move toward the inclusion of current values therein. In fact, we could develop a completely »new information model« that would contain much more value-oriented and predictive information as well as the key factors (e.g., backlog information, competitive factors, new product development) that will most likely determine the future success of an enterprise.

One step in that direction was marked by the work of an AICPA Special Committee on Financial Reporting in the U.S. the early part of this decade. Its charge was to consider the full range of information businesses should disclose and the appropriate extent of audit coverage for that information. Known as the Jenkins Committee, after the Arthur Andersen partner and its Chairman Ed Jenkins, the Committee focused most of its attention on what users really want and need . . . whether customers, creditors, lenders or equity investors. In fact, one of its principal breakthroughs was in seeking users' actual needs instead of, as in the past, having others (including auditors) deciding what they should have.

The key recommendations in the Committee's Report entitled »Improving Business Reporting: A Customer Focus« are summarized below:

- Extend the business information model to nonfinancial operating data (e.g., strategies, description of business and properties, and impact of industry structure) and forward-looking information (e.g., opportunities and risks, plans, and reconciliations of prior period forecasts to actual)
- Enhance financial statements and related disclosures in such areas as segment information, financial instruments, off-balance sheet financing arrangements, core vs. noncore activities, interim reporting, and the uncertainty of measurements of certain assets and liabilities
- Enhance auditing through flexible coverage, new capabilities, analytical commentary, and expanded reporting on such matters as the system of internal control and fraud detection
- Facilitate future change through expanded user input and involvement, the encouragement of voluntary experimentation, and the adoption of a longer-term vision in standard-setting

While some might argue these recommendations were relatively modest, the business community was generally opposed to them and the FASB and SEC-who would have to implement them-have been slow to pick up the charge.

A somewhat different approach to modernizing today's reporting model has been recommended by former SEC Commissioner Steve Wallman. A futurist and freethinker, Wallman has proposed what he calls a »colorized model« to introduce more relevant information into financial reports. Specifically, he would decrease the current emphasis on determining whether and when a particular item should be recognized in financial statements and focus instead on whether the item or information is relevant. In his view, this would add more »color« to the existing »black or white« accounting paradigm.

Wallman's model could, for instance, better accommodate such complex issues as derivatives, so-called off-balance sheet finance, knowledge capital, and other internally generated intangibles of increasing importance to the success of a business enterprise. However, both his proposal and the Jenkins Committee recommendations remain highly controversial and, while they clearly deserve significant future attention, major changes will not happen overnight.

2. The internationalization of the capital markets

It is clearly evident we have a global capital market today. Among other things, major swings in stock prices in one country quickly have an impact on prices in other capital markets around the world. Moreover, the amount of cross-border capital investments (both debt and equity) is now running over $1 trillion a year.

The issue for financial managers and auditors is whether we have kept up with this phenomenal growth in terms of developing an internationally accepted and well-understood language for financial reporting across national boundaries. Unfortunately, the answer-despite the issuance of over 25 international accounting standards by the IASC in the 20-plus years since its creation-is clearly No. However, the growing acceptance of IASC standards in certain developing and developed countries (e.g., filings by foreign entities with the London Stock Exchange) and the growing interest in international harmonization by stock exchanges and securities regulators bode well for the future.

In addition, academic research cosponsored by Arthur Andersen with Salomon Brothers a number of years ago should give a further lift to efforts at international harmonization. Performed by a multidisciplined team of researchers from New York University, the objective was to examine what today's accounting diversity means to investors, issuers and market regulators; how they measure such diversity; and how they cope with the resulting problems. It was based primarily on interviews with key preparers, users and regulators of financial information in five major capital markets: New York, London, Tokyo, Frankfurt and Zurich.

The result was that precisely half of those interviewed felt their capital market decisions were directly affected by accounting diversity whereas the other half indicated they had established satisfactory coping mechanisms to mitigate the problem.

Most interestingly, while a slight majority of investors fell in the first category and a slight majority of issuers in the latter, nearly all investment bankers felt that accounting diversity did affect their decisions while every regulatory body interviewed claimed it did not.

The recent commitment by the IASC to accelerate the completion of a core set of International Accounting Standards acceptable to the International Organization of Securities Commissions (IOSCO) is obviously a very significant breakthrough for international harmonization efforts. Moreover, it would appear that most, if not substantially all, securities regulators are prepared to accept financial statements prepared in accordance with international standards by at least those multinational companies that regularly seek capital in the international securities markets. The big issue is whether such statements will also prove acceptable to the U.S. Securities and Exchange Commission. We should have the answer to that question in the relatively near future.

3. Changes in the attest function

The audit function today certifies primarily **financial results** on a **periodic** basis communicating principally through a **standard auditor's report**. In the future, I believe we will see **continuous auditing** that covers-in addition to financial results-**transactions**, **third-party contracts** and **asset values** and provides a critical financial analysis as part of its regular communication process.

The question is how do we get from here to there? With respect to continuous vs. periodical auditing, a first step occurred in the early 1970s when the U.S. SEC required auditor involvement with quarterly financial information for the first time. That requirement could be expanded by mandating **timely** (as opposed to retrospective) reviews of such information for all SEC registrants. Moreover, the SEC or Congress could mandate public reporting by auditors on all public companies' systems of internal accounting control-an existing requirement for larger insured depository institutions in the U.S. Such a reporting requirement would move the profession to more of a systems-as contrasted to a periodic testing-approach to auditing. In addition, the development and implementation of on-line databases (including the Internet) should further shift the mind-set of preparers, users and auditors to a continuous reporting mode.

Similarly, the development of a new set of authoritative attestation standards by the AICPA in 1986 and recent efforts in the U.S. to identify, develop and communicate new assurance service opportunities, should fuel an extension of the basic attest function to transactions, third-party contracts and asset values. In fact, attesting to specific transactions (e.g., that a particular business combination should be accounted for as a pooling of interests) and third-party contracts (e.g., compliance with terms of loan and other agreements) were becoming fairly common even before then. And the need to attest to asset values will obviously grow as we shift more toward value-based financial information.

Finally, I believe we will see improvement in the communication of audit findings beyond the standard auditor's report. Unfortunately, auditors' special skills in financial analysis are too often not being put to full use today in advising managements and audit committees on the problem areas noted during the audit and recommended solutions for them. However, while financial statements may be static, the business problems an auditor must assess in examining them are not, and the failure to provide a critical financial analysis and recommendations could be justly criticized as contrary to the public interest. We simply must not and cannot lose sight of the fact that an audit is not an end in itself but merely one of several important means of improving the relevance and reliability of information needed by management, owners and the public.

4. The very definition of the profession

Over a decade ago now, in an article in the 1987 Special Centennial Issue of the **Journal of Accountancy**, I predicted a gradual expansion in auditor association with a growing array of information being used by decision-makers to evaluate alternative products, services and investment opportunities. In the process, I coined a new phrase-»independent information professional«-to better describe the CPA's future role in society if we were visionary enough to capture a whole new market sitting on our doorsteps for our core competencies and skills.

The article was entitled »The Scope of CPA Services: A View of the Future from the Perspective of a Century of Progress.« In it, I described »the information revolution sweeping through our society« and emphasized that »no company or society can escape its effects.« Most importantly, noting that »new information technology has dramatically increased the quality of available information while at the same time reducing the cost of obtaining, processing and transmitting it to potential users,« I predicted that this situation would place »a significant premium on the information-gathering, analyzing and evaluation skills of the CPA.«

Somewhat over a year later, in an August 1988 article in the **Journal of Accountancy**, I further expounded on my vision of this new »independent information professional.« Specifically, I emphasized that »far from outmoding accountants' traditional skills, the explosion of affordable information has placed a premium on professionals who can guide managers and others through the bewildering array of available data to find what they need.« From my perspective, »the public and private sectors need professionals to tap vast databases that will improve efficiency and create a competitive advantage.« And I went on to conclude that »no group is better positioned than the profession – by virtue of its history, training and orientation – to tap these databases, separate the wheat from the chaff, and convey worthwhile information in useful ways to managers and the public.«

While progress on this front has been far too slow, there are clear signs that all of this is finally changing and that we are finally moving toward the day of the multidisciplinary professional services organization made up of premier information professionals with a client service focus providing value-added services in a free and open marketplace. For one thing, a growing number of local and regional accounting firms in the U.S.-let alone the Big Six-are systematically and rapidly expanding their existing service lines in response to client and marketplace demands in areas such as systems integration, industry-specific software, strategy and technology consulting, assistance in capital financing and structuring, health-care consulting, corporate restructuring, and »business solutions.«

Moreover, the results of electronic polling of the approximately 250 members of the AICPA Governing Council in May of 1996 revealed that over 90% have a computer on their desk at work, 60% perform less traditional services today than five year ago with the fastest growing area of practice being consultation on strategic business issues, and over 80% say the term »accounting« is artificially limiting and that CPAs of the future will most definitely be »information and strategic business professionals.«

While I like to use the term »multidisciplinary professional services organization,« however one describes this phenomenon, it represents a completely new focus on client service and expectations in an increasingly complex and rapidly changing technological and economic environment. Moreover, I don't believe »accounting firms« need to apologize for offering one-stop shopping in this environment where companies must increasingly look to outside consultants for support in honing their competitive advantage in a global marketplace.

Finally, and most importantly, I believe the quality of audits goes up – not suffers – when a firm has the expertise in house to provide a range of other information services (e.g., appraisals and valuations, computer security reviews, actuarial services, cost studies and analyses, etc.) increasingly needed on the audit. In fact, without an expansion into other logical areas of practice where CPAs' skills can accommodate new marketplace needs, we will not have a strong enough profession to continue to provide the high-quality attest services which play an essential role in assuring efficient capital markets.

Die Bedeutung des Geschäftsberichtes aus Sicht der Presse

Hans-Christoph Noack*

Inhaltsverzeichnis

* Hans-Christoph Noack, Wirtschaftsredaktion, Frankfurter Allgemeine Zeitung.

1. Vorbemerkung

Ein Unternehmen besitzt vielfältige Formen, um mit seiner Umwelt zu kommunizieren. Werbung, Anzeigen, Pressekonferenzen, Betreuung von Besuchergruppen, Hauszeitschriften und nicht der Geschäftsbericht sind hierfür probate Mittel, die allerdings unterschiedliche Grade an Objektivität besitzen: So dürften allgemein der Wahrheitsgehalt von Werbung, Anzeigen und Hauszeitschriften eines Unternehmens eine geringere Glaubwürdigkeit in der Öffentlichkeit besitzen als die Unternehmenberichterstattung der seriösen Medien. Viel »amtlicher« mit Testat der Wirtschaftsprüfer und unter Berücksichtigung gesetzlicher Vorschriften kommt der Geschäftsbericht eines Unternehmens daher. Zwischen zumeist Hochglanzpapier und aufwendiger Aufmachung werden Bilanz, Gewinn- und Verlustrechnung sowie Lageberichte und Aussichten miteinander verbunden und sollen alle verschiedenen Externen informieren oder bestenfalls beeindrucken. Kommunikationsberater raten daher den Unternehmen, die entweder einen Geschäftsbericht abfassen müssen oder wollen, die Ausgangssituation des Unternehmens zu bestimmen, Stärken- und Schwächenprofile anzulegen um dann auf dieser Basis die »Erfolgsstory des Unternehmens« zu formulieren.

1.1 Die Zielgruppen des Geschäftsberichts

Und so lesen sich diese Geschäftsberichte auch häufig. Und sie wirken daher auf ihre Leser, die Einzelgruppierung mit Interesse oder Verbindung zum Unternehmen, unter Umständen gänzlich unterschiedlich. Zumal es verschiedene Untersuchungen gibt, die die durchschittliche Lesedauer eines Geschäftsberichtes bei nichtprofessionellen Leser von zwei bis sieben Minuten reichen. Denn auch die Informationsbedürfnisse der »Kunden des Geschäftsberichtes« sind unterschiedliche, weil ein Unternehmen heutzutage kein Privatunternehmen in dem Sinn ist, daß das, was in Unternehmen geschieht, Privatsache ist und bleiben kann. Es ist eine Teilmenge der Gesellschaft und dadurch auf vielfältige Weise mit ihr verbunden. Die wichtigsten Beziehungen eines Unternehmens mit seiner Umwelt unterhält es:

- mit den Kunden über die Produkte oder Dienstleistungen,
- mit anderen Unternehmen über die Leistungsbeziehungen,
- mit den Mitarbeitern und ihrer Familien über die Arbeitgeber- und Anteilseignerfunktion,
- mit den Gebietskörperschaften als Steuerzahler, Arbeitgeber und in Steuerfragen, der Genehmigungs- und Ansiedlungspraxis,
- mit den konkurrierenden Unternehmen in der Branche,
- mit den Medien als Objekt der Berichterstattung und der Werbung,
- mit der Politik über die gesellschaftspolitischen Auswirkungen seines Tuns,

- und nicht zuletzt mit wachsender Bedeutung mit dem Finanzgewerbe, den Kapitalmärkten sowie den existierenden und potentiellen Finanzinvestoren.

Für all diese Gruppen gesellschaftlichen Lebens ist und bleibt bis auf weiteres der gedruckte Geschäftsbericht einer Unternehmung eine der wichtigsten Informationsquellen, weil in ihm Rechenschaft über das abgelaufene Geschäftsjahr und die künftige Entwicklung abgelegt werden soll. Daher ist es dringend notwendig, daß die abgebildeten Zahlen, die Beschreibung über die Entwicklung des Unternehmens wahrhaftig, vollständig, umfassend und stetig sein sollten. Denn nur dann ist die Vergleichbarkeit der Informationen über die Zeitachse gesichert und lassen einen hinreichenden Schluß zu, ob das Wirtschaften erfolgreich gewesen ist. Diese Aufschlüsselung ist um so wichtiger in einer Zeit, da sich immer mehr Bürger, ob als Mitarbeiter oder Anteilseigner, für das einzelne Unternehmen interessieren. Wobei das Interesse des Bürgers als Eigenkapitalgeber in den vergangenen Monaten gestiegen ist, wobei der Grund nicht allein in der wachsenden Attraktivität der Aktie als Geldanlage durch die gute Börsenentwicklung zu suchen ist. Vielmehr gewinnt die Aktie als Instrument der Altersvorsorge an Bedeutung, wenn auch noch lange nicht den Stellenwert in angelsächsischen Ländern, wo die Eigenvorsorge für das Alter einen deutlich höheren Stellenwert als hierzulande erlangt hat.

Kurzum, der Veröffentlichung des Geschäftsberichtes sowie der Zwischenberichte kommt in Deutschland eine ständig wachsende Rolle zu. Diese Entwicklung hat dazu geführt, daß die Presse diesem Thema eine weit höhere Priorität einräumt als dies früher der Fall war. Dies gilt nicht nur für die großen überregionalen Tageszeitungen wie die Frankfurter Allgemeine Zeitung oder Wirtschafts- oder Börsenblättern, sondern auch viele Regionalzeitungen haben ihre entsprechende Berichterstattung ausgebaut. Hinzukommt eine wachsende Nachfrage der Bürger nach Wirtschaftsmagazinen und Fachzeitschriften, die sich ihrerseit zunehmend über die Entwicklung von Unternehmungen oder der Entwicklung ihrer Aktiennotierungen kümmern. All dies spricht dafür, daß den Medien und die für sie arbeitenden Journalisten eine wichtige Informationsmittlerfunktion zukommt, weil die Medien unmittelbar und direkt zu den ersten Informationsquellen des unternehmerischen Umfeldes zählen. Dagegen, vom Zeitbezug und ihrer Erreichbarkeit, nachrangig zu betrachten sind die Analysen von Banken und ihrer Research-Abteilungen, weil ihre unmittelbare Informationsaufarbeitung mit den in der Presse veröffentlichten Berichten nicht mithält, weil sie weniger unmittelbare Adressaten erreicht und sich vorwiegend an Finanzexperten richtet.

2. Das Dilemma des deutschen Bilanzwesens

Folgt man dem Ebengenannten, so müssen die Motive der Bilanzerstellung und Publizierung im Geschäftsbericht der Gegenstand einer kritischen Betrachtung sein. Im

Gegensatz zu den angelsächsischen Ländern werden in Deutschland Fragen des Jahresabschlusses nur aus der Sicht des Jahresabschlußerstellers, also des Unternehmens, behandelt. Die Jahresabschlußleser und ihre Bedürfnisse sind hingegen unterrepräsentiert. Zwar hat das verabschiedete Gesetz zur Kontrolle und Transparenz im Unternehmensbereich (KonTraG), den Gegenstand und den Umfang der Abschlußprüfung erweitert und das Kapitalaufnahmeerleichterungsgesetz (KapAEG), daß eine Bilanzierung nach den »International Accounting Standards« (IAS) oder nach dem nordamerikanischen »Generally Accepted Accounting Principles« (US-GAAP) ermöglicht wird, die Möglichkeit zu einer Verbesserung der Aussagefähigkeit deutscher Jahresabschlüsse eröffnet. Auch könnte die Zweiteilung in kalkulatorisches und bilanzielles, internes und externes Rechnungswesen nicht nur ins Wanken geraten, sondern die Zweiteilung kann künftig »mit Schützenhilfe des Gesetzgebers in Form des Kap AEG und des KonTraG sogar (partiell) revidiert werden« (Küting/Lorson, 1998, S. 5). Dennoch kann bislang festgestellt werden, daß in der Praxis die Meinungsführerschaft bei den Bilanzerstellern liegt. Dies ist in Deutschland, wie in vielen anderen europäischen Ländern, historisch bedingt.

2.1 Historischer Exkurs

Gemäß des ersten Gesetzes über die Rechnungslegung in Deutschland, dem Preußischen Landrecht von 1794, wird ein Kaufmann im Fall eines Konkurses bestraft, wenn er »die Balance seines Vermögens wenigsten jährlich einmal zu ziehen unterläßt und sich dadurch in Unwissenheit über die Lage seiner Umstände erhält« (Born, 1997, S. 5). Die Aktiennovelle von 1870 enthält eine Reihe von Vorschriften, »zum Schutz des Publikums gegen Übervorteilung und Täuschung einen geeigneten Ersatz zu schaffen für diejenige Fürsorge, welche bisher in der Form von Konzessionsbedingungen bei der staatlichen Prüfung und Feststellung des einzelnen Status geübt wurde«. Born führt aus, daß das Handelsgesetzbuch von 1897 erstmals die Vorschrift für den Kaufmann enthielt, daß er verpflichtet sei, »in den Büchern seine Handelsgeschäfte und die Lage seines Vermögens nach den Grundsätzen ordnungsgemäßer Buchführung ersichtlich zu machen«. In den zwanziger Jahren dieses Jahrhunderts wurde die Maßgeblichkeit der Handelsbilanz für die Steuerbilanz eingeführt. Bis heute, so Born, gebe es aber keine detaillierten Bewertungsvorschriften für die Handelsbilanz, bis heute seien nirgendwo die Grundsätze ordnungsgemäßer Buchführung (GoB) zusammengefaßt definiert, und bis heute sei das Ziel der handelsrechtlichen Rechnungslegung nirgendwo angegeben.

Ganz anders stellt sich die Entwicklung in angelsächsischen Ländern dar. Dort wurden Kapitalgesellschaften wesentlich früher gegründet, so entstand die englische Ostindische Kompanie im Jahr 1599, und der Kapitalmarkt ist deutlich besser entwickelt, was sich auch in der wesentlich größeren Aktionärszahl widerspiegelt. Auch entstand der Berufstand der Wirtschaftsprüfer, was sich an Hand der Gründungsdaten der Wirtschaftsprüferinstitute nachweisen läßt. In Großbritannien liegt das Gründungsdatum im Jahr 1870, in den Vereinigten Staaten in 1887 und in Deutschland im Jahr 1932, drei Jahre nach dem Börsenkrach von 1929.

Auch die Beweggründe zur Gründung des Berufstandes des Wirtschaftprüfers sind unterschiedliche. War der Kollaps der Finanzmärkte hierzulande der Anlaß, bewirkte er in den Vereinigten Staaten, daß die »Securities and Exchance Commission« (SEC) gegründet wurde, die ihrerseits die Wirtschaftsprüfer beauftragte, schriftlich fixierte »generally accepted accounting principles« (GAAP) auszuarbeiten. Born führt aus, daß es in den angelsächsischen Ländern zwar kaum Gesetze über die Rechnungslegung gebe, aber umfangreiche privatrechtliche Bilanzierungs- und Bewertungsvorschriften und kapitalmarktrechtliche Vorschriften, die umfangreiche Informationen gewährleisteten und Schutz böten und keine »Willkürbilanzierung« wie in Deutschland zuließen. Born schlußfolgert, daß es in der geschichtlichen Entwicklung begründet sei, daß hierzulande die Stellung des Jahresabschlußerstellers stärker sei als die des Jahresabschlußlesers.» Dies führt dazu, daß die Jahresabschlußersteller, unterstützt von Wirtschaftsprüfern und Wirtschaftswissenschaftlern, das Bilanzrecht in ihrem Sinne auslegen und den Jahresabschlußleser mit dem Hinweis auf das Vorsichtsprinzip, den Gläubigerschutz, die Kapitalerhaltung und das Steuerrecht legal täuschen dürfen«.

Nach Lück ist der Ausgangspunkt der Kritik an den Testaten der in der Regel uneingeschränkte Bestätigungsvermerk. Lück weist darauf hin, daß die Bedeutung des Bestätigungsvermerkes von der Öffentlichkeit meist mißverstanden und daher falsch interpretiert werde. Hier offenbare sich eine deutliche Erwartungslücke zwischen dem, was der von einem Prüfer bestätigten Jahresabschluß leisten kann, und dem, was er nach der Meinung der Öffentlichkeit leisten solle. Schließlich so Lück, impliziere der handelsrechtliche Bestätigungsvermerk weder eine Beurteilung der wirtschaftlichen Lage des Unternehmens noch eine Beurteilung der Ordnungsmäßigkeit der Geschäftsführung. Diese Divergenz führe dazu, daß im amerikanischen Prüfungswesen auch von einem sogenannten »Expectation Gap« gesprochen werde (vgl. Lück, 1997, S. 210).

In den Vereinigten Staaten ist die Ausgangslage hingegen anders: Durch die Bilanzierungsnormen des US-GAAP wie auch durch die Anwendung der IAS in anderen Staaten ist das Ziel der externen Rechnunglegung, dem Leser des Geschäftsberichtes entscheidungsrelevante Informationen zukommen zu lassen und wirklich Rechenschaft abzulegen. Dort ist der Investor, der Anleger und auch der Berichterstatter im Vorteil. Man ist geneigt, von einer stärkeren Kundenorientierung der Unternehmen bezüglich ihrer Informationspolitik zu sprechen.

3. Bilanzanalyse durch Dritte

Bei der Analyse der veröffentlichen Bilanzzahlen durch Dritte muß grundsätzlich nach der Interessenlage unterschieden werden. Ein Zulieferer oder ein Kunde eines Unternehmens wird eine andere Betrachtungsweise entwickeln wie die Hausbanken oder die Investoren. Daher wird es die »einzige Bilanzanalyse« nicht geben, weil der Zweck der Analyse von den Informationsbedürfnissen der einzelnen Gruppierungen abhängig ist (vgl. Leffson, 1984, S. 24). Im weiteren soll unter Bilanzanalyse im folgenden die externe gemeint sein, weil nur sie für Außenstehende an Hand des Geschäftsberichtes möglich ist, auch wenn er durch die fehlende Kenntnis der internen Daten nur zu Aussagen kommen kann, die bestenfalls ziemlich genau den Zustand der Unternehmung treffen.

3.1 Die journalistische Analyse von Geschäftsberichten

Die Öffentlichkeitswirkung von publizierten Jahresabschlußdaten eines Unternehmens darf nicht unterschätzt werden. Dies wissen die Unternehmen und werden sich bei der Abfassung des Geschäftsberichts an der erwarteten Präferenz der Medien orientieren. Damit gilt, daß Bilanzen und Erfolgsrechnungen bewußt gestaltete Informationen sind, mit denen sich eine bilanzierende Unternehmung an einen Kreis von Interessenten wendet (vgl. Hauschildt, 1992, Sp. 278). Das führt in der Regel dazu, daß der fertige Jahresabschluß noch einmal im Unternehmen auf Schwachstellen und Ansatzpunkte einer möglichen Kritik untersucht werden (vgl. Küting/Weber, 1997, S. 15). Vielfach wird dann veranlaßt, im Anhang Formulierungen zu wählen, oder auf Bilanzpressekonferenzen mit bestimmten Aussagen die Argumentationspraxis der Unternehmensführung vorzubereiten.

Allein der Faktor »Zeit« macht deutlich, daß die Gewichte ungleich verteilt sind. Hier das Unternehmen, das über Wochen und Monate an der Zusammenstellung des Geschäftsberichtes arbeitet, Informationen aus allen Teilen der Unternehmung zusammenführt, sortiert und bewertet, um letztlich einen geglätteten und häufig auf den ersten Blick stimmigen Bericht abzugeben. Auf der anderen Seite befinden sich die Medienvertreter, die zum einen erst einmal die Informationsmenge verarbeiten, aufschlüsseln und nach der Wertigkeit und Neuigkeit der Aussagen ordnen müssen, um dann wenige Stunden später einen Text abzufassen, der die wichtigsten Aussagen enthält und allgemeinverständlich abgefaßt sein sollte. Selbst wenn sich, wie in großen Zeitungen und Medien üblich, mittlerweile Branchen- und Unternehmensspezialisten herausgebildet haben, die seit geraumer Zeit die Unternehmung oder die Branche publizistisch begleiten, spielt der Zeitfaktor eine weiterhin entscheidende Rolle.

Zudem hat sich das Zeitproblem in den vergangenen Jahren verschärft. Denn das durchaus zu begrüßende Wertpapierhandelsgesetz hat partiell die Arbeitsbedingungen verschlechtert. Zwar müssen börsennotierte Unternehmen heute mittels Ad-Hoc-Mitteilung kursrelevante Nachrichten zeitnah berichten und zwar aus eigenem Antrieb, doch die Insiderregelung verhindert die vorzeitige Zusendung des Geschäftsberichtes in die Redaktionen. Damit war früher zumindestens gewährleistet, daß sich der interessierte Berichterstatter mit dem neuen Geschäftsbericht auseinander und auf seine Fragen auf der Bilanzpressekonferenz vorbereiten konnte. Er hatte zudem die Möglichkeit, Zahlen und Aussagen an Hand der vorherigen Jahresabschlüsse zu vergleichen, Tendenzänderungen aufzuspüren und mit den Zahlen von Konkurrenten zu vergleichen. Dies ist nunmehr alles in dieser Form nicht mehr möglich und wenn, nur unter großem Zeitdruck.

3.1.1 Einfluß des Wertpapierhandelsgesetzes

Auch die Möglichkeit von Hintergrundgesprächen vor der Bilanzpressekonferenz für ausgewählte Medien ist entfallen. Diese Hintergrundgespräche mit dem Vorstand ergaben einen für die Berichterstattung nützlichen Meinungsaustausch, Fragen konnten geklärt werden und Veränderungen der Unternehmenspolitik des Unternehmens wie auch in der Bilanzierungspraxis konnten durch den Vorstand erläutert werden. Wenn heute Hintergrundgespräche stattfinden, dienen sie eher einer allgemeinen Lageeinschätzung des Unternehmens oder der Kontaktpflege.

Amerikanische Medien, die schon länger sich diesen Gepflogenheiten ausgesetzt sehen, helfen sich mehr und mehr, indem sie auf Analysteneinschätzungen zurückgreifen. Hinzu kommt, daß sie von einer anderen, offeneren Informationspolitik der Unternehmen, wie beschrieben, profitieren. Dennoch greifen sie auf die Meinung von Finanzanalysten mehr und mehr zurück -- eine Form, die zunehmend auch in Deutschland geübte Praxis wird. Hieraus könnte im besten Fall eine tiefgehendere Berichterstattung der Medien resultieren, da Finanzanalysten, gemessen an den zur Verfügung gestellten Daten und Informationen und des Zeitaufwandes deutlich besser gestellt werden. Allerdings führt dies zu einer möglichen Verengung auf finanzanalytisch getriebene Sichtweisen, die in einer Zeit des Bemühens von Unternehmen vordergründig Unternehmenswerte zu schaffen aus betrieblicher Sicht sinnvoll sein mag. Doch andere Interessenten, deren Augenmerk nicht unbedingt vorhandene oder künftige Werthebel sind, werden durch eine derart fokussierte Berichterstattung nur zum Teil bedient.

3.1.2 Rolle der stillen Reserven

Die genannten Restriktionen, von denen der Zeitfaktor häufig der entscheidende ist, erschweren bei Unternehmen, die nach dem deutschen Handelsgesetzbuch (HGB) bilanzieren, die Bilanzanalyse in der Presse. Um zeitnah den vielfach anzutreffenden Willkürbilanzen auf die Spur zu kommen, muß der Berichterstatter sich den vielfältigen Wahlmöglichkeiten der deutschen Jahresabschlüsse zuwenden. Dabei fällt der Abschätzung der stillen Reserven eine wichtige Rolle zu. Denn sie sind es, durch Bildung und Auflösung, wohl das »wichtigste bilanzpolitische Instrument zur Kaschierung der tatsächlichen Unternehmenslage« (Küting, 1997, S. 11).

Denn nur in der Bennung und Darstellung der Bildung oder Auflösung stiller Reserven, kann ein Jahresabschluß in den Medien richtig bewertet werden. Geschieht das nicht oder unzureichend, kann bei der unbemerkten Auflösung stiller Reserven ein Unternehmensbericht sehr schnell die Überschrift »Bestes Ergebnis aller Zeiten« erhalten, wo bei genauer Untersuchung festgestellt werden müßte, daß das so bezeichnete Ergebnis nur die Konsequenz von »gelungener« Bilanzpolitik durch das Unternehmen ist. Ist dieser Fall eingetreten, so ist es der Unternehmung gelungen, das Urteil des Informationsempfängers, hier der Wirtschaftsjournalist, zu beeinflussen und ihn zu einem gewünschten Verhalten zu bewegen. Damit wäre eine in erster Linie nicht monitäre Zielvorstellung des Unternehmens aufgegangen, das Unternehmen und sein Wirtschaften besser zu verkaufen als es den Tatsachen entspricht. Zwar wäre die »Visitenkarte« des Unternehmens, als solcher kann der Geschäftsbericht verstanden werden, in diesem Fall leicht befleckt, doch nur bei denen, die aktuell einen höheren Rang der Erkenntnis besitzen. Andere Leser, darunter Kleinaktionäre, Geschäftspartner und Banken, würden durch eine derart gelenkte Berichterstattung vorerst getäuscht, weil über kurz oder lang die tatsächlichen Verhältnisse bekannt würden.

Aber auch Überlegungen, die nicht den ebengenannten entsprechen, können zu einer kreativen Bilanzpolitik führen. Küting führt dazu aus: »Nicht selten hat eine gewählte Bilanzierung ihre Wurzeln jedoch in unternehmensfremden Überlegungen. Insbesondere bei managerkontrollierten Unternehmen steht häufig das Bestreben der Unternehmensleitung im Vordergrund, die eigenen Leistungen durch bilanzpolitische Maßnahmen in einem möglichst günstigen Licht erscheinen zu lassen, weil zum Beispiel Fehlleistungen kaschiert, die eigene Position gestärkt oder schärfere Kontrolle der Eigentümer umgangen werden sollen. Dieser Aspekt ist gerade in Krisenzeiten hervorzuheben, denn nicht selten sind wirtschaftliche Probleme »hausgemacht«… Insbesondere die konstante Dividendenpolitik vieler Aktiengesellschaften wird durch einen beträchtlichen Teil durch das Phänomen der stillen Reserven ermöglicht« (Küting, 1996, S. 11).

3.1.3 Andere Warnsignale bei der Analyse von Geschäftsberichten

Außer der Behandlung der stillen Reserven, die die Aussagekraft von Jahresabschlüssen beeinträchtigen können, gibt es eine Vielzahl von Einflußmöglichkeiten von Unternehmen bei der Darstellung ihrer Bilanzzahlen. All diese Möglichkeiten erfordern eine genaue Analyse durch den Berichterstatter und setzt den eingehenden Vergleich mit den vorhergehenden Jahresabschlüssen voraus. Besondere Aufmerksamkeit verdient bei der Beurteilung von Geschäftsberichten, wenn ein Unternehmen im abgeschlossenen Geschäftsjahr »Sale-and-lease-back-Geschäften« getätigt wurde. Andere Signale zur eingehenderen Beschäftigung bezüglich der Stetigkeit der Bilanzierungspraxis sind erkennbare Forderungsaufwertung, größere Unterschiede bei »sonstigen betriebliche Erträgen« sowie vorgenommene Bewertungsänderungen bei den Vorräten oder Zuschreibungen bei Finanzanlagen wie auch bei der Aktivierung von Fremdkapitalzinsen und Verwaltungskosten (vgl. KÜTING, 1997, S. 115 ff.).

Diese Vorgehensweisen von Jahresabschlußerstellern sollten den Berichterstattern aus allen Medien, ganz bestimmt jedoch in Fachzeitschriften, Wirtschaftsmagazinen, ernsthafte Warnsignale sein, um in ihren Urteilen vor Schnellschüssen gefeit zu sein. Wenn dies jedoch nicht in der allgemeinen Berichterstattung weiter um sich greifen soll, bedarf es Juranalisten, die eine wirtschaftswissenschaftliche Grundausbildung besitzen und mit der allgemein üblichen Bilanzierungspraxis vertraut sind. Das ist jedoch ein hoher Anspruch. Denn um der Globalisierung der Kapitalmärkte Rechnung zu tragen, stellen deutsche Gesellschaften nicht nur Jahresabschlüsse nach dem HGB auf. Das führt dazu, daß in Deutschland die externe Rechnungslegung auf sieben verschiedene Arten erfolgt: Den HGB-Vorschriften für alle Kaufleute, HGB ergänzende Vorschriften für Kapitalgesellschaften, HGB und IAS, HGB und US-GAAP, HGB unter Beachtung der IAS, HGB unter Beachtung der US-GAAP und HGB mit dem Anspruch, auch IAS zu entsprechen. Diese Aufzählung mag genügen, um die Schwierigkeiten der Berichterstattung über Geschäftsberichte – und das zumeist unter Zeitdruck – aufzuzeigen.

4. Neue Entwicklungen

Die wachsende Internationalisierung des unternehmerischen Handelns verstärkt zwangsläufig den Bedarf an international einheitlichen und dadurch zweifelsfrei verständlichen Berichtsystemen. Das bedeutet für die Mehrzahl der deutschen Unternehmen eine Entwicklung auf die internationlen Bilanzierungsnormen, die sehr stark von den Bedürfnissen und Erwartungen der internationalen Finanzmärkte gesetzt werden. Seit dem Börsengang an die New Yorker Wall Street durch Daimler-Benz AG ist die Phalanx der deutschen Jahresabschlüsse gebrochen. Denn zum ersten Mal hatte sich damals ein deutsches Unternehmen dazu bereitfinden müssen, seine Jahresabschlußrechnung nach den Vorgaben der SEC, das heißt nach US-GAAP, zu richten. Der Stuttgarter Konzern erfuhr damals von vielen anderen Unternehmen Kritik, weil damit der Boden des HGB partiell verlassen wurde. Mit der Folge, daß die Macht des Faktischen sich auf Dauer nicht negieren ließ und weitere Unternehmungen, zuletzt die

SAP AG, dem größten deutschen Konzern auf diesem Weg gefolgt sind. Ohne auf die Einzelheiten und Auswirkungen einer US-GAAP- oder IAS-Bilanzierung eingehen zu wollen, darf vermutet werden, daß auf lange Sicht die Vorschriften des US-GAAP oder die eines äußerst nahe an diesen Vorschriften liegenden Ausprägung der IAS, der künftige Weltstandard der Abschlußrechnung sein werden.

Wird zugleich die fortschreitende Datenverarbeitung - intern und extern - sowie die Verbreitung der Internet-Nutzung in Rechnung gestellt, müssen über die Themenbereiche Jahresabschluß, Bilanzpolitik und Bilanzanalyse völlig neue Töne angeschlagen werden. Es ist wohl nicht zuviel der Spekulation, wenn vermutet werden darf, daß damit die Wahlmöglichkeiten der deutschen Jahresabschlußersteller verringert, die Transparenz steigen und der Informationszugang demokratisiert werden wird. Dies dürfte auch künftig die Beurteilung von Geschäftsberichten der Wirtschaftjournalisten erleichtern.

Ein schon heute nachzuvollziehender Vergleich deutscher gedruckter Geschäftsberichte mit denen von denselben Unternehmen hinterlegten »F2-Statements« bei der SEC zeigt (vgl. Fey, 1997, S. 3), daß dem deutschen Leser des Geschäftsberichts einige substantielle Informationen vorenthalten werden. Diese Behauptung läßt sich in der Praxis schnell belegen. Mittels Internet-Recherche bei der SEC - in der öffentlich zugänglichen »Edgar-Datenbank« - lassen sich die Unterschiede einfach nachweisen. Denn in den Vereinigten Staaten müssen börsennotierte Unternehmen ihre Geschäftsinformationen bereits seit zwei Jahren auf dem sogenannten »Edgar-System« in elektronischer Form online einreichen. Wenn jeder kostenfrei im Internet Antworten auf seine Fragen bekommt, schwindet der bisherige Wissensvorsprung der Intermediäre. Der Kleinaktionär wie auch der Berichterstatter hat damit dieselben Möglichkeiten, Fachkenntnis vorausgesetzt, wie ein Fondsmanager. Es ist daher nur eine Frage der Zeit, bis viele Medien und andere externe Jahresabschlußleser sich dieser Quellen zeitnah und umfassend bedienen und »Willkürbilanzen« deutscher börsennotierter Unternehmen der Vergangenheit angehören werden. Diese Einschätzung könnte um so schneller Realität erlangen, wenn sich zum Beispiel die Deutsche Börse AG zu einem ähnlichen Vorgehen wie die SEC entschließen könnte. Ein Anfang könnte mit denen im Neuen Markt notierten Gesellschaften gemacht werden, deren Publiziätsvorschriften am meisten den amerikanischen entsprechen. Damit wäre der Klarheit, der internationalen Verständlichkeit sowie der Wahrhaftigkeit deutscher Geschäftsberichte mehr als gegenwärtig gedient.

Literaturverzeichnis

Born, Karl (1997), Das Dilemma des deutschen Bilanzwesens, in: Blick durch die Wirtschaft vom 19.9.1997, S. 5.

Fey, Gerd (1997), Die digitale Unternehmensberichterstattung, in: Blick durch die Wirtschaft vom 9.10.1997, S. 3.

HAUSCHILDT, Jürgen (1992), Bilanzanalyse, computergestützte, in Coenenberg, Adolf Gerhard/ von Wysocki, Klaus (Hrsg.), Handwörterbuch der Revision, 2. Aufl., Stuttgart 1992, Sp. 278–283.

KÜTING, Karlheinz (1996), Erhebliche Gestaltungsspielräume, in: Blick durch die Wirtschaft vom 22.7. 1996, S. 11.

KÜTING, Karlheinz (1997), Der Wahrheitsgehalt deutscher Bilanzen, in: Küting, Karlheinz/Weber, Claus-Peter (Hrsg.), Das Rechnungswesen auf dem Prüfstand, Frankfurt 1997, S. 103–126.

KÜTING, Karlheinz / LORSON, Peter (1998), Die Vereinheitlichung des Rechnungswesens, in: Blick durch die Wirtschaft vom 10.7. 1998, S. 5.

KÜTING, Karlheinz / WEBER, Claus-Peter (1997), Die Bilanzanalyse, 3. Aufl., Stuttgart 1997.

LEFFSON, Ulrich (1984), Bilanzanalyse, 3. Aufl. Stuttgart 1984.

LÜCK, Wolfgang (1997), Das deutsche Prüfungswesen im Kreuzfeuer der Kritik, in: Küting, Karlheinz/Weber, Claus-Peter (Hrsg.), Das Rechnungswesen auf dem Prüfstand, Frankfurt 1997, S. 202–223.

Die Entwicklung der Rechnungslegungs-vorschriften der Kapitalgesellschaften im 20. Jahrhundert

Günter Wöhe*

Inhalt

* Prof. Dr. Dr. h.c. mult. Günter Wöhe, Universität des Saarlandes.

1. Die aktienrechtlichen Vorschriften des am 1.1. 1900 in Kraft getretenen Handelsgesetzbuchs

Pünktlich zu Beginn des 20.Jahrhunderts trat das Handelsgesetzbuch vom 10.5. 1897 (vgl. RGBI. 1897, S. 219) in Kraft. Es brachte gegenüber dem bisherigen Rechtszustand keine wesentlichen Änderungen des Aktienrechts. Die entscheidende Entwicklung des Aktienrechts war bereits in der zweiten Hälfte des 19. Jahrhunderts erfolgt. Nach dem Preußischen Gesetz über Aktiengesellschaften vom 9.11. 1843 (vgl. PrG 1843, S. 341) durften Aktiengesellschaften nur mit landesherrlicher Genehmigung errichtet werden. Dieses sog. **Konzessionsystem** wurde in dem von den deutschen Staaten im Jahre 1862 eingeführten **Allgemeinen Deutschen Handelsgesetzbuch** (ADHGB) zwar zunächst noch grundsätzlich beibehalten, das ADHGB überließ es jedoch den einzelnen Ländern, die staatliche Genehmigungspflicht zur Gründung einer Aktiengesellschaft durch Landesgesetz zu beseitigen.

Durch die Aktienrechtsnovelle vom 11.6. 1870 (vgl. RGBl. des Norddt. Bundes, S. 375) wurde das Konzessionssystem schließlich beseitigt und durch das »**System der Normativbestimmungen**«, d.h. durch die Einhaltung der gesetzlichen Mindestanforderungen ersetzt. Diese erwiesen sich jedoch bald als zu liberal und ermöglichten – insbesondere nach dem deutsch – französischen Kriege – ab 1871 zahlreiche unsolide Gründungen, die zu erheblichen Zusammenbrüchen führten und die Forderung nach einer erneuten Novellierung des Aktienrechts hervorriefen, der aber erst im Jahre 1884 durch die **Aktienrechtsnovelle vom 18.7. 1884** (vgl. RGBl. 1884, S. 123) Rechnung getragen wurde. Sie verschärfte die Gründungsvorschriften erheblich, insbesondere durch die Vorschriften über die Haftung der Gründer und der Organe der Gesellschaft sowie über die Gründungsprüfung durch unabhängige Prüfer und regelte die Verfassung der Aktiengesellschaft in zwingender Form. In dieser Form wurde das Aktienrecht im wesentlichen in das 1897 revidierte **Handelsgesetzbuch** übernommen.

Die aktienrechtlichen Vorschriften des HGB (§§ 178–334) sollten vor allem dem **Gläubigerschutz** dienen. Die wenigen in den §§ 260–267 HGB enthaltenen Rechnungslegungsvorschriften reichten dazu nur bedingt aus. Sie ließen die Bildung stiller Rücklagen zu und ermöglichten somit geringere Gewinnausschüttungen und die Bildung hoher Substanzwerte. Die Vorschriften bewährten sich nur bis zum Ende des ersten Weltkrieges. Danach traten durch den kriegsbedingten Währungsverfall Spekulationen in- und ausländischen Kapitals auf, gegen die das Aktienrecht keinen Schutz bot. Zur Abwehr der Überfremdung der deutschen Aktiengesellschaften durch ausländisches Kapital, die mit zunehmender Entwertung der Mark immer größer wurden, da zum Erwerb von Aktienmehrheiten immer weniger ausländische Währungseinheiten benötigt wurden, je schneller der Prozeß der Inflation in Deutschland fortschritt, wurden in großem Maße **Mehrstimmrechtsaktien** und **Vorratsaktien (Verwaltungsaktien)** geschaffen.

Mit Hilfe von Mehrstimmrechtsaktien konnten deutsche Großaktionäre, die die

Kapitalmehrheit verloren hatten, mit relativ geringen Kapitalbeträgen die Stimmenmehrheit behalten. Lauteten Mehrstimmrechtsaktien auf den Namen und wurde ihre Übertragung an die Zustimmung der Gesellschaft gebunden **(vinkulierte Namensaktien)**, so konnte auch ein Eindringen inländischer Spekulanten oder Konkurrenten in eine Gesellschaft verhindert werden. Mit den Mehrstimmrechtsaktien wurde aber bald Mißbrauch getrieben. Anfangs gewährten sie das zwei- oder dreifache Stimmrecht, später wurden sie teilweise mit hundertfachem, in Einzelfällen sogar mit tausendfachem Stimmrecht ausgestattet. Die Folge war eine dem Wesen des Aktienrechts widersprechende Trennung von Herrschaftsmacht und Übernahme von Kapitalrisiko.

Mehrstimmrechtsaktien sind nur dort wirksam, wo das Gesetz bei Entscheidungen der Hauptversammlung die **Stimmenmehrheit** vorsieht. Soweit eine Kapitalmehrheit (z.B. Dreiviertelmehrheit des in der Hauptversammlung vertretenen Aktienkapitals) verlangt wird, können **Vorratsaktien (Verwaltungsaktien)** besser gegen eine Überfremdung eingesetzt werden. Wurden z.B. junge Aktien unter Ausschluß des Bezugsrechts der bisherigen Aktionäre von einem Dritten – z.B. von einem im Interesse der Gesellschaft gebildeten Konsortium – für Rechnung der Gesellschaft übernommen, so konnte vereinbart werden, daß das Konsortium die Rechte aus den Aktien nach **Weisung der Gesellschaft** auszuüben hat. Auf diese Aktien wurde in der Regel nur der Mindesteinzahlungsbetrag von 25% des Nennwertes geleistet, den die Gesellschaft dem Übernehmer als Kredit zur Verfügung stellte. Gegen den Anspruch auf Volleinzahlung konnte der Übernehmer die Einrede geltend machen, daß er die Aktien nur für Rechnung der Gesellschaft, nicht aber für eigene Rechnung übernommen habe.

Zur Abwehr einer Überfremdung wurde außerdem das **Depotstimmrecht der Banken** in die allgemeinen Geschäftsbedingungen aufgenommen. Das hatte zur Folge, daß mit der Übergabe der Aktien in ein Bankdepot die Bank das Stimmrecht aus diesen Aktien im eigenen Namen ausüben konnte. Da die Banken oft in den Aufsichtsräten der Gesellschaften vertreten waren, aber im Interesse ihrer Geschäftsbeziehungen zur Ge-sellschaft in der Hauptversammlung ihre Stimmrechte im Sinne der Ziele der Verwaltung ausübten, war eine echte Kontrolle des Vorstandes nicht mehr gesichert.

Nach der Normalisierung der Währungsverhältnisse und dem allmählichen Aufhören der wilden Spekulation wurden die drei eben beschriebenen Instrumente – Mehrstimmrechtsaktien, Vorratsaktien und Depotstimmrecht – nicht abgebaut. Das hatte zur Folge, daß sie während der **Weltwirtschaftskrise** von der Verwaltung und den Hauptaktionären zur Wahrung eigener Interessen und zum Schaden der übrigen Interessenten mißbraucht werden konnten. Alle drei Instrumente bieten die Möglichkeit, den Willen der Aktionäre, also der wirtschaftlichen Eigentümer der Gesellschaft, zu verfälschen.

Um derartige Mißbräuche zu verhindern und die inzwischen eingetretenen Schäden nach Möglichkeit zu beheben, wurde bereits in den zwanziger Jahren eine Aktienrechtsreform vorbereitet. Sie hatte jedoch wegen der wechselnden Mehrheitsverhältnisse im Reichstag wenig Aussicht auf Erfolg. Erst einige große Zusammenbrüche während der Weltwirtschaftskrise (1930–1932) erzwangen eine Teilreform (vgl. HUECK, 1991, S. 179). Im Jahre 1931 wurden im Wege von zwei Notverordnungen drei Novellen zum Aktienrecht erlassen, da eine vollständige Aktienrechtsreform infolge der schwierigen parlamentarischen Situation zu langwierig gewesen wäre.

Die Notverordnung vom 19.9. 1931 (vgl. RGBl. I 1931, S. 493) schränkte die Möglichkeiten zum Erwerb eigener Aktien ein, verpflichtete den Vorstand zur regelmäßigen Berichterstattung an den Aufsichtsrat und erschwerte die Kreditgewährung an Mitglieder des Vorstands. Sie enthielt ferner eingehende Vorschriften für die Aufstellung des Jahresabschlusses und über den Geschäftsbericht. Eine bedeutsame Neuerung war die **Einführung der Pflichtprüfung** von Buchführung, Jahresabschluß und Geschäftsbericht durch **öffentlich bestellte externe Wirtschaftsprüfer** und Wirtschaftsprüfungsgesellschaften durch Einfügung des § 262 b in das HGB.

Die beiden anderen Novellen (vgl. RGBl. I 1931, S. 537) enthielten Vorschriften über die erleichterte Kapitalherabsetzung, da durch die schlechte Wirtschaftslage eine große Zahl von Sanierungen notwendig wurde, ferner Vorschriften über eine erleichterte Betriebstrennung und Auflösung.

Der Beseitigung wirtschaftlicher Schäden, die durch die Wahl wirtschaftlich nicht zweckmäßiger Gesellschaftsformen entstanden waren, diente das **Umwandlungsgesetz** von 1934 (vgl. RGBl. I 1934, S. 569), das durch ein **Umwandlungssteuergesetz** (vgl. RGBl. I 1934, S. 572) ergänzt wurde. Beide Gesetze erleichterten die Umwandlung von Kapitalgesellschaften in Personengesellschaften. Aktiengesellschaften und GmbH wurden nach dem Ersten Weltkrieg bis etwa 1936 im Falle der Gewinnthesaurierung steuerlich günstiger gestellt als die Personenunternehmen. Die Umwandlungsgesetze verfolgten außerdem den Zweck, Kapitalgesellschaften, die als anonyme Gesellschaftsformen dem Geist der damaligen Zeit (»Führerprinzip«) nicht entsprachen, auf Großunternehmen zu beschränken.

2. Das Aktiengesetz 1937

Durch das Aktiengesetz vom 30.1. 1937 (vgl. RGBl. I 1937, S. 107) (in Kraft getreten am 1.10. 1937) wurde das Aktienrecht aus **dem HGB ausgegliedert** und als selbständiges Gesetz umfassend neu gestaltet. Die Bestimmungen der Notverordnungen von 1931 wurden in das neue Gesetz aufgenommen, insbesondere wurde am Grundsatz der **jährlichen Pflichtprüfung** des Jahresabschlusses und des Geschäftsberichts durch öffentlich bestellte Wirtschaftsprüfer und Wirtschaftsprüfungsgesellschaften festgehalten (vgl. § 135 ff. AktG 1937). Die Ausgliederung des Aktienrechts aus dem HGB erfolgte vor allem wegen der erheblichen Zunahme der Zahl der Paragraphen. Ziel des AktG 1937 war es, »das Aktienrecht den durch den Ersten Weltkrieg und die Nachkriegszeit veränderten wirtschaftlichen Verhältnissen anzupassen« (KROPFF, 1965, S. 13) und Mißstände, wie sie sich in der Vergangenheit, insbesondere während der Weltwirtschaftskrise gezeigt hatten, zu beseitigen oder doch wenigstens erheblich einzudämmen.

Die Erhöhung des **Mindestgrundkapitals** von 100.000 auf 500.000 RM beschränkte die Rechtsform der Aktiengesellschaft auf große Unternehmen. Die Festsetzung des **Mindestnennbetrages** der einzelnen Aktie auf 1.000 RM schloß kleine Einkommensbezieher von der Finanzierung von Aktiengesellschaften aus. Das Gesetz stärkte vor allem die **Stellung des Vorstandes** gegenüber der Hauptversammlung und dem Aufsichtsrat. Nach § 70 Abs. 1 AktG 1937 hatte der Vorstand »unter eigener Verantwortung die Gesellschaft so zu leiten, wie das Wohl des Betriebs und seiner Gefolgschaft und der gemeine Nutzen von Volk und Reich es fordern.« Durch § 70 Abs. 2 AktG 1937 wurde dem Vorsitzer des Vorstands das Recht eingeräumt, bei Meinungsverschiedenheiten im Vorstand allein zu entscheiden, wenn die Satzung »nichts anderes« bestimmte. Zwar wurde dieses **Direktorialprinzip**, das einem Mitglied des Vorstands eine autoritäre Führerrolle gab und dem damals propagierten Führerprinzip entgegenkam, faktisch bereits vor 1937 in vielen Gesellschaften praktiziert, jedoch räumte das HGB bisher dem Vorstandsvorsitzer dieses Recht nicht automatisch ein. Dennoch war das AktG 1937 »kein typisch nationalsozialistisches Gesetz«, sondern bildete »in erster Linie den Abschluß langjähriger Vorarbeiten in den zwanziger Jahren« (Eckardt, 1984, S. 9).

Dem Vorstand wurde nun auch das Recht übertragen, mit Billigung des Aufsichtsrats den Jahresabschluß festzustellen. Nach § 260 Abs. 1 HGB stand dieses Recht bisher der Hauptversammlung (Generalversammlung) zu. Die Feststellung des Jahresabschlusses war allerdings nach § 135 Abs. 1 AktG 1937 nur **nach Durchführung der vorgeschriebenen Abschlußprüfung** möglich. Hatte keine Prüfung stattgefunden, konnte der Jahresabschluß nicht festgestellt werden. Ein trotzdem festgestellter Jahresabschluß war nichtig (vgl. § 135 Abs. 1 Satz 2 AktG 1937).

Das AktG 1937 erhöhte ferner zum Schutze der Gläubiger und Aktionäre die **Publizität** durch Ausbau der Gliederungs-, Bewertungs- und Prüfungsvorschriften, sowie durch den Zwang zur Angabe von Konzernverflechtungen. Durch das Verbot der Ausgabe von Mehrstimmrechtsaktien (vgl. § 12 Abs. 2 AktG 1937) und durch die Entschärfung der Vorratsaktien (Verwaltungsaktien), die zwar nach wie vor von Dritten für Rechnung der Gesellschaft übernommen werden durften, für deren Volleinzahlung aber im Gegensatz zu früher der Übernehmer ohne Rücksicht auf Vereinbarungen mit der Gesellschaft haftete (vgl. § 51 Abs. 1 AktG 1937) , wurde die Gefahr einer Verfälschung des Willens der Aktionäre erheblich reduziert.

Neu eingeführt wurden bestimmte Maßnahmen zur Kapitalbeschaffung: die bedingte Kapitalerhöhung (vgl. §§ 159 ff. AktG 1937), das genehmigte Kapital (vgl. §§ 169 ff. AktG 1937) und die stimmrechtslosen Vorzugsaktien (vgl. §§ 115 ff. AktG 1937).

Nach § 159 Abs. 2 AktG 1937 sollte die **bedingte Kapitalerhöhung**, die – da sie eine

Satzungsänderung ist – von der Hauptversammlung mit mindestens Dreiviertelmehrheit »nur zum Zweck der Gewährung von Umtausch- oder Bezugsrechten an Gläubiger von Wandelschuldverschreibungen oder zur Vorbereitung des Zusammenschlusses mehrerer Unternehmen beschlossen werden.« Der Nennbetrag des bedingten Kapitals durfte höchstens die Hälfte des bisherigen Grundkapitals betragen.

Das **genehmigte Kapital** ist eine Form der Kapitalerhöhung, die zum Zeitpunkt ihres Beschlusses nicht an einen bestimmten Finanzierungsanlaß gebunden war. Der Vorstand konnte von der Hauptversammlung mit mindestens Dreiviertelmehrheit des anwesenden Aktienkapitals für längstens fünf Jahre ermächtigt werden, das Grundkapital bis zu einem bestimmten Nennbetrag, höchstens jedoch bis zur Hälfte des bisherigen Grundkapitals durch die Ausgabe neuer Aktien zu erhöhen. Die Ausgabe der neuen Aktien darf nur mit Zustimmung des Aufsichtsrats erfolgen (vgl. § 169 Abs. 3 AktG 1937).

Dieses Verfahren sollte die Schwerfälligkeit, die einer ordentlichen Kapitalerhöhung durch eine Anzahl rechtlicher Vorschriften anhaftet, überwinden. Dem Vorstand wurde damit eine größere **Elastizität in der finanziellen Disposition**, insbesondere die Ausnutzung günstiger Situationen am Kapitalmarkt ermöglicht. Das genehmigte Kapital ist heute in den §§ 202–206 AktG 1965 geregelt.

Die **stimmrechtslosen Vorzugsaktien** stellen ein Finanzierungsinstrument dar, mit dem Eigenkapital beschafft werden soll, ohne daß sich die bestehenden Stimmrechtshältnisse in der Hauptversammlung verschieben. Sie wurden durch die §§ 115 ff. AktG 1937 eingeführt. Ihre Regelung wurde ebenfalls in das AktG 1965 übernommen (vgl. §139 ff. AktG 1965). Vorzugsaktien ohne Stimmrecht dürfen nur bis zu einem Gesamtnennbetrag in Höhe der Hälfte des Gesamtnennbetrags der anderen Aktien ausgegeben werden (vgl. § 115 Abs. 2 AktG 1937). Diese Vorschrift soll verhindern, daß der Einfluß der stimmberechtigten Stammaktionäre im Verhältnis zu ihrer Kapitaleinlage zu groß wird.

Das problematische **Depotstimmrecht der Banken** wurde im AktG 1937 zwar nicht beseitigt, jedoch erfuhr es einige Einschränkungen. Insbesondere konnte die Ermächtigung der Bank nicht mehr einfach durch Unterzeichnung der Geschäftsbedingungen, sondern mußte durch eine gesonderte schriftliche Erklärung, deren Geltung auf 15 Monate beschränkt und jederzeit widerruflich war, erteilt werden (vgl. § 114 Abs. 4 AktG 1937).

Ferner wurde das **Auskunftsrecht der Aktionäre** erweitert. Während nach bisherigem Recht die Mehrheit der Hauptversammlung darüber entscheiden mußte, ob der Vorstand einem Aktionär in der Hauptversammlung Auskunft zu erteilen hat, räumte § 112 Abs. 1 AktG 1937 jedem Aktionär in der Hauptversammlung ein Auskunftsrecht über Angelegenheiten der Gesellschaft ein, »die mit dem Gegenstand der Verhandlung im Zusammenhang stehen.« Der Vorstand durfte die Auskunft unter Berufung auf die Schutzklausel nur verweigern, wenn »überwiegende Belange der Gesellschaft oder eines beteiligten Unternehmens oder der gemeine Nutzen von Volk und Reich es fordern. Ob diese Voraussetzung vorliegt, entscheidet der Vorstand nach pflichtmäßigem Ermessen.«

3. Das Aktiengesetz 1965

3.1 Die Weiterentwicklung des Aktienrechts vor Inkrafttreten des Aktiengesetzes 1965

Kein Gesetz ist auf die Dauer vollkommen, denn es ist stets Ausdruck der gesellschaftlichen, wirtschaftlichen und politischen Verhältnisse seiner Zeit. So zeigte sich nach dem Zweiten Weltkrieg, daß auch das Aktiengesetz 1937, obwohl es sich bis dahin prinzipiell bewährt hatte, vom Standpunkt der veränderten Wirtschaftsverfassung gewisse Mängel aufwies, deren Beseitigung durch eine erneute Reform des Aktienrechts, deren Ergebnis das Aktiengesetz 1965 war, erstrebt wurde. Allerdings weist der Regierungsentwurf eines Aktiengesetzes aus dem Jahre 1958 ausdrücklich darauf hin, »daß die Herkunft des Aktiengesetzes aus der nationalsozialistischen Zeit seine Reformbedürftigkeit - von einzelnen, meist terminologischen Fragen abgesehen - nicht begründet« (Kropff, 1965, S. 13).

Nach dem Zweiten Weltkrieg ergaben sich wesentliche Änderungen des Aktienrechts vor Inkrafttreten des AktG 1965 durch folgende Gesetze:

(1) Das DM - Bilanzgesetz vom 21.8. 1949 (vgl. WiGBl. 1949, S. 279)
Der Mindestnennbetrag des Grundkapitals wurde von 500.000 RM auf 100.000 DM gesenkt, der Mindestnennbetrag einer Aktie von 1.000 RM auf 100 DM. Das Gesetz enthält detaillierte Vorschriften über die durch die Währungsreform (1948) erforderlich gewordene Neubewertung des Vermögens und der Schulden und die Neufestsetzung des Grundkapitals.

(2) Das Montan - Mitbestimmungsgesetz vom 21.5. 1951 (vgl. BGBl. I 1951, S. 347)
Es betrifft die Unternehmen des Bergbaus und der Eisen und Stahl erzeugenden Industrie, die in der Rechtsform der AG oder GmbH betrieben werden und mindestens 1.000 Arbeitnehmer haben. Die Mitbestimmung der Arbeitnehmer wird in erster Linie realisiert durch eine paritätische Besetzung des Aufsichtsrats, daneben durch Stellung eines Vorstandsmitglieds durch die Arbeitnehmer, den sog. **Arbeitsdirektor**, der für Personal- und Sozialfragen zuständig ist. Alle dem Mitbestimmungsgesetz unterliegenden Unternehmen müssen einen **Aufsichtsrat** bilden, also auch die GmbH.

(3) Das Betriebsverfassungsgesetz vom 11.10. 1952 (vgl. BGBl. I 1952, S. 681)
Es regelt die Mitbestimmung der Arbeitnehmer im Aufsichtsrat. § 76 Abs. 1 BetrVG 1952 [§ 129 BetrVG 1988 setzt die Vorschriften des BetrVG 1952 mit Ausnahme der Vorschriften über die Mitbestimmung im Aufsichtsrat (§§ 76–77 a,

81, 85 und 87 BetrVG 1952) außer Kraft] bestimmt, daß bei Aktiengesellschaften und Kommanditgesellschaften auf Aktien ein Drittel der Aufsichtsratsmitglieder aus Vertretern der Arbeitnehmer bestehen muß. Darüber hinaus müssen nach § 77 Abs.1 BetrVG GmbH mit mehr als 500 Arbeitnehmern einen Aufsichtsrat nach aktienrechtlichen Vorschriften bilden, auf den dann die Regelungen des § 76 BetrVG 1952 anzuwenden sind.

(4) Die »Kleine Aktienrechtsreform« (vgl. BGBl. I 1959, S. 789)]
Das Gliederungsschema der Gewinn- und Verlustrechnung wird zur **Bruttorechnung** erweitert, indem bisherige Saldierungen zwischen bestimmten Ertrags- und Aufwandspositionen verboten werden. Außerdem wird neben der bisher allein zulässigen Kontoform für die Gewinn- und Verlustrechnung auch die **Staffelform** erlaubt.

3.2 Die Veränderung der Kompetenzen der Aktionäre und des Vorstands

Das AktG 1965, das – mit zahlreichen Änderungen, insbesondere durch die EG-Richtlinien zur Rechnungslegung und Prüfung des Einzel- und Konzernabschlusses – heute geltendes Recht ist, hat in erster Linie **die Position der Aktionäre** gestärkt und dafür – wenn auch sehr vorsichtig – die Position des Vorstandes, die im AktG 1937 in Anlehnung des damals vertretenen »Führerprinzips« betont stark war, etwas abgeschwächt. In der Begründung zum Regierungsentwurf des AktG 1965 wird besonders darauf hingewiesen, daß die Aktionäre wirtschaftliche Eigentümer der Gesellschaft sind und daß folglich in einer Wirtschaftsordnung, die auf der Anerkennung und dem Schutz des privaten Eigentums und der freien Verfügung über das Eigentum beruht, das Aktienrecht »von dem wirtschaftlichen Eigentum der Aktionäre an dem auf ihren Kapitalbeiträgen beruhenden Unternehmen ausgehen (muß) und .... das Mitsprache- und Kontrollrecht der Aktionäre nur so weit einschränken (darf), als dies erforderlich ist, um die Funktionsfähigkeit und die Erreichung des Zweckes des Zusammenschlusses zu sichern, zu dem sich die Aktionäre freiwillig verbunden haben, sowie um die Wahrung übergeordneter wirtschafts- und gesellschaftspolitischer Ziele zu gewährleisten« (Kropff, 1965, S. 14).

Die Begründung weist ferner darauf hin, daß es im AktG 1937 »eine mit der Eigentümerstellung der Aktionäre nicht vereinbare Übersteigerung« (Kropff, 1965, S. 15) sei, die Gewinnverwendung, insbesondere die Rücklagenbildung, allein der Verwaltung der Gesellschaft zu überlassen, so daß die Aktionäre nur über die Teile des Gewinns beschließen können, »der ihnen von der Verwaltung hierfür zur Verfügung gestellt wird« (Kropff, 1965, S. 15). Deshalb müsse der Einfluß der Aktionäre auf die Gewinnverwendung »in angemessenem Umfang wiederhergestellt werden« (Kropff, 1965, S. 15).

Auf der anderen Seite wird betont, daß auch der Vorstand und der Aufsichtsrat im Interesse der Aktionäre eine starke Stellung haben müssen, »weil die Gesellschaft unter den heutigen schwer überschaubaren, ständig wechselnden und rasche Entschlüsse erfordernden Wirtschaftsverhältnissen ihrer Aufgabe nur gerecht werden kann, wenn für eine sachkundige entschlußfähige Geschäftsführung gesorgt ist. Auch daraus, daß die Aktiengesellschaft typischerweise das Sammelbecken der Kapitalbeiträge Vieler ist, folgt für die Stellung des einzelnen Aktionärs, daß er Einschränkungen hinnehmen muß, die im Interesse des gemeinsam verfolgten Zweckes seinen Willen dem der Mehrheit unterordnen« (Kropff, 1965, S. 14).

Gegenüber dem AktG 1937 ist die Kompetenz der Entscheidungen innerhalb des Vorstands verändert worden. Der Vorstand ist nicht mehr nach dem Direktorialprinzip, sondern streng nach dem **Kollegialprinzip** organisiert, d.h. bei Meinungsverschiedenheiten entscheidet die Mehrheit der Vorstandsmitglieder und nicht der Vorsitzer. § 77 Abs. 1 Satz 2 AktG stellt ausdrücklich fest, daß in der Satzung oder der Geschäftsordnung des Vorstandes nicht bestimmt werden kann, »daß ein oder mehrere Vorstandsmitglieder Meinungsverschiedenheiten im Vorstand gegen die Mehrheit seiner Mitglieder entscheiden.«

Die Stärkung der Stellung der Aktionäre, die Herabsetzung des Mindestnennbetrages der Aktie auf 50 DM – seit 1994 auf 5 DM – die Verbesserung der Publizität, die Einschränkung der Bildung stiller Rücklagen durch strengere Bewertungsvorschriften und die Einführung des körperschaftsteuerlichen Anrechnungsverfahrens (1977), durch das die von der Gesellschaft auf ausgeschüttete Gewinne gezahlte Körperschaftsteuer auf die Einkommensteuerschuld der Anteilseigner angerechnet wird, soll die Beteiligung an Aktiengesellschaften auch für **kleine Einkommensbezieher** attraktiver machen und damit einerseits die Finanzierung der Gesellschaften verbessern und andererseits die Vermögensbildung der Bezieher kleiner Einkommen fördern. Dieses Ziel ist bis heute – trotz Beseitigung der steuerlichen Diskriminierung der Aktie gegenüber anderen Anlageformen durch das körperschaftsteuerliche Anrechnungsverfahren und die Aufhebung der Vermögensteuer der Kapitalgesellschaften – nicht erreicht worden.

Auch die bereits vor dem Inkrafttreten des AktG 1965 durch das DM-Bilanzgesetz bestimmte Herabsetzung des Mindestnennbetrages einer Aktie, sowie die Schaffung sog. Volksaktien im Wege der Reprivatisierung von Bundesvermögen durch Umwandlung staatlicher Betriebe in private Aktiengesellschaften [Beispiele sind die Preussag – Aktien 1959, die VW Aktien 1961 und die VEBA-Aktien 1969, ferner die Bildung von Kapitalanlagegesellschaften (Investmentgesellschaften) (Gesetz über Kapitalanlagegesellschaften vom 16.4. 1957 in der Fassung vom 14.1. 1970; vgl. BGBl. I 1970, S. 127), die eine Risikoverteilung bei der Aktienanlage ermöglichen], haben die Aktie nur in geringem Umfange für die Bezieher kleinerer Einkommen attraktiver machen können.

3.3 Die Feststellung des Jahresabschlusses und die Gewinnverwendung

Die Stellung der Aktionäre ist im AktG 1965 auch durch die folgenden Bestimmungen, die zugleich den Gläubigerschutz verbessern, verstärkt worden:

(1) Das Recht der **Feststellung des Jahresabschlusses** liegt nicht mehr wie bisher allein bei Vorstand und Aufsichtsrat, sondern § 172 AktG 1965 sieht vor, daß Vorstand und Aufsichtsrat dieses Recht der Hauptversammlung übertragen können. Darüber hinaus bestimmt § 173 Abs. 1 AktG 1965, daß das Recht, den Jahresabschluß festzustellen, auf die Hauptversammlung übergeht, wenn der Aufsichtsrat den vom Vorstand vorgelegten Jahresabschluß nicht billigt.

(2) Das Recht von Vorstand und Aufsichtsrat, allein über die **Verwendung des Bilanzgewinns** zu bestimmen, ist beseitigt worden. Bisher war die Bildung von Rücklagen grundsätzlich Sache der Verwaltung, die Hauptversammlung konnte nur über den Teil des Gewinns beschließen, der von der Verwaltung nicht in die Rücklagen eingestellt und damit zur Ausschüttung freigegeben wurde.

Jetzt bestimmt § 58 Abs. 2 AktG 1965, daß Vorstand und Aufsichtsrat bei der Feststellung des Jahresabschlusses höchstens die Hälfte des Jahresüberschusses in die **freien Rücklagen** (andere Gewinnrücklagen) einstellen dürfen, es sei denn, die Satzung ermächtigt sie zur Einstellung eines höheren Betrages. Aufgrund einer solchen Satzungsbestimmung dürfen Vorstand und Aufsichtsrat keine Beträge in die freien Rücklagen (andere Gewinnrücklagen) einstellen, wenn die anderen Gewinnrücklagen die Hälfte des Grundkapitals übersteigen würden.

Stellt die Hauptversammlung den Jahresabschluß fest, so werden die wirtschaftlichen Interessen der Gesellschaft durch die Bestimmung geschützt, daß Beträge aus dem Jahresüberschuß bis höchstens zur Hälfte des zuvor um Beträge, die in die gesetzliche Rücklage einzustellen sind, und um einen Verlustvortrag gekürzten Jahresüberschuß in andere Gewinnrücklagen einzustellen sind (vgl. § 58 Abs. 1 AktG 1965).

Diese Vorschriften über die Aufteilung des Jahresüberschusses können bei formeller Beachtung materiell durch die Verwaltung unterlaufen werden, wenn **stille Rücklagen** gebildet werden. Trotz strengerer Bewertungsvorschriften ist das noch möglich, weil z.B. in den Herstellungskosten der Halb- und Fertigfabrikate keine anteiligen Abschreibungen aktiviert werden müssen und weil insbesondere wegen des **Prinzips der Maßgeblichkeit** der Handelsbilanz für die Steuerbilanz steuerrechtlich zur Realisierung außerfiskalischer Ziele zulässige Sonderabschreibungen, die nicht Wertminderungen erfassen, sondern die Steuerbemessungsgrundlagen reduzieren sollen, in der Handelsbilanz zugelassen werden, da sie anderenfalls auch nicht in der Steuerbilanz berücksichtigt werden könnten. Die Folge derartiger Unterbewertungen ist der Ausweis eines geringeren Jahresüberschusses und folglich bei einer Aufteilung auf Rücklagen und Bilanzgewinn je zur Hälfte ein absolut geringerer Bilanzgewinn.

3.4 Die Verbesserung der Vermögens-, Finanz- und Ertragslage

Die bisher einseitig auf den Schutz der Gläubiger ausgerichteten Bewertungsvorschriften wurden dahingehend geändert, daß neben dem Gläubigerschutz auch das Prinzip des Schutzes der Anteilseigner verstärkt Beachtung findet, insbesondere durch die Einschränkung der Möglichkeiten zur gezielten Bildung von stillen Rücklagen, durch die der Periodengewinn verfälscht und eine Täuschung der Aktionäre hervorgerufen werden kann.

Der möglichst sichere Einblick in die Vermögens- und Ertragslage, den bis zum Inkrafttreten des Bilanzrichtlinien-Gesetzes § 149 Abs. 1 AktG 1965 forderte (Diese Vorschrift erhielt durch § 264 Abs. 2 HGB folgenden Wortlaut: Der Jahresabschluß der Kapitalgesellschaft hat ... ein den tatsächlichen Verhältnissen entsprechendes Bild der Vermögens-, Finanz- und Ertragslage zu vermitteln.), muß jedoch nur **»im Rahmen der Bewertungsvorschriften«** gewährleistet werden. Zu diesen Bewertungsvorschriften gehören auch die erwähnten Bestimmungen, daß Gegenstände des Anlage- und Umlaufvermögens grundsätzlich »mit dem niedrigeren Wert, der für Zwecke der Steuern vom Einkommen und vom Ertrag für zulässig gehalten wird«, angesetzt werden.

Die **Publizität** und damit der Einblick der Aktionäre in die Vermögens-, Finanz- und Ertragslage der Gesellschaft wurde erheblich erweitert. Die **Gliederung** der Bilanz und der Gewinn- und Verlustrechnung wurde verbessert. Insbesondere die Gewinn- und Verlustrechnung des AktG 1937 wies erhebliche Mängel auf, da sie – wie oben bereits erwähnt – das Bruttoprinzip nicht beachtete, sondern umfangreiche Saldierungen von Aufwands- und Ertragspositionen erlaubte. So durfte z.B. der gesamte Materialaufwand mit den Umsatzerlösen saldiert werden, so daß sich weder der Materialaufwand, noch der Umsatz einer Periode erkennen ließen. Die Mängel der Gewinn- und Verlustrechnung wurden als so schwerwiegend empfunden, daß ihre Neugestaltung, die nach dem **Bruttoprinzip** erfolgte und neben der Kontoform auch die Staffelform erlaubte (vgl. § 132 AktG 1937 n. F. 1959), bereits durch die **sog. Kleine Aktienrechtsreform** (vgl. BGBl. I 1959, S. 789) vorgezogen wurde. Das AktG 1965 hat diese Gliederungsbestimmungen übernommen, allerdings mit der Einschränkung, daß die Gewinn- und Verlustrechnung nur noch in Staffelform aufgestellt werden darf. Die **Staffelform** hat den Vorteil, daß durch Bildung von Zwischensummen bzw. Differenzen zusätzliche Erkenntnisse über die Erfolgsentwicklung möglich sind.

Die Publizität wurde außerdem durch eine Erweiterung der **Berichtspflichten im Geschäftsbericht** vergrößert. Insbesondere war nun über Änderungen der Abschreibungs- und Bewertungsmethoden zu berichten, die Gründe für die Änderungen waren anzugeben, außerdem war die Differenz zwischen dem Jahresüberschuß (bzw. Jahresfehlbetrag), der sich nach den bisher verwendeten Methoden ergab, anzugeben, wenn er eine bestimmte im Gesetz (vgl. § 160 Abs. 2 AktG 1965 a. F.) angegebene Höhe überschritt. Durch diese Bestimmung sollte insbesondere die Bildung und Auflösung stiller Rücklagen durch Veränderung der Abschreibungsmethoden oder -sätze offengelegt werden. Diese Berichtspflichten wurden durch das Bilanzrichtlinien - Gesetz in den an die Stelle des Geschäftsberichts getretenen **Anhang** (§§ 284 ff. HGB), übernommen.

3.5 Die Regelung der verbundenen Unternehmen und die Rechnungslegung im Konzern durch das AktG 1965

Eine völlige Neuerung im Aktienrecht, die auch den Schutz der Aktionäre, insbesondere der Minderheitsaktionäre vergrößern sollte, sind die Vorschriften über die verbundenen Unternehmen, die das gesamte Dritte Buch des Aktiengesetzes 1965 (vgl. §§ 291 - 338 AktG 1965 a. F.) umfassen, und auch erstmals Bestimmungen über die Rechnungslegung im Konzern enthalten (vgl. §§ 329 - 338 AktG 1965), nach denen die Konzernobergesellschaften zur Aufstellung einer Konzernbilanz, einer Konzern - Gewinn- und Verlustrechnung und eines Konzerngeschäftsberichts verpflichtet wurden. Diese Vorschriften werden in der Begründung zum Regierungsentwurf als »Grundzüge einer Konzernverfassung« (Kropff, 1965, S. 374) bezeichnet. Die Konzernrechnungslegungsvorschriften sind - teilweise wörtlich - durch die Umsetzung der **Siebenten EG-Richtlinie (Konzernrichtlinie)** in deutsches Recht in das neue Dritte Buch des HGB (vgl. §§ 290 - 315 HGB) übernommen und im AktG 1965 aufgehoben worden.

Auch die umfangreichen Begriffsbestimmungen der **Arten der verbundenen Unternehmen** in den §§ 15 - 19 AktG und von **Unternehmensverträgen** im Sinne der §§ 291 und 292 AktG sind neu. Begründet wurden diese neuen Vorschriften mit der Tatsache, daß ein großer Teil der deutschen Aktiengesellschaften längst nicht mehr Unternehmen sind, die diese Rechtsform gewählt haben, um ihren Kapitalbedarf durch eine Vielzahl kleiner Einlagen zu decken. Von diesem Typ der Aktiengesellschaft mit weit gestreutem Aktienbesitz ging noch das AktG 1937 aus, obwohl er auch schon damals nicht mehr der vorherrschende war.

Heute ist eine große Zahl von Aktiengesellschaften dadurch charakterisiert, daß an die Stelle vieler kleiner Aktionäre ein oder einige Großaktionäre - meist in Form eines anderen Unternehmens - getreten sind. Dadurch wird die tatsächliche Leitungsmacht in den Gesellschaften erheblich verändert. Nicht mehr die verfassungsmäßigen Organe bestimmen die Gesellschaftspolitik, sondern der **Großaktionär oder die Konzernleitung**, oft auf dem Wege über den Aufsichtsrat, der überwiegend aus Vertrauensleuten des Großaktionärs oder der Konzernleitung zusammengesetzt ist. Der Aufsichtsrat leitet statt zu überwachen, und der Vorstand führt Weisungen aus statt selbständig zu leiten.

Diese Entwicklung birgt Gefahren für die **Minderheitsaktionäre** und die Gläubiger in sich, denen der Gesetzgeber durch die neuen Vorschriften entgegenwirken wollte.

Die Minderheitsaktionäre stehen in der Hauptversammlung einer gemeinsam mit den Großaktionären handelnden Verwaltung gegenüber, können also keinerlei Einfluß mehr auf die Gesellschaft nehmen und können vor allem eine Geschäftsführung und Gewinnverwendung nicht verhindern, die allein den Interessen der Großaktionäre und des Konzerns dienen. Für die Gläubiger besteht die Gefahr »daß das ihnen haftende Vermögen der Gesellschaft zugunsten des herrschenden Unternehmens geschmälert, daß die Substanz der abhängigen Gesellschaft ausgehöhlt wird« (Kropff, 1965, S. 374).

Das AktG 1965 versucht nicht, der Tendenz zur Konzentration entgegenzuwirken. Das kann auch nicht seine Aufgabe sein, denn – wie die amtliche Begründung ausdrücklich feststellt – kann es nicht zwischen wirtschafts- und gesellschaftspolitisch erwünschten Konzernen unterscheiden, »weil hierfür überwiegend außerhalb des Gesellschaftsrechts liegende Maßstäbe gelten« (Kropff, 1965, S. 374).

Das Recht der verbundenen Unternehmen im Dritten Buch des AktG 1965 ist ein reines Organisationsrecht (vgl. Havermann, 1966, S. 30). Es unterscheidet zwischen Konzernen, die auf vertraglicher Basis durch Beherrschungs- oder Gewinnabführungsverträge unter einheitlicher Leitung gebildet werden (**Vertragskonzerne**) und Konzernen, die aufgrund tatsächlicher Beherrschungsmacht (Beteiligungen) geführt werden (**faktische Konzerne**).

Beim Abschluß von Beherrschungs- und Gewinnabführungsverträgen gelten zum Schutze der Gesellschafter und der Gläubiger Vorschriften, die eine Aushöhlung des Gesellschaftsvermögens verhindern sollen (vgl. §§ 300 – 303 AktG 1965). Außerdem werden die außenstehenden Aktionäre durch die Bestimmung geschützt, daß Unternehmensverträge nur mit Zustimmung der Hauptversammlung, die mit Dreiviertelmehrheit erfolgen muß, wirksam werden (vgl. § 293 Abs. 1 AktG 1965). Ferner müssen die außenstehenden Aktionäre einen **angemessenen Ausgleich** erhalten, der bei Aktionären, die in der Gesellschaft verbleiben, in einer **Dividendengarantie**, bei ausscheidenden Aktionären in einer Beteiligung an der Obergesellschaft oder in einer **angemessenen Barabfindung** besteht (vgl. §§ 304 –307 AktG 1965).

Entstehen der abhängigen Gesellschaft aufgrund von Weisungen oder durch Maßnahmen der Obergesellschaft, die den Interessen des Gesamtkonzerns dienen, wirtschaftliche Nachteile, so ist ein besonderer Schutz der Minderheitsaktionäre in den Fällen nicht erforderlich, in denen bei Abschluß eines Beherrschungs- oder Gewinnabführungsvertrages die oben erwähnten Sicherungen zu ihrem Schutz geschaffen werden.

Ist jedoch **kein Beherrschungsvertrag** abgeschlossen worden, so besteht die Gefahr, daß die Minderheitsaktionäre einen Nachteil erleiden, wenn die abhängige Gesellschaft Weisungen der Obergesellschaft befolgen muß, die zwar den Interessen des Gesamtkonzerns oder der Obergesellschaft dienen, der abhängigen Gesellschaft aber Nachteile bringen. Der Referentenentwurf zum AktG 1965 untersagte deshalb die Ausübung von Konzernleitungsmacht ohne vertragliche Grundlage. Das AktG 1965 ist jedoch dieser Auffassung nicht gefolgt, sondern läßt zu, daß auch im faktischen Konzern die Obergeselischaft der abhängigen Gesellschaft Weisungen erteilen kann, die zu deren Nachteil sind. Der Vorstand der abhängigen Gesellschaft ist jedoch verpflichtet, jährlich einen als **Abhängigkeitsbericht** bezeichneten Bericht über die Beziehungen der Gesellschaft zu verbundenen Unternehmen aufzustellen, durch den die aufgrund von Weisungen der Obergesellschaft eingetretenen **Nachteile offengelegt** und zugleich Angaben gemacht werden müssen, ob und in welcher Weise die Nachteile durch die Obergesellschaft **ausgeglichen** worden sind.

§ 312 Abs. 1 AktG 1965 führt dazu aus: »In dem Bericht sind alle Rechtsgeschäfte, welche die Gesellschaft im vergangenen Geschäftsjahr mit dem herrschenden Unternehmen oder einem mit ihm verbundenen Unternehmen oder auf Veranlassung oder im Interesse dieser Unternehmen vorgenommen hat, und alle anderen Maßnahmen, die sie auf Veranlassung oder im Interesse dieser Unternehmen im vergangenen Geschäftsjahr getroffen oder unterlassen hat, aufzuführen.« Außerdem muß der Vorstand erklären, ob die Gesellschaft im Falle von Nachteilen eine angemessene Entschädigung erhalten hat und folglich der Gesellschaft keine Nachteile entstanden sind. Der Abhängigkeitsbericht ist vom Aufsichtsrat und vom Abschlußprüfer zu prüfen.

Neben den Rechnungslegungsvorschriften sind im AktG 1965 weitere Vorschriften zum besonderen Schutz der außerhalb des Konzerns stehenden Aktionäre geschaffen worden. Damit die Konzernverbindung schon im Entstehen sichtbar gemacht wird, ist eine **Mitteilungspflicht** (vgl. § 20 AktG 1965) eingeführt worden.

Danach hat ein Unternehmen das eine Sperrminorität (mehr als 25% der Aktien) erworben hat, dies der Gesellschaft mitzuteilen (vgl. § 20 Abs. 1 AktG 1965). Eine weitere schriftliche Mitteilungspflicht besteht, wenn eine Beteiligung zur Mehrheitsbeteiligung wird (mehr als 50% der Aktien) (vgl. § 20 Abs. 4 AktG 1965). Die Gesellschaft hat das Bestehen einer Beteiligung, das ihr nach § 20 Abs. 1 oder Abs.4 AktG 1965 mitgeteilt worden ist, unter Angabe des Namens des Unternehmens, dem die Beteiligung gehört, in den Gesellschaftsblättern mitzuteilen (vgl. § 20 Abs. 6 AktG 1965).

3.6 Die Neuregelung des Depotstimmrechts der Banken

Die Stellung der Aktionäre bei der Ausübung ihrer Rechte wurde ferner durch eine Neuregelung des Depotstimmrechts verbessert. Nach dem AktG 1937 war es zulässig, daß Aktionäre, die selbst nicht an der Hauptversammlung teilnehmen konnten oder wollten, die Bank, der sie ihre Aktien zur Verwahrung übergeben hatten, ermächtigten, das an diesen Aktien hängende Stimmrecht für sie im eigenen Namen, d.h. **im Namen der Bank** auszuüben. Dieses Depotstimmrecht war seit jeher umstritten. Vielfach wird – oft wohl nicht ganz zu Unrecht – behauptet, daß die Banken die Stimmrechte ihrer

Auftraggeber bei der Abstimmung nicht in deren Interesse, sondern im eigenen Interesse an der Gesellschaft abgeben würden, so daß in der Hauptversammlung sich u. U. nicht der Wille der Aktionäre als der wirtschaftlichen Eigentümer der Gesellschaft durchsetzen könnte. Das AktG 1965 verbietet das Depotstimmrecht zwar nicht, das – wie oben dargestellt – besonders in der Weltwirtschaftskrise zu Mißbräuchen geführt hatte, aber dennoch im AktG 1937 beibehalten wurde, regelt es aber im § 135 umfassend neu.

In der Begründung zum Regierungsentwurf zu § 135 AktG 1965 heißt es dazu zusammenfassend: »Ziel der Neuregelung ist es nicht, die Ausübung des Stimmrechts durch Banken zu unterbinden. Aufgrund ihrer Erfahrung und Sachkunde sind die Banken besonders geeignet, den Aktionär bei der Ausübung seiner Rechte zu beraten und zu unterstützen. Es gibt gegenwärtig keine Stelle, welche diese Aufgaben in derselben Weise wie die Banken erfüllen könnte« (Kropff, 1965, S. 194).

Der wesentlichste Punkt der Neuregelung ist die Bestimmung des § 135 Abs. 4 AktG 1965, nach der Kreditinstitute das Stimmrecht für Aktien, die ihnen nicht gehören, nicht mehr wie bisher in eigenen Namen ausüben dürfen, sondern im **Namen des Aktionärs** ausüben müssen. Zur Ausübung des Stimmrechts bedarf es einer schriftlichen Vollmacht des Aktionärs, die nur für längstens 15 Monate erteilt werden darf und jederzeit widerrufen werden kann (vgl. § 135 Abs. 1 und 2 AktG 1965). Diese Regelung der Bevollmächtigung entspricht der des § 114 Abs. 4 AktG 1937.

Die Vollmacht muß – wie bisher – gesondert erteilt werden und darf nicht mit anderen Erklärungen verbunden werden, darf also nicht zusammen mit den allgemeinen Geschäftsbedingungen unterzeichnet werden.

§ 128 AktG 1965 erweitert die **Mitteilungspflicht der Kreditinstitute** gegenüber ihren Depotkunden erheblich. In Abs. 2 wird dazu ausgeführt: »Beabsichtigt das Kreditinstitut in der Hauptversammlung das Stimmrecht für Aktionäre auszuüben oder ausüben zu lassen, so hat es dem Aktionär ... eigene Vorschläge für die Ausübung des Stimmrechts zu den einzelnen Gegenständen der Tagesordnung mitzuteilen. Bei den Vorschlägen hat sich das Kreditinstitut vom Interesse des Aktionärs leiten zu lassen. Das Kreditinstitut hat den Aktionär ferner um Erteilung von Weisungen für die Ausübung des Stimmrechts zu bitten und darauf hinzuweisen, daß es, wenn der Aktionär nicht rechtzeitig eine andere Weisung erteilt, das Stimmrecht entsprechend seinen ... Vorschlägen ausüben werde.«

3.7 Die Erweiterung des Auskunftsrechts der Aktionäre

Das Auskunftsrecht der Aktionäre, das bereits in § 112 AktG 1937 verändert war, wurde im AktG 1965 dadurch erweitert, daß die Gründe, wegen derer der Vorstand die Auskunft verweigern kann, im Gesetz erschöpfend aufgezählt werden (vgl. § 131 Abs. 3 AktG 1965) und daß über die Verweigerung nicht mehr der Vorstand allein nach pflichtgemäßem Ermessen entscheidet, sondern eine gerichtliche Nachprüfung in einem besonderen Verfahren (vgl. § 132 AktG 1965) beantragt werden kann.

4. Die Weiterentwicklung der Rechnungslegungs- und Prüfungsvorschriften durch die Umsetzung der Richtlinien der EG-Kommission in deutsches Recht

4.1 EG-Richtlinien zur Koordinierung des Gesellschaftsrechts (Überblick)

Artikel 54 Abs. 3 Buchstabe g des EWG-Vertrages (vgl. BGBl. II 1957, S. 766) schreibt die Harmonisierung bestimmter gesellschaftsrechtlicher Mindestanforderungen innerhalb der Gemeinschaft vor. Dadurch sollen die Interessen Dritter und der Gesellschafter geschützt werden. Da es eine Illusion wäre, anzunehmen, daß innerhalb weniger Jahre oder Jahrzehnte ein für alle Mitgliedstaaten der inzwischen in mehreren Schritten zur EU mit 15 Mitgliedstaaten erweiterten EWG verbindlich ein einheitliches Unternehmensrecht geschaffen werden könnte, beschränkt sich der EWG-Vertrag auf Vorschriften zur Harmonisierung des **Gesellschafts-, Bank- und Versicherungsrechts** mittels einer Anzahl von Richtlinien, die gem. Art. 189 Abs. 3 EWGV innerhalb vorgegebener Fristen in nationales Recht umgesetzt werden müssen.

Der Rat der Europäischen Gemeinschaft hat von seiner Richtlinienkompetenz Gebrauch gemacht und im Rahmen der EG-Rechtsangleichung mehrere Bilanzrichtlinien zur Koordinierung der Rechnungslegungsvorschriften erlassen. Diese an die Mitgliedstaaten gerichteten Ergebnisse der EG-Rechtslegung sind **Anweisungen an die nationalen Gesetzgeber**, die in den Richtlinien niedergelegten Mindestanforderungen im nationalen Recht zu berücksichtigen, d.h. **das nationale Recht anzugleichen**. Den Mitgliedstaaten steht es aber frei, im Einzelfall strengere gesetzliche Vorschriften zu erlassen, wenn diese der jeweiligen Richtlinienkonzeption entsprechen.

Die EG-Richtlinien zur Rechnungslegung und Prüfung von Unternehmen und Konzernen schaffen also kein einheitliches, übernationales europäisches Recht, das in für alle Mitgliedstaaten gleichermaßen geltenden Gesetzen kodifiziert ist, »sondern ein in den wesentlichen Punkten angeglichenes nationales Recht« (Weber-Braun, 1995, Rn. 5). »**Harmonisierung**« bedeutet also nicht Schaffung eines übernationalen einheitlichen Rechts für alle Mitgliedstaaten, sondern Angleichung sich widersprechender Rechnungslegungsgrundsätze, um die Vergleichbarkeit der Rechnungslegung in den einzelnen Mitgliedstaaten zu ermöglichen. **Rechtsangleichung** »hat die materielle Gleichwertigkeit der nationalen Vorschriften zum Ziel. Rechtsangleichung bedeutet nicht Rechtsvereinheitlichung« (Bank, 1995, Rn. 20).

Die Richtlinien setzen einen Rahmen, innerhalb dessen »abweichende aber dennoch kompatible d.h. sich inhaltlich nicht ausschließende Regelungen nebeneinander fortbestehen« (KLEEKÄMPER/KUHLEWIND, 1997, Rn. 14). ROST versteht unter einer Harmonisierung der Rechnungslegung einen Vorgang, »bei dem die Anzahl der Unterschiede in den Rechnungslegungspraktiken zwischen den Rechnungslegungssystemen zweier (oder mehrerer) Länder durch wechselseitige Aufgabe bzw. Übernahme von Rechnungslegungspraktiken reduziert wird und so eine Konzentration auf eine reduzierte Anzahl übereinstimmender gemeinsamer internationaler Rechnungslegungspraktiken erfolgt« (ROST, 1991, S. 21). Der in der 4. EG-Richtlinie verankerte Grundsatz, daß der Jahresabschluß ein der den tatsächlichen Verhältnissen entsprechendes Bild der Vermögens-, Finanz- und Ertragslage der Gesellschaft (true and fair view) vermitteln soll, der wörtlich in den § 264 Abs. 2 HGB übernommen worden ist, »reicht wegen der ausdrücklich erlaubten Fortführung nationaler Traditionen hierfür nicht aus« (BIENER, 1996, S. 95).

Die **Erste Richtlinie (Publizitätsrichtlinie)** des Rates der Europäischen Gemeinschaft vom 9. März 1968 wurde durch das Gesetz vom 15.8. 1969 (vgl. BGBl. I 1969, S. 1146) umgesetzt. Es begründete zusätzliche Pflichten zur Offenlegung des Jahresabschlusses und Lageberichts von Kapitalgesellschaften und zur Registereintragung (Handelsregister, Gesellschaftsblätter, Geschäftsbriefe).

Die **Zweite Richtlinie (Kapitalschutzrichtlinie)** vom 13.12. 1976 wurde durch das Gesetz vom 13.12. 1978 (vgl. BGBl. I 1978, S. 1959) transformiert. Es verschärfte die Vorschriften über die Sacheinlagen bei der Gründung und Kapitalerhöhung und schränkte den Erwerb eigener Aktien ein.

Die **Dritte Richtlinie (Verschmelzungsrichtlinie)** wurde durch das Verschmelzungsrichtliniengesetz vom 25.10. 1982 (vgl. BGBl. I 1982, S. 1425) mit Wirkung vom 1.1. 1983 in deutsches Recht umgesetzt und hat die Verschmelzungsmöglichkeiten der Aktiengesellschaften erweitert. Das Recht der Verschmelzung wurde inzwischen mit Wirkung vom 1.1. 1995 aus dem Aktiengesetz ausgegliedert [Das Vierte Buch des AktG 1965 (§§ 339 – 393) wurde gem. Art. 6 Nr. 12 des Gesetzes zur Bereinigung des Umwandlungsrechts mit Wirkung vom 1.1. 1995 aufgehoben. Gleichzeitig wurden das AktG und GmbHG um eine Anzahl von Vorschriften ergänzt.] und gem. Art. 1 des **Umwandlungsbereinigungsgesetzes (UmBerG)** in das **Umwandlungsgesetz 1995** übernommen (vgl. BGBl. I 1994, S. 3210).

Durch dieses Gesetz wurde auch die **Sechste EG-Richtlinie (Spaltungsrichtlinie)** vom 17.12. 1982 umgesetzt und in das Umwandlungsgesetz 1995 übernommen, das die Möglichkeiten der Umwandlung durch Verschmelzung, durch Spaltung im Wege der Aufspaltung, der Abspaltung und der Ausgliederung, durch Vermögensübertragung und durch Formwechsel in einem Gesetz zusammenfaßt.

In diesem Zusammenhang interessieren vor allem die drei Richtlinien, die sich mit der Rechnungslegung und Prüfung von Unternehmen und von Konzernen befassen und die gemeinsam im Bilanzrichtlinien – Gesetz vom 19.12. 1985 (vgl. BGBl. I 1985, S. 2355) umgesetzt worden sind. Die am 25.7. 1978 verabschiedete **Vierte EG-Richt-**

linie (Bilanzrichtlinie) (Amtsblatt der europäischen Gemeinschaften Nr. L 222 vom 14. 8. 1978) dient der Koordinierung der einzelstaatlichen Vorschriften über die Gliederung und den Inhalt des Jahresabschlusses und des Lageberichts sowie über die Bewertung der in den Jahresabschluß aufzunehmenden Gegenstände und über die Offenlegung des Jahresabschlusses und des Lageberichts. Die Vorschriften der Richtlinie erstrecken sich im deutschen Bereich auf Aktiengesellschaften, Kommanditgesellschaften auf Aktien, Gesellschaften mit beschränkter Haftung und Genossenschaften.

Die am 13.6. 1983 erlassene **Siebente EG-Richtlinie (Konzernabschlußrichtlinie)** (Amtsblatt der Europäischen Gemeinschaften Nr. L 193 vom 18.6. 1983) enthält Vorschriften über die Aufstellung und den Inhalt des Konzernabschlusses und des Konzernlageberichts und ist als Ergänzung der Bilanzrichtlinie anzusehen. Obwohl das nationale Recht erst bis zum 31.12. 1987 an die Vorschriften der Siebenten EG-Richtlinie anzupassen war, erfolgte die Transformation in deutsches Recht im Interesse der Einheitlichkeit der gesetzlichen Regelungen zur Rechnungslegung, Prüfung und Offenlegung bereits im Bilanzrichtlinien – Gesetz und trat somit ebenfalls am 1.1. 1986 in Kraft. Konzernjahresabschlüsse und Konzernlageberichte waren jedoch nach neuem Recht erstmals für das nach dem 31.12. 1989 beginnende Geschäftsjahr aufzustellen. Die neuen Vorschriften durften aber auch für ein früheres Geschäftsjahr angewendet werden, »jedoch nur insgesamt« (Art. 23 Abs. 2 EGHGB).

Die **Achte EG-Richtlinie (Prüferrichtlinie)** vom 10.4. 1984 (Amtsblatt der Europäischen Gemeinschaften Nr. L 126 vom 12. Mai 1984, S. 20 ff.) regelt die Zulassungsvoraussetzungen für die mit der Pflichtprüfung von Jahresabschlüssen und Lageberichten von Kapitalgesellschaften und Konzernen beauftragten Personen. Diese Richtlinie wurde ebenfalls im Rahmen des Bilanzrichtlinien – Gesetzes vom 19.12. 1985 in deutsches Recht umgesetzt. Dabei wurde der Beruf des **vereidigten Buchprüfers** wieder eingeführt. Vereidigte Buchprüfer dürfen Abschlußprüfer von Jahresabschlüssen und Lageberichten mittelgroßer GmbH sein (vgl. § 319 Abs. 1 HGB). Die durch das Bilanzrichtlinien – Gesetz geänderte **Wirtschaftsprüferordnung (WPO)** (vgl. BGBl. I 1985, S. 2355 ff.) sieht für Steuerberater und Rechtsanwälte unter bestimmten Voraussetzungen eine verkürzte Prüfung zum vereidigten Buchprüfer vor (vgl. §§ 131,131a WPO).

Die Besonderheiten des Jahresabschlusses und des konsolidierten Abschlusses von Kreditinstituten und Versicherungen wurden in der Bankbilanzrichtlinie vom 8.12. 1986 bzw. der Versicherungsbilanzrichtlinie vom 19.12. 1991 (vgl. BGBl. I 1991, S. 2570) geregelt. Die Umsetzung in deutsches Recht erfolgte durch das Bankbilanzrichtlinien-Gesetz vom 30.11. 1991 (BGBl. I 1991, S. 2570) bzw. durch das Versicherungsbilanz-Gesetz vom 24.6. 1994 (BGBl. I 1991, S. 1377). Beide Anpassungen erfolgten im Dritten Buch des HGB und zwar in den §§ 340 bis 340o bzw. 341 bis 341o HGB.

4.2 Die Ziele der Vierten EG-Richtlinie (Bilanzrichtlinie)

Die bisher bestehenden erheblichen Unterschiede in den gesetzlichen Vorschriften der Mitgliedstaaten über Inhalt, Gliederung und Bewertung des Jahresabschlusses und über die Offenlegungs- und Prüfungspflichten beeinträchtigen die **Vergleichbarkeit der Jahresabschlüsse** und können sich in Verbindung mit Unterschieden in der steuerlichen Belastung von Gewinnen und Vermögen von Land zu Land restriktiv auf die Standortwahl und auf den Kapitalmarkt auswirken. Insbesondere unterschiedlich strenge oder weite Bilanzierungspflichten und Bilanzierungswahlrechte sowie unterschiedlich zwingende Bewertungsvorschriften und Bewertungswahlrechte können zur Folge haben, daß bei völlig gleicher Vermögens- und Ertragslage mehrerer Unternehmen dennoch von Land zu Land ein unterschiedlich hoher Gewinn und ein unterschiedlich hohes Vermögen in der Handels- und Steuerbilanz ausgewiesen werden kann.

Ein wesentliches Ziel der im Bilanzrichtlinien – Gesetz umgesetzten 4. EG-Richtlinie besteht darin, durch die **Koordinierung der einzelstaatlichen Vorschriften** über Gliederung und Inhalt des Jahresabschlusses und des Lageberichts sowie über die Bewertungs- und Abschreibungsmethoden einerseits und über die Publizität der Rechnungslegung andererseits die Anteilseigner und die übrigen am Jahresabschluß interessierten Personen solcher Gesellschaften zu schützen, deren Haftung auf das Gesellschaftsvermögen beschränkt ist.

Der deutsche Gesetzgeber mußte deshalb neben den aktienrechtlichen Rechnungslegungsvorschriften auch die Vorschriften über die Rechnungslegung von Gesellschaften mit beschränkter Haftung (GmbH) novellieren (vgl. Art. 1 Abs. 1 der 4. EG-Richtlinie).

Da die 4. EG-Richtlinie für alle **Unternehmen der gleichen Rechtsform** innerhalb der EG vergleichbare Bedingungen schaffen will, überrascht es auf den ersten Blick, daß die gleichen Rechnungslegungsvorschriften auf Unternehmen **unterschiedlicher** Rechtsform angewendet werden müssen. Die Harmonisierung der Rechnungslegung aller Formen von Kapitalgesellschaften wird damit begründet, daß einerseits die Tätigkeiten dieser Gesellschaften über die Grenzen hinaus reichen und miteinander konkurrieren und andererseits in den einzelnen Mitgliedstaaten bei der Wahl der Rechtsform für vergleichbare unternehmerische Tätigkeiten zum Teil erhebliche Unterschiede bestehen. Im Interesse eines unverfälschten Wettbewerbs sei es daher erforderlich, auf dem Gebiet der Rechnungslegung soweit wie möglich gleiche Anforderungen zu stellen (vgl. BT-Drucksache 6/2875, S. 29).

Kritisch ist dazu anzumerken, daß negative Auswirkungen auf den Wettbewerb nicht allein davon ausgehen, daß das nationale Recht eine Anzahl von Rechtsformen zur Verfügung stellt. Vielmehr ergeben sich unerwünschte Konsequenzen dadurch, daß die Wahl der Rechtsform zu weiteren, in den Mitgliedstaaten unterschiedlichen Rechtsfolgen, insbesondere **auf steuerlichem Gebiet**, führt bzw. daß andere rechtliche Rahmenbedingungen die Wahl der Rechtsform beeinflussen.

Die gegenüber dem vor Inkrafttreten des Bilanzrichtlinien-Gesetzes geltenden im deutschen Recht strengeren Rechnungslegungsvorschriften für die GmbH und die **Einbeziehung der GmbH** in die Offenlegungs- und Prüfungspflichten werden auch damit begründet, daß »sich in der Rechtsform der Gesellschaft mit beschränkter Haftung ein wichtiger Teil der Industrie der Gemeinschaft organisiert« habe (BT-Drucksache 6/2875, S. 29). Die Unternehmen in der Rechtsform der Gesellschaft mit beschränkter Haftung sind global gesehen ohne Zweifel von wirtschaftlicher Bedeutung. Berücksichtigt man aber die vergleichsweise hohe Zahl von Neugründungen mit geringem Stammkapital (Mindeststammkapital der GmbH 50.000 DM), so erreichen die einzelnen Unternehmen in dieser Rechtsform meist nicht das wirtschaftliche Gewicht großer Aktiengesellschaften. Es gibt allerdings einige große GmbH, die gemessen am Stammkapitel, am Umsatz und an der Beschäftigtenzahl wirtschaftlich bedeutsamer sind als manche kleinere Aktiengesellschaft. Das trifft aber auch auf einige wenige große Personenunternehmen zu.

4.3 Aufbau und Inhalt des Bilanzrichtlinien-Gesetzes

Das deutsche Bilanzrecht war bis zum Inkrafttreten des Bilanzrichtlinien – Gesetzes für alle Unternehmen – mit Ausnahme der Aktiengesellschaften – völlig unzureichend. Das im Jahre 1900 in Kraft getretene Handelsgesetzbuch (HGB) enthielt bis dahin weder Vorschriften über die Gliederung der Bilanz, noch forderte es eine Gewinn- und Verlustrechnung. Außerdem waren auch die Vorschriften über die Bewertung der Bilanzpositionen unscharf und auslegungsbedürftig. Diese Schwäche des Handelsrechts wirkte sich aber in der Praxis der Bilanzierung nur bedingt aus,

(1) weil die Unternehmen trotz mangelnder gesetzlicher Regelung schon auf der Grundlage der sog. **Grundsätze ordnungsmäßiger Buchführung und Bilanzierung (GoB)** bilanzierten, die als Gewohnheitsrecht anzuwenden waren; zu diesen Grundsätzen ordnungsmäßiger Buchführung und Bilanzierung zählen z.B. die Grundsätze der Klarheit und Übersichtlichkeit der Bilanzierung, der Kontinuität der Gliederung und Bewertung sowie der Bewertung nach dem Nominalwertprinzip und der Grundsatz, daß noch nicht durch Umsatz realisierte Gewinne (z.B. Wertsteigerungen oder inflatorische Preissteigerungen über die historischen Anschaffungskosten) nicht ausgewiesen werden dürfen, während aus Gründen der kaufmännischen Vorsicht wahrscheinliche Wertminderungen bereits zu berücksichtigen sind;
(2) weil in den detaillierten **Rechnungslegungsvorschriften des Aktiengesetzes** (AktG 1965) die genannten für Unternehmen aller Rechtsformen geltenden Grund-

sätze ordnungsmäßiger Bilanzierung kodifiziert waren und deshalb nach herrschender Ansicht diese aktienrechtlichen Rechnungslegungsvorschriften auch von **Unternehmen anderer Rechtsformen** anzuwenden waren und in der Praxis insbesondere von GmbH auch angewendet wurden;

(3) weil die wesentlich strengeren **Gewinnermittlungsvorschriften des Steuerrechts** in der Vergangenheit wie auch heute dadurch einen erheblichen Einfluß auf die Handelsbilanz hatten und noch haben, da nach deutschem Recht die Handelsbilanz für die Steuerbilanz maßgeblich ist (Prinzip der Maßgeblichkeit); d.h. die handelsrechtlichen Bilanzansätze gelten auch für die Steuerbilanz, soweit das Steuerrecht nicht zwingend andere Ansätze vorschreibt. Soweit das Steuerrecht Wahlrechte zuläßt (z.B. bei der Wahl der Abschreibungsmethode), müssen sie so ausgeübt werden wie in der Handelsbilanz. Da kleine und mittlere Betriebe aus Gründen der Arbeitsvereinfachung nur eine Bilanz aufstellen, die sie zugleich als Handels- und als Steuerbilanz verwenden, müssen sie in der Regel auch die strengeren steuerlichen Vorschriften in der Handelsbilanz berücksichtigen, damit diese als Steuerbilanz verwendbar wird. Das Maßgeblichkeitsprinzip wird also **umgekehrt**.

Im Gegensatz zu den wenigen allgemeinen Vorschriften im Handelsgesetzbuch hatten sich die detaillierten Rechnungslegungsvorschriften des Aktiengesetzes in der Fassung von 1965 so bewährt, daß sie in vielen Bereichen das **Vorbild für die Vierte EG-Richtlinie** abgeben konnten und folglich das bisherige deutsche Aktienrecht im Rahmen der Angleichung an die Bilanzrichtlinie durch das deutsche Bilanzrichtlinien-Gesetz nur geringfügig geändert werden mußte. Da das GmbH-Gesetz bisher keine entsprechenden Rechnungslegungsvorschriften enthielt, stellten insbesondere größere GmbH ihre Jahresabschlüsse nach den aktienrechtlichen Gliederungs- und Bewertungsvorschriften auf.

Da die Vierte EG-Richtlinie die Harmonisierung der Rechnungslegungsvorschriften auf Kapitalgesellschaften (Aktiengesellschaften und GmbH bestimmter Größe) beschränkt, stand der deutsche Gesetzgeber vor der Frage,

(1) ob er lediglich die Vorschriften des **Aktiengesetzes** und des GmbH-Gesetzes an die 4. Richtlinie anpassen sollte oder
(2) ob er ein völlig neues, **selbständiges Rechnungslegungsgesetz** schaffen sollte oder
(3) ob er im Interesse der Vereinheitlichung des Bilanzrechts **im Handelsgesetzbuch** sowohl allgemeine, rechtsformunabhängige Rechnungslegungsvorschriften als auch für alle Kapitalgesellschaften geltenden ergänzenden Rechnungslegungs-, Offenlegungs- und Prüfungsvorschriften kodifizieren und in den Spezialgesetzen wie dem AktG und dem GmbHG lediglich rechtsformspezifische Ergänzungen vornehmen sollte.

Der Gesetzgeber entschied sich für die letztgenannte Lösung. Daß er darauf verzichtete, ein selbständiges Rechnungslegungsgesetz zu erlassen, sondern statt dessen die Grundsätze der Rechnungslegung geschlossen im HGB darstellt, hat folgende Gründe (vgl. BR-Drucksache 257/83, S. 64 f.):

(1) Die **Einheit des Handelsrechts** soll gewahrt werden.
(2) **Mehrfachregelungen** in verschiedenen Gesetzen und Verweisungen auf Spezialgesetze sollen vermieden werden.
(3) Es soll verhindert werden, daß die handelsrechtlichen Grundsätze ordnungsmäßiger Bilanzierung sich für Unternehmen verschiedener Rechtsformen unterschiedlich entwickeln und damit **der Grundsatz der Maßgeblichkeit** der Handelsbilanz für die Steuerbilanz nicht aufrecht erhalten werden kann. Dadurch könnte die steuerliche Gleichbehandlung der Unternehmen in Frage gestellt werden.

Die Spezialgesetze wie das Aktiengesetz, das GmbH-Gesetz, das Genossenschaftsgesetz u.a. enthalten deshalb nur noch solche Regelungen zur Rechnungslegung und Prüfung, die jeweils nur für die betreffende Rechtsform von Bedeutung sind.

Das Bilanzrichtlinien-Gesetz ist also **kein selbständiges Gesetz**, sondern es enthält ein **neues Drittes Buch des HGB** über die Aufstellung, Prüfung und Offenlegung des Jahresabschlusses und des Lageberichtes der Kapitalgesellschaften und Konzerne sowie die sich aus diesen Vorschriften ergebenden Folgeänderungen in Spezialgesetzen. Dadurch konnte insbesondere das Aktiengesetz um viele Vorschriften entlastet werden, die bisher nur für Aktiengesellschaften, heute aber auch für Unternehmen anderer Rechtsformen gelten.

Das neue Dritte Buch des HGB ist in einen **allgemeinen Teil** (Vorschriften für alle Kaufleute, §§ 238–263 HGB), der für Unternehmen aller Rechtsformen und Größenklassen gilt, und in einen speziellen Teil untergliedert, der ergänzende Vorschriften für Kapitalgesellschaften und Konzerne (§§ 264–335 HGB) sowie für Genossenschaften (§§ 336–339 HGB) enthält.

Im allgemeinen Teil finden sich vorwiegend solche Vorschriften, die bereits als **nicht kodifizierte GoB** Gültigkeit hatten und angewendet wurden. Während sie bei Kapitalgesellschaften (und Genossenschaften) durch die Vorschriften des speziellen Teils ergänzt oder ersetzt werden, regeln sie für Einzelunternehmen und Personengesellschaften die Rechnungslegung endgültig. Dadurch wird die Aussagekraft der Jahresabschlüsse von Personenunternehmen und Kapitalgesellschaften notwendigerweise unterschiedlich. Personenunternehmen können mehr stille Rücklagen bilden und brauchen – da sie keinen Anhang aufzustellen haben – über diese Rücklagenbildung nicht zu berichten. Ihre bilanzpolitischen Spielräume sind in der Handelsbilanz folglich weit größer als die der Kapitalgesellschaften.

5. Ausblick - Diskussion und erste Ansätze einer Vereinheitlichung der Rechnungslegungsvorschriften im internationalen Bereich

Die Novellierung der Rechnungslegung deutscher Unternehmen und Konzerne durch die Transformation der Bestimmungen der 4., 7. und 8. EG-Richtlinie in deutsches Recht mittels des Bilanzrichtlinien-Gesetzes vom 19.12. 1985 zeigte sich bereits nach wenigen Jahren durch den zunehmenden **internationalen Wettbewerb** und die Notwendigkeit für deutsche Unternehmen , ausländische Märkte nicht nur in Europa, sondern insbesondere in den USA und in Ostasien zu erschließen, als nicht ausreichend. Während für Einzelabschlüsse in der Regel die handelsrechtlichen Rechnungslegungs- und Prüfungsvorschriften geeignet sind, die Ziele dieser Rechnungslegung (Ausschüttungsbemessung, Steuerbemessung, Information) zu realisieren, sind Konzernabschlüsse, die auf **handelsrechtlichen Vorschriften** beruhen, häufig nicht ausreichend, um den Zulassungsvoraussetzungen für den Zugang zu ausländischen Börsen außerhalb der EU zu genügen.

Das Ziel des Konzernabschlusses ist allein die **Information über die wirtschaftiche Lage des Konzerns**. Der Anteilseigner ist zwar an der Ertrags- und Risikolage des Unternehmens interessiert, an dem er beteiligt ist, weil die Gewinnausschüttung und die Besteuerung nicht durch den Konzern, sondern durch die einzelnen Konzernunternehmen auf Basis ihrer Einzelabschlüsse erfolgt. Das eigentliche Informationsinstrument ist aber der Konzernabschluß, weil er nicht an die Einzelwerte der einzelnen Unternehmen gebunden ist, sondern eine Umbewertung **aus der Sicht des gesamten Konzerns** als wirtschaftliche Einheit erfolgen kann.

Erforderlich für deutsche Konzerne, die eine Notierung an außereuropäischen Börsen anstreben, ist eine **kapitalmarktorientierte Rechnungslegung**, d.h. eine Rechnungslegung, die die von internationalen Kapitalmärkten geforderten Informationen zur Verfügung stellt. Die nach handelsrechtlichen Vorschriften und damit nach EU - Recht aufgestellten Konzernabschlüsse sind dazu nicht geeignet, weil zwischen den kontinentaleuropäischen und den anglo-amerikanischen Rechnungslegungsprinzipien erhebliche Unterschiede bestehen. So basiert die kontinentaleuropäische Rechnungslegung auf einer umfangreichen Gesetzgebung zum Bilanzrecht und verbindet über das Maßgeblichkeitsprinzip Handels- und Steuerbilanz. Im anglo-amerikanischen System der Rechnungslegung dagegen wird das Bilanzrecht in großem Maße durch Berufsverbände und die Rechtsprechung entwickelt. Handels- und Steuerbilanz sind streng getrennt.

Die **anglo-amerikanischen Vorschriften** (Generally Accepted Accounting Principles, US-GAAP) wie auch die **International Accounting Standards** (IAS), die vom International Accounting Standard Commitee (IASC) entwickelt und laufend fortgeschrieben werden, legen insbesondere Wert auf die Informationsfunktion der Rechnungslegung.

Während die kontinentaleuropäische Rechnungslegung die Informationsfunktion durch das Vorsichtsprinzip, das Maßgeblichkeitsprinzip und zahlreiche Bilanzierungs- und Bewertungswahlrechte einschränkt, legt das anglo-amerikanische Rechnungslegungs-system besonderen Wert auf das **Prinzip des True and fair View**, insbesondere durch Verzicht auf Wahlrechte, durch eine weitergehende Offenlegung, durch Verzicht auf Ausschüttungssperren und durch geringere Möglichkeiten zur Bildung stiller Rücklagen.

Die zur Zulassung an außereuropäischen Börsen erforderlichen Anforderungen erfüllen einerseits Konzernabschlüsse, die nach den US-GAAP aufgestellt sind und andererseits Konzernabschlüsse, die sich an den Vorschriften des IASC orientieren. Diese Institution wurde 1973 gegründet und setzt sich aus einer Vielzahl von Berufsorganisationen zusammen (Wirtschaftsprüfer-Verbände, Finanzanalysten). Der Sitz der Organisation ist London. Da das Institut der Wirtschaftsprüfer und die Wirtschaftsprüferkammer Mitglieder sind, kann auch von deutscher Seite Einfluß auf die Entwicklung der International Accounting Standards genommen werden.

Konzernabschlüsse können also in dreifacher Weise gestaltet werden:

(1) auf Basis der an die entsprechenden EG-Richtlinien durch das Bilanzrichtlinien-Gesetz angepaßten Konzernrechnungslegungsvorschriften des HGB,
(2) auf Basis der Anpassung dieser Vorschriften an internationale Normen wie z. B. die IAS, die in Deutschland bisher nur auf Konzernabschlüsse angewendet werden;
(3) auf Basis der Aufstellung gesonderter Abschlüsse nach ausländischen Normen wie z. B. der US-GAAP.

Die US-GAAP und die IAS sind im Gegensatz zu den EG-Richtlinien keine gesetzlichen Vorschriften, sondern **Empfehlungen**. Die US-GAAP werden für amerikanische Konzernabschlüsse jedoch dadurch faktisch verbindlich, daß der Abschlußprüfer im Falle ihrer Nichtanwendung das Testat verweigern kann. Eine vollständige Vereinheitlichung oder wenigstens schrittweise Anpassung der Rechnungslegungsvorschriften an von internationalen Gremien entwickelte Standards wie sie beispielsweise durch die laufende Fortschreibung der IAS versucht wird, wird in diesem Jahrhundert nicht mehr erreicht werden. Weitere Schritte bleiben eine Aufgabe, die im 21. Jahrhundert gelöst werden muß. Ein Schritt auf diesem Wege wurde allerdings noch in diesem Jahrhundert durch die Einfügung des § 292a unter der Bezeichnung »**Befreiung von der Aufstellungspflicht**« in das HGB zurückgelegt.

Damit deutsche Konzerne nicht eine doppelte Rechnungslegung (z. B. nach Handelsrecht und zusätzlich nach den US-GAAP) vornehmen müssen, hat der deutsche Gesetzgeber durch das **Kapitalaufnahmeerleichterungsgesetz (KapAEG)** (vgl. BGBl. I 1998, S. 707) § 292a in das HGB eingefügt. Danach braucht ein börsennotiertes Unternehmen, das Mutterunternehmen eines Konzerns ist, keinen handelsrechtlichen Konzernabschluß und Konzernlagebericht aufzustellen, wenn es einen Konzernabschluß und einen Konzernlagebericht nach international anerkannten Rechnungslegungsvorschriften aufgestellt hat, dessen Aussagekraft der eines nach handelsrechtlichen Vorschriften aufgestellten Konzernabschlusses und Konzernlageberichts gleichwertig ist. Die befreienden Unterlagen sind vom Abschlußprüfer zu prüfen, der bestätigen muß, daß die Bedingungen für die Befreiung erfüllt sind. Der Konzernabschluß und der Konzernlagebericht sind nach § 325 HGB in deutscher Sprache und Deutscher Mark offenzulegen. Dabei ist ausdrücklich darauf hinzuweisen, daß es sich um einen nicht nach deutschem Recht aufgestellten Konzernabschluß und Konzernlagebericht handelt.

Literaturverzeichnis

Aktiengesetznovelle vom 11.6. 1870, in: RGBl. des Norddt. Bundes 1870, S. 375–386.

Aktiengesetznovelle vom 18.7. 1884, in: RGBl. 1884, S. 123–170.

Bank, Gerhard (1995), Sonstige gesellschaftsrechtliche EG-Richtlinien, Bankbilanz- und Versicherungsbilanzrichtlinie, in: Küting, Karlheinz/Weber, Claus-Peter (Hrsg.), Handbuch der Rechnungslegung. Kommentar zur Bilanzierung und Prüfung, Bd. Ia, 4. Aufl. Stuttgart 1995.

Betriebsverfassungsgesetz vom 11.10. 1952, in: BGBl. I 1952, S. 681–695.

Biener, Herbert (1996), Können die IAS als GoB in das deutsche Recht eingeführt werden?, in: Baetge, Jörg u. a. (Hrsg.), Rechnungslegung, Prüfung und Beratung: Herausforderungen für den Wirtschaftsprüfer, Festschrift für Rainer Ludewig, Düsseldorf 1996.

BR-Drucksache 257/83, Entwurf eines Gesetzes zur Durchführung der Vierten Richtlinie des Rates der Europäischen Gemeinschaften zur Koordinierung des Gesellschaftsrechts (Bilanzrichtlinien-Gesetz) mit Begründung vom 3.6. 1983.

BT-Drucksache 6/2875, Vorschlag einer Vierten Richtlinie des Rates aufgrund von Artikel 54 Absatz 3 Buchstabe g zur Koordinierung der Schutzbestimmung, die in den Mitgliedstaaten der Gesellschaften im Interesse der Gesellschafter sowie Dritter hinsichtlich der Gliederung und des Inhalts des Jahresabschlusses und des Lageberichts sowie hinsichtlich der Bewertungsmethoden und der Offenlegung dieser Dokumente vorgeschrieben sind vom 7.12. 1971.

Eckhardt, Ulrich (1984), Kommentierung des § 1 AktG, in: Gessler, Ernst u. a. (Hrsg.), Aktiengesetz, Kommentar, Bd. I, München 1984. S. 53–88.

Gesetz über die Eröffnungsbilanz in Deutscher Mark und die Kapitalneufestsetzung (D-Markbilanzgesetz) vom 21.8. 1949, in: WiGBl. 1949, S. 279–290.

Gesetz über die Kapitalerhöhung aus Gesellschaftsmitteln und über die Gewinn- und Verlustrechnung vom 23.12. 1959, in: BGBl. I 1959, S. 789–795.

Gesetz über die Mitbestimmung der Arbeitnehmer in den Aufsichtsräten und Vorständen der Unternehmen aus dem Bergbau und der Eisen und Stahl erzeugenden Industrie vom 21.5. 1951, in: BGBl. I 1951, S. 347–350.

Gesetz über die Umwandlung von Kapitalgesellschaften vom 5.7. 1934, in: RGBl. I 1934 S. 569–571.

Gesetz über Kapitalanlagegesellschaften vom 16.4. 1957 in der Fassung vom 14.1. 1970, in: BGBl. I 1970, S. 127–140.

Gesetz über Steuererleichterungen bei der Umwandlung und Auflösung von Kapitalgesellschaften vom 5.7. 1934, in: RGBl. I 1934, S. 572.

Gesetz zur Bereinigung des Umwandlungsrechts, in: BGBl. I 1994, S. 3210–3278.

Gesetz zur Durchführung der Dritten Richtlinie des Rates der Europäischen Gemeinschaften zur

Koordinierung des Gesellschaftsrechts (Verschmelzungsrichtlinie), in: BGBl. I 1982, S. 1425-1433.
Gesetz zur Durchführung der Ersten Richtlinie des Rates der Europäischen Gemeinschaften zur Koordinierung des Gesellschaftsrechts, in: BGBl. I 1969, S. 1146-1151.
Gesetz zur Durchführung der Richtlinie des Rates der Europäischen Gemeinschaften über den Jahresabschluß von Versicherungsunternehmen (Versicherungsbilanzrichtlinien-Gesetz-Vers RiLiG), in: BGBl. I 1994, S. 1377-1386.
Gesetz zur Durchführung der Vierten, Siebenten und Achten Richtlinie des Rates der Europäischen Gemeinschaften zur Koordinierung des Gesellschaftsrechtes (Bilanzrichtlinien-Gesetz - BiRiLiG), in: BGBl. I 1985, S. 2355-2433.
Gesetz zur Durchführung der Zweiten Richtlinie des Rates der Europäischen Gemeinschaften zur Koordinierung des Gesellschaftsrechts, in: BGBl. I 1978, S. 1959-1264.
Gesetz zur Verbesserung der Wettbewerbsfähigkeit deutscher Konzerne an Kapitalmärkten und zur Erleichterung der Aufnahme von Gesellschafterdarlehen (Kapitalaufnahmeerleichterungsgesetz - KapAEG), in: BGBl. I 1998, S. 707-709.
Handelsgesetzbuch vom 10.5. 1897, in: RGBI. 1897, S. 219-454
Havermann, Hans (1966), Die verbundenen Unternehmen und ihre Pflichten nach dem Aktiengesetz 1965, in: Die Wirtschaftsprüfung 1966, S. 30-41; 66-73 und 90-99.
Hueck, Götz, Gesellschaftsrecht, 19. Aufl., München 1991.
Kleekämper, Heinz / Kuhlewind, Andreas-Markus (1997), Organisation, Entwicklung und Bedeutung des IASC, in: Baetge, Jörg u. a. (Hrsg.), Rechnungslegung nach International Accounting Standards (IAS). Kommentar auf Grundlage des deutschen Bilanzrechts, Stuttgart 1997.
Kropff, Bruno (1965), Aktiengesetz, Textausgabe des Aktiengesetzes vom 6.9. 1965 (Bundesgesetzblatt I S. 1089) und des Einführungsgesetzes zum Aktiengesetz vom 6.9. 1965 (Bundesgesetzblatt I S. 1185) mit Begründung des Regierungsentwurfes, Bericht des Rechtsausschusses des deutschen Bundestags, Düsseldorf 1965.
Preußisches Gesetz über Aktiengesellschaften vom 9.11. 1843, in: PrG 1843, S. 341 ff.
Rost, Peter (1991), Der internationale Harmonisierungsprozeß der Rechnungslegung: Theorie, Praxis, Perspektiven, Frankfurt am Main 1991.
Verordnung vom 19.9. 1931, in: RGBl. I 1931, S. 493-509.
Verordnung vom 6.10. 1931, in: RGBl. I 1931, S. 537-568.
Vertrag zur Gründung der Europäischen Wirtschaftsgemeinschaft vom 25. März 1957, in: BGBl. II 1957, S. 766-903.
Weber-Braun, Elke (1995), Umsetzung der Richtlinien in den EU-Mitgliedstaaten, in: Küting, Karlheinz/Weber, Claus-Peter (Hrsg.), Handbuch der Rechnungslegung. Kommentar zur Bilanzierung und Prüfung, Bd. Ia, 4. Aufl., Stuttgart 1995.
Wöhe, Günter (1997), Bilanzierung und Bilanzpolitik, 9. Aufl., München 1997.

II. Einzelgesellschaftliche Rechnungslegung

Maßgeblichkeitsgrundsatz bei Umwandlungen mit übertragenden Kapitalgesellschaften*

Norbert Herzig**

Inhalt

* Für seine engagierte Unterstützung bei der Anfertigung dieses Beitrages danke ich meinem wissenschaftlichen Mitarbeiter, Herrn Dipl.-Kfm. Ulrich Rieck, ganz herzlich.

** Wirtschaftsprüfer Steuerberater Prof. Dr. Norbert Herzig, Seminar für Allgemeine Betriebswirtschaftslehre und Betriebswirtschaftliche Steuerlehre, Universität zu Köln.

1. Einleitung

Die Frage nach der Geltung und der Reichweite des Grundsatzes der Maßgeblichkeit der Handelsbilanz für die Steuerbilanz (§ 5 Abs. 1 Satz 1 EStG) und seiner Umkehrung (§ 5 Abs. 1 Satz 2 EStG) gehörte in der jüngsten Vergangenheit zu den äußerst kontrovers diskutierten Fragen des neuen Umwandlungsrechts und wird die Gemüter vermutlich auch in Zukunft noch erhitzen. Ursächlich hierfür ist, daß sich zum Bereich der handelsrechtlichen Rechnungslegung im Umwandlungsfall nur einige wenige und zudem eher knapp formulierte Bestimmungen finden, die ihrerseits nicht mit den bilanziellen Regelungen des Umwandlungssteuergesetzes und dem einkommensteuerlichen Maßgeblichkeitsgrundsatz abgestimmt sind. Auch der mittlerweile veröffentlichte Einführungserlaß der Finanzverwaltung zum UmwStG (BMF-Schreiben, 1998, BStBl. I 1998, S. 268) bringt – ebenso wie bereits der Erlaßentwurf vom 17.4. 1997 – keine befriedigende Klärung der Maßgeblichkeitsproblematik, sondern beschwört neues Ungemach für den Bilanzierenden herauf: Zwar hat die Finanzverwaltung mittlerweile dem »abenteuerlichen Gedanken der sog. diagonalen Maßgeblichkeit« (Thiel u. a., 1998, S. 402) abgeschworen, gleichzeitig hat sie jedoch eine sog. »phasenverschobene Wertaufholung« (vgl. zu diesem Begriff etwa Rödder, 1998, S. 999; Mentel, 1998, S. 8 f.) neu kreiert und damit den Katalog möglicher Maßgeblichkeitsausprägungen um eine neue Variante bereichert.

Nachfolgend sollen die von der Finanzverwaltung propagierten Änderungen im Bereich der umwandlungsrechtlichen Maßgeblichkeitskonzeption vor dem Hintergrund der gesetzgeberischen Regelungen im UmwG, UmwStG und EStG einer kritischen Würdigung unterzogen werden. Das Augenmerk soll dabei allein auf der Umwandlung von Kapitalgesellschaften liegen.

2. Gesetzliche Grundlagen

2.1 Handelsrecht

Handelsrechtlich sind für die Bilanzierung für sämtliche Fälle der übertragenden Umwandlung die §§ 17 und 24 UmwG angesprochen. Unbeachtlich bleiben diese Regelungen allerdings für den Formwechsel, da dieser – anders als die übrigen Umwandlungsarten – als identitätswahrende Umwandlung nicht mit einer Vermögensübertragung verbunden ist (vgl. Herzig, 1997, S. 123 m.w.N.).

Für den übertragenden Rechtsträger bestimmt § 17 Abs. 2 UmwG, daß der Anmeldung der Umwandlung zum Register des Sitzes eine Bilanz (= Schlußbilanz) dieses übertragenden Rechtsträgers beizufügen ist. Für diese Bilanz gelten die Vorschriften über die Jahresbilanz und deren Prüfung entsprechend (§ 17 Abs. 2 Satz 2 UmwG).

Damit sind für die Schlußbilanz, wie sie der Umwandlung zugrunde liegt, zunächst die für alle Kaufleute verbindlichen allgemeinen Vorschriften der §§ 238 ff. HGB in Bezug genommen sowie für die hier zu betrachtenden übertragenden Kapitalgesellschaften die ergänzenden Bestimmungen der §§ 264 ff. HGB. Aufgrund des Verweises auf die allgemeinen Vorschriften über die Jahresbilanz kann eine allgemeine Aufdeckung stiller Reserven damit in der handelsrechtlichen Schlußbilanz des übertragenden Rechtsträgers nicht in Betracht kommen (vgl. Korn, 1995, S. 10344; Thiel, 1995, S. 1199). Als Ausprägung des Realisationsprinzips steht das Anschaffungskostenprinzip einer über die ursprünglichen Anschaffungskosten hinausgehenden Bewertung zu höheren Zeitwerten solange entgegen, wie diese nicht durch einen entsprechenden Umsatzakt am Markt Bestätigung gefunden haben. Eine Aufstockung der Buchwerte kommt daher handelsrechtlich nur insofern in Frage, als nach den allgemeinen Regelungen der §§ 253 Abs. 5, 254 Satz 2, 280 HGB die Möglichkeit oder der Zwang zu einer Wertaufholung besteht oder im Zuge der Umwandlung eine Durchbrechung des Grundsatzes der Bewertungsstetigkeit gem. § 252 Abs. 2 HGB zulässig erscheint, um die Bewertungsmethoden an diejenigen der Übernehmerin anzugleichen; eine Durchbrechung der fortgeführten Anschaffungs- oder Herstellungskosten kann aber auch eine Anpassung der Bewertungsmethoden keinesfalls begründen (vgl. Budde/Zerwas, 1994, Rn. F 81; IDW, 1997, S. 235; Müller, 1997, Rn. 29; Rödder, 1997, S. 1353; Widmann, 1997b, Rn. 97 m.w.N.). Für Kapitalgesellschaften ist eine Wertaufholung gem. § 280 Abs. 1 HGB zwingend, wenn die Gründe für eine außerplanmäßige Abschreibung in einem späteren Geschäftsjahr weggefallen sind. Allerdings kann gem. § 280 Abs. 2 HGB von einer Zuschreibung abgesehen werden, wenn der niedrigere Wertansatz bei der steuerlichen Gewinnermittlung beibehalten werden kann und wenn Voraussetzung für die Beibehaltung ist, daß der niedrigere Wertansatz auch in der Handelsbilanz beibehalten wird. Damit liegt bei Anwendbarkeit des Maßgeblichkeitsgrundsatzes ein faktisches Wahlrecht zur Wertaufholung vor. Geht man hingegen – mit der herrschenden und auch hier vertretenen Ansicht – davon aus, daß im Umwandlungsrecht keine Bindung der steuerlichen Schlußbilanz an die Handelsbilanz der übertragenden Kapitalgesellschaft vorliegt, so besteht gem. § 280 Abs. 1 HGB ein Zwang zur Wertaufholung (vgl. Bacmeister, 1996, S. 127; Hannappel, 1996, Rn. 13; Widmann, 1997b, Rn. 98; Mentel, 1998, S. 8).

Mit Blick auf die Bilanzierung beim übernehmenden Rechtsträger sieht daneben § 24 UmwG vor, daß in dessen Jahresbilanzen als Anschaffungskosten i. S. des § 253 Abs. 1 HGB wahlweise auch die in der Schlußbilanz des übertragenden Rechtsträgers angesetzten Werte übernommen werden können. Dies wird allgemein als grundsätzliche gesetzliche Verankerung des Anschaffungswertprinzips bei Umwandlungsvorgängen verstanden (vg. BT-Drucksache 12/6699, S. 93). Damit verlangt § 24 UmwG nicht mehr zwingend die Methode der Buchwertverknüpfung. Das übernommene Vermögen kann beim übernehmenden Rechtsträger alternativ nun vielmehr auch mit den eigentlichen Anschaffungskosten i. S. des § 253 Abs. 1 HGB angesetzt werden. Es wird somit gleichsam Raum geschaffen für eine eigenständige Bewertung des übernommenen Vermögens. Dahinter steht der Gedanke, daß Umwandlungsvorgänge beim übernehmenden Rechtsträger keine Erfolgswirksamkeit auslösen sollen, aus der sich ggf. wirtschaftlich nicht gerechtfertigte Nachteile und substantielle Änderungen ergeben könnten; insbesondere kann durch den Ansatz der Anschaffungskosten der Ausweis eines Verschmelzungsverlustes vermieden werden (vgl. PRIESTER, 1996, Rn. 30 ff.; MÜLLER, 1997, Rn. 1 ff.)

2.2 Steuerrecht

Anders als das UmwG hält das UmwStG durchaus umfangreichere Bestimmungen zur steuerbilanziellen Behandlung von Umwandlungsvorgängen bereit. Zielsetzung der steuerlichen Umwandlungsrechtskonzeption ist es, die handelsrechtlich eröffneten Umstrukturierungsalternativen einerseits steuerneutral, d.h. ohne die zwangsweise Aufdeckung und Versteuerung stiller Reserven zu ermöglichen, um so wirtschaftlich gebotene Umstrukturierungen nicht zu behindern; andererseits muß zugleich die steuerliche Verhaftung der auf den übernehmenden Rechtsträger übergehenden stillen Reserven sichergestellt werden. Dies wird bei der Umwandlung mit übertragenden Kapitalgesellschaften erreicht, indem dem übertragenden Rechtsträger in seiner steuerlichen Schlußbilanz das Bewertungswahlrecht eingeräumt wird (§ 3 Abs. 1 bzw. § 11 Abs. 1 UmwStG), die übergehenden Wirtschaftsgüter mit dem Buchwert oder einem höheren Wert (Zwischenwert, Teilwert) anzusetzen. Gleichzeitig ist die aufnehmende Personen- oder Kapitalgesellschaft durch eine strikte Wertverknüpfung an die Wertansätze der Übertragerin gebunden (§ 4 Abs. 1 bzw. § 12 Abs. 1 Satz 1 UmwStG).

Angesichts dessen könnte die Frage nach der bilanziellen Abbildung von Umwandlungsvorgängen zumindest für den Bereich des Steuerrechts vordergründig als hinreichend geklärt erscheinen. Tatsächlich bleiben die verschiedenen, im UmwStG verankerten Wahlrechte allerdings in ihrer eigentlichen Bedeutung doch eher unklar. Denn über den in § 5 Abs. 1 EStG verankerten steuerrechtlichen Maßgeblichkeitsgrundsatz und seine Umkehrung ist die steuerbilanzielle Rechnungslegung vom Grundsatz her an die Bilanzierung in der Handelsbilanz gebunden, soweit dem nicht eigenständige steuerliche Bestimmungen zwingend entgegenstehen (vgl. grundlegend WASSERMEYER, 1991, S. 29 ff.; SCHMIDT, 1994; HERZIG, 1995). Namentlich steuerrechtlich eingeräumte Wahlrechte sind nach § 5 Abs. 1 Satz 2 EStG regelmäßig in Übereinstimmung mit der Handelsbilanz auszuüben. Auf der Grundlage eines insoweit begründeten allgemeinen bilanzrechtlichen Zusammenhangs wären die verschiedenen Wahlrechte des UmwStG aber in ihrer Ausübung zweifellos regelmäßig an ein entsprechendes Vorgehen in der Handelsbilanz gebunden und somit allenfalls eingeschränkt, weil nicht unabhängig von der Handelsbilanz zu nutzen.

3. Maßgeblichkeitsgrundsatz bei Umwandlungsvorgängen mit übertragenden Kapitalgesellschaften?

3.1 Schlußbilanzierung beim übertragenden Rechtsträger

Für den Fall, daß das Vermögen einer Kapitalgesellschaft im Zuge der Umwandlung auf andere Kapitalgesellschaften oder Personengesellschaften übertragen wird, steht dem steuerlichen Wertansatzwahlrecht der §§ 3, 11 Abs. 1 UmwStG, die Wirtschaftsgüter in der steuerlichen Schlußbilanz mit den Buchwerten, den Teilwerten oder mit beliebigen Zwischenwerten anzusetzen, von seiten des Handelsrechts die Bestimmung des § 17 Abs. 2 Satz 2 UmwG gegenüber, wonach grundsätzlich die Buchwerte fortzuführen sind, soweit nicht normale, nach §§ 253 Abs. 5, 254 Abs. 2, 280 HGB mögliche Zuschreibungen vorgenommen werden. Eine dem steuerrechtlichen Bewertungswahlrecht entsprechende handelsrechtliche Regelung ist damit zweifellos nicht vorgesehen.

Allerdings soll über den allgemeinen Maßgeblichkeitsgrundsatz und dessen Umkehrung nach § 5 Abs. 1 EStG die steuerbilanzielle Gewinnermittlung nun vom Grundsatz her viel eher an die Handelsbilanz gebunden sein. Nach Auffassung der Finanzverwaltung können daher »nach dem Grundsatz der Maßgeblichkeit der Handelsbilanz für die Steuerbilanz (§ 5 Abs. 1 EStG) bei der derzeitigen handelsrechtlichen Rechtslage auch in der steuerlichen Übertragungsbilanz nur die in der Handelsbilanz zulässigen Werte angesetzt werden« (UmwSt-Erlaß Rn. 03.01 = Rn. 11.01). Damit würde der steuerliche Maßgeblichkeitsgrundsatz die steuerrechtlichen Wahlrechte in der Weise einschränken, daß sie in ihrer Ausübung unmittelbar an einen entsprechenden Ansatz in der Handelsbilanz gebunden wären; eine autonome steuerliche Bewertung wäre ausgeschlossen, die Bewertungswahlrechte des UmwStG liefen demnach im Anwendungsbereich des Maßgeblichkeitsgrundsatzes faktisch weitgehend leer. Andererseits könnten die speziellen Wahlrechte des Steuerrechts ihrerseits den Maßgeblichkeitsgrundsatz zurückdrängen, wenn man entgegen der Verwaltungsansicht davon ausgehen würde, daß die §§ 3, 11 Abs. 1 UmwStG dem allgemeinen steuerrechtlichen Bewertungsvorbehalt nach § 5 Abs. 6 EStG Ausdruck verleihen.

Die angeführte Auffassung der Finanzverwaltung findet im Gesetz keine Stütze und ist daher abzulehnen. Angesichts der unbedingten und gleichsam zwingenden handelsrechtlichen Regelung des § 17 Abs. 2 Satz 2 UmwG dürfte zunächst einmal deutlich sein, daß eine Anwendung der sog. umgekehrten Maßgeblichkeit im Rahmen der Umwandlungsschlußbilanzierung bei der übertragenden Kapitalgesellschaft nicht in Betracht kommen kann. Das Handelsrecht hält insoweit unzweifelhaft kein (korrespondierendes) Wahlrecht bereit, und ein solches kann auch nicht etwa über die sog. handelsrechtlichen Öffnungsklauseln begründet werden. Demnach bleibt aber für die hier einschlägigen steuerrechtlichen Bewertungswahlrechte (§§ 3, 11 Abs. 1 UmwStG) gerade kein Raum, über die umgekehrte Maßgeblichkeit auf die Handelsbilanz zurückzuwirken. Eine übereinstimmende Wahlrechtsausübung i. S. der umgekehrten Maßgeblichkeit erweist sich insoweit als unmöglich (vgl. IDW, 1995, S. 843; Widmann, 1997a, S. 571 ff.; Thiel, 1997, S. 147; Weber-Grellet, 1997, S. 657; Rödder, 1998, S. 998).

Mit der Ablehnung einer Anwendbarkeit der umgekehrten Maßgeblichkeit ist allerdings noch nichts über eine hier möglicherweise zu beachtende Geltung der in entgegengesetzter Richtung wirkenden allgemeinen Maßgeblichkeit der Handelsbilanz für die Steuerbilanz ausgesagt. Es ist aber äußerst zweifelhaft, daß dieses Ergebnis faktisch in der Absicht des Gesetzgebers gelegen haben sollte. Die Regierungsbegründung zu §§ 3, 11 UmwStG gibt zunächst einmal deutlich zu erkennen, daß die mit der Normierung der genannten Vorschriften verfolgte Zielsetzung gerade darin bestehen soll, den Vermögensübergang ausgehend von einer Körperschaft steuerneutral *zuzulassen*, und somit also nicht etwa zwingend festzulegen (vgl. BT-Drucksache 12/6885, S. 16, 20). Es darf daher wohl angenommen werden, daß der Gesetzgeber diesen Regelungsgehalt nicht sofort wieder durch den Vorrang einer handelsrechtlichen Regelung (§ 17 Abs. 2 Satz 2 UmwG), die ihrerseits allein im Handelsrecht begründet liegt, aufgehoben wissen möchte. Dies gilt um so mehr, als im Rahmen der Begründung zu § 3 UmwStG sogar ausdrücklich Überlegungen zur möglichen steuerlichen Vorteilhaftigkeit eines über dem Buchwert liegenden Wertansatzes angestellt werden (vgl. BT-Drucksache 12/6885, S. 16). Ein Bedürfnis zur Aufstockung bei der übertragenden Kapitalgesellschaft besteht zum Beispiel dann, wenn ein Verlustvortrag besteht, der im Zuge der Verschmelzung auf eine Kapitalgesellschaft wegen der i.R. des Gesetzes zur Fortsetzung der Unternehmenssteuerreform vom 29.10. 1997 (BGBl. I S. 2590) eingeschränkten Möglichkeit des Verlustübergangs gem. § 12 Abs. 3 Satz 2 UmwStG ungenutzt unterzugehen droht. Auch die Neuregelung des § 5 Abs. 1 Satz 1 UmwStG, wonach ein Übernahmeverlust im Falle des Vermögensübergangs auf eine Personengesellschaft außer Ansatz bleibt, soweit er auf einem negativen Wert des übergegangenen Vermögens beruht, läßt eine Aufstockung bei der übertragenden Kapitalgesellschaft vorteilhaft erscheinen (vgl. Haritz/Paetzold, 1998, S. 353 f.).

Demgegenüber werden hier keinesfalls Anhaltspunkte für eine möglicherweise beabsichtigte grundsätzliche Einschränkung der steuerlichen Regelung deutlich.

Es sollte daher davon ausgegangen werden können, daß die Wahlrechte der §§ 3, 11 Abs. 1 UmwStG tatsächlich unabhängig von der handelsrechtlichen Bilanzierung auszuüben sind und somit für Zwecke der steuerlichen Schlußbilanz in Abweichung vom Handelsrecht sehr wohl auch eine allgemeine Wertaufstockung bis hin zur Höhe der Teilwerte möglich sein kann. Mithin dürften die §§ 3, 11 Abs. 1 UmwStG als besondere Bewertungsvorschriften des Steuerrechts zu verstehen sein, die dem allgemeinen Bewertungsvorbehalt nach § 5 Abs. 6 EStG Ausdruck verleihen (vgl. so entgegen der Auffassung der Finanzverwaltung die h.M.: IDW, 1995, S. 843; Schaumburg/Rödder, 1995, Rn. 17; Thiel, 1995, S. 1200; Bogenschütz, 1995, B Rn. 77 f.; Korn, 1995, S. 10345; Herzig, 1996b, S. 34 f., Dötsch, 1998, Rn. 94).

Erst recht muß dies für den Fall des Formwechsels gelten. Auch hier sollen hingegen nach Ansicht der Finanzverwaltung infolge der Maßgeblichkeit der Handelsbilanz für die Steuerbilanz steuerlich auch dann zwingend die Buchwerte fortzuführen sein, wenn für den steuerlichen Übertragungsstichtag gar keine formelle Handelsbilanz vorliegt (UmwSt-Erlaß, Rn. 14.03). Hier wird mithin für den Umwandlungsfall die Maßgeblichkeit einer gar nicht existenten Handelsbilanz postuliert (vgl. RÖDDER, 1998, S. 998 f.).

3.2 Keine (diagonale) Maßgeblichkeit der Handelsbilanz des übernehmenden Rechtsträgers für die Steuerbilanz des übertragenden Rechtsträgers

Ihre noch im Erlaßentwurf vom 17.4. 1997 vertretene Auffassung einer sog. diagonalen Maßgeblichkeit (vgl. zu diesem Begriff erstmals HERZIG, 1996a, 1996b), wonach die handelsbilanzielle Rechnungslegung beim übernehmenden Rechtsträger für die steuerliche Schlußbilanz der übertragenden Kapitalgesellschaft maßgeblich sein soll, so daß von einer korrespondierenden Ausübung der Wahlrechte nach § 24 UmwG sowie nach §§ 3, 11 Abs. 1 UmwStG auszugehen wäre (vgl. FISCHER, 1995, S. 488; BIENER, 1996, S. 48 f.), hat die Finanzverwaltung aufgegeben. Diese Auffassung war mit der These von einem Wertungswiderspruch zwischen § 24 UmwG und § 4 Abs. 1 UmwStG begründet worden und im Schrifttum auf heftigen Widerspruch gestoßen, hätte sie doch eine Zwangsaufstockung in der steuerlichen Schlußbilanz der übertragenden Kapitalgesellschaft bedeutet, wenn der Übernehmende Rechtsträger das Wahlrecht des § 24 UmwG – etwa zwecks Vermeidung eines Verschmelzungsverlustes – i. S. des Neubewertungswahlrechts ausgeübt hätte. Eine diagonale Maßgeblichkeit läßt sich weder aus der ohnehin sehr problematischen Regelung des § 3 Satz 2 UmwStG ableiten, noch aus den hierzu vorgebrachten Überlegungen von Bundesrat und Bundesregierung (vgl. BT-Drucksache 12/7263, S. 4, 11). Sie widerspricht im Ergebnis jeder gesetzlichen Grundlage (vgl. KNOP/KÜTING, 1995, 1028); namentlich bleibt das allgemeine steuerliche Maßgeblichkeitsprinzip des § 5 Abs. 1 EStG in seinem Regelungsgehalt unzweifelhaft auf die Rechnungslegung nur eines einzigen Rechtsträgers beschränkt. Im übrigen stünde die Annahme einer diagonalen Maßgeblichkeit aber vor allem auch in fehlendem Einklang mit der erklärten Absicht des Gesetzgebers, mit dem handelsrechtlichen Übergang auf das Anschaffungswertprinzip (§ 24 UmwG) zum einen die wirtschaftlich nicht gerechtfertigten Nachteile einer strikten Buchwertverknüpfung vermeiden zu wollen (vgl. BT-Drucksache 12/6699, S. 93), über die umfassende Normierung steuerrechtlicher Bewertungswahlrechte (z.B. §§ 3, 11 Abs. 1 UmwStG) zum anderen jedoch zugleich die handelsrechtlich nun geregelten Umwandlungsvorgänge weitergehend als bisher steuerneutral zu ermöglichen (vgl. BT-Drucksache 12/6885, S. 14). Den insoweit unterschiedlich ausgerichteten Zielsetzungen der eingeräumten handelsrechtlichen und steuerrechtlichen Wahlrechte kann vom Grundsatz her nur entsprochen werden, wenn einerseits die Handelsbilanz des übernehmenden Rechtsträgers und andererseits die steuerliche Schlußbilanz der übertragenden Gesellschaft tatsächlich unabhängig voneinander gesehen werden. Für eine diagonale Maßgeblichkeit ist im Umwandlungsrecht kein Raum (vgl. ebenso Sagasser/Bula, 1995, Teil E, Rn. 12 ff.; Benkert, 1996, Rn. 202; Dehmer, 1996, Rn. 36; Herzig, 1996a, S. 429 ff.; Herzig, 1997, 128 f.; Rödder, 1997, 1357 f.; Thiel, 1997, S. 147 f.; Weber-Grellet, 1997, S. 656).

3.3 Übernahmebilanzierung beim übernehmenden Rechtsträger

Eine mögliche Geltung des allgemeinen Maßgeblichkeitsgrundsatzes oder seiner Umkehrung kann schließlich auch nicht mit Blick auf die handels- und steuerbilanzielle Rechnungslegung bei der übernehmenden Gesellschaft in Betracht kommen. Dem handelsrechtlichen Wahlrecht zwischen einer Buchwertfortführung und dem Ansatz eigener Anschaffungskosten nach § 24 UmwG stehen hier auf Seiten des Steuerrechts die Vorschriften der §§ 4 Abs. 1 bzw. 12 Abs. 1 UmwStG gegenüber, wonach die übernehmende Gesellschaft die auf sie übergegangenen Wirtschaftsgüter mit dem in der steuerlichen Schlußbilanz der übertragenden Körperschaft enthaltenen Wert zu übernehmen hat. Damit treffen insoweit ein handelsrechtliches Bewertungswahlrecht und eine zwingende steuerliche Bewertungsnorm zusammen mit der Folge, daß nach h. M. der allgemeine Maßgeblichkeitsgrundsatz hier gerade keine Wirkung entfalten kann. Als besondere Bewertungsvorschriften des Steuerrechts unterliegen die §§ 4 Abs. 1, 12 Abs. 1 UmwStG vielmehr dem allgemeinen Bewertungsvorbehalt nach § 5 Abs. 6 EStG und begründen im Rahmen dessen eine strenge Bindung an die steuerliche Schlußbilanz der übertragenden Kapitalgesellschaft. Die vom Grundsatz her zwingende Wertverknüpfung zwischen den Steuerbilanzen bei der übertragenden und der übernehmenden Gesellschaft kann allerdings insoweit eine Einschränkung erfahren, als im Falle der Verschmelzung auf eine Personengesellschaft die weitere steuerliche Bestimmung des § 4 Abs. 6 UmwStG ggf. doch höhere Wertansätze bei der übernehmenden Personengesellschaft erforderlich macht. Hiernach ist ein sich ergebender Übernahmeverlust zweiter Stufe – dieser ergibt sich als Differenz zwischen dem Ansatz der übergegangenen Wirtschaftsgüter einerseits und dem Buchwert der Anteile an der übertragenden Kapitalgesellschaft (Übernahmeverlust erster Stufe) sowie der nach § 10 Abs. 1 UmwStG anrechenbaren Körperschaftsteuer und einem Sperrbetrag i. S. d. § 50c EStG andererseits – durch Aufstockung der übernommenen Buchwerte der übertragenden Kapitalgesellschaft auszugleichen. Im Ergebnis werden damit im Falle einer Aufstockung nach § 4 Abs. 6 UmwStG zwar die Buchwerte des übertragenden Rechtsträgers nicht mehr fortgeführt, die Aufstockung ist jedoch zwingend vorgeschrieben und korrespondiert insofern ebenfalls nicht mit dem Bewertungswahlrecht des § 24 UmwG. Für den Grundsatz der Maßgeblichkeit der Handelsbilanz für die Steuerbilanz und seine Umkehrung besteht folglich auf Seiten des übernehmenden Rechtsträgers kein Raum.

Dem will allerdings die Finanzverwaltung nicht folgen. Sie vertritt im neuen Umwandlungssteuererlaß das Konzept einer »phasenverschobenen Wertaufholung«: »Setzt der übernehmende Rechtsträger nach § 24 UmwG in seiner Jahresbilanz über den Wertansätzen in der Schlußbilanz der übertragenden Körperschaft liegende Werte an«, so sollen nach dieser Ansicht »die Wirtschaftsgüter an dem der Umwandlung folgenden Bilanzstichtag auch in der Steuerbilanz insoweit bis zur Höhe der steuerlichen Anschaffungs- oder Herstellungskosten der übertragenden Körperschaft (ggf. gemindert um Absetzungen für Abnutzung) erfolgswirksam aufzustocken« sein (UmwSt-Erlaß Rn. 03.02 = 11.02).

Die Aufstockung soll damit steuerlich zwar nicht bis zu den Teilwerten der übergegangenen Wirtschaftsgüter erfolgen (so Müller-Gatermann, 1996, S. 870), aber zumindest bis zu den fortgeführten Anschaffungs- oder Herstellungskosten des übertragenden Rechtsträgers. Damit wird eine Fortsetzung der Anschaffungskosten der übertragenden Körperschaft im Wege der Gesamtrechtsnachfolge aus §§ 4 Abs. 2, 12 Abs. 3 UmwStG gefolgert, nicht hingegen eine originäre Bestimmung der steuerlichen Anschaffungskosten des übernehmenden Rechtsträgers durch die §§ 4 Abs. 1, 12 Abs. 1 UmwStG (vgl. Knop/Küting, 1995, S. 1026; Mentel, 1998, S. 10), was eine Wertaufholung von vornherein ausschließen würde. Eine Aufstockung bis zu den fortgeführten steuerlichen Anschaffungs- oder Herstellungskosten ergibt sich somit in Folge der Auffassung des Umwandlungssteuererlasses immer dann, wenn in der Vergangenheit eine Teilwertabschreibung vorgenommen wurde, deren Gründe im Zeitpunkt der Umwandlung weggefallen sind. Die in der Vergangenheit vorgenommenen Teilwertabschreibungen werden damit beim übernehmenden Rechtsträger nachversteuert. Es hat den Anschein, als wolle die Finanzverwaltung die im Zuge der gescheiterten Steuerreform geplante generelle Einführung eines Wertaufholungsgebotes in vorauseilendem Gehorsam zumindest für den Bereich des Umwandlungsrechts auf den Weg bringen (vgl. Haritz/Paetzold, 1998, S. 358). Fraglich erscheint überdies, ob die Verwaltungsansicht auch eine Rückgängigmachung von erhöhten Absetzungen und Sonderabschreibungen beinhaltet oder ob diese als eine die Anschaffungskosten mindernde Komponente weiterhin Bestand haben und die Wertaufholung der Höhe nach begrenzen (vgl. Funke, 1998, S. 630 f.; Rödder, 1998, S. 999).

Auswirkungen für die Praxis (vgl. hierzu im einzelnen Dötsch/Lishaut/Wochinger, 1998, S. 7; Funke, 1998, S. 630 f.; Haritz/Paetzold, 1998, S. 355 ff.; Mentel, 1998, S. 10; Ott, 1998, S. 388 f.; Thiel u. a., 1998, S. 403 f.) würde die neue Auffassung einer phasenverschobenen Maßgeblichkeit vor allem für die Verschmelzung auf eine Kapitalgesellschaft haben. Die Ausübung des Wahlrechts nach § 24 UmwG i. S. des Anschaffungskostenansatzes zwecks Vermeidung des handelsrechtlichen Ausweises eines Verschmelzungsverlustes müßte durch eine Nachversteuerung der bei der übertragenden Kapitalgesellschaft in der Vergangenheit vorgenommenen Teilwertabschreibungen, ggf. auch der erhöhten Absetzungen und Sonderabschreibungen, erkauft werden. Bei der Umwandlung auf eine Personengesellschaft führt bereits die Entstehung eines Umwandlungsverlustes zweiter Stufe zur Aufstockung der Buchwerte. Die Fälle des Entstehens eines derartigen Übernahmeverlustes mit der Möglichkeit der Wertaufstockung sind jedoch aufgrund der Änderungen des UmwStG im Zuge des Gesetzes zur Fortsetzung der Unternehmenssteuerreform vom 29.10. 1997 (BGBl. I, S. 2590) weniger geworden.

Das von der Finanzverwaltung verfochtene Konzept der phasenverschobenen Maßgeblichkeit findet weder im Umwandlungsrecht noch im Maßgeblichkeitsgrundsatz des § 5 Abs. 1 EStG eine hinreichende Begründung und entbehrt daher jeder Grundlage.

Der Vermögensübergang stellt für den übernehmenden Rechtsträger einen laufenden Geschäftsvorfall dar (vgl. Korn, 1995, S. 10346; Funke, 1998, S. 630) dessen Wirkungen erst in der folgenden Jahresbilanz sichtbar werden. Lediglich bei der Umwandlung zur Neugründung ist zwingend eine Eröffnungsbilanz gem. § 242 Abs. 1 HGB zu erstellen, in welcher dann das Bewertungswahlrecht des § 24 UmwG ausgeübt wird. Diesem Wahlrecht steht jedoch in der steuerlichen Eröffnungsbilanz die zwingende Übernahme der steuerlichen Schlußbilanzwerte der übertragenden Gesellschaft gegenüber (§§ 4 Abs. 1, 12 Abs. 1 UmwStG). Eine Wertaufholung kommt daher hier nicht in Betracht (vgl. Mentel, 1998, S. 9). Ebensowenig kann in der nachfolgenden steuerlichen Schlußbilanz eine phasenverschobene Aufstockung vollzogen werden. Die Steuerbilanz zum Schluß des auf den Umwandlungsstichtag folgenden Wirtschaftsjahres könnte über den Maßgeblichkeitsgrundsatz allein an die auf den gleichen Zeitpunkt erstellte Handelsbilanz gebunden sein. Die Annahme einer zeitversetzten Maßgeblichkeit würde insofern eine zeitliche Ausweitung des Maßgeblichkeitsprinzips beinhalten, die in § 5 EStG keine Stütze findet, da dieser nur Handels- und Steuerbilanzen, die zum gleichen Stichtag erstellt sind, aneinander bindet. Darüber hinaus würde die Auffassung der Finanzverwaltung gegen das vom Gesetzgeber verfolgte Ziel verstoßen, den Umwandlungsvorgang steuerneutral abwickeln zu können. Es dürfte kaum dem Willen des Gesetzgebers entsprechen, die Steuerneutralität des Umwandlungsvorgangs nur auf den Umwandlungszeitpunkt zu beschränken, und die Steuerneutralität im darauffolgenden Bilanzstichtag rückgängig zu machen, in dem der Grundsatz der steuerlichen Wertverknüpfung nur auf den eigentlichen Umwandlungsvorgang bezogen wird (vgl. Haritz/Paetzold, 1998, S. 354 f.; Mentel, 1998, S. 9 f.)

Gegen das Konzept einer phasenverschobenen Wertaufholung lassen sich aber nicht nur derart grundsätzliche Einwände anführen, es wirft auch im Detail vielfältige Fragen (vgl. etwa Rödder, 1998, S. 999) und Kritikpunkte auf. So ist die beim übernehmenden Rechtsträger in Ausübung des Wahlrechts nach § 24 UmwG erfolgende Anschaffungskostenbilanzierung schon vom Grundsatz her keine Wertaufholung i. S. der § 253 Abs. 5, 254 Satz 2, 280 HGB (»konzeptionelle Unterschiede« sehen auch Thiel u.a.,

1998, S. 403) und kann somit auch nicht dem Maßgeblichkeitsgrundsatz unterliegen. Die Anschaffungskosten nach § 24 UmwG stellen beim übernehmenden Rechtsträger originäre Zugangswerte dar und nicht etwa das Ergebnis einer Zuschreibung auf Basis der von der Übertragerin vermittelten Buchwerte (vgl. Rödder, 1998, S. 999). Überdies können Zuschreibungen nach dem Wortlaut des § 6 Abs. 1 Nr. 1 Satz 4 und Nr. 2 Satz 3 EStG nur bei Wirtschaftsgütern erfolgen, die bereits am Ende des vorangegangenen Wirtschaftsjahres zum Vermögen des Steuerpflichtigen gehört haben; dies ist aber nach erfolgter Umwandlung gerade nicht der Fall.

Es ist daher im Ergebnis auch auf der Ebene des übernehmenden Rechtsträgers nicht von der Geltung des Maßgeblichkeitsgrundsatzes auszugehen. Das Wahlrecht des § 24 UmwG kann ausgeübt werden, ohne daß sich hierdurch aus steuerlicher Sicht eine Pflicht zur Wertaufholung ergibt. Die sich im Zuge der Ausübung des handelsrechtlichen Wahlrechts des § 24 UmwG einerseits und der steuerlich durch §§ 4 Abs. 1, 12 Abs. 1 UmwStG erzwungenen Wertverknüpfung andererseits ergebenden unterschiedlichen Wertansätze bestehen daher auch in den Folgeperioden fort. Dies fordert der Grundsatz der Bilanzidentität bzw. des Bilanzenzusammenhangs gem. § 252 Abs. 1 Nr. 1 HGB, § 4 Abs. 1 EStG.

4. Maßgeblichkeit bei Umwandlungsvorgängen sinnvoll?

Ist die Zweckmäßigkeit des Maßgeblichkeitsgrundsatzes bereits bei der laufenden Gewinnermittlung heftig umstritten, so stellt sich die Frage nach der Sinnhaftigkeit dieses Prinzips in Umwandlungsfällen mit besonderer Schärfe. Während die steuerliche Wertverknüpfung zwischen übertragender und übernehmender Einheit unverzichtbar erscheint, um die Verhaftung der stillen Reserven zu sichern, geht das handelsrechtliche Umwandlungsgesetz mit § 24 einen ganz anderen Weg. In dieser Regelung wird die Umwandlung als Anschaffungsvorgang verstanden, der einer Wertkontinuität zwischen übertragender und übernehmender Einheit grundsätzlich entgegensteht. Aufgrund dieser unterschiedlichen Wertungen im Handels- und Steuerrecht fehlt in Umwandlungsfällen die konzeptionelle Grundlage für eine Verankerung des Maßgeblichkeitsgrundsatzes. Dem Gesetzgeber kann daher nicht empfohlen werden, eine Kodifizierung der Maßgeblichkeit in Umwandlungsfällen vorzusehen, da sich eine solche Regelung als Umwandlungshindernis erweisen würde. Die gegenwärtige Debatte um die phasenverschobene oder hinkende Maßgeblichkeit trägt Züge eines Stellvertreterkrieges. Um in der Diskussion um die Maßgeblichkeit bei der laufenden Gewinnermittlung keinen Boden preiszugeben, soll die Anerkennung der Maßgeblichkeit auch in Umwandlungsfällen verteidigt werden. Aber Umwandlungsvorgänge sind besonders ungeeignet für eine grundsätzliche Debatte um die Maßgeblichkeit, diese muß im Rahmen der steuerlichen Gewinnermittlung geführt werden und ist dort überfällig.

Literaturverzeichnis

Bacmeister, Friedrich (1996), § 24 UmwG und die Bindung zwischen Handels- und Steuerbilanz (Maßgeblichkeit) bei der Verschmelzung, in: Deutsches Steuerrecht 1996, S. 121–128.

Benkert, Manfred (1996), Einführung, in: Haritz, Detlef/Benkert, Manfred, Umwandlungssteuergesetz, München 1996.

Biener, Herbert (1996), Bilanzierung im Spannungsfeld von Europa-, Umwandlungs- und Steuerrecht, in: Steuerberater-Jahrbuch 1995/96, Köln 1996.

Bogenschütz, Eugen (1995), Umwandlung einer Kapitalgesellschaft auf eine Personengesellschaft oder auf eine natürliche Person, in: IDM (Hrsg.), WP-Handbuch der Unternehmensbesteuerung, Ergänzungsband 1995, 2. Aufl., Düsseldorf 1995.

BT-Drucksache 12/6699, Entwurf eines Gesetzes zur Bereinigung des Umwandlungsrechts (UmwBerG) vom 1. 2. 1994.

BT-Drucksache 12/6885, Entwurf eines Gesetzes zur Änderung des Umwandlungssteuerrechts vom 24. 2. 1994.

BT-Drucksache 12/7263, Stellungnahme des Bundesrates und Gegenäußerung der Bundesregierung zum Entwurf eines Gesetzes zur Änderung des Umwandlungssteuerrechts vom 14. 4. 1994.

Budde, Wolfgang Dieter / Zerwas, Peter (1994), Verschmelzungsbilanz, in: Budde, Wolfgang Dieter/Förschle, Gerhart (Hrsg.), Sonderbilanzen. Von der Gründungsbilanz bis zur Liquidationsbilanz, München 1994.

Dötsch, Ewald / van Lishaut, Ingo / Wochinger, Peter (1998), Der neue Umwandlungssteuererlaß, in: Der Betrieb 1998, Beilage Nr. 7.

Dötsch, Ewald (1998), Umwandlungssteuerrecht. Umstrukturierung von Unternehmen. Verschmelzung – Spaltung – Formwechsel – Einbringung, 4. Aufl., Stuttgart 1998.

Dehmer, Hans (1996), Umwandlungsgesetz, Umwandlungssteuergesetz, 2. Aufl., München 1996.

Fischer, Michael (1995), Verschmelzung von GmbH in Handels- und Steuerbilanz, in: Der Betrieb 1995, S. 485–491.

Funke, Regine (1998), Umwandlungssteuererlaß und Maßgeblichkeit bei Verschmelzungen, in: GmbH-Rundschau 1998, S. 628–631.

Hannappel, Hans-Albrecht (1996), Kommentierung zu § 24 UmwG, in: Goutier, Klaus/Knopf, Rüdiger/Tulloch, Anthony (Hrsg.), Kommentar zum Umwandlungsrecht, Heidelberg 1996.

Haritz, Detlef / Paetzold, Harald (1998), Bilanzielle Verknüpfungen und der Maßgeblichkeitsgrundsatz bei Verschmelzungen, in: Finanzrundschau 1998, S. 352–358.

Herzig, Norbert (1995), Maßgeblichkeitsgrundsatz (Verhältnis Handels-/Steuerbilanz), in: Küting, Karlheinz/Weber, Claus-Peter (Hrsg.), Handbuch der Rechnungslegung, Bd. Ia, 4. Aufl., Stuttgart 1995.

Herzig, Norbert (1996a), Verhältnis von handels- und steuerbilanzieller Rechnungslegung bei Umwandlungsvorgängen mit übertragenden Kapitalgesellschaften, in: Baetge, Jörg u.a. (Hrsg.), Rechnungslegung, Prüfung und Beratung – Herausforderungen für den Wirtschaftsprüfer –, Festschrift für Rainer Ludewig, Düsseldorf 1996.

Herzig, Norbert (1996b), Maßgeblichkeitsgrundsatz bei Umwandlungsvorgängen?, in: Neues Umwandlungssteuerrecht – Praxisfälle und Gestaltungen im Querschnitt, hrsg. im Auftrag des

Fachinstituts der Steuerberater von Norbert Herzig, Bd. 12 der Steuerthemen im Brennpunkt, Köln 1996.

Herzig, Norbert (1997), Diagonale Maßgeblichkeit bei Umwandlungsvorgängen?, in: Finanzrundschau 1997, S. 123–129.

IDW (1995), Steuerfachausschuß, Zweifelsfragen zum neuen Umwandlungssteuerrecht, in: Die Wirtschaftsprüfung 1995, S. 842–844.

IDW (1997), Zweifelsfragen der Rechnungslegung bei Verschmelzungen, Stellungnahme HFA 2/1997, in: Wirtschaftsprüfung 1997, S. 235–240.

Knop, Wolfgang / Küting, Karlheinz (1995), Anschaffungskosten im Umwandlungsrecht, in: Betriebs-Berater 1995, S. 1023–1030.

Korn, Klaus (1995), Bilanzierung und Prüfung bei Verschmelzung und Formwechsel im neuen Umwandlungsrecht und Umwandlungssteuerrecht, in: Kölner Steuerdialog 1995, S. 10344–10351.

Mentel, Thomas (1998), Der Maßgeblichkeitsgrundsatz in Umwandlungsfällen, in: Bien, Roland u. a (Bearb.), Kritische Anmerkungen zum Umwandlungssteuererlaß des BMF vom 25.3. 1998, in: Deutsches Steuerrecht, Beilage zu Heft 17, S. 1–56.

Müller, Welf (1997), Kommentierung zu § 24 UmwG, in: Kallmeyer, Harald/Dirksen, Dirk/Marsch-Barner, Reinhard (Bearb.), Umwandlungsgesetz, Köln 1997.

Müller-Gatermann, Gerd (1996), Umwandlungssteuerrecht, Vortrag auf der 38. IDW-Arbeitstagung am 13.–15. November 1996 in Baden-Baden, in: Die Wirtschaftsprüfung 1996, S. 868–874.

Ott, Hans (1998), Der Umwandlungssteuererlaß vom 25.3. 1998, in: Die Information über Steuer und Wirtschaft 1998, S. 385–394.

Priester, Hans-Joachim (1996), Kommentierung des § 24 UmwG, in: Lutter, Marcus (Hrsg.), Umwandlungsgesetz, Köln 1996.

Rödder, Thomas (1997), Deutsches Steuerrecht-Fachliteratur-Auswertung: Umwandlungssteuergesetz, in: Deutsches Steuerrecht 1997, S. 1353–1358.

Rödder, Thomas (1998), Anmerkungen zur neuen Maßgeblichkeitskonzeption des UmwSt.-Erlasses für die Umwandlung von Kapitalgesellschaften, in: Der Betrieb 1998, S. 998–999.

Sagasser, Bernd / Bula, Thomas (1995), Umwandlungen. Verschmelzung – Spaltung – Formwechsel – Vermögensübertragung – Zivil-, Handels- und Steuerrecht –, München 1995.

Schaumburg, Harald / Rödder, Thomas (1995), UmwG, UmwStG. Strukturierte Textausgabe des Umwandlungsgesetzes und Umwandlungssteuergesetzes mit Materialien und ergänzenden Hinweisen, Köln 1995.

Schmidt, Lutz (1994), Maßgeblichkeitsprinzip und Einheitsbilanz, Heidelberg 1994.

Thiel, Jochen (1995), Wege aus der Kapitalgesellschaft – Gestaltungsmöglichkeiten und Zweifelsfragen, in: Der Betrieb 1995, S. 1196–1203

Thiel, Jochen (1997), Die Maßgeblichkeit im Umwandlungssteuerrecht, in: GmbH-Rundschau 1997, S. 145–150.

Thiel, Jochen u.a. (1998), Der Umwandlungssteuererlaß 1998, in: GmbH-Rundschau 1998, S. 397–443.

Wassermeyer, Franz (1991), Die Maßgeblichkeit der Handelsbilanz für die Steuerbilanz und die Umkehr dieses Grundsatzes, in: Doralt, Werner (Hrsg.), Probleme der Steuerbilanzrechts, Veröffentlichungen der Deutschen Steuerjuristischen Gesellschaft e. V., Köln 1991, S. 29–46.

Weber-Grellet, Heinrich (1997), Die Unmaßgeblichkeit der Maßgeblichkeit im Umwandlungsrecht, in: Betriebs-Berater 1997, S. 653–658.

Widmann, Siegfried (1997a), Der Grundsatz der Maßgeblichkeit und das Umwandlungsrecht, in: Budde, Wolfgang Dieter/Moxter, Adolf/Offerhaus, Klaus (Hrsg.), Handelsbilanzen und Steuerbilanzen, Festschrift für Heinrich Beisse, Düsseldorf 1997, S. 571–579.

Widmann, Siegfried (1997b), Kommentierung des § 24 UmwG, in: Widmann, Siegfried/Mayer, Dirk (Hrsg.), Umwandlungsrecht. Umwandlungsgesetz, Umwandlungssteuergesetz. Kommentar, 41. Aktualisierung März 1998.

Die Bewertung von Pensionsverpflichtungen nach internationalen Standards

Reinhold Höfer*

Inhalt

* Prof. Dr. Reinhold Höfer, Höfer Vorsorge-Management, Mülheim/Ruhr.

1. Entwicklung der Rechtsgrundlagen

1.1 Der angelsächsische Ursprung internationaler Standards

Das geschriebene deutsche Handelsrecht fordert zwar grundsätzlich die Bilanzierung von Pensionsverpflichtungen durch Rückstellungen, ist jedoch praktisch frei von Detailregelungen darüber, wie dies im Interesse einer ordnungsmäßigen Buchführung und Bilanzierung zu geschehen hat. In der Praxis der letzten 50 Jahre hat das Steuerrecht mit seinen bindenden Vorgaben (vgl. § 6a EStG) die relevanten Normen gesetzt und zu weitgehend vereinheitlichten und damit vergleichbaren Wertansätzen in deutschen Jahresabschlüssen geführt. Die bemerkenswerteste Änderung des Handelsrechts zur Rechnungslegung für Pensionsverpflichtungen ist die mit Wirkung ab dem 1.1. 1987 eingeführte allgemeine Passivierungspflicht für Pensionsverpflichtungen (vgl. § 249 Abs. 1 Satz 1 HGB). Allerdings wurde diese Passivierungspflicht durch das BiRiLiG in Art. 28 EGHGB erheblich eingeschränkt. So gilt für unmittelbare Versorgungszusagen, die vor dem 1. Januar 1987 erworben wurden, und deren späteren Änderungen weiterhin ein Passivierungswahlrecht. Bei Unterstützungskassen-, Direktversicherungs- und Pensionskassenzusagen, also den sogenannten »mittelbaren Versorgungszusagen«, muß die möglicherweise bestehende Unterdeckung der Versorgungsverpflichtung auch ab 1987 nicht durch einen Rückstellungsausweis erfaßt werden. Zudem sind »pensionsähnliche Verpflichtungen« von § 28 EGHGB mit einem Passivierungswahlrecht ausgestattet.

Diesem Minimum an Verpflichtungsausweis für Pensionslasten stehen international umfassend ausformulierte, faktisch zwingende Bewertungsgrundsätze (Standards) gegenüber. Im Gegensatz zum deutschen Handelsrecht, dessen Formulierungshoheit in den gleichen Händen wie die des Steuerrechts liegt (beim Gesetzgeber), sind alle international anerkannten Standards von unabhängigen Gremien geschaffen worden. Sie sind keinem Steuerkodex nachgebildet und sie sind auch nicht mit der Intention entwickelt worden, mit Steuerrecht verträglich zu sein. Im Hinblick auf Pensionsverpflichtungen sind sie auch weitgehend unabhängig von anderen Variablen der Rechtssysteme einzelner Nationen. Zu nennen sind hier z. B. das Arbeits- und Gesellschaftsrecht sowie die Systeme der sozialen Sicherheit. Andererseits sind die internationalen Standards historisch keineswegs als neutrales – globales – Handelsrecht gewachsen. Der angelsächsische Ursprung internationaler Bewertungsstandards darf besonders im Hinblick auf Pensionsverpflichtungen nicht übersehen werden.

Die Regelungsursprünge der heutigen Standards lassen sich auf die Rechnungslegungsgrundsätze der Vereinigten Staaten von Amerika in den 50er Jahren dieses Jahrhunderts zurückführen. Auf dem Weg in die Gegenwart stehen markante Meilensteine, die ausnahmslos ohne deutsches Zutun gesetzt wurden. Bereits Mitte der 60er Jahre verabschiedete der damalige Accounting Principles Board (APB) mit seiner Opinion No. 8 einen Standard, der Schlüsselelemente der heutigen internationalen

Rechnungslegungsanforderungen für Pensionsverpflichtungen enthält. Mit der ins Ausland expandierenden amerikanischen Wirtschaft erreichten diese Standards europäische und andere Rechtssysteme der Welt.

Nach der Ablösung des APB durch die Nachfolgeorganisation Financial Accounting Standards Board (FASB) gewannen die amerikanischen Grundsätze nicht nur mehr Prägnanz, sondern insbesondere mehr Verbindlichkeit für börsennotierte US-Unternehmen und deren Auslandstöchter. Nach einer sich über Jahre hinziehenden öffentlich geführten Diskussion des FASB wurden zunächst im Mai 1980 der vorübergehend geltende SFAS 36 (Disclosure of Pension Information) und schließlich im Jahre 1985 das Statement of Financial Accounting Standards No. 87, Employers' Accounting for Pensions (SFAS 87) verabschiedet. Es trat für Geschäftsjahre, die nach dem 15. Dezember 1986 begannen, in den USA in Kraft. Für das Ausland wurde eine Übergangsfrist von 2 Jahren zugestanden. Der hohe Grad an Verbindlichkeit in Verbindung mit der Globalisierung amerikanischer Konzerne verhalf SFAS 87 und dem zeitgleich verabschiedeten Ko-Standard SFAS 88 (Employers' Accounting for Settlements and Curtailments of Defined Benefit Pension Plans and for Termination Benefits) zu weltweiter Verbreitung und letztlich Akzeptanz.

In Großbritannien verabschiedete das dort für die Entwicklung für Rechnungslegungsgrundsätze zuständige Accounting Standards Committee (ASC) im Mai 1988 (Inkrafttreten 1. Juli 1988) das Statement of Standard Accounting Practice 24, Accounting for Pensions Costs (SSAP 24). Nach den ebenfalls jahrelangen Diskussionen, die dem Statement vorausgegangen waren, wurde mit SSAP 24 zwar ein in jeder Hinsicht vom amerikanischen SFAS 87 unabhängiges Regelwerk formuliert, jedoch waren dessen Forderungen uneingeschränkt zu erfüllen, wenn die Bewertungsansätze für Pensionsverpflichtungen aus SFAS 87 abgeleitet wurden. Ähnlich sind die kanadischen Bemühungen zur gleichen Zeit zu beurteilen: Der amerikanische SFAS 87 setzte wie in Großbritannien die wichtigsten Eckpunkte. Die nicht verträglichen Detailunterschiede der britischen, kanadischen und der U.S.-amerikanischen Standards lagen und liegen im jeweils zugestandenen Ermessensspielraum der Anwender und verursachten in der Praxis keine unlösbaren Probleme. Die noch Anfang der 90er Jahre andauernde Expertendiskussion über die Verträglichkeit der Standards ist inzwischen abgeklungen und die Wertansätze internationaler Konzerne in britischen oder kanadischen Bilanzen und U.S.-amerikanischen Konzernbilanzen sind praktisch identisch.

1.2 Die Standards des International Accounting Standards Committee (IASC)

Weitgehend unbeachtet blieb der schon im Januar 1983 veröffentlichte International Accounting Standard No. 19 (IAS 19), Retirement Benefits in the Financial Statements of Employers, des International Accounting Standards Committee (IASC). Ohne dies tiefer analysieren zu wollen, lagen die Gründe für die Bedeutungslosigkeit des IAS 19 (1983) in seiner Auslegungsbandbreite, die sowohl nationale europäische Praktiken als auch die schon existierenden und späteren amerikanischen Grundsätze einfing. Hinzu kommt sicherlich, daß das IASC zu dieser Zeit die Rechnungslegung der Konzerne als Ganzes nur höchst fragmentarisch mit Standards abdeckte und insofern noch weit entfernt von einem allumfassend geschlossenen Regelungswerk war. In Deutschland gewannen die IAS bis Mitte der 90er Jahre aber allmählich an Bedeutung (vgl. Peters, 1997, S. 8). IAS 19 wurde 1993 (Inkrafttreten 1995) erstmals völlig überarbeitet und präzisiert. Dennoch war auch der überarbeitete Standard – entgegen der Intention des IASC – noch immer sehr liberal (vgl. Thurnes, 1997, S. 10 ff.). Seinen Anforderungen konnte mit einem weiten Spektrum von Wertansätzen genügt werden.

Erst die jüngste Überarbeitung des IAS 19, verabschiedet im Februar 1998, dürfte ihm zu internationaler Bedeutung verhelfen, da mit ihm praktisch das gesamte Regelungswerk der amerikanischen Standards SFAS 87 und SFAS 88 in das internationale Recht zur Rechnungslegung für Pensionsverpflichtungen überführt wird. Hinzu kommt, daß auch die amerikanischen Standards SFAS 106 und SFAS 112, mit denen der FASB die Restmenge der Sozialleistungen für Arbeitnehmer in den letzten Jahren abdeckte (vgl. Höfer, Bd. II, Rn. 2522 ff.), in IAS 19 in einer mit den amerikanischen Normen verträglichen Weise Eingang gefunden haben.

IAS 19 dürfte die Anforderungen der Security and Exchange Commission (SEC) für die Aktiennotierung an der New Yorker Börse (New York Stock Exchange, NYSE) erfüllen (vgl. Arnold/Morgan, 1998, S. 26). Letztlich entscheidend wird für die Anerkennung des IAS 19 durch die SEC jedoch die Güte der Gesamtheit der IAS sein. IAS 19 ist nur ein Teil der mit Hochdruck betriebenen Vervollkommnung des Regelungswerkes des IASC. Bis zur Jahrtausendwende soll dieses Ziel erreicht werden (vgl. Barckow/Gräfer, 1997, S. 1189 f.).

Schwerpunkt dieses Beitrags ist IAS 19 in der 1998 überarbeiteten Fassung. Die Ursprünge der Regelungen im Hinblick auf Pensionsverpflichtungen, nämlich insbesondere SFAS 87, werden dabei nicht außer Acht gelassen.

2. Vergleich der Bewertungsgrundsätze im deutschen und internationalen Handelsrecht

2.1 Der Verpflichtungsansatz dem Grunde nach

IAS 19 basiert auf dem Grundverständnis, daß alle Zahlungen und Leistungen an Arbeitnehmer einschließlich der Löhne, Gehälter, Abgaben und Sozialleistungen und einschließlich der betrieblichen Altersversorgung in systematisch verträglicher Weise in der Rechnungslegung zu berücksichtigen sind (IAS 19, Introduction). Weiter heißt es ausdrücklich, daß neben Verpflichtungen mit formaler rechtlicher Grundlage auch faktische Gegebenheiten einzubeziehen sind, wenn diese aus Umständen oder Üblichkeiten nachvollziehbar Verpflichtungen begründen (IAS 19.3). Das gleiche Grundverständnis haben die auf Leistungen aus Arbeitsverhältnissen gerichteten U.S.-amerikanischen Standards.

Die Frage, ob Pensionsverpflichtungen existieren, die im Jahresabschluß zu dokumentieren sind, ist national wie international nach einem einheitlichen Grundsatz zu beantworten. Simplifiziert lautet er: Wenn ein Arbeitgeber (ein Unternehmen) aufgrund der arbeitsrechtlichen Beziehungen zu seinen Arbeitnehmern oder früheren Arbeitnehmern oder deren Angehörigen nicht ausschließen kann, aufgrund eines existierenden Pensionsversprechens finanziell in Anspruch genommen zu werden, liegt eine Pensionsverpflichtung vor (vgl. Höfer, Bd. I, Rn. 93 ff.). Für das Bestehen einer Verpflichtung sind dabei der Grad der Rechtsverbindlichkeit sowie die Ungewißheit der daraus resultierenden Zahlungsströme in zeitlicher und betragsmäßiger Hinsicht ohne Bedeutung, wobei die Methoden der Versicherungsmathematik die Ungewißheiten durch verläßliche Schätzwerte ersetzen können.

2.2 Passivierungspflicht, -wahlrecht, Leistungs- und Beitragspläne

Im Gegensatz zum deutschen Handelsrecht sehen die internationalen Standards keine Passivierungswahlrechte vor. Wenn eine Pensionsverpflichtung vorliegt, kann auf deren Berücksichtigung in der Rechnungslegung nur dann verzichtet werden, wenn sie als materiell unwesentlich einzustufen ist (vgl. Wollmert/Achleitner, 1997, S. 214 f.). Allerdings genießt die bilanzielle Erfassung von Pensionsverpflichtungen nach internationalen Standards nicht Priorität. Sie ist dem Anliegen einer periodengerechten Erfolgsbeeinflussung durch den Versorgungsaufwand untergeordnet. Trotz der generellen Passivierungspflicht wird deswegen im Regelfall der tatsächliche, stichtagsbezogene Bilanzansatz nicht oder nicht exakt der versicherungsmathematisch bezifferten Pensionsverpflichtung entsprechen.

Auch die Wahl des Durchführungsweges der betrieblichen Altersversorgung berührt im Gegensatz zum deutschen Handelsrecht die Ausweispflicht nicht (vgl. z. B. IAS 19.24). Der Arbeitgeber ist immer als der primär Verpflichtete anzusehen, und zwar auch dann, wenn nach deutschem Rechtsverständnis lediglich eine Einstands- oder Subsidiärverpflichtung gegeben ist.

Diese Einstandspflichten gelten nur dann nicht, wenn der Arbeitgeber keine Versorgungsleistungen versprochen hat und seine Pflichten auf die reine Beitragszahlung beschränkt (vgl. IAS 19.5). Die »reine Beitragszusage« existiert im Gegensatz zu den USA und Großbritannien zur Zeit in Deutschland noch nicht. Sie wird aber stark diskutiert und könnte in der 14. Legislaturperiode auch gesetzlich geregelt werden.

IAS 19 verlangt, daß alle Regelungen der betrieblichen Altersversorgung in eine der beiden Klassen »leistungsdefinierte« oder »beitragsdefinierte« Pläne einzuordnen sind (IAS 19.25). Pensionsverpflichtungen ergeben sich nur bei Versorgungsplänen, die als leistungsdefiniert klassifiziert wurden (vgl. Gohdes, 1997, S. 4). Einordnungsprobleme versucht IAS 19 durch umfangreiche Erklärungen zu vermeiden.

2.3 Zielsetzung der internationalen Standards

Das deutsche Handelsrecht schreibt keine Methode zur Bewertung von Pensionsverpflichtungen vor. Es entspricht allerdings den Grundsätzen ordnungsgemäßer Buchführung, Aufwands- und Verpflichtungswerte versicherungsmathematisch zu erfassen und regelmäßig dafür das sogenannte Teilwertverfahren in der Definition des § 6a EStG zu verwenden.

IAS 19 verlangt zwingend die Verwendung des auch von SFAS 87 vorgeschriebenen Anwartschaftsansammlungsverfahrens auf der Grundlage versicherungsmathematischer Barwerte: die sogenannte Projected Unit Credit Method (IAS 19.50 (b)). In der für 1999 erwarteten offiziellen Übersetzung wird sie als »Verfahren der laufenden Einmalprämien« bezeichnet werden. Das anzuwendende Verfahren wird im Hinblick auf die versicherungsmathematischen Techniken in IAS 19 erläutert und mit Beispielen, die in den Standard eingearbeitet sind, gegen Fehlinterpretationen abgesichert. Vorgaben und Anleitungen zur inhaltlichen Auslegung von Leistungsplänen der betrieblichen Altersversorgung sind ebenso vorhanden wie Vorschriften zur Ableitung der versicherungsmathematischen Rechnungsgrundlagen. IAS 19 geht mit diesen Detailvorgaben deutlich über SFAS 87 hinaus.

Von besonderer Bedeutung für die deutsche handelsrechtliche Feststellung der Bewertungsansätze für Pensionsverpflichtungen sind das in den Grundsätzen ordnungsmäßiger Buchführung verankerte Stichtagsprinzip und das Nominalwertprinzip. In Bezug auf betriebliche Altersversorgung folgt daraus, daß in versicherungsmathematische Bewertungen die Personaldaten mit den in der Inventur zum Abschlußstichtag erhobenen Werten eingehen müssen.

IAS 19 verpflichtet die Unternehmen demgegenüber dazu, »den Barwert einer leistungsdefinierten Versorgungsverpflichtung in angemessenen regelmäßigen Abständen festzustellen, um zu gewährleisten, daß die im Abschluß erfaßten Beträge nicht wesentlich von den am Bilanzstichtag mit einer Bewertung feststellbaren Beträgen abweichen« (IAS 19.6 (b); freie Übersetzung des Autors). Angesichts der weiteren Forderung, daß Bewertungen auf Annahmen beruhen sollen, die die aktuelle Erwartung der Wirtschaft (des Marktes) für den Zeitraum, über den existierende Verpflichtungen zu erfüllen sind, widerspiegelt (IAS 19.6 (e), offenbart sich hier ein fundamentaler Unterschied zum deutschen Handelsrecht bzw. dessen anerkannter Ausfüllung in der Praxis. Nicht die Momentaufnahme existierender Pensionsverpflichtungen am Bilanzstichtag ist das Hauptziel der internationalen Rechnungslegung für Pensionen, sondern die Darstellung der mit realitätsnahen Annahmen abgeschätzten künftigen Entwicklung. Pensionsverpflichtungen sollen in erster Linie mit ihrer Wirkung auf die Ertragskraft des Unternehmens dargestellt werden (vgl. Bode/Gohdes/Thurnes, 1998, S. 1094).

Damit nähert sich IAS 19 einem jüngst vom FASB zur Segmentberichterstattung (in SFAS 131) formulierten Postulat: dem »Management Approach«. Es besagt, daß der Jahresabschluß die von der Unternehmensleitung für eigene Entscheidungen maßgebliche Basis widerspiegeln soll. Somit kann IAS 19 als praxisorientierte Weiterentwicklung der auf wirtschaftlichem Gehalt und wirtschaftliche Realität abstellende Betrachtungsweise amerikanischer Standards gewertet werden (vgl. Wollmert/Achleitner, 1997, S. 213 f.).

3. Ableitung der internationalen Bewertungsansätze

3.1 Übergeordnete Grundsätze

Die Verantwortung für die Übereinstimmung von Jahresabschlüssen mit den Rechnungslegungsgrundsätzen liegt beim Unternehmen. Mit der Anwendung internationaler Rechnungslegungsstandards auf Pensionsverpflichtungen gewinnt dieser Grundsatz auch in Deutschland an Bedeutung.

Nach internationalen Standards sind die in Deutschland üblichen Bewertungsgrundlagen des Versicherungsmathematikers (z. B. Sterbetafeln) um ein ganzes Bündel von wirtschaftlichen Bewertungsprämissen zu ergänzen. Die Verantwortung für die Wahl dieser wirtschaftlichen Prämissen trifft das Unternehmen. IAS 19 besagt ergänzend, daß der Aktuar in die Verantwortung einzubinden ist (vgl. Arnold/Morgan, 1998, S. 25). Für alle Beteiligten tut sich ein Entscheidungsfeld auf, das in der bisherigen deutschen Praxis vernachlässigt wurde.

Den im einzelnen zu setzenden Bewertungsprämissen sind zwei Grundsätze übergeordnet:

- Es gilt das »On-Going-Concern-Prinzip«. In Bezug auf Pensionsverpflichtungen besagt es nicht nur, daß das Unternehmen selbst, sondern insbesondere, daß das existierende Versorgungswerk in der bestehenden Form als »ewig« fortbestehend anzusehen ist. Wenn in Einzelfällen bereits feststeht, daß dies keine zutreffende Bewertungsbasis ist, sind detaillierte Sonderregelungen der internationalen Standards zu beachten.
- IAS 19 verlangt, daß das Bündel aller gesetzten wirtschaftlichen Prämissen einen vernünftigen und realitätsnahen Bewertungsansatz ermöglicht. Der amerikanische Standard SFAS 87 besagt hingegen, daß jede einzelne Prämisse für sich gesehen die bestmögliche Einschätzung der erwarteten künftigen Verhältnisse wiedergibt.

Auf die zumindest theoretische Unvereinbarkeit des zuletzt genannten Grundsatzes des IAS 19 mit dem des SFAS 87 wird nachfolgend eingegangen.

3.2 Die Bewertungsmethode (Projected Unit Credit Method)

Das international vorgeschriebene Verfahren der laufenden Einmalprämien (Projected Unit Credit Method, PUCM) ordnet jedem Dienstjahr eines Arbeitnehmers Versorgungsteile zu. Sie sollen den Teil der späteren Versorgung beziffern, der vom Arbeitnehmer in dem jeweiligen Dienstjahr erdient wurde. Für die Zuordnung soll nach internationalen Standards der Wortlaut des Pensionsplanes herangezogen werden. Ist dies nicht möglich oder führt es zu unsachgemäßen Ergebnissen, soll die Zuordnung durch eine gleichmäßige Verteilung der letztendlich zu erwartenden Gesamtversorgung vorgenommen werden (vgl. Bode/Gohdes/Thurnes, 1998, S. 1094).

Die Pensionsverpflichtung zu einem Stichtag ist gleich dem versicherungsmathematischen Barwert aller Versorgungsteile, die in Wirtschaftsjahre vor dem Stichtag fielen. Der normale Versorgungsaufwand einer einzelnen Periode ist der Barwert der dieser Periode zugeordneten Leistungsteile der Arbeitnehmer. Versicherungsmathematische Barwerte werden auch als »Einmalprämien« bezeichnet. Dieser Begriff macht deutlicher, daß keine weiteren Mittel zur Ausfinanzierung bereitgestellt werden müssen, nachdem einmalig der zutreffende Wert eines Versorgungsteils verrechnet wurde (detaillierte Methodendarstellung bei Munschek/Braun, 1998, S. 494 f.).

Die internationalen Standards fordern, daß die Berechnung der Einmalprämien mit Bewertungsannahmen erfolgt, die auch unter Beachtung inflationärer oder anderer Wertänderungen einen nach Einschätzung des ordentlichen Kaufmanns zutreffenden Ansatz ergeben.

3.3 Wirtschaftliche Bewertungsannahmen

SFAS 87 definiert den für die Diskontierung erwarteter künftiger Zahlungsströme zu verwendenden Zins als sogenannten Erfüllungszinsfuß (Settlement Rate). Gemeint ist derjenige Zins, bei dem ein mit dem Barwert, also dem Kapital in Höhe der Verpflichtung ausgestatteter Fonds, in der Lage ist, aus den Anlageerträgen und unter Verzehr des erhaltenen Kapitals alle Verpflichtungen zu erfüllen (SFAS 87.44). Der gesuchte Zinsfuß kann nach SFAS 87 auch als Effektivverzinsung von Lebensversicherungsverträgen interpretiert werden. Darunter ist der vom Versicherungsunternehmen verwendete Rechnungszinsfuß (z. Z. oft 4% p. a.) zuzüglich des erwirtschafteten und für das Geschäftsjahr deklarierten Überzinses (Dividenden) zu verstehen.

IAS 19 folgt dem von SFAS 87 alternativ verwendeten Modell der Ableitung des Zinsfußes nicht, sondern besagt, daß der Rechnungszinsfuß unmittelbar aus dem

Marktzins für langfristige Industrieschuldverschreibungen abzuleiten ist (IAS 19.78). Wenn, wie in Deutschland, der Markt für Industrieobligationen vergleichsweise unterentwickelt ist, sollen ersatzweise langfristige Schuldverschreibungen der öffentlichen Hand herangezogen werden (vgl. Gohdes, 1998, S. 167 ff.). Im Ergebnis führen die Forderungen von SFAS 87 und IAS 19 zum gleichen Zinsfuß, wenn auf festverzinsliche Wertpapiere abgestellt wird. Damit ist zugleich die theoretische Unvereinbarkeit der übergeordneten Grundsätze zur Prämissenwahl überwunden, denn: Untersuchungen zeigen, daß in einer Volkswirtschaft auf Dauer signifikante Korrelationen zwischen dem Zinsniveau am Kapitalmarkt, der Inflationsrate und dem Lohnanstiegsniveau bestehen. IAS 19 läßt es nicht zu, solche Abhängigkeiten zu vernachlässigen (IAS 19.72 ff.), beim amerikanischen SFAS 87 wird man sie nicht vernachlässigen dürfen.

Die Auswahl der weiteren Bewertungsprämissen ist in das Ermessen des Unternehmens gestellt und von diesem im Rahmen der erwähnten übergeordneten Grundsätze zu treffen. Die übliche Vorgehensweise der Praxis wird auch für den neuen IAS 19, für den noch keine Erfahrungen vorliegen, zu vernünftigen, neutralen Ansätzen führen: Ausgangspunkt der weiteren Prämissenwahl ist die langfristig erwartete Preisinflation. Wenn diese Erwartung nicht ohnehin für betriebliche Kalkulationszwecke schon mit einem konkreten Wert belegt wurde, helfen die regelmäßig veröffentlichten Erfahrungswerte verschiedenster Verbände und Institutionen. Die für die Vergangenheit feststellbare reale Verzinsung (Effektivzins abzgl. Inflationsrate) der für die Ableitung des Rechnungszinsfußes gewählten Wertpapiere sollte zur Verprobung des gefundenen Erfahrungswertes herangezogen werden.

Um aus der langfristigen Inflationserwartung einen Lohntrend, Anstiegstrends für laufende Betriebsrenten und Renten der gesetzlichen Rentenversicherung oder andere, im Einzelfall relevante Größen abzuleiten, sind weitere volkswirtschaftliche sowie branchen- oder unternehmensspezifische Erwartungen festzulegen und einzubeziehen. Beispielhaft sei dazu auf den Lohntrend und die Anpassung laufender Betriebsrenten eingegangen:

- Neben dem Inflationsausgleich sollte der Lohntrend einen sogenannten Karrieretrend einschließen (IAS 19.84). Der Karrieretrend berücksichtigt, daß für die am Stichtag gegebene Gruppe von Arbeitnehmern regelmäßig auch höhere Positionen oder der bloße Zeitablauf (das »Älterwerden«) zu Entgeltsteigerungen führen. Die Tatsache, daß diese Erhöhungsfaktoren, durch Umschichtung der Beschäftigtenstruktur überdeckt und in der Entwicklung der gesamten Lohn- und Gehaltssumme eines Unternehmens oft gar nicht sichtbar werden, ist für deren Einbezug unerheblich. Umschichtungen in der Belegschaft, also insbesondere der Ersatz älterer Arbeitnehmer durch geringer entlohnte Neueinstellungen, dürfen in die Ableitung des Lohntrends nicht eingehen.
- Die Anpassung laufender Renten ist durch das deutsche Recht an die Inflationsrate

bzw. die niedrigere Nettolohnsteigerung gebunden, wenn die Wirtschaftslage des Unternehmens dies zuläßt. Anpassungsprüfungen stellen auf die tatsächlichen Verhältnisse eines jeden Geschäftsjahres ab und dienen der Berücksichtigung der wirtschaftlichen Interessen des Unternehmens und dem Begehren seiner Pensionäre nach angepaßter Altersversorgung. Überwiegend erwarten deutsche Unternehmen nicht, diesem Wunsch uneingeschränkt in aller Zukunft stattgeben zu können. Die Bewertungsprämissen für künftige Rentenanpassungen werden deswegen in aller Regel unter der erwarteten Inflationsrate angesiedelt.

3.4 Musterbewertungen

Ganz allgemein gilt, daß die Ergebnisse ganz entscheidend vom Zeitraum der erwarteten Wirkung des Trends abhängen. Gleiche Trendannahmen führen bei gleichen Pensionsplänen nur dann zu gleichen Bewertungsergebnissen, wenn die Faktoren »Restlebensarbeitszeit« der erfaßten Arbeitnehmer und »verbleibende Lebenserwartung« aller erfaßten Personen gleich sind. Selbst wenn die erfaßten Personengruppen gleiche mittlere Alter und gleiche mittlere Dienstzeitalter aufweisen, können verschiedene Altersstrukturen noch deutliche Bewertungsunterschiede verursachen. Letztlich können deswegen die Konsequenzen der Prämissenwahl nur mit konkreten versicherungsmathematischen Bewertungen zutreffend aufgezeigt werden.

Die Auswirkungen der Modifikation von Bewertungsprämissen sollen durch Berechnungen für Musterbestände von Arbeitnehmern und früheren Arbeitnehmern (bzw. deren Hinterbliebenen) beispielhaft verdeutlicht werden (vgl. Oppermann/Pisters, 1988, S. 16 ff.). Den Berechnungen liegt eine am Endgehalt/-lohn orientierte Pensionsordnung zugrunde. Die Schlüsselprämissen der Bewertung vor der Modifikation sind ein Diskontierungszinsfuß von 6,5% p. a., ein Lohntrend von 4% p. a., ein Rentenanpassungstrend von 2% p. a. sowie die üblichen biometrischen Rechnungsgrundlagen des Versicherungsmathematikers, letztere ergänzt um Fluktuationswahrscheinlichkeiten der Belegschaft.

- Für den Kreis der aktiven Arbeitnehmer kann erwartet werden, daß eine Veränderung des Zinses um einen Prozentpunkt 20% bis 25% Verpflichtungsänderung nach internationalen Standards nach sich zieht. Bei Rentnern und Hinterbliebenen führen gleiche Zinsvariationen nach oben oder unten nur noch zu Verpflichtungsänderungen von bis zu 10%.
- Bei Endgehaltsplänen führt die Einrechnung des Lohntrends von 4% p. a. für Arbeitnehmer im Alter von 40 bei unterstellter Pensionierung im Alter 63 zu einer Verpflichtungserhöhung von rd. 80%. Wird dieser Trend um einen Prozentpunkt nach oben oder unten variiert, stellen sich Verpflichtungsänderungen von 25% bis 35% ein. Das Gewicht des Faktors »Wirkungsdauer des Trends« wird deutlich, wenn

ein Arbeitnehmer im Alter 60 betrachtet wird. Der Einbezug des Lohntrends von 4% führt nur noch zu einer Verpflichtungserhöhung von rd. 10%.

- Für das untersuchte Musterkollektiv von Rentnern und Hinterbliebenen zeigen die Bewertungen, daß je ein Prozentpunkt Anpassungsrate p. a. etwa 10% Verpflichtungsveränderung nach internationalen Standards verursacht.

Auch die Auswirkung der Bewertungsannahme zur Arbeitnehmerfluktuation wurde geprüft. Bekanntlich werden solche Annahmen in der üblichen deutschen Praxis nicht verwendet, sondern es wird die Näherungslösung des § 6a EStG (Nichtbeachtung aller Dienstjahre vor dem Alter 30 in der Bewertung) übernommen. Es zeigt sich, daß verallgemeinerte Aussagen wegen der hohen Sensibilität der Fluktuationsannahme kaum möglich sind. Wenn die Gesamtfluktuation für ein Unternehmen mit einem Durchschnitt über alle Arbeitnehmer von etwa 5% eingerechnet wird, wobei ältere Arbeitnehmer so gut wie nicht und jüngere mit 10% bis 20% den Arbeitgeber wechseln, kann damit eine Minderung der nach internationalen Standards bewerteten Pensionsverpflichtungen von bis zu 20% erzielt werden.

Alle vorstehenden Aussagen wurden im Hinblick auf die Verpflichtungen aus Pensionsversprechen getroffen. Sie gelten aber gleichermaßen für eine Komponente des periodischen Versorgungsaufwands aus diesen Versprechen: dem sogenannten Dienstzeitaufwand, für den auch die Bezeichnungen »normaler Aufwand« oder »Entgeltkomponente des Versorgungsaufwands« üblich sind. Diese Komponente wird versicherungsmathematisch in exakt gleicher Weise wie die Pensionsverpflichtung abgeleitet (IAS 19.50).

Da der gesamte Versorgungsaufwand jedoch des weiteren auch die Komponente »Zinsaufwand« enthält, muß im Vorgriff auf die weiteren Ausführungen auf einen wichtigen gegenläufigen Effekt hingewiesen werden. Wenn der Zinsfuß für die Diskontierung im Interesse eines niedrigen Verpflichtungswertes eher hoch angesetzt wurde, führt dies zwar auch zu einer Minderung des Dienstzeitaufwands, es erhöht jedoch die Komponente »Zinsaufwand« und kann deswegen insgesamt zu einer Aufwandserhöhung in der Folgeperiode führen.

4. Der Versorgungsaufwand im Mittelpunkt internationaler Standards

4.1 Aufwandskomponenten

Außerhalb Deutschlands ist die Ausfinanzierung von Versorgungsleistungen mit Pensionsrückstellungen überwiegend unüblich oder unzulässig. Die Mittelansammlung erfolgt besonders im angelsächsischen Bereich in separaten Fonds, die von den Trägerunternehmen dotiert werden und Versorgungsvermögen bilden. Im Idealfall deckt das Versorgungsvermögen die gleichzeitig bestehenden Pensionsverpflichtungen völlig ab, so daß die betriebliche Altersversorgung in der Bilanz nicht in Erscheinung tritt. Auch dies erklärt die auf die Erfolgsrechnung des Unternehmens konzentrierte Betrachtungsweise der internationalen Standards.

Wenn ein fondsgestützt finanziertes betriebliches Versorgungswerk vorliegt, besteht der Versorgungsaufwand insbesondere aus zwei Komponenten:

- dem Dienstzeitaufwand
- dem Amortisationsaufwand (auch als nachzuverrechnender Aufwand oder Vergangenheitsaufwand bezeichnet).

Den Dienstzeitaufwand könnte man auch als den diskontierten Wert des später in Form von Pensionen auszuzahlenden einbehaltenen Lohnes einer Periode bezeichnen. Er ist so zu kalkulieren, daß der ihn aufnehmende Fonds die versprochene Pension vollständig zahlen kann, wenn er den angenommenen Zins erwirtschaftet und sich auch alle anderen Bewertungsannahmen (die gesetzten Prämissen) als richtig erweisen.

Die Amortisationskomponente sorgt dafür, daß die immer feststellbaren Abweichungen zwischen Realität und Annahmen in die Erfolgsrechnung des Unternehmens zwar Eingang finden, daß dies aber nicht sprunghaft geschieht, sondern auf viele Jahre verteilt. Deswegen sollen für den Aufwand einer Periode stets die gesetzten Annahmen und nicht die realen Verhältnisse maßgeblich sein. Die unerwarteten Verpflichtungsveränderungen werden berechnet und auf künftige Perioden verteilt (z. B. IAS 19.92 ff.). Als Verteilungszeitraum sehen internationale Standards die mittlere Restlebensarbeitszeit aller vom Versorgungsplan erfaßten Arbeitnehmer vor. Sind in Einzelfällen alle Mitglieder eines Pensionsplanes bereits pensioniert, ist als Verteilungszeitraum deren mittlere Lebenserwartung zu wählen.

Natürlich kann ein mit diesen Komponenten dotierter Fonds die Pensionsverpflichtung nur dann vollständig erfüllen, wenn er mindestens den bei der Kalkulation unterstellten Zins auch tatsächlich erwirtschaftet. Anderenfalls muß das Trägerunternehmen in Anspruch genommen werden, um die Minderverzinsung auszugleichen. Dem haben internationale Standards durch die Definition zweier weiterer Komponenten des Versorgungsaufwands Rechnung getragen:

- Zinsaufwand; der Zinsaufwand könnte auch als der Sollwert des vom Pensionfonds zu erwirtschaftenden Zinses des jeweiligen Jahres bezeichnet werden.
- Zinsertrag; gemeint ist der tatsächliche Erfolg aus der Anlage des Versorgungsvermögens.

Der Zinsaufwand wird ermittelt, indem die Pensionsverpflichtung zu Beginn der Periode mit dem Rechnungszinsfuß multipliziert wird (IAS 19.82). Wenn während des Geschäftsjahres Pensionen gezahlt werden, ist der Zinsaufwand um den Zinseffekt dieser Zahlungen zu mindern. Der Zinsertrag wird durch die um Ein- und Auszahlungen bereinigte Vermögensveränderung im Pensionsfonds ermittelt (IAS 19.105 f.). Diese umfaßt neben Anlagezinsen und Dividenden auch Wertveränderungen der gewählten Kapitalanlagen (z. B. Kursgewinne oder -verluste).

Die Differenz der beiden Komponenten Zinsaufwand und Zinsertrag erhöht oder vermindert den Versorgungsaufwand des Trägerunternehmens. Wenn keinerlei externe Ausfinanzierung erfolgt - z. B. wenn die Deckungsmittel in Form von Pensionsrückstellungen gehalten werden - steht dem Zinsaufwand kein Zinsertrag gegenüber und es ergibt sich eine Aufwandserhöhung, die nicht selten höher ist als die Summe aus Dienstzeitaufwand und Amortisationen.

Die einzeln errechneten Aufwandskomponenten müssen zu einem Betrag zusammengefaßt (saldiert) werden (IAS 19.61).

4.2 Aufwandsverrechnung und Konsequenzen für die Bilanz

Die Prämissenauswahl des Unternehmens, die Erhebung der notwendigen Personaldaten sowie auch die versicherungsmathematische Bewertung durch den Aktuar erfolgt zum letzten Tag des Geschäftsjahres. Wenn Versorgungsvermögen in separaten Fonds für die Abdeckung der Versorgungsverpflichtungen angesammelt wird, ist die Bewertung des Vermögens ebenfalls zu diesem Termin vorzunehmen. All diese Feststellungen haben jedoch grundsätzlich keine Auswirkung auf den erfolgswirksam für die abgelaufene Periode zu buchenden Aufwand mehr (vgl. Hiegemann, 1998, S. 4).

Der Versorgungsaufwand einer jeden Periode wird nach internationalen Standards bereits zum 1. Tag der Periode festgestellt. Er wird während oder am Ende des Geschäftsjahres nicht geändert, es sei denn, es treten außergewöhnliche Ereignisse ein (z. B. Stillegungen oder Veräußerungen von Betriebsteilen, Leistungsplanänderungen oder tiefgreifende Neustrukturierungen des Unternehmens).

Bei Pensionsverpflichtungen, die über Pensionsrückstellungen ausfinanziert werden, steht somit die erfolgswirksame Zuführung zur Pensionsrückstellung bereits am ersten Tag des Geschäftsjahres fest. Der in der Bilanz zu passivierende Wert für Pensionsverpflichtungen ist damit das stichtagsbezogene Zwischenergebnis einer auf geglätteten Aufwandsverlauf ausgerichteten Finanzierung. Nicht aus der Veränderung der Bilanzposition »Pensionsrückstellung« zwischen zwei Stichtagen ergibt sich der Versorgungsaufwand, sondern der explizit errechnete Versorgungsaufwand bestimmt die Veränderung des Bilanzansatzes. Der Leser des Jahresabschlusses nach internationalen Standards findet die am Stichtag existierende Pensionsverpflichtung zusammen mit detaillierten Analyserechnungen im Anhang, dem insofern größere Bedeutung als im Jahresabschluß nach deutschem Handelsrecht zukommt.

Ergänzend sei noch angemerkt, daß laufende Pensionszahlungen nach internationalen Standards erfolgsneutral gegen die gebildete Pensionsrückstellung zu buchen sind.

5. Zusammenfassung

Internationale Standards für die Bewertung von Pensionsverpflichtungen wurden aus dem angelsächsischen Handelsrecht entwickelt. Der U.S.-amerikanische SFAS 87 dominiert die derzeitige Praxis und hat den 1998 überarbeiteten IAS 19 geprägt. Mit IAS 19 hat der IASC amerikanische und die mit diesen verträglichen zentralen britischen Grundsätze ordnungsgemäßer Buchführung und Bilanzierung in globales Recht überführt.

Die Bewertungsmethode und die Bewertungsprämissen der internationalen Standards sind nicht unbesehen mit den Grundsätzen des deutschen Handelsrechts vereinbar. Besonders die auf den zutreffenden Ausweis von Pensionsverpflichtungen in der Bilanz gerichtete deutsche Praxis muß beim Übergang auf internationale Standards einer auf die Erfolgsrechnung abzielenden Ableitung von Bewertungsansätzen weichen. Zugleich wird die in Deutschland derzeit noch eher automatisierte Feststellung der Wertansätze stärker in die Kontrolle und Verantwortung der Unternehmen gelegt. Die Nutzung des Berechnungsinstrumentariums der Versicherungsmathematiker muß von Unternehmen und Wirtschaftsprüfern in Ausübung dieser Verantwortung beherrscht werden. Dazu sind die existierenden Pensionsordnungen im Hinblick auf ihre Sensibilität für Faktoren wie Zins- oder Preis-/Lohninflation zu analysieren und die Ergebnisse in ein ausgewogenes Bündel von Bewertungsparametern einzubringen.

Der Hauptfachausschuß des Instituts der Wirtschaftsprüfer hat jüngst zu erkennen gegeben, daß grundsätzlich keine Bedenken gegen die Übernahme der Werte gemäß IAS in die deutsche Handelsbilanz bestehen (vgl. HFA, 1998, S. 291).

Literaturverzeichnis

Accounting Principles Board (APB) Opinion No. 8, Accounting for the Cost of Pension Plans, in: FASB (Hrsg.), Original Pronouncements, Norwalk/Connecticut 1997.

Arnold, Robin / Morgan, Peter (1998), IAS 19 Accounting for Employee Benefits - the January 1998 revision, in: Benefits & Compensation International, Mai 1998, S. 21–26.

Barckow, Andreas / Gräfer, Horst (1997), Aktuelle Entwicklungen und Tendenzen in der Arbeit des IASC, in: Der Betrieb 1997, S. 1189–1193.

Bode, Joachim / Gohdes, Alfred / Thurnes, Georg (1998), Betriebliche Altersversorgung im internationalen Jahresabschluß - Bewertungsannahmen zum 31.12. 1997/01.01. 1998; in: Der Betrieb 1998, S. 1093–1098.

Gohdes, Alfred E. (1998), IAS 19, Endgültige Neufassung, in: Betriebliche Altersversorgung 1998, S. 166–170.

Gohdes, Alfred (1997), Anwendung internationaler Rechnungslegungsvorschriften für Pensionsverpflichtungen in der deutschen Handelsbilanz, in: Betriebliche Altersversorgung 1997, S. 1–7.

HFA (1998), Berichterstattung über die 161. und 162. Sitzung, zu 4. Bewertung von Pensionsverpflichtungen nach IAS 19 in einem handelsrechtlichen Abschluß, in: IDW-Fachnachrichten 1998, S. 292.

Hiegemann, Brigitte (1998), Geplante neue internationale Bilanzierungsvorschriften (IAS 19), in: Betriebliche Altersversorgung 1998, S. 1–7.

Höfer, Reinhold, Gesetz zur Verbesserung der betrieblichen Altersversorgung, Kommentar, Bd. I, Arbeitsrecht, 4. Aufl., München 1998; Bd. II, Steuerrecht, München 1997.

International Accounting Standard (IAS) 19, Accounting for Retirement Benefits in the Financial Statements of Employers, in: IASC (Hrsg.): International Accounting Standards 1983, London 1983.

International Accounting Standard (IAS) 19 (revised 1993), Retirement Benefit Costs, in: IASC (Hrsg.): International Accounting Standards 1995, London 1995.

International Accounting Standard (IAS) 19 (revised 1998), Employee Benefits, in: IASC (Hrsg.): International Accounting Standards 1998, London 1998.

Munschek, Karsten / Braun, Markus (1998), Die Berücksichtigung von Pensionsverpflichtungen in Jahresabschlüssen nach US-GAAP; in: Die Wirtschaftsprüfung 1998, S. 493–502.

Oppermann, Dieter / Pisters, Manfred (1988), Die Rechnungslegung nach U.S.-Handelsrecht (FAS 87) anhand ausgewählter Beispiele. Die neue Rechnungslegung für Versorgungsverpflichtungen von deutschen U.S.-Töchtern, Stuttgart 1988.

Peters, Hubert (1997), Bilanzierungsvorschriften und Konflikte mit deutschem Handelsrecht; in: Betriebliche Altersversorgung 1997, S. 8–10.

Statement of Financial Accounting Standards (SFAS) No. 36, Disclosure of Pension Information an Amendment of APB Opinion No. 8, in: FASB (Hrsg.), Financial Accounting Series, Stamford/Connecticut, 1980.

Statement of Financial Accounting Standards (SFAS) No. 87, Employers' Accounting for Pensions, in: FASB (Hrsg.): Financial Accounting Series No. 012, Stamford/Connecticut, 1985.

Statement of Financial Accounting Standards (SFAS) No. 88 – Employers' Accounting for Settlements und Curtailments of Defined Benefit Pension Plans und for Termination Benefits, in: FASB (Hrsg.): Financial Accounting Series No. 013, Stamford/Connecticut, 1985.

Statement of Financial Accounting Standards (SFAS) No. 106, Employers' Accounting for Postretirement Benefits Other Ihan Pensions, in: FASB (Hrsg.), Original Pronouncements, Norwalk/Connecticut 1997.

Statement of Financial Accounting Standards (SFAS) No. 112, Employers' Accounting for Postemployment Benefits, in: FASB (Hrsg.), Original Pronouncements, Norwalk/Connecticut 1997.

Statement of Financial Accounting Standards (SFAS) No. 131, Diselosures about Segments of an Enterprise and Related Information, in: FASB (Hrsg.), Original Pronoucements, Norwalk/Connecticut 1997.

Statement of Standard Accounting Practice (SSAP) 24 – Accounting for pension costs; ICAEW (Hrsg.), London 1988.

Thurnes, Georg (1997), Bewertungsannahmen und -methoden: Fast grenzenloser Gestaltungsspielraum?, in: Betriebliche Altersversorgung 1997, S. 10–13.

Wollmert, Peter / Achleitner, Ann-Kristin (1997), Konzeptionelle Grundlagen der IAS-Rechnungslegung, in: Die Wirtschaftsprüfung 1997, S. 209–222 u. S. 245–256.

Die Bewertung von Pensionsrückstellungen in Deutschland, Österreich und Luxemburg sowie nach IAS und US-GAAP

Heinz Kußmaul / Axel Kihm*

Inhalt

* Prof. Dr. Heinz Kußmaul, Inhaber des Lehrstuhls für Allgemeine Betriebswirtschaftslehre, insbesondere Betriebswirtschaftliche Steuerlehre, Direktor des Instituts für Existenzgründung/Mittelstand, Universität des Saarlandes; Dr. Axel Kihm, Lehrstuhl für Allgemeine Betriebswirtschaftslehre, insbesondere Betriebswirtschaftliche Steuerlehre, Institut für Existenzgründung, Universität des Saarlandes.

Der vorliegende Beitrag stellt die Weiterführung und -entwicklung einer Veröffentlichungsreihe der Autoren über die Bewertung von Pensionsrückstellungen in den Bilanzen deutscher und europäischer Unternehmungen dar. Dem unter Einbeziehung finanzmathematischer Berechnungsgrundlagen geführten Vergleich der Regelungen des deutschen Steuerrechts und des IASC (Die Bewertung von Pensionsrückstellungen nach § 6a EStG und IAS 19 im Vergleich, USW-Workingpaper 1/1996, Erftstadt 1996) folgte die Gegenüberstellung nationaler und internationaler Bewertungsmethoden (Vergleich der Bewertung von Pensionsrückstellungen nach deutschem und österreichischem Recht sowie nach IAS 19, in: Seicht, Gerhard (Hrsg.), Jahrbuch für Controlling und Rechnungswesen '97, Wien 1997, S. 371–414; Pensionsrückstellungen, Internationale Bewertungsverfahren, in: Busse von Colbe, Walther/Pellens, Bernhard (Hrsg.), Lexikon des Rechnungswesens. Handbuch der Bilanzierung und Prüfung, der Erlös-, Finanz-, Investitions- und Kostenrechnung, 4. Aufl., München/Wien 1998, S. 538–543), auf der der vorliegende Beitrag – unter Berücksichtigung der Bewertung in Luxemburg und der ab 1.1. 1999 gültigen Neufassung von IAS 19 – aufbaut.

1. Einleitende Vorbemerkungen

Die betriebliche Altersversorgung gewinnt innerhalb des dreigliedrigen Alterssicherungssystems, das außerdem die gesetzliche Rentenversicherung und die Eigenvorsorge umfaßt, zunehmend an Bedeutung. Obwohl die gesetzliche Rentenversicherung seit der Rentenreform im Jahre 1957 nicht mehr nur die bloße Existenz- bzw. Grundsicherung, sondern die Sicherung des erreichten Lebensstandards zum Ziel hat, deckt die gesetzliche Rentenversicherung seit der Verabschiedung des Rentenreformgesetzes 1992 mit einer nettolohnbezogenen Rentenanpassung für einen Durchschnittsverdiener nach 45 Versicherungsjahren nur ca. 70% des letzten Nettoaktiveinkommens; insofern kommt der betrieblichen Altersversorgung grundsätzlich die Aufgabe zu, den im Laufe des Arbeitslebens erworbenen Lebensstandard zusammen mit einer ggf. getroffenen privaten Eigenvorsorge aufrecht zu erhalten (vgl. Ahrend/Förster/Rössler, 1995/97, Einführung, Rn. 8, 19).

Daneben gibt die demographische Entwicklung in Deutschland Anlaß zur Besorgnis, daß die nach dem Umlageverfahren finanzierte gesetzliche Rentenversicherung sogar ihre ursprüngliche Zielsetzung auf Dauer nicht mehr zu erfüllen vermag, da eine Deckung der angestrebten Versorgungsleistung durch die im Sinne eines Generationenvertrags von den Erwerbstätigen zu leistenden Beiträge zunehmend in Frage steht; so verdeutlicht Abbildung 1, daß zum Ende des Jahres 1995 der Anteil der Leistungsempfänger an der Gesamtbevölkerung mit 21% (durchschnittliches Rentenalter ca. 60 Jahre) weit über dem Vergleichswert von 10% des Jahres 1955 (durchschnittliches Rentenalter ca. 65 Jahre) liegt, wobei der Anteil der Beitragszahler im gleichen Zeitraum von 69% (15- bis 65jährige im Jahr 1955) auf 57% (20- bis 60jährige im Jahr 1995) gesunken ist – eine Entwicklung, die sich durch den starken Rückgang der Geburtenzahlen seit 1970 noch wesentlich verschärfen wird.

Entsprechend der aufgezeigten Entwicklung wird der Stellenwert der betrieblichen Altersversorgung im Rahmen des dreigliedrigen Altersversorgungssystems und damit auch in den Bilanzen deutscher Unternehmen in Zukunft weiter zunehmen. Von besonderer bilanzieller Bedeutung ist dabei die unmittelbare Pensionszusage, über die mehr als die Hälfte aller (deutschen) Arbeitnehmer mit Versorgungsanspruch abgesichert sind (vgl. Heppt, 1995, S. 156). Dabei bedingt ausschließlich die unmittelbare Pensionszusage die Bildung einer Rückstellung, während im Fall der übrigen (mittelbaren) Gestaltungsformen der betrieblichen Altersversorgung – betriebliche Unterstützungskasse, Pensionskasse und Direktversicherung – eine über die geleistete Mittelausstattung bzw. Prämie hinausgehende Verpflichtung des Unternehmens i. d. R. nicht besteht (vgl. zu den Gestaltungsformen Kussmaul/Wegener/Lutz, 1994, S. 2 f.).

Nach deutschem Handels- und Steuerrecht bedingt eine unmittelbare Pensionszusage die Passivierung einer Pensionsrückstellung, sofern sie nach dem 31.12. 1986 gegeben wurde (sog. Neuzusage) und keiner Erhöhung einer Altzusage gleichkommt (vgl. § 249 HGB i. V. m. Art. 28 EGHGB bzw. R 41 Abs. 1 EStR). In Österreich besteht

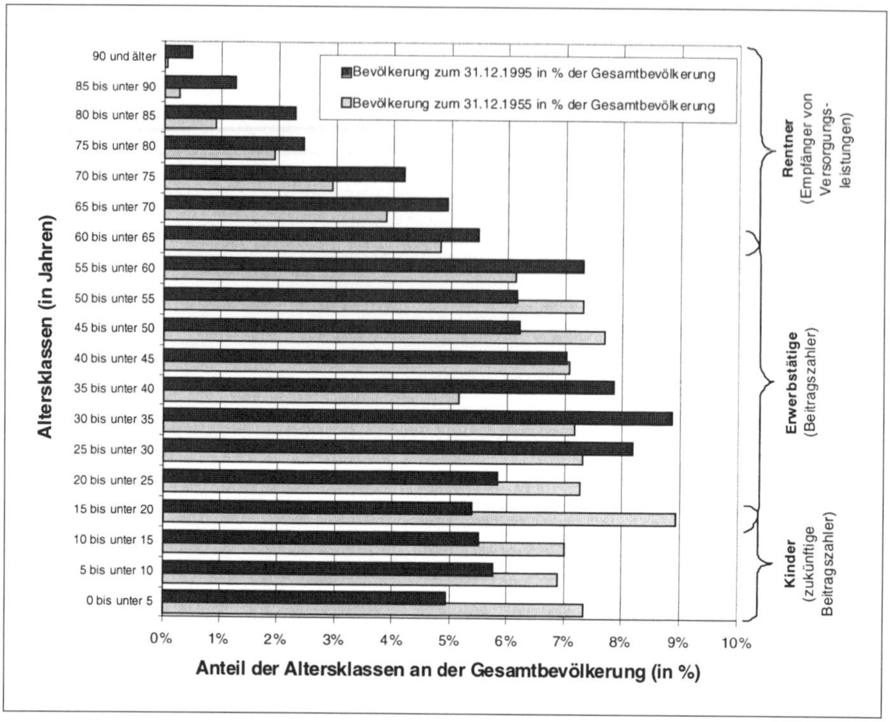

Abb. 1: Der Altersaufbau der Wohnbevölkerung Deutschlands am 31.12. 1995 und am 31.12. 1955 im Vergleich (Datenquellen: Statistisches Bundesamt, *1957, S. 42, 118, sowie* Statistisches Bundesamt, *1997, S. 62, 102)*

gem. § 198 öHGB für derartige Versorgungszusagen ebenfalls Passivierungspflicht, die auch steuerrechtlich trotz des in § 14 öEStG kodifizierten Wahlrechts die Bilanzierung von Pensionsrückstellungen nach sich zieht (vgl. auch Kussmaul/Kihm, 1997, S. 377, 381). Das luxemburgische Handelsrecht verpflichtet – in Übereinstimmung mit der 4. EG-Richtlinie – gem. Art. 213 Loi sur les sociétés commerciales (LSC) Kapitalgesellschaften zur Passivierung von »provisions pour pensions et obligations similaires«, während für Nicht-Kapitalgesellschaften die Bilanzierung nicht obligatorisch ist (vgl. Steichen, 1996, S. 159); insofern ist die Bilanzierung für Kapitalgesellschaften auch steuerrechtlich verbindlich, auch wenn in Art. 24 Abs. 1 Loi concernant l'impôt sur le revenue (LIR) grundsätzlich ein Wahlrecht kodifiziert ist.

Wesentlich vielschichtiger als die Frage des bilanziellen Ansatzes einer Pensionsrückstellung ist die Frage nach der Höhe der angesetzten Rückstellung, also der bilanziellen Bewertung unmittelbarer Pensionszusagen. Insbesondere kommen Zweifel auf, ob die deutsche, die österreichische und die luxemburgische handels- und steuerrechtliche Sicht bezüglich der möglichen bzw. vorgeschriebenen Bewertungsmethoden langfristig Bestand haben kann, zumal international anerkannte Rechnungslegungsgrundsätze – allen voran die International Accounting Standards (IAS) und die United States Generally Accepted Accounting Principles (US-GAAP), die vor allem (auch nicht vertraglich fixierte, aber realistische) zukünftige Entwicklungen bei der Bewertung von Pensionsrückstellungen berücksichtigen – zumindest bei der Aufstellung von Konzernabschlüssen vermehrt zur Anwendung kommen; so ist es beispielsweise börsennotierten deutschen Unternehmungen seit der Verabschiedung des Kapitalaufnahmeerleichterungsgesetzes möglich, einen Konzernabschluß entweder nach deutschem Recht oder nach international anerkannten Rechnungslegungsstandards zu erstellen (vgl. § 292a HGB).

Daher wird im folgenden zunächst ein Überblick über die Bewertung von Pensionsrückstellungen in Deutschland, Österreich und Luxemburg sowie nach IAS und US-GAAP gegeben, um dann im Anschluß das in Deutschland steuerrechtlich vorgeschriebene Teilwertverfahren und das in Österreich und Luxemburg steuerrechtlich anzuwendende Gegenwartswertverfahren der vom International Accounting Standards Committee (IASC) und nach US-GAAP vorgeschriebenen Projected Unit Credit Method gegenüberzustellen.

2. Die Bewertung von Pensionsrückstellungen nach deutschen Rechnungslegungsvorschriften

2.1 Das deutsche Handelsrecht

2.1.1 Bewertungsgrundsätze

Zur Bewertung von Pensionsrückstellungen ist die zu passivierende Schuld so zu bemessen, wie sich der Anspruch des Berechtigten am Bilanzstichtag darstellt. § 252 Abs. 1 Nr. 3 HGB folgend, gilt auch für die Bildung von Pensionsrückstellungen generell der Grundsatz der Einzelbewertung, d. h., der Versorgungsanspruch jedes Betriebszugehörigen ist einzeln zu erfassen; dabei werden verschiedene Ansprüche eines einzelnen aus Alters-, Invaliditäts- und/oder Hinterbliebenenversorgung (Witwen- und Waisenrente) zusammengefaßt (vgl. KPMG, 1991, S. 53, 59 ff.).

Eine Konkretisierung erfahren die allgemein anzuwendenden Grundsätze ordnungsmäßiger Buchführung und Bilanzierung (GoB) im Hinblick auf Pensionsverpflichtungen in § 253 Abs. 1 Satz 2 HGB, wonach »Rentenverpflichtungen, für die eine Gegenleistung nicht mehr zu erwarten ist, zu ihrem Barwert und Rückstellungen nur in Höhe des Betrags anzusetzen (sind; d. Verf.), der nach vernünftiger kaufmännischer Beurteilung notwendig ist«. Dementsprechend lassen sich unter Beachtung der GoB und des Grundsatzes der Einzelbewertung die folgenden grundsätzlichen Anforderungen an handelsrechtlich zulässige Bewertungsverfahren ableiten (vgl. HFA, 1988, S. 404):

- Anwendung anerkannter Regeln der Versicherungsmathematik,
- Ansatz laufender Rentenverpflichtungen und Versorgungsverpflichtungen gegenüber ausgeschiedenen Anwärtern mit ihrem Barwert und
- Mittelansammlung bei Pensionsanwartschaften von im Unternehmen tätigen Versorgungsanwärtern über deren Aktivitätsperiode.

Insofern können zur handelsrechtlichen Bewertung sowohl Ansammlungs- als auch Gleichverteilungsverfahren zur Anwendung kommen, die sich grundsätzlich in ihrer Ableitung des Rückstellungswertes unterscheiden. So stimmt bei ersteren der Wert der Verpflichtung mit dem Barwert des erreichten Anspruchs überein, der sich unmittelbar aus dem Leistungsplan ableiten läßt; bei Gleichverteilungsverfahren hingegen wird der gesamte Versorgungsaufwand in Form (absolut oder relativ zum Gehalt) gleichbleibender Jahresprämien über die Aktivitätsperiode des Versorgungsberechtigten verteilt, so daß der Wert der Verpflichtung der mit biometrischen Wahrscheinlichkeiten gewichteten aufgezinsten Prämiensumme entspricht (vgl. Budde, 1992, S. 370 f.).

2.1.2 Einzubeziehende Rechengrößen

Der Barwert einer laufenden Verpflichtung bzw. einer Versorgungsverpflichtung gegenüber ausgeschiedenen Anwärtern hängt außer von der u. U. zur Vermeidung inflationsbedingter Kaufkraftverluste dynamisch ausgestalteten Rentenhöhe vor allem von den biometrischen Grundlagen (Sterbe-, Invaliditäts- und Verheiratungswahrscheinlichkeiten) des Berechtigten sowie von dem Zinssatz ab, mit dem die einzelnen Versorgungszahlungen auf den Bewertungsstichtag abgezinst werden. Darüber hinaus sind bei der Bewertung von Pensionsanwartschaften Fluktuations- und Pensionierungswahrscheinlichkeiten (vgl. Küting/Nardmann, 1993, S. 1835) der zukünftigen Anwärter sowie deren Lohn- und Gehaltsentwicklung zu berücksichtigen, sofern diese in vor dem Bilanzstichtag getroffenen vertraglichen Vereinbarungen begründet sind (vgl. Thoms-Meyer, 1996, S. 93).

Zur Ermittlung biometrischer Grundlagen sind zeitnahe Beobachtungswerte zu verwenden, wobei regelmäßig auf empirisch ermittelte und allgemein gültige Wahrscheinlichkeiten zurückgegriffen wird, wie sie beispielsweise den auf Vergangenheitswerten beruhenden Richttafeln von Dr. Klaus Heubeck (vgl. Heubeck, 1983) zu entnehmen sind (vgl. Ahrend/Förster/Rössler, 1986, S. 7); unternehmensbezogene Datenkorrekturen sind auf ihre Vereinbarkeit mit den GoB und den versicherungsmathematischen Regeln zu überprüfen (vgl. Förschle/Klein, 1987, S. 342 f.). Als Berechnungszinssatz hält der Hauptfachausschuß des Instituts der Wirtschaftsprüfer (HFA) einen Zinssatz von 3% bis 6% für vertretbar (vgl. HFA, 1988, S. 404).

Im Falle einer laufenden Verpflichtung hat der Arbeitgeber gemäß § 16 BetrAVG alle drei Jahre eine Anpassung der laufenden Leistungen der betrieblichen Altersversorgung zu prüfen und ggf. zum nächsten Anpassungszeitpunkt (mindestens) den noch nicht ausgeglichenen Kaufkraftverlust seit Rentenbeginn zu berücksichtigen; im Falle der Pensionsanwartschaft ist eine Rentendynamik i. d. R. nur zu berücksichtigen, sofern eine konkrete Zusage des Inflationsausgleichs vorliegt (vgl. Luik, 1992, Sp. 1710). Sie kann aber auch, wie andere trendbedingte Wertänderungen (Lohn- und Gehaltssteigerungen), die sich auf die Pensionsverpflichtungen auswirken, bei der Wahl des Zinssatzes (indirekt) berücksichtigt werden; bereits (tarifvertraglich) vereinbarte Lohn- und Gehaltssteigerungen müssen bei der Wertermittlung einbezogen werden (vgl. Budde, 1992, S. 366 f.). Solange die in § 1 Abs. 1 BetrAVG vorgesehenen Fristen zur Erreichung der Unverfallbarkeit der Anwartschaft noch nicht erfüllt sind, sollte die Möglichkeit einer Fluktuation in diesem Zeitraum durch Gewichtung mit einer branchen- oder unternehmensspezifisch ermittelten Fluktuationswahrscheinlichkeit berücksichtigt werden; annähernd kann die Fluktuationswahrscheinlichkeit auch durch den Term

$$1 - \frac{\text{abgeleistete Dienstzeit}}{\text{Dienstzeit bis zur Erfüllung der Unverfallbarkeitsfristen}}$$

bestimmt werden (vgl. Richter, 1986, S. 2164). Analog dazu ist es notwendig, bei der Festlegung der in die Bewertung eingehenden Altersgrenzen auf Pensionierungswahrscheinlichkeiten zurückzugreifen, die auf der Grundlage statistisch gesicherter Erkenntnisse und unter Beachtung der vertraglichen Gegebenheiten ermittelt wurden (vgl. Ahrend/Förster/Rössler, 1986, S. 7).

Über die bisher aufgezeigten, global verwendbaren Rechengrößen sind die Lebensdaten des Berechtigten wie Lebensalter, Eintrittsalter sowie die Lebensdaten der Familienangehörigen bei Hinterbliebenenversorgung individuell einzubeziehen.

2.1.3 Zulässige Bewertungsverfahren

Für die handelsrechtliche Bewertung von Anwartschaften sind grundsätzlich alle anerkannten versicherungsmathematischen Verfahren zulässig. So kommt bei der Erstellung von Einzelabschlüssen vorrangig das (steuerrechtliche) Teilwertverfahren zur Anwendung, das wegen seiner fiskalpolitischen Ausrichtung einen Wert liefert, der handelsrechtlich als Mindestwert gilt (vgl. Höfer, 1995, S. 747). Zur sachgerechten Darstellung der Vermögens- und Ertragslage vor allem zukünftiger Perioden sollte allerdings ohne bestandsbezogene Begründung die steuerrechtlich willkürliche, zur Einbeziehung des Fluktuationsverhaltens der Mitarbeiter eingeführte Einschränkung der Aktivitätszeit eines Leistungsberechtigten auf Dienstzeiten ab einem Alter von 30 Jahren unterbleiben (vgl. Heubeck, 1986, S. 326); mit der Anwendung des »vollen Teilwertverfahrens« wird zudem auf alle weiteren steuerlich geprägten Restriktionen verzichtet.

Die Anwendung des von 1954 bis 1974 steuerrechtlich vorgeschriebenen Gegenwartswertverfahrens wird grundsätzlich abgelehnt, da der gesamte Versorgungsaufwand nicht wirtschaftlich zutreffend auf die gesamte Beschäftigungszeit verteilt wird und folglich das Bild der Vermögens- und Ertragslage stark verzerrt wird (vgl. Ahrend/Förster/Rössler, 1995/97, 8. Teil, Rn. 92; HFA, 1988, S. 404, sowie Höfer, 1988, S. 554).

Ebenfalls als zulässig erachtet wird ein (dienstzeitabhängig quotierter) Ansatz des Anwartschaftsbarwerts; auf die aus der US-amerikanischen Rechnungslegung bekannte Projected Unit Credit Method kann dabei als konkrete Ausprägungsform der Anwartschaftsbarwertverfahren zur Rückstellungsermittlung zurückgegriffen werden, wobei regelmäßig zu prüfen ist, ob der steuerliche Teilwert (als handelsrechtlicher Mindestwert) nicht unterschritten wird (vgl. Höfer, 1988, S. 554).

2.1.4 Bewertungsspielraum

Die Palette der handelsrechtlich zulässigen Bewertungsverfahren und die Bandbreite bei der Konkretisierung der Rechnungsgrundlagen eröffnet dem Bilanzierenden einen großen Spielraum hinsichtlich der Bewertung von Pensionsrückstellungen (vgl. Küting/Nardmann, 1993, S. 1835 f.). Dieser wird allerdings durch den Grundsatz der Bewertungskontinuität gem. § 252 Abs. 1 Nr. 6 HGB i. V. m. § 252 Abs. 2 HGB, wonach ein Wechsel der Bewertungsmethode nur in Ausnahmefällen zulässig ist, ebenso eingeschränkt (vgl. Luik, 1987, S. 741) wie durch die Tatsache, daß aus Vereinfachungsgründen handelsrechtlich i. d. R. das steuerrechtliche Teilwertverfahren zur Anwendung kommt (vgl. Budde, 1992, S. 365). So ist es trotz der grundsätzlichen Passivierungspflicht bei Neuzusagen bei erstmaliger Bildung von Pensionsrückstellungen und bei außerordentlicher Erhöhung der Pensionsleistungen i. d. R. zulässig, statt der sofortigen Verrechnung des auf die vergangene Dienstzeit entfallenden Aufwands in Anlehnung an die steuerrechtlichen Regelungen eine gleichmäßige Verteilung auf das Geschäftsjahr und die beiden folgenden Wirtschaftsjahre vorzunehmen, wodurch der Zuführungsbetrag zu den Rückstellungen im Zeitablauf geglättet wird (vgl. Höfer, 1995, S. 746 f.).

Die befreiende Wirkung eines nach international anerkannten Rechnungslegungsstandards aufgestellten Konzernabschlusses gem. § 292a HGB hat die Bedeutung vor allem der IAS für die Rechnungslegung deutscher Unternehmungen wesentlich erhöht; insofern ist davon auszugehen, daß die vom IASC empfohlenen Bewertungsverfahren, insbesondere die Projected Unit Credit Method, verstärkt auch bei der Aufstellung handelsrechtlicher Einzelabschlüsse Berücksichtigung finden werden. Eine derartige »(partielle) Internationalisierung des Einzelabschlusses« muß sich allerdings aufgrund der engen Verknüpfung des deutschen Handelsrechts mit dem Steuerrecht auf Teilbereiche beschränken und wird nur von Konzernunternehmen vollzogen werden, die sowohl einen handelsrechtlichen als auch einen steuerrechtlichen Einzelabschluß aufstellen und die gegebenen Bilanzierungsspielräume nutzen.

Sofern eines der vom IASC empfohlenen Bewertungsverfahren bei der Erstellung des handelsrechtlichen Einzelabschlusses zugrunde gelegt wird, darf nach § 274 Abs. 2 HGB aufgrund des den steuerbilanziellen Rückstellungswert i. d. R. übersteigenden Wertansatzes ein Aktivposten für latente Steuern angesetzt bzw. erhöht werden, da sich die Ergebnisunterschiede – wenn auch erst in ferner Zukunft – wieder ausgleichen (vgl. Baumann, 1995, S. 1632 f.); erfolgt die Bewertungsänderung erst im Rahmen der Erstellung des Konzernabschlusses, besteht gemäß § 306 HGB für die aufgrund dieser konzernspezifischen Anpassungsmaßnahme entstandenen sekundären latenten Steuern eine Bilanzierungspflicht (vgl. Kussmaul, 1994, S. 414). Allerdings unterliegt der Gesamtunterschied aus der Zusammenfassung aller Einzelzusagen im Zeitablauf – außer im Falle der Veränderung einzelner Rechnungsgrundlagen oder des Wechsels des Bewertungsverfahrens – nur geringen Schwankungen, weshalb solche Abweichungen wie auch allgemein langfristige Ergebnisunterschiede als quasi-permanente Differenzen i. d. R. zu keiner Abgrenzung führen.

2.2 Das deutsche Steuerrecht

2.2.1 Rechtsgrundlagen

Das deutsche Steuerrecht enthält wesentlich präzisere Regelungen zur Bewertung von Pensionsrückstellungen als das Handelsrecht. So darf nach § 6a EStG die Pensionsrückstellung höchstens mit dem Teilwert angesetzt werden; dieser ergibt sich bei Pensionsverpflichtungen in der Zeit vor Beendigung des Dienstverhältnisses als Differenz der Barwerte der künftigen Pensionsleistungen und der betragsmäßig gleichbleibenden Jahresbeträge (fiktive Jahresprämien) am Schluß des jeweiligen Wirtschaftsjahres und in der Zeit nach Beendigung des Dienstverhältnisses oder nach Eintritt des Versorgungsfalls als Barwert der künftigen Pensionsleistungen (vgl. § 6a Abs. 3 Satz 2 EStG).

Aufgrund des Maßgeblichkeitsprinzips können Pensionsrückstellungen steuerlich grundsätzlich nur dann anerkannt werden, wenn sie auch in der Handelsbilanz gebildet worden sind; dabei darf der steuerbilanzielle den handelsbilanziellen Ansatz nicht überschreiten. Dennoch können die steuerrechtlichen Zuführungen die handelsrechtlichen überschreiten, sofern der Ansatz in der Steuerbilanz noch geringer als der in der Handelsbilanz ist; allerdings besteht steuerrechtlich ein Nachholverbot in späteren Jahren für (teilweise) unterlassene, zulässige Jahreszuweisungen (vgl. Ahrend/Förster/Rössler, 1995/97, 2. Teil, Rn. 152, 302 f.). Darüber hinaus genügt steuerrechtlich als Bilanzierungsvoraussetzung nicht nur die generelle Übernahme einer Pensionsverpflichtung, sondern es kommt neben der betrieblichen Veranlassung auch auf die Einhaltung der in § 6a Abs. 1 EStG genannten Voraussetzungen (Rechtsanspruch, Schriftform und Verpflichtung ohne Vorbehalt) an (vgl. AHREND/FÖRSTER/RÖSSLER, 1995/97, 2. Teil, Rn. 120 ff.).

2.2.2 Einschränkung der handelsrechtlichen Rechengrößen

Pensionsrückstellungen dürfen gem. § 6a Abs. 3 Nr. 1 Satz 6 EStG nicht vor dem Wirtschaftsjahr, bis zu dessen Mitte der Berechtigte das 30. Lebensjahr vollendet hat, gebildet werden; entsprechend bleiben Dienstzeiten vor dem 30. Lebensjahr bei der Teilwertberechnung unberücksichtigt; ihre Begründung findet diese steuerliche Sonderregelung in einer starken Abnahme der Fluktuationswahrscheinlichkeit bis zu diesem Alter (vgl. BT-Drucksache 7/1281, S. 39). Der Rechnungszinssatz zur versicherungsmathematischen Ermittlung des Barwerts der Pensionsanwartschaft bzw. des Barwerts der laufenden Leistungen nach Eintritt des Versorgungsfalls ist auf 6% festgelegt (vgl. § 6a Abs. 3 Satz 3 EStG), so daß dieser dem handelsrechtlich empfohlenen Maximalzinssatz entspricht.

Das Steuerrecht stellt unabhängig von den die tatsächlichen Gegebenheiten widerspiegelnden Pensionierungswahrscheinlichkeiten auf das vertraglich fixierte Pensionierungsalter ab, läßt dabei aber auch die Vereinbarung eines flexiblen Altersruhegelds – in Anlehnung an die Regelungen der gesetzlichen Rentenversicherung – in die Rückstellungsbemessung einfließen. Die Vereinbarung eines (erheblich) unter 60 Jahren liegenden Pensionsalters wird allerdings nur anerkannt, wenn besondere Umstände nachgewiesen werden (vgl. AHREND/FÖRSTER/RÖSSLER, 1995/97, 2. Teil, Rn. 258 f.). Maßgebend für die steuerrechtliche Bewertung sind die Verhältnisse am Bilanzstichtag (Stichtagsprinzip; vgl. § 6a Abs. 3 Nr. 1 Satz 2 EStG), so daß eine Einbeziehung zukünftiger Lohn-, Gehalts- und Rentenentwicklungen – aufgrund des unveränderlichen Zinssatzes – nur möglich ist, sofern es sich dabei um feststehende Erhöhungen des Pensionsanspruchs handelt (vgl. SEEGER, 1998, Rn. 57).

2.2.3 Das (steuerliche) Teilwertverfahren gemäß § 6a Abs. 3 EStG

2.2.3.1 Finanzmathematische Grundlagen

Gem. § 6a Abs. 3 Nr. 2 EStG stimmt nach Beendigung des Dienstverhältnisses des Pensionsberechtigten der Teilwert der Pensionsverpflichtung mit dem Barwert der künftigen Pensionsleistung überein; er entspricht der Summe der auf den Bewertungsstichtag abgezinsten und mit der Wahrscheinlichkeit ihrer Fälligkeit gewichteten künftigen Pensionszahlungen (vgl. KPMG, 1991, S. 237). Abbildung 2 zeigt schematisch die Berechnung eines Altersrentenbarwerts (ohne Berücksichtigung von Invaliditäts-

und Hinterbliebenenversorgung) eines ausgeschiedenen Versorgungsberechtigten für den Zeitpunkt des Eintritts des Versorgungsfalls (vgl. auch zum folgenden mit detaillierten Berechnungshinweisen KUSSMAUL/KIHM, 1997, S. 382 ff.).

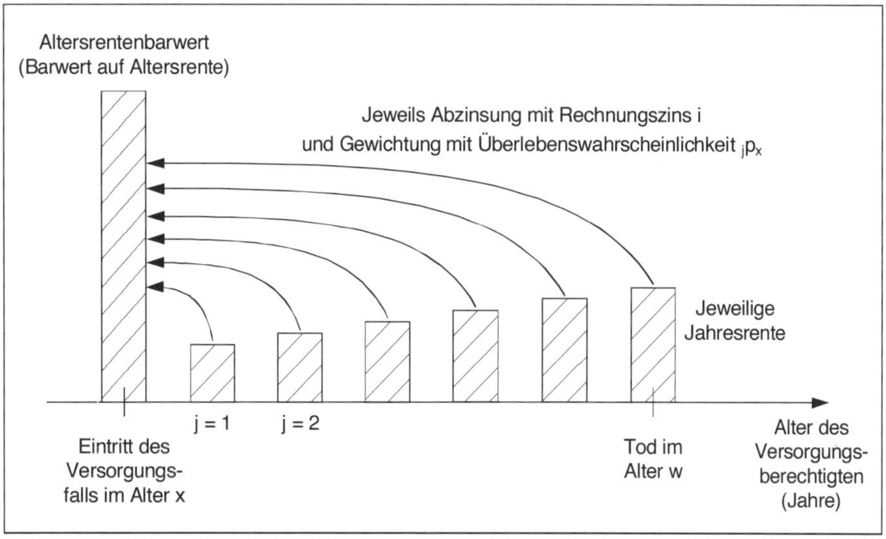

Abb. 2: Schematische Darstellung der Berechnung des Altersrentenbarwerts (Barwert auf Altersrente; entnommen aus KUSSMAUL/KIHM, *1997, S. 383)*

Versorgungszusagen an Aktive umfassen neben einer Altersrente i. d. R. auch eine Invalidenrente, die im Falle einer Berufsunfähigkeit gezahlt und bei Erreichen der Altersgrenze in eine Altersrente (gleicher Höhe) gewandelt wird; außerdem kann zugleich die Zahlung einer Rente an den noch lebenden Ehegatten (Witwenrente) vereinbart werden. Die daraus resultierende Versorgungsverpflichtung eines Unternehmens entspricht dem Anwartschaftsbarwert auf Alters-, Invaliden- und Witwenrente; zu dessen Ermittlung werden – wie aus Abbildung 3 ersichtlich – zunächst die einzelnen Anwartschaftsbarwerte getrennt berechnet und anschließend additiv verknüpft.

So ergibt sich der Anwartschaftsbarwert auf Altersrente aus dem auf den Bewertungsstichtag abgezinsten und mit der Pensionierungswahrscheinlichkeit gewichteten Altersrentenbarwert und der Anwartschaftsbarwert auf Invalidenrente unter entsprechender Beachtung der Wahrscheinlichkeit einer Berufsunfähigkeit.

Zur Berechnung des Anwartschaftsbarwerts auf Witwenrente kann zum einen die individuelle Methode, zu deren Anwendung auch das Alter der Ehegatten aller (verheirateten) Versorgungsberechtigten erfaßt sein muß, und zum anderen die kollektive Methode angewendet werden, die sich auf Wahrscheinlichkeiten, im Todeszeitpunkt verheiratet zu sein, und einen durchschnittlichen Altersunterschied zwischen den Ehegatten stützt (vgl. WP-Handbuch, 1996, V 34 f.).

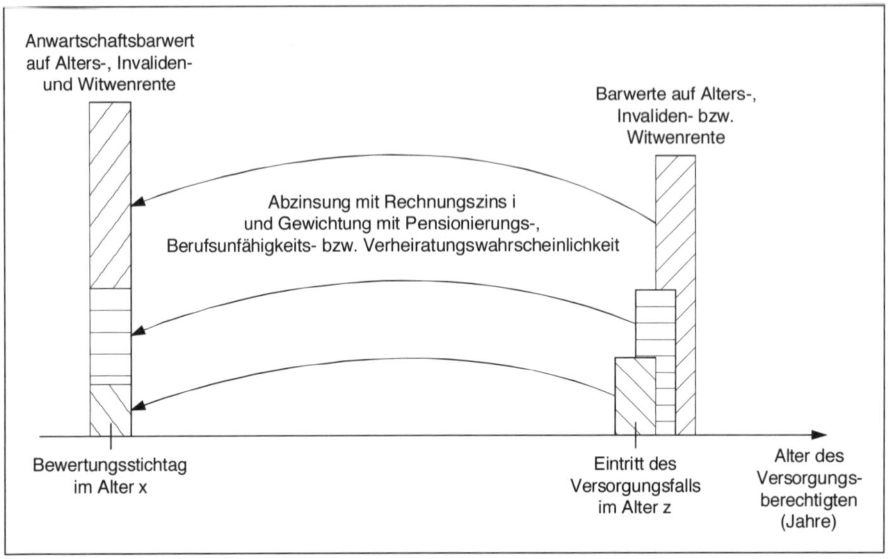

Abb. 3: Schematische Darstellung der Berechnung des Anwartschaftsbarwerts auf Alters-, Invaliden- und Witwenrente (entnommen aus KUSSMAUL/KIHM, *1997, S. 385)*

2.2.3.2 Der Teilwert einer Pensionsverpflichtung vor Beendigung des Dienstverhältnisses

Gemäß § 6a Abs. 3 Nr. 1 EStG ergibt sich der (steuerliche) Teilwert einer Verpflichtung gegenüber einem aktiven Pensionsanwärter aus dem »Barwert der künftigen Pensionsleistungen am Schluß des Wirtschaftsjahrs (= Barwert der zukünftig zu erwartenden Ausgaben aufgrund der Pensionszusage; d. Verf.) abzüglich des sich auf denselben Zeitpunkt ergebenden Barwerts betragsmäßig gleichbleibender Jahresbeträge (= Barwert der zukünftig zu erwartenden, jährlich konstanten Zuführungen zu den Pensionsrückstellungen; d. Verf.). Die Jahresbeträge sind so zu bemessen, daß am Beginn des Wirtschaftsjahrs, in dem das Dienstverhältnis begonnen hat, ihr Barwert gleich dem Barwert der künftigen Pensionsleistungen ist«. Abbildung 4 veranschaulicht die steuerrechtliche Definition des Teilwerts einer Pensionsverpflichtung vor Beendigung des Dienstverhältnisses; dabei wird unterstellt, daß der Versorgungsberechtigte bis zur Mitte des Wirtschaftsjahrs, für das die Bewertung vorgenommen wird, das 30. Lebensjahr vollendet hat.

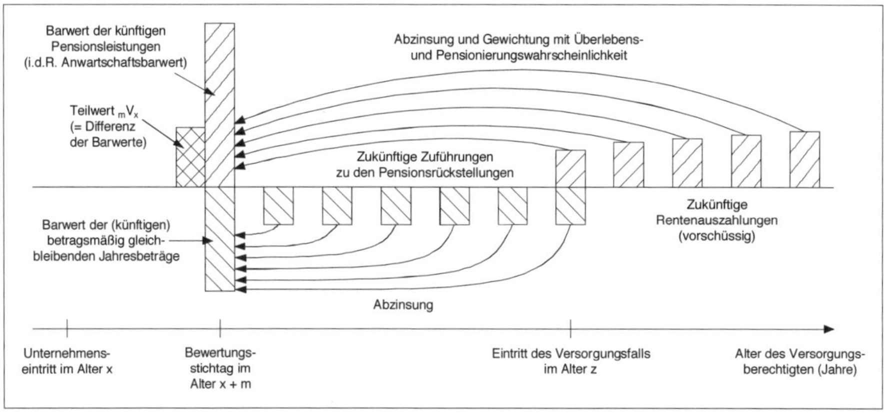

Abb. 4: Ermittlung des Teilwerts einer Pensionsverpflichtung vor Beendigung des Dienstverhältnisses (entnommen aus KUSSMAUL/KIHM, *1997, S. 387)*

Verschiebt man gedanklich den Bewertungsstichtag auf das Jahr des Unternehmenseintritts, strebt der Teilwert (unter der Voraussetzung, daß der Versorgungsberechtigte bis zur Mitte des Wirtschaftsjahres sein 30. Lebensjahr vollendet hat) stetig gegen null, da der Barwert der künftigen Jahresbeiträge sich dem Anwartschaftsbarwert annähert. In den folgenden Jahren entspricht der Teilwert den inzwischen angesammelten gleichbleibenden Jahresbeträgen einschließlich der Verzinsung auf das mittlerweile angesparte Kapital. Nach Ablauf der Finanzierung, also nach Eintritt des Versorgungsfalls, ist der Barwert der künftigen Jahresbeträge null und der Barwert der künftigen Pensionsleistungen gleich dem Barwert der laufenden Rente.

Insofern wird deutlich, daß der Barwert der im Eintrittsalter des Anwärters in Aussicht gestellten Pensionsleistungen gleichmäßig über die gesamte Dienstzeit des Pensionsanwärters verteilt wird – unter der Voraussetzung, daß dieser sein 30. Lebensjahr vollendet hat und die Zusage nicht (nachträglich) erhöht wird.

2.2.3.3 Der Teilwert einer Pensionsverpflichtung nach Beendigung des Dienstverhältnisses

Entsprechend dem Gesetzeswortlaut ist der Teilwert einer Pensionsverpflichtung nach Beendigung des Dienstverhältnisses gleich dem Barwert der künftigen Pensionsleistungen (vgl. § 6a Abs. 3 Nr. 2 EStG); dies gilt sowohl bei bzw. nach Eintritt des Versorgungsfalls als auch bei Beendigung des Dienstverhältnisses mit aufrechterhaltener Anwartschaft (vgl. zu den Unverfallbarkeitsvoraussetzungen unmittelbarer Versorgungszusagen § 1 Abs. 1 BetrAVG.).

Der Barwert künftiger Pensionsleistungen für Versorgungsberechtigte, die unter

Aufrechterhaltung der (unverfallbaren) Pensionsanwartschaft ausgeschieden sind, ist identisch mit dem Anwartschaftsbarwert, der sich durch Abzinsung auf den Bewertungsstichtag und Gewichtung mit biometrischen Wahrscheinlichkeiten aus dem Barwert der künftigen Pensionsleistungen im Zeitpunkt des Eintritts des Versorgungsfalls ergibt (vgl. Ahrend/Förster/Rössler, 1995/97, 2. Teil, Rn. 280). Die künftigen Pensionsleistungen werden nach den Regelungen des § 2 Abs. 1 BetrAVG bestimmt, indem die ohne das vorherige Ausscheiden zustehenden Leistungen entsprechend dem Verhältnis der erdienten Dienstzeit (m) zur erdienbaren Dienstzeit (n) quotiert werden (statischer m/n-tel Anspruch); Abbildung 5 zeigt anschaulich, wie aus der Jahresrente eines Aktiven durch Quotierung, Abzinsung und Gewichtung mit Überlebenswahrscheinlichkeiten der (quotierte) Altersrentenbarwert ermittelt und daraus der Teilwert einer Pensionsverpflichtung nach Beendigung des Dienstverhältnisses abgeleitet wird.

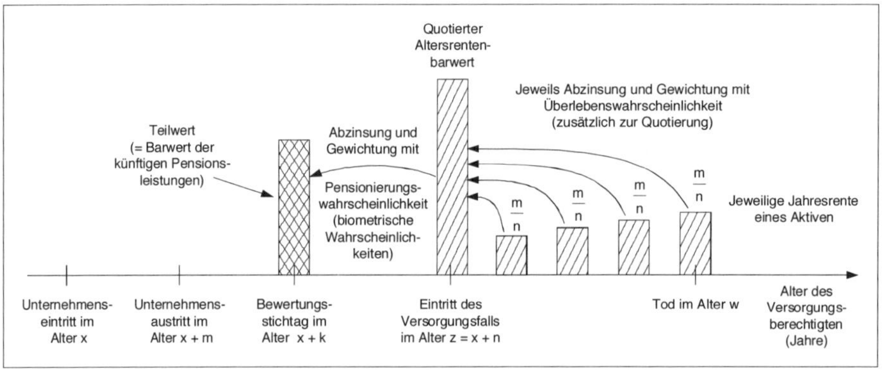

Abb. 5: Ermittlung des Teilwerts einer Pensionsverpflichtung nach Beendigung des Dienstverhältnisses (entnommen aus Kussmaul/Kihm, *1997, S. 389)*

3. Die Bewertung von Pensionsrückstellungen nach österreichischen Rechnungslegungsvorschriften

3.1 Das österreichische Handelsrecht

3.1.1 Bewertungsgrundsätze

Nach § 198 Abs. 8 Z 4 öHGB sind »Rückstellungen ... insbesondere zu bilden für ... Anwartschaften auf Abfertigungen, ... laufende Pensionen und Anwartschaften auf Pensionen«. Insofern ist auch in Österreich nach einer Phase der unklaren handelsrechtlichen Rechtssituation die Passivierungspflicht gesetzlich kodifiziert; dabei gehen die gesetzlichen Bestimmungen hinsichtlich der Bilanzierung von Versorgungsverpflichtungen in Österreich wesentlich weiter als die in Deutschland.

Während gem. § 252 Abs. 1 Satz 2 HGB lediglich die Bewertung von »Rentenverpflichtungen, für die eine Gegenleistung nicht mehr zu erwarten ist«, explizit geregelt ist und für die Bewertung von Pensionsrückstellungen auf die GoB verwiesen wird, schreibt das österreichische Handelsrecht vor, daß »Rentenverpflichtungen zum Barwert der zukünftigen Auszahlungen« (§ 211 Abs. 1 Satz 1 öHGB) und »Rückstellungen für laufende Pensionen und Anwartschaften auf Pensionen sowie ähnliche Verpflichtungen ... mit dem sich nach versicherungsmathematischen Grundsätzen ergebenden Betrag« (§ 211 Abs. 2 Satz 1 öHGB) anzusetzen sind – eine Formulierung, die stark an die Stellungnahme 2/1988 des (deutschen) HFA erinnert.

Abweichend zum deutschen Recht sind ähnliche Verpflichtungen im österreichischen Bilanzgliederungsschema nicht explizit aufgeführt; aufgrund der Berücksichtigung in § 211 öHGB ist allerdings davon auszugehen, daß diese unter der Bilanzposition »Pensionsrückstellungen« zu subsumieren sind (vgl. Völker/Wüllner, 1994, S. 599 f.).

Mangels gesetzlicher Kodifizierung der versicherungsmathematischen Bewertung richtet sie sich nach den allgemeinen Bewertungsgrundsätzen und den GoB, wobei im Fachgutachten Nr. 80 des Fachsenats für Handelsrecht und Revision des Instituts für Betriebswirtschaft, Steuerrecht und Organisation der Kammer der Wirtschaftstreuhänder vom 15. 04. 1992 (»Grundsätze ordnungsgemäßer Bilanzierung von Pensionsverpflichtungen nach den Vorschriften des Rechnungslegungsgesetzes«) die GoB zu einzelnen Bewertungsfragen konkretisiert wurden (vgl. Grünberger/Miklau-Wedenig, 1996, S. 4 ff.).

3.1.2 Einzubeziehende Rechengrößen

Hinsichtlich der einzubeziehenden Rechengrößen ist eine enge Anlehnung an die Vorgehensweise in Deutschland festzustellen, indem – ausgehend von den Verhältnissen am Bilanzstichtag – ungewisse Einflußfaktoren wie biometrische Wahrscheinlichkeiten sowie Fluktuations- und Pensionierungswahrscheinlichkeiten ebenso Berücksichtigung finden wie schon feststehende künftige Veränderungen (z. B. Gehaltserhöhungen), wobei auf die oben beschriebenen Bewertungsmaßstäbe Rentenbarwert bzw. Anwartschaftsbarwert abzustellen ist (vgl. Gassner/Lahodny-Karner, 1992, Rn. 26, 28).

Der anzuwendende Zinssatz sollte den realen Kapitalmarktzinssatz, der sich aus dem zinsbereinigten nominellen Kapitalmarktzins ergibt, nicht übersteigen. Für wertgesicherte Pensionsansprüche ist demnach von einem realen Zinssatz von 3% bis 4% auszugehen und für tatsächlich nicht wertgesicherte Ansprüche von einem Zinssatz von 7% bis 8% (vgl. Doralt, 1997, § 14, Rn. 42, sowie Gassner/Lahodny-Karner,

1992, Rn. 27); allerdings ist der Einfluß des deutschen Steuerrechts auf die handelsrechtliche Rechnungslegung österreichischer Gesellschaften unverkennbar, die zur Bewertung häufig auf das Teilwertverfahren unter Anwendung eines Zinssatzes von 6% zurückgreifen (vgl. GRÜNBERGER/MIKLAU-WEDENIG, 1996, S. 8).

3.1.3 Zulässige Bewertungsverfahren

Als Bewertungsmethoden sind handelsrechtlich sowohl das Gegenwartswertverfahren, das den Gleichverteilungsverfahren zuzuordnen ist, als auch das Teilwertverfahren zulässig, wobei sich diese durch den unterschiedlich langen Zeitraum der versicherungsmathematischen Gleichverteilung unterscheiden; so beginnt beim Gegenwartswertverfahren der Verrechnungszeitraum (erst) mit dem Zeitpunkt der Pensionszusage, während beim Teilwertverfahren auf den Diensteintritt abgestellt wird. Dadurch kommt es bei Pensionszusagen, die nach Diensteintritt gegeben werden, bei Anwendung des Teilwertverfahrens aufgrund der Nachholung der Rückstellungsbeträge für den Zeitraum vom Diensteintritt bis zum Zeitpunkt der Zusage zu einem hohen Rückstellungsaufwand; gleichzeitig fallen allerdings auch die laufenden Zuführungen in den Jahren bis zum Eintritt des Versorgungsfalles geringer aus als beim Gegenwartswertverfahren, nach dem auch (spätere) Erhöhungen der Pensionsleistungen

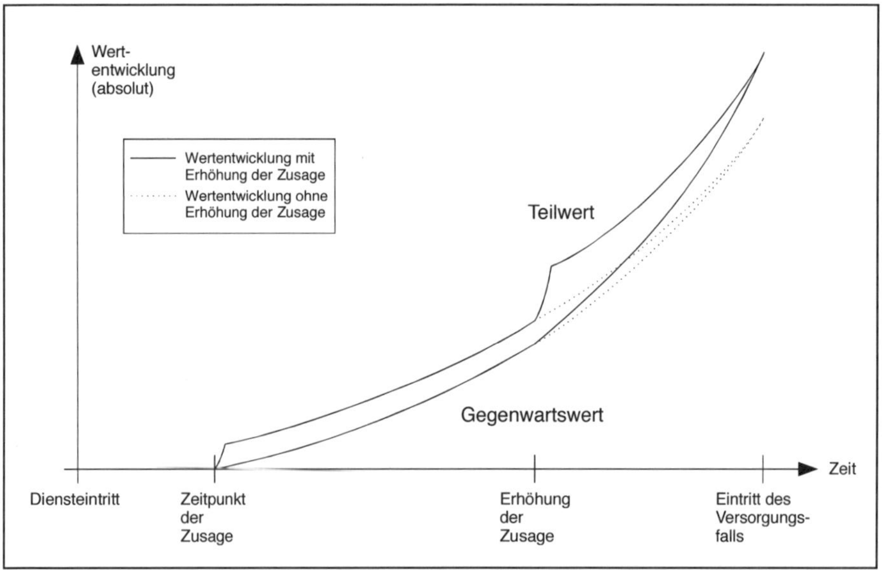

Abb. 6: Entwicklung des Bilanzwertes einer Pensionsrückstellung bei Anwendung des Teilwertverfahrens und des Gegenwartswertverfahrens (entnommen aus KUSSMAUL/KIHM, *1997, S. 379; vgl. auch* KUSSMAUL, *1995, S. 36)*

gleichmäßig auf den noch verbleibenden Zeitraum verteilt werden (vgl. Grünberger/Miklau-Wedenig, 1996, S. 6 f.; sowie kritisch Altenburger, 1993, S. 167).

Abbildung 6 stellt die Entwicklung des Teilwerts und des Gegenwartswerts bei Auseinanderfallen von Diensteintritt und Zeitpunkt der Pensionszusage sowie einer nachträglichen Erhöhung der Zusage einander gegenüber.

Kommt es bei erstmaliger Anwendung des die Bewertung von Pensionsrückstellungen regelnden § 211 Abs. 2 öHGB zu einer Umstellung der bisherigen Bilanzierungspraxis, ist gemäß Art. X Abs. 3 des Rechnungslegungsgesetzes (RLG) ab 1991 »der Fehlbetrag, der sich bei der erstmaligen Anwendung ... zu Beginn des Geschäftsjahres gegenüber der im vorausgehenden Jahresabschluß ausgewiesenen Rückstellung ergibt, ... über längstens zwanzig Jahre gleichmäßig verteilt nachzuholen«, wodurch extrem hohe, durch die Umstellung bedingte Zuführungen vermieden werden.

3.1.4 Bewertungsspielraum

Ein noch größerer Ermessensspielraum als in Deutschland verbleibt dem bilanzierenden Kaufmann in Österreich bei der (handelsrechtlichen) Bewertung von Pensionsrückstellungen vor allem durch die enorme Bandbreite des zu wählenden Zinssatzes, aber auch durch die Wahl der Bewertungsmethode; einschränkend wirkt lediglich der Grundsatz der Bewertungsstetigkeit gemäß § 201 Abs. 1 Z 1 öHGB (vgl. Gassner/Lahodny-Karner, 1992, Rn. 30). Führende österreichische Aktiengesellschaften greifen jedoch überwiegend auf das Teilwertverfahren mit einem Rechnungszinssatz von 6% zurück (vgl. die Aufstellung bei Grünberger/Miklau-Wedenig, 1996, S. 8).

Ob allerdings das steuerrechtlich vorgeschriebene Gegenwartswertverfahren mit den in § 14 Abs. 7 öEStG fixierten Einschränkungen (u. a. fixer Zinssatz von 6%) den versicherungsmathematischen Grundsätzen i. S. d. § 211 Abs. 2 öHGB entspricht, wird in der Literatur kritisch diskutiert (vgl. Gassner/Lahodny-Karner, 1992, Rn. 34, sowie Grünberger/Miklau-Wedenig, 1996, S. 9 f.); daher ist wegen der handelsrechtlich unbefriedigenden steuerrechtlichen Einschränkungen nicht zu erwarten, daß aus Vereinfachungsgründen – wie in Deutschland – das für die steuerrechtliche Gewinnermittlung vorgeschriebene Verfahren auch handelsrechtlich mehrheitlich zur Anwendung kommt (vgl. Gassner/Lahodny-Karner, 1992, Rn. 29).

3.2 Das österreichische Steuerrecht

3.2.1 Rechtsgrundlagen

Während die handelsrechtlichen Regelungen dem Bilanzierenden in Österreich einen großen Bewertungsspielraum lassen, wird dieser durch die steuerrechtlichen Vorschriften des § 14 Abs. 7 öEStG zur Bewertung von Pensionsrückstellungen erheblich eingeschränkt. Zwar ist im öEStG bezüglich der Bilanzierung von Pensionsrückstellungen ein Wahlrecht kodifiziert, allerdings ergibt sich aufgrund des Stetigkeits- bzw. Maßgeblichkeitsgrundsatzes eindeutig auch eine steuerrechtliche Passivierungspflicht (vgl. Gassner/Lahodny-Karner, 1992, Rn. 33). Für die steuerrechtliche Rückstellungsbildung bedarf es gem. § 14 Abs. 7 Satz 1 öEStG der schriftlichen, rechtsverbindlichen und unwiderruflichen Pensionszusagen und der direkten Leistungszusagen im Sinne des Betriebspensionsgesetzes.

3.2.2 Bewertungsmaßstab

Nach § 14 Abs. 7 Z 1 öEStG sind zur Berechnung der Rückstellung (ebenfalls) die anerkannten Regeln der Versicherungsmathematik anzuwenden. Als Bewertungsverfahren ist ausschließlich das Gegenwartswertverfahren zulässig; der anzuwendende Rechnungszinssatz entspricht mit 6% dem im deutschen Steuerrecht vorgeschriebenen Satz (vgl. § 14 Abs. 7 Z 3 und Z 6 öEStG). Ferner darf die zugesagte Pension 80% des letzten laufenden Aktivbezugs nicht übersteigen; dabei sind auf diese Obergrenze zugesagte Leistungen aus Pensionskassen anzurechnen, soweit die Leistungen nicht vom Leistungsberechtigten getragen werden (§ 14 Abs. 7 Z 5 öEStG).

Maßgebend für die Bewertung sind die Pensionsverpflichtungen nach den Verhältnissen am Bilanzstichtag; dies läßt – wie nach deutschem Steuerrecht – auch eine Einbeziehung zukünftiger Lohn-, Gehalts- und Rentenentwicklungen zu, sofern die Erhöhungen feststehen (vgl. Doralt, 1997, § 14, Rn. 52). Da für die Bildung der Pensionsrückstellung der Zeitpunkt der Zusage ausschlaggebend ist und hierfür keine Einschränkungen bestehen, können bei einer entsprechend frühen Zusage – im Gegensatz zum deutschen Recht – Dienstzeiten vor dem 30. Lebensjahr des Versorgungsberechtigten bei der Bewertung von Pensionsrückstellungen berücksichtigt werden.

Ähnlich der handelsrechtlichen Vorgehensweise wurden auch für die steuerrechtliche Bildung von Pensionsrückstellungen Übergangsvorschriften erlassen (vgl. § 116 Abs. 4 öEStG), wonach die Unterdeckung, die sich aus dem Unterschiedsbetrag der Rückstellungen nach neuem und altem Recht am Umstellungsstichtag (1. 1. 1990) ergibt, auf 20 Jahre gleichmäßig zu verteilen ist (vgl. Doralt, 1997, § 14, Rn. 57). Wie Abfertigungsrückstellungen sind seit dem öEStG 1988 auch Pensionsrückstellungen durch Wertpapiere inländischer Schuldner zu decken, wobei die Deckung nominell 50% des Bilanzansatzes im Vorjahr betragen soll (vgl. Jusits/Weyss, 1996, S. 215). Für vor 1990 gegebene Zusagen ist mit der Deckungsbildung erstmals am Schluß des im Kalenderjahr 1991 endenden Wirtschaftsjahrs zu beginnen, wobei die 50%-Deckung innerhalb von 20 Wirtschaftsjahren durch gleichmäßige Verteilung zu erreichen ist; Rückstellungen für ab 1990 gegebene Zusagen müssen allerdings direkt hälftig durch Wertpapiere gedeckt sein (vgl. Doralt, 1997, § 14, Rn. 59).

4. Die Bewertung von Pensionsrückstellungen nach luxemburgischen Rechnungslegungsvorschriften

4.1 Handelsrecht

4.1.1 Ansatzvorschriften

Nach Art. 8 bis 11 Code de Commerce sind alle Kaufleute zur Erstellung einer Bilanz und einer Gewinn- und Verlustrechnung nach den GoB (principes d'une comptabilité régulière) verpflichtet; darüber hinaus enthält der 13. Teil des luxemburgischen Gesellschaftsrechts (LSC) für Kapitalgesellschaften ergänzende Vorschriften zur Erstellung des handelsrechtlichen Jahresabschlusses (vgl. Kihm, 1998, S. 226). Die Bilanzierung von Pensionsrückstellungen betreffenden Regelungen sind dem luxemburgischen Handelsrecht lediglich den für Kapitalgesellschaften ergänzenden Vorschriften zu entnehmen, wobei sich die Angaben nur auf eine Nennung der Position »Provisions pour pensions et obligations similaires« im in Art. 213 bzw. 214 LSC vorgeschriebenen Bilanzgliederungsschema beschränkt; aus der Tatsache, daß Bilanzierungswahlrechte üblicherweise kenntlich gemacht werden (»inscription facultative«) und eine derartige Kennzeichnung bei dieser Bilanzposition explizit fehlt, läßt sich eine Passivierungspflicht derartiger Versorgungsverpflichtungen für Kapitalgesellschaften ableiten.

Bei Nicht-Kapitalgesellschaften sind mangels konkreter Regelungen die GoB zur Bilanzierung von Pensionsverpflichtungen zugrunde zu legen, aus denen sich für derartige ungewisse Verbindlichkeiten grundsätzlich eine Passivierungspflicht ableiten läßt; hingegen sieht die luxemburgische handelsrechtliche Rechnungslegung, die immer wieder stark durch die deutsche Rechtsauffassung beeinflußt wird, lediglich ein Passivierungswahlrecht für Pensionsrückstellungen vor (vgl. zum Wahlrecht Steichen, 1996, S. 159). So bestand auch in Deutschland bis zur Umsetzung der 4. EG-Richtlinie handelsrechtlich ein Passivierungswahlrecht, das auf das BGH-Urteil vom 27. 2. 1961 (II ZR 292/59) zurückgeht und vor allem aufgrund seiner vermeintlichen Aushöhlung der GoB in der Literatur heftig kritisiert wurde (vgl. statt vieler Adler/Düring/Schmaltz, 1968, § 152 AktG 1965, Rn. 161, sowie Leffson, 1982, S. 128). Die in Luxemburg weniger strenge Regelung bezüglich des Bilanzansatzes führt letztlich auch nur zu einer ca. 67%igen Passivierung aller Pensionsrückstellungen, während in Deutschland mit 98% nahezu alle Pensionsrückstellungen bilanziell erfaßt werden (vgl. Küting/Hayn, 1996, S. 65).

4.1.2 Bewertungsmaßstäbe

Zur handelsrechtlichen Bewertung von Pensionsrückstellungen spiegelt der in Art. 247 LSC für Kapitalgesellschaften maßgebende Bewertungsgrundsatz den allgemeingültigen Bewertungsmaßstab wider, wonach der für Rückstellungen (»provisions pour risques et charges«) anzusetzende Betrag den Bedarf nicht übersteigen darf. Der Versorgungsbedarf hängt von der Art des Versorgungsplans ab, wobei sowohl eine beitragsorientierte (plan de pension à cotisations définies) als auch eine leistungsorientierte Zusage (plan de pension à prestations définies) zulässig ist (vgl. STEICHEN, 1996, S. 160); Bewertungsfragen indes bestehen ausschließlich im Fall leistungsorientierter Versorgungspläne. Zur Bewertung der eingegangenen Versorgungsverpflichtung sind die allgemein anerkannten Regeln der Versicherungsmathematik zugrunde zu legen, ohne daß konkrete Vorschriften bzgl. der einzubeziehenden Rechengrößen oder der anzuwendenden Bewertungsverfahren bestehen.

Ein Gesetzesentwurf des luxemburgischen Ministeriums für soziale Sicherheit (Ministère de la Sécurité Sociale), der eine ausführliche Neuregelung der (ergänzenden) betrieblichen Altersversorgung vorsieht (Projet de loi relative aux régimes de pensions complémentaires), bestimmt die Aufstellung eines umfangreichen Finanzierungsplans (Versorgungsplan), aus dem alle bewertungsrelevanten Daten hervorgehen; insofern ist – falls dieser Gesetzesentwurf Zustimmung finden wird – damit zu rechnen, daß die Bewertungsgrundsätze auch handelsrechtlich maßgebend sein werden. Die Mindestfinanzierung stellt dabei auf einen quotierten Barwert ab, der sich zum einen nach der bis zum Stichtag anrechnungsfähigen Versicherungszeit richtet und zum anderen an dem gewöhnlichen Pensionsalter und dem am Stichtag üblichen Gehalt orientiert; demgemäß kann grundsätzlich auf den deutschen (handelsrechtlichen) Bewertungsmaßstab (vgl. daher Abschnitt 2.1: Das deutsche Handelsrecht) sowie konkret auf den quotierten Altersrentenbarwert (vgl. Abschnitt 2.2.3.3: Der Teilwert einer Pensionsverpflichtung nach Beendigung des Dienstverhältnisses) verwiesen werden.

4.2 Steuerrecht

4.2.1 Ansatzvorschriften

Steuerrechtlich kann gem. Art. 24 Abs. 1 LIR eine Rückstellung gebildet werden (Passivierungswahlrecht). Allerdings bewirkt das in Art. 40 Abs. 1 LIR kodifizierte Maßgeblichkeitsprinzip (vgl. GAIL/GRETH/SCHUMANN, 1991, S. 1391) bei Bestehen einer handelsrechtlichen Passivierungspflicht – wie im Falle einer Kapitalgesellschaft – auch steuerrechtlich die Verpflichtung zur Bildung einer Pensionsrückstellung; eine Nicht-Kapitalgesellschaft indessen hat das steuerrechtliche Wahlrecht korrespondierend zum Vorgehen in der Handelsbilanz auszuüben, wobei der steuerrechtliche Bewertungsvorbehalt einen geringeren Wertansatz in der Steuerbilanz als in der Handelsbilanz nach sich ziehen kann (vgl. ähnlich STEICHEN, 1996, S. 159).

4.2.2 Bewertungsmaßstab

Im Fall der Bewertung einer Pensionsverpflichtung vor Beendigung des Dienstverhältnisses sieht Art. 24 Abs. 2 Satz 1 LIR eine nach versicherungsmathematischen Grundsätzen gleichmäßige Verteilung der Rückstellung auf die Zeit von der Entstehung der Verpflichtung bis zum vertraglich vorgesehenen Beginn der Pensionszahlung vor. Das Règlement grand-ducal vom 19.12. 1969 definiert die jährlich zulässige Zuführung zu den Pensionsrückstellungen als Differenz zwischen dem theoretischen Wert der Anwartschaft am Bilanzstichtag und dem entsprechenden Wert des Vorjahrs; der theoretische Wert der Anwartschaft entspricht dabei der nach finanzmathematischen Regeln bestimmten Rücklage, die eine Versicherungsgesellschaft bei Bestehen eines Versicherungsvertrags mit jährlich gleichbleibenden Prämien zu bilden hätte (vgl. auch Steichen, 1996, S. 160). Die nach versicherungsmathematischen Grundsätzen gleichmäßige Verteilung der Rückstellung weist darauf hin, daß es sich bei dem anzuwendenden Verfahren um ein Gleichverteilungsverfahren handelt; die Zulässigkeit einer Bildung (erst) ab dem Zeitpunkt der Entstehung der Verpflichtung zieht die Einordnung als Gegenwartswertverfahren nach sich (vgl. daher Abbildung 6).

Art. 24 Abs. 2 Satz 2 LIR erlaubt die Nachholung zu geringer Rückstellungszuführungen, wenn sich im Wirtschaftsjahr, in dem die Pensionszahlung beginnt oder der Versorgungsberechtigte unter aufrechterhaltener Anwartschaft ausscheidet, herausstellt, daß der (Anwartschafts-)Barwert der künftigen Pensionsleistungen die gebildete Rückstellung übersteigt. Analog ist ein zu hoher Rückstellungsbetrag gewinnerhöhend aufzulösen; sofern die Pensionsverpflichtung nicht vor Ablauf des dritten Wirtschaftsjahrs erlischt, kann der Auflösungsbetrag gleichmäßig auf fünf Wirtschaftsjahre verteilt werden (vgl. Art. 24 Abs. 3 LIR). Erweisen sich die Rückstellungsbeträge aufgrund einer Änderung der versicherungsmathematischen Berechnungsgrundlagen (außer dem Rechnungszinssatz) oder aufgrund einer automatischen, unvorhergesehenen Erhöhung der Pensionen, die i. d. R. auf eine Erhöhung des Verbraucherpreisindexes zurückgeht, als zu gering, so kann der Erhöhungsbetrag entweder im laufenden Wirtschaftsjahr nachgeholt oder gleichmäßig auf die zukünftigen Wirtschaftsjahre verteilt werden (vgl. Art. 24 Abs. 3 LIR).

Für Pensionsverpflichtungen nach Beendigung des Dienstverhältnisses folgt daraus, daß sie mit dem Barwert (la valeur actuelle) der künftigen Pensionsleistungen anzusetzen sind, der mit dem in Deutschland üblichen Wertansatz übereinstimmt (vgl. daher Abschnitt 2.2.3.3: Der Teilwert einer Pensionsverpflichtung nach Beendigung des Dienstverhältnisses).

Der der Rückstellungsberechnung zugrundeliegende Zinssatz darf gem. Art. 3 Règlement grand-ducal vom 19.12. 1969 den Wert von 5% nicht unterschreiten; im Fall der Auflösung von Pensionsrückstellungen ist ein Wert von genau 5% zugrunde zu legen. Detaillierte Ausführungsbestimmungen zur Bilanzierung von Pensionsverpflichtungen sowie Beispielrechnungen sind dem Erlaß vom 1. 9. 1995 (Circulaire LIR, no 24/1 du 1er septembre 1995 – Provision pour promesses de pension) zu entnehmen. So setzt die Zulässigkeit einer Rückstellungsbildung insbesondere das Bestehen eines Rechtsanspruchs auf eine Pensionszahlung voraus (vgl. auch STEICHEN, 1996, S. 159), so daß nur vertraglich fixierte Vereinbarungen Eingang in die Rückstellungsberechnung finden; zukünftige Lohn- und Gehaltstrends bleiben daher unberücksichtigt (vgl. KIHM, 1998, S. 235).

Der angesprochene Gesetzesentwurf zur Neuregelung der betrieblichen Altersversorgung (vgl. Abschnitt 4.1.2: Bewertungsmaßstäbe) hat auch weitreichenden Einfluß auf die steuerrechtlichen Vorschriften; so sollen die steuerlichen Regelungen zukünftig direkt auf das geplante Gesetz über die Zusatzrentenordnung Bezug nehmen und zur Bewertung der Pensionsrückstellungen den vorgesehenen Finanzplan zugrunde legen. Abweichend von der geltenden Rechtslage sollen nur noch Rückstellungen für Altersrenten zulässig sein, während die Invaliden- und Hinterbliebenenversorgung durch (externe) Pensionsfonds oder Gruppenversicherung abzudecken sind.

5. Die Bewertung von Pensionsrückstellungen nach IAS und US-GAAP

5.1 Maßgebende Standards

Die seit 1.1. 1995 gültige Fassung des International Accounting Standards IAS 19 (»Retirement Benefit Costs«) regelt die Verteilung der Lasten aus einer Versorgungszusage, die einem Unternehmen mit der Einbringung der Dienstleistungen durch den Zusageempfänger entstehen, indem die Versorgungskosten grundsätzlich den Perioden zuzurechnen sind, in denen diese Dienstleistungen erbracht werden (vgl. AHREND, 1995, S. 12). Die Kapitalbildung kann über externe Versorgungsträger (Pensionsfonds, Versicherungen) und/oder intern über die Bildung von Pensionsrückstellungen erfolgen; zur Bewertung der Versorgungszusage wird zwischen beitragsorientierten (Defined Contribution Plans) und leistungsorientierten Versorgungsplänen (Defined Benefit Plans) unterschieden (vgl. WOLLMERT/HOFMANN/SCHWITTERS, 1997, Rn. 1). Bei ersteren sind die Beitragszahlungen an den Fonds sowohl handelsrechtlich als auch i. d. R. steuerrechtlich als Aufwand der Periode zu verrechnen, wobei sich die spätere Versorgungsleistung aus den Beitragsleistungen und den damit erwirtschafteten Erträgen zusammensetzt; bilanzielle Bewertungsfragen treten somit nicht auf. Im Gegensatz dazu ist bei leistungsorientierten Versorgungsplänen eine Bewertung auch bei Abwicklung über Fonds notwendig, da sich der Arbeitgeber mit seiner Pensionszusage – unabhängig von der tatsächlichen Entwicklung des Fondsvermögens – zur Erfüllung einer bestimmten Versorgungsleistung verpflichtet (vgl. auch FÖRSCHLE/KRONER/MANDLER, 1996, S. 138).

Vor allem aufgrund der unpräzisen Anforderungen an die zulässigen Bewertungsverfahren, die einzubeziehenden Rechengrößen und die Offenlegungstiefe hat das IASC das Exposure Draft E 54 (»Employee Benefits«) vorgelegt, das wesentliche Einschränkungen gegenüber der geltenden Fassung des IAS 19 beinhaltet. E 54 wurde im Februar 1998 als IAS verabschiedet (IAS 19: »Employee Benefits«) und wird ab 1.1. 1999 die Altfassung (»Retirement Benefit Costs«) ablösen.

Die US-GAAP als zentraler Bestandteil der amerikanischen Rechnungslegung, die gleichfalls unter den international anerkannten Rechnungslegungsgrundsätzen (i. S. d. § 292a HGB) zu subsumieren sind, weisen mit dem Statement of Financial Accounting Standards No. 87 (SFAS 87; »Employers' Accounting for Pensions«) ebenso einen Standard zur Bilanzierung von Pensionsverpflichtungen auf. Im Vordergrund steht – wie bei IAS 19 – die Aufwandsberechnung für das einzelne Geschäftsjahr, so daß sowohl beitrags- als auch leistungsorientierte Pensionspläne erfaßt werden; eine bilanzielle Bewertung der Verpflichtung wird wiederum nur im letzteren Fall notwendig (vgl. PELLENS, 1998, S. 197).

5.2 Zulässige Bewertungsverfahren

In der bis Ende 1998 gültigen Fassung des IAS 19 empfiehlt das IASC als Regelverfahren die Anwendung von Accrued Benefit Valuation Methods (Ansammlungsverfahren; Benchmark-Methode; Anwartschaftsbarwertverfahren), nach denen die Versorgungsverpflichtungen und -aufwendungen auf Grundlage der erbrachten Dienstleistungen bzw. -zeiten bestimmt werden. Neben Current Service Cost (Barwert der in der Periode erdienten Ansprüche) werden Past Service Cost (durch Einführung oder Verbesserung eines Plans entstandene Kosten), Kosten und Erträge aufgrund der Anpassung von Schätzungen an die tatsächliche Entwicklung sowie Kosten infolge von Änderungen der Rechnungsgrundlagen oder anderer Rahmenbedingungen berücksichtigt (vgl. AHREND, 1995, S. 13); mit Ausnahme der Current Service Cost sind dabei alle Kosten über die zukünftige Dienstzeit zu verteilen (sofern die Versorgungsberechtigten noch nicht aus dem Unternehmen ausgeschieden sind). Die Bestimmung des Periodenaufwands basiert auf langfristigen versicherungsmathematischen Annahmen über Trends, wie beispielsweise der Preis-, Renten- und Gehaltsentwicklung sowie des Rechnungszinses, der sich nach dem für langfristige (Kapital-)Anlagen geltenden Zinssatz richtet; die getroffenen Annahmen sind dabei mindestens alle drei Jahre durch ein versicherungsmathematisches Gutachten zu überprüfen (vgl. HAYN, 1997, S. 426 ff.).

Bis Ende 1998 zulässig ist die Anwendung von Projected Benefit Valuation Methods (Gleichverteilungsverfahren; Anwartschaftsdeckungsverfahren), zu denen auch das Teilwert- und das Gegenwartswertverfahren zu zählen sind; nach diesen Verfahren wird der Versorgungsaufwand auf Basis der erbrachten und zukünftigen Dienstzeiten berechnet, um schließlich den Gesamtaufwand gleichmäßig über die einzelnen Dienstjahre zu verteilen (vgl. BUDDE, 1995, S. 370 f.).

Das IASC konkretisiert in der bis Ende 1998 gültigen Fassung von IAS 19 über die beiden aufgeführten versicherungsmathematischen Verfahrensweisen keine Berechnungsmethoden, benennt aber u. a. die Projected Unit Credit Method als regulären Vertreter der Accrued Benefit Valuation Methods. Wesentlich präziser hingegen sind die Vorgaben des Financial Accounting Standards Board (FASB), das ausschließlich die Anwendung der Projected Unit Credit Method zur Ermittlung des periodengerechten Pensionsaufwands und damit letztlich zur Bewertung von Pensionsrückstellungen zuläßt. Dem folgt auch die ab 1.1. 1999 gültige Fassung des IAS 19, die u. a. gravierende Einschränkungen hinsichtlich der zulässigen Bewertungsverfahren enthält; wie nach SFAS 87 ist nun auch nach IAS 19 ausnahmslos die Projected Unit Credit Method als Bewertungsverfahren zulässig. Allerdings werden beide Rechnungslegungsstandards auch bei Anwendung übereinstimmender Berechnungsverfahren aufgrund der unterschiedlichen Anforderungen an die Rechnungsgrundlagen zu verschiedenen Wertansätzen führen (vgl. HAYN, 1997, S. 426).

5.3 Die Projected Unit Credit Method

5.3.1 Jährlicher Versorgungsaufwand

Nach SFAS 87 wird der Altersversorgungsaufwand (Net Periodic Pension Cost) auf die gesamte Aktivitätszeit des Pensionsberechtigten nach Maßgabe der wirtschaftlichen Verursachung verteilt; entsprechend sind die jährlich erdienten Anwartschaftserhöhungen mit dem versicherungsmathematischen Barwert zu bewerten, bei dessen Ermittlung etwaige dynamische Rechnungsgrundlagen (z. B. Lohn-, Gehalts- und Preisentwicklungen sowie Rentenanpassungen und Kapitalrenditen) mit wirtschaftlich vertretbaren Trendannahmen einzubeziehen sind (vgl. BODE/GRABNER, 1986, S. 2090).

Der auf eine Periode entfallende Nettoversorgungsaufwand (Net Periodic Pension Cost) setzt sich nach SFAS 87 aus folgenden Komponenten zusammen (vgl. KUSSMAUL/KIHM, 1997, S. 392):

- **Service Cost**: Auf den Jahresbeginn bezogener Versorgungsaufwand als Erhöhung des Barwerts der im Berichtsjahr erdienten Versorgungsanwartschaft unter Einbeziehung von Trendannahmen.
- **Interest Cost**: Zinskosten aufgrund der einjährigen Verzinsung der auf den Jahresbeginn bezogenen Versorgungsverpflichtung.
- **Expected Return on Plan Assets**: Veränderung des gemeinen Vermögenswertes der im Pensionsfonds angelegten Mittel, ermittelt auf der Grundlage der am Jahresanfang gültigen Erwartungswerte und bereinigt um die unterjährigen Beitrags- und Rentenzahlungen.

- **Initial Net Obligation or Net Asset**: Differenzbetrag aufgrund des Wechsels der Bewertungsmethode zwischen dem Barwert der künftigen Pensionsleistungen und dem gemeinen Wert des Fondsvermögens zuzüglich evtl. vorhandener Pensionsrückstellungen; Verteilung über durchschnittliche Restdienstzeit bzw. 15 Jahre.
- **Prior Service Cost**: Für vergangene, als versorgungsfähig anerkannte Dienstjahre durch Änderung des Versorgungsplanes entstandene Versorgungskosten; Verteilung über künftige Geschäftsjahre (durchschnittliche Restdienstzeit) möglich.
- **Gains and Losses**: Gewinne und Verluste durch Abweichung der tatsächlichen von der versicherungsmathematisch unterstellten bzw. erwarteten Entwicklung der Berechnungsgrundlagen; Verteilung über künftige Geschäftsjahre möglich.

Zusammenfassend ergibt sich der periodengerechte Versorgungsaufwand aus den Veränderungen des Barwertes aufgrund der in der Periode geltenden Parameter für die Versorgungsverpflichtung unter Berücksichtigung realistischer Trendannahmen. Die bis Ende 1998 geltende Fassung von IAS 19 bestimmt weniger präzise, daß außer den (Current) Service Cost anteilig Past Service Cost sowie Kosten und Erträge infolge von Änderungen der getroffenen Annahmen in den Nettoversorgungsaufwand einfließen (vgl. IDW, 1995, S. 188 f.). Die Neufassung von IAS 19 hingegen präzisiert die einzubeziehenden Bestandteile vergleichbar den Regelungen SFAS 87 auf die (Current) Service Cost, Interest Cost, Expected Return on Plan Assets, (actuarial) Gains and Losses und Aufwendungen aus der Abgeltung von Versorgungsverpflichtungen; dabei sind versicherungsmathematische Gewinne und Verluste, sofern sie außerhalb eines definierten Korridors liegen, sofort zu partizipieren (vgl. auch die Gegenüberstellung bei Hayn, 1997, S. 433, sowie Rössler/Kaether/Schmandt, 1997, S. 1144 f.).

5.3.2 Barwert der gesamten künftigen dynamischen Versorgungsleistungen

Zur Berechnung des Barwerts der gesamten künftigen dynamischen Versorgungsleistungen (Projected Benefit Obligation, PBO; vgl. Küting/Weber, 1994, S. 76) sind nach SFAS 87 die Ansprüche der Pensionsberechtigten entsprechend den Pensionsplänen den bis zum möglichen Fälligkeitstermin der Leistungen zurückgelegten Dienstzeiten zuzuordnen (vgl. KPMG, 1991, S. 258). Ist aus den Pensionsplänen keine direkte Zuordnung der Versorgungsleistungen ableitbar, wird – wie nach der Neufassung von IAS 19 grundsätzlich vorgesehen – von deren gleichmäßigem Erdienen vom Diensteintritt beginnend bis zum möglichen Fälligkeitstermin der Leistung ausgegangen (vgl. Rössler/Kaether/Schmandt, 1997, S. 1145). Damit wird die Leistung den einzelnen Dienstjahren im Verhältnis der bereits zurückgelegten (m) zu der bis zum jeweiligen Eintritt des Versorgungsfalls möglichen Dienstzeit (n) verteilt; Abbildung 7 verdeutlicht die Zuordnung der nach dem Pensionsplan vorgegebenen

Leistungen auf die Dienstjahre, woraus sich der ebenfalls dargestellte, jeweils erdiente Rentenanspruch (dynamischer m/n-tel Anspruch) ableiten läßt.

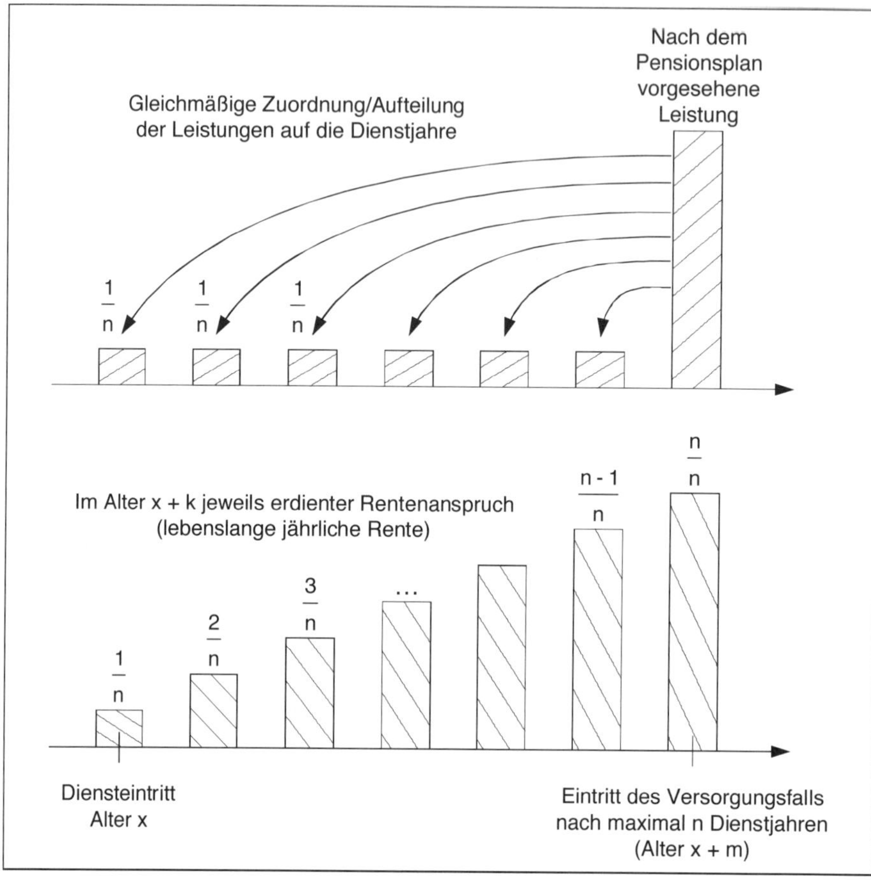

Abb. 7: Zuordnung der nach dem Pensionsplan vorgesehenen Leistungen auf die Dienstjahre und der sich daraus ergebende, jeweils erdiente Rentenanspruch (entnommen aus Kussmaul/Kihm, *1997, S. 393)*

Zur Berechnung der PBO kommen also nur am Berechnungsstichtag erdiente Ansprüche mit ihrem Barwert zum Ansatz; dazu sind – wie aus Abbildung 8 ersichtlich – die einzelnen Rentenansprüche abzuzinsen und mit der Wahrscheinlichkeit ihres Leistungsfalles zu gewichten.

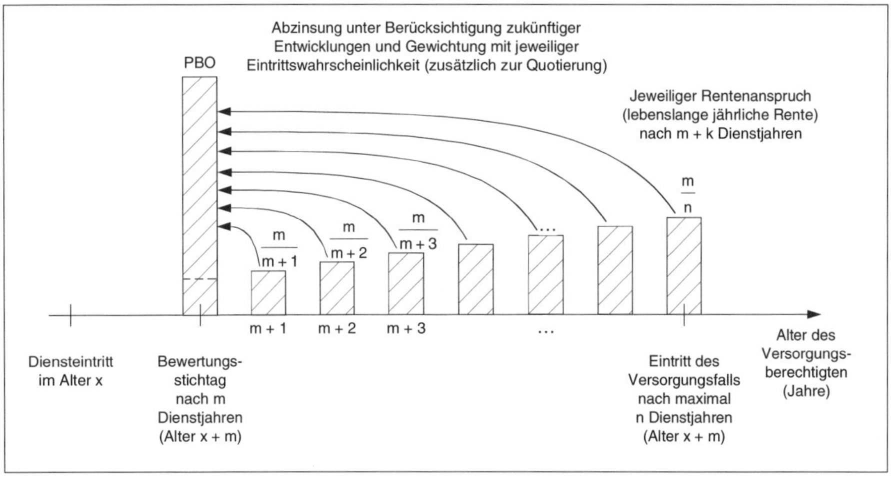

Abb. 8: Quotierte Berechnung des Barwerts der gesamten künftigen dynamischen Versorgungsleistungen (PBO; entnommen aus KUSSMAUL/KIHM, *1997, S. 394)*

Bei unverfallbaren Anwartschaften nach Beendigung des Dienstverhältnisses (Vested Benefit Obligation, VBO) wird der Barwert – entsprechend Abbildung 9 – durch (einfache) Quotierung der einzelnen Ansprüche berechnet (vgl. KPMG, 1991, S. 259); trotz unterschiedlichen Vorgehens bei der Ableitung des Barwerts ergibt sich – bei sonst gleichen Ausgangsbedingungen – kein Unterschied zum Teilwert einer entsprechenden Verpflichtung (vgl. daher auch Abbildung 5).

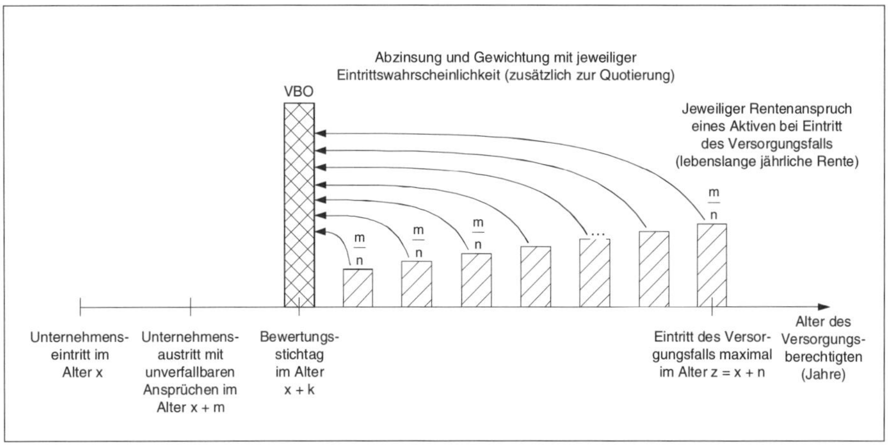

Abb. 9: (Quotierte) Berechnung des Barwerts von unverfallbaren Anwartschaften (VBO; entnommen aus KUSSMAUL/KIHM, *1997, S. 396)*

5.3.3 Einzubeziehende Rechengrößen

SFAS 87 schreibt als Rechnungszins denjenigen Zinssatz vor, zu dem am Stichtag die Versorgungsverpflichtungen abgelöst werden können (settlement rate). Insofern orientiert er sich am aktuellen Kapitalmarktzins hochqualitativer festverzinslicher Wertpapiere; alternativ kann auch auf den monatlich veröffentlichten Zinssatz des amerikanischen Pensionssicherungsvereins zurückgegriffen werden (vgl. FÖRSCHLE/KRONER/MANDLER, 1996, S. 138). Erfahrungsgemäß unterliegt er im Zeitablauf starken Schwankungen (vgl. auch schon GOHDES, 1986, S. 236), die sich auch direkt auf die Entwicklung der PBO auswirken. Im Gegensatz zur bis Ende 1998 gültigen Fassung von IAS 19, nach der auf einen (längerfristigen) Kapitalmarktzins abzustellen war, orientiert sich die Neufassung an der Rendite laufzeitäquivalenter Industrieobligationen. Dabei sind grundsätzlich die Verhältnisse am Bilanzstichtag zugrunde zu legen; im Hinblick auf die gesamte Laufzeit der Pensionsverpflichtung sind die ursprünglichen Schätzwerte jedoch nur anzupassen, wenn die festgestellten Änderungen langfristiger Natur sind (vgl. RÖSSLER/KAETHER/SCHMANDT, 1997, S. 1143 f.), so daß keine extremen zinsbedingten Schwankungen des Barwerts der erreichten Anwartschaft zu erwarten sind.

Hinsichtlich der Wahl der biometrischen Grundlagen (Sterbe-, Invaliditäts- und Verheiratungswahrscheinlichkeiten) ist auf die bestmöglichen Rechnungsgrundlagen abzustellen (für auf Deutschland bezogene Rechnungslegung beispielsweise die Richttafeln von Dr. Klaus Heubeck). In bezug auf die Fluktuation müssen entsprechende Wahrscheinlichkeiten für jeden Versorgungsplan in Abhängigkeit von Alter und Dienstzeit gesondert festgestellt und kalkulatorisch berücksichtigt werden (vgl. GASSNER, 1986, S. 237, sowie BODE/GOHDES/THURNES, 1998, S. 1095). Weiterhin sind nach beiden Standards zur Berücksichtigung der Gehaltsdynamik (langfristig) realistische Erfahrungswerte anzusetzen, die einer jährlichen Überprüfung zu unterziehen sind; insofern sollen keine allgemeinen Trends, sondern konkrete, altersmäßig abgestufte Karrieretrends einfließen. Schließlich wird auch der Rentendynamik durch Einbeziehung jährlich zu erwartender Rentenanpassungen Rechnung getragen (vgl. BODE/GOHDES/THURNES, 1998, S. 1095, sowie RÖSSLER/KAETHER/SCHMANDT, 1997, S. 1142 f.).

6. Vergleich der Bewertungsverfahren

6.1 Graphischer Vergleich

Insgesamt kommt es bei Anwendung der Projected Unit Credit Method – vor allem durch die Berücksichtigung zukünftiger, auch noch nicht feststehender Lohn-, Gehalts-

und Rentensteigerungen sowie Karrieretrends – zu einem (wesentlich) höheren Wertansatz als nach dem Teilwertverfahren gemäß § 6a EStG oder dem Gegenwartswertverfahren gemäß § 14 Abs. 7 öEStG bzw. Art. 24 Abs. 2 LIR, der meist auch nicht durch den i. d. R. höheren Rechnungszins kompensiert wird (vgl. Budde, 1992, S. 368, sowie Pellens, 1998, S. 204 f.). Sofern bei der Ermittlung der PBO nicht nur in ihrer Höhe und hinsichtlich des Erhöhungszeitpunktes feststehende, sondern auch ungewisse Rentenanpassungen einbezogen werden, übersteigt die PBO – sofern der Einfluß der gewöhnlich über 6 % liegenden Settlement Rate nicht überwiegt – den Teilwert und den Gegenwartswert auch zum Zeitpunkt des Eintritts des Versorgungsfalls, in dem die Werte dem jeweiligen Barwert der (zukünftigen) Rentenzahlungen entsprechen; in Abhängigkeit der getroffenen Annahmen kann i. d. R. mit einem von 5 % bis 30 % reichenden Mehransatz gerechnet werden (vgl. KPMG, 1991, S. 265). Abbildung 10 stellt den qualitativen Verlauf von Teilwert, Gegenwartswert und PBO nach internationalen Standards in der Anwartschaftsphase unter der vereinfachenden Annahme dar, daß Diensteintritt und Zusagezeitpunkt zusammenfallen und der Pensionsanwärter bei Diensteintritt das 30. Lebensjahr vollendet hat; außerdem wird unterstellt, daß sich die Rechnungszinssätze nach SFAS 87 und IAS 19 im Zeitablauf identisch entwickeln. Abbildung 11 enthält im folgenden Gliederungspunkt abschließend einen tabellarischen Vergleich der genannten Bewertungsverfahren.

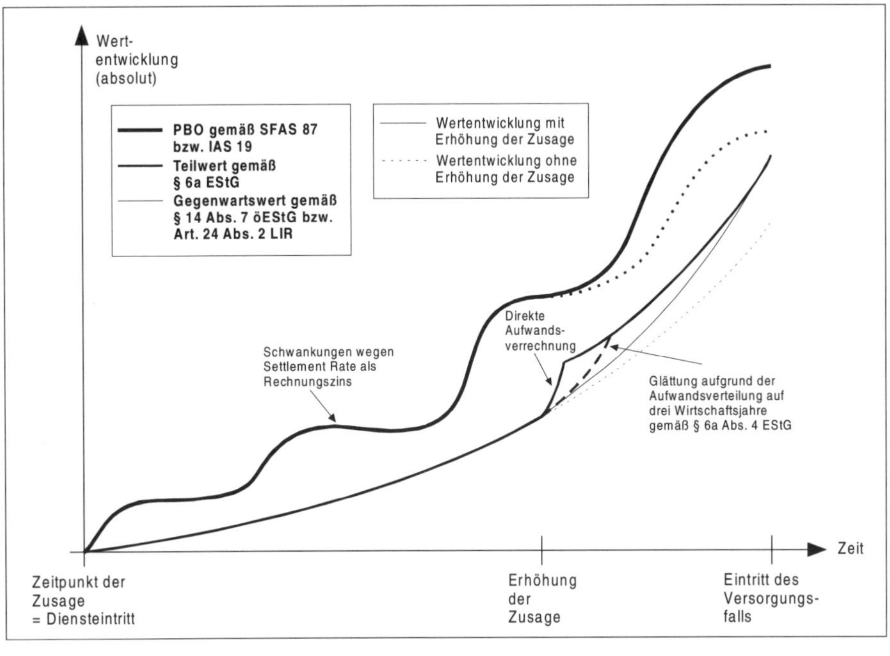

Abb. 10: Entwicklung von Teilwert, Gegenwartswert und PBO in der Anwartschaftsphase (modifiziert entnommen aus Kussmaul/Kihm, *1997, S. 398)*

6.2 Tabellarischer Vergleich

<table>
<tr><th></th><th colspan="2">Teilwertverfahren</th><th colspan="2">Gegenwartswertverfahren</th><th colspan="2">Projected Unit Credit Method</th></tr>
<tr><td rowspan="2">Vorschrift</td><td rowspan="2">§ 6a EStG</td><td>§ 253 Abs. 1 HGB</td><td></td><td rowspan="2">§ 14 Abs. 7 öEStG, Art. 24 Abs. 2 LIR</td><td rowspan="2">IAS 19 (ab 1. 1. 1999)</td><td rowspan="2">SFAS 87</td></tr>
<tr><td colspan="2">§ 211 öHGB, Art. 247 LSC</td></tr>
<tr><td rowspan="2">Anwendungs- bzw. Geltungsbereich</td><td rowspan="2">Steuerbilanz in Deutschland</td><td>Handelsbilanz in D.</td><td></td><td rowspan="2">Steuerbilanz in Österreich und Luxemburg</td><td rowspan="2">Handelsbilanz in Trägerländern des IASC</td><td rowspan="2">Handelsbilanz in den USA</td></tr>
<tr><td colspan="2">Handelsbilanz in Österreich und Luxemburg</td></tr>
<tr><td>Bewertungsmethode</td><td colspan="4">Gleichverteilungsverfahren</td><td colspan="2">Ansammlungsverfahren</td></tr>
<tr><td>Biometrische Rechnungsgrundlagen</td><td colspan="4">Zeitnahe Beobachtungswerte, z.B. Richttafeln von Dr. Klaus Heubeck</td><td colspan="2">Bestmögliche Rechnungsgrundlagen</td></tr>
<tr><td>Fluktuation</td><td>Eintrittsalter 30</td><td colspan="2">Erfahrungswerte</td><td>Keine</td><td colspan="2">Erfahrungswerte</td></tr>
<tr><td>Pensionierungsalter</td><td>Vertragsdaten bzw. flexible Altersgrenzen</td><td colspan="2">Erfahrungswerte</td><td>Vertragsdaten</td><td colspan="2">Erfahrungswerte</td></tr>
<tr><td>Rechnungszins</td><td>6%</td><td colspan="2">Deutschland (ggf. Luxemburg): 3 % bis 6% (HFA)
Österreich: 3 % bis 8 %, in Abhängigkeit von der Wertsicherung</td><td>Österreich: 6%
Luxemburg: 5%</td><td>Rendite laufzeitäquivalenter Industrieobligationen</td><td>Aktueller Kapitalmarktzins hochqualitativer festverz. Wertpapiere</td></tr>
<tr><td>Rentenanpassung</td><td>Nur wenn Höhe und Zeitpunkt feststehen (Stichtagsprinzip)</td><td colspan="2">Lebenshaltungskosten (strittig), soweit nicht in Realzins</td><td>Nur wenn Höhe und Zeitpunkt feststehen (Stichtagsprinzip)</td><td colspan="2">Erwartungswert</td></tr>
<tr><td>Lohn- und Gehaltssteigerungen</td><td>Nur wenn Höhe und Zeitpunkt feststehen (Stichtagsprinzip)</td><td colspan="2">Erwartungswert (strittig), soweit nicht in Realzins</td><td>Nur wenn Höhe und Zeitpunkt feststehen (Stichtagsprinzip)</td><td colspan="2">Erwartungswert</td></tr>
<tr><td>Trendannahmen</td><td>Keine (Stichtagsprinzip)</td><td colspan="2">Erwartungswert (strittig), soweit nicht in Realzins</td><td>Keine (Stichtagsprinzip)</td><td colspan="2">Erwartungswert (jährliche Überprüfung; inklusive Karrieretrend)</td></tr>
<tr><td>Vergangenheitsbezogene Zusagenerhöhung bzw. erstmalige Bildung</td><td colspan="2">Sofortige Aufwandsnachholung gemäß zurückliegender Dienstzeit bzw. gleichmäßige Verteilung auf das Geschäftsjahr und die beiden folgenden Wirtschaftsjahre möglich</td><td colspan="2">Aufwandsverteilung über zukünftige Dienstzeit</td><td>Aufwandsverteilung über zukünftige Dienstzeit oder sofortige Erfassung</td><td>Aufwandsverteilung über zukünftige Dienstzeit</td></tr>
<tr><td>Zukunftsbezogene Zusagenerhöhung</td><td colspan="2">Aufwandsverteilung auf gesamte Dienstzeit</td><td colspan="2">Aufwandsverteilung über zukünftige Dienstzeit</td><td colspan="2">Aufwandsverrechnung gemäß Zusage</td></tr>
</table>

Abb. 11: Tabellarischer Vergleich von Teilwertverfahren, Gegenwartswertverfahren und Projected Unit Credit Method nach SFAS 87 und IAS 19 (vgl. hierzu auch die Gegenüberstellungen bei Ahrend, *1995, S. 14;* Hayn, *1997, S. 432 ff.;* Klein, *1990, S. 133;* Kussmaul/Kihm, *1997, S. 399;* Kussmaul/Kihm, *1998, S. 542 sowie* Rössler/Kaether/Schmandt, *1997, S. 1145)*

Literaturverzeichnis

Adler, Hans / Düring, Walther / Schmaltz, Kurt (1968), Rechnungslegung und Prüfung der Aktiengesellschaft. Handkommentar, Band 1: Rechnungslegung, 4. Aufl., Stuttgart 1968.

Ahrend, Peter (1995), Bewertung von Versorgungsverpflichtungen im internationalen Vergleich: Rechnungslegungsvorschriften als Standortnachteil für die betriebliche Altersversorgung?, in: Förschle, Gerhart/Kaiser, Klaus/Moxter, Adolf (Hrsg.), Rechenschaftslegung im Wandel, Festschrift für Wolfgang Dieter Budde, München 1995, S. 1–17.

Ahrend, Peter / Dorow, Sybille (1978), Betriebliche Altersversorgung in der Bundesrepublik Deutschland, in: Der Betrieb 1978, Beilage 19.

Ahrend, Peter / Förster, Wolfgang / Rössler, Norbert (1986), Die Auswirkungen des Bilanzrichtlinien-Gesetzes auf die betriebliche Altersversorgung, in: Der Betrieb 1986, Beilage 10.

Ahrend, Peter / Förster, Wolfgang / Rössler, Norbert (1995/97), Steuerrecht der betrieblichen Altersversorgung mit arbeitsrechtlicher Grundlegung, 4. Aufl., Loseblatt, Köln 1995/97.

Altenburger, Otto A. (1993), Kommentar zum Rechnungslegungsgesetz, Wien 1993.

BAUMANN, Karl-Hermann (1995), Kommentierung des § 274 HGB, in: Küting, Karlheinz/Weber, Claus-Peter (Hrsg.), Handbuch der Rechnungslegung. Kommentar zur Bilanzierung und Prüfung, Bd. Ia, 4. Aufl., Stuttgart 1995.

BGH-Urteil vom 27.2. 1961, II ZR 292/59, in: Entscheidungen des Bundesgerichtshofs in Zivilsachen, Band 34, S. 324–337.

BODE, Joachim / GOHDES, Alfred / THURNES, Georg (1998), Betriebliche Altersversorgung im internationalen Jahresabschluß: Bewertungsannahmen zum 31.12. 1997/ 1.1. 1998, in: Der Betrieb 1998, S. 1093–1098.

BODE, Karl-Josef / GRABNER, Edwin R. (1986), Betriebliche Altersversorgung: Neue Rechnungslegungsvorschriften in den USA, in: Der Betrieb 1986, S. 2089–2091.

BT-Drucksache 7/1281, Entwurf eines Gesetzes zur Verbesserung der betrieblichen Altersversorgung vom 26.11. 1973.

BUDDE, Wolfgang D. (1992), Bilanzierung der betrieblichen Altersversorgung in Deutschland: Ein Vergleich mit internationalen Bewertungs- und Ausweisgrundsätzen, in: Förster, Wolfgang/Rößler, Norbert (Hrsg.), Betriebliche Altersversorgung in der Diskussion zwischen Praxis und Wissenschaft, Köln 1992, S. 363–376.

DORALT, Werner (1997), Einkommensteuergesetz Kommentar, Teil I bis III, 3. Aufl., Wien 1997.

FÖRSCHLE, Gerhart / KLEIN, Hans-Georg (1987), Zur handelsrechtlichen Bilanzierung und Bewertung der betrieblichen Altersversorgungsverpflichtungen, in: Der Betrieb 1987, S. 341–348.

FÖRSCHLE, Gerhart / KRONER, Matthias / MANDLER, Udo (1996), Internationale Rechnungslegung. US-GAAP, HGB und IAS, 2. Aufl., Bonn 1996.

GAIL, Winfried / GRETH, Michael / SCHUMANN, Roland (1991), Die Maßgeblichkeit der Handelsbilanz für die Steuerbilanz in den Mitgliedstaaten der Europäischen Gemeinschaft, in: Der Betrieb 1991, S. 1389–1400.

GASSNER, Wolfgang (1986), Vergleich der neuen US-Vorschriften zur Bewertung von Versorgungsverpflichtungen mit den entsprechenden steuer- und handelsrechtlichen Bewertungsmethoden in Deutschland, in: Betriebliche Altersversorgung (BetrAV) 1986, S. 237–243.

GASSNER, Wolfgang / LAHODNY-KARNER, Andrea (1992), Kommentierung des § 211 HGB, in: Straube, Manfred (Hrsg.), HGB-Kommentar, 2. Band: Rechnungslegung, Wien 1992.

GOHDES, Alfred E. (1986), Neue US-Vorschriften zur handelsrechtlichen Bewertung von Versorgungsverpflichtungen, in: Betriebliche Altersversorgung (BetrAV) 1986, S. 233–236.

GRÜNBERGER, Herbert / MIKLAU-WEDENIG, Felizitas (1996), Kommentierung des § 211 Abs. 2 HGB, in: Bertl, Romuald/Mandl, Dieter (Hrsg.), Handbuch zum Rechnungslegungsgesetz, Loseblatt, Stand: 6. Lieferung, Wien 1996.

HAYN, Sven (1997), Internationale Rechnungslegung. Ursachen, Wirkungen und Lösungsansätze zur Überwindung internationaler Rechnungslegungsdivergenzen, Stuttgart 1997.

HEPPT, Ehrenfried (1995), Betriebliche Altersversorgung 1990 im früheren Bundesgebiet, in: Wirtschaft und Statistik 1995, S. 155–165.

HEUBECK, Klaus (1983), Richttafeln, Köln 1983.

HEUBECK, Klaus (1986), Betriebliche Versorgungsverpflichtungen nach dem neuen Bilanzrecht, in: Die Wirtschaftsprüfung 1986, S. 317–328 und S. 356–364.

HFA (1988), Pensionsverpflichtungen im Jahresabschluß: Stellungnahme 2/1988, in: Die Wirtschaftsprüfung 1988, S. 403–405.

HÖFER, Reinhold (1988), Pensionsverpflichtungen im Jahresabschluß: Zur Stellungnahme 2/1988 des Hauptfachausschusses, in: Die Wirtschaftsprüfung 1988, S. 549–558.

HÖFER, Reinhold (1995), Kommentierung des § 249 HGB, in: Küting, Karlheinz/Weber, Claus-Peter (Hrsg.), Handbuch der Rechnungslegung. Kommentar zur Bilanzierung und Prüfung, 4. Aufl., Band Ia, Stuttgart 1995, S. 744–763.

IDW (Hrsg.) (1995), Rechnungslegung nach International Accounting Standards. Praktischer

Leitfaden für die Aufstellung IAS-konformer Jahres- und Konzernabschlüsse in Deutschland, Düsseldorf 1995.

INTERNATIONAL ACCOUNTING STANDARD (IAS) 19 (revised 1993), Retirement Benefit Costs, in: IASC (Hrsg.), International Accounting Standards 1998, London 1998.

INTERNATIONAL ACCOUNTING STANDARD (IAS) 19 (revised 1998), Employee Benefits, in: IASC (Hrsg.): International Accounting Standards 1998, London 1998.

JUSITS, Stephan / WEYSS, Frank A. (1996), Wertpapierdeckungspflicht für Abfertigungs- und Pensionsrückstellungen nach § 14 Abs. 5 EStG 1988, in: Steuer- und Wirtschaftskartei (SWK) 1996, S. 215–217.

KIHM, Axel (1998), Die Steuerbelastung zweistufiger deutscher nationaler und internationaler Unternehmungen am Beispiel des Großherzogtums Luxemburg als Standort der ausländischen Betriebstätte bzw. Tochtergesellschaft. Ein EDV-unterstützter (internationaler) Steuerbelastungsvergleich unter Berücksichtigung der Phasen der Errichtung bzw. Gründung, der laufenden Geschäftstätigkeit und der Beendigung der Grundeinheit, Diss., Saarbrücken 1998.

KLEIN, Hans-Georg (1990), Bewertung von Versorgungsverpflichtungen nach englischem (SSAP 24), amerikanischem (FAS 87) und deutschem Recht, in: Betriebliche Altersversorgung (BetrAV) 1990, S. 130–136.

KPMG DEUTSCHE TREUHAND-GRUPPE (Hrsg.) (1991), Betriebliche Altersversorgung und Jahresabschluß. Grundlagen, Gestaltungsmöglichkeiten, Belastungsvergleiche, 2. Aufl., Düsseldorf 1991.

KUSSMAUL, Heinz (1994), Grundzüge der Konzernrechnungslegung, in: Der Steuerberater 1994, S. 233–238, S. 276–279, S. 319–323, S. 359–362 und S. 414–417.

KUSSMAUL, Heinz (1995), Betriebliche Altersversorgung von Geschäftsführern. Voraussetzungen und finanzwirtschaftliche Auswirkungen, München 1995.

KUSSMAUL, Heinz / KIHM, Axel (1996), Die Bewertung von Pensionsrückstellungen nach § 6a EStG und IAS 19 im Vergleich, USW-Workingpaper 1/1996, Erftstadt 1996.

KUSSMAUL, Heinz / KIHM, Axel (1997), Vergleich der Bewertung von Pensionsrückstellungen nach deutschem und österreichischem Recht sowie nach IAS 19, in: Seicht, Gerhard (Hrsg.), Jahrbuch für Controlling und Rechnungswesen '97, Wien 1997, S. 371–414.

KUSSMAUL, Heinz / KIHM, Axel (1998), Pensionsrückstellungen, Internationale Bewertungsverfahren, in: Busse von Colbe, Walther/Pellens, Bernhard (Hrsg.), Lexikon des Rechnungswesens. Handbuch der Bilanzierung und Prüfung, der Erlös-, Finanz-, Investitions- und Kostenrechnung, 4. Aufl., München/Wien 1998, S. 538–543.

KUSSMAUL, Heinz / WEGENER, Wolfgang / LUTZ, Richard (1994), Betriebliche und steuerliche Aspekte der betrieblichen Altersversorgung mittelständischer Unternehmen, in: Betriebs-Berater 1994, Beilage 22.

KÜTING, Karlheinz / HAYN, Sven (1996), Der Aussagewert eines angelsächsischen Konzernabschlusses im Vergleich zum HGB-Abschluß, in: Die Aktiengesellschaft 1996, S. 49–70.

KÜTING, Karlheinz / NARDMANN, Benita (1993), Pensionsverpflichtungen im Lichte der Bilanzpolitik und Bilanzanalyse, in: Deutsches Steuerrecht 1993, S. 1834–1840.

KÜTING, Karlheinz / WEBER, Claus-Peter (1994), Internationale Bilanzierung. Rechnungslegung in den USA, Japan und Europa, Herne/Berlin 1994.

LEFFSON, Ulrich (1982), Die Grundsätze ordnungsmäßiger Buchführung, 6. Aufl., Düsseldorf 1982.

LUIK, Hans (1987), Aktuelle Fragen zur Behandlung von Pensionsverpflichtungen im Jahres- und Konzernabschluß, in: Die Wirtschaftsprüfung 1987, S. 733–744.

LUIK, Hans (1992), Rückstellungen für Pensionsverpflichtungen, Prüfung der, in: Coenenberg, Adolf G./Wysocki, Klaus von (Hrsg.), Handwörterbuch der Revision, 2. Aufl., Stuttgart 1992, Sp. 1705–1781.

PELLENS, Bernhard (1998), Internationale Rechnungslegung, 2. Aufl., Stuttgart 1998.

RICHTER, Gerd (1986), Der Wertansatz von Pensionsverpflichtungen nach dem Bilanzrichtlinien-Gesetz, in: Betriebs-Berater 1986, S. 2162–2166.

RÖSSLER, Norbert / KAETHER, Fritz / SCHMANDT, Ernst Martin (1997), Rechnungslegung über Pensionsverpflichtungen in Deutschland nach internationalen Standards: Eine vergleichende Darstellung unter besonderer Berücksichtigung des IAS-Neuentwurfs (E 54) und der FAS, in: Betriebs-Berater 1997, S. 1141–1148.

SCHÜLEN, Werner (1997), Die Pensionsrückstellungen, in: Wysocki, Klaus von/Schulze-Osterloh, Joachim (Hrsg.), Handbuch des Jahresabschlusses in Einzeldarstellungen, Kommentar, Loseblatt, Köln 1984/92, Abt. III/7.

SEEGER, Siegbert F. (1998), Kommentierung des § 6a EstG, in: Schmidt, Ludwig (Hrsg.), EStG. Einkommensteuergesetz, Kommentar, 17. Aufl., München 1998.

STATEMENT OF FINANCIAL ACCOUNTING STANDARDS (SFAS) No. 87, Empolyers' Accounting for Pensions, in: FASB (Hrsg.), Original Pronouncements, Norwalk/Connecticut 1997.

STATISTISCHES BUNDESAMT (1957), Statistisches Jahrbuch 1957 für die Bundesrepublik Deutschland, Wiesbaden 1957.

STATISTISCHES BUNDESAMT (1997), Statistisches Jahrbuch 1997 für die Bundesrepublik Deutschland, Wiesbaden 1997.

STEICHEN, Alain (1996), Précis de Droit fiscal de l'Entreprise, Christnach/Luxembourg 1996.

THOMS-MEYER, Dirk (1996), Grundsätze ordnungsmäßiger Bilanzierung für Pensionsrückstellungen. Unter Berücksichtigung von SFAS 87 und SFAS 106, Düsseldorf 1996.

VÖLKER, Detlef / WÜLLNER, Peter (1994), Österreichische Rechnungslegung, in: Gräfer, Horst/ Demming, Claudia (Hrsg.), Internationale Rechnungslegung, Stuttgart 1994, S. 567–636.

WOLLMERT, Peter / HOFMANN, Jürgen / SCHWITTERS, Jürgen (1997), Kommentierung von IAS 19, in: Baetge, Jörg u. a. (Hrsg.), Rechnungslegung nach International Accounting Standards (IAS). Kommentar auf der Grundlage des deutschen Bilanzrechts, Stuttgart 1997.

WP-Handbuch (1996), IDW (Hrsg.), Handbuch für Rechnungslegung, Prüfung und Beratung 11. Aufl., Bd. I, Düsseldorf 1996.

Segmentberichterstattung als Ergänzung der Rechnungslegung

Günther Langenbucher*

Inhalt

* Wirtschaftsprüfer Steuerberater Dr. Günther Langenbucher, Geschäftsführender Gesellschafter Arthur Andersen Wirtschaftsprüfungsgesellschaft Steuerberatungsgesellschaft mbH, Stuttgart.

1. Segmentberichterstattung als Ergänzung der Rechnungslegung

In den letzten Jahrzehnten hat sich die Struktur der Unternehmenslandschaft erheblich verändert und ein Begriff, der in diesem Zusammenhang immer wieder fällt, ist die **Diversifikation**. Unter Diversifikation wird die Ausweitung des Leistungsprogramms auf – gegenüber dem bisherigen Angebot – neue Produkte und Märkte verstanden (vgl. GABLER, 1993, S. 820). Ein diversifiziertes Unternehmen unterscheidet sich insoweit in großem Maße von einem Ein-Produkt-Unternehmen, das sein Produkt in einem homogenen wirtschaftlichen Umfeld anbietet und das bei der Festlegung der ursprünglichen Rechnungslegungsgrundsätze einmal Leitbild gewesen ist. Die Rechnungslegung, die ein Modell zur Abbildung von Unternehmensaktivitäten ist, mußte daher, um den Erwartungen und Bedürfnissen der Jahresabschlußadressaten gerecht zu werden, um Vorschriften ergänzt werden, nach denen diversifizierte Unternehmen über ihre Segmente Bericht erstatten müssen.

Unter einer **Segmentberichterstattung** wird die Ergänzung der Rechnungslegung des Gesamtunternehmens um finanzielle und nicht-finanzielle Daten zu den einzelnen Tätigkeitsbereichen und Regionen verstanden (vgl. BAUMANN, 1987, S. 3). In den USA wird sie auch als »disaggregation« im Gegensatz zur »deconsolidation« bezeichnet, da die Regelungen zur Segmentberichterstattung anders als die Vorschriften zur Konsolidierung keine eigenständigen Grundsätze für die Bilanzierung und Bewertung einzelner Transaktionen oder Vermögens- und Kapitalposten beinhalten (vgl. BAUMANN, 1987, S. 10).

Die Veröffentlichung einer Segmentberichterstattung in diesem Sinne forderten in den 60er Jahren in den USA mehrere Organisationen, woraufhin von den US-amerikanischen Standard Settern verschiedene Standards erarbeitet wurden, die ein bestimmter Kreis von Unternehmen anfangs freiwillig anwandte, später jedoch verpflichtend einzuhalten hatte (vgl. SFAS 14.43 ff.). Auch die Vereinten Nationen, die Organisation für wirtschaftliche Zusammenarbeit und Entwicklung (OECD) und das International Accounting Standards Committee (IASC) nahmen sich der Thematik an und veröffentlichten entsprechende Verlautbarungen (vgl. HALLER/PARK, 1994, S. 504 ff.). Daß die Segmentberichterstattung in den USA und beim IASC trotz der ergangenen Verlautbarungen aktuell blieb, zeigte die Kritik, die Investoren und Gläubiger an veröffentlichten Segmentinformationen übten. Sie bemängelten insbesondere (vgl. ARTHUR ANDERSEN, 1996, S. 1 ff.), daß

- die Abgrenzung von Tätigkeitsbereichen zu weit erfolgt und die Unternehmen daher zu wenige Segmente offenlegen;
- Unterschiede zwischen externer Segmentberichterstattung und intern genutzten Daten bestehen, was oft dazu führt, daß die Kommentierung des Jahresabschlusses

durch die Geschäftsleitung nicht mit der externen Segmentberichterstattung im Einklang steht;
- nicht börsennotierte Unternehmen oft keine Segmentinformationen offenlegen.

Die Kritik führte dazu, daß die bisher gültigen International Accounting Standards (IAS) und US-amerikanischen Rechnungslegungsvorschriften (US-GAAP) einer Überprüfung unterzogen wurden. In 1997 veröffentlichten das IASC und das FASB ihre neuen Standards IAS 14 (revised 1997) bzw. Statement of Financial Accounting Standards No. 131 (SFAS 131). IAS 14 wurde von der IOSCO (International Organization of Securities Commissions) auch in den Katalog der »Core Standards« aufgenommen (vgl. Pacter, 1997b, S. 21). Im gleichen Zeitraum wurde in Deutschland über das **Kapitalaufnahmeerleichterungsgesetz** (KapAEG) sowie das **Gesetz zur Kontrolle und Transparenz im Unternehmensbereich** (KonTraG) beraten, die beide mittelbar oder unmittelbar einen erheblichen Einfluß auf die Segmentberichterstattung deutscher Unternehmen haben. Sie werden die im Zuge des Bilanzrichtliniengesetzes (BiRiLiG) 1986 eingeführten rudimentären Bestimmungen zur Segmentberichterstattung erheblich erweitern.

Im folgenden wird dargestellt, welchen Anforderungen Kapital- und Personenhandelsgesellschaften mit Blick auf die Segmentberichterstattung genügen müssen.

2. Die Segmentberichterstattung in Deutschland

2.1 Anhangangaben im Rahmen des BiRiLiG (§§ 285 Nr. 4, 314 Abs. 1 Nr. 3 HGB)

Mit dem BiRiLiG wurden für den Einzelabschluß durch § 285 Nr. 4 HGB und für den Konzernabschluß durch § 314 Abs. 1 Nr. 3 HGB zwei inhaltlich gleiche Vorschriften eingeführt, nach denen große Kapitalgesellschaften und nach dem HGB konzernrechnungslegungspflichtige Mutterunternehmen ihre **Umsatzerlöse** nach Tätigkeitsbereichen sowie nach geographisch bestimmten Märkten im Anhang aufgliedern müssen, sofern sich die Tätigkeitsbereiche oder geographischen Märkte untereinander erheblich unterscheiden (zur Umsetzung der beiden Vorschriften vgl. Helmrich, 1986, S. 157 ff., 257). Kleine und mittelgroße Kapitalgesellschaften können sich von den Angaben aufgrund § 288 HGB befreien. Personenhandelsgesellschaften, die aufgrund des PublG zur Aufstellung eines Einzelabschlusses verpflichtet sind, müssen nach § 5 Abs. 1 PublG keinen Anhang erstellen und damit auch keine Segmentinformationen offenlegen. Nach dem PublG konzernabschlußpflichtige Personenhandelsgesellschaften hingegen müssen aufgrund § 13 Abs. 2 i.V.m. Abs. 3 PublG einen Konzernanhang aufstellen, der keine Befreiung von der Umsatzaufgliederung kennt (vgl. Ischebeck, 1998, S. 2018 f.).

Unter Verwendung der Umsatzaufgliederung ist es dem Jahresabschlußnutzer i.d.R. möglich, die Exportquote (definiert als Auslandsumsatz / Gesamtumsatz) und den Anteil einer Sparte am Gesamtumsatz zu ermitteln (vgl. Reinhard, 1998, S. 324). Wenngleich das sich hieraus ergebende Mehr an Informationen zu begrüßen ist, muß doch festgehalten werden, daß eine international anerkannten Standards entsprechende Segmentberichterstattung weit mehr Informationen enthält (vgl. Krawitz, 1997, S. 572 ff.). Darüber hinaus wird die in § 285 Nr. 4 HGB und § 314 Abs. 1 Nr. 3 HGB enthaltene Pflicht zur Umsatzaufgliederung aus zwei Gründen relativiert (auf die in § 286 Abs. 2 HGB enthaltene Schutzklausel zum Wohl der Bundesrepublik Deutschland wird im folgenden nicht eingegangen).

Zum einen gibt das HGB als Kriterien für die Segmentierung nur die unbestimmten Rechtsbegriffe »Tätigkeitsbereich« und »geographisch bestimmte Märkte« und damit vergleichsweise vage Anhaltspunkte vor (vgl. Risse, 1995, S. 740). Bei der Unterscheidung ist außerdem die Organisation des Verkaufs bzw. der Vertriebsabteilung im jeweiligen Unternehmen zu berücksichtigen.

Zum anderen wurde der Angabepflicht sowohl für den Einzel- als auch für den Konzernabschluß eine **Schutzklausel** beigefügt, nach der von der Aufgliederung abgesehen werden kann, soweit durch die Aufgliederung für das Unternehmen nach vernünftiger kaufmännischer Beurteilung ein erheblicher Nachteil entstehen kann. Während beim Konzernabschluß die Schutzklausel erst dann in Anspruch genommen werden kann, wenn mit dem Entstehen erheblicher Nachteile »gerechnet« werden muß, ist die Inanspruchnahme beim Einzelabschluß bereits möglich, wenn die Aufgliederung »geeignet« ist, einen erheblichen Nachteil herbeizuführen (vgl. §§ 286 Abs. 2, 314 Abs. 2 HGB). Wann die Bedingung »geeignet« im Einzelabschluß erfüllt ist, wird unterschiedlich beurteilt. Während z.B. Ellrott fordert, daß die Nachteilszuführung »mit großer Wahrscheinlichkeit gegeben oder mindestens plausibel« sein muß (vgl. Ellrott, 1995, Rn. 5 und ähnlich Adler/Düring/Schmalz, 1995, § 286 HGB, Rn. 25), ist nach Dörner/Wirth »geeignet … weniger als ›wahrscheinlich‹« (Dörner/Wirth, 1995, Rn. 182 und ähnlich Selchert, 1986, S. 564). Welcher Auslegung beim Einzelabschluß gefolgt werden sollte, soll an dieser Stelle dahingestellt bleiben. Festzuhalten ist aber, daß sowohl beim Einzel- als auch beim Konzernabschluß im Gegensatz zu IAS 14 (revised 1997) und SFAS 131 unter bestimmten, nicht übermäßig strengen Voraussetzungen von der Offenlegung der Segmentangaben abgesehen werden kann.

Diese Regelungen bzw. Auslegungen gelten unverändert auch nach Inkrafttreten von KapAEG und KonTraG für Einzelabschlüsse von Kapitalgesellschaften, für nach HGB konzernrechnungslegungspflichtige Mutterunternehmen, die nicht börsennotiert sind und für Personenhandelsgesellschaften, die aufgrund des PublG einen Konzernabschluß aufstellen müssen.

2.2 Segmentberichterstattung vor dem Hintergrund der jüngsten Reform des HGB

Die in §§ 285 Nr. 4, 314 Abs. 1 Nr. 3 HGB niedergelegten Vorschriften und damit einzig maßgeblichen Regelungen vor Inkrafttreten von KapAEG und KonTraG sind, wie bereits erwähnt und nachfolgend weiter ausgeführt, im Vergleich zu den IAS- oder US-GAAP-Anforderungen an eine Segmentberichterstattung sehr zurückhaltend. Gleichwohl ist festzustellen, daß zahlreiche DAX-Unternehmen bereits in der Vergangenheit freiwillig oftmals wesentlich mehr als die nach HGB geforderten Segmentinformationen offengelegt haben.

So ergab eine ältere Untersuchung für das Geschäftsjahr 1974 bei 33 Großunternehmen, daß 21% der untersuchten Abschlüsse Segmentergebnisse für Tätigkeitsbereiche enthielten und 9% Angaben zu Ergebnissen nach geographischen Märkten machten (vgl. Schulte/Krüger, 1976, S. 188). Bei einer neueren Untersuchung der Konzernabschlüsse von 23 DAX-Unternehmen für das Geschäftsjahr 1996 legten bereits 74% der untersuchten Unternehmen Ergebnisse nach Tätigkeitsbereichen offen und 30% gaben Ergebnisse nach geographischen Segmenten preis. Was die Größe der Segmente betrifft, wurde eine große Bandbreite festgestellt: während z.B. die Hoechst AG für 13 Segmente oder die Siemens AG für 17 Segmente Ergebnisse angab, veröffentlichte die VIAG AG nur vier Segmentergebnisse (vgl. Thiele/Tschesche, 1997, S. 2501 f.). Trotz dieser erfreulichen Entwicklung hin zu ausführlicheren Segmentinformationen verblieben noch ca. 20% der untersuchten Großkonzerne, die überhaupt keine Segmentergebnisse offengelegt haben. Dies wird sich in Zukunft durch das KapAEG, das am 25. April 1998 in Kraft getreten ist, vor allem aber durch das am 1. Mai 1998 in Kraft getretene KonTraG grundlegend ändern (zur Entstehungsgeschichte vgl. Arthur Andersen, 1998, S. 1). Durch beide Artikelgesetze werden börsennotierte Mutterunternehmen verpflichtet, ihren Konzernabschuß, sei er nach HGB oder nach internationalen Grundsätzen aufgestellt, künftig um eine Segmentberichterstattung zu ergänzen.

2.2.1 Segmentberichterstattung nach dem KapAEG (§ 292a HGB)

Nach § 292a HGB kommt einem Konzernabschluß befreiende Wirkung zu, wenn er in Übereinstimmung mit **international anerkannten Rechnungslegungsvorschriften** steht. Zu den international anerkannten Rechnungslegungsvorschriften zählen vor allem die IAS und die US-GAAP (vgl. BT-Drucksache 13/9909, S. 16 ff.). Entscheidet sich also ein börsennotiertes Mutterunternehmen, einen befreienden Konzernabschluß aufzustellen, der den IAS oder US-GAAP entspricht, ist künftig nicht mehr § 314 Abs. 1 Nr. 3 HGB maßgeblich, sondern IAS 14 (revised 1997) bzw. SFAS 131.

2.2.1.1 Inhaltliche Ausgestaltung einer Segmentberichterstattung nach IAS 14 (revised 1997)

Die Notwendigkeit zur Segmentberichterstattung im Rahmen eines IAS-Abschlusses ergibt sich aus IAS 1.11 (revised 1997) i.V.m. IAS 14.3 (revised 1997), wonach diese ein **Pflichtbestandteil** eines IAS-konformen Jahresabschlusses ist, wenn Eigen- oder Fremdkapitalanteile des Unternehmens öffentlich gehandelt werden oder sich das Unternehmen im Prozeß des Emittierens solcher Instrumente befindet. Nachdem IAS 14 (revised 1997) **keine Schutzklausel** kennt, gibt es hiervon auch keine Ausnahme. Da § 292a HGB gemäß Beschlußempfehlung des Rechtsausschusses nur von Mutterunternehmen in Anspruch genommen werden kann, deren Eigenkapitalanteile börsennotiert sind (vgl. BT-Drucksache 13/9909, S. 16), ergibt sich für solche Unternehmen automatisch die Pflicht zur Segmentberichterstattung. Würde man den Kreis der Unternehmen, die § 292a HGB in Anspruch nehmen dürfen, auf solche Mutterunternehmen ausdehnen, die nur Fremdkapitalanteile (z.B. Anleihen) an der Börse notieren lassen (vgl. Biener, 1998, S. 29), wären auch solche Unternehmen zur Segmentberichterstattung verpflichtet.

Um eine mit IAS 14 (revised 1997) konforme Segmentberichterstattung aufzustellen, ist in folgenden Schritten vorzugehen:

(1) Abgrenzung der Segmente;
(2) Bildung berichtspflichtiger Segmente;
(3) Zuordnung der Segmente zum primären und sekundären Berichtsformat;
(4) Ermittlung angabepflichtiger Segmentinformationen.

2.2.1.1.1 Die Abgrenzung von Segmenten

Nach IAS 14 hat eine Segmentierung nach Tätigkeitsbereichen (»Business Segments«) und nach geographischen Bereichen (»Geographical Segments«) zu erfolgen. Die Abgrenzung der einzelnen Segmente erfolgt grundsätzlich in Anlehnung an das interne Berichtswesen, mit dem der Vorstand die Leistung der Segmente beurteilt und über künftige Ressourcenallokationen entscheidet. Allgemein wird die Anlehnung der externen Segmentberichterstattung an interne Managementinformationen im angelsächsischen Raum als »**Management Approach**« bezeichnet (im Gegensatz zum »Risk and Rewards Approach«, vgl. Krawitz, 1997, S. 584; Achleitner, 1998, S. 195) und ist kennzeichnend für IAS 14 (revised 1997) (vgl. z.B. IAS 14.27, 14.31). Dennoch setzt IAS 14 (revised 1997) dem Management Approach bestimmte Grenzen, da für Zwecke der externen Segmentberichterstattung interne Informationen einzelnen, in IAS 14 (revised 1997) festgelegten Kriterien entsprechen müssen. IAS 14 (revised 1997) nähert sich daher dem Risk and Rewards Approach an. Im Hinblick auf die Abgrenzung von Segmenten sind die Kriterien in IAS 14.9 (revised 1997) aufgeführt.

Nach IAS 14.9 (revised 1997) liegt ein abgrenzbares **Tätigkeitssegment** vor, wenn ein Bereich

- befaßt ist mit der Bereitstellung von einzelnen Produkten bzw. Dienstleistungen oder einer Gruppe von Produkten bzw. Dienstleistungen und
- seine Risiken und Erfolgsbeiträge sich von denen anderer Tätigkeitsbereiche unterscheiden.

Bezüglich der Frage, welche Produkte bzw. Dienstleistungen zu Gruppen zusammengefaßt werden sollen, sind folgende Aspekte in Betracht zu ziehen:

- Art der Produkte bzw. Dienstleistungen;
- Art des Produktionsprozesses;
- Typen und Klassen von Kunden;
- angewandte Vertriebsmethoden;
- sofern dies zutrifft, ist auch die Art des regulierenden Umfelds zu berücksichtigen (z.B. Kredit- und Versicherungswirtschaft oder öffentliche Versorgungsunternehmen).

Als **geographisches Segment** definiert IAS 14.9 (revised 1997) einen abgrenzbaren Unternehmensbereich, der

- befaßt ist mit der Bereitstellung von einzelnen oder einer Gruppe von Produkten bzw. Dienstleistungen
- in einem bestimmten wirtschaftlichem Umfeld und
- dessen Risiken und Erfolgsbeiträge sich von denen in anderen geographischen Bereichen tätigen Einheiten unterscheiden.

Wie bei der Abgrenzung der Tätigkeitsbereiche gibt IAS 14.9 (revised 1997) auch zur geographischen Abgrenzung Hilfestellung. Zu berücksichtigen sind:

- Ähnlichkeit wirtschaftlicher und politischer Rahmenbedingungen;
- Beziehungen zwischen Tätigkeiten in verschiedenen geographischen Gebieten;
- räumliche Nähe der Aktivitäten;
- besondere Risiken, die mit den Tätigkeiten in einem bestimmten Gebiet zusammenhängen;
- Einfuhr-/Ausfuhr- und Kapitalverkehrsbeschränkungen;
- zugrundeliegende Wechselkursrisiken.

Bei der geographischen Segmentierung stellt sich regelmäßig auch die Frage, ob die geographische Zuordnung auf der Grundlage von Produktionsstandorten oder von Absatzmärkten vorzunehmen ist. Nach IAS 14 (revised 1997) kommt auch hier der Management Approach zum Tragen, denn es ist auf die interne Organisations- und Berichtsstruktur abzustellen. D.h., daß bei einem an Produktionsstandorten/Absatzmärkten ausgerichteten Organisations- und Berichtssystem die geographische Zuordnung für Zwecke der externen Rechnungslegung regelmäßig nach Produktionsstandorten/Absatzmärkten erfolgt (vgl. IAS 14.13 f. (revised 1997)).

Entspricht das Berichtssystem, das dem Vorstand vorgelegt wird, den oben genannten Kriterien hingegen nicht, ist zu untersuchen, ob auf niedrigeren Berichtsstufen für einzelne Bereiche mit IAS 14.9 (revised 1997) konforme Segmentabgrenzungen vorliegen. Soweit sich auf tieferen Stufen Segmente i.S.v. IAS 14 herauskristallisieren, sind diese für Zwecke der externen Segmentberichterstattung heranzuziehen. Nicht im Einklang mit den Kriterien stehende Bereiche sind in Übereinstimmung mit IAS 14.9 (revised 1997) zu bringen. Dieses Stufenmodell wird auch als »**Safety Net**« bezeichnet (vgl. Pacter, 1996, S. 20).

2.2.1.1.2 Zur Bildung berichtspflichtiger Segmente

Wurden nach den vorstehenden Grundsätzen einzelne Segmente abgegrenzt, ist in einem zweiten Schritt zu ermitteln, über welche Segmente getrennt von anderen berichtet werden muß. Denn nach IAS 14 (revised 1997) können zum einen mehrere gleiche Segmente zusammengefaßt werden und zum anderen kann auf den Ausweis unwesentlicher Segmente verzichtet werden.

Was die **Zusammenfassung gleicher Segmente** betrifft, gilt folgendes: weisen mehrere intern berichtende Bereiche eine ähnliche langfristige Entwicklung auf und ähneln sie sich in allen unter IAS 14.9 (revised 1997) genannten Abgrenzungsmerkmalen (vgl. Abschnitt 2.2.1.1.1), können sie zu einem Segment zusammengefaßt werden (vgl. IAS 14. 34 (revised 1997)).

Bezüglich der **Wesentlichkeit** legt IAS 14 (revised 1997) fest, daß ein Segment nur dann berichtspflichtig ist, wenn dessen Erträge zu mehr als 50% aus Umsatzerlösen mit außenstehenden Dritten erzielt werden und entweder Segmentumsatz, Segmentergebnis oder Segmentaktiva 10% des externen und internen Umsatzes, des Gesamtergebnisses oder der gesamten Aktiva erreichen (vgl. IAS 14.35 (revised 1997)). Erreicht ein Segment diese Schwellen nicht, stehen drei Möglichkeiten offen: das unwesentliche Segment kann (1) ganz normal als Segment ausgewiesen werden, (2) mit einem anderen Segment zusammengefaßt werden, das ebenfalls nicht die Grenzen erreicht und die Mehrheit der in Abschnitt 2.2.1.1.1 genannten Merkmale bei beiden Segmenten ähnlich sind oder es fließt (3) in einen Sammelposten ein, mit dem die Segmentangaben zu den konsolidierten Angaben übergeleitet werden. Die beiden letzteren Möglichkeiten sind aber nur dann gegeben, wenn die ausgewiesenen Segmente mindestens 75% der konsolidierten Erträge aus der operativen Tätigkeit abdecken. Wird die **75%-Grenze** nicht erreicht, sind auch unwesentliche Segmente so lange auszuweisen, bis die 75% erreicht sind (vgl. IAS 14.37 (revised 1997)).

2.2.1.1.3 Die Zuordnung der Segmente zum primären und sekundären Berichtsformat

Wenn feststeht, welche Segmente berichtspflichtig sind, ist zu untersuchen, welche Angaben für jedes Segment offenzulegen sind. Diese Angaben sind in zwei unterschiedlichen Berichtsformaten festgehalten: im »primären« und im »sekundären« Berichtsformat. Ein Berichtsformat ist dem Tätigkeitsbereich und ein Berichtsformat dem geographischen Bereich zuzuordnen.

Welches Berichtsformat auf den Tätigkeitsbereich und welches auf den geographischen Bereich anzuwenden ist, hängt davon ab, ob die Risiken und Erfolgsbeiträge vorwiegend aus den Tätigkeitssegmenten oder aus den geographischen Segmenten resultieren. Kommen die Risiken und Erfolgsbeiträge vorwiegend aus den unterschiedlichen Produkten bzw. Dienstleistungen, ist auf die Tätigkeitssegmente das **primäre Berichtsformat** anzuwenden und auf die geographischen Segmente das **sekundäre Berichtsformat**. Haben die Risiken und Erfolgsbeiträge dagegen überwiegend ihre Ursache darin, daß das Unternehmen in unterschiedlichen Ländern oder Wirtschaftsräumen tätig ist, ist für die geographischen Segmente das primäre Berichtsformat vorgeschrieben und für die Tätigkeitsbereiche das sekundäre Berichtsformat (vgl. IAS 14.26 (revised 1997)). Diese sogenannte two tier-segmentation wurde erstmalig mit dem Exposure Draft E51 eingeführt (vgl. Pejic, 1998, S. 376) und stellt eine Eigenheit von IAS 14 (revised 1997) dar.

Die Festlegung, woraus die Risiken und Erfolgsbeiträge vorwiegend resultieren und demzufolge die Zuordnung der Berichtsformate, läßt sich nach IAS 14.27 (revised 1997) i.d.R. an der unternehmensindividuellen Organisations- und Managementstruktur ablesen (Management Approach). Problematisch ist die Zuordnung jedoch bei **Matrixorganisationen**, d.h. bei Organisationen, die sowohl nach Produkt- bzw. Dienstleistungsbereichen als auch nach geographischen Bereichen aufgebaut sind. Liegt eine solche Struktur dem Berichts- und Organisationssystem zugrunde und sind die Risiken und Erfolgsbeiträge aus den Tätigkeitssegmenten einerseits und aus den geographischen Segmenten andererseits gleich, ist das primäre Berichtsformat auf die Tätigkeitssegmente und das sekundäre Berichtsformat auf die geographischen Segmente anzuwenden (vgl. IAS 14.27 (a) (revised 1997)).

2.2.1.1.4 Die angabepflichtigen Segmentinformationen

Im einzelnen sind mit Blick auf das **primäre Berichtsformat** folgende Angaben je Segment zu machen (vgl. IAS 14.51 ff. (revised 1997); Langenbucher, 1997, S. 142 ff.):

(1) Angaben zum Segmentergebnis
- Erträge aus der operativen Geschäftstätigkeit. Hierunter fallen alle internen und externen Erträge, die einem Segment sinnvoll zugeordnet werden können. Die Erträge dürfen keine außerordentlichen Erträge, keine Zinsen, Dividenden oder Erträge aus der Tilgung von Schulden (solange das Segment nicht in erster Linie finanzwirtschaftlich tätig ist) enthalten und es darf auch keine Gewinne aus der Veräußerung von Investments oder der Tilgung von Schulden umfassen (solange das Segment nicht in erster Linie finanzwirtschaftlich tätig ist). Der Anteil am Ergebnis von assoziierten Unternehmen, Gemeinschaftsunternehmen und Unternehmen, die at Equity bewertet werden, zählt nur dann zu den Segmenterträgen, wenn sie in den konsolidierten Zahlen enthalten sind. Umsatzerlöse mit Dritten und anderen Segmenten sind voneinander getrennt zu berichten.
- planmäßige Abschreibungen;
- Summe der nicht zahlungswirksamen Aufwendungen (ohne Abschreibungen);
- Anteil am Ergebnis von assoziierten Unternehmen, Gemeinschaftsunternehmen oder anderen Unternehmen, die at Equity bewertet wurden und deren Betriebstätigkeit fast ausschließlich im jeweiligen Segment stattfindet;
- Ergebnis, definiert als Saldo aus Erträgen und Aufwendungen, wobei bei den Aufwendungen dieselben Arten ausgesondert werden müssen wie bei den Erträgen. Darüber hinaus zählen nicht zu den Segmentaufwendungen Ertragsteuern sowie Aufwendungen, die das Gesamtunternehmen betreffen, z. B. allgemeine Verwaltungskosten.

(2) Angaben zu den Segmentaktiva und zu den Segmentschulden
- Summe der Buchwerte der Aktiva;
- Summe der Schulden;
- Investitionsausgaben.

(3) Überleitungen zu den konsolidierten Angaben
- Erträge aus der operativen Geschäftstätigkeit mit Dritten;
- Segmentergebnisse (Überleitung sowohl zu einem Betriebsergebnis als auch zum Jahresüberschuß/-fehlbetrag);
- Segmentaktiva und Segmentschulden.

Im Vergleich zum primären Format verlangt das **sekundäre Berichtsformat** erheblich weniger Angaben. Je Segment sind nur anzugeben (1) die mit Dritten erzielten Erträge aus der operativen Geschäftstätigkeit, (2) die Summe der Buchwerte der Segmentaktiva und (3) die Summe der Kosten, die angefallen sind für den Erwerb langfristiger Aktiva (vgl. IAS 14.69 ff. (revised 1997)).

Neben den Anforderungen, die sich aus dem primären und sekundären Berichtsformat ergeben, sind folgende Angaben zu machen (vgl. IAS 14.74 ff. (revised 1997)):

- die Höhe der Umsatzerlöse mit Dritten und innerhalb des Konzerns eines Segments,

das mehr als 10% des konsolidierten Gesamtumsatzes mit Dritten erlöst, aber nicht berichtspflichtig ist, weil mehr als die Hälfte der Umsätze mit anderen Segmenten getätigt werden;
- die Basis für die Verrechnungspreisbildung;
- Änderungen bei den Grundsätzen zur Segmentberichterstattung, sofern wesentlich;
- Arten von Produkten und Dienstleistungen je Tätigkeitsbereich und die Zusammensetzung je geographischem Segment.

Hinsichtlich der Basis von Segmentinformationen legt IAS 14.44 f. (revised 1997) fest, daß diese den IAS entsprechen müssen, d.h. es gelten für die Segmentzahlen dieselben **Rechnungslegungsgrundsätze** wie für die konsolidierten Zahlen. Dies bedeutet jedoch nicht, daß die auf den konsolidierten Abschluß angewandten Rechnungslegungsgrundsätze so auf die Segmente übertragen werden müssen, als wären sie rechtlich selbständige Einheiten. Es bedeutet aber, daß interne Segmentinformationen korrigiert werden müssen, wenn das interne Berichtswesen auf anderen Bilanzierungs- und Bewertungsgrundsätzen aufbaut, d.h. auch insoweit wird eine Ausnahme vom Management Approach gemacht.

2.2.1.2 Inhaltliche Ausgestaltung einer Segmentberichterstattung nach SFAS 131

Das FASB schreibt Unternehmen, deren Eigen- oder Fremdkapitalanteile börsennotiert sind, vor, bestimmte Angaben zu ihren Tätigkeitsbereichen und geographischen Bereichen zu machen (vgl. SFAS 131.9). Außerdem sind ggf. Angaben zu Großkunden des Unternehmens offenzulegen. Für ein deutsches Mutterunternehmen, das § 292a HGB in Anspruch nimmt und nach US-GAAP Rechnung legt, ergibt sich, da auch SFAS **keine Schutzklausel** kennt (vgl. SFAS, 131.109 ff.), wie nach IAS automatisch die Pflicht zur Segmentberichterstattung.

Inhaltlich gleichen sich SFAS 131 und IAS 14 (revised 1997) in vielen Punkten, was in der Historie der beiden Standards begründet ist. Im März 1992 traf das IASC die Entscheidung, den damals gültigen IAS 14 zu überarbeiten, worauf im Dezember 1995 E51 veröffentlicht wurde. Dennoch dauerte es bis zur Veröffentlichung des revidierten IAS 14 bis August 1997, denn das IASC sah die Möglichkeit, seinen Entwurf mit dem zur gleichen Zeit in Entwicklung befindlichen SFAS 131 abzustimmen. Diese Möglichkeit nahm das IASC-Board wahr und beauftragte einen Ausschuß, der zusammen mit der nordamerikanischen Arbeitsgruppe (bestehend aus dem Board des FASB und dem Accounting Standards Board des Canadian Institute of Chartered Accountants, vgl. SFAS, 131.1) noch etwaig bestehende Unterschiede vermeiden sollte (vgl. LANGENBUCHER, 1997, S. 137 ff.). Dies hatte zur Folge, daß die Verabschiedung des revidierten IAS 14 vom IASC auf Juli 1997 verschoben wurde, obwohl seine Überarbeitung bereits im Januar 1997 abgeschlossen war (vgl. PACTER, 1997a, S. 20). Eine vollständige

Übereinstimmung mit dem Nordamerika-Vorschlag konnte jedoch nicht erreicht werden.

2.2.1.2.1 Die Abgrenzung von Segmenten und die Bildung berichtspflichtiger Segmente

Ein Segment ist gemäß SFAS 131.10 ein Unternehmensbereich,

- der wirtschaftliche Aktivitäten entfaltet, durch die Erträge oder Aufwendungen entstehen können,
- dessen Ergebnisse durch den »Chief Operating Decision Maker« regelmäßig durchgesehen werden, um Entscheidungen hinsichtlich der Ressourcenallokation zu treffen sowie die Entwicklung des Segments einzuschätzen und
- für den gesonderte Finanzinformationen vorliegen.

SFAS 131 kennt, da der **Management Approach** bei der Segmentabgrenzung ohne Einschränkung verfolgt wird, keine Kriterien, denen intern berichtete Segmente entsprechen müssen. Folgerichtig bedarf es keines Safety Nets oder gar einer gesamten Neudefinition der Segmente für Zwecke der externen Segmentberichterstattung. D.h., daß die Segmentierung nicht nach Tätigkeitsbereichen oder geographischen Bereichen erfolgen muß. Liegt eine Matrixstruktur vor und werden die unterschiedlichen Berichtswesen gleich stark genutzt, ist wie bei IAS 14 (revised 1997) nach Tätigkeitsbereichen zu segmentieren (vgl. SFAS 131.15).

Analog zu IAS 14 (revised 1997) sind auch nach SFAS 131 in einem zweiten Schritt die berichtspflichtigen Segmente zu bilden. IAS 14 (revised 1997) und SFAS 131 ähneln sich dabei, da auch nach SFAS 131 sowohl die Zusammenfassung von zwei oder mehr Segmenten möglich ist, wenn ihre wirtschaftlichen Merkmale gleich sind, als auch die Aussonderung von unwesentlichen Segmenten zulässig ist. Auf diese Weise ist gesichert, daß nicht beliebig intern berichtete Segmente zusammengefaßt werden (Ordelheide/Stubenrath, 1998, S. 286, sehen hierin eine Begrenzung des Management Approaches). Unternehmensaktivitäten, die nicht als berichtspflichtiges Segment ausgewiesen werden müssen, sind getrennt von Überleitungspositionen zu zeigen (vgl. im einzelnen SFAS 131.17 ff.).

2.2.1.2.2 Die angabepflichtigen Segmentinformationen

Neben allgemeinen Angaben zur Organisation oder zu Produkten bzw. Dienstleistungen hat eine Segmentberichterstattung nach SFAS 131 vor allem quantitative Angaben zu den Ergebnissen und Vermögenswerten je Segment zu machen. Die Angaben sind aber nur insoweit offenlegungspflichtig, als sie im Berichtswesen enthalten sind, das dem Chief Operating Decision Maker vorgelegt wird (vgl. SFAS 131.27). Beim Chief Operating Decision Maker handelt es sich nicht notwendigerweise um einen Manager mit einem bestimmten Titel, sondern um eine Funktion. Die Funktion des Chief Operating Decision Maker besteht darin, Ressourcen zuzuordnen und die Leistung der Segmente zu bewerten. Sie kann auch von einem Gremium wahrgenommen werden (vgl. SFAS 131.12).

(1) Angaben zum Segmentergebnis
- Erträge aus der operativen Geschäftstätigkeit (getrennt nach Erträgen mit Dritten und anderen Segmenten);
- Zinsertrag und Zinsaufwand;
- Abschreibungen;
- wesentliche nicht zahlungswirksame Aufwendungen (ohne Abschreibungen);
- ungewöhnliche Erträge oder Aufwendungen;
- Anteil am Jahresüberschuß/-fehlbetrag von Unternehmen, die at Equity bewertet wurden;
- Aufwand bzw. Ertrag aus Ertragsteuern;
- außerordentliche Erträge oder Aufwendungen;
- Ergebnis.

(2) Angaben zu den Segmentaktiva
- Summe der Aktiva;
- Summe der Anteile, die at Equity bewertet werden;
- Investitionsausgaben (für bestimmte Investitionen, wie z.B. Finanzinstrumente, bestehen Ausnahmen).

(3) Überleitung zu den konsolidierten Angaben, wobei die einzelnen Überleitungen zu erläutern sind (vgl. SFAS 131.32)
- Segmenterträge aus der operativen Geschäftstätigkeit;
- Segmentergebnisse;
- Segmentaktiva;
- werden weitere bedeutsame Segmentangaben offengelegt, sind auch diese überzuleiten.

Bezüglich der **Bilanzierungs- und Bewertungsgrundsätze** gilt, daß die Zahlen in der externen Segmentberichterstattung in Übereinstimmung mit den intern berichteten Zahlen stehen müssen. Die Bilanzierungs- und Bewertungsgrundsätze der US-GAAP sind somit nicht maßgeblich für die externe Segmentberichterstattung (vgl. SFAS 131.29). Wie schon bei der Abgrenzung der Segmente wird deutlich, daß der Management Approach konsequent verfolgt wird.

Darüber hinaus sind noch bestimmte, nicht segmentspezifische Angaben offenzulegen (vgl. SFAS 131.37 ff.). Hierzu zählt u.a. die nach geographischen Merkmalen untergliederte Angabe des Sachanlagevermögens sowie der Erträge aus der operativen

Geschäftstätigkeit mit Dritten. Und nur wenn die Ermittlung dieser Daten nicht vertretbaren Aufwand verursacht, kann von ihrer Offenlegung abgesehen werden. Weiterhin ist nach SFAS 131 die Höhe der Erträge aus der operativen Geschäftstätigkeit mit jedem konzernfremden Kunden anzugeben, wenn mit ihm mehr als 10% der konzernweiten operativen Erträge erzielt werden.

Den vielen Übereinstimmungen zwischen SFAS 131 und IAS 14 (revised 1997) zum Trotz, verbleiben eine Reihe von Unterschieden (vgl. hierzu z.B. Hayn, 1997, S. 517 ff.; Pacter, 1997a, S. 20 f.; Arbeitskreis »Externe Unternehmensrechnung« der Schmalenbach-Gesellschaft – Deutsche Gesellschaft für Betriebswirtschaft e.V, 1997, S. 153 ff.). Die Unterschiede hinderten IOSCO und SEC (U.S. Securities and Exchange Commission) jedoch nicht, IAS 14 (revised 1997) für »Cross-Border Offerings« zu unterstützen (vgl. Pejic, 1998, S. 379).

2.2.1.2.3 Unterschiede zwischen IAS 14 (revised 1997) und SFAS 131

Der wohl markanteste Unterschied zwischen den beiden Statements ist, daß der Management Approach in SFAS 131 im Gegensatz zu IAS 14 (revised 1997) konsequent verfolgt wird. Dies äußert sich vor allem darin, daß gemäß US GAAP die Basis für die **Segmentabgrenzung** immer das interne Berichtswesen ist und daß damit die externen Segmentdaten stets den intern berichteten Zahlen entsprechen müssen.

Für die Praxis bedeutet dies vor allem, daß die extern berichteten Segmente nach SFAS 131 – anders als nach IAS 14 (revised 1997) – auch nach Kundengruppen oder Managementverantwortlichkeiten abgegrenzt werden können.

Was die Ermittlung der externen Segmentzahlen nach IAS 14 (revised 1997) betrifft, sind die intern berichteten Zahlen zu korrigieren, wenn sie nicht den Bilanzierungs- und Bewertungsgrundsätzen entsprechen, die auf die konsolidierten Angaben angewandt wurden. Außerdem ist in IAS 14 (revised 1997) die **Berechnung des Segmentergebnisses** detailliert vorgeschrieben. So werden z.B. die Positionen beschrieben, die in das Segmentergebnis nicht einfließen dürfen und es wird die symmetrische Behandlung von Aktiva und Segmentergebnis vorgeschrieben, d.h. daß in das Ergebnis eines Segments auch die Abschreibungen der ihm zugeordneten Aktiva einfließen. Bei der Ermittlung von Segmentergebnissen nach SFAS 131 gibt es keine derartigen Beschränkungen, so daß Segmentergebnisse von Konzern zu Konzern verschieden berechnet sein können; es kann sogar die Ermittlung der Segmentergebnisse innerhalb eines Konzerns unterschiedlich sein.

Hieraus ergibt sich das erste Zwischenergebnis: aufgrund des strengen Management Approaches ist die Aufbereitung der Daten für die externe Segmentberichterstattung nach SFAS 131 regelmäßig einfacher als nach IAS 14 (revised 1997).

Bezüglich der Bildung von berichtspflichtigen Segmenten ist als nennenswerter Unterschied die Behandlung **vertikal integrierter Segmente** zu nennen. IAS 14 (revised 1997) fordert im Gegensatz zu SFAS 131 c.p. in diesen Fällen keine Offenlegung von Segmenten, wenn die Erträge aus der operativen Geschäftstätigkeit zu weniger als 50% aus Umsatzerlösen mit Dritten erzielt werden. Es sind aber u.U. die Umsatzerlöse mit Dritten und im Konzern anzugeben (vgl. IAS 14.74 (revised 1997)). Das vertikal integrierte Segment ist dann in das kaufende Segment aufzunehmen oder, wenn dies nicht praktikabel ist, in einer Überleitungsposition zu zeigen. SFAS 131 hingegen folgt auch hier dem Management Approach, d.h. es ist auch über ein vertikal integriertes Segment zu berichten, wenn es intern dem Chief Operating Decision Maker zur Durchsicht vorgelegt wird (vgl. SFAS 131.79 f.). Allein Zentralbereiche und der Bereich der betrieblichen Altersversorgung stellen keine Segmente dar (vgl. SFAS 131.11).

Vergleicht man die **Anzahl der offenzulegenden Angaben** von SFAS 131 mit dem primären Segment von IAS 14 (revised 1997) fällt auf, daß der Katalog nach SFAS 131 umfangreicher ist. SFAS 131 fordert grundsätzlich auch die Angabe der Positionen Zinsertrag und -aufwand, ungewöhnliche und außerordentliche Erträge und Aufwendungen sowie Ertrag bzw. Aufwand aus Ertragsteuern. Der Umfang erhöht sich nochmals, wenn Angaben zu Großkunden zu machen sind. Dafür kennt SFAS 131 kein sekundäres Berichtsformat, was aber insoweit relativiert wird, als die Angaben zu den geographischen Bereichen nach SFAS 131 im wesentlichen dem sekundären Berichtsformat nach IAS 14 (revised 1997) entsprechen. Und da in der Praxis regelmäßig das sekundäre Berichtsformat nach geographischen Merkmalen gebildet wird, ergibt sich gegenüber IAS 14 (revised 1997) oftmals keine wesentliche Erleichterung.

Insoweit kann als zweites Zwischenergebnis festgehalten werden, daß der Umfang der offenlegungspflichtigen Segmentangaben nach SFAS 131 regelmäßig größer ist als nach IAS 14 (revised 1997) (vgl. Pejic, 1998, S. 379).

2.2.2 Segmentberichterstattung nach dem KonTraG (§ 297 Abs. 1 HGB)

Im Gegensatz zu § 292a HGB, bei dem früh klar war, daß die betroffenen Unternehmen über ihre Segmente ausführlich Bericht erstatten müssen, war in der Begründung zum Regierungsentwurf des KonTraG (vgl. BT-Drucksache 13/9712) kein Hinweis enthalten, daß sich die bisherige Form der Segmentberichterstattung ändern wird. Das verabschiedete KonTraG enthielt dann aber in § 297 Abs. 1 HGB lapidar den Satz, daß börsennotierte Mutterunternehmen den Konzernanhang um eine Kapitalflußrechnung und eine Segmentberichterstattung zu erweitern haben. Der Begründung des Rechtsausschusses für diese kurz vor Abschluß des Gesetzgebungsverfahrens neu aufgenommenen Bestimmungen ist zu entnehmen, daß dadurch Konzernabschlüsse von börsennotierten Unternehmen an international übliche Bilanzierungsregelungen angepaßt werden sollen. Auf eine inhaltliche Ausgestaltung der Segmentberichterstattung nach § 297 Abs. 1 HGB wurde gemäß Rechtsausschuß ausdrücklich verzichtet, da dies zum einen Aufgabe des privaten Rechnungslegungsgremiums sei und zum anderen der

Rückgriff auf internationale Standards ermöglicht werden soll (vgl. Ernst/Seibert/Stuckert, 1998, S. 93).

Sofern es zu einer mehr oder weniger vollständigen Übernahme der Vorschriften von IAS 14 (revised 1997) oder SFAS 131 kommt, wird dies für viele betroffene Unternehmen eine erhebliche und im Hinblick auf ihre Publizität einschneidende Veränderung der externen Rechnungslegungsvorschriften darstellen (vgl. Abschnitte 2.1 und 2.2). Dies gilt umso mehr, als das Kriterium »börsennotiertes Unternehmen« angesichts zahlreicher Börsengänge in den letzten Jahren auch ehemals mittelständische Unternehmen umfaßt, für die die Offenlegung von Segmentinformationen sicherlich ungewohnter ist als für ein Großunternehmen. Des weiteren ist darauf hinzuweisen, daß die Neuregelung in § 297 Abs. 1 HGB keine Schutzklausel analog § 314 Abs. 2 HGB enthält, obwohl die Offenlegung von Segmentangaben nach § 314 Abs. 1 Nr. 3 HGB wesentlich schwächer ausgeprägt ist. Die neue Vorschrift des § 297 Abs. 1 HGB enthält also zweifellos erheblichen Zündstoff.

2.2.2.1 Das Für und Wider einer ausführlichen Segmentberichterstattung

Da zu erwarten steht, daß die Ausweitung der Publizität nicht ohne Kritik bleiben wird, soll nachfolgend kurz auf das Für und Wider einer ausführlichen Segmentberichterstattung eingegangen werden (vgl. zu den Gegenargumenten z.B. Achleitner, 1998, S. 193 f., SFAS, 14.62 ff. oder Möckli, 1997, S. 276 ff. und zu den Argumenten für eine ausführliche Segmentberichterstattung z.B. SFAS, 1997, 131.44 ff.; McConnell, 1996, S. 5; Seeberg, 1997, S. 159).

Die Argumente gegen eine ausführliche Segmentberichterstattung haben ohne Zweifel durchaus Gewicht und die darin zum Ausdruck kommenden Bedenken sind nicht vom Tisch zu wischen. Dennoch ist festzustellen, daß die Diversifizierung der Unternehmenstätigkeit auch in der externen Rechnungslegung deutscher Unternehmen ihren adäquaten Niederschlag finden muß.

Mit der Forderung des Gesetzgebers, daß börsennotierte Unternehmen ihre Konzernanhänge in Zukunft um eine Segmentberichterstattung zu erweitern haben, geht daher auch die Erwartung einher, daß diese internationalen Standards entsprechen, zumindest jedoch sehr nahe kommen muß. Ein deutscher Sonderweg in dieser Frage würde international angesichts der ohnehin begrenzten Akzeptanz von Jahresabschlüssen deutscher Provenienz sicherlich keine große Beachtung finden. Im Hinblick auf die dringend gebotene und vom Gesetzgeber auch erwartete verstärkte Hinwendung der deutschen Rechnungslegung zu internationalen Standards wäre jedoch ein solcher Sonderweg bei der Segmentberichterstattung, d.h. ein deutliches Weniger an Informationen, ein Irrweg und auch ein falsches Signal. Insbesondere vor dem Hintergrund, daß zumindest die deutschen Konzernrechnungslegungsvorschriften in den nächsten sechs Jahren einem so starken Veränderungsprozeß unterliegen, daß eine

Argumente gegen eine ausführliche Segmentberichterstattung	**Argumente für eine ausführliche Segmentberichterstattung**
Die Jahresabschlußadressaten werden mit Informationen überfrachtet.	Segmentinformationen sind keine unbedeutenden Angaben, sondern oftmals genauso wichtig wie konsolidierte Angaben und ihre Bedeutung ist inzwischen international anerkannt.
Darlehnsgeber/Investoren halten ihre Anteile nicht an einzelnen Segmenten, sondern am gesamten Unternehmen. Für einen Darlehnsgeber/Investor können daher nur konsolidierte Gesamtergebnisse von Bedeutung sein.	Chancen und Risiken erwachsen bei diversifizierten Unternehmen nicht aus dem Unternehmen als ganzes, sondern aus seinen Segmenten. Ohne entsprechende Informationen kann sich der Darlehnsgeber/Investor kein fundiertes Urteil über das Gesamtunternehmen bilden.
Segmentangaben sind nicht in gleichem Maße verifizierbar wie konsolidierte Angaben und ihre Bereitstellung sowie Prüfung verursacht zu hohe Kosten.	Auch Segmentangaben sind verifizierbar und die Kosten sind für börsennotierte Konzerne vertretbar.
Segmentinformationen können beim Nutzer unnötig Verwirrung stiften, wenn zwischen Bilanz bzw. Gewinn- und Verlustrechnung und den internen Segmentinformationen Differenzen auftreten, weil letztere nicht auf den gleichen Bilanzierungs- und Bewertungsmethoden basieren.	Da IAS 14 (revised 1997) und SFAS 131 eine Überleitung der Segmentdaten auf die konsolidierten Daten vorschreiben und der Jahresabschlußadressat aus internen Daten Einsicht in die Denkweise des Managements gewinnt, wird er nicht verwirrt, sondern entwickelt sogar mehr Verständnis für das Unternehmen.
Segmentinformationen können in ihrer Aussagekraft eingeschränkt sein, wenn sie durch unternehmensspezifische Verrechnungspreise beeinflußt sind.	Die Basis für die Verrechnungspreisbildung ist nach IAS 14 (revised 1997) und SFAS 131 anzugeben. Die Aussagekraft ist dann nicht beeinträchtigt.
Segmentinformationen mögen für Analysten und Darlehnsgeber nützlich sein, gehören aber aufgrund ihrer Interpretationsbedürftigkeit nicht zu den Angaben, die ein Jahresabschluß umfassen sollte.	Nach Ansicht einiger Organisationen ist die Bedeutung von ausführlichen Segmentinformationen oftmals genauso hoch einzuschätzen wie aggregierte Informationen. Durch klare Kriterien und zusätzliche Angaben sind sie hinsichtlich ihrer Interpretationsbedürftigkeit mit den Zahlen von Bilanz oder Gewinn- und Verlustrechnung vergleichbar.
Die Wettbewerbsposition des Unternehmens nimmt Schaden, da der Konkurrenz, den Lieferanten und den Kunden Einblicke in sensible Unternehmensinformationen gewährt werden. Insbesondere ist darauf hinzuweisen, daß Jahresabschlußinformationen aus Japan und anderen asiatischen Ländern in Europa nur sehr rudimentär verfügbar sind.	In einer Segmentberichterstattung werden i.d.R. nicht mehr Informationen angegeben als in vergleichbaren Einzelabschlüssen, die ebenfalls offenzulegen wären. Es handelt sich daher um eine nicht bewiesene Behauptung, daß die Wettbewerbsposition Schaden nimmt.

Tabelle: Argumente gegen und für eine ausführliche Segmentberichterstattung

Verlängerung der Notlösung des § 292a HGB hinfällig würde, ist eine enge Orientierung an IAS 14 (revised 1997) bzw. SFAS 131 der richtige Schritt. Daß die Hinwendung an internationale Standards in hohem Maße wünschenswert und erstrebenswert ist, dürfte unbestritten sein – schließlich ist die ›Notvorschrift‹ § 292a HGB das kodifizierte Eingeständnis, daß der externen Rechnungslegung nach HGB international das Prädikat »ausreichend« nicht verliehen werden kann.

Der vielleicht naheliegende Gedanke, die betroffenen Unternehmen nur schrittweise an eine ausführliche Segmentberichterstattung entsprechend internationalen Standards heranzuführen, ist nach der hier vertretenen Auffassung eindeutig der falsche Weg in einer Zeit, in der sich auch in Deutschland die Erkenntnis durchsetzt, daß die Investororientierung in der Rechnungslegung kein vorübergehender Trend, sondern Realität und Notwendigkeit ist. Der freie Zugang zu den Kapitalmärkten, insbesondere zu denen für Eigenkapital, hat zahlreiche Vorteile, für viele Unternehmen ist er sogar existenziell. Er hat aber verständlicherweise auch seinen Preis.

2.2.2.2 Mögliche Ausgestaltung einer Segmentberichterstattung nach § 297 Abs. 1 HGB

Teilt man die hier vertretene Auffassung, daß die Argumente für eine ausführliche Segmentberichterstattung in der Form von IAS 14 (revised 1997) bzw. SFAS 131 überwiegen, stellt sich die Frage, wie die Unterschiede zwischen den beiden Standards in Deutschland behandelt werden sollten.

Einen der zentralen Unterschiede betrifft die Frage, ob der Management Approach wie bei SFAS 131 strikt verfolgt wird oder ob ihm wie bei IAS 14 (revised 1997) Grenzen gesetzt werden. Je nachdem, welche Vorgehensweise gewählt wird, kann es zu unterschiedlichen Abgrenzungen der offenzulegenden Segmente und insbesondere der Segmentergebnisse kommen. Die Offenlegung der Segmentergebnisse jedoch, das dürfte unbestritten sein, ist der springende Punkt bei der Segmentberichterstattung.

Im Hinblick auf den **Management Approach** ist zwischen den Interessen und Erwartungen der Jahresabschlußersteller einerseits und den Jahresabschlußadressaten andererseits abzuwägen. So wird angenommen, daß erstere eher den uneingeschränkten Management Approach befürworten, da er geringeren Arbeitsaufwand bedeute, letztere dagegen dem Management Approach bestimmte Grenzen setzen wollen, um zu verhindern, daß die Segmentabgrenzung zu sehr dem Gutdünken des Managements unterliegt (so Achleitner, 1998, S. 195).

Auf der anderen Seite wäre genauso denkbar, daß gerade die Jahresabschlußersteller dem Management Approach deshalb nicht den Vorzug geben, da sie die Transparenz, die die internen Management-Informationssysteme bieten, nicht ohne Not mit der gesamten Öffentlichkeit teilen wollen. Außerdem hat der Management Approach den potentiellen Nachteil, daß die Segmentzahlen nicht unerhebliche Abweichungen zu den Zahlen des Jahresabschlusses aufweisen können und daß somit erklärungsbedürftige Abstimmungserfordernisse bestehen. Dieser offensichtliche Nachteil tritt allerdings dann in den Hintergrund, wenn wie bei IAS 14 (revised 1997) zwar grundsätzlich nach dem Management Approach vorgegangen wird, Ausnahmen bzw. Abweichungen aber zulässig bzw. vorgeschrieben sind. Alle diese Argumente verlieren jedoch vor dem Hintergrund des Shareholder Value-Konzepts mehr und mehr an Gewicht, da dieses Konzept von einem zunehmenden Trend zur Identität von interner und externer Rechnungslegung flankiert wird (vgl. z.B. Daimler-Benz, 1996, S. 45, 78).

3. Praktische Hinweise zur Aufstellung einer ausführlichen Segmentberichterstattung

Die Probleme, mit denen die zur Aufstellung einer ausführlichen Segmentberichterstattung verpflichteten Unternehmen konfrontiert sind, sind vielfältig. So ist zunächst ganz allgemein festzustellen, daß das Wissen über Form und Inhalt einer ausführlichen externen Segmentberichterstattung in Deutschland, zumindest außerhalb der Großunternehmen, zur Zeit noch nicht sehr weit verbreitet ist. Dementsprechend wird es vordringliche Aufgabe der in den Unternehmen für die Segmentberichterstattung Verantwortlichen sein, sich als erstes mit den Konzepten von IAS 14 (revised 1997) und SFAS 131 sowie mit publizierten praktischen Beispielen vertraut zu machen.

Daneben empfiehlt es sich, im jeweiligen Unternehmen eine »**Segmentdateninventur**« durchzuführen. Im Rahmen einer solchen Segmentdateninventur sollte festgestellt werden, welche segmentbezogenen Daten und Informationen in einem Unternehmen bzw. in einer Unternehmensgruppe bereits vorhanden und regelmäßig aufbereitet und ausgewertet werden.

An die Inventur sollte sich die **Analyse der aufgenommenen Informationen** anschließen. Dabei ist zu ermitteln, (1) nach welchen Kriterien die intern berichteten Segmente voneinander abgegrenzt werden, (2) inwieweit die Rechnungslegungsgrundsätze für die externe Rechnungslegung auch dem internen Berichtswesen zugrunde liegen, (3) wie sich das Segmentergebnis berechnet und (4) welche Segmente für Zwecke der externen Segmentberichterstattung zusammengefaßt werden können. Bei letzterem Aspekt entscheidet sich z.B., ob sich die Produkte bzw. Dienstleistungen eines Unternehmens so sehr ähneln, daß nur **ein** berichtspflichtiges Tätigkeitssegment entsteht (»Ein-Produkt-Unternehmen«), wodurch der Umfang der offenzulegenden Informationen stark gemindert wird. Voraussetzung für ein Ein-Produkt-Unternehmen in diesem Sinne ist aber, daß sich die einzelnen Segmente wirtschaftlich ähnlich entwickeln, die Art der Produkte und deren Produktionsprozesse ähnlich sind, die Kundenklassen sich nur gering unterscheiden und die Absatzmethoden sich gleichen (vgl. IAS 14.34 (b) (revised 1997); SFAS 131.17).

Am Ende der Analysephase ist zusammenfassend festzustellen, ob und inwieweit die bereits vorhandenen Segmentdaten den Anforderungen von IAS 14 (revised 1997) bzw. SFAS 131 entsprechen. Sofern die Segmentberichterstattung den Vorschriften von IAS 14 (revised 1997) folgt, stellen sich vor allem folgende Fragen:

- Welche intern berichteten Segmente sind anders abgegrenzt als nach IAS 14.9 (revised 1997) vorgeschrieben (z.B. Abgrenzung nach Kundengruppen, nach Managementverantwortlichkeiten oder nach rechtlichen Einheiten, obwohl z.B. die Produkte bzw. Dienstleistungen einer rechtlichen Einheit inhomogen sind)?
- Welches Segment ist das primäre und welches das sekundäre, d.h. welches Berichtsformat ist auf die Tätigkeitssegmente und welches auf die geographischen Segmente anzuwenden?
- Stellt das interne Berichtswesen alle für die externe Segmentberichterstattung erforderlichen Zahlen bereit? Wenn nicht: Wurden die fehlenden Angaben definiert und wurden geeignete Maßnahmen zur konzernweiten Datenermittlung, z.B. Anpassung der EDV-Systeme, veranlaßt?
- Wurden Accounting bzw. Consolidation Manual an die Erfordernisse der Segmentberichterstattung angepaßt?
- Wurden, soweit die Erfordernisse der Segmentberichterstattung und die gesellschaftsrechtlichen Gegebenheiten nicht übereinstimmen, die Maßnahmen zur Ermittlung der relevanten Daten in die Wege geleitet?
- Ist die Überleitung der Segmentdaten zu den konsolidierten Angaben gewährleistet?
- Wer ist verantwortlich für die Umsetzung der erforderlichen Änderungen?

Sofern die Segmentberichterstattung den Vorschriften von SFAS 131 und damit dem strengen Management Approach folgt, dürften sich bei den Unternehmen weniger offene Fragen ergeben, da die Zahlen des internen Management-Informationsystems grundsätzlich mit denen der externen Segmentberichterstattung übereinstimmen müssen. Solche Unternehmen müssen sich lediglich Gedanken bezüglich der Überleitung der nach dem Management Approach berichteten Segmentdaten auf die Daten des Konzernabschlusses machen.

Für Unternehmen, die in Zukunft eine Segmentberichterstattung vorzunehmen haben, ist die Analysephase noch mit vielen Fragezeichen versehen. Denn solange das Deutsches Rechnungslegungs Standards Committee (DRSC), das die inhaltliche Ausgestaltung der Segmentberichterstattung nach § 297 Abs. 1 HGB wohl übernehmen wird, noch keine Aussage getroffen hat, ob sich die künftige Segmentberichterstattung an IAS 14 (revised 1997) oder an SFAS 131 anlehnt, ist unklar, ob intern bereits vorliegende Zahlen offengelegt werden können oder ob diese vorher modifiziert werden müssen.

Eine weitere Frage stellt sich im Hinblick auf die Angabe von **Vorjahreszahlen**. Sowohl IAS (vgl. IAS 1.38 (revised 1997)) als auch US-GAAP (vgl. SFAS 131.25) verlangen die Angabe von Vorjahreszahlen. Während dies für die aus dem internen Berichtswesen stammenden Zahlen entsprechend SFAS 131 wenig problematisch sein sollte, kann es bei einer Segmentberichterstattung nach IAS 14 (revised 1997) zu großen Schwierigkeiten führen, wenn das interne Berichtswesen nicht im Einklang mit IAS 14 (revised 1997) steht. Ist der Aufwand für die rückwirkende Erfassung von IAS 14-konformen Zahlen nicht vertretbar, kann die Angabe aber ausnahmsweise unterbleiben. Der Umstand ist mitzuteilen (vgl. SIC-8.7 (b)). Das Jahr der erstmaligen Offenlegung von Segmentdaten ist sicherlich ein ausreichender Grund, von dieser Ausnahmeregelung Gebrauch zu machen.

Im übrigen erscheint es sinnvoll und empfehlenswert, Einzelfragen der Segmentberichterstattung mit dem externen Abschlußprüfer zeitgerecht abzustimmen, da diese als Pflichtbestandteil des Jahresabschlusses prüfungspflichtig ist.

4. Schlußbetrachtung

Welches Konzept sollte in Deutschland die Forderung des Gesetzgebers nach einer Segmentberichterstattung erfüllen? IAS 14 (revised 1997), SFAS 131, eine Kombination aus beiden Standards oder ein deutscher Sonderweg, d.h. ein Weniger an Informationen?

Die Antwort kann nach der hier vertretenen Auffassung nur lauten, daß man sich grundsätzlich an den internationalen Standards, also an IAS 14 (revised 1997) und SFAS 131 orientieren sollte. Alles andere hieße, die Chance zu verpassen, einen ersten Schritt zu tun in Richtung Anpassung der deutschen Rechnungslegungsvorschriften an internationale Standards. Dies wäre auch ein Schritt hin zu mehr Glaubwürdigkeit und Akzeptanz deutscher Konzernabschlüsse im internationalen Umfeld.

Es ist, wie erwähnt, davon auszugehen, daß die inhaltliche Ausgestaltung der Segmentberichterstattung eine der ersten, wenn nicht sogar die erste standardsetzende Aufgabe des DRSC sein wird. Welchen Weg das DRSC beschreiten wird, entbehrt nicht einer gewissen Spannung, da dies wegweisend sein kann im Hinblick auf die Nähe der künftigen deutschen Rechnungslegung zu den US GAAP. Und natürlich auch, ob das DRSC der Ansicht des SEC-Staffs folgt, nach dem der Ansatz von IAS 14 (revised 1997) gegenüber SFAS 131 »substantial merit« genießt (SEC STAFF, 1996, S. 2). Es ist bedauerlich, daß das FASB die Anregung der SEC, eine stärkere Harmonisierung des Nordamerika-Vorschlags (vgl. LANGENBUCHER, 1997, S. 145 f.) mit IAS 14 (revised 1997) herbeizuführen, nicht umgesetzt hat. Das DRSC wird die Möglichkeit haben, sich frei zu entscheiden, ob die künftige Segmentberichterstattung nach § 297 Abs. 1 HGB eher den Leitlinien von IAS 14 (revised 1997) oder eher denen von SFAS 131 folgen soll. Das DRSC ist sicherlich gut beraten, den Hinweis der SEC dabei nicht unberücksichtigt zu lassen.

Literaturverzeichnis

ACHLEITNER, Ann-Kristin (1998), International Accounting Standards: Ein Lehrbuch zur internationalen Rechnungslegung, München 1998.

ADLER, Hans / DÜRING, Walther / SCHMALZ, Kurt (1995), Rechnungslegung und Prüfung der Unternehmen, Kommentar zum HGB, AktG, GmbHG, PublG nach den Vorschriften des Bilanzrichtlinien-Gesetzes, 6. Aufl., Stuttgart 1995.

ARBEITSKREIS »EXTERNE UNTERNEHMENSRECHNUNG« DER SCHMALENBACH-GESELLSCHAFT – DEUTSCHE GESELLSCHAFT FÜR BETRIEBSWIRTSCHAFT E.V. (1997), in: Busse von Colbe, Walther/ Seeberg, Thomas (Hrsg.), Vereinbarkeit internationaler Konzernrechnungslegung mit handelsrechtlichen Grundsätzen, Düsseldorf/Frankfurt am Main 1997.

ARTHUR ANDERSEN (1996), Brief zur Kommentierung von E51 und dem Nordamerika-Vorschlag zur Segmentberichterstattung an das IASC, das FASB und das CICA vom 22. Juli 1996.

ARTHUR ANDERSEN (1998), KonTraG und KapAEG: Die wesentlichen Änderungen und ihre Auswirkungen auf Unternemen, Vorstände Aufsichtsräte und Abschlußprüfer, Stuttgart 1998.

BAUMANN, Karl-Hermann (1987), Die Segment-Berichterstattung im Rahmen der externen Finanzpublizität, in: Havermann, Hans (Hrsg.), Bilanz- und Konzernrecht, Festschrift für Reinhart Goerdeler, Düsseldorf 1987.

BIENER, Herbert (1998), Rechnungslegung, in: Arthur Andersen (Hrsg.), KonTraG und KapAEG: Die wesentlichen Änderungen und ihre Auswirkungen auf Unternemen, Vorstände Aufsichtsräte und Abschlußprüfer, Stuttgart 1998.

BT-Drucksache 13/9712, Beschlußempfehlung und Bericht des Rechtsausschusses zu dem Entwurf eines Gesetzes zur Kontrolle und Transparenz im Unternehmensbereich (KonTraG) vom 28.01. 1998.

BT-Drucksache 13/9909, Beschlußempfehlung und Bericht des Rechtsausschusses zu dem Entwurf eines Gesetzes zur Verbesserung der Wettbewerbsfähigkeit deutscher Unternehmen an internationalen Kapitalmärkten und zur Erleichterung der Aufnahme von Gesellschafterdarlehen (Kapitalaufnahmeerleichterungsgesetz – KapAEG) vom 12.02. 1998.

DAIMLER-BENZ AG (1996), Geschäftsbericht für das Geschäftsjahr 1996.

DÖRNER, Dietrich / WIRTH, Michael (1995), Kommentierung der §§ 284–288 HGB, in: Küting, Karlheinz/Weber, Claus-Peter (Hrsg.), Handbuch der Rechnungslegung. Kommentar zur Bilanzierung und Prüfung, Bd. 1a, 4. Aufl., Stuttgart 1995.

ELLROTT, Helmut (1995), Kommentierung des § 286 HGB, in: Beck'scher Bilanzkommentar. Der Jahresabschluß nach Handels- und Steuerrecht, 3. Aufl., München 1995.

ERNST, Christoph / SEIBERT, Ulrich / STUCKERT, Fritz (1998), KonTraG; KapAEG; StückAG; EuroEG, Düsseldorf 1998.

GABLER (1993), Wirtschaftslexikon, 13. Aufl., Wiesbaden 1993.

HALLER, Axel / PARK, Peter (1994), Grundsätze ordnungsmäßiger Segmentberichterstattung, in: Zeitschrift für betriebswirtschaftliche Forschung 1994, S. 499–524.

HAYN, Sven (1997), Internationale Rechnungslegung: Ursachen, Wirkungen und Lösungsansätze zur Überwindung internationaler Rechnungslegungsdivergenzen, Stuttgart 1997.

HELMRICH, Herbert (1986), Bilanzrichtlinien-Gesetz, München 1986.

INTERNATIONAL ACCOUNTING STANDARD (IAS) 1 (revised 1997), Presentation of Financial Statements, in: IASC (Hrsg.), International Accounting Standards 1998, London 1998.

INTERNATIONAL ACCOUNTING STANDARD (IAS) 14 (revised 1997), Segment Reporting, in: IASC (Hrsg.), International Accounting Standards 1998, London 1998.

ISCHEBECK, Eckart (1998), Kommentierung der Vorschriften des Gesetzes über die Rechnungslegung von bestimmten Unternehmen und Konzernen (PublG), in: Küting, Karlheinz/Weber, Claus-Peter (Hrsg.), Handbuch der Konzernrechnungslegung, Bd. 2, 2. Aufl., Stuttgart 1998.

Krawitz, Norbert (1997), Zur Erweiterung der deutschen Segmentberichterstattung unter Berücksichtigung internationaler Entwicklungen, in: Baetge, Jörg (Hrsg.), Jahresabschluß und Jahresabschlußprüfung, Düsseldorf 1997, S. 551–599.

Langenbucher, Günther (1997), Neue Wege der Segmentberichterstattung, in: Küting, Karlheinz/ Weber, Claus-Peter (Hrsg.), Das Rechnungswesen auf dem Prüfstand – Antworten auf die Konzernierung der deutschen Wirtschaft im Spannungsfeld der Globalisierung, S. 127–149.

McConnell, Patricia (1996), o.T., in: IASC Insight, September 1996, S. 5.

Möckli, Marc (1997), Segmentberichterstattung in der Schweiz, in: Der Schweizer Treuhänder 1997, S. 275–286.

Ordelheide, Dieter / Stubenrath, Michael (1998), Segmentberichterstattung, in: Ballwieser, Wolfgang (Hrsg.), US-amerikanische Rechnungslegung, 3. Aufl., S. 273–289, Stuttgart 1998.

Pacter, Paul (1996), Board to Consider Final Revisions to IAS 14, in: IASC Insight, Dezember 1996, S. 20–21.

Pacter, Paul (1997a), Segment Reporting: Some Differences Remain with North America, in: IASC Insight, März 1997, S. 20–21.

Pacter, Paul (1997b), New Segment Reporting IAS Takes Effect 1 July 1998, in: IASC Insight, Oktober 1997, S. 20–21.

Pejic, Philip (1998), Segmentberichterstattung – Der überarbeitete IAS 14 im Vergleich, in: Der Schweizer Treuhänder 1998, S. 374–380.

Reinhard, Alexander (1998), Die Auswirkungen der Rechnungslegung nach International Accounting Standards auf die erfolgswirtschaftliche Abschlußanalyse von deutschen Jahresabschlüssen, Frankfurt am Main 1998.

Risse, Axel (1995), Segmentberichterstattung: Neue Entwicklungen beim IASC und mögliche Auswirkungen auf Deutschland, in: Der Betrieb 1995, S. 737–742.

Schulte, Elmar B. / Krüger, Ralf (1976), Zur Problematik des Ausweises des Spartenerfolges (Segment of the Business) im Jahresabschluß, in: Baetge, Jörg/Moxter, Adolf/Schneider, Dieter (Hrsg.), Bilanzfragen, Festschrift für Ulrich Leffson, Düsseldorf 1976.

SEC Staff, (1996), Brief zur Kommentierung von E51 zur Segmentberichterstattung an das IASC vom 11. Juli 1996.

Seeberg, Thomas (1997), Steigerung der Aussagekraft von Jahresabschlüssen, in: Baetge, Jörg (Hrsg.), Aktuelle Entwicklungen in Rechnungslegung und Wirtschaftsprüfung: Reformbedarf, Perspektiven, internationale Einflüsse, Düsseldorf 1997.

Selchert, Friedrich W. (1986), Die Aufgliederung der Umsatzerlöse gemäß § 285 Nr. 4 HGB, in: Betriebs-Berater 1986, S. 560–565.

Standing Interpretation Committee (SIC) 8, First-Time Application of IASs as the Primary Basis of Accounting, in: IASC (Hrsg.), Interpretations of International Accounting Standards, London 1998.

Statement of Financial Accounting Standards (SFAS) No. 1, Financial Reporting for Segments of a Business Enterprise, in: FASB (Hrsg.), Original Pronouncements, Norwalk/Connecticut 1997.

Statement of Financial Accounting Standards (SFAS) No. 14, Financial Reporting for Segments of a Business Enterprise, in: FASB (Hrsg.), Original Pronouncements, Norwalk/Connecticut 1997.

Statement of Financial Accounting Standards (SFAS) No. 131, Disclosures about Segments of an Enterprise and Related Information, in: FASB (Hrsg.), Original Pronouncements, Norwalk/Connecticut 1997.

Thiele, Stefan / Tschesche, Frank (1996), Zur Bilanzierungspraxis der DAX-Unternehmen im Geschäftsjahr 1996, in: Der Betrieb 1997, S. 2497–2502.

Zur Bilanzierung des Anlagevermögens im internationalen Vergleich*

Klaus Langer**

Inhalt

* Vielen Dank an Herrn Dipl.-Betriebsw. (FH) Martin Matischiok für die Unterstützung bei der Abfassung dieses Beitrages.

** Wirtschaftsprüfer Steuerberater Klaus Langer, Geschäftsführender Gesellschafter Arthur Andersen Wirtschaftsprüfungsgesellschaft Steuerberatungsgesellschaft mbH, Stuttgart.

1. Einführung

Bedingt durch die Globalisierung der Märkte kann in der jüngeren Vergangenheit eine starke Bewegung im Bereich der Rechnungslegung in den bedeutenden Wirtschaftsräumen beobachtet werden. Wesentliches Kriterium für die Festlegung der Rechnungslegungsgrundsätze ist der Informationsbedarf der Kapitalmärkte.

Bis dahin haben die einzelnen Länder ihre Bilanzierungsgrundsätze unter höchst unterschiedlichen Zielsetzungen und aus unterschiedlichen Traditionen heraus bestimmt. Dabei ist in Kontinentaleuropa und in Japan zum einen der Einfluß des Steuerrechts und zum anderen das Prinzip des Gläubigerschutzes mit dem Ziel, Ausschüttungssperren durch Bewertungsgrundsätze zu erreichen, wesentlich. Darüber hinaus wurde der Einblick in die Lage von Unternehmen durch eingeschränkte Publizität und durch erhebliche Spielräume in den Bilanzierungsgrundsätzen und den unterschiedlichen Formen ihrer Anwendung erheblich beeinträchtigt.

Die Verabschiedung der 4., 7. und 8. EG-Richtlinien und ihre Umsetzung in den Ländern der EU hat zwar Fortschritte, aber keinen Durchbruch gebracht. Zu sehr waren die einzelnen Länder bemüht, sowohl bei der Abfassung der Richtlinien als auch bei ihrer Umsetzung ihre spezifischen Grundsätze möglichst weitgehend beizubehalten.

Letztlich waren wohl zwei Faktoren entscheidend für den Trend zur Entwicklung einheitlicher Rechnungslegungsgrundsätze: Die starre Haltung der Securities and Exchange Commission (SEC) bei dem Versuch ausländischer Unternehmen, unter Anwendung anderer als der US-Grundsätze Zulassung zum größten Kapitalmarkt der Welt zu erhalten und die Einsicht der Börsenaufsichtsbehörden der übrigen wesentlichen Wirtschaftsmächte in die einheitlichen Informationswünsche der Kapitalgeber. Dabei wird als Informationsinstrument jeweils der Konzernabschluß verstanden.

Im Ergebnis stellt sich die Lage im Bereich der Rechnungslegung heute wie folgt dar:

- Ein starker Trend zur Vereinheitlichung der Bilanzierungsgrundsätze im Bereich der Konzernabschlüsse, dies geht einher mit einer zunehmenden Anpassung der International Accounting Standards (IAS) an die US-GAAP bzw. SEC-Publizitätsanforderungen.
- Die Anpassung der internen an die externe Rechnungslegung von kontinentaleuropäischen Unternehmen mit dem Ziel einheitlicher Steuerungsgrößen.
- In den einzelnen Ländern überwiegen weiterhin unterschiedliche Rechnungslegungsgrundsätze für die Einzelabschlüsse auf Grundlage der bisherigen Traditionen.

Dabei soll nicht vergessen oder unterschätzt werden, daß diese Grundsätze der Einzelabschlüsse noch erheblichen Einfluß auf das Verständnis bei der Erstellung von Konzernabschlüssen haben. Entsprechend haben die Konzernabschlüsse trotz gleichem Wortlaut der Grundsätze keineswegs immer die gleichen Inhalte für gleiche wirtschaftliche Sachverhalte.

Da außer im Falle der SEC die Einwirkungsmöglichkeiten der Aufsichtsbehörden bei der Konkretisierung und Vereinheitlichung der Rechnungslegungsgrundsätze bzw. die praktische Handhabung bisher noch begrenzt sind, bleiben auf diesem Gebiet noch erhebliche Spielräume.

Für den Analytiker von Jahresabschlüssen ist es daher wichtig, daß er diese Auswirkungen bei seinen Überlegungen in Betracht zieht.

In diesem Artikel soll versucht werden, auf die Unterschiede bei der Bilanzierung des Anlagevermögen hinzuweisen. Dabei wurden die Regelungen in den USA, Großbritannien, Deutschland, Frankreich und Japan sowie nach IAS untersucht. Wegen der vorgeschriebenen Begrenzung mußte sich die Darstellung allerdings auf die wesentlichen Elemente beschränken. Außerdem wurde die Erläuterung im Anhang nicht in die Untersuchung miteinbezogen.

In einem besonderen Kapitel wurde versucht, auf die Unterschiede der steuerlichen Grundsätze einzugehen und ggf. ihre Auswirkungen auf die handelsrechtliche Bilanzierung darzustellen.

Schließlich wurden am Schluß die Bilanzierungsgrundsätze der untersuchten Gebiete in einer tabellarischen Übersicht zusammengestellt.

2. Handelsbilanz

2.1 Allgemeine Ansatzkriterien für Vermögensgegenstände

In Deutschland leitet sich der Begriff des Vermögensgegenstandes aus den GoB ab: Ausschlaggebend für die Klassifizierung von wirtschaftlichen Werten als Vermögensgegenstände ist ihre Einzelbewertbarkeit und -verwertbarkeit. Dabei kommt nach herrschender Meinung der Einzelverwertbarkeit die entscheidende Bedeutung zu.

In der angelsächsischen Rechnungslegung herrscht dagegen traditionell eine dynamische Bilanzauffassung vor. Dementsprechend stellt das Framework des IASC in seiner Definition eines »asset« auf den zukünftigen wirtschaftlichen Nutzen von Aufwendungen ab. Des weiteren muß das Unternehmen aufgrund vergangener Ereignisse befähigt sein, auch über den zukünftigen Nutzen verfügen zu können (vgl. IAS F. 49–59; Demming, 1994, S. 250). Auch in Großbritannien und den USA ist das zukünftige wirtschaftliche Nutzungspotential für die Aktivierung von Vermögensgegenständen maßgebend. Dabei gilt ein vorhandener Marktpreis regelmäßig als Indiz.

2.2 Abgrenzung des Anlagevermögens vom Umlaufvermögen

Gemäß § 247 Abs. 2 HGB zählen zum Anlagevermögen Vermögensgegenstände, die dauernd dem Geschäftsbetrieb dienen sollen. Eine genaue zeitliche Abgrenzung wird dabei weder vom deutschen noch vom französischen Gesetzgeber vorgenommen (vgl. Küting/Weber, 1994, S. 157). In Japan ergibt sich die Abgrenzung zwischen Anlage- und Umlaufvermögen dagegen eindeutig aus der sog. »One-Year-Rule«: Demnach zählen Vermögensgegenstände regelmäßig immer dann zum Anlagevermögen, wenn sie länger als ein Jahr genutzt werden sollen.

Die US-GAAP definieren Vermögensgegenstände des Anlagevermögens durch zwei Kriterien: Erstens wurden sie primär zur Nutzung und nicht zum Verkauf erworben und zweitens erfolgt ihre Nutzung über einen längeren Zeitraum hinweg (vgl. Williams, 1997, 11.04). Entsprechend sind in Großbritannien Vermögensgegenstände dann als »fixed assets« anzusehen, wenn sie für die Nutzung in der Produktion, zur Ausführung von Lieferungen oder zu Verwaltungszwecken dienen, nicht zum Verkauf bestimmt sind und die Absicht einer dauernden Nutzung besteht (vgl. Hopcroft, 1995, D 17). Das IASC übernimmt die britische Definition weitestgehend in IAS 16.7.

2.3 Immaterielle Vermögensgegenstände im Anlagevermögen

2.3.1 Aktivierung immaterieller Vermögensgegenstände

Von grundlegender Bedeutung für die Aktivierung immaterieller Werte ist deren Einstufung als Vermögensgegenstand. In allen untersuchten Rechnungslegungsnormen besteht regelmäßig eine Aktivierungspflicht für entgeltlich erworbene immaterielle Werte (so z.B. Vigelius, 1997, S. 38; Arthur Andersen, 1997, S. 375 ff.). Die Aktivierungsfähigkeit selbsterstellter immaterieller Werte hängt dagegen vom Verständnis des Vermögensgegenstandes in den einzelnen Rechtsnormen ab.

Zu den immateriellen Werten, für die eine Aktivierung innerhalb des Anlagevermögens in Frage kommt, zählen Geschäfts- oder Firmenwerte, Gründungsaufwendungen, Entwicklungsaufwendungen, Konzessionen, Patente, Warenzeichen, Lizenzen, Software oder ähnliche Rechte und Werte sowie geleistete Anzahlungen.

Das deutsche Vollständigkeitsgebot fordert in § 246 Abs. 1 Satz 1 HGB die Aktivierung aller Vermögensgegenstände im Jahresabschluß. § 248 Abs. 1 und 2 HGB enthält jedoch ein ausdrückliches Aktivierungsverbot für Aufwendungen für die Gründung des Unternehmens und für immaterielle Vermögensgegenstände des Anlagevermögens, die nicht entgeltlich erworben wurden. Trotz des Aktivierungsverbotes können Kapitalgesellschaften für Aufwendungen für die Ingangsetzung und Erweiterung des

Geschäftsbetriebes eine Bilanzierungshilfe i.V.m. einer Ausschüttungssperre in Anspruch nehmen (vgl. § 269 HGB). Hinsichtlich des entgeltlich erworbenen Firmenwertes besteht im handelsrechtlichen Einzelabschluß nach § 255 Abs. 4 HGB ein Aktivierungswahlrecht. Dieses wird zumeist ausgeübt, da der entgeltlich erworbene Firmenwert in der Steuerbilanz einer Aktivierungspflicht unterliegt.

Abweichend zum § 269 HGB werden in Frankreich sowohl Aufwendungen für die Errichtung als auch für die Erweiterung des Unternehmens im immateriellen Anlagevermögen aktiviert (vgl. Schwandtner, 1994, S. 191). Forschungs- und Entwicklungsaufwendungen sind aktivierungsfähig, sofern die Projekte und die dazugehörigen Kosten klar abgrenzbar sind und im Zeitpunkt der Aktivierung die Chance zur späteren kommerziellen Nutzung besteht. Aufwendungen für Grundlagenforschung sind aus diesem Grunde nicht aktivierungsfähig. Nach erfolgter Patentierung können aktivierte Forschungs- und Entwicklungsaufwendungen als selbstgeschaffene Patente ausgewiesen werden (vgl. Küting/Weber, 1994, S. 159; Schwandtner, 1994, S. 192). Ähnliches gilt für rechtlich geschützte Warenzeichen. Für den derivativen Firmenwert besteht in Frankreich eine Aktivierungspflicht. Der originäre Firmenwert darf hingegen nicht aktiviert werden.

Nach japanischem HGB sind entgeltlich erworbene immaterielle Vermögensgegenstände zu aktivieren. Für den Geschäfts- oder Firmenwert besteht insofern ein Aktivierungswahlrecht, als er entgeltlich oder durch Verschmelzung erworben wurde (vgl. Brüggen, 1994, S. 534; Küting/Weber, 1994, S. 215). Forschungs- und Entwicklungsaufwendungen werden i.d.R. nicht aktiviert, obwohl dies unter bestimmten Voraussetzungen im Rahmen einer Bilanzierungshilfe i.V.m. einer Ausschüttungssperre zulässig ist.

In den USA sind die Grundlagen der bilanziellen Behandlung immaterieller Vermögensgegenstände seit 1970 in APB Opinion No. 17 »Intangible Assets« geregelt. Immaterielle Vermögensgegenstände werden in zwei Gruppen getrennt (vgl. Schildbach, 1996, S. 96): Zu den einzel veräußerbaren, klar abgrenzbaren Vermögensgegenständen zählen Patente, Lizenzen, Konzessionen, Warenzeichen und ähnliche Rechte. Die zweite Gruppe der nicht abgrenzbaren Vermögensgegenstände umfaßt im wesentlichen den Geschäfts- oder Firmenwert und die Ingangsetzungs- und Gründungskosten.

Eine Ansatzpflicht besteht nach APB 17.24 für entgeltlich von Dritten erworbene, einzeln abgrenzbare immaterielle Vermögensgegenstände, selbst wenn sie nicht einzeln sondern in Gruppen zusammen mit anderen Vermögensgegenständen erworben wurden. Für selbsterstellte immaterielle Vermögensgegenstände besteht faktisch ein Ansatzwahlrecht, wenn ihre Identität und ihre Nutzungsdauer eindeutig bestimmbar sind (vgl. Schildbach, 1996, S. 98; Vigelius, 1997, S. 39; a.A. Siebert, 1996, S. 421). Forschungs- und Entwicklungsaufwendungen sind grundsätzlich nicht aktivierungsfähig.

Selbsterstellte Software die zum späteren Verkauf bestimmt ist, ist ab dem Zeitpunkt, zu dem sie sich als technisch realisierbar erwiesen hat, nach SFAS 86 »Accounting for the Costs of Computer Software to be Sold, Leased or Otherwise Marketed« aktivierungspflichtig (vgl. auch im folgenden Schildbach, 1996, S. 99). Wird Software zum Einsatz im eigenen Unternehmen entwickelt, so besteht mit Verweis auf die Behandlung von Forschungs- und Entwicklungsaufwendungen ein Ansatzverbot.

Sofern immaterielle Vermögensgegenstände im Auftrag Dritter erstellt werden, besteht eine Aktivierungspflicht. Dies gilt auch für Forschungs- und Entwicklungsaufwendungen und für Software.

Da der derivative Firmenwert mit anderen Vermögensgegenständen zusammen erworben wurde, besteht diesbezüglich in den USA eine Aktivierungspflicht. In Ermangelung dieser Voraussetzung darf ein originärer Firmenwert nicht aktiviert werden (vgl. Siebert, 1996, S. 422).

Da in Großbritannien die Bilanzierung von immateriellen Vermögensgegenständen mit Ausnahme der Entwicklungskosten und des Firmenwerts bisher nur unzureichend geregelt war, hat das ASC inzwischen einen separaten Standard FRS 10 »Goodwill and Intangible Assets« verabschiedet. FRS 10 gilt für alle nach dem 23. Dezember 1998 endenden Geschäftsjahre.

Für reine Gründungsaufwendungen gilt ein explizites Ansatzverbot (vgl. Küting/Hayn, 1995, S. 126; Küting/Weber, 1994, S. 102). Demgegenüber werden Kosten der Ingangsetzung und Erweiterung des Geschäftsbetriebes aber als Vermögensgegenstände interpretiert und aktiviert (vgl. Küting/Weber, 1994, S. 102).

Immaterielle Werte können in Großbritannien, unabhängig davon, ob sie selbstgeschaffen oder entgeltlich erworben wurden, aktiviert werden, sofern sie einen Vermögensgegenstand darstellen (vgl. Küting/Hayn, 1995, S. 118; Hopcroft, 1995, D 37). FRS 10 schränkt allerdings den Ansatz selbstgeschaffener Vermögensgegenstände insofern stark ein, als sie einen feststellbaren Marktwert (readily ascertainable market value) aufweisen müssen (vgl. in Bezug auf den Entwurf zu FRS 10 Davies/Paterson/Wilson, 1997, S. 626).

Entwicklungskosten können nur aktiviert werden, wenn sie die restriktiv gehaltenen Voraussetzungen des SSAP 13 »Accounting for Research and Development« kumulativ erfüllen (vgl. u.a. Köhler/Rotter, 1994, S. 395 f.): Danach muß es sich um klar abgrenzbare Projekte mit genau zurechenbaren Aufwendungen handeln. Das Projekt muß hinsichtlich seiner technischen Durchführbarkeit und seiner kommerziellen Lebensfähigkeit abschätzbar sein. Des weiteren ist es erforderlich, daß nach kaufmännischem Ermessen alle Kosten aus zukünftigen Erträgen gedeckt werden können und die Finanzierung des Projektes gesichert ist. In der Praxis werden jedoch auch aktivierungsfähige Entwicklungsaufwendungen i.d.R. nicht aktiviert (vgl. Blake/Amat, 1993, S. 211). Zudem ist für aktivierte Forschungs- und Entwicklungsaufwendungen ebenso wie in Frankreich eine Ausschüttungssperre vorgesehen (vgl. Küting/Weber, 1994, S. 104). Reine Forschungsaufwendungen sind grundsätzlich nicht aktivierungsfähig.

Für den entgeltlich erworbenen Geschäfts- oder Firmenwert besteht nach SSAP 22

»Accounting for Goodwill« ein der deutschen Regelung entsprechendes Ansatzwahlrecht. Die Aktivierung des originären Firmenwertes ist verboten.

Das IASC hat sich in IAS 38 »Intangible Assets« intensiv mit dem Ansatz und der Bewertung immaterieller Vermögensgegenstände beschäftigt. Demnach sind immaterielle Vermögensgegenstände dann zu aktivieren, wenn es wahrscheinlich ist, daß sich aus ihrer Nutzung ein wirtschaftlicher Vorteil ergibt, und ihre Anschaffungskosten zuverlässig ermittelt werden können.

Entwicklungskosten können nach IAS 38.45 unter bestimmten restriktiven Voraussetzungen - ähnlich denen nach SSPA 13 - aktiviert werden. Für Forschungskosten besteht ein Aktivierungsverbot.

2.3.2 Bewertung von immateriellen Vermögensgegenständen

Entgeltlich erworbene immaterielle Vermögensgegenstände sind grundsätzlich im Jahr der Anschaffung zu ihren Anschaffungskosten in der Bilanz anzusetzen. Für selbsterstellte immaterielle Vermögensgegenstände gelten entsprechend die Herstellungskosten als maßgeblicher Wert. Aufgrund des Verbots der Aktivierung von Forschungs- und Entwicklungsaufwendungen in den USA dürfen die Herstellkosten von selbsterstellten Patenten und ähnlichen Werten keine derartigen Aufwendungen enthalten (vgl. Schildbach, 1996, S. 99).

Regelmäßig sind die Wertansätze immaterieller Vermögensgegenstände durch planmäßige Abschreibungen auf ihre Nutzungsdauer zu verteilen.

Obwohl § 255 Abs. 4 Satz 2 HGB für den derivativen Geschäfts- oder Firmenwert eine Nutzungsdauer von fünf Jahren vorsieht, wird in der deutschen Bilanzierungspraxis gemäß § 7 Abs. 1 Satz 3 EStG i.V.m. § 255 Abs. 4 Satz 3 HGB zumeist über die steuerlich gebotene Nutzungsdauer von 15 Jahren abgeschrieben. Auch für Rechte, die dem Unternehmen unbefristet zur Verfügung stehen, verlangt das Vorsichtsprinzip eine planmäßige Abschreibung (vgl. Döring, 1995, Rn. 107).

Nach französischem Recht sind aktivierte Ingangsetzungsaufwendungen sowie aktivierte Forschungs- und Entwicklungsaufwendungen über einen Zeitraum von fünf Jahren abzuschreiben (vgl. auch im folgenden Schwandtner, 1994, S. 191; Küting/Weber, 1994, S. 159). Wird in Ausnahmefällen eine längere Nutzungsdauer angenommen, so ist dies im Anhang anzugeben. Zudem besteht in Höhe der aktivierten Aufwendungen eine Ausschüttungssperre. Patente und ähnliche Rechte sind mindestens über die Dauer des Patentschutzes abzuschreiben. Der derivative Firmenwert wird im französischem Handelsrecht nur selten abgeschrieben, da der Teil des Firmenwertes, dem aufgrund nationaler Gesetze ein sicherer und dauerhafter Wert zugewiesen wird, nicht abgeschrieben werden darf (vgl. Schwandtner, 1994, S. 193).

In Frankreich sind immaterielle Vermögensgegenstände explizit von einer Neubewertung ausgenommen (zur Neubewertung siehe 2.4.2.1).

In Japan wird für den derivativen Firmenwert steuerlich eine Nutzungsdauer von fünf Jahren angenommen, die auch in der Handelsbilanz zum Tragen kommt (vgl. BRÜGGEN, 1994, S. 534). Alle anderen immateriellen Vermögensgegenstände sind über ihre Nutzungsdauer abzuschreiben. Für im Rahmen einer Bilanzierungshilfe aktivierte Forschungs- und Entwicklungsaufwendungen gilt eine Abschreibungsdauer von maximal fünf Jahren.

Nach US-GAAP müssen immaterielle Vermögensgegenstände über einen Zeitraum von maximal 40 Jahren abgeschrieben werden (vgl. APB 17.29). Für bestimmte Branchen hat die SEC diese Maximalnutzungsdauer verkürzt. So gilt z.B. für High-Tech Firmen eine maximale Nutzungsdauer von zehn Jahren.

Dies gilt auch bei unbegrenzter Nutzungsdauer. Die Abschreibung ist grundsätzlich linear vorzunehmen, es sei denn, es kann dargelegt werden, daß eine andere Abschreibungsmethode den Werteverzehr besser repräsentiert (vgl. APB 17.30). Die Nutzungsdauer soll gemäß APB 17.31 regelmäßig überprüft und gegebenenfalls angepaßt werden.

Gemäß sch. 4 § 18 CA 1985 sind immaterielle Vermögensgegenstände in Großbritannien über ihre planmäßige Nutzungsdauer abzuschreiben. FRS 10 fordert widerlegbar eine planmäßige Abschreibung über eine Nutzungsdauer von maximal 20 Jahren. Da in Großbritannien bestimmte Rechte, so z.B. registrierte Markenzeichen, unbegrenzt geschützt sind, wurden diese bisher nicht planmäßig abgeschrieben (vgl. DAVIES/PATERSON/WILSON, 1997, S. 647 f.; KÜTING/WEBER, 1994, S. 104). Aktivierte Entwicklungskosten sind ab Beginn der kommerziellen Verwertung des Projektes abzuschreiben (vgl. KÜTING/HAYN, 1995, S. 121). In Großbritannien können immaterielle Vermögensgegenstände mit Ausnahme des Firmenwertes alternativ auch im Rahmen des »modified cost accounting« neubewertet werden.

Das IASC regelt die Abschreibung immaterieller Vermögensgegenstände in IAS 38.79 ff. Danach ist bei Vermögensgegenständen mit begrenzter Nutzungsdauer eine planmäßige Abschreibung vorzunehmen. Die zugrunde gelegte Nutzungsdauer soll nur in begründeten Ausnahmefällen 20 Jahre überschreiten. Der Geschäfts- oder Firmenwert ist gemäß IAS 22 »Business Combinations« linear über eine Nutzungsdauer von maximal 20 Jahren abzuschreiben (vgl. IAS 22.44). Es kann auch eine längere Nutzungsdauer oder eine andere Abschreibungsmethode gewählt werden, wenn dadurch eine genauere Darstellung des Werteverzehrs ermöglicht wird.

IAS 38.64 ff. sieht auch die Zulässigkeit der Neubewertung immaterieller Vermögensgegenstände vor, allerdings nur, wenn ein Markt für diesen Vermögensgegenstand existiert. Gleichzeitig konstatiert das IASC jedoch, daß Märkte für immaterielle Vermögensgegenstände äußerst selten existieren (vgl. IAS 38.67).

Für die Berücksichtigung außerplanmäßiger Wertminderungen gelten im wesentlichen die Ausführungen unter 2.4.2.3 entsprechend.

2.4 Sachanlagevermögen

2.4.1 Anschaffungs- und Herstellungskosten

Im Zeitpunkt des Zugangs sind Sachanlagen in allen untersuchten Normensystemen mit ihren Anschaffungs- bzw. Herstellungskosten anzusetzen. Für unentgeltlich erworbene Vermögensgegenstände besteht in Frankfreich im Gegensatz zum Aktivierungsverbot in Deutschland eine Aktivierungspflicht zum Marktpreis (vgl. Schwandtner, 1994, S. 188).

Anschaffungspreisminderungen sind prinzipiell vom Anschaffungspreis abzuziehen. In Großbritannien und Japan fehlt es allerdings an einer gesetzlichen Konkretisierung der Abzugspflicht von Anschaffungspreisminderungen.

Nebenkosten sind in die Anschaffungskosten miteinzubeziehen (vgl. IAS 16.16; § 255 Abs. 1 Satz 2 HGB; Davies/Paterson/Wilson, 1997, S. 633; Williams, 1997, 11.04; Blake/Amat, 1993, S. 125). Zu den Nebenkosten zählen alle Aufwendungen, die mit dem Erwerb und der Herstellung der Betriebsbereitschaft des entsprechenden Vermögensgegenstandes zusammenhängen. In Deutschland und Großbritannien sind nur direkt zurechenbare Einzelkosten als Anschaffungsnebenkosten aktivierungsfähig. Auch in IAS 16 »Property, Plant and Equipment« wird ausdrücklich die Aktivierung nicht direkt zurechenbarer Kosten verboten (vgl. IAS 16.18).

Hinsichtlich der Ermittlung der Herstellungskosten selbsterstellter Anlagen ergeben sich vor allem Unterschiede in Bezug auf die Zulässigkeit des Ansatzes von Teilkosten als Wertuntergrenze in Deutschland, während in den USA, Frankreich und Japan die Vollkosten die Herstellungskosten darstellen. In Großbritannien gehen die Meinungen des Gesetzgebers, der als Wertuntergrenze die Summe aus Materialeinzelkosten und direkt zuordenbaren sonstigen Kosten festlegt und für indirekte Kosten ein Einbeziehungswahlrecht vorsieht, und des Berufsstandes der Wirtschaftsprüfer, der auch indirekte Kosten in die Herstellungskosten miteinbezieht, auseinander (vgl. Davies/Paterson/Wilson, 1997, S. 633 f.; Eisolt, 1986, S. 1239; Köhler/Rotter, 1994, S. 391).

Nachträgliche Anschaffungs- und Herstellungskosten sind nach IAS 16.24 nur dann zu aktivieren, wenn sie mit hinreichender Wahrscheinlichkeit zu weiteren zukünftigen wirtschaftlichen Vorteilen aus dem Gebrauch des entsprechenden Vermögensgegenstandes führen werden. In Großbritannien wurde diese Regelung in den Entwurf FRED 51 »Accounting for Fixed Assets and Revaluation« übernommen.

2.4.2 Folgebewertung

2.4.2.1 Bewertung zu historischen Kosten versus Neubewertung

In Deutschland gelten gemäß § 253 Abs. 1 Satz 1 HGB die Anschaffungs- bzw. Herstellungskosten als absolute Obergrenze bei der Bewertung von Vermögensgegenständen des Anlagevermögens. Entsprechendes gilt nach Art. 34 Nr. 2 HGB in Japan. Dort ist allerdings aufgrund eines im März 1998 in Kraft getretenen Gesetzes in den nächsten zwei Jahren alternativ eine Neubewertung von Grundstücken mit ihren Verkehrswerten möglich. In den USA sind Sachanlagen grundsätzlich mit historischen Anschaffungs- bzw. Herstellungskosten zu bewerten (vgl. WILLIAMS, 1997, 11.08; ARTHUR ANDERSEN, 1997, S. 424; SIEBERT, 1996, S. 244).

In Frankreich und Großbritannien sowie nach IAS ist eine Neubewertung von Anlagevermögen möglich. Da die Neubewertung erfolgsneutral erfolgt, ist sie nicht mit einer Zuschreibung gleichzusetzen (vgl. KÖHLER/ROTTER, 1994, S. 393).

Für französische Kaufleute besteht zu jedem Bilanzstichtag ein Wahlrecht, eine Neubewertung von Vermögensgegenständen des Sachanlagevermögens vorzunehmen. Die Neubewertung ist dann allerdings für alle Vermögensgegenstände des Sach- und Finanzanlagevermögens verbindlich. Immaterielle Vermögensgegenstände können nicht neubewertet werden. Als Ergebnis der Neubewertung werden die Vermögensgegenstände mit ihrem aktuellen Wert angesetzt, der als Schätzwert aus Markt- oder Nutzwerten hergeleitet werden kann. Nach herrschender Meinung ergibt sich der aktuelle Wert aus den Markt- bzw. Wiederbeschaffungswerten der einzelnen Vermögensgegenstände. Grundsätzlich gilt aber das Prinzip der Methodenfreiheit auch für die Neubewertung, so daß die neu ermittelten Werte nicht zwingend den tatsächlichen Gegebenheiten entsprechen müssen (vgl. auch im folgenden SCHWANDTNER, 1994, S. 190). So können z.B. auch bestimmte Preisindices auf die historischen Anschaffungs- und Herstellungskosten angewandt werden, um den aktuellen Wert festzustellen. Der Aufwertungsbetrag ist erfolgsneutral in eine Neubewertungsrücklage einzustellen, die durch eine Kapitalerhöhung aus Gesellschaftsmitteln in Grundkapital umgewandelt, aber nicht zur direkten Verrechnung mit Verlusten verwendet werden kann (vgl. KÜTING/WEBER, 1994, S. 158). In den Folgeperioden sind die Abschreibungen auf Basis der neuen Werte vorzunehmen.

Steuerrechtlich stellt der Aufwertungsbetrag zu versteuernden Gewinn dar. Angesichts der Verpflichtung, bei einer Neubewertung für alle Sachanlagen die aktuellen Werte zu ermitteln und aufgrund des Entstehens einer Steuerbelastung im Jahr der Neubewertung, die ansonsten erst bei der Veräußerung der einzelnen Vermögensgegenstände entstehen würde, führen französische Gesellschaften in ihren Einzelabschlüssen nur selten Neubewertungen durch (vgl. ALEXANDER/ARCHER, 1995, S. 192).

Bis 1988 bestand in Großbritannien ein eigenständiger Standard zum »current cost accounting« auf der Basis von Tageswerten zum Bilanzstichtag. Dieser wurde jedoch vom ASC 1988 zurückgezogen. Gemäß sch. 4 § 31 CA 1985 kann nun alternativ zum »historic cost accounting« eine Neubewertung im Rahmen des sog. »alternative cost accounting« vorgenommen werden, die aber mit umfangreichen Anhangangaben verbunden ist.

Der Gegenwartswert einzelner Vermögensgegenstände stellt dabei den jeweils niedrigeren Wert bei einem Vergleich zwischen den Netto-Wiederbeschaffungskosten und dem erzielbaren Wert (recoverable amount) dar. Der erzielbare Wert ergibt sich wiederum als jeweils höherer Wert aus dem Netto-Verkaufswert und dem Nutzungswert des Vermögensgegenstandes. In der britischen Literatur wird zu dieser Definition des ASB jedoch konstatiert, daß ein Eigentümer eines Vermögensgegenstandes diesen nur weiter nutzen oder aber verkaufen kann und demnach die Wiederbeschaffungskosten zur Bewertung von bereits vorhandenen Vermögensgegenständen ungeeignet sind (vgl. Davies/Paterson/Wilson, 1997, S. 672). Zur Bewertung von Sachanlagen kann nach sch. 4 § 31 CA 1985 alternativ zum Gegenwartswert der Marktwert verwendet werden.

Der Ertrag bzw. Aufwand aus der Neubewertung ist erfolgsneutral in eine Neubewertungsrücklage einzustellen, die einer Ausschüttungssperre unterliegt. Realisierte Erträge können erfolgswirksam vereinnahmt werden. Die weiteren Abschreibungen werden auf Basis der neuen Werte bei gleichbleibender Nutzungsdauer und Abschreibungsmethode ermittelt. Nach Auffassung des ASC in SSAP 12 »Accounting for Depreciation« sind die Abschreibungen in voller Höhe über die Gewinn- und Verlustrechnung vorzunehmen. Die erhöhten Abschreibungen sind nach herrschender Meinung durch die erfolgswirksame anteilige Auflösung der Neubewertungsrücklage zu kompensieren (vgl. Davies/Paterson/Wilson, 1997, S. 683). Da dieses Vorgehen im Companies Act nicht verbindlich geregelt wurde, ist es alternativ in Verbindung mit zusätzlichen Anhangangaben zulässig, die historischen Abschreibungsbeträge beizubehalten und die Differenzbeträge zu den Abschreibungen auf Basis der neuen Werte erfolgsneutral von der Neubewertungsrücklage abzuziehen. Durch dieses Verfahren der »split depreciation« können in der Bilanz die neuen Werte ausgewiesen werden, während in der Gewinn- und Verlustrechnung weiterhin die historischen Abschreibungen beibehalten werden (vgl. Küting/Weber, 1994, S. 100).

Gemäß FRED 51 soll in Großbritannien eine Neubewertung nicht für einzelne Vermögensgegenstände sondern immer für eine ganze Gruppe gleichartiger Vermögensgegenstände vorgenommen werden. Zudem soll im Rahmen des »alternative cost accounting« mindestens alle fünf Jahre, bei deutlichen Preisbewegungen auch in kürzeren Intervallen, eine Neubewertung erfolgen (ausführlich zum FRED 51 vgl. Davies/Paterson/Wilson, 1997, S. 667 f.).

Auch nach IAS 16.30 kann für Sachanlagen alternativ zur Bewertung mit historischen Kosten eine Neubewertung erfolgen. Neubewertungen sollen dann allerdings mit einer gewissen Regelmäßigkeit erfolgen, damit der Wert der Vermögensgegenstände nicht wesentlich von ihren beizulegenden Werten am Bilanzstichtag abweicht.

Sofern keine starken Preisschwankungen auftreten, genügt gemäß IAS 16.34 eine Neubewertung alle drei bis fünf Jahre. Neubewertungen sind immer für ganze Gruppen des Sachanlagevermögens vorzunehmen. IAS 16.37 nennt z. B. Maschinen, Schiffe und Kraftfahrzeuge als eigenständige Gruppen.

Der beizulegende Wert von Grundstücken und Gebäuden ist regelmäßig von Gutachtern festzustellen, während der beizulegende Wert von technischen Anlagen und Betriebs- und Geschäftsausstattung durch Schätzung oder durch fortgeführte Wiederbeschaffungskosten ermittelt werden kann (vgl. IAS 16.31 ff.).

Die bis zur Neubewertung angefallenen kumulierten Abschreibungen werden nach IAS 16.35 entweder proportional erhöht oder vor der Neubewertung vom Bruttowert des Vermögensgegenstandes abgezogen, so daß nur der fortgeführte Wert neubewertet wird. Die Abschreibungen in den Folgeperioden berechnen sich in Ermangelung einer speziellen Regelung für neubewertete Vermögensgegenstände auf Basis der allgemeinen Bestimmungen zu Abschreibungen des IAS 16.43 ff.

Der Ertrag aus der Neubewertung ist erfolgsneutral in eine Rücklage einzustellen, es sei denn, daß durch die Neubewertung eine in der Vergangenheit als Aufwand erfaßte Wertminderung rückgängig gemacht wird (vgl. IAS 16.39). Abwertungen sind von bereits bestehenden Neubewertungsrücklagen abzuziehen. Die Neubewertungsrücklage übersteigende Abwertungen sind als Aufwand zu erfassen. Die Rücklage ist erfolgsneutral aufzulösen, wenn die entsprechenden Vermögensgegenstände veräußert werden. Des weiteren ist bei abnutzbaren Vermögensgegenständen eine erfolgsneutrale Auflösung in Höhe des Differenzbetrages zwischen bisherigen und neuen Abschreibungen vorzunehmen.

2.4.2.2 Planmäßige Abschreibungen

Regelmäßig sind die Buchwerte von Sachanlagen – ausgenommen Grundstücke – mit zeitlich oder wirtschaftlich begrenzter Nutzungsdauer in allen untersuchten Ländern um planmäßige Abschreibungen zu vermindern. Dabei ist die Verteilung der Aufwendungen über die wirtschaftliche Nutzungsdauer und nicht die Ermittlung den tatsächlichen Verhältnissen entsprechender Buchwerte Ziel der planmäßigen Abschreibungen.

Ausgangsbasis der planmäßigen Abschreibungen sind in Deutschland – wie auch in allen anderen untersuchten Ländern – die Anschaffungs- bzw. Herstellungskosten. Ausnahmen gelten lediglich in Frankreich, Großbritannien und nach IAS für neubewertete Vermögensgegenstände (siehe 2.4.2.1).

Eine bilanzielle Abschreibung auf Basis gestiegener Wiederbeschaffungskosten wird aufgrund des Prinzips der nominellen Kapitalerhaltung in Deutschland für unzulässig gehalten (vgl. Döring, 1995, Rn. 113). Demgegenüber ist es zulässig, bei der Ermittlung des Abschreibungsvolumens einen Restwert zu berücksichtigen, insbesondere wenn dieser im Verhältnis zu den Anschaffungs- bzw. Herstellungskosten ins Gewicht fällt (vgl. Döring, 1995, Rn. 114). In der deutschen Bilanzierungspraxis wird aber auf die Berücksichtigung von Restwerten im allgemeinen verzichtet.

Das Abschreibungsvolumen wird planmäßig über die gesamte Nutzungsdauer des Vermögensgegenstandes verteilt. Die Nutzungsdauer beginnt handelsrechtlich mit der Inbetriebnahme (vgl. Döring, 1995, Rn. 116). Das Ende der Nutzungsdauer bleibt handelsrechtlich dem Ermessen des Kaufmanns überlassen; steuerrechtlich wird die Nutzungsdauer von den Finanzbehörden in sog. »AfA-Tabellen« festgelegt. Diese Vorgaben werden in der Parxis auch im handelsrechtlichen Jahresabschluß berücksichtigt, obwohl die steuerlich vorgegebene Nutzungsdauer regelmäßig kürzer als die tatsächliche Nutzungsdauer ist.

Konkrete Abschreibungsmethoden werden im HGB nicht festgelegt. Die angewandte Abschreibungsmethode entspricht jedoch den GoB, wenn sie dem tatsächlichem Nutzungsverlauf bzw. der tatsächlichen Wertminderung besonders nahe kommt (vgl. Döring, 1995, Rn. 122).

Im französischen Handelsrecht fehlt ebenfalls eine Konkretisierung zulässiger Abschreibungsmethoden (vgl. Griziaux, 1995, S. 1220). Der Gesetzgeber verlangt lediglich die Aufstellung eines Abschreibungsplans. Des weiteren muß die gewählte Abschreibungsmethode den tatsächlichen Verhältnissen entsprechen.

Aufgrund der weitgehenden Identität der französischen Handelsbilanz mit der Steuerbilanz wird in der Praxis im allgemeinen auf steuerrechtliche Regelungen zurückgegriffen.

Im französischem Einzelabschluß wird die handelsrechtliche Normalabschreibung im Betriebsergebnis ausgewiesen, während steuerrechtliche Sonderabschreibungen als außerordentlicher Aufwand erfaßt werden (vgl. Alexander/Archer, 1995, S. 193).

Die planmäßige Abschreibung abnutzbarer Vermögensgegenstände orientiert sich auch in Japan sehr stark an den entsprechenden steuerlichen Vorschriften, obwohl handelsrechtlich eine Vielzahl von Abschreibungsmethoden zulässig sind (vgl. auch im folgenden Brüggen, 1994, S. 533). Mit Genehmigung der Finanzbehörden sind Änderungen von Abschreibungsmethode und -plan zulässig. Diese gelten dann auch in der Handelsbilanz, und werden als zulässige Durchbrechung des handelsrechtlichen Gebots der Bewertungsstetigkeit angesehen.

In den USA und in Großbritannien ist wegen des fehlenden Maßgeblichkeitsprinzips die Beachtung steuerlicher Vorschriften im handelsrechtlichem Jahresabschluß ausgeschlossen. Als GAAP-konforme Abschreibungsmethoden gelten in den USA die lineare, die arithmetisch- bzw. die geometrisch-degressive sowie die Leistungsabschreibung, die bei der Abschreibung natürlicher Ressourcen als »depletion« bezeichnet wird. Zur Berechnung der Abschreibungssätze der geometrisch-degressiven Abschreibung wird im allgemeinen die sogenannte »double-declining-balance-method« verwendet. Die Abschreibung wird dazu durch Anwendung des Zweifachen des linearen Prozentsatzes auf den Restbuchwert ermittelt. Durch dieses Verfahren ergeben sich geringere Abschreibungsbeträge und eine längere Nutzungsdauer als bei Anwendung des in Deutschland üblichen Verfahrens der Verdreifachung des linearen Satzes.

In Ausnahmefällen können nach US-GAAP auch andere Abschreibungsmethoden angewandt werden, sofern diese dem Werteverzehr bestimmter Vermögensgegenstände eher gerecht werden (vgl. Williams, 1997, 11.16).

Zusätzlich zu der Regelung im Companies Act 1985 existiert in Großbritannien mit SSAP 12 ein eigenständiger Standard zur Behandlung von Abschreibungen. Demnach soll durch die Vornahme von Abschreibungen der Wertverzehr von Sachanlagen möglichst genau auf die Perioden verteilt werden, denen die Erträge aus der Nutzung der entsprechenden Vermögensgegenstände zuzuordnen sind (vgl. Hopcroft, 1995, D 22). Dabei gelten dieselben Methoden wie in den USA als sachgerecht. Die geometrisch-degressive Abschreibung wird in Großbritannien als »reducing-balance-method« und nicht als »declining-balance-method« bezeichnet. In der Praxis wird in Großbritannien wie auch in den USA in der Regel die lineare Abschreibungsmethode verwendet, auch wenn sie nicht in jedem Falle dem tatsächlichen Werteverzehr entspricht (vgl. Küting/Weber, 1994, S. 73; Davies/Paterson/Wilson, 1997, S. 652).

Die Berechnung der Abschreibungen erfolgt auf Grundlage der geschätzten wirtschaftlichen Nutzungsdauer des Vermögensgegenstandes. Die Nutzungsdauer ist regelmäßig, mindestens alle fünf Jahre zu überprüfen und gegebenenfalls anzupassen (vgl. SSAP 12.17; Küting/Weber, 1994, S. 101; Köhler/Rotter, 1994, S. 393). Damit soll vermieden werden, daß Vermögensgegenstände bereits vor Ablauf ihrer tatsächlichen wirtschaftlichen Nutzungsdauer voll abgeschrieben sind. Wird die Nutzungsdauer angepaßt, so ist der Restbuchwert über die neue Nutzungsdauer abzuschreiben.

Bei der Berechnung des Abschreibungsvolumens ist grundsätzlich von einem Restwert auszugehen. Ist dieser unwesentlich, so kann er aber bei der Ermittlung der Abschreibungen außer Acht gelassen werden (vgl. Davies/Paterson/Wilson, 1997, S. 651).

Nach IAS 16.43 sind Sachanlagen systematisch über ihre geschätzte Nutzungsdauer abzuschreiben, wobei die gewählte Abschreibungsmethode die zeitliche Struktur der Nutzung der entsprechenden Vermögensgegenstände widerspiegeln soll. Zum Beginn der Abschreibung äußert sich das IASC nicht, in der Literatur wird aber für einen Beginn der Abschreibung mit dem Beginn der Nutzung anstatt zum Zeitpunkt des Erwerbs bzw. der Herstellung plädiert (vgl. Ballwieser, 1997, Rn. 61).

Ein Wechsel zwischen verschiedenen Abschreibungsmethoden ist möglich. Dagegen sind ausschließlich auf steuerlichen Vorschriften beruhende Abschreibungspläne und Sonderabschreibungen nach IAS nicht zulässig (vgl. Ballwieser, 1997, Rn. 48).

Die Nutzungsdauer ist laut IAS 16.46 auf Basis der Nutzung des Vermögensgegenstandes durch das Unternehmen und nicht auf Basis der Lebensdauer zu schätzen. Bei der Berechnung der Abschreibungen ist ebenfalls ein Restwert zu berücksichtigen, sofern dieser wesentlich ist. Entsorgungskosten am Ende der Nutzungsdauer können entweder durch einen Abzug vom Restwert oder durch Bildung einer Ansammlungsrückstellung über die Nutzungsdauer des Vermögensgegenstandes berücksichtigt werden (vgl. IAS 16.49; BALLWIESER, 1997, Rn. 43).

Sowohl die Nutzungsdauer als auch die gewählte Abschreibungsmethode sind regelmäßig zu überprüfen. Das IASC legt sich allerdings nicht wie das ASC in Großbritannien auf einen bestimmten zeitlichen Rahmen fest.

Eine Möglichkeit zur Sofortabschreibung geringwertiger Vermögensgegenstände ist weder in den USA und Großbritannien noch in IAS 16 vorgesehen (siehe 3.2.3). Aus Wesentlichkeitsaspekten wird in Literatur und Bilanzierungspraxis aber eine Sofortabschreibung oder alternativ eine Behandlung als Festwert für zulässig gehalten (vgl. DAVIES/PATERSON/WILSON, 1997, S. 659; BALLWIESER, 1997, Rn. 60).

2.4.2.3 Berücksichtigung außerplanmäßiger Wertminderungen

Für außerplanmäßige Wertminderungen im Anlagevermögen gilt in Deutschland nach § 253 Abs. 2 Satz 3 HGB das gemilderte Niederstwertprinzip. Demnach besteht eine Abschreibungspflicht im Falle einer dauerhaften Wertminderung. Ist die Wertminderung nur von vorübergehender Dauer, so besteht ein Wahlrecht zur Vornahme einer außerplanmäßigen Abschreibung auf den niedrigeren beizulegenden Wert. Dieses Wahlrecht gilt jedoch gemäß § 279 Abs. 1 HGB bei Kapitalgesellschaften nicht für das Sachanlagevermögen.

Entfallen die Gründe der außerplanmäßigen Abschreibung, so kann der niedrigere Wertansatz nach § 253 Abs. 5 HGB beibehalten werden. Für Kapitalgesellschaften besteht in diesem Falle eine Pflicht zur Vornahme einer Zuschreibung (§ 280 HGB).

In Frankreich gilt für alle Vermögensgegenstände das strenge Niederstwertprinzip: Wertminderungen sind zu berücksichtigen, sobald der beizulegende Wert unter die fortgeführten Anschaffungs- oder Herstellungskosten fällt. Die Erfassung der Wertminderung erfolgt allerdings nur bei voraussichtlich dauernden Wertminderungen durch außerplanmäßige Abschreibungen. Bei nur vorübergehenden Wertminderungen ist in Höhe der Wertminderung eine Rückstellung zu bilden. Entfallen die Gründe für die Wertminderung in den Folgeperioden, so ist diese Rückstellung ergebniswirksam aufzulösen (vgl. SCHWANDTNER, 1994, S. 188 f.).

Außerplanmäßige Abschreibungen bzw. die Bildung der Rückstellung werden im französischen Jahresabschluß als außerordentlicher Aufwand ausgewiesen.

In der japanischen Handelsbilanz gilt das sogenannte »zweifach-gemilderte Niederstwertprinzip«. Außerplanmäßige Abschreibungen sind nur dann vorzunehmen, wenn es sich um eine wesentliche und endgültige Wertminderung handelt. Im Zweifelsfall wird deshalb von der Vornahme außerplanmäßiger Abschreibungen abgesehen (vgl. auch im folgenden BRÜGGEN, 1994, S. 525).

Infolge des Gebots der Endgültigkeit ist die Vornahme von Zuschreibungen in Japan gesetzlich nicht geregelt.

In den USA regelt SFAS 121 »Accounting for the Impairment of Long-Lived Assets and for Long-Lived Assets to be Disposed Of« die Behandlung außerplanmäßiger Wertminderungen im Anlagevermögen. Im allgemeinen sind Vermögensgegenstände bei Vorliegen bestimmter Indizien wie etwa Überkapazitäten, gesunkene Wiederbeschaffungskosten oder Katastrophen auf ihre Werthaltigkeit hin zu überprüfen (vgl. Arthur Andersen, 1997, S. 424). Sofern der Zeitwert dauerhaft unter dem Buchwert liegt, ist eine außerplanmäßige Abschreibung in Höhe der Differenz vorzunehmen (vgl. Demming, 1994, S. 264; Baker/Rapaccioli/Solomon, 1995, S. 3061). Der Zeitwert ermittelt sich entweder aus dem Veräußerungserlös oder aus dem zukünftigem Nutzungspotential des betreffenden Vermögensgegenstandes für das Unternehmen. Ist ein Zeitwert nur innerhalb einer Gruppe von Vermögensgegenständen ermittelbar, so ist eine Gruppenbetrachtung nach SFAS 121.69 möglich.

Zusätzlich sind bei Vornahme einer außerplanmäßigen Abschreibung die Nutzungsdauer und ein gegebenenfalls berücksichtigter Restwert zu überprüfen (vgl. Baker/Rapaccioli/Solomon, 1995, S. 3061).

Wertaufholungen in Form von Zuschreibungen sind nach SFAS 121.11 nicht zulässig.

In Großbritannien existierte bis 1998 keine ausführliche Regelung zur Behandlung außerplanmäßiger Wertminderungen im Anlagevermögen. Sowohl im Companies Act 1985 als auch in SSAP 12 ist jedoch eine Abschreibungspflicht bei dauerhaften Wertminderungen vorgesehen. Entfallen die Gründe der Wertminderung, so besteht ein Zuschreibungsgebot (vgl. Hopcroft, 1995, D 22; Küting/Weber, 1994, S. 101; Köhler/Rotter, 1994, S. 394). Sch. 4 § 19 CA 1985 verlangt zudem die Angabe von Wertberichtigungen bzw. Zuschreibungen im Anhang, sofern sie nicht aus der Gewinn- und Verlustrechnung ersichtlich sind (vgl. Davies/Paterson/Wilson, 1997, S. 662).

Für Geschäftsjahre, die nach dem 23. Dezember 1998 enden, ist in Großbritannien FRS 11 »Impairment of Fixed Assets and Goodwill« anzuwenden. FRS 11 entspricht im wesentlichen dem neuen IAS 36 »Impairment of Assets«, der am 1. Januar 1999 in Kraft tritt.

Für Geschäftsjahre, die vor dem 1. Januar 1999 enden, enthält IAS 16 Ausführungen zur Berücksichtigung außerplanmäßiger Wertminderungen: Besteht die Vermutung, daß der Buchwert eines Vermögensgegenstandes über seinem letzten bekannten erlösbaren Betrag liegt, ist der erlösbare Betrag neu zu ermitteln. Ergibt sich daraus eine Wertminderung, so ist ohne Rücksicht auf die Dauer der Wertminderung eine außerplanmäßige Abschreibung vorzunehmen (vgl. IAS 16.56; Ballwieser, 1997, Rn. 53).

Sofern der Grund für die außerplanmäßige Wertminderung entfällt und Anhaltspunkte dafür sprechen, daß die neuen Verhältnisse auch in absehbarer Zukunft noch gelten werden, ist nach IAS 16.59 eine Zuschreibung auf die fortgeführten Anschaffungs- bzw. Herstellungskosten, die sich ohne die außerplanmäßige Abschreibung ergeben hätten, vorzunehmen. Werden Vermögensgegenstände nicht zu historischen Kosten sondern entsprechend IAS 16.30 zu Zeitwerten bilanziert, so ist der Zuschreibungsbetrag erfolgsneutral in die Neubewertungsrücklage einzustellen.

IAS 36 befaßt sich ausführlicher mit der Behandlung von Wertminderungen: Als Indizien für das Vorliegen einer Wertminderung gelten gemäß IAS 36.9 u.a. gefallene Marktwerte, Marktveränderungen, Veränderungen des wirtschaftlichen oder rechtlichen Umfeldes, Beschädigungen von Vermögensgegenständen, aber auch steigende Marktzinsen. Das Zuschreibungsgebot des IAS 16.59 besteht entsprechend in IAS 36.94 ff.

Den erlösbaren Betrag definiert das IASC als den jeweils höheren Wert aus Veräußerungserlös und Nutzungswert. Insbesondere bei zum baldigen Verkauf bestimmten Vermögensgegenständen wird der geschätzte Veräußerungserlös mit dem Nutzungswert gleichgesetzt. Zur Ermittlung des Nutzungswerts ist nach IAS 36.26 nunmehr grundsätzlich vom Ertragswert des Vermögensgegenstandes als Barwert der zukünftigen Zahlungsüberschüsse auszugehen. Die bisher für zulässig gehaltene Möglichkeit, zur Bestimmung des Nutzungswertes den Nominalwert der zukünftigen Zahlungsüberschüsse zu verwenden, entfällt damit. Die Berechnung der zukünftigen Zahlungsüberschüsse basiert auf den Einnahmen aus der Nutzung des Vermögensgegenstandes, den notwendigen Ausgaben während der Nutzung und den Einnahmen aus der Veräußerung des Vermögensgegenstandes am Ende der Nutzungsdauer. Dabei sind die zukünftigen Zahlungsüberschüsse auf Basis der gegenwärtigen Bedingungen zu ermitteln. Nicht zu berücksichtigen sind nach IAS 36.37 ff. beispielsweise Umstrukturierungen, zukünftige Investitionen zur Verbesserung der Leistungsfähigkeit des Vermögensgegenstandes oder steuerliche Einflüsse. Als Diskontierungsfaktor können beispielsweise die anhand des Capital Asset Pricing Model berechneten Kapitalkosten des Unternehmens verwendet werden. Diese sind dann auf den spezifischen Vermögensgegenstand anzupassen. Einflüsse, die bereits in den Zahlungsüberschüssen enthalten sind, und steuerliche Effekte dürfen im Diskontierungsfaktor nicht berücksichtigt werden.

Ist es nicht möglich, den erlösbaren Betrag für einzelne Vermögensgegenstände zu ermitteln, so ist es wie in den USA zulässig, ganze Gruppen von Vermögensgegenständen, sog. »Cash-Generating Units«, zu betrachten. Ist in der betrachteten Gruppe ein Goodwill enthalten, so ist die ermittelte Wertminderung gemäß IAS 36.88 zunächst von diesem abzusetzen. Übersteigende Beträge sind gleichmäßig von allen der Gruppe zugehörigen Vermögensgegenständen abzuziehen. Wertaufholungen sind in umgekehrter Reihenfolge vorzunehmen.

Durch die Verwendung von Ertragswerten zur Identifikation von Wertminderungen sind Vermögensgegenstände in Zukunft nach IAS bzw. UK-GAAP bereits dann einer außerplanmäßigen Abschreibung zu unterziehen, wenn sie die internen Kapitalkosten eines Unternehmens nicht mehr erwirtschaften können. Da diese i.d.R. auch von externen Zinssätzen beeinflußt werden, ergeben sich folgerichtig Wertminderungsrisiken bereits durch einen Anstieg des allgemeinen Zinsniveaus, und vice versa müssen wegen des Wertaufholungsgebots bei einem Absinken des Zinsniveaus wieder Zuschreibungen vorgenommen werden (vgl. auch Davies/Paterson/Wilson, 1997, S. 663).

2.5 Behandlung von Leasing

2.5.1 Grundlagen

Leasingverträge können als Rechtsgeschäfte definiert werden, die die Nutzungs- und Gebrauchsüberlassung von Vermögensgegenständen zum Inhalt haben, sich jedoch von konventionellen Mietverträgen unterscheiden und unter Umständen eher Ratenkaufverträgen ähnlich sind (vgl. Weber-Grellet, 1997, Rn. 721). In Deutschland existieren keine handelsrechtliche Regelungen zum Leasing. Lediglich die Finanzverwaltung hat sich in der Vergangenheit in diversen, sog. »Leasing-Erlassen« festgelegt (BMF 1971; BMF 1972; BMF 1975; BMF 1991). Daher werden diese steuerlichen Erlasse i. d. R. auch zur handelsrechtlichen Beurteilung von Leasingverhältnissen herangezogen. Grundsätzlich ist für die Behandlung von Leasing-Verhältnissen in Deutschland die Einordnung des Leasing-Vertrages als Voll- oder als Teilamortisationsvertrag ausschlaggebend. Die übrigen Kriterien für Finanzierungs-Leasing kommen somit nicht zum Tragen.

Die französische Rechnungslegung behandelt Leasing im Einzel- und im Konzernabschluß unterschiedlich. Im Einzelabschluß werden alle Leasingverhältnisse als Operating-Leasing behandelt. Im Konzernabschluß gilt demgegenüber die Verlautbarung Nr. 29 des »Ordre des Experts-Comptables«, dem französischem Äquivalent zum deutschen IdW, die de facto eine Übersetzung von IAS 17 darstellt.

In Japan besteht ein eigener Standard zum Leasing. Dieser regelt seit Juni 1993 alle wesentlichen Bilanzierungsfragen im Zusammenhang mit Leasingverhältnissen.

Die Regelungen zum Leasing sind in den US-GAAP über verschiedene Verlautbarungen der Rechnungslegungsinstitutionen verteilt und kaum noch überschaubar. Die Grundlage bildet jedoch nach wie vor der 1976 verabschiedete SFAS 13 »Accounting for Leases«.

In Großbritannien wird Leasing in SSAP 21 »Accounting for Leases and Hire Purchase Contracts« geregelt. Das IASC hat in 1997 IAS 17 »Leases« überarbeitet. Da im Zuge der Überarbeitung nur geringe Änderungen vorgenommen wurden, beziehen sich die folgenden Angaben zu den IAS-Regelungen deshalb auf den neuen IAS 17 (revised 1997), der am 1. Januar 1999 in Kraft tritt. Da für Grundstücke und Gebäude teilweise spezielle Regelungen gelten, befassen sich die folgenden Ausführungen ausschließlich mit dem sog. »Mobilien-Leasing«.

2.5.2 Klassifizierung von Leasing-Verhältnissen

2.5.2.1 Finanzierungs-Leasing

Leasinggegenstände, die als Finanzierungs-Leasing klassifiziert werden, werden dem Leasingnehmer als wirtschaftlichem Eigentümer zugerechnet. Im Rahmen des Finanzierungs-Leasing werden der wesentlichen Teil der Risiken, insbesondere das Investitionsrisiko, sowie die Vorteile des Eigentums auf den Leasingnehmer übertragen.

Ausschlaggebend für die Einordnung als Finanzierungs-Leasing ist im deutschen Steuerrecht erstens die Unkündbarkeit des Vertrages über die Grundmietzeit und zweitens das Vorliegen eines sogenannten »Vollamortisationsvertrages«, d.h. die Summe der Leasingraten deckt mindestens die Anschaffungs- und Herstellungskosten des Leasinggebers zuzüglich aller Neben- und Finanzierungskosten. Liegt ein Vollamortisationsvertrag vor, so handelt es sich dann um Finanzierungs-Leasing, wenn die Grundmietzeit weniger als 40% oder mehr als 90% der betriebsgewöhnlichen Nutzungsdauer des Vermögensgegenstandes abdeckt. Besteht eine Kauf- oder Verlängerungsoption, so liegt Finanzierungs-Leasing vor, wenn der Optionspreis unter den fortgeführten Anschaffungs- oder Herstellungskosten bei Vornahme einer linearen Abschreibung oder unter dem Verkehrswert des Leasinggegenstandes liegt bzw. wenn die Anschlußmiete unter der linearen Abschreibung liegt (vgl. Adler/Düring/Schmaltz, 1996, § 246 HGB, Rn. 188). Auch Teilamortisationsverträge können unter bestimmten Umständen die Kriterien für Finanzierungs-Leasing erfüllen.

Im französischen Einzelabschluß werden grundsätzlich alle Leasingverhältnisse als Operating-Leasing klassifiziert, es sei denn eine vorgesehene Kaufoption wurde bereits in Anspruch genommen (vgl. Blake/Amat, 1993, S. 126; Alexander/Archer, 1995, S. 193). Im Konzernabschluß richtet sich die Behandlung von Leasing dagegen nach IAS 17.

In Japan wird Finanzierungs-Leasing durch zwei Kriterien definiert: Zum einen durch einen unkündbaren Leasingvertrag und zum anderen durch die Verpflichtung des Leasingnehmers, für alle Kosten des Leasinggegenstandes, insbesondere auch für spätere Wertminderungen, aufzukommen (vgl. Takita/Yumoto, 1995, S. 1910).

Das IASC nennt in IAS 17.8 f. die folgenden Kriterien als Anhaltspunkte für das Vorliegen von Finanzierungs-Leasing:

1. Das Eigentum an dem Leasinggegenstand wird zum Ende der Mietzeit auf den Leasingnehmer übertragen.
2. Der Leasingnehmer hat die Option, den Leasinggegenstand nach Beendigung der Mietzeit zu einem Preis, der deutlich unter dem Restwert liegt, zu erwerben (Kaufoption).
3. Der Mietzeitraum umfaßt den wesentlichen Teil der Nutzungsdauer des Leasinggegenstandes.

4. Der Barwert der zukünftigen Leasingzahlungen entspricht nahezu dem Verkehrswert des Leasinggegenstandes.
5. Der Leasinggegenstand ist nach den besonderen Verhältnissen des Leasingnehmers gestaltet, so daß nur er ihn ohne umfassende Modifikationen nutzen kann.
6. Bei Kündigung des Leasingvertrages übernimmt der Leasingnehmer die dem Leasinggeber dadurch entstandenen Verluste.
7. Der Leasingnehmer trägt die Wertschwankungen des Leasinggegenstandes.
8. Der Leasingnehmer hat die Möglichkeit, den Vertrag zu günstigen Konditionen zu verlängern (Verlängerungsoption).

In Großbritannien gibt das vierte Kriterium den Ausschlag, wobei der Barwert der zukünftigen Zahlungen mindestens 90% des Verkehrswertes betragen muß (vgl. Hopcroft, 1995, D 26; Eisolt, 1986, S. 1239). Nach SFAS 13.7 muß in den USA für das Vorliegen eines »Capital Lease« eines der ersten vier genannten Kriterien erfüllt sein, wobei der Leasingzeitraum mehr als 75% der gesamten Nutzungsdauer betragen oder der Barwert der Leasingzahlungen wie nach UK-GAAP mehr als 90% des Verkehrswertes des Leasinggegenstandes betragen muß. Zur Berechnung des Barwertes enthalten die US-GAAP ausführliche Regelungen (vgl. Williams, 1997, 30.11 ff.).

Die Kriterien Nr. 3 und Nr. 4 sind nach US-GAAP jedoch nicht anzuwenden, wenn der Leasingzeitraum lediglich das letzte Viertel der Nutzungsdauer des Leasinggegenstandes umfaßt. Zudem müssen beim Leasinggeber noch zwei weitere Voraussetzungen erfüllt sein, damit ein Leasingverhältnis als »Capital Lease« klassifiziert werden kann (vgl. SFAS 13.8): Zum einen müssen die Leasingraten mit hinreichender Sicherheit eintreibbar sein, zum anderen dürfen keine wesentlichen Unsicherheiten in Bezug auf zukünftige ungedeckte Kosten bestehen.

2.5.2.2 Operating-Leasing

Als Operating-Leasing werden alle Leasingverhältnisse bezeichnet, die nicht unter den Begriff des Finanzierungs-Leasing fallen (vgl. IAS 17.6; Williams, 1997, 30.05; Hopcroft, 1995, D 30). Beim Operating-Leasing trägt der Leasinggeber einen wesentlichen Teil des Investitionsrisikos, da aufgrund der kürzeren Vertragslaufzeiten die Summe der Leasing-Raten im allgemeinen nicht die Anschaffungs- und Herstellungskosten deckt. Teilamortisationsverträge sind in Deutschland i.d.R. dem Leasinggeber zuzurechnen und damit Operating-Leasing.

2.5.3 Bilanzielle Behandlung von Leasing

2.5.3.1 Leasingnehmer

Beim Finanzierungs-Leasing ist der Leasinggegenstand dem Leasingnehmer zuzurechnen. Er bilanziert den Leasinggegenstand grundsätzlich zu seinen Anschaffungskosten und passiviert in gleicher Höhe eine Verbindlichkeit.

Nach IAS 17.12 ist der Verkehrswert des Leasinggegenstandes zur Bestimmung der Anschaffungskosten maßgeblich, es sei denn, der Barwert der zukünftigen Leasingzahlungen ist geringer. Diese Vorgehensweise entspricht ebenfalls den US-GAAP (vgl. Williams, 1997, 30.21). In Großbritannien ist der Verkehrswert nur dann maßgeblich, wenn er dem Barwert der Leasingzahlungen annähernd entspricht (vgl. Hopcroft, 1995, D 30). Die deutsche Finanzverwaltung verlangt den Ansatz des Leasinggegenstandes zu den Anschaffungs- und Herstellungskosten des LeasinggeberS. Handelsrechtlich stellt der Barwert der Netto-Leasingraten die Anschaffungskosten dar.

Als Leasingzahlungen sind die vereinbarten Leasingraten abzgl. darin enthaltener Zusatzleistungen, z.B. für Wartung oder Versicherung, anzusetzen (vgl. SFAS 13.5j; IAS 17.3).

Bei der Berechnung des Barwertes hat der Leasingnehmer nach US-GAAP von dem Zinssatz auszugehen, den er bei einem Kauf des Leasinggegenstandes hätte bezahlen müssen, es sei denn, er kennt den der Kalkulation des Leasingvertrages zugrundeliegenden Zinssatz und dieser ist niedriger (vgl. ausführlich Siebert, 1996, S. 227 f.; SFAS 13.7d). Das IASC läßt demgegenüber in IAS 17.12 aus Praktikabiltätsgründen beide Methoden zu, präferiert jedoch die Verwendung des dem Vertrag zugrundeliegenden Zinssatzes als Diskontierungsfaktor.

Der aktivierte Leasinggegenstand ist planmäßig abzuschreiben. Die Nutzungsdauer bemißt sich nach IAS 17.19 nach der Dauer des Leasingverhältnisses, sofern er danach nicht sicher übernommen wird. In den USA ist die tatsächliche Nutzungsdauer dann für die Abschreibung maßgeblich, wenn das Leasingverhältnis aufgrund eines der ersten beiden Kriterien (siehe 5.2.1) als Finanzierungs-Leasing definiert wurde. Dagegen ist der Leasinggegenstand über die Vertraglaufzeit abzuschreiben, wenn das dritte oder vierte Kriterium erfüllt wurden (vgl. Williams, 1997, 30.24; Siebert, 1996, S. 230).

Die passivierte Verbindlichkeit ist in allen Ländern in einen Zins- und einen Tilgungsanteil aufzuteilen (vgl. z.B. IAS 17.17; Weber-Grellet, 1997, Rn. 741). Die Zinskomponente ist dabei so zu bemessen, daß der jährliche Zinssatz konstant bleibt (vgl. Hopcroft, 1995, D 30; IAS 17.17). Nach IAS 17.21 ist es jedoch explizit nicht zulässig, aus Vereinfachungsgründen statt der Abschreibungen und der Zinsaufwendungen die tatsächlichen Leasingzahlungen als Aufwand zu berücksichtigen.

Da beim Operating-Leasing der Leasinggegenstand dem Leasinggeber zugerechnet wird, berücksichtigt der Leasingnehmer die Leasingzahlungen als Aufwand. Nach IAS,

UK- und US-GAAP sind die gesamten Leasingzahlungen abzgl. der Zahlungen für Nebenleistungen unabhängig vom tatsächlichen Zahlungsvorgang grundsätzlich linear über die Vertragsdauer zu verteilen (vgl. SFAS 13.15; IAS 17.25; ARTHUR ANDERSEN, 1997, S. 411). In Deutschland sind die Leasingzahlungen regelmäßig in der Periode zu berücksichtigen, in der sie tatsächlich anfallen. Die Forderung des HFA, bei degressivem oder progressivem Ratenverlauf Rechnungsabgrenzungsposten zu bliden, um eine lineare Verteilung der Leasingzahlungen zu erreichen, ist trotz der steuerlichen Zulässigkeit in der Literatur umstritten (vgl. WEBER-GRELLET, 1997, Rn. 735).

2.5.3.2 Leasinggeber

Angesichts der Behandlung von Finanzierungs-Leasing im Jahresabschluß des Leasinggebers wird zwischem Hersteller- oder Händlerleasing und reinem Finanzierungs-Leasing unterschieden.

Beim reinen Finanzierungs-Leasing aktiviert der Leasinggeber im Zeitpunkt des Abschlusses des Leasingvertrages eine Forderung und behandelt die Anschaffungs- und Herstellungskosten des Leasinggegenstandes als Aufwand. Nach IAS 17.28 stellt diese Forderung die Nettoinvestition des Leasinggebers dar. Diese berechnet sich als Barwert der Leasingzahlungen zuzüglich des Restwertes des Leasinggegenstandes auf Basis des dem Vertrag zugrundeliegenden Zinssatzes (vgl. IAS 17.3). Die Differenz zwischen der Bruttoinvestition, dem Nominalwert der Leasingzahlungen zzgl. Restwert, und der Nettoinvestition stellt das »unearned financial income« dar und wird als konstanter Ertrag über die Laufzeit des Leasingvertrages berücksichtigt. Auch im deutschen handelsrechtlichen Jahresabschluß aktiviert der Leasinggeber eine Forderung in Höhe des Barwertes der Leasingraten. Die erhaltenen Leasingzahlungen werden auf Basis einer jährlichen Neuberechnung des Barwertes in eine Tilgungs- und eine Zinskomponente, die erfolgswirksam erfaßt wird, aufgespalten (vgl. ISELE, 1995, Rn. 485).

Der Betrag der Bruttoinvestition und das »unearned financial income« sind nach IAS 17.32 im Anhang anzugeben. Nach US-GAAP wird demgegenüber beim »direct lease« die Bruttoinvestition in der Bilanz ausgewiesen. Von dieser wird das »unearned financial income« offen abgesetzt (vgl. WILLIAMS, 1997, 30.39).

Vor Abschluß des Leasingvertrages entstandene Kosten sind unter US-GAAP auf die Vertragslaufzeit zu verteilen. In Großbritannien ist eine Verteilung von Nebenkosten über die Vertragslaufzeit ebenfalls zulässig (vgl. HOPCROFT, 1995, D 32). Nach IAS 17.33 dürfen sie auch im Entstehungsjahr als Aufwand berücksichtigt werden. Die dort vorgeschlagene Möglichkeit, diese Kosten im Entstehungsjahr als Aufwand zu behandeln und gleichzeitig einen Teil des »unearned financial income« in gleicher Höhe als Ertrag zu buchen, ist nach US-GAAP seit Inkrafttreten von SFAS 91 »Accounting for Nonrefundable Fees and Costs Associated with Originating or Acquiring Loans and Initial Direct Costs of Leases« nicht mehr zulässig (vgl. WILLIAMS, 1997, 30.39).

Werden vom Leasinggeber steuerfreie Zuschüsse in Anspruch genommen, so sind diese in Großbritannien über die Vertragsdauer zu verteilen. Alternativ kommt eine Behandlung als nicht zu versteuerndes Einkommen oder eine Bruttodarstellung in Form eines Vorsteuerertrages und eines fiktiven Steueraufwandes in Frage (vgl. HOPCROFT, 1995, D 31).

Beim Hersteller- oder Händlerleasing entspricht die Nettoinvestition generell dem Verkaufspreis des entsprechenden Leasinggegenstandes. Sofern der Verkaufspreis über den Anschaffungs- und Herstellungskosten liegt, realisiert der Leasinggeber zu Beginn der Vertragslaufzeit bereits einen Ertrag in Höhe dieser Differenz. Wurde bei der Kalkulation ein außergewöhnlich niedriger Zinssatz zugrunde gelegt, so ist der Ertrag so zu berechnen, als ob ein handelsüblicher Zinssatz verwendet würde (vgl. IAS 17.34).

Die Nettoinvestition ist gemäß IAS 17.34 und SFAS 13.17c als Verkaufsumsatz zu behandeln. Nach US-GAAP und IAS sind bei Berechnung dieses Ertrages im Gegensatz zur Verfahrensweise bei reinem Finanzierungs-Leasing auch die Anlaufkosten in der Periode des Vertragsabschlusses als Aufwand zu berücksichtigen (vgl. WILLIAMS, 30.38; IAS 17.34).

Im Hinblick auf den Ausweis der entsprechenden Forderung in der Bilanz des Leasinggebers gelten die obigen Ausführungen zum reinen Finanzierungs-Leasing.

Beim Operating-Leasing aktiviert der Leasinggeber den Leasinggegenstand im Anlagevermögen und schreibt ihn planmäßig ab (vgl. auch im folgenden IAS 17.41; WILLIAMS, 1997, 30.41 f.; ARTHUR ANDERSEN, 1997, S. 411). Die Leasingerträge sind nach IAS, US- und UK-GAAP regelmäßig auf linearer Basis zu vereinnahmen, es sei denn, eine andere Methode reflektiert die Ertragssituation besser.

Auch in Deutschland sind Leasinggegenstände nach herrschender Meinung im Anlagevermögen und nicht im Umlaufvermögen auszuweisen (vgl. u.a. HFA 1989).

3. Steuerbilanz

3.1 Maßgeblichkeit der Handelsbilanz für die Steuerbilanz

Nach dem Grundsatz der formellen Maßgeblichkeit ist eine für Zwecke des Handelsrechts aufgestellte Bilanz auch der Besteuerung zugrunde zu legen.

§ 4 Abs. 3 EStG i.V.m. § 5 Abs. 1 EStG begründen im deutschen Steuerrecht die Maßgeblichkeit der Handelsbilanz für die Steuerbilanz. § 4 Abs. 3 Satz 3 EStG schließt die steuerrechtlichen Abschreibungsvorschriften explizit vom Maßgeblichkeitsprinzip aus.

Für den Fall, daß der Bilanzierende Steuervergünstigungen in Anspruch nehmen will, besteht in Deutschland eine umgekehrte Maßgeblichkeit: Nach § 254 HGB bzw. § 280 Abs. 2 HGB können Vermögensgegenstände auch in der Handelsbilanz mit ihren steuerlichen Werten angesetzt werden, sofern diese niedriger als die entsprechenden handelsrechtlichen Wertansätze sind.

Obwohl in Frankreich eine allgemeine Maßgeblichkeit nicht kodifiziert ist, so knüpft doch die Steuerbilanz eng an der Handelsbilanz an. In der Praxis werden auch in der Handelsbilanz steuerliche Vorschriften, beispielsweise zur Nutzungsdauer und Abschreibung von Vermögensgegenständen des Sachanlagevermögens beachtet.

Ebenso wie in Deutschland gilt in Japan das Prinzip der Maßgeblichkeit der Handelsbilanz für die Steuerbilanz. Allerdings ist die umgekehrte Maßgeblichkeit in Japan wesentlich stärker ausgeprägt.

Die Ermittlung des zu versteuernden Einkommens weist in den USA keine Bindungen zu den US-GAAP auf. Grundsätzlich kann eine GAAP-konforme Rechnungslgegung auch für steuerliche Zwecke verwendet werden, aufgrund des Grundsatzes des »clearly reflect income« und der Abweichung zahlreicher steuerlicher Vorschriften von den US-GAAP existiert de facto aber keine Maßgeblichkeit (vgl. Schreiber, 1996, S. 92). Dies wird mit der unterschiedlichen Zielsetzung von US-GAAP (Information der Anteilseigner) und Steuerrecht (Ermittlung des zu versteuernden Einkommmens) begründet.

Wie in den USA besteht in Großbritannien keinerlei Verbindung zwischen Handelsrecht und Steuerrecht. Zudem erfolgt die steuerliche Gewinnermittlung nicht durch einen vollumfänglichen Vermögensvergleich (vgl. Müssener, 1996a, S. 13). In Einzelfällen verweisen die steuerrechtlichen Vorschriften auf das Handelsrecht.

3.2 Steuerrechtliche Sonderregelungen in Bezug auf das Anlagevermögen

3.2.1 Ansatz und Bewertung immaterieller Vermögensgegenstände

Die nach deutschem Handelsrecht gebildete Bilanzierungshilfe für Aufwendungen für Ingangsetzung und Erweiterung des Geschäftsbetriebes ist nach herrschender Meinung in der Steuerbilanz nicht aktivierungsfähig (vgl. Gail/Greth/Schumann, 1991, S. 1390). Der derivative Firmenwert gilt steuerrechtlich demgegenüber als aktivierungspflichtiges immaterielles Wirtschaftsgut und ist infolgedessen über eine Nutzungsdauer von 15 Jahren abzuschreiben.

Immaterielle Vermögensgegenstände sind steuerrechtlich linear abzuschreiben. Die Berechnung der Abschreibung im Zugangsjahr erfolgt pro rata temporis.

In Frankreich gilt für die Aktivierung von Ingangsetzungsaufwendungen handelsrechtlich ein Aktivierungswahlrecht. Dieses ist auch in der Steuerbilanz zu beachten.

Der derivative Firmenwert und andere entgeltlich erworbene immaterielle Anlagewerte dürfen steuerlich nur angesetzt werden, wenn Nutzungsdauer und Wertverlust im vorhinein bestimmbar sind (vgl. GAIL/GRETH/SCHUMANN, 1991, S. 1392). Der rechtlich geschützte Teil des Firmenwertes wird deshalb nicht abgeschrieben.

Entwicklungskosten und selbstentwickelte Software unterliegen einem steuerrechtlichem Aktivierungswahlrecht. Für Software besteht steuerrechtlich die Möglichkeit einer Abschreibung über 12 Monate, die durch das französische Maßgeblichkeitsprinzip auch in der Handelsbilanz zum Tragen kommt (vgl. TILLMANNS, 1996, S. 26/1).

Immaterielle Vermögensgegenstände sind in Japan über ihre geschätzte Nutzungsdauer linear abzuschreiben. Wird der derivative Firmenwert aktiviert, so beträgt seine Abschreibungsdauer fünf Jahre (vgl. DOMANN, 1996, S. 10; KUBOI/PAUFLER, 1988, S. 56).

Gründungs- und Ingangsetzungskosten von Kapitalgesellschaften sind in den USA zu aktivieren und mit Beginn der Tätigkeit über fünf Jahre abzuschreiben (vgl. auch im folgenden SMALL, 1995, S. 205 f.). Für Forschungs- und Entwicklungskosten besteht ähnlich wie in Frankreich ein Aktivierungswahlrecht. Sie sind bei Ausübung des Wahlrechts über fünf Jahre abzuschreiben. Alle anderen immateriellen Vermögensgegenstände sind linear abzuschreiben, sofern ihre Nutzungsdauer zuverlässig geschätzt werden kann. Für nach dem 10. August 1993 erworbene immaterielle Vermögensgegenstände gilt – mit zahlreichen Ausnahmen – eine Nutzungsdauer von 15 Jahren.

Aufwendungen für Forschung und Entwicklung sind in Großbritannien in voller Höhe als Betriebsausgaben absetzbar (vgl. auch im folgenden WESSLING, 1994, S. 59). Für Patente und Know-How wird jeweils ein Sammelkonto gebildet, das insgesamt mit 25% degressiv abgeschrieben wird. Bei Veräußerung von Patenten wird der Veräußerungserlös, höchstens die ursprünglichen Anschaffungskosten, vom Sammelkonto abgezogen. Im Falle der Veräußerung von Know-How ist immer der Veräußerungserlös abzuziehen.

3.2.2 Normierung der Abschreibungen im Sachanlagevermögen

Planmäßige Abschreibungen werden in Deutschland in § 7 ff. EStG geregelt. Außerplanmäßige Abschreibungen werden durch sog. »Teilwertabschreibungen« vorgenommen.

Grundsätzlich ist bei abnutzbaren Vermögensgegenständen eine lineare Abschreibung oder eine Abschreibung nach Maßgabe der Leistung vorzunehmen. Bei beweglichen Vermögensgegenständen kann alternativ eine geometrisch-degressive Abschreibung vorgenommen werden. Ein späterer Übergang von der degressiven zur linearen Abschreibungn ist zulässig.

Steuerrechtlich beginnt die planmäßige Abschreibung nach R 44 Abs. 1 EStR i.V.m.

§ 9a EStDV im Zeitpunkt der Lieferung oder Fertigstellung. Im Zugangsjahr kann bei beweglichen Vermögensgegenständen aus Vereinfachungsgründen bei Zugang im ersten Halbjahr die volle, im zweiten Halbjahr die halbe Jahresabschreibung abgesetzt werden. Ansonsten ist die Abschreibung pro-rata-temporis zu berechnen.

Die betriebsgewöhnlichen Nutzungsdauern sind seitens der Finanzverwaltung in sog. »AfA-Tabellen« festgelegt. Gebäude sind nach normierten Verfahren und Sätzen abzuschreiben.

Im französischem Steuerrecht ist die lineare Abschreibung für alle abnutzbaren Vermögensgegenstände des Sachanlagevermögens zulässig. Die Nutzungsdauern sind in Tabellen der Finanzverwaltung geregelt. Für nicht-abnutzbare Vermögensgegenstände können besondere Wertberichtigungen vorgenommen werden.

Auf Option kann nach französischem Steuerrecht für bestimmte Vermögensgegenstände die geometrisch-degressive Abschreibung verwendet werden. Diese berechnet sich durch Multiplikation des linearen Abschreibungssatzes mit einem bestimmten, je nach Nutzungsdauer unterschiedlichem Faktor, der zwischen 1,5 und 2,5 liegt (vgl. Griziaux, 1995, S. 1221). Dieser Faktor kann im Rahmen der beschleunigten degressiven Abschreibung nochmals auf bis zu 3,5 erhöht werden. Im Gegensatz zur linearen Abschreibung, die mit der Nutzung des Vermögensgegenstandes beginnt, wird die degressive Abschreibung pro rata temporis ab dem Tag des Erwerbs vorgenommen (vgl. Tillmanns, 1996, S. 25).

Mindestens ist in Frankreich die lineare Abschreibung anzusetzen. Einmal unterlassene Mindestabschreibungen können nicht mehr nachgeholt werden. Soweit die Abschreibungsbeträge – etwa bei degressiver Abschreibung – die lineare Mindestabschreibung übersteigen, können sie aufgeschoben werden, wenn sich sonst aus ihrer Berücksichtigung ein Verlust ergeben würde (vgl. Tillmanns, 1996, S. 25).

Ähnlich wie in Deutschland und Frankreich existieren auch in Japan detaillierte Abschreibungstabellen des Finanzministeriums. Die Abschreibung beginnt dabei im Monat des Erwerbs. Eine der deutschen Vereinfachungsregel entsprechende Regelung existiert im japanischem Steuerrecht nicht.

Bei der Berechnung der Abschreibungsbeträge ist zudem von einem Restwert von 10% der Anschaffungs- und Herstellungskosten auszugehen. Wird der betreffende Vermögensgegenstand nach Ende seiner ursprünglichen Nutzungsdauer weiter genutzt, so ist vom Restwert nochmals die Hälfte abzuschreiben. Die restlichen 5% der Anschaffungs- bzw. Herstellungskosten dürfen erst beim Abgang des Vermögensgegenstandes als Aufwand berücksichtigt werden (vgl. Domann, 1996, S. 10; Takita/Yumoto, 1995, S. 1897; Kuboi/Paufler, 1988, S. 157).

Steuerlich zulässig sind die lineare und die degressive Abschreibungsmethode. In der Praxis wird jedoch sowohl steuer- als auch handelsrechtlich fast ausschließlich degressiv abgeschrieben. Mit Genehmigung des japanischen Finanzministeriums sind auch andere Abschreibungsmethoden möglich.

Mit Genehmigung der Finanzverwaltung können Abschreibungsmethode und Abschreibungssätze geändert werden. Zudem wird im japanischen Steuerrecht keine Planmäßigkeit der Abschreibungen unterstellt, so daß Abschreibungen auch ausgesetzt werden können.

Auf Antrag können erhöhte Abschreibungen wegen Technologiewandels oder unerwartet hoher Nutzung vorgenommen werden (vgl. KÜTING/WEBER, 1994, S. 216). Zudem gelten zahlreiche Sonderabschreibungen, die entweder als zusätzliche Abschreibung im Erwerbsjahr oder durch erhöhte Abschreibungssätze vorgenommen werden können (vgl. ausführlich KUBOI/PAUFLER, 1988, S. 57 f.; DOMANN, 1996, S. 11 f.).

Materielle Vermögensgegenstände werden seit 1987 in den USA nach dem sog. »Modified Accelerated Cost Recovery System« (MACRS) abgeschrieben. Bei Anwendung des MACRS werden die verschiedenen Vermögensgegenstände entsprechend ihrer Nutzungsdauer in bestimmte Abschreibungsklassen eingeteilt. Für jede Abschreibungsklasse ist eine festgelegte Abschreibungdauer einzuhalten, die i.d.R. kürzer als die tatsächlichen Nutzungsdauern ist (vgl. SMALL, 1995, S. 205). Als Abschreibungsmethode kommen grundsätzlich die lineare sowie die geometrisch-degressive Abschreibung in Frage. Letztere beträgt je nach Länge der Nutzungsdauer 150% oder 200% des linearen Abschreibungssatzes (vgl. auch im folgenden SCHREIBER, 1996, S. 82; MÜSSENER, 1996b, S. 23). Der Wechsel von der degressiven zur linearen Abschreibung ist, sobald die letztere günstiger ist, zulässig.

Im Jahr der Anschaffung oder Herstellung wird bei beweglichen Vermögensgegenständen nur die halbe Jahresabschreibung angesetzt (vgl. MÜSSENER, 1996b, S. 23). Bei abnutzbaren Vermögensgegenständen können in den USA außerplanmäßige Wertminderungen nur bei völliger Unbrauchbarkeit berücksichtigt werden (vgl. SCHREIBER, 1996, S. 84).

In Großbritannien sind Abschreibungen im »Capital Allowances Act« geregelt. Technische Anlagen und Maschinen werden bei Zugang auf einem Sammelkonto zu Anschaffungs- bzw. Herstellungskosten erfaßt. Die planmäßigen Abschreibungen werden von diesem Sammelkonto abgezogen; sie ergeben sich durch die Anwendung eines Abschreibungssatzes von 25% auf den Bestand des Sammelkontos zum Jahresende. Aus Sicht des einzelnen Anlagegegenstandes ergibt sich folglich eine geometrisch-degressive Abschreibung in Höhe von 25% bei unendlicher Laufzeit (vgl. WESSLING, 1994, S. 56).

Bei Abgängen wird das Sammelkonto um den Veräußerungserlös, maximal jedoch um den Zugangswert, gemindert. Infolgedessen werden Veräußerungsgewinne in Großbritannien nicht direkt als Betriebseinnahme versteuert. Sie haben lediglich zur Folge, daß sich der Bestand des Sammelkontos und damit die Abschreibungen vermindern. Entstandene Veräußerungsgewinne werden somit nur durch die Verminderung der steuerlichen Abschreibungen wirksam (vgl. WESSLING, 1994, S. 58). Wird das Sammelkonto allerdings negativ, so ist der übersteigende Betrag in voller Höhe zu versteuern (vgl. WESSLING, 1994, S. 58; MÜSSENER, 1996a, S. 20).

PKW werden auf einem separaten Sammelkonto verbucht und ebenfalls mit 25% degressiv abgeschrieben, sofern ihre Anschaffungskosten 12.000 £ nicht übersteigen. PKW mit höheren Anschaffungskosten werden einzeln abgeschrieben, wobei ihre Abschreibung auf 3.000 £ pro Jahr begrenzt ist.

Betriebsgebäude sind in allen Ländern regelmäßig linear abzuschreiben.

3.2.3 Sofortabschreibung geringwertiger Vermögensgegenstände

In Deutschland können die Ausgaben für geringwertige Vermögensgegenstände bis zu 800 DM netto im Jahr der Anschaffung voll berücksichtigt werden. Gewöhnlich geschieht dies durch eine Aktivierung der entsprechenden Vermögensgegenstände in Verbindung mit der Vornahme einer Vollabschreibung. Wie in Deutschland dürfen geringwertige Vermögensgegenstände mit Anschaffungs- oder Herstellungskosten von weniger als 2.500 FF netto nach französischem Steuerrecht sofort als Aufwand verrechnet werden. Im Gegensatz zur deutschen Norm müssen sie aber nicht zunächst aktiviert und dann abgeschrieben werden (vgl. Küting/Weber, 1994, S. 156).

In Japan dürfen geringwertige Vermögensgegenstände unter 100.000 Yen ebenfalls im Jahr ihrer Anschaffung bzw. Herstellung voll abgeschrieben werden.

Für abnutzbare Vermögensgegenstände kann in den USA nach SEC 179 (b) IRC eine Sofortabschreibung bis zu einem Gesamtbetrag von 17.500 $ jährlich erfolgen. Dieser Betrag mindert sich um den Teil der Investitionen, der 200.000 $ übersteigt (vgl. Schreiber, 1996, S. 83; Müssener, 1996b, S. 24).

Für Anlagen für Forschung und Entwicklung kann nach britischem Steuerrecht eine Sofortabschreibung in Anspruch genommen werden. Zudem können Vermögensgegenstände – ausgenommen PKW – einzeln mit 25% degressiv abgeschrieben werden, wenn sie voraussichtlich weniger als vier Jahre genutzt werden. Wird die Nutzung verlängert, so ist der Restwert im fünften Jahr dem Sammelkonto zuzuführen.

Sonderregelungen für geringwertige Vermögensgegenstände sind in Großbritannien hingegen unbekannt.

4. Fazit

Die Untersuchung zeigt, daß die Bilanzierungsgrundsätze der untersuchten Rechnungslegungssysteme im Bereich Anlagevermögen beachtliche Unterschiede aufweisen. Die in der Einleitung angesprochene Angleichung findet bisher vorwiegend im Bereich der Konzernabschlüsse statt.

Im Bereich der immateriellen Vermögensgegenstände bestehen deutliche Unterschiede hinsichtlich Aktivierbarkeit und Abschreibungsdauer.

Sowohl bei immateriellen Vermögensgegenständen als auch bei den Sachanlagen existieren teilweise wesentliche Unterschiede bei den Kriterien zur Berücksichtigung außerplanmäßiger Wertminderungen und der Zulässigkeit von Wertaufholungen.

Zudem ergeben sich im Rahmen der Bewertung von Sachanlagen Differenzen durch die Möglichkeit zur Neubewertung sowie in der Praxis durch die Berücksichtigung der steuerlichen Abschreibungsregelungen in Deutschland, Frankreich und Japan.

Beim Leasing ergeben sich die wesentlichen Unterschiede aus der wirtschaftlichen Betrachtungsweise von Leasingverhältnissen in den angelsächsischen Ländern im Gegensatz zur vorwiegend juristischen Betrachtungsweise in Deutschland und im französischen Einzelabschluß.

Nicht überraschend bestehen im Steuerrecht deutliche Unterschiede zwischen den einzelnen Rechnungslegungssystemen. Bedingt durch das Maßgeblichkeitsprinzip in Deutschland, Frankreich und Japan wirken sich diese Unterschiede auch auf die handelsrechtlichen Grundsätze und Methoden aus.

Für Bilanzanalysen bleibt auch weiterhin zu bedenken, daß die Grundsätze für die Einzelabschlüsse Unterschiede aufweisen, daß gleiches für das Steuerrecht gilt, und daß das traditionelle Verständnis ein nicht zu unterschätzendes Element bei der Auslegung internationaler Abschlüsse darstellt.

	Deutschland	Frankreich	Japan	USA	Großbritannien	IASC
A. Handelsbilanz 1. Zuordnung von Vermögensgegenständen	Vermögensgegenstände, die dauernd dem Geschäftsbetrieb dienen sollen Keine genaue zeitliche Festlegung	Vermögensgegenstände, die dauernd dem Geschäftsbetrieb dienen sollen Keine genaue zeitliche Festlegung	»One-Year-Rule«	Erwerb von Vermögensgegenständen primär zur Nutzung über einen längeren Zeitraum und nicht zum Verkauf	Nutzung in Produktion, Verwaltung oder zur Ausführung von Lieferungen Absicht der längeren Nutzung	Nutzung in Produktion, Verwaltung oder zur Ausführung von Lieferungen Absicht der längeren Nutzung
2. Immaterielle Vermögensgegenstände des Anlagevermögens						
Gründungsaufwendungen	Explizites Aktivierungsverbot	Aktivierungswahlrecht i. V.m. Ausschüttungssperre Abschreibung über 5 Jahre	Aktivierungswahlrecht Abschreibung über 5 Jahre	Faktisch Aktivierungswahlrecht als »deferred charges« oder als immaterielle Vermögensgegenstände	Explizites Aktivierungsverbot	Noch nicht geregelt Aktivierungsfähig sofern »asset«
Ingangsetzungs- und Erweiterungsaufwendungen	Aktivierung als Bilanzierungshilfe i. V.m. Ausschüttungssperre aber keine Vermögensgegenstände Abschreibung über max. 5 Jahre	Aktivierungsrecht i. V.m. Ausschüttungssperre Abschreibung über 5 Jahre	Aktivierungswahlrecht Abschreibung über 5 Jahre	Faktisch Aktivierungswahlrecht als »deferred charges« oder als immaterielle Vermögensgegenstände	Ansatzgebot	Noch nicht geregelt Aktivierungsfähig sofern »asset«
Firmenwert – originär – derivativ	Aktivierungsverbot Aktivierungswahlrecht Abschreibung über 4 Jahre ab Folgejahr oder Nutzungsdauer	Aktivierungsverbot Aktivierungspflicht Der rechtlich geschützte Teil des Firmenwertes darf nicht planmäßig abgeschrieben werden	Aktivierungsverbot Aktivierungswahlrecht	Aktivierungsverbot Aktivierungspflicht Abschreibung über maximal 40 Jahre	Aktivierungsverbot Aktierungswahlrecht	Aktivierungsverbot Aktivierungspflicht Abschreibung über maximal 20 Jahre

	Deutschland	Frankreich	Japan	USA	Großbritannien	IASC
Selbsterstellte immaterielle Vermögensgegenstände	Aktivierungsverbot	Aktivierungswahlrecht bei Patenten und rechtlich geschützten Warenzeichen	Nicht geregelt	Faktisches Aktivierungswahlrecht, sofern Identität und Nutzungsdauer eindeutig bestimmbar	Aktivierungspflicht wenn »asset«	Noch nicht geregelt Aktivierungsfähig sofern »asset«
Aufwendungen für Forschung und Entwicklung	Aktivierungsverbot	Aktivierungswahlrecht sofern klar zuordenbare Kosten und Chance zur späteren kommerziellen Nutzung	Aktivierungswahlrecht in Form einer Bilanzierungshilfe unter bestimmten Voraussetzungen	Aktivierungsverbot	Aktivierungsverbot für reine Forschungsaufwendungen Aktivierungswahlrecht für Entwicklungsaufwendungen unter restriktiven Voraussetzungen	Aktivierungsverbot für reine Forschungsaufwendungen Aktivierungswahlrecht für Entwicklungsaufwendungen unter restriktiven Voraussetzungen
3. Sachanlagevermögen						
Neubewertung – Zulässigkeit	Nicht zulässig	Zu jedem Bilanzstichtag, aber für alle Vermögensgegenstände verbindlich	Aufgrund eines Sondergesetzes für Grundstücke	Nicht für Sachanlagen	Für Gruppen von Vermögensgegenständen Bei Neubewertung alle 5 Jahre Überprüfung der Wertansätze	Für Gruppen von Vermögensgegenständen Neubewertung soll regelmäßig erfolgen
– Maßgeblicher Wert		»Valeur Actuelle« (grds. Methodenfreiheit)	Verkehrswert		Gegenwarts- oder Marktwert	Beizulegender Wert
– Behandlung der Aufwertungsbeträge		Erfolgsneutrale Einstellung in Neubewertungsrücklage			Erfolgsneutrale Einstellung in Neubewertungsrücklage mit Ausschüttungssperre	Erfolgsneutrale Einstellung in Neubewertungsrücklage

	Deutschland	Frankreich	Japan	USA	Großbritannien	IASC
Planmäßige Abschreibungen – Methoden	Keine Festlegungen	Keine Festlegungen aber Aufstellung eines Abschreibungsplans	Viele Methoden zulässig	Linear, degressiv und Leistungsabschreibung, in Ausnahmefällen auch andere	Linear, degressiv und Leistungsabschreibung, in Ausnahmefällen auch andere	Methode soll die zeitliche Struktur der Nutzung widerspiegeln
– Praxisabschreibung	Degressiv, soweit steuerlich zulässig	Linear	Degressiv	Linear	Linear	
– Steuerl. Einfluß	Stark	Stark	Stark	Nicht vorhanden	Nicht vorhanden	Nicht vorhanden
Berücksichtigung außerplanmäßiger Wertminderungen	Pflicht zur Abschreibung dauerhafter Wertminderung, sonst Wahlrecht	Pflicht zur Abschreibung bei dauerhafter Wertminderung Bei vorübergehender Wertminderung Pflicht zur Bildung einer Rückstellung	Abschreibung nur bei wesentlicher und endgültiger Wertminderung	Pflicht zur Abschreibung bei dauerhafter Wertminderung	Pflicht zur Abschreibung bei dauerhafter Wertminderung	Pflicht zur Abschreibung ohne Rücksicht auf die Dauer der Wertminderung
Zuschreibungen	Faktisches Zuschreibungswahlrecht	Zuschreibungsgebot durch Auflösung der Rückstellung	Keine Regelung wegen Gebot der Endgültigkeit von Wertminderungen	Nicht zulässig	Zuschreibungsgebot	Zuschreibungsgebot
Leasing – Regelungen	Nur steuerlich geregelt	Unterschiedliche Regelungen in Einzel- und Konzernabschluß	Unterscheidung in Operating und Finanzierungs-Leasing	Unterscheidung in Operating und Finanzierungs-Leasing	Unterscheidung in Operating und Finanzierungs-Leasing	Unterscheidung in Operating und Finanzierungs-Leasing
– Kriterien für Zurechnung beim Leasingnehmer	Steuerlich Vorliegen von »Vollamortisationsverträgen« und Unkündbarkeit	Im Einzelabschuß immer Operating Leasing, Konzernabschluß entspricht IAS	Unkündbarkeit und sog. »Full-Pay-Out«	Kaufoption, Eigentumsübertragung, Verhältnis von Vertragslaufzeit zu Nutzungsdauer und von Leasingzahlungen zu Verkehrswert	Verhältnis von Leasingzahlungen zu Verkehrswert	Sehr viele, im wesentlichen ähnlich zu US-GAAP

	Deutschland	**Frankreich**	**Japan**	**USA**	**Großbritannien**	**IASC**
B. Steuerbilanz Maßgeblichkeit	Ja	Faktisch ja	Ja	Nein	Nein	Nein
Besonderheiten bei Ansatz und Bewertung immaterieller Vermögensgegenstände	Nur lineare Abschreibung	Ansatz nur, wenn Nutzungsdauer und Wertverlust bestimmbar Keine Abschreibung des rechtlich geschützten Teils des Firmenwertes Abschreibung von Software innerhalb von 12 Monaten möglich	Durch starke umgekehrte Maßgeblichkeit wie in Handelsbilanz	Lineare Abschreibung über 15 Jahre mit zahlreichen Ausnahmen	Patente und Know-How werden über ein eigenes Sammelkonto mit 25% p.a. abgeschrieben	
Abschreibung im Sachanlagevermögen – Methoden	Linear oder Leistungsabschreibung Bei bewegl. Wirtschaftsgütern auch 30% degressiv	Linear Auf Option degressive Abschreibung, die durch Multiplikation des linearen Satzes mit festgelegten Faktoren ermittelt wird	Linear oder degressiv Mit Genehmigung des Finanzministeriums auch andere Verfahren	Linear oder degressiv Degressive Abschreibung beträgt je nach Nutzungsdauer 150–200% des linearen Satzes	Abschreibung mit 25% über Sammelkonten	

	Deutschland	Frankreich	Japan	USA	Großbritannien	IASC
– Festlegung der Nutzungsdauer	AfA-Tabellen	Tabellen der Finanzverwaltung	Tabellen der Finanzverwaltung	MACRS-System: Einteilung in Abschreibungsklassen nach Nutzungsdauern	Keine Festlegung, da über Sammelkonten abgeschrieben wird	
– Sonstiges	Vereinfachungsregelung bei Zugängen im beweglichen Sachanlagevermögen	Mindestens ist die lineare Abschreibung anzusetzen Unterlassene Abschreibungen können nicht nachgeholt werden	Abgeschrieben wird nur bis zu einem Restwert von 10%, erfolgt eine weitere Nutzung, so können nochmals 5% abgeschrieben werden Abschreibungen können auch ausgesetzt werden, da keine Planmäßigkeit unterstellt wird	Im Anschaffungs- bzw. Herstellungsjahr wird nur die halbe Jahresabschreibung angesetzt	PKW über 12.000 £ werden einzeln abgeschrieben, dabei ist Abschreibung auf max. 3.000 £ p.a. begrenzt	
Sofortabschreibungen von GWG's	Grenze bei beweglichen Sachanlagen 800 DM	Sofortige Aufwandsverrechnung bei Anschaffungskosten von weniger als 2.500 FF netto	Grenze 100.000 Yen	Sofortabschreibungen bis insgesamt 17.500 $ p.a.	keine	

Literaturverzeichnis

ACCOUNTING PRINCIPLES BOARD OPINION (APB) No. 17, Intangible Assets, in: FASB (Hrsg.), Original Pronouncements, Norwalk/Connecticut 1997.

ADLER, Hans / DÜRING, Walther / SCHMALTZ, Kurt (1996), Rechnungslegung und Prüfung der Unternehmen. Kommentar zum HGB, AktG, GmbHG, PublG nach den Vorschriften des Bilanzrichtliniengesetzes, Stuttgart 1996.

ALEXANDER, David / ARCHER, Simon (1995), European Accounting Guide, San Diego/New York/ London 1995.

ARTHUR ANDERSEN (Hrsg.) (1997), GAAP Analysis 1997, o.O.

BALLWIESER, Wolfgang (1997), Kommentierung von IAS 16, in: Baetge, Jörg u. a. (Hrsg.), Rechnungslegung nach International Accounting StandardS. Kommentar auf Grundlage des deutschen Bilanzrechts, Stuttgart 1997.

BAKER, C. Richard / RAPACCIOLI, Donna / SOLOMON, Morton B. (1995), United States of America, in: Ordelheide, Dieter/KPMG (Hrsg.), Transnational Accounting, New York 1995.

BLAKE, John / AMAT, Oriol (1993), European Accounting, London 1993.

BMF (1971), Schreiben des Bundesministers für Finanzen vom 19.4. 1971, IV B/2 - S 2170 - 31/71, Betr.: Ertragsteuerliche Behandlung von Leasing-Verträgen über bewegliche Wirtschaftsgüter, in: BStBl. I 1971, S. 264–266.

BMF (1972), Schreiben des Bundesministers für Finanzen vom 21.3. 1972, F/IV B/2 - S 2170 - 11/72, Betr.: Ertragsteuerliche Behandlung von Finanzierungs-Leasing-Verträgen über unbewegliche Wirtschaftsgüter, in: BStBl. I 1972, S. 188–189.

BMF (1975), Schreiben des Bundesministers für Finanzen vom 22.12. 1975, IV B2 - S 2170 - 161/72, Betr.: Steuerrechtliche Zurechnung des Leasing-Gegenstandes beim Leasing-Geber, in: Betriebs-Berater 1996, S. 72–73.

BMF (1991), Schreiben des Bundesministers für Finanzen vom 23.12. 1991, IV B2 - S 2170 - 115/91, Betr.: Ertragsteuerliche Behandlung von Teilamortisations-Leasing-Verträgen über unbewegliche Wirtschaftsgüter, in: BStBl. I 1992, S. 13–15.

BRÜGGEN, Andreas (1994), Japanische Rechnungslegung, in: Gräfer, Horst/Demming, Claudia (Hrsg.), Internationale Rechnungslegung, Stuttgart 1994.

DAVIES, Mike / PATERSON, Ron / WILSON, Allister (1997), UK GAAP. Generally Accounting Practice in the United Kingdom, London 1997.

DEMMING, Claudia (1994), US-amerikanische Rechnungslegung, in: Gräfer, Horst/Demming, Claudia (Hrsg.), Internationale Rechnungslegung, Stuttgart 1994.

DOMANN, Rita (1996), Japan, in: Mennel, Annemarie/Förster, Jutta (Hrsg.), Steuern in Europa, Amerika und Asien, Herne/Berlin, 1980, Stand Oktober 1996.

DÖRING, Ulrich (1995), Kommentierung des § 253 HGB, in: Küting, Karlheinz/Weber, Claus-Peter (Hrsg.), Handbuch der Rechnungslegung. Kommentar zur Bilanzierung und Prüfung, Stuttgart 1995.

EISOLT, Dirk (1986), Unterschiede in der Bilanzierung und Bewertung von Kapitalgesellschaften in Deutschland und Großbritannien, in: Der Betrieb 1986, S. 1237–1241.

FINANCIAL REPORTING STANDARDS (FRS) 10, Goodwill and Intangible Assets, in: ICAEW (Hrsg.), Accounting Standards 1997/98, o.O. 1997.

FINANCIAL REPORTING EXPOSURE DRAFT (FRED) 51, Accounting for Fixed Assets and Revaluation, in: ICAEW (Hrsg.), Accounting Standards 1997/98, o.O. 1997.

GAIL, Winfried / GRETH, Michael / SCHUMANN, Roland (1991), Die Maßgeblichkeit der Handelsbilanz für die Steuerbilanz in den Mitgliedstaaten der Europäischen Gemeinschaft, in: Der Betrieb 1991, S. 1389–1400.

Griziaux, Jean-Paul (1995), France Individual Accounts, in: Ordelheide, Dieter/KPMG (Hrsg.), Transnational Accounting, New York 1995.

HFA (1989), Zur Bilanzierung beim Leasinggeber, Stellungnahme 1/1989 in: Die Wirtschaftsprüfung 1989, S. 625–627.

Hopcroft, Terry (1995), Rechnungslegung und Grundsätze der Abschlußprüfung in Großbritannien und Deutschland – Ein Vergleich, Düsseldorf 1995.

International Accounting Standard (IAS) 16 (revised 1993), Property, Plant and Equipment, in: IASC (Hrsg.), International Accounting Standards 1998, London 1998.

International Accounting Standard (IAS) 17 (revised 1997), Accounting for Leases, in: IASC (Hrsg.), International Accounting Standards 1998, London 1998.

International Accounting Standard (IAS) 22 (revised 1998), Business Combinations, IASC (Hrsg.), London 1998.

International Accounting Standard (IAS) 36 (revised 1998), Impairment of Assets, IASC (Hrsg.), London 1998.

International Accounting Standard (IAS) 38, Intangible Assets, IASC (Hrsg.), London 1998.

Isele, Horst (1995), Miet-, Pacht- und Leasingverhältnisse, in: Küting, Karlheinz/Weber, Claus-Peter (Hrsg.), Handbuch der Rechnungslegung. Kommentar zur Bilanzierung und Prüfung, Stuttgart 1995.

Köhler, Andreas / Rotter, Norbert (1994), Britische Rechnungslegung, in: Gräfer, Horst/Demming, Claudia (Hrsg.), Internationale Rechnungslegung, Stuttgart 1994.

Kuboi, Takashi / Paufler, Alexander (1988), Unternehmung und Besteuerung in Japan, Stuttgart 1988.

Küting, Karlheinz / Hayn, Sven (1995), Wesentliche Unterschiede der Rechnungslegung in Großbritannien und Deutschland, in: Zeitschrift für Unternehmens- und Gesellschaftsrecht 1995, S. 111–133.

Küting, Karlheinz / Weber, Claus-Peter (1994), Internationale Bilanzierung. Rechnungslegung in den USA, Japan und Europa, Herne 1994.

Müssener, Ingo (1996a), Großbritannien, in: Mennel, Annemarie/Förster, Jutta (Hrsg.), Steuern in Europa, Amerika und Asien, Herne/Berlin 1980, Stand Oktober 1996.

Müssener, Ingo (1996b), USA, in: Mennel, Annemarie / Förster, Jutta (Hrsg.). Steuern in Europa, Amerika und Asien. Herne/Berlin 1980, Stand Oktober 1996.

Schildbach, Thomas (1996), Ansatz und Bewertung immaterieller Anlagewerte, in: Ballwieser, Wolfgang (Hrsg.), US-amerikanische Rechnungslegung. Grundlagen und Vergleiche mit dem deutschen Recht, Stuttgart 1996.

Schreiber, Ullrich (1996), Die Bedeutung der US-amerikanischen Rechnungslegung für die Besteuerung von Gewinnen und Ausschüttungen, in: Ballwieser, Wolfgang (Hrsg.), US-amerikanische Rechnungslegung. Grundlagen und Vergleiche mit dem deutschen Recht, Stuttgart 1996.

Schwandtner, Heike (1994), Französische Rechnungslegung, in: Gräfer, Horst/Demming, Claudia (Hrsg.), Internationale Rechnungslegung, Stuttgart 1994.

Siebert, Henning (1996), Grundlagen der US-amerikanischen Rechnungslegung. Ziele und Inhalte der Verlautbarungen der SEC und des FASB sowie ihre Unterschiede zum deutschen Bilanzrecht, Köln 1996.

Statement of Financial Accounting Standards (SFAS) No. 13, Accounting for Leases, in: FASB (Hrsg.), Original Pronouncements, Norwalk/Connecticut 1997

Statement of Financial Accounting Standards (SFAS) No. 86, Accounting for the Costs of Computer Software to be Sold, Leased or Otherwise Marketed, in: FASB (Hrsg.), Original Pronouncements, Norwalk/Connecticut 1997.

STATEMENT OF FINANCIAL ACCOUNTING STANDARDS (SFAS) No. 91, Accounting for Nonrefundable Fees and Costs Associated with Originating or Acquiring Loans and Initial Direct Costs of Leases, in: FASB (Hrsg.), Original Pronouncements, Norwalk/Connecticut 1997.

STATEMENT OF FINANCIAL ACCOUNTING STANDARDS (SFAS) No. 121, Accounting for the Impairment of Long-Lived Assets and for Long-Lived Assets to be Disposed Of in: FASB (Hrsg.), Original Pronouncements, Norwalk/Connecticut 1997.

STATEMENT OF STANDARD ACCOUNTING PRACTICE (SSAP) 12, Accounting for Depreciation, in: ICAEW (Hrsg.), Accounting Standards 1997/98, o.O. 1997.

STATEMENT OF STANDARD ACCOUNTING PRACTICE (SSAP) 13, Accounting for Research and Development, in: ICAEW (Hrsg.), Accounting Standards 1997/98, o.O. 1997.

STATEMENT OF STANDARD ACCOUNTING PRACTICE (SSAP) 21, Accounting for Leases and Hire Purchase Contracts, in: ICAEW (Hrsg.), Accounting Standards 1997/98, o.O. 1997.

STATEMENT OF STANDARD ACCOUNTING PRACTICE (SSAP) 22, Accounting for Goodwill, in: ICAEW (Hrsg.), Accounting Standards 1997/98, o.O. 1997.

SMALL, David G. (1995), Die US-Gewinnermittlung – eine bilanzsteuerrechtliche Übersicht, in: Internationales Steuerrecht 1995, S. 156–160 und S. 204–208.

TAKITA, Terumi / YUMOTO, Kenji (1995), Japan Individual Accounts, in: Ordelheide, Dieter/KPMG (Hrsg.), Transnational Accounting, New York 1995.

TILLMANNS, Wolfhardt (1996), Frankreich, in: Mennel, Annemarie/Förster, Jutta (Hrsg.), Steuern in Europa, Amerika und Asien, Herne/Berlin 1980, Stand Oktober 1996.

VIGELIUS, Christoph (1997), HGB, US-GAAP, IAS. Vergleich deutscher und internationaler Rechnungslegungsstandards, Frankfurt/Main 1997.

WEBER-GRELLET, Heinrich (1997), Kommentierung des § 5 EstG, in: Schmidt, Ludwig (Hrsg.), Einkommensteuergesetz. München 1997.

WESSLING, Johannes (1994), Steuerliche Abschreibungen in Großbritannien, in: Recht der Internationalen Wirtschaft 1994, S. 56–59.

WILLIAMS, Jan R. (1997), 1997 Miller. GAAP Guide, San Diego/New York/London 1997.

Die MD&A – ein Vorbild für den Lagebericht?

Friedrich Wilhelm Selchert*

Inhalt

* Prof. Dr. Friedrich Wilhelm Selchert, Inhaber des Lehrstuhls für Betriebswirtschaftslehre VI, Revisions- und Treuhandwesen, Betriebswirtschaftliche Steuerlehre, Justus Liebig-Universität Gießen.

1. Problemstellung

Der Lagebericht von Kapitalgesellschaften hat aufgrund seiner recht allgemein gehaltenen Reglementierung in § 289 HGB über viele Jahre bei der Mehrzahl der Kapitalgesellschaften ein ausgesprochen kümmerliches Dasein geführt. Vor allem in Unternehmen, die sich keinem breiten Publikum präsentieren müssen, hat er dieses Stadium bis heute noch nicht überwunden. Dies zeigt sich rein äußerlich bereits darin, daß er häufig über eine halbe oder dreiviertel Seite nicht hinauskommt. Allerdings haben in jüngster Zeit mehrere Ereignisse Bewegung in die Diskussion um die Gestaltung des Lageberichts gebracht:

In der Rechnungs- und Rechenschaftslegungspraxis weiten die Kapitalgesellschaften, die durch die Publikation ihrer Geschäftsberichte ein breites Spektrum an Interessenten erreichen wollen, die Lageberichterstattung ganz erheblich aus. Die Mehrzahl der im DAX zusammengefaßten Gesellschaften haben den Lagebericht in ihren Geschäftsberichten zwischenzeitlich so weit entwickelt, daß der Jahresabschluß dagegen deutlich abfällt (vgl. die Geschäftsberichte 1997 der BASF AG: 26 Seiten Lagebericht bei 18 Seiten Konzernabschluß; Thyssen AG: 31 Seiten Lagebericht bei 29 Seiten Konzernabschluß; Volkswagen AG: 15 Seiten Lagebericht bei 13 Seiten Konzernabschluß). Gelegentlich haben die Gesellschaften den Jahresabschluß (z. B. auf grauem Papier) drucktechnisch in einer Weise gegen den Lagebericht (auf weißem Papier) abgesetzt, die ihn als unbedeutendes Anhängsel des optisch stark aufgewerteten Lageberichts erscheinen läßt (vgl. z. B. die Geschäftsberichte 1997 der Bayer AG und der BASF AG).

Der Gesetzgeber hat mit dem am 1. Mai 1998 in Kraft getretenen Gesetz zur Kontrolle und Transparenz im Unternehmensbereich (KonTraG) (vgl. BGBl. I 1998, S. 786 ff.) in Art. 2 Nr. 3 verfügt, daß bei der Darstellung des Geschäftsverlaufs und der Lage der Kapitalgesellschaft »auch auf die Risiken der künftigen Entwicklung einzugehen« ist. Die Begründung zu dieser Gesetzesänderung spricht einerseits von einer Erweiterung des Inhalts des Lageberichts, weil »der Lagebericht künftig auch Aussagen darüber enthält, mit welchen Risiken die künftige Entwicklung belastet ist«, artikuliert andererseits aber auch den Zweck, »das den tatsächlichen Verhältnissen entsprechende Bild auch wirklich« zu vermitteln (Referentenentwurf eines Gesetzes zur Kontrolle und Transparenz im Unternehmensbereich, S. 61).

Der Hauptfachausschuß (HFA) des Instituts der Wirtschaftsprüfer (IDW) hat nach einem Beschluß vom 4. März 1997 den Entwurf einer Verlautbarung: Zur Aufstellung des Lageberichts (vgl. HFA, 1997, S. 213 ff.) veröffentlicht, der eine detaillierte Auslegung des § 289 HGB enthält (Dieser Entwurf ist am 26. Juni 1998 als Rechnungslegungsgrundsatz verabschiedet worden (vgl. IDW RS HFA 1, 1998, S. 318 ff.).). Der Lagebericht soll durch vorrangig verbale Ausführungen einerseits den Jahresabschluß ergänzen und andererseits insgesamt umfassender, weil nicht durch die GoB eingeschränkt, und zukunftsorientierter als durch den Jahresabschluß möglich informieren (vgl. HFA, 1997, S. 214; IDW RS HFA 1, 1998, S. 319).

Schließlich gestattet das zum 1. Juni 1998 in Kraft getretene Kapitalaufnahmeerleichterungsgesetz (KapAEG) (vgl. BGBl. I 1998, S. 707 ff.) börsennotierten Mutterunternehmen, die Aufstellung von Konzernlageberichten nach deutschem Recht zu unterlassen, wenn die Lageberichte »nach international anerkannten Rechnungslegungsgrundsätzen aufgestellt worden sind« (vgl. § 292a Abs. 2 Nr. 2a HGB). Gedacht ist in diesem Zusammenhang offensichtlich primär an die International Accounting Standards (IAS). Diese enthalten zum Lagebericht allerdings keine Vorgaben (Selchert/Erhardt, 1998, S. 267). Insoweit kann hilfsweise nur die Normierung nach US GAAP in Betracht kommen, die ebenfalls international weitgehende Anerkennung gefunden haben. Dazu gehört speziell die seitens der Securities and Exchange Commission (SEC) von börsennotierten Gesellschaften mittels des Formblatts 10-K eingeforderte Management's Discussion and Analysis of Financial Condition and Results of Operations (MD&A) (vgl. SEC, 1996, S. 33, 212).

Zwar gestattet das KapAEG lediglich bei der Erstellung von Konzernlageberichten börsennotierten Kapitalgesellschaften den Übergang zur Erstellung nach internationalen Grundsätzen; die Erfahrung lehrt allerdings, daß es nur eine Frage der Zeit ist, bis auch auf der Ebene nicht börsennotierter Mutterunternehmen und sogar bei Einzelabschlüssen eine analoge Rechtsanwendung betrieben wird. Für die Beschränkung der Regelung des KapAEG auf Konzernabschlüsse börsennotierter Unternehmen gibt es keinen überzeugenden sachlichen Grund. Nicht börsennotierte Mutterunternehmen sind z. T. wegen ihrer Auslandstätigkeit weit mehr als börsennotierte auf internationale Vergleiche angewiesen. Aber auch international tätige Einzelunternehmen sind – wie Konzerne – an internationaler Vergleichbarkeit ihrer Rechnungslegung interessiert, und es läßt sich nicht nachvollziehen, weshalb ihnen die Anwendung deutschen Rechts neben ausländischem Recht aufgebürdet werden soll, wenn für Konzernlageberichte eine Beschränkung auf internationale Grundsätze möglich ist.

Im übrigen dürfte auch bezüglich des Lageberichts der Grundsatz gelten, daß höhere Anforderungen niedrigere brechen. Das Bessere ist des Guten Feind. In dem Maße, in dem Konzerne und Unternehmen zu einer als qualifizierter eingeschätzten Rechnungs- und Rechenschaftslegung übergehen, können es sich die übrigen im Offenlegungs- und Investor-Relations-Wettbewerb Stehenden nicht leisten zurückzubleiben. Als gewissermaßen letzte Stufe in dieser Entwicklung erscheint dann die Anpassung des deutschen Rechts des Lageberichts an die als höherwertig eingestuften Normen. Mit Blick auf eine solche Anpassung wurde die Anwendbarkeit der internationalen Grundsätze bis 31. Dezember 2004 befristet (vgl. KapAEG, in: BGBl. I 1998, S. 709 ff.). Insoweit erscheint die Frage berechtigt, inwieweit die Vorgaben der SEC bezüglich der MD&A für eine Weiterentwicklung der deutschen Normierung des Lageberichts Pate stehen können.

2. Zweck und Verwendung der MD&A und des Lageberichts

Die SEC verlangte 1968 erstmals zusätzliche Erläuterungen zum Jahresabschluß, die sich allerdings nur auf eine Analyse der Gewinn- und Verlustrechnung beschränkten. Über die folgenden 12 Jahre entwickelte sich aus dieser Regelung die heute geforderte MD&A (vgl. SCHNEIDER, 1989, S. 150; DIETER/SANDEFUR, 1989, S. 64). »The Securities and Exchange Commission mandated in 1980 that public companies' annual reports include a ... (MD&A) section that assesses the enterprises' liquidity, capital resources and operations in a way many investors can understand« (PAVA/EPSTEIN, 1993, S. 51). Die SEC sieht die MD&A, die im Jahresbericht gem. Form 10-K jährlich einzureichen ist, als Informationsquelle, welche die Einschätzung der wirtschaftlichen Lage des betreffenden Unternehmens durch dessen Management wiedergibt.

Der 10-K-Bericht kann bei der SEC oder bei den betreffenden Unternehmen angefordert werden (vgl. BROTTE, 1997, S. 180). Zwischenzeitlich sind eine Vielzahl von Unternehmen dazu übergegangen, ihre MD&A in ihre veröffentlichten und jedermann zugänglichen Geschäftsberichte aufzunehmen (vgl. z. B. die Geschäftsberichte 1997 der Chevron Corporation, San Francisco CA, S. 25–37; IBM Corporation, S. 40–49; Philip Morris Companies Inc., S. 21–35). Im Zuge der neuen Medien lassen sich MD&A's einer Reihe von Unternehmen bereits über das Internet abrufen.

Die SEC gilt zwar als Hauptadressat des 10-K-Berichts und damit auch der MD&A, aber die gesamte jährliche Berichterstattung nach US GAAP ist – wie die Tätigkeit der SEC – vorrangig auf die Kapitalanleger ausgerichtet. Allerdings kann keineswegs von einer ausschließlichen Ausrichtung der MD&A auf die Eigenkapitalgeber ausgegangen werden. In ihren erläuternden Hinweisen zu den Vorgaben für die MD&A betont die SEC als Zweck der Darstellung und Analyse ausdrücklich die Vermittlung von Informationen »to investors and other users« (SEC, 1996, S. 13.105). Daß die SEC nach wie vor ihr Augenmerk auf die Umsetzung ihrer Anforderungen, die Gestaltung und die Akzeptanz der MD&A richtet, geht nicht zuletzt daraus hervor, daß sie ab 1988 eine ganze Reihe von MD&A's einer spezifischen Prüfung unterzog. Das Ergebnis waren vielfältige Hinweise und Änderungsauflagen mit dem Ziel qualifizierter Berichterstattung, »to give the investor an opportunity to look at the company through the eyes of management« (DIETER/SANDEFUR, 1989, S. 64).

Den Lagebericht regelt der deutsche Gesetzgeber in § 264 Abs. 1 Satz 1 HGB ausdrücklich nicht als Bestandteil des Jahresabschlusses, schreibt ihn allerdings in Verbindung mit diesem zwingend vor (Ausnahme: kleine Kapitalgesellschaften, vgl. § 264 Abs. 1 Satz 3 HGB). Damit wendet sich der Lagebericht an den selben Interessentenkreis wie der deutsche Jahresabschluß. Es kann deshalb grundsätzlich davon ausgegangen werden, daß er nicht wie die MD&A bevorzugt auf die Interessen der Investoren als Eigenkapitalgeber ausgerichtet ist. Aufgrund der Ergänzungsfunktion des Lageberichts kann vielmehr gelten, daß er im Unterschied zur MD&A die Interessen sämtlicher Adressaten der jährlichen Rechnungs- und Rechenschaftslegung berücksichtigt und statt den Eigenkapitalgeberinteressen den Gläubigerinteressen einen Vorrang einräumt.

Diese Argumentation wird durch einen mit dem Gesetz zur Kontrolle und Transparenz im Unternehmensbereich (KonTraG) an den § 289 Abs. 1 HGB angehängten Halbsatz gestützt. Danach ist bei der Darstellung des Geschäftsverlaufs und der Lage »auch auf die Risiken der künftigen Entwicklung einzugehen.« Die Betonung der Risiken mag auch für die Investoren in Form von Eigenkapitalgebern von Interesse sein; vor dem Hintergrund der Gesamtausrichtung der jährlichen Rechenschaftslegung nach deutschem Recht erfolgt jedoch primär eine Betonung des Gläubigerschutzes. Insoweit unterscheiden sich Zweck und Verwendung von MD&A und Lagebericht im Ansatz.

Allerdings ist nicht zu übersehen, daß § 264 Abs. 2 Satz 1 HGB den Vorbehalt der Grundsätze ordnungsmäßiger Buchführung nur für den Jahresabschluß, nicht aber für den Lagebericht regelt. Gerade diese mit dem Begriff der Grundsätze ordnungsmäßiger Buchführung gemeinten kodifizierten und nicht kodifizierten Einzelvorschriften werden im allgemeinen als Argumentationsgrundlage für eine im Vergleich zur US-amerikanischen Rechenschaftslegung bestehende Überbetonung der Gläubigerinteressen gesehen. Konkret sind es vor allem das Anschaffungswertprinzip (§ 253 Abs. 1 HGB) und das Imparitätsprinzip (§ 252 Abs. 1 Nr. 4 HGB), die als Beleg für eine Dominanz des Gläubigerschutzes und eine aus der Sicht der Eigenkapitalgeber nicht zu rechtfertigende Überbetonung der Vorsicht gesehen werden.

§ 264 Abs. 2 Satz 1 HGB bietet tatsächlich die Voraussetzung dafür, nach § 289 Abs. 1 HGB den Geschäftsverlauf und die Lage der Kapitalgesellschaft uneingeschränkt »so darzustellen, daß ein den tatsächlichen Verhältnissen entsprechendes Bild vermittelt wird«. Es wäre beispielsweise nicht zu beanstanden, wenn im Lagebericht die stillen Zwangsreserven der Finanzanlagen oder der Grundstücke, die in der Bilanz nicht zum Ansatz kommen dürfen, oder die Teilgewinne aus langfristiger Auftragsfertigung, die bei konventioneller Bilanzierung und Bewertung im Jahresabschluß nicht erscheinen, angegeben werden (vgl. SELCHERT/LORCHHEIM, 1998, S. 127). Der Lagebericht nach deutschem Recht bietet also Gelegenheit, zu einer durchaus ausgewogenen Berichterstattung im Hinblick auf Eigenkapitalgeber- und Gläubigerinteressen zu kommen. Es erscheint allerdings auch möglich, mit Hilfe des Lageberichts die Eigenkapitalgeberinteressen im gleichen Maße wie in der US-amerikanischen Rechenschaftslegung in den Vordergrund zu stellen. Insofern vermag die MD&A Vorbildfunktion für die Praxis der Lageberichtsgestaltung auszuüben.

Anknüpfungspunkte für eine Vorbildfunktion der MD&A bietet bereits das Wahlrecht, umfassend freiwillige Angaben in den Lagebericht aufzunehmen. Hinzu kommen die Möglichkeiten, die sich aus der Auslegung der nur vagen Vorgaben für den Lageberichtsinhalt ergeben. Der gesetzlichen Normierung vermögen Zweck und Verwendung der MD&A jedoch so lange keine Impulse zu geben, solange sich an der

Grundausrichtung der deutschen Rechenschaftslegung auf den Gesamtkreis der Interessenten, insbesondere auf die Gläubiger, nichts ändert.

Was schließlich den speziellen Zweck der MD&A anbelangt, ergänzend zu den unkommentierten Daten der übrigen Berichterstattung die subjektive Sicht des Managements zur wirtschaftlichen Lage des Unternehmens zu vermitteln, so können daraus allenfalls Impulse für die Praxis der Lageberichterstattung resultieren, nicht aber für eine normative Weiterentwicklung des Lageberichts. Wie in der MD&A, so geben auch im Lagebericht »die gesetzlichen Vertreter ... ihr persönliches Werturteil über die Lage und Entwicklung der Gesellschaft ab, das betriebswirtschaftliche, technische, rechtliche, sozialpolitische und volkswirtschaftliche Aspekte gleichermaßen umfaßt.« (Ellrott, 1995, Rn. 3). Somit ergeben sich aus Zweck und Verwendung der MD&A wohl Anregungen für die Praxis der Gestaltung von Lageberichten, nicht aber für deren Normierung.

3. Normierung von MD&A und Lagebericht

3.1 Umfang der Normierung von MD&A und Lagebericht

Den Gegenstand der MD&A bilden gem. Regulation S-K Item 303 (a) die finanziellen Verhältnisse, Veränderungen der finanziellen Verhältnisse und die Ergebnisse aus der Unternehmenstätigkeit. Die finanziellen Verhältnisse als Analyse- und Berichtsgegenstand sind nochmals untergliedert in:

- Liquidity und
- Capital resources,

wobei die Erörterung gemeinsam erfolgen darf, soweit Wechselbeziehungen zwischen den beiden Berichtsfeldern bestehen (vgl. SEC, 1996, S. 13,104f.).

Abgesehen von den speziellen Vorgaben zu den Berichtsgegenständen verlangt die SEC gem. Regulation S-K Item 303(a) Satz 2 in der MD&A die Bereitstellung weitergehender Informationen, von denen das betreffende Unternehmen annimmt, daß sie zum Verständnis der finanziellen Verhältnisse und ihrer Veränderungen sowie der Ergebnisse aus der Unternehmenstätigkeit notwendig sind. Damit enthält die Regulation S-K eine Auffangregelung, die es im Bedarfsfall erlaubt bzw. gar gebietet, auf sämtliche mit den finanziellen Bedingungen und den erzielten Ergebnissen im Zusammenhang stehenden Gegenstände einzugehen, ohne daß sie ausdrücklich vorgegeben sind, z.B. Gerichtsverfahren, soziale Gegebenheiten, Personalbestand, Forschungstätigkeit, Vertriebsaktivitäten. Diese Auffangregelung läßt sich allerdings als Spezifizierung verstehen, wie sie in den Einzelvorgaben zur Liquidität, der Kapitalausstattung und dem Ergebnis der Unternehmenstätigkeit in Regulation S-K Item 303 (a) No. 1 bis

3 zu finden sind. Weitere Hauptgebiete der Erörterung und Analyse der »Financial Condition and Results of Operations« nennt die Regulation S-K nicht.

Die Normierung des Lageberichts in § 289 HGB ist sowohl in bezug auf den Berichtsumfang bzw. die Berichtsgegenstände als auch die Berichtsmethode grundlegend anders gestaltet. An keiner Stelle ist auf die finanziellen Verhältnisse oder die Liquidität konkreter Bezug genommen. In § 289 Abs. 1 HGB sind lediglich der Geschäftsverlauf und die Lage der Kapitalgesellschaft aufgeführt.

Die weitere Feststellung, »daß ein den tatsächlichen Verhältnissen entsprechendes Bild vermittelt« werden muß, hilft bei der konkreten Bestimmung der Berichtsgegenstände nicht weiter. Auch die Vorgaben in § 289 Abs. 2 HGB liegen auf einer Ebene, die unmittelbar weder einen Bezug zu den finanziellen Verhältnissen, insbesondere zur Liquidität, noch zu den Ergebnissen der Unternehmenstätigkeit bewirkt.

Die abstrakten Anforderungen des § 289 HGB stützen durchaus die häufig vertretene Auffassung, im Lagebericht nach deutschem Recht ginge es lediglich um eine Verdichtung und Ergänzung der im Jahresabschluß im einzelnen verlangten Informationen (vgl. Baetge/Fischer/Paskert, 1989, S. 9; Reittinger, 1997, Rn. 4), und der Lagebericht sei von vornherein auf wenige, eher pauschale Ausführungen ausgerichtet. Diese Auffassung und eine entsprechend knappe, eher aussagelose Formulierung der Lageberichte einer ganzen Reihe von Unternehmen finden ihre Rechtfertigung bereits in der gesetzlichen Verpflichtung zur Erstellung und Veröffentlichung des Lageberichts. § 264 Abs. 1 Satz 1 HGB verlangt zwar die Aufstellung eines Lageberichts, und in den Sätzen 2 und 3 wird bezüglich der Aufstellungsfristen neben dem Jahresabschluß ausdrücklich auch der Lagebericht aufgeführt. Wenn es aber in Abs. 2 um die Zielvorgabe geht, ist der Lagebericht nicht mehr erwähnt.

Insoweit verbleibt eine Rechtsunsicherheit, ob auch der Lagebericht auf die Vermögens-, Finanz- und Ertragslage eingehen muß oder ob nicht undifferenzierte Aussagen zur wirtschaftlichen Lage des Unternehmens genügen. Solche Pauschalaussagen könnten Vorstellungen zur Vermögens-, Finanz- und Ertragslage derart integrieren, daß Rückschlüsse speziell auf die Liquiditätssituation oder die Ergebnisse der Unternehmenstätigkeit im einzelnen nicht mehr möglich sind.

Die Kommentierung des § 289 HGB postuliert zwar die Verdichtungsaufgabe des Lageberichts, geht dann aber einheitlich den Weg, die Berichtspflichten nach § 289 HGB mit Bezug auf § 264 Abs. 2 Satz 1 HGB extensiv auszulegen (vgl. z.B. Ellrott, 1995, Rn. 6 ff.). Nach gegenwärtigem Stand ist davon auszugehen, daß Grundsätze ordnungsmäßiger Lageberichterstattung (vgl. Baetge/Fischer/Paskert, 1997, S. 16 ff.) sowohl Ausführungen zu den finanziellen Bedingungen des jeweiligen Unternehmens als auch zum Erfolg seiner Tätigkeit einschließen. Ausdrücklich verlangt der HFA in seinem Entwurf einer Verlautbarung: Zur Aufstellung des Lageberichts (vgl. HFA, 1997, S. 218; IDW RS HFA 1, 1998, S. 323 f.) eine durch Kennzahlen unterstützte Erläuterung der Vermögenslage, eine über die Angaben im Jahresabschluß hinausgehende Darstellung der Finanzlage und eine Analyse sowie Erörterung des ausgewiesenen Periodenergebnisses.

Der Vergleich der Regulation S-K bezüglich des Umfangs der Vorgaben für die MD&A mit der Normierung des § 289 HGB läßt ohne Zweifel erkennen, daß die SEC-Vorgaben konkreter ausfallen. Insofern könnten sich Anregungen für eine präzisere Fassung der HGB-Vorschrift ergeben. Die Kommentierung des § 289 HGB hat aber ausnahmslos einen Weg beschritten, der den Normierungsumfang der MD&A bezüglich der finanziellen Bedingungen, Veränderung der finanziellen Bedingungen sowie des Ergebnisses der Unternehmenstätigkeit vollständig einschließt (vgl. ADLER/DÜRING/SCHMALTZ, 1995, § 289 HGB, Rn. 69, 73 f.; ELLROTT, 1995, Rn. 17 ff.).

3.2 Normierung der einzelnen Berichtsgegenstände

3.2.1 Berichterstattung über die Liquidität

Verlangt wird in der MD&A die Angabe sämtlicher bekannten wesentlichen Trends, Erfordernisse, Quellen, Verpflichtungen, Ereignisse oder Unsicherheiten in bezug auf die Liquidität und ihre Veränderung. Liquidität ist nach den Instructions to Paragraph 303(a), Nr. 5 der Regulation S-K (vgl. SEC, 1996, S. 13, 105) als Fähigkeit des Unternehmens zu verstehen, die erforderlichen Zahlungsmittel zur Deckung des Zahlungsmittelbedarfs zu beschaffen. Ergibt sich ein wesentlicher Fehlbetrag, so müssen in der MD&A die eingeleiteten oder erwarteten Maßnahmen zur Behebung des Defizits bestimmt werden. Dazu gehören ferner die Angabe und Beschreibung der unternehmensinternen und -externen Quellen liquider Mittel, wobei außerdem die nicht in Anspruch genommenen wesentlichen Quellen zu erörtern sind (vgl. SEC, 1996, S. 13,104).

Diese Normierung der MD&A erweckt den Eindruck, als ob sich die Analyse seitens des Managements auf den zukünftigen Bedarf an Finanzmitteln, die gesamte geplante Finanzmittelbeschaffung und vor allem auch auf die nicht in Anspruch genommenen Quellen zur Finanzmittelbeschaffung erstrecken müsse. Es scheint gar, daß in der MD&A neben dem noch nicht genutzten Liquiditätspotential die Liquiditätsplanung für die Zukunft offenzulegen ist – und zwar die kurz- und langfristige Liquiditätsplanung. Die SEC Guidelines (SEC, 1993, S. 1760) erwähnen in diesem Zusammenhang als mögliche Indikatoren ausdrücklich, »unused credit lines, bond ratings and restrictions under existing debt agreements«.

Insoweit ginge die MD&A weit über die Lageberichterstattung nach § 289 HGB hinaus. Zwar werden in § 289 Abs. 2 Nr. 2 HGB Informationen über die voraussichtliche Entwicklung der Kapitalgesellschaft verlangt und nach § 289 Abs. 1 HGB erstreckt sich die Lageberichterstattung nach allgemeiner Auffassung auch auf die Finanzlage. Außerdem gehören nach dem Entwurf des HFA auch die Berechnung von Liquiditätsgraden, die Finanzierungsrechnungen auf Cash-Flow-Basis und die Kapitalflußrechnung zur Finanzlage. Aber eine Offenlegung der Liquiditätsplanung, so interessant sie für die Lageberichtsempfänger auch wäre, ist nach heutigem Stand der Diskussion jedenfalls nicht vorgesehen. Vor allem findet sich an keiner Stelle der Literatur und Kommentierung des Lageberichts nach § 289 HGB der Gedanke, nicht ausgeschöpfte Quellen der Finanzmittelbeschaffung, z.B. offene Kreditlinien, kurzfristig veräußerbare oder beleihbare Vermögensgegenstände oder stundbare Auszahlungen offenzulegen.

Die Lageberichterstattung bezüglich der Liquidität nach deutschem Recht kann als jahresabschlußgestützt und von der Situation am Jahresabschlußstichtag ausgehend mit Zukunftsbezug verstanden werden (vgl. z.B. die Geschäftsberichte 1997 der BASF AG und der Bayer AG). Aus der Sicht der Lageberichtsempfänger muß vor diesem Hintergrund jede vom Jahresabschluß abgekoppelte planungsgestützte Berichterstattung positiv erscheinen und eine Anregung für die Weiterentwicklung des Lageberichts darstellen.

Bei genauerer Betrachtung wird aber deutlich, daß auch in der MD&A nur die vom Management als wesentlich für die Liquiditätsverhältnisse befundenen Posten der Bilanz, der Gewinn- und Verlustrechnung sowie der Cash-Flow-Rechnung gezeigt werden müssen, soweit diese nicht ohnehin offenkundig sind. Insofern nimmt auch die MD&A Bezug auf eine Berichterstattung auf der Grundlage des Jahresabschlusses und des Cash-Flow-Statements. Zwar soll die Sicherung der Zahlungsfähigkeit im Zusammenhang mit dem Geschäftsbetrieb, z.B. auch dem Working Capital, diskutiert werden, aber auch hierbei dominiert der Bezug auf die im Jahresabschluß zum Ausdruck kommenden Verhältnisse.

Die SEC ist wohl bemüht, eine stärker zukunftsbezogene Berichterstattung in der MD&A sicherzustellen (vgl. Brotte, 1997, S. 217 ff., SEC, 1993, S. 1755 ff.); eine Durchsicht von MD&A's ausgewählter Geschäftsberichte von Dow Jones-Gesellschaften der Jahre 1996 und 1997 zeigt aber, daß die Liquiditätsaussagen durchweg das abgelaufene Geschäftsjahr bzw. die Situation am Bilanzstichtag zeigen. Sie beziehen sich fast alle nur auf den erzielten Cash-Flow, auf Cash-Flow-Bindung durch Investitionen, Anteilsrückkäufe, Ausschüttungen und sonstige Finanzierungen. Dagegen fehlen Angaben zum weiteren Finanzbedarf und z.T. zu vorhandenen Liquiditätsreserven. Allenfalls wird zum Ausdruck gebracht, daß die erwartete Umsatzentwicklung das benötigte Cash-Flow-Aufkommen sichert (vgl. z.B. die Geschäftsberichte 1997 der Chevron Corporation, S. 35 f.; IBM Corporation, S. 45; Philip Morris Companies Inc., S. 32 ff.). Insofern hält die MD&A in der Praxis der Berichterstattung zur Liquiditätslage keineswegs, was die Vorgaben der SEC verlangen. Damit lassen sich aus der Normierung der MD&A zur Liquiditätslage zwar Anregungen für eine theoretisch wünschenswerte Weiterentwicklung des Lageberichts gewinnen; es wird aber ebenso deutlich, daß die Normierung keineswegs eine bedarfsgerechte Berichterstattung tatsächlich sicherstellt.

3.2.2 Berichterstattung über die Kapitalausstattung (capital resources)

Die MD&A muß gem. Regulation S-K Item 303 (a) No. 2 auf die Quellen der Kapitalausstattung, die wesentlichen beabsichtigten und unbeabsichtigten Trends der Kapitalversorgung sowie erwartete Änderungen der Kapitalstruktur und Kapitalkosten eingehen. Ergänzend sind auch im Jahresabschluß nicht erfaßte finanzielle Verpflichtungen einzubeziehen (vgl. SEC, 1996, S. 13,104).

Die Regulation S-K verlangt keine separate Behandlung der Kapitalausstattung. Vielmehr gestattet sie ausdrücklich wegen bestehender Verbindungen zwischen Liquidität und Kapitalausstattung die gemeinsame Erörterung. Dieses Recht wird von den Unternehmen in ihren MD&A's auch überwiegend in Anspruch genommen.

Die SEC ermutigt die bei ihr registrierten Unternehmen, zwingt sie aber nicht, für die Kapitalausstattung wie für die Liquidität einen zukunftsbezogenen Bericht zu erstatten und dabei eine sich bis zu 12 Monate erstreckende Kurzfristbetrachtung und eine über 12 Monate hinausgehende Langfristbetrachtung zu unterscheiden. Eine Unterscheidung zwischen Liquidität und Kapitalausstattung in zeitlicher Hinsicht erfolgt somit nicht.

Eine solche Unterscheidung wird auch inhaltlich keineswegs klar getroffen. Die Diskussion der Liquidität wie der Kapitalausstattung soll auf den wesentlichen Kapitalbedarf (capital expenditures), hohe Zahlungen und andere aus langfristigen Verpflichtungen herrührende Zahlungsverpflichtungen und -erfordernisse, aber auch auf die erwartete Mittelherkunft eingehen. Ungenutzte Kreditlinien, Kennzahlen zur Kapitalausstattung, Beschränkungen von bestehenden Kreditvereinbarungen und Bonitätseinstufungen werden als Indikatoren der Liquidität angesehen (vgl. SEC, 1993, S. 1759 f.). Die Verbindung der Kapitalausstattung und der Liquidität als Berichtsgegenstände läßt sich zweifellos auch daran erkennen, daß das Cash-Flow-Schema gem. SFAS 95 sowohl Investitionen als auch (Außen-) Finanzierungsmaßnahmen mit einbezieht.

Abgesehen von der unbestimmten und deshalb mit erheblichen Ermessensspielräumen verbundenen Abgrenzung des Berichtsgegenstands »capital resources« finden sich in der Normierung der MD&A auch keine konkreten Vorgaben über mindestens zu vermittelnde zukunftsbezogene Angaben, z. B. beschlossene, aber noch nicht vollzogene Kapitalerhöhungen, zugesagte, aber noch nicht in Anspruch genommene Darlehen, erwartete oder angestrebte Umwandlungen von Fremd- in Eigenkapital, erforderliche, mögliche, erwartete oder vereinbarte Umschuldungen, Kapitalbedarf aus Erweiterungen, Akquisitionen usw. und dessen Deckung (vgl. allerdings die im Hinblick auf die Liquidität verlangten Angaben zu »expanded working capital needs, or scheduled debt repayments« gem. SEC, 1993, S. 1760).

Die wenig präzisen Vorgaben in bezug auf die Erörterung der zukünftigen Kapitalausstattung in der MD&A dürften den Hauptgrund dafür darstellen, daß diese Erörterung in den veröffentlichten MD&A's nur selten zu finden und dann nur rudimentär ausgebildet ist. Allenfalls tauchen auf die Vergangenheit und die Situation am Bilanzstichtag bezogene Analysen, vor allem die Darstellung der Kapitalstruktur anhand der Bilanz auf (vgl. die systematische Auswertung durch Brotte, 1997, S. 223 ff.).

Damit lassen sich weder aus der Normierung des Berichtsgegenstands »capital resources« in der MD&A noch aus der in praxi erfolgenden Berichterstattung ins Gewicht fallende Anregungen für eine Weiterentwicklung des Lageberichts gewinnen, obgleich die sehr pauschale Norm des § 289 Abs. 1 HGB mit ihrem Bezug auf die Lage der Kapitalgesellschaft beste Voraussetzungen bietet. Selbst der Entwurf des HFA einer Verlautbarung: Zur Aufstellung des Lageberichts, der die Anforderungen des § 289 HGB konkretisieren soll, begnügt sich mit der Anforderung, »ggf. auch zukunftsbezogene Angaben in den Lagebericht aufzunehmen« (HFA, 1997, S. 218; IDW RS HFA 1, 1998, S. 324). Allerdings enthält die Anlage zur Verlautbarung »eine nicht abschließende Aufgliederung von Sachverhalten, für die nach Würdigung des jeweiligen Einzelfalls eine Berichtspflicht oder eine freiwillige Angabe im Lagebericht in Betracht kommen kann« (HFA, 1997, S. 221; vgl. auch IDW RS HFA 1, 1998, S. 328). Die im Zusammenhang mit der Darstellung des Geschäftsverlaufs unter »5. Investitionen« (HFA, 1997, S. 222; IDW RS HFA 1, 1998, S. 329) aufgeführten Angaben über Sach- und Finanzinvestitionen sowie unter »6. Finanzierungsmaßnahmen bzw. -vorhaben« (HFA, 1997, S. 223; IDW RS HFA 1, 1998, S. 329) aufgelisteten Sachverhalte gehen weit über das hinaus, was von der SEC in der MD&A verlangt wird. Hinzu kommen die Berichtspunkte, welche im Zusammenhang mit der Darstellung der Lage – insbesondere der Vermögenslage und der Finanzlage – aufgeführt werden (vgl. HFA, 1997, S. 224; IDW RS HFA 1, 1998, S. 330). Daß diese weitgehenden Berichtsanforderungen noch nicht in die Praxis umgesetzt sind, ändert nichts daran, daß die MD&A in bezug auf die Berichterstattung zur Kapitalausstattung kaum mehr Vorbildfunktion haben dürfte.

3.2.3 Berichterstattung über die Ergebnisse der Unternehmenstätigkeit

Obgleich der Abschnitt der Regulation S-K Item 303 (a) (3) bei wörtlicher Übersetzung mit Betriebsergebnisse (results of operations) überschrieben ist, geht es in der MD&A tatsächlich um das Ergebnis der gewöhnlichen Geschäftstätigkeit (income from continuing operations) sowie das außerordentliche Ergebnis, also das, was in § 264 Abs. 2 Satz 1 HGB mit Ertragslage bezeichnet wurde. Konkret verlangt Item 303 (a) (3) (i) eine Kennzeichnung aller ungewöhnlichen oder selten vorkommenden Ereignisse oder Vorgänge und aller bedeutsamen ökonomischen Veränderungen, die nachdrücklich das Ergebnis der gewöhnlichen Geschäftstätigkeit beeinflußt haben. Außerdem ist das Ausmaß solcher Einflüsse anzugeben. Schließlich sind die aus der Sicht des Unternehmens wesentlichen Aufwendungen und Erträge zu kennzeichnen, um die Ergebnisse der Unternehmenstätigkeit verständlich zu machen.

Weiter soll sich die MD&A gem. Regulation S-K Item 303(a) (3) (ii)-(iv) erstrecken auf (vgl. SEC, 1996, S. 13,104 f.):

- Trends oder Unsicherheiten in bezug auf Umsatzerlöse, die weiteren Erträge oder das Ergebnis der gewöhnlichen Geschäftstätigkeit;
- Veränderungen in der Struktur der Aufwendungen und Erträge, insbesondere bekannte Steigerungen der Personal- oder Materialaufwendungen, Einkaufspreise oder Abwertungen im Vorratsvermögen;
- Preis- und Mengeneinflüsse sowie den Einfluß neuer Produkte auf wesentliche Veränderungen der Umsatzerlöse;
- Inflations- und Preiseinflüsse der letzten drei Geschäftsjahre auf Umsatzerlöse und Erträge sowie das Ergebnis der gewöhnlichen Geschäftstätigkeit. Die Instructions stellen in No. 8 aber klar, daß lediglich eine knappe verbale Kennzeichnung dieser Einflüsse erforderlich ist (vgl. SEC, 1996, S. 13,106). Zahlenangaben werden ausdrücklich nicht verlangt. Im übrigen wird auf SFAS 89: »Financial Reporting and Changing Prices« verwiesen.

Gegenüber der entsprechenden Normierung der Darstellung der Ertragslage einschließlich der diesbezüglichen künftigen Entwicklung im deutschen Handelsrecht bieten die Regulation S-K Item 303 (a) und die dazu ergangenen Instructions weitgehende Präzisierungen und damit auch geeignete Ansatzpunkte für eine Weiterentwicklung der Vorgaben für den Lagebericht. Wird allerdings auch zu diesem Berichtsgegenstand der Verlautbarungsentwurf des HFA herangezogen (vgl. HFA, 1997, S. 213 ff.; IDW RS HFA 1, 1998, S. 318 ff.), so ist unschwer zu erkennen, daß die Mehrzahl der in der MD&A vorgesehenen konkreten Angaben und Darstellungen in diesen Entwurf bereits eingearbeitet sind. Der Entwurf geht vor allem mit seiner Anlage, insbesondere No. 2 (Umsatz- und Auftragsentwicklung), No. 3 (Produktion), No. 4 (Beschaffung), No. 7 (Personal- und Sozialbereich) und No. 8 (Umweltschutz) über die Anforderungen für die MD&A deutlich hinaus (vgl. HFA, 1997, S. 222 f.; IDW RS HFA 1, 1998, S. 328 f.). Es verbleiben letztlich nur wenige Angaben, welche für die MD&A präziser oder in anderer, durchaus sinnvoller Kombination als nach dem Verlautbarungsentwurf im Lagebericht vorgesehen sind, z.B. die Trennung von Preis- und Mengeneinflüssen auf Änderungen der Umsatzerlöse und Inflationseinflüsse auf die Umsatzentwicklung.

Daß die Vorgaben zur MD&A auch in bezug auf die Ergebnisse der Unternehmenstätigkeit in der Praxis der Berichterstattung nur äußerst eingeschränkt Beachtung gefunden haben, hat Brotte in seiner systematischen Analyse überzeugend nachgewiesen (vgl. Brotte, 1997, S. 233 ff.). Daran hat sich auch in den Geschäftsberichten für das Jahr 1996 der in den Dow Jones einbezogenen Unternehmen nichts Grundlegendes geändert.

Dem steht die Feststellung gegenüber, daß die in den DAX einbezogenen Gesellschaften ihre Lageberichte in den letzten Jahren nicht zuletzt mit Bezug auf die Analyse der Ertragslage erheblich ausgeweitet und präzisiert haben. Zukunftsbezogene Aussagen nehmen allerdings auch in den Lageberichten keinen breiteren Raum als in den MD&A's ein. Wieweit sich die Vorgaben des HFA im Verlautbarungsentwurf zum Lagebericht in der Berichtspraxis durchsetzen werden, bleibt abzuwarten. Die positive Reaktion »der User von Bilanzinformationen« (Zitzelsberger, 1998, S. 132) zeigt den vorhandenen Bedarf; »die sehr zurückhaltende, an einer Mindestinterpretation des Gesetzestextes orientierte Stellungnahme der Wirtschaftsverbände überrascht« (Zitzelsberger, 1998, S. 132). Sie gibt aber Grund zu der Annahme, daß die Unternehmen die nach dem Verlautbarungsentwurf gebotenen Möglichkeiten zu einem erheblichen Teil nicht nutzen werden. Zumindest bleibt zu erwarten, daß die Lageberichterstattung künftig noch stärker zwischen den Unternehmen differieren dürfte als bisher.

Die auf das Wohlwollen der Adressaten des Geschäftsberichts (z.B. Gesellschafter, Analysten) angewiesenen Unternehmen finden in dem Verlautbarungsentwurf die formale Berechtigung für eine umfassende, detaillierte und in das Zentrum der Aufmerksamkeit gerückte Lageberichterstattung. Solche Unternehmen finden in den Vorgaben zur MD&A und deren Umsetzung in amerikanischen Geschäftsberichten aber kaum noch Anregungen.

Dem stehen Unternehmen gegenüber, die sich Zurückhaltung in der Informationsvermittlung leisten können (z.B. Familiengesellschaften) und deshalb über den im Gesetz vorgeschriebenen Mindestgehalt nicht hinausgehen. In solchen Unternehmen könnte eine Fortentwicklung der Lageberichtsnormierung im HGB in Richtung auf die präzisieren Vorgaben für die MD&A zu einer verbesserten Informationsvermittlung führen. Zu fragen bleibt dann allerdings, wem eine solche Informationsverbesserung nützt.

3.3 Gegenstandsübergreifende Normierung

Die Instructions zur MD&A (vgl. SEC, 1996, S. 13,105 f.) sowie die dazu ergangenen Guidelines (vgl. SEC, 1993, S. 1755 ff.) enthalten eine Reihe von Anweisungen, die je nach Relevanz bei allen Berichtsgegenständen zu beachten sind. Sie bestimmen vor allem wegen ihrer gesonderten Auflistung wesentlich die Regelungsdichte der MD&A und gehen z.T. über die nur mittelbar abzuleitenden Vorgaben für den Lagebericht hinaus.

3.3.1 Periodenvergleiche und Trends

Bezüglich der MD&A verlangen die Instructions to Paragraph 303 (a) No. 1 »to enhance a reader's understanding«:

1. die Betrachtung des drei Jahres-Zeitraums, der auch dem Jahresabschluß zugrunde liegt,
2. die vorzugsweise Verwendung von Jahr-zu-Jahr-Vergleichen und
3. die Betrachtung eines fünf-Jahres-Zeitraums, wenn Trenddarstellungen erforderlich sind.

Die gesetzliche Normierung des Lageberichts enthält in dieser Hinsicht nichts. Was Zeitvergleiche anbelangt, so schreibt das deutsche Handelsrecht überhaupt nur im Zusammenhang mit Allgemeinen Grundsätzen für die Gliederung von Bilanz und Gewinn- und Verlustrechnung in § 265 Abs. 2 HGB die Angabe von Vorjahreszahlen vor. Darüber, ob aus dieser Vorschrift auch auf die Angabe von Vergleichszahlen im Lagebericht geschlossen werden kann, besteht keineswegs Einigkeit (vgl. Adler/Düring/Schmaltz, 1995, § 289 HGB, Rn. 33; HFA, 1997, S. 216; IDW RS HFA 1, 1998, S. 321).

Insoweit können aus der Normierung der MD&A durchaus wertvolle Anregungen für eine Weiterentwicklung des Lageberichts gewonnen werden; denn die Angabe von Vergleichszahlen zweier Vorjahre ist für die Gewinnung eines Einblicks in die Geschäftsentwicklung und -lage durchaus wichtig, ebenso der Jahr-zu-Jahr-Vergleich und die Darstellung von mindestens Fünf-Jahres-Trends. Die Praxis der MD&A beherzigt diese Anforderungen weitgehend. Aber auch die nach deutschem Recht aufgestellten Lageberichte gehen teilweise bereits in diese Richtung.

Überraschend muß erscheinen, daß der Verlautbarungsentwurf des HFA zur Aufstellung des Lageberichts z. T. hinter der Praxis der Lageberichterstattung und den Anforderungen der MD&A zurückbleibt. Verlangt wird nämlich nur die Angabe von Vorjahresbeträgen zu wesentlichen zahlenmäßigen Angaben. Für »wesentliche ökonomische Größen« werden zwar Vergleiche über mehrere Jahre empfohlen, und zwar über mindestens fünf Jahre; offen bleibt allerdings, worin der Unterschied zwischen wesentlichen zahlenmäßigen Angaben und wesentlichen ökonomischen Größen bestehen soll (vgl. HFA, 1997, S. 216; IDW RS HFA 1, 1998, S. 321). Die Vorgaben für die MD&A sind präziser, bedürfen weniger der Interpretation und führen damit zu einer besseren Vergleichbarkeit.

3.3.2 Zukunftsbezogene Berichterstattung

Abgesehen davon, daß die MD&A expressis verbis auf die »investors and other users information« (SEC, 1996, S. 13,105) ausgerichtet und damit zukunftsbezogen sein soll, auch abgesehen davon, daß in Item 303 (a) (1) speziell zur Liquidität von »known trends or any known demands, commitments, events of uncertainties« die Rede ist, legen die Instructions to Paragraph 303 (a) in No. 7 fest (vgl. SEC, 1996, S. 13,106): Die Unternehmen werden ermutigt (encouraged), aber nicht verpflichtet, zukunftsbezogene Informationen zu vermitteln. Dabei soll es darum gehen, über im Berichtszeitpunkt bestehende Kenntnisse zukünftig ergebniswirksamer Einflüsse zu berichten, z.B. erwartete Erhöhungen der Personal- und Materialkosten. Allerdings wird ausdrücklich betont, daß die Offenlegung zukunftsbezogener Informationen unter einem Vorbehalt nur bedingter Zuverlässigkeit steht (»is expressly covered by the safe harbor rule for projections«). Es mag dahingestellt bleiben, ob dieser Zuverlässigkeitsvorbehalt als Grund dafür gilt, daß zukunftsbezogene Informationen über recht konkrete Inhalte empfohlen werden (vgl. SEC, 1993, S. 1755 ff.).

Demgegenüber verlangt § 289 Abs. 2 Nr. 2 HGB lediglich ein Eingehen auf »die voraussichtliche Entwicklung der Kapitalgesellschaft«. Der Gesetzgeber hat es der Kommentierung überlassen zu bestimmen, welche Informationsinhalte die berichtende Geschäftsleitung aufnehmen und in welcher Form und Intensität sie berichten muß, um die gesetzliche Anforderung zu erfüllen. Eine Berichterstattung über die bestehende Planung wird nach allgemein vertretener Auffassung jedenfalls nicht verlangt (vgl. m.w.N. Adler/Düring/Schmaltz, 1995, § 289 HGB, Rn. 106 f.). Im Hinblick auf die recht pauschale Formulierung der Gesetzesnorm vermögen die konkreten Vorgaben der MD&A durchaus Anregungen für eine Weiterentwicklung des Lageberichts zu bieten. Mit Rücksicht auf die Praxis der Berichterstattung (vgl. Brotte, 1997, S. 262 ff.) sind aber starke Einschränkungen angebracht. Die Lageberichte der im DAX zusammengefaßten Gesellschaften stehen bezüglich der Prognoseberichterstattung den MD&A's in den Geschäftsberichten der Dow Jones-Gesellschaften nicht signifikant nach.

Vordergründig vermag die MD&A insoweit noch ihre Vorbildfunktion beizubehalten, als der Verlautbarungsentwurf des HFA neben einigen prognosetechnischen Ausführungen lediglich einen allgemeinen Hinweis enthält: »Die voraussichtliche Entwicklung ist grundsätzlich für diejenigen Bereiche darzustellen, die auch den Gegenstand der Berichterstattung zum Geschäftsverlauf und zur Lage bilden können.« (HFA, 1997, S. 220; IDW RS HFA 1, 1998, S. 326). Wird allerdings die Anlage zum Verlautbarungsentwurf (vgl. HFA, 1997, S. 221 ff.; IDW RS HFA 1, 1998, S. 328 ff.) in die Beurteilung einbezogen, so verbleiben aus den Vorgaben für die MD&A nur noch Anregungen für Einzelpunkte mit marginalem Informationsgehalt. Nennenswerte Vertiefungen und Ergänzungen zu dem in der Anlage zum Verlautbarungsentwurf aufgeführten Berichtskatalog sind nicht mehr ersichtlich.

3.3.3 Segmentbezogene Berichterstattung

Die Regulation S-K verlangt weder in der Regelung selbst noch in den dazu veröffentlichten Instructions zur MD&A ausdrücklich eine Segmentberichterstattung (vgl. SEC, 1996, S. 13,104 ff.). Wohl enthält Item 303 (a) (3) (i) Satz 2 einen Hinweis auf die wesentlichen Bestandteile der Aufwendungen und Erträge, deren Kennzeichnung zum

Verständnis des Ergebnisses aus der Geschäftstätigkeit beitragen kann. Vertiefend befassen sich darüber hinaus die SEC-Guidlines in No. 501.06a (vgl. SEC, 1993, S. 1762 ff.) mit der Segmentberichterstattung. Zur Entscheidung, ob sie zum Verständnis der wirtschaftlichen Lage notwendig ist, empfehlen die Guidelines: »... a multisegment registrant preparing a full fiscal year MD&A should analyze revenues, profitability, and the cash needs of its significant industry segments« (vgl. SEC, 1993, S. 1762). Zum Inhalt segementbezogener Berichterstattung wird u. a. auf Beschränkungen hinsichtlich des freien Transfers aufkommender Mittel zwischen den Segmenten sowie erkennbare Trends, Erfordernisse, Verpflichtungen, Ereignisse und Unsicherheiten in einzelnen Segmenten verwiesen, die für den »multi-segment registrant« als Gesamtunternehmen von wesentlicher Bedeutung sind (vgl. SEC, 1993, S. 1762).

In Beispielen werden die Umsatzerlöse und die Betriebsergebnisse für eine segmentbezogene absolute und prozentuale Gegenüberstellung im Zeitvergleich herausgegriffen (vgl. SEC, 1993, S. 1763 f.). Die aus den Beispielen resultierenden Abweichungen je Segment finden dann Erklärungen u. a. durch Preisänderungen, Absatz-(Mengen-)Änderungen und Änderungen durch Akquisition. Zudem wird die um diese Einflüsse bereinigte Entwicklung verdeutlicht.

Einer solch weitgehenden Analyse steht in der gesetzlichen Normierung des Lageberichts nichts gegenüber. Der Gesetzgeber überläßt es den Gesetzesanwendern, im Bedarfsfall segmentbezogene Ausführungen aufzunehmen. Allerdings schreibt § 285 Nr. 4 HGB für den Anhang – also den Jahresabschluß – die Aufgliederung der Umsatzerlöse nach sich wesentlich unterscheidenden Tätigkeitsbereichen sowie nach geographisch bestimmten Märkten vor.

Abgesehen davon, daß die Aufgliederung der Umsatzerlöse zur Vermeidung von Nachteilen (vgl. § 286 Abs. 2 HGB) unterbleiben darf, sind diese Segmentangaben gegenüber dem von der SEC für die MD&A verlangten stark eingeschränkt. Im übrigen enthalten weder der Verlautbarungsentwurf des HFA zur Aufstellung des Lageberichts noch die einschlägige Kommentierung des § 289 HGB nennenswerte Ansätze für eine segmentbezogene Lageberichterstattung. Die MD&A kann insofern durchaus Vorbildfunktion für eine wünschenswerte Weiterentwicklung des Lageberichts einnehmen.

3.3.4 Konzernbezogene Berichterstattung

Allgemein verlangen die Instructions to Paragraph 303 (a) in Nr. 10 (vgl. SEC, 1996, S. 13,106) die Einbeziehung von Tochtergesellschaften (subsidiaries) in die Erörterung und Analyse des berichtenden Unternehmens. Mutter- und Tochtergesellschaften müssen bei jedem der Berichtsgegenstände als Einheit verstanden werden. Damit wird ggf. eine Konsolidierung als Grundlage der MD&A verlangt.

Ein solcher Verweis fehlt in der deutschen Normierung vollständig. Der Lagebericht für ein Unternehmen muß auf bestehende Tochtergesellschaften keinen Bezug nehmen. Dem steht auch nicht entgegen, daß § 285 Nr. 11 HGB eine Aufstellung des Anteilsbesitzes im Anhang verlangt bzw. daß eine solche Aufstellung nach § 287 HGB auch gesondert erstellt und veröffentlicht werden darf. Durch eine solche Aufstellung würden die in den Instructions to Paragraph 303 (a) in Nr. 6 (vgl. SEC, 1996, S. 13,106) angesprochenen Beschränkungen im Mitteltransfer über Dividendenzahlungen, Kredite und Darlehen keineswegs zum Ausdruck kommen können.

Daraus eine Anregung zur Weiterentwicklung des Lageberichts in Richtung einer Konsolidierung ableiten zu wollen, wäre zweifellos verfehlt. Zum einen ist für den Konzern in § 315 HGB ein spezifischer (Konzern-)Lagebericht vorgeschrieben. Zum anderen gestattet § 315 Abs. 3 i.V.m. § 298 Abs. 3 HGB die Zusammenfassung des Lageberichts des Mutterunternehmens mit dem betreffenden Konzernlagebericht. Die Regulation S-K enthält in ihren Instructions to Paragraph 303 (a) allenfalls insofern eine gegenüber der deutschen Lageberichterstattung weiterführende spezielle Anforderung, als über Beschränkungen im Transfer von Finanzmitteln zwischen den Konzernunternehmen berichtet werden muß.

4. Abschließende Beurteilung der MD&A als Vorbild für die Weiterentwicklung des Lageberichts

Ausgehend von der weitgehend unbestimmten Normierung in § 289 HGB richten sich Gehalt und Vergleichbarkeit des Lageberichts im wesentlichen nach der Auslegung der Gesetzesvorschrift. Sowohl die Praxis als auch die Gesetzeskommentierung reagierten auf das Inkrafttreten des § 289 HGB äußerst restriktiv. Zwar erscheinen die in § 289 HGB im einzelnen aufgeführten Berichtsgegenstände durchaus bedarfsgerecht, aber die Auslegung hat sich faktisch überwiegend nur an dem unvermeidlichen Mindestgehalt orientiert. Da der Lagebericht nur im Einzelfall unvermeidliche spezielle Angaben und ansonsten wenig gehaltvolle Allgemeindarstellungen enthält, bestehen nur unzureichende Vergleichsmöglichkeiten. Vor diesem Hintergrund mußte die MD&A hinsichtlich ihres Gehalts und ihrer Vergleichbarkeit, insbesondere in bezug auf die Detaillierung und Präzisierung der Vorgaben als Vorbild für die Weiterentwicklung des Lageberichts erscheinen.

Eine Gegenüberstellung im einzelnen läßt aber eine weitgehende Annäherung des Lageberichts an die MD&A erkennen. In der Berichtspraxis haben vor allem die international tätigen deutschen Großunternehmen gezeigt, daß die Berichtsinhalte und die Form sowie der Umfang der Darstellung auch unter der Gültigkeit des § 289 HGB so weit entwickelt werden können, daß sie z. T. über die Anforderungen der SEC bezüglich der MD&A noch hinausgehen. Viele Unternehmen drucken den Lagebericht im ersten Viertel ihres Geschäftsberichts ab (z. B. die Geschäftsberichte 1997 der BASF

AG, Dresdner Bank AG, SAP AG, Thyssen AG, Volkswagen AG) und führen ihn aus dem Schattendasein einer Ergänzung zum Jahresabschluß deutlich heraus; andere verdeutlichen Trends durch 10-Jahres-Vergleiche nicht nur einzelner Posten aus dem Jahresabschluß, sondern auch wesentlicher Kennzahlen (z.B. die Geschäftsberichte 1997 der BASF AG, Bayer AG, Hoechst AG). Allerdings ist nicht zu verkennen, daß sich die Mehrzahl der deutschen Kapitalgesellschaften immer noch am Mindestinhalt des Lageberichts orientiert. Für diese, vor allem aber für ihre Berichtsverwender wäre eine Weiterentwicklung der Normierung der Lageberichterstattung zweifellos förderlich, und die MD&A könnte insoweit Vorbildfunktion übernehmen.

Als Meilenstein in der Weiterentwicklung des Lageberichts kann der Verlautbarungsentwurf des HFA zur Erstellung des Lageberichts gelten. Dieser Entwurf ist gezielt auf den Informationsbedarf der Lageberichtsverwender ausgerichtet, insbesondere der Investoren.

Der HFA hat damit den Lagebericht auf dem Wege der Kommentierung und Gesetzesinterpretation sehr deutlich der MD&A angenähert und hat sich vor allem in der Anlage zum Entwurf zu so vielen präzisen Anforderungen durchgerungen, daß die MD&A weitgehend ihre Vorbildfunktion verloren hat. Geblieben sind im wesentlichen die für die MD&A konkreteren Normierungen von Angaben zur Liquidität, zur Inflation, zu inflationsbedingten Einflüssen auf die Umsatzerlöse und das Periodenergebnis sowie zu Beschränkungen im Transfer von Finanzmitteln zwischen Mutter- und Tochterunternehmen. Abgesehen von diesen für die MD&A vorgeschriebenen Einzelangaben kann von einer echten Vorbildfunktion gegenüber dem deutschen Lagebericht nicht mehr gesprochen werden. Allerdings bleibt abzuwarten, ob und wieweit sich der Verlautbarungsentwurf vollumfänglich in der Praxis der Lageberichterstattung durchsetzt.

Literaturverzeichnis

Adler, Hans / Düring, Walther / Schmaltz, Kurt (1995), Rechnungslegung und Prüfung der Unternehmen, Kommentar zum HGB, AktG, GmbHG, PublG nach den Vorschriften des Bilanzrichtlinien-Gesetzes, 6. Aufl., Stuttgart 1995.

Baetge, Jörg / Fischer, Thomas R. / Paskert, Dierk (1989), Der Lagebericht, Stuttgart 1989.

BMJ (1996), Referentenentwurf eines Gesetzes zur Kontrolle und Transparenz im Unternehmensbereich vom 22. November 1996.

Brotte, Jörg (1997), US-amerikanische und deutsche Geschäftsberichte: Notwendigkeit, Regulierung und Praxis jahresabschlußergänzender Informationen, Wiesbaden 1997.

Dieter, Richard / Sandefur, Keith (1989), Spotlight on Management's Discussion and Analysis, in: Journal of Accountancy, Dezember 1989, S. 64–70.

Ellrot, Helmut (1995), Kommentierung des § 289 HGB, in: Budde, Wolfgang Dieter u. a. (Bearb.), Beck'scher Bilanzkommentar. Der Jahresabschluß nach Handels- und Steuerrecht; Konzernabschluß, Prüfung, Offenlegung, 3. Aufl., München 1995.

HFA (1997), Entwurf einer Verlautbarung: Zur Aufstellung des Lageberichts, in: IDW-Fachnachrichten 1997, S. 213–225.

IDW Rechnungslegungsstandard: Aufstellung des Lageberichts (IDW RS HFA 1), in: IDW-Fachnachrichten 1998, S. 318–332.

Pava, Moses L. / Epstein, Marc J. (1993), How good is MD&A as an investment tool? in: Journal of Accountancy, March 1993, S. 51–53.

Reittinger, Wolfgang (1997), Der Lagebericht, in: von Wysocki, Klaus/Schulze-Osterloh, Joachim (Hrsg.), Handbuch des Jahresabschlusses in Einzeldarstellungen, 2. Aufl., Köln 1994, Stand: 21. Ergänzungslieferung 1997, Abt. IV/3.

Schneider, Carl W. (1989), MD&A Disclosure, in: Standard & Poor's Corporation (Hrsg.), The Review of Securities & Commodities Regulation, New York 1989, Bd. 22, Nr. 14, S. 149–156.

SEC (Hrsg.) (1993), SEC-Guidelines 1993, Rules and Regulation, o. O. 1993.

SEC (Hrsg.) (1996), SEC-Handbook Rules and Forms for Financial Statements and Related Disclosures, as of December 2, 1996, Chicago 1996.

Selchert, Friedrich W. / Erhardt, Martin (1998), Internationale Rechnungslegung, München/Wien 1998.

Selchert, Friedrich W. / Lorchheim, Ulrich (1998), Teilgewinnrealisierung bei Auftragsfertigung: Regelung nach IAS 11 und ihre Kompatibilität mit den deutschen Rechnungslegungsvorschriften, München/Wien 1998.

Statement of Financial Accounting Standards (SFAS) No. 89, Financial Reporting and Changing Prices, in: FASB (Hrsg.), Original Pronoucements, Norwalk/Connecticut 1997.

Zitzelsberger, Siegfried (1998), Aus der Arbeit des IDW, in: Die Wirtschaftsprüfung 1998, S. 129–135.

Bilanzierung von Finanzderivaten nach HGB, IAS und US-GAAP

Georg Graf Waldersee*

Inhalt

* Wirtschaftsprüfer Steuerberater Georg Graf Waldersee, Geschäftsführender Gesellschafter Arthur Andersen Wirtschaftsprüfungsgesellschaft Steuerberatungsgesellschaft mbH, Hamburg.

1. Einführung

1.1 Entwicklung der Rechnungslegung

Die internationalen Geld- und Kapitalmärkte stellen den Marktteilnehmern eine beständig wachsende Anzahl von Finanzinstrumenten zur Verfügung, die einen Handel und Austausch von Vermögensansprüchen, Zahlungsströmen und Risiken ermöglichen. Besonders stark hat sich in den letzten Jahren neben dem börslichen der außerbörsliche Handel in Finanzderivaten entwickelt. Die Rechnungslegung hat mit der dynamischen Entwicklung auf den Finanzmärkten in den vergangenen Jahren nicht Schritt gehalten. Deshalb ist die bilanzielle Erfassung und Abbildung von derivativen Finanzinstrumenten sowohl national als auch international ein vordringlich zu klärender Sachverhalt.

Normierungsbestrebungen führten seitens des IASC zur Veröffentlichung des Exposure Drafts 62 »Financial Instruments: Recognition and Measurement« und der Aufforderung an den Berufsstand sowie die Abschlußersteller und -adressaten zu den vorgeschlagenen Ansatz- und Bewertungsvorschriften Stellung zu nehmen. Vom FASB wurde mittlerweile der endgültige Statement of Financial Accounting Standard No. 133: »Accounting for Derivative Instruments and Hedging Activities« verabschiedet. Auf europäischer Ebene erwägt die EU-Kommission derzeit eine Öffnung der 4. EG-Richtlinie für die den internationalen Verlautbarungen innewohnende Marktbewertungspflicht für derivative Finanzinstrumente.

1.2 Berücksichtigung von Finanzderivaten in den jeweiligen Normensystemen

Über den Bilanzansatz und die Bewertung von Finanzderivaten finden sich im deutschen HGB weder in den Vorschriften für alle Kaufleute (§§ 238–263), noch in den ergänzenden Vorschriften für Kapitalgesellschaften (§§ 264–289), Kreditinstitute (§§ 340–340o) oder Versicherungsunternehmen (§§ 341–341o) spezielle Regelungen. Die deutsche Bilanzierungspraxis orientiert sich deshalb durchaus an unterschiedlichen Konzepten zur Bilanzierung von Finanzderivaten, deren GoB-Konformität kontrovers diskutiert wird (vgl. stellvertretend Herzig, 1997, S. 39).

Die GoB sind auch bei der für Kapitalgesellschaften, Kreditinstitute und Versicherungsunternehmen gleichermaßen geltenden Verpflichtung des § 264 Abs. 2 Satz 1 HGB, im Jahresabschluß ein den tatsächlichen Verhältnissen entsprechendes Bild der Vermögens-, Finanz- und Ertragslage zu vermitteln, zu berücksichtigen. Daneben hat zwischenzeitlich der Bankenfachausschuß (BFA) des IDW zur Bilanzierung von Optionsgeschäften (vgl. BFA, 1995, S. 421–422) sowie von Financial Futures und Forward Rate Agreements (vgl. BFA, 1993, S. 517–518) Stellung genommen.

Die Vorschriften des HGB betreffend die Anhangangaben enthalten keine spezifischen Angabepflichten für Finanzinstrumente. Vorbehaltlich der Generalnorm schreibt das Gesetz allgemeine Anhangangaben vor, die den konkreten Ansatz und die konkrete Bewertung von Finanzderivaten betreffen. Weitergehende Empfehlungen zur (freiwilligen) Berichterstattung der Banken liegen derzeit nur vom Bundesverband deutscher Banken vor.

Aufgrund der Rechnungslegungslücken in den bisherigen Rechnungslegungsrichtlinien (Unvollständigkeit und Inkonsistenz der Normen (siehe hierzu auch Abbildung 1 und 2) und Komplexität der praktischen Anwendung der Regelungen) sahen die SEC (und ihr folgend das FASB) sowie das IASC bereits vor Jahren das Erfordernis zur Erarbeitung eines übergreifenden Statements/Standards zum Thema Financial Instruments. 1986 bzw. 1988 nahmen das FASB und das IASC die Erarbeitung umfassender und einheitlicher Grundsätze in ihre jeweiligen Arbeitsprogramme auf. Dabei sollten die abgeleiteten Grundsätze so konzipiert sein, daß sie mit der dynamischen Entwicklung neuer Finanzinstrumente und ihrer Handelsformen Schritt halten können. (vgl. OHLUND/HAYN, 1998, S. 144).

Zeitpunkt	Ereignis
Juni 1988	Aufnahme des Projektes »Financial Instruments«
März 1990	Draft Statement of Principles
November 1990	Statement of Principles
September 1991	Exposure Draft E40
Januar 1994	Revised Exposure Draft E48
Juni 1995	IAS 32 Financial Instruments: Disclosure and Presentation
März 1997	Discussion Paper: Accounting for Financial Assets and Financial Liabilities
Juni 1998	Exposure Draft E62 Financial Instruments: Recognition and Measurement

Abb. 1: Financial-Instruments-Projekt des IASC im Zeitablauf

Während das FASB im Juni 1998 mit SFAS No. 133 »Accounting for Derivative and Similar Financial Instruments and for Hedging Activities« einen übergreifenden Standard (gültig für alle Geschäftsjahre ab 15. Juni 1999) zur bilanziellen Behandlung von derivativen Finanzinstrumenten verabschiedete, entschloß sich das IASC zu einer Teilung des Projektes »Financial Instruments« in zwei Phasen, da im IASC kein Konsens über den Ansatz und die Bewertung gefunden werden konnte. Die erste Phase endete im Juni 1995 mit der Verabschiedung des International Accounting Standards IAS 32

Financial Instruments: Disclosure and Presentation. Hierbei wurden die Publizitäts- und Ausweispflichten des E48 im wesentlichen unverändert in den IAS 32 übernommen. Phase zwei beschäftigt sich mit den stärker umstrittenen Ansatz- und Bewertungsvorschriften für Finanzinstrumente. Die Erfassung und Bewertung von Finanzderivaten ist im Rahmen der IAS bis heute noch nicht abschließend geregelt. Seit Juni 1998 liegt hierzu mit E62 ein Proposed International Accounting Standard »Financial Instruments: Recognition and Measurement« vor (gültig für alle Geschäftsjahre ab 01. Januar 2001). E62 stellt jedoch nur eine Zwischenlösung dar, um den Zeitrahmen der potentiellen IOSCO-Anerkennung nicht zu gefährden (vgl. OHLUND/HAYN, 1998, S. 147).

Ansatz und Bewertung	
SFAS No. 52	Foreign Currency Translation Für Finanzderivate, die zur Absicherung von Wechselkursrisiken verwendet werden
SFAS No. 80	Accounting for Futures Contracts Für Absicherungsgeschäfte, bei denen Futures als Sicherungsinstrument dienen
Publizität	
SFAS No. 105	Disclosure of Information about Financial Instruments with Off-Balance-Sheet Risk and Financial Instruments with Concentration of Credit Risk
SFAS No. 107	Disclosure about Fair Value of Financial Instruments
SFAS No. 119	Disclosure about Derivative Financial Instruments and Fair Value of Financial Instruments

Abb. 2: Einzelregelungen des FASB

2. Bilanzierung von Finanzderivaten nach HGB, IAS und US-GAAP

2.1 Bilanzierung dem Grunde nach

2.1.1 Vorgehensweise nach HGB

In der Bilanz sind alle Vermögensgegenstände, Schulden (Verbindlichkeiten und Rückstellungen) und Rechnungsabgrenzungsposten als eigenständige Bilanzposten aufzuführen. Der Ausweis erfolgt vollständig und grundsätzlich unsaldiert. Die Begriffe »Vermögensgegenstand« und »Schulden« werden im Gesetz nicht definiert, sie sind aus den GoB abzuleiten. Nach herrschender Auffassung (vgl. stellvertretend KUSSMAUL,

Vermögensgegenstände sind	Schulden sind
wirtschaftliche Werte, die	bestehende oder hinreichend sicher erwartete Belastung des Vermögens, die
selbständig bewertbar und	auf einer rechtlichen oder wirtschaftlichen Leistungsverpflichtung des Unternehmens beruhen und
selbständig verkehrsfähig, d.h. einzeln veräußerbar sind.	selbständig bewertbar, d.h. als solche abgrenzbar und z.B. nicht nur Ausfluß des allgemeinen Unternehmerrisikos sind.

Abb. 3: Abstrakte Bilanzierungsfähigkeit gem. deutscher GoB

1995, S. 191–217) bestehen folgende Charakteristika bzw. Abgrenzungskriterien für Vermögensgegenstände und Schulden:

Für die Beurteilung der Bilanzierungsfähigkeit und -pflicht von Finanzderivaten stellt sich das Problem, daß die Anwendung der traditionellen Abgrenzungskriterien aufgrund der Komplexität der Instrumente häufig zu keinem eindeutigen Ergebnis führt; so ist z.B. bei zusammengesetzten Finanzderivaten, die nach ihrem Erwerb in ihre einzelnen Komponenten zerlegt und zum Teil separat veräußert werden, das Kriterium der (konkreten) Einzelveräußerbarkeit im Regelfall nicht anwendbar (vgl. Winter, 1996, S. 2083). Hingegen sind (entgeltlich erworbene) Optionsrechte stets als Vermögensgegenstände zu aktivieren, da sie durch entgeltliche Nutzungsüberlassung an Dritte einzeln verwertbar sind (vgl. BFA, 1995, S. 421).

Zudem handelt es sich bei Finanzderivaten meist um schwebende Geschäfte, die sich entsprechend den GoB nicht für die Bilanzierung qualifizieren. Allein in den Fällen, in denen der Wert der eigenen Leistung den Wert der Gegenleistung übersteigt, sind die negativen Erfolgsbeiträge (sog. Verpflichtungsüberschüsse) durch eine Rückstellung für drohende Verluste aus schwebenden Geschäften gemäß § 249 Abs. 1 Satz 1 HGB zu antizipieren (vgl. Wiedmann, 1994, S. 461). Dies ist z.B. immer dann der Fall, wenn bei gekauften Futures (verkauften Futures) der Stichtagskurs unter (über) dem Einstandskurs liegt. Ob und in welcher Höhe eine Drohverlustrückstellung zu bilden ist, wird durch das vom Motiv der Transaktion (Spekulation oder Hedging) und damit von einer eventuellen kompensatorischen Bewertung bestimmt.

Der Grundsatz der Nichtbilanzierung schwebender Geschäfte bezieht sich nur auf die aus diesen Geschäften erwachsenden gegenseitigen Ansprüche und Verpflichtungen. Zahlungen, die bis zur Beendigung des Schwebezustandes geleistet werden – wie z.B. Initial oder Variation Margins bei Financial Futures, Upfront Payments bei Swapkombinationen oder Optionsprämien bei Optionen – werden beim Zahlenden und beim Zahlungsempfänger zunächst erfolgsneutral erfaßt. In der Bilanz sind diese Zahlungen in den »Sonstige(n) Vermögensgegenstände(n)« bzw. »Sonstige(n) Verbindlichkeiten« oder unter den aktiven oder passiven Rechnungsabgrenzungsposten auszuweisen. Bei Optionsgeschäften ist je nach Zweckbestimmung der Option die Zuordnung des Optionsrechts zum Umlaufvermögen (bei geplanter Veräußerung der Option) bzw. zum Anlagevermögen (wenn der Optionsberechtigte die Ausübung der Option beabsichtigt) denkbar. Im eher seltenen Fall einer ex ante geplanten Optionsausübung schlägt Hofmann (1995, S. 27) den Ausweis der bezahlten Optionsprämie innerhalb einer neu zu benennenden Position wie etwa »geleistete Anzahlungen auf Finanzanlagen« vor (vgl. hierzu ausführlich Jutz, 1995, S. 341–367).

2.1.2 Vorgehensweise nach IAS und US-GAAP

Nach dem Vorschlag des E62 soll ein Unternehmen einen finanziellen Vermögenswert oder eine finanzielle Verpflichtung dann, und nur dann erfassen, falls »it becomes a party to the contractual provisions of the instrument.« (E 62.22). Finanzielle Vermögenswerte und finanzielle Verpflichtungen sind demnach nur dann in der Bilanz anzusetzen, wenn das bilanzierende Unternehmen vertraglich berechtigt (verpflichtet) ist, die in dem Vertrag vorgesehenen Rechte (Pflichten) geltend zu machen (einhalten zu müssen).

Da die vorgeschlagene Formulierung der Ansatzvorschrift nicht explizit auf Finanzderivate eingeht, ist für deren Bilanzansatz zu prüfen, ob derivative Finanzinstrumente Financial Assets oder Financial Liabilities im o. g. Sinne sind. Bei Vertragsabschluß ergibt sich aus derivativen Finanzinstrumenten für das eine Unternehmen das Recht und/oder die Verpflichtung Financial Assets (hier: das Underlying) mit einem anderen Unternehmen zu tauschen. Ob der Tausch dabei für das Unternehmen von Vor- oder Nachteil ist, hängt von der Preisentwicklung des Underlying ab. Das vertragliche Recht des Käufers bzw. die vertragliche Verpflichtung des Verkäufers erfüllen die Definition eines Financial Assets bzw. einer Financial Liability und sind somit in der Bilanz anzusetzen. Der Bilanzansatz der vertraglichen Rechte und/oder Verpflichtungen hat bereits bei Vertragsabschluß (Trade Date) zu erfolgen, während der Austausch des zugrundeliegenden Underlying erst bei Erfüllung (Settlement Date) zu bilanzieren ist (vgl. IASC, 1997a, S. 48, 60).

Auch das FASB fordert in seinem neuen Statement zu den Finanzinstrumenten den grundsätzlichen Ansatz aller Finanzderivate als Asset bzw. Liability in der Bilanz: »An entity shall recognize all derivatives in its statement of financial position as either assets or liabilities depending on the rights or obligations under the contracts« (SFAS 133.17).

Das IASC und das FASB begründen die Ansatzpflicht als Aktiv- bzw. Passivposten damit, daß Finanzderivate alle Charakteristika (siehe hierzu Abbildung 4 und 5) aufweisen, die gemäß den Grundsätzen der IAS und US-GAAP notwendig sind, um als Asset bzw. Liability zu gelten (vgl. hierzu auch Klausner/Steckel, 1997, S. 392).

Asset	Liability
Ist eine • Ressource, • über die ein Unternehmen aufgrund eines vergangenen Ereignisses verfügt und • aus dessen Nutzung zukünftig der Zufluß wirtschaftlichen Nutzens erwartet wird.	Ist eine • gegenwärtige Verpflichtung des Unternehmens, • der ein vergangenes Ereignis zugrunde liegt und • deren Erfüllung voraussichtlich zum Abfluß von Ressourcen, die wirtschaftlichen Nutzen beinhalten, führt.

Abb. 4: Asset und Liability Definition nach dem IASC (vgl. IASC, 1997b, Par. 49-64)

Asset	Liability
Umfaßt einen wahrscheinlichen künftigen wirtschaftlichen Nutzen, der direkt oder indirekt zu künftigen Netto-Einzahlungsüberschüssen beiträgt.	Umfaßt eine gegenwärtige Verpflichtung gegenüber einem Dritten, die bei Eintreten eines bestimmten Ereignisses oder bei Geltendmachung eines Anspruchs wahrscheinlich durch einen künftigen Vermögensabfluß zu einem bestimmten oder bestimmbaren Zeitpunkt erfüllt wird.
Das Unternehmen kann diesen Nutzen erlangen und den Zugriff eines Dritten auf den Nutzen kontrollieren.	Nach Eintritt dieser Verpflichtung tritt eine Bindung des Unternehmens ein, so daß es nicht mehr im Ermessen des Unternehmens liegt, sich einer Vermögensbelastung zu entziehen.
Das Ereignis bzw. der Geschäftsvorfall, der zu dem Nutzen bzw. der Kontrolle des Nutzens führt, ist bereits eingetreten.	Das Ereignis bzw. der Geschäftsvorfall, durch das das Unternehmen verpflichtet wird, ist bereits eingetreten.

Abb. 5: Charakteristika von Asset und Liability nach FASB (SFAC 6.26 und 6.36)

2.1.3 Vergleich der Ansatzvorschriften

Während Finanzderivate sowohl nach IAS als auch nach US-GAAP grundsätzlich Financial Assets oder Financial Liabilities bzw. Assets oder Liabilities darstellen und somit zu bilanzieren sind, werden sie nach deutschem Recht meist als schwebende Geschäfte angesehen und dürfen daher prinzipiell nicht bilanziert werden. Abgesehen von den im Rahmen des Margin-Systems zu leistenden Sicherheiten, den Optionsprämien und den gegebenenfalls zu bildenden Rückstellungen für drohende Verluste aus schwebenden Geschäften sind Finanzderivate nach HGB als bilanzunwirksam zu charakterisieren. Bieg/Rübel (1988, S. 608) befürworten jedoch im Hinblick auf die Rechenschafts- und Informationsfunktion des deutschen Jahresabschlusses und angesichts der rasanten Entwicklung einen bilanziellen Ausweis der Finanzderivate. Ebenso sprechen sich Herzig/Mauritz (1997, S. 5, 14) für die Aufnahme von derivativen

Finanzinstrumenten als Bilanzaktiva bzw. -passiva in die handelsrechtliche Bilanz aus. Auch Menninger (1994, S. 52) sieht die Informationsfunktion des Jahresabschlusses beeinträchtigt. Mit Blick auf die Ermittlung des ausschüttungsfähigen Gewinns, hat nach ihrer Meinung ein Bilanzausweis zu unterbleiben. Statt dessen schlägt sie den Lagebericht (soweit aufzustellen) als Informationsträger für Ausmaß und Risiken schwebender Geschäfte vor.

2.2 Bilanzierung der Höhe nach

2.2.1 Vorgehensweise nach HGB

2.2.1.1 Grundsätzliche Behandlung

Finanzderivate sind am Bilanzstichtag zunächst einzeln zu bewerten und daraufhin zu untersuchen, ob ggf. ein Verpflichtungsüberschuß zu erwarten ist, der durch die Bildung einer Rückstellung für drohende Verluste aus schwebenden Geschäften zu berücksichtigen ist (vgl. hierzu Abbildung 6).

	Schwebendes Geschäft		
	Verpflichtung = Anspruch	**Verpflichtung > Anspruch**	**Verpflichtung < Anspruch**
Bezeichnung	Ausgeglichenheit	unrealisierter negativer Erfolgsbeitrag (Verlust); Verpflichtungsüberschuß	unrealisierter positiver Erfolgsbeitrag (Gewinn)
Konsequenz	Nichtbilanzierung des schwebenden Geschäftes.	Für die aus dem Geschäft zu erwartenden Verluste sind in Höhe des Verpflichtungsüberschusses Drohverlustrückstellungen zu bilden.	Der aus dem Geschäft erwartete Gewinn darf aufgrund des Realisationsprinzips nicht erfolgswirksam berücksichtigt werden. D.h. das schwebende Geschäft ist weiterhin so zu behandeln, als ob es ausgeglichen wäre.

Abb. 6: Bilanzierung schwebender Geschäfte nach HGB

Befürworter einer marktwertorientierten Rechnungslegung sprechen sich für eine vorzeitige Berücksichtigung unrealisierter positiver Erfolgsbeiträge aus. Sie argumentieren, daß Kursgewinne und -verluste bei börsennotierten Finanzderivaten jederzeit ohne Risiko realisierbar seien und damit als quasi-sicher anzusehen sind (vgl. Glaum,

1997, S. 1632). Dem steht allerdings entgegen, daß Finanzmärkte vielfach nicht ausreichend liquide sind, um größere Verkaufsaufträge (z.B. von Kreditinstituten) ohne Kurseinbußen aufzunehmen (vgl. STEINER/TEBROKE/WALLMEIER, 1995, S. 539 bzw. BRACKERT/NAUMANN/PRAHL, 1996, S. 554). Nach Ansicht von GEBHARDT (1996, S. 567) entbehrt es jedoch einer zwingenden Logik bei Finanzderivaten eine Gewinnvereinnahmung grundsätzlich abzulehnen, im Absatzbereich bei Verkäufen auf Ziel aber Erfolge zu vereinnahmen, obwohl die Forderungen mit zahlreichen Risiken behaftet sind.

Eine Feststellung, ob am Bilanzstichtag ein unrealisierter Gewinn oder Verlust vorliegt, ist bei Finanzderivaten, für die es tägliche Börsennotierungen (z.B. Futures) gibt, möglich: Durch den Vergleich des letzten zum Abschlußstichtag festgestellten Börsenkurses mit dem kontraktierten Kurs bei Abschluß des Geschäfts ermittelt sich der unrealisierte Gewinn oder Verlust am Bilanzstichtag (vgl. SCHMEKEL, 1983, S. 985). Bei OTC-Geschäften (z. B. Forward Rate Agreements) gibt es zwar keine Börsennotierungen, wohl aber Marktpreise, die sich aus Quotierungen der Marktteilnehmer bestimmen lassen. Liegen keine Marktquotierungen vor, können marktgerechte Werte auch aus den in der Praxis üblichen finanzmathematischen Modellen abgeleitet werden (vgl. GEBHARDT, 1996, S. 566).

2.2.1.2 Finanzderivate als Sicherungsgeschäfte

Finanzderivate werden branchenübergreifend zur Erzielung von Zusatzerträgen und zur betriebswirtschaftlichen Sicherung (Hedging) gegen makroökonomische Risiken genutzt. Im Rahmen dieser Risikoabsicherung werden bestehende Grundgeschäfte so mit anderen Geschäften kombiniert, daß das Risiko des kombinierten Geschäfts geringer ist als das Risiko des Grundgeschäfts. So kann z. B. ein Aktienbestand durch den Kauf von Verkaufsoptionen gegen Kursrückgänge abgesichert werden und der Kauf von Zinsfutures kann eine festverzinsliche Anleihenverbindlichkeit gegen einen Zinsrückgang absichern.

Die strenge Anwendung bzw. Auslegung des Grundsatzes der Einzelbewertung in Verbindung mit der uneingeschränkten Gültigkeit des Imparitätsprinzips bzw. des Realisationsprinzips (sog. traditionelles GoB-Verständnis) führt insbesondere bei der Abbildung von Sicherungszusammenhängen dazu führen, daß ein Verlust auszuweisen ist, obwohl dieser wirtschaftlich nicht oder nicht in entsprechender Höhe entsteht (siehe hierzu insbesondere SCHIERSMANN/TÖNNIES, 1997, S. 715). Bei der Bilanzierung von Grundgeschäften einerseits und Sicherungsgeschäften (z. B. in Form von Optionen, Futures etc.) andererseits kommt es bei strenger Einzelbewertung regelmäßig dazu, daß unabhängig von der künftigen Entwicklung der Kurse und Zinsen (steigend oder fallend) stets ein Verlust auszuweisen ist, da je nach Entwicklung der Risikofaktoren

- entweder die Grundgeschäfte für sich genommen an Wert verlieren und damit Rückstellungen oder Abschreibungen notwendig machen, während die Wertgewinne der entgegengerichteten Sicherungsgeschäfte nicht ergebniswirksam erfaßt werden dürfen;
- oder umgekehrt unrealisierte Gewinne bei den Grundgeschäften nicht vereinnahmt werden dürfen, während unrealisierte Verluste aus Sicherungsgeschäften das Ergebnis schmälern.

Dieser aus der strengen imparitätischen Einzelbewertung folgende ungünstige Ergebnisausweis kann zu einer Diskriminierung risikoaverser finanzwirtschaftlicher Absicherungspolitiken führen, da der vorsichtige, d.h. das Risiko absichernde Kaufmann für seine Vorsicht in der Form bestraft wird, daß er stets einen Verlust zu erfassen hat, während der nicht sichernde Kaufmann nur bei einer für ihn ungünstigen Entwicklung des (Grund-)Geschäfts eine Verlustantizipation vorzunehmen hätte. Zusätzlich muß – in Abhängigkeit vom Geschäftsumfang in Finanzderivaten – ein zumindest temporär verzerrter Ausweis der Vermögens-, Finanz- und Ertragslage in Kauf genommen werden, da die eingegangenen Risiken zu stark betont werden und nicht berücksichtigt wird, daß eine Reihe der angeblich drohenden Verluste wegen zur Absicherung eingegangener gegenläufiger Verträge nicht eintreten kann. Aus der Sicht der Informations- und Zahlungsbemessungsfunktion der Handelsbilanz ist dies unbefriedigend (vgl. hierzu Langenbucher, 1993, S. 90; Wiedmann, 1994, S. 466 f., 472).

Der oben beschriebene unerwünschte und betriebswirtschaftlich schwer vertretbare Verlustausweis kann durch die Bildung von Bewertungseinheiten (zumindest weitgehend) vermieden werden. Die in Deutschland mit dem Konzept der Bewertungseinheit verfolgte Grundidee ist einfach: Wenn es gelingt, anhand geeigneter Kriterien die zur Risikokompensation abgeschlossenen (Grund- und Sicherungs-)Geschäfte mit bilanzieller Wirkung gedanklich als ein einheitliches Geschäft aufzufassen, können Marktpreisschwankungen – vollständige Risikokompensation (Perfect Hedge) vorausgesetzt – nie als Wertänderung auf die bilanzielle Ebene durchschlagen, da der bilanzrelevante Wert stets zusammenfassend für ein zu bewertendes, fiktiv als Einheit aufgefaßtes Geschäft (Bewertungseinheit) ermittelt wird (vgl. Göttgens, 1995, S. 147). Kennzeichnend für die Konzeption der Bewertungseinheit ist das grundsätzliche Festhalten am Einzelbewertungs-, Imparitäts- und Realisationsprinzip, allerdings auf einer oberhalb des einzelnen, zivilrechtlich definierten Vertragsverhältnisses angesiedelten Bewertungseinheitenebene (vgl. hierzu Epperlein/Scharpf, 1995, S. 135; Steiner, 1995, S. 233 f.)

Innerhalb einer solchen Bewertungseinheit werden die am Bilanzstichtag bestehenden unrealisierten positiven und negativen Bewertungsergebnisse aus den Einzelgeschäften wie folgt miteinander verrechnet (sog. kompensatorische Bewertung):

- unrealisierte Gewinne bleiben stets unberücksichtigt;
- unrealisierte Verluste werden dagegen antizipiert, soweit diese nicht mit unreali-

sierten Gewinnen aus dem Gegengeschäft der Hedge-Position verrechnet werden können.

Eine bilanzielle Verlustberücksichtigung über eine Rückstellungsbildung erfolgt also nur insoweit, als ein Verlust nicht durch einen sicheren und quasi realisierten Gewinn kompensiert wird (negatives Bewertungsergebnis) (vgl. BERTSCH/KÄRCHER, 1996, S. 655).

Um Mißbrauch auszuschließen und eine willkürfreie Rechnungslegung zu gewährleisten, kann die Bildung von Bewertungseinheiten nur unter bestimmten Voraussetzungen, die den wirtschaftlichen Zusammenhang von Grund- und Sicherungsgeschäften hinreichend konkretisieren, vorgenommen werden. Die im Schrifttum diskutierten Voraussetzungen lassen sich wie folgt systematisieren und konkretisieren:

	Die Voraussetzungen für die Bildung von Bewertungseinheiten...	**...werden konkretisiert durch**
1.	Bestehen eines Zins-, Währungs- oder sonstigen Preisrisikos	• Der unrealisierte Verlust muß quantifizierbar sein. • Grundsätzlich ist das einzelne Marktrisiko für das Gesamtunternehmen zu ermitteln. • Unter bestimmten Voraussetzungen ist auch eine Risikoermittlung auf der Ebene dezentraler Einheiten (z.B. Handelsgruppen) möglich.
2.	Herstellung eines wirtschaftlichen Zusammenhangs zwischen Grund- und Sicherungsgeschäften	• Umfang, Zulässigkeit und/oder Zweck des Sicherungsgeschäfts werden vom Grundgeschäft bestimmt. • Es muß eine Sicherungsstrategie bestehen (eindeutige Zuordnung von Grund- und Sicherungsgeschäft). • Die Sicherung aufgrund der Sicherungsstrategie ist durchzuhalten (kein widersprüchliches Verhalten). • Entsprechende Dokumentation der Strategie und gesonderte Erfassung der Geschäfte.
3.	Konkretisierung der Gewinnchancen	• Die Verlustkompensation muß sich grundsätzlich aus rechtsverbindlich abgeschlossenen Geschäften ableiten lassen. (Keine Konkretisierung bei antizipativen Hedges)
4.	Homogene Beeinflussung von Gewinnchance und Verlustrisiko	• Auf Verlustrisiko und Gewinnchance müssen identische Einflußfaktoren wirken (gleiche Entstehungsursachen und Risikoarten). • Keine »Überkreuzkompensation« von Chancen und Risiken unterschiedlicher Risikoarten.

5.	Negative Korrelation	• Das Sicherungsgeschäft muß das Risiko des Unternehmens verringern. • Der Eintritt eines Verlusts muß zwangsläufig einen Gewinn beim anderen Geschäft nach sich ziehen. • Vollständige negative Korrelation (–1) ist die Ausnahme.
6.	Vollständige Kompensation	• Ein unrealisierter Verlust kann nur bis zur Höhe des unrealisierten Gewinns ausgeglichen werden. • Bei Fälligkeitsunterschieden muß ein liquider Markt für (Anschluß-) Sicherungsgeschäfte bestehen.
7.	Relativierung durch Restrisiken	• Es dürfen allenfalls latente Bonitätsrisiken bestehen. • Die erwarteten Zahlungen aus dem Grund- und Sicherungsgeschäft dürfen nicht wesentlich durch andere Risiken beeinträchtigt sein.

Abb. 7: Voraussetzungen für die Bildung von Bewertungseinheiten (in Anlehnung an Scharpf, 1995, S. 190)

Die Zulässigkeit der Bildung von Bewertungseinheiten wird in Deutschland grundsätzlich nicht in Frage gestellt, vielmehr besteht das Hauptproblem darin, objektivierbare Voraussetzungen festzulegen. Staudt/Weinberger (1997, S. 46) weisen zu Recht darauf hin, daß gerade durch die Formulierung geeigneter Voraussetzungen neue Ermessens- und Gestaltungsspielräume geschaffen werden, die faktisch dazu führen, daß der Bilanzierende über die Bildung von Bewertungseinheiten entscheidet.

Es mehren sich die Stimmen, die sich für eine Pflicht zur Bildung von Bewertungseinheiten aussprechen. Für Naumann/Prahl (1992, S. 715 f.) und auch für Wiedmann (1994, S. 475) ist die Bildung von Bewertungseinheiten eine zweckadäquate Anwendung bzw. Auslegung des Einzelbewertungsgrundsatzes und deshalb Pflicht. Windmöller (1995, S. 241) und Staudt/Weinberger (1997, S. 46) gehen hingegen derzeit von einem Wahlrecht für die Bildung von Bewertungseinheiten aus. Selbst wenn ein Gebot zur kompensatorischen Bewertung unterstellt wird, kann jedoch aufgrund der o. a. Ermessens- und Gestaltungsspielräume ein faktisches Wahlrecht für die Bildung von Bewertungseinheiten erwirkt werden.

Kontrovers diskutiert wird die als zulässig erachtete Reichweite (Micro-, Macro- und Portfolio-Hedges) der Bewertungseinheiten. Während derzeit lediglich Micro-Hedges in der Literatur allgemein anerkannt sind, wird von Teilen des handelsrechtlichen Schrifttums – unter bestimmten Voraussetzungen – die generelle Zulässigkeit von Macro- und Portfolio-Hedges gefordert. (vgl. hierzu grundlegend Brackert/Naumann/ Prahl, 1996, S. 545 f.; Epperlein/Scharpf, 1995, S. 142).

Festzuhalten ist, daß der Grundsatz der Einzelbewertung bei der Bilanzierung von Finanzderivaten zunehmend über den Gesetzeswortlaut hinaus im Sinne einer wirtschaftlichen Betrachtungsweise (Substance over Form) ausgelegt wird. Die sachgerechte Abbildung von Finanzderivaten in der externen Rechnungslegung erfordert deshalb eine zweckorientierte Fortentwicklung des traditionellen GoB-Verständ-nisses. Damit wird den Zielen der Rechnungslegung im Jahresabschluss besser gedient als mit einer Rechnungslegung, die eine Berücksichtigung von Sicherungszusammenhängen grundsätzlich nicht vorsieht.

2.2.2 Vorgehensweise nach IAS und US-GAAP

2.2.2.1 Grundsätzliche Behandlung

Nach den Vorstellungen des FASB und des IASC sind alle Finanzderivate sowohl beim erstmaligen Ansatz als auch in den Folgeperioden generell (zu den Ausnahmen vgl. IAS E62.46) mit dem Fair Value (Markt- oder Verkehrswert) anzusetzen (vgl. SFAS 133.17; E62.44). Die im Zeitablauf aus den Wertveränderungen des Fair Value resultierenden Gewinne und Verluste sind sofort bei deren Entstehung erfolgswirksam im Net Profit or Loss (E62.68) bzw. in den Earnings (SFAS 133.18) zu erfassen.

2.2.2.2 Finanzderivate als Sicherungsgeschäfte

Werden Finanzderivate zur Absicherung von risikobehafteten Grundgeschäften eingesetzt, sehen FASB und IASC eine besondere bilanzielle Behandlung der aus diesen Sicherungszusammenhängen entstehenden Bewertungsgewinne/-verluste vor. Unter bestimmten Bedingungen kann ein Finanzderivat als Sicherungsgeschäft interpretiert werden, wobei drei Absicherungszusammenhänge (Hedging Relationships) zu unterscheiden sind (vgl. hierzu Abbildung 8).

2.2.2.2.1 Fair Value Hedges

Wird ein Finanzderivat zur Absicherung des Risikos einer bestehenden Aktiv- oder Passivposition (IAS/US-GAAP) oder einer vertraglich fixierten Verpflichtung (Firm Commitment) verwendet (US-GAAP) (sog. Fair Value Hedge), ist der aus den Fair-Value-Änderungen des Finanzderivats resultierende Gewinn bzw. Verlust zusammen mit der gegenläufigen Veränderung des Fair Value der abgesicherten Position erfolgswirksam zu erfassen. Beim Grundgeschäft ist allerdings nicht die gesamte Änderung des Fair Value über erfolgswirksame Zu- oder Abschreibungen auf den Buchwert zu erfassen, sondern nur der Teil, der »attributable to the hedged risk« (E62.90; SFAS 133.22) ist. Die Problematik der zuverlässigen Isolation der Wertveränderungen, die

	Hedges		
	Fair Value Hedges	**Cash Flow Hedges**	**Foreign Currency Hedges**
Erklärung	Finanzderivate, die der Absicherung von bestehenden Assets und Liabilities (IAS/US-GAAP) oder bindenden Vereinbarungen (US-GAAP) dienen.	Finanzderivate, die der Absicherung künftiger Geschäftsvorfälle (IAS/ US-GAAP) oder bindenden Vereinbarungen (IAS) dienen.	Finanzderivate, die der Absicherung des Fremdwährungsrisikos (aus Auslandsbeteiligungen (IAS)) dienen.
Wesentliche Kriterien um als Absicherungsgeschäft anerkannt zu werden	• Formaldokumentation des Sicherungszusammenhangs sowie der Strategie und Zielsetzung des Risikomanagements. • Identifikation bzw. Dokumentation des Grund- und Sicherungsgeschäfts, des abgesicherten Risikos und der Vorgehensweise zur Bestimmung der Effektivität des Hedges. • Die Absicherung soll hochgradig wirkungsvoll (Highly Effective) sein, d.h. gegenläufige Wertentwicklungen von Grund- und Sicherungsgeschäft sollen sich nach Möglichkeit ausgleichen.(vgl. E62.86; SFAS 133.20f., 133.28f.; 133.37f. und 133.40)		

Abb. 8: Hedge Formen nach IAS und US-GAAP

auf den Einfluß eines einzelnen Risikofaktors zurückzuführen sind, wird durch SFAS 133 und E62 nicht umfassend geklärt. Die Realisierung von Gewinnen und Verlusten aus Grund- und Sicherungsgeschäft führt dazu, daß das Periodenergebnis im Falle einer perfekten Absicherung (Gewinn und Verlust aus Grund- und Sicherungsgeschäft gleichen sich exakt aus) nicht berührt wird. Beim Overhedging (Gewinn oder Verlust des Finanzderivats übersteigt den Verlust bzw. Gewinn der abgesicherten Position, der durch das gehedgte Risiko verursacht wurde) bzw. beim Underhedging (Gewinn bzw. Verlust beim Finanzderivat ist geringer als der Verlust bzw. Gewinn bei der abgesicherten Position, der durch das gehedgte Risiko verursacht wurde) wird der Periodenerfolg in Höhe des nicht ausgeglichenen Betrags erhöht bzw. vermindert (vgl. E62.90; SFAS 133.22; sowie Barckow/Rose, 1997, S. 795 zu SFAS 133).

2.2.2.2.2 Cash Flow Hedges

Ein Cash Flow Hedge bezeichnet den Einsatz von (Finanz-)Derivaten zur Absicherung von zukünftigen, risikobehafteten Zahlungsmittelströmen. Während nach US-GAAP bestehende Bilanzpositionen (z.B. eine variabel verzinste Anleihe) oder geplante Zugänge von Assets und Liabilities (z.B. geplanter Kauf einer Maschine) Gegenstand der Absicherung sein können, gilt nach IAS auch die Absicherung von vertraglich fixierten Verpflichtungen (Firm Commitment) als Cash Flow Hedge; nach US-GAAP Fair Value Hedge.

Bei der bilanziellen Behandlung von Cash Flow Hedges weichen FASB und IASC vom Grundsatz der erfolgswirksamen Erfassung der Wertänderungen der Finanzderivate ab. Die derivativen Sicherungsgeschäfte werden weiterhin mit dem Fair Value in der Bilanz bewertet und angesetzt. Die Marktwertänderungen, die zwischen dem Zeitpunkt der Begründung des Sicherungszusammenhangs und dem Vollzug einer geplanten Transaktion bzw. dem Zahlungszeitpunkt eintreten, werden erfolgsneutral im »Statement of Changes in Equity« (E62.B92 i. V. m. B94) bzw. als Teil des »Other Comprehensive Income« (SFAS 133.30 f.) erfaßt. Eine erfolgswirksame Auflösung der so abgegrenzten Fair-Value-Änderungen erfolgt erst im Zeitpunkt der Erfolgsbeeinflussung durch das Grundgeschäft (z. B. über Abschreibungen, Zinsen etc.).

Im Vergleich zu den ursprünglichen Entwürfen sehen E62 und SFAS 133 eine grundlegende Änderung vor: Es wird nur noch der Teil der Marktwertänderungen des Finanzderivats erfolgsneutral abgegrenzt, der durch die entgegengesetzten Wertveränderungen des antizipierten Grundgeschäfts voraussichtlich ausgeglichen wird (effektiver Hedge). Voraussichtlich nicht kompensierte Wertänderungen (ineffektiver Hedge) sind dagegen sofort erfolgswirksam zu erfassen. Dabei erfolgt die Ermittlung des Abgrenzungsbetrags nicht auf periodischer Basis (Period-by-Period Approach), sondern kumuliert (Cumulative Approach) ab dem Zeitpunkt der Begründung des Hedges bis zum jeweiligen (Bilanz-) Stichtag erfolgen (vgl. E62.A92-A93 und B92-B93; SFAS 133.30 f.).

Resultiert aus dem Cash Flow Hedge der Ansatz eines Asset oder einer Liability, stellt das IASC in seinem Exposure Draft eine zweite alternative Vorgehensweise zur Diskussion. Statt der erfolgswirksamen Auflösung der kumuliert im »Statement of Changes in Equity« erfassten Wertveränderungen des Sicherungsgeschäfts in Übereinstimmung mit der Erfolgswirksamkeit des Grundgeschäfts sind diese Beträge beim erstmaligen Wertansatz des erworbenen Asset bzw. der eingegangenen Liability zu berücksichtigen (Basis Adjustment Approach). Beide Varianten führen in der jeweiligen Periode zum selben Ergebnis in der Gewinn- und Verlustrechnung, unterscheiden sich aber aufgrund des unterschiedlichen Wertansatzes in der Bilanz (vgl. E62.A94).

2.2.2.2.3 Foreign Currency Hedges

SFAS 133.36 unterscheidet bei der Absicherung von Währungsrisiken drei Absicherungszusammenhänge (vgl. hierzu Abbildung 9).

Demgegenüber behandelt der E62.85 i. V. m. 62.97 nur Hedges of a Net Investment in a Foreign Entity und schlägt für solche Sicherungszusammenhänge die bilanzielle Behandlung analog zu Cash Flow Hedges vor. Wertschwankungen des derivativen

	Foreign Currency Fair Value Hedges	**Foreign Currency Cash Flow Hedges**	**Hedges of the Foreign Currency Exposure of a Net Investment in a Foreign Operation**
Erläuterung	Absicherung des Währungsrisikos von • vertraglich fixierten Geschäften; • Anleihen, die als zum Verkauf bestimmt klassifiziert wurden.	Absicherung des Währungsrisikos von antizipierten Zahlungsmittelströmen.	Absicherung des Währungsrisikos des Ergebnisbeitrages eines Konzernunternehmens.
Behandlung	Analog zu Fair Value Hedges.	Analog zu Cash Flow Hedges.	In Anlehnung an SFAS No.52: Fair-Value-Änderungen des Finanzderivats (effektiver Teil) sind wie »Translation Adjustments« zu behandeln. Der ineffektive Teil ist sofort erfolgswirksam zu vereinnahmen.

Abb. 9: Foreign Currency Hedges des FASB (vgl. SFAS 133.37-42)

Sicherungsinstruments sind dabei wie Gewinne/Verluste aus der Währungsumrechnung zu klassifizieren.

2.2.3 Vergleich der Bewertungsvorschriften

Das Anschaffungskostenprinzip verbietet in seiner strengen Interpretation eine bilanzielle Berücksichtigung derivativer Finanzinstrumente. Sofern nicht im Rahmen der (freiwilligen) Publizität im Anhang über diese Instrumente berichtet wird, sind im Zweifel keine Informationen über Art, Umfang und Zweck des Einsatzes von Finanzderivaten in den veröffentlichten Abschlüssen zu finden. Die bemängelten Auswirkungen des Anschaffungskostenprinzips zeigen sich sowohl für das Risikomanagement des Unternehmens selbst als auch für potentielle Investoren (bei der Einschätzung der Performance, Liquidität und der Risikosituation des Unternehmens) in der eingeschränkten Relevanz und dem geringen Informationsgehalt der Finanzdaten.

Die Bewertung der Finanzderivate mit dem Fair Value erleichtert somit allen Jahresabschlußadressaten die Einschätzung der Auswirkungen der Anlage- und Finanzierungsstrategie des Unternehmens. Kritiker der Marktbewertung geben zu bedenken, daß durch die Volatilitäten auf den Finanzmärkten auch die Erfolgsausweise der Unternehmen erheblichen Schwankungen unterworfen sein werden. Das IASC vertritt jedoch die Auffassung, etwaige Ergebnisschwankungen reflektieren die veränderten Preise an den Finanzmärkten und es sei Aufgabe der Bilanzierung »(to) tell it as it is« (IASC, 1997a, S. 90); d.h. die Wirkungen relevanter Umweltveränderungen auf das Unternehmen möglichst adäquat zum Ausdruck zu bringen. Obwohl ein Wertansatz auf Basis aktueller Marktwerte aus bilanzanalytischer Sicht grundsätzlich aussagekräftiger ist als eine Bewertung auf Basis historischer bzw. fortgeführter Kosten, geben Barckow/Rose (1997, S. 801) zu bedenken, daß zum Zeitpunkt der Feststellung bzw. Veröffentlichung des Jahresabschlusses auch die Fair Values ihrerseits vergangenheitsorientierte und somit historische Werte darstellen. Auch die Frage nach dem Informationswert und Nutzen von Fair Values, die nicht aus quotierten Markt- oder Börsenpreisen, sondern aus rechnerischen Modellen abgeleitet werden, scheint berechtigt: »Although some of the pricing and valuation models have been extensively developed an used, most of them remain «works in progress», in the sense that their ultimate valuation validity remains uncertain.« (Siegel, 1997, S. 87).

Bei der Bewertung spekulativ eingesetzter Finanzderivate sind die Unterschiede zwischen IAS/US-GAAP und HGB am deutlichsten: Während nach IAS/US-GAAP eine Marktbewertung erfolgt und daher Kursausschläge in beide Richtungen (in der Periode, in der sie eingetreten sind) erfolgswirksam erfaßt werden, sind nach deutschem Recht nur die Bewertungsverluste (über Drohverlustrückstellungen) sofort erfolgswirksam; Gewinne hingegen werden erst bei Abwicklung der Geschäfte bilanziell erfaßt. Die unterschiedliche Periodenzurechnung von Gewinnen und Verlusten wirkt sich bei Spekulationsgeschäften aufgrund der sehr kurzfristigen großen Schwankungen bei der Gewinn- und Verlustentwicklung in besonderem Maße aus. Die IAS/US-GAAP-Rechnungslegung vermeidet dagegen eine solche Unterscheidung der Periodenzurechnung für Gewinne und Verluste (vgl. Abbildung 10).

Obwohl die Absicherung antizipierter Transaktionen aus wirtschaftlichen Gesichtspunkten zwingend erforderlich sein kann, ist sie nach deutschem Recht nicht bilanziell abbildbar. Bei US-GAAP und IAS sind hingegen antizipative Hedges Grundbestandteil der Absicherungskonzeptionen. Bezüglich der Vergleichbarkeit und der Informationsfunktion der Jahresabschlüsse ist darüber hinaus anzumerken, daß sowohl HGB als auch US-GAAP für sichernde Finanzderivate bilanzpolitische Gestaltungsspielräume offenlassen: Finanzderivate können bei Vorliegen aller Voraussetzungen als Hedge deklariert werden, müssen aber nicht (»Hedge accounting continiues to be elective – management may choose whether or not to designate a transaction as a hedge« (Arthur Andersen, 1998, S. 3) bzw. die Formulierung geeigneter Voraussetzungen schafft neue Ermessens- und Gestaltungsspielräume bei der Bildung von Bewertungseinheiten (HGB)). Lediglich IAS E62 schreibt bei Vorliegen aller Voraussetzungen zwingend die bilanzielle Behandlung als Hedge vor.

Bei den derzeitigen Diskussionen einer zweckgerechten Änderung bzw. Weiterentwicklung der geltenden Rechnungslegungsnormen (de lege ferenda) steht insbesondere die zutreffende Abbildung finanzwirtschaftlich bewußt herbeigeführter Ab-

<table>
<tr><th></th><th>Fallvariante</th><th colspan="3">Behandlung nach</th></tr>
<tr><th></th><th></th><th>HGB</th><th>IAS</th><th>US-GAAP</th></tr>
<tr><td>1.</td><td>Gewinn/Verlust des Finanzderivats = Verlust/Gewinn des Grundgeschäfts</td><td>Keine Auswirkungen auf das Periodenergebnis.</td><td colspan="2">Sowohl die sofortige erfolgswirksame als auch die erfolgsneutrale Erfassung der Bewertungsänderungen haben keine Auswirkungen auf das Periodenergebnis.</td></tr>
<tr><td>2.</td><td>Gewinn des Finanzderivats < Verlust des Grundgeschäfts</td><td>Negativer Saldo wird als Drohverlustrückstellung erfaßt und vermindert somit das Periodenergebnis.</td><td colspan="2" rowspan="4">• Bei sofortiger erfolgswirksamer Erfassung der Bewertungsänderungen:

Bewertungsgewinne und -verluste sind erfolgswirksam. Das Periodenergebnis erhöht (Fall 3 und 4) bzw. vermindert (Fall 2 und 5) sich um den überschießenden Betrag.

• Bei erfolgsneutraler Erfassung der Bewertungsänderungen:

Der effektive Teil des Hedges hat keine Auswirkungen auf das Periodenergebnis. Ein erfolgswirksamer Übertrag erfolgt erst in der Periode, in der das Grundgeschäft erfolgswirksam wird.

Lediglich der ineffektive Teil des Hedges hat sofort Auswirkungen auf das Periodenergebnis.</td></tr>
<tr><td>3.</td><td>Gewinn des Finanzderivats > Verlust des Grundgeschäfts</td><td>Positiver Saldo bleibt unberücksichtigt.

Keine Auswirkungen auf das Periodenergebnis.</td></tr>
<tr><td>4.</td><td>Verlust des Finanzderivats < Gewinn des Grundgeschäfts</td><td>Positiver Saldo bleibt unberücksichtigt.

Keine Auswirkungen auf das Periodenergebnis.</td></tr>
<tr><td>5.</td><td>Verlust des Finanzderivats > Gewinn des Grundgeschäfts</td><td>Negativer Saldo wird als Drohverlustrückstellung erfaßt und vermindert somit das Periodenergebnis.</td></tr>
</table>

Abb. 10: Behandlung der Bewertungsänderungen von Sicherungsgeschäften

sicherungszusammenhänge im Mittelpunkt. In diesem Kontext wird zunehmend die Marktbewertung als Alternative zur kompensatorischen Bewertung diskutiert:

- Brackert/Naumann/Prahl (1996, S. 554) fordern eine erfolgswirksame Marktbewertung der (derivativen) Finanzinstrumente. Aus Gründen des Gläubigerschutzes und der Kapitalerhaltung sollen jedoch gewisse Beträge als zurückbehaltungspflichtig deklariert werden.

- HERZIG/MAURITZ (1997, S. 5f.) fordern eine Marktbewertung der (derivativen) Finanzinstrumente. Positive Erfolgsbeiträge (unrealisierte Gewinne) sollen in einer neu zu schaffenden Position, die z. B. als »Forderungen aus schwebenden Termingeschäften« benannt werden könnte, aktiviert werden.

Auch seitens der EU-Kommission wird über eine Anpassung der Rechnungslegungsnormen nachgedacht: »There seems to be almost unanimous agreement that the Fourth Directive should be amended in order to allow for marking to market of certain assets.« (EU-KOMMISSION, 1997, S. 1). Die hierbei zu erörternden Fragestellungen beziehen sich auf folgende Sachverhalte (vgl. EU-KOMMISSION, 1997, S. 1ff.; VAN HULLE, 1998, S. 150):

Da die 4. EG-Richtlinie derzeit keine erfolgswirksame Marktbewertung zuläßt, läuft auch die Öffnungsklausel des § 292a HGB diesbezüglich ins Leere (vgl. HAYN, 1997, S. 141).

Sachverhalte	derzeitige Tendenz
Sollte die Bewertung zu Marktwerten ein Wahlrecht oder eine Verpflichtung sein?	Die Mitgliedsstaaten sind hierüber unterschiedlicher Auffassung. Im Falle eines Wahlrechts stellt sich ferner die Frage, ob es als Wahlrecht für die einzelnen Mitgliedsstaaten oder für die Unternehmen eingerichtet werden soll. Aufgrund der Schwierigkeiten bei der einheitlichen Entscheidungsfindung erscheint ein Wahlrecht auf Ebene der Mitgliedsstaaten als einzige praktikable Vorgehensweise.
Welche Bilanzpositionen kommen für eine solche Bewertung zu Marktwerten in Betracht?	Die meisten Mitgliedsstaaten bevorzugen eine restriktive Anwendung der Marktbewertung. Für eine Marktbewertung kommen demnach nur solche Bilanzpositionen in Frage, deren Marktwert zuverlässig ermittelt werden kann. Hierbei wird meist auf die Liquidität und die Tiefe der jeweiligen Märkte abgestellt.
Wie soll der Unterschiedsbetrag zwischen den historischen Kosten und dem Marktwert behandelt werden?	Es herrscht generelle Übereinstimmung darüber, daß – positive und negative – Marktwertänderungen in der Gewinn- und Verlustrechnung erfaßt werden sollen. Je nach Abgrenzung der zur Marktbewertung zugelassenen Bilanzpositionen werden Einschränkungen für nicht an ausreichend liquiden Märkten gehandelte Positionen diskutiert.
Welche Angaben sind zu diesem Punkt im Anhang zu machen?	Aufgrund des Informationsgehalts der Marktwerte sind diese offenzulegen. Für Unternehmen in Mitgliedsstaaten, die sich gegen eine Marktwertbilanzierung ausgesprochen haben, ist eine Anhangangabe des Marktwertes vorgesehen.

Abb. 11: Anpassung der 4. EG-Richtlinie

2.3 Berichterstattung

2.3.1 Vorgehensweise nach HGB

Die Bilanz und die GuV liefern den Jahresabschlußadressaten nur unzureichende Informationen über die Risiken, die aus dem Einsatz von Finanzderivaten resultieren. Um den in § 264 Abs. 2 HGB geforderten Einblick in die Vermögens-, Finanz- und Ertragslage zu gewähren, sind zusätzliche Informationen nötig und in den Anhang aufzunehmen:

- Angaben beim Verstoß gegen die Generalnorm (§ 264 Abs. 2 Satz 2 HGB);
- Angaben zu den Bilanzierungs- und Bewertungsmethoden (§ 284 Abs. 2 Nr. 1 HGB);
- Angabe und Begründung der Abweichungen von den Bilanzierungs- und Bewertungsmethoden (§ 284 Abs. 2 Nr. 3 HGB);
- Angabe der sonstigen finanziellen Verpflichtungen (§ 285 Nr. 3 HGB);
- Erläuterung der unter dem Posten »Sonstige Rückstellungen« nicht gesondert ausgewiesenen Rückstellungen (§ 285 Nr. 12 HGB).

Kreditinstitute haben zusätzlich gemäß § 36 RechKredV im Anhang eine Aufstellung über die Arten der zum Bilanzstichtag noch nicht abgewickelten fremdwährungs-, zinsabhängigen und sonstigen Termingeschäfte aufzunehmen.

Der Lagebericht soll gemäß § 289 Abs. 2 Nr. 1 HGB auch auf Vorgänge von besonderer Bedeutung, die nach dem Schluß des Geschäftsjahres eingetreten sind, eingehen. Hier kommen bspw. Angaben zu den nach dem Abschlußstichtag eingetretenen Entwicklungen an den Kapitalmärkten in Betracht, die den Wert von Finanzderivaten beeinflussen (vgl. IDW, 1995, S. 246).

Die gesetzlich geforderten Angaben (insbesondere gemäß § 285 Nr. 3 HGB) bleiben sehr global und können das deutlich weitergehende Interesse der Anleger, Analysten, Kreditgeber, Rating-Agenturen, Mitarbeiter und Aufsichtsbehörden daran, ob und in welchem Umfang derivative Finanzinstrumente eingesetzt werden, nicht befriedigen (vgl. Gebhardt, 1995, S. 609–610). Deshalb hat sich in der Vergangenheit eine über die gesetzlichen Mindestanforderungen (HGB und RechKredV) weit hinausgehende freiwillige Informationspolitik bei vielen Unternehmungen durchsetzen können. Ausgehend von den Leitlinien des Bundesverbandes deutscher Banken, denen sich im wesentlichen auch der Bundesverband der deutschen Industrie angeschlossen hat, ergibt sich ein vorgeschlagener Publizitätsrahmen, der neben den gesetzlichen Berichtserfordernissen sowohl qualitative Angaben zu den Grundsätzen der Derivatepolitik und zur Konzeption des Risikomanagements als auch quantitative Angaben zum Nominalvolumen, den Marktwerten und den Laufzeiten der Finanzderivate umfaßt. Darüber hinaus enthält er Angaben zu den Marktpreis- und den Adressenausfallrisiken (jeweils Volumina und Verfahren der Risikomessung/-steuerung) (vgl. Bundesverband deutscher Banken, 1995, S. 3–6). Im Rahmen der empfohlenen qualitativen Darstellung des Risikomanagements ist innerhalb des Lageberichts insbesondere auf Grundsätze der Geschäftspolitik beim Einsatz von Finanzinstrumenten sowie auf die zur Risikoüberwachung und Risikokontrolle getroffenen Maßnahmen (z.B. Limitierungs- und Strukturvorgaben) einzugehen. Noch nicht in die freiwillige Publizität einbezogen sind hingegen derzeit Informationen über Marktpreisänderungsrisiken (Sensitivitäten). Zur besseren Information der Jahresabschlußadressaten wären jedoch auch Angaben zu den Zins- und Währungssensitivitäten offener Risikopositionen sowie Auskünfte über Worst-Case-Analysen bei ungünstiger Verschiebung der Zinsstrukturkurve oder der Veränderung der Wechselkurse wünschenswert.

Aufgrund der dramatisch gestiegenen Bedeutung der außerbilanziellen Geschäfte ist es für Jonas/Klein (1995, S. 242) fraglich, ob Teile der freiwilligen Publizität in bestimmten Fällen nach § 264 Abs. 2 und § 285 Nr. 3 HGB nicht sogar zwingend notwendig sind.

2.3.2 Vorgehensweise nach IAS und US-GAAP

SFAS 133 ersetzt die Disclosure-Vorschriften der SFAS 105 und 119 vollständig. Jedoch wurden verschiedene Ausweisvorschriften von SFAS 119 (insbesondere die Offenlegung der mit den Finanzderivaten verfolgten Ziele und Strategien) und SFAS 105 (insbesondere die Risiken betreffend) in SFAS 107 verschoben bzw. übernommen (vgl. Arthur Andersen, 1998, S. 22).

Nach SFAS 133.44 soll ein Unternehmen im Anhang ihre Ziele und Strategien im Zusammenhang mit dem Derivategeschäft offenlegen. Die Angaben sind nach dem Verwendungszweck (Fair Value Hedges, Cash Flow Hedges, Foreign Currency und alle sonstigen Derivative) aufzuschlüsseln. Für Hedges ist z. B. jeweils die

- Verfahrensweise des Risikomanagements und die gesicherten Grundgeschäfte zu beschreiben (qualitative Angaben).
- erfolgswirksam erfaßten bzw. erfolgsneutral abgegrenzten Gewinne und Verluste aus Grund- und Sicherungsgeschäften zu beschreiben; inklusive der Angabe, wo diese Beträge in Bilanz bzw. Gewinn- und Verlustrechnung ausgewiesen sind (quantitative Angaben) (SFAS 133.45).

Für nicht als Sicherungsgeschäfte gehaltene Finanzderivate soll der Einsatzzweck offengelegt werden (SFAS 133.44). Zu den weiteren Pflichtangaben zählen »disclosures about (significant) concentrations of credit risk« (SFAS 133.510). Eine Konzentration des Kreditrisikos liegt vor, wenn die Vertragspartner mit denen das Unternehmen (derivative) Finanzinstrumente abgeschlossen hat Gemeinsamkeiten haben, die deren Fähigkeit zur Erfüllung der eingegangenen vertraglichen Verpflichtungen negativ beeinflussen (vgl. Pfeffer, 1995, S. 412). Für jede signifikante Konzentration des Kreditrisikos sollen unter anderem (a) Informationen über die (gemeinsamen) Aktivitäten,

Kategorie	Für jede Gruppierung von (derivativen) Finanzinstrumenten sind folgende Angaben zu machen:
Vertragsbedingungen und angewandte Bilanzierungsmethoden	a) Informationen über Umfang und Art der (derivativen) Finanzinstrumente einschließlich wesentlicher vertraglicher Vereinbarungen, die die Höhe, die Zeitpunkte und die Wahrscheinlichkeit des Eintritts künftiger Mittelzuflüsse und -abflüsse beeinflussen können; b) die angewendeten Bilanzierungs- und Bewertungsmethoden.
Informationen zum Zins(änderungs)risiko	a) Vertraglich festgelegte Fälligkeits- oder Zinsanpassungstermine, je nachdem, welche Termine früher liegen; b) Effektivzinssätze, wenn geeignet.
Informationen zum (Adressen(ausfall)risiko)	a) die Angabe des Betrages, der das maximale Ausfallrisiko, dem das Unternehmen zum Bilanzstichtag ausgesetzt ist, am zutreffendsten wiedergibt, ohne den beizulegenden Zeitwert von Sicherheiten für den Fall zu berücksichtigen, daß Dritte ihren Verpflichtungen aus entsprechenden Finanzinstrumenten nicht nachkommen; b) die Angabe von erheblichen Ausfallrisikokonzentrationen.

Abb. 12: Angabepflichten nach IAS 32 (vgl. IAS 32.47, 56 und 66)

Regionen oder wirtschaftliche Charakteristika, die die Konzentration bedingen und (b) das auf das Kreditrisiko zurückzuführende Ausfallpotential (Worst-Case-Szenario) offengelegt werden (vgl. PELLENS, 1998, S. 238 f.). Zur Angabe der aus dem Einsatz von (derivaten) Finanzinstrumenten resultierenden (quantitativen) Marktpreisrisiken werden die Unternehmungen zwar ermutigt; eine Angabepflicht sieht SFAS 133.509 jedoch nicht vor.

IAS 32 sieht bereits umfangreiche Offenlegungsvorschriften für (derivative) Finanzinstrumente vor. Die in IAS 32 geforderten Angaben sollen Informationen sowohl über die Einflüsse von (derivativen) Finanzinstrumenten auf die Finanz- und Ertragslage des Unternehmens als auch über das Ausmaß der Finanzrisiken dieser Instrumente vermitteln (vgl. IAS 32.42). Die Risiken und deren möglicher Einfluß auf den Jahresabschluß sind in den Notes zu erläutern. Weitere Angabepflichten des IAS 32 sind in Abbildung 12 dargestellt. In Ergänzung zum IAS 32 sieht E62 nunmehr (analog SFAS 133) die Offenlegung der Risikomanagementstrategie und -zielsetzung und die Erläuterung der jeweils erfolgswirksam bzw. erfolgsneutral erfaßten Erfolgsbeiträge vor (vgl. E62.101).

2.3.3 Vergleich der wesentlichen Angabepflichten

Die Pflichtangaben der IAS und der US-GAAP gehen deutlich über die von HGB und RechKredV geforderte Derivatepublizität hinaus. Der vom Bundesverband deutscher

Banken vorgeschlagene Publizitätsrahmen läßt bereits eine grundsätzliche Ausrichtung an internationalen Publizitätsstandards erkennen. FITZNER/FREILING/LIEDTKE (1997, S. 193) bemängeln eine vielfach nur eingeschränkte Vergleichbarkeit der Angaben aufgrund unterschiedlicher Berechnungsmethoden (z.B. bei der Ermittlung von Marktpreisrisiken), die Unzulänglichkeit der Erläuterungen zu den Bilanzierungs- und Bewertungsmethoden und die in wichtigen Punkten nur unzureichenden Detailformulierungen.

Auswertungen über die Praxis der Berichterstattung (für Kreditinstitute sowie für Handels-, Industrie und Dienstleistungsunternehmen) zufolge, machen einige deutsche Unternehmen bereits Angaben zu Finanzderivaten, die weitgehend dem von den Empfehlungen des FASB und des IASC geprägten internationalen Standards entsprechen (vgl. GEBHARDT, 1995, S. 617). Ursächlich für diese Orientierung an IASC- bzw. FASB-Empfehlungen ist die Tatsache, daß die zum Teil sehr weitreichenden internationalen Publizitätsanforderungen hinsichtlich der entscheidungsorientierten Informationsversorgung – diese stellt ja das zugrundeliegende US-GAAP- bzw. IAS-Rechnungslegungsziel dar – einen Vorbildcharakter für den deutschen Jahresabschluß besitzen. Aus Sicht der Verläßlichkeit bzw. Glaubwürdigkeit der Informationen ist es aber wenig befriedigend, daß die Zusatzangaben nur auf freiwilliger Basis erfolgen und in der Regel außerhalb des Jahresabschlusses, wie etwa im nicht prüfungspflichtigen freien Teil des Geschäftsberichts plaziert werden.

3. Schlußbemerkung

Unterschiedliche Auffassungen und entwickelte Normen der bilanziellen Erfassung und Abbildung von Finanzderivaten in der (herkömmlichen) deutschen und internationalen Rechnungslegung sind auf die unterschiedlichen Ziele der Rechnungslegung zurückzuführen. Das Kernproblem einer Marktwertbilanzierung besteht aus deutscher Sicht darin, daß die Einbeziehung unrealisierter Gewinne dem in Deutschland gängigen Verständnis der vorsichtigen objektivierten Ermittlung einer durch Reinvermögensmehrung realisierten Ausschüttungsgröße zuwiderläuft.

Angesichts der zunehmenden Globalisierung der (Kapital-) Märkte und der damit einhergehenden Internationalisierung und Harmonisierung der Rechnungslegung sollte jedoch auch hier die ablehnende Haltung zur Marktbewertung kritisch überdacht werden. Die bisherige oft formale Diskussion sollte mehr noch als heute von einer am Grundsatz der wirtschaftlichen Betrachtung angelehnten Diskussionen abgelöst werden.

Die Sichtweisen des IASC und des FASB können bei der Diskussion um eine zweckentsprechende Abbildung derivativer Finanzinstrumente im handelsrechtlichen Jahresabschluß auf Dauer nicht mehr übergangen werden. Insbesondere der Vorschlag,

Finanzderivate mit dem Fair Value zu bewerten und die Bewertungsänderungen erfolgsneutral in einer besonderen Eigenkapitalposition auszuweisen, bietet die Vorteile einer reinen Marktbewertung (automatische Risikokompensation, Wegfall der bilanzpolitischen Spielräume bei der Bildung von Bewertungseinheiten etc.) bei gleichzeitiger Vermeidung des erfolgswirksamen Ausweises aller unrealisierten Gewinne und Verluste aus Absicherungsgeschäften.

Literaturverzeichnis

Arthur Andersen (1998), Derivatives and Hedging, Chicago 1998.

Barkow, Andreas / Rose, Simone (1997), Die Bilanzierung von Derivaten und Hedgestrategien – Konzeption , Anwendungsbereich und Inhalte des zukünftigen US-amerikanischen Standards SFAS13X, in: Die Wirtschaftsprüfung 1997, S. 789–801.

Bertsch, Andreas / Kärcher, Ralph (1999), Derivative Instrumente im Jahresabschluß und in der Steuerbilanz, in: Eller, Roland (Hrsg.), Handbuch Derivativer Instrumente, 2. Aufl., Stuttgart 1999, S. 731–771.

BFA (1993), Bilanzierung und Prüfung von Financial Futures und Forward Rate Agreements, Stellungnahme des Bankenfachausschusses 2/1993, in: Die Wirtschaftsprüfung 1993, S. 517–518.

BFA (1995), Bilanzierung von Optionsgeschäften, Stellungnahme des Bankenfachausschusses 2/1995, in: Die Wirtschaftsprüfung 1995, S. 421–422.

Bieg, Hartmut / Rübel, Markus (1988), Ausweis und Bewertung von Devisen- und Zinstermingeschäften in Bankbilanzen – Teil III, in: Ehrlicher, Werner/Krümmel, Hans-Jacob (Hrsg.), Kredit und Kapital, Berlin 1988, S. 592–624.

Brackert, Gerhard / Naumann, Thomas K. / Prahl, Reinhard (1996), Neue Verfahren der Risikosteuerung und ihre Auswirkungen auf die handelsrechtliche Gewinnermittlung, in: Die Wirtschaftsprüfung 1996, S. 544–555.

Bundesverband deutscher Banken (1985), Bilanzpublizität von Finanzderivaten – Empfehlungen des Ausschusses für Bilanzierung des Bundesverbandes deutscher Banken für die Berichterstattung über das Finanzderivategeschäft im Rahmen der externen Rechnungslegung von Kreditinstituten –, in: Die Wirtschaftsprüfung 1995, S. 1–6.

Epperlein, Joachim K. / Scharpf, Paul (1995), Rechnungslegung und interne Kontrolle von derivativen Finanzinstrumenten, in: Rudolph, Bernd (Hrsg.), Derivative Finanzinstrumente, Stuttgart 1995, S. 131–170.

EU-Kommission (1997), Contact Committee on the Accounting Directives, Meeting of 19 and 20 November 1997.

Fitzner, Volker / Freiling, Andreas / Liedtke, Jens-Uwe (1997), Derivatepublizität deutscher Kreditinstitute, in: Die Wirtschaftsprüfung 1997, S. 177–193.

Gebhardt, Günther (1995), Berichterstattung deutscher Unternehmen über den Einsatz derivativer Finanzinstrumente, in: Die Wirtschaftsprüfung 1995, S. 609–617.

Gebhardt, Günther (1996), Probleme der bilanziellen Abbildung von Finanzinstrumenten, in: Betriebswirtschaftliche Forschung und Praxis 1996, S. 557–584.

Glaum, Martin (1997), Die Bilanzierung von Finanzinstrumenten nach HGB, US-GAAP und IAS: Neuere Entwicklungen, in: Der Betrieb 1997, S. 1625–1632.

Göttgens, Michael (1995), Hedge Accounting, in: Betriebswirtschaftliche Forschung und Praxis 1995, S. 146–165.

Hayn, Sven (1997), Internationale Rechnungslegung, Ursachen, Wirkungen und Lösungsansätze zur Überwindung internationaler Rechnungslegunsdivergenzen, Hamburg 1997.

Herzig, Norbert (1997), Derivatebilanzierung und GoB-System, in: Fischer, Thomas R./Hömberg, Reinhold (Hrsg.), Jahresabschluß und Jahresabschlußprüfung, Düseldorf 1997, S. 38–63.

Herzig, Norbert / Mauritz, Peter (1997), Grundkonzept einer bilanziellen Marktbewertungspflicht für originäre und derivative Finanzinstrumente, in: Betriebs-Berater 1997, Beilage 5.

Hofmann, Rainer (1995), Ausgewählte Finanzinnovationen im handelsrechtlichen Jahresabschluß österreichischer und deutscher Kapitalgesellschaften, in: Journal für Betriebswirtschaft 1995, S. 21–45.

van Hulle, Karel (1998), Die Zukunft der europäischen Rechnungslegung im Rahmen einer sich ändernden internationalen Rechnungslegung, in: Die Wirtschaftsprüfung 1998, S. 138–153.

IASC (1997a), Discussion Paper March 1997: Accounting for Financial Assets and Liabilities, London 1997.

IASC (1997b), Framework for the Preparation and Presentation of Financial Statements, in: IASC (Hrsg.): International Accounting Standards 1997, London 1997.

IASC (1998), Proposed International Accounting Standard Financial Instrumentes: Recognition and Measurement, Exposure Draft 62, London June 1998.

International Accounting Standard (IAS) 32, Financial Instruments: Disclosure and Presentation, in: IASC (Hrsg.), International Accounting Standards, London 1998.

IDW (1995), Rechnungslegung nach International Accounting Standards, Düsseldorf 1995.

Jonas, Martin / Klein, Werner (1995), Meinungen zum Thema: Finanzinnovationen im Jahresabschluß, in: Betriebswirtschaftliche Forschung und Praxis 1995, S. 241–242.

Jutz, Manfred (1995), Finanzinnovationen, in: Küting, Karlheinz/Weber, Claus-Peter (Hrsg.), Handbuch der Rechnungslegung, Kommentar zur Bilanzierung und Prüfung, Bd. Ia, 4. Aufl., Stuttgart 1995.

Klausner, Raimund / Steckel, Rudolf (1997), Ansatz und Bewertung von derivativen Finanzinstrumenten nach US-GAAP, in: Die Wirtschaftsprüfung 1997, S. 391–395.

Kussmaul, Heinz (1995), Bilanzierungsfähigkeit und Bilanzierungspflicht, in: Küting, Karlheinz/Weber, Claus-Peter (Hrsg.), Handbuch der Rechnungslegung, Handbuch der Rechnungslegung, Kommentar zur Bilanzierung und Prüfung, Bd. Ia, 4. Aufl., Stuttgart 1995.

Langenbucher, Günther (1993), Die Internationalisierung der Bilanzierung aus der Sicht des Wirtschaftsprüfers, in: Internationales Steuerrecht 1993, S. 88–94.

Menninger, Jutta (1994), Die Abbildung der Financial Futures im Jahresabschluß, in: Recht der Internationalen Wirtschaft 1994, S. 43–55.

Naumann, Thomas K. / Prahl, Reinhard (1992), Moderne Finanzinstrumente im Spannungsfeld zu traditionellen Rechnungslegungsvorschriften: Barwertansatz, Hedge-Accounting und Portfolio-Approach, in: Die Wirtschaftsprüfung 1992, S. 709–719.

Ohlund, Eric G. / Hayn, Sven (1998), Die Umstellung der Rechnungslegung aus der Sicht von Offenlegungs- und Bewertungsvorschriften, in: Auer, Kurt V. (Hrsg.), Die Umstellung der Rechnungslegung auf IAS/US-GAAP, Innsbruck 1998.

Pellens, Bernhard (1998), Internationale Rechnungslegung, 2. Aufl., Stuttgart 1998.

Pfeffer, Andreas (1995), Publizitätspflichten für derivative Finanzinstrumente nach US-GAAP, in: Die Wirtschaftsprüfung 1995, S. 411–415.

Scharpf, Paul (1995), Derivative Finanzinstrumente im Jahresabschluß unter Prüfungsgesichtspunkten – Erfassung, Abwicklung und Bildung von Bewertungseinheiten, in: Betriebswirtschaftliche Forschung und Praxis 1995, S. 166–208.

Schiersmann, Bert / Tönnies, Michael (1997), Die Zulässigkeit von Bewertungseinheiten in der Handelsbilanz (Teil I), in: Deutsches Steuerrecht 1997, S. 714–720.

Schmekel, Helmut (1983), Rechnungslegung von Zinstermingeschäften für Banken und Industrieunternehmen, in: Der Betrieb 1983, S. 893–898.

Siegel, Stanley (1997), The Coming Revolution in Accounting: The Emergence of Fair Value as the Fundamental Principle of GAAP, in: Wirtschaftsprüferkammer-Mitteilungen, Sonderheft Juni 1997, S. 81–90.

Statement of Financial Accounting Concepts (SFAC) No. 6, Elements of Financial Statements, in: FASB (Hrsg.), Original Pronouncements, Norwalk/Connecticut 1998.

Statement of Financial Accounting Standards (SFAS) No. 105, Disclosure of Information about Financial Instruments with Off-Balance-Sheet Risk and Financial Instruments with Concentrations of Credit Risk, in: FASB (Hrsg.), Original Pronouncements, Norwalk/Connecticut 1997.

Statement of Financial Accounting Standards (SFAS) No. 107, Disclosures about Fair Value of Financial Instruments, in: FASB (Hrsg.), Original Pronouncements, Norwalk/Connecticut 1997.

Statement of Financial Accounting Standards (SFAS) No. 119, Disclosures about Derivative Financial Instruments and Fair Value of Financial Instruments, in: FASB (Hrsg.), Original Pronouncements, Norwalk/Connecticut 1997.

Statement of Financial Accounting Standards (SFAS) No. 133, Accounting for Derivative Instruments and Hedging Activities, in: FASB (Hrsg.), Original Pronouncements, Norwalk/Connecticut 1998.

Staudt, Anton / Weinberger, German (1997), Cross-Hedging von Währungspositionen und deren bilanzielle Bewertung am Beispiel von Devisentermingeschäften, in: Die Wirtschaftsprüfung 1997, S. 44–62.

Steiner, Manfred (1995), Meinungen zum Thema: Finanzinnovationen im Jahresabschluß, in: Betriebswirtschaftliche Forschung und Praxis 1995, S. 233–236

Steiner, Manfred / Tebroke, Hermann-Josef / Wallmeier, Martin (1995), Konzepte der Rechnungslegung für Finanzderivate, in: Die Wirtschaftsprüfung 1995, S. 533–544.

Wiedmann, Harald (1994), Die Bewertungseinheit im Handelsrecht, in: Ballwieser, Wolfgang u. a. (Hrsg.), Bilanzrecht und Kapitalmarkt, Festschrift für Adolf Moxter, Düsseldorf 1994, S. 453–482.

Windmöller, Rolf (1995), Meinungen zum Thema: Finanzinnovationen im Jahresabschluß, in: Betriebswirtschaftliche Forschung und Praxis 1995, S. 240–241.

Winter, Oliver (1996), Aktivierungsfähigkeit von Finanzderivaten, in: Betriebs-Berater 1996, S. 2083–2089.

III. Konzernrechnungslegung

Die Equity-Methode nach IAS 28: Darstellung ausgewählter IAS-Regelungen und Vergleich mit dem deutschen Handelsrecht

Jörg Baetge / Carsten Bruns*

Inhalt

* Prof. Dr. Dr. h.c. Jörg Baetge, Direktor des Instituts für Revisionswesen, Westfälische Wilhelms-Universität Münster; Dr. Carsten Bruns, Institut für Revisionswesen, Westfälische Wilhelms-Universität Münster.

1. Die Einordnung der Equity-Methode in die Stufenkonzeption

Nach der Stufenkonzeption nimmt der Grad der Einflußmöglichkeit des Mutterunternehmens auf Tochterunternehmen, Gemeinschaftsunternehmen, assoziierte Unternehmen und Beteiligungen stufenweise ab (vgl. Abbildung 1). Bis auf wenige Ausnahmefälle müssen Tochterunternehmen im IAS-Konzernabschluß und im handelsrechtlichen Konzerabschluß vollkonsolidiert werden. Gemeinschaftsunternehmen dürfen sowohl nach IAS 31 als auch nach § 310 Abs. 1 HGB wahlweise quotenkonsolidiert oder nach der Equity-Methode bilanziert werden. Für assoziierte Unternehmen sehen sowohl IAS 28 als auch §§ 311, 312 HGB im Normalfall die Anwendung der Equity-Methode vor. Beteiligungen gemäß § 271 Abs. 1 HGB bzw. Finanzinvestitionen nach IAS 25 stellen die schwächste Form einer möglichen Beteiligungsbeziehung dar. Der handelsrechtliche Begriff »Beteiligung« ist durch § 271 HGB eindeutig belegt und nicht deckungsgleich mit dem in IAS 25.4 verwendeten Begriff »investment«. In der deutschen Fassung der IAS – an der der verehrte Jubilar im Redaktionskomitee maßgeblich mitgearbeitet hat – wird »investment« mit »Finanzinvestition nach IAS 25« übersetzt. Beteiligungen bzw. Finanzinvestitionen nach IAS 25 werden handelsrechtlich und nach IAS 25 i. d. R. mit den Anschaffungskosten bzw. dem Niederstwert bilanziert; zusätzlich ist nach der derzeit gültigen Version des IAS 25 auch eine Neubewertung über die Anschaffungskosten hinaus erlaubt.

Das Anschaffungswertprinzip führt bei einer florierenden Kapitalgesellschaft dazu, daß seine »wirtschaftliche Expansion und Gewinnakkumulation« (HAVERMANN, 1975, S. 233) beim beteiligten Unternehmen nicht in den Beteiligungsbuchwert eingehen.

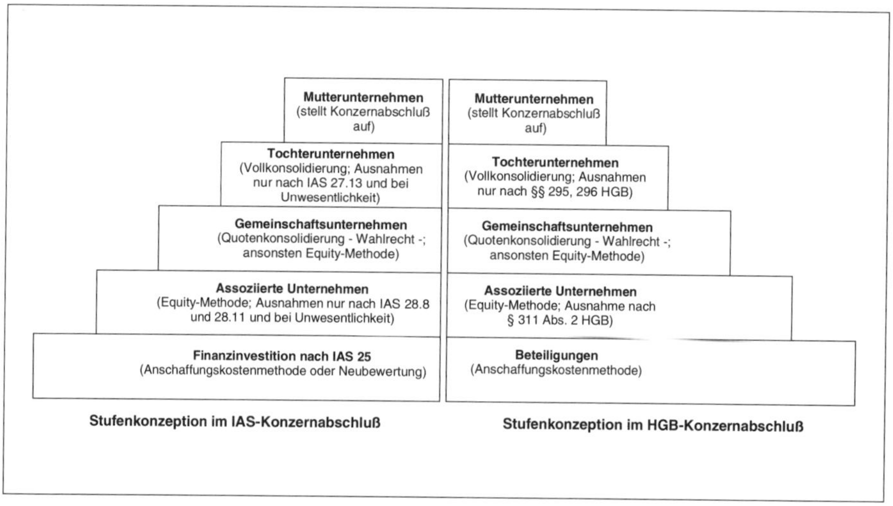

Abb. 1: Die Stufenkonzeption in Konzernabschlüssen nach IAS und nach HGB

Wegen der zwangsweise gebildeten Reserven werden Beteiligungen oft zu einem »Hort stiller Rücklagen« (BUSSE VON COLBE, 1972, S. 148). Ein weiterer Nachteil der Anschaffungskostenmethode besteht darin, daß die Jahresüberschüsse der Beteiligungsunternehmen erst erfolgswirksam werden, wenn sie an das beteiligte Unternehmen ausgeschüttet werden, also wenigstens eine Periode, nachdem sie von den Beteiligungsunternehmen erwirtschaftet wurden. Zudem kann sich die Höhe dieser Ausschüttungen durch Rücklagenauflösungen oder -zuführungen erheblich vom tatsächlichen anteiligen Jahresüberschuß des Beteiligungsunternehmens unterscheiden.

Die Equity-Methode vermeidet diese Nachteile der Anschaffungskostenmethode. Vereinfacht ausgedrückt entwickelt sich bei der Equity-Methode der Beteiligungsbuchwert entsprechend der anteiligen Eigenkapitalentwicklung beim Beteiligungsunternehmen. Vermögensgegenstände und Schulden, Aufwendungen und Erträge eines Beteiligungsunternehmens werden bei der Equity-Methode nicht in den Konzernabschluß übernommen. Die noch bei der Umsetzung der Konzernbilanzrichtlinie ins deutsche Handelsrecht »kaum erwartete große Bedeutung« (KÜTING/WEBER, 1987, S. 1496) der Equity-Methode wird inzwischen nicht mehr bestritten. Aus der Stufenkonzeption ist die Equity-Methode nicht mehr wegzudenken.

2. Definition des assoziierten Unternehmens

2.1 Überblick über die Kriterien

Handelsrechtlich müssen folgende **Kriterien** erfüllt sein, damit ein assoziiertes Unternehmen vorliegt (vgl. z. B. KÜTING/WEBER, 1997, S. 366):

- Ein in den Konzernabschluß einbezogenes Unternehmen (das beteiligte Unternehmen) muß an einem nicht einbezogenen Unternehmen (dem assoziierten Unternehmen) gemäß § 271 Abs. 1 HGB beteiligt sein (**Kriterium der Beteiligung**; vgl. dazu Abschnitt 2.2).
- Das in den Konzernabschluß einbezogene Unternehmen muß einen maßgeblichen Einfluß auf das nicht einbezogene Unternehmen ausüben (**Kriterium des maßgeblichen Einflusses**; vgl. dazu Abschnitt 2.3).

Diese beiden Kriterien ermöglichen eine systematische Darstellung der Unterschiede zwischen HGB und IAS 28, die bei der Definition assoziierter Unternehmen vorliegen.

2.2 Das Kriterium der Beteiligung

Die Beteiligungsdefinition in § 271 Abs. 1 HGB setzt voraus, daß das beteiligte Unternehmen Anteile an einem anderen Unternehmen hält, die dem eigenen Geschäftsbetrieb dauernd dienen sollen. Weiterhin muß das beteiligte Unternehmen in den Konzernabschluß einbezogen sein (§ 311 Abs. 1 Satz 1 HGB). Als einbezogene Unternehmen zählen dabei das Mutterunternehmen und die vollkonsolidierten Tochterunternehmen (vgl. Adler/Düring/Schmaltz, 1995, § 311 HGB, Rn. 32; Küting/Weber, 1997, S. 92). Liegt der tatsächliche Einfluß ausschließlich bei einem nach §§ 295, 296 HGB nicht einbezogenen Tochterunternehmen und ist der tatsächliche Einfluß nicht dem Mutterunternehmen zuzurechnen (z. B. wäre dies bei einheitlicher Leitung gegeben), kann nach § 311 HGB kein Assoziierungsverhältnis entstehen (vgl. Adler/Düring/Schmaltz, 1995, § 311 HGB, Rn. 34).

IAS 28.4 schreibt vor, daß das Mutterunternehmen oder ein Tochterunternehmen am assoziierten Unternehmen beteiligt sein muß. Unterschiede zwischen HGB und IAS bezüglich eines möglichen Assoziierungsverhältnisses können daher zum Beispiel entstehen, wenn ein Tochterunternehmen – dem der Anteilsbesitz an einem Beteiligungsunternehmen zuzurechnen ist – handelsrechtlich aufgrund abweichender Tätigkeit gemäß § 295 Abs. 1 HGB nicht konsolidiert wird. Dem handelsrechtlichen Konsolidierungsverbot in § 295 Abs. 1 HGB steht im IAS-Abschluß eine Konsolidierungspflicht gegenüber (IAS 27.14), so daß nach IASC-Grundsätzen auch Tochterunternehmen, die unter § 295 Abs. 1 HGB fallen, ein Assoziierungsverhältnis begründen können. In der Praxis ist dieser Unterschied allerdings kaum von Bedeutung.

Ein »associate« (IAS 28.3) kann vorliegen, ohne daß eine Beteiligung in einem mit § 271 HGB vergleichbaren Sinne bestehen muß. Somit scheint das Vorliegen einer Beteiligung nach IASC-Grundsätzen nicht notwendig zu sein und ein Assoziierungsverhältnis lediglich durch maßgeblichen Einfluß begründet werden zu können. Dies ist aber nur teilweise richtig. Der maßgebliche Einfluß allein genügt auch nach IAS 28 nicht als Kriterium für ein Assoziierungsverhältnis. Vielmehr ist auch eine Beteiligungsbeziehung erforderlich. So beeinflussen wichtige Kunden, Lieferanten oder Fremdkapitalgeber die Geschäftspolitik vieler Unternehmen erheblich, ohne daß damit eine Beteiligungsbeziehung verbunden ist (vgl. Coopers & Lybrand, 1996, S. 28–3). Bereits die Überschrift von IAS 28 »Bilanzierung von *Anteilen* an assoziierten Unternehmen« – so die vom IASC autorisierte deutsche Übersetzung – stellt klar, daß ein assoziiertes Unternehmen i. S. v. IAS 28 nur bei einer Beteiligungsbeziehung vorliegen kann (vgl. Baetge/Bruns, 1997, Rn. 188).

Doch auch wenn IAS und HGB bei assoziierten Unternehmen eine Beteiligungsbeziehung voraussetzen, unterscheiden sich die Einzelkriterien für das Vorliegen einer Beteiligung nach IAS und HGB. Denn § 271 Abs. 1 HGB enthält teilweise Regelungen, denen sich kein Äquivalent in IAS 28 gegenüberstellen läßt. Zum Beispiel sehen die IAS keine Ausnahmeregelung für die Mitgliedschaft in einer eingetragenen Genossenschaft vor, die § 271 Abs. 1 Satz 5 HGB entspricht. Damit wären nach IAS 28 auch Genossenschaften nach der Equity-Methode zu bilanzieren, wenn die übrigen dafür erforderlichen Voraussetzungen erfüllt sind. Handelsrechtlich kommt die Anwendung der Equity-Methode für Genossenschaften nicht in Betracht (§ 311 Abs. 1 HGB i. V. m. § 271 Abs. 1 Satz 5 HGB). Auch bei bestimmten nicht selbständig rechtsfähigen Vereinigungen (z. B. Investmentfonds) kann die Equity-Methode nach IAS 28 in Betracht kommen (vgl. COOPERS & LYBRAND, 1996, S. 27-5 u. 28-2), handelsrechtlich dagegen nicht (vgl. SCHNICKE/GUTIKE, 1995, Rn. 11 ff.).

2.3 Das Kriterium des maßgeblichen Einflusses

Die Wurzeln der Equity-Methode nach §§ 311, 312 HGB und nach IAS 28 liegen in der US-amerikanischen APB Opinion 18 (zur Equity-Methode nach US-GAAP vgl. z. B. KÜTING/WEBER, 1994, S. 88 f.). Dies trifft auch auf die sogenannte Assoziierungsvermutung zu, mit der ein Objektivierungskriterium für das Vorliegen eines maßgeblichen Einflusses geschaffen wurde. Trotz der gemeinsamen Herkunft wurde die Assoziierungsvermutung im Handelsrecht gegenüber IAS 28.4 und APB Opinion 18.17 leicht modifiziert.

Handelsrechtlich wird gemäß § 311 Abs. 1 Satz 2 HGB ein maßgeblicher Einfluß vermutet, wenn das beteiligte Unternehmen direkt oder indirekt mindestens 20% der Stimmrechte des Beteiligungsunternehmens hält. Diese sogenannte **Assoziierungsvermutung** stellt auf die tatsächliche Einflußnahme ab (vgl. z. B. BENTLER, 1991, S. 31; BUDDE/RAFF, 1995a, Rn. 15). Auch nach IAS 28 wird im Zweifelsfall ein maßgeblicher Einfluß vermutet, wenn das beteiligte Unternehmen direkt oder indirekt 20% oder mehr der Stimmrechte des Beteiligungsunternehmens hält. Dabei liegt ein maßgeblicher Einfluß nach IAS 28 bereits vor, wenn das beteiligte Unternehmen die **Möglichkeit zur Einflußnahme** besitzt, d. h., die Finanz- und Geschäftspolitik des Beteiligungsunternehmens braucht nicht tatsächlich beeinflußt zu werden. HGB und IAS unterscheiden sich also darin, daß handelsrechtlich erst die **tatsächliche Ausübung des maßgeblichen Einflusses** ein Assozierungsverhältnis begründen kann, während nach IAS 28 lediglich die Möglichkeit zur Einflußnahme verlangt wird (vgl. IDW, 1995, S. 323; BAUKMANN/MANDLER, 1998, S. 64). Handelsrechtlich genügt es daher nicht, wenn die Finanz- und Geschäftspolitik des Beteiligungsunternehmens nicht beeinflußt wird und nur Beteiligungsrechte ausgeübt werden (vgl. BUDDE/RAFF, 1995a, Rn. 15; BENTLER, 1991, S. 31; KIRSCH, 1990, S. 26; WP-HANDBUCH, 1996, S. 950, Rn. 441 m.w.N.).

Zur **Widerlegung der Assoziierungsvermutung** muß handelsrechtlich nachgewiesen werden, daß tatsächlich kein maßgeblicher Einfluß ausgeübt wird (vgl. KÜTING/KÖTHNER/ZÜNDORF, 1998, Rn. 77 ff.). Nach IAS 28 kann die Assoziierungsvermutung dagegen nur widerlegt werden, wenn deutlich gezeigt wird, daß das beteiligte Unternehmen keinen maßgeblichen Einfluß ausüben kann. IAS 28.4 ist insofern also etwas weiter gefaßt als die handelsrechtliche Vorschrift. In beiden Rechtskreisen trägt der Bilanzierende die Beweislast (vgl. zum HGB: Biener/Berneke, 1986, S. 368; Budde/Raff, 1995a, Rn. 16; Küting/Köthner/Zündorf, 1998, Rn. 74 ff.; Adler/Düring/Schmaltz, 1995, § 311 HGB, Rn. 37).

Die Assoziierungsvermutung wird durch Indikatoren für das Vorliegen eines maßgeblichen Einflusses ergänzt (vgl. IAS 28.5; Pellens, 1998, S. 415, und für das deutsche Recht etwa Gschrei, 1990, S. 144; Coenenberg, 1997, S. 496; WP-Handbuch, 1996, S. 948, Rn. 434; Baetge, 1997, S. 443 m. w. N.). Zum Beispiel deutet ein Mitspracherecht bei der Bestellung der Mitglieder der Leitungs- und Aufsichtsorgane darauf hin, daß ein maßgeblicher Einfluß vorliegt. Die Kriterien in IAS 28.5 unterscheiden sich dabei von den Kriterien im handelsrechtlichen Schrifttum nur geringfügig (vgl. Baukmann/Mandler, 1998, S. 64; Baetge/Bruns, 1997, Rn. 206); zum Beispiel darin, daß im deutschen Schrifttum teilweise das Kriterium der Gewinnverwendung empfohlen wird (vgl. dazu z. B. Weber, 1980, S. 95 f.; Baetge, 1997, S. 443 f.; Küting/Köthner/Zündorf, 1998, Rn. 51 ff.), das in IAS 28.5 nicht genannt wird. Die geringen Unterschiede überraschen indes nicht, da die US-amerikanische APB Opinion 18 den meisten Indikatoren nach HGB und allen Indikatoren in den IAS zugrunde lag.

Ansonsten unterscheidet sich das Kriterium des maßgeblichen Einflusses in den beiden Rechtskreisen nicht: Ein maßgeblicher Einfluß kann zum Beispiel nach IAS und nach HGB nicht allein dadurch widerlegt werden, daß ein anderes Unternehmen die Mehrheit der Stimmrechte hält (IAS 28.4; vgl. zum handelsrechtlichen Schrifttum etwa Müller/Lauer, 1987, C 511, Rn. 31 ff.; Schäfer, 1982, S. 208; Budde/Raff, 1995a, Rn. 15; Adler/Düring/Schmaltz, 1995, § 311 HGB, Rn. 33). Für beide Rechtskreise gilt auch, daß kein maßgeblicher Einfluß vorliegt, wenn er beispielsweise vertraglich ausgeschlossen wird oder für das Beteiligungsunternehmen ein Konkursverfahren eingeleitet wurde (vgl. mit Bezug auf das HGB: Bentler, 1991, S. 31; Küting/Köthner/Zündorf, 1998, Rn. 81).

3. Der Anwendungsbereich der Equity-Methode

3.1 Typische und untypische assoziierte Unternehmen

Unternehmen, auf die das beteiligte Unternehmen einen maßgeblichen Einfluß ausübt, die aber keine Tochterunternehmen oder Gemeinschaftsunternehmen sind, werden im Handelsrecht als **typische assoziierte Unternehmen** bezeichnet. Für diese typischen assoziierten Unternehmen ist im Konzernabschluß die Equity-Methode anzuwenden. Weiterhin kommt die Equity-Methode im HGB-Konzernabschluß auch für gemäß §§ 295, 296 HGB nicht vollkonsolidierte Tochterunternehmen in Frage. Auch Gemeinschaftsunternehmen dürfen nach der Equity-Methode bilanziert werden, wenn sie aufgrund entsprechender Wahlrechtsausübung nicht quotal konsolidiert werden (§ 310 Abs. 1 HGB). »At equity« bilanzierte Tochterunternehmen oder Gemeinschaftsunternehmen nennt man im Handelsrecht üblicherweise **untypische assoziierte Unternehmen**.

Nach der Definition des assoziierten Unternehmens in IAS 28.3 gilt ein Beteiligungsunternehmen als assoziiertes Unternehmen, wenn es (a) weder Tochtergesellschaft noch Joint Venture des Anteilseigners ist und (b) das beteiligte Unternehmen maßgeblichen Einfluß auf das Beteiligungsunternehmen auszuüben vermag. Die Definition in IAS 28.3 suggeriert, daß der IAS-Begriff »associate« keine untypischen assoziierten Unternehmen umfaßt (= nach der Equity-Methode bilanzierte Tochterunternehmen und Gemeinschaftsunternehmen). Indes dürfen Gemeinschaftsunternehmen nach IAS 31.32 auch nach der Equity-Methode bilanziert werden; dabei sind gemäß IAS 31.33 die Vorschriften von IAS 28 maßgebend. Das Gleiche gilt – allerdings nur im Einzelabschluß – gemäß IAS 27.29 (a) für Tochterunternehmen (nach HGB darf die Equity-Methode im Einzelabschluß nicht angewendet werden).

3.2 Anwendung der Equity-Methode auf assoziierte Unternehmen

Die Equity-Methode wird in erster Linie bei (typischen) assoziierten Unternehmen angewendet. Anteile an **assoziierten Unternehmen** müssen gemäß IAS 28 grundsätzlich nach der Equity-Methode bilanziert werden, es sei denn, eine der drei folgenden betriebswirtschaftlich sinnvollen Ausnahmen liegt vor:

(a) Das beteiligte Unternehmen beabsichtigt, die Anteile am assoziierten Unternehmen kurzfristig weiterzuveräußern (IAS 28.8).
(b) Die Fähigkeit des assoziierten Unternehmens, finanzielle Mittel an das beteiligte Unternehmen zu überweisen, ist langfristig erheblich eingeschränkt (IAS 28.10).
(c) Das assoziierte Unternehmen ist für den Konzernabschluß unwesentlich.

Ad (a): Absicht zur Weiterveräußerung der Anteile

Nach IAS 28.8 muß die **Weiter**veräußerungsabsicht bereits beim Erwerb bestanden haben. Entschließt sich das beteiligte Unternehmen erst später, z. B. wenn das assoziierte Unternehmen bereits mehrere Jahre nach der Equity-Methode bilanziert wird, die Anteile zu veräußern, dann würde es sich zwar um eine Veräußerungsabsicht, aber nicht um eine Weiterveräußerungsabsicht handeln. Bei einer Veräußerungsabsicht muß weiterhin die Equity-Methode angewendet werden (vgl. zur IAS-Regelung Cairns, 1995, S. 277. Zur handelsrechtlichen Regelung vgl. z. B. Teichmann, 1993, S. 268 f. m. w. N. Vgl. auch mit Bezug auf § 296 Abs. 1 Nr. 3 HGB: Adler/Düring/Schmaltz, 1995, § 296 HGB, Rn. 23; Sahner/Sauermann, 1998, Rn. 23 ff.). Materiell ergeben sich bei einer geplanten Weiterveräußerung keine Rechnungslegungsunterschiede zum Handelsrecht (vgl. Baetge/Bruns, 1997, Rn. 190 ff.).

Ad (b): Langfristige Beschränkungen des Transfers finanzieller Mittel
Assoziierte Unternehmen dürfen gemäß IAS 28.10 nicht nach der Equity-Methode bilanziert werden, wenn ihre Fähigkeit, finanzielle Mittel an das beteiligte Unternehmen zu überweisen, langfristig erheblich eingeschränkt ist. Die Regelung ist damit zu begründen, daß die Equity-Methode in diesem Fall nicht aussagefähig wäre: das beteiligte Unternehmen würde Erträge aus assoziierten Unternehmen ausweisen, die u. U. zum ausschüttungsfähigen Jahreserfolg zählen, obwohl auf absehbare Zeit keine entsprechenden Dividendenzahlungen vereinnahmt werden können.

Auch handelsrechtlich darf u. E. bei einer langfristigen und erheblichen Beschränkung des Transfers finanzieller Mittel die Equity-Methode nicht angewendet werden – obwohl es im Handelsrecht keine mit IAS 28.10 vergleichbare Regelung gibt. Die Anwendung der Equity-Methode ist nach IAS 28.10 unzulässig, weil das beteiligte Unternehmen die Gewinnverwendung im besprochenen Fall nicht beeinflussen kann (ein maßgeblicher Einfluß liegt nicht vor, wenn die Gewinnverwendung nicht beeinflußt werden kann). Die Gewinnverwendung ist dabei nicht der einzige, aber ein wichtiger Indikator für das Vorliegen eines maßgeblichen Einflusses (vgl. Weber, 1980, S. 95 f.; Küting/Köthner/Zündorf, 1998, Rn. 55; Baetge, 1997, S. 444).

Ad (c): Unwesentlichkeit des assoziierten Unternehmens
Das beteiligte Unternehmen darf auf die Anwendung der Equity-Methode verzichten, wenn das assoziierte Unternehmen für den Konzernabschluß von untergeordneter Bedeutung ist. Diese Wahlmöglichkeit ergibt sich nicht aus einer expliziten Regelung in IAS 28, sondern aus dem allgemein gültigen Grundsatz der Wesentlichkeit in IAS F. 29 f. Auch gemäß § 311 Abs. 2 HGB braucht ein assoziiertes Unternehmen, das von untergeordneter Bedeutung ist, nicht »at equity« in den Konzernabschluß einbezogen zu werden.

3.3 Anwendung der Equity-Methode auf Tochterunternehmen

Nach IAS 28.3 können **Tochterunternehmen** nicht gleichzeitig assoziierte Unternehmen sein, und es gibt keine mit IAS 31.32 vergleichbare Vorschrift, nach der Tochterunternehmen im IAS-Konzernabschluß die Equity-Methode anwenden dürfen. Tochterunternehmen dürfen daher in IAS-Konzernabschlüssen nicht nach der Equity-Methode bilanziert werden (IAS 27.11 i. V. m. IAS 27.13 sowie IAS 28.3; vgl. auch IDW, 1995, S. 323 f.; Wagenhofer, 1996, S. 268 und 270).

Im HGB-Konzernabschluß kommt die Equity-Methode auch für nicht vollkonsolidierte Tochterunternehmen in Frage. Ihre Anwendung setzt auch bei Tochterunternehmen voraus, daß ein maßgeblicher Einfluß ausgeübt wird.

3.4 Anwendung der Equity-Methode auf Joint-Ventures

Nach IAS 31.2 gibt es **drei Arten** von **Joint-Ventures**: gemeinsam geführte Tätigkeiten, gemeinsam geführtes Vermögen und Gemeinschaftsunternehmen. Bei den **gemeinsam geführten Tätigkeiten** und dem **gemeinsam geführten Vermögen** darf die Equity-Methode weder im Einzelabschluß noch im Konzernabschluß angewendet werden (vgl. IAS 31.10 und IAS 31.16). Bei den **Gemeinschaftsunternehmen** darf die Equity-Methode als alternativ zulässige Methode im Konzernabschluß angewendet werden. Allerdings wird die Benchmark-Methode, die Quotenkonsolidierung (zur Quotenkonsolidierung vgl. z. B. CAIRNS, 1995, S. 299 ff.; BAETGE, 1997, S. 405 ff.), in IAS 31.33 im Vergleich zur Equity-Methode als wesentlich aussagekräftiger bezeichnet (ebenso trotz kritischer Anmerkungen zur Quotenkonsolidierung die überwiegende Meinung im deutschen Schrifttum; vgl. etwa BIENER/SCHATZMANN, 1983, S. 50; BENTLER, 1991, S. 35; HARMS/KNISCHEWSKI, 1985, S. 1355; zur Kritik an der Quotenkonsolidierung vgl. z. B. GRÄFER/SCHELD, 1993, S. 151 f.) Angemerkt sei, daß Joint Ventures in den USA grundsätzlich nach der Equity-Methode bilanziert werden müssen und die Quotenkonsolidierung nicht angewendet werden darf (vgl. DION, 1996, S. 401 f.).

Gemäß § 310 Abs. 1 HGB dürfen Gemeinschaftsunternehmen quotal in den Konzernabschluß einbezogen werden. Wird dieses Wahlrecht nicht ausgeübt, so sind wesentliche Gemeinschaftsunternehmen grundsätzlich als assoziierte Unternehmen anzusehen und »at equity« in den Konzernabschluß einzubeziehen (vgl. BENTLER, 1991, S. 35; KÜTING/KÖTHNER/ZÜNDORF, 1998, Rn. 98; zu den aus Konzernsicht relevanten Aspekten bei der Wahlrechtsausübung vgl. DUSEMOND, 1997, S. 1781 ff.).

3.5 Anwendung der Equity-Methode auf Finanzinvestitionen

Finanzinvestitionen nach IAS 25 dürfen nicht nach der Equity-Methode bilanziert werden. Ähnlich kommt für Beteiligungen nach § 271 HGB, bei denen kein maßgeblicher Einfluß vorliegt, handelsrechtlich nur die Bilanzierung mit den fortgeführten Anschaffungskosten in Frage.

3.6 Zwischenergebnis zum Anwendungsbereich

In den folgenden beiden Abbildungen wird der Anwendungsbereich der Equity-Methode in den beiden Rechtskreisen noch einmal gegenübergestellt:

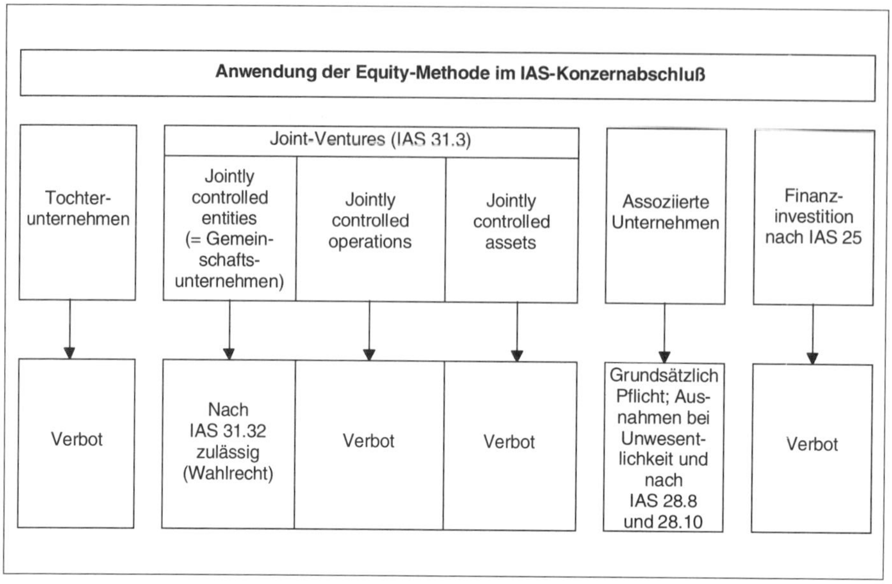

Abb. 2: Anwendungsbereich der Equity-Methode im IAS-Konzernabschluß (BAETGE/BRUNS, 1997, Rn. 30)

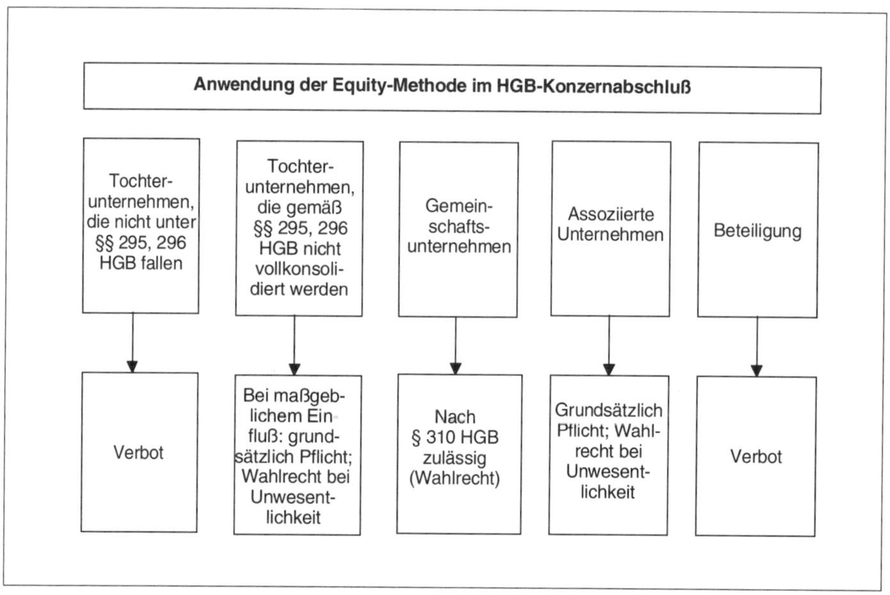

Abb. 3: Anwendungsbereich der Equity-Methode im handelsrechtlichen Konzernabschluß

4. Ausgewählte Unterschiede zwischen HGB und IAS 28 bei der Technik der Equity-Methode

4.1 Anwendung der Buchwertmethode oder der Kapitalanteilsmethode?

Bei der Equity-Methode nach IAS 28 werden die Vermögenswerte und Schulden des assoziierten Unternehmens mit ihren beizulegenden Zeitwerten angesetzt, und es wird das anteilige neubewertete Eigenkapital des assoziierten Unternehmens ermittelt. Nachdem das **anteilige neubewertete Eigenkapital** des assoziierten Unternehmens feststeht, werden die Anschaffungskosten der Anteile und das anteilige neubewertete Eigenkapital miteinander verglichen. Aus diesem Vergleich entsteht meistens ein positiver (aktivischer) Unterschiedsbetrag (= Goodwill bzw. Geschäfts- oder Firmenwert).

Seltener kommt ein negativer (passivischer) Unterschiedsbetrag (= negativer Geschäfts- oder Firmenwert) vor. Angemerkt sei an dieser Stelle, daß der im deutschen Sprachraum häufig anzutreffende Begriff »Badwill« im englischsprachigen Raum so gut wie unbekannt ist; in den IAS wird die Bezeichnung »negative goodwill« verwendet, wofür in der deutschen Übersetzung der IAS der Begriff »negativer Unterschiedsbetrag« gewählt wurde.

Das HGB sieht bei der Equity-Methode zwei Varianten vor: die Buchwertmethode und die Kapitalanteilsmethode. Bei der Buchwertmethode wird der Equity-Wert im Jahr der ersten Berücksichtigung im Konzernabschluß mit demjenigen Buchwert angesetzt, mit dem die Beteiligung im Einzelabschluß des Unternehmens geführt wird, das den maßgeblichen Einfluß ausübt. Dagegen wird die Beteiligung bei der Kapitalanteilsmethode nicht mit dem Buchwert bilanziert, sondern »mit dem Betrag, der dem anteiligen Eigenkapital des assoziierten Unternehmens entspricht« (§ 312 Abs. 1 Satz 1 Nr. 2 HGB). Dabei sind zunächst die Vermögensgegenstände und Schulden des assoziierten Unternehmens zu Zeitwerten anzusetzen, so daß sich ein neubewertetes Eigenkapital des assoziierten Unternehmens ergibt (zur Aufdeckung der stillen Reserven und Lasten sowie deren Verrechnung vgl. Küting/Hayn/Zündorf, 1998, Rn. 24 ff.). Das neubewertete Eigenkapital darf dabei gemäß § 312 Abs. 1 Satz 3 1. Halbsatz HGB die Anschaffungskosten der Beteiligung nicht übersteigen (eine vergleichbare Begrenzung auf die Anschaffungskosten gibt es nach IAS 28 nicht; vgl. dazu IDW, 1995, S. 327; Baukmann/Mandler, 1998, S. 68; Baetge, 1997, S. 470).

Die Regelung nach IAS 28 entspricht weder der deutschen Buchwertmethode noch der Kapitalanteilsmethode (vgl. die folgende Abbildung 4).

Das in IAS 28 dargestellte Verfahren trägt außer »die Equity-Methode« keine besondere Bezeichnung. Es enthält einerseits Elemente der Buchwertmethode (z. B. die international übliche Anwendung der Equity-Methode als »one-line-consolidation«; d. h., das Ergebnis der Kapitalaufrechnung bei der Equity-Methode wird schließlich in einem Bilanzposten ausgewiesen). Andererseits zeigen sich auch Ähnlichkeiten mit der Kapitalanteilsmethode (z. B. durch die Ermittlung des anteiligen neubewerteten Eigen-

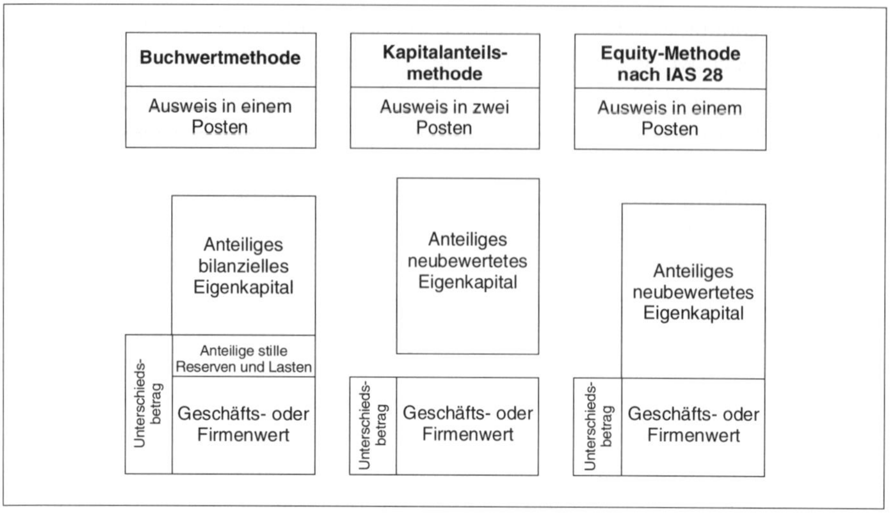

Abb. 4: Vergleich der Ermittlung des Unterschiedsbetrags nach Buchwertmethode, Kapitalanteilsmethode und IAS 28 (Baetge, 1997, S. 472)

kapitals und in der Höhe des Unterschiedsbetrags). Insgesamt ist die Buchwertmethode aber mit der Equity-Methode nach IAS 28 verwandter als die Kapitalanteilsmethode (ebenso Coenenberg, 1997, S. 504; GEFIU, 1995, S. 1188). Denn bei der Buchwertmethode bildet der Goodwill einen Bestandteil des Equity-Werts, während er bei der Kapitalanteilsmethode gesondert ausgewiesen wird. Mit der Kapitalanteilsmethode existiert daher eine international »bislang unbekannte Equity-Variante in Form der ›*two-lines-consolidation*‹« (Küting/Weber, 1997, S. 376).

Will man vom handelsrechtlichen Konzernabschluß auf einen IAS-Konzernabschluß überleiten, dann sollte im handelsrechtlichen Konzernabschluß die Buchwertmethode angewendet werden (vgl. Baukmann/Mandler, 1998, S. 66; Wagenhofer, 1996, S. 271).

4.2 Zeitpunkt der erstmaligen Anwendung der Equity-Methode

Im Gegensatz zum Handelsrecht muß die Equity-Methode nach IAS 28 ab dem Zeitpunkt angewendet werden, an dem das Beteiligungsunternehmen assoziiertes Unternehmen geworden ist. Wenn also während eines Geschäftsjahres ein Assoziierungsverhältnis entsteht, muß die Equity-Methode in diesem Geschäftsjahr erstmalig angewendet werden (IAS 28.17). Maßgebend für die Anwendung der Equity-Methode ist der **Zeitpunkt, an dem das Unternehmen assoziiertes Unternehmen geworden ist.** Wenn das assoziierte Unternehmen z. B. am 1.3. erworben wurde, muß auch die

Kapitalaufrechnung einschließlich der Aufdeckung der stillen Reserven und Lasten auf den 1.3. bezogen werden und nicht auf den Bilanzstichtag (31.12.). Soweit zwischen dem 1.3. und dem 31.12. Gewinne erwirtschaftet werden, dürfen diese Gewinne nach IAS 28.6. nicht bei der Ermittlung des Unterschiedsbetrags berücksichtigt werden (sie würden das anteilige neubewertete Eigenkapital erhöhen und damit einen eventuellen Goodwill mindern; zu den beiden Möglichkeiten, den erworbenen und den erwirtschafteten Erfolg beim Erwerb eines assoziierten Unternehmens zu ermitteln, vgl. BAETGE/BRUNS, 1997, Rn. 66 ff.).

Beim sukzessiven Erwerb von Anteilen an assoziierten Unternehmen sind diese nach IAS 28.17 rückwirkend anzupassen, d. h. es sind die Wertverhältnisse zugrunde zu legen, die bei den jeweiligen Erwerbszeitpunkten bestanden haben. Dies kann zu praktischen Schwierigkeiten führen, wenn sich (sukzessive) Anteilserwerbe über einen längeren Zeitraum erstreckt haben (zum Beispiel über fünf bis zehn Jahre); die Wertverhältnisse bei den jeweiligen Erwerbszeitpunkten können dann u. U. nicht mehr ermittelbar sein (vgl. KÜTING/WEBER, 1997, S. 371; MÜLLER/LAUER, 1987, C 511, Rn. 56). In solchen Fällen und ggf. aus Wesentlichkeitserwägungen kann der Bilanzierende auf eine rückwirkende Anpassung verzichten.

HGB und IAS unterscheiden sich hinsichtlich des Zeitpunkts der erstmaligen Anwendung der Equity-Methode vor allem darin, daß die nach § 312 Abs. 3 Satz 1 HGB zulässige **Stichtagsanpassung** gemäß IAS 28 nicht angewendet werden darf (vgl. auch die folgende Abbildung 5; a. A. GEFIU, 1995, S. 1188). Die Stichtagsanpassung kann nach IASC-Grundsätzen nur aus Gründen der Wesentlichkeit zulässig sein.

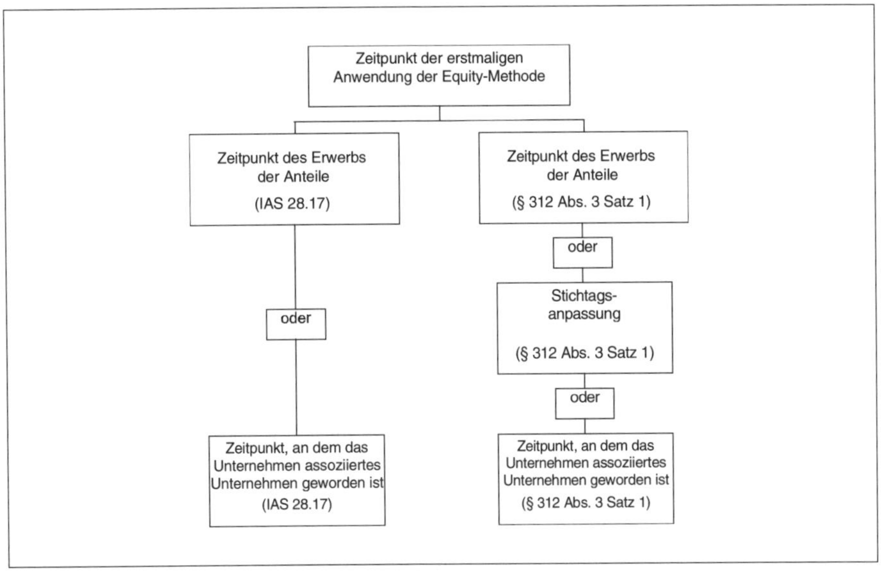

Abb. 5: Zeitpunkt der erstmaligen Anwendung der Equity-Methode

Durch die Unzulässigkeit der Stichtagsanpassung werden die bilanzpolitischen Möglichkeiten beschränkt, die die Wahlmöglichkeit in § 312 Abs. 3 Satz 1 HGB einräumt (vgl. zum HGB: Küting/Weber, 1997, S. 371).

4.3 Behandlung eines Geschäfts- oder Firmenwerts und eines negativen Unterschiedsbetrags

Über die Abschreibung eines Geschäfts- oder Firmenwerts (GoF) bzw. die Auflösung eines negativen Unterschiedsbetrags enthalten die beiden Rechtskreise teilweise erheblich unterschiedliche Regelungen:

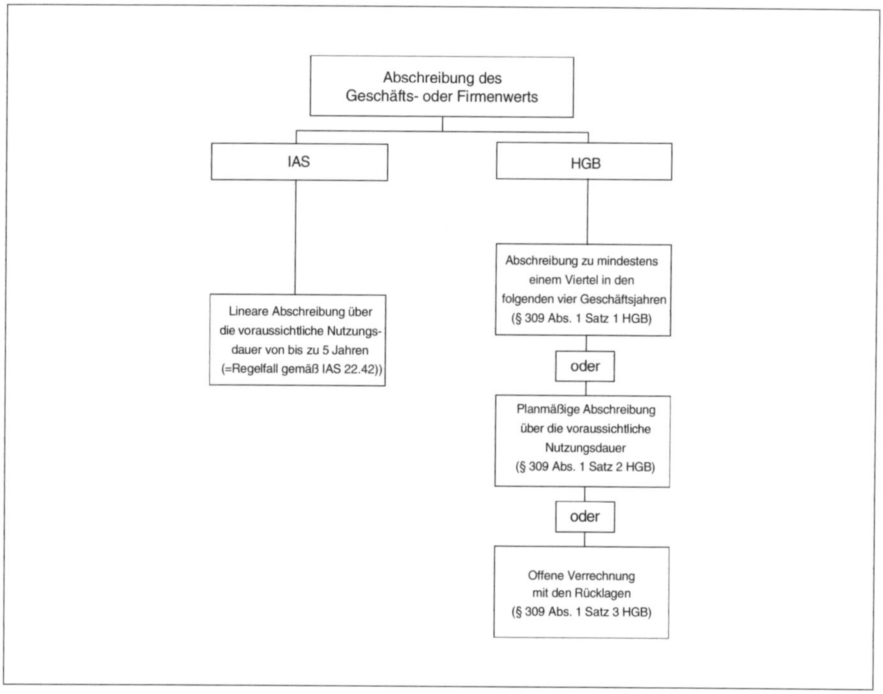

Abb. 6: Abschreibung des GoF nach HGB und nach IAS

Der GoF darf nach der 1993 revidierten Fassung des IAS 22 nicht mehr erfolgsneutral mit den Konzernrücklagen verrechnet werden. Er muß erfolgswirksam abgeschrieben werden. Auch die Vorschriften über die **Abschreibung des GoF sind nach IAS 22 deutlich restriktiver** als § 309 Abs. 1 HGB. Beispielsweise schreibt IAS 22.42 eine planmäßige lineare Abschreibung vor. Nach § 309 Abs. 1 Satz 1 HGB ist der Goodwill dagegen weder zwingend planmäßig noch linear abzuschreiben; es genügt, den Geschäfts- oder Firmenwert zu mindestens einem Viertel in den folgenden vier Geschäftsjahren nach dem Geschäftsjahr abzuschreiben, in dem der Geschäfts- oder Firmenwert aktiviert wurde (vgl. z. B. KÜTING/WEBER, 1987, S. 1498).

Ein weiterer Unterschied besteht in der Nutzungsdauer des Goodwills. So darf die Nutzungsdauer des Goodwills nach dem derzeit geltenden IAS 22.42 höchstens fünf Jahre betragen. Lediglich in Ausnahmefällen sind bis zu zwanzig Jahren erlaubt (zum Beispiel, wenn der wichtigste identifizierbare Vermögenswert beim Unternehmenswert eine 15 Jahre nutzbare Sendelizenz ist (IAS 22.45; vgl. auch BAETGE/SIEFKE, 1997, Rn. 111 und 222). In der Praxis wurde diese Ausnahme indes zur Regel erhoben, d. h. die wenigsten Unternehmen, die nach IAS Rechnung legen, schreiben den Goodwill tatsächlich über 5 Jahre ab. Anzumerken ist allerdings, daß die Abschreibungsdauer des Goodwills durch die 1998 revidierte und ab 01. 07. 1999 gültige Neufassung des IAS 22 geändert werden wird und künftig eine 20jährige Abschreibungsdauer des Goodwills nicht mehr als Ausnahme angesehen werden wird (vgl. IAS 22.44 (revised 1998)).

Ein passivischer Unterschiedsbetrag darf im Zusammenhang mit der Equity-Methode nach IASC-Grundsätzen nicht ausgewiesen werden (so auch die überwiegende Meinung in Deutschland (vgl. m. w. N. BUDDE/RAFF, 1995b, Rn. 30; KÜTING/WEBER, 1997, S. 373)), wird aber nach IASC-Grundsätzen in einer Nebenrechnung erfolgswirksam aufgelöst. Weiterhin darf ein passivischer Unterschiedsbetrag im Unterschied zum Handelsrecht sowohl durch die Aufdeckung stiller Reserven und Lasten entstehen als auch dadurch erhöht werden (vgl. auch IDW, 1995, S. 327; BAETGE, 1997, S. 470). Nach IAS 22.49 bzw. 22.51 muß ein passivischer Unterschiedsbetrag stets planmäßig erfolgswirksam aufgelöst werden, während der passivische Unterschiedsbetrag nach dem HGB nur erfolgswirksam aufgelöst werden darf, wenn die Voraussetzungen des § 309 Abs. 2 HGB erfüllt sind (vgl. z. B. COENENBERG, 1997, S. 504).

IAS 22 und § 309 Abs. 2 HGB sind hinsichtlich der Behandlung eines passivischen Unterschiedsbetrags i. d. R. nicht miteinander vereinbar (vgl. RISSE, 1996, S. 196; SCHRUFF, 1993, S. 419; ADLER/DÜRING/SCHMALTZ, 1995, § 309 HGB, Rn. 72 f.; GOEBEL, 1994, S. 2464). Nur in Ausnahmefällen, beispielsweise wenn der passivische Unterschiedsbetrag allein aus erwarteten Umsatzeinbußen resultiert, wird handelsrechtlich eine planmäßige Auflösung des passivischen Unterschiedsbetrags für zulässig gehalten (vgl. etwa FÖRSCHLE, 1995b, Rn. 47; grundsätzlich gegen eine planmäßige Auflösung: AKEU, 1989, S. 138).

4.4 Zwischenergebniseliminierung

Handelsrechtlich besteht ein vom Wortlaut her eindeutiges **Wahlrecht, Zwischenergebnisse anteilig oder vollständig zu eliminieren** (§ 312 Abs. 5 HGB). Da die Equity-Methode konzeptionell durch die Orientierung am anteiligen Eigenkapital interessentheoretisch geprägt ist, wird bei typischen assoziierten Unternehmen eine anteilige Zwischenergebniseliminierung empfohlen (vgl. Busse von Colbe/Ordelheide, 1993, S. 496; Kirsch, 1990, S. 13; Budde/Raff, 1995b, Rn. 111; AKEU, 1989, S. 138f.; WP-Handbuch, 1996, S. 958, Rn. 470; Baetge, 1997, S. 464f.). Bei nicht vollkonsolidierten Tochterunternehmen, die der vollständigen Kontrolle durch das Mutterunternehmen (im Sinne des Control-Konzepts) unterliegen, wird eine vollständige Zwischenergebniseliminierung bevorzugt (vgl. Coenenberg, 1997, S. 519f.; WP-Handbuch, 1996, S. 958, Rn. 470; Baetge, 1997, S. 464f.; a. A. Budde/Raff, 1995b, Rn. 112). Die Equity-Methode kann dann als Konsolidierungsmethode aufgefaßt werden (vgl. Gelhausen, 1996, S. 93; Kirsch, 1990, S. 158ff.; Baetge, 1997, S. 464f.).

Über die Eliminierung von Zwischenergebnissen bei assoziierten Unternehmen enthält **IAS 28 keine explizite Regelung**. Mittlerweile hat das Standing Interpretations Committee eine Stellungnahme über die Zwischenergebniseliminierung bei assoziierten Unternehmen herausgegeben (SIC – 3). In SIC – 3 wird klargestellt, daß Zwischenergebnisse bei Anwendung der Equity-Methode bei »upstream«- und »downstream«-Geschäften anteilig in Höhe der Beteiligungsquote des beteiligten Unternehmens zu eliminieren sind.

Soweit die für die Zwischenergebniseliminierung erforderlichen Informationen nicht zur Verfügung stehen, entfällt die Zwischenergebniseliminierung. Dieses Informationsproblem kann zum Beispiel auftreten, wenn ein assoziiertes Unternehmen von einem konzernfremden Unternehmen beherrscht wird und dieses konzernfremde Unternehmen keinen Einblick in interne Kalkulationsunterlagen gewährt.

5. Ausweis und Angaben im Anhang

Viele Informationsbedürfnisse der Jahresabschlußadressaten sollen durch umfangreiche Angabepflichten in den IAS erfüllt werden. Allerdings wurde im Schrifttum noch nicht untersucht, in welchem Maße den Angabepflichten in der Bilanzierungspraxis nachgekommen wird. Anhand einer im Anhang aufgeführten Stichprobe von 6 deutschen und 20 ausländischen IAS-Abschlüssen haben wir daher mit Bezug auf die Equity-Methode untersucht, wieweit die IAS-Angabepflichten tatsächlich umgesetzt werden. Die Untersuchung erhebt keinen Anspruch auf Repräsentativität im statistischen Sinne, läßt aber Tendenzen erkennen:

Nach IAS 28.27 (a) hat das beteiligte Unternehmen eine Aufstellung der wesentlichen assoziierten Unternehmen zu veröffentlichen. Diese Aufstellung soll u. a. eine kurze Beschreibung dieser Unternehmen enthalten. Unserer Meinung nach reichen dabei Branche, Umsatz und Sitz des Unternehmens zur Einordnung aus (vgl. Baetge/Bruns, 1997, Rn. 173). Allerdings werden diese Informationen in den von uns untersuchten internationalen Geschäftsberichten längst nicht von allen Unternehmen gegeben: Immerhin 73% der Unternehmen nennen den Sitz der »at equity« bilanzierten Gesellschaften, nur bei 38% erfährt der Leser die Branche dieser Unternehmen, und lediglich 31% der Geschäftsberichte informieren über den Umsatz der wesentlichen assoziierten Unternehmen.

Weiterhin ist nach IAS 28.27 (b) die Methode der Rechnungslegung anzugeben, nach der die Anteile an dem assoziierten Unternehmen bilanziert worden sind. Dies können entweder die Equity-Methode, die Bilanzierung mit den Anschaffungskosten oder mit dem niedrigeren beizulegenden Wert sein (vgl. Lott, 1996, S. 391; KPMG, 1996, S. 141; Baetge/Bruns, 1997, Rn. 357). Bei der Untersuchung der Geschäftsberichte haben wir diese Angabepflicht bereits als erfüllt angesehen, wenn beispielsweise im Anhang unter den Konsolidierungsgrundsätzen angegeben wurde, daß die assoziierten Unternehmen nach der Equity-Methode bilanziert werden. Dieser Angabepflicht kam lediglich ein Unternehmen nicht nach.

Anzugeben ist nach IAS 28.27 (a) die Höhe der Beteiligungsquote des Anteilseigners an den wesentlichen assoziierten Unternehmen und, falls davon abweichend, die Höhe des jeweiligen Stimmrechtsanteils. Dieser Angabepflicht wurde überwiegend dadurch nachgekommen, daß in einer Beteiligungsliste die wesentlichen assoziierten Unternehmen und die jeweilige Höhe der Beteiligungsquote genannt wurden. Selten wurden auch wirtschaftliche Hintergründe der Beteiligungen an den assoziierten Unternehmen durch Anhangangaben erläutert; als positives Beispiel ist hier der Geschäftsbericht von Henkel hervorzuheben (vgl. Henkel, 1997, S. 62). Insgesamt haben 81% der untersuchten Unternehmen die Angabepflicht befolgt.

In der GuV ist der Anteil des Anteilseigners am Jahreserfolg des assoziierten Unternehmens in einem gesonderten Posten auszuweisen (IAS 28.28), der zum Beispiel als »Erträge aus Anteilen an assoziierten Unternehmen« bezeichnet werden kann. Bis auf einen enthielten sämtliche Geschäftsberichte diese Angabe. Fraglich ist indes, ob der Wortlaut von IAS 28.28 präzise beachtet worden ist. Nach dem Wortlaut von IAS 28.28 »Anteil des Anteilseigners an den Gewinnen oder Verlusten dieser Anteile« dürfen z. B. außerplanmäßige Abschreibungen oder Zuschreibungen auf den Beteiligungsbuchwert nicht in dem gesonderten GuV-Posten berücksichtigt werden. Denn der Wortlaut stellt ausdrücklich auf den Anteil des Anteilseigners am Jahreserfolg des assoziierten Unternehmens ab (vgl. Baetge/Bruns, 1997, Rn. 174). Wieweit die in den Geschäftsberichten ausgewiesenen Erträge aus Anteilen an assoziierten Unternehmen vergleichbar sind, läßt sich somit nicht beurteilen.

Bei fast allen Unternehmen wird die Höhe der Zuschreibungen zu Anteilen an assoziierten Unternehmen nicht angegeben. Hierfür sieht IAS 28 allerdings auch keine Angabepflicht vor. Hervorzuheben ist dennoch der Abschluß der Bayer AG, bei dem u. a. außerplanmäßige Abschreibungen des Geschäftsjahres, Zuschreibungen und währungsbedingte Änderungen der Beteiligungsbuchwerte für alle Arten von Finanzanlagen angegeben werden (und damit auch für die assoziierten Unternehmen; vgl. Bayer, 1997, S. 78).

Nach IAS 28.28 ist der Anteil des Anteilseigners an außerordentlichen Erfolgsbeiträgen und Erfolgsbeiträgen aus vergangenen Perioden des assoziierten Unternehmens gesondert auszuweisen. Außerordentliche Erträge und Aufwendungen werden dabei gemäß IAS 8.6 ähnlich, aber nicht identisch abgegrenzt wie im Handelsrecht. Nicht zugestimmt werden kann der Auffassung von BIENER, daß die Abgrenzung der außerordentlichen Aufwendungen und Erträge nach HGB und IAS identisch sei (vgl. BIENER, 1997, IAS 8, Rn. 10). Denn Unterschiede entstehen z. B., wenn ein Unternehmen Erfolgsbeiträge aus der Einstellung von Bereichen ausweist. Handelsrechtlich werden Aufwendungen und Erträge aus der Einstellung von Bereichen, die zum Beispiel aus der Stillegung oder Veräußerung von Vermögensgegenständen, aus außerplanmäßigen Wertminderungen oder aus Verpflichtungen aufgrund der vorzeitigen Auflösung von Vertragsverhältnissen resultieren, normalerweise als außerordentlich bezeichnet (vgl. FÖRSCHLE, 1995a, Rn. 222; ADLER/DÜRING/SCHMALTZ, 1995, § 277 HGB, Rn. 80; WP-HANDBUCH, 1996, S. 379, Rn. 273). Gemäß IAS 8.21 werden sie dagegen üblicherweise im ordentlichen Ergebnis ausgewiesen (ab dem 1.1. 1999 tritt IAS 35 in Kraft, wonach Erfolgsbeiträge aus der Einstellung von Bereichen nicht mehr als außerordentlich ausgewiesen werden dürfen (IAS 35.41)).

In keinem der von uns untersuchten Geschäftsberichte wurde angegeben, daß das Ergebnis der assoziierten Unternehmen außerordentliche Erfolgsbeiträge enthält. Dies kann entweder darauf zurückzuführen sein, daß tatsächlich keine außerordentlichen Erfolgsbeiträge angefallen sind oder diese Angabepflicht teilweise nicht beachtet worden ist. Doch auch wenn das Ergebnis der assoziierten Unternehmen in keinem der untersuchten Geschäftsberichte außerordentliche Erfolgsbeiträge aufwies, hätte dies – beispielsweise in Form einer Fehlanzeige – angegeben werden müssen. Diese Angabepflicht wurde also in keinem der untersuchten Geschäftsberichte erfüllt.

Nicht festgelegt wird in IAS 28, wie die außerordentlichen Erfolgsbeiträge und die Erfolgsbeiträge aus Vorperioden anzugeben sind, d. h. sowohl eine Angabe in der GuV als auch eine Anhangangabe sind zulässig. Wir halten eine Angabe in der GuV aufgrund ihrer höheren Klarheit für sinnvoller (dies ist in der US-amerikanischen Rechnungslegung sogar verpflichtend vorgeschrieben (vgl. LOTT, 1996, S. 391)).

Zu ergänzen ist noch, daß sich für die mitunter zu hörende Behauptung, internationale Geschäftsberichte seien »besser« oder »informativer« als deutsche Geschäftsberichte, zumindest bei den von uns untersuchten Daten keinerlei Hinweise finden ließen. Die Angaben zu den »at equity« bilanzierten Unternehmen waren in den deutschen Geschäftsberichten sogar eine Spur ausführlicher.

Ein ähnliches Ergebnis ergab sich übrigens beim Wettbewerb »Der beste Geschäftsbericht 1998«, bei dem der inhaltlich beste internationale Geschäftsbericht 64,81% der möglichen Punkte erreichte. Der beste deutsche Geschäftsbericht (= Daimler-Benz) war ihm allerdings mit 79,47% eindeutig überlegen (zum Wettbewerb »Der beste Geschäftsbericht 1998« vgl. manager magazin 10/1998).

6. Zusammenfassung

Überwiegend stimmen die Equity-Methode nach deutschem Handelsrecht und nach IAS 28 überein. Gezeigt wurde dennoch, daß einige Unterschiede bestehen, zum Beispiel

- weil der Anwendungsbereich der Equity-Methode nach HGB und nach IAS etwas unterschiedlich ist,
- weil nach IAS bereits die mögliche Ausübung maßgeblichen Einflusses ein Assoziierungsverhältnis begründen kann, während nach HGB die tatsächliche Ausübung Voraussetzung ist,
- weil nach IAS 28 die Stichtagsanpassung unzulässig ist,
- weil die IAS-Vorschriften bei der Abschreibung des GoF deutlich restriktiver sind,
- weil nach IAS Zwischenergebnisse bei assoziierten Unternehmen beteiligungsproportional zu eliminieren sind, während das HGB ein Wahlrecht gewährt,
- weil weder die Buchwertmethode noch die Kapitalanteilsmethode mit der Equity-Methode nach IAS 28 übereinstimmen.

Weiterhin unterscheiden sich IAS und HGB bei den Angabepflichten. In einer Stichprobe haben wir die praktische Umsetzung der Angabepflichten für die Equity-Methode nach IAS 28 geprüft. Das Ergebnis überrascht nicht sehr, stimmt aber nachdenklich. Unsere Stichprobe zeigt, daß die nach IAS 28 vorgeschriebenen Anhangangaben in der Regel nicht vollständig erfüllt werden. Zumindest von den 26 untersuchten, nach IAS bilanzierenden Unternehmen hat keines die nach IAS 28 vorgeschriebenen Anhangangaben vollständig erfüllt.

Literaturverzeichnis

Accounting Principles Board Opinion (APB) No. 18, The Equity Method of Accounting for Investments in Common Stock, in: FASB (Hrsg.), Original Pronouncements, Norwalk/Connecticut 1997.

Adler, Hans / Düring, Walther / Schmaltz, Kurt (1995), Rechnungslegung und Prüfung der Unternehmen, Kommentar zum HGB, AktG, GmbHG, PublG nach den Vorschriften des Bilanzrichtlinien-Gesetzes, 6. Aufl., Stuttgart 1995.

Arbeitskreis »Externe Unternehmensrechnung« der Schmalenbach-Gesellschaft-Deutsche Gesellschaft für Betriebswirtschaft e.V. (AKEU) (1989), Aufstellung von Konzernabschlüssen, 2. Aufl., ZfbF 1989, Sonderheft 21.

Baetge, Jörg (1997), Konzernbilanzen, 3. Auflage, Düsseldorf 1997.

Baetge, Jörg / Bruns, Carsten (1997), Kommentierung von IAS 28, in: Baetge, Jörg u.a. (Hrsg.), Rechnungslegung nach International Accounting Standards (IAS), Kommentar auf der Grundlage des deutschen Bilanzrechts, Stuttgart 1997.

Baetge, Jörg / Siefke, Michael (1997), Kommentierung von IAS 22, in: Baetge, Jörg u.a. (Hrsg.),

Rechnungslegung nach International Accounting Standards (IAS). Kommentar auf der Grundlage des deutschen Bilanzrechts, Stuttgart 1997.

Baukmann, Dirk / Mandler, Udo (1998), International Accounting Standards, 2. Aufl., München/Wien 1998.

Bentler, Martin (1991), Grundsätze ordnungsmäßiger Bilanzierung für die Equitymethode, Wiesbaden 1991.

Biener, Herbert (1997), Kommentierung von IAS 8, in: Baetge, Jörg u.a. (Hrsg.), Rechnungslegung nach International Accounting Standards (IAS), Kommentar auf der Grundlage des deutschen Bilanzrechts, Stuttgart 1997.

Biener, Herbert / Berneke, Wilhelm (1986), Bilanzrichtlinien-Gesetz, Düsseldorf 1986.

Biener, Herbert / Schatzmann, Jürgen (1983), Konzern-Rechnungslegung, Düsseldorf 1983.

Budde, Wolfgang Dieter / Raff, Ingo (1995a), Kommentierung des § 311 HGB, in: Budde, Wolfgang Dieter u.a. (Bearb.), Beck'scher Bilanz-Kommentar. Der Jahresabschluß nach Handels- und Steuerrecht, 3. Aufl., München 1995.

Budde, Wolfgang Dieter / Raff, Ingo (1995b), Kommentierung des § 312 HGB, in: Budde, Wolfgang Dieter u.a. (Bearb.), Beck'scher Bilanz-Kommentar. Der Jahresabschluß nach Handels- und Steuerrecht, 3. Aufl., München 1995.

Busse von Colbe, Walther (1972), Zum Bilanzansatz von Beteiligungen, in: Zeitschrift für betriebswirtschaftliche Forschung 1972, S. 145–157.

Busse von Colbe, Walther / Ordelheide, Dieter (1993), Konzernabschlüsse, 6. Aufl., Wiesbaden 1993.

Cairns, David (1995), A Guide to Applying International Accounting Standards, Central Milton Keynes 1995.

Coenenberg, Adolf Gerhard (1997), Jahresabschluß und Jahresabschlußanalyse. Grundfragen der Bilanzierung nach betriebswirtschaftlichen, handelsrechtlichen und internationalen Grundsätzen, 16. Aufl., Landsberg/Lech 1997.

Coopers & Lybrand (1996), Understanding IAS. Analysis and Interpretation, London 1996.

Dion, Gisele (1996), Comparative Analysis of IAS 28, Accounting for Investments in Associates, and U.S. GAAP including APB Opinion No. 18, The Equity-Method of Accounting for Investments in Common Stock, in: FASB (Hrsg.), The IASC-U.S. Comparison Project, Norwalk/Connecticut 1996, S. 367–378.

Dusemond, Michael (1997), Quotenkonsolidierung versus Equity-Methode, in: Der Betrieb 1997, S. 1781–1785.

Förschle, Gerhart (1995a), Kommentierung des § 275 HGB, in: Budde, Wolfgang Dieter u.a. (Bearb.), Beck'scher Bilanz-Kommentar. Der Jahresabschluß nach Handels- und Steuerrecht, 3. Aufl., München 1995.

Förschle, Gerhart (1995b), Kommentierung des § 309 HGB, in: Budde, Wolfgang Dieter u.a. (Bearb.), Beck'scher Bilanz-Kommentar. Der Jahresabschluß nach Handels- und Steuerrecht, 3. Aufl., München 1995.

GEFIU (1995), Möglichkeiten und Grenzen der Anpassung deutscher Konzernabschlüsse an die Rechnungslegungsvorschriften des International Accounting Standards Committee (IASC), in: Der Betrieb 1995, S. 1137–1143 und S. 1185–1191.

Gelhausen, Wolf (1996), Aktuelle Entwicklungen der Konzernrechnungslegung, in: Baetge, Jörg (Hrsg.), Rechnungslegung und Prüfung 1996, Düsseldorf 1996, S. 71–98.

Goebel, Andrea (1994), Konzernrechnungslegung nach den International Accounting Standards, in: Der Betrieb 1994, S. 2457–2464.

Gräfer, Horst / Scheld, Guido (1993), Konzernrechnungslegung, Hamburg 1993.

Gschrei, Michael Jean (1990), Beteiligungen im Jahresabschluß und Konzernabschluß, Heidelberg 1990.

HARMS, Jens E. / KNISCHEWSKI, Gerd (1985), Quotenkonsolidierung versus Equity-Methode im Konzernabschluß – Ein bilanzpolitisches Entscheidungsproblem –, in: Der Betrieb 1985, S. 1353–1359.

HAVERMANN, Hans (1975), Zur Bilanzierung von Beteiligungen an Kapitalgesellschaften in Einzel- und Konzernabschlüssen, in: Die Wirtschaftsprüfung 1975, S. 233–242.

IDW (Hrsg.) (1995), Rechnungslegung nach International Accounting Standards, Düsseldorf 1995.

INTERNATIONAL ACCOUNTING STANDARD (IAS) 8 (revised 1993), Net Profit or Loss for the Period, Fundamental Errors and Changes in Accounting Policies, in: IASC (Hrsg.), International Accounting Standards 1998, London 1998.

INTERNATIONAL ACCOUNTING STANDARD (IAS) 22 (revised 1993), Business Combinations, in: IASC (Hrsg.), International Accounting Standards 1998, London 1998.

INTERNATIONAL ACCOUNTING STANDARD (IAS) 22 (revised 1998), Business Combinations, London 1998.

INTERNATIONAL ACCOUNTING STANDARD (IAS) 25, Accounting for Investments, in: IASC (Hrsg.), International Accounting Standards 1998, London 1998.

INTERNATIONAL ACCOUNTING STANDARD (IAS) 27, Consolidated Financial Statements and Accounting for Investments in Subsidiaries, in: IASC (Hrsg.), International Accounting Standards 1998, London 1998.

INTERNATIONAL ACCOUNTING STANDARD (IAS) 28, Accounting for Investments in Associates, in: IASC (Hrsg.), International Accounting Standards 1998, London 1998.

INTERNATIONAL ACCOUNTING STANDARD (IAS) 31, Financial Reporting of Interests in Joint Ventures, in: IASC (Hrsg.), International Accounting Standards 1998, London 1998.

INTERNATIONAL ACCOUNTING STANDARD (IAS) 35, Discountinuing Operations, London 1998.

KIRSCH, Hans-Jürgen (1990), Die Equity-Methode im Konzernabschluß, Düsseldorf 1990.

KPMG (Hrsg.) (1996), International Accounting Standards, 2. Aufl., Düsseldorf 1996.

KÜTING, Karlheinz / KÖTHNER, Robert / ZÜNDORF, Horst (1998), Kommentierung des § 311 HGB, in: Küting, Karlheinz/Weber, Claus-Peter (Hrsg.), Handbuch der Konzernrechnungslegung. Kommentar zur Bilanzierung und Prüfung, 2. Aufl., Stuttgart 1998.

KÜTING, Karlheinz / WEBER, Claus-Peter (1987), Die Equity-Methode im Übergang auf die neue Konzernrechnungslegung, in: Betriebs-Berater 1987, S. 1496–1502.

KÜTING, Karlheinz / WEBER, Claus-Peter (1994), Internationale Bilanzierung. Rechnungslegung in: den USA, Japan und Europa, Herne/Berlin 1994.

KÜTING, Karlheinz / WEBER, Claus-Peter (1997), Der Konzernabschluß, 4. Aufl., Stuttgart 1997.

KÜTING, Karlheinz / HAYN, Benita / ZÜNDORF, Horst (1998), Kommentierung des § 312 HGB, in: Küting, Karlheinz/Weber, Claus-Peter (Hrsg.), Handbuch der Konzernrechnungslegung. Kommentar zur Bilanzierung und Prüfung, 2. Aufl., Stuttgart 1998.

LOTT, Ronald W. (1996), Comparative Analysis of IAS 28, Accounting for Investments in Associates, and U.S. GAAP including APB Opinion No. 18, The Equity-Method of Accounting for Investments in Common Stock, in: FASB (Hrsg.), The IASC-U.S. Comparison Project, Norwalk 1996, S. 379–392.

MÜLLER, Eberhard / LAUER, Christine E. (1987), Konsolidierung im Rahmen der Equity-Methode, in: Castan, Edgar u. a. (Hrsg.), Beck'sches Handbuch der Rechnungslegung, München 1987, C 511.

PELLENS, Bernhard (1998), Internationale Rechnungslegung, 2. Aufl., Stuttgart 1998.

RISSE, Axel (1996), International Accounting Standards für den deutschen Konzernabschluß, Wiesbaden 1996.

SAHNER, Friedhelm / SAUERMANN, Kai (1998), Kommentierung des § 296 HGB, in: Küting, Karlheinz/Weber, Claus-Peter (Hrsg.), Handbuch der Konzernrechnungslegung. Kommentar zur Bilanzierung und Prüfung, 2. Aufl., Stuttgart 1998.

Schäfer, Harald (1982), Bilanzierung von Beteiligungen nach der Equity-Methode, Frankfurt am Main 1982.

Schnicke, Christian / Gutike, Hans-Jochen (1995), Kommentierung des § 271 HGB, in: Budde, Wolfgang Dieter u.a. (Bearb.), Beck'scher Bilanz-Kommentar. Der Jahresabschluß nach Handels- und Steuerrecht, 3. Aufl., München 1995.

Schruff, Wienand (1993), Die internationale Vereinheitlichung der Rechnungslegung nach den Vorschriften des IASC, in: Betriebswirtschaftliche Forschung und Praxis 1993, S. 400–426.

Standing Interpretations Committee (SIC) 3, Elimination of Unrealised Profits and Losses on Transactions with Associates, Interpretations of International Accounting Standards.

Teichmann, Michael (1993), Die Bilanzierung von Beteiligungen im handelsrechtlichen Jahresabschluß der Kapitalgesellschaft, Aachen 1993.

Wagenhofer, Alfred (1996), International Accounting Standards, Wien 1996.

Weber, Claus-Peter / Zündorf, Horst (1998), Kommentierung des § 309 HGB, in: Küting, Karlheinz/Weber, Claus-Peter (Hrsg.), Handbuch der Konzernrechnungslegung. Kommentar zur Bilanzierung und Prüfung, 2. Aufl., Stuttgart 1998.

Weber, Eberhard (1980), Grundsätze ordnungsmäßiger Bilanzierung für Beteiligungen, Düsseldorf 1980.

WP-Handbuch (1996), IDW (Hrsg.), Handbuch für Rechnungslegung, Prüfung und Beratung, Bd. I, 11. Aufl., Düsseldorf 1996.

Anhang: Verzeichnis der analysierten Geschäftsberichte

Unternehmen	Sitzland	Geschäftsbericht
Bayer	Deutschland	1997
Hoechst	Deutschland	1997
Henkel	Deutschland	1997
Heidelberger Zement	Deutschland	1997
Merck	Deutschland	1997
Schering	Deutschland	1997
Huhtamaki	Finnland	1996
Kemira	Finnland	1995
Metra	Finnland	1996
Nokia	Finnland	1996
IPL Energy	Kanada	1996
Nova	Kanada	1996
Air Malta	Malta	1996
Kvaerner	Norwegen	1996
IPB	Polen	1996
SAS	Schweden	1996
Trelleborg	Schweden	1996
Alusuisse	Schweiz	1996
Bossard	Schweiz	1996
Danzas	Schweiz	1996
Mövenpick	Schweiz	1996
Nestlé	Schweiz	1996
SGS	Schweiz	1996
Sika	Schweiz	1996
Sulzer	Schweiz	1996
von Roll	Schweiz	1996

Zur Konzernrechnungslegung von Kreditinstituten, Finanzdienstleistungs-instituten und Finanzholdings

Hartmut Bieg / Thomas Kern*

Inhalt

* Prof. Dr. Hartmut Bieg, Inhaber des Lehrstuhls für Betriebswirtschaftslehre, insbesondere Bankbetriebslehre, Universität des Saarlandes; Dipl.-Kfm. Thomas Kern, Lehrstuhl für Betriebswirtschaftslehre, insbesondere Bankbetriebslehre, Universität des Saarlandes.

1. Die besondere Verpflichtung zur Konzernrechnungslegung für Kreditinstitute, Finanzdienstleistungsinstitute und Finanzholdings

1.1 Grundsätzliche Aufstellungspflicht

Die Verpflichtung zur Konzernrechnungslegung ergibt sich für Kreditinstitute und Finanzdienstleistungsinstitute, im Folgenden »Institute« genannt, sowie für Finanzholdings im Gegensatz zu Unternehmungen sonstiger Branchen nicht primär aus § 290 HGB, da ansonsten nur Institute und Finanzholdings in der Rechtsform einer Kapitalgesellschaft – unter Beachtung der größenabhängigen Befreiungen nach § 293 HGB – und über § 11 PublG Institute und Finanzholdings in sonstigen Rechtsformen erst mit Erfüllung der in § 11 PublG festgelegten Größengrenzen zur Konzernrechnungslegung verpflichtet wären (vgl. dazu Küting/Weber, 1997, S. 65). Die vom Gesetzgeber anerkannten besonderen Informationsansprüche der Institutsgläubiger, die zur rechtsform- und größenunabhängigen öffentlichen Rechnungslegungspflicht aller Kredit- und Finanzdienstleistungsinstitute geführt haben, müssen zur Erfüllung der Informationsvermittlungsaufgabe konsequenterweise auch und gerade im Konzernabschluss berücksichtigt werden.

Deswegen müssen Institute gemäß § 340i Abs. 1 Satz 1 HGB, auch wenn sie nicht in der Rechtsform einer Kapitalgesellschaft betrieben werden, unabhängig von ihrer Größe einen Konzernabschluss und einen Konzernlagebericht nach den allgemeinen Vorschriften für Kapitalgesellschaften über den Konzernabschluss und den Konzernlagebericht aufstellen. Damit ist sichergestellt, dass **alle Institute unabhängig von ihrer Rechtsform und Größe zur Konzernrechnungslegung verpflichtet** sind, wenn sie nach dem Konzept der einheitlichen Leitung (vgl. dazu Küting/Weber, 1997, S. 66 ff.) und/oder dem Control-Konzept (vgl. dazu Küting/Weber, 1997, S. 70 ff.) als Mutterunternehmung qualifiziert werden. § 290 HGB legt also letztlich nicht fest, **dass** Institute, sondern **welche** Institute konzernrechnungslegungspflichtig sind. § 340i Abs. 2 Satz 2 HGB stellt noch einmal klar, dass § 293 HGB mit seinen größenabhängigen Befreiungen nicht auf Institute anzuwenden ist.

Der besonderen Konzernrechnungslegungspflicht für Institute unterliegen gemäß § 340i Abs. 3 HGB auch Holdinggesellschaften, deren Tochterunternehmungen ausschließlich oder überwiegend Kredit- und/oder Finanzdienstleistungsinstitute sind (sog. **Finanzholdings**; der hier verwendete Begriff »Finanzholding« ist nicht mit dem in § 1 Abs. 3a KWG zu aufsichtsrechtlichen Zwecken definierten Begriff der Finanzholding-Gesellschaften gleichzusetzen). Prahl/Naumann (1993, S. 238) und Krumnow u.a. (1994, S. 591) sprechen ungenau von »Bank-Holding-Companies«, Grewe (1998, S. 7) verwendet inkonsistent sowohl den Begriff »Finanzholding« als auch den Begriff »Finanzholdingsgesellschaften«.) Als Holdinggesellschaft werden Unternehmungen bezeichnet, deren einziger Zweck im Erwerb, in der Verwaltung und in der Verwertung von Tochterunternehmungen besteht (vgl. § 340i Abs. 3 HGB). Der Gesetzgeber will mit der Einbeziehung dieser Unternehmungen verhindern, dass Institutskonzerne der besonderen Pflicht zur Konzernrechnungslegung durch Konstruktion einer Holding, die nicht Kredit- oder Finanzdienstleistungsinstitut i. S. d. KWG ist, entgehen.

Mit Einbeziehung der Finanzdienstleistungsinstitute in die kreditinstitutsspezifische Rechnungslegung der §§ 340–340o HGB ist § 340i Abs. 3 HGB – wie oben bereits geschehen – neu zu interpretieren. So sind u. E. nicht nur Holdinggesellschaften, deren Tochterunternehmungen »ausschließlich oder überwiegend **Kreditinstitute** sind« (so der Gesetzeswortlaut in § 340i Abs. 3 HGB; Hervorhebung durch die Verfasser), sondern auch Holdinggesellschaften, deren Tochterunternehmungen ausschließlich oder überwiegend **Finanzdienstleistungsinstitute** sind, der besonderen Konzernrechnungslegungspflicht unterworfen.

Der Anwendungsbereich des § 340i Abs. 3 HGB ist gemäß § 340 Abs. 4 HGB auch auf Finanzdienstleistungsinstitute auszudehnen. Eine Interpretation, die die in Betracht zu ziehenden Tochterunternehmungen auf Kreditinstitute einschränken würde, hätte eine Ungleichbehandlung von Kredit- und Finanzdienstleistungsinstitutskonzernen zur Folge und widerspräche damit der in § 340 Abs. 4 HGB kodifizierten Intention des Gesetzgebers.

Darüber hinaus gilt auch hier, dass besondere geschäftszweigabhängige Informationsansprüche, die für den Einzelabschluss vom Gesetzgeber anerkannt wurden, auch und gerade für die Konzernrechnungslegungsvorschriften gelten müssen. Folgt man der hier vertretenen Interpretation, so kann für die Frage der Ausschließlichkeit bzw. des Überwiegens nicht relevant sein, ob und in welchen Anteilen sich der betreffende Kreis der Tochterunternehmungen aus Kreditinstituten oder Finanzdienstleistungsinstituten zusammensetzt. Beide Institutsformen sind unterschiedslos in die Betrachtung mit einzubeziehen.

Das »Überwiegen« der Kredit- und/oder Finanzdienstleistungsinstitute unter den Tochterunternehmungen kann nicht an der reinen Zahl der Beteiligungen festgemacht werden. Es ist vielmehr die Bedeutung der einzelnen Kredit- und/oder Finanzdienstleistungsinstitute für die Vermögens-, Finanz- und Ertragslage des Konzerns im Vergleich zu den sonstigen Tochterunternehmungen zu messen. Als Kriterien hierfür sind Bilanzsumme, Zins- und Provisionserträge sowie die Anzahl der Beschäftigten denkbar (vgl. auch Grewe, 1998, S. 7).

1.2 Die Befreiung von der Aufstellungspflicht

1.2.1 Vorbemerkungen

In mehrstufigen Konzernen trifft die Konzernrechnungslegungspflicht nach § 290 HGB grundsätzlich jede Mutterunternehmung unabhängig davon, ob sie ihrerseits Tochterunternehmung ist, also bereits in den Konzernabschluss ihrer Mutterunternehmung einzubeziehen ist. Der Gesetzgeber lässt aber unter bestimmten Voraussetzungen weitgehende Ausnahmen von diesem sog. »Tannenbaumprinzip« zu, da die Teilkonzernabschlüsse zum einen hohe Kosten verursachen, zum anderen aber hinsichtlich der konzerninternen Transaktionen mit den gleichen Mängeln behaftet sind wie die Einzelabschlüsse der Konzernunternehmungen (vgl. Schildbach, 1996, S. 88).

Bei der Befreiung von Tochterunternehmungen von der handelsrechtlichen Konzernrechnungslegungspflicht unterscheidet der Gesetzgeber zwischen den befreiende Konzernabschlüsse aufstellenden Mutterunternehmungen, die ihren Sitz in einem Mitgliedstaat der Europäischen Union oder in einem anderen Vertragsstaat des Abkommens über den Europäischen Wirtschaftsraum – also auch in Deutschland – haben (vgl. § 291 HGB), und Mutterunternehmungen, die ihren Sitz außerhalb dieses Bereiches haben (vgl. § 292 HGB). Beide Regelungen betreffen ausschließlich die Befreiung von Teilkonzernabschlüssen, können demnach nicht von den hierarchisch obersten Mutterunternehmungen in Anspruch genommen werden.

Mit dem Kapitalaufnahmeerleichterungsgesetz (Gesetz zur Verbesserung der Wettbewerbsfähigkeit deutscher Konzerne an Kapitalmärkten und zur Erleichterung der Aufnahme von Gesellschafterdarlehen vom 20. April 1998, BGBl. I 1998, S. 707–709) wurde ein neuer Befreiungstatbestand für börsennotierte deutsche Mutterunternehmungen – also auch für die hierarchisch oberste – geschaffen. Sie dürfen nach § 292a HGB unter bestimmten Voraussetzungen auf die Erstellung eines Konzernabschlusses und eines Konzernlageberichts nach deutschem Recht verzichten, wenn sie einen nach international anerkannten Rechnungslegungsgrundsätzen aufgestellten Konzernabschluss und Konzernlagebericht veröffentlichen.

1.2.2 Die Befreiung nach § 291 HGB

§ 291 HGB regelt die Voraussetzungen für die Befreiung von Tochterunternehmungen, deren Mutterunternehmung mit Sitz in einem Mitgliedstaat der Europäischen Union oder in einem anderen Vertragsstaat des Abkommens über den Europäischen Wirtschaftsraum einen befreienden Konzernabschluss aufstellt (vgl. zu geschäftszweigunabhängigen Detailfragen etwa Siebourg, 1998, Rn. 1 ff.):

- der befreiende Konzernabschluss ist von einer **Unternehmung** aufzustellen;
- der befreiende Konzernabschluss wurde in deutscher Sprache offengelegt;

- die zu befreiende Tochterunternehmung ist unbeschadet der §§ 295 und 296 HGB in den befreienden Konzernabschluss einbezogen worden;
- der befreiende Konzernabschluss steht im Einklang mit den Anforderungen der Siebenten EG-Richtlinie (Konzern-Richtlinie; vgl. Rat der Europäischen Gemeinschaften, 1983) und der Achten EG-Richtlinie (Prüfer-Richtlinie; vgl. Rat der Europäischen Gemeinschaften, 1984); bei Instituten und Finanzholdings bzw. Versicherungsunternehmungen muss der befreiende Konzernabschluss zusätzlich im Einklang mit der EG-Bankbilanzrichtlinie (vgl. Rat der Europäischen Gemeinschaften, 1986) bzw. der EG-Versicherungsbilanzrichtlinie (vgl. Rat der Europäischen Gemeinschaften, 1991) stehen;
- im Anhang der zu befreienden Tochterunternehmung ist auf die Befreiung hinzuweisen sowie Name und Sitz der Mutterunternehmung anzugeben, die den befreienden Konzernabschluss aufstellt; zusätzlich sind die im befreienden Konzernabschluss vom deutschen Recht abweichend angewandten Bilanzierungs-, Bewertungs- und Konsolidierungsmethoden zu erläutern;
- Minderheitsgesellschafter der zu befreienden Tochterunternehmung, denen bei einer AG bzw. KGaA mindestens 10%, bei einer GmbH mindestens 20% der Anteile gehören, haben nicht spätestens sechs Monate vor dem Ablauf des Geschäftsjahres die Aufstellung eines Konzernabschlusses und eines Konzernlageberichts beantragt;
- bei einer Beteiligungshöhe der Mutterunternehmung von mindestens 90% an der zu befreienden Tochterunternehmung haben die anderen Gesellschafter der Befreiung zugestimmt.

Außer der Voraussetzung, dass bei Instituten und Finanzholdings der befreiende Konzernabschluss zusätzlich im Einklang mit der EG-Bankbilanzrichtlinie stehen muss, ist die weitere institutsspezifische Frage zu klären, ob die Befreiung unabhängig von der Branche der Mutterunternehmung, die den befreienden Konzernabschluss aufstellt, erfolgen kann.

Der deutsche Gesetzgeber hat das in Art. 43 Abs. 2 Buchstabe a der EG-Bankbilanzrichtlinie festgelegte Wahlrecht nicht ausgenutzt und damit für die Befreiung von Kreditinstituten weder die Kreditinstitutseigenschaft noch die Bürgschaft der Mutterunternehmung für die Verpflichtungen des zu befreienden Kreditinstituts zur Voraussetzung gemacht. Ein befreiender Konzernabschluss kann demnach auch von einer Mutterunternehmung aufgestellt werden, die nicht die Institutseigenschaft besitzt (so auch Krumnow u. a., 1994, S. 585). Eine andere Regelung wäre »auch mit der Sonderstellung des Kreditgewerbes in einer Volkswirtschaft nicht unbedingt begründbar« (Christian/Waschbusch, 1987, S. 2337).

1.2.3 Die Befreiung nach § 292 HGB

§ 292 HGB regelt die Befreiung von Tochterunternehmungen von der handelsrechtlichen Konzernrechnungslegungspflicht, deren Mutterunternehmung ihren Sitz **außerhalb** eines Mitgliedstaates der Europäischen Union oder eines anderen Vertragsstaates des Abkommens über den Europäischen Wirtschaftsraum hat, und verweist dabei auf die Konzernabschlussbefreiungsverordnung vom 15. November 1991 (vgl. Bundesministerium der Justiz, 1991, S. 2122). Danach sind an den befreienden Konzernabschluss grundsätzlich die gleichen Anforderungen zu stellen wie nach § 291 HGB (vgl. auch WP-Handbuch, 1996, M 105).

Im Gegensatz zu § 291 HGB gibt es hinsichtlich der anzuwendenden Rechnungslegungsnormen allerdings zwei Möglichkeiten. Zum einen kann der befreiende Konzernabschluss nach einem mit den entsprechenden EG-Richtlinien im Einklang stehenden Recht eines Mitgliedstaates der Europäischen Union oder eines anderen Vertragsstaates des Abkommens über den Europäischen Wirtschaftsraum aufgestellt werden. Zum anderen besteht die Möglichkeit, den befreienden Konzernabschluss nach Rechnungslegungsnormen aufzustellen, die einem solchen Recht **gleichwertig** sind, wobei die Frage der Gleichwertigkeit weder vom Gesetzgeber noch vom Verordnungsgeber explizit geklärt wurde. Nach der Gesetzesbegründung zum Kapitalaufnahmeerleichterungsgesetz vom 20. April 1998 (vgl. BT-Drucksache 13/7141, S. 10 f.) wird der Gesetzgeber – mittels einer (noch zu erlassenden) Rechtsverordnung – nach IAS oder US-GAAP aufgestellte Konzernabschlüsse als gleichwertig anerkennen und so eine jahrelange Diskussion – zumindest im Bereich der wichtigsten internationalen Rechnungslegungsnormen – um die Frage der Gleichwertigkeit beenden.

Analog zu § 291 HGB wird bei zu befreienden Instituten und Finanzholdings bzw. Versicherungsunternehmungen auch in der Konzernabschlussbefreiungsverordnung der Einklang des befreienden Konzernabschlusses zusätzlich mit der EG-Bankbilanzrichtlinie bzw. der EG-Versicherungsbilanzrichtlinie gefordert.

1.2.4 Die Befreiung durch einen nach international anerkannten Rechnungslegungsnormen erstellten Konzernabschluss nach § 292a HGB

Bisher war es nur im Rahmen der Befreiung von (deutschen) Teilkonzernabschlüssen möglich, für den Konzernabschluss ausschließlich international anerkannte Rechnungslegungsnormen anzuwenden, und dies auch nur dann, wenn die Mutterunternehmung, die den befreienden Konzernabschluss aufstellte, ihren Sitz außerhalb eines Mitgliedstaates der Europäischen Union oder eines anderen Vertragsstaates des Abkommens über den Europäischen Wirtschaftsraum hatte (vgl. § 292 HGB). Deutsche Mutterunternehmungen, die einen Konzernabschluss nach internationalen Rechnungslegungsnormen veröffentlichen wollten, mussten entweder diesen zusätzlich zu einem nach deutschem Handelsrecht aufgestellten Konzernabschluss erstellen (sogenannter **Parallelabschluss**) oder sie mussten die im deutschen Konzernabschluss möglichen Wahlrechte so ausüben, dass er gleichzeitig internationalen Normen entsprach (sogenannter **Dualabschluss**).

Ob ein Dualabschluss nach IAS überhaupt möglich ist, ist umstritten und muss u. E. aufgrund offensichtlich unüberbrückbarer Unterschiede verneint werden (vgl. zu dieser Diskussion ausführlich HAYN, 1997, S. 213 ff. und S. 243 ff., der zum gleichen Ergebnis kommt).

Der Gesetzgeber hat mit dem Kapitalaufnahmeerleichterungsgesetz nun auch für deutsche börsennotierte Mutterunternehmungen die Möglichkeit geschaffen, ihren Konzernabschluss unter bestimmten Voraussetzungen ausschließlich nach international anerkannten Rechnungslegungsnormen aufzustellen. Folgende Voraussetzungen sind gemäß § 292a HGB hierzu im Einzelnen zu erfüllen (vgl. auch REKER/PAHL/LÖCKE, 1998, S. 528 f.; PRAHL/NAUMANN, 1998, S. 476 f.):

(1) die Mutterunternehmung muss börsennotiert sein; zur Beantwortung der Frage, welche Unternehmungen als börsennotiert gelten können, kann u. E. auf den neuen § 3 Abs. 2 AktG zurückgegriffen werden;
(2) der befreiende Konzernabschluss und Konzernlagebericht sind in deutscher Sprache und in Deutscher Mark (zukünftig in Euro) aufzustellen (vgl. hierzu auch Abschnitt 3.3).
(3) die Offenlegung hat nach den §§ 325 und 328 HGB zu erfolgen;
(4) bei der Offenlegung ist ausdrücklich darauf hinzuweisen, dass es sich um einen nicht nach deutschem Recht aufgestellten Konzernabschluss und Konzernlagebericht handelt;
(5) die Mutterunternehmung und ihre Tochterunternehmungen sind unbeschadet der §§ 295 und 296 HGB in den befreienden Konzernabschluss einzubeziehen;
(6) der Konzernabschluss und der Konzernlagebericht müssen nach international anerkannten Rechnungslegungsgrundsätzen aufgestellt worden sein;
(7) sie müssen darüber hinaus im Einklang mit der Siebenten EG-Richtlinie sowie gegebenenfalls mit der EG-Bankbilanz- und der EG-Versicherungsbilanzrichtlinie stehen;
(8) ihre Aussagekraft muss einem nach den handelsrechtlichen Vorschriften aufgestellten Konzernabschluss und Konzernlagebericht gleichwertig sein;
(9) im Anhang oder in den Erläuterungen zum befreienden Konzernabschluss müssen die angewandten Rechnungslegungsgrundsätze bezeichnet und die vom deutschen Recht abweichenden Bilanzierungs-, Bewertungs- und Konsolidierungsmethoden erläutert werden;
(10) der befreiende Konzernabschluss und Konzernlagebericht müssen von einem nach § 318 HGB bestellten Abschlussprüfer geprüft und die Einhaltung der vorgenannten Bedingungen von ihm bestätigt worden sein.

Institute und Finanzholdings sehen sich bei Anwendung der Befreiungsvorschrift des § 292a HGB folgenden besonderen Problemen gegenüber. Zum einen ist der Anwendungsbereich auf **börsennotierte Mutterunternehmungen** beschränkt. Damit scheidet diese Befreiungsmöglichkeit für Mutterunternehmungen, die nicht in der Rechtsform einer AG bzw. KGaA geführt werden, von vornherein aus. Dies betrifft in erster Linie Genossenschaften, Sparkassen und Privatbankiers in der Rechtsform des Einzelkaufmanns oder einer Personenhandelsgesellschaft.

Wird die Muttergesellschaft in der Rechtsform der AG oder der KGaA geführt, so ist eine Befreiung nicht möglich, wenn keine Börsennotierung erfolgt. Wenn der Gesetzgeber die Möglichkeit der Befreiung ausschließlich für börsennotierte Mutterunternehmungen geschaffen hat, so mag ihn der Gedanke an den Wettbewerbsdruck auf internationalen (Eigen-) Kapitalmärkten dazu bewogen haben. Schließlich sind nur börsennotierte Gesellschaften Wettbewerber in diesem Markt. Letztlich besteht dieser Druck auf deutsche Unternehmungen, einen Konzernabschluss und einen Konzernlagebericht nach international anerkannten Rechnungslegungsnormen zu veröffentlichen, aber auch auf den sonstigen Märkten. Die Globalisierung der Wirtschaft schreitet eben nicht nur auf dem Eigenkapitalmarkt fort, sondern in allen Bereichen der Wirtschaft. Die Marktpartner deutscher Unternehmungen – und damit auch ihre externen Jahresabschlussadressaten – werden somit zunehmend internationaler.

Dies gilt im Geschäftszweig der Institute im Besonderen für den internationalen **Fremdkapitalmarkt**, dessen Teilnehmer Institute jeder Rechtsform sind. Damit haben auch nicht-börsennotierte Institute ausreichende Motivation, ihre Konzernrechnungslegung zu internationalisieren. Gerade die Spitzeninstitute der Sparkassen und Genossenschaftsbanken stehen zudem bezüglich des Ausmaßes ihrer internationalen Geschäftstätigkeit börsennotierten Instituten nicht nach. Bei den Spitzeninstituten des Sparkassenverbundes verhindert aber die Rechtsform, bei den Spitzeninstituten des genossenschaftlichen Verbundes verhindert, falls sie als Aktiengesellschaften geführt werden, das Vorliegen vinkulierter Namensaktien eine Börsennotierung. Damit kann bei ihnen aus der aus verschiedenen Gründen fehlenden Börsennotierung nicht auf mangelnde Größe und daraus wiederum auf fehlendes Interesse der Märkte an einem nach international anerkannten Rechnungslegungsnormen aufgestellten Konzernabschluss geschlossen werden. Hier also versagt die Argumentation für den Ausschluss nicht-börsennotierter Unternehmungen.

In diesem Zusammenhang ist nochmals darauf hinzuweisen, dass die Befreiung nach § 292a HGB nicht die Möglichkeit betrifft, **zusätzlich** zum deutschen einen nach internationalen Rechnungslegungsnormen aufgestellten Konzernabschluss und Konzernlagebericht zu veröffentlichen. Dies bleibt weiterhin jeder Unternehmung – und damit auch den nicht-börsennotierten Instituten und Finanzholdings – belassen. Es geht lediglich darum, bestimmte Unternehmungen von der Pflicht zur Aufstellung eines deutschen Konzernabschlusses und Konzernlageberichts zu entlasten, wenn sie eine Konzernrechnungslegung nach international anerkannten Regeln veröffentlichen.

Zum anderen werden in der Literatur trotz der in Abschnitt 1.2.3 bereits erwähnten Klarstellung des Gesetzgebers, dass IAS-Abschlüsse grundsätzlich als gleichwertig mit HGB-Abschlüssen anzusehen sind, Zweifel geäußert, ob Institute und Finanzholdings die Voraussetzung (7) im Hinblick auf die **Konformität mit der EG-Bankbilanzrichtlinie** erfüllen können. Ohne auf Detailfragen einzugehen (vgl. z. B. zur Konformität der Gliederungsschemata, zur Bilanzierung von Treuhandverhältnissen, zur Marktbewertung von Wertpapieren, zur offenen und stillen Risikovorsorge und zum Konzernlagebericht REKER/PAHL/LÖCKE, 1998, S. 533 ff.), ist einer historisch-subjektiven Auslegung der Vorschrift zu folgen. Der Wille des Gesetzgebers war es offensichtlich, die Aufstellung befreiender IAS-Abschlüsse zu ermöglichen. Diese Möglichkeit wollte er auch nicht auf bestimmte Geschäftszweige beschränken. Er ging bei Verabschiedung der Vorschrift davon aus, dass die Bilanzrichtlinien der EU einer uneingeschränkten Anwendung der IAS nicht entgegenstehen (vgl. BT-Drucksache 13/7141, S. 8).

Da der deutsche Gesetzgeber die Unternehmungen nicht von verbindlichem europäischen Recht befreien kann, muss der befreiende Konzernabschluss und Konzernlagebericht zwingend sowohl den angewandten international anerkannten Rechnungslegungsnormen als auch den EG-Bilanzrichtlinien entsprechen. Eine Möglichkeit, Konformitätskonflikte zu überbrücken, ist die Aufnahme entsprechender Angaben und gegebenenfalls einer Überleitungsrechnung in den Anhang (vgl. VAN HULLE, 1998, S. 142). Damit dürfte auch für Institute und Finanzholdings eine Befreiung nach § 292a HGB möglich sein (im Ergebnis so auch REKER/PAHL/LÖCKE, 1998, S. 538; PRAHL/NAUMANN, 1998, S. 477).

Ob damit allerdings die gewünschten Erleichterungen für die Unternehmungen erreicht werden, ist äußerst zweifelhaft. Zumindest kann durch die Befreiung der erklärungsbedürftige Ausweis unterschiedlicher Konzernergebnisse (z. B. nach IAS und HGB) vermieden werden. Allerdings bleibt auch dieser Vorteil den börsennotierten Unternehmungen vorbehalten.

1.3 Die Aufstellungsfrist

Die gesetzlichen Vertreter der Mutterunternehmung haben nach § 290 Abs. 1 HGB **innerhalb von fünf Monaten** nach Ablauf des Konzerngeschäftsjahres den Konzernabschluss und den Konzernlagebericht für das vergangene Konzerngeschäftsjahr aufzustellen. Diese Frist gilt aufgrund des Fehlens institutsspezifischer Vorschriften auch für Institute und Finanzholdings. Die in § 26 Abs. 1 Satz 1 KWG festgelegte Frist von drei Monaten gilt explizit nur für den Einzelabschluss. Aus Publizitäts- und Standingüberlegungen heraus werden jedoch in der Praxis Einzel- und Konzernabschluss in aller Regel gemeinsam veröffentlicht.

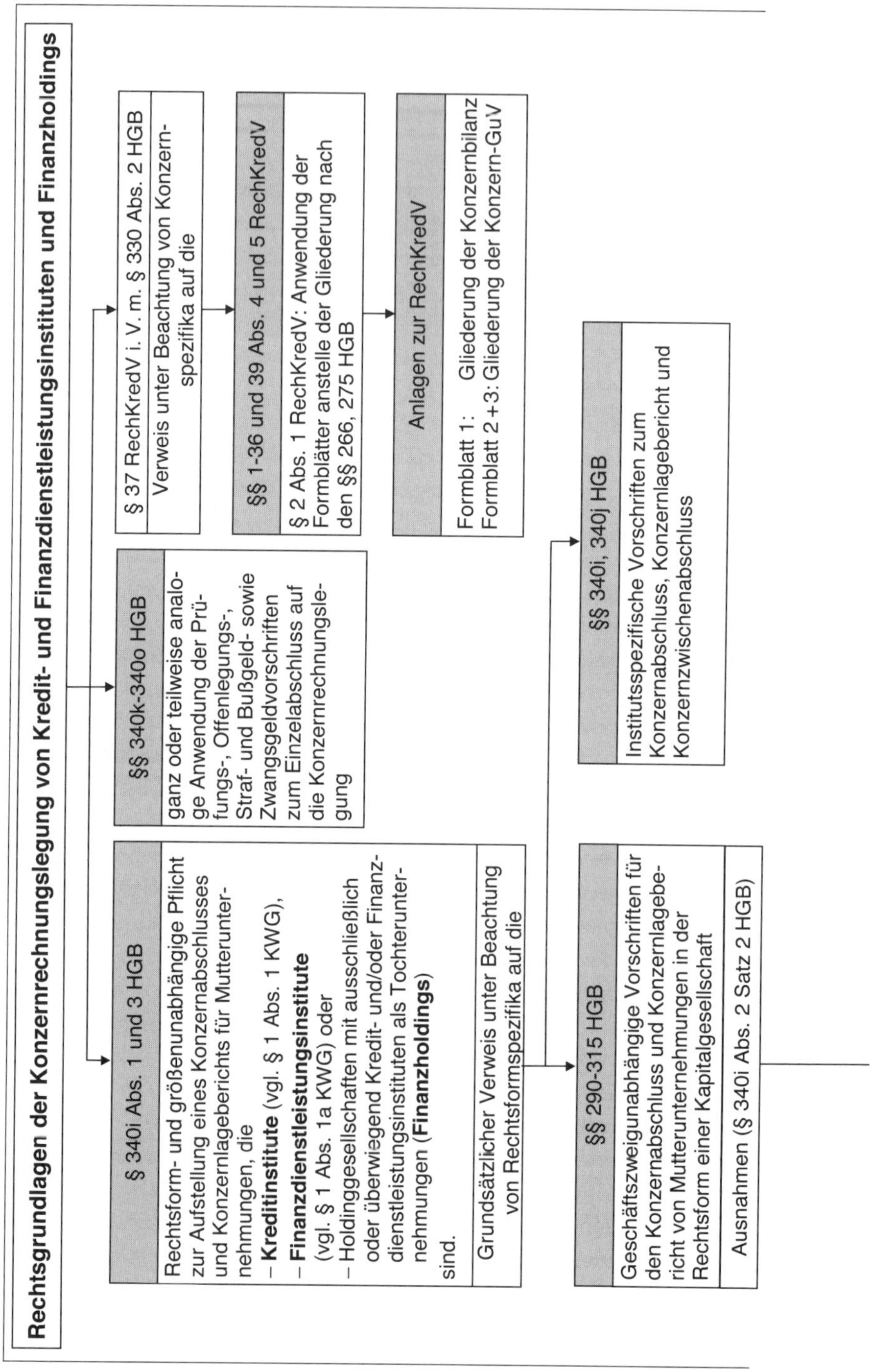
Rechtsgrundlagen der Konzernrechnungslegung von Kredit- und Finanzdienstleistungsinstituten und Finanzholdings
§ 340i Abs. 1 und 3 HGB
Rechtsform- und größenunabhängige Pflicht zur Aufstellung eines Konzernabschlusses und Konzernlageberichts für Mutterunternehmungen, die
– Kreditinstitute (vgl. § 1 Abs. 1 KWG),
– Finanzdienstleistungsinstitute (vgl. § 1 Abs. 1a KWG) oder
– Holdinggesellschaften mit ausschließlich oder überwiegend Kredit- und/oder Finanzdienstleistungsinstituten als Tochterunternehmungen (Finanzholdings)
sind.
Grundsätzlicher Verweis unter Beachtung von Rechtsformspezifika auf die
§§ 340k-340o HGB
ganz oder teilweise analoge Anwendung der Prüfungs-, Offenlegungs-, Straf- und Bußgeld- sowie Zwangsgeldvorschriften zum Einzelabschluss auf die Konzernrechnungslegung
§ 37 RechKredV i. V. m. § 330 Abs. 2 HGB
Verweis unter Beachtung von Konzernspezifika auf die
§§ 1-36 und 39 Abs. 4 und 5 RechKredV
§ 2 Abs. 1 RechKredV: Anwendung der Formblätter anstelle der Gliederung nach den §§ 266, 275 HGB
Anlagen zur RechKredV
Formblatt 1: Gliederung der Konzernbilanz
Formblatt 2 +3: Gliederung der Konzern-GuV
§§ 290-315 HGB
Geschäftszweigunabhängige Vorschriften für den Konzernabschluss und Konzernlagebericht von Mutterunternehmungen in der Rechtsform einer Kapitalgesellschaft
Ausnahmen (§ 340i Abs. 2 Satz 2 HGB)
§§ 340i, 340j HGB
Institutsspezifische Vorschriften zum Konzernabschluss, Konzernlagebericht und Konzernzwischenabschluss

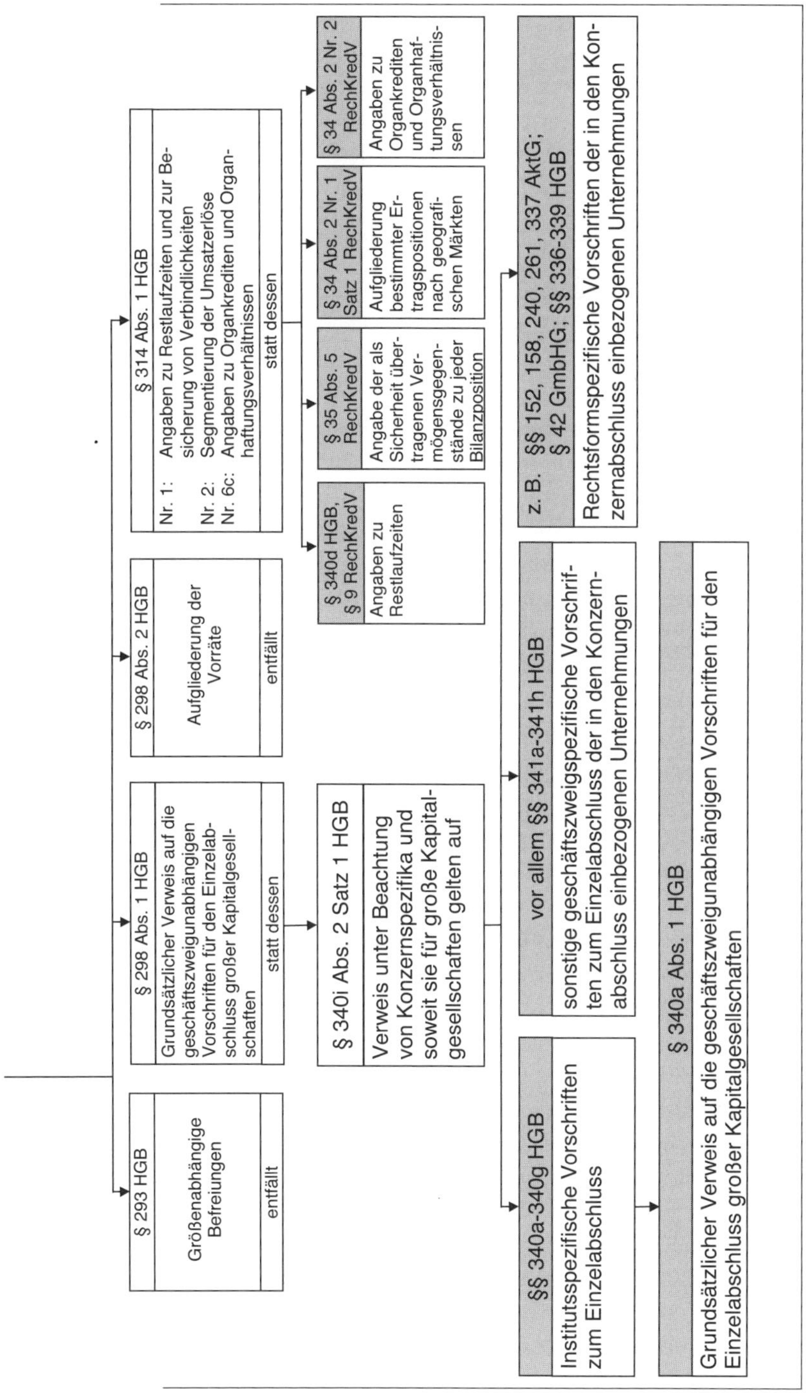

Abb. 1: Die Rechtsgrundlagen der Konzernrechnungslegung von Instituten und Finanzholdings

2. Die Rechtsgrundlagen der Konzernrechnungslegung für Kreditinstitute, Finanzdienstleistungsinstitute und Finanzholdings

Die für die Konzernrechnungslegung von Instituten und Finanzholdings relevanten Vorschriften ergeben sich ausgehend von § 340i Abs. 1 HGB und § 37 RechKredV durch komplexe Verweisstrukturen, die in **Abbildung 1** aufgezeigt werden.

Für die Konzernspezifika wird grundsätzlich auf die geschäftszweigunabhängigen Vorschriften für den Konzernabschluss und den Konzernlagebericht von Mutterunternehmungen in der Rechtsform einer Kapitalgesellschaft (vgl. die §§ 290–315 HGB) verwiesen. Daneben sind auf Konzernebene die institutsspezifischen Regelungen in den §§ 340i und 340j HGB zu beachten, die im Wesentlichen keine zusätzlichen materiellen Anforderungen an die Institute und Finanzholdings stellen, sondern eher einen die geschäftszweigunabhängigen Konzernrechnungslegungsvorschriften erläuternden Charakter haben.

Soweit sie für große Kapitalgesellschaften gelten, verweist § 340i Abs. 2 Satz 1 HGB unter dem Vorbehalt von Konzernspezifika analog zu § 298 Abs. 1 HGB, der dies für die Konzerne anderer Branchen bewirkt, auf die institutsspezifischen Vorschriften zum Einzelabschluss (§§ 340a-340g HGB). Darüber hinaus sind weitere geschäftszweig- bzw. rechtsformabhängige Vorschriften zu beachten, falls entsprechende Unternehmungen in den Konzernabschluss einbezogen werden. Mit den institutsspezifischen Vorschriften gilt auch § 340a Abs. 1 HGB, der – wie für den Einzelabschluss – grundsätzlich auf die geschäftszweigunabhängigen Vorschriften für den Einzelabschluss großer Kapitalgesellschaften verweist.

Über § 37 RechKredV gelten unter dem Vorbehalt konzernspezifischer Abweichungen auch die §§ 1–36 RechKredV und § 39 Abs. 4 und 5 RechKredV und damit auch die Gliederung von Bilanz und Gewinn- und Verlustrechnung nach den Formblättern 1–3 (Anlagen zur RechKredV). Dabei enthält Formblatt 1 die Bilanzgliederung, Formblatt 2 die Gliederung der Gewinn- und Verlustrechnung in der Kontoform und Formblatt 3 die Gliederung der Gewinn- und Verlustrechnung in der Staffelform.

3. Ausgewählte Besonderheiten der Konzernrechnungslegung von Kreditinstituten, Finanzdienstleistungsinstituten und Finanzholdings

3.1 Die Gliederung der Konzernbilanz und der Konzern-Gewinn- und Verlustrechnung

Grundsätzlich haben Instituts- und Finanzholdingkonzerne die Gliederung von Konzernbilanz und Konzern-Gewinn- und Verlustrechnung entsprechend den Formblättern in den Anlagen zur RechKredV vorzunehmen. Selbstverständlich sind zusätzlich die folgenden konzernspezifischen Positionen mit aufzunehmen, soweit entsprechende Beträge auszuweisen sind (vgl. Voss, 1997, S. 31):

- ein aktivischer Unterschiedsbetrag aus der Vollkonsolidierung oder der anteilmäßigen Konsolidierung als »Geschäfts- oder Firmenwert« gemäß § 301 Abs. 3 Satz 1 HGB;
- ein passivischer Unterschiedsbetrag aus der Vollkonsolidierung oder der anteilmäßigen Konsolidierung als »Unterschiedsbetrag aus der Konsolidierung« oder gesondert im Eigenkapital gemäß § 301 Abs. 3 Satz 1 HGB;
- die »Anteile anderer Gesellschafter« gemäß § 307 Abs. 1 Satz 1 HGB als gesonderter Posten im Eigenkapital sowie der »anderen Gesellschaftern zustehende Gewinn und der auf sie entfallende Verlust« gemäß § 307 Abs. 2 HGB als gesonderte Position nach dem Jahresüberschuss;
- die »Anteile an assoziierten Unternehmen« gemäß § 311 Abs. 1 HGB mit der Ausgliederungsposition »davon auf Kreditinstitute bzw. auf Finanzdienstleistungsinstitute entfallende Anteile an assoziierten Unternehmen« (vgl. § 37 RechKredV i. V. m. § 2 Abs. 1 Satz 1 RechKredV) und die »Erträge und Aufwendungen aus assoziierten Unternehmen« gemäß § 312 Abs. 4 HGB.

Darüber hinaus ist unter Berücksichtigung der Grundsätze der Klarheit und Übersichtlichkeit, der Einheitlichkeit sowie der Wesentlichkeit im Einzelfall abzuwägen, ob **institutsgruppenspezifische** (z. B. Hypothekenbanken, Bausparkassen) oder **geschäftszweigspezifische** (vor allem Versicherungsunternehmungen) **Positionen** in die Konzernbilanz und Konzern-Gewinn- und Verlustrechnung aufzunehmen sind. Dies trifft in jedem Fall dann zu, wenn die betreffenden Konzernunternehmungen die Vermögens-, Finanz- und Ertragslage des Konzerns nicht unwesentlich (mit)prägen. Dagegen dürfte ein Verstoß gegen den Grundsatz der Klarheit oder Übersichtlichkeit oder gegen den Einheitsgrundsatz nur in Ausnahmefällen vorstellbar sein.

3.2 Die einheitliche Bilanzierung und Bewertung

Aus dem Einheitsgrundsatz des § 297 Abs. 3 Satz 1 HGB folgt i. V. m. § 300 Abs. 2 HGB (Bilanzansatz) und § 308 HGB (Bewertung), dass Ansatz und Bewertung im Konzernabschluss nach einheitlichen Grundsätzen zu erfolgen haben, die sich aus dem auf die Mutterunternehmung anzuwendenden Recht ergeben. Dabei können die nach dem Recht der Mutterunternehmung bestehenden Ansatz- und Bewertungswahlrechte unabhängig von der Ausübung im Einzelabschluss der Mutterunternehmung und unabhängig von der Ausübung in den Einzelabschlüssen der Tochterunternehmungen (neu) ausgeübt werden. Bei Neuausübung der Wahlrechte sind somit zunächst die Einzelabschlüsse der Mutter- und/oder Tochterunternehmungen entsprechend anzupassen (sogenannte Handelsbilanz II).

Ein Anpassungszwang ergibt sich ohnehin, wenn – beispielsweise bei ausländischen Tochterunternehmungen – die Bilanzierung und/oder Bewertung bestimmter Sachverhalte gegen das Recht der Mutterunternehmung verstößt. Nach Zusammenfassung der Einzelabschlüsse zu einer Summenbilanz sind in einem weiteren Schritt die konzerninternen Beziehungen und Transaktionen durch die entsprechenden Konsolidierungsmaßnahmen zu eliminieren.

Für Mutterunternehmungen, die Kreditinstitute, Finanzdienstleistungsinstitute oder Finanzholdings sind, gelten – wie in Abschnitt 2 gezeigt – die ergänzenden institutsspezifischen Rechnungslegungsvorschriften. Hier ergibt sich die Frage, inwieweit diese institutsspezifischen Vorschriften vor dem Hintergrund des Einheitsgrundsatzes auch auf Tochterunternehmungen anzuwenden sind, die weder Kredit- noch Finanzdienstleistungsinstitut sind.

Voss untersucht zur Beantwortung dieser Frage zunächst, ob es sich bei den institutsspezifischen Vorschriften um Spezialvorschriften – dann wären sie tatsächlich nur auf Tochterunternehmungen mit Institutseigenschaft anzuwenden – oder lediglich um ergänzende, klarstellende Vorschriften handelt – dann wären sie unabhängig von der Institutseigenschaft grundsätzlich auf alle institutsspezifischen Geschäftsvorfälle aller Tochterunternehmungen anzuwenden. Er kommt zum Ergebnis, dass ausschließlich die Vorschriften zur institutsspezifischen Risikovorsorge (vgl. die §§ 340f und 340g HGB) als Spezialvorschriften angesehen werden können, da sich alle anderen institutsspezifischen Vorschriften innerhalb der Grundsätze ordnungsmäßiger Buchführung bewegen und lediglich ergänzende oder klarstellende Funktion haben.

Somit ist lediglich die Anwendung der §§ 340f und 340g HGB auf Tochterunternehmungen mit Institutseigenschaft beschränkt. »Alle übrigen Vorschriften zur Bilanzierung und Bewertung können und müssen auch auf einzubeziehende Nicht-Kreditinstitute (bzw. Nicht-Finanzdienstleistungsinstitute; Anm. d. Verf.) angewendet werden« (Voss, 1997, S. 24). Dies gilt beispielsweise für Pensionsgeschäfte (vgl. § 340b HGB), für die Währungsumrechnung (vgl. § 340h HGB) und für Treuhand- und Gemeinschaftsgeschäfte (vgl. die §§ 6 und 7 RechKredV) .

Krumnow u.a. vertreten demgegenüber die Ansicht, dass **alle** Tätigkeiten einer Tochterunternehmung, die nicht die Institutseigenschaft besitzt, nach den allgemeinen, gegebenenfalls um geschäftszweigspezifische Besonderheiten ergänzten handelsrechtlichen Rechnungslegungsnormen zu erfassen sind. Ferner seien nur die institutsspezifischen Tätigkeiten der Institutstochterunternehmungen nach den institutsspezifischen Normen zu behandeln. »Eine (z. B. von Voss; Anm. d. Verf.) so verstandene Einheitlichkeit von Ansatz und Bewertung ist nicht gewollt« (Krumnow u.a., 1994, S. 602). Von wem und warum eine so verstandene Einheitlichkeit nicht gewollt ist, bleibt ungeklärt.

Unumstritten ist, dass die **institutsspezifischen Vorsorgereserven** nach den §§ 340f und 340g HGB unabhängig von Ansatz und Bewertung in den Einzelabschlüssen gebildet, beibehalten oder aufgelöst werden können. Dies ergibt sich unmittelbar aus § 300 Abs. 2 Satz 2 HGB (Bilanzansatz) und § 308 Abs. 1 Satz 2 HGB (Bewertung). Die Bemessungsgrundlage für die quantitative Beschränkung der stillen Vorsorgereserven nach § 340f HGB muss auf Konzernebene allerdings neu ermittelt werden. Durch die Konsolidierungsmaßnahmen wird sie i. d. R. kleiner sein als die Summe der Bemessungsgrundlagen auf Basis der Einzelabschlüsse. Dies bedeutet, dass auf Konzernebene im Vergleich zur Summe der stillen Reserven in den Einzelabschlüssen die Legung stiller Reserven möglicherweise nur in kleinerem Umfang möglich ist. Dies ist insbesondere dann zu erwarten, wenn in den Einzelabschlüssen die quantitativen Möglichkeiten nahezu ausgeschöpft sind. Selbstverständlich dürfen – den obigen Ausführungen gemäß – ausschließlich die nach § 340f Abs. 1 HGB bestimmten Vermögensgegenstände der in den Konzernabschluss einbezogenen **Institute** in der Bemessungsgrundlage berücksichtigt werden.

3.3 Die Währungsumrechnung

Aus dem Einheitsgrundsatz folgt zudem, dass der Konzernabschluss einheitlich in der Berichtswährung der Mutterunternehmung aufzustellen ist. Als Berichtswährung müssen die hier behandelten deutschen Mutterunternehmungen für Geschäftsjahre, die bis zum 31. Dezember 1998 enden, nach § 244 HGB zwingend die Deutsche Mark verwenden. Für Geschäftsjahre, die nach dem 31. Dezember 1998, aber vor dem 1. Januar 2002 enden, haben sie die Wahl, in Deutscher Mark oder in Euro Rechnung zu legen (vgl. § 244 HGB i. V. m. Art. 42 Abs. 1 Satz 2 EGHGB). Nach dieser Übergangsphase ist zwingend der Euro als einheitliche Berichtswährung zu verwenden.

Die einheitliche Konzernabschlusswährung verursacht in jedem Fall in den folgenden Bereichen Probleme:

(1) bei der Umrechnung von Geschäftsvorfällen, die in einer anderen als der Berichtswährung denominiert sind, im Rahmen der einzubeziehenden Einzelabschlüsse;
(2) bei der Umrechnung ganzer Abschlüsse von (ausländischen) Tochterunternehmungen, die in einer anderen als der Berichtswährung Rechnung legen.

Nach der in Abschnitt 3.2 dargelegten Argumentation von Voss sind die institutsspezifischen Vorschriften zur Währungsumrechnung in § 340h HGB im Problemkreis (1) **auf alle einzubeziehenden Unternehmungen** anzuwenden (vgl. Voss, 1997, S. 28; zurückhaltender Krumnow u. a. 1994, S. 603–604, die die Anwendung von § 340h HGB nur bei Instituten als verpflichtend ansehen und zur Anwendung bei einzubeziehenden Nichtinstituten keine Aussage machen). Folgt man der Auffassung von Voss nicht, so sind die Fremdwährungsgeschäfte von Nichtinstituten mangels gesetzlicher Vorschriften nach den allgemeinen Bewertungsgrundsätzen im Einzelabschluss umzusetzen (vgl. hierzu ausführlich etwa Langenbucher, 1995, S. 287 ff.).

Die Umrechnung ganzer Abschlüsse, dies entspricht dem Problemkreis (2), ist dagegen weder für Institute noch für Nichtinstitute gesetzlich kodifiziert. Angewandte Methoden sind vor allem an der Verpflichtung des § 297 Abs. 2 Satz 2 HGB zu messen, ein den tatsächlichen Verhältnissen entsprechendes Bild der Vermögens-, Finanz- und Ertragslage des Konzerns zu vermitteln (vgl. zur Umrechnung von Fremdwährungsabschlüssen ausführlich Langenbucher, 1998 sowie WP-Handbuch, 1996, M 253 ff.).

3.4 Die Konsolidierungsmethoden

Bei der **Kapitalkonsolidierung** nach der Erwerbsmethode stellt sich die institutsspezifische Frage, welche von der Mutterunternehmung gehaltenen Anteile mit dem Eigenkapital der einbezogenen Tochterunternehmungen aufgerechnet werden müssen. Aufrechnungspflichtig sind grundsätzlich **alle Anteile, die Mitgliedschaftsrechte verbriefen**. Abgrenzungsprobleme zu Aktivpositionen, die schuldrechtlicher Natur sind, wie sie z. B. bei stillen Beteiligungen, beteiligungsähnlichen und partiarischen Darlehen, kapitalersetzenden Darlehen, Genussrechten, Wandelschuldverschreibungen und Optionsanleihen auftreten können, sind in aller Regel ohne praktische Relevanz, da auch diese Positionen – spätestens mit der Schuldenkonsolidierung – aufgerechnet werden (vgl. Dusemond/Weber/Zündorf, 1998, Rn. 22).

Umstritten ist die Frage, ob **Anteile**, die dem **Handelsbestand** zugerechnet wurden, zu den zu verrechnenden Anteilen zählen. Da diese Anteile i. d. R. zur kurzfristigen Weiterveräußerung an Konzernfremde gehalten werden, wird eine analoge Anwendung des Einbeziehungswahlrechtes nach § 296 Abs. 1 Nr. 3 HGB für zulässig erachtet (vgl. Voss, 1997, S. 35–36, m. w. N.). Unabhängig von der Zuordnung zum Handelsbestand muss allerdings auf die tatsächliche Weiterveräußerungsabsicht und -möglichkeit abgestellt werden. Insofern sind die gleichen Anforderungen an die Nichtverrechnung zu stellen, die bei der Beurteilung dieser Frage auch in anderen Branchen zum Tragen kommen (vgl. Dusemond/Weber/Zündorf, 1998, Rn. 33).

Auf der anderen Seite zählt der **»Fonds für allgemeine Bankrisiken«**, der nach § 340g HGB von einer Tochterunternehmung gebildet worden sein kann und nicht nur aufsichtsrechtlich als Eigenkapital zu qualifizieren ist, **nicht zu den in die Verrechnung einzubeziehenden Eigenkapitalpositionen der Tochterunternehmung**. Dies ergibt sich aus § 301 Abs. 1 Satz 1 HGB, der lediglich auf das bilanzielle Eigenkapital – für Institute gemäß Formblatt 1 der Anlagen zur RechKredV die Passivposition 12 – abstellt.

Die **nach § 340f HGB gebildeten institutsspezifischen stillen Reserven** der Tochterunternehmung sind im Rahmen der Kapitalkonsolidierung erfolgsneutral aufzulösen. Dies ergibt sich zwingend aus der zugrunde liegenden Erwerbsfiktion. Die im

Rahmen der eigenständigen Konzernjahresabschlusspolitik mögliche Neubildung kann aber nur aufwandswirksam erfolgen. Das Konzernergebnis wird entsprechend belastet. Diese Belastung kann in folgenden Fällen etwas gemindert werden (vgl. Voss, 1997, S. 36 f.):

- bei einer Beteiligungshöhe von unter 100% kann durch Anwendung der Buchwertmethode die Aufdeckung der stillen Reserven – im Gegensatz zur Neubewertungsmethode – auf die Anteilsquote beschränkt werden; der »Neubildungsbedarf« fällt entsprechend geringer aus;
- durch geschickte Wahl des Einbeziehungszeitpunktes (vgl. zu den Alternativen § 302 Abs. 2 HGB) muss nur ein vergleichsweise geringer Bestand an stillen Reserven aufgedeckt werden;
- übersteigt der Betrag aller – also auch der geschäftszweigunabhängigen – stillen Reserven den Unterschiedsbetrag, können vorrangig die geschäftszweigunabhängigen stillen Reserven aufgedeckt werden.

Die genannten Maßnahmen könnten u. U. den Gedanken an eine »kreative Buchführung« hervorrufen. Vor dem Hintergrund der an anderer Stelle (vgl. etwa Bieg, 1986) ausführlich dargelegten Bedenken gegen die institutsspezifischen stillen Reserven sind diese Maßnahmen zu unterlassen. Es bleibt ohnehin bei der grundsätzlichen Aufdeckung institutsspezifischer stiller Reserven im Rahmen der Erstkonsolidierung.

Bei der **Schuldenkonsolidierung**, die der Aufrechnung konzerninterner Ansprüche und Verpflichtungen dient, ist lediglich auf die Einbeziehung auch der unter dem Bilanzstrich ausgewiesenen **Eventualverbindlichkeiten und anderen Verpflichtungen** bei der Konsolidierung hinzuweisen. Gerade bei Instituts- und Finanzholdingkonzernen erlangt die Schuldenkonsolidierung eine herausragende Bedeutung, da die Möglichkeiten der gegenseitigen Kreditgewährung nach Art und Umfang im Vergleich zu anderen Branchen wesentlich bedeutender sein können. Die Schuldenkonsolidierung verhindert nicht zuletzt die beliebige Steuerung der Konzernbilanzsumme durch konzerninterne Kreditgewährungen. Sie trägt somit wesentlich zu einem den tatsächlichen Verhältnissen entsprechenden Bild insbesondere der Vermögens- und Finanzlage des Konzerns bei.

Die **Zwischenergebniseliminierung** beseitigt zunächst verbuchte Gewinne und Verluste aus konzerninternen Lieferungen und Leistungen. Zur grundsätzlichen Verpflichtung nennt § 304 Abs. 2 HGB eine für Instituts- und Finanzholdingkonzerne besonders bedeutsame **Ausnahme**. So kann auf die Zwischenergebniseliminierung verzichtet werden, wenn die betreffenden **Lieferungen und Leistungen zu marktüblichen Konditionen** erfolgt sind **und** die **Ermittlung der Konzernanschaffungskosten** einen unverhältnismäßig **hohen Aufwand** erfordern würde. Dies ist regelmäßig bei institutsspezifischen Handelsaktivitäten der Fall, die zu marktüblichen Bedingungen erfolgen und deren hohe Anzahl und Umschlagshäufigkeit nur eine erschwerte Ermittlung der Anschaffungskosten zulassen (vgl. Prahl/Naumann, 1993, S. 243). Der

Verzicht auf die Zwischenergebniseliminierung ist nach § 304 Abs. 2 Satz 2 HGB im Konzernanhang anzugeben und der wesentliche Einfluss auf die Vermögens-, Finanz- und Ertragslage des Konzerns ist zu erläutern.

Die **Aufwands- und Ertragskonsolidierung**, bei der konzerninterne Aufwendungen und Erträge saldiert werden, betrifft bei Institutskonzernen in der Hauptsache konzernintern gezahlte Zinsen und ähnliche Erträge, Provisionen, Erträge aus Beteiligungen und aus Finanzgeschäften (vgl. Albers, 1991, S. 260).

Literaturverzeichnis

Albers, Maria (1991), Der Bankkonzernabschluß. Eine Analyse der sich aufgrund der EG-Bankbilanzrichtlinie ändernden Vorschriften zur Aufstellung des Konzernabschlusses von Kreditinstituten, Frankfurt am Main u. a. 1991.

Bieg, Hartmut (1986), Erfordert die Vertrauensempfindlichkeit des Kreditgewerbes branchenspezifische Bilanzierungsvorschriften? in: Die Wirtschaftsprüfung 1986, S. 257–263 und S. 299–307.

BT-Drucksache 13/7141, Entwurf eines Gesetzes zur Verbesserung der Wettbewerbsfähigkeit deutscher Konzerne an internationalen Kapitalmärkten und zur Erleichterung der Aufnahme von Gesellschafterdarlehen (Kapitalaufnahmeerleichterungsgesetz – KapAEG) vom 06.03. 1997, S. 3–12.

Bundesministerium der Justiz (1991), Verordnung über befreiende Konzernabschlüsse und Konzernlageberichte von Mutterunternehmen mit Sitz in einem Staat, der nicht Mitglied der Europäischen Wirtschaftsgemeinschaft ist, zur Durchführung des Artikels 11 der Siebenten Richtlinie 83/349/EWG des Rates vom 13. Juni 1983 (Konzernabschlussbefreiungsverordnung – KonBefrV) vom 15.11. 1991, in: BGBl. I 1991, S. 2122.

Christian, Claus-Jörg / Waschbusch, Gerd (1987), Auswirkungen der EG-Bankbilanzrichtlinie auf die künftige Konzernrechnungslegung deutscher Kreditinstitute, in: Betriebs-Berater 1987, S. 2335–2339.

Dusemond, Michael / Weber, Claus-Peter / Zündorf, Horst (1998), Kommentierung des § 301 HGB, in: Küting, Karlheinz/Weber, Claus-Peter (Hrsg.), Handbuch der Konzernrechnungslegung. Kommentar zur Bilanzierung und Prüfung, Bd. II, 2. Aufl., Stuttgart 1998.

Grewe, Wolfgang (1998), Kommentierung der §§ 340i/j HGB, in: Hofbauer, Max A./Kupsch, Peter (Hrsg.), Bonner Handbuch Rechnungslegung. Textsammlung, Einführung, Kommentierung, 2. Aufl., Stand: 12. Aktualisierung, Bonn 1998, Fach 4.

Hayn, Sven (1997), Internationale Rechnungslegung. Ursachen, Wirkungen und Lösungsansätze zur Überwindung internationaler Rechnungslegungsdivergenzen, Stuttgart 1997.

van Hulle, Karel (1998), Die Zukunft der europäischen Rechnungslegung im Rahmen einer sich ändernden internationalen Rechnungslegung, in: Die Wirtschaftsprüfung 1998, S. 138–153.

Krumnow, Jürgen u.a. (1994), Rechnungslegung der Kreditinstitute. Kommentar zum Bankbilanzrichtlinie-Gesetz und zur RechKredV, Stuttgart 1994.

Küting, Karlheinz / Weber, Claus-Peter (1997), Der Konzernabschluß, Lehrbuch und Fallstudie zur Praxis der Konzernrechnungslegung, 4. Aufl., Stuttgart 1997.

Langenbucher, Günther (1995), Die Umrechnung von Fremdwährungsgeschäften, in: Küting, Karlheinz/Weber, Claus-Peter (Hrsg.), Handbuch der Rechnungslegung. Kommentar zur Bilanzierung und Prüfung, Bd. Ia, 4. Aufl., Stuttgart 1995.

Langenbucher, Günther (1998), Die Umrechnung von Fremdwährungsabschlüssen, in: Küting,

Karlheinz/Weber, Claus-Peter (Hrsg.), Handbuch der Konzernrechnungslegung. Kommentar zur Bilanzierung und Prüfung, Bd. II, 2. Aufl., Stuttgart 1998.

PRAHL, Reinhard / NAUMANN, Thomas K. (1993), Bankkonzernrechnungslegung nach neuem Recht: Grundsätzliche Konzepte, wichtige Vorschriften zum Übergang und andere ausgewählte Einzelfragen, in: Die Wirtschaftsprüfung 1993, S. 235–246.

PRAHL, Reinhard / NAUMANN, Thomas K. (1998), Anforderungen an befreiende Bankkonzernabschlüsse nach IAS, in: Die Bank 1998, S. 476–479.

RAT DER EUROPÄISCHEN GEMEINSCHAFTEN (1983), Siebente Richtlinie des Rates vom 13. Juli 1983 aufgrund von Artikel 54 Absatz 3 Buchstabe g) des Vertrages über den konsolidierten Abschluss (83/349/EWG), in: Amtsblatt der Europäischen Gemeinschaften 1983, Nr. L 193, S. 1–17.

RAT DER EUROPÄISCHEN GEMEINSCHAFTEN (1984), Achte Richtlinie des Rates vom 10. April 1984 aufgrund von Artikel 54 Absatz 3 Buchstabe g) des Vertrages über die Zulassung der mit der Pflichtprüfung der Rechnungslegungsunterlagen beauftragten Personen (84/253/EWG), in: Amtsblatt der Europäischen Gemeinschaften 1984, Nr. L 126, S. 20–26.

RAT DER EUROPÄISCHEN GEMEINSCHAFTEN (1986), Richtlinie des Rates vom 8. Dezember 1986 über den Jahresabschluss und den konsolidierten Abschluss von Banken und anderen Finanzinstituten (86/635/EWG), in: Amtsblatt der Europäischen Gemeinschaften 1986, Nr. L 372, S. 1–17.

RAT DER EUROPÄISCHEN GEMEINSCHAFTEN (1991), Richtlinie des Rates vom 19. Dezember 1991 über den Jahresabschluss und den konsolidierten Abschluss von Versicherungsunternehmen (91/674/EWG), in: Amtsblatt der Europäischen Gemeinschaften 1991, Nr. L 374, S. 7–31.

REKER, Jürgen / PAHL, Andreas / LÖCKE, Jürgen (1998), Aufstellung eines befreienden Konzernabschlusses und -lageberichtes nach International Accounting Standards durch Kreditinstitute – Anmerkungen zum Kapitalaufnahmeerleichterungsgesetz, in: Die Wirtschaftsprüfung 1998, S. 527–538.

SCHILDBACH, Thomas (1996), Der handelsrechtliche Konzernabschluß, 4. Aufl., München/Wien 1996.

SIEBOURG, Peter (1998), Kommentierung des § 291 HGB, in: Küting, Karlheinz/Weber, Claus-Peter (Hrsg.), Handbuch der Konzernrechnungslegung. Kommentar zur Bilanzierung und Prüfung, Bd. II, 2. Aufl., Stuttgart 1998.

VOSS, Bernd W. (1997), Konzernrechnungslegung der Kreditinstitute, in: Castan, Edgar u.a. (Hrsg.), Beck'sches Handbuch der Rechnungslegung, Bd. II, Stand: Ergänzungslieferung August 1997, München 1997, C 810.

WP-Handbuch (1996), IDW (Hrsg.), Handbuch für Rechnungslegung, Prüfung und Beratung, Bd. I, 11. Aufl., Düsseldorf 1996.

Ursachen latenter Steuern im Konzernabschluß nach HGB und IAS

Kritische Analyse der Gemeinsamkeiten und Unterschiede

Michael Dusemond*

Inhalt

* Dr. Michael Dusemond, Leiter Konzernbilanzierung der TUI Touristik Union International GmbH & Co KG, Hannover.

1. Vorbemerkungen

Erfüllt ein Unternehmen (= Mutterunternehmen) die Voraussetzungen des § 290 Abs. 1 HGB oder alternativ eine der Voraussetzungen des § 290 Abs. 2 HGB, dann ist das betreffende Unternehmen grundsätzlich dazu verpflichtet, einen **handelsrechtlichen Konzernabschluß** und Konzernlagebericht aufzustellen. Sind darüber hinaus die in § 293 HGB geregelten größenabhängigen Befreiungen nicht zutreffend und wird zudem von einem übergeordneten Konzernunternehmen auch kein befreiender Konzernabschluß nach § 291 HGB bzw. § 292 HGB erstellt (auf den mittlerweile eingefügten § 292a HGB wird zu einem späteren Zeitpunkt eingegangen), dann wandelt sich unter der Bedingung, daß zumindest ein einbeziehungspflichtiges Tochterunternehmen vorhanden ist, die grundsätzliche Pflicht zur Erstellung eines Konzernabschlusses in eine tatsächliche Verpflichtung. Auf die in § 11 Abs. 1 PublG kodifizierte Pflicht zur Aufstellung eines Konzernabschlusses und eines Konzernlageberichts für Unternehmen in der Rechtsform einer Nicht-Kapitalgesellschaft wird verwiesen.

Ergeben sich im Rahmen der handelsrechtlichen Konzernabschlußerstellung Differenzen zwischen dem Konzernerfolg und der Summe der Steuerbilanzerfolge der in den Konzernabschluß einbezogenen Unternehmen, dann sind bezüglich der Abgrenzung latenter Steuern entweder § 306 HGB oder § 274 HGB in Verbindung mit § 298 Abs. 1 HGB einschlägig.

Bedingt durch die zunehmende Globalisierung der Märkte und der damit einhergehenden Notwendigkeit, internationale Kapitalmärkte in Anspruch zu nehmen, gehen jedoch zur Zeit immer mehr, vor allem börsennotierte Unternehmen dazu über, ihre Konzernrechnungslegung an international vorherrschende Grundsätze anzupassen und z. B. einen **Konzernabschluß nach IAS** (International Accounting Standards) oder nach US-GAAP zu veröffentlichen. Vorrangiges Ziel ist es hierbei, nicht nur den internationalen Kapitalmärkten, sondern auch Kunden und Kreditgebern einen Konzernabschluß in international allgemein besser verständlicher Form zu präsentieren sowie darüber hinaus den Informationsgehalt der Konzernrechnungslegung – den internationalen Gepflogenheiten entsprechend – zu erweitern.

Dieser Entwicklung hat der deutsche Gesetzgeber mit der am 20. April 1998 erfolgten Verabschiedung des Kapitalaufnahmeerleichterungsgesetzes (KapAEG), das am Tag nach der Verkündung in Kraft tritt (Tag des Inkrafttretens: 24. April 1998), Rechnung getragen (vgl. Ernst/Seibert/Stuckert, 1998, S. 125 ff.). Gemäß dem neu eingefügten § 292a HGB ist ein börsennotiertes Unternehmen, das Mutterunternehmen eines Konzerns ist, von der Aufstellung eines handelsrechtlichen Konzernabschlusses und Konzernlageberichts befreit, wenn unter anderem der Konzernabschluß und der Konzernlagebericht nach international anerkannten Rechnungslegungsgrundsätzen aufgestellt worden sind.

Unabhängig davon, ob ein nach IAS erstellter Konzernabschluß gemäß § 292a HGB eine befreiende Wirkung entfalten soll oder lediglich als paralleles Rechenwerk verstanden wird, hat sich die dabei vorzunehmende Abgrenzung latenter Steuern an IAS 12 (revised 1996) zu orientieren.

Vor diesem Hintergrund werden nachfolgend die Gemeinsamkeiten und Unterschiede zwischen HGB und IAS bezüglich der eine Abgrenzung latenter Steuern induzierenden Sachverhalte herausgearbeitet und einer kritischen Analyse unterzogen. Dabei wird implizit auch das damit verbundene bilanzpolitische Potential aufgezeigt.

2. Zielsetzung und Anwendungsbereich

2.1 HGB

Mit der Erfassung latenter Steuern im Rahmen der handelsrechtlichen Konzernabschlußerstellung soll eine Kongruenz zwischen dem im Konzernabschluß ausgewiesenen Erfolg und dem dort gezeigten ertragsabhängigen Steueraufwand hergestellt werden (vgl. nur Schnicke/Fischer, 1995, Rn. 1). Denn der Konzernerfolg entspricht in der Regel – z. B. wegen der Eliminierung konzerninterner Gewinne und Verluste – nicht der Summe der von den einzelnen einbezogenen Konzernunternehmen erzielten Erfolge, so daß auch die Summe der von den einzelnen einbezogenen Konzernunternehmen zu zahlenden Steuern im Verhältnis zum Konzernerfolg zu hoch oder zu niedrig ist (vgl. Biener/Berneke, 1986, S. 354).

Eine völlige Kongruenz zwischen dem im Konzernabschluß ausgewiesenen Jahreserfolg einerseits und dem Ertragsteueraufwand andererseits kann jedoch nicht erreicht werden, da als Grundlage für die handelsrechtliche Erfassung latenter Steuern nicht alle auftretenden Differenzen ausschlaggebend sind. Generell lassen sich in zeitlicher Hinsicht folgende Kategorien von Differenzen unterscheiden:

(1) zeitlich begrenzte Differenzen (»timing differences«), die sich in einem vorhersehbaren Zeitraum, d. h. kurz- oder mittelfristig, wieder ausgleichen;
(2) zeitlich unbegrenzte Differenzen (»permanent differences«), die sich im Zeitablauf nicht wieder ausgleichen, sondern dauernd bestehen bleiben; und
(3) quasi zeitlich unbegrenzte Differenzen (»quasi permanent differences«), deren Umkehrung entweder nur sehr langfristig erfolgt – im Extremfall erst bei Liquidation des Konzerns/Unternehmens oder Verkauf des betreffenden Vermögensgegenstandes – oder aber im Zeitpunkt ihres Entstehens nicht abzusehen ist (vgl. Debus, 1987, Rn. 41).

Das handelsrechtliche Konzept der latenten Steuern umfaßt die unter (1) genannten zeitlich befristeten Differenzen, während das Vorliegen permanenter und quasi-permanenter Differenzen grundsätzlich keine Abgrenzung latenter Steuern nach sich zieht. Dem HGB liegt somit das **GuV-orientierte timing-Konzept** zugrunde (vgl. Woll-

MERT, 1995, S. 86). Das heißt, es werden grundsätzlich nur diejenigen Auswirkungen aus Bilanzierungs-, Bewertungs- und Konsolidierungsmaßnahmen in die Steuerabgrenzung einbezogen, die sich sowohl bei ihrer Entstehung als auch bei ihrer Umkehrung in der Konzern-Gewinn- und Verlustrechnung niederschlagen (vgl. ARBEITSKREIS »EXTERNE UNTERNEHMENSRECHNUNG« DER SCHMALENBACH-GESELLSCHAFT – DEUTSCHE GESELLSCHAFT FÜR BETRIEBSWIRTSCHAFT E.V., 1997, S. 104).

Die im Rahmen der Konzernabschlußerstellung vorzunehmende Erfassung latenter Steuern ist unter dem Begriff »Steuerabgrenzung« sowohl in § 306 HGB als auch in § 274 HGB, der über § 298 Abs. 1 HGB gleichermaßen bei der Aufstellung des Konzernabschlusses zu berücksichtigen ist, geregelt.

Gemäß § 274 HGB sind sogenannte **primäre** latente Steuern auf zeitlich befristete Differenzen zwischen handels- und steuerrechtlichem Erfolg zu berechnen, um einen dem handelsrechtlichen Jahreserfolg entsprechenden Ertragsteueraufwand auszuweisen (vgl. nur BAUMANN, 1995, Rn. 4). Dabei besteht für aktivische latente Steuern ein Aktivierungswahlrecht und für passivische latente Steuern eine Passivierungspflicht. Dagegen sind latente Steuern gemäß § 306 HGB – sogenannte **sekundäre** latente Steuern – stets dann abzugrenzen, soweit sich aufgrund von erfolgswirksamen Konsolidierungsmaßnahmen des Vierten Titels (vgl. §§ 300–307 HGB) zeitlich begrenzte Abweichungen zwischen dem Konzernerfolg und der Summe der Einzelerfolge ergeben. Insofern besteht nach § 306 HGB sowohl für aktivische als auch für passivische latente Steuern eine Aktivierungs- bzw. Passivierungspflicht.

2.2 IAS

IAS 12 (revised 1996) befaßt sich mit der Bilanzierung, der Bewertung und dem Ausweis von Ertragssteuern im Jahresabschluß sowie im Konzernabschluß. Er bezieht sich grundsätzlich auf alle ertragsabhängigen Steuern und schließt dabei sowohl die effektiven als auch die latenten Steuern mit ein (vgl. IAS 12.2, 12.12 ff., 12.15 ff.). IAS 12 (revised 1996) ist erstmals auf Abschlüsse anzuwenden, deren Berichtsperiode am oder nach dem 1. Januar 1998 beginnt (vgl. IAS 12.89). Auch eine freiwillige Anwendung auf frühere Perioden ist möglich, erfordert jedoch eine entsprechende Angabe (vgl. IAS 12.89).

Im Gegensatz zu dem nach HGB geltenden GuV-orientierten timing-Konzept basiert IAS 12 (revised 1996) auf dem **bilanzorientierten temporary-Konzept** (vgl. ARBEITSKREIS »EXTERNE UNTERNEHMENSRECHNUNG« DER SCHMALENBACH-GESELLSCHAFT – DEUTSCHE GESELLSCHAFT FÜR BETRIEBSWIRTSCHAFT E.V., 1997, S. 104). Danach sind grundsätzlich alle Differenzen aus Bilanzierungs-, Bewertungs- und Konsolidierungsmaßnahmen in die latente Steuerabgrenzung einzubeziehen, auch wenn diese Differenzen erfolgsneutral entstanden sind und lediglich bei Ihrer Auflösung zu Ergebnisdifferenzen führen (vgl. COENENBERG/HILLE, 1997, Rn. 25). Entscheidend für die Abgrenzung latenter Steuern nach IAS 12 (revised 1996) ist somit allein die Tatsache, daß die aus Bilanzierungs-, Bewertungs- und Konsolidierungsmaßnahmen resultierenden Differenzen bei ihrer Auflösung in späteren Perioden zu einer höheren Steuerbelastung (taxable temporary difference) oder zu einer Steuerminderung (deductable temporary difference) führen. »Es kommt dagegen nicht darauf an, daß die Entstehung der bilanziellen Differenz erfolgswirksam ist und daß die Differenzen sich automatisch oder in einer bestimmten Zeit auflösen« (Arbeitskreis »Externe Unternehmensrechnung« der Schmalenbach-Gesellschaft – Deutsche Gesellschaft für Betriebswirtschaft e.V., 1997, S. 104).

Ausnahmen von der grundsätzlichen Aktivierungs- und Passivierungspflicht latenter Steuern sind in IAS 12 (revised 1996) explizit geregelt (vgl. hierzu auch Hayn, 1997, S. 416). So bestimmt IAS 12.15 bzw. IAS 12.24, daß für alle zu versteuernden bzw. abzugsfähigen temporären Unterschiede eine latente Steuerschuld bzw. ein latenter Steueranspruch (letzterer soweit es wahrscheinlich ist, daß ein zu versteuerndes Einkommen verfügbar sein wird, gegen das der temporäre Unterschied verwendet werden kann) zu bilanzieren ist, es sei denn, die latente Steuerschuld bzw. der latente Steueranspruch erwächst aus:

(a) einem Geschäfts- oder Firmenwert, für den eine Abschreibung steuerlich nicht absetzbar ist (IAS 12.15 (a)), bzw.
einem verbleibenden negativen Unterschiedsbetrag, der gemäß IAS 22 (Unternehmenszusammenschlüsse) als passivischer Abgrenzungsposten behandelt wird (IAS 12.24 (a)),
oder
(b) bestimmten Posten, die nicht im Rahmen eines Unternehmenserwerbs zugegangen sind und bei denen die Erstverbuchung weder das handelsbilanzielle noch das steuerpflichtige Ergebnis berührt (IAS 12.15 (b) und 12.24 (b)).

Des weiteren ist nach IAS 12.39 eine latente Steuerschuld für alle zu versteuernden temporären Unterschiede in Verbindung mit Anteilen an Tochter-, Gemeinschafts- und assoziierten Unternehmen (z.B. nicht verteilte Gewinne) nicht zu bilanzieren, wenn (vgl. hierzu die mit Beispielen unterlegten Ausführungen bei Coenenberg/Hille, 1997, Rn. 68):

(a) das Mutterunternehmen in der Lage ist, den zeitlichen Verlauf der Umkehrung des temporären Unterschieds zu steuern und
(b) die Auflösung wahrscheinlich nicht in absehbarer Zukunft zu erwarten ist.

Nach IAS 12.44 ist auch ein latenter Steueranspruch für alle abzugsfähigen temporären Unterschiede aus Anteilen an Tochter-, Gemeinschafts- und assoziierten Unternehmen nicht zu bilanzieren, wenn (vgl. auch Baetge/Schulze, 1997, Rn. 175 m.w.N.):

(a) sich der temporäre Unterschied in absehbarer Zukunft nicht umkehrt oder
(b) kein zu versteuerndes Einkommen zur Verfügung stehen wird, gegen das der temporäre Unterschied verwendet werden kann.

2.3 Fazit

Die bisherigen Ausführungen verdeutlichen, daß sich die dem HGB zugrundeliegende Konzeption der Abgrenzung latenter Steuern fundamental von der Konzeption nach IAS unterscheidet. So basiert das HGB auf dem timing-Konzept, während IAS dem umfassenderen temporary-Konzept folgt. Das temporary-Konzept umschließt nicht nur alle timing differences, die auch nach HGB abzugrenzen sind, sondern darüber hinaus auch Teile der permanenten und quasi-permanenten Differenzen (vgl. hierzu auch Arbeitskreis »Externe Unternehmensrechnung« der Schmalenbach-Gesellschaft – Deutsche Gesellschaft für Betriebswirtschaft e.V., 1997, S. 104 und die dort angegebenen Beispiele).

Die nachfolgenden Ausführungen werden jedoch zeigen, daß hinsichtlich des Umfanges der abzugrenzenden Differenzen in der Praxis nur in wenigen Ausnahmefällen unlösbare Konfliktsituationen zwischen HGB und IAS auftreten werden. Dies vor allem deshalb, weil z.B. bei bestimmten quasi-permanenten Differenzen nach einschlägigen Kommentarmeinungen auch nach HGB latente Steuern abgegrenzt werden dürfen (vgl. hierzu die Ausführungen unter 3.3.2). Darüber hinaus sei angemerkt, daß bezüglich der Bewertung und des Ausweises wegen der fehlenden handelsrechtlichen Regelungen den IAS-Vorgaben weitestgehend entsprochen werden kann.

Probleme hinsichtlich der Kompatibilität zwischen HGB und IAS – dies sei bereits an dieser Stelle angemerkt – werden insbesondere bei der nach IAS unter bestimmten Voraussetzungen vorzunehmenden Abgrenzung aktivischer latenter Steuern auf steuerrechtliche Verlustvorträge sowie dem Aus- bzw. Aufbau einer in der Regel bisher nicht vorhandenen umfangreichen internen Dokumentation auftreten.

3. Latente Steuern induzierende Sachverhalte im Konzernabschluß

3.1 Überblick

Für die Erfassung von latenten Steuern im Konzernabschluß können folgende Sachverhalte, deren Auflistung sich aus Gründen der Übersichtlichkeit primär an der handelsrechtlichen Konzeption orientiert, ausschlaggebend sein (vgl. auch Abbildung 1):

(1) Sich im Rahmen der Handelsbilanzen I ergebende Differenzen als Ursache von Abweichungen zwischen den landesrechtlichen Einzelabschlüssen und den entsprechenden Steuerbilanzen;
(2) Anpassungen an die konzerneinheitliche Bilanzierung und Bewertung im Rahmen der Erstellung der Handelsbilanzen II;
(3) Konsolidierungsmaßnahmen, die innerhalb des Vierten Titels des HGB geregelt sind (z.B. Kapitalkonsolidierung, Schuldenkonsolidierung, Zwischenergebniseliminierung);
(4) Konsolidierungsmaßnahmen, die außerhalb des Vierten Titels des HGB geregelt sind (z.B. Equity-Methode);
(5) Konsolidierungsmaßnahmen, die nicht explizit im HGB geregelt sind (z.B. konzerninterne Gewinnausschüttungen, konzerninterner Verlustausgleich).

Inwiefern die einzelnen Sachverhalte eine Abgrenzung latenter Steuern nach HGB und/oder nach IAS induzieren, ist Gegenstand der nachfolgenden Ausführungen. Dabei werden die Sachverhalte (1) und (2) sowie die Sachverhalte (3), (4) und (5) als logische Einheiten betrachtet und als nebeneinander stehende Komplexe, die sehr wohl Querverbindungen aufweisen, abgehandelt.

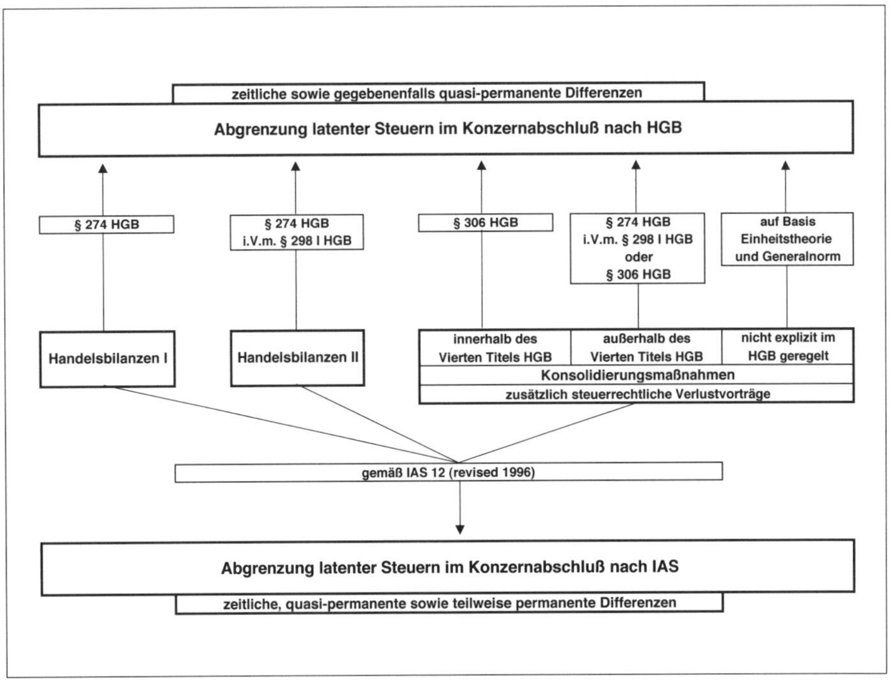

Abb. 1: Ursachen latenter Steuern im Konzernabschluß nach HGB uns IAS

3.2 Latente Steuern im Rahmen der Handelsbilanzen II

3.2.1 Übernahme latenter Steuerposten aus den Einzelabschlüssen

Nach § 300 Abs. 2 Satz 2 HGB dürfen nach dem Recht des Mutterunternehmens zulässige Bilanzierungswahlrechte im **handelsrechtlichen Konzernabschluß** unabhängig von ihrer Inanspruchnahme in den Jahresabschlüssen der einbezogenen Unternehmen neu ausgeübt werden. Da der Gesetzgeber dem Bilanzierenden in § 274 Abs. 2 HGB ein Wahlrecht zur Aktivierung latenter Steuern offeriert, lebt auch dieses Wahlrecht im Zuge der Aufstellung der Handelsbilanz II für den Konzernabschluß wieder auf. Infolgedessen ist es möglich, daß ein in den Konzernabschluß einbezogenes Unternehmen in seinem Einzelabschluß auf die Inanspruchnahme der Bilanzierungshilfe gemäß § 274 Abs. 2 HGB verzichtet, im Hinblick auf den Zweck des Konzernabschlusses hingegen von der Aktivierungsmöglichkeit Gebrauch macht.

Darüber hinaus muß es als zulässig angesehen werden, das Aktivierungswahlrecht nur teilweise in Anspruch zu nehmen, beispielsweise um auf diese Weise zu erreichen, »daß sich bei der Saldierung der Abgrenzungsposten im KA aktive und passive Posten gegenseitig aufheben« (Schnicke/Fischer, 1995, Rn. 27; gl. A. Busse von Colbe/Ordelheide, 1993, S. 115; a. A. Debus, 1987, Rn. 23).

Dagegen sind Rückstellungen für passivische latente Steuern aufgrund der Passivierungspflicht gemäß § 274 Abs. 1 HGB stets unverändert aus den Einzelabschlüssen in den Konzernabschluß zu übernehmen.

Dagegen besteht bei der Aufstellung eines **Konzernabschlusses nach IAS** nicht nur für passivische, sondern auch für aktivische latente Steuern eine grundsätzliche Bilanzierungspflicht. So ist eine Abgrenzung aktivischer latenter Steuern immer dann angezeigt, wenn es wahrscheinlich ist, daß zukünftig steuerliche Gewinne verfügbar sein werden, um die gebildeten aktivischen latenten Steuern in den späteren Perioden ihrer Auflösung steuerlich wirksam nutzen zu können (vgl. IAS 12.24 (revised 1996) sowie die entsprechenden Ausführungen unter 2.2; vgl. auch Coenenberg/Hille, 1997, Rn. 70). Insofern ist zu konstatieren, daß immer dann, wenn im handelsrechtlichen Konzernabschluß von dem Aktivierungswahlrecht des § 274 Abs. 2 HGB kein Gebrauch gemacht und folglich aktivische latente Steuern nicht aktiviert wurden, der handelsrechtliche Konzernabschluß von dem Konzernabschluß nach IAS abweicht (vgl. auch Kleekämper/Achleitner, 1997, Rn. 239). Andererseits wird aber auch sofort ersichtlich, daß durch eine entsprechende Wahlrechtsausnutzung diesbezüglich ein Gleichklang zwischen beiden Rechenwerken herbeigeführt werden kann (ebenso Arbeitskreis »Externe Unternehmensrechnung« der Schmalenbach-Gesellschaft – Deutsche Gesellschaft für Betriebswirtschaft e. V., 1997, S. 107).

Hinsichtlich der Abweichungen, die sich dadurch ergeben können, daß sich die Regelungen nach IAS 12 (revised 1996) auf die gegenüber den nach HGB zu beachtenden timing differences weitergehenden temporary differences beziehen, wird auf die mit Beispielen unterlegten Ausführungen bei Coenenberg/Hille (1997, Rn. 70 ff.) verwiesen. An dieser Stelle sei nur angemerkt, daß es bezüglich des hier in Rede stehenden Sachverhalts »nur in seltenen Ausnahmefällen zu Konflikten zwischen IAS ... einerseits und den Vorschriften des HGB andererseits kommen« (Arbeitskreis »Externe Unternehmensrechnung« der Schmalenbach-Gesellschaft – Deutsche Gesellschaft für Betriebswirtschaft e.V., 1997, S. 105) wird. Eine derartige Konfliktsituation kann z.B. bei steuerpflichtigen Zuwendungen entstehen, wenn diese ganz oder zum Teil in einer anderen Periode zu versteuern sind als sie nach IAS 20 vereinnahmt werden (vgl. hierzu Pfiltzer/Wirth, 1997, Rn. 50 ff. sowie das Beispiel bei Förschle/Kroner, 1996, S. 1634 ff.). So ist z.B. die nach Handelsrecht u.a. auch zulässige sofortige erfolgswirksame Vereinnahmung von Investitionszuschüssen nach IAS 20.12 und 20.16 nicht zulässig.

3.2.2 Konzerneinheitliche Bilanzierung und Bewertung

Bei der Aufstellung des **handelsrechtlichen Konzernabschlusses** sind der Grundsatz der Maßgeblichkeit des Bilanzierungs- und Bewertungsrahmens des Mutterunternehmens (vgl. §§ 300 Abs. 2, 308 HGB) sowie die normalerweise vorhandenen konzerninternen Bilanzierungs- und Bewertungsrichtlinien zu beachten. Sind aufgrund dessen im Rahmen der Erstellung der Handelsbilanz II die Ansatz- und Bewertungswahlrechte unabhängig von ihrer Ausübung in den Handelsbilanzen I der einbezogenen Konzernunternehmen neu, das heißt abweichend, auszuüben, wirkt sich dies regelmäßig auf den Jahresüberschuß/-fehlbetrag aus. Demnach weicht der in der Handelsbilanz II ausgewiesene Erfolg von dem in der Handelsbilanz I ausgewiesenen Erfolg ab. Da es sich hier in der Regel um timing differences handelt, ist grundsätzlich eine Steuerabgrenzung vorzunehmen.

§ 306 HGB ist aber nur dann anwendbar, wenn die Abweichung auf (Konsolidierungs-)Maßnahmen beruht, die auf der Grundlage der §§ 300–307 HGB durchgeführt worden sind. Daraus folgt, daß eine Steuerabgrenzung aufgrund einer aus der Anwendung des § 308 HGB resultierenden Abweichung nicht nach § 306 HGB erfolgen darf; denn es handelt sich weder um eine innerhalb des Vierten Titels liegende Norm noch um eine Konsolidierungsmaßnahme im eigentlichen Sinne. Resultieren die Erfolgsdifferenzen zwischen Handelsbilanz I und II dagegen aus der Anwendung des § 300 Abs. 2 HGB, so ist § 306 HGB bei wörtlicher Auslegung - § 300 Abs. 2 HGB ist eine Norm des Vierten Titels - vom Grundsatz her anzuwenden.

Da aber zum einen bei der Anwendung des § 306 HGB »lediglich Konsolidierungsvorgänge zu berücksichtigen sind« (Biener/Berneke, 1986, S. 353), die Erstellung der Handelsbilanz II dagegen eine der Konsolidierung vorgelagerte Maßnahme darstellt, und zum anderen »Gründe, die eine unterschiedliche Steuerabgrenzung bei der Anpassung der Bilanzansätze einerseits und bei der Anpassung der Bewertung andererseits erforderlich machen, ... nicht erkennbar« (ADLER/DÜRING/SCHMALTZ, 1996, § 306 HGB, Rn. 25) sind, erscheint es »sachgerecht, die Anpassung der Bilanzierung ebenso wie die Anpassung der Bewertung nicht den Konsolidierungsmaßnahmen i.S.v. § 306 zuzurechnen, sondern als Fälle der Steuerabgrenzung nach § 274 i.V.m. § 298 Abs. 1 zu behandeln« (ADLER/DÜRING/SCHMALTZ, 1996, § 306 HGB, Rn. 25; so auch BAUMANN, 1998, Rn. 10; COENENBERG/HILLE, 1994, Rn. 72; WP-HANDBUCH, 1996, M 607; a.A. BECKER, 1991, S. 1741; LANGER/BLAUM, 1995, S. 900).

Dies läßt sich auch durch die einfache Unterstellung verdeutlichen, daß das in den Konzernabschluß einzubeziehende Unternehmen den auf den §§ 300 Abs. 2, 308 HGB beruhenden Auflagen des Mutterunternehmens bereits in seiner Einzelbilanz (= Handelsbilanz I) nachkommen kann, sofern dem keine landesspezifischen Rechnungslegungsvorschriften (ausländische Tochterunternehmen) bzw. steuerrechtliche (Minimierung der Steuerzahllast) oder handelsrechtliche (z.B. Gewinnausschüttung) Zielsetzungen entgegenstehen. In diesem Fall wäre eine Steuerabgrenzung unstrittig nach § 274 HGB vorzunehmen.

Bezüglich der Erstellung eines **Konzernabschlusses nach IAS** gelten die unter 3.2.1 getätigten Ausführungen analog.

3.2.3 Währungsumrechnung

Im Rahmen der Umrechnung ausländischer Einzelabschlüsse in die konzerneinheitliche (deutsche) Währung, für die **nach HGB** keine bestimmte Methode vorgeschrieben ist, kommt eine Abgrenzung latenter Steuern nach der hier vertretenen Ansicht allenfalls dann in Betracht, wenn sich ergebende bilanzielle Währungsdifferenzen erfolgswirksam, d.h. über die Konzern-Gewinn- und Verlustrechnung, verrechnet werden und darüber hinaus zeitlich begrenzt sind. Dies gilt vor allem, wenn die Zeitbezugsmethode zur Anwendung gelangt. Denn die Anwendung dieser Methode dient nicht nur der Umrechnung ausländischer Jahresabschlüsse in die Konzernwährung, sondern darüber hinaus auch der Einhaltung äquivalenter Bewertungsprinzipien, wie z.B. Anschaffungskosten- und Niederstwertprinzip (vgl. nur BUSSE VON COLBE/ORDELHEIDE, 1993, S. 140). Da die Währungsumrechnung jedoch keine Konsolidierungsmaßnahme des Vierten Titels, sondern vielmehr eine der eigentlichen Konsolidierung vorgelagerte Maßnahme darstellt, sind – wenn überhaupt – die Regelungen des § 274 HGB anzuwenden (vgl. hierzu DUSEMOND/HAYN, 1997, S. 410 f. m.w.N.).

Die in der Literatur vorherrschende Meinung (vgl. ARBEITSKREIS »EXTERNE UNTERNEHMENSRECHNUNG« DER SCHMALENBACH-GESELLSCHAFT – DEUTSCHE GESELLSCHAFT FÜR BETRIEBSWIRTSCHAFT E.V., 1989, S. 120; BAUMANN, 1998, Rn. 17; COENENBERG/HILLE, 1994, Rn. 82) lehnt eine Erfassung latenter Steuern auf erfolgswirksam verrechnete bilanzielle Währungsdifferenzen jedoch einerseits aufgrund ihres quasi-permanenten Charakters ab, da sich die Umrechnungsdifferenzen nur im Fall einer – im Regelfall nicht absehbaren – gegenläufigen Währungsentwicklung oder aber erst bei Verkauf oder Liquidation des betreffenden ausländischen Unternehmens umkehrten. Überdies wird zu Bedenken gegeben, daß nicht immer ein zwingender Zusammenhang zwischen den Ursachen der Umrechnungsdifferenzen und den Gründen für ihre Umkehrung besteht, da »Umrechnungsunterschiede auch von der Bilanzstruktur (horizontale und vertikale Bilanzrelationen, z.B. Verhältnis Anlagevermögen zu Eigenkapital) abhängen« (Schnicke/Fischer, 1995, Rn. 28). Mit anderen Worten: Die Gründe zur Bildung und Auflösung der Umrechnungsdifferenzen sind nicht hinreichend miteinander verknüpft. Andererseits wird gegen eine Steuerabgrenzung angeführt, daß »die Fiktion der steuerrechtlichen Einheit im Fall der Währungsumrechnung nicht anwendbar« (Busse von Colbe/Ordelheide, 1993, S. 176; ebenso Debus, 1987, Rn. 127) sei.

Wird dagegen ein **Konzernabschluß nach IAS** erstellt, können Gewinne und Verluste aus Fremdwährungsgeschäften sowie Kursdifferenzen aus der Umrechnung von Jahresabschlüssen ausländischer Tochterunternehmen mit Steuereffekten verbunden sein, deren Bilanzierung gemäß IAS 21.41 im Einklang mit IAS 12 (revised 1996) zu erfolgen hat.

Ergeben sich beispielsweise bei der Folgebewertung monetärer Posten in Fremdwährung, die nach IAS zu Stichtagskursen umzurechnen sind, Kursgewinne, dann handelt es sich hierbei um temporäre Differenzen. Denn derartige Kursgewinne stellen nach den Vorschriften des deutschen Steuerrechts (Realisationsprinzip), solange keine steuerrechtlichen Erträge dar bis zum (späteren) Zeitpunkt ihrer tatsächlichen Realisierung. Gleiches gilt für »Kursgewinne aus schwebenden Geschäften, z.B. aus Devisentermingeschäften, die nach IAS – soweit keine Bewertungseinheiten gebildet werden können – erfolgswirksam zu behandeln sind, obwohl sie noch nicht realisiert sind« (Oechsle/Müller/Wildburger, 1997, Rn. 88). Unterschiede können sich ferner ergeben bei nach IAS zulässigen Bewertungseinheiten im Zusammenhang mit Fremdwährungsgeschäften, die nach deutschem Steuerrecht nicht zulässig sind. Vor diesem Hintergrund ist zu konstatieren, daß die hieraus resultierende Abgrenzung latenter Steuern nicht auf konzeptionellen Unterschieden bei der Abgrenzung latenter Steuern an sich beruht, sondern vielmehr eine Folge der unterschiedlichen Bilanzierungsphilosophien ist. Das gleiche Ergebnis stellt sich grundsätzlich auch dann ein, wenn bestimmte Sachverhalte nach IAS anders zu bilanzieren oder zu bewerten sind wie nach HGB (siehe 3.2.1 und 3.2.2).

Bezüglich der Kursdifferenzen aus der Umrechnung der Jahresabschlüsse ausländischer Tochterunternehmen ist festzuhalten, daß die sich bei Anwendung der **Zeitbezugsmethode** auf wirtschaftlich unselbständige Teileinheiten ergebenden bilanziellen Umrechnungsdifferenzen gemäß IAS 21.15 grundsätzlich erfolgswirksam zu behandeln sind. Oechsle/Müller/Wildburger (1997, Rn. 59) vertreten sogar die Ansicht, daß »stets eine Pflicht zur erfolgswirksamen Behandlung sämtlicher Umrechnungsdifferenzen (besteht; d. Verf.), die bei Anwendung der Zeitbezugsmethode entstehen«. Wird der oben dargestellten Ansicht gefolgt, wonach bei Anwendung der Zeitbezugsmethode und gleichzeitiger erfolgswirksamer Behandlung der bilanziellen Währungsdifferenzen auch nach HGB eine Abgrenzung latenter Steuern zulässig ist, dann kann bei Ausnutzung des Aktivierungswahlrechtes für aktivische latente Steuern diesbezüglich eine Kompatibilität zwischen IAS und HGB hergestellt werden.

Gelangt dagegen die modifizierte **Stichtagskursmethode** bei wirtschaftlich selbständigen Teileinheiten zur Anwendung, dann sind – ebenso wie nach HGB – auch nach IAS 21.30 (c) die sich ergebenden bilanziellen Umrechnungsdifferenzen erfolgsneutral mit dem Konzerneigenkapital zu verrechnen. Aufgrund der Konzeption von IAS 12 (revised 1996) besteht jedoch, da temporäre Differenzen vorliegen, auch in diesem Fall die Verpflichtung, latente Steuern abzugrenzen. Gemäß IAS 12.61 in Verbindung mit IAS 12.62 (c) (revised 1996) müssen die abzugrenzenden Steuern ebenfalls direkt gegen das Eigenkapital, d.h. erfolgsneutral, gebucht werden. Insofern ergibt sich hierbei ein **Unterschied** zur handelsrechtlichen Konzernabschlußerstellung, der durchaus eine nicht unbedeutende praktische Relevanz aufweist.

Ein weiterer Unterschied kann sich ergeben, wenn bei der Umrechnung ausländischer Jahresabschlüsse von Tochterunternehmen, die ihren Sitz in einem Hochinflationsland haben, Indexierungsverfahren zur Anwendung gelangen. Denn auch hierbei kann entweder eine erfolgsneutrale (vgl. Coenenberg/Hille, 1997, Rn. 92) oder aber eine erfolgswirksame (vgl. Busse von Colbe, 1997, Rn. 36) Abgrenzung latenter Steuern nach IAS 29.32 (revised 1994), der auf eine entsprechende Anwendung von IAS 12 (revised 1996) verweist, in Betracht kommen.

3.3 Latente Steuern aus Konsolidierungsmaßnahmen

3.3.1 Vorbemerkungen

Im Rahmen der **handelsrechtlichen Konzernabschlußerstellung** kommt eine Steuerabgrenzung nach § 306 HGB nur dann in Betracht, wenn zeitlich begrenzte Abweichungen zwischen dem Konzernerfolg und dem Summenerfolg aus erfolgswirksamen Konsolidierungsmaßnahmen des Vierten Titels (§§ 300–307 HGB) resultieren. Zu diesen (Voll-)Konsolidierungsmaßnahmen zählen damit namentlich die Kapitalkonsolidierung auf der Grundlage der Purchase-Methode (§ 301 i.V.m. § 307 HGB) sowie der Pooling-of-Interests-Methode (§ 302 i.V.m. § 307 HGB), die Schuldenkonsolidierung (§ 303 HGB), die Zwischenergebniseliminierung (§ 304 HGB) sowie die Aufwands- und Ertragskonsolidierung (§ 305 HGB).

Da sich die Frage nach der Abgrenzung latenter Steuern nur insofern stellt, als die genannten Vollkonsolidierungsmaßnahmen erfolgswirksam sind, sich mithin also auf den Erfolg auswirken und zu einer Abweichung des Konzernerfolgs vom Summenerfolg führen, können sowohl die Pooling-of-Interests-Methode als auch die Aufwands- und Ertragskonsolidierung nachfolgend ausgeklammert werden. Beide Konsolidierungsmaßnahmen sind erfolgsneutral: die Pooling-of Interests-Methode, da sich bei der Kapitalkonsolidierung ergebende aktivische oder passivische Unterschiedsbeträge unmittelbar mit den Rücklagen des Konzerns verrechnet werden; die Aufwands- und Ertragskonsolidierung, da hier lediglich Umgliederungen und Saldierungen von Aufwendungen und Erträgen erfolgen, die keinen Einfluß auf die Erfolgshöhe nehmen.

Ferner ist zu beachten, das der Gesetzgeber in § 310 Abs. 2 HGB ausdrücklich auf die entsprechende Anwendung der §§ 297 bis 301, 303 bis 306, 308 und 309 HGB im Rahmen der anteilmäßigen Konsolidierung hinweist. Damit gelten die folgenden Ausführungen analog für Gemeinschaftsunternehmen, die auf der Grundlage der Quotenkonsolidierung in den Konzernabschluß einbezogen werden.

Hinsichtlich der **Konzernabschlußerstellung nach IAS** ergeben sich diesbezüglich grundsätzlich keine Unterschiede. Sowohl die Pooling-of-Interest-Methode als auch die normale Aufwands- und Ertragskonsolidierung führen nicht zu temporary differences, so daß auch keine Abgrenzung latenter Steuern erforderlich ist (vgl. Baetge/Schulze, 1997, Rn. 163). Bezogen auf die Quotenkonsolidierung ist zu konstatieren, daß die IAS keine expliziten Regelungen enthalten. Insofern sind die Grundsätze des IAS 12 (revised 1996) analog anzuwenden. Mit anderen Worten: Werden »im Zuge der Quotenkonsolidierung konzerninterne Verflechtungen entsprechend der Beteiligungsquote des Mutterunternehmens eliminiert, sind ... die auf die Quote entfallenden Bewertungsunterschiede nach den Grundsätzen des IAS 12 steuerlich abzugrenzen« (Baetge/Schulze, 1997, Rn. 173).

3.3.2 Kapitalkonsolidierung

Im Rahmen der Kapitalkonsolidierung gemäß § 301 HGB wird der Beteiligungsbuchwert des Mutterunternehmens mit dem auf die Anteile entfallenden Eigenkapital des Tochterunternehmens aufgerechnet. Ein sich dabei ergebender aktivischer Unterschiedsbetrag ist auf seine Ursachen hin zu untersuchen und insoweit den Vermögensgegenständen und Schulden zuzuordnen, als deren (tatsächlicher) Wert höher oder niedriger ist als der ausgewiesene Wertansatz (Aufdeckung stiller Rücklagen und Lasten). Ein danach verbleibender aktivischer Unterschiedsbetrag ist auf der Aktivseite der Konzernbilanz in den Posten »Geschäfts- oder Firmenwert« einzustellen. Verbleibt dagegen nach der Aufrechnung der Anteile mit dem anteiligen Eigenkapital ein passivischer Unterschiedsbetrag, so ist dieser – nach der Aufdeckung gegebenenfalls vorhandener stiller Lasten – gesondert auf der Passivseite als »Unterschiedsbetrag aus der Kapitalkonsolidierung« auszuweisen.

Während somit die Behandlung der Unterschiedsbeträge im Rahmen der Erstkonsolidierung erfolgsneutral ist und den Konzernerfolg unberührt läßt, ergeben sich in

Folgejahren erfolgswirksame Auswirkungen, wenn im Zuge der Folgekonsolidierungen die stillen Rücklagen/Lasten durch Abschreibung, Verbrauch, Verkauf u.ä. aufgelöst werden. Entsprechendes gilt, sofern ein Geschäfts- oder Firmenwert aus der Kapitalkonsolidierung in Folgejahren erfolgswirksam abgeschrieben oder ein passivischer Unterschiedsbetrag aufgrund des Eintritts einer der in § 309 Abs. 2 HGB genannten Ursachen erfolgswirksam aufgelöst wird.

Hinsichtlich der Fragestellung, ob bezogen auf die soeben geschilderten Sachverhalte im Rahmen der **handelsrechtlichen Konzernabschlußerstellung** latente Steuern abzugrenzen sind, haben sich in der Literatur die unterschiedlichsten Meinungen herausgebildet. **Nach h.M.** ist die Abgrenzung latenter Steuern im Rahmen der Kapitalkonsolidierung **abzulehnen** (vgl. ADLER/DÜRING/SCHMALTZ, 1996, § 306 HGB, Rn. 26; BAETGE, 1995, S. 449 f.; COENENBERG/HILLE, 1994, Rn. 87; DEBUS, 1987, Rn. 142 ff.; EBELING, 1995, S. 212; KÜTING/WEBER, 1997, S. 343 f.; SCHERRER, 1994, S. 468 f.; SCHILDBACH, 1996, S. 306 f.; SCHNICKE/FISCHER, 1995, Rn. 11; WP-HANDBUCH 1996, M 613; VON WYSOCKI/WOHLGEMUTH, 1996, S. 256). Begründet wird diese Auffassung damit, daß die – ausgehend von den erfolgswirksamen Folgekonsolidierungen – resultierenden Differenzen zwischen Konzern- und Summenerfolg zwar eine Folge der Erstkonsolidierung sind, »jedoch keine Umkehrung von Ergebnisdifferenzen aus der Erstkonsolidierung dar(stellen, d. Verf.)« (SCHERRER, 1994, S. 468). Denn die im Rahmen der Erstkonsolidierung vorzunehmende Zuordnung der Unterschiedsbeträge gestaltet sich erfolgsneutral. Insofern handelt es sich hierbei um quasi-permanente Differenzen, die sich allenfalls dann im Zeitablauf wieder ausgleichen, wenn die entsprechende Beteiligung an nicht in den Konzernabschluß einbezogene Dritte veräußert oder das durch die Beteiligung repräsentierte Unternehmen liquidiert wird. Ferner erfolgt eine Umkehrung der Differenzen aufgrund von Mehraufwendungen (Abschreibung stiller Rücklagen bzw. eines Geschäfts- oder Firmenwerts) stets dann, wenn im Einzelabschluß außerplanmäßige Abschreibungen auf die Beteiligung aufgrund von gesunkenen Ertragserwartungen verrechnet werden. Sind die im Zuge der Erstkonsolidierung aufgedeckten stillen Rücklagen und ein Geschäfts- oder Firmenwert bereits abgeschrieben worden, ist die Beteiligungsabschreibung im Konzernabschluß zu stornieren mit der Folge, daß früher entstandene Differenzen wieder rückgängig gemacht werden (vgl. BAETGE, 1995, S. 450.; DEBUS, 1987, Rn. 138).

Da allerdings regelmäßig weder eine Beteiligungsabschreibung noch die Liquidation oder Veräußerung der Beteiligung (going concern) unterstellt werden kann bzw. exakt bestimmbar ist, scheidet eine Abgrenzung latenter Steuern gemäß § 306 HGB aus. Bei geplanter Veräußerung müßten dagegen im Rahmen der Folgekonsolidierungen latente Steuern abgegrenzt werden, sofern für die Konsolidierung des betreffenden Tochterunternehmens nicht zuvor das Wahlrecht gemäß § 296 Abs. 1 Nr. 3 HGB in Anspruch genommen wurde (ebenso BAETGE, 1995, S. 451).

Trotz der vorgenannten Gründe wird insbesondere in der Kommentarliteratur aber auch die **Mindermeinung** vertreten, daß im Rahmen der Kapitalkonsolidierung gleichwohl eine **Abgrenzung latenter Steuern vorzunehmen** ist. Obwohl es sich bei der Zuordnung bzw. dem Ausweis der Unterschiedsbeträge um erfolgsneutrale Vorgänge handelt und somit eine Abgrenzung latenter Steuern nach § 306 HGB nicht zulässig ist, wird im Jahr der Erstkonsolidierung eine Steuerabgrenzung vor dem Hintergrund einer zutreffenden Ermittlung des Werts der übernommenen Vermögensgegenstände und Schulden erfolgsneutral befürwortet (vgl. nur SCHNICKE/FISCHER, 1995, Rn. 11). Letztlich soll dadurch eine Berücksichtigung der steuerlichen Nichtabzugsfähigkeit dieser Teile der Anschaffungskosten erreicht werden (vgl. ADLER/DÜRING/SCHMALTZ, 1996, § 306 HGB, Rn. 27; BAUMANN, 1998, Rn. 21 f.; WP-HANDBUCH 1996, M 340).

Dabei hat die Steuerabgrenzung nach der Bruttomethode zu erfolgen (vgl. ADLER/DÜRING/SCHMALTZ, 1996, § 306 HGB, Rn. 27; BAUMANN, 1998, Rn. 22; EBELING, 1995, S. 214; SCHNICKE/FISCHER, 1995, Rn. 11; WP-HANDBUCH, 1996, M 340), indem für Aufwertungen (z. B. durch Aufdeckung stiller Rücklagen) erfolgsneutral eine Rückstellung für passivische latente Steuern gebildet wird, wohingegen Abwertungen (z. B. durch Aufdeckung stiller Lasten) zum Ausweis aktivischer latenter Steuern führen, die ebenfalls erfolgsneutral, das heißt z. B. gegen die Konzerngewinnrücklagen, zu bilden sind. Einigkeit besteht darüber, daß eine »passive Steuerabgrenzung ... bei der Aufwertung von nicht zum Verkauf bestimmten Boden (quasi-permanente Abweichung) nicht in Betracht kommt« (SCHNICKE/FISCHER, 1995, Rn. 12; gl. A. ADLER/DÜRING/SCHMALTZ, 1996, § 306 HGB, Rn. 27; BUSSE VON COLBE/ORDELHEIDE, 1993, S. 269; WP-HANDBUCH, 1996, M 340) und daß passivische Unterschiedsbeträge nur dann eine aktivische Steuerabgrenzung rechtfertigen, sofern mit dem Eintritt einer der in § 309 Abs. 2 HGB genannten Voraussetzungen in absehbarer Zukunft zu rechnen ist (vgl. nur EBELING, 1995, S. 216; SCHNICKE/FISCHER, 1995, Rn. 12).

Ferner ist nach übereinstimmender Ansicht mangels Differenzen zwischen Konzern- und Summenerfolg keine (passivische) Steuerabgrenzung vorzunehmen, wenn Geschäfts- oder Firmenwerte aus der Kapitalkonsolidierung erfolgsneutral mit den Konzernrücklagen verrechnet werden (vgl. nur BUSSE VON COLBE/ORDELHEIDE, 1993, S. 270; SCHNICKE/FISCHER, 1995, Rn. 12). Dagegen wird die Frage, ob Geschäfts- oder Firmenwerte, die in den Folgeperioden erfolgswirksam abgeschrieben werden, die (erfolgsneutrale) Bildung einer Rückstellung für passivische latente Steuern rechtfertigten, kontrovers diskutiert. Einerseits wird die Abgrenzung latenter Steuern mit dem Argument, daß »der Geschäfts- oder Firmenwert als Residualgröße ... ermittelt wird und insofern für die Berücksichtigung zusätzlicher Steuerwirkungen kein Raum bleibt« (ADLER/DÜRING/SCHMALTZ, 1996, § 306 HGB, Rn. 29; BAUMANN, 1998, Rn. 21; BUSSE VON COLBE/ORDELHEIDE, 1993, S. 272 ff.), abgelehnt. Dagegen fordern SCHNICKE/FISCHER (1995, Rn. 11 f.) in diesem Fall eine Abgrenzung passivischer latenter Steuern mit der Begründung, daß sich auch diese Differenzen künftig durch die Abschreibungen des Geschäfts- oder Firmenwerts wieder ausgleichen.

Unstrittig ist dagegen die Vorgehensweise in den Folgeperioden: Im Jahr der erfolgswirksamen Auflösung der aufgedeckten stillen Rücklagen/Lasten (und eines verbleibenden Unterschiedsbetrags) wird auch der (aktivische oder passivische) Steuerabgrenzungsposten erfolgswirksam aufgelöst und somit der Steueraufwand – den handelsrechtlichen Steuerabgrenzungsvorschriften entsprechend – periodengerecht ausgewiesen (vgl. nur ADLER/DÜRING/SCHMALTZ, 1996, § 306 HGB, Rn. 27; BUSSE VON COLBE/ORDELHEIDE, 1993, S. 270; SCHNICKE/FISCHER, 1995, Rn. 11).

Abschließend bleibt somit festzuhalten, daß je nach Standpunkt eine Erfassung latenter Steuern im Rahmen der Kapitalkonsolidierung gerechtfertigt sein kann bzw. abzulehnen ist. Letzteres trifft zu, wenn man die Erfassung latenter Steuern erst bei den im Rahmen der Folgekonsolidierungen vorzunehmenden erfolgswirksamen Auflösungen festmacht. Wird dagegen auf die Erstkonsolidierung und die dort vorzunehmende erfolgsneutrale Zuordnung der stillen Rücklagen/Lasten abgestellt, ist eine latente Steuerabgrenzung durchaus zu rechtfertigen. In diesem Fall ist die Steuerabgrenzung jedoch ebenfalls erfolgsneutral vorzunehmen

Wird dagegen ein **Konzernabschluß nach IAS** erstellt, sind auf die im Rahmen der Kapitalkonsolidierung zugeordneten stillen Rücklagen/Lasten zwingend latente Steuern abzugrenzen (vgl. BAETGE/SIEFKE, 1997, Rn. 268). Dies gilt auch dann, wenn stille Reserven/Lasten bei nicht abnutzbaren Vermögensgegenständen, wie z. B. Grund und Boden, aufgedeckt werden (vgl. FÖRSCHLE/KRONER, 1996, S. 1638). Da es sich hierbei um erfolgsneutrale temporäre Differenzen handelt, ist auch die entsprechende Abgrenzung latenter Steuern erfolgsneutral vorzunehmen und zwar dergestalt, daß eine aktivische latente Steuer zur Verminderung (Vergrößerung) und eine passivische latente Steuer zur Vergrößerung (Verminderung) des resultierenden Geschäfts- oder Firmenwertes (passivischen Unterschiedsbetrages) führt (vgl. COENENBERG/HILLE, 1997, Rn. 94; FÖRSCHLE/KRONER, 1996, S. 1637).

Mit anderen Worten: Die erfolgsneutrale Abgrenzung latenter Steuern ist zu Gunsten bzw. zu Lasten des aus der Kapitalkonsolidierung resultierenden Unterschiedsbetrages vorzunehmen. Diese Vorgehensweise ist jedoch nicht unproblematisch, wie das nachfolgende **Beispiel** verdeutlicht.

Das voll konsolidierte Unternehmen A erwirbt 100% der Anteile an dem ebenfalls voll zu konsolidierenden Unternehmen B zu einem Kaufpreis von 20 Mio. DM. Das bilanzielle Eigenkapital des Unternehmens B beträgt 10 Mio. DM. Der von A gezahlte »Mehrpreis« für die Anteile an B resultiert einzig und allein aus der Tatsache, daß das Unternehmen B ein Grundstück besitzt, dessen Zeitwert 10 Mio. DM höher ist als der bilanzierte Buchwert. Insofern entsteht folgerichtig aus der Kapitalaufrechnung ein aktivischer Unterschiedsbetrag in Höhe von 10 Mio. DM, der exakt die im Grundstück vorhandenen und im Kaufpreis bezahlten stillen Rücklagen widerspiegelt. Folgt man nun der von IAS präferierten Vorgehensweise bezüglich der erfolgsneutralen Abgrenzung latenter Steuern, dann ergibt sich ein »neuer« aktivischer Unterschiedsbetrag in Höhe von 5 Mio DM (Annahme: Steuersatz 50%). Da mit dem Kaufpreis für die Anteile an dem Unternehmen B aber weder weitere stille Rücklagen noch ein Geschäfts- oder Firmenwert vergütet wurden, stellt sich die Frage nach dem Charakter des »neu« entstandenen Unterschiedsbetrages.

Vor diesem Hintergrund muß auch die Frage erlaubt sein, ob nicht doch die hier präferierte Vorgehensweise, die erfolgsneutrale Abgrenzung latenter Steuern direkt zu Gunsten bzw. zu Lasten des Konzerneigenkapitals vorzunehmen, der soeben beschriebenen Vorgehensweise vorzuziehen ist. Dies vor allem auch deshalb, da der nach IAS aus der erfolgsneutralen Abgrenzung latenter Steuern neu entstehende Unterschiedsbetrag grundsätzlich erfolgswirksam zu behandeln ist. Unterstellt man in dem zugrundeliegenden Beispiel, daß der neue Unterschiedsbetrag als Goodwill interpretiert wird, dann wird über die erfolgswirksame Abschreibung des Goodwills die erfolgsneutrale Abgrenzung latenter Steuern letztlich doch erfolgswirksam. Insofern wird hier die Auffassung vertreten, daß der mit dem Konzernabschluß verfolgten Zielsetzung, ein den tatsächlichen Verhältnissen entsprechendes Bild der Vermögens-, Finanz- und Ertragslage zu vermitteln, am ehesten mit der hier präferierten Konzeption entsprochen wird, die erfolgsneutrale Abgrenzung latenter Steuern direkt zu Gunsten bzw. zu Lasten der Konzerngewinnrücklagen bzw. des Konzernergebnisvortrags vorzunehmen.

Aus der Kapitalkonsolidierung resultierende Geschäfts- oder Firmenwerte bzw. passivische Unterschiedsbeträge verursachen ebenso wie zugeordnete stille Rücklagen/Lasten temporäre Differenzen. Gleichwohl führt der Ansatz eines Geschäfts- oder Firmenwertes bzw. eines passivischen Unterschiedsbetrages nicht zum Ansatz latenter Steuern (vgl. hierzu auch die Ausführungen unter 2.2.), »da ein Ansatz latenter Steuern aus der Residualgröße Goodwill oder negativer Goodwill die Residualgröße nochmals erhöhen würde« (BAETGE/SIEFKE, 1997, Rn. 165; ebenso ARBEITSKREIS »EXTERNE UNTERNEHMENSRECHNUNG« DER SCHMALENBACH-GESELLSCHAFT – DEUTSCHE GESELLSCHAFT FÜR BETRIEBSWIRTSCHAFT E.V., 1997, S. 105).

Wird bei der Erstellung des handelsrechtlichen Konzernabschlusses der oben dargestellten Mindermeinung gefolgt und u.a. auf die Abgrenzung latenter Steuern bei einem Geschäfts- oder Firmenwert bzw. passivischen Unterschiedsbetrag verzichtet, dann ergeben sich im Vergleich zu einem Konzernabschluß nach IAS folgende **Unterschiede**:

- Während sich der Ansatz latenter Steuern auf zugeordnete stille Rücklagen/Lasten nach HGB lediglich auf abnutzbare Vermögensgegenstände beschränkt, umfassen die Regelungen nach IAS auch auf nicht abnutzbare Vermögensgegenstände zugeordnete stille Reserven/Lasten.
- Nach HGB hat – so die hier vertretene Ansicht (a.A. BUSSE von (COLBE/ORDELHEIDE, 1993, S. 269) – die erfolgsneutrale Abgrenzung latenter Steuern direkt gegen das Konzerneigenkapital, d.h. gegen die Konzerngewinnrücklagen bzw. den Konzernergebnisvortrag, und nicht wie nach IAS zu Gunsten bzw. zu Lasten der Residualgröße Goodwill bzw. negativer Goodwill zu erfolgen. Eine entsprechende Anpassung der Vorgehensweise nach IAS ist jedoch aufgrund der getätigten Ausführungen angezeigt.

3.3.3 Schuldenkonsolidierung

Im **handelsrechtliche Konzernabschluß** ist eine Steuerabgrenzung nach § 306 HGB stets dann angezeigt, wenn sich bei der Konsolidierung konzerninterner Schuldbeziehungen erfolgswirksame Differenzen ergeben, die nicht auf Abstimmungsproblemen und Fehlbuchungen (sogenannte unechte Aufrechnungsdifferenzen) beruhen. Mit anderen Worten: Eine Steuerabgrenzung gemäß § 306 HGB hat im Zuge der Schuldenkonsolidierung immer dann zu erfolgen, falls die sich ergebenden erfolgswirksamen Aufrechnungsdifferenzen das Resultat unterschiedlicher Bewertungen der zu konsolidierenden Aktiva und Passiva sind. Denn die aus der Schuldenkonsolidierung resultierenden Differenzen zwischen dem Konzern- und Summenerfolg gleichen sich spätestens bei der Erfüllung der jeweiligen Verpflichtungen, die bei der Entstehung der Unterschiede absehbar ist, wieder aus. Insofern handelt es sich regelmäßig um zeitlich begrenzte Differenzen.

Eine Steuerabgrenzung gemäß § 306 HGB kommt jedoch einerseits nur unter der Bedingung in Betracht, daß »die die Differenz auslösende Bilanzierungsmaßnahme ... gleichermaßen im Einzelabschluß und in der Steuerbilanz des konzerninternen Schuldners bzw. Gläubigers« (Busse von Colbe/Ordelheide, 1993, S. 330) vorgenommen wurde. In diesem Fall führt die erfolgswirksame Schuldenkonsolidierung zu einer Verzerrung zwischen Konzernerfolg und ausgewiesenem Ertragsteueraufwand, die durch die Bildung latenter Steuern zu korrigieren ist (vgl. nur Coenenberg/Hille, 1994, Rn. 92; Schnicke/Fischer, 1995, Rn. 7).

Wird dagegen die die Aufrechnungsdifferenz auslösende Maßnahme nur im Einzelabschluß (handelsrechtlichen Jahresabschluß) des jeweiligen betroffenen Unternehmens durchgeführt, ist die Zulässigkeit der Steuerabgrenzung gemäß § 306 HGB davon abhängig, wie das Wahlrecht zur Aktivierung latenter Steuern im Rahmen der einzelgesellschaftlichen Rechnungslegung bzw. der Aufstellung der Handelsbilanz II ausgeübt wurde. Sofern aktivische latente Steuern bilanziert wurden, ist aufgrund der Aufhebung der zeitlichen Differenzen durch die Schuldenkonsolidierung den »auf Einzelabschlußebene gebildeten aktiven latenten Steuern ... auf Konzernebene eine entsprechende kompensierende passive latente Steuer entgegenzusetzen, um den Gesamtbetrag der latenten Steuern auszugleichen« (Coenenberg/Hille, 1994, Rn. 92; vgl. auch Adler/Düring/Schmaltz, 1996, § 306 HGB, Rn. 31; Busse von Colbe/Ordelheide, 1993, S. 333; Schnicke/Fischer, 1995, Rn. 7). Unterbleibt dagegen die Abgrenzung aktivischer latenter Steuern, so darf nach h.M. (vgl. nur Busse von Colbe/Ordelheide, 1993, S. 333; Coenenberg/Hille, 1994, Rn. 96; Schnicke/Fischer, 1995, Rn. 7) im Zuge der Konsolidierung keine latente Steuerabgrenzung gemäß § 306 HGB erfolgen, da die Schuldenkonsolidierung gerade zu einer Angleichung von Konzernerfolg und effektivem Steueraufwand laut Summen-Gewinn- und Verlustrechnung führt.

Da IAS 27 die Abgrenzung latenter Steuern basierend auf Bewertungsunterschieden aus der Schuldenkonsolidierung nicht explizit regelt, sind für diese Fragestellung allein die Regelungen des IAS 12 (revised 1996) heranzuziehen (vgl. BAETGE/SCHULZE, 1997, Rn. 167). Insofern ergeben sich bei der Erstellung eines **Konzernabschlusses nach IAS** prinzipiell keine Unterschiede hinsichtlich der Vorgehensweise nach HGB.

3.3.4 Zwischenergebniseliminierung

Aufgabe der Zwischenergebniseliminierung ist es unter anderem, den »Konzernerfolg um die aus Konzernsicht nicht realisierten Erfolgsbeiträge« (WP-HANDBUCH, 1996, M 609) aus konzerninternen Lieferungs- und Leistungsgeschäften zu korrigieren. Denn aus Konzernsicht gilt ein Gewinn/Verlust erst dann als realisiert, wenn die Lieferung oder Leistung an konzernfremde Dritte erfolgt. Durch die Konsolidierung der aus Konzernsicht nicht realisierten Erfolgsbeiträge ergeben sich Abweichungen zwischen Konzern- und Summenerfolg.

Im **handelsrechtlichen Konzernabschluß** kommt eine Steuerabgrenzung nach § 306 HGB jedoch nur insofern in Betracht, als die entstehenden Differenzen zeitlich begrenzt sind, die Zwischenergebniseliminierung mithin also das abnutzbare Anlagevermögen oder das Umlaufvermögen betrifft (vgl. nur SCHERRER, 1994, S. 472). Die Eliminierung von Zwischengewinnen (Zwischenverlusten) führt dabei zu einer Verminderung (Erhöhung) des Konzernerfolgs gegenüber dem Summenerfolg und macht infolgedessen die Abgrenzung aktivischer (passivischer) latenter Steuern notwendig. In Folgeperioden gleichen sich die zeitlichen Differenzen aufgrund der Eliminierung von Zwischengewinnen (Zwischenverlusten) durch niedrigere (höhere) Abschreibungen, Verbräuche oder Verkäufe an konzernfremde Dritte wieder aus; die korrespondierenden latenten Steuerabgrenzungen sind entsprechend aufzulösen.

Werden dagegen Zwischenerfolge im nicht abnutzbaren Anlagevermögen eliminiert, dann hat eine Steuerabgrenzung insoweit zu unterbleiben, als die Veräußerung des entsprechenden Vermögensgegenstands an einen konzernfremden Dritten nicht absehbar ist. In diesem Fall entstehen quasi-permanente Differenzen, die eine Steuerabgrenzung gemäß § 306 HGB nicht rechtfertigen (vgl. nur DEBUS, 1987, Rn. 168, m.w.N.).

Bei der Erstellung eines **Konzernabschlusses nach IAS** sind zeitliche Bewertungsunterschiede aus der Zwischenergebniseliminierung gemäß IAS 27.18 nach den Grundsätzen des IAS 12 (revised 1996) steuerlich abzugrenzen (vgl. BAETGE/SCHULZE, 1997, S. 1029).

Unterschiede zur Vorgehensweise nach HGB ergeben sich lediglich für den Fall, daß Zwischenerfolge im nicht abnutzbaren Anlagevermögen zu eliminieren sind. Denn während nach HGB keine latenten Steuern abzugrenzen sind, gebietet IAS 12 (revised 1996) eine entsprechende Abgrenzung. Der daraus resultierende Abgrenzungsposten bleibt grundsätzlich über alle Perioden in der nach IAS erstellten Konzernbilanz stehen, es sei denn, der betreffende Vermögensgegenstand wird an konzernfremde Dritte veräußert oder aber außerplanmäßig abgeschrieben (diese Konsequenz gilt analog auch für den Fall, daß im Rahmen der Kapitalkonsolidierung stille Rücklagen/Lasten dem nicht abnutzbaren Anlagevermögen zugeordnet werden; vgl. hierzu auch FÖRSCHLE/SCHULZE, 1996, S. 1637).

3.3.5 Equity-Methode

Zeitlich begrenzte Differenzen zwischen Konzern- und Summenerfolg können sich grundsätzlich auch aus der Anwendung der Equity-Methode ergeben. Da die Equity-Methode jedoch in den §§ 311, 312 HGB, d.h. im Siebenten Titel, geregelt ist, die im **handelsrechtlichen Konzernabschluß** vorzunehmende Steuerabgrenzung nach § 306 HGB sich indes ausdrücklich nur auf die Maßnahmen der Voll- (und Quoten-) Konsolidierung des Vierten Titels bezieht, kann eine Pflicht zur Abgrenzung sekundärer latenter Steuern aus § 306 HGB nicht abgeleitet werden. Auf jeden Fall ist aber eine Abgrenzung latenter Steuern nach § 274 in Verbindung mit § 298 HGB angezeigt (ebenso DEBUS, 1987, Rn. 27; DUSEMOND/HAYN, 1997a, S. 986) mit der Folge, daß lediglich für passivische latente Steuern eine Ansatzpflicht besteht. Gegen eine freiwillige Anwendung der strengeren Vorschriften des § 306 HGB bestehen allerdings keine Bedenken. So wird im Schrifttum eine freiwillige Anwendung des § 306 HGB nicht nur für zulässig, sondern sogar für sinnvoll erachtet (vgl. COENENBERG/HILLE, 1994, Rn. 116; KÜTING/ZÜNDORF, 1998, Rn. 240).

Bei der Anwendung der Equity-Methode können Abweichungen zwischen Konzern- und Summenerfolg auf zwei Sachverhalte zurückzuführen sein (vgl. nur BAUMANN, 1998, Rn. 34; EBELING, 1995, S. 226); und zwar zum einen auf Differenzen, die sowohl aus der erfolgswirksamen Fortschreibung der im Rahmen der Kapitalaufrechnung aufgedeckten stillen Rücklagen/Lasten bzw. der verbleibenden Unterschiedsbeträge (Geschäfts- oder Firmenwert, passivischer Unterschiedsbetrag) als auch aus der erfolgswirksamen Zwischenergebniseliminierung resultieren. Im ersten Fall liegen – analog zur Kapitalkonsolidierung – je nach Standpunkt quasi-permanente bzw. timing differences vor. Eine Steuerabgrenzung ist demgemäß vom vertretenen Standpunkt des Bilanzierenden abhängig (vgl. die Ausführungen unter 3.3.2). Hinsichtlich der zeitlich begrenzten Differenzen aus der Zwischenergebniseliminierung ergeben sich ebenfalls keine Unterschiede zur Vorgehensweise bei der Vollkonsolidierung. Eine Steuerabgrenzung ist daher grundsätzlich vorzunehmen (vgl. die Ausführungen unter 3.3.4).

Andererseits kann es sich aber auch um Differenzen handeln, die sich aus der anteiligen Übernahme der Jahresüberschüsse/-fehlbeträge des assoziierten Unternehmens ergeben. Denn während im Konzernabschluß in Höhe des anteiligen Jahresüberschusses/-fehlbetrags ein Ertrag/Aufwand bereits im Jahr der Entstehung realisiert wird, erfolgt eine Realisation im Einzelabschluß der beteiligten Gesellschaft – wenn überhaupt – erst periodenverschoben und lediglich in Höhe der Dividendenausschüttung bzw. bei Verkauf oder Abschreibung der Beteiligung. Die Abgrenzung latenter Steuern kommt folglich allenfalls auf geplante Ausschüttungen in Betracht, da nur in dieser Höhe zeitlich begrenzte Differenzen existieren. »Für die Ermittlung der latenten Steuern muß also auf diejenigen Gewinne des assoziierten Unternehmens abgestellt werden, die in absehbarer Zeit ausgeschüttet« (DEBUS, 1987, Rn. 177) und beim beteiligten Unternehmen thesauriert werden sollen (ebenso LÜHRMANN, 1997, S. 273 f. m.w.N.). In diesem Fall ergibt sich in Höhe der Differenz zwischen Thesaurierungs- und Ausschüttungsbelastung (45%–30%) »die Pflicht zur Antizipation der ›Nachsteuern‹« (BAETGE, 1995, S. 465) bereits in der Periode der Erfolgsentstehung. Als problematisch muß jedoch die zuverlässige Ermittlung der geplanten Ausschüttungen beurteilt werden. Hier ist auf Vereinfachungslösungen zurückzugreifen (vgl. nur DEBUS, 1987, Rn. 177).

Bei der Erstellung eines **Konzernabschlusses nach IAS** sind aus der Anwendung der Equity-Methode entstehende latente Steuern gemäß IAS 28.25 in Verbindung mit IAS 12 (revised 1996) abzugrenzen. Für den Fall, daß ein assoziiertes Unternehmen im steuerlichen Einzelabschluß eines voll konsolidierten Konzernunternehmens nach der Anschaffungskostenmethode und im Konzernabschluß nach der Equity-Methode bilanziert wird, treten nach IAS grundsätzlich die gleichen Sachverhalte auf, die zu einer Abweichung zwischen Konzernerfolg und Summenerfolg führen, wie nach HGB (vgl. BAETGE/SCHULZE, 1997, Rn. 172).

Allerdings sind nach IAS 28.25 im Gegensatz zu den handelsrechtlichen Regelungen, wonach für aktivische latente Steuern wegen der Anwendung des § 274 HGB lediglich ein Aktivierungswahlrecht besteht, sowohl aktivische als auch passivische latente Steuern, die durch die Anwendung der Equity-Methode entstehen, grundsätzlich abgrenzungspflichtig (vgl. BAETGE/BRUNS, 1997, Rn. 114). Dieser im ersten Moment vorhandene Unterschied zwischen HGB und IAS kann jedoch durch die freiwillige Anwendung des § 306 HGB, der auch für aktivische latente Steuern eine Aktivierungspflicht beinhaltet, behoben werden.

Eine Abgrenzung latenter Steuern ist nach IAS 12.39 (revised 1996) nicht zulässig, wenn das beteiligte Unternehmen den Ausschüttungszeitpunkt bestimmen kann und es wahrscheinlich ist, daß die zeitlichen Differenzen sich nicht in absehbarer Zukunft ausgleichen werden. Da das die Beteiligung haltende Konzernunternehmen bei dem assoziierten Unternehmen grundsätzlich nicht weisungsberichtigt ist, ist bei Fehlen einer Thesaurierungsvereinbarung prinzipiell eine Abgrenzung latenter Steuern angezeigt (vgl. COENENBERG/HILLE, 1997, Rn. 68). Latente Steuern auf thesaurierte Jahresüberschüsse sind nicht abzugrenzen (vgl. hierzu BAETGE/BRUNS, 1997, Rn. 302), wenn beide Parteien vereinbart haben, in Zukunft keine Dividenden zu zahlen (vgl. IAS 12.42 (revised 1996)), oder wenn eine spätere Ausschüttung in absehbarer Zukunft unwahrscheinlich ist (vgl. IAS 12.44 (a) (revised 1996)), oder künftig voraussichtlich keine Gewinne erwirtschaftet werden, mit denen die temporary difference verrechnet werden kann (vgl. IAS 12.44 (b) (revised 1996)). »Liegt keine dieser Voraussetzungen vor, dann führt der Teil des Jahresüberschusses, der später nicht ausgeschüttet werden soll, zu einer quasi-permanenten Differenz. Diese Differenz darf handelsrechtlich nicht abgegrenzt werden, während IAS 12.42 (revised 1996) i.V.m. IAS 12.38f. eine Abgrenzung vorschreibt« (Baetge/Bruns, 1997, Rn. 302). Allerdings ist hierbei zu sehen, daß über entsprechende Vereinbarungen oder zukünftige Annahmen ein Gleichklang zwischen HGB und IAS problemlos erreicht werden kann.

Hinsichtlich der auch im Rahmen der Equity-Methode vorzunehmenden Kapitalaufrechnung wird auf die Ausführungen unter 3.3.2 verwiesen. Hinsichtlich der Zwischenergebniseliminierung, wenn sie denn überhaupt vorgenommen wird (vgl. C & L Deutsche Revision, 1997, wonach von 100 untersuchten Konzernen lediglich 3 Konzernabschlüsse ausdrückliche Hinweise auf eine Zwischenergebniseliminierung bei assoziierten Unternehmen enthielten), gelten die Ausführungen unter 3.3.4 analog.

3.3.6 Konzerninterne Gewinnausschüttungen

Wie bereits oben dargestellt (vgl. 3.3.1), führt die Aufwands- und Ertragskonsolidierung (im eigentlichen Sinne) aufgrund ihrer Erfolgsneutralität regelmäßig nicht zu (zeitlichen) Verwerfungen zwischen Konzern- und Summenerfolg, die im **handelsrechtlichen Konzernabschluß** eine Abgrenzung latenter Steuern nach § 306 HGB erforderlich machen würden. Besonderheiten können sich jedoch bei der Berücksichtigung konzerninterner Gewinnausschüttungen ergeben, die im allgemeinen unter die Aufwands- und Ertragskonsolidierung (im weiteren Sinne) subsumiert werden.

Die Konsolidierung konzerninterner Gewinnausschüttungen ist in den §§ 300–307 HGB nicht explizit geregelt; eine Pflicht zur Durchführung ergibt sich jedoch im Hinblick auf die Einheitstheorie (vgl. Baumann, 1998, Rn. 31) und insbesondere, um der Generalnorm des § 297 Abs. 2 Satz 2 HGB zu genügen. Zweck dieser Konsolidierungsmaßnahme ist es zu vermeiden, daß derselbe Erfolg zweifach in der Konzern-Gewinn- und Verlustrechnung Berücksichtigung findet: einmal als Jahreserfolg des Tochterunternehmens und ein weiteres Mal als Beteiligungsertrag des Mutterunternehmens. Infolgedessen führt die Eliminierung konzerninterner Gewinnausschüttungen – sofern kein Gewinnabführungsvertrag vorliegt – zu Differenzen zwischen Konzern- und Summenerfolg.

Besteht ein **Gewinnabführungsvertrag**, stehen sich im Jahr der Erfolgserzielung durch das Tochterunternehmen in der Summen-Gewinn- und Verlustrechnung die Posten »Erträge aus Gewinngemeinschaften, Gewinnabführungs- und Teilgewinnabführungsverträgen« und »Aufgrund einer Gewinngemeinschaft, eines Gewinnabführungs- oder Teilgewinnabführungsvertrags abgeführte Gewinne« (vgl. § 277 Abs. 3 Satz 2 HGB) in gleicher Höhe gegenüber. Durch die erfolgsneutrale Konsolidierung dieser Posten im Rahmen der Aufwands- und Ertragskonsolidierung gemäß § 305

Abs. 1 HGB ergeben sich keine Differenzen zwischen Konzern- und Summenerfolg; eine Steuerabgrenzung ist demzufolge nicht erforderlich.

Erfolgt eine **zeitgleiche Vereinnahmung** eines innerkonzernlich auszuschüttenden Betrags ohne Vorliegen eines Gewinnabführungsvertrages, wird dieser Jahreserfolg in der Summen-Gewinn- und Verlustrechnung doppelt ausgewiesen: einerseits als Saldo der Aufwendungen und Erträge des Tochterunternehmens und andererseits als Beteiligungsertrag beim Mutterunternehmen. Im Rahmen des Konsolidierungsprozesses ist der Beteiligungsertrag gegen die entsprechende Forderung zu eliminieren mit der Folge, daß sich der Konzernerfolg gegenüber dem Summenerfolg – zeitlich unbegrenzt – um diesen Betrag vermindert. Eine Steuerabgrenzung kommt jedoch nicht in Frage, da der Steueraufwand – soweit er von den beteiligten Unternehmen in ihren Einzelabschlüssen zutreffend ausgewiesen wurde – aufgrund des körperschaftsteuerlichen Anrechnungsverfahrens »in seiner Summe auch dem um die konzerninternen Dividendenausschüttungen bereinigten Konzernergebnis« (Schnicke/Fischer, 1995, Rn. 19) entspricht.

Liegt dagegen eine **zeitverschobene Gewinnausschüttung** vor, d.h., werden Gewinne von Tochterunternehmen erst in Folgeperioden vom Mutterunternehmen vereinnahmt, so sind die Beteiligungserträge im Jahr der Ausschüttung erfolgswirksam zu eliminieren. Mit anderen Worten: Die betreffenden Beteiligungserträge sind – der Konzernsicht entsprechend – zu Gunsten der Konzerngewinnrücklagen bzw. des Konzernergebnisvortrags umzubuchen. Denn diese Beteiligungserträge sind aus der Sicht des Konzerns als Gewinnrücklagen bzw. als ein Bestandteil des Ergebnisvortrags zu interpretieren. Durch diese Vorgehensweise wird vermieden, daß »dieselben Gewinne sowohl in der Entstehungsperiode (über den Einzelabschluß der Untergesellschaft) als auch in der Ausschüttungsperiode (über den Einzelabschluß der Obergesellschaft) das Konzernergebnis beeinflussen« (Coenenberg/Hille, 1994, Rn. 99). Diese Eliminierung (Umbuchung) führt jedoch nicht zu zeitlichen, sondern vielmehr zu permanenten Differenzen zwischen Konzern- und Summenerfolg, so daß eine Abgrenzung latenter Steuern nicht vorzunehmen ist.

Obwohl die entstehende Differenz zwischen Konzern- und Summenerfolg permanenten Charakter hat, fordert die h.M. gleichwohl die Passivierung einer Rückstellung für latente Steuern (vgl. nur Baumann, 1998, Rn. 32f.; Schnicke/Fischer, 1995, Rn. 20; WP-Handbuch 1996, M 611); und zwar in Höhe der Differenz zwischen Thesaurierungs- und Ausschüttungsbelastung (sogenannte Nachsteuern). Dies gilt bereits für das Jahr der Gewinnerzielung durch das Tochterunternehmen, sofern das ausschüttende Unternehmen in Ausübung des Wahlrechts gemäß § 278 Satz 1 HGB im betreffenden Jahresabschluß lediglich die Ausschüttungsbelastung als Steueraufwand ausweist. Denn »aus der Sicht des Konzerns liegt ... in Höhe des Konzernanteils keine Ausschüttung, sondern ein Gewinnvortrag« (WP-Handbuch 1996, M 611) bzw. eine Rücklagendotierung vor. Die Ursache für die Passivierung einer derartigen Steuerrückstellung liegt somit nicht in einer zeitlichen Erfolgsdifferenz, »sondern beruht einzig und allein auf dem gespaltenen Körperschaftsteuersatz für Ausschüttungen und Thesaurierungen« (Lührmann, 1997, S. 253). Die soeben beschriebene Vorgehensweise ist insbesondere dann geboten, »wenn eine spätere Gewinnthesaurierung beim Mutterunternehmen wahrscheinlich ist« (Adler/Düring/Schmaltz, 1996, § 306 HGB, Rn. 35).

Eine entsprechende Steuerabgrenzung ist darüber hinaus grundsätzlich auch dann vorzunehmen, soweit ausländische Einkünfte der Zugriffsbesteuerung gemäß §§ 7 ff. AStG unterliegen, oder geplante Ausschüttungen ausländischer Tochterunternehmen mit einem geringeren Steuersatz belastet sind, als dem inländischen Thesaurierungssatz des Mutterunternehmens (vgl. hierzu Baumann, 1998, Rn. 33).

Auch bei der Erstellung eines **Konzernabschlusses nach IAS** ergibt sich wie nach HGB nur dann die Notwendigkeit, latente Steuern abzugrenzen, wenn die in Rede stehenden Gewinne zeitverschoben vereinnahmt werden und dabei zusätzliche Steuern anfallen (vgl. Baetge/Schulze, 1997, Rn. 171). So bestimmt IAS 27.16, daß Steuern auf Ausschüttungen, die vom Mutter- oder seinen Tochterunternehmen aufgrund von Gewinnen, die beim Tochterunternehmen zurückbehalten wurden, geschuldet werden, nach IAS 12 (revised 1996) zu bilanzieren sind.

3.3.7 Konzerninterner Verlustausgleich

Weisen einzelne Konzernunternehmen Verluste aus, die zu einem Verlustvortrag führen, während andere Konzernunternehmen Gewinne erwirtschaften, die zu versteuern sind, dann wird im Konzernabschluß aus Konzernsicht ein zu hoher Steueraufwand ausgewiesen. Eine Verminderung dieses Steueraufwandes durch die Bildung eines aktivischen Abgrenzungspostens, und somit de facto die Aktivierung der zukünftigen Steuerersparnisse aus den betreffenden Verlustvorträgen, wird nach überwiegender Ansicht in der Literatur im **handelsrechtlichen Konzernabschluß** als nicht zulässig erachtet (vgl. nur Adler/Düring/Schmaltz, 1996, § 306 HGB, Rn. 43; Baumann, 1998, Rn. 41; Schnicke/Fischer, 1995, Rn. 54).

Nach der hier vertretenen Ansicht ist jedoch eine Aktivierung auch nach HGB zu befürworten, wenn Ausschüttungen in die Verlustgesellschaft mit der Möglichkeit zur Steuererstattung vorgesehen sind (ebenso Langer/Blaum, 1995, S. 899). Dies wäre beispielsweise dann der Fall, wenn das Mutterunternehmen Verluste erwirtschaftet, während die Tochterunternehmen Gewinne erzielen, die im Folgejahr ausgeschüttet werden sollen, und sich hierdurch eine Steuererstattung ergibt. Ausschlaggebend für die Aktivierung ist somit die Tatsache, daß eine Realisation des steuerlichen Vorteils zum Zeitpunkt der Konzernabschlußerstellung tatsächlich absehbar ist; allein die einheitstheoretische Fiktion der Realisierung reicht dagegen nicht aus (gl. A. Ordelheide, 1995, S. 615 f.). Entsprechende Erläuterungen im Konzernanhang werden selbstverständlich vorausgesetzt.

Sofern ein Konzern insgesamt mit einem Verlust abschließt, können mangels steuerlicher Anerkennung - es existieren keine den §§ 10d EStG, 8 Abs. 4 KStG vergleichbaren Regelungen - Verlustrückträge nur im Umfang der einzelgesellschaftlichen Rücktragsmöglichkeiten realisiert werden. Infolgedessen können auch nur die Steuerforderungen im Konzernabschluß ausgewiesen werden, die bereits in den Einzelabschlüssen der einbezogenen Unternehmen aktiviert wurden. Ein (zusätzlicher) Verlustrücktrag im Konzern ist dagegen nicht möglich. Darüber hinaus sind bestehende Steuerabgrenzungsposten gemäß § 306 HGB aufzulösen, sofern auch in Zukunft Verluste erwartet werden, da in diesem Fall nicht mehr mit einer zukünftigen steuerlichen Be- oder Entlastung zu rechnen ist (vgl. ADLER/DÜRING/SCHMALTZ, 1996, § 306 HGB, Rn. 42; BAUMANN, 1998, Rn. 42; SCHNICKE/FISCHER, 1995, Rn. 55 f.).

Wird dagegen ein **Konzernabschluß nach IAS** erstellt, dann ist nach IAS 12.34 (revised 1996) ein latenter Steueranspruch für den Vortrag noch nicht genutzter steuerlicher Verluste und noch nicht genutzter Steuergutschriften in dem Umfang zu bilanzieren, in dem es wahrscheinlich ist, daß zukünftiges zu versteuerndes Einkommen zur Verfügung stehen wird, gegen das die noch nicht genutzten Steuergutschriften verwendet werden können. Hierbei handelt es sich insofern um einen zukünftigen ökonomischen Vorteil, dessen Realisierbarkeit sich aus dem in der vergangenen Periode entstandenen Verlust begründet. Somit liegt zwar grundsätzlich kein Vermögensgegenstand im handelsrechtlichen Sinne vor, jedoch ein zu aktivierender Vermögensgegenstand im Sinne des IAS (vgl. nur COENENBERG/HILLE, 1997, Rn. 85 m. w. N.). Dies wiederum bedeutet, daß sich hieraus zwangsläufig **Unterschiede** zwischen beiden Rechenwerken ergeben.

Nach IAS 12.35 (revised 1996) sind die Kriterien für die Bilanzierung latenter Steueransprüche aus Vorträgen noch nicht genutzter Verluste und Steuergutschriften die gleichen wie die Kriterien für die Bilanzierung latenter Steueransprüche aus abzugsfähigen temporären Unterschieden. »Allerdings spricht das Vorhandensein noch nicht genutzter steuerlicher Verluste deutlich dafür, daß zukünftiges zu versteuerndes Einkommen möglicherweise nicht zur Verfügung stehen wird« (IAS 12.35 (revised 1996)). Daher sind »an den Nachweis zukünftiger wahrscheinlicher steuerlicher Gewinne besondere Anforderungen zu stellen« (COENENBER/HILLE, 1997, Rn. 86). In der Vergangenheit beständig und nachhaltig erzielte Gewinne könnten hierfür ein Indikator sein; anderenfalls, d. h. im Falle einer Verlusthistorie, ist ein überzeugender Nachweis zu erbringen, daß sich die Situation umkehrt (vgl. ARBEITSKREIS »EXTERNE UNTERNEHMENSRECHNUNG« DER SCHMALENBACH-GESELLSCHAFT – DEUTSCHE GESELLSCHAFT FÜR BETRIEBSWIRTSCHAFT E. V., 1997, S. 107 sowie IAS 12.35 (revised 1996)). In Analogie zu den Verlautbarungen des FASB vertreten FÖRSCHLE/KRONER (1996, S. 1639) die Ansicht, daß »der Ansatz eines aktivischen Steuerabgrenzungspostens für steuerlich vortragsfähige Verluste ... dann eine Wahrscheinlichkeit von deutlich über 50% voraus(setzte; d. Verf.)«. IAS 12.36 (revised 1996) enthält insofern konsequenterweise Kriterien, die bei der Beurteilung der Wahrscheinlichkeit, ob ein zu versteuerndes Einkommen zur Verfügung stehen wird, gegen das die noch nicht genutzten steuerlichen Verluste oder Steuergutschriften verwendet werden können, zu beachten sind.

Werden latente Steuern auf Verlustvorträge bilanziert, dann ist IAS 12.82 (revised 1996), der eine besondere Berichterstattungspflicht vorsieht, zu beachten.

Abschließend sei noch auf folgenden Sachverhalt hingewiesen. Die der Abgrenzung latenter Steuern nach IAS unterliegenden Verlustvorträge resultieren ausschließlich aus den Steuerbilanzen der betreffenden Unternehmen. Die Steuerbilanzen wiederum basieren auf den jeweiligen einzelgesellschaftlichen Geschäftstätigkeiten. Insofern können die **steuerrechtlichen Verlustvorträge durch konzerninterne Beziehungen** beeinflußt sein. Die sich daraus ergebende Problemstellung wird nachfolgend anhand eines einfachen **Beispiels** verdeutlicht.

Das voll konsolidierte Konzernunternehmen X weist in seinem Einzelabschluß vor Berücksichtigung konzerninterner Beziehungen ein Jahresergebnis von 0 DM aus. Am Ende des betreffenden Geschäftsjahres begibt das Konzernunternehmen X auf Anweisung der Konzernmutter an das ebenfalls voll konsolidierte Konzernunternehmen Y eine unverzinsliche Ausleihung in Höhe von 10 Mio. DM mit einer Laufzeit von 5 Jahren. Aufgrund der Unverzinslichkeit ist die Ausleihung im einzelgesellschaftlichen Jahresabschluß mit ihrem Barwert zu bilanzieren, d.h., in Höhe der Differenz zwischen Nennbetrag (= 10 Mio. DM) und Barwert (= 7,84 Mio. DM; Annahme: Zinssatz von 5%) ist im Jahr der Begebung der Ausleihung eine Barwertabschreibung (= 2,16 Mio. DM) vorzunehmen, während über die Laufzeit entsprechende Zinserträge zu zeigen sind (aus Vereinfachungsgründen wird hierauf im Begebungsjahr verzichtet). Da diese Vorgehensweise einem Fremdvergleich standhält, ist der aus dem Barwertansatz resultierende Aufwand steuerrechtlich ebenso zu berücksichtigen wie die in den folgenden Geschäftsjahren auflaufenden Erträge. Insofern ergibt sich nunmehr beim Konzernunternehmen X ein Jahresergebnis in Höhe von –2,16 Mio. DM, das unmittelbar in einen steuerrechtlichen Verlustvortrag mündet.

Unterstellt man zum einen, daß die Voraussetzungen zur Abgrenzung latenter Steuern nach IAS erfüllt sind, und zum anderen einen konzernweiten Steuersatz von 50%, dann ist bei der Erstellung eines Konzernabschlusses nach IAS ein aktivischer Abgrenzungsposten in Höhe von 1,08 Mio. DM ertragswirksam einzubuchen. (Anmerkung: Würde der zugrundeliegende Sachverhalt steuerlich nicht anerkannt werden, dann würde bereits der handelsbilanzielle Jahreserfolg (–2,16 Mio. DM) vom steuerlichen Jahreserfolg (0 DM) abweichen mit der Folge, daß nach HGB aktivische latente Steuern bilanziert werden könnten. Nach IAS besteht dagegen eine grundsätzliche Bilanzierungspflicht. Würde das Aktivierungswahlrecht nach HGB nicht in Anspruch genommen, dann ergäben sich die gleichen Auswirkungen wie in dem hier diskutierten Sachverhalt.).

Da diese Darlehensbegebung jedoch eine konzerninterne Kreditbeziehung darstellt, ist sie Gegenstand der Schuldenkonsolidierung, d.h., die betreffende Verbindlichkeit bei Y (10 Mio. DM) wird gegen die Ausleihung bei X (7,84 Mio. DM) und den aus Konzernsicht nicht vorhandenen Aufwand aus dem Barwertansatz (2,16 Mio. DM) eliminiert. Darüber hinaus sind aufgrund dieser erfolgswirksamen Konsolidierungsmaßnahme passivische latente Steuern aufwandswirksam abzugrenzen.

Betrachtet man die Auswirkungen in der Konzern-Gewinn- und Verlustrechnung insgesamt, so ist zu konstatieren, daß der Konzernjahresüberschuß im Vergleich zum Summenabschluß um 2,16 Mio. DM zunimmt. Dieser Betrag setzt sich wie folgt zusammen:

• Latente Steuern auf Verlustvortrag:	+1,08
• Aufwandseliminierung im Rahmen der Schuldenkonsolidierung:	+2,16
• Latente Steuern auf Schuldenkonsolidierung:	–1,08
⇒ Auswirkungen insgesamt:	+2,16

Insofern werden die Auswirkungen der konzerninternen Darlehensbegebung im IAS Konzernabschluß konsequenterweise vollständig eliminiert.

Würde dagegen ein Konzernabschluß nach HGB erstellt werden, dann würde der Konzernjahresüberschuß im Vergleich zum Summenabschluß nur um 1,08 Mio. DM zunehmen, da die Abgrenzung latenter Steuern auf Verlustvorträge nach h.M. nicht zulässig ist. Insofern würde das handelsrechtliche Konzernergebnis um 1,08 Mio. DM zu niedrig ausgewiesen, da eine Steuerschuld fingiert wird, die aufgrund des einzelgesellschaftlichen Verlustvortrages nicht existent ist. Dies verdeutlicht, daß bei einer derartigen Fallkonstellation die Vorgehensweise nach IAS die Vermögens-, Finanz- und Ertragslage des Konzerns zutreffend darstellt. Zu dem gleichen Ergebnis gelangt man, wenn bei der Erstellung des handelsrechtlichen Konzernabschlusses gerade wegen des einzelgesellschaftlichen Verlustvortrages auf die Abgrenzung latenter Steuern im Rahmen der Schuldenkonsolidierung verzichtet wird.

Auch ist hierbei zu sehen, daß bei einer steuerlichen Nichtanerkennung des betreffenden Aufwandes bedingt durch die daraus resultierende Abweichung zwischen handelsbilanziellem und steuerlichem Jahreserfolg nach HGB ein Aktivierungswahlrecht in Höhe des betreffenden Betrages entstehen würde, so daß sich bei einer Aktivierung wiederum ein Gleichklang zwischen HGB und IAS ergäbe. Viel entscheidender ist hierbei aber die Tatsache, daß auch in diesem Fall die tatsächlichen Verhältnisse im handelsrechtlichen Konzernabschluß zutreffend dargestellt würden.

Unterstellt man dagegen, daß das Konzernunternehmen X vor der konzerninternen Darlehensbegebung einen Jahresüberschuß von 5 Mio. DM ausweist, dann werden aufgrund der Barwertabschreibung die steuerrechtliche Bemessungsgrundlage vermindert und insofern weniger Steuern gezahlt. Im Summenabschluß wäre insofern der Effekt aus der Darlehensbegebung mit –1,08 Mio. DM enthalten (Annahme: Steuersatz auch im Einzelabschluß von 50%; Barwertabschreibung: –2,16 Mio. DM, Steuerersparnis: +1,08 Mio. DM). Die Schuldenkonsolidierung inklusive der Abgrenzung latenter Steuern würde in diesem Fall sowohl nach HGB als auch nach IAS eine Zunahme des Konzernerfolgs gegenüber dem Summenerfolg in Höhe von 1,08 Mio. DM (Schuldenkonsolidierung: +2,16 Mio. DM, latente Steuern hierauf: –1,08 Mio. DM) bewirken mit der Folge, daß in beiden Rechenwerken aus Konzernsicht die Auswirkungen der konzerninternen Darlehensbegebung vollständig eliminiert sind.

Andererseits ist aber auch zu konstatieren, daß die Vorgehensweise nach IAS, latente Steuern auf steuerrechtliche Verlustvorträge abzugrenzen, in Einzelfällen sehr wohl zu unzutreffenden Ergebnisses führen kann. Resultiert z.B. ein Verlustvortrag eines auf der Basis der Vollkonsolidierung einbezogenen Konzernunternehmens aus konzerninternen Lieferungs- oder Leistungsbeziehungen, dann ist nach IAS grundsätzlich ein latenter Steueranspruch zu aktivieren. Werden jedoch die Auswirkungen aus den betreffenden konzerninternen Lieferungs- und Leistungsverflechtungen z.B. aufgrund des Wirtschaftlichkeitsgrundsatzes nicht eliminiert und insofern auch keine latenten Steuern im Rahmen der Zwischenergebniseliminierungen abgegrenzt, dann führt gerade die auf den steuerrechtlichen Verlustvorträgen basierende Abgrenzung latenter Steuern nach IAS dazu, daß die Vermögens-, Finanz- und Ertragslage des Konzerns unzutreffend dargestellt wird. Denn wegen der fehlenden Korrektur aufgrund der nicht vorgenommenen Zwischenergebniseliminierung werden in diesem Fall im IAS Konzernabschluß Steueransprüche gezeigt, die aus Konzernsicht nicht existent sind.

4. Zusammenfassung und Ausblick

Wie bereits unter 2.3 angemerkt, haben die vorangegangenen Ausführungen gezeigt, daß trotz der unterschiedlichen Konzeptionen (HBG: timing-Konzept; IAS: temporary-Konzept) in der Praxis bezüglich des Umfanges der eine Abgrenzung latenter Steuern induzierenden Ursachen nur in wenigen Bereichen unlösbare Konfliktsituationen zwischen HGB und IAS auftreten werden. Voraussetzung hierfür ist allerdings, daß bereits bei der Konzernabschlußerstellung nach HGB bestimmte Sachverhalte im Rahmen der handelsrechtlichen Normen so behandelt werden, daß sie sich IAS konform darstellen. So sind im wesentlichen:

- aktivische latente Steuern sowohl in den Handelsbilanzen I als auch in den Handelsbilanzen II zu bilanzieren (Ausübung des Aktivierungswahlrechts);
- im Rahmen der Währungsumrechnung bei Anwendung der Zeitbezugsmethode und erfolgswirksamer Behandlung der bilanziellen Währungsdifferenzen latente Steuern abzugrenzen;
- im Rahmen der Kapitalkonsolidierung auf aufgedeckte stille Rücklagen (Ausnahme: nicht zum Verkauf bestimmte Grundstücke) bzw. stille Lasten erfolgsneutral passivische bzw. aktivische latente Steuern zu bilden;

- latente Steuern bei Anwendung der Equity-Methode nach § 306 HGB abzugrenzen;
- aktivische latente Steuern bezogen auf steuerrechtliche Verlustvorträge zu bilanzieren, wenn eine Realisierung des steuerlichen Vorteils zum Zeitpunkt der Konzernabschlußerstellung durch entsprechende Ausschüttungen in die Verlustgesellschaft tatsächlich absehbar ist.

Gleichwohl verbleiben einige Bereiche, in denen ein Gleichklang zwischen HGB und IAS nicht erreicht werden kann, da die betreffenden Ursachen eine unterschiedliche Handhabung nach HGB und IAS erfordern. Hierbei handelt es sich im wesentlichen um:

- bilanzielle Währungsdifferenzen, die aus der Anwendung der modifizierten Stichtagskursmethode entstehen (vgl. 3.2.3);
- Aufdeckungen stiller Rücklagen/Lasten im Rahmen der Kapitalkonsolidierung bei nicht zum Verkauf bestimmten Grundstücken sowie die erfolgsneutrale Abgrenzung latenter Steuern gegen die Konzerngewinnrücklagen (HGB) bzw. gegen den Unterschiedsbetrag aus der Kapitalkonsolidierung (IAS; nach der hier vertretenen Ansicht ist diese Vorgehensweise zumindest als strittig einzustufen) (vgl. 3.3.2);
- Zwischenergebniseliminierungen im nicht abnutzbaren Anlagevermögen (vgl. 3.3.4);
- steuerrechtliche Verlustvorträge, deren Realisierung nicht durch Ausschüttungen, sondern durch zukünftig zu versteuerndes Einkommen wahrscheinlich ist (vgl. 3.3.7).

Darüber hinaus können sich Unterschiede zwischen HGB und IAS auch dadurch ergeben, daß im Konzernabschluß nach IAS Bilanzierungs- und Bewertungsmethoden angewandt werden, die nach HGB nicht zulässig sind (vgl. insbesondere 3.2.3).

Weit größere Probleme dürften aber in der Praxis die nach IAS im Vergleich zum HGB umfangreichere Berichterstattung (vgl. im einzelnen IAS 12.79 f. (revised 1996); vgl. auch die Aufzählung bei Arbeitskreis »Externe Unternehmensrechnung« der Schmalenbach-Gesellschaft – Deutsche Gesellschaft für Betriebswirtschaft e.V., 1997, S. 112 f.) sowie die damit in unmittelbarem Zusammenhang stehende Notwendigkeit einer ausführlicheren internen Dokumentation verursachen (ebenso Coenenberg/Hille, 1997, Rn. 120). Während sich die latenten Steuern im handelsrechtlichen Konzernabschluß entweder originär, indem der Konzernerfolg mit der Summe der Steuerbilanzerfolge der einbezogenen Unternehmen verglichen wird, oder aber derivativ, indem zunächst eine Übernahme primärer latenter Steuern in den Konzernabschluß erfolgt, die dann durch die Ergänzung um sekundäre latente Steuern an den Konzernerfolg angepaßt werden, ermitteln lassen, besteht bei der Erstellung eines Konzernabschlusses nach IAS die Notwendigkeit, »für jede einzelne Bilanzposition die potentielle latente Steuerwirkung wie eine ›Schattenwirkung‹ stets mit zu erfassen« (Arbeitskreis »Externe Unternehmensrechnung« der Schmalenbach-

Gesellschaft – Deutsche Gesellschaft für Betriebswirtschaft e.V., 1997, S. 114). Die praktische Umsetzung der hieraus resultierenden Dokumentationsverpflichtung ist nicht nur sehr aufwendig und komplex, sondern erfordert auch spezielle Vorbereitungsmaßnahmen, die – sofern die Erstellung eines Konzernabschlusses nach IAS beabsichtigt ist – frühzeitig in Angriff genommen werden sollten.

Abschließend bleibt noch anzumerken, daß bei der erstmaligen Aufstellung eines Konzernabschlusses nach IAS die auf Vorjahre entfallenden Anpassungseffekte entweder erfolgsneutral mit den (Konzern-)Gewinnrücklagen verrechnet (benchmark treatment) oder alternativ erfolgswirksam im Ergebnis des laufenden Geschäftsjahres abgebildet werden können (allowed alternative treatment). Dies gilt generell für sämtliche Sachverhalte und insofern auch für die Abgrenzung latenter Steuern.

Literaturverzeichnis

Adler, Hans / Düring, Walther / Schmaltz, Kurt (1996), Rechnungslegung und Prüfung der Unternehmen, Kommentar zum HGB, AktG, GmbHG, PublG nach den Vorschriften des Bilanzrichtliniengesetzes, 6. Aufl., Stuttgart 1996.

Arbeitskreis »Externe Unternehmensrechnung« der Schmalenbach-Gesellschaft – Deutsche Gesellschaft für Betriebswirtschaft e.V. (1989), Aufstellung von Konzernabschlüssen, 2. Aufl., Busse von Colbe, Walther/Müller, Eberhard/Reinhard, Herbert (Hrsg.), ZfbF-Sonderheft 21/1987 Düsseldorf 1989.

Arbeitskreis »Externe Unternehmensrechnung« der Schmalenbach-Gesellschaft – Deutsche Gesellschaft für Betriebswirtschaft e.V. (1997), Vereinbarkeit internationaler Konzernrechnungslegung mit handelsrechtlichen Grundsätzen, Busse von Colbe, Walther/Seeberg, Thomas (Hrsg.), ZfbF Sonderheft 39/1997 Düsseldorf/Frankfurt a.M. 1997.

Baetge, Jörg (1995), Konzernbilanzen, 2. Aufl., Düsseldorf 1995.

Baetge, Jörg / Bruns, Carsten (1997), Kommentierung von IAS 28, in: Baetge, Jörg u.a. (Hrsg.), Rechnungslegung nach International Accounting Standards (IAS), Kommentar auf der Grundlage des deutschen Bilanzrechts, Stuttgart 1997.

Baetge, Jörg / Siefke, Michael (1997), Kommentierung von IAS 22, in: Baetge, Jörg u.a. (Hrsg.), Rechnungslegung nach International Accounting Standards (IAS), Kommentar auf der Grundlage des deutschen Bilanzrechts, Stuttgart 1997.

Baetge, Jörg / Schulze, Dennis (1997), Kommentierung von IAS 27, in: Baetge, Jörg u.a. (Hrsg.), Rechnungslegung nach International Accounting Standards (IAS), Kommentar auf der Grundlage des deutschen Bilanzrechts, Stuttgart 1997.

Baumann, Karl-Hermann (1995), Kommentierung des § 274 HGB, in: Küting, Karlheinz/Weber, Claus-Peter (Hrsg.), Handbuch der Rechnungslegung, Kommentar zur Bilanzierung und Prüfung, 4. Aufl., Stuttgart 1995.

Baumann, Karl-Hermann (1998), Kommentierung des § 306 HGB, in: Küting, Karlheinz/Weber, Claus-Peter (Hrsg.), Handbuch der Konzernrechnungslegung, Kommentar zur Bilanzierung und Prüfung, 2. Aufl., Stuttgart 1998.

Becker, Wolfgang (1991), Abgrenzung latenter Steuern im Rahmen der Konzernrechnungslegung, in: Der Betrieb 1991, S. 1737–1742.

Biener, Herbert / Berneke, Wilhelm (1986), Bilanzrichtlinien-Gesetz, Textausgabe des Bilanzrichtlinien-Gesetzes vom 19.12. 1985 (Bundesgesetzbl. I S. 2355) mit Bericht des Rechtsausschusses des Deutschen Bundestages, Regierungsentwürfe mit Begründung, Entstehung und Erläuterung des Gesetzes, Düsseldorf 1986.

Busse von Colbe, Walther (1997), Kommentierung von IAS 29, in: Baetge, Jörg u.a. (Hrsg.), Rechnungslegung nach International Accounting Standards (IAS), Kommentar auf der Grundlage des deutschen Bilanzrechts, Stuttgart 1997.

Busse von Colbe, Walther / Ordelheide, Dieter (1993), Konzernabschlüsse, Rechnungslegung für Konzerne nach betriebswirtschaftlichen Grundsätzen und gesetzlichen Vorschriften, 6. Aufl., Wiesbaden 1993.

C & L Deutsche Revision (1997), (Hrsg.), Konzernabschlüsse '95, Ausweis – Gestaltung – Berichterstattung, Düsseldorf 1997.

Coenenberg, Adolf Gerhard / Hille, Klaus (1994), Latente Steuern, in: von Wysocki, Klaus/ Schulze-Osterloh, Joachim (Hrsg.), Handbuch des Jahresabschlusses in Einzeldarstellungen, 2. Aufl., Köln 1994, Abt. I/13.

Coenenberg, Adolf Gerhard / Hille, Klaus (1997), Kommentierung von IAS 12, in: Baetge, Jörg u.a. (Hrsg.), Rechnungslegung nach International Accounting Standards (IAS), Kommentar auf der Grundlage des deutschen Bilanzrechts, Stuttgart 1997.

Debus, Christian (1987), Latente Steuern, in: Castan, Edgar u.a. (Hrsg.), Beck'sches Handbuch der Rechnungslegung, München 1987, C 440.

Dusemond, Michael / Hayn, Benita (1997), Latente Steuern im Rahmen der Erstellung der Handelsbilanzen II, Darstellung und kritische Analyse möglicher Ursachen, in: Betriebs-Berater 1997, S. 407–411.

Dusemond, Michael / Hayn, Benita (1997a), Latente Steuern aus Konsolidierungsmaßnahmen, Darstellung und kritische Analyse möglicher Ursachen, in: Betriebs-Berater 1997, S. 983–988.

Ebeling, Ralf Michael (1995), Die Einheitsfiktion als Grundlage der Konzernrechnungslegung, Aussagegehalt und Ansätze zur Weiterentwicklung des Konzernabschlusses nach deutschem HGB unter Berücksichtigung konsolidierungstechnischer Fragestellungen, Stuttgart 1995.

Ernst, Christoph / Seibert, Ulrich / Stuckert, Fritz (1998), KonTraG, KapAEG, StückAG, EuroEG (Gesellschafts- und Bilanzrecht), Textausgabe mit Begründungen der Regierungsentwürfe, Stellungnahmen des Bundesrates mit Gegenäußerungen der Bundesregierung, Berichten des Rechtsausschusses des Deutschen Bundestages, Düsseldorf 1998.

Förschle, Gerhard / Kroner, Matthias (1996), International Accounting Standards: offene Fragen zur zukünftigen Steuerabgrenzung – ein Beitrag zur Novellierung des IAS 12 –, in: Der Betrieb 1996, S. 1633–1639.

Hayn, Sven (1997), Internationale Rechnungslegung, Ursachen, Wirkungen und Lösungsansätze zur Überwindung internationaler Rechnungslegungsdivergenzen, Stuttgart 1997.

International Accounting Standard (IAS) 12 (revised 1996), Income Taxes, in: IASC (Hrsg.), International Accounting Standards, London 1996.

Kleekämper, Heinz / Achleitner, Ann-Kristin (1997), Kommentierung von IAS 5, in: Baetge, Jörg u.a. (Hrsg.), Rechnungslegung nach International Accounting Standards (IAS), Kommentar auf der Grundlage des deutschen Bilanzrechts, Stuttgart 1997.

Küting, Karlheinz / Weber, Claus-Peter (1997), Der Konzernabschluß, Lehrbuch und Fallstudie zur Praxis der Konzernrechnungslegung, 4. Aufl., Stuttgart 1997.

Küting, Karlheinz / Zündorf, Horst (1998), Kommentierung des § 312 HGB, in: Küting, Karlheinz/Weber, Claus-Peter (Hrsg.), Handbuch der Konzernrechnungslegung, Kommentar zur Bilanzierung und Prüfung, 2. Aufl., Stuttgart 1998.

Langer, Klaus / Blaum, Ulf (1995), Der Ausweis von Ertragsteuern im Konzernabschluß unter besonderer Berücksichtigung von Verlustsituationen, in: Deutsches Steuerrecht 1995, S. 897–903.

Lührmann, Volker (1997), Latente Steuern im Konzernabschluß, Düsseldorf 1997.

Oechsle, Eberhard / Müller, Klaus / Wildburger, Dieter (1997), Kommentierung von IAS 21, in: Baetge, Jörg u.a. (Hrsg.), Rechnungslegung nach International Accounting Standards (IAS), Kommentar auf der Grundlage des deutschen Bilanzrechts, Stuttgart 1997.

Ordelheide, Dieter (1995), Aktivische latente Steuern bei Verlustvorträgen im Einzel- und Konzernabschluß – HGB, SFAS, IAS –, in: Lanfermann, Josef (Hrsg.), Internationale Wirtschaftsprüfung, Festschrift für Hans Havermann, Düsseldorf 1995, S. 602–623.

Pfitzer, Norbert / Wirth, Michael (1997), Kommentierung von IAS 20, in: Baetge, Jörg u.a. (Hrsg.), Rechnungslegung nach International Accounting Standards (IAS), Kommentar auf der Grundlage des deutschen Bilanzrechts, Stuttgart 1997.

Scherrer, Gerhard (1994), Konzernrechnungslegung, München 1994.

Schildbach, Thomas (1996), Der handelsrechtliche Konzernabschluß, 4. Aufl., München 1996.

Schnicke, Christian / Fischer, Norbert (1995), Kommentierung des § 306 HGB, in: Budde, Wolfgang Dieter u.a. (Hrsg.), Beck'scher Bilanz-Kommentar. Der Jahresabschluß nach Handels- und Steuerrecht, 3. Aufl., München 1995.

Wollmert, Peter (1995), Gegenwärtige und künftige Behandlung latenter Steuern im IASC-Abschluß, in: Dörner, Dietrich/Wollmert, Peter (Hrsg.), IASC-Rechnungslegung, Beiträge zu aktuellen Problemen, Düsseldorf 1995.

WP-Handbuch (1996), IDW (Hrsg.), Handbuch für Rechnungslegung, Prüfung und Beratung, Bd. I, 11. Aufl., Düsseldorf 1996.

von Wysocki, Klaus / Wohlgemuth, Michael (1996), Konzernrechnungslegung, 4. Aufl., Düsseldorf 1996.

Umstellung auf internationale Standards in der Rechnungslegung bei der SAP AG

Henning Kagermann*

Inhalt

* Prof. Dr. Henning Kagermann, Vorstandssprecher der SAP AG, Walldorf.

1. Globalisierung verlangt internationale Standards

Die SAP AG ist heute der weltweit führende Anbieter von betriebswirtschaftlicher Standard-Anwendungssoftware. Das Unternehmen beschäftigt mehr als 18.000 Mitarbeiter und ist in über 50 Ländern mit Niederlassungen und Gesellschaften präsent. Bei über 9.000 Kunden in mehr als 95 Ländern sind die SAP-Produkte R/2 und R/3 im Einsatz. Diese hochgradig internationale Ausrichtung hat sich seit Ende der 80er Jahre kontinuierlich fortentwickelt (SAP AG, 1998a). Die weltweite Präsenz von SAP hat zur Folge, daß ihre bisherige Rechnungslegung nach Deutschem Handelsgesetzbuch (HGB) nicht mehr die Bedürfnisse insbesondere der ausländischen Investoren und Analysten befriedigt. Weshalb ist es sinnvoll, die Rechnungslegung im Rahmen der Internationalisierung der Geschäftsstrategie auf internationale Standards umzustellen?

1.1 Internationalisierung sowohl in der Strategie als auch in der Rechnungslegung

Die Beweggründe für die Umstellung der Rechnungslegung auf internationale Standards sind vielfältig. Im Kern läßt sich die Motivation vor allem aus der zunehmenden Globalisierung des Wettbewerbs ableiten. Die SAP als global agierendes und geführtes Unternehmen erzielt rund 80% ihrer Umsätze außerhalb des Stammsitzes in Deutschland. Das Unternehmen trifft im weltweiten Wettbewerb auf viele unterschiedliche Konkurrenten;

- auf eine große Anzahl von kleinen, lokalen Wettbewerbern und
- auf eine überschaubare Zahl von ebenfalls global operierenden Gesellschaften, die nach internationalen Standards berichten.

Vor allem mit der letzt genannten Gruppe konkurriert die SAP nicht nur auf dem Produktmarkt. Vielmehr steht die SAP mit diesen Unternehmen auch im Wettbewerb um knappe Ressourcen wie Personal, Kapital, Partner, Übernahme- und Beteiligungskandidaten sowie allgemein um Reputation am Markt.

Alle Stakeholder (Kunden, Investoren, sowohl bestehende als auch potentielle Mitarbeiter, Geschäftspartner, Bürger und der Staat) wollen sich ein umfassendes Bild über die Stärken, die Schwächen und die Leistungsfähigkeit der Unternehmen verschaffen, bevor sie ihre jeweiligen Entscheidungen über die Beziehung zu den Firmen treffen. Die Entscheidungen der Kunden, Investoren, etc. bestimmen über die Weiterentwicklung des Unternehmens. Die benötigten Informationen finden die Entscheidungsträger in der Bilanz und in der Gewinn- und Verlustrechnung (GuV). Um nicht von vornherein nachteilige Bewertungen zu riskieren, weil die jeweiligen Entscheidungsträger mit den lokalen Rechnungslegungspraktiken nicht vertraut sind, drängt sich die Umstellung auf eine international anerkannte Rechnungslegung auf. Die Motivation ergibt sich also daraus, die gleiche Qualität und Quantität an Informationen anzubieten wie die Konkurrenten, um ihnen im Wettbewerb auf einem »Level Playing Field« zu begegnen.

1.2 Die internationalen Standards in der Rechnungslegung

Bereits zahlreiche Autoren haben ausführliche Darstellungen über die verschiedenen Rechnungslegungspraktiken erstellt und dabei auch das Thema der Harmonisierung im Rahmen der internationalen Rechnungslegung diskutiert. Eine sowohl umfassende, aber auch pragmatische Zusammenstellung hierfür bieten beispielsweise (KÜTING/WEBER, 1994) oder (MUELLER/GERNON/MEEK, 1997). Im folgenden Abschnitt wird deshalb auf einen Überblick über die unterschiedlichen Verfahren verzichtet. Dafür wird erläutert, weshalb sich die SAP bei der Wahl des internationalen Standards für die US-amerikanischen Generally Accepted Accounting Principles (US-GAAP) und nicht für die International Accounting Standards (IAS) entschieden hat.

Bei der SAP ist die Umstellung auf US-GAAP zugleich auch Voraussetzung für den Gang an die New York Stock Exchange (NYSE). Der Gang an die Börse in den USA ist wiederum für die SAP eine strategische Maßnahme zur Erreichung ihrer Geschäftsziele. Amerika ist der wichtigste bzw. größte Absatzmarkt für SAP. Nur aufgrund der Notierung an einer amerikanischen Börse kann die SAP ihren Mitarbeitern in den USA Aktiensparpläne wie z.B. den Employee Discount Stock Purchase Plan anbieten. Mit Hilfe von solchen Instrumenten können hochqualifizierte Mitarbeiter leichter gewonnen bzw. langfristig an die SAP gebunden werden. Die Möglichkeit für die Beschäftigten der SAP – aber auch für die Mitarbeiter der SAP-Partner und -Kunden – in SAP-Aktien direkt an der US-Börse zu investieren, erhöht die Identifikation mit dem Unternehmen und sorgt zumindest bei den firmeneigenen Mitarbeitern für zusätzliche Motivation, am Erfolg des Unternehmens mitzuwirken.

Die Notierung an der US-Börse erleichtert außerdem den direkten Zugang zum weltgrößten Kapitalmarkt. Für den Fall eines Kapitalbedarfs oder bei der Möglichkeit einer Fusion oder Akquisition erhöht die Notierung an der US-Börse den Handlungsspielraum der Unternehmensleitung. Kapital ließe sich möglicherweise leichter aufnehmen, Maßnahmen im Bereich Mergers and Acquisitions (M&A) ließen sich eventuell leichter darstellen.

Schließlich trägt die Notierung an der US-Börse zur allgemeinen Schärfung des Profils der SAP am weltgrößten Markt für Informationstechnologie bei. Der Bekanntheitsgrad der SAP läßt sich durch den Börsengang in den USA nochmals deutlich steigern. Somit kann die US-Börsennotierung und die sie unterstützende Umstellung der Rechnungslegung von HGB nach US-GAAP auch als Maßnahme des strategischen Marketings bezeichnet werden.

Zusammengefaßt bedeutet dies, daß die SAP die Entscheidung für US-GAAP als internationalen Standard der Rechnungslegung vorwiegend aufgrund strategischer Überlegungen gefällt hat. Denn eine erhöhte Transparenz für alle Stakeholder der SAP durch internationale Rechnungslegung

- vereinfacht die Vergleichbarkeit mit Konkurrenten und
- ist damit zugleich der Schlüssel zur Umsetzung von strategischen Maßnahmen.

In den folgenden Abschnitten wird aufgezeigt, wie die Umstellung der Rechnungslegung auf US-GAAP in den operativen Geschäftsprozessen realisiert und anschließend im Informationssystem R/3 implementiert wurde.

2. Das US-GAAP Projekt bei SAP im Überblick

Die grobe Ausrichtung der Ziele und ihre Inhalte sind bereits frühzeitig erfolgt. Die Projektdefinition umfaßt folgende Schwerpunktthemen, die zugleich die Teilprojekte abgrenzen:

- Auswirkungen der Bewertungsvorschriften bei der Überleitung von HGB nach US-GAAP.
- Umstellung des Berichtswesens auf das Umsatzkostenverfahren.
- Dokumentation und Schulung der neuen Rechnungslegungsprinzipien und Geschäftsverfahren (Accounting Guidelines).
- Der Gang an die New York Stock Exchange.

Das Ergebnis sind umfassende Modelle für die Rechnungslegung und das Berichtswesen, welche SAP die Notierung an einer amerikanischen Börse ermöglichen.

Ein derartiges Projekt betrifft einen weiten Mitarbeiterkreis und muß dies in der Projektorganisation berücksichtigen (vgl. Abbildung 1). Der Projektsponsor hat zusammen mit der Projektleitung Mitarbeiter aus den Abteilungen Forschung und Entwicklung, Interne Systeme, Vertrieb, Marketing, Recht, Personal und Rechnungswesen ausgewählt und den Teilprojekten zugeteilt. SAP hat die Projektleitung bewußt auf zwei Mitarbeiter aus dem Fachbereich Rechnungswesen der Landesgesellschaft Amerika übertragen, die mit der praktischen Anwendung von US-GAAP vertraut sind. SAP America hat beide Kollegen für dieses Projekt freigestellt und der Konzern SAP AG hat in Walldorf das Projektmanagement etabliert.

Da die Notierung an einer US-Börse die externe Kommunikation maßgeblich bestimmt, sind nicht nur Vertreter seitens SAP miteinzubeziehen, sondern ebenso auch die betroffenen externen Geschäftspartner. Deshalb hat SAP Gespräche mit Anwalts-

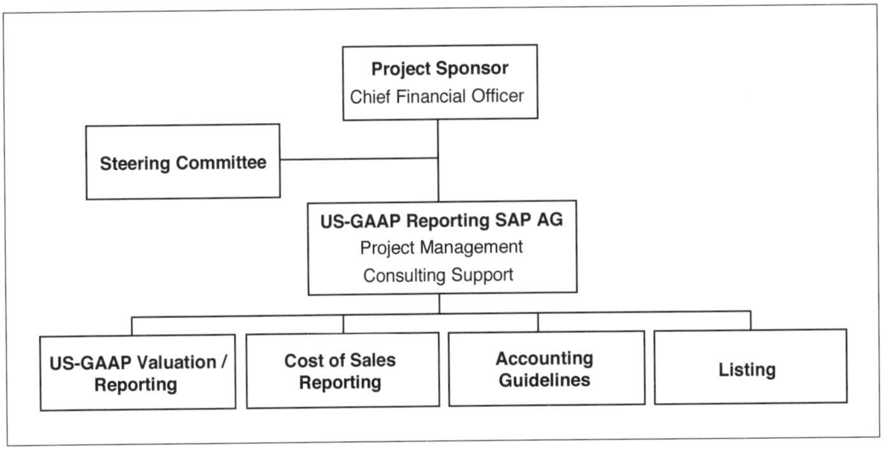

Abb. 1: Projektorganisation

kanzleien, Wirtschaftsprüfern, Investmentbanken, sowie Vertretern der US-Börsen NASDAQ und NYSE geführt, um deren Anforderungen bzw. Erfahrungen aufzunehmen.

Nach der Auswahl von Anwälten, Wirtschaftsprüfern etc. hat das interne Projektteam einen detaillierten Projektplan mit Zielen, Verantwortlichen, Terminen und einer Aufwandsschätzung erstellt. Alle Beteiligten – sowohl interne Mitarbeiter als auch externe Partner – haben diesen Projektplan gemeinsam geprüft. Das Steering Committee hat ihn anschließend verabschiedet.

Parallel zu dem US-GAAP Projekt verfolgt SAP die Umstellung der Konzernwährung auf EURO. Genauso wie bei US-GAAP handelt es sich bei der frühen Umstellung auf EURO um eine strategische Entscheidung, die wesentliche Auswirkungen auf die Geschäftsprozesse und das Informationssystem hat. Um den Umfang dieses Artikels nicht zu sprengen, wird in den folgenden Ausführungen auf Beziehungen der beiden Projekte US-GAAP und EURO im Detail verzichtet. Vielmehr sollen die zentralen Punkte bei der Umstellung auf internationale Rechnungslegung im Vordergrund stehen.

3. Die Umstellung der Rechnungslegung nach US-GAAP

Bestimmungen zum formalen Aufbau der Berichterstattung hat die Securities and Exchange Commission (SEC), die US-amerikanische Wertpapier- und Börsenaufsichtsbehörde, mit mehreren Verlautbarungen publiziert. Sie gibt mit der Form 20-F das Format und die erforderlichen Informationen vor, die in den USA börsennotierte, aber nicht ansässige Unternehmen als Jahresabschluß unter Berücksichtigung von US-GAAP bei der SEC einreichen müssen (Securities and Exchange Act of 1934).

Die Vorbereitungsarbeiten bei der Erstellung der wichtigsten obligatorischen Dokumente bezüglich Form 20-F für die SEC haben unter anderem folgende Punkte tangiert:

- Entwurf der Beschreibung der Geschäftstätigkeit von SAP.
- Zusammenstellung der Unterlagen zur Anpassung der Rechnungslegung von HGB an US-GAAP.
- Entwurf der geforderten Zusatzangaben (Additional Disclosures), die im Anhang zum Geschäftsbericht zu veröffentlichen sind.
- Entwurf der Management's Discussion and Analysis (MD&A), welche aus Sicht der Unternehmensführung sowohl die bisherige und zukünftige Finanzsituation als auch die Ergebnisse von Geschäftsvorgängen sowie Liquidität und Kapitalreserven unter besonderer Berücksichtigung der künftigen Geschäftsperspektiven analysieren.
- die Zusammenstellung der ausgewählten Finanzdaten.

Bei diesen Vorbereitungen hat SAP auf Erfahrungen aus den früher aufgelegten Programmen von American Depositary Receipts (ADR) zurückgreifen können. ADRs sind an der Börse in den USA handelbare Wertpapiere. Durch Hinterlegung von Aktien bei einer Depotbank können registrierte ADRs in einem frei wählbaren Verhältnis zu den unterliegenden Aktien ausgegeben werden. Viele Informationen, die SAP bereits im Verkaufsprospekt für die Privatplazierung nach der SEC-Regel 144A (Securities Act of 1933) aufbereitet hat, weisen Gemeinsamkeiten hinsichtlich der Beschreibung der Geschäftstätigkeit, der Risikofaktoren und weiterer Dokumente auf, die für die Erstellung des Form 20-F und Notierung an der NYSE zwingend erforderlich sind.

Zusätzlich hat SAP die einbezogenen Anwälte gebeten, eine gründliche Überprüfung aller erarbeiteten Dokumente im Rahmen der Form 20-F durchzuführen (Due Diligence), um sicherzustellen, daß alle Abschlußpositionen im Einreichungsdokument an die SEC korrekt und adäquat sind. Dazu gehört auch die Durchsicht sowohl des Unternehmensgründungsvertrags als auch aller wichtigen Lieferanten- und Kundenverträge auf globaler Basis. Die Ergebnisse daraus haben die Projektmitarbeiter mit Führungskräften und dem Vorstand laufend diskutiert. Dieser Prozeß der Überprüfung ist nicht nur einmal erfolgt, sondern wurde während des gesamten Projekts permanent aktualisiert. Dies ist parallel zu den aufgeführten Teilprojekten geschehen (vgl. Abbildung 1).

3.1 Bewertungsvorschriften bei der Überleitungsrechnung

Mit einer Überleitungsrechnung wird das Ziel verfolgt, die Bewertung von Geschäftsvorfällen in einem Unternehmen mit Hilfe verschiedener Ansätze vorzunehmen. Es besteht einerseits die Möglichkeit, alle betroffenen Positionen über das Geschäftsjahr parallel z.B. in US-GAAP und HGB zu pflegen. Andererseits kann ein Unternehmen auch als Alternative hierzu die Bewertung während des Geschäftsjahrs nur auf Basis eines Ansatzes führen. Erst am Jahresende wird eine Überleitungsrechnung des Jahresendergebnisses zu einen weiteren Ansatz erstellt.

Die Identifikation der Unterschiede zwischen der Bewertung nach HGB und US-GAAP, aber auch die Quantifizierung sowie das Ableiten von konkreten Maßnahmen beim Übergang von einem Rechnungslegungsansatz zum anderen, sind das zentrale Thema des gesamten US-GAAP Projekts. Das Flußdiagramm in Abbildung 2 zeigt hierzu das grundsätzliche Vorgehen vereinfacht auf.

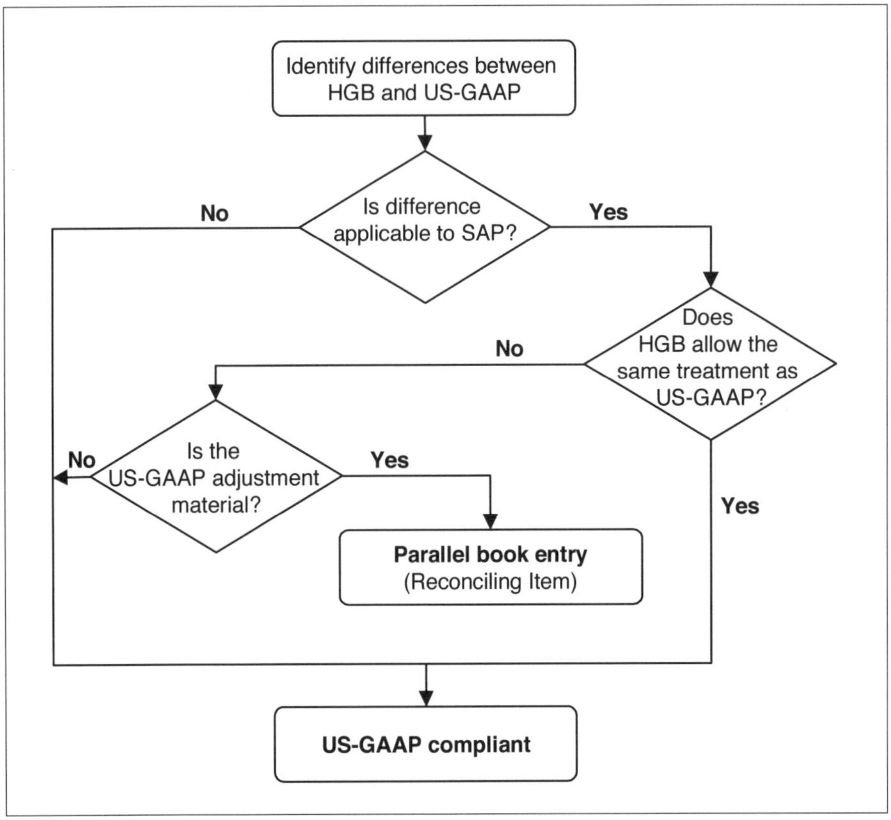

Abb. 2: Entscheidungsprozeß im Rahmen der Überleitungsrechnung

- Zuerst hat das Projektteam alle Abweichungen zwischen HGB und US-GAAP im Rahmen der Bewertung definiert. Zahlreiche Veröffentlichungen – beispielsweise die Publikationen der fünf großen Wirtschaftsprüfergesellschaften – bieten hierzu als

Einstieg einen Überblick. Die dadurch gewonnenen Informationen wurden mit den Abschlüssen und den Rechnungslegungsgrundsätzen der SAP verglichen, um herauszufinden, welche Punkte auf SAP überhaupt anwendbar sind. Eine große Zahl dieser Differenzen, so z.B. die Rechnungslegung für Lagerbestände oder Fertigungskosten, sind auf ein Unternehmen der Softwarebranche nicht übertragbar und somit für die Überleitungsrechnung der SAP nicht relevant.

- Sind demgegenüber die Differenzen für SAP relevant, so hat das Team im folgenden Schritt untersuchen müssen, ob der im Rahmen von US-GAAP vorgegebene Bewertungsansatz auch nach HGB anwendbar ist. Denn in einigen Fällen läßt das HGB eine Wahlmöglichkeit zwischen verschiedenen Rechnungslegungsverfahren zu. Wenn beispielsweise die Gewinn- und Verlustrechnung einer ausländischen Tochtergesellschaft während der Konsolidierung in DM umzurechnen ist, kann ein Unternehmen nach HGB zwischen dem gewichteten Jahresdurchschnitt des Wechselkurses und dem Jahresendekurs wählen. Nach US-GAAP müssen alle Abschlußpositionen einschließlich des Überschusses unter Verwendung gewichteter Jahresdurchschnittskurse umgerechnet werden. US-GAAP läßt im Gegensatz zu HGB in diesem Fall keine Wahlmöglichkeit zu. In solchen Situationen kann das Unternehmen zwischen zwei Alternativen wählen:
  - Der bisher in Deutschland angewandte Bewertungsansatz nach HGB durch den Ansatz im Rahmen von US-GAAP ablösen.
  - Mit dem gegenwärtigen Grundsatz weiterarbeiten und im Rahmen von US-GAAP die Differenz quantifizieren sowie die Überleitungsrechnung erstellen.

  In den meisten Fällen ist es im Interesse der SAP, die erste Alternative zu wählen, d.h. den Bewertungsansatz zu modifizieren, um die Übereinstimmung mit US-GAAP zu erreichen. Dies verringert die Anzahl der Überleitungspositionen.
- Besteht keine Wahlmöglichkeit zwischen Bewertungsansätzen nach HGB, ist die Differenz zu quantifizieren und zu prüfen, ob sie erheblich ist. Beispielsweise haben SAP-Kunden mit einem gültigem Wartungsvertrag eine sechsmonatige kostenlose Wartung erhalten. Innerhalb von HGB sind die Auswirkungen bei der Realisierung von Softwareerlösen bei gleichzeitiger Gewährung kostenloser Wartung vernachlässigbar. Nach US-GAAP müssen für die gewährten kostenlosen Wartungsleistungen Abgrenzungen innerhalb der Erlösrealisierung vorgenommen werden. Dies würde zu beachtlichen Verzerrungen in der Erlösstruktur führen. Zur Lösung solcher Probleme gibt es zwei Alternativen:
  - Die bisher angewandte Geschäftspraxis aufgeben und dafür eine US-GAAP-konforme Vertragsbedingung einführen.
  - Mit dem gegenwärtigen Grundsatz weiterarbeiten und im Rahmen von US-GAAP die Differenz quantifizieren sowie die Überleitungsrechnung erstellen.

  Nach mehreren Gesprächen mit Vertriebs-, Marketing- und Wartungsverantwortlichen hat das Projektteam festgestellt, daß das Serviceniveau und die von SAP zur Verfügung gestellte Zusatzfunktionalität die Leistungen der Konkurrenten weit überstieg. Zusätzlich hat das Team festgehalten, daß eine Streichung dieses Serviceangebots keine Benachteiligung der SAP im Vergleich zu anderen Anbietern bedeuten würde. Aus diesem Grund hat sich der Vorstand für die Änderung der Geschäftspraxis entschieden, und SAP-Kunden erhalten künftig keine kostenlose Wartung mehr für die ersten sechs Monate. Diese Änderung hat eine weitere Überleitungsposition zwischen HGB und US-GAAP beseitigt.

- Die meisten Überleitungspositionen lassen sich bei einem Unternehmen der Softwarebranche mit diesen drei Schritten eliminieren. Am Ende bleibt lediglich eine kleine Zahl von Positionen übrig, bei denen die Unterschiede zwischen HGB und US-GAAP erheblich sind. Bei SAP handelt es sich im wesentlichen um folgende Punkte:
  - Die umfangreichste Überleitungsposition ergibt sich aus den Unterschieden in der Erlösrealisierung beim Verkauf von Software. Das American Institute of Certified Public Accountants (AICPA) hat mit dem Statement of Position 97-2 (SOP 97-2, Software Revenue Recognition) festgelegt, wie die Erlösrealisierung im Rahmen von US-GAAP zu erfolgen hat (AICPA 1997). SOP 97-2 verlangt von Softwareunternehmen, die Realisierung jenes Teilbetrags der Softwareerlöse auf spätere Perioden zu verschieben, der im Rahmen der geschlossenen Lizenzvereinbarung den zusätzlichen, kostenlos oder zu Sonderrabatten gewährten Dienstleistungen oder Produkten zuzurechnen ist. Die Abgrenzungsbeträge basieren auf Standardpreisen, die für solche Dienstleistungen oder Produkte erhoben werden. Im Gegensatz dazu müssen Unternehmen nach HGB die mit solchen Positionen zusammenhängenden Kosten akkumulieren. Diese Abgrenzungen führten in der Überleitung von HGB nach US-GAAP zu einer Verringerung des Umsatzes um 167 Mio. DM (1996) bzw. um 77 Mio. DM (1997) und zu einer entsprechenden Reduktion des Gewinns um 114 Mio. DM (1996) bzw. um 49 Mio. DM (1997).
  - Das STAR-Programm (Stock Appreciation Rights Program) ist eine neue Form der Mitarbeiterbeteiligung und bietet den Mitarbeitern die Möglichkeit, am Erfolg von SAP teilzuhaben und damit einen starken langfristigen Anreiz, auch in Zukunft zum Unternehmenswachstum beizutragen. Ein Stock Appreciation Right stellt das Recht auf Beteiligung am Wertzuwachs der SAP-Vorzugsaktie innerhalb einer bestimmten Periode dar und steht bei SAP bewußt nicht nur dem Top-Management zur Verfügung, sondern grundsätzlich allen Mitarbeitern. Der Wertzuwachs ist die Differenz zwischen den Preisen zu Ende und zu Beginn der Meßperiode. Beide Preise werden aufgrund des durchschnittlichen Kassakurses der SAP-Vorzugsaktie festgelegt, gemessen über die ersten bzw. letzten zehn Geschäftstage des Bemessungszeitraums im Programm. Die Teilnehmer des STAR-Programms erhalten 100% von den ersten 100 DM Wertzuwachs, 50% von den folgenden 100 DM und 25% von dem darüber hinausgehenden Wertzuwachs. Die Kompensation wird in drei Raten ausbezahlt, so daß sich das Zeitfenster für das Programm 1998 vom April 1998 (Ausgabepreis) bis Juli 2000 (Auszahlung

3. Rate) auf insgesamt 26 Monate erstreckt. Am ersten STAR-Programm nehmen 1998 ca. 8.000 Mitarbeiter teil.
Ein unterschiedliches Rechnungsverfahren von US-GAAP und HGB im Rahmen eines STAR-Programms löst eine weitere Überleitungsrechnung aus. Nach US-GAAP sind die daraus entstehenden Kompensationsaufwendungen in dem 26 Monaten dauernden Verfügungszeitraum zu realisieren. Hingegen werden nach HGB diese Aufwendungen über den 12-monatigen Bemessungszeitraum (Anfangs- bis Endpreis) realisiert.
- Weitere Überleitungspositionen ergeben sich aus der unterschiedlichen Behandlung festgelegter Leistungspläne für Mitarbeiter, von Fusionen, von marktfähigen Wertpapieren und Derivaten sowie den Steuereffekten aufgrund der Anpassungen an US-GAAP.

Die Quantifizierung der Überleitungspositionen (vgl. Abbildung 2) auf globaler Basis ist dadurch erleichtert worden, daß SAP über Mustergeschäftsprozesse verfügt. So benutzen z.B. alle SAP-Tochtergesellschaften Standardstrukturen für Sachkonten. Das Projektteam hat daher nach der Bestimmung der Bereiche, die Bedarf nach Anpassungen haben, direkt die notwendigen Informationen über den gesamten konsolidierten Konzern aus dem R/3-System abfragen können.

Zusätzlich hat die Tatsache, daß alle Tochtergesellschaften konsistent dieselben Rechnungslegungsgrundsätze anwenden, den Überleitungsprozeß erheblich vereinfacht.

3.2 Das Berichtswesen im Rahmen der GuV

Das HGB läßt zwei Möglichkeiten zur Darstellung der Gewinn- und Verlustrechnung (GuV) zu:

- das Gesamtkostenverfahren (Period Accounting) oder
- das Umsatzkostenverfahren (Cost of Sales).

Das Umsatzkostenverfahren kommt der von US-GAAP geforderten Darstellung sehr nahe und wird auch von den Hauptkonkurrenten der SAP verwendet. Im Rahmen der Umstellung von HGB auf US-GAAP wurde beschlossen, das bis dahin angewandte Gesamtkostenverfahren durch das Umsatzkostenverfahren abzulösen. Das Umsatzkostenverfahren erfaßt Erlöse mit den dazugehörigen Kosten. Ferner führt es separat – wie von US-GAAP gefordert – die Aufwendungen für die Forschungs- und Entwicklungsabteilungen sowie Vertriebs-, Marketing- und allgemeine Verwaltungsaufwendungen auf (vgl. Abbildung 3). Erlösarten werden auf der Vorderseite des Abschlusses dargestellt und nicht wie früher im Anhang. Die Behandlung von Abweichungen aufgrund unterschiedlicher Bewertung der einzelnen Posten wurde bereits in Abschnitt 3.1 skizziert.

ALT - Gesamtkostenverfahren	**NEU – Umsatzkostenverfahren**
	Product Revenue
	Service Revenue
	Other Revenue
Total Revenue	**Total Revenue**
Cost of Services and Materials	Cost of Product
Personnel Expenses	Cost of Services
Depreciation	Research and Development
Other Operating Expenses	Sales and Marketing
	General and Administration
	Other Operating Income/Expenses
Total Operating Expenses	**Total Operating Expenses**
Operating Result	**Operating Income**
Finance Results, net	Finance Results, net
Result from Ordinary Operations	**Income before Taxes**
Taxes on Income	Provision for Taxes
Other Taxes	
Total Taxes	
Net Income	**Net Income**

Abb. 3: Gewinn- und Verlustrechnung (GuV) der SAP AG

Als eine zentrale Aufgabe im Bereich des Berichtswesens hat das Projektteam die Zuweisung aller Elemente der alten GuV (Konten) zu den richtigen Funktionsbereichen (Cost of Product, Cost of Services, etc.) durchgeführt. Damit läßt sich die neue Berichtsstruktur gemäß Umsatzkostenverfahren abbilden. Die Anzahl der Länder mit lokalem Berichtsbedarf (insgesamt 34 per 31. Dezember 1997) hat den Umfang dieser Projektaktivität maßgeblich beeinflußt.

Jedoch lassen sich nicht alle Positionen der alten GuV eindeutig einem Funktionsbereich zuordnen. Bestimmte Abteilungen erbringen Leistungen für unterschiedliche Funktionsbereiche. Deshalb sind Verfahren der Kostenverrechnung – wie sie teilweise bereits im internen Rechnungswesen eingesetzt werden – auch für das externe Berichtswesen erforderlich, um die anfallenden Kosten bzw. Umsätze auf die Funktionsbereiche verursachungsgerecht zu verteilen. Ein typisches Beispiel sind die SAP-eigenen Forschungs- und Entwicklungsabteilungen (F&E).

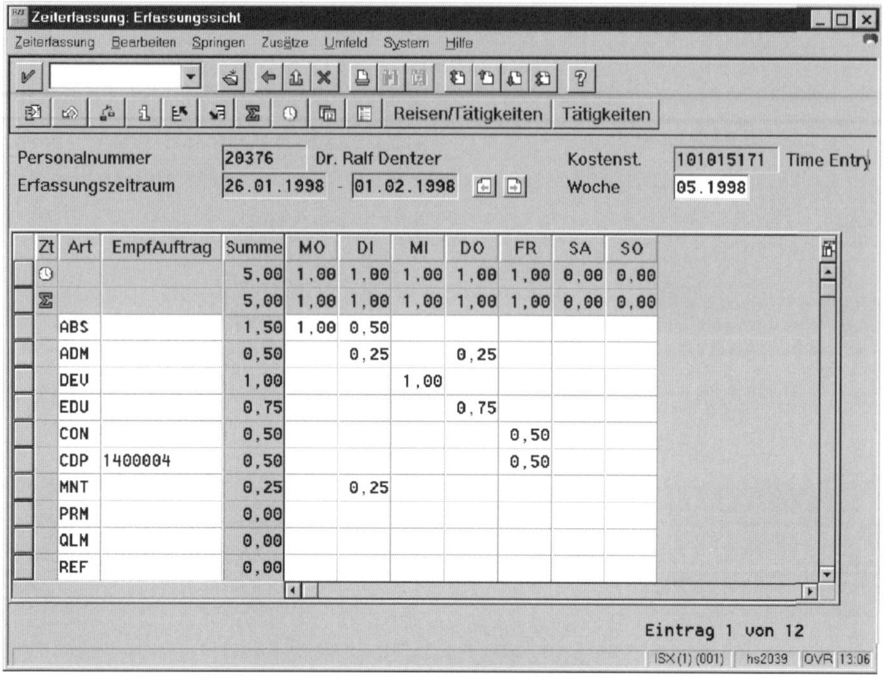

Abb. 4: Arbeitsblatt zur Erfassung der prozentualen Arbeitszeitverteilung

Ein Entwickler bei SAP erbringt üblicherweise auch Dienstleistungen für andere Unternehmensbereiche, z.B. für die Beratung oder den Support. Entwickelt er an einem neuen Release des Softwareprodukts SAP R/3, das noch nicht an Kunden ausgeliefert wurde, so entstehen im Sinne des Umsatzkostenverfahrens F&E-Kosten (Research and Development). Wenn hingegen derselbe Entwickler anschließend für eine Stunde Wartungsarbeiten (z.B. Korrekturen) an einem bereits ausgeliefertem Release von R/3 ausübt, dann verursacht er Kosten im Rahmen einer Dienstleistung (Cost of Services). In solchen Fällen reicht es nicht aus, die Kostenstellen der Entwicklung auf Funktionsbereiche auszurichten.

SAP hat deshalb in allen Forschungs- und Entwicklungsabteilungen weltweit die Einführung einer prozentualen Erfassung der Arbeitszeitverteilung vorgezogen. Bei dieser Erfassung verteilt ein Entwickler pro Tag seine Arbeitszeit prozentual auf ca. 10 Tätigkeitsarten (Entwicklung, Wartung, Beratung, Kundenprojekte, etc.) in einem Wochenarbeitsblatt im R/3-System (vgl. Abbildung 4). Die eingegebenen Daten sind die Basis für eine automatische Verteilung der Kosten aus Forschung und Entwicklung auf die Bereiche des Umsatzkostenverfahrens.

3.3 Abbildung der neuen Rechnungslegungspraktiken

SAP hat entschieden, die Überleitung von HGB nach US-GAAP für die Jahre 1996 bis 1998 aufzubereiten und ab dem Jahr 1999 die vollständige Darstellung von Abschlüssen nach US-GAAP zu etablieren. Das bedeutet, daß bis Ende 1998 HGB mit dem Gesamtkostenverfahren die führende Rechnungslegung innerhalb des SAP-Konzerns ist. Für 1998 wird noch eine Überleitungsrechnung nach US-GAAP erstellt. Auch basieren die vierteljährlichen Presseveröffentlichungen 1998 noch auf dem Gesamtkostenverfahren und erst das Jahresendergebnis wird aufgrund einer Überleitung auf das Umsatzkostenverfahren umgerechnet.

Beginnend mit dem Jahr 1999 wird US-GAAP das Hauptrechnungslegungsmodell der SAP sein, um Berichte von konsolidierten Abschlüssen zu erstellen. Die Überleitungspositionen wie in Abschnitt 3.1 beschrieben werden trotzdem weiterlaufen, so daß bei Bedarf eine Überleitungsrechnung von US-GAAP nach HGB für das externe Meldewesen erstellt werden kann. So wird die SAP AG auf nicht-konsolidierter Basis weiter nach HGB berichten.

Dieser Prozeß der Quantifizierung der Diskrepanzen zwischen dem Hauptrechnungslegungsmodell des Konzerns und lokalen Praktiken ist für SAP nicht Neues. In der Vergangenheit haben ihre Tochtergesellschaften dieses Verfahren bereits angewandt, um das lokale externe Berichtswesen abzuleiten, als noch HGB das bestimmende Rechnungslegungsmodell war. In Zukunft werden auch die Tochtergesellschaft die Überleitungsrechnung ausgehend von US-GAAP zum jeweiligen lokalen GAAP vornehmen.

Aufgrund dieser Grundsatzentscheidungen gilt es, die Rechnungslegungsprinzipien und Geschäftsverfahren (Accounting Guidelines) auf Basis US-GAAP zu formulieren. Im wesentlichen hat SAP in diesem Schritt die bestehenden Richtlinien überarbeitet. Änderungen können jedoch auch Bereiche betreffen, die nicht direkt Gegenstand der Überleitung nach US-GAAP sind, sondern z.B. durch die expansive Entwicklung der SAP ausgelöst werden.

Parallel zur Überarbeitung der Dokumentation haben die Projektmitarbeiter die neuen Richtlinien im Informationssystem abgebildet. SAP hat dabei den große Vorteil gehabt, daß alle Gesellschaften bzw. Niederlassungen des Konzerns in einem R/3-System abgebildet sind. So sind die Neueinstellungen nur einmal zentral vorzunehmen. Das Projektteam hat bei der Konfiguration von R/3 das Ziel verfolgt, daß kein manueller Mehraufwand durch US-GAAP für den Benutzer bei der Datenerfassung entsteht. Die meisten Geschäftsprozesse wickeln heute die Anforderungen aus US-GAAP automatisch ab.

Beispielsweise müssen unter US-GAAP bestimmte Beratungsvereinbarungen (Entwicklungen für Kundenprojekte, etc.) so gestaltet sein, daß der Erlös aus den Beratungsdienstleistungen nach der Methode Percentage of Completion realisiert werden kann. Hierbei wird der Projektfortschritt in Prozent bewertet, mit den Planerlösen verglichen und anschließend der realisierungsfähige Erlös periodengerecht bestimmt. Das R/3-System kann diese Beträge berechnen und die entsprechenden Buchungen auf das Hauptbuch automatisch auslösen.

Da Geschäftsprozesse und Systeme immer nur so gut sind, wie die Menschen, die mit ihnen arbeiten, hat das Projektteam ein internes Schulungsprogramm gestartet. Alle Mitarbeiter aus den betroffenen Bereichen wie Vertrieb, Beratung, Vertragsabteilung und auch aus dem Rechnungs- und Finanzwesen werden berücksichtigt. Jeder operative Bereich benötigt individuelle Schulungen, um sich auf die relevanten Aufgabenbereiche zu konzentrieren. Die Schulung erfolgt global, wobei Gruppensitzungen für kleinere Tochtergesellschaften stattfinden und Einzelgespräche für die größeren Standorte.

Ein Schwerpunkt der Schulung liegt auf der vierteljährlichen Berichterstattung, da Investoren darauf eine besondere Aufmerksamkeit richten. Nach den Anforderungen des US-Berichtswesens sind neben Bilanz, GuV und Kapitalflußrechnung von den Unternehmen vierteljährlich auch zusätzlich Ausführungen erwünscht, die Auskunft über Risiken in der Geschäftstätigkeit im Hinblick auf zurückliegende Ergebnisse und zukünftige Entwicklungen geben (vgl. MD&A in Abschnitt 3). Obwohl SAP als ausländischer Emittent nicht angehalten ist, diese amerikanische Bestimmungen über vierteljährliche Berichterstattung zu erfüllen, wird sie diese US-Normen einhalten. Die Vergleichsmöglichkeiten mit anderen Unternehmen wird dadurch verbessert. Dies setzt jedoch die gezielte Ausbildung der Mitarbeiter voraus.

3.4 Die Notierung an der New York Stock Exchange (NYSE)

Nach Beendigung der Überleitung, dem Erstellen des Entwurfs aller einzureichenden Unterlagen und der Verabschiedung durch das Steering Committee hat das Projektteam die gesamte Dokumentation Form 20-F an die SEC weitergeleitet.

Als ausländischer privatwirtschaftlicher Emittent hat SAP das Erstdokument bei der SEC unter Ausschluß der Öffentlichkeit einreichen können. Dies bedeutete, daß die Börsenzulassungserklärung zu einer öffentlichen Urkunde wird, sobald sie von der SEC für wirksam erklärt wird. Da die SEC Ersteinreichungen einer sorgfältigeren Prüfung unterzieht, hat es 33 Tage gedauert, bis die SAP von der Kommission ein offizielles, kommentierendes Antwortschreiben erhalten hat. Aufgrund der korrigierten Vorlage mit kleineren Modifikationen bzw. Ergänzungen hat die SEC die Zulassungserklärung für wirksam erklärt und damit wurde das Dokument eine öffentlichen Urkunde. Das Dokument ist auch über die elektronische Online-Datenbank EDGAR (Electronic Data Gathering, Analysis and Retrieval) der SEC (EDGAR, 1998) sowie über die Internet-Seiten der SAP (SAP AG 1998b) einsehbar. Es ist der Wunsch der SAP, daß Aktionäre, Investoren, Kunden, Mitarbeiter und Geschäftspartner sich jederzeit ein Bild über die Finanzlage des Unternehmens verschaffen können.

Parallel zur Einreichung des Zulassungsantrags bei der SEC hat SAP zusammen mit juristischen Beratern die Notierungsbewerbung, den Depotvertrag und die Handelsvereinbarungen vorbereitet und die nach bundesstaatlichem Recht erforderlichen Einreichungsunterlagen zusammengestellt.

Eine Roadshow mit zahlreichen Präsentationen vor Investoren hat für die Kommunikation der Geschäftsziele der SAP vor der Notierung an der NYSE gesorgt. Am ersten Geschäftstag nach Abschluß der Roadshow, am 3. August 1998, hat der Wertpapierhandel für die SAP-Vorzugsaktien in Form von ADRs an der NYSE mit dem Eröffnungskurs von 60 US-Dollar begonnen. Das Verhältnis einer SAP-Vorzugsaktie zu ADRs entspricht 1 : 12.

4. Ausblick

SAP hat die Ausrichtung der Rechnungslegung auf US-GAAP vordergründig im Hinblick auf den Gang an die Börse in New York gewählt. SAP empfindet dies keineswegs als ein Diktat, sondern ist davon überzeugt, daß US-GAAP langfristig der international anerkannte und insbesondere auch praktizierte Ansatz sein wird. Bereits heute wird US-GAAP von einer sehr großen Zahl führender Unternehmen angewendet. Unterschiede z.B. zwischen dem International Accounting Standards (IAS) und US-GAAP sind aus Sicht des Softwareunternehmens SAP eher geringfügig.

Von der Überleitung nach US-GAAP bis zum Börsengang in Amerika sind der SAP durch das Projekt US-GAAP Kosten in Höhe von ungefähr 1 Mio. US-Dollar entstanden. Wir sind davon überzeugt, daß sich dieser Aufwand innerhalb kürzester Zeit amortisieren wird. Denn der Nutzen übersteigt die Kosten um ein Vielfaches:

1. US-GAAP fördert Transparenz im externen Berichtswesen.
2. Der Fokus ist noch mehr als vorher auf kürzere Berichtszyklen gerichtet und die quartalsweise Kommunikation der Ergebnisse ist ereignisnah.
3. Die zentralen Eckpfeiler der Unternehmensstrategie und ihre Zielerreichung werden einer kontinuierlicheren und strengeren Beurteilung von allen Stakeholder unterzogen. Strategie und Ziele müssen sich daher mehr als zuvor durch Klarheit und Transparenz auszeichnen. Unternehmen werden diszipliniert, sich auf das Wesentliche zu fokussieren.
4. In dem kontinuierlichen Dialog hat das Unternehmen die Chance, die eigenen Ziele auf ihre Akzeptanz und Sinnhaftigkeit zu testen und gegebenenfalls anzupassen. Die Herausforderung besteht darin, unter dem Eindruck der verschärften, mitunter kurzatmigen Kontrolle nicht von der mittel- bzw. langfristigen Strategie abzuweichen.

Zusammengefaßt bedeutet dies, daß für SAP das externe und interne Berichtswesen näher aneinander rücken. Es spricht immer mehr dafür, dieselben Grundsätze sowohl für die interne als auch externe Rechnungslegung zu verwenden.

Literaturverzeichnis

AICPA (1997), American Institute of Certified Public Accountants (AICPA), Statement of Position 97-2, Software Revenue Recognition, New York 27.10. 1997.

EDGAR (1998), Electronic Data Gathering, Analysis and Retrieval System, Securities and Exchange Commission, WWW: http://www.sec.gov, 17.9. 1998.

Küting, Karlheinz / Weber, Claus-Peter (1994), Internationale Bilanzierung, Rechnungslegung in den USA, Japan und Europa, Herne/Berlin 1994.

Mueller, Gerhard / Gernon, Helen / Meek, Gary (1997), Accounting – An International Perspective, Irwin, Chicago 1997.

SAP AG (1998a), SAP Geschäftsbericht 1997, Walldorf 1998 , WWW: http://www.sap.com.

SAP AG (1998b), WWW: http//www.sap.com/investor, 17.9. 1998.

Die Kapitalkonsolidierung nach HGB im Vergleich zu IAS- und US-GAAP-Normen

Karlheinz Küting*

Inhalt

* Prof. Dr. Karlheinz Küting, Direktor des Instituts für Wirtschaftsprüfung, Universität des Saarlandes.

Claus-Peter Weber hat mit seiner Dissertation (vgl. Weber, 1991) die Kapitalkonsolidierung in sechs Bilanzierungssystemen untersucht und damit einen richtungsweisenden Beitrag zur internationalen Ausrichtung der Rechnungslegung geleistet. Der vorliegende Beitrag setzt diesen methodischen Ansatz konsequent fort, indem ein aktueller Vergleich der Kapitalkonsolidierung zwischen den derzeit in Deutschland konkurrierenden Normensystemen der HGB-, IAS- und US-GAAP-Regeln angestellt wird. Nach einer theoretischen Einführung in die Kapitalkonsolidierung werden die wichtigsten Unterschiede der drei Bilanzwelten herausgearbeitet.

1. Grundlagen der Kapitalkonsolidierung

Nach der in Deutschland vorherrschenden Einheitstheorie (vgl. z.B. Wentland, 1979; Moonitz, 1978; Ebeling, 1995) ist der Konzern nicht nur als wirtschaftliche, sondern auch als fiktive rechtliche Einheit zu betrachten. Das heißt, die rechtlich selbständigen Konzernunternehmen stellen aus Konzernsicht rechtlich unselbständige Betriebe oder Betriebsabteilungen dar. Da Anteile an unselbständigen Betrieben ebenso undenkbar (vgl. auch Schildbach, 1996, S. 137 f.) sind wie ein eigenes Eigenkapital der Betriebsabteilungen, sind die betreffenden Größen im Zuge der Konzernrechnungslegung zu eliminieren und durch andere Sachverhalte zu ersetzen. Dieser Substitutionsvorgang erfolgt im Rahmen der Kapitalkonsolidierung (vgl. Pellens, 1998, S. 263 ff.); dabei hat sich als Konsolidierungsmethode die Purchase-Methode durchgesetzt.

Die Purchase-Methode – auch als Erwerbsmethode, Kaufmethode oder reine angelsächsische Methode bezeichnet – ist nicht auf den Erwerb der Anteile gerichtet; vielmehr wird der Erwerb der einzelnen Vermögensgegenstände und Schulden fingiert (vgl. nur Becker, 1989, S. 94; Scherrer, 1994, S. 226; Schindler, 1986, S. 127). Die Erwerbsmethode beruht somit auf der Annahme, »daß das Mutterunternehmen die Vermögensgegenstände und Schulden des Tochterunternehmens einzeln anschafft und nicht lediglich die Anteile an dessen Eigenkapital erworben hat (Annahme des Einzelerwerbs)« (Baetge, 1997, S. 198). Im Rahmen der Erstkonsolidierung wird folglich so vorgegangen, als habe »der Konzern … ein Bündel einzelner Vermögensgegenstände und Schulden unmittelbar erworben« (Adler/Düring/Schmaltz, 1996, § 301 HGB, Rn. 37). Insofern kann die Erwerbsmethode als konsequente Umsetzung der Einheitstheorie betrachtet werden (vgl. auch Wohlgemuth/Ruhnke, 1998, Rn. 2).

Nach der Erwerbsfiktion müssen die Bilanzinhalte und Bilanzwerte neu bestimmt werden. Dies führt dazu, »daß die einzelnen Vermögensgegenstände und Schulden weder bezüglich des Ansatzes noch der Bewertung unverändert aus dem Einzelabschluß des Tochterunternehmens übernommen werden können« (Schildbach, 1996, S. 148). Die neuen Wertansätze werden vielmehr »unabhängig von ihren bisherigen Buchwerten ermittelt« (Eisolt, 1992, S. 243). Infolgedessen werden der Konsolidierung somit nicht die Buchwerte der Einzelposten der erworbenen Tochterunternehmen zugrunde gelegt, sondern deren Anschaffungswerte, die aus Konzernsicht bzw. aus der Sicht des obersten Mutterunternehmens zu ermitteln sind. Insofern kann man – wie von Wysocki/Wohlgemuth angeregt – »diese Konsolidierungsmethode auch als Anschaffungswertmethode bezeichnet werden« (von Wysocki/Wohlgemuth, 1996, S. 93)

Von den tatsächlichen (historischen) Anschaffungskosten der Vermögensgegenstände und Schulden bei den jeweiligen Tochterunternehmen unterscheiden sich die neuen, aus Konzernsicht zutreffenden Anschaffungskosten dadurch,

- »daß der Anschaffungsvorgang fingiert wird,
- daß die Anschaffungskosten aus Sicht eines anderen Erwerbers – des Konzerns an Stelle des Tochterunternehmens – ermittelt werden, und
- daß sie auf einen späteren Zeitpunkt – den Erstkonsolidierungszeitpunkt an Stelle des faktischen Anschaffungszeitpunkts – bezogen sind« (Ordelheide, 1986, S. 493).

Für die Bepreisung im Zuge der Konzern-Anschaffung haben die historischen Verhältnisse keinerlei Bedeutung. Allein entscheidend sind die Beträge, die das Mutterunternehmen für die Vermögensgegenstände gezahlt oder für die Schulden in Rechnung gesetzt hätte, wenn die Vermögensgegenstände und Schulden zum Erwerbszeitpunkt durch den Konzern einzeln erworben oder übernommen worden wären (vgl. auch Ordelheide, 1986, S. 496). Damit ist die Wertfindung nach den Grundsätzen der Fiktion des Einzelerwerbs vorzunehmen, daß heißt die in die Konzernbilanz zu übernehmenden Posten sind mit den Werten anzusetzen, »die der Konzern als gedachter Erwerber im Rahmen des Beteiligungskaufpreises aufgewendet hätte, wenn er anstelle der Beteiligung diese Posten einzeln erworben hätte« (Förschle, 1995a, Rn. 60).

Wie die Wertfindung im einzelnen vorzunehmen ist, regelt der deutsche Gesetzgeber nicht. Nach der der Purchase-Methode zugrundeliegenden Konzeption kommt allerdings als Bewertungsmaßstab allein der »Tageswert« (Busse von Colbe/Ordelheide, 1993, S. 196) bzw. »der fortgeführte Tagesbeschaffungswert« (von Wysocki/Wohlgemuth, 1996, S. 98) in Betracht. Baetge geht zutreffend davon aus, daß der Konzern-Anschaffungswert »regelmäßig dem Zeitwert entspricht« (Baetge, 1997, S. 198). Adler/Düring/Schmaltz stellen analog auf die »im Zeitpunkt der Erstkonsolidierung beizulegenden Werte« (Adler/Düring/Schmaltz, 1996, § 301 HGB, Rn. 40) ab.

Nach US-GAAP und IAS sind die Einzelabschlußwerte mit ihren fair values in die Konzernrechnungslegung zu übernehmen (vgl. APB 16.87 ff.; IAS 22.31 ff.). Konkrete Hinweise zur Bestimmung des aus der Konzernsicht zutreffenden Wertansatzes finden sich in APB 16.88 bzw. IAS 22.39 (revised 1998). Demnach sind grundsätzlich folgende Wertmaßstäbe heranzuziehen (vgl. auch Eisolt, 1992, S. 245 f.):

(1) Wiederbeschaffungskosten bei Rohstoffen und weiter zu nutzenden Anlagen und Maschinen;
(2) Liquidationswerte bei börsennotierten Wertpapieren, fertigen Erzeugnissen und Waren, unfertigen Erzeugnissen sowie bei zu veräußernden Anlagen und Maschinen;
(3) Schätzwerte bei immateriellen Vermögensgegenständen, Grundstücken, Bodenschätzen und nicht notierten Wertpapieren sowie
(4) Barwerte bei Forderungen und den verschiedenen Fremdkapitalien.

Indem im Rahmen der Kapitalkonsolidierung die Buchwerte durch die aus Konzernsicht zutreffenden Anschaffungskosten ersetzt werden und diese Anschaffungskosten als Zeitwerte zu interpretieren sind, kann ein wesentlicher Teil der Kapitalkonsolidierung mithin als Bestimmung der Konzernanschaffungskosten interpretiert werden. Diese Bestimmung stellt aber nichts anderes dar als eine Überführung (Transformation) von Buchwerten in Tagesbeschaffungswerte. Da bei Vermögensgegenständen/Schulden die Differenz zwischen höherem/niedrigerem Tagesbeschaffungswert und niedrigerem/höherem Buchwert als stille Rücklage zu interpretieren ist, kann die Kapitalkonsolidierung letztlich als Offenlegung und Fortführung solcher stiller Rücklagen (aber auch stiller Lasten) interpretiert werden, die mit dem Kauf der Anteile vergütet wurden.

Der Offenlegungsvorgang stiller Rücklagen wird in Deutschland (vgl. für die IAS- und US-GAAP-Normen Gliederungspunkt 3.3.2 bzw. Gliederungspunkt 3.3.3) allein durch das Anschaffungskostenprinzip begrenzt; denn »auch im Konzernabschluß dürfen die Vermögenswerte nicht höher und die Verbindlichkeiten nicht niedriger als mit den für sie im Zuge des Unternehmenserwerbs entrichteten Anschaffungskosten bewertet werden« (von Wysocki/Wohlgemuth, 1996, S. 99). Konkret heißt dies, daß stille Rücklagen nur in Höhe der (positiven) Differenz zwischen dem Kaufpreis der Anteile und dem (anteiligen) bilanziellen Eigenkapital aufgedeckt werden dürfen. Eine Auflösung stiller Rücklagen darf demnach nur insoweit erfolgen, als dies notwendig ist, »um das Entstehen eines (aktivischen) Unterschiedsbetrags zu vermeiden« (Biener/Schatzmann, 1983, S. 334).

In der Bestimmung der Zeitwerte und damit der stillen Rücklagen und Lasten »liegt vielfach das schwierigste Problem der Erstkonsolidierung« (Adler/Düring/Schmaltz, 1996, § 301 HGB, Rn. 66). Bei ihrer Festlegung »sind auch die Verwendungsabsichten des erwerbenden Mutterunternehmens zu berücksichtigen, soweit diese intersubjektiv nachprüfbar sind« (Adler/Düring/Schmaltz, 1996, § 301 HGB, Rn. 70).

Die Purchase-Methode geht folglich von der Zielsetzung aus, das erworbene Vermögen und die übernommenen Schulden zu Zeitwerten anzusetzen. Der Geschäfts- oder Firmenwert verbleibt dann als »nicht verteilbarer Restbetrag« (Schindler, 1986, S. 205). Damit schreibt der Gesetzgeber eindeutig einen »Vorrang der Auflösung stiller Rücklagen und Lasten bei der Zuordnung eines aktivischen Unterschiedsbetrags«

(Busse von Colbe/Ordelheide, 1993, S. 211) vor. Die Auflösung stiller Rücklagen und Lasten stellt insofern »notwendigerweise den ersten Schritt dar« (Busse von Colbe/Ordelheide, 1993, S. 212).

Angestrebt wird demnach die »weitestgehende Verteilung eines entstehenden Unterschiedsbetrags zwischen Beteiligungsbuchwert des Mutterunternehmens und anteiligem Eigenkapital des Tochterunternehmens durch die Aufdeckung stiller Rücklagen und stiller Lasten bei den Vermögensgegenständen und Schulden des Tochterunternehmens« (Baetge, 1997, S. 209). »Idealtypisch soll der goodwill keine einzeln zuzuordnenden stillen Reserven mehr enthalten« (Eisolt, 1992, S. 250).

Beim Geschäfts- oder Firmenwert handelt es sich somit explizit um einen Unterschiedsbetrag, der rein rechnerisch durch einfache Subtraktion ermittelt wird. Daher stellt er sich ausschließlich als »ein verfahrensbedingter, also technischer Differenzbetrag« (Moxter, 1979, S. 743) dar. Der mögliche Charakter eines bloßen rechentechnischen Differenzbetrags ohne Vermögenscharakter degradiert den Geschäfts- oder Firmenwert zu einem »zweitklassigen« Abschlußposten, dessen Ausweis vermieden werden soll, wenn ansonsten noch echte Vermögenswerte aufgedeckt werden können.

2. Beispiel zur beteiligungsproportionalen Neubewertung

Bevor auf die wesentlichen Unterschiede der Kapitalkonsolidierung nach HGB, IAS und US-GAAP eingegangen wird, soll die Methode der beteiligungsproportionalen Neubewertung, die dem benchmark treatment nach IAS und der gängigen Vorgehensweise nach US-GAAP zugrunde liegt, für die Erst- und Folgekonsolidierung an einem Beispiel verdeutlicht werden.

2.1 Sachverhalt

Die M-Corp. erwarb am 31. Dezember 1997 eine 80%ige Beteiligung an der T-Inc. zu einem Kaufpreis von 1.130 TUSD. Im folgenden sind die Bilanzen der M-Corp. und der T-Inc. zum 31. Dezember 1997 abgebildet (siehe Tabelle auf folgender Seite).

Es gelten folgende Prämissen:

(1) Ein sich ergebender Geschäfts- oder Firmenwert ist über seine voraussichtliche Nutzungsdauer von 4 Jahren abzuschreiben

(2) Die Restnutzungsdauer der Maschine beträgt 5 Jahre. Die Abschreibung auf die aufgedeckten stillen Rücklagen soll erstmals im Geschäftsjahr 1998 erfolgen.

(3) Die Vorräte, die am 31. Dezember 1997 bei der T-Inc. auf Lager liegen, werden im Laufe des Jahres 1998 vollständig veräußert.

Angaben in TUSD	M-Corp.	T-Inc.	
	Buchwerte	Buchwerte	Zeitwerte
Grundstücke	400	200	250
Maschinen	1.500	800	900
Beteiligungen	1.330	200	200
Vorräte	800	300	400
Sonstiges Umlaufvermögen	1.450	1.350	
Gezeichnetes Kapital	1.500	400	
Kapitalrücklage	300	100	
Thesaurierte Jahresüberschüsse	1.000	350	
Jahresüberschuß	200	50	
Rückstellungen	1.000	500	
Sonstige Passiva	1.480	1.450	

(4) Die Bilanzdaten bleiben im Geschäftsjahr 1998 bis auf die folgenden Modifikationen bei der T-Inc. unverändert (Sonstiges Umlaufvermögen: 1.500; Thesaurierte Jahresüberschüsse: 500)

2.1.1 Erstkonsolidierung

Vor der eigentlichen Erstkonsolidierung ist eine Neubewertung der Vermögensgegenstände und Schulden der T-Inc. vorzunehmen (vgl. Abbildung 1). Da die M-Corp. an der T-Inc. insgesamt 80% der Anteile hält, werden auch die stillen Reserven nur zu 80% aufgedeckt. Die Gegenbuchung erfolgt bei den thesaurierte Jahresüberschüssen

	HB I	Korrekturbuchungen S	H	HB II
Grundstücke	200	(1) 40		240
Maschinen	800	(1) 80		880
Beteiligungen	200			200
Vorräte	300	(1) 80		380
Sonstiges Umlaufvermögen	1.350			1.350
Summe Aktiva	2.850			3.050
Gezeichnetes Kapital	400			400
Kapitalrücklage	100			100
Thesaurierte Jahresüberschüsse	350			350
Neubewertungsrücklage			(1) 200	200
Jahresüberschuß	50			50
Rückstellungen	500			500
Sonstige Passiva	1.450			1.450
Summe Passiva	2.850			3.050

Abb. 1: Neubewertung zum 31. Dezember 1997

	M-Corp.	T-Inc.	Σ-Bilanz	S	Konsolidierung		H	Konzernbilanz
Geschäfts- oder Firmenwert				(2)	210			210
Grundstücke	400	240	640					640
Maschinen	1.500	880	2.380					2.380
Beteiligungen	1.330	200	1.530			(1)	1.130	400
Vorräte	800	380	1.180					1.180
Sonstiges Umlaufvermögen	1.450	1.350	2.800					2.800
Ausgleichsposten aus der Kapitalkonsolidierung	–	–		(1)	210	(2)	210	
Summe Aktiva	5.480	3.050	8.530					7.610
Gezeichnetes Kapital	1.500	400	1.900	(1)	320			1.500
				(3)	80			
Kapitalrücklage	300	100	400	(1)	80			300
				(3)	20			
Thesaurierte Jahresüberschüsse HB I	1.000	350	1.350	(1)	280			1.000
				(3)	70			
Neubewertungsrücklage (HB II)		200	200	(1)	200			–
Jahresüberschuß	200	50	250	(1)	40			200
				(3)	10			
Ausgleichsposten für Anteile anderer Gesellschafter	–	–	–			(3)	180	180
Rückstellungen	1.000	500	1.500					1.500
Sonstige Passiva	1.480	1.450	2.930					2.930
Summe Aktiva	5.480	3.050	8.530					7.610

Abb 2: Erstkonsolidierung zum 31. Dezember 1997

	HB I	S	Korrekturbuchungen		H	HB II
Grundstücke	200	(1)	40			240
Maschinen	800	(1)	80	(2)	16	864
Beteiligungen	200					200
Vorräte	300	(1)	80	(3)	80	300
Sonstiges Umlaufvermögen	1.500					1.500
Summe Aktiva	3.000					3.104
Gezeichnetes Kapital	400					400
Kapitalrücklage	100					100
Thesaurierte Jahresüberschüsse	500					500
Neubewertungsrücklage				(1)	200	200
Jahresüberschuß	50	(2)	16			–46
		(3)	80			
Rückstellungen	500					500
Sonstige Passiva	1.450					1.450
Summe Aktiva	3.000					3.104

Abb. 3: Fortgeführte Neubewertung zum 31. Dezember 1998

Bilanzposten	M-Corp.	T-Inc.	Σ-Bilanz	S Konsolidierung		H		Konzern-bilanz
Geschäfts- oder Firmenwert	–	–		(2)	210	(4)	52,5	157,5
Grundstücke	400	240	640					640
Maschinen	1.500	864	2.364					2.364
Beteiligungen	1.330	200	1.530			(1)	1.130	400
Vorräte	800	300	1.100					1.100
Sonstiges Umlaufvermögen	1.450	1.500	2.950					2.950
Ausgleichsposten aus der Kapitalkonsolidierung	–			(1)	210	(2)	210	–
Summe Aktiva	5.480	3104	8.584					7.611,5
Gezeichnetes Kapital	1.500	400	1.900	(1) (3)	320 80			1.500
Kapitalrücklage	300	100	400	(1) (3)	80 20			300
Thesaurierte Jahresüberschüsse HB I	1.000	500	1.500	(1) (3)	280 100			1.120
Neubewertungsrücklage (HB II)		200	200	(1)	200			–
Jahresüberschuß	200	–46	154	(1) (3) (4)	40 10 52,5			51,5
Ausgleichsposten für Anteile anderer Gesellschafter	–	–	–			(3)	210	210
Rückstellungen	1.000	500	1.500					1.500
Sonstige Passiva	1.480	1.450	2.930					2.930
Summe Aktiva	5.480	3.104	8.584					7.611,5

Abb. 4: Folgekonsolidierung zum 31. Dezember 1998

wobei im Beispielsfall aus didaktischen Gründen eine spezifische Kategorie »Neubewertungsrücklage« eingeführt wird.

Auf der Grundlage der neubewerteten Wertansätze wird die Erstkonsolidierung durchgeführt (vgl. Abbildung 2). Hier ist besonders darauf zu achten, daß die »Neubewertungsrücklage« zu 100% aufgerechnet wird, obwohl der Konzern nur 80% der Anteile hält. Der Grund ist darin zu suchen, daß sich die »Neubewertungsrücklage« allein aus jenen stillen Reserven zusammensetzt, die auf den Konzern entfallen.

2.1.2 Folgekonsolidierung

Als Vorbereitungsschritt wird in Abbildung 3 die fortgeführte Neubewertung zum 31. Dezember 1998 vorgenommen. Die aufgedeckten stillen Reserven auf Maschinen werden über 5 Jahre abgeschrieben. Da die Vorräte, die die stillen Reserven enthalten, im Laufe des Geschäftsjahres 1998 veräußert werden, muß ein entsprechender Aufwand in Höhe von 80 TUSD gebucht werden.

In der Abbildung 4 wird die Folgekonsolidierung zum 31. Dezember 1998 durchgeführt. Es muß hier besonders darauf geachtet werden, daß die Minderheiten nicht an der »Neubewertungsrücklage« beteiligt sind. Die Buchung (3) bezieht sich daher nur auf das aktuelle gezeichnete Kapital, die Kapitalrücklage, die Thesaurierten Jahresüberschüsse aus der HB I und den Jahresüberschuß.

3. Unterschiede der Kapitalkonsolidierung nach HGB im Vergleich zu IAS- und US-GAAP-Normen

3.1 Vorbemerkung

Die nachfolgenden Ausführungen stellen auf Unterschiede bei der Purchase-Methode ab. Auf die Pooling of Interest-Methode, die nach HGB unter den Voraussetzungen des § 302 HGB als Alternative zur Purchase-Methode konzipiert ist und die nach IAS und US-GAAP bei Vorlage bestimmter Voraussetzungen verpflichtend zur Anwendung gelangen muß, wird im folgenden nicht eingegangen (vgl. hierzu bspw. Baetge/Siefke, 1997, Rn. 38 ff.; Baker/Rapaccioli/Solomon, 1995, S. 3140 ff.).

3.2 Zeitpunkt der erstmaligen Konsolidierung (date of acquisition)

Die Grundkonzeption der Purchase Methode erfordert prinzipiell eine Verrechnung der Anschaffungskosten der Beteiligung mit dem anteiligen Eigenkapital zum Zeitpunkt des Erwerbs der Anteile (vgl. von Wysocki/Wohlgemuth, 1996, S. 133). Denn nur in diesem Fall kann das von dem Tochterunternehmen erworbene Ergebnis richtig von dem nach dem Erwerb vom Konzern erwirtschafteten Ergebnis abgegrenzt werden (vgl. WP-Handbuch 1996, Bd. I, M 357). Fallen der Stichtag des Konzernabschlusses und der Zeitpunkt des Anteilserwerbs auseinander, ist – soweit die für die Anwendung der Kapitalkonsolidierung notwendigen Daten nicht einem anläßlich des Erwerbs der Anteile erstellten Bewertungsgutachten entnommenen werden können - die Aufstellung eines Zwischenabschlusses erforderlich (vgl. Dusemond/Weber/Zündorf, 1998, Rn. 153). Um die mit der Erstellung eines Zwischenabschlusses nicht selten verbundenen erheblichen Aufwendungen zu vermeiden, läßt der deutsche Gesetzgeber entsprechend dem Wirtschaftlichkeitsgrundsatz auch die Möglichkeit zu, der Kapitalaufrechnung die Wertansätze zum Zeitpunkt der erstmaligen Einbeziehung zugrunde zu legen. Die mit der Verschiebung des Zeitpunkt der Aufrechnung einhergehende mögliche Beeinträchtigung der Darstellung der Vermögens-, Finanz- und Ertragslage des Konzerns wurde vom Gesetzgeber billigend hingenommen (vgl. Biener/Bernecke, 1986, S. 334).

Werden die Anteile an einem Tochterunternehmen nicht in einem Zug erworben, sondern in mehreren Schritten (sukzessiver Beteiligungserwerb), so ist es nach § 301 Abs. 2 HGB im Rahmen der Kapitalaufrechnung nicht erforderlich, die Wertverhältnisse der jeweiligen Erwerbszeitpunkte zugrunde zu legen. Statt dessen kann die Verrechnung zu dem Zeitpunkt durchgeführt werden, zu dem das Unternehmen erstmals Tochterunternehmen geworden ist. Dieses eingeräumte Wahlrecht beruht ebenfalls auf Vereinfachungsgründen (vgl. Förschle, 1995a, Rn. 147).

Nach IAS und US-GAAP hat der Erwerber grundsätzlich ab dem Tag des Erwerbs die Ergebnisse des erworbenen Unternehmens in die Konzern-Gewinn- und Verlustrechnung zu übernehmen und die Vermögensgegenstände, Schulden sowie einen möglicherweise entstehenden goodwill in der Konzernbilanz anzusetzen (vgl. IAS 22.20 (revised 1998); APB 16.93). Während nach IAS 22.21 als Tag des Erwerbs der Zeitpunkt anzusehen ist, an dem »die Möglichkeit der Beherrschung des Reinvermögens und der finanziellen und operativen Handlung des erworbenen Unternehmens auf den Erwerber übergeht« (Baetge/Siefke, 1997, Rn. 58), gilt nach APB 16.93 der Zeitpunkt der Vermögensübertragung der erworbenen Vermögensgegenstände und Schulden als Erstkonsolidierungsstichtag (vgl. auch Hayn, 1997, S. 486 f.; Scherrer, 1998, S. 247; Niehus/Thyll, 1998, S. 350).

Abweichend von diesem grundsätzlichen Vorgehen sieht APB 16.93 dahingehend eine Vereinfachungsmöglichkeit vor, daß die Vertragsparteien als maßgeblichen Zeitpunkt der Wertermittlung unter bestimmten Bedingungen auch das Ende einer Abrechnungsperiode festlegen können. Dies ist grundsätzlich dann möglich, wenn das Ende der Abrechnungsperiode in den Zeitraum zwischen Einleitung und Abschluß des Erwerbs des Tochterunternehmens fällt (vgl. auch Scherrer, 1998, S. 247). Als weitere Voraussetzung für die Inanspruchnahme dieser Erleichterungsregel fordert APB 16.93 den Übergang der »effective control of the acquired company ... to the acquiring corporation« zu diesem Zeitpunkt. Damit ist es nach US-GAAP prinzipiell gestattet, auch »den Konzernabschlußstichtag als Tag des Erwerbs zu vereinbaren« (Baetge/Siefke, 1997, Rn. 60).

Hinweise auf Erleichterungsvorschriften, ähnlich denen in § 301 Abs. 2 HGB bzw. APB 16.93, sind in IAS 22 (revised 1998) nicht enthalten. »Demnach wird es bei der erstmaligen Konsolidierung eines Unternehmenserwerbs, der nicht zum Bilanzstichtag erfolgte, regelmäßig notwendig sein, einen Zwischenabschluß aufzustellen« (Baetge/Siefke, 1997, Rn. 60).

3.3 Höhe der aufzudeckenden stillen Reserven

3.3.1 HGB

Ein sich bei der Buchwertmethode aus der Verrechnung der Beteiligung mit dem anteiligen Eigenkapital ergebender Unterschiedsbetrag ist nach der Regelung des § 301 Abs. 1 Satz 3 HGB den Wertansätzen der in die Konzernbilanz zu übernehmenden Vermögensgegenständen und Schulden des Tochterunternehmens zuzuschreiben bzw. mit diesen zu verrechnen, soweit deren Wertansatz höher oder niedriger ist als der in die Summenbilanz übernommene. Die jeweiligen Zeitwerte bilden dabei die Wertober- bzw. Wertuntergrenze. Die Zuschreibung bzw. die Verrechnung des Unterschiedsbetrags erfolgt bei der Buchwertmethode entsprechend der Vorschrift des § 307 Abs. 1 Satz 2 HGB nur bis zur Höhe des prozentualen Anteils des Mutterunternehmens am Kapital des Tochterunternehmens. Ein verbleibender – nicht verteilbarer – Differenzbetrag wird, soweit es sich um eine aktivische Differenz handelt, als Geschäfts- oder Firmenwert (vgl. hierzu Gliederungspunkt 3.4) bzw. bei einer passivischen Differenz als Unterschiedsbetrag aus der Kapitalkonsolidierung (vgl. hierzu Gliederungspunkt 3.5) ausgewiesen (vgl. DUSEMOND/WEBER/ZÜNDORF, 1998, Rn. 8).

Nach § 301 Abs. 1 Satz 2 Nr. 2 HGB ist bei der Neubewertungsmethode das Eigenkapital des Tochterunternehmens mit dem Betrag anzusetzen, das dem beizulegenden Wert der Vermögensgegenstände, Schulden, Rechnungsabgrenzungsposten, Bilanzierungshilfen und Sonderposten zum Zeitpunkt der erstmaligen Aufrechnung entspricht. Da bei diesem Konsolidierungsverfahren die Aufdeckung der stillen Rücklagen bzw. Lasten bereits vor der eigentlichen Kapitalkonsolidierung – in der HB II – erfolgt (vgl. ADLER/DÜRING/SCHMALTZ, 1996, § 301 HGB, Rn. 105 ff.), ergibt sich bei der Neubewertungsmethode prinzipiell ein höheres konsolidierungspflichtiges Eigenkapital als bei der Buchwertmethode. Um bei der Anwendung der Neubewertungsmethode zu verhindern, daß die in die Konzernbilanz zu übernehmenden neubewerteten Positionen insgesamt einen höheren Wert aufweisen, als die vom Mutterunternehmen aufgewendeten Anschaffungskosten, darf nach § 301 Abs. 1 Satz 4 HGB »das anteilige Eigenkapital nicht mit einem Betrag angesetzt werden, der die Anschaffungskosten des Mutterunternehmens ... überschreitet« (vgl. hierzu auch FÖRSCHLE, 1995a, Rn. 105 ff.). In diesem Zusammenhang wird deshalb auch von einer beschränkten Neubewertung gesprochen (vgl. bspw. VON WYSOCKI/WOHLGEMUTH, 1996, S. 104).

Für den Fall, daß die Anschaffungskosten der Beteiligung geringer sind als die Summe der zu Zeitwerten erworbenen Vermögensgegenstände und übernommenen Schulden, ergibt sich somit ein »Verteilungs- und Auswahlproblem hinsichtlich der Reihenfolge und des Umfangs der aufzulösenden stillen Reserven« (VON WYSOCKI/WOHLGEMUTH, 1996, S. 100). Da der Gesetzgeber keine bestimmte Methode für die Aufteilung der stillen Reserven vorgeschrieben hat, werden im Schrifttum verschiedene Zurechnungsverfahren für zulässig angesehen (vgl. hierzu bspw. KÜTING/ZÜNDORF, 1985, S. 1306 f.).

Befinden sich sämtliche Anteile des Tochterunternehmens im Besitz des Mutterunternehmens unterscheiden sich die Buchwertmethode und Neubewertungsmethode ausschließlich darin, in welcher Phase der Konsolidierung die Aufdeckung und Verrechnung der stillen Reserven bzw. Lasten erfolgt. Sind an dem einzubeziehenden Unternehmen jedoch konzernfremde Gesellschafter beteiligt, weichen Buch- und Neubewertungsmethode voneinander ab. Während bei der Buchwertmethode die stillen Reserven lediglich in Höhe des Konzernanteils – also beteiligungsproportional – aufgedeckt und die Minderheitenanteile demnach »auf der Grundlage des nominalen Eigenkapitals aus dem Einzelabschluß des Tochterunternehmen berechnet« (Schindler, 1986, S. 180) werden, wird bei der Neubewertungsmethode auch der Anteil der anderen Gesellschafter an den stillen Reserven bzw. Lasten in dem Ausgleichsposten für andere Gesellschafter offengelegt. Der Ansatz der Vermögensgegenstände und Schulden erfolgt daher – unter Beachtung der Begrenzung des § 301 Abs. 1 Satz 4 HGB – zu vollen Zeit- und Marktwerten. Ein möglicherweise im Kaufpreis vergüteter Geschäfts- oder Firmenwert ist aber nicht auf die Minderheitenanteile hochzurechnen.

3.3.2 IAS

Auch die IAS-Regelungen sehen zwei alternative Varianten der Purchase-Methode vor. Beide Verfahren unterscheiden sich im Hinblick auf den Umfang der aufzudeckenden stillen Reserven bzw. Lasten. Während sich nach dem Standardverfahren (benchmark treatment) der Umfang der aufzudeckenden stillen Reserven und Lasten nach der Beteiligungsquote des Mutterunternehmens am Tochterunternehmen bestimmt (vgl. IAS 22.31 (revised 1998)), werden die stillen Reserven bzw. Lasten bei dem alternativen Verfahren (allowed alternative treatment) vollständig – also unabhängig von dem Anteil des Mutterunternehmens – offengelegt (vgl. IAS 22.33 (revised 1998)).

Da nach dem Standardverfahren die stillen Reserven bzw. Lasten nur in Höhe der Beteiligungsquote des Mutterunternehmens zugeordnet werden, wird das benchmark treatment in der deutschen Literatur auch als beteiligungsproportionale Neubewertungsmethode bezeichnet (vgl. Baetge/Siefke, 1997, Rn. 94; IDW, 1995, S. 290). Dabei werden die Anschaffungskosten der Beteiligung anteilig auf die nach IAS 22.27 (revised 1998) feststellbaren (identifiable) Vermögensgegenstände und Schulden verteilt, wobei diese jeweils mit ihren fair values zu bewerten sind (vgl. IAS 22.32 (revised 1998)). Die Höhe des Ausgleichspostens für die anderen Gesellschafter (minority's proportion) wird hingegen auf der Grundlage der Buchwerte vor dem Erwerb berechnet (pre-acquistion carrying amounts of the assets and liabilities of the subsidiary). Obwohl die Vorgehensweisen nach IAS 22.31 (revised 1998) und nach § 301 Abs. 1 HGB prinzipiell vergleichbar sind (vgl. Dusemond/Weber/Zündorf, 1998, Rn. 13), unterscheiden sich die beiden Verfahren in einem Punkt grundlegend. Während bei der Buchwertmethode die Aufdeckung der stillen Reserven durch die Anschaffungskosten der Beteiligung begrenzt ist, um einen Ansatz des neubewerteten Eigenkapitals über den Anschaffungskosten der Beteiligung zu vermeiden, sieht IAS 22.31 (revised 1998) eine solche Beschränkung nicht vor. Werden durch den Kaufpreis der Anteile die anteiligen stillen Reserven nicht vollständig abgegolten, weicht die Buchwertmethode von der Erstkonsolidierung nach IAS 22.31 (revised 1998) ab. Der in diesem Fall entstehende negative goodwill ist entsprechend den Regelungen nach IAS 22.49 ff. (revised 1998) zu behandeln (vgl. Gliederungspunkt 3.4).

Nach dem allowed alternative treatment gemäß IAS 22.33 (revised 1998) sind die nach IAS 22.27 (revised 1998) anzusetzenden Vermögensgegenstände und Schulden insgesamt und unabhängig von der Beteiligungsquote des Konzerns zu fair values zu bewerten. Da bei dieser zulässigen Alternativmethode auch der Ausgleichsposten für die anderen Gesellschafter den auf sie entfallenden Anteil am beizulegenden Wert des Vermögens des Tochterunternehmens (fair value) repräsentiert, kann diese Methode auch als vollständige oder volle Neubewertung bezeichnet werden. Obwohl die vollständige Neubewertung nach IAS grundsätzlich mit der deutschen Neubewertungsmethode vergleichbar ist, gilt es zu beachten, daß die IAS – wie schon nach dem benchmark treatment – eine Restriktion bei der Aufdeckung der stillen Reserven – ähnlich der Regelung nach § 301 Abs. 1 Satz 4 HGB – nicht vorsehen.

3.3.3 US-GAAP

Die Regelungen zur Rechnungslegung von business combinations nach US-GAAP sind in APB 16 und FASB 94 niedergelegt. Auch nach den entsprechenden Vorschriften der US-GAAP sind die Anschaffungskosten der Beteiligung, die nach dem principle of historical cost accounting zu bestimmen sind, anteilig auf der Grundlage des fair value oder market value jedem einzelnen erworbenen Vermögensgegenstand und jeder einzelnen übernommenen Schuld zuzuordnen (vgl. APB 16.68). Wie auch nach HGB und IAS sind für die Aufteilung der Anschaffungskosten grundsätzlich alle identifiable assets und liabilities heranzuziehen. Dabei ist ebenfalls unerheblich, ob diese in der Bilanz des erworbenen Tochterunternehmens angesetzt waren oder nicht (vgl. Beams, 1996, S. 16). Unterschiede zwischen HGB, IAS und US-GAAP können sich diesbezüglich aber aus abweichenden Begriffsinhalten der identifiable – also feststellbaren – assets und liabilities ergeben.

Nach US-GAAP ist nicht eindeutig geregelt, ob die in die Konzernbilanz zu übernehmenden assets und liabilities mit ihren vollen fair values anzusetzen sind oder ob nur der auf den Konzern entfallende Teil der Differenz zwischen book value und fair value im Rahmen des Konsolidierungsprozesses zu berücksichtigen ist (vgl. Hayn, 1997, S. 491). Dementsprechend ist nach den amerikanischen Rechnungslegungsgrundsätzen sowohl die beteiligungsproportionale Neubewertung mit Bestimmung des Minderheitenausweises auf Basis der ursprünglichen Buchwerte des Tochterunternehmens als auch die volle Neubewertung möglich. Gleichwohl wird im Schrifttum sowie in der Konsolidierungspraxis die der parent company theory verhaftete anteilsmäßige Aufdeckung eindeutig favorisiert, während die volle Zuordnung lediglich von einer Minderheit getragen wird (vgl. hierzu: Afterman, 1995, S. H1–21; Eisolt, 1992, S. 265; Jensen u.a., 1994, S. 77 ff.; Storey, 1996, S. 326, 339; Weber, 1991, S. 128). In dem vom FASB 1995 vorgelegten Exposure Draft - modifiziert durch den Working Draft vom 8. Mai 1996 - zur Neufassung der Consolidated Financial Statement wird jedoch vorgeschlagen nur noch die volle Neubewertung zuzulassen, so daß auch der auf die Minderheiten entfallende Anteil an den market values offengelegt werden muß (vgl. FASB, 1995, 27.111). Während nach dem Exposure Draft eine Hochrechnung eines in den Anschaffungskosten vergüteten goodwill auf die Minderheiten nicht vorgesehen war (vgl. Beams, 1996, S. 87 f.), sieht der Working Draft von 1996 hingegen eine solche Hochrechnung vor (vgl. Fischer/Taylor, 1997, S. 1 ff.). Die Verabschiedung einer Neufassung der consolidation procedures hat das FASB allerdings solange zurückgestellt, bis es zu einer Neuregelung der consolidation policy gekommen ist.

Ebenso wie die IAS-Regeln sehen auch die Vorschriften nach US-GAAP keine Restriktionen bei der Aufdeckung der stillen Reserven vor. Während nach IAS ein aus der Aufdeckung von stillen Reserven entstehender passivischer Unterschiedsbetrag erfolgswirksam zu behandeln ist und damit das Anschaffungskostenprinzip durchbrochen wird, wird nach US-GAAP bei Entstehen einer negativen Aufrechnungsdifferenz durch die Abstockung der noncurrent assets – mit Ausnahme der marktgängigen Wertpapiere – (vgl. APB 16.91 ff.) in aller Regel erreicht, daß die Anschaffungskosten der Beteiligung nicht überschritten werden. Nur ein eventuell verbleibender passivischer Restbetrag ist als deferred credit zu passivieren (vgl. Baker/Lembke/King, 1995, S. 188; Beams, 1996, S. 19; Delany u.a., 1996, S. 349).

Damit entspricht im Ergebnis die in der US-amerikanischen Rechnungslegungspraxis dominierende Methode der beteiligungsproportionalen Neubewertung weitgehend der deutschen Buchwertmethode. Im Hinblick auf den Umfang der aufzudeckenden stillen Reserven bestehen Unterschiede zum einen bei dem dargestellten Fall einer nach der Abstockung verbleibenden passivischen Aufrechnungsdifferenz und zum anderen bei den Regelungen zur Bestimmung der fair values (vgl. Dusemond/Weber/Zündorf, 1998, Rn. 10).

3.4 Behandlung eines Geschäfts- oder Firmenwerts

3.4.1 HGB

Sind die Anschaffungskosten einer Beteiligung höher als die Summe der vom Tochterunternehmen zu Zeitwerten (fair values) erworbenen Vermögensgegenstände und übernommenen Schulden, dann stellt der verbleibende positive Unterschiedsbetrag grundsätzlich einen Geschäfts- oder Firmenwert (goodwill) dar (vgl. § 301 Abs. 3 Satz 1 HGB; IAS 22.40 (revised 1998); APB 16.87).

Die Behandlung eines aus der Konsolidierung entstehenden Geschäfts- oder Firmenwerts hat der deutsche Gesetzgeber in § 309 Abs. 1 HGB geregelt. Danach stehen dem Bilanzierenden drei alternative Verrechnungstechniken zur Verfügung. Zum einen kann der Geschäfts- oder Firmenwert aufwandswirksam abgeschrieben werden, wobei neben der gesetzlichen Regelabschreibungsdauer von maximal 5 Jahren auch eine Verteilung über die voraussichtliche Nutzungsdauer möglich ist (vgl. hierzu Weber/Zündorf, 1998b, Rn. 21 ff.). Zum anderen darf der Geschäfts- oder Firmenwert auch offen mit den Rücklagen erfolgsneutral verrechnet werden. Da der Wortlaut des § 309 Abs. 1 Satz 3 HGB nicht explizit eine einmalige Verrechnung des Geschäfts- oder Firmenwerts in voller Höhe mit den Rücklagen verlangt, schließt ein Teil des Schrifttums daraus, daß auch eine erfolgsneutrale Verrechnung über mehrere Perioden als zulässig angesehen werden kann (vgl. bspw. Ordelheide, 1987, S. 7; Sahner/Häger, 1988, S. 411). Da diese Form der Verrechnung insbesondere gegen die Generalnorm des § 297 Abs. 3 Satz 1 HGB verstößt (vgl. Küting, 1997, S. 457), entspricht die ratierliche erfolgsneutrale Verrechnung nicht den Grundsätzen ordnungsmäßiger Buchführung (vgl. Weber/Zündorf, 1998b, Rn. 35). Eine Kombination der erfolgswirksamen und erfolgsneutralen Behandlung des Geschäfts- oder Firmenwerts wird in der Literatur nur unter restriktiven Voraussetzungen als statthaft erachtet (vgl. Küting/Dusemond/Nardmann, 1994, S. 10).

3.4.2 IAS

Während die HGB Vorschriften dem Bilanzierenden ein Wahlrecht zwischen mehreren verschiedenen Verrechnungsmethoden einräumen und damit einen erheblichen bilanzpolitischen Spielraum eröffnen, schränken die IAS- und US-GAAP Vorschriften die Behandlung des Geschäfts- oder Firmenwerts auf die aufwandswirksame Abschreibung ein. Nach IAS 22 ist der »goodwill ... over its useful life« (IAS 22.42 (revised 1998)) abzuschreiben. Daß die Abschreibungsbeträge erfolgswirksam zu behandeln sind, wird in IAS 22.42B (revised 1998) nochmals klargestellt.

Nach IAS 22.42 (revised 1993) war dabei grundsätzlich die lineare Abschreibungsmethode anzuwenden, es sei denn, eine andere Abschreibungsmethode wäre unter den entsprechenden Umständen geeigneter gewesen. Durch die Neufassung der IAS 22 hat sich jedoch dahingehend eine Änderung ergeben, daß die Abschreibung des goodwill nunmehr nur noch auf einer »systematic basis« (IAS 22.42 (revised 1998)) zu erfolgen hat. Da der Bilanzierende jeweils die Methode zu wählen hat, die den erwarteten Verlauf des zukünftigen Nutzenzuflusses des goodwill abbildet, räumt IAS 22.42A (revised 1998) kein »wirkliches« Methodenwahlrecht ein. Kann unter den gegebenen Umständen jedoch keine Methode zuverlässig ermittelt werden, die den vorliegenden Sachverhalt zutreffend widerspiegelt, ist grundsätzlich die lineare Abschreibung anzuwenden.

Durch die Überarbeitung der IAS 22 wurden nicht nur die Vorschriften hinsichtlich der Abschreibungsmethode modifiziert, sondern auch die Regelungen bezüglich der Abschreibungsdauer. Nach IAS 22.45 (revised 1993) sollte der Abschreibungszeitraum prinzipiell 5 Jahre nicht übersteigen, es sei denn eine längere Nutzungsdauer (useful life) – allerdings von höchstens 20 Jahren – erschien aufgrund des vorliegenden Sachverhaltes gerechtfertigt (vgl. IAS 22.45 (revised 1993)). Nach der Neufassung der IAS 22 ist der goodwill grundsätzlich über seine voraussichtliche Lebensdauer (useful life) abzuschreiben (vgl. IAS 22.42 (revised 1998)). Eine starre Obergrenze für die Abschreibungsdauer besteht nicht mehr. Es gilt nur noch die widerlegbare Vermutung, daß die Nutzungsdauer eines goodwill einen Zeitraum von 20 Jahren nach seinem Erstansatz nicht überschreitet (vgl. IAS 22.45 (revised 1998)). Im Ausnahmefall kann damit die Situation eintreten, daß ein goodwill angesetzt wird, der zu keinem Zeitpunkt aufwandswirksam wird.

Ähnlich wie bei der Schätzung der voraussichtlichen Nutzungsdauer nach HGB ist auch die Festlegung der voraussichtlichen Lebensdauer nach IAS nicht unproblematisch. In IAS 22.44 (revised 1998) sind zwar einige Bestimmungsfaktoren, die bei der Ermittlung der voraussichtlichen Lebensdauer zu beachten sind, aufgeführt. Die dort genannten Faktoren liefern zwar Anhaltspunkte für die Bestimmung der voraussichtlichen Lebensdauer, da sich der Geschäfts- oder Firmenwert aber regelmäßig aus mehreren Faktoren zusammensetzen wird, bleibt die Schätzung der vorgeschriebenen Abschreibungsdauer prinzipiell eine schwierige Aufgabe (vgl. Baetge/Siefke, 1997, Rn. 111).

Zusätzlich ist an jedem Bilanzstichtag sowohl die gewählte Abschreibungsmethode als auch die Abschreibungsdauer zu überprüfen. Weicht der tatsächliche Nutzungsverlauf von dem erwarteten Verlauf der zukünftigen wirtschaftlichen Nutzenzuflüsse vom goodwill wesentlich ab, sind entsprechende Anpassungen bei der Nutzungsdauer oder Abschreibungsmethode vorzunehmen (vgl. IAS 22.46A (revised 1998)). Wird ein goodwill über mehr als 20 Jahre abgeschrieben, ist prinzipiell in den Folgeperioden entsprechend IAS 38 die Werthaltigkeit des goodwill festzustellen. Dies hat selbst dann zu erfolgen, wenn keine Anzeichen für einen Wertverlust erkennbar sind (vgl. IAS 22.48 (revised 1998)). Ein Niederstwerttest entsprechend IAS 38 ist auch dann durchzuführen, wenn der Fall eintritt, daß im Zeitpunkt des Erwerbs ein sich rechnerisch ergebender goodwill - aufgrund einer zwischen Vertragsschluß und date of transaction eingetretenen wirtschaftlichen Verschlechterung des erworbenen Unternehmens oder durch fehlerhafte Erwartungen bzw. durch betrügerische Handlungen - nicht die zukünftigen Nutzenzuflüsse widerspiegelt (vgl. IAS 22.46 (revised 1998)).

3.4.3 US-GAAP

Wie nach IAS ist auch nach US-GAAP allein die erfolgswirksame, planmäßige Abschreibung des goodwill zulässig (vgl. APB 17.28). Eine erfolgsneutrale Verrechnung wie nach HGB ist damit nach US-GAAP nicht gestattet. Im Regelfall hat die Abschreibung des aktivierten Firmenwerts nach der linearen Methode zu erfolgen. Kann der Bilanzierende jedoch den Nachweis erbringen, daß eine andere Abschreibungsmethode als die lineare die zukünftigen wirtschaftlichen Nutzenzuflüsse des goodwill bzw. dessen Entwertungsverlauf zutreffender widerspiegelt, so ist folglich diese zu wählen (vgl. APB 17.30). Eine pauschalierte Abschreibung wie nach § 309 Abs. 1 Satz 1 HGB ist ebenso wie nach den IAS Vorschriften nach amerikanischen Rechnungslegungsgrundsätzen nicht vorgesehen.

Die Abschreibung des aktivierten Firmenwerts hat stets über die voraussichtliche Nutzungsdauer (»reasonable estimate of the useful life«) zu erfolgen (APB 17.28; vgl. auch Zielke, 1995, S. 836). Hinsichtlich der Bemessung der wirtschaftlichen Nutzungsdauer sind die in APB 17.27 aufgeführten Bestimmungsfaktoren - ähnlich wie nach IAS 22.44 (revised 1998) - zu berücksichtigen. Während die in IAS 22.44 genannten Faktoren sich speziell auf den goodwill beziehen, der im Rahmen der Kapitalkonsolidierung entsteht, schließt APB 17.27 alle immaterielle Vermögenswerte ein (vgl. Sauthoff, 1996, S. 383).

Während in der überarbeiteten Fassung der IAS 22 keine Obergrenze der Abschreibungsdauer mehr festgelegt ist, sondern nur eine widerlegbare Vermutung von 20 Jahren vorgesehen ist, kennt APB 17.29 hingegen eine maximale Abschreibungsdauer von 40 Jahren. Die SEC hat diese höchstzulässige Abschreibungsdauer aber weiter eingeschränkt, in dem sie für bestimmte Branchen kürzere Abschreibungsobergrenzen fixiert hat. Hintergrund für diese Entscheidung ist das Verbraucherverhalten und das technische Entwicklungstempo, so daß sich Firmenwerte oftmals relativ schnell verflüchtigen (Niehus/Thyll, 1998, S. 347). Dies gilt bspw. insbesondere für Unternehmen aus der High-Tech Branche und der Pharmaindustrie. Ähnlich der IAS Regelung ist an den jeweiligen folgenden Bilanzstichtagen die zugrundegelegte wirtschaftliche Nutzungsdauer laufend einer Überprüfung zu unterziehen und gegebenenfalls anzupassen (vgl. APB 17.31).

Zusätzlich zu der Überprüfung der Nutzungsdauer ist nach APB 17.31 an jedem Bilanzstichtag ein Werthaltigkeitstest für immaterielle Vermögenswerte durchzuführen. Ist der tatsächliche Wert und die zukünftigen Nutzenzuflüsse des goodwill geringer als der gegenwärtige Buchwert, so ist eine außerplanmäßige Abschreibung vorzunehmen.

3.5 Behandlung eines passivischen Unterschiedsbetrags

3.5.1 HGB

Bei Anwendung der Buchwertmethode kann ein passivischer Unterschiedsbetrag nur dann entstehen, wenn das (anteilige) buchmäßige Eigenkapital des Tochterunternehmens zum Zeitpunkt der Erstkonsolidierung den Wertansatz der aufzurechnenden Anteile übersteigt. Aus einem (vorläufigen) aktivischen Unterschiedsbetrag darf durch die Aufdeckung stiller Rücklagen niemals ein passivischer Unterschiedsbetrag resultieren, da das Anschaffungskostenprinzip einen über den Beteiligungsbuchwert hinausgehenden Ansatz des Nettovermögens des Tochterunternehmens verbietet (vgl. Dusemond/Weber/Zündorf, 1998, Rn. 106).

Entsteht bei der Verrechnung des Beteiligungsbuchwerts mit dem anteiligen buchmäßigen Eigenkapital des Tochterunternehmens ein (vorläufiger) passivischer Unterschiedsbetrag, so ist zunächst das Vorhandensein stiller Lasten zu prüfen. Existieren solche, so sind sie vollständig in beteiligungsproportionaler Höhe aufzudecken, mit der Folge, daß sich der passivische Unterschiedsbetrag verringert oder gar in einen aktivischen Unterschiedsbetrag umwandelt. Der verbleibende Unterschiedsbetrag ist in diesem Fall als passivischer Unterschiedsbetrag bzw. als Geschäfts- oder Firmenwert auszuweisen. Sind neben den stillen Lasten auch stille Rücklagen vorhanden, so sind diese in dem gleichen betragsmäßigen Umfang zu berücksichtigen wie zuvor stille Lasten aufgedeckt wurde. D.h. es dürfen maximal so viele stille Rücklagen aufgedeckt werden, daß der vorläufige passivische Unterschiedsbetrag dadurch nicht erhöht wird (vgl. Adler/Düring/Schmaltz, 1996, § 301 HGB, Rn. 93).

Bei Anwendung der Neubewertungsmethode gelten vom Grundsatz her die gleichen Überlegungen. Ein vor der Neubewertung vorhandener passivischer Unterschiedsbetrag darf sich durch die vorzunehmende Aufdeckung stiller Rücklagen und Lasten nicht erhöhen. Im Ergebnis unterscheidet sich die Neubewertungsmethode somit hinsichtlich des Konzernanteils nicht von der Buchwertmethode, lediglich der Minderheitenposten wird in anderer Höhe dotiert (vgl. Göth, 1997, S. 324).

In der Literatur werden jedoch auch zwei andere Vorgehensweisen diskutiert. Zum einen wird bei der Neubewertungsmethode eine Aufdeckung der stillen Rücklagen und Lasten jederzeit in voller Höhe als zulässig erachtet (vgl. Förschle, 1995a, Rn. 110; Otte, 1988, S. 103). Dies kann zu einer Erhöhung eines passivischen Unterschiedsbetrags führen oder auch die Wandlung eines aktivischen in einen passivischen Unterschiedsbetrag bewirken. Die Vorgehensweise ist wegen der möglichen Verletzung des pagatorischen Prinzips, das in der Beschränkung des Ansatzes des Nettovermögens des Tochterunternehmens auf die Anschaffungskosten der Beteiligung seinen Ausdruck findet, abzulehnen (vgl. GÖTH, 1997, S. 324). Zum anderen wird die Anwendbarkeit der Neubewertungsmethode für den Fall verneint, daß sich aus der Aufrechnung des Beteiligungsbuchwerts mit dem anteiligen buchmäßigen Eigenkapital ein passivischer Unterschiedsbetrag ergibt (vgl. ADLER/DÜRING/SCHMALTZ, 1996, § 301 HGB, Rn. 109 und die dort angegebene Literatur). Auch diese Ansicht kann nicht geteilt werden, ist doch die darlegte Vorgehensweise sowohl mit der Idee der Neubewertungsmethode als auch mit dem Erfordernis des Anschaffungskostenprinzips vereinbar.

Ein (verbleibender) passivischer Unterschiedsbetrag ist als Unterschiedsbetrag aus der Kapitalkonsolidierung als gesonderter Posten auszuweisen (vgl. § 301 Abs. 3 Satz 1 HGB). Anders als im Einzelabschluß, wo der Erwerb eines Teilbetriebs zu einem unter dem Substanzwert des Nettovermögens liegenden Kaufpreis Wertabschläge bei den einzelnen Aktiva bewirkt, ist somit im Konzernabschluß eine Abstockung unter ihre Zeitwerte nicht möglich (vgl. DUSEMOND/WEBER/ZÜNDORF, 1998, Rn. 125).

Da das Gesetz keine Ausweisposition für den Unterschiedsbetrag aus der Kapitalkonsolidierung vorschreibt, ist diese seinem bilanziellen Charakter nach zu bestimmen. In der Mehrzahl der Fälle dürfte das Entstehen eines passivischen Unterschiedsbetrags auf ein unzureichendes Ertragspotential des Tochterunternehmens zurückzuführen sein, das sich »in einem unter dem anteiligen (bilanziellen) Substanzwert liegenden Kaufpreis für eine Beteiligung niedergeschlagen hat« (KESSLER/STRICKMANN, 1998, Rn. 2580). Es liegt ein negativer Geschäfts- oder Firmenwert (badwill) vor, dem ein Fremdkapitalcharakter beizumessen ist. Für ihn kommt ein Ausweis innerhalb der Rückstellungen in Betracht. Ist der passivische Unterschiedsbetrag hingegen Ausdruck eines besonders günstigen Kaufs (lucky buy), so ist ein gesonderter Ausweis innerhalb der Konzernrücklagen möglich.

Nach HGB können der Zeitpunkt des Anteilserwerbs und der Zeitpunkt, auf dem die relevanten Werte für die Kapitalkonsolidierung definiert werden, auseinanderfallen (vgl. § 301 Abs. 2 HGB). Deshalb kann ein passivischer Unterschiedsbetrag auch dadurch entstehen, daß zwischenzeitlich beim Tochterunternehmen Gewinnthesaurierungen stattgefunden haben oder daß das Mutterunternehmen eine außerplanmäßige Abschreibung auf die Beteiligung vorgenommen hat. Im Falle der Gewinnthesaurierung kann auf einen gesonderten Ausweis des passivischen Unterschiedsbetrags verzichtet werden. Statt dessen ist es zulässig, den passivischen Unterschiedsbetrag erfolgsneutral in die Gewinnrücklagen des Konzerns umzugliedern (vgl. ORDELHEIDE, 1987, Rn. 127). Verursacht hingegen eine wegen dauerhafter Wertminderung vorgenommene außerplanmäßige Abschreibung des Beteiligungsansatzes einen passivischen Unterschiedsbetrag, so hat dieser Rückstellungscharakter.

Anstelle des gesonderten Ausweises innerhalb des Eigenkapitals bzw. innerhalb der Rückstellungen ist es grundsätzlich zulässig, den passivischen Unterschiedsbetrag in einem eigenen Posten zwischen dem Eigen- und Fremdkapital zu zeigen. Dieser

Ausweis bietet sich insbesondere an, wenn der bilanzielle Charakter des passivischen Unterschiedsbetrags im Einzelfall nicht eindeutig festgestellt werden kann oder er sich aus heterogenen Komponenten zusammensetzt (vgl. KÜTING/WEBER, 1997, S. 229).

Die Auflösung des passivischen Unterschiedsbetrags regelt der Gesetzgeber in § 309 Abs. 2 HGB. Danach ist ein bei der Erstkonsolidierung entstandener passivischer Unterschiedsbetrag erfolgswirksam aufzulösen, wenn »eine zum Zeitpunkt des Erwerbs der Anteile oder der erstmaligen Konsolidierung erwartete ungünstige Entwicklung der künftigen Ertragslage des Unternehmens eingetreten ist oder zu diesem Zeitpunkt erwartete Aufwendungen zu berücksichtigen sind« bzw. »am Abschlußstichtag feststeht, daß er einem realisierten Gewinn entspricht« (§ 309 Abs. 2 Nr. 2 HGB).

Im Falle eingetretener ungünstiger Entwicklungen oder bestimmter Aufwendungen ist die Auflösung eines passivischen Unterschiedsbetrags verpflichtend (vgl. FÖRSCHLE, 1995b, Rn. 45; ADLER/DÜRING/SCHMALTZ, 1996, § 309 HGB, Rn. 71). Dabei muß durch eine entsprechende Dokumentation sichergestellt sein, daß die eingetretenen ungünstigen Entwicklungen bzw. Aufwendungen einen Bezug zu den am Erwerbs- bzw. Erstkonsolidierungszeitpunkt antizipierten Entwicklungen bzw. Aufwendungen aufweisen. Ist der passivische Unterschiedsbetrag auf einen lucky buy zurückzuführen, so setzt seine erfolgswirksame Auflösung voraus, daß er einem realisierten Gewinn entspricht. Bei strenger Auslegung ist dies erst der Fall, wenn die entsprechenden Anteile veräußert werden (vgl. SABI, 1988, S. 624). Eine Auflösung ist jedoch auch dann als zulässig zu erachten, »wenn nach vernünftiger kaufmännischer Beurteilung, z.B. bei nachhaltig guter Ertragslage und erheblicher Gewinnthesaurierung beim Tochterunternehmen, eine Realisierung angenommen werden kann« (WEBER/ZÜNDORF, 1998b, Rn. 88).

3.5.2 IAS

Nach IAS 22.49 (revised 1998) entsteht ein passivischer Unterschiedsbetrag (negative goodwill), wenn zum Erwerbszeitpunkt die Anschaffungskosten des Unternehmenserwerbs niedriger sind als der Anteil des Erwerbers an den fair values der identifizierbaren Vermögensgegenstände und Schulden. Es ist sicherzustellen, daß ein negativer goodwill nicht durch Überbewertung von Vermögensgegenständen bzw. Unterbewertung oder Nichtberücksichtigung von Schulden zustande gekommen ist (vgl. IAS 22.50 (revised 1998)).

Da zur Ermittlung eines negativen goodwill die Anschaffungskosten der Beteiligung und das neubewertete Eigenkapital des Tochterunternehmens zum Erwerbszeitpunkt herangezogen werden, kann dieser anders als nach HGB nicht in zwischenzeitlichen Gewinnthesaurierungen beim Tochterunternehmen oder einer Abschreibung des Beteiligungsbuchwerts beim Mutterunternehmen begründet sein. Mithin kann der negative goodwill nur den Charakter eines badwill oder eines lucky buy haben.

Die ab 1. Juli 1999 anzuwendende Neufassung des IAS 22 sieht für einen solchen negative goodwill nunmehr grundsätzlich eine passivische Abgrenzung vor. Eine Abstockung, wie sie bislang bei Anwendung des benchmark treatment vorzunehmen war (vgl. IAS 22.49 (revised 1993)), ist nicht mehr zulässig.

Für die Auflösung eines negativen goodwill ist entscheidend, ob dieser auf zuverlässig meßbare zukünftige Verluste und Aufwendungen zurückzuführen ist, die zum Zeitpunkt des Erwerbs beim Tochterunternehmen keine Schuld darstellten und die der Erwerber beim Unternehmenskauf berücksichtigt hat. Ist dies der Fall, so ist der negative goodwill erfolgswirksam aufzulösen, wenn die erwarteten Aufwendungen und Verluste eintreten (vgl. IAS 22.51 (revised 1998)).

Steht der negative goodwill nicht im Bezug zu solchen Aufwendungen und Erträgen, ist IAS 22.51A (revised 1998) anzuwenden. Demnach ist der Betrag des negativen goodwill, der die fair values der nicht-monetären Vermögensgegenstände des Tochterunternehmens nicht übersteigt, abzugrenzen und entsprechend der betriebsgewöhnlichen Nutzungsdauer dieser Vermögensgegenstände erfolgswirksam aufzulösen. Der Teil des negativen goodwill, der die fair values der nicht-monetären Vermögensgegenstände übersteigt, ist hingegen sofort als Ertrag zu realisieren (vgl. KÜTING/HAYN, 1998, Kap. I, Rn. 121). IAS 22 (revised 1998) sieht in einem negativen goodwill, der keine konkreten zukünftigen Verluste oder Aufwendungen widerspiegelt, einen Gewinn, der in dem Maße erfolgswirksam zu erfassen ist, wie die gemäß der Einzelerwerbsfiktion erworbenen Vermögensgegenstände des Tochterunternehmens durch Nutzung oder Veräußerung ihren ökonomischen Nutzen abgeben (vgl. IAS 22.51B (revised 1998)).

IAS 22 (revised 1998) gibt keine Auskunft darüber, wie die Zuordnung des negativen goodwill zu den einzelnen nicht-monetären Vermögensgegenständen zu erfolgen hat. Es bietet sich entsprechend der zum 31. Juni 1999 auslaufenden Abstockungsregel an (benchmark treatment des IAS 22.49 (revised 1993)), auf eine proportionale Zuordnung des negativen goodwill abzustellen. Die Neuregelung hätte dann den Charakter eines Bruttoausweises der Abstockungsvariante.

Der negative goodwill soll innerhalb der gleichen Position wie der goodwill offen als Abzugsgröße zu den Vermögensgegenständen ausgewiesen werden (vgl. IASC-Update, July 1998, S. 2).

3.5.3 US-GAAP

Nach US-GAAP hat im Rahmen der Purchase-Methode das Anschaffungskostenprinzip Gültigkeit (historical-cost accounting, vgl. APB 16.66). Folglich darf der fair value des erworbenen Nettovermögens nicht höher sein als die Anschaffungskosten der Beteiligung. Tritt dieser Fall bei der Kapitalaufrechnung auf, so ist eine Abstockung der noncurrent assets – mit Ausnahme der langfristigen investments in marketable securities – vorzunehmen (vgl. APB 16.87). Nicht in die Abstockung einzubeziehen sind die sogenannten priority accounts (vgl. FISCHER/TAYLOR, 1995, S. 70). Hierzu zählen die current assets und marketable securities, auch wenn letztere noncurrent assets darstellen. Diese sind ebenso wie die in den Konzernabschluß eingehenden Schulden des Tochterunternehmens stets mit ihren fair values anzusetzen.

Im Rahmen der Abstockung ist der Wertansatz der abstockungsfähigen Vermögensgegenstände solange zu reduzieren, bis die negative Aufrechnungsdifferenz ausgeglichen ist. Für den Fall, daß sämtliche abstockungsfähige Vermögensgegenstände auf Null reduziert sind ohne daß die negative Aufrechnungsdifferenz vollständig ausgeglichen werden konnte, erfolgt ein Ausweis der verbleibenden Aufrechnungsdifferenz unter entsprechender Bezeichnung als deferred credit (vgl. BEAMS, 1996, S. 19). Dieser ist nach APB 16.91 über den Zeitraum seiner Nutzung, längstens jedoch über 40 Jahre, erfolgswirksam aufzulösen. Als geeignet ist eine lineare Auflösung anzusehen, es sei denn, daß situationsbedingt die Anwendung einer anderen systematischen Vorgehensweise angebracht ist (vgl. ARTHUR ANDERSEN, 1993, S. 263). Eine sofortige Einstellung der Aufrechnungsdifferenz in das Eigenkapital des Konzerns ist nicht zulässig (vgl. APB 16.92).

Ist die negative Aufrechnungsdifferenz geringer als die Summe der fair values der abstockungsfähigen Vermögensgegenstände, so ist die Abstockung proportional zu ihren fair values vorzunehmen. Folgendes Beispiel diene zur Verdeutlichung der Vorgehensweise:

Beispiel:

Die A-Corp. erwarb am 31. Dezember 1997 80% der Anteile an der B-Inc. zum Preis von 350.000 USD. Das Reinvermögen der B-Inc. setzt sich wie folgt zusammen:

	Book Value (USD)	*Fair Value (USD)*
Inventories	240.000	260.000
Other current assets	100.000	100.000
Equipment	50.000	50.000
Buildings	140.000	200.000
	530.000	610.000
Liabilities	130.000	130.000
Net assets	400.000	480.000

1. Vorläufige Aufrechnung der Anschaffungskosten gegen das anteilige Nettovermögen auf Basis der fair values:

	Anschaffungskosten		350.000
-	anteiliges Eigenkapital zu fair values (480.000 × 0,8)	-	384.000
=	negative Aufrechnungsdifferenz	=	-34.000

2. Verteilung des Abstockungsbetrags (–34.000) auf die abstockungsfähigen Vermögensgegenstände (equipment, buildings):
   Bezogen auf die 80%ige Beteiligung der A-Corp. an der B-Inc. darf die Summe der anteilige Wertansatz der abstockungsfähigen Vermögensgegenstände folgendem Betrag entsprechen:

	Anschaffungskosten		350.000
+	anteilige liabilities zu fair values (0,8 · 130.000)	+	104.000
-	anteilige inventories zu fair values (0,8 · 260.000)	-	208.000
-	anteilige other current assets zu fair values (0,8 · 100.000)	-	80.000
=	maximaler anteiliger Wertansatz (equipment + building)	=	166.000

3. Ermittlung des Prozentsatzes (p), mit dem die entfallenen (anteiligen) fair values angesetzt werden dürfen:

$$p = \frac{\text{maximaler anteiliger Wertansatz (equipment + building)}}{\text{anteilige fair values (equipment + building)}}$$

$$= \frac{166.000}{0{,}8 \times 50.000 + 0{,}8 \times 200.000} = \frac{166.000}{200.000} = 83\%$$

$$= 1-a;\ \text{mit } a = \text{Abstockungsprozentsatz}$$

$$a = \frac{\text{Abstockungsbetrag}}{\text{anteilige fair values (equipment + building)}} = \frac{34.000}{200.000} = 17\%$$

4. Ermittlung des auf die A-Corp. entfallenden Wertansatzes und des in die Konzernbilanz eingehenden Wertes:

	insgesamt auf A entfallende fair values (1)	p (2)	anzusetzende, auf A entfallende fair values (3) = (1) × (2)	Minderheitenanteil am book value (4)	Konzernwert (5) = (3) + (4)
Equipment	40.000	0,83	33.200	10.000	43.200
	Abstockungsbetrag = 40.000 × 0,17 = 40.000–33.200 = 6.800				
Buildings	160.000	0,83	132.800	28.000	160.080
	Abstockungsbetrag = 160.000 × 0,17 = 160.000–132.800 = 27.200				

5. Endgültige Aufrechnung der Anschaffungskosten gegen das anteilige Nettovermögen auf Basis der fair values:

	Anschaffungskosten	350.000
-	anteiliges Eigenkapital zu fair values (480.000 × 0,8)	- 384.000
=	negative Aufrechnungsdifferenz	= -34.000
+	Abstockung equipment	+ 6.800
+	Abstockung buildings	+ 27.200
		0

3.6 Ausweis der Minderheitenanteile

3.6.1 HGB

Merkmal der Purchase-Methode als Variante der Vollkonsolidierung mit Minderheitenanteil ist, daß sämtliche Aktiva und Passiva eines Tochterunternehmens in voller Höhe in den Konzernabschluß übernommen werden. Sind an dem Tochterunternehmen konzernfremde Gesellschafter beteiligt, so entfällt auf diese ein Teil des in die Konzernbilanz eingehenden Nettovermögens des Tochterunternehmens. Artikel 21 der 7. EG-Richtlinie sieht vor, daß dieser in einem gesonderten Posten darzustellen ist. Bei der Umsetzung der 7. EG-Richtlinie hat der deutsche Gesetzgeber in § 307 Abs. 1 Satz 1 HGB diese Vorschrift dahingehend konkretisiert, daß der Ausweis dieses den Minderheitenanteil repräsentierenden Postens innerhalb des Konzerneigenkapitals zu erfolgen hat. Auch wenn aus dieser Ausweisvorschrift nicht unmittelbar auf eine der Konzernrechnungslegungstheorien geschlossen werden kann, so »wird ein Ausweis innerhalb des Eigenkapitals grundsätzlich durch die Theorie der fiktiven rechtlichen Einheit (vgl. § 297 Abs. 3 Satz 1 HGB) unterstützt« (Weber/Zündorf, 1998a, Rn. 1). Entsprechend der gesonderten Darstellung des Minderheitenanteils in der Konzernbilanz, ist auch in der Konzern-Gewinn- und Verlustrechnung, der Teil des Jahresüberschusses bzw. Jahresfehlbetrags der auf die Minderheiten entfällt, unter entsprechender Bezeichnung gesondert darzustellen (vgl. § 307 Abs. 2 HGB).

3.6.2 IAS

Die IAS sehen für die Minderheitenanteile nach dem Gliederungsschema des ab dem 1.7. 1998 anzuwendenden IAS 1 einen gesonderten Ausweis zwischen dem Eigen- und dem Fremdkapital vor (vgl. IAS 1.66 (revised 1997)). Zuvor wurde in IAS 27, der auf der Einheitstheorie aufbaut (vgl. Küting/Hayn, 1998, Rn. 129), lediglich ein getrennter Ausweis des Minderheitenpostens von den Verbindlichkeiten und dem Eigenkapital des Mutterunternehmens gefordert (vgl. IAS 27.26). Daraus ergab sich nicht notwendigerweise ein Ausweis zwischen dem Eigen- und Fremdkapital (vgl. Küting/Hayn, 1998, Rn. 129).

In der Konzern-Gewinn- und Verlustrechnung ist der Anteil der Minderheitsgesellschafter am Jahreserfolg zu isolieren (vgl. IAS 1.75 (revised 1997)). Als Konzernerfolg ist somit der auf den Mehrheitsgesellschafter entfallende Teil auszuweisen.

3.6.3 US-GAAP

Nach US-GAAP folgt die Konzernrechnungslegung überwiegend der Konzeption der parent company theory (vgl. BAKER/RAPACCIOLI/SOLOMON, 1995, S. 3112). »Under the parent company theorie, the equity of the group is the equity of the parent company and the profit of the group is the profit of the company« (BAKER/RAPACCIOLI/SOLOMON, 1995, S. 3112). Der auf Minderheitsgesellschafter entfallende Teil des Nettovermögens eines Tochterunternehmens stellt mithin kein Konzerneigenkapital dar. Er wird in der Praxis regelmäßig als gesonderter Posten zwischen dem Eigenkapital und den Schulden eines Unternehmens ausgewiesen (vgl. WILLIAMS, 1999, 45.11). Ist der Minderheitenposten unbedeutend, wird er gelegentlich auch den long-term liabilities zugerechnet. Dieser Ausweis steht allerdings im Widerspruch zu SFAC 6.254: »Minority interests in net assets of consolidated subsidiaries do not represent obligations of the enterprise to pay cash or distribute other assets to minority stockholders.«

Im income statement wird der auf die Minderheiten entfallende Erfolgsanteil als Aufwand behandelt und somit vom Konzernjahresüberschuß in Abzug gebracht.

Neben der parent company theory wird in den USA auch die entity theory, die auch als economic unit concept bezeichnet wird, zur Fundierung der Konzernrechnungslegung diskutiert (vgl. BAKER/LEMBKE/KING, 1996, S. 135 ff.). In der Praxis hat sie bis jetzt jedoch nur eine geringe Bedeutung erlangt (vgl. WILLIAMS, 1999, 45.11). Ihr folgend ist der Minderheitenposten als ein »seperate nonitemized line item within the stockholders' equity section of the balance sheet« (FISCHER/TAYLOR, 1995, S. 83) auszuweisen. Im income statement beinhaltet der Konzernjahresüberschuß den auf die Minderheiten entfallenden Teil.

3.7 Höhe der Minderheitenanteile

3.7.1 HGB

Die Dotierung des Minderheitenanteils richtet sich im HGB insbesondere nach der angewandten Variante der Erwerbsmethode. Bei der Buchwertmethode (vgl. § 301 Abs. 1 Satz 2 Nr. 1 HGB) wird der Anteil der Minderheitsgesellschafter am Geschäftsjahresende auf Basis des an die konzerneinheitliche Bilanzierung und Bewertung angepaßten bilanziellen Eigenkapitals des Tochterunternehmens ermittelt. Es erfolgt keine Zuordnung von anteiligen stillen Rücklagen oder Lasten und keine Hochrechnung eines Geschäfts- oder Firmenwerts auf die Minderheiten. Dementsprechend wird in Folgeperioden der den Minderheiten zustehende Anteil am Konzernerfolg nicht durch Abschreibungen bzw. Auflösungen derselben tangiert.

Im Gegensatz dazu werden bei Anwendung der Neubewertungsmethode (vgl. § 301 Abs. 1 Satz 2 Nr. 2 HGB) die stillen Rücklagen und Lasten anteilig dem Ausgleichsposten für Anteile anderer Gesellschafter zugeordnet. Im Zuge der Folgekonsolidierungen ist es deshalb notwendig, anteilige Abschreibungen und Auflösungen bei der Dotierung des Ausgleichspostens zu berücksichtigen. C.p. gleicht sich dementsprechend ein auf der Grundlage der Neubewertungsmethode ermittelter einem nach der Buchwertmethode dotierten Ausgleichsposten im Zeitablauf an. Auf eine Hochrechnung eines bei der Kapitalkonsolidierung etwaig entstehenden Geschäfts- oder Firmenwerts wird auch bei der Neubewertungsmethode verzichtet (h.M. vgl. SCHILDBACH, 1996, S. 160; VON WYSOCKI/WOHLGEMUTH, 1996, S. 124).

3.7.2 IAS

Die Ermittlung des Minderheitenpostens nach IAS ist in Abhängigkeit von der gewählten Konsolidierungsmethode vorzunehmen. Bei Anwendung des benchmark treatment ist der in den Ausgleichsposten für Anteile anderer Gesellschafter einzustellende Anteil am Nettovermögen des Tochterunternehmens anhand der Buchwerte der Vermögensgegenstände und Schulden (sog. pre-acquisition carrying amount) zu bestimmen (vgl. IAS 22.31 (revised 1998)). Diese Variante entspricht der nach US-GAAP dominierenden Vorgehensweise, die der parent company theory verhaftet ist.

Wird die Kapitalkonsolidierung nach der allowed alternative method durchgeführt, so wird der Betrag des Nettovermögens, der auf die Minderheiten entfällt, auf der Grundlage der fair values ermittelt (vgl. IAS 22.33 (revised 1998)). Die allowed alternative method ist mit einer der entity theory folgenden Gestaltung der Kapitalkonsolidierung nach US-GAAP zu vergleichen, wenn bei letzterer auf eine Hochrechnung des Geschäfts- oder Firmenwerts verzichtet wird. Im Gegensatz zur Neubewertungsmethode nach HGB ist die Höhe der den Minderheiten zuzuordnenden anteiligen fair values jedoch sowohl nach dem benchmark treatment als auch dem allowed alternative treatment nicht durch das Anschaffungskostenprinzip beschränkt.

3.7.3 US-GAAP

Nach US-GAAP wird der parent company theory folgend der Minderheitenanteil auf Basis des buchmäßigen Eigenkapitals des Tochterunternehmens berechnet. Die Anpassung der book values der vom Tochterunternehmen zu übernehmenden Vermögensgegenstände und Schulden an die fair values erfolgt somit lediglich beteiligungsproportional (vgl. FISCHER/TAYLOR, 1995, S. 85). Mithin enthält der Minderheitenposten keine anteiligen stillen Rücklagen oder Lasten, auch wird keine Hochrechnung eines Geschäfts- oder Firmenwerts vorgenommen.

Nach der in der Konsolidierungspraxis unbedeutenden entity theory wird das Nettovermögen des Tochterunternehmens, an dem die Minderheiten beteiligt sind, auf Basis der 100%igen fair values zum Erwerbszeitpunkt ermittelt. Ensteht im Zuge der Kapitalkonsolidierung ein Geschäfts- oder Firmenwert, so wird sowohl eine Hochrechnung (full goodwill method) als auch ein Verzicht auf dieselbe (purchased goodwill method) als mit der entity theory vereinbar angesehen (vgl. FISCHER/TAYLOR, 1995, S. 542 ff).

4. Zusammenfassung

Nachfolgend sollen die oben dargestellten Unterschiede in einer Übersicht nochmals schematisch zusammengefaßt werden.

<table>
<tr><th>Kriterium
(purchase Methode)</th><th>HGB</th><th>IAS</th><th>US-GAAP</th></tr>
<tr><td>Zeitpunkt der Erstkonsolidierung</td><td>• Erwerbsstichtag
• Zeitpunkt der erstmaligen Einbeziehung</td><td>• Erwerbsstichtag</td><td>• grundsätzlich Erwerbsstichtag
• als Ausnahme kann auch das Ende einer Abrechnungsperiode festgelegt werden</td></tr>
<tr><td rowspan="2">Zeitpunkt der Aufdeckung stiller Reserven</td><td rowspan="2">• Buchwertmethode: im Zuge der Kapitalkonsolidierung
• Neubewertungsmethode: in einer der Kapitalkonsolidierung vorgelagerten Nebenrechnung</td><td>• im Zuge der Bewertung der erworbenen Vermögenswerte und Schulden in einer der Kapitalkonsolidierung vorgelagerten Nebenrechnung</td><td>• im Zuge der Bewertung der erworbenen Vermögenswerte und Schulden in einer der Kapitalkonsolidierung vorgelagerten Nebenrechnung</td></tr>
<tr><td colspan="2">• Vorgehensweise entspricht methodisch der Neubewertungsmethode</td></tr>
<tr><td>Höhe der aufzudeckenden stillen Reserven</td><td>• Buchwertmethode: beteiligungsproportionale Aufdeckung
• Neubewertungsmethode: volle Aufdekkung
• die Höhe der aufzudeckenden stillen Reserven ist auf die Höhe der Anschaffungskosten der Beteiligung beschränkt (Nominalwertprinzip)</td><td>• benchmark treatment: beteiligungsproportionale Aufdeckung
• allowed alternative treatment: volle Aufdeckung
• alle Vermögenswerte und Schulden sind grundsätzlich mit ihren Marktwerten zu bewerten</td><td>• nach der zur Zeit h. M und in der Praxis wird der beteiligungsproportionalen Aufdekkung der Vorzug eingeräumt
• alle Vermögenswerte und Schulden sind grundsätzlich mit ihren Marktwerten zu bewerten</td></tr>
</table>

Kriterium (purchase Methode)	**HGB**	**IAS**	**US-GAAP**
Behandlung eines Geschäfts- oder Firmenwerts	• Aktivierung und erfolgswirksame Verrechnung • erfolgsneutrale (einmalige) Verrechnung mit den Gewinnrücklagen (teilweise wird auch eine ratierliche Verrechnung als zulässig erachtet)	• Aktivierung und erfolgswirksame Verrechnung über die Nutzungsdauer	• Aktivierung und erfolgswirksame Verrechnung über die Nutzungsdauer
Behandlung eines passivischen Unterschiedsbetrags	• Passivierung und erfolgswirksame Auflösung entsprechend den gesetzlich kodifizierten Normen (§ 309 Abs. 2 HGB)	• Passivierung und erfolgswirksame Behandlung entsprechend den Normen IAS 22.51	• Abstockung der noncurrent assets • Passivierung eines verbleibenden Restbetrags als deferred credit • dieser ist systematisch erfolgswirksam aufzulösen
Ausweis der Minderheitenanteile	• Entsprechend den gesetzlichen Vorschriften sind die Minderheiten im Eigenkapital auszuweisen	• Die Minderheitenanteile sind gesondert zwischen Eigen- und Fremdkapital auszuweisen	• Der Anteil der Minderheiten stellt kein Eigenkapital dar; der Ausweis erfolgt regelmäßig zwischen dem Eigen- und Fremdkapital
Höhe der Minderheitenanteile	• Buchwertmethode: keine Zuordnung von anteiligen stillen Rücklagen oder Lasten • Neubewertungsmethode: den Minderheiten werden anteilig stille Rücklagen und Lasten zugeordnet	• benchmark treatment: der Anteil der Minderheiten wird anhand der Buchwerte vor dem Erwerb bestimmt • allowed alternative method: Grundlage für die Bestimmung der Minderheiten sind die mit den Marktwerten neu bewerteten Vermögenswerte und Schulden	• nach der h. M. und gängiger Praxis erfolgt nur eine beteiligungsproportionale Neubewertung, so daß auf die Anteile der Minderheiten keine stillen Rücklagen oder Lasten entfallen
Pooling of Interest-Methode	• bei vorliegen der Anwendungsvoraussetzungen Alternative zur Purchase Methode • findet in der Praxis keine Anwendung	• bei vorliegen der entsprechenden Voraussetzungen Pflicht zur Anwendung	• bei vorliegen der entsprechenden Voraussetzungen Pflicht zur Anwendung

Literaturverzeichnis

ADLER, Hans / DÜRING, Walther / SCHMALTZ, Kurt (1996), Rechnungslegung und Prüfung der Unternehmen, Kommentar zum HGB, AktG, GmbHG, PublG nach den Vorschriften des Bilanzrichtlinien-Gesetzes, 6. Aufl., Stuttgart 1996.

AFTERMANN, Allan B. (1995), Handbook of SEC Accounting and Disclosure 1995, New York 1995.

ACCOUNTING PRINCIPLES BOARD OPINION (APB) No. 16, Business Combinations, in: FASB (Hrsg.), Original Pronouncements, Norwalk/Connecticut 1997.

ACCOUNTING PRINCIPLES BOARD OPINION (APB) No. 17, Intangible Assets, in: FASB (Hrsg.), Original Pronouncements, Norwalk/Connecticut 1997.

ARTHUR ANDERSEN (1993), Accounting for Business Combinations. Interpretations of APB Opinion Nos. 16 and 17, 8. Aufl., 1993.

BAETGE, Jörg (1997), Konzernbilanzen, 3. Aufl., Düsseldorf 1997.

BAETGE, Jörg / SIEFKE, Michael (1997), Kommentierung von IAS 22, in: Baetge, Jörg/Dörner, Dietrich/Kleekämper, Heinz/Wollmert, Peter (Hrsg.), Rechnungslegung nach International Accounting Standards (IAS), Kommentar auf der Grundlage des deutschen Bilanzrechts, Stuttgart 1997.

BAKER, Richard E. / LEMBKE, Valdean C. / KING, Thomas E. (1995), Advanced Financial Accounting, 3. Aufl., New York u.a. 1995.

BAKER, Richard C. / RAPACCIOLI, Donna / SOLOMON, Morton B. (1995), United States Of America Group Accounts, in: Ordelheide, Dieter/KPMG (Hrsg.), Transnational Accounting, London/Basingstoke 1995.

BEAMS, Floyd A. (1996), Advanced Accounting, 6. Aufl., Englewood Cliffs/New Jersey 1996.

BECKER, Wolfgang (1989), Konzernrechungslegung, Wiesbaden 1989.

BIENER, Herbert / BERNEKE, Wilhelm (1986), Bilanzrichtlinien-Gesetz, Textausgabe des Bilanzrichtlinien-Gesetzes vom 19.12. 1985 (Bundesgesetzbl. I S. 2355) mit Bericht des Rechtsausschusses des Deutschen Bundestages, Regierungsentwürfe mit Begründung, EG-Richtlinien mit Begründung, Entstehung und Erläuterung des Gesetzes, Düsseldorf 1986.

BIENER, Herbert / SCHATZMANN, Jürgen (1983), Konzern-Rechnungslegung, Siebente Richtlinie des Rates vom 13. Juni 1983, Düsseldorf 1983.

BUSSE VON COLBE, Walther / ORDELHEIDE, Dieter (1993), Konzernabschlüsse, Rechnungslegung für Konzerne nach betriebswirtschaftlichen Grundsätzen und gesetzlichen Vorschriften, 6. Aufl., Wiesbaden 1993.

DELANY, Patrick R. u. a. (1996), GAAP, Interpretation and Application of Generally Accepted Accounting Principles 1996, New York u. a. 1996.

DUSEMOND, Michael / WEBER, Claus-Peter / ZÜNDORF, Horst (1998), Kommentierung des § 301 HGB, in: Küting, Karlheinz/Weber, Claus-Peter (Hrsg.), Handbuch der Konzernrechnungslegung, Kommentar zur Bilanzierung und Prüfung, 2. Aufl., Stuttgart 1998.

EBELING, Ralf Michael (1995), Die Einheitsfiktion als Grundlage der Konzernrechnungslegung, Stuttgart 1995.

EISOLT, Dirk (1992), US-amerikanische und deutsche Konzernrechnungslegung, Hamburg 1992.

FASB (1995), Exposure Draft, Proposed Statement of Financial Statement, Consolidated Financial Statement: Policy and Procedures, in: Financial Accounting Series No. 154-D, Norwalk/Connecticut 1995.

FISCHER, Paul M. / TAYLOR, William J. (1995), Advanced Accounting, 6. Aufl. Cincinnati/Ohio 1995.

FISCHER, Paul M. / TAYLOR, William J. (1997), An update to Advanced Accounting, Cincinnati/Ohio 1997.

Förschle, Gerhardt (1995), Kommentierung des § 301 HGB, in: Budde, Wolfgang Dieter u.a. (Bearb.), Beck'scher Bilanz-Kommentar. Der Jahresabschluß nach Handels- und Steuerrecht, 3. Aufl., München 1995.

Förschle, Gerhardt (1995), Kommentierung des § 309 HGB, in: Budde, Wolfgang Dieter u.a. (Bearb.), Beck'scher Bilanz-Kommentar. Der Jahresabschluß nach Handels- und Steuerrecht, 3. Aufl., München 1995.

Göth, Peter (1997), Das Eigenkapital im Konzernabschluß. Bilanzielle Darstellung, Ergebnisverwendungsrechnung, Konsolidierungstechnik, Stuttgart 1997.

Hayn, Sven (1997), Internationale Rechnungslegung. Ursachen, Wirkungen und Lösungsansätze zur Überwindung internationaler Rechnungslegungsdivergenzen, Stuttgart 1997.

IASC-Update, July 1998, London 1998.

IDW (1995), Rechnungslegung nach International Accounting Standards, Düsseldorf 1995.

International Accounting Standard (IAS) 22 (revised 1993), Business Combinations, IASC (Hrsg.), International Accounting Standards 1998, London 1998.

International Accounting Standard (IAS) 22 (revised 1998), Business Combinations, IASC (Hrsg.), London 1998.

International Accounting Standard (IAS) 38, Impairment of Assets, IASC (Hrsg.), London 1998

Jensen, Daniel L. u. a. (1994), Advanced Accounting, 3. Aufl., New York u. a. 1994.

Kessler, Harald / Strickmann, Michael, (1998), Konzernrechnungslegung und Konzernbilanzpolitik, in: Küting, Karlheinz (Hrsg.), Saarbrücker Handbuch der Betriebswirtschaftlichen Beratung, Herne/Berlin 1998.

Küting, Karlheinz / Dusemond, Michael /Nardmann, Benita (1994), Ausgewählte Probleme der Kapitalkonsolidierung in Theorie und Praxis, in: Betriebs-Berater 1994, Beilage 8.

Küting, Karlheinz / Weber, Claus-Peter (1997), Der Konzernabschluß, 4. Aufl., Stuttgart 1997.

Küting, Karlheinz / Hayn, Sven (1998), EG-Abschluß versus IASC-Abschluß, in: Küting, Karlheinz/Weber, Claus-Peter (Hrsg.), Handbuch der Konzernrechnungslegung, Kommentar zur Bilanzierung und Prüfung, 2. Aufl., Stuttgart 1998.

Küting, Karlheinz / Zündorf, Horst (1985), Zurechnungsmodalitäten stiller Reserven im Rahmen der Kapitalkonsolidierung nach künftigem Konzernbilanzrecht, in: Betriebs-Berater 1985, S. 1302–1311.

Moonitz, Maurice. (1978), The entity theory of consolidated statements, New York 1978.

Moxter, Adolf (1979), Die Geschäftswertbilanzierung in der Rechtsprechung des Bundesfinanzhofs und nach EG-Bilanzrecht, in: Betriebs-Berater 1979, S. 741–747.

Niehus, Rudolph J. / Thyll, Alfred (1998), Konzernabschluß nach US-GAAP. Grundlagen und Gegenüberstellung mit den deutschen Vorschriften, Stuttgart 1998.

Ordelheide, Dieter (1986), Anschaffungskostenprinzip im Rahmen der Erstkonsolidierung gem. § 301 HGB, in: Der Betrieb 1986, S. 493–499.

Ordelheide, Dieter (1987), Anwendungsbereich und Erstkonsolidierung, in: Castan, Edgar u. a. (Hrsg.), Beck'sches Handbuch der Rechnungslegung, München 1987, C 401.

Otte, Hans-Heinrich (1988), Gestaltungsspielräume bei der Erwerbskonsolidierung nach § 301 HGB, in: Betriebs-Berater 1988, S. 100–105.

Pellens, Bernhard (1998), Internationale Rechnungslegung, 2. Aufl., Stuttgart 1998.

SABI (1988), Behandlung des Unterschiedsbetrags aus der Kapitalkonsolidierung, Stellungnahme 2/1988, in: Die Wirtschaftsprüfung 1988, S. 622–625.

Sahner, Friedhelm / Häger, Michael (1988), Konzèrnbilanzpolitik im Rahmen der Kapitalkonsolidierung gem. § 301 HGB, in: Der Betrieb 1988, S. 404–412.

Sauthoff, Jan Philipp (1996), Der Firmenwert im Konzernabschluß, Probleme der Bilanzierung und Aussagefähigkeit, Wiesbaden 1996.

SCHERRER, Gerhard (1994), Konzernrechnungslegung, München 1994.

SCHERRER, Gerhard (1998), Grundlagen der US-amerikanischen Konzernrechnungslegung, in: Ballwieser, Wolfgang (Hrsg.), US-amerikanische Rechnungslegung, 3. Aufl., Stuttgart 1998.

SCHILDBACH, Thomas (1996), Der handelsrechtliche Konzernabschluß, 4. Aufl., München 1996.

SCHINDLER, Joachim (1986), Kapitalkonsolidierung nach dem Bilanzrichtlinien-Gesetz, Frankfurt/Bern/New York 1986.

STATEMENT OF FINANCIAL ACCOUNTING CONCEPTS (SFAC) No. 6, Elements of Financial Statements, in: FASB (Hrsg.), Original Pronouncements, Norwalk/Connecticut 1997.

STATEMENT OF FINANCIAL ACCOUNTING STANDARDS (SFAS) No. 94, Consolidation of all Majority-Qwned Subsidiaries, in: FASB (Hrsg.), Original Pronouncements, Norwalk/Connecticut 1997.

STOREY, Reed K. (1996), Comparative Analysis of IAS 22, Business Combinations, and U.S. GAAP including APB Opinions No. 16, Business Combinations, and No. 17, Intangible Assets, in: FASB (Comparison 1996).

WEBER, Claus-Peter (1991), Praxis der Kapitalkonsolidierung im internationalen Vergleich, Stuttgart 1991.

WEBER, Claus-Peter / ZÜNDORF, Horst (1998a), Kommentierung des § 307 HGB, in: Küting, Karlheinz/Weber, Claus-Peter (Hrsg.), Handbuch der Konzernrechnungslegung, Kommentar zur Bilanzierung und Prüfung, 2. Aufl., Stuttgart 1998.

WEBER, Claus-Peter / ZÜNDORF, Horst (1998b), Kommentierung des § 309 HGB, in: Küting, Karlheinz/Weber, Claus-Peter (Hrsg.), Handbuch der Konzernrechnungslegung, Kommentar zur Bilanzierung und Prüfung, 2. Aufl., Stuttgart 1998.

WENTLAND, Norbert (1979), Die Konzernbilanz als Bilanz der wirtschaftlichen Einheit Konzern, Frankfurt/Bern/Las Vegas 1979.

WILLIAMS, Jan R. (1999), Miller GAAP-Guide 1999. A comprehensive restatement of current promulgated Generally Accepted Accounting Principles, San Diego/NewYork/London 1999.

WOHLGEMUTH, Michael/Ruhnke, Klaus (1998), Die Kapitalkonsolidierung, in: von Wysocki, Klaus/Schulze-Osterloh, Joachim (Hrsg.), Handbuch des Jahresabschlusses in Einzeldarstellungen (HdJ), 2. Aufl., Köln 1984/94, Abt. V/II.

VON WYSOCKI, Klaus / WOHLGEMUTH, Michael (1996), Konzernrechnungslegung, 4. Aufl., Düsseldorf 1996.

ZIELKE, Wolfgang (1995), Zur Behandlung des Goodwill im Konzernabschluß, in: Lanfermann, Josef (Hrsg.), Internationale Wirtschaftsprüfung, Festschrift für Hans Havermann, Düsseldorf 1995, S. 829–843.

Behandlung von Firmenwerten nach HGB und US-GAAP

Klaus Trützschler*

Inhalt

* Dr. Klaus Trützschler, Mitglied des Vorstandes der RAG Aktiengesellschaft, Essen.

Durch die zunehmende Internationalisierung der Rechnungslegung gewann in den letzten Jahren auch die Diskussion um die Behandlung von Firmenwerten an Bedeutung. So werden in den deutschen und in den US-amerikanischen Rechnungslegungsvorschriften unterschiedliche Auffassungen zur Bilanzierung von Firmenwerten vertreten. Diese resultieren aus den verschiedenen Grundprinzipien, die der deutschen bzw. der amerikanischen Bilanzierungspraxis zugrunde liegen, d.h. das im deutschen Handelsgesetzbuch verankerte Vorsichtsprinzip steht dem true and fair view-Gedanken der amerikanischen Bilanzierung gegenüber.

Firmenwerte treten sowohl im Einzel- als auch im Konzernabschluß auf, unterscheiden sich aber hinsichtlich ihrer Entstehung und Behandlung. Dies soll im folgenden dargestellt werden.

1. Firmenwerte im Einzelabschluß

1.1 Bilanzierung nach HGB

Zur Definition des Begriffes Firmenwert gibt es zwei verschiedene Ansätze: zum einen kann man den Firmenwert als Summe aller nicht bilanzierungsfähigen Vermögensgegenstände ansehen, andererseits als zukünftige Einnahmenüberschüsse.

Reinhard definiert den Firmenwert als Wert der Organisation eines Unternehmens, seine Verfahrens- und Fertigungstechniken, Vertriebsnetz und Kundenbeziehungen, als Restgröße zwischen Gesamt- und Einzelbewertung (vgl. Reinhard, 1995, Rn. 32).

Wird der Firmenwert dagegen als diskontierter Zukunftserfolg betrachtet, ergibt er sich aus der Differenz zwischen Ertrags- und Teilreproduktionswert, wobei der Ertragswert die kapitalisierten zukünftigen Reinerträge darstellt, während der Teilreproduktionswert die Summe der Wiederbeschaffungskosten aller selbständigen Wirtschaftsgüter des Unternehmens ist (vgl. Wöhe, 1997, S. 411).

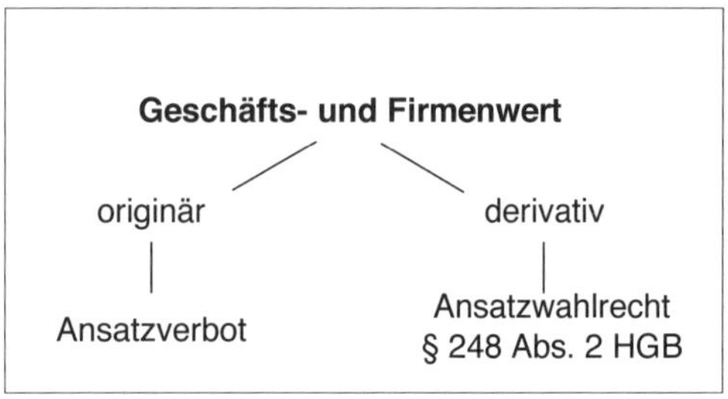

Abb. 1: Geschäfts- und Firmenwert

Der originäre Firmenwert wird vom Unternehmen selbst geschaffen, während sich der derivative Firmenwert aus dem Mehrkaufpreis beim Unternehmenserwerb ergibt. Gem. § 248 Abs. 2 HGB besteht für den **originären** Firmenwert ein explizites Verbot zur Aktivierung. Dies entspringt dem deutschen Vorsichtsprinzip, da der selbstgeschaffene Firmenwert unsichere Werte darstellt, die sich nur schwer schätzen lassen.

Derivative Firmenwerte können aktiviert werden, es besteht aber keine Bilanzierungspflicht. Bedingungen für eine Aktivierung sind zum einen der Erwerb des Unternehmens, zum anderen ein vereinbartes Entgelt für diesen Erwerb (vgl. ADLER/DÜRING/SCHMALTZ, 1995, § 248 HGB, Rn. 12). Diese Voraussetzungen sind bei einem Unternehmenskauf i.d.R. erfüllt, so daß das Wahlrecht des § 255 Abs. 4 HGB greift. Dort ist die Rede von der Aktivierung eines Geschäfts- und Firmenwertes bei »Übernahme eines Unternehmens«. Was heißt jedoch Unternehmung? Ausschlaggebend für die Betrachtung ist der wirtschaftliche Standpunkt: es muß sich nicht zwingend um ein rechtlich selbständig am Wirtschaftsleben beteiligtes Unternehmen handeln, es ist ausreichend, wenn es am Markt selbständig agieren könnte (vgl. KNOP/KÜTING, 1995, Rn. 448).

Nicht jede Übernahme erfüllt den Tatbestand des § 255 HGB. Nicht relevant sind die Fälle, in denen ein Unternehmen die Anteile eines anderen übernimmt, wie beim Erwerb von GmbH- und AG-Anteilen (vgl. KNOP/KÜTING, 1995, Rn. 449). In diesem Fall werden die Anschaffungskosten für die Beteiligung in voller Höhe unter den Finanzanlagen ausgewiesen, eine Differenzierung des Kaufpreises auf die einzelnen Vermögensgegenstände und Schulden der erworbenen Gesellschaft erfolgt nicht. Ein eventuell gezahlter Firmenwert ist somit bereits in dieser Position enthalten und wird mit ihr aktiviert, so daß § 255 HGB nicht angewendet werden muß. Im Einzelabschluß des Erwerbers anzusetzende Firmenwerte entstehen demnach nur bei der Übernahme von **Einzelfirmen** und **Personengesellschaften** oder bei einem **Asset Deal**. Dies begrenzt jedoch die Bedeutung von Firmenwerten im HGB-Einzelabschluß im Vergleich zum Konzernabschluß.

Die Aktivierung von Firmenwerten nach § 255 Abs. 4 HGB setzt eine Klassifizierung als Vermögensgegenstand voraus. Das ist in der Literatur jedoch umstritten, da diese Einstufung i.d.R. an die selbständige Verkehrsfähigkeit des Objektes anknüpft (vgl. KNOP/KÜTING, 1995, Rn. 428), was zwar nicht zwingend Einzelveräußerbarkeit, zumindest aber Einzelverwertbarkeit bedeutet (vgl. RÜCKLE, 1994, S. 643). Ein derivativer Firmenwert entsteht aber nur dann, wenn ein Betrieb oder Teilbetrieb veräußert wird, allein kann der »gute Ruf« nicht verkauft werden. Als Differenzgröße zwischen Kaufpreis und Unternehmenswert kann man den Firmenwert zudem nicht einzeln bewerten, da er von der gewählten Methode zur Ermittlung der Ausgangsgrößen abhängt. So wird der Firmenwert von einigen Quellen als **Vermögensgegenstand** eingestuft (vgl. u.a. ELLROTT/SCHMIDT-WENDT, 1995, Rn. 511), von anderen dagegen als **Bilanzierungshilfe** klassifiziert (vgl. u.a. FÖRSCHLE, 1995, Rn. 7). Für letztere Annahme spricht, daß eine Einstufung des Firmenwertes als Vermögensgegenstand bedeuten würde, daß künftig erwartete, aber noch nicht erwirtschaftete Einnahmenüberschüsse bereits Bestandteil des Vermögens am Bilanzstichtag wären. Dies steht aber im Widerspruch zum Einzelbewertungsgrundsatz sowie zum Vorsichts- und zum Realisationsprinzip (vgl. Förschle/Kropp, 1986, S. 156).

Explizit wird der Firmenwert in § 266 Abs. 2 HGB unter den immateriellen Vermögensgegenständen erwähnt. Dies ist allerdings nicht unbedingt als Lösung des Konfliktes »Vermögensgegenstand oder Bilanzierungshilfe« zu sehen, vielmehr wird hier nur der Ausweis eines Firmenwertes innerhalb der Bilanz festgelegt.

Ermittelt wird der Firmenwert als Differenz zwischen Kaufpreis einerseits und der Summe aller Zeitwerte von Aktiva abzüglich Passiva andererseits. Es handelt sich somit um eine **retrograde Bestimmungsweise** (vgl. Knop/Küting, 1995, Rn. 438). Da die Zeit-, nicht die Buchwerte zur Firmenwertberechnung maßgeblich sind, kann es bei einigen Bilanzpositionen schwierig sein, diese exakt zu ermitteln. Es können daher Schätzungen notwendig sein, was den Bilanzierenden bilanzpolitischen Spielraum bietet.

Steht der Firmenwert der Höhe nach fest, gibt es folgende Möglichkeiten seiner Behandlung:

- sofortige Behandlung als Aufwand, d.h. er berührt nur die Gewinn- und Verlustrechnung, nicht aber die Bilanz (kein Zugang im Anlagespiegel)
- Aktivierung in voller Höhe und aufwandswirksame Abschreibung in Folgejahren
- Aktivierung eines Teilbetrages und dessen Abschreibung in Folgejahren, während der Rest sofort als Aufwand gebucht wird
- Aktivierung in voller Höhe, jedoch sofortige Abschreibung des Gesamtbetrages (Zugang im Anlagespiegel sowohl bei Bruttowerten als auch bei den Abschreibungen) (vgl. Wöhe, 1997, S. 705).

Auf jeden Fall ist eine **erfolgswirksame** Behandlung der Firmenwerte vorgeschrieben; erfolgsneutrale Verrechnungen wie im Konzernabschluß können nicht angewendet werden.

Durch die vier alternativ anwendbaren Methoden des Firmenwertansatzes ergibt sich wiederum Raum für bilanzpolitische Maßnahmen, jedoch nur in der Handelsbilanz. In der Steuerbilanz besteht kein Wahlrecht, sondern eine Aktivierungspflicht für Firmenwerte.

Hat man sich für eine Aktivierung des Firmenwertes entschieden, schließt sich die Frage nach der **Abschreibungsdauer** an. § 255 Abs. 4 S. 2 HGB legt zwar fest, daß Firmenwerte in den folgenden Jahren zu mindestens einem Viertel abgeschrieben werden müssen, was durch § 255 Abs. 4 S. 3 HGB aber wieder relativiert wird, der auch eine Abschreibung über die betriebsgewöhnliche Nutzungsdauer des Firmenwertes zuläßt. Dies bedeutet, daß die Dauer sowohl kürzer als auch länger sein kann. Da es keinen exakt vorgegebenen Abschreibungsrahmen gibt, kann seine Festlegung von Unternehmen zu Unternehmen unterschiedlich erfolgen und ist somit spekulationsbehaftet. Lediglich im Steuerrecht ist ein Abschreibungszeitraum von 15 Jahren fest vorgeschrieben (§ 7 Abs. 1 S. 3 EStG).

1.2 Bilanzierung nach US-GAAP

Amerikanische Unternehmen stellen zwar Einzelabschlüsse auf, veröffentlicht werden diese meist aber nur dann, wenn eine Gesellschaft keine Tochterunternehmen besitzt und daher keinen Konzernabschluß erstellt (vgl. Kubin, 1993, S. 271). Durch die unterschiedlichen Bilanzierungsmethoden nach HGB und US-GAAP ist jedoch der Umfang, in dem in amerikanischen Einzelabschlüssen Firmenwerte auftreten können, wesentlich größer. Durch die Anwendung der Equity-Methode können auch beim Kauf und der Übernahme von Gesellschaftsanteilen Goodwills entstehen, was nach HGB nicht gegeben ist.

1.2.1 Equity-Bewertung

Im deutschen Bilanzrecht werden Tochtergesellschaften im Einzelabschluß der Muttergesellschaft zu ihren Anschaffungskosten bilanziert. Dieser Buchwert kann zwar bei schlechter Ergebnislage der Tochter außerplanmäßig abgeschrieben werden, der Buchwert darf jedoch nie über die Anschaffungskosten hinaus erhöht werden. Dadurch können sich im Laufe der Zeit erhebliche stille Reserven bilden, bspw. wenn die Tochter Gewinne thesauriert. Die Beteiligung steigt im Wert, es ist aber nicht möglich, diese Entwicklung adäquat in der Bilanz der Mutter nachzuvollziehen.

Im Einzelabschluß US-amerikanischer Muttergesellschaften werden Anteile an Beteiligungen, auf die ein maßgeblicher Einfluß ausgeübt wird, **at equity** bewertet. Liegt dieser maßgebliche Einfluß vor, ist die Anwendung der Equity-Methode bei der Aufstellung des Einzelabschlusses kein Wahlrecht, sondern eine Pflicht (vgl. APB 18.14, 18.16). Diese sogenannte »Einzeilen-Konsolidierung« kann nicht nur für verbundene Unternehmen angewendet werden, sondern man vermutet einen maßgeblichen Einfluß (widerlegbar) ab einer Beteiligungsquote von 20% des stimmberechtigten Kapitals. (vgl. APB 18.17).

Das Mutterunternehmen muß nicht beweisen, daß es einen maßgeblichen Einfluß hat, beweispflichtig ist lediglich das Gegenteil. Von einem nicht maßgeblichen Einfluß kann dann ausgegangen werden, wenn z.B. folgende Bedingungen gegeben sind (vgl. im folgenden APB 18.17; Williams, 1997, S. 14.05 f.):

- keine wesentlichen Intercompany-Beziehungen
- keine Teilnahme am Entscheidungsprozeß / kein Sitz im Board of Directors
- Vereinbarung zwischen Mutter- und Beteiligungsgesellschaft, daß auf den Einfluß verzichtet wird

- der maßgebliche Einfluß wird von einigen wenigen Mitgesellschaftern ausgeübt, die die Stimmrechtsmehrheit haben
- die Muttergesellschaft kann die zur Equity-Bewertung benötigten Informationen nicht (zeitgerecht) erhalten.

Durch die Anwendung der Equity-Methode wird sichergestellt, daß der beim Mutterunternehmen ausgewiesene Beteiligungsbuchwert dem anteiligen Eigenkapital der Tochtergesellschaft entspricht. Diese bilanzkursorientierte Behandlungsweise stellt außerdem die zeitliche Übereinstimmung zwischen Ergebnis der Tochtergesellschaft und Beteiligungsertrag der Mutter her (vgl. Pellens, 1998, S. 177).

Gemäß § 312 Abs. 1 HGB stehen im deutschen Bilanzrecht zwei unterschiedliche Ansätze zur Equity-Bewertung (jedoch nur im Konzern) zur Verfügung: die Buchwert- und die Kapitalanteilsmethode. Demgegenüber gibt es nach US-GAAP nur eine mögliche Vorgehensweise, die der deutschen Buchwertmethode entspricht (vgl. Pellens, 1998, S. 179). Dabei geht im Jahr der erstmaligen Equity-Bewertung die Beteiligung mit ihren Anschaffungskosten in die Bilanz der Mutter ein. Die in den Folgejahren beim Tochterunternehmen ausgewiesenen Ergebnisse werden im selben Jahr bei der Mutter erfaßt und erhöhen (bei Gewinnen) oder vermindern (bei Verlusten) den Buchwert.

Darüber hinaus ist eine sogenannte **einzeilige Konsolidierung** vorzunehmen, in der das anteilige Eigenkapital gegen den Ursprungs-Buchwert aufgerechnet wird. Ist der Buchwert größer als das anteilige Eigenkapital, ist der entstehende aktivische Unterschiedsbetrag in einer statistischen Nebenrechnung auf stille Reserven und Lasten hin zu untersuchen. Der nach der Aufteilung verbleibende Unterschiedsbetrag ist als Goodwill zu behandeln. In den Folgejahren ist die Nebenrechnung dahingehend fortzuführen, daß der Goodwill und die auf abnutzbare Vermögensgegenstände des Anlagevermögens verteilten stillen Reserven abzuschreiben sind. Dieser so ermittelte Korrekturbetrag vermindert den Beteiligungsbuchwert (vgl. Pellens, 1998, S. 179 f.). Diese erfolgswirksamen Korrekturbuchungen werden in die Gewinn- und Verlustrechnung übernommen.

Da APB 18.19b vorsieht, daß der Unterschiedsbetrag zwischen Anschaffungskosten und Eigenkapital aus der Equity-Bewertung wie ein **Goodwill** aus der Kapitalkonsolidierung behandelt werden soll, ergibt sich daraus die **Abschreibungsverpflichtung** über seine Nutzungsdauer (vgl. APB 18.19b), max. jedoch über 40 Jahre (vgl. APB 17.29) (Ausführlicher dazu Kapitel 2.2.).

Ergibt sich aus der Aufrechnung ein passivischer Unterschiedsbetrag, so ist dieser analog zum Goodwill in einer Nebenrechnung festzuhalten und in Folgejahren erfolgswirksam über seine planmäßige Nutzungsdauer aufzulösen. Er erhöht dadurch den Beteiligungsansatz.

1.2.2 Push-down accounting

Wird eine Unternehmung Tochtergesellschaft eines anderen Unternehmens und in dessen Konzernabschluß einbezogen, so sind für die Konsolidierung die zu Marktpreisen bewerteten Vermögensgegenstände und Schulden der Tochter maßgeblich (vgl. APB 16.87).

Es stellt sich somit folgendes Problem: Sollen die einzelnen Bilanzpositionen des gekauften Unternehmens in dessen Abschluß so weiter bewertet werden wie vor der Unternehmensübernahme? Dann wären der Einzelabschluß und der in den Konzern aufgenommene Abschluß der Tochtergesellschaft nicht mehr kongruent. Würden Bilanzleser beide Abschlüsse vergleichen, würde dies aufgrund der fehlenden Übereinstimmung zu Verwirrung führen (vgl. AICPA, 1979, par. 9). Würde man jedoch auch im Einzelabschluß der Tochter die Vermögensgegenstände und Schulden zu Marktpreisen ansetzen, so durchbräche man sowohl das Anschaffungskostenprinzip als auch den Stetigkeitsgrundsatz (vgl. Colley/Volcan, 1988, S. 76). Die Frage nach dem Push-down accounting ist Ausgangspunkt kontroverser Diskussionen.

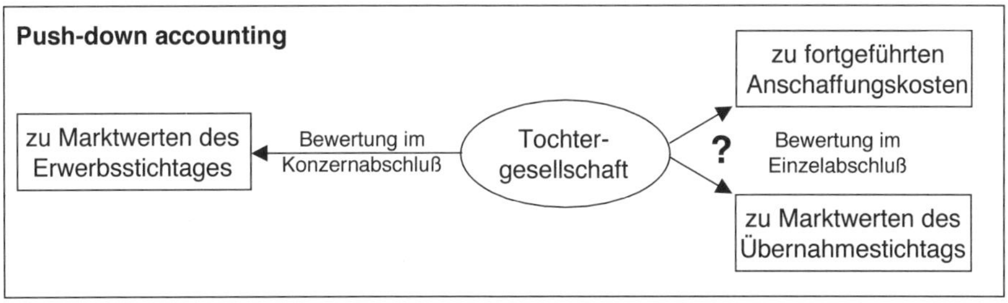

Abb. 2: Push-down accounting

In Deutschland ist das Push-down accounting kaum bekannt, lediglich beim Erwerb von Anteilen an Personengesellschaften findet sich eine ähnliche Vorgehensweise in der Steuerbilanz wieder. Seinen Namen bezieht die Methode aus der Tatsache, daß die Kosten des Unternehmenserwerbs, die bei der Mutter angefallen sind, in den Abschluß der Tochter »nach unten durchgereicht« werden. Dadurch wird die Identität zwischen Einzelabschluß und dem in den Konzern einbezogenen Abschluß sichergestellt (vgl. Cunningham, 1984, S. 72). Normalerweise beeinflussen die Einzelabschlüsse den Konzernabschluß, hier liegt ausnahmsweise jedoch der umgekehrte Fall vor: eine Regelung zur Konzernbilanzierung wirkt sich auf den Einzelabschluß aus.

Da APB 16 nur Regelungen für den Konzern-, nicht aber für den Einzelabschluß enthält, hat das American Institute of Certified Public Accountants (AICPA) 1979 ein **Issues Paper** herausgegeben, in dem die Anwendung des Push-down accounting konkretisiert wird. Das Papier gilt nur für den Einzelabschluß, Auswirkungen auf

Konsolidierung und Konzernabschluß gehen von ihm nicht aus (vgl. AICPA, 1979, par. 4). Anwendbar ist das Verfahren auf alle Unternehmenszusammenschlüsse, die auf einem Kauf beruhen. Daraus ergibt sich, daß Unternehmensverbindungen, die im Konzernabschluß nach der Pooling-of-interest-Methode zu konsolidieren sind, nicht nach Push-down accounting bilanziert werden dürfen (vgl. AICPA, 1979, par. 2).

Grundvoraussetzung für die Anwendung ist ein »... substantial change in the ownership of the outstanding stock of the entity« (AICPA, 1979, par. 4). Was ist jedoch unter einem **wesentlichen Eigentümerwechsel** zu verstehen? Welcher Prozentsatz ist maßgeblich? Knüpft die Wesentlichkeitsgrenze an das Control-Konzept von ARB 51 an, das von einer Kontroll-Möglichkeit bei mehr als 50% Stimmrechtsanteil ausgeht? (vgl. ARB 51.2).

Das AICPA hat eine Umfrage bei verschiedenen Unternehmen durchgeführt und kommt zu dem Schluß, daß mindestens 90% der Anteile am Tochterunternehmen den Besitzer wechseln müssen (vgl. AICPA, 1979, par. 33b). Die Securities and Exchange Commission (SEC) verlangt die Anwendung von Push-down accounting bei fast vollständiger Übernahme (substantially wholly owned) (vgl. SEC, 1983), und empfiehlt sie, wenn weniger Anteile verkauft werden (vgl. Cunningham, 1984, S. 76).

Push-down accounting schafft eine völlig **neue Grundlage** für Bilanzierung und Bewertung. Sämtliche Vermögensgegenstände und Schulden werden auf Basis der für das Mutterunternehmen entstandenen Kosten bewertet. Praktisch werden die einzelnen Bilanzpositionen zu ihren Marktwerten bewertet und so in die neu aufzustellende Bilanz übernommen. Dabei darf die Summe der so umbewerteten Aktiva abzüglich neubewerteter Passiva nicht höher als der Kaufpreis sein (vgl. AICPA, 1979, par. 10). Sollte diese Summe kleiner als der Kaufpreis sein, so ist dieser Differenzbetrag ein Firmenwert und wird dementsprechend ausgewiesen.

Dies mag für die deutsche Rechnungslegung verblüffend sein: ein von der Mutter für den Erwerb der Tochter gezahlter Goodwill wird bei Anwendung von Push-down accounting im Abschluß des Investments, nicht aber beim Investor ausgewiesen! In die Bilanz der Muttergesellschaft geht die Tochter lediglich mit den Anschaffungskosten (Kaufpreis) ein. Der bei der Tochter auszuweisende Firmenwert wird dort über seine Nutzungsdauer planmäßig, max. jedoch 40 Jahre, erfolgswirksam abgeschrieben. Doch nicht nur durch die Firmenwertabschreibung wird die Gewinn- und Verlustrechnung der Tochter berührt: durch den Ansatz der Zeitwerte im Anlagevermögen erhöht sich i.d.R. auch die Abschreibungsbasis, d.h. das Ergebnis der Gesellschaft wird belastet. Der höhere Kaufpreis muß demnach vom gekauften Unternehmen selbst »verdient« werden (vgl. AICPA, 1979, par. 8).

Diese Methode der Kostenverschiebung und Umbewertung wäre im deutschen Bilanzrecht völlig undenkbar, verstößt sie doch eklatant gegen das Anschaffungskostenprinzip und das Vorsichtsprinzip. Aber auch in den USA gibt es nicht nur Befürworter, sondern auch Gegner des Push-down accounting.

Hauptargument der Befürworter ist die Herstellung einer **Symmetrie zwischen**

Einzel- und Konzernabschluß. Sie argumentieren damit, daß der Kauf eines gesamten Unternehmens genauso behandelt werden müsse wie der Fall, daß die Muttergesellschaft nur die einzelnen Assets kaufen und diese in eine neu gegründete Gesellschaft einbringen würde (vgl. AICPA, 1979, par. 14, 15). Dann würden die Zeitwerte der Vermögensgegenstände angesetzt. Wenn in der neuen Gesellschaft die Tätigkeit des alten Unternehmens, aus dem die Assets herausgekauft worden sind, fortgeführt wird, so unterscheidet sich dieser Fall inhaltlich nicht von einem kompletten Unternehmenskauf. Warum sollte man dann unterschiedlich bilanzieren?

Ein weiteres Argument zugunsten des Push-down accounting ist der oberste Grundsatz des US-GAAP: **true and fair view** und umfassende **Information** von Investoren. Potentielle Anleger sind daran interessiert, den Marktwert der Vermögensgegenstände des Unternehmens zu kennen, bereits beteiligte Investoren können durch die Anwendung dieser Methode den Marktwert ihrer Anteile besser bestimmen. Sollten Minderheitsgesellschafter oder Gläubiger daran interessiert sein, weiterhin Bilanzen zu fortgeführten Anschaffungskosten zu erhalten, würde es reichen, daß für diese Interessengruppe verschiedene Angaben als Fußnoten ergänzt werden (vgl. COLLEY/VOLCAN, 1988, S. 76).

Hauptkritikpunkt am Push-down accounting ist, daß alle Veränderungen der Eigentümerstruktur der Tochtergesellschaft auf keinen Fall deren Bilanzierung berühren dürfen (vgl. AICPA, 1979, par. 16). Wenn die Gesellschaft nach der Übernahme weiterhin als eigenständiges Unternehmen existiert, warum sollte dann die Bilanz verändert werden? Wenn A die Tochtergesellschaft C an B verkauft, so berührt dies A und B, nicht jedoch C als selbständige Gesellschaft. Es ändert sich lediglich deren Eigentümer-, nicht die Bilanzstruktur (vgl. COLLEY/VOLCAN, 1988, S. 76).

Darüber hinaus geht durch die Neubewertung die Vergleichbarkeit mit Vorjahren verloren, zudem ergeben sich Probleme bei der Errechnung von Unternehmensdaten, die auf dem Ergebnis vor Ertragsteuern oder dem Netto-Einkommen basieren (vgl. AICPA, 1979, par. 17). Schwierig wird durch die Eigenkapitalveränderung auch die Berechnung von Garantiedividenden (vgl. AICPA, 1979, par. 22).

Besonders problematisch wird die Methode des Push-down accounting beim Vorhandensein von **Minderheitsgesellschaftern** der Tochtergesellschaft. Deren Anteilsstruktur hat sich nicht geändert, sie haben daher auch keinen Anteil an dem zusätzlichen Eigenkapital, das durch die Neubewertung entstanden ist. Außerdem partizipieren sie nicht an den zusätzlichen Abschreibungen auf die umbewerteten Vermögensgegenstände und einen eventuellen Firmenwert. Die Minderheiten werden also weiterhin so gestellt, als habe der Mehrheitsgesellschafter nicht gewechselt, daher hat der Jahresabschluß des erworbenen Unternehmens bei Anwendung von Push-down accounting für diese Zielgruppe keinerlei Aussagekraft und ist völlig nutzlos (vgl. CUNNINGHAM, 1984, S. 74).

Da die Minderheitenbehandlung ein großes Problem ist, scheint es sinnvoll, die Methode des Push-down accounting lediglich dann anzuwenden, wenn es sich um 100%ige Übernahmen handelt.

2. Firmenwerte im Konzernabschluß

2.1 Bilanzierung nach HGB

Da in deutschen Einzelabschlüssen Firmenwerte nur in geringem Umfang auftreten können, ist ihre Bedeutung begrenzt. Von größerem Stellenwert und bilanzpolitisch interessanter sind Firmenwerte im Konzernabschluß.

2.1.1 Erstellung Konzernabschluß

Grundlage für die Erstellung des Konzernabschlusses ist die Einheitstheorie, d.h. man geht von der Prämisse aus, daß die Konzernmutter mitsamt ihren Tochter- und Enkelgesellschaften nicht nur wirtschaftlich, sondern auch rechtlich eine Einheit darstellt (vgl. Gräfer/Scheld, 1994, S. 64). Die Tochtergesellschaften sind bei diesem Konzept nicht mehr als eigenständige Rechtspersönlichkeiten zu sehen, sie stellen vielmehr unselbständige Betriebsstätten des Mutterunternehmens dar.

Für die Erstellung des Konzernabschlusses werden im Rahmen der Kapitalkonsolidierung das Eigenkapital der Tochter mit ihrem Buchwert aufgerechnet, um eine Doppeldarstellung im Konzern zu vermeiden, da der Buchwert der Mutter an der Tochter deren Vermögensgegenstände abzüglich ihrer Schulden repräsentiert.

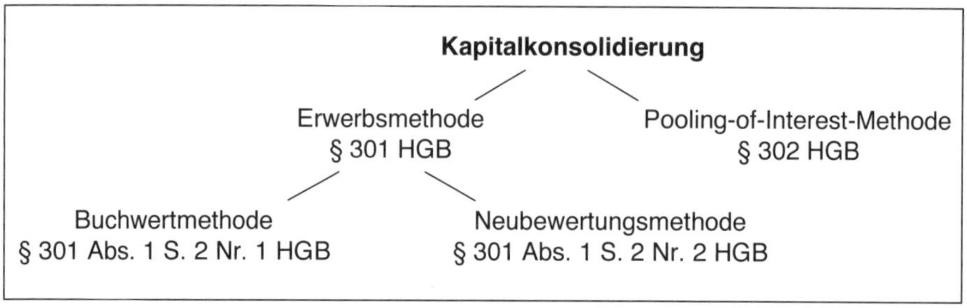

Abb. 3: Kapitalkonsolidierung

Im HGB werden zwei Methoden der Kapitalkonsolidierung zugelassen: die Erwerbsmethode (§ 301 HGB) und die Pooling-of-Interest-Methode (§ 302 HGB). In der Praxis wird i.d.R. die **Erwerbsmethode** angewendet, was im wesentlichen daran liegt, daß die **Pooling-of-Interest-Methode** nur beim Vorliegen bestimmter Voraussetzungen angewendet werden darf. Dies ist dann der Fall, wenn das erwerbende Unternehmen die neu erworbenen Anteile mit eigenen Anteilen bezahlt, d.h. wenn ein Aktientausch stattfindet mit dem Zweck, daß beide Gesellschaften ihre Interessen ab diesem Zeitpunkt gemeinsam vertreten.

Da in der Praxis dieser fusionsähnliche Beteiligungserwerb selten vorkommt, wird die Erwerbsmethode als Standardverfahren angewendet, wobei der Gesetzgeber sowohl Buchwert- als auch Neubewertungsmethode zuläßt. Der Erwerbsmethode liegt die **Einzelerwerbsfiktion** zugrunde. Man geht dabei davon aus, daß die Muttergesellschaft nicht einen Anteil am Kapital der Tochter erworben hat, sondern die diesem Kapital entsprechenden Vermögensgegenstände und Schulden.

Das zugrunde zu legende **Eigenkapital** beinhaltet neben dem gezeichneten Kapital und Kapital- und Gewinnrücklagen auch einen zum Zeitpunkt der Erstkonsolidierung bestehenden Gewinn- oder Verlustvortrag sowie einen eventuellen Jahresüberschuß/Jahresfehlbetrag.

In die Konsolidierung sind grundsätzlich alle Gesellschaften, an denen die Muttergesellschaft die Mehrheit der Anteile oder Stimmrechte besitzt, einzubeziehen. Ein Verbot zur **Einbeziehung** besteht dann, wenn die Konsolidierung eines Tochterunternehmens das Bild des Konzerns aufgrund seiner Tätigkeit verzerren würde (§ 295 Abs. 1 HGB). Zudem kann auf die Konsolidierung verzichtet werden, wenn der Einfluß der Mutter nur beschränkt ist (§ 296 Abs. 1 Nr. 1 HGB), die Angaben nicht rechtzeitig zur Verfügung stehen (§ 296 Abs. 1 Nr. 2 HGB), die Anteile nur zum Zweck der Weiterveräußerung gehalten werden (§ 296 Abs. 1 Nr. 3 HGB) oder wenn das Tochterunternehmen nur von untergeordneter Bedeutung für den Konzern ist (§ 296 Abs. 2 HGB). Zur Konsolidierung werden nicht nur die der Muttergesellschaft direkt zuzurechnenden Anteile zugrunde gelegt, sondern auch mittelbare Anteile, die anderen zu konsolidierenden Töchtern gehören.

Das HGB läßt für die **Erstkonsolidierung** zwei unterschiedliche Zeitpunkte zu: den Erwerb des Tochterunternehmens oder seine erstmalige Einbeziehung in den Konzernabschluß (§ 301 Abs. 2 HGB).

2.1.2 Buchwertmethode

Nach der Buchwertmethode werden im ersten Schritt der Buchwert und das anteilige konsolidierungspflichtige Kapital der Tochtergesellschaft gegeneinander aufgerechnet. Stehen sie sich nicht in gleicher Höhe gegenüber, ergibt sich ein Unterschiedsbetrag, der aktivischer oder passivischer Natur sein kann. Dieser ist auf stille Reserven und Lasten hin zu untersuchen, indem den Buchwerten der einzelnen Vermögensgegenstände und Schulden ihre Zeitwerte gegenübergestellt werden. Sind die Zeitwerte höher als die Buchwerte, wird in Höhe der Differenzbeträge der Unterschiedsbetrag aus der Kapitalkonsolidierung auf die einzelnen Bilanzposten verteilt. »Hier teilen die aufgelösten stillen Reserven in Form von «Zuschreibungen» das Schicksal jener Positionen, denen sie zugeschrieben wurden« (GRÄFER/SCHELD, 1994, S. 70). Diese Zuordnung muß auch im Konzernanlagespiegel nachvollzogen werden.

Die Aufteilung des Unterschiedsbetrages als stille Reserven auf die Bilanzpositionen bedeutet, daß für die Folgejahre immer eine Nebenrechnung erforderlich ist, sozusagen eine eigenständige Konzernbuchhaltung, da einzelne Vermögensgegenstände in der Konzernbilanz mit anderen Werten angesetzt sind als in den zugrundeliegenden Einzelabschlüssen. Dies führt immer dann auch zu Veränderungen in der Konzern-GuV, wenn stille Reserven bei abnutzbaren und demzufolge abzuschreibenden Vermögensgegenständen aufgedeckt werden. In der Konzernbilanz sind die Anschaffungskosten höher als im Einzelabschluß, daher sind auch Abschreibungen auf einer höheren Grundlage vorzunehmen. Auf diese Art und Weise werden die stillen Reserven über die Nutzungsdauer der Anlagegüter aufgelöst. Werden jedoch die stillen Reserven bei nicht abnutzbaren Wirtschaftsgütern aufgedeckt (z.B. Grundstücke), so werden sie erst aufgelöst, wenn der entsprechende Vermögensgegenstand aus der Konzernbilanz ausscheidet, z.B. durch Verkauf.

Sollten die vorhandenen stillen Reserven größer sein als der zur Verfügung stehende Unterschiedsbetrag, so gibt es verschiedene Möglichkeiten, diesen zu verteilen:

- **prozentual**: der Unterschiedsbetrag wird auf die einzelnen Vermögensgegenstände prozentual zu ihrem Anteil an den gesamten stillen Reserven aufgeteilt
- nach **aufsteigender Fristigkeit**: zuerst werden die stillen Reserven aufgedeckt, die in den zuerst liquidierbaren Vermögensgegenständen stecken
- nach **abnehmender Fristigkeit**: die stillen Reserven werden vorrangig in den zuletzt liquidierbaren Vermögensgegenständen aufgedeckt.

Zur Vereinfachung werden in der Praxis häufig zuerst stille Reserven in Grundstücken aufgedeckt, da diese keiner Abschreibung unterliegen.

Wenn der aus der Konsolidierung entstandene aktivische Unterschiedsbetrag um die stillen Reserven und Lasten gekürzt wurde, stellt der verbleibende Rest den Firmenwert dar.

2.1.3 Neubewertungsmethode

Bei dieser Alternative zur Buchwertmethode werden die Vermögensgegenstände und Schulden des Tochterunternehmens bereits vor der Kapitalaufrechnung zu Zeitwerten umbewertet. Es werden demnach alle stillen Reserven aufgedeckt. Aus dieser **Neubewertungsbilanz** ergibt sich dann das aufzurechnende Eigenkapital. Allerdings darf gemäß § 301 Abs. 1 Satz 4 HGB das so ermittelte Eigenkapital der Tochter den gezahlten Kaufpreis nicht übersteigen. Ergibt sich nach der Aufrechnung von anteiligem Eigenkapital und Buchwert ein aktivischer Unterschiedsbetrag, so ist er in vollem Umfang als Firmenwert zu betrachten, da die stillen Reserven bereits aufgedeckt worden sind.

Wesentlicher Unterschied zwischen Buchwert- und Neubewertungsmethode ist die Behandlung stiller Reserven. Bei 100%igen Beteiligungen führen beide Methoden zum selben Ergebnis, da durch die Limitierung von § 301 Abs. 1 Satz 4 HGB die insgesamt aufgedeckten stillen Reserven gleich groß sind. Sind jedoch Minderheitsaktionäre an dem Tochterunternehmen beteiligt, so ist der Vermögensausweis der Höhe nach bei beiden Methoden unterschiedlich, da bei der Buchwertmethode nur die anteiligen stillen Reserven aufgedeckt werden, die auf das Mutterunternehmen entfallen, nicht jedoch die den Fremdgesellschaftern zustehenden. Dagegen werden bei der Neubewertungsmethode die Reserven komplett aufgelöst, bevor das Eigenkapital mit dem Buchwert aufgerechnet wird. Es werden dadurch in der Konzernbilanz höhere Werte ausgewiesen. (vgl. GRÄFER/SCHELD, 1994, S. 76 f.)

2.1.4 Behandlung des Firmenwertes

Der nach der Verteilung stiller Reserven / Lasten (sofern welche vorlagen) verbleibende aktivische Unterschiedsbetrag aus der Kapitalkonsolidierung stellt einen Geschäfts- und Firmenwert dar.

Die Behandlung des Firmenwertes ist in der deutschen Rechnungslegung ein sehr kontrovers diskutierter Punkt. Auslöser dafür ist die vom Gesetzgeber in § 309 HGB eingeräumte Freiheit bezüglich des Ansatzes und der Fortschreibung in Folgejahren. Danach stehen dem Bilanzierenden grundsätzlich drei verschiedene Möglichkeiten zur Verfügung:

- erfolgswirksame Abschreibung
- komplette erfolgsneutrale Verrechnung mit den Rücklagen
- ratierliche erfolgsneutrale Verrechnung mit den Rücklagen.

Die (auch aufgrund der zunehmenden Internationalisierung der Rechnungslegung) am häufigsten angewandte Methode ist die **erfolgswirksame Firmenwertbehandlung**. Dies ist betriebswirtschaftlich sinnvoll, da der Firmenwert erkauft wurde, i.d.R. im Hinblick auf zukünftige positive Ertragswerte. Den zusätzlichen Kaufpreis sollte man daher in den Folgejahren auch aufwandswirksam geltend machen. Dabei ist im Gesetz nicht festgelegt, über welchen Zeitraum die erfolgswirksame Abschreibung des Firmenwertes zu erfolgen hat. Zwar spricht § 309 Abs. 1 Satz 1 HGB davon, die Abschreibung über die vier folgenden Jahre zu verteilen. § 309 Abs. 1 Satz 2 HGB weicht dies jedoch auf, indem er die planmäßige Nutzungsdauer als Abschreibungszeitraum zuläßt. Diese Formulierung bietet erheblichen bilanzpolitischen Spielraum, da die Festlegung der Nutzungsdauer vom Ermessen des Bilanzierenden abhängig ist. Um Schwierigkeiten bei der Ermittlung der Nutzungsdauer zu vermeiden, wird vielfach entweder auf die handelsrechtlich erwähnten 4 Jahre oder auf die steuerlich erlaubten 15 Jahre (§ 7 Abs. 1 S. 3 EStG) als Abschreibungszeitraum abgestellt. Zum Teil schwankt die Dauer aber auch zwischen 2 und 20 Jahren. Eine längere Abschreibungsdauer ist in der Regel nicht üblich, obwohl nach oben keine Begrenzung vorgegeben ist.

Die **erfolgsneutrale Verrechnung** führt zu einer verzerrten, wenn nicht sogar falschen Darstellung der Vermögens- und Ertragslage des Konzerns, da das Konzernergebnis nicht durch Firmenwertabschreibungen belastet ist. (vgl. Küting, 1997, S. 28) Die mit der Tochtergesellschaft erkauften positiven Ergebnisse sind in der Konzern-GuV enthalten, nicht aber der dafür gezahlte Kaufpreis, also der Firmenwert. Er wird als Aufwand nirgends berücksichtigt, der Konzern stellt sich nach außen hin zu gut dar. Besonders brisant wird dieser Konflikt, wenn man die Größenordnung verrechneter Firmenwerte berücksichtigt.

Die Möglichkeit der ratierlichen Firmenwert-Verrechnung wird zwar im Gesetz nicht ausdrücklich erwähnt, da sie jedoch auch nicht explizit verboten ist, wird sie von verschiedenen Unternehmen angewendet. Sie ist jedoch besonders paradox: man verteilt zwar den Firmenwert über seine planmäßige Nutzungsdauer, bucht ihn dann aber doch nicht als Aufwand, sondern läßt ihn »unauffällig verschwinden«. Daß diese Methode trotz aller Proteste weiterhin in der deutschen Rechnungslegung angewendet wird, liegt vor allem daran, daß durch die Verrechnung an sich der Konzernerfolg nicht geschmälert und durch die ratierliche Verrechnung das Eigenkapital nicht auf einmal (z. T. erheblich) gemindert wird.

Neben den drei Grundvarianten der Firmenwertbehandlung gibt es noch Mischformen, wenn bspw. erfolgsneutrale und erfolgswirksame Auflösung kombiniert werden. Dies kann dann der Fall sein, wenn die Rücklagen des Konzerns nicht zur kompletten Verrechnung ausreichen, so daß nur ein Teilbetrag erfolgsneutral die Rücklagen mindert, der Rest aber erfolgswirksam abgeschrieben wird. Auch ein Wechsel von erfolgsneutraler ratierlicher Verrechnung zur erfolgswirksamen Abschreibung ist denkbar. Allerdings wird dadurch der Grundsatz der zeitlichen Stetigkeit verletzt. Geschieht dies in Ausnahmefällen, so ist die Begründung für die Vorgehensweise dafür in den Konzernanhang aufzunehmen (vgl. Weber/Zündorf, 1998, Rn. 54).

Da bei der Erstellung eines Konzernabschlusses i. d. R. mehrere Geschäfts- und Firmenwerte entstehen, stellt sich die Frage, ob alle Beträge gleich behandelt werden müssen, oder ob es zulässig ist, einige erfolgsneutral und andere erfolgswirksam zu behandeln. Das Problem berührt den Grundsatz der sachlichen Stetigkeit. Stellt man jedoch auch im Konzern auf die Einzelbewertung nach § 298 Abs. 1 i. V. m. § 252 Abs. 1 Nr. 3 HGB ab, so ist gesetzlich die Möglichkeit gegeben, jeden Firmenwert separat zu behandeln (vgl. Weber/Zündorf, 1998, Rn. 53). So können theoretisch in einem Konzernabschluß alle drei Varianten zur Firmenwertbehandlung vorkommen.

Über den Ausweis als eigenständigen Bilanzposten hinaus läßt es der Gesetzgeber auch zu, daß Firmenwerte und passivische Unterschiedsbeträge miteinander saldiert werden dürfen. Diese **Saldierung** muß lediglich betragsmäßig im Anhang erläutert werden.

Die Verrechnung der Firmenwerte mit den Rücklagen verwirrt vor allem ausländische Bilanzleser. Diese Möglichkeit der Firmenwertbehandlung ist nach US-GAAP oder IAS nicht zulässig, da es nicht dem true and fair view entspricht, Aufwandspositionen erfolgsneutral zu behandeln. Neben der Tatsache, daß die neutrale Verrechnung betriebswirtschaftlich nicht sinnvoll ist, sind die verrechneten Beträge meist nicht oder nur schwer aus der Konzernbilanz ersichtlich, obwohl das HGB eine offene Verrechnung mit den Rücklagen erfordert. Es beeinträchtigt den Informationsgehalt des Jahresabschlusses aber erheblich, wenn die Größenordnung der Firmenwerte nicht ablesbar ist. Die Verrechnungspraxis führte (neben der nach HGB großzügigeren Möglichkeit zur Rückstellungsbildung) dazu, daß deutsche Jahresabschlüsse als wenig aussagekräftig und nicht investorenfreundlich gelten und international nicht so akzeptiert werden, wie das bspw. bei US-GAAP der Fall ist.

2.2 Bilanzierung nach US-GAAP

Amerikanische Anleger sind i.d.R. mehr an den umfassenderen consolidated financial statements als am Einzelabschluß interessiert, da sie durch ihre Beteiligung am Mutterunternehmen mittelbar auch an deren Tochtergesellschaften beteiligt sind. Ein exakteres Bild der Vermögens-, Finanz- und Ertragslage ihrer Investition ergibt sich daher nur dann, wenn man den Konzern als Gesamtheit betrachtet. Zudem existiert in den USA das in Deutschland so viel diskutierte Maßgeblichkeitsprinzip nicht, d.h. die Handelsbilanz ist losgelöst von der Steuerbilanz, so daß dadurch die Bedeutung des Einzelabschlusses geringer ist.

2.2.1 Konsolidierung

In den Konzernabschluß sind grundsätzlich alle Tochtergesellschaften einzubeziehen, sofern die Mutter mehr als 50% der Stimmrechte besitzt. Ein Verbot zur Einbeziehung besteht, wenn die Anteile nicht dauerhaft gehalten werden sollen oder wenn die tatsächliche Kontrolle nicht von der Mutter ausgeübt wird (vgl. KPMG, 1997, S. 124). Auch im Konzernabschluß kann die Equity-Methode angewendet werden, bei Anteilen an verbundenen Unternehmen ist sie jedoch nicht als gleichwertig zur Konsolidierung anzusehen und dient damit nicht zur Rechtfertigung dafür, daß eine Tochtergesellschaft nicht vollkonsolidiert wurde (vgl. APB 18.14).

In den US-GAAP-Vorschriften gibt es kein Wahlrecht hinsichtlich des Konsolidierungszeitpunktes. Im Gegensatz zum deutschen Handelsrecht ist ein Unternehmen ab dem Zeitpunkt, zu dem seiner Muttergesellschaft die Mehrheit der Stimmrechte zustehen, in deren Konzernabschluß einzubeziehen (vgl. Pellens, 1998, S. 263). Der Erstkonsolidierungszeitpunkt ist demnach immer der Erwerbszeitpunkt.

Während bei der Aufstellung eines deutschen Konzernabschlusses auf die Einheitlichkeit der Bewertung und Bilanzierung bei allen einbezogenen Unternehmen abgestellt wird (§ 308 Abs. 1 HGB), ist dies nach US-GAAP nicht zwingend vorgeschrieben. Sofern die Einzelabschlüsse den GAAP entsprechen, können sie ohne Bewertungsanpassung in den Konzernabschluß einfließen. Die Ausübung von Wahlrechten kann so bei Mutter- und Tochterunternehmen unterschiedlich vorgenommen werden (vgl. KPMG, 1997, S. 124).

Ähnlich wie im deutschen Bilanzrecht gibt es auch nach US-GAAP zwei verschiedene Methoden der Kapitalkonsolidierung: zum einen die Purchase Methode und zum anderen die Pooling-of-Interest-Methode. Die beiden Methoden, Purchase und Pooling-of-Interest, sind nicht als alternative Wahlmöglichkeiten gedacht, sondern schließen sich gegenseitig aus (vgl. APB 16.8, 43). Den HGB-Grundsätzen vergleichbar ist die Pooling-of-Interest-Methode nur in begrenztem Umfang und bei Vorliegen bestimmter Voraussetzungen anwendbar. Grundbedingung ist, daß die Unternehmensverbindung durch Anteilsvereinigung vorher unabhängiger Gesellschaften erfolgt. Dabei müssen mindestens 90% der Anteile des neuen Unternehmens mittels Aktientausch auf die Muttergesellschaft übertragen werden (vgl. Pellens, 1998, S. 263 ff.). Durch diese Restriktionen ist die Anwendung dieser Methode von untergeordneter Bedeutung.

Sind die Voraussetzungen für die Pooling-of-Interest-Methode nicht gegeben, hat die Einbeziehung des Tochterunternehmens in den Konzernabschluß nach der Purchase-Methode zu erfolgen, die im wesentlichen der deutschen Erwerbsmethode entspricht. Bei der amerikanischen **Purchase-Methode** wird nicht der Abschluß des Tochterunternehmens in seiner ursprünglichen Form in den Konzernabschluß übernommen, sondern die einzelnen Vermögensgegenstände und Schulden finden gemäß Einheitstheorie zu den **Marktwerten** des Erwerbsstichtags Eingang in den Summenabschluß (vgl. Pellens, 1998, S. 265): »Business combinations accounted for by the purchase method are recorded at cost« (Williams, 1997, S. 3.05).

Auf diese Weise werden die Anschaffungskosten des Mutterunternehmens auf die einzelnen erworbenen Vermögensgegenstände und Schulden aufgeteilt. Die Summe der neubewerteten Aktiva abzüglich der Passiva darf jedoch den Gesamtkaufpreis nicht übersteigen, d.h. die Aufdeckung stiller Reserven erfolgt nur bis zur Höhe des gezahlten Kaufpreises für das Tochterunternehmen. Das sich durch diese Neubewertung ergebende Eigenkapital wird dann mit dem Beteiligungsbuchwert aufgerechnet. Die Purchase-Methode entspricht demnach im wesentlichen der deutschen Neubewertungsmethode.

Wenn der Muttergesellschaft weniger als 100% der Anteile am Tochterunternehmen gehören, also Minderheitsgesellschafter existieren, gibt es nach amerikanischem Recht zwei unterschiedliche Ansatzmöglichkeiten für die Berechnung der Minderheitenanteile: zum einen die Parent Company Theorie und andererseits die Entity Theorie.

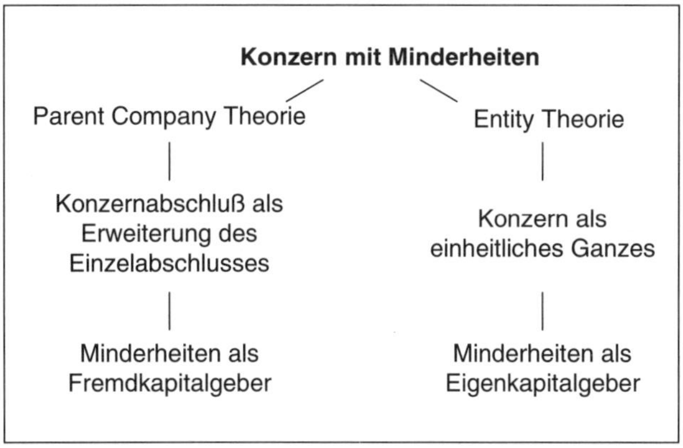

Abb. 4: Konzern mit Minderheiten

Bei der **Parent Company Theorie**, auch Interessentheorie genannt, geht man davon aus, daß der Konzernabschluß eine Erweiterung des Einzelabschlusses der Muttergesellschaft ist und demnach aus Sicht von deren Anteilseignern aufzustellen ist. Die an der Tochtergesellschaft beteiligten Minderheiten werden daher als Fremd- und nicht als Eigenkapitalgeber betrachtet. Dementsprechend erfolgt der Ausweis der Minderheitenanteile auch als Verbindlichkeit und nicht wie in einer HGB-Bilanz im Eigenkapital. Bei Anwendung dieser Methode sind bei der Erstkonsolidierung und der damit verbundenen Neubewertung der assets auch nur die dem Beteiligungsprozentsatz der Mutter entsprechenden stillen Reserven und Lasten aufzudecken. Die auf die Minderheiten entfallenden Reserven bleiben unberücksichtigt. Auch ein sich ergebender Goodwill repräsentiert nur den Anteil des Mutterunternehmens, nicht aber den auf die Minderheiten entfallenden Teil (vgl. Pellens, 1998, S. 266).

Zweite Betrachtungsweise ist die **Entity Theorie**. Grundlage dessen ist die Betrachtung des Konzerns als Einheit unter Berücksichtigung aller Konzernanteilseigner, also auch der Minderheitsgesellschafter aus Sicht des Mutterunternehmens. Folgerichtig wird dabei das auf die Minderheiten entfallende Eigenkapital innerhalb des Konzerneigenkapitals ausgewiesen. Diese Vorgehensweise entspricht der Minderheitenbehandlung im HGB. Folgt man dem Einheitsgrundsatz konsequent, sind bei der Neubewertung der einzelnen Vermögensgegenstände und Schulden sämtliche stillen Reserven und Lasten aufzudecken. Dafür wird der von der Muttergesellschaft für den x-prozentigen Anteil am Tochterunternehmen gezahlte Kaufpreis auf 100% hochgerechnet und dann auf die einzelnen Bilanzpositionen verteilt (vgl. Pellens, 1998, S. 269).

Dieser Ansatz ist jedoch mehr theoretischer Natur, in der Bilanzierungspraxis geht man vorwiegend von der Parent Company Theorie aus, d. h. Minderheiten werden als Konzernfremde betrachtet.

2.2.2 Firmenwertbehandlung

Ein aus der Kapitalkonsolidierung entstehender aktivischer Unterschiedsbetrag ist in voller Höhe als Firmenwert zu betrachten, da eventuelle stille Reserven in der Tochtergesellschaft durch den Ansatz von Zeitwerten bereits aufgedeckt wurden. Während das HGB ein Wahlrecht zur erfolgswirksamen oder erfolgsneutralen Behandlung des Firmenwertes bietet, muß er nach US-GAAP-Vorschriften zwingend **aktiviert** und in Folgejahren **erfolgswirksam** abgeschrieben werden. Die Möglichkeit, Firmenwerte erfolgsneutral mit den Rücklagen zu verrechnen (vollständig oder ratierlich), besteht bei der Kapitalkonsolidierung nach der Purchase-Methode nicht (vgl. APB 16.87).

Keine feste Regel gibt es dagegen für den Abschreibungszeitraum, oberste Grenze der **Abschreibungsdauer** sind jedoch 40 Jahre (vgl. APB 17.29). Die der Abschreibung zugrunde zu legende Nutzungsdauer des Firmenwertes ist ein sehr dehnbarer Begriff, so daß im Prinzip jedes Unternehmen frei darüber entscheiden kann, innerhalb welcher Frist ein Firmenwert abzuschreiben ist. Dies ist ein erheblicher bilanzpolitischer Spielraum, schließlich ist es nicht ohne wesentlichen Einfluß auf das Konzernergebnis, ob ein Goodwill über 5 oder über 20 Jahre abgeschrieben wird.

Um willkürlichen Entscheidungen vorzubeugen und die Vergleichbarkeit einzelner Abschlüsse zu vergrößern, gibt die SEC **branchenübliche Richtwerte** an. So sind Goodwills aus börsennotierten High-Tech-Unternehmen über 5–10 Jahre abzuschreiben, während für Banken eine Dauer von 25 Jahren vorgesehen ist. Firmenwerte aus der Lebensmittelbranche werden sogar über den gesamten zugelassenen Zeitraum von 40 Jahren abgeschrieben (vgl. KPMG, 1997, S. 130).

Branchenübliche Richtwerte gibt es in der deutschen Bilanzierungspraxis nicht. Unternehmen, die einen Abschluß nach HGB aufstellen, orientieren sich i.d.R. entweder an den im HGB explizit erwähnten 4 Jahren (§ 309 Abs. 1 Satz 1 HGB) oder an dem steuerlich maßgeblichen Zeitraum von 15 Jahren (§ 7 Abs. 1 Satz 3 EStG). Zwar erlaubt § 309 Abs. 1 Satz 2 HGB auch die Abschreibung über die planmäßige Nutzungsdauer, was der Regelung nach US-GAAP entsprechen würde, diese Möglichkeit wird in der Praxis jedoch nicht so häufig genutzt. Sofern sich jedoch deutsche Unternehmen dafür entscheiden, einen Abschreibungszeitraum außerhalb dieser beiden Eckdaten zu wählen, so geschieht dies i.d.R. in Anlehnung an internationale Bilanzierungsrichtlinien, also US-GAAP und IAS. Durch entsprechendes Auslegen des deutschen Wahlrechts vermeidet man Unterschiede in der Konzernbilanz nach HGB und US-GAAP (sofern kein befreiender Konzernabschluß nach US-GAAP erstellt wird).

Die gängige Goodwill-Behandlung stößt jedoch auch auf Kritik, besonders dann, wenn der Goodwill als Summe aller unidentifizierbaren immateriellen Vermögensgegenstände interpretiert wird. Statt der pauschalen Zusammenfassung sollte versucht werden, die einzelnen bisher noch nicht bilanzierten immateriellen Vermögensgegenstände zu analysieren und in der Konzernbilanz entsprechend dem ihnen zuzurechnenden Wert anzusetzen. Dieser von COLLEY/VOLCAN dargestellten Theorie folgend, müßte der Mehrkaufpreis auf Bilanzpositionen wie »erreichte Produktdiversifikation« oder »erreichte Integration« verteilt werden. Diese Aufteilung des Pauschalbetrages »Goodwill« in verschiedene Assets würde es zudem ermöglichen, sie differenziert nach den einzelnen Nutzungsdauern abzuschreiben, die i. d. R. wesentlich kürzer sind als die max. 40 Jahre, über die ein Goodwill abgeschrieben werden darf (vgl. COLLEY/VOLCAN, 1988, S. 74).

Dieser Ansatz bereitet in der Praxis allerdings erhebliche Probleme: Ist es schon sehr schwierig, die einzelnen **hidden assets** zu identifizieren, so ist es um so problematischer, sie voneinander abzugrenzen. Wo fängt eine Position an, wo endet sie? Sollte man dennoch zu einer Auflistung der hidden assets gekommen sein, stellt sich die Frage ihrer Bewertung. Wird die aufzuteilende Summe gleichmäßig allen Positionen zugeordnet oder muß eine Gewichtung erfolgen?

Eine derartige Aufsplittung des Goodwill scheint in der Praxis kaum durchführbar zu sein. Die Umsetzung dieser theoretischen Idee ist sehr zeit- und arbeitsintensiv im Vergleich zu dem Nutzen, den sie bringt. Auch wenn COLLEY/VOLCAN der Meinung sind, daß das Zusammenfassen aller hidden assets als Goodwill keinen echten Nutzen für den Bilanzleser bringt (»This approach provides no real benefit to the users of financial statements.« COLLEY/VOLCAN, 1988, S. 74), so ist es doch eine Vereinfachung, die nicht zu fundamental anderen Ergebnissen für den Jahresabschluß führt. Durch die branchenüblichen Abschreibungsdauern eines Goodwill ist zudem die Vergleichbarkeit von verschiedenen Konzernabschlüssen eher gewahrt, als durch die Aufteilung auf hidden assets, die von Unternehmen zu Unternehmen trotz gleicher Branche erhebliche Unterschiede aufweisen können.

Eine Übertragung auf deutsche Bilanzen schließt sich schon dadurch aus, daß die vorgeschlagenen Positionen wie »erreichte Produktdiversifikation« nicht bilanzierungsfähig sind, da sie nicht den Tatbestand eines Vermögensgegenstandes erfüllen.

3. Passivische Unterschiedsbeträge

Im Rahmen der Kapitalkonsolidierung können nicht nur aktivische Unterschiedsbeträge und Firmenwerte entstehen, sondern auch passivische Unterschiedsbeträge. Sie ergeben sich dann, wenn das anteilige Eigenkapital nach Aufdeckung stiller Reserven und Lasten größer als der beim Mutterunternehmen bilanzierte Beteiligungsbuchwert ist (vgl. BAETGE, 1997, S. 248). Auch die Behandlung dieses passivischen Unterschiedsbetrages unterscheidet sich im deutschen und amerikanischen Bilanzrecht.

3.1 Bilanzierung nach HGB

Das HGB verlangt in § 301 Abs. 3 Satz 1 HGB lediglich, daß Unterschiede aus der Kapitalkonsolidierung auf der Passivseite auszuweisen sind, unterscheidet aber nicht nach der Ursache ihrer Entstehung. Trotzdem sind die Unterschiedsbeträge auf ihren Charakter hin zu untersuchen, da daran ihr Ausweis in der Bilanz und ihre Behandlung in Folgejahren anknüpfen.

Im deutschen Bilanzrecht werden drei Arten passivischer Unterschiedsbeträge unterschieden: Badwill, Lucky Buy und Unterschiedsbeträge mit Eigenkapitalcharakter.

Ein **Badwill** basiert auf negativen Ertragserwartungen für die erworbene Tochtergesellschaft. Diese negativen Zukunftsaussichten haben sich dabei entweder schon im geringen Kaufpreis niedergeschlagen, oder es wurden bereits außerplanmäßige Abschreibungen auf den Beteiligungsbuchwert vorgenommen, als die Tochtergesellschaft noch nicht konsolidiert wurde. Ist dies der Fall, besitzt der passivische Unterschiedsbetrag Rückstellungscharakter (vgl. Baetge, 1997, S. 249). Er ist daher auf der Passivseite als Rückstellung zu bilanzieren.

Über die Behandlung des Badwill in Folgejahren regelt § 309 Abs. 2 Satz 1 HGB, daß diese Rückstellung nur dann aufgelöst werden darf, wenn die prognostizierte schlechte Entwicklung bei dem Tochterunternehmen auch wirklich eingetreten ist. Den Verlusten bzw. Aufwendungen, die aus dem Einzelabschluß der Tochter in den Konzernabschluß übernommen werden, steht dann die erfolgswirksam aufgelöste Rückstellung (bzw. ein Teilbetrag) gegenüber, so daß die Verluste (zumindest teilweise) neutralisiert werden. Der Eintritt der erwarteten negativen Ertragslage löst jedoch kein Wahlrecht, sondern eine Pflicht zur Auflösung des Badwill aus (vgl. Weber/Zündorf, 1998, Rn. 84).

Wurde das Tochterunternehmen aufgrund günstiger Marktbedingungen zu einem Kaufpreis erworben, der unter dem anteiligen Eigenkapital lag, handelt es sich i. d. R. um einen **Lucky Buy**. Auch hier sagt das Gesetz nichts über seinen bilanziellen Ausweis aus. In der Praxis herrscht ebenfalls keine Einigkeit: während einige Quellen den Ausweis des Lucky Buy als eigenständigen Posten zwischen Eigen- und Fremdkapital befürworten (vgl. z. B. Baetge, 1997, S. 249; Dusemond/Weber/Zündorf, 1998, Rn. 152), halten andere auch einen Ausweis innerhalb des Eigenkapitals für angebracht, dem Rücklagencharakter des Lucky Buy entsprechend (vgl. u.a. Adler/Düring/Schmaltz, 1995, § 301 HGB, Rn. 131).

Die Auflösung eines passivischen Unterschiedsbetrages mit Rücklagencharakter ist nur dann möglich, wenn er einem realisierten Gewinn entspricht (§ 309 Abs. 2 Satz 2 HGB). Jedoch ist die Abgrenzung, wann tatsächlich ein Gewinn realisiert wurde, der dem Lucky Buy entspricht, recht schwierig. Mit Sicherheit ist diese Frage erst zu klären, wenn das entsprechende Tochterunternehmen verkauft wurde (vgl. Baetge, 1997, S. 249). Es ist zwar unter Umständen möglich, den Unterschiedsbetrag bereits dann aufzulösen, wenn eine nachhaltige positive Ertragssituation, verbunden mit Gewinnthesaurierungen beim Tochterunternehmen, vorliegt, allerdings ist die Abgrenzung dieser Voraussetzung schwammig, so daß dies einen erheblichen bilanzpolitischen Spielraum darstellt (vgl. WEBER/ZÜNDORF, 1998, Rn. 78 ff.). Daher werden viele passivische Unterschiedsbeträge mit Rücklagencharakter über die gesamte Konzernzugehörigkeit des Tochterunternehmens fortgeführt.

Wenn die Beteiligung an einem Tochterunternehmen bereits längere Zeit vor seiner Erstkonsolidierung bestand und diese Tochter Gewinne thesauriert hat, so entsteht bei der Kapitalkonsolidierung ein passivischer Unterschiedsbetrag, wenn das anteilige aufzurechnende Eigenkapital durch die Rücklagendotierung über die Anschaffungskosten hinaus gestiegen ist. Dieser Unterschiedsbetrag ist weder ein Badwill noch ein Lucky Buy, sondern stellt aufgrund der Ursache seiner Entstehung einen **Unterschiedsbetrag mit Eigenkapitalcharakter** dar. Er ist daher innerhalb des Eigenkapitals unter den Gewinnrücklagen auszuweisen (vgl. BAETGE, 1997, S. 250).

Die Auflösungsmöglichkeiten sind in diesem Fall im HGB nicht geregelt, der Unterschiedsbetrag sollte daher während der Konzernzugehörigkeit des Tochterunternehmens unter den Rücklagen fortgeführt werden, »... da unterstellt wird, daß sich die Eigenkapitaländerungen des Tochterunternehmens wie bei einer fiktiven Folgekonsolidierung auch in der Konzernbilanz niedergeschlagen hätten, wenn das Tochterunternehmen schon früher konsolidiert worden wäre« (BAETGE, 1997, S. 250).

3.2 Bilanzierung nach US-GAAP

In der US-amerikanischen Bilanzierungspraxis werden passivische Unterschiedsbeträge aus der Kapitalkonsolidierung anders behandelt als nach HGB. Es ist dabei unerheblich, wodurch diese passivischen Unterschiede hervorgerufen worden sind, ob ein Gelegenheitskauf vorlag oder ob negative Ertragsaussichten Ursache seiner Entstehung waren.

Übersteigt die Summe der zu Marktpreisen bewerteten Vermögensgegenstände abzüglich der Schulden die Gesamtkosten für den Beteiligungserwerb, so wird der dadurch im Rahmen der Kapitalkonsolidierung entstehende passivische Unterschiedsbetrag als **Negativposten** von den noncurrent assets in Abzug gebracht. Dies bedeutet, daß alle langfristigen Vermögensgegenstände (außer den Investments in langfristige börsengängige Wertpapiere) solange reduziert werden, bis entweder der passivische Unterschiedsbetrag vollständig verteilt ist oder sämtliche langfristigen Vermögensgegenstände bis auf Null erfolgsneutral abgewertet sind (vgl. APB 16.87). Dabei regelt APB 16.87 auch, daß der Unterschiedsbetrag **proportional** auf alle in Frage kommenden Assets zu verteilen ist.

Sollten die noncurrent assets bis auf Null abgeschrieben sein, ohne daß der Unterschiedsbetrag vollständig verteilt wurde, ist dieser Restbetrag als **deferred credit** zu passivieren und über seine Nutzungsdauer, max. jedoch über 40 Jahre, erfolgswirksam aufzulösen (vgl. APB 16.91). Ein negativer Goodwill wird demnach nicht anders behandelt als ein positiver Firmenwert. Während nach HGB die Auflösung des passivischen Unterschiedsbetrages und die damit verbundenen positiven Einflüsse auf die GuV an Bedingungen geknüpft sind, verbessert ein negativer Goodwill im amerikanischen Bilanzrecht in jedem Fall das Konzernergebnis. Zum einen werden die langfristigen Aktiva verringert, wodurch sich auch die Abschreibungsbelastung für diese Vermögensgegenstände reduziert. Zum anderen wird ein darüber hinaus bestehender negativer Goodwill in jedem der Folgejahre erfolgserhöhend aufgelöst, unabhängig davon, ob die negativen Ertragserwartungen eintreffen oder ob der Goodwill einem realisierten Gewinn entspricht. Positive und negative Firmenwerte werden nach der gleichen Vorgehensweise behandelt, nur mit umgekehrten Vorzeichen.

4. Fazit

Aufgrund steigender Konzentration und Verflechtung von Unternehmen wächst die Bedeutung des Konzernabschlusses und der damit verbundenen Frage nach der Behandlung von Firmenwerten. Zwar existieren auch in Einzelabschlüssen – sowohl nach HGB als auch nach US-GAAP – Geschäfts- und Firmenwerte, ihre Relevanz ist jedoch aus zwei Gründen geringer:

- In deutschen Einzelabschlüssen können Firmenwerte aufgrund der geltenden Bilanzierungsgrundsätze nur in begrenztem Umfang auftreten.
- Im US-amerikanischen Raum ist der Stellenwert von Einzelabschlüssen grundsätzlich geringer, da im wesentlichen der Konzernabschluß zur Information von Investoren und Gläubigern herangezogen wird.

Für die Behandlung von Firmenwerten im Konzernabschluß nach US-GAAP gibt es nur eine Möglichkeit: die erfolgswirksame Abschreibung über die voraussichtliche Nutzungsdauer. Im Gegensatz dazu erlaubt das HGB neben der aufwandswirksamen Methode auch die erfolgsneutrale Firmenwertverrechnung, entweder komplett oder ratierlich. Diese Wahlmöglichkeit ist jedoch einer der Hauptkritikpunkte ausländischer Bilanzleser an deutschen Abschlüssen.

Da sich deutsche Unternehmen zunehmend als Global Player betrachten und ausländische Investoren immer wichtiger werden, steigt das Interesse der Unternehmen daran, international anerkannte und vergleichbare Abschlüsse aufzustellen. Dies geschieht entweder durch die Erstellung eines Konzernabschlusses nach internationalen Rechnungslegungsvorschriften oder aber durch Auslegung der Wahlrechte des HGB in der Art, daß möglichst wenig Differenzen zwischen einem HGB- und einem US-GAAP-Abschluß bestehen.

Infolge dessen gehen auch immer mehr deutsche Unternehmen dazu über, Firmenwerte erfolgswirksam zu behandeln. Es bleibt zu hoffen, daß sich dieser Trend in den Jahren noch verstärken wird, so daß einer der wesentlichen Unterschiede zwischen deutschen und amerikanischen Rechnungslegungsvorschriften in Zukunft nur noch von untergeordneter Bedeutung ist.

Literaturverzeichnis

Accounting Principles Board Opinion (APB) No. 16, Bussiness Combinations, in: FASB (Hrsg.), Original Pronouncements, Norwalk/Connecticut 1997.

Accounting Principles Board Opinion (APB) No. 17, Intangible Assets, in: FASB (Hrsg.), Original Pronouncements, Norwalk/Connecticut 1997.

Accounting Principles Board Opinion (APB) No. 18, The Equity Method of Accounting for Investments in Common Stock, in: FASB (Hrsg.), Original Pronouncements, Norwalk/Connecticut 1997.

Accounting Research Bulletin (ARB) No. 51, Consolidated Financial Statements, in: FASB (Hrsg.), Original Pronouncements, Norwalk/Connecticut 1997.

Adler, Hans / Düring, Walther / Schmaltz, Kurt (1995), Rechnungslegung und Prüfung der Unternehmen, Kommentar zum HGB, AktG, GmbHG, PublG nach den Vorschriften des Bilanzrichtlinien-Gestzes, 6. Aufl., Stuttgart 1995.

American Institute of Certified Public Accountants (AICPA) (Hrsg.) (1979), AcSec Issues Paper: Push down Accounting, New York 1979.

Baetge, Jörg (1997), Konzernbilanzen, 3. Aufl., Düsseldorf 1997.

Colley, Ron J. / Volcan, Ara G. (1988), Business Combinations: Goodwill and Push-Down Accounting, in: The CPA Journal, 1988, Heft 8, S. 74–76.

Cunningham, Michael E. (1984), Push-Down Accounting: Pros and Cons, in: Journal of Accountancy, 1984, Heft 6, S. 72–77.

Dusemond, Michael / Weber, Claus-Peter / Zündorf, Horst (1998), Kommentierung des § 301 HGB, in: Küting, Karlheinz/Weber, Claus-Peter (Hrsg.), Handbuch der Konzernrechnungslegung, Kommentar zur Bilanzierung und Prüfung, 2. Aufl., Stuttgart 1998.

Ellrott, Helmut / Schmidt-Wendt, Dietrich (1995), Kommentierung des § 255 HGB, in: Budde, Wolfgang Dieter u.a. (Bearb.), Beck'scher Bilanz-Kommentar. Der Jahresabschluß nach Handels- und Steuerrecht, 3. Aufl., München 1995.

Förschle, Gerhardt (1995), Kommentierung des § 309 HGB, in: Budde, Wolfgang Dieter u.a. (Bearb.), Beck'scher Bilanz-Kommentar. Der Jahresabschluß nach Handels- und Steuerrecht, 3. Aufl., München 1995.

Förschle, Gerhardt / Kropp, Manfred (1986), Wechselwirkungen zwischen Handels- und Steuerbilanz beim Anlagevermögen nach dem Bilanzrichtlinien-Gesetz, in: Die Wirtschaftsprüfung 1986, S. 152–161.

Gräfer, Horst / Scheld, Guido A. (1994), Konzernrechnungslegung, 2. Aufl., Hamburg 1994.

Knop, Wolfgang / Küting, Karlheinz (1995), Kommentierung des § 255 HGB, in: Küting, Karlheinz/Weber, Claus-Peter (Hrsg.), Handbuch der Rechnungslegung, Kommentar zur Bilanzierung und Prüfung, 3. Aufl., Stuttgart 1995.

KPMG (Hrsg.) (1997), Rechnungslegung nach US-amerikanischen Grundsätzen, Berlin 1997.

Kubin, Konrad (1993), Group accounting in the United States of America, in: Gray, S.J./Coenenberg, A.G./Gordon, P.D. (Hrsg.), International Group Accounting, 2. Aufl., London/New York 1993 (Nachdruck 1995).

Küting, Karlheinz (1997), Im Ausland spottet man über das deutsche »goodwill-accounting«, in: Handelsblatt vom 16.9. 1997, S. 28.

Pellens, Bernhard (1998), Internationale Rechnungslegung, 2. Aufl., Stuttgart 1998.

Reinhard, Herbert (1995), Kommentierung des § 247 HGB, in: Küting, Karlheinz/Weber, Claus-Peter (Hrsg.), Handbuch der Rechnungslegung, Kommentar zur Bilanzierung und Prüfung, 4. Aufl., Stuttgart 1995.

Rückle, Dieter (1994), Vermögensgegenstand/Wirtschaftsgut, in: Busse von Colbe, Walther (Hrsg.), Lexikon des Rechnungswesens, 3. Aufl., München/Wien 1994.

Securities and Exchange Commission (SEC) (1983), Staff Accounting Bulletin Nr. 54, Washington 1983.

Weber, Claus-Peter / Zündorf, Horst (1998), Kommentierung des § 309 HGB, in: Küting, Karlheinz/Weber, Claus-Peter (Hrsg.), Handbuch der Konzernrechnungslegung, Kommentar zur Bilanzierung und Prüfung, 2. Aufl., Stuttgart 1998.

Williams, Jan R. (1997), Miller GAAP Guide 1997, San Diego/New York/London 1997.

Wöhe, Günter (1997), Bilanzierung und Bilanzpolitik, 9. Aufl., München 1997.

IV. Deutsche Rechnungslegung im Umbruch

Internationalisierung der Rechnungslegung: Besteht die Notwendigkeit eines neuen Rechnungslegungsstandards?

Bruno Adelt*

Inhalt

* Bruno Adelt, Mitglied des Vorstandes der VW AG, Wolfsburg.

1. Einführung

Im Zuge der zunehmenden Globalisierung der Geschäftstätigkeit ist feststellbar, daß mehr und mehr deutsche Unternehmen eine Notierung an ausländischen Börsen anstreben. Nach dem Reziprozitätsprinzip werden deutsche Konzernabschlüsse im Ausland von den jeweiligen Aufsichtsbehörden zumeist akzeptiert. Anders ist die Situation jedoch an US-amerikanischen Börsen und somit auch am weltweit bedeutendsten Finanzplatz, der New Yorker Börse (New York Stock Exchange). Hier erkennt die US-amerikanische Börsenaufsichtsbehörde – die Securities and Exchange Commission (SEC) – nach fremdem Recht erstellte Jahresabschlüsse nicht an und verweigert den Zugang zu den Kapitalmärkten der USA. Die generelle Ablehnung deutscher Abschlüsse im anglo-amerikanischen Raum wird im Kommentar des Economist zur deutschen Rechnungslegung deutlich: »German firms are obsessed with conservative accounting, and their standards allow managers to hide huge reserves« (The Economist, 17.9. 1994, S. 89).

Den Ansprüchen der SEC genügen lediglich solche Unternehmen, die ihren Jahresabschluß gemäß den eigenen Generally Accepted Accounting Principles (US-GAAP) aufstellen. Zumindest aber eine Überleitungsrechnung vom heimischen zum Jahresabschluß nach US-GAAP ist derzeit Voraussetzung für das »Wohlwollen« der US-amerikanischen Aufsichtsbehörde.

Neben den US-GAAP sind die International Accounting Standards (IAS) des nach ihnen benannten Komitees Gegenstand der Diskussion, die unter der Überschrift »Internationalisierung der Rechnungslegung« geführt wird. Die internationale Börsenvereinigung IOSCO betreibt vor diesem Hintergrund die Entwicklung eines von allen Börsenplätzen der Welt zu akzeptierenden einheitlichen Konzernabschlußrahmens auf Basis der IAS.

Als Grundvoraussetzung für die eventuelle Akzeptanz eines neuen Rechnungslegungsstandards bei deutschen Unternehmen wird die Zusicherung gesehen, daß der neue Abschluß als befreiend angesehen wird und nicht zusätzlich zu dem herkömmlichen Zahlenwerk gefordert wird. Einen Schritt in diese Richtung hat der Gesetzgeber mit der Verabschiedung des Kapitalaufnahmeerleichterungsgesetzes (KapAEG) getan. Mit Hilfe dieses Gesetzes können börsennotierte Gesellschaften während einer Übergangszeit ihre konsolidierten Abschlüsse nach international anerkannten Rechnungslegungsstandards aufstellen. Ein Konzernabschluß nach deutschem Recht ist dann nicht mehr erforderlich.

Gegenstand dieses Beitrages wird es sein, die Notwendigkeit eines neuen Rechnungslegungsstandards zu untersuchen (s. hierzu auch Küting/Weber, 1997). Mit großer Aufmerksamkeit wird dabei der Frage nachgegangen, ob der deutsche Jahresabschluß im Vergleich zu alternativen Rechnungslegungsstandards Mängel in der Erfüllung seiner Informationsfunktion aufweist. Beachtung findet auch die Frage, ob das Kapitalaufnahmeerleichterungsgesetz die damit verbundenen Erwartungen erfüllen kann. Geschlossen wird dieser Beitrag mit einem Blick auf die Einbettung der Rechnungslegung in einen Gesamtkontext.

2. Die Funktion des Konzernabschlusses

Die zentrale und in der Literatur übereinstimmend anerkannte Funktion des Konzernabschlusses ist die Informationsfunktion. Um dieser Aufgabe gemäß der Einheitstheorie nachzukommen, hat der Konzernabschluß Aufschluß über das unter einheitlicher Leitung stehende Vermögen und das von dieser Einheit erwirtschaftete Ergebnis zu geben (vgl. WYSOCKI/WOHLGEMUTH, 1996, S. 3). Nicht ohne Grund wird das Rechnungswesen daher auch als »language of business« bezeichnet (vgl. GLAUM, 1996, S. 25).

Obwohl die Informationsfunktion des Konzernabschlusses unbestritten ist, kommen doch Probleme bei der Umsetzung aufgrund der verschiedenen Adressaten des Konzernabschlusses auf. Betrachtet man nämlich den keinesfalls homogenen Kreis der Rechnungslegungsadressaten deutscher Konzernabschlüsse, so ist eine große Vielfalt teilweise gegenläufiger Erwartungen feststellbar. Daß etwa die Interessen der Aktionäre im Grundsatz andere sind, als die der Fremdkapitalgeber, ist evident. Der Versuch, den verschiedenen Adressaten zugleich gerecht zu werden, kann bei allen guten Absichten zwangsläufig nur unvollständig gelingen. Im Gegensatz zum inhomogenen Adressatenkreis der externen Konzernrechnungslegung in Deutschland richtet sich der Konzernabschluß in den USA primär an gegenwärtige oder zukünftige Eigenkapitalgeber.

Als der Informationsfunktion des deutschen Jahresabschlusses abträglich wird zunehmend das in Deutschland traditionelle Gläubigerschutzprinzip angesehen (vgl. GLAUM, 1996, S. 86). Dieses Prinzip und seine Umsetzung durch vorsichtige Ausschüttungsbemessung ist ausschließlich Aufgabe des Einzelabschlusses. Obwohl sich die Zielsetzungen des Einzelabschlusses und des Konzernabschlusses unterscheiden, gelten für beide Abschlüsse grundsätzlich die gleichen Ansatz- und Bewertungsvorschriften. Eine »Abfärbung« auf den Konzernabschluß ist bedingt durch das Normensystem des HGB somit unvermeidlich. Eine andere Lösung wäre im Hinblick auf die Glaubwürdigkeit auch problematisch.

An dem »Abfärben« des Gläubigerschutzprinzips auf den Konzernabschluß wird vor allem kritisiert, daß durch die Möglichkeit der Bildung von stillen Reserven potentiellen Investoren ein »true and fair view« verweigert und die Beurteilung des Ertragspotentials einer Unternehmung erschwert werde. Die Bildung von stillen Reserven ist jedoch keine Eigenheit des deutschen Bilanzrechts. Anschaffungs-, Realisations- und Niederstwertprinzip fließen auch in Jahresabschlüsse nach US-GAAP und IAS ein. Auch das Imparitätsprinzip, der Ansatz von Rückstellungen für drohende Verluste aus schwebenden Geschäften sowie der überwiegende Nichtansatz des originären immateriellen Vermögens sind auch bei US-GAAP- und IAS-Abschlüssen Möglichkeiten zur Bildung von stillen Reserven (vgl. Schildbach, 1998, S. 4).

Problematisch erscheint die amerikanische Praxis der Vermischung von strikten Ansatzgrenzen konkreter »assets« mit einer allgemeinen, zukunftsorientierten »asset«-Definition; gleiches gilt für die Vermengung von realisierten mit unrealisierten Gewinnen, z. B. aus Langfristprojekten (vgl. Schildbach, 1995, S. 2639). Ist bei deutschen Jahresabschlüssen lediglich die Höhe der stillen Reserven unklar, so liegt bei US-amerikanischen auch das Vorzeichen im Verborgenen: Es ist nicht ersichtlich, ob die Bilanz stille Reserven oder stille Lasten enthält (vgl. Schildbach, 1998, S. 4).

Ungeachtet der Philosophie, die der Erfüllung der Informationsfunktion zugrunde liegt, bleibt zumindest hinsichtlich des Erfolgsausweises eine triviale – jedoch unumstößliche – Tatsache festzuhalten: Der Totalerfolg eines Unternehmens, also die Differenz aus den gesamten Ein- und Auszahlungen während seiner Gesamtlebenszeit, ist in jedem Fall unabhängig von der Art der Rechnungslegung. Lediglich im Ausweis einzelner Periodenergebnisse sind Unterschiede feststellbar, die um so deutlicher ausfallen, je kürzer die betrachteten Zeiträume sind.

3. IAS und US-GAAP in der Praxis: Signifikant bessere Information?

Nachdem theoretisch angedeutet wurde, daß eine Reihe der vermeintlichen Schwächen deutscher Konzernabschlüsse auch bei Zahlenwerken nach US-GAAP bzw. IAS vorzufinden sind, gilt es nun empirisch die Interdependenzen zwischen dem Rechnungslegungsstandard und der Aktienbewertung auf dem Kapitalmarkt zu untersuchen. Diesbezüglich sind vor allem zwei Studien von Interesse: Zum einen ist dies eine Untersuchung von Harris/Lang/Möller, die die Relevanz der Jahresabschlußgrößen Erfolg und Eigenkapital für die Aktienbewertung in Deutschland und den USA thematisiert (vgl. Harris/Lang/Möller, 1995, S. 996–1028). Zum anderen wird die Aufmerksamkeit auf die Auswirkungen gerichtet, die sich beim Wechsel vom schweizerischen Rechnungslegungsstandard auf IAS ergeben (vgl. Auer, 1998, S. 129–155).

Die Betrachtung gerade des schweizerischen Aktienmarktes ist vor dem Hintergrund interessant, daß die Vorschriften des dortigen Aktienrechts sich allein im Regulierungsgrad deutlich von den IAS unterscheiden. Besonders offenkundig wird dies bei den Konsolidierungsvorschriften und dem allgemeinen Hinweis im Aktienrecht, daß die Konzernrechnungslegung den Grundsätzen ordnungsmäßiger Rechnungslegung genügen muß (vgl. Auer, 1998, S. 131 f.).

Die vermeintliche Vorteilhaftigkeit der US-GAAP in bezug auf die Vorschriften des deutschen HGB wurde von Harris/Lang/Möller durch empirische Aufdeckung der potentiellen Relevanz der Rechnungslegung für Anteilseigner auf Basis von Jahresabschlüssen aus Deutschland und den USA geprüft. Analysiert wurden die Zusammenhänge zwischen Jahresabschlußgrößen, Aktienrenditen und Aktienpreisen sowohl für deutsche als auch für amerikanische Unternehmen. Jeder dabei betrachteten deutschen Aktiengesellschaft wurde dazu eine bezüglich Branche und Börsenkapitalisierung vergleichbare amerikanische Unternehmung zugeordnet, um Einflüsse aus unterschiedlichen Untersuchungsgesamtheiten, verschiedenen Branchen oder aus abweichenden Unternehmensgrößen auszuschließen (vgl. HARRIS/LANG/MÖLLER, 1995, S. 999 f.).

Als Ergebnis der Studie lassen sich im wesentlichen folgende Punkte festhalten (vgl. HARRIS/LANG/MÖLLER, 1995, S. 1026):

- Die These, die deutsche Rechnungslegung sei für die Aktienbewertung im Vergleich zu amerikanischen wesentlich unbedeutender, kann nicht gestützt werden. Vielmehr ist feststellbar, daß zwischen deutschen Aktienkursen und Aktienrenditen einerseits sowie den Jahresabschlußgrößen Eigenkapital und Erfolg andererseits ein signifikanter Zusammenhang besteht. Deutsche Jahresabschlüsse sind aus Investorensicht somit nicht notwendigerweise schlechter als amerikanische.
- Die vergleichsweise vorsichtige Erfolgsermittlungsart nach deutschem Recht wird von den Investoren in die Preissetzung einbezogen.
- Die jährlichen Aktienrenditen können mit DVFA-Erfolgen geringfügig besser erklärt werden, als mit veröffentlichten Jahresüberschüssen. In besonderem Maße gilt dies für die Veränderung von DVFA-Erfolgen.

AUER untersuchte in seiner Studie den Wechsel im Rechnungslegungsstandard auf die Risikoparameter – die Varianz der Renditen, den Betafaktor sowie die Varianz der abnormalen Renditen – von 32 schweizerischen Gesellschaften. Von diesen haben 17 Unternehmen auf ein Zahlenwerk gemäß IAS umgestellt. Gemessen an der Anzahl börsennotierer Unternehmen in der Schweiz machten die IAS-rechnungslegenden Gesellschaften im Jahre 1994 einen Anteil von 21% aus (vgl. AUER, 1998, S. 131).

Die Untersuchungen AUERS zur Varianz der Aktienrenditen hatten den Test der Hypothese zum Gegenstand, ob die Umstellung des Rechnungslegungsstandards vom schweizerischen Standard auf die IAS oder die EG-Richtlinien zu einer statistisch signifikanten Reduktion in der Varianz der betreffenden Aktienrenditen führt. Die Höhe der Varianz der Aktienrendite wurde hierbei als Ausdruck der Unsicherheit der Investoren über den tatsächlichen Wert der Aktien ausgelegt, wobei beim Wechsel zu einem »informativeren« bzw. »verläßlicheren« Jahresabschluß mit einer Verminderung der Varianz der Aktienrendite des jeweiligen Unternehmens gerechnet wurde (vgl. AUER, 1998, S. 137). Im Rahmen dieses Beitrags sind die Unternehmen der Untersuchung von Interesse, bei denen ein Wechsel der Rechnungslegung in Richtung IAS stattgefunden hat.

Als Ergebnis dieser Teiluntersuchung ließ sich registrieren, daß sich die Varianz der

Aktienrenditen nach dem Übergang auf IAS in der Gesamtschau nicht signifikant verringert hatte. Es war vielmehr feststellbar, daß eine einheitliche Wirkungsrichtung des Rechnungslegungswechsels auf die Varianz der Aktienrenditen nicht existierte: Für einige der untersuchten Unternehmen hatte sich die Varianz verringert, für andere dagegen sogar erhöht.

Im Hinblick auf den Betafaktor – dem systematischen Risiko einer Aktie – untersuchte Auer, ob sich dieser Wert bei einem Wechsel zu einem vermeintlich informationsreicheren Rechnungslegungsstandard vermindert (vgl. Auer, S. 1998, S. 144). Resultat dieser Betrachtung war auch hier, daß sich im betrachteten Zeitraum für die überwiegende Anzahl der Unternehmen kein signifikanter Unterschied im Betafaktor feststellen ließ (vgl. Auer, 1998, S. 147).

Das dritte Element der empirischen Studie Auers bildet die Untersuchung der Auswirkungen eines Rechnungslegungswechsels in Richtung IAS auf die Varianz der sogenannten abnormalen Rendite. Diese abnormale Rendite, die als Gradmesser für den Informationsgehalt der Rechnungslegung für den Kapitalmarkt gesehen wird, ermittelte Auer als Differenz zwischen der tatsächlich eingetretenen Rendite zum Zeitpunkt der Gewinnveröffentlichung und der auf spezifische Art ermittelten erwarteten Rendite (vgl. Auer, 1998, S. 147).

Im Ergebnis zeigte sich hier zwar, »daß in einem längerfristigen Vergleich Aktionäre auf (unerwartete) Gewinne im Rahmen von Gewinnveröffentlichungen auf Basis des schweizerischen Standards und auf Basis der IAS bzw. der EG-Richtlinien signifikant unterschiedlich reagieren« (Auer, 1998, S. 150) und somit ein Unterschied im Informationsgehalt zwischen Gewinnen gemäß schweizerischer Rechnungslegung und solchen nach IAS bzw. EG-Richtlinien feststellbar war. Andererseits konnte die Betrachtung der Varianz der abnormalen Renditen bei Umstellung des Rechnungslegungsstandards nicht darlegen, daß IAS-Abschlüsse bessere Informationen liefern, als dies Abschlüsse gemäß den EG-Richtlinien – und deutsche Abschlüsse fallen hierunter – leisten können (vgl. Auer, 1998, S. 151).

Zusammenfassend kann zu den beiden empirischen Studien die Aussage getroffen werden, daß stichhaltige Hinweise für die Überlegenheit eines Abschlusses auf Basis von US-GAAP bzw. IAS bezüglich des Informationsgehalts nicht vorliegen. Weder die Untersuchungen der Rechnungslegung nach US-GAAP, noch die Studie der Auswirkungen eines Rechnungslegungswechsels in Richtung IAS konnten beweisen, daß der Kapitalmarkt eine international ausgerichtete Rechnungslegung merklich honoriert.

4. Die Kapitalflußrechnung: Selbstgewählte Harmonisierung und Internationalisierung

Ein zur Unterstützung der Informationsfunktion des Jahresabschlusses geeignetes Instrument ist die Kapitalflußrechnung. Dieser kommt die Aufgabe zu, zusätzlich zu Bilanz, Gewinn- und Verlustrechnung sowie Anhang Angaben über die finanzielle Entwicklung eines Unternehmens zu machen. Durch die Darstellung von Zahlungsströmen wird dokumentiert, wie finanzielle Mittel erwirtschaftet worden sind und welche Investitions- und Finanzierungsmaßnahmen vorgenommen wurden.

Anders als in den USA war in Deutschland die Erstellung einer Kapitalflußrechnung lange Zeit nicht gesetzlich geregelt und lag im Ermessen des rechnungslegenden Unternehmens. Mit dem Inkrafttreten des Gesetzes zur Kontrolle und Transparenz im Unternehmensbereich (KonTraG) ist dieses bisher auf freiwilliger Basis erstellte Informationsinstrument integraler Bestandteil des handelsrechtlichen Konzernabschlusses (vgl. Neufassung des § 297 Abs. 1 HGB). Auch die US-amerikanischen Rechnungslegungsvorschriften (SFAS 95), sowie die International Accounting Standards (IAS 7), schreiben die Erstellung einer Kapitalflußrechnung zwingend vor.

Kapitalflußrechnungen im In- und Ausland weisen zum heutigen Zeitpunkt zumeist ein hohes Maß an Vergleichbarkeit auf. Dazu hat besonders die vom Hauptfachausschuß des Instituts der Wirtschaftsprüfer e.V. und dem Arbeitskreis »Finanzierungsrechnung« der Schmalenbachgesellschaft/Deutsche Gesellschaft für Betriebswirtschaft e.V. erarbeitete Stellungnahme HFA (1995) beigetragen. Wird in dieser Stellungnahme eine Gliederung der Kapitalflußrechnung in die drei Teilbereiche »Laufende Geschäftstätigkeit«, »Investitionstätigkeit« und »Finanzierungstätigkeit« vorgenommen, so fordern sowohl SFAS 95 als auch IAS 7 eben diese Unterteilung (»operating activities«, »investing activities« und »financing activities«), so daß von einem internationalen Rahmen für Kapitalflußrechnungen gesprochen werden kann.

Einen weiteren wichtigen Regelungsbereich der Stellungnahme bildet die Abgrenzung des Zahlungsmittelbestands, der als Finanzmittelfonds bezeichnet wird. Hatte die Stellungnahme HFA (1978) noch eine weite Definition des Finanzmittelfonds – drei verschiedene Fondsabgrenzungen standen zur Wahl – vorgeschlagen, so wird gegenwärtig eine Beschränkung des Finanzmittelfonds auf Zahlungsmittel und Zahlungsmitteläquivalente vorgezogen. Auf diese Weise wird weitgehend Übereinstimmung mit US-amerikanischen Kapitalflußrechnungen und solchen nach IAS hergestellt, da sich auch hier der Finanzmittelfonds aus »cash« und »cash equivalents« zusammensetzt.

Auch hinsichtlich der Art der Ermittlung und Darstellung der Zahlungsströme in der Kapitalflußrechnung kann von einer Kongruenz internationaler Regelungen gesprochen werden, ermöglichen doch alle drei hier betrachteten Verlautbarungen im Teilbereich »Laufende Geschäftstätigkeit« sachgerecht die indirekte Darstellung der Einzahlungen und Auszahlungen. Dadurch wird praktischen Schwierigkeiten bei der Umsetzung der direkten Form der Darstellung Rechnung getragen.

Es zeigt sich in der Gesamtschau, daß trotz verbliebener Handlungsspielräume Kapitalflußrechnungen im internationalen Vergleich eine über den Grundsatz hinausgehende einheitliche Struktur aufweisen und somit als einander gleichwertige Informationsinstrumente angesehen werden können. Die Entwicklung der Kapitalflußrechnung in Deutschland macht darüber hinaus besonders deutlich, daß eine internationale Harmonisierung der Rechnungslegung nicht zwingend gesetzlicher Reglementierung bedarf. Durch die Kodifizierung der Konzernkapitalflußrechnung verankert der Gesetzgeber lediglich ein Instrument, das in Deutschland ohnehin seit langem Praxis ist.

5. Internationale Rechnungslegung in Deutschland: Gegenwart und Zukunft

5.1 Bisherige Annäherungsarten an internationale Rechnungslegungsstandards

Obwohl die bisherigen Ausführungen geeignet waren, Zweifel an der Vorteilhaftigkeit eines Rechnungslegungswechsels zu wecken, war in jüngerer Vergangenheit feststellbar, daß sich deutsche Unternehmen auf verschiedene Weise an eine Rechnungslegung nach US-GAAP oder IAS angenähert haben. Im Hinblick auf die Entwicklung der Aktienkurse ausgewählter deutscher Unternehmen, die sich entweder an die US-GAAP (Daimler Benz, Veba) oder an die IAS (Deutsche Bank, Bayer, Schering, Hoechst) angepaßt haben, konnte kein signifikanter Einfluß durch die geänderte Art der Rechnungslegung beobachtet werden (Quelle: Eigene Untersuchungen).

Im wesentlichen sind in der Praxis drei Formen der Anpassung an alternative Normen zu unterscheiden. Die erste Möglichkeit besteht in der Aufstellung eines Zweitabschlusses (restatement), eine weitere in der Erstellung eines zwei Standards gleichermaßen genügenden Konzernabschlusses (dualer Abschluß). Lösung Nummer drei stellt die Praxis der Anfertigung einer Überleitungsrechnung (reconciliation) dar.

Gegen die Aufstellung eines Zweitabschlusses sprechen im wesentlichen zwei Argumente. Erstens – dieses Problem ist evident – entsteht durch das zusätzliche Rechenwerk ein erheblicher zusätzlicher Arbeitsaufwand (vgl. Hartmann, 1998, S. 259), der sich in hohen Anpassungskosten niederschlägt. Weiterhin besteht bei der parallelen Anwendung voneinander abweichender Standards die Gefahr, Unsicherheit unter den Abschlußadressaten durch disharmonierende Aussagen zu verbreiten.

Unternehmen, die sich für eine Annäherung an die IAS entschieden haben, bilanzieren zumeist in Form eines dualen Abschlusses. Problematisch ist hierbei, daß in bestimmten Fällen Unvereinbarkeiten zwischen HGB-Vorschriften und den IAS auftreten können, so z.B. bei der Behandlung der Langfristfertigung, der immateriellen

Vermögensgegenstände oder der Steuerabgrenzung (vgl. THIELE/TSCHESCHE, 1997, S. 2498).

Bei der Aufstellung einer Überleitungsrechnung bestehen gemäß Form 20-F zwei Varianten. Diese unterscheiden sich dadurch, daß im einen Fall Zusatzangaben (Item 18) zu machen sind, während im anderen Fall darauf verzichtet wird (Item 17). In aller Regel werden von solchen Unternehmen Überleitungsrechnungen angestrebt, die ein Listing an der New York Stock Exchange anstreben (vgl. THIELE/TSCHESCHE, 1997, S. 2498).

Die geforderten Zusatzangaben können dabei einen beträchtlichen Umfang ausmachen und der Übersichtlichkeit des zugrundeliegenden Abschlusses abträglich sein (vgl. KPMG, 1997, S. 185).

5.2 Das Kapitalaufnahmeerleichterungsgesetz (KapAEG)

Das KapAEG ist am 13. Februar 1998 vom Deutschen Bundestag verabschiedet (BT-Drucksache 13/9909) und vom Vermittlungsausschuß von Bundestag und Bundesrat am 25. März 1998 bestätigt worden.

Schwerpunkt des Gesetzes ist die Neuaufnahme des § 292 a HGB, der zuläßt, daß börsennotierte deutsche Unternehmen einen Konzernabschluß nach international akzeptierten Rechnungslegungsregeln aufstellen können und gleichzeitig von der Pflicht zur Aufstellung eines deutschen Konzernabschlusses befreit werden.

Die Befreiung von den Anforderungen der deutschen Normen ist eine auf sechs Jahre befristete Lösung. Während dieser Zeit beabsichtigt der Gesetzgeber eine grundlegende Reform des deutschen Konzernbilanzrechts durchzuführen. Er soll dabei wesentlich von dem zwischenzeitlich gegründeten »German Accounting Standards Committee« (GASC, auch: Deutsches Rechnungslegungs Standards Committee, DRSC), in dem auch der Jubilar mitwirkt, unterstützt werden. Dieses Gremium hat ferner die Aufgabe, Deutschland in internationalen Standardisierungsgremien zu vertreten sowie Empfehlungen zur Anwendung der Grundsätze über die Konzernrechnungslegung zu entwickeln. (vgl. PELLENS/BONSE/GASSEN, 1998, S. 789). Die rechtlichen Voraussetzungen dazu sind mit der Erweiterung des HGB um den § 342 geschaffen.

Das KapAEG, speziell der neu eingefügte § 292a HGB, bedeutet für die deutsche Bilanzlandschaft den Fortschritt, daß Unternehmen ihre Rechnungslegung spezifisch an die eigenen Kapitalmarktaktivitäten anpassen können. Hierbei sind drei denkbare Vorgehensweisen bei deutschen Unternehmen zu unterscheiden. Strebt ein Unternehmen ein Listing an einer US-amerikanischen Börse – vornehmlich der New York Stock Exchange – an, so steht ihm nun die Möglichkeit eines befreienden Konzernabschlusses nach US-GAAP offen. Unternehmen, die sich im Zuge der Öffnung der SEC gegenüber den Standards des IASC vorbereiten wollen, ist ferner die Möglichkeit der befreienden Rechnungslegung nach IAS gegeben. Die dritte Option schließlich besteht darin, auch zukünftig einen Konzernabschluß nach den Vorschriften des HGB zu erstellen, nicht zuletzt vor dem Hintergrund, daß eine Notwendigkeit des Listings an einer US-Börse nicht gesehen wird oder eine Präsenz in den USA bereits in Form von American Depositary Receipts besteht.

Die Aufstellung befreiender Konzernabschlüsse nach internationalen Rechnungslegungsgrundsätzen kann allerdings gemäß § 292 a Abs. 2 HGB nur dann erfolgen, wenn die Konformität mit der 4. Und 7. EG-Richtlinie vom Wirtschaftsprüfer bestätigt worden ist. Hinsichtlich der Erfüllung der Konformitätsvoraussetzung durch die IAS bestätigt der EU-Kontaktausschuß bis auf zwei unwesentliche Punkte die Übereinstimmung mit den Richtlinien (vgl. van Hulle, 1998, S. 139 f.). Anders stellt sich jedoch das Ergebnis einer vom IDW durchgeführten Untersuchung dar, die einen Vergleich der IAS mit dem deutschen Bilanzrecht zum Gegenstand hatte. Hier zeigten sich zusätzliche, über die Kritikpunkte des EU-Kontaktausschusses hinausgehende Abweichungspunkte (vgl. van Hulle, 1998, S. 143 ff.).

Bezüglich der Vereinbarkeit der US-GAAP mit den Richtlinien liegen derzeit noch keine aussagekräftigen Untersuchungen vor (vgl. Pellens/Bonse/Gassen, 1998, S. 787).

6. Rechnungslegungen im Kontext ihrer Kulturkreise

6.1 Rechnungslegung im Hinblick auf rechtliche und ordnungspolitische Rahmenbedingungen

Bei der Betrachtung verschiedener Systeme der Rechnungslegung darf nicht außer acht gelassen werden, daß das jeweilige Bilanzrecht als Bestandteil seines sozio-ökonomischen Umfeldes betrachtet werden muß. Dieses umfaßt neben geschichtlichen und kulturellen Faktoren auch das Steuersystem, die Kapitalmarktverhältnisse und nicht zuletzt die rechtlichen und ordnungspolitischen Rahmenbedingungen (vgl. Pellens, 1998, S. 11).

Hinsichtlich der Einbettung des deutschen Bilanzrechts in die deutsche Rechtsordnung gilt es zu berücksichtigen, das sich die deutschen Normen in einen gänzlich anderen Rechtsrahmen einfügen als beispielsweise die Rechnungslegungsvorschriften in den USA. Während das deutsche Rechtssystem als »Code Law« durch Grundsätze und Wertinhalte gekennzeichnet ist, unter die einzelne Tatbestände zu subsumieren sind, bildet das angelsächsische »Common Law« bzw. »Case Law« mit seinen Einzelfallentscheidungen u. a. in den USA die Grundlage des Rechtssystems. Die für die jeweilige Gesamtrechtsordnung geltenden Charakteristika sind auch im deutschen und amerikanischen Bilanzrecht wiederzufinden. Während die deutschen Rechnungslegungsnormen maßgeblich durch die Grundsätze ordnungsmäßiger Buchführung geprägt sind, so ist auf US-amerikanischer Seite die Rechnungslegung durch eine Vielzahl von Einzelfallentscheidungen privater Organisationen geregelt. Die Vergangenheit hat gezeigt, daß das Verfolgen der US-amerikanischen Rechnungslegungsentwicklung aufgrund fortlaufend neu erlassener Standards vergleichsweise aufwendig ist (vgl. Hartmann, 1998, S. 267). Zudem muß die Frage erlaubt sein, ob ein Case Law-basiertes Rechnungslegungssystem im Hinblick auf die notwendige Rechtssicherheit und Kontinuität nicht die zweitbeste Lösung ist.

In engem Zusammenhang mit der jeweiligen Rechtsordnung eines Landes ist die korrespondierende ordnungspolitische Ausrichtung zu sehen. Ein Element dieser Ausrichtung ist die Entscheidung darüber, wie weit die Vertragsfreiheit in einer Gesellschaft reichen darf. In den vom Common Law geprägten Ländern ist im Vergleich zu Deutschland eine eher geringe Regulierung zu verzeichnen (vgl. Pellens, 1997, S. 21). Die vor allem in den USA weitgehende Vertragsfreiheit ist auch in der angelsächsischen Rechnungslegung wiederzufinden. Bemerkenswerterweise werden bei der Definition der die Vertragsbedingungen konkretisierenden Rechnungslegungsregeln die zugrundeliegenden US-GAAP nicht selten in Richtung deutsche GoB modifiziert. Insofern unterstützt dieser vertraglich frei vereinbarte Gläubigerschutz wesentliche Prinzipien der deutschen Rechnungslegung eindrucksvoll (vgl. Schildbach, 1998, S. 10 f.).

6.2 Problematik der Abgrenzung und Systematisierung der US-GAAP

Eine besondere Problematik der US-amerikanischen Rechnungslegung ist, daß der Begriff der GAAP bis heute nicht eindeutig definiert ist. Weder für die Elemente »Generally Accepted« noch für den Terminus »Principle« liegt derzeit eine einhellig akzeptierte Interpretation vor (vgl. Pellens, 1998, S. 110).

Hinsichtlich der Eigenschaft der allgemeinen Akzeptanz von Rechnungslegungsnormen kommt Schildbach zu dem Urteil, lediglich die deutschen GoB genügten diesem Anspruch ansatzweise. Nur sie seien für Unternehmen verschiedener Rechtsform und Größe, für Informations- und Ausschüttungsbemessungszwecke sowie Handels- und Steuerbilanz maßgeblich. Für die US-GAAP könne dies nicht gelten, da diese lediglich Gültigkeit für die zu Informationszwecken aufgestellten handelsrechtlichen Jahresabschlüsse eines vergleichsweise kleinen Kreises von Unternehmen besäßen (vgl. Schildbach, 1998, S. 8).

Selbst der US-amerikanischen Literatur lassen sich Hinweise auf die Unbestimmtheit des Begriffes der US-GAAP entnehmen: »There is perhaps no term in accounting's lexicon that is either less understood or used out of context more frequently« (McEnroe, 1991, S. 157).

Bei der Betrachtung der US-amerikanischen Rechnungslegungsnormen ist weiterhin auffällig, daß die US-GAAP kein homogenes Normengefüge darstellen. Zum einen gilt dies für die Form ihrer Entstehung, da zwischen formell erlassenen GAAP (»Promulgated GAAP«) und informell entstandenen GAAP (»Non-Promulgated GAAP«) unterschieden werden muß. Während die Promulgated GAAP offizielle Verlautbarungen der von der SEC autorisierten Rechnungslegungsinstitutionen sind, werden die Non-Promulgated GAAP aufgrund praktischer Rechnungslegungsanwendung den GAAP zugerechnet. Zum anderen kann auch deshalb nicht von einem homogenen Normensystem gesprochen werden, da die US-GAAP hinsichtlich ihres Verbindlichkeitsgrades in GAAP im engeren und GAAP im weiteren Sinne unterschieden werden können. Während die Promulgated GAAP als GAAP im engeren Sinne bindende Wirkung entfalten, gehören zu einem weiteren Kreis der US-GAAP auch solche, die lediglich Empfehlungscharakter haben. Ebenfalls zum weiteren Kreis gehören Vorschläge aus der Rechnungslegungspraxis und Rechnungslegungstheorie (vgl. Pellens, 1998, S. 126).

Der vorgenommene Versuch einer Abgrenzung und Systematisierung der US-GAAP mag deutlich gemacht haben, daß die US-amerikanische Rechnungslegungspraxis in hohem Maße durch Unübersichtlichkeit gekennzeichnet ist.

Wenn in den USA zuweilen bereits die begriffliche Bestimmung der GAAP Schwierigkeiten hervorruft, müssen Adaptionsansätze für den überwiegend an einem klarem Normengefüge orientierten europäischen Rechtsraum um so kritischer betrachtet werden.

6.3 Argumente gegen eine Adaptierung US-amerikanischer Rechnungslegungsnormen

Die vorstehenden Ausführungen haben gezeigt, daß zur abschließenden Beurteilung eines Rechnungslegungsstandards die genauere Betrachtung des Umfeldes erfolgen muß, in das dieser eingebettet ist. So nimmt sich am Beispiel der US-amerikanischen Rechnungslegungsvorschriften der Anteil der Unternehmen, für die die US-GAAP überhaupt maßgeblich sind, im Vergleich zur Allgemeingültigkeit des deutschen Bilanzrechts bescheiden aus. Zudem ist bisweilen festzustellen, daß bei den US-Amerikanern die begriffliche Bestimmung ihrer US-GAAP als Normensystem im eigenen Land weniger Beachtung findet, als dies im Ausland der Fall ist. Ein Blick auf die unterschiedlichen Formen der Entstehung von US-GAAP und deren unterschiedliche Verbindlichkeit wecken hierfür durchaus Verständnis.

Auch die Europäische Kommission spricht sich gegen einen auf den US-GAAP basierenden Weltstandard der Rechnungslegung aus, da die entsprechenden Normen jeglichen europäischen Einfluß vermissen ließen. Vielmehr bevorzuge die Kommission einen mehr internationalen Ansatz (vgl. van Hulle, 1998, S. 139).

Die Problematik eines alleinigen »Standardsetters« liegt – ungeachtet der Einzelfragen, die das jeweilige Normensystem im Einzelfall möglicherweise aufzuwerfen imstande wäre – in der weitgehenden Macht des standardexportierenden Herkunftslandes. Diese Macht umfaßt nicht nur den Einfluß durch die einmalige Installation des eigenen Rechnungslegungsstandards, sondern auch die weiteren Einflußmöglichkeiten, die durch nachfolgende Standardänderungen in die internationale Rechnungslegungspraxis einfließen (vgl. SCHILDBACH, 1998, S. 16)

7. Resümee

Die vorstehenden Ausführungen – insbesondere die empirischen Studien – lassen die generelle Notwendigkeit eines neuen Rechnungslegungsstandards zum heutigen Zeitpunkt nicht zwingend erkennen. Die vermeintliche Überlegenheit in der Erfüllung der Informationsfunktion können Konzernabschlüsse nach US-GAAP und IAS in der Praxis nicht merklich unter Beweis stellen. In Deutschland bis zum Inkrafttreten des KonTraG auf freiwilliger Basis ergänzend erstellte Kapitalflußrechnungen internationaler Qualität erscheinen zudem geeignet, diesen Einruck zu unterstützen.

Das jüngst verabschiedete Kapitalaufnahmeerleichterungsgesetz bietet umstellungsbereiten deutschen Unternehmen die Möglichkeit, das Rechnungswesen an die eigenen Kapitalmarktaktivitäten anzupassen. Volkswagen betrachtet solche Tendenzen jedoch mit Zurückhaltung. Eine Umstellung des gesamten Rechnungswesens gemäß US-GAAP, allein um an der New Yorker Börse gelistet zu sein – und darauf wird sich die Motivation der betreffenden Unternehmen in den allermeisten Fällen konzentrieren –, muß die Frage nach der Verhältnismäßigkeit einer solchen Maßnahme aufkommen lassen. Abgesehen von allen inländischen Börsen werden Volkswagen-Aktien auch ohne die Umstellung auf einen anderen Rechnungslegungsstandard weltweit an 15 weiteren Börsenplätzen, teilweise bereits seit 1967, notiert. Auch am New York Stock Exchange ist Volkswagen seit 1988 in Form von American Depositary Receipts vertreten.

Um befreiende IAS-Rechnungslegung in Deutschland interessant zu machen, ist es für auf US-amerikanische Kapitalmärkte drängende Unternehmen unerläßlich, mit dem Entgegenkommen der SEC rechnen zu können. Der Annäherungsprozess von IAS und US-GAAP ist derzeit jedoch noch nicht abgeschlossen.

Erschwerend kommt für deutsche Unternehmen die Rechtsunsicherheit hinzu, die durch die Befristung der Befreiungsregelung nach § 292a HGB entsteht. Der Gesetzgeber hat sich selbst und das GASC hierbei insofern unter Zugzwang gesetzt, als innerhalb der Übergangsfrist von sechs Jahren das deutsche Bilanzrecht unter Berücksichtigung internationaler Entwicklungen zu reformieren ist. Tendenzen bei der Entwicklung von Rechnungslegungsstandards werden von Volkswagen auch in der Zukunft mit großer Aufmerksamkeit verfolgt. Solange jedoch auf dem Weg zu einer modifizierten Konzernbilanzierung kein klares Ziel erkennbar ist, können substantielle Vorteile einer Umstellung der Rechnungslegung aus unserer Sicht jedoch nicht gesehen werden.

Literaturverzeichnis

AUER, Kurt V. (1998), Der Einfluß des Wechsels vom Rechnungslegungsstandard auf die Risikoparameter von schweizerischen Aktien, in: Zeitschrift für betriebswirtschaftliche Forschung 1998, S. 129–155.

BT-Drucksache 13/9909, Gesetz zur Verbesserung der Wettbewerbsfähigkeit deutscher Konzerne an Kapitalmärkten und zur Erleichterung der Aufnahme von Gesellschafterdarlehen (KapAEG) vom 13.2. 1998.

GLAUM, Martin (1996), Rechnungslegung auf globalen Kapitalmärkten: HGB, IAS und US-GAAP, Wiesbaden 1996.

HARRIS, Trevor / LANG, Mark / MÖLLER, Hans Peter (1995), Zur Relevanz der Jahresabschlußgrößen Erfolg und Eigenkapital für die Aktienbewertung in Deutschland und in den USA, in: Zeitschrift für betriebswirtschaftliche Forschung 1995, S. 996–1028.

HARTMANN, Ulrich (1998), Die Ausrichtung der Rechnungslegung an internationale Standards, in: Die Wirtschaftsprüfung 1998, S. 259–268.

HFA (1978), Die Kapitalflußrechnung als Ergänzung des Jahresabschlusses, Stellungnahme HFA 1/1978, in: Die Wirtschaftsprüfung 1978, S. 207–208.

HFA / ARBEITSKREIS FINANZIERUNGSRECHNUNG DER SCHMALENBACHGESELLSCHAFT / DEUTSCHE GESELLSCHAFT FÜR BETRIEBSWIRTSCHAFT E.V. (1995), Die Kapitalflußrechnung als Ergänzung des Jahres- und Konzernabschlusses Stellungnahme HFA 1/1995, in: Zeitschrift für betriebswirtschaftliche Forschung 1995, S. 476–482.

VAN HULLE, Karel (1998), Die Zukunft der europäischen Rechnungslegung im Rahmen einer sich ändernden internationalen Rechnungslegung, in: Die Wirtschaftsprüfung 1998, S. 138–153.

INTERNATIONAL ACCOUNTING STANDARD (IAS) 7 (revised 1992), Cash Flow Statements, in: IASC (Hrsg.), International Accounting Standards, London 1992.

KPMG (Hrsg.) (1997), Rechnungslegung nach US-amerikanischen Grundsätzen: eine Einführung in die US-GAAP und die SEC-Vorschriften, Düsseldorf 1997.

KÜTING, Karlheinz / LORSON, Peter (1998), Anmerkungen zum Spannungsfeld zwischen externen Zielgrößen und internen Steuerungsinstrumenten, in: Betriebs-Berater 1998, S. 469–476.

KÜTING, Karlheinz / WEBER, Claus-Peter (Hrsg.) (1997), Das Rechnungswesen auf dem Prüfstand, Antworten auf die Konzernierung der deutschen Wirtschaft im Spannungsfeld der Globalisierung, Frankfurt am Main, 1997.

MCENROE, John E. (1991), Attitudes Towards the Term »Generally Accepted Accounting Principles«, in: Accounting and Business Research, 1991, S. 157–162.

PELLENS, Bernhard (1998), Internationale Rechnungslegung, 2. Aufl., Stuttgart, 1998.

PELLENS, Bernhard / BONSE, Andreas / GASSEN, Joachim (1998), Perspektiven der deutschen Konzernrechnungslegung, in: Der Betrieb 1998, S. 785–792.

SCHILDBACH, Thomas (1998), Harmonisierung der Rechnungslegung – ein Phantom, in: Betriebswirtschaftliche Forschung und Praxis 1998, S. 1–22.

SCHILDBACH, Thomas (1995), Rechnungslegungsideale, Bilanzkulturen, Harmonisierung und internationaler Wettbewerb, in: Betriebs-Berater 1995, S. 2635–2647.

STATEMENT OF FINANCIAL ACCOUNTING STANDARDS (SFAS) No. 95, Statement of cash flows, in: Journal of Accountancy, Februar 1988, S. 139–169.

THIELE, Stefan / TSCHESCHE, Frank (1997), Zur Bilanzierungspraxis der DAX-Unternehmen im Geschäftsjahr 1996, in: Der Betrieb 1997, S. 2497–2502.

VON WYSOCKI, Klaus / WOHLGEMUTH, Michael (1996); Konzernrechnungslegung, 4. Aufl., Düsseldorf 1996.

HGB-Konzernabschlußbefreiung und privates Rechnungslegungsgremium

Wolfgang Ballwieser*

Inhalt

* Prof. Dr. Wolfgang Ballwieser, Seminar für Rechnungswesen und Prüfung, Ludwig Maximilians-Universität, München.

1. Problemstellung

Die deutsche Rechnungslegung ist seit geraumer Zeit im Umbruch. Da deutsche Konzernabschlüsse nicht als Voraussetzung zur Notierung an der New York Stock Exchange anerkannt wurden, haben sich große börsennotierte Gesellschaften mit der Frage beschäftigt, wie man hierauf reagieren kann. Die zweifache Erstellung des Konzernabschlusses nach HGB und nach US-GAAP, die zudem unterschiedliche Gewinnziffern und Eigenkapitalquoten erzeugt, erschien ihnen ebenso unbefriedigend wie die Unterwerfung unter das Diktat der Securities and Exchange Commission (SEC), welche die Rechnungslegung für börsennotierte Unternehmen in den USA bestimmt, auch wenn sie die Detailarbeit an das Financial Accounting Standards Board (FASB) delegiert. Die Antwort auf die Frage ist mittlerweile nicht nur gefunden, sondern mit zwei Gesetzen auch umgesetzt worden:

Das Kapitalaufnahmeerleichterungsgesetz (KapAEG) hat den § 292a HGB geschaffen, der es börsennotierten Konzernmüttern gestattet, statt eines Konzernabschlusses nach HGB einen gleichwertigen Konzernabschluß nach international anerkannten Rechnungslegungsgrundsätzen aufzustellen. Als international anerkannte Rechnungslegungsgrundsätze gelten IAS und US-GAAP. Mit der Nutzung dieser Befreiungsregelung entfällt ein großer Teil an buchhalterischer Doppelarbeit. Dem unmittelbaren Diktat der SEC läßt sich entgehen, wenn man auf die in Aussicht gestellte künftige Anerkennung der IAS-Abschlüsse in New York setzt und stärker als bisher Einfluß auf das International Accounting Standards Committee (IASC) nimmt. (Das mittelbare Diktat der SEC kann daraus folgen, daß die SEC die IAS nur akzeptieren wird, wenn sie sich an den US-GAAP orientieren. Welche Abweichungen sie erlaubt, ist schwer zu beantworten. Jedoch gibt es wenig Grund zum Optimismus.) Um im IASC aber wiederum stärkeren Einfluß nehmen zu können, bedarf es – nach Ansicht des Gesetzgebers – eines Gremiums, das dort akzeptiert wird, weil es die deutsche Auffassung zur Rechnungslegung nicht nur wiedergibt, sondern auch politisch vertreten kann. Die Voraussetzung hierzu wurde (grundsätzlich) durch das Gesetz zur Kontrolle und Transparenz im Unternehmensbereich (KonTraG) geschaffen. Es gebar den § 342 HGB, der ein vom Bundesministerium der Justiz durch Vertrag anerkanntes privates Rechnungslegungsgremium vorsieht. Dieses Gremium hat die Aufgaben der Entwicklung von Empfehlungen zur Anwendung der Grundsätze über die Konzernrechnungslegung, der Beratung bei Gesetzgebungsvorhaben zu Rechnungslegungsvorschriften und der Vertretung der Bundesrepublik Deutschland in internationalen Standardisierungsgremien. Zur Umsetzung des Gesetzes wurde im März 1998 das Deutsche Rechnungslegungs Standards Committee (DRSC) in Form eines Vereins gegründet (die vertragliche Anerkennung durch das BMJ steht noch aus), das international als GASC (German Accounting Standards Committee) auftreten wird (vgl. Krumnow, 1998, S. 12).

Der Beitrag behandelt einige Probleme, die mit den neuen Regelungen verbunden sind. Hierzu ist auf die Voraussetzungen der Befreiung von der Aufstellungspflicht gemäß § 292a HGB ebenso einzugehen wie auf die Konkretisierung der Aufgaben des DRSC. Auffallend ist, daß es »Grundsätze über die Konzernrechnungslegung« in der Terminologie des HGB nicht gibt und eine Vertretung der Bundesrepublik Deutschland durch das DRSC nur auf den ersten Blick problemlos ist.

Einen Beitrag über diese Fragen Claus-Peter Weber zu widmen, ist naheliegend. Er hat seine Sympathie für die amerikanische Rechnungslegung schon früh erkennen lassen und die (zu) enge Orientierung in Deutschland an Gewinnermittlungsregeln für die Funktion der Ausschüttungsbemessung gerügt. Hierzu mag die Weltoffenheit des Hamburgers ebenso beigetragen haben wie die Tätigkeit in einer Wirtschaftsprüfungsgesellschaft, die in den USA beheimatet ist. Vielleicht finden meine Thesen, obwohl (oder gerade weil) ich nicht immer einer Meinung mit ihm sein werde, seine Aufmerksamkeit.

2. Konzernabschlußbefreiung gemäß § 292a HGB

2.1 Voraussetzungen

Von einem Konzernabschluß nach HGB ist ein Mutterunternehmen eines Konzerns befreit, wenn es neben weiteren, hier weniger wichtigen Bedingungen

1. börsennotiert ist und
2. den Konzernabschluß und Konzernlagebericht nach international anerkannten Rechnungslegungsgrundsätzen aufstellt,
3. die einem Konzernabschluß und Konzernlagebericht nach HGB in seiner Aussagekraft gleichwertig und
4. mit der 7. EG-Richtlinie vereinbar sind.

Die Befreiungsregelung tritt am 31. Dezember 2004 außer Kraft (Art. 5 KapAEG). Ziel der Befristung ist es, den Gesetzgeber bis dahin zu einer weitgehenderen Novellierung des HGB zu bewegen.

Merkwürdigerweise hat der Gesetzgeber den Begriff der Börsennotierung im HGB nicht definiert. Im Gesetzentwurf der Bundesregierung (BT-Drucksache 13/7141) hatte man die Befreiung davon abhängig machen wollen, daß das Mutterunternehmen einen ausländischen Kapitalmarkt in Anspruch nimmt, und dies u.a. dann als erfüllt angesehen, wenn Aktien » … im Ausland zum Börsenhandel mit amtlicher oder nichtamtlicher Notierung oder zum Freiverkehr zugelassen oder in einen anderen organisierten Markt einbezogen sind, der anerkannt und für das Publikum offen ist und dessen Funktionsweise ordnungsgemäß ist.« (§ 292a Abs. 2 Satz 1 HGB-RegE). Die Empfehlung des Rechtsausschusses sah hingegen – wie das verabschiedete Gesetz –

von der Inanspruchnahme eines ausländischen Kapitalmarktes ab und verzichtete auf eine Konkretisierung der Börsennotierung. Problem sind die Unternehmen am Neuen Markt. (Vgl. a. FAZ vom 9. Mai 1998, Nr. 107, S. 22, dort mit Bezug auf das KonTraG.)

In der Begründung der Beschlußempfehlung des Rechtsausschusses findet sich der Hinweis: »Börsennotiert sind ... Gesellschaften, deren Aktien an einem Markt gehandelt werden, der von staatlich anerkannten Stellen geregelt und überwacht wird, regelmäßig stattfindet und für das Publikum mittelbar oder unmittelbar zugänglich ist.« (BT-Drucksache 13/9909, S. 16) Das entspricht der Definition des § 3 Abs. 2 AktG, wie er durch das KonTraG geschaffen wurde. Auch das klärt aber nicht alles, weil der Neue Markt privatrechtlich organisiert ist und die Formulierung, daß die Aktien an einem Markt gehandelt werden, der von staatlich anerkannten Stellen geregelt und überwacht wird, nicht erfüllt zu sein scheint. Tatsächlich müssen die dort gehandelten Aktien aber zuerst am geregelten Markt zugelassen werden. Der geregelte Markt ist von staatlich anerkannten Stellen geregelt. Damit dürfte auch eine Konzernmutter, deren Aktien am Neuen Markt gehandelt werden, im Sinne des § 292a HGB börsennotiert sein. Mittlerweile hat der Gesetzgeber am 16.7. 1998 in § 3 Abs. 2 AktG die Worte »an einem Markt gehandelt werden« durch »zu einem Markt zugelassen sind« ersetzt.

Als international anerkannte Rechnungslegungsgrundsätze gelten IAS und US-GAAP. Das ergibt sich aus der Gesetzesbegründung, u.a. aus der schon zitierten Begründung der Empfehlung des Rechtsausschusses (BT-Drucksache 13/9909, S. 14; vgl. weiterhin PELLENS/BONSE/GASSEN, 1998, S. 786–787). Nach ihnen aufgestellte Konzernabschlüsse gelten solchen nach HGB in ihrer Aussagekraft als gleichwertig.

Die international anerkannten Rechnungslegungsgrundsätze müssen schließlich mit der 7. EG-Richtlinie vereinbar sein. Probleme können z.B. daraus resultieren, daß nach IAS und/oder US-GAAP

1. der Konsolidierungskreis anders als nach der 7. EG-Richtlinie abgegrenzt wird: die fundamental abweichende Tätigkeit führt nicht zum Ausschluß aus dem Konsolidierungskreis (das berührt IAS und US-GAAP; vgl. allein zu IAS PELLENS, 1998, S. 483),
2. der passivische Unterschiedsbetrag aus Kapitalkonsolidierung kontinuierlich, meist linear, über die Zeit aufzulösen ist (vgl. zu IAS PELLENS, 1998, S. 483; zu US-GAAP NIEHUS/THYLL, 1998, S. 348),
3. Fremdwährungstransaktionen anders umzurechnen sind: die Gewinnvereinnahmung ist ohne Umsatzakt möglich (vgl. zu IAS IDW, 1998b, S. 56f.),
4. die Gewinnrealisierung bei Fertigungsaufträgen abweicht (vgl. zu IAS IDW, 1998b, S. 57–58, zu US-GAAP BUSSE VON COLBE, 1997, S. 426),
5. die Bewertung von Pensionsrückstellungen und sonstigen Rückstellungen differiert (vgl. zu IAS IDW, 1998b, S. 59f.) und

6. latente Steuern aufgrund der Aktivierung von Verlustvorträgen gebildet werden (vgl. zu IAS IDW, 1998b, S. 58 f.).

Auch wenn die ersten beiden Differenzen nicht zu leugnen sind, werden sie vom Kontaktausschuß der EU als wenig bedeutsam angesehen (vgl. PELLENS, 1998, S. 483; VAN HULLE, 1998, S. 147). Die vom IDW besonders herausgestellten Fälle 3 bis 6 werden teilweise anders eingeschätzt (vgl. VAN HULLE, 1998, S. 144–147); auch ist z.B. die Bewertung von Pensionsrückstellungen nach der amerikanischen Projected Unit Credit-Methode schon als dem HGB entsprechend testiert worden (z.B. bei Deutsche Telekom, 1997, S. 96). Die Auffassung der HGB-Konformität findet sich in der Kommentierung (vgl. z.B. ELLROTT/RHIEL, 1995, Rn. 204).

Von den obigen Punkten abgesehen ist sicherzustellen, »daß bestehende Wahlrechte in den IAS oder US-GAAP europarechtliche Grenzen nicht verletzen. So ist z.B. die Einbeziehung von Fremdkapitalzinsen in die Anschaffungskosten nach IAS 23.11 möglich, wohingegen dies nach Art. 35 der 4. EU-Richtlinie unzulässig ist« (PELLENS/BONSE/GASSEN, 1998, S. 787). Bei der Ausnutzung von US-GAAP und IAS kommt es damit darauf an, daß die Bilanzierenden die Grenzen der 7. EG-Richtlinie nicht verletzen. Den Gremien der EU wird hierbei eine Schlüsselrolle bei der Beurteilung der Vereinbarkeit einzelner Regelungen von US-GAAP und IAS mit dieser Richtlinie zukommen.

2.2 Vorteile der Regelung

Eine Öffnung der Konzernrechnungslegung für US-GAAP oder die ihnen verwandten IAS kann aufgrund einer Regelwerkanalyse und einer Betrachtung der Arbeitserleichterung beim Ersteller beurteilt werden. Die Regelwerkanalyse widmet sich den Zielsetzungen von US-GAAP und IAS im Vergleich zum HGB, der Zielentsprechung und der Eindeutigkeit der Regeln. Bei entsprechendem Ergebnis kann man in dem Regelwerk eine Unterstützung der Allokationseffizienz sehen. Die Arbeitserleichterung beim Ersteller vermeidet Ressourcenverschwendung.

Bekanntermaßen hat der Konzernabschluß börsennotierter Unternehmen in den USA eine Informationsfunktion, die sich insbesondere in den Statements of Financial Accounting Concepts (SFAC) des FASB äußert:

»Financial reporting is not an end in itself but is intended to provide information that is useful in making business and economic decisions ..« (SFAC 1.9). Und: »Financial reporting should provide information about an enterprise's economic resources, obligations, and owners' equity. That information helps investors, creditors, and others identify the enterprise's financial strengths and weaknesses and assess its liquidity and solvency« (SFAC 1.41).

Ähnliche Formulierungen enthält das Rahmenkonzept des IASC (IAS F. 12 und

F. 16). Hingegen darf man dem Konzernabschluß nach HGB allenfalls eine halbherzige Informationsfunktion zubilligen. Das zeigt sich darin, daß die Gewinnermittlungsregeln des Jahresabschlusses, die der vorsichtigen Bestimmung einer Ausschüttungsbemessungsrichtgröße dienen (vgl. MOXTER, 1987, S. 368), nicht außer Kraft gesetzt werden und – wenn auch mit entsprechender Anhangsinformation – steuerliche Sonderabschreibungen in den Konzernabschluß übernommen werden dürfen (§ 308 Abs. 3 Satz 1 HGB).

Informationen sind gut, wenn sie unverzerrt, eindeutig und fein sind. Da die Unverzerrtheit einen abbildungstheoretischen Rechnungslegungsbegriff voraussetzt, der fragwürdig ist, weil »Einkommen« nicht abgebildet, sondern konstruiert wird (vgl. SCHNEIDER, 1997, S. 239), gehe ich darauf nicht mehr ein. Eindeutigkeit verlangt eine Eliminierung von Wahlrechten in der Bilanzierung oder derart präzise Angaben über ihre Ausnutzung, daß man die Konsequenzen dieser Ausnutzung nachvollziehen kann. Bezüglich dieses Kriteriums ist die amerikanische Rechnungslegung – bei allen nicht zu beseitigenden impliziten Wahlrechten, z.B. über die Nutzungsdauer eines abnutzbaren Anlagevermögens – besser als das HGB. Sie kennt z.B. keine Wahlrechte beim Konsolidierungskreis (anders § 296 Abs. 1 HGB), beim Einbezug von Gemeinschaftsunternehmen (§ 310 Abs. 1 HGB erlaubt Quotenkonsolidierung oder Equity-Bewertung), bei der Fremdwährungsumrechnung (die funktionale Methode ist in den USA obligatorisch), beim Konsolidierungsgoodwill (es ist keine Verrechnung mit den Rücklagen erlaubt), bei der Aktivierung latenter Steuern (anders § 274 Abs. 2 HGB), der Passivierung von Pensionsaltlasten (anders Art. 28 Abs. 1 EGHGB) und Aufwandsrückstellungen (z.B. § 249 Abs. 2 HGB) oder bei der Bemessung der Herstellungskosten in einem Band von Einzel- bis Vollkosten (§ 255 Abs. 2 und 3 HGB). Denselben Vorteil hatte die US-Rechnungslegung bezüglich der Feinheit, wenn man an die Segmentberichte denkt (SFAS 131). Mit dem durch das KonTraG novellierten § 297 HGB werden allerdings börsennotierte Mutterunternehmen zur Segmentberichterstattung verpflichtet. Damit wird dieser Vorteil im Laufe der Zeit schwinden.

Die Arbeitserleichterung des Erstellers liegt darin, daß einerseits keine zwei voneinander unabhängig zu erstellenden Konzernabschlüsse (oder Überleitungsrechnungen für das Ergebnis und das Eigenkapital) mehr nötig werden, andererseits sich die beachtlichen Kommunikationsprobleme mit wichtigen Adressaten, insbesondere Ratingagenturen und Finanzanalysten, erledigen.

2.3 Nachteile der Regelung

Die Diskussion potentieller Nachteile der Konzernabschlußbefreiungsregelung bemüht neben der Regelwerkanalyse und der Arbeitserleichterung beim Ersteller die Gleichzeitigkeit verschiedener Systeme. Die Regelwerkanalyse spricht für die Gefahr einer Erwartungslücke bei den Adressaten, beim Ersteller ist nach wie vor eine gewisse

Mehrgleisigkeit der Rechnungslegung zu konstatieren, und bei der Gleichzeitigkeit verschiedener Systeme ergeben sich die Gefahren der Rechtsunsicherheit, der verfassungsrechtlichen Unzulässigkeit und der abnehmenden Vergleichbarkeit der Abschlüsse für Adressaten.

Die Gefahr der Erwartungslücke bei den Adressaten resultiert, wenn man die system-immanenten Grenzen der Rechnungslegung bedenkt. So sind die Informationsbedürfnisse über die Stärken und Schwächen des Unternehmens, die Liquidität und die Solvenz, zu deren Befriedigung nach dem oben zitierten SFAC 1 amerikanische Konzernabschlüsse beitragen sollen, zukunftsgerichtet und verlangen andere als Jahresabschlußinformationen. Die Argumente hierzu sind hinreichend bekannt (vgl. insb. MOXTER, 1966, S. 37–59). Nun mag man sich im Versuch der Entkräftung der Argumente z. B. mit einer Indikatorfunktion des Gewinns für zukünftige Ausschüttungsmöglichkeiten zufrieden geben (vgl. insb. BAETGE, 1970, S. 19, 27–28). Hier stören aber – ziemlich unabhängig von der Präzisierung des Begriffs Indikatorfunktion – das Vorsichts- und das Imparitätsprinzip (vgl. a. BAETGE, 1970, S. 140–141). Auch wenn die beiden Prinzipien in den USA eine andere und eingeschränktere Bedeutung haben als in Deutschland (z. B. sind das Niederstwertprinzip und »lower-of-cost-or-market« nicht identisch und gelten höhere Ansatzhürden und andere Bewertungsregeln für Rückstellungen), wird der Gewinn auch in den USA imparitätisch ermittelt. Unter Informationsgesichtspunkten ist dies nicht nachvollziehbar, mit einer Indikatorfunktion ist es unvereinbar.

Eine zweite Quelle der Erwartungslücke ist der Verweis, mit US-GAAP oder IAS würden stille Reserven unterbunden: »Es bedarf jedoch keiner allzu großen Vorstellungskraft, zu erwarten, daß die Konzernrechnungslegung in Deutschland in Zukunft wesentlich mehr und tiefergehendere Informationen enthält. Die Bildung stiller Reserven dürfte schon bald weitgehend der Vergangenheit angehören. Eine auch in Zukunft notwendige Vorsorge wird insofern offen und transparent geschehen« (KRUMNOW, 1998, S. 22).

Das Zitat spricht stille Reserven an, die durch (legitimes) Handeln des Bilanzierenden entstehen. Freilich gibt es durch das Anschaffungskostenprinzip auch erzwungene stille Reserven, wenn die Verkehrswerte über den Anschaffungs- oder Herstellungskosten liegen und nicht ausgewiesen werden dürfen. Grundsätzlich gilt für US-GAAP das Anschaffungskostenprinzip. Durchbrechungen erfährt es bei der Bewertung bestimmter Wertpapiere (trading and available-for-sale securities), der Langfristfertigung und bei Bewertungen, denen eine Portfoliobewertung zugrundeliegt. Die IAS erlauben hingegen auch Bewertungen zu gegenüber den Anschaffungskosten höheren Wiederbeschaffungskosten (vgl. IAS 16.30 zur Neubewertung von Sachanlagevermögen).

Betrachtet man die Arbeitserleichterung für den Ersteller, so kann wegen § 292 a HGB die Erstellung zweier Konzernabschlüsse (bzw. eines HGB-Konzernabschlusses und einer Überleitungsrechnung für Erfolg und Eigenkapital) zwar entfallen. Aber nach wie vor muß die börsennotierte deutsche Mutter im Jahresabschluß nach HGB bilanzieren, selbst wenn sie für den Konzernabschluß IAS oder US-GAAP verwendet. Insbesondere wenn die Mutter stark im operativen Geschäft tätig ist, resultiert daraus nach wie vor eine beachtliche Doppelarbeit, z.B. bei der Bewertung von Vorräten oder Wertpapieren.

Die wesentlichen Nachteile der Befreiungsregelung resultieren jedoch aus der Gleichzeitigkeit zweier Systeme. Es ergeben sich die Probleme der Rechtsunsicherheit, der verfassungsrechtlichen Unzulässigkeit und der abnehmenden Vergleichbarkeit der Daten für Adressaten.

Rechtsunsicherheit resultiert daraus, daß deutsche Bilanziers und deutsche Adressaten mit US-GAAP oder IAS nur bedingt vertraut sind und bei Zweifelsfragen, die auch durch das Heranziehen von Experten nicht gelöst werden, unklar ist, wer die Zweifel beseitigen soll (vgl. a. Busse von Colbe, 1997, S. 422). Für das HGB existieren nicht nur Kommentare, sondern auch eine beachtliche höchstrichterliche Rechtsprechung, insbesondere des BFH. Auch wenn die BFH-Rechtsprechung häufig gescholten wird, stellt sie eine in ihrer Bedeutung kaum zu überschätzende Institution zur Auslegung von handelsrechtlichen GoB dar (vgl. insb. Moxter, 1996). Die US-GAAP werden im Zweifel durch neue Statements oder Interpretations des FASB oder durch den Eingriff der SEC konkretisiert. Aber was tragen diese Maßnahmen dazu bei, typisch deutsche Probleme, wie z.B. solche der Erfassung latenter Steuern vor dem Hintergrund des deutschen Steuerrechts oder der Bilanzierung von Altersteilzeitverträgen (vgl. a. IDW, 1998a, S. 53; Pellens/Bonse/Gassen, 1998, S. 792), zu lösen? Wer entscheidet einen Streit über die richtige Interpretation eines IAS? Es wäre naiv, IAS nur schon deshalb als eindeutig anzusehen, weil sie umfangreicher gehalten sind als die Regelungen des HGB. Wie sehr denkt im übrigen ein deutscher Anwender in Englisch und weiß nicht nur die Vokabeln der US-GAAP zu präzisieren, sondern kennt auch deren Entstehungsgeschichte, Motivation und den weiteren Kontext, der bei der Interpretation von Standards zu beachten ist?

Eine wichtige Funktion zur Beseitigung der Rechtsunsicherheit könnte dem DRSC zukommen. Hierbei ist jedoch noch zu diskutieren, welche Bindungswirkungen seine Empfehlungen entfalten können. Dies geschieht in Abschnitt 3.2.

Die verfassungsrechtlichen Probleme resultieren (1) aus der Verlagerung von Kompetenzen über die Gestaltung von Rechnungslegungsregeln an private Organisationen, die (2) außerhalb Deutschlands bestehen und (3) den Inhalt der Regeln beliebig variieren können. Konzernabschlüsse dienen der Information zahlreicher Adressaten und sind u.a. Bestandteil der Kapitalmarktregulierung. Die Informationsregeln festzulegen, obliegt dem Gesetzgeber. »Wenn § 292 HGB dahingehend geändert wird, daß die Aufstellung eines Konzernabschlusses nach IAS von der Aufstellung eines HGB-gemäßen Konzernabschlusses befreit (das ist mittlerweile der Fall, W.B.), nimmt das Gesetz auf nichtnormative Regelungen Bezug, die inhaltlich nicht bestimmt sind i.S.v. Art. 20 Abs. 3 GG. D.h. die Rechenschaftslegung einer Gesellschaft wäre von Jahr zu

Jahr variabel, denn das IASC ist grundsätzlich frei, von ihm erlassene Standards zu ändern, zu streichen oder neue hinzuzufügen. Die Anwendung von IAS implizierte eine ständige Anpassung, ohne daß das ›wie‹ oder ›warum‹ offenkundig würde. Der Grundsatz der Rechtssicherheit und -beständigkeit wäre aufgehoben. Voraussetzung für eine verfassungsrechtlich einwandfreie Lösung wäre, daß der Bund von seiner Gesetzgebungsbefugnis dahingehend Gebrauch macht, daß die IAS, in einer endgültigen Fassung, als deutsches Gesetz beschlossen werden (Art. 70 Abs. 2; 74 Abs. 1 Ziff. 11 GG)« (Budde, 1996, S. 96; vgl. zu weiteren Einwendungen, u.a. zum Verweis auf englische Texte, Budde/Steuber, 1998a, S. 507–508, sowie Pellens, 1998, S. 487–488.). Auf die verfassungsrechtlichen Probleme wird im Zusammenhang mit dem DRSC unter 3.2. nochmals einzugehen sein.

Die abnehmende Vergleichbarkeit der Konzernabschlüsse bei freier Wahl über die Rechnungslegungsregeln ist nicht begründungsbedürftig (vgl. a. Busse von Colbe, 1997, S. 422). Mit dem Hinweis auf die Anpassung an internationale Gepflogenheiten nimmt man in Kauf, daß u.U. Daimler-Benz nach US-GAAP, BMW nach IAS und VW nach HGB bilanziert. Man muß sich fragen, in welchem Interesse der Rechtsausschuß handelt (ähnlich Ordelheide, 1998, S. 28 f.), wenn er feststellt: »Der Ausschuß befürwortet darüber hinaus insbesondere, daß mit dem vom Bundesministerium der Justiz vorgelegten Konzept den betreffenden Unternehmen ein Wahlrecht eingeräumt wird. Dies gebe den Unternehmen ein Höchstmaß an Flexibilität« (BT-Drucksache 13/9909, S. 13). Die bekannte Kehrseite der Unternehmensflexibilität ist die mangelnde Vergleichbarkeit der Konzernabschlüsse für Konzernabschlußadressaten. (So moniert Einecke, daß die Deutsche Bank und die Commerzbank ihre Halbjahreszahlen nach IAS, die Dresdner Bank und die Hypo-Vereinsbank hingegen nach HGB vorgelegt haben. Die Commerzbank bezieht die Gewinne aus Beteiligungsverkäufen in den ordentlichen Ertrag ein, die Deutsche Bank nicht. Bei der Segmentberichterstattung zählt die Commerzbank die Vermögensverwaltung zum Investmentbanking, die Deutsche Bank nicht (vgl. Einecke, 1998, S. 19).) Die Vergleichbarkeit ist gerade für die Erfüllung der Informationsfunktion unabdingbar (vgl. a. nachdrücklich hierzu Ordelheide, 1998, S. 21 f.).

2.4 Schlußfolgerungen

Der Gesetzgeber hat mit dem durch das KapAEG geschaffenen § 292 a HGB dem Druck international aktiver Konzerne nachgegeben, damit diese davon befreit werden, zwei Konzernabschlüsse mit unterschiedlichen Gewinnziffern und Eigenkapitalquoten zu erstellen. Das trägt zur Arbeitsreduzierung bei und vermeidet (aus Sicht der Konzernmanager) ungewünschte Einblicke in die Konzerne. Auch werden die Unternehmensführung und das Controlling erleichtert, wenn es nur ein Ergebnis gibt. All dies mag man als Vorteile ansehen. Die Regelung des § 292 a HGB hat aber auch erkennbare Nachteile. Sie liegen insbesondere in der mangelnden Vergleichbarkeit von Konzernabschlüssen, die nach HGB, IAS oder US-GAAP erstellt werden, in der Rechtsunsicherheit über den Inhalt der ausländischen bzw. internationalen Normen, die auf deutsche Verhältnisse bisher auch nicht abgestellt haben, und der verfassungsrechtlichen Unzulässigkeit, die Normengewinnung einem privaten Gremium zu übertragen.

Einen Teil der mit § 292a HGB verbundenen Probleme hat der Gesetzgeber zweifellos gesehen. Nicht zuletzt dürfte es eine Hauptaufgabe des privaten Rechnungslegungsgremiums sein, die Rechtsunsicherheit bei der Übertragung fremder Regeln in deutsche Konzernabschlüsse zu mindern und Vorschläge zu unterbreiten, wie das HGB nach einiger Zeit novelliert werden soll. Welche Aufgaben diesem Gremium im einzelnen zukommen können und welche Probleme damit verbunden sind, ist im folgenden zu behandeln.

3. Privates Rechnungslegungsgremium

3.1 Aufgaben

Gemäß § 342 Abs. 1 HGB hat das private Rechnungslegungsgremium als Aufgaben

1. die Entwicklung von Empfehlungen zur Anwendung der Grundsätze über die Konzernrechnungslegung,
2. die Beratung des Bundesministeriums der Justiz bei Gesetzgebungsvorhaben zu Rechnungslegungsvorschriften und
3. die Vertretung der Bundesrepublik Deutschland in internationalen Standardisierungsgremien.

Hiervon ist nur die zweite Aufgabe klar: Der Gesetzgeber will die Rechnungslegungskompetenz der im Gremium vertretenen Personen zur Vorbereitung neuer Gesetze nutzen. Diese Kompetenz steht außer Frage. Die beiden anderen Aufgaben sind nur auf den ersten Blick klar und unproblematisch (vgl. a. Zitzelsberger, 1998, S. 240 ff.).

3.2 Entwicklung von Empfehlungen zur Anwendung der Grundsätze über die Konzernrechnungslegung

§ 342 Abs. 1 und Abs. 2 HGB sind im Verbund zu betrachten. Danach entwickelt gemäß Abs. 1 Satz 1 das DRSC Empfehlungen zur Anwendung der Grundsätze über die Konzernrechnungslegung. Abs. 2 schafft eine Richtigkeitsvermutung: »Die Beachtung der die Konzernrechnungslegung betreffenden Grundsätze ordnungsmäßiger Buchführung wird vermutet, soweit vom Bundesministerium der Justiz bekanntgemachte Empfehlungen einer nach Abs. 1 Satz 1 anerkannten Einrichtung beachtet worden sind.« D.h. das Bundesministerium der Justiz kann bestimmte Empfehlungen bekanntmachen. Hierbei bleibt offen, ob und nach welchen Kriterien es selbst prüfend tätig wird (vgl. a. Budde/Steuber, 1998b, S. 1183). Nur die bekanntgemachten Empfehlungen tragen die Vermutung, GoB zu sein. Dies weckt Erinnerungen an die amerikanische Praxis, »non promulgated GAAP« und »promulgated GAAP« zu unterscheiden. »Promulgated GAAP« sind offiziell verabschiedete Rechnungslegungsregeln; »non promulgated GAAP« entstehen durch die Rechnungslegungspraxis (vgl. Haller, 1998, S. 21).

Was sind nun aber »Grundsätze über die Konzernrechnungslegung«, deren Anwendung vom DRSC zu empfehlen ist? Prinzipiell kann es sich handeln um

1. GoB, die nicht nur bei der Erstellung eines Konzernabschlusses zu beachten sind (z.B. das Einzelbewertungs- oder das Vorsichtsprinzip),
2. GoB, die nur bei der Erstellung eines Konzernabschlusses zu beachten sind (z.B. GoB zur Kapitalkonsolidierung oder zur Fremdwährungsumrechnung ganzer Jahresabschlüsse),
3. Grundsätze ohne GoB-Charakter, die für die Konzernrechnungslegung wegen (und nur wegen) § 292a HGB wichtig sind (bei Bezug auf die US-GAAP z.B. Anwendungsregeln für SFAS 109 »Accounting for Income Taxes« vor dem Hintergrund deutschen Steuerrechts),
4. Grundsätze ohne GoB-Charakter, die wegen neuer Entwicklungen wichtig werden können (z.B. Grundsätze zur Bilanzierung von Derivaten oder zur Erstellung von Segmentberichten),
5. Gewinnermittlungs- und Informationsgrundsätze oder alleinige Informationsgrundsätze.

Die ersten zwei Interpretationen geben bei aller Abgrenzungsproblematik für konzernspezifische GoB (vgl. Ballwieser, 1995, S. 51 ff.) keinen Sinn. Erstens hätte der Gesetzgeber die »Grundsätze über die Konzernrechnungslegung« als »Grundsätze ordnungsmäßiger Buchführung«, u.U. mit der Ergänzung »für den Konzern«, benennen können, wenn er an sie gedacht hätte. Zweitens kann es nicht Aufgabe des DRSC sein, **GoB zur Anwendung zu empfehlen**, wie es die Formulierung des Gesetzestextes nahelegt. GoB gelten und sind für die Rechnungslegung uneingeschränkt zu beachten (§§ 297 Abs. 2, 243 Abs. 1 HGB).

Liest man den Text des Gesetzes mit anderer Betonung, so kann sich die Empfehlung des privaten Rechnungslegungsgremiums darauf beziehen, **wie die GoB anzuwenden im Sinne von »zu verstehen« sind**. Das würde aber bedeuten, daß der Gesetzgeber seine eigene Aufgabe und die der Gerichte für die Entwicklung und die Interpretation der Regeln für die Erstellung des Konzernabschlusses maßgeblich und unzulässig reduziert.

Der Gesetzgeber kann die Kompetenz zur Entwicklung von GoB nicht an ein privates Rechnungslegungsgremium delegieren: »Schon eine formale Integration eines privatrechtlichen Standard Setters in den Normsetzungsprozeß ist aus verfassungsrechtlichen Gründen nicht möglich. Das gilt auch für eine parallele Zuständigkeit – privatrechtlicher Standard Setter neben Gesetzgeber. Wenn die Empfehlungen des privatrechtlichen Standard Setters mehr als eine unverbindliche Meinungsäußerung sein sollen, unterliegen sie – gerade bei einer hohen Akzeptanz durch den Markt – in jedem Einzelfall letztlich der Überprüfung durch die Gerichte, wobei sich das anwendende Unternehmen zu rechtfertigen hat, nicht der Standard Setter« (Budde, 1998, S. 8).

Basis dieser Argumentation ist die Tatsache, daß Rechnungslegungs-, Prüfungs- und Publizitätspflichten einen Grundrechtseingriff in das Recht auf freie wirtschaftliche Betätigung (Art. 2 GG) und auf informationelle Selbstbestimmung (Art. 2 GG) darstellen, die von Verfassung wegen nur durch Gesetz oder aufgrund eines Gesetzes erfolgen dürfen (Art. 19 Abs. 1 GG) (vgl. Budde/Steuber, 1998b, S. 1184). Die Delegation dieser Aufgaben auf die Exekutive ist nur in dem engen verfassungsrechtlichen Rahmen des Art. 80 Abs. 1 GG zulässig. Das Bundesministerium der Justiz kann hierbei Ermächtigungsadressat sein und – in bestimmtem Rahmen – Arbeit delegieren. Die Subdelegation der gesetzgeberischen Aufgabe auf ein privates Rechnungslegungsgremium sprengt jedoch den Rahmen des Art. 80 Abs. 1 GG: »In einem Rechtsstaat muß jedermann wissen, welche Stelle ihm gegenüber zur Vornahme eines bestimmten Hoheitsaktes berechtigt und verpflichtet ist, hängt doch die Rechtmäßigkeit des Aktes nicht zuletzt davon ab, daß die zuständige Stelle gehandelt hat. Eine echte Subdelegation an ein privatrechtliches Gremium wäre deshalb verfassungsrechtlich unzulässig« (Budde/Steuber, 1998b, S. 1185).

Wegen dieser Lage ist auch die vierte Interpretation unzulässig. Zwar mag es neue Sachverhalte geben, die auf den ersten Blick strittige Bilanzierungskonsequenzen auslösen. Die Entwicklung neuer Derivate oder die Verpflichtung zur Aufstellung von Segmentberichten mögen hier als Beispiel dienen. Formal aufgefangen wird die Rechnungslegungsanforderung aber bereits durch den Verweis auf GoB (§§ 243 Abs. 1, 297 Abs. 2 HGB). Sie stellen ja gerade die erschöpfende Regelung der Rechnungslegung sicher. Soll dem privaten Rechnungslegungsgremium eine Rolle bei der Klärung zukommen, wie die neuen Sachverhalte zu berücksichtigen sind, kann es nur die der – vor einer gerichtlichen Klärung – unverbindlichen GoB-Interpretation sein.

Auch die Interpretation, es könne sich – wegen der alleinigen Informationsfunktion des Konzernabschlusses – nur um Informationsregeln, nicht hingegen um Konzerngewinnermittlungsregeln handeln, erscheint fragwürdig. Der Ausdruck »Konzernrechnungslegung« ist weitergehend; er schließt die Gewinnermittlung mit ein.

Damit verbleibt nur die dritte Interpretation, wonach Grundsätze zur Anwendung empfohlen werden, die noch keinen GoB-Status aufweisen. Hierbei ist eine Beschränkung auf die Information (z. B. bei Segmentberichten) nicht zwingend.

Wenn diese Grundsätze noch keinen GoB-Status aufweisen, gibt die Empfehlung durch das DRSC und die Bekanntmachung durch das Bundesministerium der Justiz scheinbar Sinn. Die Empfehlung soll vom BMJ aufgenommen und bekanntgemacht werden. Mit der Verwendung bekanntgemachter Regeln kann sich der Bilanzier gemäß § 342 Abs. 2 HGB auf die gesetzliche Vermutung stützen, daß die die Konzernrechnungslegung betreffenden Grundsätze ordnungsmäßiger Buchführung beachtet worden sind. Im Endeffekt scheinen damit das DRSC und das BMJ die die Konzernrechnungslegung betreffenden Grundsätze ordnungsmäßiger Buchführung auszulegen und festzustellen.

Tatsächlich ist diese Argumentation aber nicht zulässig. »Ob die Empfehlungen des Standard Setters im Einzelfall zu einer richtigen, gesetzmäßigen und damit ordnungsgemäßen Konzernbilanzierung geführt haben, kann im Rahmen unserer Rechtsordnung letztlich nur von den Gerichten entschieden werden. Diese Entscheidung kann nicht vermutet werden« (BUDDE/STEUBER, 1998b, S. 1184; vgl. a. HOMMELHOFF/SCHWAB, 1998, S. 42; MOXTER, 1998, S. 1427; SCHÖN, 1998, S. I; zurückhaltender in der Wertung PELLENS/BONSE/GASSEN, 1998, S. 791, Fn. 60). Daran ändert sich nichts, wenn man die Bekanntmachung durch das Bundesjustizministerium bedenkt. Nicht nachvollziehbar ist insofern Funke, wenn er nach der richtigen Aussage, daß die Empfehlungen »selbstverständlich nicht rechtlich bindend« seien, anschließt: »Im übrigen können selbstverständlich die Empfehlungen nicht contra legem ergehen, vielmehr müssen sie sich innerhalb des im HGB vorgegebenen Rahmens halten« (FUNKE, 1998, S. I). Wozu ist das Gremium nötig, wenn es sich im Rahmen des HGB hält – als Gesetzeskommentator? Hierfür hätte es doch nicht des Gremiums bedurft!

Was damit bleibt, ist bescheiden: Das DRSC kann Konzernrechnungslegungsregeln, die noch nicht als Einzelnormen in das HGB aufgenommen wurden oder als GoB zu verstehen sind, diskutieren und dem Gesetzgeber vorschlagen. Es wird sich damit um die Regeln handeln, die aus dem Fundus der IAS oder US-GAAP stammen und spezifische Probleme für deutsche Konzerne darstellen. Mit der Bekanntmachung durch das Bundesjustizministerium kann keine Vermutung der Richtigkeit der GoB-Anwendung verbunden sein, weil die Anerkennung als GoB in unserem System den Gerichten vorbehalten ist und eine Gerichtsentscheidung nicht vermutet werden kann. Damit bleibt aber auch unklar, weshalb das DRSC ein Gremium sein soll, das die Interessen der Bundesrepublik Deutschland in internationalen Standardisierungsgremien wahrnehmen können soll. Diesem Problem widmet sich der nächste Abschnitt.

3.3 Vertretung in internationalen Standardisierungsgremien

Wenn die im letzten Abschnitt begründete Aufgabenbeschreibung für das DRSC, soweit man von der Beratung des Gesetzgebers absieht, zutrifft, ist unklar, weshalb dieses Gremium die Bundesrepublik Deutschland in internationalen Standardisierungsgremien vertreten kann. Es kann die Umsetzung dort entwickelter Vorschläge zur Veränderung deutscher Rechnungslegung nicht zusichern; es kann auch die Übereinstimmung bestimmter Regeln mit den GoB nicht entscheiden. Es ist lediglich geeignet, seine Fachkompetenz in Diskussionen über neue Regeln einzubringen. Das ist keineswegs wenig, vermag aber nicht zu begründen, weshalb ein anderes Gremium diese Aufgabe nicht gleichermaßen hätte erledigen können.

Offenbar wird die Hochrangigkeit des Gremiums als größer eingeschätzt, wenn es als privater Verein statt als Beirat des Justizministeriums fungiert. So läßt sich KRUMNOW verstehen, wenn er äußert: »Auf Dauer aber würde Deutschland an Einfluß in der internationalen Diskussion verlieren, wenn kein hochrangiges Gremium existieren würde, das ›für Deutschland als Ganzes‹ spricht. Mit der Gründung des DRSC setzen wir deshalb ein Zeichen, daß Deutschland auf der weltweiten Bühne wieder vertreten sein kann« (KRUMNOW, 1998, S. 12).

Wenn er ferner feststellt, daß durch das Gremium das Bundesministerium der Justiz zwar nicht die Gesetzgebungshoheit als solche verliere, daß aber »die freiwillige Abgabe von Kompetenzen, die ein staatlicher Hoheitsträger einmal besessen hat,« schon fast als Kulturrevolution bezeichnet werden kann (KRUMNOW, 1998, S. 4–5), so wird – unabhängig von der Kulturrevolution – die Kompetenz des Gremiums überschätzt (vgl. a. HOMMELHOFF/SCHWAB, 1998, S. 48; MOXTER, 1998, S. 1427).

4. Thesenförmige Zusammenfassung

1. § 292a HGB befreit börsennotierte Konzernmütter davon, neben einem Konzernabschluß nach IAS oder US-GAAP einen solchen nach HGB aufstellen zu müssen. Das führt zu Arbeitserleichterungen, weltweit akzeptablen Abschlüssen und beläßt – aus Adressatensicht gewünscht – den Managern zumindest dann geringere Spielräume bei der Bilanzierung, wenn die US-GAAP verwendet werden.
2. Den Vorteilen dieser Befreiung stehen die Rechtsunsicherheit, verfassungsrechtliche Probleme und die beeinträchtigte Vergleichbarkeit verschiedener Konzerne als bedeutsame Nachteile gegenüber. Rechtsunsicherheit resultiert aus der nur teilweise vorhandenen Kenntnis über ausländische Bilanzierungsregeln und aus der jederzeitigen Möglichkeit, diese zu ändern, ohne daß Einflußnahmen deutscher Adressaten möglich sind. Auch ist unklar, welche Entscheidungsinstanz Auslegungsprobleme beseitigt. Verfassungsrechtliche Probleme resultieren aus der Verlagerung von Gesetzgebungskompetenzen auf private Organisationen. Die Vergleichbarkeit wird durch das dem Management eingeräumte Wahlrecht über die Bilanzierungsregeln beeinträchtigt.
3. Ein Teil der Unsicherheit über ausländische Bilanzierungsregeln könnte durch das in § 342 Abs. 1 HGB geregelte private Rechnungslegungsgremium beseitigt werden.

Dessen Aufgaben sind die Entwicklung von Empfehlungen zur Anwendung der Grundsätze über die Konzernrechnungslegung, die Beratung des Gesetzgebers und die Vertretung Deutschlands in internationalen Standardisierungsgremien.

4. Die Entwicklung von Empfehlungen zur Anwendung der Grundsätze über die Konzernrechnungslegung kann sich nur auf Regeln beziehen, die (noch) nicht GoB sind. GoB sind einzuhalten; ihre Anwendung läßt sich nicht nur empfehlen. Auch die Interpretation, daß das private Rechnungslegungsgremium den Inhalt von GoB konkretisieren solle, hilft wenig weiter. Es stellt sich die Frage, welcher Verbindlichkeitsgrad der Konkretisierung zukommt.
5. Die Empfehlungen des privaten Rechnungslegungsgremiums können vom Bundesministerium der Justiz bekanntgemacht werden und tragen – nach dem Wortlaut des § 342 Abs. 2 HGB – sodann die Vermutung auf GoB-Entsprechung in sich. Diese Regelung widerspricht deutschem Rechtsverständnis: Die GoB-Entsprechung läßt sich in Deutschland nur durch Gerichte klären. Die GoB-Auslegung kann weder auf ein privates Rechnungslegungsgremium noch auf das Justizministerium delegiert werden. Auch läßt sich die Weiterentwicklung von GoB nicht auf das private Rechnungslegungsgremium delegieren.
6. Das Standardisierungsgremium kann (nur) zur Diskussion über neue Rechnungslegungsregeln beitragen. Das ist angesichts der hochrangigen Besetzung des DRSC nicht wenig. Weshalb es – wie von seinen Befürwortern unterstellt – die Interessen Deutschlands in internationalen Standardisierungsgremien besser vertreten können soll als andere Gremien, bleibt unklar. Man hoffte möglicherweise, kompetentere Gesprächspartner für ein solches statt für ein anderes Gremium zu gewinnen.

Literaturverzeichnis

Baetge, Jörg (1970), Möglichkeiten der Objektivierung des Jahreserfolges. Düsseldorf 1970.

Ballwieser, Wolfgang (1995), Zur Frage der Rechtsform-, Konzern- und Branchenunabhängigkeit der Grundsätze ordnungsmäßiger Buchführung, in: Förschle, Gerhart/Kaiser, Klaus/Moxter, Adolf (Hrsg.), Rechenschaftslegung im Wandel, Festschrift für Wolfgang Dieter Budde, München 1995, S. 43–66.

Biener, Herbert (1996), Fachnormen statt Rechtsnormen – Ein Beitrag zur Deregulierung der Rechnungslegung, in: Ballwieser, Wolfgang/Moxter, Adolf/Nonnenmacher, Rolf (Hrsg.), Rechnungslegung – warum und wie, Festschrift für Hermann Clemm, München 1996, S. 59–79.

BT-Drucksache 13/7141, Entwurf eines Gesetzes zur Verbesserung der Wettbewerbsfähigkeit deutscher Konzerne an internationalen Kapitalmärkten und zur Erleichterung der Aufnahme von Gesellschafterdarlehen vom 6.3. 1997.

BT-Drucksache 13/9909, Gesetz zur Verbesserung der Wettbewerbsfähigkeit deutscher Konzerne an internationalen Kapitalmärkten und zur Erleichterung der Aufnahme von Gesellschafterdarlehen (KapAEG) vom 13.2. 1998.

Budde, Wolfgang Dieter (1998), Die Normsetzungsbefugnis eines privatrechtlichen Standard-Setters. Manuskript eines Vortrags am 6. Juli 1998 im Deutschen Aktieninstitut, Frankfurt am Main 1998.

Budde, Wolfgang Dieter (1996), Müssen die börsennotierten Gesellschaften eigene Wege gehen?, in: Ballwieser, Wolfgang / Moxter, Adolf / Nonnenmacher, Rolf (Hrsg.), Rechnungslegung – warum und wie, Festschrift für Hermann Clemm, München 1996, S. 81–106.

Budde, Wolfgang Dieter / Steuber, Elgin (1998a), Verfassungsrechtliche Voraussetzungen zur Transformation internationaler Rechnungslegungsgrundsätze, in: Deutsches Steuerrecht 1998, S. 504–508.

Budde, Wolfgang Dieter / Steuber, Elgin (1998b), Normsetzungsbefugnis eines deutschen Standard Setting Body, in: Deutsches Steuerrecht 1998, S. 1181–1187.

Busse von Colbe, Walther (1997), Internationalisierung der deutschen Rechnungslegung als Kür oder Pflicht? Zum Regierungsentwurf eines KapAEG, in: Forster, Karl-Heinz/Grunewald, Barbara/Lutter, Marcus/Semler, Johannes (Hrsg.), Aktien- und Bilanzrecht, Festschrift für Bruno Kropff, Düsseldorf 1997, S. 417–429.

Deutsche Telekom AG (1997), Geschäftsbericht 1997.

Einecke, Helga (1998), Die neue Bilanz-Willkür, in: Süddeutsche Zeitung vom 1./2.8. 1998, S. 19.

Ellrott, Helmut / Rhiel, Raimund (1995), Teilkommentierung des § 249 HGB, in: Budde, Wolfgang Dieter u a. (Bearb.), Beck'scher Bilanzkommentar. Der Jahresabschluß nach Handels- und Steuerrecht, 3. Aufl., München 1995.

Funke, Rainer (1998), Noch einmal: Wer entscheidet im Bilanzrecht? in: Der Betrieb 1998, Heft 24, S. I.

Haller, Axel (1998), Wesentliche Ziele und Merkmale US-amerikanischer Rechnungslegung, in: Ballwieser, Wolfgang (Hrsg.), US-amerikanische Rechnungslegung, 3. Aufl., Stuttgart 1998, S. 1–27.

Hommelhoff, Peter / Schwab, Martin (1998), Gesellschaftliche Selbststeuerung im Bilanzrecht – Standard Setting Bodies und staatliche Regulierungsverantwortung nach deutschem Recht, in: Betriebswirtschaftliche Forschung und Praxis 1998, S. 38–56.

van Hulle, Karel (1998), Die Zukunft der europäischen Rechnungslegung im Rahmen einer sich ändernden internationalen Rechnungslegung, in: Die Wirtschaftsprüfung 1998, S. 138–153.

IDW (1998a), Pressenotiz: IDW für Rechnungslegungsgremium in Deutschland nach dem Modell des amerikanischen FASB, in: IDW-Fachnachrichten 1998, S. 52–54.

IDW (1998b), Praktisch relevante Abweichungen zwischen den Rechnungslegungsstandards des IASC und der 4. und 7. EG-Richtlinie, in: IDW-Fachnachrichten 1998, S. 55–61.

International Accounting Standard (IAS) 16 (revised 1993), Property, Plant and Equipment, in: IASC (Hrsg.), International Accounting Standards 1998, London 1998.

Krumnow, Jürgen (1998), Das Deutsche Rechnungslegungs Standards Committee – Aufgaben und Ziele, Manuskript, Frankfurt am Main 1998.

Moxter, Adolf (1998), Deutsches Rechnungslegungs Standards Committee: Aufgaben und Bedeutung, in: Der Betrieb 1998, S. 1425–1428.

Moxter, Adolf (1987), Zum Sinn und Zweck des handelsrechtlichen Jahresabschlusses nach neuem Recht, in: Havermann, Hans (Hrsg.), Bilanz- und Konzernrecht, Festschrift für Reinhard Goerdeler, Düsseldorf 1987, S. 361–374.

Moxter, Adolf (1966), Die Grundsätze ordnungsmäßiger Bilanzierung und der Stand der Bilanztheorie, in: Zeitschrift für betriebswirtschaftliche Forschung 1966, S. 28–59.

Niehus, Rudolf J. / Thyll, Alfred (1998), Konzernabschluß nach US-GAAP, Stuttgart 1998.

Ordelheide, Dieter (1998), Wettbewerb der Rechnungslegungssysteme IAS, US-GAAP und HGB, in: Börsig, Clemens/Coenenberg, Adolf Gerhard (Hrsg.), Controlling und Rechnungswesen im internationalen Wettbewerb, Stuttgart 1998, S. 15–53.

O.V., (1998), Zur Reichweite des KonTraG bestehen Meinungsverschiedenheiten, in: Frankfurter Allgemeinen Zeitung vom 9.5. 1998, S. 22.

PELLENS, Bernhard (1998), unter Mitarbeit von Andreas Bonse u.a., Internationale Rechnungslegung, 2. Aufl., Stuttgart 1998.

PELLENS, Bernhard / BONSE, Andreas / GASSEN, Joachim (1998), Perspektiven der deutschen Konzernrechnungslegung, in: Der Betrieb 1998, S. 785–792.

SCHNEIDER, Dieter (1997), Betriebswirtschaftslehre, Bd. 2: Rechnungswesen, 2. Aufl., München, Wien 1997.

SCHÖN, Wolfgang (1998), Wer entscheidet im Bilanzrecht? in: Der Betrieb 1998, Heft 11, S. I.

STATEMENT OF FINANCIAL ACCOUNTING CONCEPTS (SFAC) No. 1, Objetives of Financial Reporting by Business Enterprises, in: FASB (Hrsg.), Original Pronouncements, Norwalk/Connecticut 1997.

STATEMENT OF FINANCIAL ACCOUNTING STANDARDS (SFAS) No. 109, Accounting for Income Taxes, in: FASB (Hrsg.). Original Pronouncements, Norwalk/Connecticut 1997.

STATEMENT OF FINANCIAL ACCOUNTING STANDARDS (SFAS) No. 131, Disclosures about Segments of an Enterprise and Related Information, in: FASB (Hrsg.), Original Pronouncements, Norwalk/Connecticut 1997.

ZITZELSBERGER, Siegfried (1998), Überlegungen zur Einrichtung eines nationalen Rechnungslegungsgremiums in Deutschland, in: Die Wirtschaftsprüfung 1998, S. 246–259.

Die Standardisierung als neue Möglichkeit zur Fortentwicklung der Rechnungslegung*

Herbert Biener**

Inhalt

* Der Verfasser gibt seine persönliche Meinung wieder.

** Dr. h.c. Herbert Biener, Ministerialrat a.D., Generalsekretär des DRSC.

1. Einführung

1.1 Gesetzliche Grundlagen

Mit § 342 HGB, der durch das KonTraG in das HGB eingefügt worden und am 28. April 1998 in Kraft getreten ist, hat der deutsche Gesetzgeber das Bundesministerium der Justiz ermächtigt, eine privatrechtlich organisierte Einrichtung unter bestimmten Voraussetzungen durch Vertrag anzuerkennen und ihr u.a. die Aufgabe der »Entwicklung von Empfehlungen zur Anwendung der Grundsätze über die Konzernrechnungslegung« zu übertragen. Nach Absatz 1 Satz 2 dieser Vorschrift darf jedoch nur eine solche Einrichtung anerkannt werden, die aufgrund ihrer Satzung gewährleistet, daß die Empfehlungen unabhängig und ausschließlich von Rechnungslegern in einem Verfahren entwickelt und beschlossen werden, das die fachlich interessierte Öffentlichkeit einbezieht. Die Eckdaten für die vertragliche Anerkennung sind sonach die Unabhängigkeit des Gremiums, seine Besetzung ausschließlich mit Rechnungslegern und die Einbeziehung der fachlich interessierten Öffentlichkeit in das Verfahren, das die Entwicklung und die Beschlußfassung der Empfehlungen regelt.

1.2 Das DRSC

Das »Deutsches Rechnungslegungs Standards Committee« ist unmittelbar nach Verabschiedung des Gesetzes gegründet worden. Es hat die Rechtsform des eingetragenen Vereins. Die Satzung sieht als Organe des Vereins Vorstand, Verwaltungsrat und Mitgliederversammlung vor. Mitglied kann nach § 4 der Satzung jede natürliche Person werden, die aufgrund erkennbarer Qualifikation oder Erfahrung auf dem Gebiet der Rechnungslegung den Zielen des Vereins nahesteht. Mitglied können außerdem alle Unternehmen und freiberuflichen Vereinigungen sein, die die Ausübung der Mitgliedschaft einer Person übertragen, die Mitglied sein kann. In die Organe können indessen nur Personen gewählt werden, die Rechnungsleger im Sinne der Definition in § 6 Abs. 2 Satz 2 der Satzung sind.

Der Verein eröffnet der fachlich interessierten Öffentlichkeit somit bereits über die Mitgliedschaft die Möglichkeit, in das Verfahren der Standardisierung einbezogen zu werden. Eine solche Regelung ist, soweit es der Verfasser übersieht, weltweit einmalig. Im allgemeinen können Mitglieder der tragenden Einrichtung nur Organisationen sein, wie dies z.B. für das IASC zutrifft. Es bleibt abzuwarten, ob dieses Angebot angenommen wird. Die Mitgliederversammlung hat unter anderem die wichtige Aufgabe, den Vorstand und den Verwaltungsrat zu wählen, die wiederum die Mitglieder des Standardisierungsrates wählen.

Zweck des Vereins ist es, die Aufgaben nach § 342 HGB, insbesondere die Ausarbeitung von Empfehlungen zur Anwendung der Grundsätze über die Konzernrechnungslegung von einem aus unabhängigen Rechnungslegern bestehden Gremium wahrnehmen zu lassen. Nach § 9 der Satzung obliegt diese Aufgabe dem Standardisierungsrat, der aus sieben bis neun Rechnungslegern besteht, die ihre Tätigkeit unabhängig ausüben. Rechnungsleger sind entsprechend den Vorstellungen des Gesetzgebers, wie sie sich aus der Begründung des Rechtsausschusses zu § 342 HGB ergbt, alle Personen, »die als Diplom-Kaufmann bezw. -Kauffrau, Diplom-Volkswirt oder mit entsprechender Qualifikation die Handelsbücher oder die sonstigen in § 257 Abs. 1 Nr. 1 HGB bezeichneten Unterlagen für Kapitalgesellschaften und andere Kaufleute im Anstellungsverhältnis oder freiberuflich führen. Weiterhin sind Rechnungsleger Personen, die als Wirtschaftsprüfer, vereidigte Buchprüfer, Steuerberater oder Rechtsanwalt bei der Aufstellung der vorgeschriebenen Jahres- oder Konzernabschlüsse handels- oder steuerrechtlich beraten oder Pflichtprüfungen von solchen Unterlagen durchführen. Ferner gehören zu den Rechnungslegern alle Personen, die zu den vorstehend genannten eine zumindest vergleichbare Qualifikation haben und auf dem Gebiet der Rechnungslegung oder Prüfung tätig sind; dies gilt auch, soweit diese Personen im Bereich der Hochschulen oder anderen staatlichen Stellen tätig sind« (BT-Drucksache 13/10038, S. 46, 47).

2. Grundsatzfragen der Standardisierung

2.1 Die Umschreibung der Standardisierung

Die International Organization for Standardization (IOS) und die UN-Wirtschaftskommission für Europa (ECE/UNO) definieren eine Norm als eine

> »technische Spezifikation bzw. ein anderes, der Öffentlichkeit zugängliches Dokument, das in Zusammenarbeit mit allen interessierten Kreisen und mit deren Konsens oder allgemeiner Billigung aufgestellt wird, sich auf die vereinten Ergebnisse von Wissenschaft, Technik und Erfahrung stützt, den größten Nutzen der Allgemeinheit zum Ziel hat und von einem qualifizierten Gremium auf nationaler, regionaler oder internationaler Ebene angenommen wurde.«

Eine ähnliche Definition findet sich im GATT-Codex von 1969 und in Art. 1 Nr. 2 der EU-Richtlinie 83/189/EWG (ABl. Nr. L 109/8 vom 26. 4. 1983) für den Bereich technischer Normen. Danach ist eine Norm eine

> »technische Spezifikation, die von einer anerkannten Normenorganisation zur wiederholten oder ständigen Anwendung angenommen wurde, deren Einhaltung jedoch nicht zwingend vorgeschrieben ist«.

Die Hauptmerkmale einer Norm, wie sie weltweit auch bei der Standardisierung der

Rechnungslegung und Prüfung, insbesondere im anglo-amerikanischen Rechtskreis, beachtet werden, sind danach:

- Eine Norm ist eine Regel, die von einer qualifizierten oder anerkannten Normenorganisation gebilligt wurde;
- die Norm ist als Dokument der Öffentlichkeit zugänglich;
- die Norm wird nach einem auf die Zustimmung aller betroffenen Kreise fußenden Verfahren zum Nutzen der Allgemeinheit erstellt;
- die Norm ist zur wiederholten oder ständigen Anwendung bestimmt;
- die Anwendung der Norm ist jedoch normalerweise nicht zwingend vorgeschrieben (vgl. Nicolas, 1995, S. 14).

Diesen Anforderungen genügen die Standards des FASB (USA), des ASB (UK) und im internationalen Bereich diejenigen des IASC und der Gremien von IFAC, die den Gründern des DRSC bei der Ausgestaltung der. Satzung als Vorbild dienten.

2.2 Die Zusammensetzung von Standardisierungsgremien

Es gibt keine internationale Festlegung hinsichtlich der personellen Zusammensetzung eines Standardisierers als Bedingung für dessen Anerkennung. Die bereits zitierte ISO-Umschreibung verlangt lediglich ein qualifiziertes Gremium, das seine Standards »in Zusammenarbeit mit allen interessierten Kreisen und mit deren Konsens oder allgemeiner Billigung« aufstellt. Diese Anforderung wird in der GATT-Umschreibung durch die Bedingung ersetzt, daß die Normenorganisation anerkannt sein muß. Dabei wird wohl unterstellt, daß die anerkennende Stelle eine Legitimation hat, die einen ausdrücklichen Konsens mit den beteiligten Kreisen oder die allgemeine Billigung erübrigt, wie dies bei Regierungsstellen oder Aufsichtsbehörden im allgemeinen der Fall ist. So ist z.B. die SEC ermächtigt, die Rechnungslegung durch Erlasse verbindlich zu regeln.

Der deutsche Gesetzgeber macht die Anerkennung des Gremiums durch das BMJ in § 342 Abs. 1 Satz 2 HGB hinsichtlich der Zusammensetzung davon abhängig, daß es ausschließlich aus Rechnungslegern besteht, schreibt aber nicht vor, in welchem Verhältnis die verschiedenen Berufsgruppen vertreten sein müssen und ob alle darunter zu subsumierenden Berufsgruppen berücksichtigt werden müssen. Für die Auslegung bedeutsam dürfte sein, daß der Gesetzgeber eine solche Regelung für den Rechnungslegungsbeirat nach § 342a HGB in Absatz 2 dieser Vorschrift getroffen und geregelt hat, daß sich die 13 Mitglieder, die Rechnungsleger sein sollen, aber nicht müssen, wie folgt zusammensetzen: drei Vertreter von Ministerien (BMJ, BMF, BMWi), vier Vertreter von Unternehmen, vier Vertreter der wirtschaftsprüfenden Berufe und zwei Vertreter der Hochschulen. Steuerberater, Finanzanalysten, Aktionärs- und Arbeitnehmervertreter sind sonach nicht zu berücksichtigen, es sei denn, daß sie gleichzeitig zu den bezeichneten Vertretern gehören. Da im Hinblick auf die Nähe und Gleichzeitigkeit der unterschiedlichen Regelungen eine unbeabsichtigte Regelungslücke des Gesetzgebers auszuschließen ist, dürfte hieraus abzuleiten sein, daß sich der Gesetzgeber der international akzeptierten Umschreibung der Standardisierung durch private Einrichtungen angeschlossen hat, die allein auf die Qualität der Mitglieder solcher Gremien und nicht auf deren ausgewogene Zusammensetzung abstellt. Für diese Auslegung spricht auch, daß der Rechtsausschuß des Deutschen Bundestages in seiner Begründung der Beschlußempfehlung (BT-Drucksache 13/10038, S. 24, 25) zum Ausdruck gebracht, daß er sich mit dem Angebot zur Anerkennung eines privaten Standardsetters an die internationale Entwicklung, insbesondere an die Beispiele FASB und IASC, anschließen möchte. Beide Organisationen stützen sich allein auf die Qualität und das Ansehen ihrer Mitglieder. Die Einbeziehung aller interessierten Personen in den Entscheidungsprozeß wird durch ein auf jeder Stufe offenes Verfahren sichergestellt. Eine angemessene Berücksichtigung der verschiedenen Berufs- und Interessengruppen würde schon daran scheitern, daß die Mitgliederzahl der Entscheidungsgremien zu Lasten ihrer Leistungsfähigkeit erheblich erweitert werden müßte. Die Mitgliederzahl des FASB könnte nicht auf sieben Personen und des weltweit tätigen IASC nicht auf 16 stimmberechtigte Mitglieder begrenzt werden, wenn eine solche Bedingung erfüllt werden müßte.

Abschließend ist zu diesem Thema festzustellen, daß der Gesetzgeber entsprechend internationalem Vorbild richtig gehandelt hat, wenn er im Interesse eines handlungsfähigen Gremiums dessen Zusammensetzung nicht festgelegt hat, sondern die Einbeziehung der interessierten Öffentlichkeit den Verfahrensvorschriften zur Ermittlung der Standards nach internationalem Vorbild überläßt.

2.3 Die Anerkennung als Standardisierer

Nach der dargestellten Definition genügt es, daß sich der Standardisierer aus qualifizierten Personen zusammensetzt und allein dadurch überzeugt, insbesondere wenn diese einem mächtigen Berufsstand angehören. Wie die leidvolle Geschichte vieler berufsständischer Gremien, die sich um Standardisierung bemühen, z.B. des IDW, zeigt, ist dies in der Praxis nicht ausreichend. Das FASB und das ASB sind ebenso wie andere Standardisierer im angelsächsischen Bereich vor allem deshalb erfolgreich, weil ihre Standards von einer Aufsichtsbehörde (im Falle des FASB durch die SEC) oder einer Regierungsstelle (im Falle des ASB durch das Industrie- und Handelsministerium) unterstützt werden.

Das IASC mußte bisher ohne die Anerkennung durch eine internationale Organisation, deren Mitglieder Gesetzgebungs- oder Aufsichtsbefugnisse haben, auskommen. Es stützt sich daher allein auf die Qualität seiner Standards und das hohe Ansehen, das seine Mitglieder, die nationalen Berufsorganisationen der Rechnungsleger (Accountants) genießen. In Staaten, die wie Deutschland und andere kontinental-europäische Staaten der Gesetzgebung Vorrang einräumen oder die wie die USA vom Berufsstand unabhängige Gremien mit dieser Aufgabe eingesetzt haben, bestehen wegen der Dominanz der großen Prüfungsgesellschaften nicht unerhebliche Vorbehalte, die einer generellen Anerkennung des IASC als Standardsetter entgegenstehen. Aufgrund der seit 1987 bestehenden Zusammenarbeit mit IOSCO (das ist die weltweite Organisation der Börsenaufsichtsbehörden) bestehen gute Aussichten, daß zumindest die Standards alsbald von IOSCO anerkannt werden. IOSCO hat 1995 in einer gemeinsamen Presseerklärung mit dem IASC in Aussicht gestellt, die sog. Core-Standards des IASC nach deren Überarbeitung und Vervollständigung unter Berücksichtigung der Vorgaben der sog. Shiratori-Briefe für Zwecke des grenzüberschreitenden Listings nach nochmaliger Prüfung mit dem Ziel zu empfehlen, daß auf dieser Basis erstellte Konzernabschlüsse von den Börsenaufsichtsbehörden weltweit ohne Überleitung auf die Standards der Rechnungslegung des Gastlandes anerkannt werden (vgl. ausführlich Biener, 1995, S. 99ff.). Auf den Einfluß von IOSCO ist es zurückzuführen, daß die IAS, soweit sie inzwischen überarbeitet worden sind, nach dem Vorbild der US-GAAP auf die Interessen der Investoren ausgerichtet und qualitativ verbessert worden sind.

Der deutsche Gesetzgeber hat im Interesse einer beschleunigten Durchsetzung der Standards in § 342 HGB das BMJ ermächtigt, ein deutsches Standardisierungsgremium unter bestimmten Voraussetzungen anzuerkennen und auf dieses bestimmte Aufgaben der Standardisierung (aber nicht der Gesetzgebung) zu übertragen sowie dessen Empfehlungen durch Bekanntmachung mit der Vermutung auszustatten, GoB der Konzernrechnungslegung zu sein. Diese Regelung bleibt hinter solchen im angloamerikanischen Bereich üblichen zurück, die nicht nur das Gremium, sondern auch dessen gegenwärtige und künftige Empfehlungen generell anerkennen, wie dies z.B. durch Erlaß der SEC bezüglich des FASB und im britischen Company Law bezüglich des ASB geschehen ist. Der deutsche Gesetzgeber hat sich hierzu nicht entschließen können, obwohl sich diese Form der Anerkennung auch in Deutschland, wie das Beispiel DIN zeigt, bewährt hat. Vermutlich sollte, um verfassungsrechtliche Bedenken von vornherein auszuschließen, der Eindruck vermieden werden, es würden Gesetzgebungsbefugnisse auf ein privates Gremium übertragen. Aus Gründen dieser Art verweigert auch IOSCO die generelle Anerkennung des IASC mit der Folge, daß über jeden IAS im einzelnen und danach über jede Änderung entschieden werden muß. Es ist aber zu erwarten, daß sich dieses Problem erledigt, sobald sich die Zusammenarbeit bewährt hat und das notwendige Vertrauensverhältnis entstanden sein wird.

2.4 Das Verfahren der Standardisierung

Die Bedingung, daß ein Standard als solcher nur anerkannt werden kann, wenn er in einem auf die Zustimmung aller betroffenen Kreise fußenden Verfahren erstellt worden ist, kann nur in der Form erfüllt werden, daß auf allen Stufen der Standardisierung eine weitgehende Öffentlichkeit der beteiligten Kreise hergestellt wird. Da es in Deutschland ebenso wie in Staaten des anglo-amerikanischen Rechtskreises wegen des Wunsches, ein effektiv arbeitendes und damit hinsichtlich der Mitgliederzahl stark begrenztes Gremium zu haben, nicht möglich ist, im Standardisierungsrat und seinen Arbeitskreisen die unterschiedlichen Gruppierungen der Rechnungsleger und deren Meinungsvielfalt adäquat zu berücksichtigen, muß der weltweit anerkannten Praxis gefolgt werden, in einem sog. »due process« dafür zu sorgen, daß die Standards in bestimmten Stufen entwickelt werden und daß auf jeder Stufe alle interessierten Personen und Organisationen Gelegenheit erhalten, innerhalb angemessener Zeit zumindest schriftlich Stellung nehmen zu können. Dazu gehört auch, daß sich der Standardisierer und seine Arbeitsgremien intensiv mit diesen Stellungnahmen auseinandersetzen.

Der Standardisierungsrat des DRSC wird, wie sich aus § 9 der Satzung ergibt, seine Empfehlungen nach dem Vorbild des FASB in öffentlicher Sitzung verabschieden. Vom IASC wird man übernehmen, daß Vorentwürfe und Entwürfe mit der Bitte um Stellungnahme jeweils veröffentlicht und die eingehenden Stellungnahmen sorgfältig geprüft werden. Es wird außerdem ein Konsultationsrat aus Vertretern interessierter Organisationen gebildet, der vor der Verabschiedung von Empfehlungen vom Standardisierungsrat zu hören ist (§10 der Satzung).

2.5 Die Verbindlichkeit der Standards

Wie sich aus der dargestellten Definition ergibt, gehört es zum Wesensmerkmal eines Standards, daß er normalerweise nicht verbindlich zu beachten ist, sondern freiwillig angewendet wird, um bestimmten fachlichen Anforderungen, wie z. B. an das Dienstleistungsprodukt Jahresabschluß, zu genügen. Die Freiwilligkeit wird nicht dadurch in Frage gestellt, daß ein Unternehmen, das sich z. B. an der Börse in New York listen läßt, nach den Vorschriften der SEC gezwungen ist, die US-GAAP zu beachten, weil die Börsenzulassung eine freiwillige Entscheidung des jeweiligen Unternehmens ist. Wie die GoB bleiben auch Standards fortdauernd widerlegbar, wenn es dafür, insbesondere wegen Änderung der Verhältnisse, wichtige Gründe gibt oder wenn im Einzelfall die Zwecksetzung der Rechnungslegung nur in abweichender Form erfüllt werden kann. Die SEC ist dafür bekannt, daß sie solchen Situationen flexibel begegnet.

Die Deutschen Rechnungslegungsstandards (DRS) des DRSC sind im Zeitpunkt ihrer Verabschiedung bloße Empfehlungen, die sich von solchen anderer Gremien nur dadurch auszeichnen, daß sie im Rahmen einer vom BMJ übertragenen Aufgabe nach allgemein anerkannten Grundsätzen entwickelt worden sind. Den GoB werden sie erst gleichgestellt, wenn sie vom BMJ bekannt gemacht werden, das vom Gesetzgeber hierzu ausdrücklich ermächtigt worden ist (§ 342 Abs. 2 HGB). Da es sich hierbei nicht um eine Ermächtigung zum Erlaß von Rechtsverordnungen handelt, erhalten die Standards nicht die Verbindlichkeit von Verordnungen, die Gesetzeskraft haben. Sie werden aber mit der Bekanntmachung den GoB gleichgestellt, die unbestimmte Rechtsbegriffe und als solche revisibel und damit im Falle eines Rechtsstreites auch in der Revisionsinstanz überprüfbar sind. Die damit verbundene Einschränkung der freiwilligen Anwendung, die sich bei den GoB aus der allgemeinen oder der speziellen durch Gerichtsentscheidung ergibt, ist hier Folge der auf gesetzlicher Ermächtigung beruhenden Bekanntmachung eines Standards durch das BMJ.

Mit der Übertragung der Bekanntmachungsbefugnis auf das BMJ ist eine weitere Möglichkeit zur Entwicklung von GoB, allerdings beschränkt auf die Konzernrechnungslegung, geschaffen worden. Diese Möglichkeit kann vom BMJ jedoch nur in Verbindung mit einem privaten Rechnungslegungsgremium nach § 342 HGB oder einem Rechnungslegungsbeirat nach § 342a HGB genutzt werden. Sie tritt neben die bisherigen Möglichkeiten, nämlich die GoB auf Grund allgemeiner Anerkennung von vorbildlichen Methoden, die in der kaufmännischen Buchführungspraxis entwickelt worden sind (induktive Methode) und die Feststellung von GoB durch die Gerichte, die diese nach der deduktiven Methode unter Berücksichtigung der Gepflogenheiten des ordentlichen Kaufmanns in Auslegung der gesetzlichen Regelungen, insbesondere ihrer Zwecke, entwickeln (vgl. Döllerer, 1959, S. 655, BFH-Urteil vom 31.5.1967, S. 607 ff.).

Die sich aufdrängende Frage, welche GoB Vorrang haben, insbesondere wenn sie sich widersprechen, ist einfach zu beantworten. Die Gerichte entscheiden verbindlich nur für die Parteien des entschiedenen Rechtsstreits. Allgemeinverbindlich können die von ihnen festgestellten Grundsätze nur über die Gesetzgebung oder durch Übernahme in die Praxis der Kaufleute werden. Dabei hat der BFH von allen Gerichten die besten Chancen, das sich seine GoB durchsetzen, und zwar dann, wenn von ihm festgestellte GoB von den Finanzverwaltungen des Bundes und der Länder für verbindlich erklärt werden, weil die Kaufleute auf diese Weise gezwungen werden, diese kaufmännischen GoB bei bestehender Maßgeblichkeit zumindest für Zwecke der Besteuerung zu beachten. Das BMJ kann die Beachtung der von ihm bekannt gemachten Standards eines von ihm anerkannten privaten Gremiums oder seines Beirats nicht erzwingen, wenn die Kaufleute diese nicht beachten oder abweichend anwenden. Es kann von Verwaltungsbehörden, insbesondere Aufsichtsbehörden oder den Börsen, unterstützt werden, wenn diese bei Ausübung ihrer Befugnisse die Beachtung dieser GoB durchsetzen. Bei widersprüchlichen GoB oder deren Nichtbeachtung oder im Falle der Entwicklung von GoB, die mit dem öffentlichen Interesse unvereinbar sind, ist es Aufgabe des BMJ für den handelsrechtlichen Bereich die Entwicklung zu beobachten und, wenn auf andere Weise ein Konsens nicht zu erreichen ist, die

Gesetzgebung einzuleiten, damit der Gesetzgeber durch Gesetz entscheiden und die Nichtbeachtung entsprechend sanktionieren kann. Dieser Aufgabe kann sich der Gesetzgeber nicht entziehen. In keinem demokratisch legitimierten Industriestaat hat die Standardisierung bisher dazu geführt (und ist es auch nicht deren Absicht), daß auf gesetzliche Regelungen völlig verzichtet wurde. Diese kann sich aber weitgehend auf die Regelung der Eckdaten beschränken und Überregelungen im Rahmen der allgemein geforderter Deregulierung abbauen.

Es wird häufig die Auffassung vertreten, daß die Empfehlungen von Gremien, die im anglo-amerikanischen Bereich, insbesondere in den USA und dem VK, agieren, rechtsverordnungsähnliche Relevanz haben. Dieses trifft nicht zu. Auch in diesen Ländern ist es nicht zulässig, Rechtssetzungsbefugnisse auf private Einrichtungen zu übertragen. Die Gesetzgebungsbefugnis liegt in den USA ausschließlich bei der SEC, soweit deren Aufgabenbereich betroffen ist. Sie macht hiervon allerdings nur Gebrauch, wenn das FASB nicht oder nach Auffassung der SEC nicht ausreichend standardisiert. Die SEC unterstützt die Empfehlungen des FASB, indem sie die jährlich einzureichenden Konzernabschlüsse grundsätzlich nur akzeptiert, wenn diese den US GAAP und damit den Empfehlungen des FASB entsprechen. Die SEC nimmt sich aber immer wieder die Freiheit (und dies wird von den in den USA gelisteten deutschen Aktiengesellschaften als positiv hervorgehoben), in Einzelfällen, insbesondere wenn die Empfehlungen Ermessensspielräume einräumen oder nicht präzise sind, Ausnahmen zuzulassen.

Die teilweise gewünschte Rechtsverbindlichkeit ist nur über ein Beiratsmodell mit Rechtssetzungsbefugnis zu erreichen. Ein solches Rechtsverordnungsmodell soll künftig in Frankreich, Italien und Spanien praktiziert werden. Es soll danach möglich sein, die IAS durch Rechtsverordnung einzuführen. Da es nach den Verfassungen der meisten Staaten nicht möglich ist, Gesetzgebungsbefugnisse auf private Gremien zu übertragen, können solche Gremien Gesetzgebungsbefugnisse grundsätzlich nur erhalten, wenn die staatlichen Vertreter allein entscheiden oder zumindest die Mehrheit haben, so daß die Sachverständigen lediglich Berater sind. Solche Gremien dürften die Anforderungen der eingangs dargestellten Definition von Gremien der Standardisierung deutlich verfehlen, so daß sie im angloamerikanischen Bereich voraussichtlich nur eingeschränkt anerkannt werden können. Abgesehen davon, führt ein solches Modell zu einer Denaturierung der Standardisierung, insbesondere im internationalen Bereich, wenn von einem Gremium nach angelsächsischem Vorbild zur freiwilligen Anwendung empfohlene Standards in einzelnen Ländern durch Gesetz verbindliches Recht werden und dann nur durch die Gesetzgebung weiterentwickelt werden dürfen. Damit wird den Standards die Flexibilität genommen, die sie als für die Selbstverwaltung besonders geeignetes Instrument auszeichnen.

Noch schlimmeres ist zu befürchten, wenn sich die Vorstellung der Kommission der EU durchsetzen sollte, diese und den Kontaktausschuß mit der Befugnis zum Erlaß von »technischen« Richtlinien auszustatten, um auf diese Weise die IAS in der EU verbindlich einzuführen. Da die Richtlinien der EU nicht unmittelbar gelten, wären 15 Mitgliedstaaten – vermutlich jährlich – verpflichtet, ihre Gesetze und Verordnungen in den dafür vorgesehenen förmlichen Gesetzgebungsverfahren anzupassen (in Deutschland wären Bundestag und Bundesrat jeweils zwecks Änderung des HGB anzurufen). Spätestens dann wird sich herausstellen, daß die Gesetzgebung dieses nicht mehr leisten kann.

2.6 Die Bedeutung von Arbeitskreisen

Die Einsetzung von Arbeitskreisen ist Teil eines ordnungsgemäßen Verfahrens zur Ermittlung von Standards. Sie sind zu allen wichtigen Fragen erforderlich, weil nur so gewährleistet werden kann, daß in Ergänzung des im Standardisierungsrat vorhandenen Wissens die für bestimmte Standards erforderlichen speziellen und aktuellen Kenntnisse eingebracht werden. Auch können die Arbeitskreise genutzt werden, um das Spektrum der Rechnungsleger besser zu berücksichtigen. Das IASC hat hiermit in den letzten Jahren gute Erfahrungen gemacht. Die Satzung des DRSC sieht deshalb vor, daß der Standardisierungsrat Arbeitsgruppen zur Vorbereitung seiner Entscheidungen einsetzen kann.

2.7 Das Selbstverständnis der Mitglieder von Standardisierungsgremien

Die Mitglieder des Standardisierungsrates des DRSC werden damit leben müssen, daß sie von der interessierten Öffentlichkeit kontrolliert werden. Da sie in öffentlicher Sitzung zu entscheiden haben, werden sie die Verantwortung für die während ihrer Mitgliedschaft mit ihrer Stimme verabschiedeten Standards übernehmen müssen. Sie haben daher ihre Auffassungen öffentlich zu vertreten. Es wäre aber ein Mißverständnis anzunehmen, daß sie die Stellung von Richtern oder von Mitgliedern einer gesetzgebenden Körperschaft haben. Ihre Tätigkeit ist vielmehr auf das Zustandekommen eines möglichst breiten Konsenses der interessierten Rechnungsleger auf der Basis betriebswirtschaftlicher Erkenntnisse angelegt. Es wird daher auch wichtig sein, das know how der heute in diesem Bereich tätigen Institute und Arbeitskreise nicht nur zu nutzen, sondern in die Standardisierung einzubringen. Jede Form der Isolierung sollte daher vermieden werden. Aus diesen Gründen dürfte es durchaus wünschenswert sein, daß die Mitglieder auch in anderen Rechnungslegungsgremien mitwirken, Vorträge in solchen Gremien halten oder mit Beiträgen in Fachzeitschriften hervortreten, damit es zu einem ständigen Dialog mit den beteiligten Kreisen kommt. Sofern diese Personen in Arbeitsgruppen anderer Organisationen tätig sind, dürfte auch die Beteiligung an Abstimmungen vertretbar sein. In solchen Fällen sollten sie allerdings in geeigneter Form deutlich machen, daß sie sich endgültig erst im Zeitpunkt der Abstimmung im Standardisierungsrat festlegen werden und daß sie sich mit der Beteiligung an der Abstimmung hinsichtlich ihrer künftigen Entscheidung nicht festlegen lassen können. In der Satzung des DRSC ist festgelegt, daß die Mitglieder des Standardisierungsrates ihre Tätigkeit unabhängig ausüben.

2.8 Die Zusammenarbeit mit öffentlichen Stellen

Die nach § 342 HGB vorgesehene Anerkennung eines privaten Standardisierungsgremiums und die Vermutungswirkung die seinen Empfehlungen durch Bekanntmachung nach § 342 Abs. 2 HGB zukommen kann, basieren auf der Erwartung, daß es zu einer vertrauensvollen Zusammenarbeit mit dem BMJ unter Achtung der gegenseitigen Unabhängigkeit kommt. Im anglo-amerikanischen Bereich überwiegen zwei Formen der Zusammenarbeit, nämlich die inoffizielle und die offizielle.

Wie Bedienstete der SEC und des Handels- und Industrieministeriums im VK ebenso wie Mitglieder von Standardisierungsgremien versichern, bestehen regelmäßige Kontakte und ist es vor allem hierauf zurückzuführen, daß die Empfehlungen der Standardisierungsgremien von der Aufsichtsbehörde oder dem Ministerium unterstützt werden. Ohne die dabei gewonnenen Informationen wären Behörden häufig nicht in der Lage, innerhalb kurzer Zeit nach Verabschiedung eines Standards zu entscheiden, ob es bei der generellen Anerkennung bleiben kann oder gesetzgeberische Initiativen entwickelt werden müssen.

Während diese Form der Zusammenarbeit inoffiziell erfolgt, haben sich IOSCO und das IASC für eine enge Zusammenarbeit durch Entsendung von Beobachtern entschieden. Nachdem der Verfasser seit 1996 einer von sechs Beobachtern von IOSCO im Board des IASC ist, kann er aus eigener Erfahrung bestätigen, daß sich seither das Klima zwischen IOSCO und IASC entscheidend verbessert hat. IOSCO hat nicht nur größeres Vertrauen in die Arbeit des IASC gewonnen. Es besteht auch ein größeres Verständnis für die Entscheidungen des Board. Das IASC erspart sich außerdem den späteren Zeitaufwand, der notwendig wäre, um von IOSCO nach Verabschiedung aller Core-Standards unterstützt zu werden.

Literaturverzeichnis

ACHLEITNER, Ann-Kristin, Die Normierung der Rechnungslegung, Schriftenreihe der Treuhand-Kammer, Band 132, Zürich.

BFH-Urteil vom 31. 5.1967, I 208/63, in: BStBl. III 1967, S. 607–609.

BIENER, Herbert (1995), Rezeption der US GAAP über IOSCO und IASC?, in: Förschle, Gerhart/Kaiser, Klaus/Moxter, Adolf (Hrsg.), Rechnungslegung im Wandel, Festschrift für Wolfgang Dieter Budde, Düsseldorf 1995, S. 87–103.

BT-Drucksache 13/10038, Beschlußempfehlung und Bericht des Rechtsausschusses zu dem Entwurf eines Gesetzes zur Kontrolle und Transparenz im Unternehmensbereich (KonTraG) vom 4. 3. 1998.

DÖLLERER, Georg (1959), Grundsätze ordnungsmäßiger Bilanzierung, deren Entstehung und Ermittlung, in: Die Wirtschaftsprüfung 1959, S. 653–658.

NICOLAS, Florence (1995), Gemeinsame Normen für die Unternehmen, Luxemburg 1995.

Satzung des Deutschen Rechnungslegungs Standards Committee (DRSC), Gotenstraße 163, 53175 Bonn.

Internationalisierung der Konzernrechnungslegung börsennotierter Mutterunternehmen durch das KapAEG und das KonTraG

Walther Busse von Colbe*

Inhalt

* Prof. Dr. Dr. h.c. mult. Walther Busse von Colbe, Direktor des Instituts für Unternehmungsführung und Unternehmensforschung, Ruhr-Universität Bochum.

1. Problemstellung

Mit der Verabschiedung des Kapitalaufnahmeerleichterungsgesetzes (KapAEG) und des Gesetzes zur Kontrolle und Transparenz im Unternehmensbereich (KonTraG) im Frühjahr 1998 hat der Gesetzgeber durch Ergänzungen einiger Vorschriften des HGB – insbesondere mit den §§ 292a, 297 Abs. 1, 317 Abs. 4 und 342 HGB – weitere Schritte zur **Internationalisierung** und zur **Differenzierung der Rechnungslegungsvorschriften** nach den Kriterien

- Konzern- versus Einzelabschluß und
- Börsennotierung

getan. In wichtigen Bereichen überschneiden sich die Kriterien. Insbesondere gelten die auf die Anpassung an international vorherrschende Rechnungslegungsgrundsätze ausgerichteten neuen Vorschriften der §§ 292a und 297 Abs. 1 HGB für die **Konzernrechnungslegung börsennotierter Mutterunternehmen**. Die Vorschriften **erlauben** diesen Unternehmen, ihren Konzernabschluß und Konzernlagebericht statt nach den Vorschriften der §§ 290–315 HGB bei Einhaltung einer Reihe gesetzlich fixierter Bedingungen **nach international anerkannten Rechnungslegungsgrundsätzen aufzustellen** (§ 292a HGB) und **verpflichten** sie, auch bei einem Konzernabschluß nach HGB, in Anlehnung an international vorherrschende Regeln den Konzernanhang um eine **Kapitalflußrechnung** und eine **Segmentberichterstattung** zu erweitern (297 Abs. 1 HGB).

Damit hat der Gesetzgeber eine **kleine Lösung** gewählt, die nur börsennotierten Mutterunternehmen ein **Wahlrecht** für eine international ausgerichtete Konzernrechnungslegung als **Privileg** einräumt und die **Pflicht** zur Aufstellung von zwei **Ergänzungsrechnungen** zum herkömmlichen Abschluß auferlegt. Ersteres ist allerdings nur als **Zwischenlösung** gedacht. Die Vorschriften des § 292a HGB treten am 31.12. 2004 außer Kraft.

Nach Meinung des Rechtsausschusses des Bundestages sei die wünschenswerte Anpassung der nationalen Rechnungslegungsvorschriften insbesondere für börsennotierte Unternehmen an internationale Standards wegen der grundsätzlichen Bedeutung eines solchen Schrittes und des damit verbundenen Prüfungs- und Erörterungsaufwandes (vgl. BT-Drucksache 13/9909, S. 11) in der 13. Legislaturperiode nicht mehr möglich. Für eine **große Lösung** wäre insbesondere zu prüfen,

- ob und wie der **Konzernabschluß** und **Konzernlagebericht** in Anpassung an internationale Standards **im HGB selbst** oder **z.T. auf andere Weise** zu regeln ist,
- ob eine international angepaßte Regelung der Konzernrechnungslegung zwingend nur für **börsennotierte** oder für **alle zur Konzernrechnungslegung verpflichteten** Unternehmen oder für nicht notierte Mutterunternehmen nur als Option gelten soll,

- ob eine international angepaßte Regelung auch für den **Einzelabschluß konzernfreier börsennotierter AG** vorgesehen werden soll,
- ob die **Einzelabschlüsse** von zur Konzernrechnungslegung nach internationalen Standards verpflichteter oder dafür optierender **Mutterunternehmen** und ihrer einbezogenen **Tochterunternehmen** oder aller Kapitalgesellschaften auch an internationale Regelungen anzupassen sind oder angepaßt werden dürfen,
- welche Bilanzansatz-, Bewertungs- und Gliederungsvorschriften für den Konzern- und Einzelabschluß in Anpassung an internationale Rechnungslegungsgrundsätze geändert werden sollten, und inwieweit die Finanzberichterstattung zu ergänzen wäre,
- ob und wie das Prinzip der **Maßgeblichkeit** des Handels- für die Steuerbilanz zu modifizieren ist, wenn Einzelabschlüsse aufgrund gesetzlicher Vorgaben oder frei willig internationalen Standards folgen.

Mit § 342 (oder 342 a) HGB wurde ein privates **Rechnungslegungsgremium** (oder ein Rechnungslegungsbeirat) ermöglicht, das neben der Entwicklung von Empfehlungen zur Anwendung der Grundsätze über die **Konzernrechnungslegung** (§ 342 Abs. 1 Nr. 1) das Bundesministerium der Justiz bei **Gesetzgebungsvorhaben zur Rechnungslegung** beraten soll (§ 342 Abs. 1 Nr. 2). Das Gremium wird sich nicht nur mit der Umsetzung der neuen Vorschriften der §§ 292 a und 297 Abs. 1 HGB über die Konzernrechnungslegung im Rahmen der **kleinen Lösung**, sondern auch mit der Vorbereitung einer **großen Lösung** befassen müssen.

Der Begriff der international anerkannten Rechnungslegungsgrundsätze und die Bedingungen für die Befreiungswirkung eines Konzernabschlusses und Konzernla-

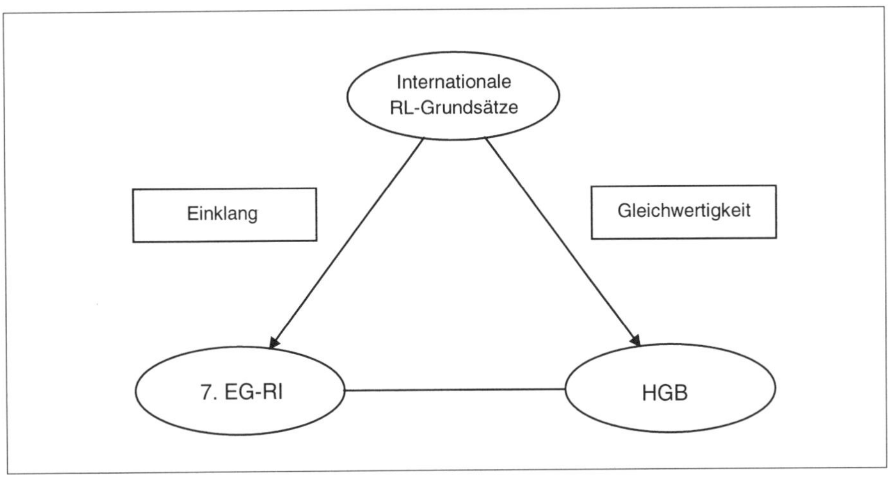

Abb. 1: Spannungsfeld zwischen Bedingungen gem. § 292a HGB und Internationalen Rechnungslegungsgrundsätzen

geberichtes gemäß § 292a HGB enthalten eine Fülle offener Fragen. Zu diesen Bedingungen gehört, daß ein Konzernabschluß und Konzernlagebericht nach international anerkannten Grundsätzen zugleich im **Einklang mit der 7. EG-Richtlinie** (RL) stehen und einem Konzernabschluß und -lagebericht **nach HGB gleichwertig** sein muß. Damit entsteht ein Spannungsfeld zwischen den Anforderungen (Abbildung 1):

Weder der Einklang noch die Gleichwertigkeit müssen im Einzelfall a priori gegeben sein. Damit entsteht die Frage, wie dann zu verfahren ist.

In § 297 Abs. 1 HGB wurde die Verpflichtung zur Erweiterung des Konzernanhangs um eine **Kapitalflußrechnung** und um eine **Segmentberichterstattung** ohne jegliche Umschreibung dieser Rechenwerke aufgenommen. Hier entsteht die Frage, welche **Mindeststandards** für die Erfüllung der Verpflichtung gelten sollen.

2. Befreiender Konzernabschluß nach international anerkannten Rechnungslegungsgrundsätzen

2.1 Beschränkung des befreienden Konzernabschlusses auf börsennotierte Unternehmen

Schon in den bisher geltenden Vorschriften des HGB gibt es vereinzelt **Sondervorschriften** für Unternehmen, die den **öffentlichen Kapitalmarkt** in Anspruch nehmen. Das betrifft sowohl den **Einzel**- wie den **Konzernabschluß:**

- Gemäß § 267 Abs. 3 HGB gelten Kapitalgesellschaften unabhängig von ihrer tatsächlichen Größe, gemessen an den gesetzlichen Größenmerkmalen Umsatz, Bilanzsumme und Zahl ihrer Arbeitnehmer, als große Kapitalgesellschaften im Sinne von § 267 HGB, wenn ihre Aktien oder andere von ihr ausgegebene Wertpapiere an einer Börse in einem Mitgliedstaat der EU zugelassen sind. Sie dürfen damit die größenabhängigen Erleichterungen des § 288 HGB und die Befreiung von der Pflicht zur Aufstellung des Lageberichts (§ 264 Abs. 1 HGB) nicht in Anspruch nehmen.
- Entsprechend unterliegen nach § 293 Abs. 5 HGB **Konzerne** unabhängig von ihrer tatsächlichen Größe als **große Konzerne** der Konzernrechnungslegungspflicht, wenn Aktien oder andere Wertpapiere des Mutterunternehmens oder eines in seinen Konzernabschluß einbezogenen Tochterunternehmens an einer Börse in der EU notiert sind.

Diese Sondervorschriften **belasten** börsennotierte Unternehmen im Vergleich zu anderen gleich großen Unternehmen mit **weitergehenden Publizitätspflichten**. Auch die neue Pflicht zur Erweiterung des Konzernanhangs um eine Kapitalflußrechnung und um eine Segmentberichterstattung gem. § 297 HGB ist eine zusätzliche Belastung börsennotierter Muttergesellschaften. Diese erweiterten Publizitätspflichten sind durch die **Informationsansprüche der Teilnehmer am öffentlichen Kapitalmarkt gerechtfertigt**. Ihnen fehlt der direkte Zugang zu Unternehmensinformationen, über die z.B. Gesellschafter einer GmbH in der Regel verfügen.

Die erweiterten Publizitätspflichten werden neuerdings durch **erweiterte Prüfungspflichten** in § 317 Abs. 4 HGB ergänzt. Danach hat der Abschlußprüfer zu beurteilen, ob der Vorstand einer **amtlich notierten AG** die ihm nach § 91 Abs. 2 AktG obliegende Maßnahmen zur **Früherkennung von bestandsgefährdenden** Risiken, insbesondere durch ein Überwachungssystem, in geeigneter Form getroffen hat (vgl. HFA, 1998, S. 485).

Diesen erhöhten Publizitäts- und Prüfungsanforderungen an börsennotierte Unternehmen steht mit § 292a HGB das **Privileg einer Option für einen befreienden Konzernabschluß** gegenüber. Man muß sich fragen, warum hier eine Begünstigung für eine – im Vergleich zu den in den §§ 267 Abs. 3 und 293 Abs. 5 HGB auch noch eingeschränkte – Gruppe börsennotierter Unternehmen geschaffen wurde, statt die Optionen allen konzernrechnungslegungspflichtigen Mutterunternehmen einzuräumen. Der Bericht des Rechtsausschusses schweigt dazu. Die Antwort auf die Frage mag in der etwa zwei Jahre dauernden Geschichte des KapAEG zu finden sein: Nach dem **Regierungsentwurf** des KapAEG (vgl. BT-Drucksache 13/9909, S. 6) sollte das Privileg des § 292a HGB nur Mutterunternehmen gewährt werden, die selbst oder aber durch ein Tochterunternehmen einen **ausländischen Kapitalmarkt** über Aktien oder auch andere Wertpapiere in Anspruch nehmen. Dadurch sollte eine angebliche Inländerdiskriminierung am deutschen Kapitalmarkt beseitigt werden, die darin bestände, daß nach den US-GAAP aufgestellte Konzernabschlüsse ausländischer Unternehmen von den deutschen Börsen akzeptiert werden und solche Konzernabschlüsse gemäß § 292 HGB von der Pflicht zur Aufstellung von Teilkonzernabschlüssen befreien können, während deutsche Unternehmen für ein volles Listing an der New York Stock Exchange (NYSE) sich gemäß Form 20-F an amerikanische Rechnungslegungsregeln anpassen müssen. Der Rechtsausschuß hat offenbar erkannt, daß eine solche Beschränkung auf Mutterunternehmen, die einen ausländischen Kapitalmarkt beanspruchen, mit deren Privilegierung zugleich zu einer Diskriminierung der viel größeren Gruppe von Unternehmen führt, die zwar nicht ausländische, aber inländische Kapitalmärkte beanspruchen. Darauf war in der Literatur bereits hingewiesen worden (vgl. Busse von Colbe, 1997, S. 423 f.).

Zu Recht hat der Rechtsausschuß zwar empfohlen, die Option für einen befreienden Konzernabschluß auf Mutterunternehmen auszudehnen, die an **inländische Börsen** notiert werden. Dabei hat er aber offenbar übersehen, daß er mit dieser Regelung **Mutterunternehmen ohne Börsennotierung diskriminiert** und Börsenunternehmen im Gegensatz zu anderen Spezialvorschriften ohne Begründung ein Privileg einräumt.

Zudem hat der Gesetzgeber im **Unterschied zu den §§ 267 Abs. 3 und 293 Abs. 5 HGB** und auch zum Regierungsentwurf das Wahlrecht auf **Mutterunternehmen beschränkt**, deren **Aktien** an einem von **staatlich anerkannten Stellen** geregelten und überwachten Markt gehandelt werden (§ 3 Abs. 2 AktG). Auch hier fehlt eine Begründung des Rechtsausschusses. Damit hat der Gesetzgeber die Börsenunternehmen für ihre Rechnungslegung in **drei Kategorien aufgespalten** (s. Abbildung 2), ohne daß dafür ein Grund angegeben wird oder zu erkennen ist. Daher ist zu prüfen, ob für eine endgültige Regelung der Rechnungslegung von Börsenunternehmen mit dem Ziel der Vereinfachung eine einheitliche Abgrenzung vorzuziehen ist.

	Internationalisierung	andere Regeln	Anwendungsbereich
Konzernabschluß	§293a: Befreiender Konzernabschluß §297: Kapitalflußrechnung, Segmentberichterstattung		Notierung der Aktien des Mutterunternehmens auf staatl. überwachten Märkten
		§293 Abs. 5	Notierung aller Wertpapiere von Mutter- und Tochterunternehmen auch im geregeltem Freiverkehr
Einzelabschluß		§ 267 Abs. 3	
		§ 317 Abs. 4 § 319 Abs. 3 Nr. 6	Amtliche Notierung der Aktien

Abb. 2: Spezialvorschriften des HGB für die Rechnungslegung von Börsenunternehmen

Wenn der Gesetzgeber künftig **Börsengesellschaften** zu einer erweiterten Rechnungslegung nach international anerkannten Grundsätzen **verpflichtet**, so sollten zumindest auch Mutterunternehmen **ohne Börsennotierung** das **Recht** erhalten, ihre Konzernabschlüsse nach diesen Vorschriften aufzustellen, da diese doch – auch aus Sicht des BJM – als informativer gelten (so auch Pellens/Bonse/Gassen, 1998, S. 786).

2.2 Abgrenzung international anerkannter Rechnungslegungsgrundsätze

Der Gesetzgeber fordert für einen befreienden Konzernabschluß in § 292a Abs. 2 Nr. 2a HGB dessen Aufstellung »nach international anerkannten Rechnungslegungsgrundsätzen«, ohne zu bestimmen, welche das sind. Der Regierungsentwurf bezog sich auf den vom Mutterunternehmen in Anspruch genommenen ausländischen Kapitalmarkt, für den die anerkannten Rechnungslegungsgrundsätze durch Nachfrage bei der nationalen Börsenaufsichtsbehörde hätte ermittelt werden können. Die nun im Gesetz geforderte internationale Anerkennung von Rechnungslegungsgrundsätzen ist ein **neuer unbestimmter Rechtsbegriff**, der erst noch mit Inhalt gefüllt werden muß.

Der Rechtsausschuß versteht nach seiner Begründung der Beschlußempfehlung unter international anerkannten Rechnungslegungsgrundsätzen »**insbesondere die IAS**, aber wegen ihrer internationalen Verbreitung **u.U. auch die US-GAAP**« (BT-Drucksache 13/9909, S. 12). Die Formulierung impliziert, daß nach Meinung des Ausschusses einerseits auch noch **weitere Grundsätze** das Prädikat der internationalen Anerkennung verdienen können, aber es andererseits den US-GAAP nur unter nicht näher spezifizierten Umständen zukommt. Zudem beziehen sich diese Rechnungslegungsgrundsätze gleichermaßen auf den Konzern- wie auf den Einzelabschluß, sollen aber in Deutschland nur für den befreienden Konzernabschluß gelten.

Sieht man zunächst davon ab, ob deutsche Unternehmen daran interessiert sein könnten, ihre Konzernabschlüsse nach anderen Grundsätzen als den IAS oder den US-GAAP aufzustellen, denen das Prädikat »international anerkannt« zukommen könnte (z.B. die der EG), so entsteht die Frage, welche »**Umstände**« vorliegen müssen, die die nationalen **US-GAAP** als »international anerkannte Rechnungslegungsgrundsätze« qualifizieren. Dazu äußert sich der Rechtsausschuß nicht. Bedarf es dazu vielleicht der Anerkennung durch ein internationales Gremium, etwa der International Organization of Securities Commissions (IOSCO), oder durch das neue deutsche Rechnungslegungsgremium (GASC) gem. § 342 HGB? Der Rechtsausschuß bezeichnet die US-GAAP als international verbreitet. Wenn Gesellschaften außerhalb der USA ein volles Listing an der NYSE beantragen, wird jedoch in der Regel eine Anpassung an die US-GAAP gemäß Form 20-F verlangt. Daran ist ersichtlich, daß diese Unternehmen, die gewöhnlich aus einem der führenden Industrieländer stammen, in ihrem Sitzland die US-GAAP für ihren national vorgeschriebenen Abschluß zumindest nicht vollständig anwenden.

Zudem taucht die Frage auf, ob einem Konzernabschluß, in dem **Elemente verschiedener** als international anerkannt anzusehender **Regelwerke**, insbesondere der IAS und US-GAAP, **kombiniert** sind, oder in dem ein solches Regelwerk nicht vollständig z.B. hinsichtlich der Erläuterungen oder des Lageberichtes, angewendet wird, die Befreiungswirkung zukommt. Das Regelwerk des IASC weist z.Z. noch Lücken auf, z.B. hinsichtlich der Bilanzierung von Finanzderivaten und Stock Options oder des Lageberichtes. Dann bleibt nichts anderes übrig, als **Lücken** durch **andere Grundsätze** zu füllen. Müssen dies dann Standards aus den US-GAAP oder dürfen es auch Vorschriften aus dem HGB sein oder sind die Bilanzaufsteller im Rahmen der Willkürfreiheit ungebunden? In jedem Fall muß das Unternehmen gem. § 292a Abs. 2 Nr. 4 HGB im Anhang die angewendeten Grundsätze bezeichnen. Offen ist auch, ob ein ergänzender Hinweis im Bestätigungsvermerk auf eine kombinierte oder unvollständige Anwendung von Regelwerken genügt oder ob eine entsprechende Einschränkung des Testats die Befreiungswirkung verhindert.

2.3 Inkompatibilitäten zwischen EG-Richtlinien und internationalen Rechnungslegungsgrundsätzen

Ein befreiender Konzernabschluß muß gemäß § 292a Abs. 2 Nr. 2b) HGB **»im Einklang mit der Richtlinie 83/349 EG«** stehen. Der Kontaktausschuss für Richtlinien der Rechnungslegung bei der EG-Kommission hat 1996 festgestellt, daß die IAS in ihrer damaligen Fassung von Ende 1995 mit nur zwei relativ unbedeutenden Ausnahmen (Behandlung des **negativen Firmenwertes** aus der Konsolidierung und dem **Konsolidierungsverbot** für Tochterunternehmen) mit den EG-Richtlinien kompatibel seien (vgl. van Hulle, 1998, S. 140 f.). Darauf beruft sich auch die Begründung des Regierungsentwurfs zum KapAEG.

Demgegenüber stellt ein Vorstands-Arbeitskreis des **IDW** – außer der auch vom Kontaktausschuß genannten unterschiedlichen Abgrenzung des Konsolidierungskreises und der Behandlung des passivischen Unterschiedsbetrages nach den gegenwärtig geltenden IAS **fünf z. T. gravierende Abweichungen** zwischen den Rechnungslegungsstandards des IASC und den EU-Richtlinien fest (vgl. IDW, 1998, S. 183–188; kritisch dazu van Hulle, 1998, S. 143–146; siehe hierzu auch die Liste zwingender Unterschiede zwischen IAS im Vergleich zur 4./7. EG-R bei Wollmert/Oser, 1995, S. 53, 56). Dazu zählen die Umrechnung **monetärer Aktiva und Passiva** zu Wechselkursen am Bilanzstichtag, die Bilanzierung von Vorräten aus **Fertigungsaufträgen** nach der Percentage of **Completion-Methode** mit anteiligem Gewinn- und Umsatzausweis vor Übergang des wirtschaftlichen Eigentums, aktivische **latente Steuern auf Verlustvorträge**, die Berücksichtigung der künftigen **karrierebedingten Entwicklung** für die Bemessung vor **Pensionsrückstellungen** und die Bemessung **sonstiger Rückstellungen** mit dem Wert, dem die höchste Wahrscheinlichkeit zukommt (ähnlich auch Küting/Hayn, 1998, S. 32 ff, 127). Bei Anwendung der betreffenden IAS für einen befreienden Konzernabschluß würden insbesondere das Vorsichtsprinzip und zwingende Einzelvorschriften der 4. EG-R. verletzt, die auch für den Konzernabschluß gelten. Gleichwohl empfiehlt der HFA des IDW, sich im Bestätigungsvermerk zu einem befreienden Konzernabschluß auf die zweifelhafte Interpretation des Einklanges durch den Kontaktausschuß zurückzuziehen (HFA, 1998, S. 177 f.).

Bei gravierenden Abweichungen zwischen IAS und EG-RL im Einzelfall stellt sich die Frage, welches Regelwerk vorgeht, die international anerkannten Rechnungslegungsgrundsatz des IASC oder das EG-Recht, gegebenenfalls in der Ausprägung des HGB. EG-Recht steht nicht zur Disposition. Deshalb wird im **Konfliktfall** von den IAS abgewichen und dem EG-Recht gefolgt werden müssen. Darüber muß dann im Anhang berichtet werden. Solche zusätzlichen Anhangsangaben heilen aber weder die Verletzung der IAS noch des EG-Rechtes. Jedoch folgt auch ein solcher Abschluß insgesamt internationalen Grundsätzen, da man den EG-RL dieses Prädikat kaum absprechen kann. Er muß daher befreiend wirken. Der **Prüfungsvermerk** wäre dann entsprechend zu ergänzen. Eine Einschränkung des Bestätigungsvermerks erscheint nur angemessen, wenn den IAS der Vorrang eingeräumt wird, insbesondere dann, wenn aus neuen oder künftig revidierten IAS noch zusätzlich Inkompatibilitäten resultieren.

Auch die **Kompatibilität zwischen US-GAAP und den Bilanzrichtlinien** der EU ist genauer zu **prüfen**. Sie ist zumindest in einzelnen Punkten prima facie zu bezweifeln. Zum Beispiel verstößt auch die nach US-GAAP (ARB 45) vorgeschriebene Bewertung nach der **Percentage of Completion-Methode** bei langfristiger Fertigung mit ihrer Teilgewinnrealisierung gegen das Verbot des Art. 31 Abs. 1 c) aa) 4. EG-R., unrealisierte Gewinne auszuweisen. Dieses Verbot wird auch durch die in SFAS 115 bereits konstituierte Pflicht verletzt, **Handelsbestände an marktgängigen Wertpapieren zum fair value** auch oberhalb der Anschaffungskosten zu bewerten und die daraus entstehenden unrealisierten Gewinne erfolgswirksam zu erfassen.

Wenn die Unterschiede zwischen Bestimmungen der IAS bzw. der US-GAAP und den EG-Richtlinien eine weltweite Harmonisierung der Börsenzulassung durch die IOSCO verhindern, wird die Kommission der EU wohl Anpassung initiieren.

2.4 Gleichwertigkeit des befreienden Konzernabschlusses mit dem Konzernabschluß nach HGB

Die Aussagekraft eines befreienden Konzernabschlusses muß gem. § 292a Abs. 2 Nr. 3 HGB mit der eines nach dem HGB aufgestellten Konzernabschlusses **gleichwertig** sein. Gleichwertigkeit ist ein **unbestimmter Rechtsbegriff**. Er wird bereits in § 292 Abs. 1 HGB benutzt. Danach muß der Konzernabschluß eines übergeordneten Mutterunternehmens mit Sitz außerhalb der EU oder des EWR einem Konzernabschluß nach dem Recht eines Mitgliedsstaates der EU oder des EWR gleichwertig sein, wenn er eine deutsche Zwischenholding von der Pflicht zur Aufstellung eines Teilkonzernabschlusses befreien soll. Ein EG-konformer Konzernabschluß gilt als gleichwertig mit einem HGB-Abschluß. Ein mit den EG-Bilanzrichtlinien im Einklang stehender Konzernabschluß erfüllt bisher bereits das Erfordernis einer mindestens gleichwertigen Aussagekraft..

Seit jedoch durch das KonTraG 1998 eine **Kapitalflußrechnung** und eine **Segmentberichterstattung** gem. § 297 Abs. 1 HGB zu Pflichtbestandteilen der Konzernrechnungslegung gehören, in den EG-Richtlinien aber nicht geregelt sind, geht Gleichwertigkeit über Richtlinienkonformität hinaus; jedoch gehören diese Zusatzrechnungen ohnehin zum Pflichtenkanon international anerkannter Rechnungslegungsgrundsätze.

Die im vorangehenden Abschnitt genannten Inkompabilitäten zwischen den EG-RL einerseits und den IAS bzw. den US-GAAP andererseits können auch die Gleichwertigkeit des nach international anerkannten Rechnungslegungsgrundsätzen aufgestellten Konzernabschlusses mit einem HGB-Konzernabschluß **in Frage stellen**, wenn sie im **Einzelfall insgesamt wesentlich** sind. Das könnte z.B. zutreffen, wenn unrealisierte

Gewinne, die nach US-GAAP realisierbar sind und deshalb erfolgswirksam behandelt werden müssen, zu einem wesentlich anderen Bild der Ertragslage des Konzerns führen als ein HGB-Abschluß. Die Regelungen nach US-GAAP und HGB unterscheiden sich in vielen Einzelheiten (siehe hierzu ARBEITSKREIS »EXTERNE UNTERNEHMENSRECHNUNG« DER SCHMALENBACH-GESELLSCHAFT – DEUTSCHE GESELLSCHAFT FÜR BETRIEBSWIRTSCHAFT E.V., 1997; NIEHUS/THYLL, 1998), ohne daß dies die Gleichwertigkeit grundsätzlich verhindert, sonst liefe § 293 a HGB im Hinblick auf US-GAAP leer.

Gemäß § 292a Abs. 2 HGB kann das Bundesministerium der Justiz durch **Rechtsverordnung** die Voraussetzungen für die Erfüllung der Gleichwertigkeitsbedingung bestimmen oder sogar die Rechnungslegungsgrundsätze bezeichnen, bei deren Anwendung die Gleichwertigkeit gegeben ist. Ob eine solche Rechtsverordnung alle offenen Fragen überhaupt lösen kann, sei hier dahingestellt.

2.5 Erläuterungspflichten und andere Anhangsangaben

Im **Anhang** oder in den Erläuterungen zum befreienden Konzernabschluß sind die **angewandten Rechnungslegungsgrundsätze** zu bezeichnen und die vom deutschen Recht **abweichenden Bilanzierungs-, Bewertungs- und Konsolidierungsmethoden zu erläutern** (§ 292a Abs. 2 Nr. 4 HGB). Für einen befreienden Konzernabschluß streng nach **US-GAAP** erscheint als **Bezeichnung** der angewandten Rechnungslegungsgrundsätze der Hinweis auf sie ohne nähere Beschreibung des umfangreichen, aus vielen Elementgruppen bestehenden komplexen Regelungssystem der US-GAAP ausreichend (siehe deren Darstellungen, z.B. durch HALLER, 1994, S. 55 ff.; PELLENS, 1998, S. 110 ff.). Entsprechendes gilt für die **IAS**, jedoch mit der Notwendigkeit, die Grundsätze näher zu bezeichnen, mit denen Lücken der IAS gefüllt wurden.

Die vom **deutschen Recht abweichenden Bilanzierungs-, Bewertungs- und Konsolidierungsmethoden** können zusammenfassend in einem einleitenden Abschnitt bei der Darstellung der von dem Konzern angewandten Rechnungslegungsgrundsätze oder für die einzelnen Posten des Konzernabschlusses erläutert werden. Dabei muß eine Beschränkung auf das Grundsätzliche genügen, so daß der fachlich vorgebildete Adressat des Abschlusses sich von den Abweichungen und ihren Wirkungen ein Bild machen kann. Den nach **EU-Recht obligatorischen Anhangsangaben** zu den **angewandten Bilanzierungs-, Bewertungs- und Konsolidierungsmethoden** entsprechen die »**Disclosure**«-Verpflichtungen zu den Posten der Bilanz und Gewinn- und Verlustrechnung primär aus den einzelnen Standards insbesondere des FASB und des früheren APB. Entsprechendes gilt für das obligatorische »disclosure« gemäß IAS.

Die Verpflichtung vom deutschen Recht abweichende **Methoden** zu erläutern, impliziert, daß die Abweichungen **nicht quantifiziert** werden müssen. Andernfalls würde intern neben dem Abschluß nach internationalen Grundsätzen ein weiterer nach HGB erforderlich, was durch die Neuregelung gerade vermieden werden soll.

Um den Einklang mit den EG-Richtlinien und die Gleichwertigkeit mit dem HGB herzustellen, muß der Anhang eines befreienden Konzernabschlusses (oder müssen dessen notes) auch die in Art. 34 der 7. EG-RL bzw. in den §§ 313, 314 HGB genannten **weiteren Angaben** enthalten, die sich nicht aus dem »disclosure« zur Bilanz und Gewinn- und Verlustrechnung ergeben. Nach den US-GAAP werden sie weitgehend von der Börsenaufsichtsbehörde SEC verlangt, während die IAS sie – außer den Regeln über Kapitalflußrechnung und Segmentberichterstattung – im wesentlichen nicht fordern.

3. Befreiender Konzernlagebericht nach international anerkannten Rechnungslegungsgrundsätzen

Die Vorschrift in § 292a HGB, daß auch der Konzernlagebericht nach international anerkannten Rechnungslegungsgrundsätzen aufgestellt sein und dann im Einklang mit der 7. EG-RL stehen und dem Lagebericht gemäß § 315 HGB gleichwertig sein muß, wenn er zusammen mit dem Konzernabschluß befreiend wirken soll, läuft dem Wortsinn nach leer. Weder die US-GAAP noch die IAS enthalten Regeln für einen Lagebericht im Sinne von Art. 36 der 7. EG-RL bzw. § 315 HGB. Welche Lösungen bieten sich an?

Die Vorschriften des Art. 36 Abs. 1 und Abs. 2a) bis c) 7. EG-RL sind sinngemäß, zum Teil wörtlich, in § 315 HGB und die Vorschrift in Buchstabe d) in § 314 Abs. 1 Nr. 7 HGB übernommen worden. Ein Konzernlagebericht nach **Europarecht** würde ein Bericht nach **international anerkannten Rechnungslegungsgrundsätzen** sein und zugleich im **Einklang** mit den Richtlinien stehen.

Seit der Erweiterung des § 315 Abs. 1 HGB durch das KonTraG besteht das Gebot, im Konzernlagebericht »auch auf die Risiken künftiger Entwicklung einzugehen«. Mit diesem Zusatz für einen **Risikobericht** geht das HGB über die Anforderungen der EG-RL hinaus. Somit muß zur Erfüllung des Erfordernisses der **Gleichwertigkeit** der Konzernlagebericht nach international anerkannten Grundsätzen auch einen solchen Risikobericht enthalten.

Ein befreiender Konzernabschluß und ein Konzernlagebericht müssen gemäß § 292a Abs. 2 Nr. 5 HGB geprüft sein. Auch wenn über ihre **Prüfung** nichts näheres gesagt wird, muß man wohl unterstellen, daß auch sie EG-konform und HGB-gleichwertig sein muß. Andernfalls wären auf ihren Einklang und Gleichwertigkeit kein Verlaß. Somit sind gemäß § 317 Abs. 2 HGB der Risikobericht auf seine zutreffende Darstellung zu prüfen und bei AG mit amtlicher Notierung gemäß § 317 Abs. 4 HGB die dem Vorstand obliegenden Maßnahmen zur Risikoüberwachung vom Abschlußprüfer zu beurteilen.

Bei einem befreienden Konzernabschluß und Konzernlagebericht nach **US-GAAP** könnte die Lösung auch darin bestehen, daß die von der amerikanischen Börsenaufsichtsbehörde SEC gemäß Regulation S-K für Form 10-K und für den ›annual report‹ geforderte »Description of Business« und »Management's Discussion and Analysis of Financial Condition and Results of Operations« als Konzernlagebericht oder an seiner Stelle so ausgestaltet werden, daß darin alle nach Art. 36 7. EG-RL und § 315 HGB erforderlichen Berichtsgegenstände abgehandelt werden. Wenn die befreienden Unterlagen nach international anerkannten Rechnungslegungsgrundsätzen nach Maßgabe der US-GAAP aufgestellt werden, ergibt sich die Frage, ob nicht überhaupt ein »annual report« dazugehört, der alle Angaben enthält, die für Börsengesellschaften in USA von der SEC für ihn vorgeschrieben sind (zu Einzelheiten siehe Brotte, 1997, S. 151 ff.).

Ein Konzernlagebericht nach international anerkannten Rechnungslegungsgrundsätzen auf Basis der **IAS** ist mangels der ihn betreffenden analogen Regeln nicht möglich. Die Lücke muß dann durch einen Konzernlagebericht nach EG-RL/HGB oder einen an den amerikanischen ›annual report‹ angelehnten Bericht geschlossen werden, der die Forderungen nach Einklang mit der 7. EG-RL und nach Gleichwertigkeit mit dem HGB erfüllt.

4. Obligatorische Erweiterung des Konzernanhanges

4.1 Konzernkapitalflußrechnung

Mit der durch Ergänzung des § 297 Abs. 1 HGB neu eingeführten Pflicht für börsennotierte Mutterunternehmen, den Konzernanhang um eine Kapitalflußrechnung zu erweitern, folgt der Gesetzgeber einer in den anglo-amerikanischen Ländern bereits seit Jahrzehnten verbreiteten Übung, zum Teil auch Pflicht (z.B. in USA der vom Acconting Principles Board 1963 veröffentlichten APB-Opinion No. 3 »The Statement of Sources and Application of Funds«), einer in der deutschen Literatur seit langem erhobenen Forderung sowie einer auch in Deutschland verbreiteten Praxis (zur Entwicklung vgl. Käfer, 1967; Busse von Colbe, 1993, Sp. 1074 ff.; Arbeitskreis »Finanzierungsrechnung« der Schmalenbachgesellschaft – Deutsche Gesellschaft für Betriebswirtschaft e. V., 1996).

Die in § 297 Abs. 1 HGB als Satz 2 aufgenommene Erweiterung des Konzernanhangs um eine Kapitalflußrechnung bezeichnet sie zwar nicht als Konzernkapitalflußrechnung und **umschreibt sie auch sonst nicht näher**, doch ist aus der Stellung der neuen Vorschrift dort, wo die Bestandteile des Konzernabschlusses genannt werden, zu schließen, daß sich die Rechnung auf den **Konzern** und nicht nur auf das Mutterunternehmen beziehen muß. Das ist auch aus der Begründung der Beschlußempfehlung des Rechtsausschusses und aus seinem Hinweis in der Begründung der Vorschrift auf internationale Standards (vgl. BT-Drucksache 13/10038, S. 25 f.) zu entnehmen.

Der Hauptfachausschuß des IDW und der Arbeitskreis »Finanzierungsrechnung« der Schmalenbach-Gesellschaft haben 1995 eine gemeinsame Empfehlung für eine Kapitalflußrechnung herausgegeben (vgl. HFA, 1995, S. 210 ff., MANSCH/STOLLBERG/VON WYSOCKI, 1995, S. 185 ff.) Diese Stellungnahme lehnt sich an IAS 7 (revised 1992) »Cash Flow Statements« an (zu Einzelheiten vgl. VON WYSOCKI, 1997, S. 255 ff.). Der IAS 7 folgt wiederum weitgehend dem SFAS 95 »Statement of Cash Flows«. Diese Kapitalflußrechnungen sind durch einen ausgegliederten **Fonds liquider Mittel** und einen dreiteiligen Investitions- und Finanzierungsnachweis in Form der Mittelflüsse aus **laufender Geschäftstätigkeit**, aus **Investitionen** und Desinvestitionen sowie aus **externer Finanzierung** gekennzeichnet (zu einzelnen Unterschieden vgl. SIENER, 1998, S. 79 ff.). Vor allem die börsennotierten Muttergesellschaften großer deutscher Konzerne haben Konzernkapitalflußrechnungen nach der Stellungnahme HFA/SG publiziert., sofern sie nicht IAS 7 oder SFAS 95 direkt im Rahmen eines IAS- oder US-GAAP-Konzernabschlusses angewandt haben. Die Stellungnahme HFA/SG bleibt in einigen Punkten, besonders hinsichtlich der Zusatzangaben, hinter den beiden internationalen Standards zurück (vgl. IDW, 1995, S. 212).

Vermutlich wird sich das **GASC** dem Hinweis des Rechtsausschusses folgend (vgl. BT-Drucksache 13/10038, S. 26) mit der Ausgestaltung der Kapitalflußrechnung befassen. Es könnte gem. § 342 Abs. 1 Nr. 1 HGB empfehlen, daß eine Konzernkapitalflußrechnung, die der **Stellungnahme des HFA/SG folgt**, den Grundsätzen einer ordnungsmäßigen Konzernrechnungslegung entspricht. Dabei ist durchaus denkbar, daß die Empfehlung gegenüber der HFA/SG-Stellungnahme einige Zusätze enthalten, die die Kapitalflußrechnung noch näher an IAS 7 bzw. SFAS 95 heranführen. Hinter die Stellungnahme sollte die Empfehlung des GASC aber nicht zurückfallen.

Auch wenn das **Bundesministerium der Justiz** die Empfehlung des Rechnungslegungsgremiums gemäß § 342 Abs. 2 HGB **bekannt gemacht** hat und somit **vermutet** wird, daß bei Anwendung der empfohlenen Kapitalflußrechnung die die Konzernrechnungslegung betreffenden Grundsätze ordnungsmäßiger Buchführung beachtet worden sind, schließt das nicht aus, daß auch für **andere Formen der Kapitalflußrechnung** – z. B. hinsichtlich der Abgrenzung des Fonds, der Struktur des Investitions- und Finanznachweises oder Ermittlungsmethoden der Mittelzu- und -abflüsse – diese Vermutung gelten kann. Die wesentlichen heute allgemein anerkannten Gestaltungsgrundsätze (vgl. VON WYSOCKI, 1998, S. 8 f.) müßten aber eingehalten werden. In § 297 Abs. 1 HGB wird – anders als in § 292 a HGB – nicht auf international anerkannten Rechnungslegungsgrundsätze verwiesen. Damit können die Cash Flow Statements des IASC oder FASB zwar als Leitlinien für die Erfüllung der Forderung des § 297 Abs. 1 nach Erweiterung des Konzernanhanges dienen, sind aber nicht verbindlich.

4.2 Konzernsegmentberichterstattung

Die Aufgliederung von Daten der Rechnungslegung nach **Unternehmensbereichen** und **regionalen Märkten** ist ein wichtiges Instrument zur Erfüllung der **Informationsfunktionen des Konzernabschlusses**. Sie gewährt einen Einblick in Chancen und Risiken des Konzerns. Eine Segmentberichterstattung besteht in Deutschland als Pflicht gemäß § 314 Abs. 1 Nr. 3 HGB bisher in nur rudimentärer Form für **Umsatzerlöse** von Konzernen nach Tätigkeitsbereichen und geographisch bestimmten Märkten. Allerdings gehen manche Konzerne in Anlehnung an ausländische Vorbilder freiwillig darüber hinaus. In anglo-amerikanischen Ländern werden nach den dort geltenden ›accounting standards‹ Segmentberichte seit etwa 10 bis 20 Jahren veröffentlicht (vgl. Haller/Park, 1994, S. 504 ff.).

Die Ausführungen zur Konzernkapitalflußrechnung unter 4.1 gelten weitgehend für die Segmentberichterstattung entsprechend. Allerdings gibt es bisher noch keine Stellungnahme des HFA/SG zur Segmentberichterstattung; sie ist aber in Vorbereitung. Damit bilden der IAS 14 (revised 1997) »Segmentreporting« und der vorhergehende SFAS 131 »Disclosure about Segments of an Enterprise and Related Information« zunächst direkt – wenn auch unverbindliche – Leitlinien für die Segmentberichterstattung nach § 297 Abs. 1 HGB. Aus ihnen lassen sich zumindest eine Art Grundsätze ordnungsmäßiger Segmentberichterstattung ableiten (vgl. Haller/Park, 1994, S. 499 ff.).

Nach diesen Standards sind ähnliche wie nach § 314 Abs. 1 Nr. 3 HGB sektoral »Operating« bzw. »Business Segments« nach Art der Produkte, Produktionsprozesse oder Kundengruppen der internen Berichterstattung entsprechend zu bilden. Für jedes Segment sind außer den Umsätzen insbesondere **Ergebnis**, **Vermögen**, **zurechenbare Verbindlichkeiten**, **Investitionen**, **Abschreibungen** und **Equity-Ergebnis** auszuweisen. In entsprechender Weise sind die Daten der Rechnungslegung nach »Geographical Segments« zu segmentieren, wobei diese Aufgliederung reduziert werden kann, wenn regionale Segmentierung als nachrangig vom Unternehmen eingestuft wird (zu Einzelheiten vgl. Arbeitskreis »Externe Unternehmensrechnung« der Schmalenbach-Gesellschaft – Deutsche Gesellschaft für Betriebswirtschaft e. V., 1997, S. 153 ff.).

5. Zusammenfasung

Der Gesetzgeber hat mit dem neuen Wahlrecht für börsennotierte Mutterunternehmen, statt eines Konzernabschlusses nach HGB einen Konzernabschluß nach international anerkannten Rechnungslegungsgrundsätzen gemäß §292a HGB aufzustellen, und mit der Verpflichtung im § 297 Abs. 1 HGB für sie, auch bei einem Konzernabschluß nach HGB den Konzernanhang ohne nähere Umschreibung um eine Kapitalflußrechnung und eine Segmentberichterstattung zu erweitern, zwei Schritte zur **Anpassung der Konzernrechnungslegung** an **international vorherrschende Grundsätze** und zur **Differenzierung der Rechnungslegung** zwischen börsennotierten und anderen Unternehmen unternommen. Er hat sich dabei auf eine **kleine, vorläufige Lösung** beschränkt. Für eine große Lösung mangelte es ihm an Zeit, vor allem aber gegenwärtig an der Bereitschaft dazu. Mit der **Befristung** des § 292a HGB bis zum Jahre 2004 hat er jedoch zu erkennen gegeben, daß er die Notwendigkeit für eine umfassendere Lösung sieht. Das in § 342/342a HGB vorgesehene **Rechnungslegungsgremium** soll dazu offenbar Hilfestellung leisten.

Mit der jetzigen gewählten kleinen Lösung ist ein **Spannungsfeld** zwischen dem neuen unbestimmten Rechtsbegriff der international anerkannten Rechnungslegungsgrundsätze und den Bedingungen des **Einklanges** mit den EG-RL und der **Gleichwertigkeit** mit einem HGB-Abschluß für die Wahrnehmung des Wahlrechtes nach § 292a HGB entstanden.

Daraus resultiert eine Fülle neuer **Zweifelsfragen,** die von Wissenschaft und Praxis sowie von dem Rechnungslegungsgremium zu lösen sind. Einige davon wurden in den Abschnitten 2 und 3 dieses Beitrages erörtert. Sie entstehen insbesondere aus **Inkompabilitäten** zwischen den nach der Gesetzesbegründung als international anerkannt geltenden IAS und US-GAAP und dem **Europarecht,** der Forderung nach **Gleichwertigkeit** mit den Regelungen des HGB und den **Lücken** insbesondere der IAS vor allem hinsichtlich des Konzernlageberichts. Auch die **Ausfüllung der neuen Rahmenvorschrift** des § 297 Abs. 1 HGB zur Kapitalflußrechnung und Segmentberichterstattung enthält offene Fragen.

Für eine **große Lösung** bis zum Jahre 2004 steht der Gesetzgeber vor der Entscheidung grundsätzlicher wenigstens zum Teil in Abschnitt 1 genannter Fragen. Sie betreffen nicht nur die konsequente **Differenzierung** der Rechnungslegungsvorschriften zwischen **börsennotierten und anderen Unternehmen**, sondern auch zwischen **Einzel- und Konzernabschluß**. Der Fragenkomplex erstreckt sich bis hin zur Frage, ob im Anschluß an die internationale Entwicklung ein **Paradigmenwechsel** von der herkömmlichen deutschen durch Vorsichtsprinzip, Gläubigerschutz und Ausschüttungsbemessung geprägten Rechnungslegung zu einer primär dem Anlegerschutz durch möglichst faire Information verpflichtete, entscheidungsrelevante Finanzberichterstattung, was auch eine Modifizierung des Maßgeblichkeitsprinzips bedeuten würde, vorgenommen werden sollte.

Literaturverzeichnis

Accounting Principles Board Opinion (APB) No. 3, The Statement of Source and Application of Funds, in: FASB (Hrsg.), Original Pronouncements, Norwalk/Connecticut 1997.

Accounting Research Bulletin (ARB) No. 43, Restatement and Revision of Accounting Research Bulletins, in: FASB (Hrsg.), Original Pronouncements, Norwalk/Connecticut 1997.

Accounting Research Bulletin (ARB) No. 45, Long-Term Construction-Type Contracts, in: FASB (Hrsg.), Original Pronouncement, Norwalk/Connecticut 1997.

Arbeitskreis »Externe Unternehmensrechnung« der Schmalenbach-Gesellschaft – Deutsche Gesellschaft für Betriebswirtschaft e. V. (1997), Vereinbarkeit internationaler Konzernrechnungslegung mit handelsrechtlichen Grundsätzen, Busse von Colbe, Walther/Seeberg, Thomas (Hrsg.), Zeitschrift für betriebswirtschaftliche Forschung-Sonderheft 39/1997, Düsseldorf/Frankfurt 1997.

Arbeitskreis »Finanzierungsrechnung« der Schmalenbachgesellschaft – Deutsche Gesellschaft für Betriebswirtschaft e. V. (1996), Finanzierungsrechnung im Konzern, Mansch, Helmut / von Wysocki, Klaus (Hrsg.), Zeitschrift für betriebswirtschaftliche Forschung-Sonderheft 37/1996, Düsseldorf/Frankfurt 1996.

Böcking, Hans-Joachim / Orth, Christian (1998), Neue Vorschriften zur Rechnungslegung und Prüfung durch das KonTraG und das KapAEG, in: Der Betrieb 1998, S. 1241–1246.

Brotte, Jörg (1997), US-amerikanische und deutsche Geschäftsberichte, Wiesbaden 1997.

Buhleier, Claus / Helmschrott, Harald (1997), Auf dem Wege zu den Weltstandards bei der Konzernrechnungslegung, in: Betriebs-Berater 1997, S. 775–779.

Bundesministerium der Justiz – BJM (1996), Entwurf eines KapAEG v. 27. 11. 1996, 33 507/17 (hektrographiert).

Busse von Colbe, Walther (1993), Kapitalflußrechnung, in: Chmielewicz, Klaus/Schweizer, Marcell (Hrsg.), Handwörterbuch des Rechnungswesens, 3. Aufl., Stuttgart 1993, Sp. 1074–1085.

Busse von Colbe, Walther (1997), Internationalisierung als Kür oder Pflicht? – Zum Regierungsentwurf des KapAEG, in: Forster, Karl-Heinz/Grunewald, Barbara/Lutter, Markus/Semler, Johannes (Hrsg.), Aktien- und Bilanzrecht, Festschrift für Bruno Kropff, Düsseldorf 1997, S. 417–429.

BT-Drucksache 13/9909, Beschlußempfehlung und Bericht des Rechtsausschusses zu dem Entwurf eines Gesetzes zur Verbesserung der Wettbewerbsfähigkeit deutscher Konzerne an internationalen Kapitalmärkten und zur Erleichterung der Aufnahme von Gesellschafterdarlehen (Kapitalaufnahmeerleichterungsgesetz – KapAEG) vom 12. 2. 1998.

BT-Drucksache 13/10038, Beschlußempfehlung und Bericht des Rechtsausschusses zu dem Entwurf eines Gesetzes zur Kontrolle und Transparenz im Unternehmensbereich (KonTraG) vom 4. 3. 1998

Haller, Axel (1994), Die Grundlagen der externen Rechnungslegung in den USA, 4. Aufl., Stuttgart 1994.

Haller, Axel (1997), Kommentierung von IAS 14, in: Baetge, Jörg u. a. (Hrsg.), Rechungslegung nach International Accounting Standards (IAS), Kommentar auf der Grundlage des deutschen Bilanzrechts, Stuttgart 1997.

Haller, Axel / Park, Peter (1994), Grundsätze ordnungsmäßiger Segmentberichterstattung, in: Zeitschrift für betriebswirtschaftliche Forschung 1994, S. 499–524.

HFA (1995), Die Kapitalflußrechnung als Ergänzung des Jahres- und Konzernabschlusses, Stellungnahme HFA 1/1995, in: Die Wirtschaftsprüfung 1995, S. 210–213.

HFA (1998), Verlautbarung: Bestätigungsvermerk zu einem befreienden Konzernabschluß nach § 292 a HGB, in: IDW-Fachnachrichten, 1998, S. 177–178.

HFA (1998), Entwurf IDW Prüfungsstandard: Die Prüfung des Risikofrüherkennungssystems nach § 317 Absatz 4 HGB (IDW EPS 340), in: IDW-Fachnachrichten, 1998, S. 485–491.

van Hulle, Karel (1998), Die Zukunft der europäischen Rechnungslegung im Rahmen einer sich ändernden internationalen Rechnungslegung, in: Die Wirtschaftsprüfung 1998, S. 138–153.

IDW (1998), Praktisch relevante Abweichungen zwischen den Rechnungslegungstandards des IASC und der 4. und 7. EG-Richtlinie, in: Die Wirtschaftsprüfung 1998, S. 183–188.

International Accounting Standard (IAS) 7 (revised 1992), Cash Flow Statements, in: IASC (Hrsg.), International Accounting Standards 1998, London 1998.

International Accounting Standard (IAS) 14 (revised 1997), Segment Reporting, in: IASC (Hrsg.), International Accounting Standards 1998, London 1998.

Käfer, Karl (1967), Kapitalflußrechnungen, Zürich 1967.

Kontaktausschuss für Richtlinien der Rechnungslegung (1996), Eine Überprüfung der Konformität der Internationalen Rechnungslegung (IAS) mit den europäischen Richtlinien der Rechnungslegung, Dokument XV/7003/96-DE vom 1.4.1996.

Küting, Karlheinz / Hayn, Sven (1998), EG-Abschluß versus IASC-Abschluß, in: Küting, Karlheinz/Weber, Claus-Peter (Hrsg.):, Handbuch der Konzernrechnungslegung, 2. Aufl., Stuttgart 1998.

Mansch, Helmut / Stollberg, Klaus / von Wysocki, Klaus (1995), Die Kapitalflußrechnung als Ergänzung des Jahres- und Konzernabschlusses, in: Die Wirtschaftsprüfung 1995, S. 185–203.

Niehus, Rudolf J. / Thyll, Alfred (1998), Konzernabschluß nach US-GAAP, Stuttgart 1998.

Pellens, Bernhard (1998), Internationale Rechnungslegung, 2. Aufl., Stuttgart 1998.

Pellens, Bernhard / Bonse, Andreas / Gassen, Joachim (1998), Perspektiven der deutschen Konzernrechnungslegung, in: Der Betrieb 1998, S. 785–792.

Siener, Friedrich (1998), Kapitalflußrechnungen von Industrieunternehmen, in: von Wysocki, Klaus (Hrsg.), Kapitalflußrechnung, Stuttgart 1998, S. 35–98.

Statement of Financial Accounting Standards (SFAS) No. 95, Statement of Cash Flows, in: FASB (Hrsg.), Original Pronouncements, Norwalk/Connecticut 1997.

Statement of Financial Accounting Standards (SFAS) No. 115, Accounting for Certain Investments in Debt and Equity Securities, in: FASB (Hrsg.), Original Pronouncements, Norwalk/Connecticut 1997.

Statement of Financial Accounting Standards (SFAS) No. 131, Disclosures about Segments of an Enterprise and Related Information, Norwalk/Connecticut 1997.

Wollmert, Peter / Oser, Peter (1995), Der IASC-Abschluß eines Drittlandunternehmens als befreiender Konzernabschluß, in: Der Betrieb 1995, S. 53–57.

von Wysocki, Klaus (1997), Kommentierung von IAS 7, in: Baetge, Jörg u. a. (Hrsg.), Rechnungslegung nach International Accounting Standards (IAS). Kommentar auf der Grundlage des deutschen Bilanzrechts, Stuttgart 1997.

von Wysocki, Klaus (1998), Grundlagen, nationale und internationale Stellungnahmen zur Kapitalflußrechnung, in: von Wysocki, Klaus (Hrsg.), Kapitalflußrechnung, Stuttgart 1998, S. 1–33.

Normierung der Rechnungslegung

Eine kritische Analyse der Anforderungen an das DRSC im internationalen Vergleich

Sven Hayn / Horst Zündorf*

Inhalt

* Dr. Sven Hayn, Arthur Andersen Wirtschaftsprüfungsgesellschaft Steuerberatungsgesellschaft mbH, Hamburg; Prof. Dr. Horst Zündorf, Fachbereich Betriebswirtschaftslehre, insbesondere Betriebliche Steuerlehre und externe Rechnungslegung, Hochschule für Wirtschaft und Politik, Hamburg.

1. Einführung

Die Normierung der Rechnungslegung zählt zu den Hauptcharakteristika nationaler Rechnungslegung und bildet daher ein wesentliches Differenzierungskriterium der anglo-amerikanischen versus kontinental-europäischen Normen- und Rechnungslegungssysteme. In Deutschland – einem der key player kontinental-europäischer Rechnungslegung – war die Normierung des Bilanzrechts, d. h. das Standard Setting, bisher ausschließlich dem Gesetzgeber und den Finanzgerichten vorbehalten. Es kommt mithin einer kleinen Revolution gleich, daß mit dem Gesetz zur Kontrolle und Transparenz im Unternehmensbereich (KonTraG) erstmals ein (privatrechtliches) Standard Setting Body in Deutschland implementiert wird. Frühere Bestrebungen – so zu einem Rechnungslegungs- oder GoB-Rat (vgl. stellvertretend LANGENBUCHER/BLAUM, 1995, S. 2325 f.) – waren stets gescheitert.

CLAUS-PETER WEBER hat durch seine vielfältigen Publikationen insbes. zu Fragen des Übergangs auf neue Rechnungslegungsanforderungen, der Kommentierung von Schlüsselparagraphen des HGB sowie der Co-Herausgabe des Handbuchs der Rechnungslegung und des Handbuchs der Konzernrechnungslegung stets an einem wesentlichen Teil des Standard Setting Process mitgewirkt: der Eingabe von Stellungnahmen sowie der Gesetzesauslegung. Dieses Engagement pflegte der Geehrte zudem über viele Jahre als Practice Director von ARTHUR ANDERSEN und wurde in jüngerer Zeit durch seine Aktivität im Hauptfachausschuß des IDW und im Verwaltungsrat des Deutsches Rechnungslegungs Standards Committee (DRSC) erweitert.

2. Standard Setting

Rechnungslegung und damit auch die Ableitung und Implementierung von Rechnungslegungsregeln hat immer auch eine politische Dimension. In den Code Law Staaten liegt die Rechtssetzungshoheit grundsätzlich beim Gesetzgeber. Dagegen sind die vom Common Law geprägten Staaten durch wenig gesetzlich kodifizierte Rechnungslegungsvorschriften charakterisiert. In diesen Rechtskreisen füllt i. w. der Berufsstand mittels Verlautbarungen die Regelungslücken aus bzw. schafft das konkrete Recht, dessen Grundstrukturen und Rahmenbedingungen mit den (späteren) Gesetzen festgelegt wurden. Die Ableitung und Verlautbarung von Rechnungslegungsgrundsätzen durch die Accounting Profession ist extrem praxislastig, hoch flexibel und bezieht in jüngerer Zeit oftmals Aspekte der internationalen Rechnungslegung in den Verlautbarungsprozeß mit ein. Ein weiteres charakteristisches Element ist die weitgehende Vernachlässigung theoretischer Abhandlungen oder rein betriebswirtschaftlich zu favorisierender Vorgehensweisen. Es entspricht der angelsächsischen Rechtstradition, staatliche Einflüsse weitgehend auszuschließen und selbständig Anforderungen an die externe Rechnungslegung zu formulieren. Eine Vorgehensweise, die nicht zuletzt vermeiden soll, daß sachunkundige Politiker über Fragen der Rechnungslegung befinden (vgl. HAYN, 1997, S. 36f.). »Professional accountants are experts on the subject. They have a thorough knowledge of the business environment and business practices and of the accounting treatments that are appropriate to reflect them« (BURGGRAAFF, 1983, S. 5; s.a. PERERA, 1989, S. 50). Zudem wird der Vorwurf ausgesprochen, daß eine staatliche Ableitung von Rechnungslegungsmethoden zu vielen Interessen zu entsprechen hätte, um zu einem neutralen, unvoreingenommenen und unparteiischen Ergebnis zu gelangen (so BURGGRAAFF, 1983, S. 5f.; ebenso zu den Nachteilen staatlicher Normierung der Rechnungslegungsanforderungen mit Bezug auf die Ausführungen der WHEAT Commission SPROUSE, 1983, S. 52f.).

Jedoch können die jeweiligen Standard Setting Bodies auch in den »Mutterländern der Accounting Profession« nicht (mehr) willkürlich und ohne jegliche staatliche Reglementierung Verlautbarungen erlassen. Als privatrechtliche Institutionen verfügten und verfügen sie i.d.R. nicht über die Mittel zur Durchsetzung ihrer Standards. Darüber hinaus bedarf es trotz einer drohenden Einschränkung oder Testatversagung einer nachhaltigen Unterstützung der Rechnung legenden Unternehmen, d.h., eine Verlautbarung, die die Interessen der Wirtschaft nicht hinreichend berücksichtigt, hat wenig Aussicht auf Erfolg hinsichtlich ihrer Anwendung. Diese Erkenntnis hat in den angelsächsisch geprägten Staaten zu einem grundlegenden Strukturwandel der Normierungsgremien, d.h. der Standard Setting Bodies, geführt. Während bis in die siebziger und achtziger Jahre der Berufsstand der Wirtschaftsprüfer für die Normierung verantwortlich zeichnete, wurden die entsprechenden Gremien durch unabhängige Institutionen mit i.d.R. hauptamtlich tätigen Vertretern aus den Bereichen Wirtschaftsprüfung, Industrie, Handel, Dienstleistung, Finanz- und Investmentanalyse sowie der Wissenschaft ersetzt (vgl. NOBES, 1992, S. 102; s.a. KÜTING/HAYN, 1993, S. 403f.; GORELIK, 1994, S. 114ff.; KÜTING/HAYN, 1995, S. 113ff.). Mit dem Deutsches Rechnungslegungs Standards Committee (DRSC) hat nunmehr auch Deutschland ein privates Standard Setting Body. Bislang galten v.a. Luxemburg und Deutschland stets als Ausnahmeerscheinungen, da beide Länder aus dem Kreis der EU-Mitgliedstaaten kein Standard Setting Body aufweisen konnten (vgl. EU-KOMMISSION, 1993).

An den Normierungsprozeß werden in der Literatur (nachfolgende Aufstellung entnommen aus ACHLEITNER, 1995, S. 55f.; s.a. ZÜND, 1987, S. 11ff.; FELDHOFF, 1992) Mindestanforderungen gestellt, die den Erfolg des jeweiligen Standard Setting begründen:

(1) Flexibilität des Verfahrens;
(2) Orientierungsrahmen zur Gewährleistung von Konsistenz;
(3) Unabhängigkeit des Standardsetzers;
(4) Gewährleistung der Interessenabwägung;
(5) Fachkunde des Standardsetzers;

(6) Berücksichtigung von Empirie und Wissenschaft;
(7) Kompatibilität mit dem Prozeß der internationalen Harmonisierung;
(8) Transparenz des Verfahrens.

In der Vergangenheit hat die mangelnde Flexibilität des Verfahrens, die Unabhängigkeit des Standardsetzers sowie ein fehlendes Framework zur Ersetzung von Normierungsgremien sowie Revision des Normierungsprozesses in den USA und in Großbritannien geführt. Neben einer vergleichenden Darstellung der Normierung in den USA, Großbritannien und beim IASC gelten die folgenden Ausführungen v.a. dem Vergleich der Struktur des DRSC sowie einer Prognose des künftigen Erfolgs der Arbeit des DRSC – unabhängig von der jeweiligen verfassungsrechtlichen Einschätzung privatrechtlicher Normierung in Deutschland (siehe hierzu stellvertretend die Beiträge von BIENER und BALLWIESER).

3. Normierung im internationalen Vergleich

3.1 USA

3.1.1 CAP und APB

In den USA existiert auf bundesstaatlicher Ebene keine dem deutschen Handelsgesetzbuch vergleichbare gesetzliche Anforderung an die gesellschaftsrechtliche Verpflichtung zur Buchführung und Rechnungslegung. Mit Ausnahmen steuerlicher Dokumentationspflichten erwachsen die Anforderungen an die externe Rechnungslegung i.w. aus dem US-Wertpapierrecht (vgl. WEBER, 1990, S. 148). Die Securities and Exchange Commission (SEC) hat bereits 1938 begonnen, die Legislativfunktion zur Normierung von Ansatz- und Bewertungsvorschriften auf den Berufsstand der Accountants zu delegieren. Das eigene Recht zum Erlaß von Rechtsnormen hat die SEC indes niemals vollständig aufgegeben (vgl. ASR 4 sowie ASR 150). Solange jedoch die privatrechtlichen Standard Setting Bodies den Regulierungsanforderungen der SEC nachkamen, hat die Bundesbehörde ihr Veto-Recht ebenso wie das Recht zum eigenständigen Erlaß von Rechtsnormen – mit Ausnahme von Normen zu Angabepflichten – nur in wenigen Ausnahmefällen wahrgenommen (so mit ASR 253 gegen die Beschränkung auf die successful efforts method gem. SFAS 19, später geändert durch SFAS 25). »Diese ›private sector‹-Sicht der Bilanzierung ... wird allerdings im Rahmen des Haftungsrechts und auch des Strafrechts gegen Manipulation und betrügerische Machenschaft stark geschützt« (WEBER, 1997, S. 59).

Das Committee on Accounting Procedures (CAP) ging 1938 aus dem sechs Jahre zuvor gegründeten Special Committee in the Development of Accounting Procedures hervor, einem in Kooperation mit der New York Stock Exchange (NYSE) eingesetzten

Ausschuß des American Institute of Accountants (AIA). Das CAP hatte zuerst 7 und später sodann 21 praktizierende Certified Public Accountants als Mitglieder (vgl. SONNEMANN, 1989, S. 24; HALLER, 1994, S. 37 f.), die ehrenamtlich tätig waren. Das CAP sollte v. a. zeitnah bestehende Entscheidungshilfen zu aktuellen Bilanzierungsproblemen geben. Hieraus konnte sich »kein zusammenhängendes System von Bilanzierungsgrundsätzen und Richtlinien« (HALLER, 1994, S. 38) entwickeln. Schwerer wog hingegen das Defizit, daß die einzelnen vom CAP verlautbarten Accounting Research Bulletins (ARBs) – anfangs – keine innere Konsistenz aufwiesen. Die ARBs waren lediglich Stellungnahmen und Empfehlungen ohne verbindliche Wirkung. Erst seit der Veröffentlichung von APB 6 sind US-Wirtschaftsprüfer »verpflichtet, falls sie von den Bilanzierungsgrundsätzen des AICPA (American Institute of Certified Public Accountants; d. Verf.) abweichen, im Bestätigungsvermerk oder in einer Fußnote zur Bilanz über die Abweichung zu berichten und die Auswirkungen auf den Jahresabschluß zu beschreiben« (SCHÄFER, 1970, S. 31). Da das Gremium bereits frühzeitig den besonderen Bedürfnissen und Wünschen der SEC und anderer politischer Institutionen zur Abstellung sachlicher Unzulänglichkeiten und mißbräuchlicher Anwendung von Rechnungslegungsgrundsätzen nachzukommen hatte, wurde die Beschäftigung mit grundlegenden Fragen und die Erarbeitung eines theoretischen Rahmenkonzepts stets zugunsten der Behandlung aktueller Einzelthemen zurückgestellt (vgl. SONNEMANN, 1989, S. 24; s. a. LÜCK, 1969, S. 361 f.; DAVIDSON/ANDERSON, 1987, S. 116). Dieses Dilemma ist in den USA bis zur Verabschiedung des Conceptual Framework des Financial Accounting Standards Board (FASB) (1976–1985) zu verfolgen, wobei in den 70er und 80er Jahren i. w. nur noch die vorherrschende Bilanzierungspraxis nachrichtlich in den Rang von Rechnungslegungskonzepten erhoben wurde. Weder eine detaillierte Auseinandersetzung mit einzelnen Rechnungslegungstheorien und ihrer Bedeutung für die Einzelnormen noch eine Überprüfung und Anpassung bestehender Standards mit den Concepts hat in den USA umfassend stattgefunden. Im Gegensatz zum Framework des IASC kommt dem Conceptual Framework des FASB im Rahmen der Normierung neuer Statements of Financial Accounting Standards (SFASs) sowie Emerging Issues Task Force (EITF) allenfalls eine untergeordnete Bedeutung zu.

1959 wurde das CAP i. w. wegen des Mangels einheitlicher Rahmengrundsätze durch das Accounting Principles Board (APB) ersetzt. Ebenso wie das CAP war auch das APB ein vom AICPA bzw. dessen Vorgängerorganisation, dem AIA, eingesetztes Gremium. Das APB setzte sich aus 18 (später 21) Mitgliedern zusammen, die – ebenso wie im CAP – mit einer 2/3 Mehrheit über die Annahme einer Opinion entschieden (vgl. DAVIDSON/ANDERSON, 1987, S. 117). Neben den Accountants waren erstmals auch Vertreter der Wissenschaft und Finanzanalysten im APB vertreten. Die Mitglieder waren freiwillig und ehrenamtlich für das Board tätig. Ein Theoriegremium, die AICPA Accounting Research Division, sollte die wesentlichen Defizite der Vorgängerorganisation beheben und zudem die innere Konsistenz und Widerspruchsfreiheit der verlautbarten Opinions sichern (vgl. LÜCK, 1969, S. 364; LÜCK/HOLZER, 1976, S. 293). Ab

1969 veröffentlichte das APB neben den Opinions des weiteren Interpretationen. Das APB geriet indes ab Mitte der 60er Jahre v.a. über die bilanzielle Behandlung des Investment Tax Credit sowie von Unternehmenszusammenschlüssen und des Goodwill in Bedrängnis (vgl. Sonnemann, 1989, S. 25f.). Insbes. die Diskussionen zu ersterem Themenkreis gefährdeten das Subsidiaritätsprinzip mittels privatrechtlicher Normierung erheblich und führten nach der Einsetzung zweier Sonderkomitees zur Beendigung der Arbeit des APB. Wesentliche, vom APB verlautbarte Standards – darunter die Bilanzierung von Unternehmenszusammenschlüssen (purchase vs. pooling-of-interests) und des Goodwill – sind indes nach wie vor in Kraft.

3.1.2 FASB

Die Schwerfälligkeit des personell stark besetzten APB, die CPA-Lastigkeit sowie der Mangel an theoretischer Fundierung der Arbeit durch die wachsende Notwendigkeit zu schnellen Regelungen und zeitnahen Verlautbarungen führte zu einem erheblichen Vertrauensschwund seitens der Abschlußprüfer und übrigen Accountants sowie der SEC (vgl. Haller, 1994, S. 39f.). Das AICPA hatte 1971 zwei – nach ihren jeweiligen Vorsitzenden benannte – Ausschüsse eingesetzt, die auf die Gestaltung des privatrechtlichen Normierungsprozesses erhebliche Auswirkungen hatten. Das Trueblood Committee befaßte sich mit den Zielsetzungen der externen Rechnungslegung mittels der Schaffung eines grundlegenden theoretischen Rahmenkonzepts zur Verlautbarung von Rechnungslegungsgrundsätzen. Das Wheat Committee wurde eingesetzt, um das Normierungsverfahren zu optimieren. Basierend auf den Untersuchungsergebnissen des Wheat Committee (i.w. Unabhängigkeit durch hauptamtliche Mitglieder, regelmäßige Sitzungen, Verbreiterung der Meinungsbasis durch Einbeziehung weiterer Berufsstände sowie fundierte und kontinuierliche wissenschaftliche Arbeit; vgl. AICPA, 1972, S. 8) wurde der Verlautbarungsprozeß organisatorisch neu gefaßt und eine Troika mit der gemeinnützigen Financial Accounting Foundation (FAF) als unabhängiger, geschäftsführender Stiftung, dem Financial Accounting Standards Advisory Council (FASAC) als derzeit über 30-köpfigen Konsultationsausschuß sowie dem FASB als Standardisierungsrat eingesetzt. Die als Muttergesellschaft fungierende FAF wird von den 9 wichtigsten Berufsverbänden, der American Accounting Association, dem AICPA, der Association for Investment Management and Research, dem Financial Executives Institute, der Government Finance Officers Association, dem Institute of Management Accountants, der National Association of State Auditors, den Comptrollers and Treasurers sowie der Securities Industry Association getragen. Damit bildet das FAF kein alleiniges Vertretungsorgan des AICPA, wenngleich der AICPA Präsident stets zu den Trustees zählt und die übrigen Trustees (darunter CPAs, Financial Executives, Financial Analysts und Academicians etc.; vgl. FASB, 1998) vom AICPA Board of Directors ernannt werden. Die Hauptaufgabe der FAF liegt in der

Finanzierung sowie der Benennung der FASB Mitglieder und ihrer Überwachung begründet. Mit dieser Organisationsstrukur sollen v.a. den beiden wesentlichen Kritikpunkten am FASB begegnet werden: (1) Mangelnde Unabhängigkeit und (2) Zeitnähe der Verlautbarung von Standards zur Vermeidung des Gestaltungsmißbrauchs durch die Bilanzierungspraxis.

Die SEC bekräftigte zu Beginn der Arbeit des FASB den substantial authoritative support (vgl. ARS 150) und erhebt die SFASs und FIWs offiziell in den Rang von (promulgated) US-GAAP. Gepaart mit dem revidierten Code of Professional Ethics (vgl. Rule 203) erhält die Arbeit des FASB von Anfang an ein solides Fundament (gl. A. Sonnemann, 1989, S. 27; s.a. Davidson/Anderson, 1987, S. 118f.).

Das FASB setzt sich – entspr. den Vorschlägen des Wheat Committee – aus 7 hauptberuflich tätigen Mitgliedern zusammen (davon 4 Wirtschaftsprüfer), die für einen Zeitraum von 5 Jahren mit der Möglichkeit zur einmaligen Wiederwahl bestellt werden und während dieser Zeit sämtliche sonstigen beruflichen und geschäftlichen Tätigkeiten ruhen lassen müssen. Das FASB wird in seiner Arbeit von einem ca. 40 bis 50-köpfigen wissenschaftlichen Staff unterstützt; gesonderte ständige Arbeitsgruppen oder Fachausschüsse existieren nicht. Die Mitglieder des FASB entscheiden nach einem due process mit einer Mehrheit von 5 zu 7 über die Annahme eines SFAS (siehe im einzelnen FASB 1998a). Die Facharbeit wird i.d.R. von einer 15-köpfigen, zeitlich begrenzt norminierten Task Force (preparers, auditors and users) unterstützt, »by providing expertise, a diversity of viewpoints, and a mechanism of communication with those who may be affected by proposed standards« (FASB, 1998a). Der due process beinhaltet die Möglichkeit – zur mündlichen und schriftlichen – Einreichung von Stellungnahmen zu Discussion Memorandums oder Invitations of Comments sowie Exposure Drafts, die vom Staff des FASB reviewt und bearbeitet werden. Während der Beratungsphase sind sämtliche Entwürfe vom FASB kostenlos erhältlich; entsprechende Bekanntmachungen erfolgen u.a. durch den Newsletter Status Report sowie den wöchentlichen Action Alerts. Das hauptamtliche Board tagt »as many times as necessary to resolve the issues« (FASB, 1998a). Diese Board Meetings sind öffentlich; darüber hinaus finden öffentliche Anhörungen (Public Hearing) zu neuen Verlautbarungen statt, die es Einzelpersonen und Organisationen ermöglichen, zu den jeweiligen Vorschlägen gehört zu werden; die eingereichten Wortbeiträge sowie die Diskussionen der Anhörungen werden veröffentlicht. Über die – spätere – Annahme eines SFAS wird ebenso wie über eine etwaige Ablehnung unter Angabe des Namens des FASB Mitglieds und der Nennung der Ablehnungsgründe im Anhang der SFASs berichtet. Zudem ist das FASB gehalten, jährlich einen Rechenschaftsbericht zu erstellen und zu veröffentlichen.

1984 wurde dem FASB eine ständige Task Force, die Emerging Issues Task Force (EITF), zur kurzfristigen Erarbeitung von verbindlichen Stellungnahmen zu speziellen Themen der externen Rechnungslegung sowie der Lösung von Problemen bei Einführung neuer SFAS zur Seite gestellt. In der EITF, die im sechswöchigen Turnus tagt, sind neben Wirtschaftsprüfern, Vertreter der Industrie sowie der SEC Chief Accountant vertreten. Problemlösungen werden ohne formalen due process als Consensus veröffentlicht.

Neben den SFASs verabschiedet das FASB zu einzelnen SFASs Interpretationen, denen gem. Rule 203 dieselbe Bindungswirkung wie den SFASs zukommt. Der Staff des FASB veröffentlicht zudem in unregelmäßigen Abständen Technical Bulletins, denen jedoch ein reiner Empfehlungs- und Erläuterungscharakter beizumessen ist. Die Bulletins müssen vor ihrer Veröffentlichung in öffentlicher Sitzung mit dem FASB diskutiert und der interessierten Öffentlichkeit zur Stellungnahme zugänglich gemacht worden sein. Zur Regulierung der Rechnungslegung im öffentlichen Bereich richtete die FAF 1984 des weiteren das Governmental Accounting Standards Board (GASB) sowie das Governmental Accounting Standards Advisory Council (GASAC) ein.

Die privatrechtliche Normierung ist trotz ihrer Tradition und der wirksamen Arbeitsweise des FASB bis heute nicht unumstritten. So wird auch in den USA die staatliche Reglementierung angemahnt (vgl. stellvertretend Lück/Holzer, 1976, S. 298 sowie Lück/Holzer, 1977; Martens/McEnroe, 1993, S. 149 zum Metcalf-Report). Die jüngsten Entwicklungen im Zusammenhang mit der Entwicklung von SFAS 133 sowie der nach wie vor bestehenden Kritik nach dessen Verabschiedung fördern diese Diskussion erneut.

3.2 Großbritannien

3.2.1 ICAEW, ASSC und ASC

In Großbritannien existierten bis zur Transformation der 4. und 7. EG-Richtlinie prinzipiell keine gesetzlich kodifizierten oder durch den Berufsstand erlassenen Rechnungslegungsregeln.

Das Accounting Standards Steering Committee (ASSC) wurde 1969 gegründet, um Bilanzierungs- und Bewertungsvorschriften im Rahmen von Standards zu erlassen. In Vorjahren hatte das ICAEW (Institute of Chartered Accountants in England and Wales) lediglich Empfehlungen auf Vorschlag eines Ausschusses veröffentlicht. Das ASSC ging 1976 in das Accounting Standards Committee (ASC) über. Taylor/Turley (1986, S. 32) führen als Hauptgründe des Scheiterns der »Normierung« durch das ICAEW an, daß die Beachtung der Standards nicht verpflichtend war, die Normierung oftmals eine erhebliche Zeitperiode beanspruchte, die Standards regelmäßig Wahlrechte enthielten und keine Standards i. e. S. verabschiedeten und keine Verfahren zur Einbindung von anderen Interessengruppen in den Normierungsprozeß vorgesehen waren.

Das – zum 1. August 1990 durch das ASB ersetzte – ASC war zuletzt als gemeinschaftliches Gremium der sechs Mitglieder des Consultative Committee of Accounting Bodies (CCAB) ausgestaltet. Zuerst als reiner Ausschuß des ICAEW gegründet, wurden bis 1976 das Institute of Chartered Accountants of Scotland sowie das Institute of Chartered Accoutants in Ireland (1970), die Chartered Association of Certified Accoutants und das Chartered Institute of Management Accoutants (1971) sowie das Chartered Institute of Public Finance and Accountancy (1976) Mitglied des CCAB. Jedem Mitglied stand das Recht zu, mindestens einen Vertreter in das ASC zu entsenden. Ab 1982 setzte sich das ASC aus 20 Vertretern zusammen, von denen 5 Adressaten (user) von Abschlüssen waren, die nicht verpflichtend Accountants zu sein hatten. Die übrigen 15 Vertreter waren dagegen als Accountants in der Industrie, im öffentlichen Bereich, im gewerblichen Bereich oder im akademischen Bereich tätig. Eine wirkliche Organisationsstruktur war faktisch nicht existent, die 20 Mitglieder arbeiteten ehrenamtlich auf Teilzeitbasis beim ASC (vgl. Gorelik, 1994, S. 110, 114). »The objects of the ASC were to define accounting concepts, to narrow differences of financial accounting and reporting treatment, and to codify generally accepted best practice in the public interest« (ICAEW, o. J., S. 14). Dabei kam dem ASC eine ausschließliche Empfehlungsfunktion zu. Um mit einer entsprechenden Bindungswirkung versehen zu werden, bedurften die vorgeschlagenen Standards des ASC jeweils der nachrichtlichen Verabschiedung durch die CCAB Mitgliedsorganisationen, bevor das CCAB einen Standard letztlich veröffentlichen konnte. Die Anwendungsdurchsetzung oblag indes wiederum den einzelnen 6 Mitgliedsorganisationen. In dieser Verknüpfung manifestiert sich die mangelnde Unabhängigkeit der Normierung von den Berufsständen der Accountants.

Bis zur Transformation der 4. EG-Richtlinie im Jahre 1981 enthielten die bis dahin gültigen Companies Acts (CAs) der Jahre 1948, 1967, 1976 und 1980 im wesentlichen nur allgemeine Vorschriften zur Führung von Büchern (vgl. Bolin, 1991, S. 94; Kloos, 1993, S. 110 ff.). Bereits seit 1948 enthält der CA jedoch das als overriding rule ausgestaltete true and fair view principle. Obgleich die Gerichte in Vorjahren eine Bilanzierung unter Beachtung der von privatrechtlicher Seite verlautbarten accounting standards nicht als endgültigen Beweis der Verwirklichung des true and fair view anerkannten, galt eine derartige Übereinstimmung gleichwohl als »influential« und »highly persuasive« (vgl. ASC, 1981, S. 16 f.). Neben den Richtlinien der Mitgliedsorganisationen des CCAB verlieh das Regelwerk der Londoner Börse den privatrechtlich verlautbarten Standards eine gewisse Bindungswirkung. Die Verpflichtung zur Beachtung der von privatrechtlichen Organisationen erlassenen Standards wurde erst 1989 in den CA 85 eingefügt (vgl. CA 89, Part I, Section 19). Wesentliche Abweichungen von den Statements of Standard Accounting Practice (SSAPs) und Financial Reporting Standards (FRSs) sind von großen Kapitalgesellschaften anzugeben und zu erläutern (vgl. CA 85, Schedule 4 Par., 36 A); für kleine und mittelgroße Gesellschaften besteht eine entsprechende Ausnahmevorschrift betreffend die Angabeverpflichtungen im Einzel- und Konzernabschluß (vgl. CA 85, Section 246, Abs. 1 a).

Die Arbeit des ASC wurde von den 6 Mitgliedsorganisationen des CCAB im Verhältnis ihrer jeweiligen Mitglieder finanziert. Das ASC hatte ein ständiges Sekretariat, dem 4 accountants angehörten, die für die Vorbereitung der jeweiligen Arbeitspapiere verantwortlich zeichneten. Ein formaler due process sicherte sämtlichen Interessengruppen sowie den internationalen Normierungsgremien die Möglichkeit zur Stellungnahme. Die Übernahme einzelner Vorschläge in die späteren SSAPs basierte jedoch vielfach auf der individuellen Beurteilung der ASC Mitglieder. Wie bereits der Titel »Standard Accounting Practices« vermuten läßt, handelt es sich in aller Regel um generelle Rechnungslegungsgrundsätze. Die Erarbeitung und Verabschiedung eines Rahmenkonzepts (Framework) gelang dem ASC nicht und mußte vom ASB wieder-aufgenommen werden.

1978 setzte das ASC eine Review Group unter dem Vorsitz von Watts ein, die in ihrem Abschlußbericht 1981 u. a. das Fehlen eines Conceptual Framework bemängelte, die Einsetzung eines Überwachungsgremiums zur Sicherung der Einhaltung und Beachtung der accounting standards, die Einführung bestimmter größenabhängiger Standards mit obligatorischer Wirkung allein für große Kapitalgesellschaften, einen hauptberuflich tätigen und entsprechend entlohnten Vorsitzenden des ASC sowie die Bereitstellung weiterer finanzieller Mittel anmahnte (vgl. Davies/Paterson/Wilson, 1997, S. 18). Diese Kritikpunkte des Watts Report wurde im McKinnon Report erneut aufgenommen, um jedoch erst 1988 im Dearing Report zu abschließenden Empfehlungen und letztendlich zur Einsetzung des Accounting Standards Board (ASB) zu führen. Zwischenzeitlich wurde die Inadäquanz des Normierungsprozesses des ASC offenkundig. Die mangelnde Fähigkeit zur Regulierung dringend zu lösender Bilanzierungsprobleme – darunter ähnlich der Situation in den USA die bilanzielle Behandlung des Goodwill (vgl. Davies/Paterson/Wilson, 1997, S. 19) – erhöhte den Druck auf das ASC erheblich.

3.2.2 ASB

Seit 1990 zeichnet das ASB als Nachfolgeorganisation des ASC für die privatrechtliche Normierung der Rechnungslegung in Großbritannien verantwortlich (vgl. Singleton-Green, 1990, S. 84 f.; Briston/Simon, 1993, Sp. 841), welches auf die Empfehlungen des Dearing Committee eingesetzt wurde. Das ASB ist eine »Tochtergesellschaft« des Financial Reporting Council (FRC). Das Dearing Committee empfahl nachdrücklich die Gründung des FRC: »the institutional arrangements for developing accounting standards should reflect the need to involve the whole community of interests in financial reporting at the policy level, while providing for a separate professional capability to translate policy into standards« (ASC 1988, Abs. 11.1). Der Vorsitzende des FRC wird gemeinsam vom Secretary of State for Trade and Industry sowie dem Governor of the Bank of England eingesetzt. Im Zuge der Neustrukturierung wurde ferner der Kreis der mit der Ableitung allgemeiner Bilanzierungsregeln betrauten Personengruppe über den Berufsstand der Abschlußprüfer hinaus erheblich erweitert (vgl. DEARING, 1990, S. 86). Damit kann das ASB seine Arbeit – dem FASB in seiner Gründungsphase vergleichbar – auf eine starke und breite Unterstützung sowie entsprechende Autorisierung stützen.

Das ASB ist in der Lage, seine Standards eigenständig rechtswirksam zu verlautbaren, ohne der Genehmigung durch das CCAB zu bedürfen. Den CCAB-Mitgliedsorganisationen steht das Recht zu Kommentierung von Standardentwürfen, jedoch kein Vetorecht im Rahmen der Verabschiedung der FRSs (mehr) zu. Das ASB setzt sich aus bis zu 10 Mitgliedern zusammen, die sowohl dem Bereich der Wirtschaftsprüfung als auch der Abschlußerstellung in Industrie, Banken sowie im öffentlichen Bereich und der Hochschule entstammen. Die Mitglieder werden für eine Dauer von 3 Jahren gewählt. Mit Ausnahme des Vorsitzenden und des Technical Directors sind die Board Mitglieder jedoch nicht hauptamtlich für das ASB tätig. Die Annahme eines FRS erfolgt mit einer Mehrheit von 7 der 10 Mitgliederstimmen, wobei der Verabschiedung – ähnlich der Vorgehensweise beim FASB und IASC – ein due process unter Verlautbarung von Exposure Drafts und der Möglichkeit zur Eingabe von Stellungnahmen vorausgeht.

Ebenso wie zur Struktur und Organisation des ASB wurden die Vorschläge des DEARING Committee zu einer Task Force und einem Überwachungsorgan vom ASB umgesetzt. Die Aufgabe der Urgent Issues Task Force (UITF) besteht darin, dringende aktuelle Bilanzierungsprobleme anzugehen, die bisher nicht mittels erlassener Standards gelöst werden können und für die aufgrund der Dringlichkeit der Problemstellung die langwierige Ableitung eines Standards nicht in Frage kommt (vgl. DEARING, 1990, S. 87). Die Lösungsvorschläge des UITF, als Abstracts entspr. publiziert, sind keine »applicable accounting standards« im Sinne der CAs; gleichwohl kommt ihnen der Rang informeller GAAP zu, die nur aufgrund des true and fair override abbedungen werden können (vgl. DAVIES/PATERSON/WILSON, 1997, S. 23).

Das FRC führte ferner mit dem Financial Reporting Review Panel (FRRP) eine Kontrollinstanz ein und setzte damit einen weiteren Vorschlag des DEARING Committee um. Das FFRP untersucht und hinterfragt Abweichungen von den accounting standards im Rahmen publizierter Abschlüsse. Die Unternehmen sind daraufhin im Rahmen einer schriftlichen oder mündlichen Anhörung aufgefordert, zu belegen, daß sie einen dem true and fair view Postulat genügenden Abschluß erstellt haben (vgl. DEARING, 1990, S. 87). Das FRRP – seit 1991 vom Secretary of State for Trade and Industry hierzu gesondert ermächtigt – kann aufgrund einer gesonderten Rechtsnorm mittels gerichtlicher Schritte auch die Änderung fehlerhafter oder unvollständiger Abschlüsse erwirken (vgl. CA 85, Section 245B), soweit das betroffene Unternehmen seinen Abschluß nicht freiwillig ändert bzw. die Abweichungen von den accounting standards adäquat erläutert.

Neben den CAs, den spezifischen Vorschriften der Londoner Börse, den SSAPs und FRSs einschl. der UITF Abstracts, zählen auch die Statements of Recommended Practice (SORPs) sowie die allgemeine kaufmännische Übung zu den Rahmenbedingungen der Rechnungslegung. SORPs dienen zur Kommentierung des bilanzpolitischen Instrumentariums innerhalb eines accounting standards durch Hervorhebung einer empfohlenen Vorgehensweise; ein Instrumentarium, das auf die Vorschläge der McKINNON Arbeitsgruppe zurückgeht. Das ASB wollte die SOPRs zwar ursprünglich nicht weiterführen, setzte 1994 jedoch zwei Sonderausschüsse ein, die der Beratung zur Verabschiedung branchenspezifischer SORPs dienen sollen (siehe hierzu DAVIES/PATERSON/WILSON, 1997, S. 25).

Die Erfolgsgeschichte der privatrechtlichen Normierung in Großbritannien wird indes durch das Fehlen eines zusammenhängenden Systems theoretischer Rahmenkonzepte getrübt. Weder dem ASC noch dem ASB gelang es, ein solches Framework abschließend zu normieren. Stattdessen übernahm 1989 noch das ASB das Framework des IASC i. S. e. Interimslösung, die seither Bestand hat, da sich die britischen Statements of Principles letztlich noch (immer) in einem Entwurfsstadium befinden.

3.3 International Accounting Standards Committee

Das IASC ist im Vergleich zum FASB und ASB das Normierungsgremium, dessen Verlautbarungen die geringste Bindungswirkung zukommt. Solange die International Organization of Securities Commissions (IOSCO) keine Unterstützungsempfehlung der International Accounting Standards (IASs) ausgesprochen hat (vgl. hierzu stellvertretend HAYN 1997, S. 176 ff.), kommt den IASs nur der Rang eines international beachteten soft law (vgl. ALLENSPACH, 1992, S. 129) zu. Beachtung finden die IAS derzeit (vgl. IASC 1998, S. 29; HAYN, 1997, S. 161; zum früheren negative approach siehe KÜTING/HAYN, 1995a, Rn. 99):

- als nationale Normen, häufig nach einem nationalen Rechtssetzungsprozeß;
- als Grundlage für einige oder alle nationale Rechnungslegungsnormen;
- als internationaler Richtwert für diejenigen Staaten, die eigene Normen ableiten und erlassen;
- von Regulierungsbehörden – v. a. Wertpapieraufsichts- und Börsenzulassungsbehörden – bzgl. der an nationale und ausländische Emittenten zu stellenden Rechnungslegungsanforderungen sowie
- durch die Rechnung legenden Unternehmen selbst.

Das IASC agiert als »unabhängige und selbständige Organisation« (CUMMINGS, 1978, S. 70), die im Rahmen der Arbeitsteilung mit der International Federation of Accountants (IFAC) für die Verlautbarung internationaler Rechnungslegungsgrundsätze verantwortlich zeichnet. Neben den Wirtschaftsprüfern sind beim IASC seit langem die preparer und user von Jahres- und Konzernabschlüssen im Board sowie der Consultative Group vertreten.

Für die Geschäftsführung des IASC zeichnet das mit der Satzungsergänzung 1982 eingesetzte Board (vgl. Cummings/Chetkovich, 1978, S. 56) verantwortlich. Die Anzahl der vom IFAC Council (bzgl. des IASC und der IFAC besteht Mitgliederidentität) berufenen Board Mitglieder ist auf 13 Berufsverbände (accountancy bodies) begrenzt, die eine unterschiedliche Anzahl von Berufsvertretern ins Board entsenden. Die Mitgliedsdauer beträgt 2½ Jahre; eine erneute Berufung ist möglich. Der Delegationsstärke der einzelnen repräsentierten Mitgliedstaaten kommt allerdings nur eine untergeordnete Bedeutung zu, da jede vertretene Mitgliedsorganisation ausschließlich mit einer Stimme abstimmungsberechtigt ist. Allerdings bestimmt die Satzung, daß eine Delegation mindestens aus einem Vertreter des nationalen Standardsetters sowie einem Industrievertreter bestehen muß. Das Board wählt für die Dauer von 2½ Jahren aus seiner Mitte einen Vorsitzenden; eine Wiederwahl ist satzungsgemäß ausgeschlossen (vgl. IASC, 1992, Par. 10). Darüber hinaus können bis zu vier weitere, an Rechnungslegungsfragen interessierte Organisationen dem Board angehören; diese werden vom Board selbst nominiert und die Mitgliedsdauer individuell festgelegt. Als Beobachter nehmen u. a. Vertreter des FASB, der IOSCO sowie der EU-Kommission an den Boardsitzungen teil. Im Gegensatz zum FASB – oder auch dem ASB – können mithin Vertreter unterschiedlicher Nationalitäten die jeweiligen Berufsverbände und Organisationen im Board vertreten. Zu den weiteren Gremien zählt das Executive Committee, das im Juli 1993 das Organisation and Planning Committee ersetzte. Dieses ständige Kommitee dient der organisatorischen Klärung, Planung sowie Durchführung einzelner Aufgaben und befaßt sich somit ausschließlich mit administrativen Belangen (vgl. Bolin, 1990, S. 483; Haller, 1993, S. 1298; IASC, 1998c).

Die eigentliche Facharbeit erfolgt allerdings in im Einzelfall gesondert gebildeten Arbeitsgruppen, sog. Steering Committees. Diese projektbezogenen und zeitlich begrenzt agierenden Ausschüsse werden vom Board eingesetzt. In jedem Steering Committee ist mindestens ein Board Mitglied vertreten, das zugleich den Vorsitz innehat. Das Steering Committee soll neue Standards erarbeiten bzw. bestehende ggf. überarbeiten. Es genehmigt die Veröffentlichung von Draft Statements of Principles sowie die Weiterleitung der einzelnen Entwürfe und Vorschläge eines IAS an das Board. Dabei kommt dem Steering Committee mit der Unterstützung des Technical Staff beim IASC auch die Aufgabe zu, nationale oder sonstige regionale Rechnungslegungsvorschriften mit Bezug auf das diskutierte Thema hinsichtlich der Anwendbarkeit in einem IAS zusammenzutragen und durchzusehen. Darüber hinaus setzt der Ausschuß Impulse für weitere Studien in dem betreffenden Gebiet, beurteilt die eingegangen Stellungnahmen zu den Vorschlägen und Entwürfen und setzt ggf. Vorgaben des Board in einen zu entwickelnden IAS um.

Verschiedene weitere privatrechtliche und staatliche Organisationen, die als Ersteller, Adressaten oder Regulierungsgremium einen Bezug zur Rechnungslegung haben, gehören der Konsultationsgruppe des IASC an (vgl. IASC, 1998a). Dieser Ausschuß berät das Board in technischen Fragen, bzgl. des Arbeitsprogramms sowie in strategischen Fragen. Zur Förderung der Akzeptanz der IAS sowie Stärkung der Reputation des IASC wurde 1995 eine 10-köpfige Advisory Group eingesetzt. Diese soll des weiteren die »Unabhängigkeit und Objektivität des Board« (IASC, 1998, S. 25) überwachen und sicherstellen. Die Einführung einer leitenden Stiftung wurde in der Vergangenheit mehrfach erwogen, jedoch nicht umgesetzt. Die im Januar 1997 eingesetzte Strategy Working Group soll den Verlautbarungsprozeß und die stategische Ausrichtung des IASC überprüfen. Dabei gilt der Schwerpunkt insbes. der verstärkten Zusammenarbeit mit den nationalen Standard Setting Bodies, um die Abweichungen zu den nationalen Standards zu verringern. Des weiteren soll untersucht werden, ob künftig ein ›Zweikammer-System‹, die Einsetzung hauptamtlicher Board Mitglieder sowie das Abhalten öffentlicher Sitzungen des Board und der Ausschüsse angestrebt, Trainings- und Unterrichtsmaterialien erarbeitet sowie die Finanzierung einer grundlegenden Revision unterzogen werden sollen. In diesem Zusammenhang wird ein stärkerer Einbezug nationaler Standard Setter in den Normierungsprozeß – ggf. unter Aufgabe der Steeting Committee Philosophie – (sog. G 4+1 Meeting) erwogen. Konkrete Empfehlungen der Strategy Working Group stehen noch aus.

Mit der Einsetzung des Standing Interpretations Committee (SIC) im Januar 1997 will das IASC der abweichenden Auslegung unbestimmter Normierungsbegriffe begegnen (vgl. stellvertretend Hayn 1997, S. 156, 308). Zu den Zielsetzungen zählt – dem EITF und UITF aber auch den jeweiligen Interpretationsgremien vergleichbar – die autorisierte Veröffentlichung von Interpretationen sowie die zeitnahe Normierung drängenden Regelungsvacuums. Wegen fehlender Regelungen in den IAS existieren derzeit unterschiedliche Praxisregelungen zu wichtigen Rechnungslegungsthemen; zudem soll mißbräuchlichen Auslegungen entgegengewirkt werden. Das Gremium hat 12 ordentliche Mitglieder; 2 Vertreter des Board als Kontaktmitglieder (liaison members) sowie jeweils ein Vertreter der IOSCO und der EU-Kommission nehmen als Beobachter an den Sitzungen teil. Die vom SIC verabschiedeten Interpretationen werden nach Annahme im Board veröffentlicht. Hinsichtlich ihrer Bindungswirkung stehen die SIC-Interpretationen den IAS gleich (vgl. IAS 1.11 (revised 1997)).

Im Gegensatz zur Normierung in den USA sowie in Großbritannien sind seitens des IASC keine grundlegenden strukturellen oder organisatorischen Änderungen seit der Gründung im Juni 1973 zu verzeichnen. Vielmehr sind organisatorische Änderungen durch die Hinzufügung weiterer Gremien, so der Consultative Group 1981, dem Advisory Forum 1995 und dem SIC 1997, und der Schaffung mittlerweile institutionalisierter Stellen, so die des Technical Directors und die kontinuierliche Ausdehnung des wissenschaftlichen Staff, zu verzeichnen. Mit Ausnahme des Generalsekretärs und 10 weiterer Personen innerhalb des Sekretariats beschäftigt das IASC keine hauptamtlichen Kräfte (vgl. zum Staff IASC, 1998b). Ein Großteil des Staff sowie der Technical Director arbeiten zwar als Vollzeitkräfte für das IASC, sind aber von den jeweiligen Arbeitgebern (i. d. R. einer internationalen Wirtschaftsprüfungsgesellschaft) ins IASC entsandt worden; üblicherweise ruht in dieser Zeit jedoch die Tätigkeit für den Arbeitgeber. Ebenso arbeiten die Board Mitglieder ehrenamtlich und unentgeltlich für das IASC. Die Finanzierung der Arbeit erfolgt i.w. durch die IFAC, Spenden sowie Erlösen aus dem Publikationsgeschäft.

Das IASC hat 1989 ein Framework verabschiedet (zur Kritik siehe PATERSON, 1988, S. 26) und damit sowohl das Comparability/Improvements Project als auch die seither umgegliederten, überarbeiteten sowie erstmalig verlautbarten Standards quasi-theoretisch fundiert. Der Verabschiedung eines neuen IAS geht ein mehrstufiger Verlautbarungsprozeß voraus, der sowohl im Stadium der Veröffentlichung von Verlautbarungsvorschlägen als auch -entwürfen die Möglichkeit der Mitwirkung durch Einreichung von Stellungnahmen vorsieht und die Consultative Group parallel in die Beratungen einbezieht. Exposure Drafts werden mit 2/3, IAS mit 3/4 Mehrheit vom Board in Englisch als offizieller Sprache des IASC verabschiedet. Die Option zu öffentlichen Anhörungen sieht die Satzung des IASC indes ebensowenig vor, wie die Verzeichnung des Abstimmungsverhaltens oder die Einsichtnahme in Sitzungsprotokolle.

4. Normierung in Deutschland

4.1 Rechtsgrundlagen

Die Normierung im Bereich des Handels- und Gesellschaftsrechts obliegt in Deutschland traditionell dem Gesetzgeber. Verschiedene Interessengruppen steht indes in ministeriellen Arbeitsgruppen, Ausschüssen sowie über die Verbandsarbeit die Möglichkeit zu Stellungnahmen offen. Die Option wurde in der Vergangenheit insbes. von der GEFIU, Schmalenbach-Gesellschaft/Deutsche Gesellschaft für Betriebswirtschaft e.V. aber auch dem BDI sowie dem DIHT für die Wirtschaft und der Kommission Rechnungswesen im Verband der Hochschullehrer für Betriebswirtschaft e.V. für den akademischen Bereich sowie dem IDW für die Abschlußprüfer wahrgenommen. Die angeführten Organisationen haben in der Vergangenheit bereits Stellungnahmen und Empfehlungen privatrechtlich verlautbart. Dabei kommt weder den Verlautbarungen und Stellungnahmen des IDW und seiner Ausschüsse noch den übrigen Veröffentlichungen eine »gesetzesähnliche Verbindlichkeit« (LANGENBUCHER/BLAUM, 1995, S. 2326) zu.

§§ 342 und 342a HGB schaffen nunmehr erstmalig die Rechtsgrundlage für die Einsetzung eines privatrechtlich organisierten, nationalen Rechnungslegungsgremiums bzw. eines Rechnungslegungsbeirats. Entsprechend § 342 kann dem privaten Rechnungslegungsgremium vom Bundesjustizministerium die Aufgabe übertragen werden, Empfehlungen zur Anwendung der Grundsätze über die Konzernrechnungslegung zu entwickeln. Im Gegensatz zum Rechnungslegungsbeirat, der nur im Falle der Nicht-Konstituierung eines privaten Standard Setters oder der Nichtanerkennung des privaten Standards Setters seitens des Bundesjustizministeriums eingesetzt wird (vgl. § 342a Abs. 9), ist der potentielle Aktionsradius des privaten Rechnungslegungsgremiums auf die Grundsätze über die Konzernrechnungslegung beschränkt. Vereinzelt wird im Schrifttum (vgl. Moxter, 1998, S. 1425 f.) bereits an die Verknüpfung von einzelgesellschaftlicher und Konzernrechnungslegung erinnert und die potentiellen Empfehlungen – auf der Basis der geltenden EG-Richtlinien sowie des HGB – zurecht unter GoB-Vorbehalt gestellt. Diese Verknüpfung stellt indes kein nationales Spezifikum dar, sondern fußt in Art. 29 Abs. 2a) der Konzernbilanzrichtlinie. Bereits an anderer Stelle wurde festgestellt, daß eine Anerkennung der IAS »die Kappung dieser Verknüpfung von einzelgesellschaftlicher- und konsolidierter Rechnungslegung, d.h. eine Änderung der Konzernbilanzrichtlinie« (Hayn, 1997, S. 152), voraussetzt.

Der Konzernabschluß ist unzweifelhaft als Anknüpfungspunkt weiterer Harmonisierungsbestrebungen geeigneter als der Einzelabschluß, da er weder als Ausschüttungsbemessungs- noch als Besteuerungsgrundlage dient (vgl. stellvertretend Küting/Hayn, 1995b, S. 665 f.). Ebenso dient nicht der Konzernabschluß, sondern der Einzelabschluß der in Rede stehenden Muttergesellschaft stets als zivil- und gesellschaftsrechtliche Anspruchsgrundlage. Gleichwohl ist unstrittig, daß mit einer legitimierten Internationalisierung des Konzernabschlusses Rückwirkungen auf den Einzelabschluß einhergehen werden. Eine langfristige Beschränkung des Standard Setting Process auf die konsolidierte Rechnungslegung ist mithin als wenig realistisch zu würdigen, sofern mit dem privaten Rechnungslegungsgremium – vorbehaltlich der Verfassungsmäßigkeit der Verlautbarung durch ein privatrechtliches Gremium (vgl. hierzu jüngst Hommelhoff/Schwab, 1998; Budde/Steuber, 1998; zu dieser Argumentation bzgl. der Entwürfe zum Kapitalaufnahmegesetz siehe die Zusammenstellung bei Hayn, 1997, S. 299 ff.) – kein reiner Koordinations- und Transformationsausschuß eingesetzt werden soll, wie er in den weiteren gesetzlichen Aufgabenstellungen niedergelegt ist (Beratung des Bundesjustizministeriums bei Gesetzesvorhaben zu Rechnungslegungsvorschriften und Vertretung der Bundesrepublik Deutschland in internationalen Standardisierungsgremien; vgl. § 342 Abs. 1 Nr. 2 u. 3).

Das KonTraG sieht die Anerkennung eines privaten Rechnungslegungsgremiums nach vertraglicher Anerkennung durch das Bundesjustizministerium vor (vgl. §§ 342 Abs. 1 i.V.m. 342a Abs. 9); eine Rechtsverordnungsermächtigung ist im Gesetz indes nicht niedergelegt. Mit der Gründung des DRSC am 17. März 1998 sowie seiner Konstituierung am 15. Mai 1998 in der Rechtsform des eingetragenen Vereins ist die Einsetzung eines Beirats grundsätzlich obsolet geworden (vgl. DRSC, 1998; DRSC, 1998a); es sind keine Gründe bekannt, die eine – bisher noch ausstehende – Anerkennung abwenden sollten. Zu den gesetzlichen Nebenbedingungen bzw. Voraussetzungen der vertraglichen Anerkennung zählen:

- die Beschränkung der Option zur vertraglichen Anerkennung auf ein privates Gremium,

- das gesetzliche Erfordernis, die satzungsmäßige Mitgliedschaft auf »Rechnungsleger« zu beschränken und
- die Verpflichtung zu einem Verlautbarungsprozeß nach internationalem Vorbild.

Das DRSC selbst definiert seine Hauptaufgabe in der (siehe DRSC 1998, § 2):

- Entwicklung von Standards zur Anwendung der Konzernrechnungslegungsgrundsätze;
- Zusammenarbeit mit dem IASC und anderen Standardisierungsgremien;
- Beratung des Gesetzgebers;
- Vertretung der Bundesrepublik Deutschland in internationalen Standardisierungsgremien und die Harmonisierung fördernder Organisationen;
- Förderung der Forschung auf diesen Gebieten.

4.2 Organisationsstruktur des DRSC

Als Organe des DRSC fungieren der Vorstand, der Verwaltungsrat sowie die mindestens jährlich tagende Mitgliederversammlung. Die Mitgliederversammlung wählt den Vereinsvorstand sowie den Verwaltungsrat und entlastet dieselben (zu den weiteren Aufgaben siehe DRSC, 1998, § 13). Der den Verein vertretende Vorstand setzt sich aus 4 jeweils für eine Amtsperiode von 3 Jahren gewählten Mitgliedern zusammen; die Vereinsvertretung hat der Vorstand in Übereinstimmung mit der Vereinssatzung auf den Generalsekretär übertragen. Die Festlegung der Grundsätze der Arbeit des Vereins obliegt dem 18-köpfigen Verwaltungsrat, dem der Vorstand automatisch angehört. Die Verwaltungsratmitglieder stammen aus dem Bereich der Wirtschaft (11 Verteter), der Wirtschaftsprüfung (6 Vertreter) sowie der Hochschule (1 Vertreter); anders als in bezug auf den Rechnungslegungsbeirat normiert § 342 HGB weder das Verhältnis der Vertretung der verschiedenen Berufsgruppen noch werden diese abschließend angeführt. Der Verwaltungsrat wählt die Mitglieder des Standardisierungsrates, dem die Entscheidung über die Verlautbarung eines Deutschen Rechnungslegungsstandard (DRS) obliegt. Mit Ausnahme des Gründungsjahres werden die 7 – natürlichen – Mitglieder des Standardisierungsrates, die ihre Tätigkeit entspr. der Satzung »unabhängig« (DRSC, 1998, § 9 Abs. 1 Satz 2) ausüben, für die Dauer von 4 Jahren bestellt (im Gründungsjahr 3 bis 5 Jahre). Der Standardisierungsrat kann um 2 weitere Mitglieder, die den Vereinszwecken nahestehen, erweitert werden. Neben der Verlautbarung von DRS zählen »die Förderung internationaler Standardisierungsgremien, die Bestellung der deutschen Vertreter und die Erteilung von Weisungen an diese Personen« (DRSC, 1998, § 9 Abs. 1 Satz 3) zu seinen Aufgaben. Eine entsprechende Funktion mißt § 342 dem privaten Rechnungslegungsgremium zwar nicht bei, es kann jedoch im Wege der Selbstverwaltung von den Mitgliedern auf das DRSC übertragen werden. Das DRSC kann indes keine rechtsverbindliche Positionen für die Bundesrepublik Deutschland in internationalen Standardisierungsgremien vertreten.

Der Standardisierungsrat wird – ähnlich der Normierung bei IASC – von Arbeitsgruppen unterstützt, die für die Facharbeit im eigentlichen Sinne verantwortlich zeichnen. Eine Research Division ist in der Satzung ebensowenig vorgesehen wie die Verlautbarung eines Conceptual Framework. Im Gegensatz zur Steering Committees Philosophie beim IASC plant das DRSC neben ad hoc Arbeitsgruppen die Nominierung ständiger Fachausschüsse. Als potentielle ständige Fachausschüsse werden z. Zt. nachfolgende vier Gruppen genannt (vgl. Krumnow, 1998, S. 13):

- KapAEG und KonTraG, insbes. Segmentberichterstattung und Kapitalflußrechnung;
- Sicherstellung der Befreiungswirkung und Anpassung der Rechnungslegung mit Blick auf das Auslaufen der Befreiungsnorm 2004;
- Bilanzierung von Versicherungsunternehmen;
- Financial Instruments.

Eine weitere Arbeitsgruppe zur angemessenen Berücksichtigung der besonderen Belange der mittelständischen Industrie ist beabsichtigt. Die Mitarbeit in den Arbeitsgruppen steht ausschließlich natürlichen Personen offen (vgl. Krumnow, 1998, S. 13). Das Standardisierungsverfahren muß »international üblichen Grundsätzen« (DRSC, 1998, § 9 Abs. 2 Satz 1) zur Standardentwicklung entsprechen und wird – zu einem späteren Zeitpunkt – in der Geschäftsordnung des Standardisierungsrats niedergelegt. Der Standardisierungsrat trifft Entscheidungen grundsätzlich mit einfacher Mehrheit (Ausnahme: Abstimmung über die weiteren Mitglieder). Soweit nicht im Rahmen der späteren Geschäftsordnung anderweitig niedergelegt, werden das Abstimmungsverhalten sowie etwaige Minderheitsmeinungen in den späteren Empfehlungen nicht verzeichnet.

Als weiteres festes Gremium sieht die Vereinssatzung einen Konsultationsrat vor, in dem jede Organisation die Mitgliedschaft erwerben kann, »die als Berufs- oder Interessenvertretung von Rechnungslegern, Unternehmen oder Nutzern den Zielen des Vereins nahesteht« (DRSC, 1998, § 10 Abs. 2). Eine maximale Mitgliederanzahl ist nicht vorgesehen. Zu den wesentlichen Aufgaben des Konsultationsrats zählt neben der Finanzierung die Beratung des Standardisierungs- und Verwaltungsrates bei der Normierung von Empfehlungen. Seine Funktion ist mithin grundsätzlich der Funktion der Consultative Group beim IASC bzw. des FASAC beim FASB nachempfunden; dem FRC kommt zudem eine Überwachungsfunktion zu.

Die Beschäftigung hauptamtlicher Mitarbeiter sieht die Satzung vor (vgl. DRSC, 1998, § 9 Abs. 4). Zur Finanzierung der Vereinsarbeit wird ein Spendenfonds eingerichtet, dessen Mittel i. w. für die Arbeit des Standardisierungsrates und der Fachausschüsse verwendet werden; als weitere Finanzierungsquellen dienen die Mitgliedsbeiträge sowie die Beiträge des Konsultationsrates.

4.3 Due Process und Bindungswirkung der DRS

Der Standardisierungsrat verlautbart nach öffentlichen Anhörungen und Beratungen mit dem Konsultationsausschuß per Mehrheitsentscheid als DRS betitelte Empfehlungen. Da der due process der beiden lead Standard Setting Bodies (FASB und IASC) infolge unterschiedlicher Organisation und Finanzierung im Detail abweichend erfolgt, können nur die Eckpunkte des potentiellen Normierungsprozesses eruiert werden. Das DRSC wird im Rahmen eines mindestens zweistufigen Normierungsprozesses – analog dem IASC – Vorentwürfe und Entwürfe der DRS veröffentlichen (vgl. DRSC, 1998b, S. 2). Eine Festlegung der comment period sowie des Beobachterstatuses internationaler Standardisierer (insbes. des IASC, des FASB sowie der EU-Kommission) steht noch aus bzw. ist zu klären. Offen ist ferner, welche Gruppe für den jeweiligen Research als Grundlage der Verfassung von Verlautbarungsentwürfen verantwortlich zeichnet.

Die Autorisierung der DRS erfolgt gem. § 342 Abs. 2 HGB jeweils mittels Bekanntmachung durch das Bundesjustizministerium; dabei wird die Beachtung der die Konzernrechnungslegung betreffenden Grundsätze ordnungsmäßiger Buchführung vermutet. Die Struktur des due process einerseits sowie der Bekanntmachungsvorbehalt des Bundesjustizministerium andererseits veranschaulichen die – im Gegensatz zu den USA oder dem IASC – gewählte »Kooperationslösung« (Pellens/Bonse/Gassen, 1998, S. 789) der Normierung. Zudem hat der Gesetzgeber die Normierung der Konzernrechnungslegungsgrundsätze nicht auf das private Rechnungslegungsgremium übertragen, sondern allein die Autorisierung von Anwendungsempfehlungen eingeführt. In potentiellen Konfliktfällen gilt der Gesetzesvorrang, so daß sich das Aufgabengebiet de lege lata allein auf die GoB-konforme Interpretation sowie die Schließung von Regelungslücken – etwa zur Fremdwährungsumrechnung im Konzern – beziehen kann. Die Zulässigkeit von rechtsverbindlichen Interpretationen außerhalb der Gesetzgebung und Rechtsprechung wird indes im Schrifttum teilweise negiert (vgl. Budde/Steuber, 1998, S. 1185; Budde, 1998, S. 8; Hommelhoff/Schwab, 1998, S. 47). Biener (1996, S. 114) weist an anderer Stelle auf die Verfassungsmäßigkeit statischer Verweisungen hin; Funke (1998, S. I) betont die Beschränkung der Empfehlungen auf den Rahmen des HGB.

Inwieweit Themenkreise, die neben dem Konzernabschluß ebenso die einzelgesellschaftliche Rechnungslegung betreffen – u. a. Bilanzierung und Bewertung von (derivativen) Finanzinstrumenten – in den Aktionsradius des privaten Rechnungslegungsgremiums fallen, wird vom DRSC offensichtlich deutlich positiver gewürdigt – »Ermittlung, Festsetzung und Auslegung der deutschen Standards der Rechnungslegung« (DSRC, 1998b, S. 2) – als es sich auf der Basis des Gesetzestextes begründen läßt. Ein derartig globaler Ansatz setzt – wie Pellens/Bonse/Gassen (1998, S. 791) zu Recht einwenden – die Normierung eines Framework voraus (zur Entwicklung des Framework des IASC im Zuge des Comparability/Improvements Project siehe Hayn (1994,

S. 719f.). Inwieweit hiermit notwendigerweise das Damoklesschwert eines Rückfalls in das vergangene Jahrhundert und mithin die »Rückkehr zu einem an der Kaufmannsübung orientierten GoB-Verständnis(ses)« (Moxter, 1998, S. 1426) einhergehen muß, wird hier bezweifelt.

Das IDW sieht die Aufgabe des DRSC darüber hinaus in der Interpretation internationaler Rechnungslegungsgrundsätze sowie der Anpassung an die spezifisch deutschen rechtlichen und wirtschaftlichen Gegebenheiten (vgl. IDW, 1998, S. 53). Die Forderung zur Veröffentlichung zusätzlicher nationaler Interpretation internationaler Rechnungslegungsgrundsätze vor dem Hintergrund der offiziellen und autorisierten Interpretationen des SIC sowie des FASB und seiner Vorgängerorganisationen wird hier nicht geteilt. Diese Entwicklung wird für die internationale Harmonisierung eher als schädlich denn als wertvoll eingestuft, da sie zum einen die explizite Zielsetzung zur Vermeidung von German, French, Dutch etc. IAS konterkariert und zum anderen Unternehmen mit SEC-registrierten Wertpapieren schlecht beraten sind, die US-GAAP (und zukünftig ggf. die IAS) abweichend vom FASB oder vom IASC auszulegen. Die Normierung und Interpretation der IAS und der US-GAAP ist allein den jeweiligen Standard Setting Bodies vorzubehalten, wobei der nationale Einfluß im jeweiligen due process erfolgen kann und muß. Für nach dem 1. 7. 1998 beginnende Berichtsperioden (1. 1. 1999 bei kalendarischem Geschäftsjahr) verpflichtet IAS 1 (revised) die Organe der bilanzierenden Gesellschaften zur expliziten Erklärung der uneingeschränkten Beachtung sämtlicher in Kraft gesetzter IAS einschließlich der SIC (vgl. IAS 1.11 (revised 1997)). Das DRSC muß u. E. vielmehr gewährleisten, daß

(a) in der deutschen Bilanzierungspraxis keine Vermischung von IAS, US-GAAP und ggf. nationalen GAAP erfolgt,
(b) die Qualität der Anwendung insbes. durch die horizontale und vertikale Stetigkeit sowie die wahrheitsgetreue Auslegung der jeweiligen Empfehlungen gewährleistet ist und
(c) mittels einer engen Zusammenarbeit mit dem IDW und der WP-Kammer als nationalen berufsständischen Organisationen ein Zwei-Klassen-Testat nach dem Vorbild der Gleichwertigkeitserweiterung betreffend der EU-Interpretation der Konformität (vgl. HFA, 1998, S. 178) vermieden wird.

4.4 Anwendungsbereich der Empfehlungen

Der wesentliche praktische Anwendungsbereich der durch das deutsche Standard Setting Body zu verlautbarenden Empfehlungen erwächst zum einen aus dem parallel zum KonTraG verhandelten und verabschiedeten Kapitalaufnahmeerleichterungsgesetz (KapAEG) sowie zum anderen aus dem KonTraG selbst. Gem. dem – vorerst bis zum 31. Dezember 2004 – neu in das HGB eingefügten § 292a erhalten börsennotierte

Muttergesellschaften das Wahlrecht zur Erstellung eines befreienden Konzernabschlusses nach international anerkannten Rechnungslegungsgrundsätzen (zu den flankierenden Nebenbedingungen der Öffnungsklausel siehe § 292 a; zur Entwicklung der Befreiungsnorm s.a. HAYN, 1997, S. 290 ff., 582 ff. m.w.N.). Es ist beginnend ab dem Geschäftsjahr 1998 eine große Anwendung des § 292a HGB zu erwarten, da neben dem amtlichen Handel und dem geregelten Freiverkehr im Inland auch der Neue Markt die gesetzlichen Qualifikationsvoraussetzungen an einen von staatlich anerkannten Stellen geregelten und überwachten Markt, der für das Publikum mittel- oder unmittelbar zugänglich ist, erfüllt. Von den erstgenannten Marktsegmenten unterscheidet sich der Neue Markt in bezug auf die externe Berichterstattung im Registrierungszeitpunkt sowie im Rahmen der kontinuierlichen Berichtspflichten durch das Erfordernis der Erstellung eines Parallelabschlusses nach US-GAAP oder IAS bzw. einer entsprechenden Überleitungsrechnung (vgl. DEUTSCHE BÖRSE AG, 1997, Abschn. 2). Die beständig wachsende Anzahl der am Neuen Markt notierten Unternehmen sowie die ebenfalls steigende Anzahl deutscher Unternehmen mit SEC-registrierten Wertpapieren führen zu einer verstärkten Anwendung der IAS und US-GAAP in Deutschland, die sich nicht auf die Global Player mit multinationalen Börsennotierungen beschränkt. Vielmehr wird ein auf der Basis der US-GAAP oder IAS erstellter Konzernabschluß schneller als erwartet zum nationalen Benchmark innovativer Unternehmen sämtlicher Größenkategorien und Marktkapitalisierungen werden.

Da § 292 a HGB das Erfordernis der Gleichwertigkeit der angewandten internationalen Normen zu den EU-Bilanzrichtlinien fordert und bereits heute seitens des Kontaktausschusses bei der EU-Kommission sowie dem HFA unterschiedliche Einschätzungen betreffend die Konformität bzw. Gleichwertigkeit der Aussagekraft der IAS vorliegen, besteht ein Hauptерfordernis der zu verlautbarenden Empfehlungen in der Überprüfung der GoB-konformen Anwendung internationaler Rechnungslegungsgrundsätze. Während zum Vergleich der EU-Richtlinien mit den IAS bereits erste Analysen vorliegen, bestehen keine vergleichbaren Untersuchungen zu den US-GAAP (zu einem Vergleich der IAS mit den US-GAAP siehe FASB 1996 sowie HAYN, 1997; s.a. BORN, 1997; PELLENS, 1998). Die dynamische Fortentwicklung der IAS und US-GAAP erfordert die stete zeitnahe Überarbeitung und Ergänzung der Analysen (während der Untersuchungsbericht des Kontaktausschusses auf den April 1996 datiert ist, hat der HFA seine Stellungnahme 5/1997 bereits einmal Anfang 1998 ergänzt). Die Schlußfolgerung des Gesetzgebers, daß der Richtlinienkonformität eines IAS-Konzernabschlusses automatisch die eines US-GAAP Konzernabschlusses folgt (vgl. BMJ, 1996, S. 20; BMJ, 1996 a, S. 8, 14), wird dabei von ORDELHEIDE (1996, S. 548) zu Recht als »ausgesprochen kühn« charakterisiert. Weitere Änderungen sind durch die geplante Einführung eines Komitologieverfahrens im Bereich der Bilanzrichtlinien seitens der EU-Kommission zu erwarten (vgl. EU-KOMMISSION (1997), zum früheren Vorschlag eines Komitologieverfahrens in Zusammenhang mit der Einsetzung des Beratenden Forum siehe KÜTING/HAYN, 1993 a, S. 590 ff.).

Neben den Anforderungen in Zusammenhang mit dem KapAEG implementiert das KonTraG für börsennotierte Mutterunternehmen die Pflicht zur Erweiterung des Konzernanhangs um eine Kapitalflußrechung sowie das Erfordernis zur Segmentberichterstattung (vgl. § 297 Abs. 1 HGB). Während mit der gemeinsamen Stellungnahme der Schmalenbach-Gesellschaft und des HFA bereits eine stark an IAS 7 und SFAS 95 ausgerichtete Verlautbarung zur Erstellung eines Cash Flow Statement sowie der - gem. HFA 1/1995 nur empfohlenen - relevanten Anhangangaben vorliegt, bestehen keine vergleichbar ausgestalteten Anforderungen an die Segmentrechnung. Zu beiden Themenkomplexen soll ein ständiger Arbeitsausschuß beim DRSC eingesetzt werden.

5. Schlußbemerkungen

Die wesentlichen Kritikpunkte, die gegen ein privatrechtliches Rechnungslegungsgremium in Deutschland vorgebracht werden, sind (a) verfassungsrechtliche Bedenken bzgl. der Ableitung und verbindlichen Auslegung der GoB sowie (b) Bedenken zur Aufgabe des Maßgeblichkeitsprinzips. Derzeit scheint die Konstituierung des DRSC insgesamt mehr Fragen aufzuwerfen als Antworten bereitzuhalten. Die gesetzliche Anspruchsnorm des § 342 HGB erlaubt nunmehr in Deutschland zwar die Schaffung eines privatrechtlichen Rechnungslegungsgremiums, nicht jedoch die Implementierung eines Gremiums nach angelsächsischem Vorbild. Die organisatorischen Strukturen des DRSC weisen deutliche Parallelen zum IASC, aber auch ehemaligen nationalen Standard Setting Bodies APB sowie ASC auf. Wenngleich die Euphorie über die Gründung des DRSC - ein historischer Moment für die deutsche Rechnungslegung (vgl. DRSC, 1998b, S. 1; s.a. Krumnow, 1998, S. 4f.) - hier nicht geteilt werden kann, wird die Konstituierung nachhaltig begrüßt. In bezug auf die Koordinationsfunktion schließt des DRSC eine wichtige Lücke im Rahmen der deutschen Interessenvertretung, die vor dem Hintergrund der avisierten Neustrukturierung des Normierungsprozesses bei IASC erheblich an Bedeutung gewinnen wird.

Gleichwohl ist - und wird - das DRSC kein wirkliches Standard Setting Body (sein), da die Empfehlungsverlautbarungen auf die Konzernrechnungslegung beschränkt sind, dem DRSC zur Verabschiedung verbindlicher Standards und Interpretationen die Legitimation fehlt und es infolge der fehlenden Autorisierung für die Bundesrepublik Deutschland die Umsetzung international harmonisierter Grundsätze nicht verbindlich garantieren kann.

Literaturverzeichnis

Accounting Series Release (ASR) No. 9, Administrativ Policy on Financial Statements, SEC (Hrsg.), Washington D.C. 1938.

Accounting Series Release (ASR) No. 150, Statement of Policy on the Establishment and Improvement of Accounting Principle and Standard, SEC (Hrsg.), Washington D.C. 1975.

Accounting Series Release (ASR) No. 253, Adoption of Requirements for Financial Accounting and Reporting Practices for Oil and Gas Producing Activities, SEC (Hrsg.), Washington D.C. 1978.

Achleitner, Ann-Kristin (1995), Die Normierung der Rechnungslegung. Eine vergleichende Untersuchung unterschiedlicher institutioneller Ausgestaltungen des nationalen und internationalen Standardsetzungsprozesses, Zürich 1995.

AICPA (1972), Establishing Accounting Standards, Report of the Study on Establishment of Accounting Principles, New York 1972.

Allenspach, Marc (1992), Konzernrechnungslegung aus Internationaler Sicht, Zürich 1992.

ASC (1981), Setting Accounting Standards, London 1981.

ASC (1988), The Making of Accounting Standards, Report of the Review Committee under the chairmanship of Sir Ronald Dearing, London 1988.

Biener, Herbert (1996), Können die IAS als GoB in das deutsche Recht eingeführt werden?, in: Baetge, Jörg u. a. (Hrsg.), Rechnungslegung, Prüfung und Beratung – Herausforderungen für den Wirtschaftsprüfer –, Festschrift für Rainer Ludewig, Düsseldorf 1996, S. 85–121.

Biener, Herbert (1997), Offene Fragen zur Qualität der Abschlußprüfung, in: Baetge, Jörg (Hrsg.), Aktuelle Entwicklungen in Rechnungslegung und Wirtschaftsprüfung, Düsseldorf 1997, S. 1–12.

BMJ (1996), Entwurf eines Gesetzes zur Verbesserung der Wettbewerbsfähigkeit deutscher Konzerne an internationalen Kapitalmärkten und zur erleichterten Aufnahme von Gesellschafterdarlehn (Kapitalaufnahmeerleichterungsgesetz), BMJ Schreiben vom 7. Juni 1996 (der Änderungstext des HGB und der KonBefV ist zugleich abgedruckt in: Die Wirtschaftsprüfung 1996, S. 564–568).

BMJ (1996a), Entwurf eines Gesetzes zur Verbesserung der Wettbewerbsfähigkeit deutscher Konzerne an internationalen Kapitalmärkten und zur erleichterten Aufnahme von Gesellschafterdarlehn (Kapitalaufnahmeerleichterungsgesetz – KapAEG), BMJ Schreiben vom 27. November 1996, 3507/17.

Bolin, Manfred (1991), Analyse der Transformationskonzeption der 4. EG-Richtlinie in der Bundesrepublik Deutschland, Frankreich und Großbritannien, Krefeld 1991.

Bolin, Manfred (1990), Das International Accounting Standards Committee – Aufgaben, Organisation und Perspektiven –, in: Die Wirtschaftsprüfung 1990, S. 482–486.

Born, Karl (1997), Rechnungslegung international. Konzernabschlüsse nach IAS, US-GAAP, HGB und EG-Richtlinien, Stuttgart 1997.

Briston, Richard / Simon, Jon B. (1993), Großbritannien, in: Chmielewicz, K./Schweitzer, M. (Hrsg.), Handwörterbuch des Rechnungswesens, 3. Aufl., Stuttgart 1993, Sp. 840–851.

Budde, Wolfgang Dieter (1998), Die Normsetzungsbefugnis eines privatrechtlichen Standard-Setters, Vortrag im Rahmen des Seminars »Neue Bilanzierungsüberlegungen in Deutschland« des Deutschen Aktiensinstituts e.V. und der Deutsche Börse AG vom 6. Juli 1998.

Budde, Wolfgang / Steuber, Elgin (1998), Normsetzungsbefugnis eines Deutschen Standard Setting Bodies, in: Deutsches Steuerrecht 1998, S. 1181–1187.

Burggraaff, J.A. (1983), The political dimensions of accounting standards setting in Europe, in: Bromwich, Michael/Hopwood, Anthony G. (Hrsg.), Accounting Standards Setting, An International Perspective, London 1983, S. 1–12.

Choi, Frederick D.S. / Mueller, Gerhard G. (1992), International Accounting, Englewood Cliffs/ New Jersey 1992.

Cummings, Joseph P. (1978), Bericht von Joseph P. Cummings, Chairman des »International Accounting Standards Committee (IASC)«, in: Rechnungslegung und Prüfung in internationaler Sicht, Bericht über den 11. Internationalen Accountants-Kongreß München 1977, Düsseldorf 1978, S. 70–77.

Cummings, Joseph P. / Chetkovich, Michael N. (1978), World Accounting enters a new era, in: Jornual of Accountancy April 1978, S. 52–61.

Davidson, Sidney / Anderson, Goerge D. (1987), The Development of Accounting and Auditing, in: Jornual of Accountancy May 1987 (AICPA Centennial Issue), S. 110–127.

Davies, Mike / Paterson, Ron / Wilson, Allister (1997), UK GAAP. Generally Accepted Accounting Practice in the United Kingdom, 5. Aufl., London 1997.

Dearing, Ron (1990), Accounting Standards: The new approach, in: Accountancy June 1990, S. 86–87.

Deutsche Börse AG (1997), Neuer Markt, Regelwerk, Frankfurt 1997.

DSRC (1998), Satzung des Vereins »DRS – Deutscher Standardisierungsrat für Rechnungslegung« vom 17. März 1998.

DRSC (1998a), Presseerklärung aus Anlaß der konstituierenden Sitzung vom 15. Mai 1998, Frankfurt am Main 1998.

DRSC (1998b), Presseerklärung aus Anlaß der Einsetzung des Standardisierungsrates durch den Verwaltungsrat vom 15. Mai 1998, Frankfurt am Main 1998.

EU-Kommission (1993), Accounting Standards Setting in the EC Member States, Brussels and Luxembourg 1993.

EU-Kommission (1997), Contact Committee on the Accounting Directives, Meeting of 19. and 20. November 1997, Brussels, 24. September 1997, D3/KVH/ D(97) XV/7026/97.

FASB (1996), The IASC-U.S. Comparison Project: A Report on the Similarities and Differences between IASC Standards and U.S. GAAP, based on a Study Undertaken by the FASB Staff, edited by Carrie Bloomer, Norwalk/Connecticut, November 1996.

FASB (1998), Financial Accounting Standards Board – An Independent Structure, http://www.rutgers.edu/Accounting/raw/fasb/facts/fasfact2.html.

FASB (1998a), Financial Accounting Standards Board – An Open Decision – Making Process, http://www.rutgers.edu/Accounting/raw/fasb/facts/fasfact3.html.

Feldhoff, Michael (1992), Die Regulierung der Rechnungslegung, Frankfurt a.M. u.a. 1992.

Funke, Rainer (1998), Noch einmal: Wer entscheidet im Bilanzrecht?, in: Der Betrieb 1998, S. I.

Gorelik, George (1994), The Setting of Accounting Standards: Canada, the United Kingdom, and the United States, in: International Journal of Accounting 1994, S. 95–122.

Haller, Axel (1993), Die Rolle des International Accounting Standards Committee bei der weltweiten Harmonisierung der externen Rechnungslegung, in: Der Betrieb 1993, S. 1297–1305.

Haller, Axel (1994), Die Grundlagen der externen Rechnungslegung in den USA, 4. Aufl., Stuttgart 1994.

Hayn, Sven (1994), Die International Accounting Standards – ihre grundlegende Bedeutung für die internationale Harmonisierung der Rechnungslegung sowie eine Darstellung wesentlicher Unterschiede zu den einzelgesellschaftlichen Normen des HGB –, in: Die Wirtschaftsprüfung 1994, S. 713–721 u. S. 749–755.

Hayn, Sven (1997), Internationale Rechnungslegung. Ursachen, Wirkungen und Lösungsansätze zur Überwindung internationaler Rechnungslegungsdivergenzen, Stuttgart 1997.

Herrmann, Marcus (1991), Der Companies Act 1989 in Großbritannien, in: Recht der Internationalen Wirtschaft 1991, S. 378–383.

HFA (1995), Die Kapitalflußrechnung als Ergänzung des Jahres- und Konzernabschlusses, Stellungnahme 1/1995, in: Die Wirtschaftsprüfung 1995, S. 210–213.

HFA (1998), Verlautbarung: Bestätigungsvermerk zu einem befreienden Konzernabschluß nach § 292a HGB, in: IDW-Fachnachrichten 1998, S. 177–178.

Hommelhoff, Peter / Schwab, Martin (1998), Gesellschaftliche Selbststeuerung im Bilanzrecht – Standard Setting Bodies und staatliche Regulierungsverantwortung nach deutschem Recht, in: Betriebswirtschaftliche Forschung und Praxis 1998, S. 38–56.

IASC (1992), IASC Constitution (approved by IASC Member Bodies, 11th October 1992), Washington, D.C. 1992.

IASC (1998), International Accounting Standards 1997, Deutsche Fassung, Stuttgart 1998.

IASC (1998a), IASC Consultative Group, http://iasc.uk.org/frame/cen4-3.htm.

IASC (1998b), Staff Directory, http://iasc.uk.org/frame/cen6.htm.

IASC (1998c), The Executives Commitee of the Board, http://iasc.uk.org/frame/cen4-2-2.htm.

ICAEW (o.J.), Statement of intent on accounting standards in the 1970s, o.O., o.J.

IDW (1998), Pressenotiz: IDW für Rechnungslegungsgremium in Deutschland nach dem Modell des amerikanischen FASB, in: IDW-Fachnachrichten 1998, S. 52–54.

International Accounting Standard (IAS) 1 (revised 1997), Presentation of Financial Statements, in: IASC (Hrsg.), International Accounting Standards, London 1998.

International Accounting Standard (IAS) 7 (revised 1992), Cash Flow Statements, in: IASC (Hrsg.), International Accounting Standards, London 1998.

Kloos, Gerhard (1993), Die Transformation der 4. EG-Richtlinie (Bilanzrichtlinie) in den Mitgliedstaaten der Europäischen Gemeinschaft, Berlin 1993.

Krumnow, Jürgen (1998), Das Deutsche Rechnungslegungs Standards Committee – Aufgaben und Ziele –, Vortrag im Rahmen des Seminars »Neue Bilanzierungsüberlegungen in Deutschland« des Deutschen Aktiensinstituts e.V. und der Deutsche Börse AG vom 6. Juli 1998.

Küting, Karlheinz / Hayn, Sven (1993), Börseneinführungsmodalitäten in den USA, in: Die Wirtschaftsprüfung 1993, S. 401–411.

Küting, Karlheinz / Hayn, Sven (1993a), Der mögliche Einfluß des geänderten Rechtssetzungsprozesses der Europäischen Gemeinschaft auf die deutsche Bilanzierungspraxis, in: Internationales Steuerrecht 1993, S. 586–592.

Küting, Karlheinz / Hayn, Sven (1995), Wesentliche Unterschiede der Rechnungslegung in Großbritannien und Deutschland, in: Zeitschrift für Unternehmens- und Gesellschaftsrecht 1995, S. 111–133.

Küting, Karlheinz / Hayn, Sven (1995a), Internationale Entwicklung der Rechnungslegung, in: Küting, Karlheinz/Weber, Claus-Peter (Hrsg.), Handbuch der Rechnungslegung, Kommentar zur Bilanzierung und Prüfung, Bd. Ia, 4. Aufl., Stuttgart 1995.

Küting, Karlheinz / Hayn, Sven (1995b), Der internationale Konzernabschluß als Eintrittskarte zum weltweiten Kapitalmarkt, in: Betriebs-Berater 1995, S. 662–672.

Langenbucher, Günther / Blaum, Ulf (1995), Ist ein deutsches Rechnungslegungsgremium notwendig? – Ein Organisationsvorschlag auf der Grundlage einer Analyse ausländischer Standard Setting Bodies –, in: Der Betrieb 1995, S. 2325–2335.

Lück, Wolfgang (1969), Zum Einfluß der Theorie und verschiedener Organisationen auf die amerikanische Rechnungslegung, in: Die Wirtschaftsprüfung 1969, S. 361–365.

Lück, Wolfgang / Holzer, H. Peter (1976), Financial Accounting Standards Board – Der Versuch einer Weiterentwicklung von Grundsätzen der Rechnungslegung in den USA –, in: Die Wirtschaftsprüfung 1976, S. 292–299.

Lück, Wolfgang / Holzer, H. Peter (1977), Die Krise des amerikanischen wirtschaftsprüfenden Berufsstandes – Anmerkungen zum Metcalf-Report –, in: Die Wirtschaftsprüfung 1977, S. 1857–1861.

MARTENS, Stanley C. / MCENROE, John E. (1993), Accounting Standard Setting in the United States: Are Public Accountants Serving on the FASB Influenced by their Former Firms?, in: International Journal of Accounting 1993, S. 147–155.

MOXTER, Adolf (1998), Deutsches Rechnungslegungs Standards Committee: Aufgaben und Bedeutung, in: Der Betrieb 1998, S. 1425–1428.

NOBES, Christopher W. (1992), International classification of financial reporting, 2. Aufl., London und New York 1992.

ORDELHEIDE, Dieter (1996), Internationalisierung der Rechnungslegung deutscher Unternehmen, Anmerkungen zum Entwurf eines Kapitalaufnahmeerleichterungsgesetzes, in: Die Wirtschaftsprüfung 1996, S. 545–552.

PATERSON, Ron (1988), Building the right framework, in: Accountancy Oktober 1988, S. 26–27.

PELLENS, Bernhard (1998), Internationale Rechnungslegung, 2. Aufl., Stuttgart 1998.

PELLENS, Bernhard / BONSE, Andreas / GASSEN, Joachim (1998), Perspektiven der deutschen Konzernrechnungslegung – Auswirkungen des Kapitalaufnahmeerleichterungsgesetzes und des Gesetzes zur Kontrolle und Transparenz im Unternehmensbereich –, in: Der Betrieb 1998, S. 785–792.

PERERA, M.H.B. (1989), Towards a Framework to Analyze the Impact of Culture on Accounting, in: International Journal of Accounting 1989, S. 42–56.

SCHÄFER, Wolf (1970), Die Rechenschaftsberichte nach den Vorschriften der Securities and Exchange Commission, Düsseldorf 1970.

SINGLETON-GREEN, Brian (1990), The rise and fall of the ASC, in: Accountancy August 1990, S. 84–85.

SONNEMANN, Erik (1989), Institutionelle und konzeptionelle Grundlagen der externen Rechnungslegung in den USA, in: Sonnemann, Erik (Hrsg.), Rechnungslegung, Wirtschaftsrecht und Steuern in den USA, Wiesbaden 1989, S. 17–52.

SPROUSE, Robert T. (1983), Standard setting: the American experience, in: Bromwich, Michael/ Hopwood, Anthony G. (Hrsg.), Accounting Standards Setting. An International Perspective, London 1983, S. 42–56.

STATEMENT OF FINANCIAL ACCOUNTING STANDARDS (SFAS) No. 19, Financial Accounting and Reporting by Oil and Gas Producing Companies, in: FASB (Hrsg.), Original Pronouncements, Norwalk/Connecticut 1997.

STATEMENT OF FINANCIAL ACCOUNTING STANDARDS (SFAS) No. 25, Suspension of Certain Accounting Requirements for Oil and Gas Producing Companies, in: FASB (Hrsg.), Original Pronouncements, Norwalk/Connecticut 1997.

STATEMENT OF FINANCIAL ACCOUNTING STANDARDS (SFAS) No. 95, Statement of Cash Flows, in: FASB (Hrsg.), Original Pronouncements, Norwalk/Connecticut 1997.

TAYLOR, Peter / TURLEY, Stuart (1986), The Regulation of Accounting, Oxford 1986.

WEBER, Claus-Peter (1990), Rechnungslegung und Handelsrecht in den USA, in: Kramer, Jörg-Dietrich (Hrsg.), Grundzüge des US-amerikanischen Steuerrechts, Stuttgart 1990, S. 147–173.

WEBER, Claus-Peter (1997), Die Struktur des deutschen Konzernabschlusses im Vergleich zum Konzernabschluß nach US-amerikanischem Recht, in: Wirtschaftsprüferkammer-Mitteilungen, Sonderheft S/97, S. 57–61.

ZÜND, André (1987), Empfehlungen zur Rechnungslegung auf internationaler Ebene, in: Zünd, André (Hrsg.), Empfehlungen zur Rechnungslegung und Revision, Zürich 1987, S. 9–17.

Plädoyer für ein Audit Committee

Wolfgang Lück*

Inhalt

* Wirtschaftsprüfer Steuerberater Prof. Dr. Dr. h.c. Wolfgang Lück, Direktor des Instituts für Betriebswirtschaft, Technische Universität München.

Vorbemerkung

Werden Fragen der internationalen Rechnungslegung und Prüfung diskutiert, muß automatisch der Name Claus-Peter WEBER fallen, der zu diesem Thema zahlreiche Literaturbeiträge und Diskussionsbeiträge geliefert hat.

Wer sich mit den Problemen der Corporate Governance beschäftigt, wird zwangsläufig u.a. über das Audit Committee nachdenken müssen. Der Jubilar, dem dieser Beitrag in alter Verbundenheit gewidmet ist, hat auch zu dem Thema Audit Committee Anregungen gegeben (vgl. WEBER, 1988, S. 111 ff.; KÜTING/WEBER, 1997).

1. Audit Committees – eine Möglichkeit zur Reduzierung und/oder Beseitigung der faktischen Ineffizienz der Aufsichtsratstätigkeit in deutschen Unternehmen?

Zahlreiche Insolvenzen und Unternehmensschieflagen in den letzten Jahren haben zu einer verstärkten Kritik an den Vorständen und Geschäftsführern deutscher Unternehmen, aber auch an den Überwachungsträgern der Unternehmensleitung geführt. Die Kritik an den Überwachungsträgern betrifft dabei gleichermaßen die Aufsichtsräte und die Abschlußprüfer. Insbesondere werden Verbesserungen in der Kooperation zwischen diesen beiden Institutionen, die in der Vergangenheit oftmals weniger als »spärlich« war, angemahnt. Durch das Gesetz zur Kontrolle und Transparenz im Unternehmensbereich (KonTraG), das am 1. Mai 1998 in Kraft getreten ist, sind mittlerweile gesetzliche Änderungen vorgenommen worden, um die Zusammenarbeit des Aufsichtsrats mit dem Abschlußprüfer zu verbessern. Es stellt sich allerdings die Frage, ob diese Änderungen ausreichen, das lange Zeit schlechte Verhältnis zwischen Aufsichtsrat und Abschlußprüfer nachhaltig im Sinne regelmäßiger und intensiver Kontakte zu verbessern. Neben den Änderungen durch das KonTraG sollten daher weitere Maßnahmen zur Verbesserung der Zusammenarbeit zwischen Aufsichtsrat und Abschlußprüfer überlegt werden. In diesem Zusammenhang wird insbesondere die Einrichtung eines »Audit Committee« in deutschen Unternehmen als Maßnahme zur Verbesserung der Unternehmensüberwachung angeführt.

Durch die Einrichtung eines Audit Committee in deutschen Unternehmen kann neben einer Verbesserung der Zusammenarbeit des Aufsichtsrats mit dem Abschlußprüfer auch eine noch stärkere Integration der Internen Revision in die Unternehmensüberwachung durch Aufsichtsrat und Abschlußprüfer erreicht werden. Der Kontakt der Internen Revision zum Aufsichtsrat und zum Abschlußprüfer kann durch ein Audit Committee verbessert werden.

Ein Audit Committee umfaßt somit die zielorientierte Koordination der Aktivitäten von Aufsichtsrat, Abschlußprüfer und Interner Revision zur Sicherung und zur Verbesserung der Unternehmensüberwachung.

Die Institution Audit Committee ist eine Besonderheit der US-amerikanischen Unternehmensverfassung. Zur Analyse der Übertragbarkeit des Audit Committee-Konzeptes auf die deutsche Unternehmensverfassung ist daher zunächst die Stellung des Audit Committee in der Unternehmensstruktur US-amerikanischer Gesellschaften zu untersuchen. Einer näheren Analyse der Audit Committees im betrieblichen Überwachungssystem muß ebenfalls die Erläuterung spezieller US-amerikanischer Rahmenbedingungen vorangestellt werden, die letztendlich zur Einführung der Audit Committees führten, aber auch für die Frage der Übertragbarkeit dieser Einrichtung auf deutsche Unternehmen von Bedeutung sind.

1.1 Audit Committees als Bestandteil der Unternehmensstruktur US-amerikanischer Gesellschaften

US-amerikanische Gesellschaften sind durch eine monistische Unternehmensstruktur charakterisiert, deren Kennzeichen eine Vereinigung von geschäftsführenden Funktionen und überwachenden Funktionen in einem Gremium, dem Board of Directors, ist (sogenanntes Vereinigungsmodell). Der Board of Directors nimmt als das zentrale Lenkungs- und Verwaltungsorgan eines Unternehmens die Funktion der Geschäftsführung und die Funktion der Überwachung gleichzeitig wahr, jedoch mit einer omnipotenten Stellung und exekutiven Machtkonzentration beim Chief Executive Officer – CEO (vgl. Bleicher, 1988, S. 933).

Der Board of Directors setzt sich aus zwei verschiedenen Arten von Direktoren zusammen: Inside-Directors und Outside-Directors. Die Inside-Directors sind hauptamtliche mit der Geschäftsführung beauftragte Manager. Die Outside-Directors sind ehrenamtliche nicht mit der Geschäftsführung beauftragte Personen, denen die Überwachung der Geschäftsführung der Inside-Directors obliegt.

Deutsche Unternehmen besitzen im Gegensatz zu US-amerikanischen Gesellschaften eine dualistische Unternehmensstruktur, deren charakteristisches Kennzeichen eine institutionalisierte (und personelle) Trennung von Geschäftsführung und Überwachung ist (sogenanntes Trennungsmodell). Die Geschäftsführung wird im dualistischen System vom Vorstand wahrgenommen, während die Überwachung der Geschäftsführung durch den Aufsichtsrat erfolgt.

Audit Committees haben sich als notwendige Konsequenz aus der nicht vorhandenen institutionalisierten Trennung von Geschäftsführung und Überwachung in US-amerikanischen Gesellschaften entwickelt. Das Audit Committee ist ein ständiger Ausschuß (Prüfungsausschuß) des Board of Directors mit der Aufgabe, als eine vom Management unabhängige Instanz Gesprächspartner sowohl für den externen Abschlußprüfer als auch für die Interne Revision zu sein, um das Rechnungswesen und das Interne Überwachungssystem eines Unternehmens auf ihre Funktionsfähigkeit prüfen und verbessern zu können (vgl. Lück, 1991, S. 201 f.).

Abbildung 1 verdeutlicht die Stellung des Audit Committee in der Organisationsstruktur US-amerikanischer Gesellschaften.

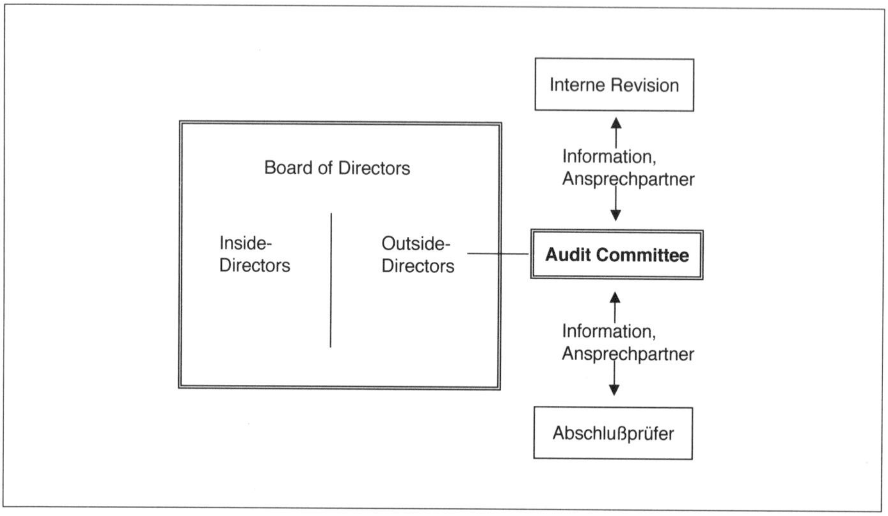

Abb. 1: Das Audit Committee als Bestandteil der Organisationsstruktur US-amerikanischer Gesellschaften

Die Mitglieder des Audit Committee werden in der Praxis vom gesamten Board of Directors für eine in der Regel einjährige, aber beliebig oft verlängerbare Amtsperiode gewählt. Als Mitglieder von Audit Committees kommen nur vom Management unabhängige und in ihrer Urteilsbildung völlig unbefangene Personen in Frage. Inside-Directors können somit nicht Mitglied im Audit Committee werden. In der Regel setzen sich Audit Committees ausschließlich aus Outside-Directors zusammen, meist 3–5 Personen.

Das Audit Committee hat insbesondere folgende Funktionen zu erfüllen:

- Audit Committees sollen die Effizienz des betrieblichen Überwachungssystems steigern.
- Audit Committees sollen den Nachteil der monistischen Unternehmensverfassung, nämlich die Vereinigung von geschäftsführenden und überwachenden Funktionen in einem Gremium, ausgleichen.

1.2 Historische Perspektive von Audit Committees in den USA

Die Einrichtung von Audit Committees wurde bereits 1939 von der New Yorker Börse – New York Stock Exchange (NYSE) – und ein Jahr später von der Securities and Exchange Commission (SEC), der amerikanischen Börsenaufsichtsbehörde, nach zahlreichen und spektakulären Betrugsaffären vorgeschlagen.

Seit Ende der sechziger Jahre ist bei Unternehmen in den USA sowie in Kanada ein sich ständig verstärkender Trend der Institutionalisierung von Audit Committees festzustellen. Heute sind Audit Committees zu einem festen Bestandteil der Unternehmensstrukturen in beiden Ländern geworden. Die Mehrzahl der großen US-amerikanischen Unternehmen verfügt über ein Audit Committee (vgl. Lück, 1993a, S. 95). Obligatorisch ist die Einrichtung eines Audit Committee für solche Unternehmen, deren Anteile an der NYSE gehandelt werden (vgl. Lück, 1990, S. 999). In Europa sind Audit Committees, mit Ausnahme von Großbritannien (vgl. Langenbucher/Blaum, 1994, S. 2199), aufgrund der andersartigen Unternehmensverfassung noch nicht so weit verbreitet (vgl. Bleicher, 1987, S. 25).

Die weite Verbreitung von Audit Committees in US-amerikanischen Unternehmen ist u.a. auf deren Befürwortung durch zahlreiche Organisationen zurückzuführen. Ende der sechziger Jahre setzte sich nach der NYSE und nach der SEC auch der amerikanische Berufsstand der Wirtschaftsprüfer für die Implementierung von Audit Committees zumindest bei amerikanischen Publikumsgesellschaften ein (vgl. Lück, 1993b, S. 143). Seit Ende der siebziger Jahre ist die Bildung und Unterhaltung von Audit Committees bei allen an der NYSE notierten Gesellschaften zwingend vorgeschrieben (vgl. Lück, 1990, S. 999).

1987 verlangte die Treadway Commission, die Implementierung von Audit Committees durch entsprechende SEC-Vorschriften verbindlich vorzuschreiben (vgl. Kullberg, 1987, S. 21).

Folgende Sachverhalte waren für die Forcierung von Audit Committees ausschlaggebend:

- Das durch Betrugsaffären und Unternehmenszusammenbrüche beeinträchtigte Vertrauen der Öffentlichkeit in die Glaubwürdigkeit und Objektivität der Jahresabschlußinformationen sollte wiederhergestellt werden (vgl. Lück, 1986, S. 228).
- Die Mitglieder des Board of Directors selbst suchten Unterstützung bei Audit Committees, um den ihnen auferlegten verschärften Verantwortlichkeiten gerecht zu werden (vgl. Lück, 1987, S. 509).
- Der amerikanische Berufsstand der Wirtschaftsprüfer wollte über eine Institutionalisierung von Audit Committees einer möglichen Verstaatlichung des Berufsstandes entgegenwirken (vgl. Lück, 1991, S. 201 f.; Lück/Holzer, 1993, S. 237).

Heute sind Audit Committees als Prüfungsausschüsse des Board of Directors in den USA für viele Unternehmen eine nicht mehr wegzudenkende Notwendigkeit. Die

Einrichtung von Audit Committees bedeutet faktisch eine dualistische Strukturierung des Board of Directors, in dem das Management durch Outside-Directors überwacht wird. Audit Committees schränken somit den durch das monistische System in den USA bedingten uneingeschränkten Autonomiespielraum der Geschäftsführer ein.

Die großen Vorteile, die die Einrichtung von Audit Committees für US-amerikanische Gesellschaften hat, führen zu Überlegungen, das Audit Committee-Konzept auch auf deutsche Unternehmen zu übertragen. Es stellt sich allerdings die Frage, ob das Konzept des Audit Committee überhaupt auf die deutsche Unternehmensverfassung übertragbar ist (vgl. Haasen, 1988, S. 376 ff.) und ob sich durch die Übertragung ähnlich große Vorteile auch für deutsche Unternehmen ergeben (vgl. Lück, 1991, S. 201 f.).

1.3 Zur Übertragbarkeit des Audit Committee-Konzeptes auf deutsche Unternehmen

In Deutschland ist die Trennung in der Aufgabenzuweisung zum einen an den Vorstand und zum anderen an den Aufsichtsrat zwar eine theoretisch einwandfreie Lösung, in der Praxis ist allerdings eine erhebliche strategische Lücke in der Überwachung durch den Aufsichtsrat festzustellen. Trotz institutionalisierter Trennung zwischen Geschäftsführung und Überwachung besteht faktisch ein Informationsgefälle zwischen Vorstand und Aufsichtsrat. Defizite in der faktischen Effizienz des Aufsichtsrats äußern sich vor allem in den folgenden Tatbeständen (vgl. Lück, 1991, S. 201 f.; Lück, 1997b, S. 202 ff.):

- Aufsichtsräte beschränken sich oft nur auf die Kenntnisnahme des Prüfungsberichts des Abschlußprüfers und vernachlässigen ihre eigenen Prüfungspflichten.
- Ein Teil der Mitglieder von Aufsichtsräten hat nicht die notwendige Fachkompetenz, um sich ein eigenes Bild vom Prüfungsobjekt trotz Einsichtnahme in den Prüfungsbericht des Abschlußprüfers zu verschaffen.
- Die geringe Sitzungsfrequenz des Aufsichtsrats und die Mandatshäufung seiner Mitglieder führen ebenfalls zu einer Vernachlässigung der Überwachungspflichten.

Durch das KonTraG sind mittlerweile jedoch mehrere Vorschriften in das Aktiengesetz aufgenommen worden, durch die die Effizienz des Aufsichtsrats verbessert werden soll:

1) Die Wirksamkeit der Überwachung durch den Aufsichtsrat soll durch folgende Regelungen verbessert werden:
   - »Der Aufsichtsrat soll einmal im Kalendervierteljahr, er muß einmal und bei börsennotierten Gesellschaften zweimal im Kalenderhalbjahr zusammentreten.« (§ 110 Abs. 3 AktG)

- Auf die Höchstzahl der Aufsichtsratsmandate sind Aufsichtsratsämter doppelt anzurechnen, für die das Mitglied zum Vorsitzenden gewählt worden ist. (§ 100 Abs. 2 Satz 3 AktG)

2) Das Verhältnis zwischen dem Aufsichtsrat und dem Abschlußprüfer soll durch folgende Regelungen verbessert werden:
   - »Er (der Aufsichtsrat, Anmerkung des Verfassers) erteilt dem Abschlußprüfer den Prüfungsauftrag für den Jahres- und den Konzernabschluß gemäß § 290 des Handelsgesetzbuchs.« (§ 111 Abs. 2 Satz 3 AktG)
   - Der Aufsichtsrat hat das Prüfungshonorar mit dem Abschlußprüfer zu vereinbaren. (Begründung zu § 111 Abs. 2 AktG)
   - Der Aufsichtsrat kann eigene Prüfungsschwerpunkte mit dem Abschlußprüfer festlegen. (Begründung zu § 111 Abs. 2 AktG)
3) Die Information des Aufsichtsrats durch den Abschlußprüfer soll durch folgende Regelungen verbessert werden:
   - »Die Vorlagen und Prüfungsberichte sind auch jedem Aufsichtsratsmitglied oder, soweit der Aufsichtsrat dies beschlossen hat, den Mitgliedern eines Ausschusses auszuhändigen.« (§ 170 Abs. 3 Satz 2 AktG)
   - »Ist der Jahresabschluß durch einen Abschlußprüfer zu prüfen, so hat dieser an den Verhandlungen des Aufsichtsrats oder eines Ausschusses über diese Vorlage teilzunehmen und über die wesentlichen Ergebnisse seiner Prüfung zu berichten.« (§ 171 Abs. 1 Satz 2 AktG)

Es bleibt abzuwarten, ob und wie diese Regelungen greifen werden und ob sie zu einer Verbesserung der Überwachung durch den Aufsichtsrat führen können. Die Frage, ob Audit Committees als Prüfungsausschuß des Aufsichtsrats die Ineffizienz der Aufsichtsratstätigkeit reduzieren und/oder beseitigen können, stellt sich jedoch heute genau so wie früher.

Die Bedeutung von Audit Committees für das betriebliche Überwachungssystem eines Unternehmens muß kritisch analysiert werden. Es muß insbesondere der Einfluß von Audit Committees auf die verschiedenen internen und externen Überwachungsträger – Aufsichtsrat, Interne Revision und Abschlußprüfer – untersucht und die Frage beantwortet werden, ob die damit verbundene Verbesserung der ex post-Überwachung auch zu einer Verbesserung der ex ante-Überwachung, also der Planüberwachung, in deutschen Unternehmen führen kann.

2. Audit Committees im betrieblichen Überwachungssystem

Bei der Analyse der Bedeutung von Audit Committees im betrieblichen Überwachungssystem müssen die Aufgaben und Funktionen sowie die Nutzeffekte von Audit Committees erläutert werden.

Die Unternehmensgröße, die Unternehmensstruktur und die sonstigen Bedingungen des jeweiligen Unternehmens beeinflussen in der Praxis in starkem Maße die von Audit Committees wahrzunehmenden Aufgaben. Audit Committees entfalten dabei in ihrer Koordinationsfunktion zwischen den einzelnen Elementen des betrieblichen Überwachungssystems zahlreiche Nutzeffekte.

2.1 Aufgaben von Audit Committees im betrieblichen Überwachungssystem

Sämtliche Teilbereiche des betrieblichen Überwachungssystems gehören zum Hauptaufgabengebiet von Audit Committees. Innerhalb des betrieblichen Überwachungssystems hat ein Audit Committee die folgenden Aufgaben zu erfüllen (vgl. Lück/Hall, 1984, S. 1941 f.):

- Wahl und Nominierung des Abschlußprüfers und Festlegung der Prüfungsgebühren.
- Besprechung des Umfangs und der Schwerpunkte der Prüfung des Abschlußprüfers und der Internen Revision.
- Erörterung des Internen Überwachungssystems und seiner Teilbereiche, nämlich der organisatorischen Sicherungsmaßnahmen, der Kontrolle und der Internen Revision.
- Diskussion des Jahresabschlusses und der Ergebnisse der Jahresabschlußprüfung.
- Bewertung der Organisation und der Qualifikation der Internen Revision.
- Besprechung der durch die Interne Revision vorgenommenen Prüfungsplanung und der durchgeführten Prüfungen.
- Prüfung, ob die Lageberichterstattung und der Bericht des Vorstands im Geschäftsbericht mit dem Jahresabschluß in Einklang stehen.
- Erörterung der jeweiligen Prüfungspläne sowohl mit dem Abschlußprüfer als auch mit der Internen Revision unter dem Aspekt einer möglichen Koordination.

Diese Kernaufgaben verdeutlichen, daß das Haupttätigkeitsfeld von Audit Committees in der Intensivierung der Kommunikation und der Zusammenarbeit sowohl mit dem Abschlußprüfer als auch mit der Internen Revision liegt (vgl. Lück, 1993b, S. 143 ff.). Audit Committees sollen darüber hinaus grundsätzlich ein angemessenes Internes Überwachungssystem im Unternehmen sicherstellen (vgl. Freiling, 1992, S. 19 f.).

Die Überwachungsfunktion eines Audit Committee wird vor allem durch Plausibilitätsbeurteilungen von Planungsunterlagen und Dokumentationsunterlagen eines Unternehmens (z. B. Budgets, Jahresabschlüsse) wahrgenommen. Daneben wird die Überwachung durch Gespräche mit Mitarbeitern aller Ebenen und Abteilungen (z. B. Rechnungswesen, Interne Revision, Controlling, Finanzwesen und Betriebswirtschaft) vollzogen.

2.2 Koordinationsfunktion von Audit Committees im betrieblichen Überwachungssystem

Das Audit Committee kann als »integrative link« (als Koordinationsinstrument) zwischen den einzelnen Elementen des betrieblichen Überwachungssystems angesehen werden. Das Audit Committee hat in seiner Funktion als »integrative link« eine Koordination der verschiedenen betrieblichen Überwachungsträger zu erfüllen (vgl. Lück, 1990, S. 1002). Aus der Wahrnehmung der Koordinationsfunktion ergeben sich zahlreiche Nutzeffekte für den Abschlußprüfer, für die Interne Revision und für die Spitzenorgane der Gesellschaft, zu denen in deutschen Aktiengesellschaften neben dem Vorstand auch der Aufsichtsrat zählt.

Die Institutionalisierung von Audit Committees ist für die Entfaltung der Nutzeffekte allerdings keineswegs ausreichend. Vielmehr hängt die Effizienz von Audit Committees in ihrer Koordinationsfunktion und damit die Entfaltung der Nutzeffekte für die verschiedenen betrieblichen Überwachungsträger von den folgenden Faktoren ab (vgl. Lück, 1990, S. 1004 f.; zur Effizienz der Aufsichtsrats vgl. Lück, 1995, S. 1 ff. und Lück, 1997b, S. 202 ff.):

- Fachliche und persönliche Fähigkeiten der einzelnen Mitglieder – die hohen fachlichen, persönlichen und zeitlichen Anforderungen an die Mitglieder von Audit Committees sind in der Praxis häufig ein Hemmschuh bei deren Rekrutierung (vgl. auch Semmler, 1988, S. 63).
- Besondere Beziehungen zwischen dem Audit Committee und den Spitzenorganen der Gesellschaft (Vorstand, Aufsichtsrat) auf der einen Seite sowie besondere Beziehungen zwischen dem Audit Committee und den prozeßunabhängigen Überwachungsträgern (Interne Revision, Abschlußprüfer) auf der anderen Seite, die durch gegenseitiges Vertrauen geprägt sein sollten.
- Verständnis und grundlegende Kenntnisse der Mitglieder des Audit Committee über den Sinn und Zweck der Aufsichtsratstätigkeit.
- Gründliche Vorbereitung der einzelnen Sitzungen.

2.3 Nutzeffekte von Audit Committees im betrieblichen Überwachungssystem

Die Nutzeffekte von Audit Committees für das betriebliche Überwachungssystem und für seine Aufgabenträger stehen in einem unmittelbaren Zusammenhang mit den primären Beziehungen zwischen Audit Committee und Abschlußprüfer, zwischen Audit Committee und Interner Revision sowie zwischen Abschlußprüfer, Aufsichtsrat und Interner Revision. Aus diesen Beziehungen resultieren die folgenden Nutzeffekte:

- Stärkung der Unabhängigkeit der prozeßunabhängigen Überwachungsträger (Abschlußprüfer, Interne Revision) gegenüber der Unternehmensleitung.
- Erweiterte Unabhängigkeit der Internen Revision als Voraussetzung für eine Intensivierung der Zusammenarbeit mit dem Abschlußprüfer.
- Verbesserung der faktischen Effizienz der Aufsichtsratstätigkeit.

Die Gewährleistung der Prozeßunabhängigkeit der Internen Revision und des Abschlußprüfers ist eine fundamentale Voraussetzung für eine erfolgreiche Prüfungstätigkeit und für die Sicherung der Prüfungs- und Urteilsqualität. Durch die Zwischenschaltung von Audit Committees zwischen Management und Interner Revision bzw. zwischen Management und externer Revision (Abschlußprüfer) wird deren Unabhängigkeit gegenüber dem zu prüfenden Prozeß gestärkt. Da Audit Committees als Ansprechpartner zwischen Management und prozeßunabhängigen Prüfungsträgern fungieren, wird auch eine größere Unabhängigkeit gegenüber dem Management erreicht.

Zur Stärkung der Unabhängigkeit des Abschlußprüfers trägt insbesondere die Funktion des Audit Committee als ein vom Management unabhängiger Gesprächspartner des Abschlußprüfers bei (vgl. Lück/Hall, 1984, S. 1941 f.). Durch die Institutionalisierung eines Audit Committee ist dem Abschlußprüfer die Möglichkeit gegeben, alle bei der Prüfung auftretenden Fragen und Unstimmigkeiten unabhängig vom Management mit einem Aufsichtsorgan des Unternehmens zu besprechen.

Bei der Diskussion von Prüfungsergebnissen mit dem Audit Committee ist der sogenannte »Management Letter« ein wichtiges Hilfsmittel. Der Management Letter zeigt wesentliche bei der Abschlußprüfung aufgedeckte Fehler und Schwachstellen sowie geeignete Vorschläge zu deren Beseitigung auf. Wird das Audit Committee in die Diskussion des Management Letter involviert, kann überwacht werden, inwieweit das Management die im Management Letter gemachten Verbesserungsvorschläge realisiert hat. Die Einrichtung von Audit Committees führt somit zu einer Verbesserung der Qualität der Jahresabschlußprüfung und zu einer Sensibilisierung der übrigen Mitglieder des Board of Directors hinsichtlich der Aufgaben, Möglichkeiten und Grenzen der externen Pflichtprüfung.

Das Audit Committee hat die Aufgabe, die Struktur und die Organisation der Internen Revision darauf zu untersuchen, ob eine effektive und unabhängige Bewertung der Managementaktivitäten gewährleistet ist. Das Audit Committee kann als zusätzlicher Adressat von Berichten und sonstigen Informationen der Internen Revision deren Unabhängigkeit in der Unternehmenshierarchie stärken.

Die Unabhängigkeit der Internen Revision gegenüber der Unternehmensleitung wird in den USA durch eine funktionale und disziplinarische Unterstellung der Internen Revision unter das Audit Committee erreicht. Audit Committees können auf diese Weise zu einer Steigerung der Revisionseffizienz beitragen. Dies verdeutlicht die Stellungnahme des US-amerikanischen Institute of Internal Auditors zum Thema

»Audit Committee« (vgl. Jenkins/Robinson, 1985, S. 34): Das Audit Committee soll die Unabhängigkeit, die Zielsetzungen, die Verantwortlichkeiten sowie die Prüfungsplanung und Prüfungsdurchführung der Internen Revision nachprüfen. Audit Committees können durch die Analyse der Vorgehensweise der Internen Revision bei einer Prüfung zu einer Steigerung der Wirtschaftlichkeit und der Wirksamkeit der Revisionstätigkeit führen.

Die Funktion von Audit Committees als Koordinationsgremium (»integrative link«) spielt auch für die Zusammenarbeit von Interner Revision und Abschlußprüfer eine große Rolle. Das Finanz- und Rechnungswesen und das Interne Überwachungssystem sind sowohl durch den Abschlußprüfer als auch durch die Interne Revision zu prüfen. Durch das KonTraG hat sich darüber hinaus die Prüfungspflicht sowohl der Internen Revision als auch des Abschlußprüfers um eine Prüfung des Risikomanagementsystems (vgl. dazu ausführlich Lück, 1998, S. 8 ff.) und des unternehmensinternen Überwachungssystems (vgl. dazu ausführlich Lück, 1997 a, S. 424 ff.), das gemäß § 91 Abs. 2 AktG durch die Unternehmensleitung einzurichten ist, erweitert. Infolge dieser Aufgabenüberschneidungen und aus Gründen der Stoffbewältigung im Rahmen der gesetzlichen Pflichtprüfung ist die Einrichtung eines Audit Committee eine wichtige Maßnahme, um die Zusammenarbeit zwischen der Internen Revision und dem Abschlußprüfer zu intensivieren.

Der Abschlußprüfer kann die Prüfungsergebnisse der Internen Revision bei seiner Prüfungstätigkeit verwerten, wenn er sich von der Unabhängigkeit, der personellen Ausstattung und der fachlichen Qualifikation der Internen Revision überzeugt hat. Ein Audit Committee als ein für die Interne Revision unabhängiger Gesprächspartner gegenüber dem Management ist geeignet, die Voraussetzungen für eine intensive Zusammenarbeit zwischen Interner Revision und Abschlußprüfung sicherzustellen (vgl. Lück, 1993 b, S. 143 ff.).

Die Nutzeffekte von Audit Committees im betrieblichen Überwachungssystem machen deutlich, warum der US-amerikanische Berufsstand der Wirtschaftsprüfer die Implementierung von Audit Committees entschieden befürwortet. Die Vorteile sollten auch für deutsche Unternehmen genutzt werden; die Konzeption der Audit Committees sollte auch in das deutsche System der Unternehmensüberwachung übernommen werden.

3. Audit Committees in deutschen Unternehmen

Defizite in der faktischen Effizienz der Unternehmensüberwachung in der Bundesrepublik Deutschland bestehen nicht nur bei der Planüberwachung, sondern auch bei der Prüfung von Jahresabschluß und Lagebericht durch den Aufsichtsrat. Die Nutzeffekte von Audit Committees als Aufsichtsratsausschüsse haben für die Beseitigung solcher Defizite in deutschen Unternehmen eine wachsende Bedeutung, wobei allerdings auch die Probleme bei der Einführung von Audit Committees beachtet werden müssen. Trotz der zahlreichen Nutzeffekte ist die Akzeptanz von Audit Committees in deutschen Unternehmen aber immer noch gering.

3.1 Aufsichtsratsausschüsse in deutschen Unternehmen

»Ausschüsse sind vor allem im größeren AR ein wichtiges Instrument der Überwachung« (Potthoff/Trescher, 1993, S. 74).

Potthoff/Trescher zählen u. a. unter Berufung auf Bleicher (1987 und 1988) und die Biedenkopf-Kommission (vgl. BR-Drucksache 76/70) folgende Aspekte der Aufgaben und Stellung der Ausschüsse im Aufsichtsrat auf (vgl. Potthoff/Trescher, 1993, S. 74):

- Möglichkeit, den Erfordernissen moderner Managementüberwachung besser gerecht zu werden.
- Erweiterung des notwendigen Überwachungswissens.
- Gründlichere Diskussion schwieriger Fragen und kontroverser Auffassungen.
- Behandlung vertraulicher Punkte im kleinen Kreis.
- Entlastung des Aufsichtsrat-Plenums.

»Ein Ausschuß sollte deshalb stets dann erwogen werden, wenn der AR sonst seine Aufgaben nicht so sachgerecht erfüllen könnte, wie dies von sorgfältigen und gewissenhaften Überwachern erwartet werden muß« (Potthoff/Trescher, 1993, S. 74).

Die Ausschußpraxis in größeren Aktiengesellschaften ist sehr unterschiedlich, am häufigsten ist der Personalausschuß (58%) anzutreffen (vgl. Bleicher, 1987, S. 27):

- Personalausschuß (58%),
- Präsidium (29%),
- Finanzausschuß (24%),
- Investitionsausschuß (18%),
- **Prüfungsausschüsse (7%)**,
- Sozialausschüsse (4%),
- Ad-Hoc-Ausschüsse (4%).

Bei Genossenschaften sind vor allem der **Prüfungsausschuß**, der Personalausschuß sowie – in Abhängigkeit von dem Zweckgeschäft – der Kredit- oder Warenausschuß anzutreffen (vgl. Wartenberg, 1983, S. 87).

3.2 Bedeutung der Nutzeffekte von Audit Committees für deutsche Unternehmen

Der Aufsichtsrat kann gemäß § 111 Abs. 2 Satz 2 AktG für die Einsicht und die Prüfung der Bücher und Schriften der Gesellschaft sowie der Vermögensgegenstände auch einzelne Mitglieder oder für bestimmte Aufgaben besondere Sachverständige beauftragen (sogenannte Prüfungsausschüsse).

Die Bildung eines Audit Committee als Prüfungsausschuß kann die strategische Lücke in der Überwachungseffizienz des Aufsichtsrats zumindest hinsichtlich der ex post-Überwachung schließen oder verringern: ein Audit Committee könnte häufiger tagen und intensiver prüfen als der gesamte Aufsichtsrat sowie eine qualifiziertere Berichterstattung gewährleisten. Gleichzeitig können durch ein Audit Committee die mangelnde Führungsnähe und die oft unzureichende Informationsversorgung des Aufsichtsrats ausgeglichen werden.

Das Audit Committee als »integrative link« zwischen den einzelnen Elementen des betrieblichen Überwachungssystems kann durch seinen unmittelbaren Kontakt sowohl zum Abschlußprüfer als auch zur Internen Revision eine zielführende Bewältigung der Überwachungsaufgabe des Aufsichtsrats sicherstellen.

Darüber hinaus könnten durch die Institutionalisierung eines Audit Committee etwaige Schäden vom Unternehmen abgewendet werden und eine Stärkung der Kompetenz sowie des Stellenwertes des jeweiligen Aufsichtsgremiums gegenüber der Unternehmensleitung erreicht werden.

3.3 Probleme bei der Einführung von Audit Committees in deutschen Unternehmen

Bei der Einführung von Audit Committees in deutschen Unternehmen muß die Rechtsstellung des Audit Committee gegenüber dem Aufsichtsrat hinsichtlich Prüfungstätigkeit, Berichterstattung und Haftung exakt geklärt werden. Es ist insbesondere die Frage zu klären, wie weit sich der Aufsichtsrat, der eine eigenständige Prüfungspflicht und Berichterstattungspflicht erfüllen muß, auf die Prüfungstätigkeit und die Berichterstattung des Audit Committee stützen darf. Ein Audit Committee kann keineswegs alle Aufgaben übernehmen, die das Gesetz dem Aufsichtsrat übertragen hat. Der Aufsichtsrat kann sich auch nicht durch die Tätigkeit des Audit Committee exkulpieren, denn damit würde der Aufsichtsrat seine Existenzberechtigung in Frage stellen.

Die Probleme, die mit der Einführung von Audit Committees verbunden sind, dürfen trotz der zweifelsohne vorhandenen zahlreichen Nutzeffekte nicht vernachlässigt werden. Beispielsweise kann die Gewinnung geeigneter Mitglieder für ein Audit Committee wegen des immer breiter werdenden Aufgabenspektrums und wegen der daraus resultierenden fachlichen und zeitlichen Anforderungen an diese Mitglieder sowie auch wegen der persönlichen Haftungsrisiken zu Schwierigkeiten führen.

Ein weiteres Hindernis bei der Implementierung von Audit Committees in Unternehmen mit dualistischer Unternehmensverfassung ist darin zu sehen, daß der Aufsichtsrat durch eine teilweise Übertragung seiner Aufgaben auf Audit Committees seine Überwachungsunfähigkeit dokumentieren würde. Eine abschließende Würdigung der Nutzeffekte von Audit Committees führt jedoch zu dem Ergebnis, daß die Einrichtung von Audit Committees in deutschen Unternehmen positiv beurteilt werden muß.

3.4 Akzeptanz von Audit Committees in deutschen Unternehmen

Viele Nutzeffekte von Audit Committees werden in deutschen Unternehmen noch nicht genügend erkannt. Dies wird durch die Ergebnisse einer Befragung der Vorstände der 100 umsatzstärksten deutschen Unternehmen verdeutlicht (vgl. Coenenberg/Reinhart/Schmitz, 1997, S. 990 ff.): In der empirischen Erhebung wurde u.a. nach den Verbesserungspotentialen, die mit der Einrichtung eines Audit Committee hinsichtlich der Zusammenarbeit von Aufsichtsrat und Management, hinsichtlich der Zusammenarbeit von Aufsichtsrat und Abschlußprüfer sowie hinsichtlich der Effizienz des Aufsichtsrats verbunden sind, gefragt. Die in der Befragung vorgegebenen Thesen zur Verbesserung der Zusammenarbeit von Aufsichtsrat und Management wurden von der Mehrheit der Befragten als unzutreffend beurteilt. Die Antworten der befragten Vorstände auf die Thesen zur Verbesserung der Zusammenarbeit von Aufsichtsrat und Abschlußprüfer sowie zur Verbesserung der Effizienz des Aufsichtsrats waren teilweise positiv, teilweise aber auch negativ.

Die Einrichtung von Audit Committees wurde zwar bereits vor einigen Jahren von führenden Repräsentanten der deutschen Wirtschaft befürwortet (vgl. Langenbucher/Blaum, 1994, S. 2206). Solange die Nutzeffekte von Audit Committees allerdings von der Mehrheit der umsatzstärksten deutschen Unternehmen noch nicht genügend erkannt werden (vgl. Coenenberg/Reinhart/Schmitz, 1997, S. 990 ff.), ist damit zu rechnen, daß Audit Committees in deutschen Unternehmen nicht in dem gewünschten Maße eingerichtet werden.

Es bleibt zu wünschen, daß im Zusammenhang mit der Internationalisierung der Rechnungslegung und Prüfung gerade die Unternehmen, die internationale Finanzmärkte in Anspruch nehmen wollen, auch Audit Committees einrichten. Letztendlich werden sie früher oder später durch die äußeren Umstände dazu gezwungen. Die hieraus zwangsläufig resultierende Vorbildwirkung wird auch bei anderen Unternehmen unter mehr oder weniger sanftem Druck dazu führen, solche »Best Practices« zu übernehmen und Audit Committees einzurichten (vgl. Langenbucher/Blaum, 1994, S. 2206).

4. Zusammenfassung der Ergebnisse: Audit Committees – ein sinnvoller Bestandteil des betrieblichen Überwachungssystems in deutschen Unternehmen

Eine Integration von Audit Committees in das betriebliche Überwachungssystem wurde in diesem Beitrag unter verschiedenen Gesichtspunkten diskutiert. Für die Einrichtung von Audit Committees in deutschen Unternehmen sprechen verschiedene Aspekte:

(1) Sicherheitsaspekte.
(2) Effizienz der Überwachung.
(3) Vorausschauende Überwachung.
(4) Information und Kommunikation.
(5) Unabhängigkeit der prozeßunabhängigen Überwachungsträger.

(1) Sicherheitsaspekte
Die Qualität der ex post-Überwachung steigt durch die Implementierung eines Audit Committee. Das Haftungsrisiko verringert sich für das Management und für die Überwachungsträger. Die Einrichtung eines Audit Committee ist eine geeignete Maßnahme, um die Berichterstattung über die Rechnungslegung zu verbessern.

(2) Effizienz der Überwachung
Audit Committees können neben einem erhöhten Sicherheitsniveau die Kosten der Überwachung reduzieren und damit auch zu einer Ökonomisierung der betrieblichen Überwachung beitragen.

(3) Vorausschauende Überwachung
Audit Committees können zu einer Verbesserung der vorausschauenden (ex ante-) Überwachung des Aufsichtsrats und der anderen Überwachungsträger beitragen.

(4) Information und Kommunikation
Das Audit Committee ist in der Lage, objektive und vertrauenswürdige Informationen für das Management, für die Überwachungsträger (Aufsichtsrat, Abschlußprüfer und Interne Revision) und für die Adressaten der Rechnungslegung und Prüfung zu veranlassen.

Die Kommunikation zwischen dem Management und den Überwachungsträgern, aber auch zwischen den einzelnen Überwachungsträgern wird verbessert.

Das Vertrauen der Aktionäre und der Öffentlichkeit wird gestärkt.

(5) Unabhängigkeit der prozeßunabhängigen Überwachungsträger
Die Unabhängigkeit der Abschlußprüfer und der Internen Revision wird durch die Einrichtung eines Audit Committee gewährleistet.

Audit Committees sind ein sinnvoller Bestandteil des betrieblichen Überwachungssystems in deutschen Unternehmen. Die Verbesserung der Zusammenarbeit des Aufsichtsrats mit dem Abschlußprüfer durch die Integration von Audit Committees in das betriebliche Überwachungssystem gibt den Unternehmen die Chance, der Öffentlichkeit ein deutliches Signal zu geben, daß die geäußerte Kritik an den Überwachungsträgern ernst genommen wird und Veränderungen eingeleitet werden (vgl. LANGENBUCHER/BLAUM, 1994, S. 2206). Die Einrichtung von Audit Committees in deutschen Unternehmen im Sinne einer zielorientierten Koordination der Überwachungsaktivitäten von Aufsichtsrat, Abschlußprüfer und Interner Revision dient der Verbesserung der Unternehmensüberwachung und ist somit zu befürworten.

Noch vorhandene Widerstände gegen Audit Committees werden sich durch die mit der Globalisierung verbundenen Zwänge auflösen.

Robert K. MAUTZ und Frederick L. NEUMANN von der University of Illinois at Urbana-Champaign, mit denen der Autor das Thema Audit Committee oft diskutiert hat, auch im Ausbildungszentrum St. Charles von Arthur Andersen, haben 1977 für die amerikanische Praxis den markanten Satz ausgesprochen: »Audit Committees are the result of an idea whose time had come« (MAUTZ/NEUMANN, 1977, S. 4).

Diese Aussage kann für die deutsche Praxis mit zeitlicher Verzögerung an der Jahrtausendwende übernommen und ergänzt werden:
»Audit Committees – it's time, let's go!«

Literaturverzeichnis

BLEICHER, Knut (1987), Der Aufsichtsrat im Wandel, Gütersloh 1987.

BLEICHER, Knut (1988), Geschäftsführung und Aufsicht im internationalen Vergleich – Einsichten und Empfehlungen, in: Zeitschrift für betriebswirtschaftliche Forschung 1988, S. 930–941.

BR-Drucksache 76/70, Bericht der Mitbestimmungskommission – Biedenkopfbericht vom 13.2. 1970.

COENENBERG, Adolf G. / REINHART, Alexander / SCHMITZ, Jochen (1997), Audit Committees – Ein Instrument zur Unternehmensüberwachung?, in: Der Betrieb 1997, S. 989–997.

FREILING, Claus (1992), Audit Committee – ein brauchbarer Ansatz zur Koordinierung der Unternehmensüberwachung, in: Boysen, Kurt u.a. (Hrsg.), Der Wirtschaftsprüfer vor innovativen Herausforderungen. Festschrift für Hans-Heinrich Otte, Stuttgart 1992, S. 17–34.

HAASEN, Uwe (1988), Die Bedeutung der Audit Committees. Ein Beispiel für die Zusammenarbeit der Überwachungsträger?, in: Zeitschrift für betriebswirtschaftliche Forschung 1988, S. 370–379.

JENKINS, Martha E. / ROBINSON, Loudell E. (1985), The Corporate Committee, in: Management Accounting, Dezember 1985, S. 31–35.

KULLBERG, Duane R. (1987), A New Stimulus to Fight Fraudulent Reporting, in: Directors and Boards 1987, S. 21–24.

KÜTING, Karlheinz / WEBER, Claus-Peter (Hrsg.) (1997), Das Rechnungswesen auf dem Prüfstand: Antworten auf die Konzernierung der deutschen Wirtschaft im Spannungsfeld der Globalisierung, Frankfurt am Main 1997.

LANGENBUCHER, Günther / BLAUM, Ulf (1994), Audit Committees – Ein Weg zur Überwindung der Überwachungskrise?, in: Der Betrieb 1994, S. 2197–2206.

LÜCK, Wolfgang (1986), Audit Committees, in: Die Betriebswirtschaft 1986, S. 228–230.

LÜCK, Wolfgang (1987), Interne Überwachung und Jahresabschlußprüfung, in: Das Wirtschaftsstudium 1987, S. 506–512.

LÜCK, Wolfgang (1990), Audit Committee – Eine Einrichtung zur Effizienzsteigerung betriebswirtschaftlicher Überwachungssysteme?, in: Zeitschrift für betriebswirtschaftliche Forschung 1990, S. 995–1013.

LÜCK, Wolfgang (1991), Wirtschaftsprüfung und Treuhandwesen, 2. Aufl., Stuttgart 1991.

LÜCK, Wolfgang (1993 a), Stichwort: »Audit Committee«, in: Lück, Wolfgang (Hrsg.), Lexikon der Betriebswirtschaft, 5. Aufl., Landsberg am Lech 1993, S. 95.

LÜCK, Wolfgang (1993 b), Jahresabschlußprüfung, Stuttgart 1993.

LÜCK, Wolfgang für den Arbeitskreis »Externe und interne Überwachung der Unternehmung« der Schmalenbach-Gesellschaft/Gesellschaft für Betriebswirtschaft e.V. (1995), Grundsätze ordnungsmäßiger Aufsichtsratstätigkeit – ein Diskussionspapier, in: Der Betrieb 1995, S. 1–4.

LÜCK, Wolfgang (1997 a), Internes Überwachungssystem (IÜS). Organisatorische Sicherungsmaßnahmen – Kontrolle – Prüfung, in: Die Steuerberatung 1997, S. 424–431.

LÜCK, Wolfgang (1997 b), Das deutsche Prüfungswesen im Kreuzfeuer der Kritik, in: Küting, Karlheinz/Weber, Claus-Peter (Hrsg.), Das Rechnungswesen auf dem Prüfstand: Antworten auf die Konzernierung der deutschen Wirtschaft im Spannungsfeld der Globalisierung, Frankfurt am Main 1997, S. 202–223.

LÜCK, Wolfgang (1998), Elemente eines Risiko-Managementsystems – Die Notwendigkeit eines Risiko-Managementsystems durch den Entwurf eines Gesetzes zur Kontrolle und Transparenz im Unternehmensbereich (KonTraG) –, in: Der Betrieb 1998, S. 8–14.

LÜCK, Wolfgang / VAN HALL, Georg (1984), Audit Committee – Zur Entwicklung von Prüfungsausschüssen in den USA, in: Der Betrieb 1984, S. 1941–1943.

LÜCK, Wolfgang / HOLZER, Peter (1993), Die Krise des wirtschaftsprüfenden Berufsstands in den USA, in: Der Betrieb 1993, S. 237–242.

MAUTZ, Robert K. / NEUMANN, Frederick L. (1977), Corporate Audit Committees: Policies and Practices, Altamonte Springs 1977.

POTTHOFF, Erich / TRESCHER, Karl (1993), Das Aufsichtsratsmitglied. Ein Handbuch für seine Aufgaben, Rechte und Pflichten, Stuttgart 1993.

SEMMLER, Johannes (1988), Ausschüsse des Aufsichtsrats, in: Die Aktiengesellschaft 1988, S. 60–67.

WARTENBERG, Günther (1983), Stellung und Aufgaben des genossenschaftlichen Aufsichtsrats, 3. Aufl., Gelsenkirchen 1983.

WEBER, Claus-Peter (1988), Meinungsverschiedenheiten zwischen Kapitalgesellschaft und Abschlußprüfer (§ 324), in: Baetge, Jörg (Hrsg.), Abschlußprüfung nach neuem Recht, Stuttgart 1988, S. 111–127.

Weiterentwicklung des deutschen Bilanzrechts für Konzernabschlüsse

Eberhard Mayer-Wegelin*

Inhalt

* Dr. Eberhard Mayer-Wegelin, Fachanwalt für Steuerrecht, Bereichsleiter Rechnungswesen und Steuern der Degussa AG, Frankfurt am Main.

1. Trend zur Internationalisierung

Jedes Rechnungslegungs-System ist nur so gut, wie es gehandhabt wird. Diese leidvolle Erfahrung mußten die deutschen Unternehmen machen, und zwar als Konsequenz der internationalen Diskussion über die Vergleichbarkeit der Jahresabschlüsse. Seit Daimler-Benz im Konzernabschluß 1993 nach HGB positiv 615 Mio. DM und nach Generally Accepted Accounting Principles (US-GAAP) negativ 1.839 Mio. DM auswies, ist das deutsche Bilanzrecht in Mißkredit geraten. Es eröffnet eine Vielzahl von Wahlrechten; Mißbräuchen soll dadurch begegnet werden, daß im Anhang ergänzende Erläuterungen zu geben sind. Dem ist Daimler-Benz im HGB-Konzernabschluß 1993 auch gefolgt. Aber das reicht nicht in einer Zeit, in der alle Angaben standardisiert und in der Datenbank nur noch Zahlen abgespeichert werden. Für zusätzliche Erläuterungen ist da kein Platz, die Zahlen müssen für sich selbst sprechen.

In anderen Fällen wurde den deutschen Bilanzierungsvorschriften (zu Recht) vorgehalten, daß eine schlechte Ertragslage durch exzessive Ausnutzung aller Wahlrechte vorübergehend verschleiert werden könne; rechtzeitige Sanierungsmaßnahmen würden so verhindert (vgl. zum Konzernabschluß 1994 der Bremer Vulkan AG: Küting, 1996). Umgekehrt wurde allerdings auch die Pflicht zur vorsichtigen Bilanzierung kritisiert und behauptet, die Notwendigkeit zur Bildung bestimmter Rückstellungen könne ein Unternehmen überfordern. Aber daß die Metallgesellschaft 1993 nicht wegen der Bilanzierungspflichten des HGB, sondern wegen ungewöhnlicher Derivatgeschäfte und unterschiedlicher Einschätzung des damit verbundenen Risikos in Schwierigkeiten geriet, dürfte inzwischen auch international anerkannt sein.

Dieses Mißbehagen über das deutsche Bilanzrecht führte dazu, daß einige große deutsche Unternehmen seit 1994 dazu übergingen, ihre Konzernabschlüsse internationalen Standards anzupassen. Stets bleibt aber das Bestreben erkennbar, bestimmte deutsche Grundsätze beizubehalten, die als richtig erkannt sind und international durchgesetzt werden sollen. Dies gilt insbesondere für das Vorsichtsprinzip (vgl. z.B. die Geschäftsberichte ab 1994 von Bayer, Hoechst, Deutsche Bank, ab 1995 von VEBA). Der Übergang verschiedener Konzernabschlüsse zu International Accounting Standards (IAS) oder US-GAAP geriet daher zu »IAS light« oder »US-GAAP light«. Im Grunde genommen handelte es sich um eine Änderung in der praktischen Handhabung der Bilanzierung, also um eine Art Selbstverpflichtung zu einer Bilanzierung in international vergleichbarer Art und Weise auf Basis des HGB. Dies gilt im Prinzip auch bei einer weitergehenden Anwendung der IAS oder US-GAAP, die mit Hilfe einer zusätzlichen Bilanz oder einer Überleitungsrechnung praktiziert wird. Nicht zu übersehen ist die Tendenz, gerechtfertigte deutsche Besonderheiten nicht aufzugeben und aufzuzeigen, daß die Gewinn-Unterschiede bei angemessener Bilanzierung gar nicht so groß sind.

Daß auch international anerkannte Rechnungslegungs-Systeme Schwächen haben, ist unverkennbar. Dies zeigen schon einzelne Regelungen, die die Securities and Exchange Commission (SEC) noch an den IAS beanstandet und von deren Harmonisierung sie deren Anerkennung abhängig macht, wie z. B. die Behandlung der Entwicklungskosten. Dies zeigt weiterhin der Bereich der Rückstellungen, der in den USA seit 1992 Schritt für Schritt ausgebaut wird, nämlich mit Rückstellungen für Krankenkosten der Betriebspensionäre (SFAS 106) über Rückstellungen für Restrukturierungsmaßnahmen (EITF-Issue 94-3 und 95-3; vgl. hierzu Winterhoff, 1995, S. 23; Meyring 1996, S. 27) bis zu Rückstellungen für Umweltschutz-Maßnahmen (SOP 96-1; vgl. hierzu Pastor, 1997, S. 41). Dies zeigt auch der Konzernabschluß 1997 der Hoechst AG, der - wenn auch in einer Phase der Umstrukturierung - durch Übergang auf IAS nicht verständlicher wurde und sich nur durch Herausrechnen von Sondereinflüssen und Vergleichbarmachung von Kennzahlen interpretieren läßt (vgl. FAZ vom 28.2. 1998: »Hoechst-Zahlen geben wieder Rätsel auf«). Dies ist auch der Grund, weshalb andere Unternehmen wie BASF, Mannesmann oder Degussa zwar deutliche Schritte in Richtung Internationalisierung machen, ohne aber das HGB aufzugeben, und ihre Aktien trotzdem für Anleger interessant bleiben.

Insofern war die Zielrichtung des Kapitalaufnahmeerleichterungsgesetzes (KapAEG) in der Anfangs-Fassung falsch gesetzt. Die weit überwiegende Bilanzierungspraxis wollte keine bedingungslose Flucht in ein anderes System, sie wollte nicht ein angeblich untaugliches deutsches Recht hinter sich lassen und IAS oder US-GAAP auch von der Bilanzierungsphilosophie her »reinrassig« anwenden. Dem steht ohnehin die EG-Richtlinie 83/349 entgegen. Deutsches Bilanzrecht kann nicht über EU-Bilanzrecht hinausgehen (s. dazu Bericht des Rechtsausschusses des Bundestags, BT-Drucksache 13/9909, S. 17). Der »Einklang« mit dem EU-Recht war – zuletzt in § 292a Abs. 2 Nr. 2b HGB – von Anfang an ausdrücklich als Voraussetzung im Gesetzentwurf enthalten, was jedoch bis heute relativ unbemerkt geblieben ist. Erstmals Reker/Pahl/Löcke (vgl. Reker/Pahl/Löcke, 1998, S. 529 ff.) beschäftigen sich mit der Frage, welche Bedeutung diese Klausel für die Konzernabschlüsse von Kreditinstituten hat. Das HGB dehnt eher den Anwendungsbereich der 7. EG-Bilanzrichtlinie als daß es ihn einengt (vgl. Altenburger, 1997, S. 721 ff.); Fälle, in denen das HGB deutlich hinter der 7. EG-Richtlinie zurückbleibt, gibt es nicht. Nur in solchen Fällen würde das KapAEG jetzt einen gegenüber dem HGB größeren Bilanzierungsspielraum schaffen. Daher ändert das KapAEG am Bilanzrecht praktisch nichts: Die Anwendung von IAS und US-GAAP dort, wo mit dem HGB kompatibel, bleibt unverändert möglich; sie wird aber nicht vollständig ermöglicht, da US-GAAP und auch IAS teilweise mit der 7. EG-Richtlinie nicht in Einklang stehen (vgl. IDW, 1998, S. 183 ff.; Zitzelsberger, 1998, S. 131 f.). Während der Kontaktausschuß der EU für Richtlinien der Rechnungslegung (vgl. Kontaktausschuss für Richtlinien der Rechnungslegung, 1996) im Wege einer »dynamischen« Interpretation nur zwei Abweichungen zwischen den IAS (Stand 31.12. 1995) und der EG-Richtlinie 83/349 feststellt, einzelne Beurteilungen jedoch zurückgestellt hat, sieht das IDW sieben Unvereinbarkeiten (vgl. dazu Zitzelsberger, 1998,

S. 800ff.). Für die US-GAAP gilt dies umso mehr. Das KapAEG ist damit letztlich eine »Mogelpackung« (vgl. Börsenzeitung vom 20.2.1998) und allenfalls als gesetzgeberische Unterstützung der oben erwähnten Selbstverpflichtung der Unternehmen zu verstehen.

Ziel kann es daher nur sein, das deutsche Konzernbilanzrecht so weiterzuentwickeln, daß es international üblichen Maßstäben gerecht wird und in der Lage ist, zu vergleichbaren Ergebnissen zu führen (vgl. dazu auch Ordelheide, 1996, 547). Dabei können gerechtfertigte Besonderheiten aufgrund spezieller deutscher Verhältnisse, die die internationale Anerkennung nicht beeinträchtigen, beibehalten werden, so wie andere Länder ebenfalls ihre Besonderheiten haben. Dies hat der Gesetzgeber zuletzt auch erkannt und die Anwendung des KapAEG bis zum Jahr 2004 befristet mit dem in den Gesetzesmaterialien ausdrücklich genannten Ziel, das deutsche Konzernbilanzrecht bis dahin anzupassen (vgl. BT-Drucksache 13/9909, S. 12, 14).

Nachdem nunmehr auch BASF und Bayer den Gang an die New Yorker Börse fest eingeplant haben, zeichnet sich folgende Linie ab: Der relativ kleine Kreis von Unternehmen mit Börsenzulassung in den USA wird nach US-GAAP bilanzieren, soweit diese mit dem HGB übereinstimmen, und im übrigen eine evtl. vereinfachte Überleitungsrechnung erstellen. Die übrigen börsennotierten Gesellschaften können einen international vergleichbaren Konzernabschluß auf Basis des weiterentwickelten deutschen Konzernbilanzrechts vorlegen. Für alle anderen Unternehmen bleibt die derzeitige Rechtslage unverändert bestehen. Damit würde der gegenwärtig laufende Klärungsprozeß zu einem unter allen Aspekten akzeptablen Ergebnis führen.

2. Grundzüge einer Weiterentwicklung des deutschen Bilanzrechts für Konzernabschlüsse

2.1 Anwendungsbereich

Das KapAEG setzte den Akzent zunächst auf die Verbesserung der Wettbewerbsfähigkeit deutscher Unternehmen an internationalen Kapitalmärkten und dehnte den Anwendungsbereich später im Rahmen der Kapitalmarktförderung auch auf den inländischen Kapitalmarkt aus. Wie sich schon aus der Problemstellung in der Beschlußempfehlung des Rechtsausschusses des Bundestags ergibt, sollten zunächst Hindernisse bei der Zulassung an ausländischen Börsen beseitigt werden; die jetzige Ausdehnung auf den inländischen Kapitalmarkt geht auf unterschiedliche Voraussetzungen für deutsche und ausländische Unternehmen an deutschen Börsen zurück (vgl. BT-Drucksache 13/9909, S. 1; S. 13 unter Verweis auf § 22 Abs. 4 BörsenzulassungsVO). Dementsprechend legt das KapAEG den Anwendungsbereich ausdrücklich auf börsennotierte Unternehmen fest. Es handelt sich also um ein Sonderrecht für börsenzugelassene Konzerne. Dies entspricht der Situation in den USA, wo die den

Anlegerschutz bezweckenden GAAP nur dort beachtet werden müssen, wo es auch um den Anlegerschutz geht, nämlich via Börsenzulassung bei börsennotierten Unternehmen.

Das HGB unterscheidet bisher nicht zwischen börsennotierten und anderen Unternehmen, was in einigen Fällen zu Interessenkonflikten führt. Dies zeigen die Regelungen über den Aktienhandel am sog. »Neuen Markt« oder in der BörsenzulassungsVO z.B. über den Zwischenbericht. Daher muß der Anwendungsbereich des KapAEG bei der Weiterentwicklung des Konzernabschlußrechts unverändert übernommen werden. Er bietet die sachgerechte Abgrenzung zu nicht börsennotierten Unternehmen, aber auch zum Einzelabschluß und damit indirekt zur Steuerbilanz. Änderungen im Interesse des Kapitalanlegers und zu seinem Schutz können logischerweise nur dort zu neuen Bilanzierungsvorschriften oder Erläuterungspflichten führen, wo es Anleger gibt. Damit werden zugleich die Interessen des Mittelstands gewahrt, für den derartige Anpassungen nachteilig wären (vgl. Küffner/Hock, 1998, S. 57ff.).

Allenfalls bei nicht börsennotierten Unternehmen von besonderer Größenordnung kann ein Bedürfnis gesehen werden, ihnen weitergehende Bilanzierungsmöglichkeiten zu eröffnen, um sich international vergleichbar darstellen zu können. Daher könnte eine Erweiterung auf Unternehmen, die dem Publizitätsgesetz unterliegen, überdacht werden.

2.2 Inhaltliche Grundsätze

Zur Weiterentwicklung des Konzernabschlußrechts hat der Verband der Chemischen Industrie einen Entwurf erarbeitet, dem folgende Leitlinien zugrunde liegen:

(1) Bei der inhaltlichen Konzeption sollte nicht dort haltgemacht werden, wo HGB und andere Rechnungslegungs-Systeme nicht kompatibel sind. Vielmehr sollte ein Schwerpunkt darauf gelegt werden, Wahlrechte im deutschen Konzernabschluß nicht mehr zuzulassen, für die international kein Verständnis besteht. Dabei sollte es sich gerade um die Wahlrechte handeln, die unter die unausgesprochene Selbstverpflichtung großer Konzerne fallen. Ohne eine derartige Selbstbeschränkung werden deutsche Konzernabschlüsse die internationale Akzeptanz auf Dauer nicht erreichen.

(2) Der zweite Schwerpunkt ist der Bereich, in dem das HGB und internationale Rechnungslegungs-Systeme nicht übereinstimmen. Hier geht der Vorschlag dahin, zusätzliche Wahlrechte für den Konzernabschluß einzuführen, soweit dies für die internationale Anerkennung deutscher Konzernabschlüsse erforderlich ist. Darin liegt kein Widerspruch zu der unter (1) vorgeschlagenen Streichung von Wahlrechten, vielmehr erklärt sich die Einführung der neuen Wahlrechte aus dem Anpassungsbedarf an internationale Usancen. Andererseits muß es beim Wahl-

recht bleiben, weil die Inanspruchnahme in das individuelle Ermessen des börsennotierten Unternehmens zu stellen ist, denn es kann nicht zum Verzicht auf deutsches Recht gezwungen werden. Im übrigen ist die Einräumung derartiger Wahlrechte nicht ungewöhnlich, da auch bisher schon Wahlrechte im Konzernabschluß anders ausgeübt werden konnten als im Einzelabschluß.

Neue Wahlrechte sollen nach sorgfältiger Abwägung nur dort eingeräumt werden, wo die Bilanz unter dem Aspekt des Informationsbedürfnisses internationaler Anleger transparenter gemacht werden muß. Dabei sollten allerdings auch unwesentliche Punkte einbezogen werden, um die angestrebte Akzeptanz auf breiter Basis sicherzustellen.

(3) Letztlich dient eine Erweiterung der Berichtspflichten im Anhang oder an anderer Stelle im Geschäftsbericht der Angleichung an internationale Usancen, denn viele Unterschiede zu IAS oder US-GAAP finden ihren Niederschlag nicht in der Bilanz, sondern in den Erläuterungen. Deutsche Unternehmen können dem bisher schon auf freiwilliger Basis nachkommen, so daß neue Pflichten sich auf sinnvolle und notwendige Zusatzangaben beschränken sollten. Es kann hier also nur um Mindeststandards gehen, die Voraussetzung für eine internationale Anerkennung sind.

Dazu hat das Gesetz zur Kontrolle und Transparenz im Unternehmensbereich (KonTraG) bereits einen bedeutenden Schritt getan, indem es für alle börsennotierten Gesellschaften eine Segmentberichterstattung und eine Kapitalflußrechnung vorschreibt, und zwar für Wirtschaftsjahre, die nach dem 31.12. 1998 beginnen (§ 297 Abs. 1 Satz 2 HGB). Allerdings handelt es sich um eine Generalklausel, die keine Einzelheiten regelt. Die Ausfüllung dieser Regelung darf nicht zu einem Zahlenfriedhof werden, der die wirklich relevanten Zahlen untergehen läßt. Insofern sind die in anderen Rechnungslegungs-Systemen geforderten Detailangaben zu umfangreich.

(4) Als Konsequenz der obigen Grundsätze ergibt sich, daß Vorschriften beizubehalten sind, die spezifisch deutsche Besonderheiten regeln, international verständlich gemacht werden können, die Gesamtbeurteilung einer Bilanz nicht beeinflussen und daher die internationale Akzeptanz nicht gefährden. Damit werden zugleich Grundsätze, deren steuerliche Anerkennung nicht in Frage gestellt werden darf, wie z.B. das Maßgeblichkeitsprinzip, nicht berührt. Ohnehin ergibt eine nähere Untersuchung der Unterschiede des HGB zu internationalen Rechnungslegungs-Systemen, daß die meisten keine steuerliche Relevanz haben (vgl. Mayer-Wegelin, 1997, S. 723 ff.). Die Vorstellung, die Übernahme internationaler Rechnungslegungsgrundsätze könne zur Schaffung einer höheren steuerlichen Bemessungsgrundlage genutzt werden, geht daher fehl (ähnlich Biener, 1997, S. 348), es sei denn, man setzt sich bewußt über die Logik hinweg.

3. Einzelne Regelungen

3.1 Aufhebung bisheriger Wahlrechte im Konzernabschluß

3.1.1 Geschäfts- oder Firmenwert

Von besonderer Bedeutung ist der Vorschlag des VCI, § 309 Abs. 1 Satz 3 HGB zu ändern: der Geschäfts- oder Firmenwert sollte nicht mehr mit den Rücklagen verrechnet, sondern nur noch planmäßig abgeschrieben werden können. Damit würde das jeweilige Jahresergebnis belastet, das Eigenkapital dagegen nicht (sofort) geschmälert. Die bilanzielle Behandlung des Firmenwerts ist zwar auch im Ausland nicht unbestritten, denn sie kann bei größeren Akquisitionen zu erheblichen Ergebnis-Problemen führen. Die deutsche Regelung hatte daher durchaus einen Sinn, ist aber im internationalen Vergleich nicht mehr haltbar. Im Ausland versucht man, mögliche Bilanzierungsprobleme auf andere Art zu lösen, z.B. durch eine Abschreibungsdauer von bis zu 40 Jahren, durch die gewinnerhöhende Aktivierung selbstgeschaffener immaterieller Wirtschaftsgüter als Gegenposten oder neuerdings durch die Umgestaltung eines faktischen Beteiligungserwerbs in eine Fusion, bei der stille Reserven nicht aufgedeckt werden müssen (vgl. FAZ vom 8.4. 1998 zur Fusion Citicorp auf Travelers Group).

Die Pflicht zur Abschreibung des Firmenwerts führt zu einem gravierenden Unterschied zum Einzelabschluß, in dem eine planmäßige Abschreibung auf Beteiligungen nicht zugelassen ist. Sie vermeidet aber die in letzter Zeit wiederholt aufgetretene Ungereimtheit bei der Entkonsolidierung, insbesondere dann, wenn eine Beteiligung mit Verlust verkauft wird. Je nach Handhabung wirkt sich der Abgangsverlust ergebnismäßig nicht aus, was Küting (1997, S. 14) kritisiert; andererseits muß aber die Abgangsperiode richtig dargestellt werden: wegen der früher sonst vorgenommenen plan- oder außerplanmäßigen Abschreibungen würde nämlich kein oder nur ein geringerer Veräußerungsverlust entstehen (vgl. Zielke, 1995, S. 841 f.).

3.1.2 Negativer Geschäfts- oder Firmenwert

Ein nach § 301 Abs. 3 HGB auszuweisender passivischer Unterschiedsbetrag sollte – abweichend von § 309 Abs. 2 HGB – planmäßig ergebniswirksam aufgelöst werden müssen. Zur entsprechenden Anpassung der 7. EG-Richtlinie liegt ein Vorschlag des Kontaktausschusses für Richtlinien der Rechnungslegung vor (vgl. Kontaktausschuss für Richtlinien der Rechnungslegung, 1996).

3.1.3 Berücksichtigung steuerrechtlicher Vorschriften

Einer der häufigsten Kritikpunkte aus dem Ausland ist die im Rahmen des § 298 Abs. 1 HGB getroffene Regelung, steuerrechtliche Vorschriften, Sonderposten mit Rücklageanteil und steuerrechtliche Abschreibungen (§§ 254, 273, 281 HGB) in den Konzernabschluß übernehmen zu können; dies sollte daher nicht mehr zulässig sein.

3.1.4 Währungsumrechnung im Konzernabschluß

Das HGB überläßt dem Bilanzierenden die Wahl der Umrechnungsmethode und regelt lediglich die Erläuterungspflicht im Anhang (§ 313 Abs. 1 Satz 2 Nr. 2 HGB). Während in der deutschen Bilanzpraxis somit eine gewisse Methodenvielfalt herrscht, wird international nach den Grundsätzen der funktionalen Währung umgerechnet. Der Vorschlag des VCI geht deshalb dahin, die Einbeziehung der Jahresabschlüsse ausländischer Tochtergesellschaften in den Konzernabschluß nach dieser Methode vorzuschreiben.

3.1.5 Aktive latente Steuern

Das über §§ 298 Abs. 1, 274 Abs. 2 Satz 1 HGB auch im Konzernabschluß geltende Wahlrecht, die aus den Einzelabschlüssen herrührenden aktiven Steuerlatenzen anzusetzen, sollte durch eine Ansatzpflicht ersetzt werden. Zwar hat diese Position oft den Geruch einer Bilanzierungshilfe oder eines Nonvaleurs, aber die Ansatzpflicht ist international vorherrschend und außerdem bereits jetzt schon nach § 306 Satz 1 HGB für aktive Latenzen aus der Konsolidierung vorgesehen. Ein durchaus verständliches Unbehagen an diesem Vorschlag relativiert sich durch die besondere Verantwortung des Bilanzierenden bei der Frage, ob eine Steuerentlastung in nachfolgenden Geschäftsjahren tatsächlich eintreten wird.

Der Vorschlag des VCI umfaßt allerdings nicht den Ansatz von aktiven latenten Steuern im Falle eines steuerlichen Verlustvortrags. Mit einer solchen Bilanzierungsmaßnahme wird ein Verlust im Entstehungsjahr praktisch halbiert oder in einem Folgejahr, wenn sich die Verwertungsmöglichkeit erst später konkretisiert, als aperiodischer Ertrag ausgewiesen. Beides verfälscht die tatsächliche Ertragslage im jeweiligen Jahr. Hier sollte die periodenbezogene Betrachtungsweise der wirtschaftlichen, periodenübergreifenden Sichtweise vorgehen. Die Problematik wird beispielhaft deutlich am Konzernabschluß der Daimler Benz AG 1997, in dem ein (fiktiver) Steuerertrag von rd. 2 Mrd. DM angesetzt wurde, der aus einer geänderten Beurteilung der Verwertungsmöglichkeit des Verlustvortrags von 1995 stammt. Zu Recht wird eine solche Zuschreibung als »Verzerrung« und der Jahresüberschuß in diesem Fall als

»wenig aussagefähiger Maßstab für die Ertragsentwicklung« charakterisiert (vgl. Handelsblatt vom 6.4. 1998).

3.1.6 Außerplanmäßige Abschreibungen

Nach §§ 298 Abs. 1, 279 Abs. 1 HGB dürfen im Konzernabschluß Abschreibungen auf Finanzanlagen auch dann vorgenommen werden, wenn eine vorübergehende Wertminderung vorliegt. Dies ist international nicht üblich. Außerplanmäßige Abschreibungen sollten daher auf den Fall einer voraussichtlich dauernden Wertminderung beschränkt werden. Außerplanmäßige Abschreibungen auf Vermögensgegenstände des Umlaufvermögens nach §§ 298 Abs. 1, 253 Abs. 3 Satz 3 HGB, d.h. auf einen Betrag unterhalb des niedrigeren realisierbaren Werts, sollten ebenfalls im Konzernabschluß nicht mehr zulässig sein.

3.1.7 Herstellungskosten

Ein weiteres Wahlrecht, das für den Konzernabschluß börsennotierter Gesellschaften aufgehoben werden sollte, ist die Aktivierung von Wirtschaftsgütern mit den Einzelkosten (§§ 298 Abs. 1, 255 Abs. 2 Satz 3 HGB). Wie international üblich, sollten hier Vorräte und selbsterstellte Anlagegüter unter Einbeziehung von Gemeinkosten und Abschreibungen angesetzt werden müssen.

3.1.8 Aufwandsrückstellungen

Der neben der Behandlung des Geschäfts- oder Firmenwerts wichtigste Punkt ist das Wahlrecht zur Bildung von Aufwandsrückstellungen (§§ 298 Abs. 1, 249 Abs. 2 HGB). Im angelsächsischen Raum werden die Rückstellungsmöglichkeiten des deutschen Bilanzrechts ohnehin als zu weitgehend kritisiert. Dies gilt besonders in den Fällen, in denen keine Außenverpflichtung vorliegt. Zwar haben Aufwandsrückstellungen durchaus einen wirtschaftlichen Sinn, sie bewirken jedoch eine Ergebnis-Verlagerung, die als Bildung stiller Reserven mißverstanden werden kann. Da gerade dies international dem deutschen Bilanzrecht als Mangel vorgehalten wird, ist ohne ein Verbot der Aufwandsrückstellungen in den Konzernabschlüssen börsennotierter Unternehmen eine internationale Akzeptanz ausgeschlossen. Dies wird letztlich auch dadurch bestätigt, daß die unausgesprochene Selbstverpflichtung einiger deutscher Konzerne seit 1994 gerade diesen Punkt umfaßt.

3.2 Einräumung zusätzlicher Wahlrechte im Konzernabschluß zur Herstellung der Kompatibilität zu internationalen Rechnungslegungs-Systemen

In bestimmten Fällen muß eine Abweichung von den bisherigen Bestimmungen des HGB zugelassen werden, um eine Angleichung der Konzernabschlüsse an internationale Standards zu ermöglichen. Wie oben dargestellt, sollte die Zahl der neu einzufügenden Wahlrechte möglichst klein sein. Sie sollten außerdem keine berechtigten deutschen Grundsätze tangieren, deren Beibehaltung die Anerkennung deutscher Konzernabschlüsse im Ausland nicht beeinträchtigt. Diese neuen Regelungen müssen mit der 7. EU-Richtlinie übereinstimmen; anderenfalls setzen sie auch eine Anpassung im Bereich des EU-Rechts voraus. Sie sollen nur für den Konzernabschluß börsennotierter Unternehmen gelten und somit keine Rückwirkungen auf andere Abschlüsse haben.

3.2.1 Rückstellungen für unterlassene Instandhaltung

In Abweichung von §§ 298 Abs. 1, 249 Abs. 1 S. 2 Nr. 1 HGB sollte für die Konzernabschlüsse börsennotierter Unternehmen keine Verpflichtung bestehen, eine Rückstellung für im Geschäftsjahr unterlassene Instandhaltungsaufwendungen zu bilden, die innerhalb von drei Monaten nachgeholt werden. Diese Rückstellung ist international nicht gebräuchlich und vom Charakter her eine Aufwandsrückstellung. Ein Verzicht auf diese Rückstellung ist auch von ihrer Bedeutung her vertretbar und hält sich im Rahmen der 7. EU-Richtlinie.

3.2.2 Bewertung von Fremdwährungsforderungen und -verbindlichkeiten

Internationale Bilanzierungsgrundsätze sehen für diese Positionen eine Bewertung mit dem Devisenkurs am Bilanzstichtag vor, was bei gestiegenen Kursen zum Ausweis unrealisierter Gewinne führt. Im Interesse der internationalen Akzeptanz sollten börsennotierte Unternehmen die Möglichkeit erhalten, von §§ 252 Abs. 1 Nr. 4 letzter Halbsatz, 253 Abs. 1 Satz 1 jeweils i.V.m. § 298 Abs. 1 HGB abzuweichen und in der international üblichen Weise zu bilanzieren. In der Praxis wurde bei umfangreichen Beständen an kurzfristigen Währungsforderungen und -verbindlichkeiten aus Vereinfachungsgründen bereits in dieser Weise verfahren und dies toleriert (vgl. Adler/Düring/Schmaltz, § 253, Rn. 92 ff.), zumal sich wegen der Saldierungswirkung von Aktiv- und Passivseite meist nur unwesentliche Auswirkungen ergaben. Die wirtschaftliche Bedeutung dieser Frage reduziert sich mit der Einführung des Euro ohnehin.

3.2.3 Handelsbestand an marktgängigen Wertpapieren

Während derartige Bestände nach HGB mit den Anschaffungskosten oder dem niedrigeren Börsenpreis bewertet werden, ist nach den US-GAAP ein für den kurzfristigen Handel bestimmter Wertpapierbestand, der im voraus festgelegt und abgegrenzt werden muß, mit dem jeweiligen Börsenpreis am Bilanzstichtag anzusetzen. Zwar können dadurch unrealisierte Gewinne ausgewiesen werden, doch sollte im Zuge einer Anpassung an international übliche Bewertungsmodalitäten börsenzugelassenen Unternehmen ein derartiges Wahlrecht eingeräumt werden, und zwar in Abweichung von §§ 252 Abs. 1 Nr. 4, 253 Abs. 1 Satz 1, jeweils i. V. m. § 298 Abs. 1 HGB. Eine solche Änderung ist insbesondere für die internationale Vergleichbarkeit von Bankbilanzen von Bedeutung.

3.2.4 Portfolio-Bewertung

Abweichend vom Prinzip der Einzelbewertung (§§ 298 Abs. 1, 252 Abs. 1 Nr. 3 HGB) sollten börsennotierte Unternehmen im Konzernabschluß marktgängige Wertpapiere des Umlaufvermögens zu einer Gruppe zusammenfassen und dabei positive und negative Kursdifferenzen gegeneinander aufrechnen können (Portfolio-Ansatz). Die Gruppe insgesamt sollte dabei höchstens mit den Anschaffungskosten der einzelnen Wertpapiere oder einem niedrigeren Börsenwert angesetzt werden. Bisher können Vermögensgegenstände des Umlaufvermögens nach § 240 Abs. 4 i. V. m. 256 Satz 2 HGB nur dann zu einer Bewertungsgruppe zusammengefaßt werden, wenn sie gleichartig sind. Der Grundgedanke dieser Bestimmung ist die Vereinfachung bei der Erfassung umfangreicher Bestände. In der vom VCI vorgeschlagenen Erweiterung würde der Saldierungseffekt hinzutreten. Auch dieses Wahlrecht ist zur Angleichung an den international vorherrschenden Standard erforderlich.

3.2.5 Langfristige Fertigung

Zu den wichtigsten Punkten, die einer ergänzenden Regelung bedürfen, gehört die Behandlung langfristiger Fertigungsverträge. International gebräuchlich oder vorgeschrieben ist die Teilgewinnrealisierung nach der »percentage of completion«-Methode, bei der die mit einem Fertigungsauftrag verbundenen Erlöse und Aufwendungen nach dem Stand der Herstellungsarbeiten zu berücksichtigen sind, wenn das voraussichtliche Gesamtergebnis zuverlässig ermittelt werden kann. Demgegenüber läßt das HGB (§§ 298 Abs. 1, 252 Abs. 1 Nr. 4, 253 Abs. 1 Satz 1) die Gewinnrealisierung nur zu, wenn ein langfristiger Auftrag abgerechnet und abgenommen ist. Derartige Sachverhalte spielen zwar nur in einzelnen Branchen eine Rolle, haben dann aber besonderes Gewicht. Daher sollten börsenzugelassene Unternehmen für ihren Konzernabschluß die Gewinne aus langfristiger Fertigung wahlweise anteilig realisieren können, wenn der Gesamterlös feststeht, der Stand der Arbeiten exakt feststellbar und ein fortgeschrittenes Stadium erreicht ist. Da ein solches Wahlrecht das Risiko enthalten würde, daß Gewinne bereits realisiert werden, auch wenn danach unerwartete Verschlechterungen gegenüber der Kalkulation eintreten, müßte es mit der gebotenen Vorsicht ausgeübt werden; es würde aber der Vergleichbarkeit im internationalen Bereich dienen.

3.3 Erweiterte Berichtspflichten

Die Berichterstattung konnte bisher schon auf freiwilliger Basis über das vorgeschriebene Maß hinaus ergänzt werden. So haben zahlreiche DAX-Werte eine Segmentberichterstattung über ihre Tätigkeitsbereiche in die Geschäftsberichte aufgenommen, die Angaben im Anhang deutlich erweitert und zusätzliche Informationen im Lagebericht oder außerhalb gegeben. International bilden – entsprechend der Ausrichtung auf die Bedürfnisse der Kapitalanleger – die Informationen außerhalb der Bilanz bei börsenzugelassenen Unternehmen sogar einen deutlichen Schwerpunkt. Der Gesetzgeber kann für börsennotierte Gesellschaften erweiterte Berichtspflichten festlegen, ohne daß negative Auswirkungen auf andere Jahresabschlüsse zu befürchten sind. Kriterien sollten allerdings sein: Aussagekraft, Notwendigkeit zur Vorbereitung einer Anlageentscheidung sowie berechtigte Schutzinteressen der Unternehmen. Das KonTraG hat mit Wirkung für Geschäftsjahre, die nach dem 31.12. 1998 beginnen, in § 297 Abs. 1 HGB bestimmt, daß eine Segmentberichterstattung und eine Kapitalflußrechnung in den Konzernanhang aufzunehmen sind. Insofern sind zwei im VCI-Vorschlag enthaltene Punkte bereits im Grundsatz verwirklicht, wobei allerdings noch keine Einzelheiten geregelt wurden.

3.3.1 Segmentberichterstattung

Bei der inhaltlichen Ausgestaltung sollte das Interesse der Anleger maßgebend sein, an allen Kapitalmärkten – national wie international – gleiche Informationen für börsennotierte Gesellschaften zu erhalten. Eine aussagefähige Segmentberichterstattung muß daher – neben der bereits in § 314 Abs. 1 Nr. 3 HGB verlangten Umsatzaufgliederung – auch die Ergebnisse der Tätigkeitsbereiche und der Regionen umfassen, sowie die auf einer Vermögenszuordnung basierenden Informationen (gebundenes Vermögen, Kapitalrendite, Investitionen und Abschreibungen pro Segment).

3.3.2 Kapitalflußrechnung

Hierzu liegt bereits das von der Schmalenbach-Gesellschaft entwickelte Schema vor, das internationalen Ansprüchen Rechnung trägt.

3.3.3 Positionen des Eigenkapitals

Wie international gebräuchlich sollten börsennotierte Unternehmen – ergänzend zu den von § 152 AktG verlangten Angaben – die Entwicklung der einzelnen Posten des Eigenkapitals im Anhang darstellen, und zwar mit dem Stand zu Beginn des Geschäftsjahrs, den zugeführten und entnommenen Beträgen und dem Stand am Ende des Geschäftsjahrs.

3.4 Gliederungsvorschriften

Es sollte ferner überlegt werden, für börsennotierte Unternehmen einheitlich das international übliche Umsatzkostenverfahren vorzuschreiben, d.h. für diesen Anwendungsbereich das Wahlrecht des § 275 Abs. 1 Satz 1 i.V.m. § 298 Abs. 1 HGB zu beschränken.

3.5 Abschließende Aufzählung

Die obigen Vorschläge werden in dem VCI-Vorschlag als abschließende Aufzählung angesehen. Für weitergehende Regelungen besteht keine Notwendigkeit, da die internationale Akzeptanz auf dieser Basis sichergestellt sein dürfte.

So besteht z.B. kein Raum für eine bei IAS (noch) als Wahlrecht vorgesehene Aktivierung von werthaltigen Entwicklungskosten, da dies international nicht konsensfähig und auch bei US-GAAP nicht vorgeschrieben ist. Kein Raum besteht auch für den Ansatz anderer Kosten, bei denen gelegentlich aus betriebswirtschaftlichen Gründen (und zwar unter dem Aspekt der internen Kostenrechnung) der Wunsch nach einer Verteilung auf einen mehrjährigen Zeitraum besteht.

Keine Notwendigkeit für eine Regelung im Rahmen von Konzernabschlüssen besteht insbesondere für den Komplex der Rückstellungen. Einmal würde dieser Bereich durch die oben unter 3.1.8 und 3.2.1 dargestellten Vorschläge auf ein international vertretbares Maß beschränkt. Zum anderen darf nicht übersehen werden, daß die Entwicklung international keineswegs abgeschlossen ist und sich eher umgekehrt bewegt. So werden Pensionsrückstellungen nach IAS und US-GAAP mittels Anwartschaftsbarwertverfahren bewertet, in Deutschland dagegen üblicherweise mit dem steuerlich vorgeschriebenen Teilwertverfahren, das per Saldo erfahrungsgemäß zu ca. 15–25% niedrigeren Ansätzen führt. Dem kann nicht entgegengehalten werden, daß die zu höheren Werten führende Methode in der Praxis keine große Rolle spiele, weil man z.B. in den USA überwiegend mit Pensionsfonds arbeite. Die Auswirkungen sind nämlich im Prinzip gleich: Der Fonds vereinnahmt auch die Erträge aus dem Sondervermögen, während sie bei Bildung von Pensionsrückstellungen im Unternehmen selbst verbleiben und steuerpflichtig sind.

Bei den Verbindlichkeitsrückstellungen geht die Tendenz international dahin, den Anwendungsbereich behutsam auszuweiten, und zwar aus der Erkenntnis heraus, daß eine zu enge Handhabung in späteren Jahren insbesondere bei kumulativer Auswirkung bilanzielle und finanzielle Schwierigkeiten heraufbeschwören kann. Diese Tendenz zeigt sich in den US-GAAP nicht nur in dem Standard zu den Krankenkosten der Betriebspensionäre (SFAS 106), sondern weitergehend in den bereits oben erwähnten Regelungen zu den Restrukturierungsrückstellungen insbesondere bei Firmenerwerb (EITF-Issue 94–3 und 95–3) und zu Umweltschutzrückstellungen (SOP 96–1). Gerade im letzteren Bereich wird auch die IAS-Regelung gegenüber den deutschen Rückstellungsmöglichkeiten als weitergehend angesehen (vgl. Gantzkow/Gröner, 1998, S. 997).

Selbst bei einem anderen Ausfluß des Vorsichtsprinzips gehen die US-GAAP inzwischen weiter, als in Deutschland verlangt wird: Nach SFAS 121 müssen Wirtschaftsgüter, die nicht mehr in vollem Umfang genutzt werden, auf den niedrigeren Wert abgeschrieben werden. Gerade die hier skizzierte Entwicklung zeigt, daß international vieles im Fluß ist. Auch wenn das Vorsichtsprinzip außerhalb Deutschlands nicht als mehrheitsfähig gilt (vgl. Biener, 1997, S. 401), so kann es nach entsprechenden Bereinigungen (insbesondere bei den Aufwandsrückstellungen) durchaus beibehalten werden, ohne die internationale Akzeptanz zu gefährden. Im Gegenteil sind bei maßvoller Anwendung Ausstrahlungen in andere Rechnungslegungs-Systeme teilweise denkbar. Auch andere Länder haben ihre berechtigten und aus ihrer jeweiligen Situation heraus verständlichen Besonderheiten, an denen sie festhalten. Gerade in diesem Aspekt zeigt sich der Vorteil des Konzepts zur Weiterentwicklung des deutschen Konzernabschlußrechts für börsennotierte Gesellschaften gegenüber dem ursprünglichen Konzept einer völligen Übernahme fremder Rechnungslegungs-Systeme.

4. Steuerliche Relevanz

Vielfach wird befürchtet, daß eine Übernahme internationaler Bilanzierungsgrundsätze sich nicht auf den Konzernabschluß beschränken lasse, sondern Rückwirkungen auf den Einzelabschluß und damit auf die Steuerbilanz haben werde. Diese Befürchtung ist nicht nur begründet, sondern bereits Realität. So wird neuerdings von der Politik schon bewußt mit einer steuerlichen Relevanz kalkuliert und dies als Ausgangsbasis für die Gegenfinanzierung von Steuerreform-Maßnahmen ausdrücklich einkalkuliert. Dem ist am besten dadurch zu begegnen, daß die notwendigen Anpassungen gezielt als Sonderrecht für einen abgegrenzten Bereich konzipiert werden. Nur dort sollen die Änderungen gelten, wo das zugrunde liegende Bedürfnis besteht: Anlegerinformations-Interesse einerseits heißt andererseits Beschränkung auf börsennotierte Gesellschaften und deren Konzernabschlüsse. Andere Unternehmen sollen – ebenso wie z.B. in den USA – nicht berührt werden, so daß mittelständische Unternehmen keine Nachteile zu erwarten hätten.

Darüber hinaus sind internationale Grundsätze stets als ein Gesamtpaket zu sehen, aus denen man sich nicht die Rosinen herauspicken und die übrigen Regelungen ignorieren kann. Wer Gewinnerhöhungen übernehmen will, muß auch Gewinnminderungen (z.B. durch höhere Pensionsrückstellungen) akzeptieren. Beides saldiert sich, was auch erklärt, daß die Gewinn-Unterschiede zwischen HGB (bei normaler Anwendung) und US-GAAP nicht besonders groß sind und in beide Richtungen gehen (vgl. zuletzt die Aussagen der SAP AG in FAZ vom 3.8.1998). Außerdem haben viele Positionen im Bereich der Gewinnermittlung keinerlei steuerliche Relevanz, wie z.B. die Bildung von aktiven Steuerlatenzen, die Behandlung des Firmenwerts, Aufwandsrückstellungen usw. (vgl. Mayer-Wegelin, 1997, S. 723 ff.).

5. Zusammenfassung

Jedes Rechnungslegungs-System hat Stärken und Schwächen: es ist nur so gut, wie es gehandhabt wird. Die Praxis in Deutschland wird international seit einiger Zeit kritisch gesehen. Zur Sicherung der Akzeptanz deutscher Konzernabschlüsse im Ausland ist es besser, das deutsche Bilanzrecht für Konzernabschlüsse eigenständig im Rahmen der EU-Richtlinien weiterzuentwickeln als internationale Rechnungslegungs-Systeme pauschal und vollständig zu übernehmen. So kann für einen abgegrenzten Kreis von Unternehmen und unter Beachtung des Informationsbedürfnisses der Anleger als Zielsetzung das geändert werden, was international nicht haltbar ist, und das beibehalten werden, was wegen besonderer Verhältnisse in Deutschland berechtigt ist und dessen Weiterführung die internationale Akzeptanz nicht gefährdet. Umgekehrt muß auf diese Weise nicht alles übernommen werden, was nur aus den Verhältnissen eines anderen Staates zu verstehen ist. Einer vollständigen Übernahme steht ohnehin entgegen, daß auch das KapAEG an die Grenzen des EU-Rechts gebunden ist.

In Verbindung mit dem derzeitigen Trend bei den großen Unternehmen zeichnet sich folgende Linie ab: Der relativ kleine Kreis von Unternehmen mit Börsenzulassung in den USA bilanziert nach US-GAAP, soweit diese mit dem HGB übereinstimmen, und erstellt im übrigen eine Überleitungsrechnung; die anderen börsennotierten Gesellschaften könnten Konzernabschlüsse nach dem weiterentwickelten Konzernbilanzrecht vorlegen, und für alle anderen Unternehmen bliebe die derzeitige Rechtslage unverändert.

Als Anhalt für eine Weiterentwicklung des deutschen Konzernabschlußrechts kann die Praxis etlicher DAX-Werte im Rahmen ihrer de-facto-Selbstverpflichtung dienen. Das bedeutet, daß eine Reihe von bestehenden Wahlrechten im Konzernabschluß aufgehoben, einige neue Wahlrechte zur Herstellung der Kompatibilität mit internationalen Grundsätzen eingeräumt und zusätzliche Berichtspflichten verlangt werden sollten.

Mit der ausdrücklichen Beschränkung auf ein Sonderrecht für Konzernabschlüsse börsennotierter Unternehmen werden Rückwirkungen auf den Einzelabschluß und die Steuerbilanz vermieden. Dies ist gerade für mittelständische Unternehmen von besonderer Bedeutung.

Literaturverzeichnis

Adler, Hans / Düring, Walther / Schmaltz, Kurt (1995), Rechnungslegung und Prüfung der Unternehmen, Kommentar zum HGB, AktG, GmbHG, PublG nach den Vorschriften des Bilanzrichtliniengesetzes, 6. Aufl., Stuttgart 1995.

Altenburger, Otto A. (1997), Inwieweit sind die deutschen Rechnungslegungsvorschriften EU-konform?, in: Betriebswirtschaftliche Forschung und Praxis 1997, S. 721–736.

Biener, Herbert (1997), Internationalisierung des Bilanzsteuerrechts – Was wird auf uns zukommen?, in: Deutschen Steuerzeitung 1997, S. 345–356.

Biener, Herbert (1997), Stand und künftige Entwicklung der Harmonisierung der Vorschriften über die Rechnungslegung und deren Prüfung in der Europäischen Union, in: Forster, Karl-Heinz/Grunewald, Barbara/Lutter, Markus/Semler, Johannes (Hrsg.), Aktien- und Bilanzrecht, Festschrift für Bruno Kropff, Düsseldorf 1997, S. 393–415.

BT-Drucksache 13/9909, Beschlußempfehlung und Bericht des Rechtsausschusses zu dem Entwurf eines Gesetzes zur Verbesserung der Wettbewerbsfähigkeit deutscher Konzerne an internationalen Kapitalmärkten und zur Erleichterung der Aufnahme von Gesellschafterdarlehen (Kapitalaufnahmeerleichterungsgesetz – KapAEG) vom 13.2. 1998.

Gantzkow, Marcus / Gröner, Susanne (1998), Bilanzierung von Umweltlasten und -maßnahmen nach IAS, in: Der Betrieb 1998, S. 993–997.

IDW (1998), Praktisch relevante Abweichungen zwischen den Rechnungslegungsstandards des IASC und der 4. und 7. EG-Richtlinie, in: Die Wirtschaftsprüfung 1998, S. 183–194.

Kontaktausschuss für Richtlinien der Rechnungslegung (1996), Eine Überprüfung der Konformität der Internationalen Rechnungslegung (IAS) mit den europäischen Richtlinien der Rechnungslegung, Dokument XV/7003/96-DE vom 1.4. 1996.

Küffner, Peter / Hock, Burkhard (1998), Internationalisierung der Rechnungslegung aus der Sicht mittelständischer Unternehmen, in: Betriebswirtschaftliche Forschung und Praxis 1998, S. 57–76.

Küting, Karlheinz (1996), Bremer Vulkan und seine Bilanzpolitik auf dem Prüfstand, in: Blick durch die Wirtschaft vom 28.2. 1996, S. 1.

Küting, Karlheinz (1997), Wie Konzernstrategen ihre Töchter mit Gewinn verkaufen, Die

Entkonsolidierung als bilanzpolitisches Gestaltungsinstrument, in: Blick durch die Wirtschaft, vom 5.6. 1997, S. 14

MAYER-WEGELIN, Eberhard (1997), Internationalisierung der deutschen Rechnungslegung: Rückwirkungen auf das Steuerrecht?, in: Kley, Max Dietrich/Sünner, Eckart/Willemsen, Arnold (Hrsg.), Steuerrecht, Steuer- und Rechtspolitik, Wirtschaftsrecht und Unternehmensverfassung, Umweltrecht, Festschrift für Wolfgang Ritter, Köln 1997, S. 713–729.

MEYRING, Norbert (1996), Rechnungslegung für Restrukturierungsmaßnahmen beim Unternehmenserwerb, KPMG USA-Mitteilungen, Heft Mai 1996, S. 27 ff.

O.V. (1997), Die Entkonsolidierung als bilanzpolitisches Gestaltungsinstrument, in: Handelsblatt vom 5.8. 1997, S. 14

ORDELHEIDE, Dieter (1996), Internationalisierung der Rechnungslegung deutscher Unternehmen, in: Die Wirtschaftsprüfung 1996, S. 545–552.

PASTOR, Christiane (1997), SOP 96-1 Richtlinien zur bilanziellen Berücksichtigung von Rückstellungen für Altlastensanierung, KPMG USA-Mitteilungen, Heft September 1997, S. 41 ff.

REKER, Jürgen / PAHL, Andreas / LÖCKE, Jürgen (1998), Aufstellung eines befreienden Konzernabschlusses und -lageberichtes nach International Accounting Standards durch Kreditinstitute – Anmerkungen zum Kapitalaufnahmeerleichterungsgesetz, in: Die Wirtschaftsprüfung 1998, S. 527–538.

STATEMENT OF FINANCIAL ACCOUNTING STANDARDS (SFAS) No. 106, Employers' Accounting for Postretirement Benefits Other Than Pensions, in: FASB (Hrsg.), Original Pronouncements, Norwalk/Connecticut 1997.

STATEMENT OF FINANCIAL ACCOUNTING STANDARDS (SFAS) No. 121, Accounting for the Impairment of Long-Lived Assets and for Long-Lived to Be Disposed Of, in: FASB (Hrsg.), Original Pronouncements, Norwalk/Connecticut 1997.

WINTERHOFF, Jörg (1995), Rechnungslegung für Restrukturierungsmaßnahmen (»Restructuring«), KPMG USA-Mitteilungen, Heft August 1995, S. 23 ff.

ZIELKE, Wolfgang (1995), Zur Behandlung des Goodwill im Konzernabschluß, in: Lanfermann, Josef (Hrsg.), Internationale Wirtschaftsprüfung, Festschrift für Hans Havermann, Düsseldorf 1995, S. 829–843.

ZITZELSBERGER, Siegfried (1998), Aus der Arbeit des IDW, in: Die Wirtschaftsprüfung 1998, S. 129–138.

ZITZELSBERGER, Siegfried (1998), Ist die 4. EG-Richtlinie noch zeitgemäß, in: Die Wirtschaftsprüfung 1998, S. 799–808.

Herausforderungen an die Rechnungslegungs- und Publizitätsregulierung

Bernhard Pellens / Rolf Uwe Fülbier / Joachim Gassen*

Inhalt

* Prof. Dr. Bernhard Pellens, Inhaber des Lehrstuhls für Internationale Unternehmensrechnung, Ruhr-Universität Bochum; Dr. Rolf Uwe Fülbier, Lehrstuhl für Internationale Unternehmensrechnung, Ruhr-Universität Bochum; Dipl.-Volksw. Joachim Gassen, Lehrstuhl für Internationale Unternehmensrechnung, Ruhr-Universität Bochum.

1. Einführung

Die internationale Harmonisierung der Rechnungslegung hat in Deutschland mit der Verabschiedung des Kapitalaufnahmeerleichterungsgesetzes (KapAEG) und des Gesetzes zur Kontrolle und Transparenz im Unternehmensbereich (KonTraG) einen vorläufigen Höhepunkt erreicht. Der Gesetzgeber hat mit diesen Gesetzen auf die insbesondere von großen, an ausländischen Börsen notierten deutschen Unternehmen formulierte Nachfrage nach veränderten gesetzlichen Rahmenbedingungen reagiert. Zumindest für die Übergangszeit bis zum Jahr 2004 hat die in § 292a HGB kodifizierte und bestimmten Voraussetzungen unterliegende Befreiung deutscher Mutterunternehmen von der Verpflichtung zur Aufstellung eines HGB-Konzernabschlusses und -lageberichts deregulierenden Charakter, da nun die Anwendung alternativer Regelsysteme möglich wird. Praktische Bedeutung werden aller Voraussicht nach nur zwei Systeme erhalten: die US-amerikanischen Generally Accepted Accounting Principles (US-GAAP) und die International Accounting Standards (IAS) des International Accounting Standards Committee (IASC). Diese beiden Rechnungslegungssysteme bieten – bei den IAS die bevorstehende Zustimmung der International Organization of Securities Commission (IOSCO) vorausgesetzt – den Zugang zum attraktiven US-amerikanischen Kapitalmarkt, der letztlich auslösende Motivation für viele deutsche Unternehmen war und ist, einen Systemwechsel im Konzernabschluß zu erwägen. Diese Systeme sind aber auch »Benchmark« für das in Deutschland aufgrund von § 342 HGB neu gegründete Deutsche Rechnungslegungs-Standards Committee (DRSC) bei der Entwicklung von Empfehlungen zur Anwendung von Konzernrechnungslegungsgrundsätzen und bei der Beratung des Gesetzgebers zu diesbezüglichen Gesetzgebungsvorhaben.

In der bisherigen Diskussion um eine veränderte Rechnungslegungsregulierung – an der sich auch der Jubilar aktiv beteiligt hat (vgl. z.B. Weber, 1991; Küting/Weber, 1994; speziell zu der Frage nach einer aussagekräftigen Ergebnisgröße Weber, 1993 und Weber/Eidel, 1997) – ist ein Aspekt noch nicht hinreichend gewürdigt worden. Weil die Zielsetzung vieler betroffener Unternehmen eine geplante oder bereits vollzogene Inanspruchnahme des US-Kapitalmarkts beinhaltet, greift eine ausschließlich auf die Rechnungslegungsunterschiede fokussierte Diskussion zu kurz. Die Rechnungslegung ist hier nur als Teilmenge eines umfassenderen Publizitätssystems zu begreifen. So bilanzieren z.B. Daimler Benz, Deutsche Telekom, Hoechst oder Veba nach US-GAAP, weil sie komplexe, kapitalmarktrechtlich begründete und von der US-amerikanischen Securities and Exchange Commission (SEC) konkretisierte Publizitätsverpflichtungen zu befolgen haben, in deren Rahmen sie unter anderem auch US-GAAP-konforme Konzernabschlüsse offenlegen müssen. Die alleinige Beachtung der US-GAAP mag somit zwar ausreichen, um – warum auch immer – einen US-GAAP-konformen Konzernabschluß vorzuweisen; für eine Börsennotierung bedarf es jedoch mehr: z.B. einer umfangreichen Management's Discussion and Analysis of Financial

Condition and Results of Operations (MD&A), detaillierter Angaben zum Management, zu Geschäftstätigkeit und -verlauf, schwebende Verfahren, etwaigen Meinungsverschiedenheiten mit dem Wirtschaftsprüfer u.v.m. (vgl. Pellens, 1998, S. 309 ff.)

Ähnliches gilt für die IAS. Dieses von nationalen sozio-ökonomischen Umfeldern weitgehend losgelöste Rechnungslegungssystem kann nur als jeweils zu integrierende Teilmenge nationaler Regulierungen verstanden werden. In den USA würden sie für ausländische Emittenten (»cross border listing«) im Rahmen eines sehr viel weiterreichenden Unternehmenspublizitätssystems lediglich die Rechnungslegungsregeln ersetzen.

Wie steht es nun in Deutschland um die Regulierung von Rechnungslegung *und* Unternehmenspublizität? Die vorerst bis zum Jahr 2004 beschränkte Übergangsphase ist weitgehend auf die Rechnungslegungsregulierung beschränkt, so daß noch offen ist, wie die künftige Regulierung aussehen wird. Kann es nur darum gehen, den gegenwärtigen Status Quo der international akzeptierten Rechnungslegung in deutsches Recht zu übernehmen, oder sind nicht bereits die sich immer stärker wandelnden Marktbedingungen hinreichend genug, über eine künftigen Gegebenheiten genügende Rechnungslegung nachzudenken? Und wie steht es um die Publizitätsregulierung? Der Gesetzgeber hat in § 297 HGB mit der Kapitalflußrechnung und der Segmentberichterstattung lediglich zusätzliche Jahresabschlußbestandteile für börsennotierte Unternehmen definiert und damit nur den Publizitätsumfang innerhalb des Konzernabschlusses an internationale Standards angeglichen.

Im folgenden soll zunächst kurz das gegenwärtige US-amerikanische Publizitätssystem charakterisiert werden. Anschließend werden neue Systemanforderungen formuliert, welche die Veränderung bestehender Systeme erzwingen, wobei ein mögliches Szenario für eine derartige Veränderung aufgezeigt wird.

2. Vorbildcharakter der US-amerikanischen Publizitätsvorschriften

2.1 Stellenwert US-amerikanischer Publizitätsvorschriften

Über die Unternehmenspublizität wird die wirtschaftliche Lage eines Unternehmens nach außen für alle gegenwärtigen und zukünftigen Vertragspartner des Unternehmens präsentiert (vgl. Pellens, 1995, Sp. 1589 ff.). Da alle Vertragspartner eines Unternehmens unterschiedliche Informationen für ihre Entscheidungen bezüglich des Unternehmensengagements benötigen, wird die Unternehmenspublizität in der Regel auf die speziellen Bedürfnisse einer oder mehrerer Gruppen zugeschnitten. In vielen Industrienationen ist die Unternehmenspublizität insbesondere an den Informationsbedürfnissen der Kapitalgeber ausgerichtet.

In Deutschland ist traditionell die Fremdkapitalfinanzierung von großer Bedeutung, was zu einer an den Gläubigerinteressen ausgerichteten Rechnungslegung und Publizität deutscher Unternehmen geführt hat. In der zweiten Hälfte des zwanzigsten Jahrhunderts wurden internationale Kapitaltransferbeschränkungen und -kontrollen kontinuierlich abgebaut, so daß sich die national segmentierten Kapitalmärkte hin zu einem integrierten internationalen Marktplatz entwickelten. Nationale Unternehmen stehen sich folglich nicht nur auf den Produktmärkten, sondern auch auf dem weltweiten Kapitalmarkt als Wettbewerber gegenüber. Eine notwendige Voraussetzung für eine akzeptable Kapitalmarktperformance ist u. a. eine internationalen Standards entsprechende Unternehmenspublizität.

Da nationale Standardsetter bisher davon ausgehen, daß bei Nichtregulierung der Publizität keine ausreichende Berichterstattung stattfände, wurden in allen Ländern mit organisierten Kapitalmärkten unterschiedlich strenge und detaillierte Publizitätsstandards erlassen. Eine wichtige Determinante für die Ausrichtung der Publizitätsregeln ist der Charakter des nationalen Kapitalmarkts. Wird die Unternehmensfinanzierung durch den »Bankenmarkt« dominiert und z. B. überwiegend über eine »Hausbank« vorgenommen, bzw. erfolgt die Eigentümerfinanzierung ohne intermediären Kapitalmarkt, so wird die Publizität vorwiegend auf Basis des Gesellschaftsrechts geregelt sein. Dominiert die Unternehmensfinanzierung über den öffentlichen organisierten Kapitalmarkt, so ist zu erwarten, daß ein Kapitalmarktrecht existiert, in dem die notwendige Publizität reguliert ist. Entsprechend ist davon auszugehen, daß sich die Publizitätspflichten im ersten Fall auf bestimmte Gesellschaftsformen beziehen, während sie im zweiten Fall von der Inanspruchnahme des organisierten Kapitalmarkts abhängen.

In den USA dominiert eine kapitalmarktorientierte Publizitätsregulierung. Publizitätspflichtig sind alle Unternehmen, die den US-amerikanischen Kapitalmarkt als Primär- oder Sekundärmarkt in Anspruch nehmen. Das bedeutet z. B. für deutsche Unternehmen, die aus einem nationalen Kontext mit vorwiegend gesellschaftsrechtlichen Publizitätsvorschriften stammen, einen nicht unerheblichen Umstellungsaufwand.

Von allen kapitalmarktorientierten Publizitätssystemen besitzt das US-amerikanische international die größte Bedeutung. Zum einen ist die New York Stock Exchange hinsichtlich Marktkapitalisierung und Umsatz die mit Abstand größte Aktienbörse der Welt, zum anderen besitzt die SEC als »Gralshüterin« des US-amerikanischen Anleger- und Kapitalmarktschutzes eine 60jährige Erfahrung und eine über 2.000 Personen starke Mitarbeiterschaft in Fragen der Kapitalmarktregulierung. In dem Maße, wie sich international organisierte Kapitalmärkte durchsetzen, besitzt das US-amerikanische Regulierungssystem einen komparativen Konkurrenzvorteil. Daher soll es im folgenden als mögliches Referenzsystem für die anstehende Neuregulierung der deutschen Rechnungslegung und Publizität überblicksartig dargestellt werden.

2.2 Grundlegende Systematisierung

Nach dem Motto: »Disclosure, again disclosure and still more disclosure« (Loss, 1988, S. 7) hat die SEC seit den dreißiger Jahren eine Fülle von konkreten (Mindest-) Publizitätsvorschriften erlassen, die von börsennotierten Unternehmen zu beachten sind. Für den einzelstaatenübergreifenden Wertpapierverkehr leiten sich diese Vorschriften aus den beiden kapitalmarktrechtlich bedeutsamsten Bundesgesetzen, dem Securities Act von 1933 (SA) und dem Securities Exchange Act von 1934 (SEA) ab, nach dem börsennotierte Unternehmen periodisch und aperiodisch zu berichten haben. Diese durch die SEC weiter konkretisierten Publizitätspflichten unterscheiden sich von ihrem deutschen Pendant hinsichtlich der Häufigkeit der Berichterstattung, des Adressatenzugangs, des geforderten Inhaltes, der Zeitnähe der gelieferten Informationen und der Rechtsfolgen, die aus der Berichterstattung resultieren (vgl. z.B. Pellens, 1998, S. 309 ff.).

- **Publizitätshäufigkeit:** Das US-amerikanische Publizitätssystem ist durch situationsgebundene und periodische Berichterstattungspflichten geprägt. Wie in Deutschland existiert einerseits eine Emissionspublizität und eine Ad-hoc-Publizität und andererseits eine Jahres- und Zwischenberichterstattung. Der US-amerikanischen Zwischenberichterstattung liegt mit den Quartalsperioden aber ein kürzerer Berichtszeitraum und damit auch eine höhere Publizitätshäufigkeit zugrunde.
- **Adressatenzugang:** Das US-amerikanische Publizitätssystem verpflichtet börsennotierte Unternehmen zur Berichterstattung gegenüber der SEC, zur unmittelbaren Information der Aktionäre durch Zusendung entsprechender Berichte und zur allgemeinen Information der Öffentlichkeit, z.B. über Pressemitteilungen. Je nach Art der Publizität müssen der SEC bestimmte Berichte eingereicht werden, die auf sogenannten Forms beruhen. Diese Forms stellen detaillierte, teilweise vorformulierte Schemata dar, die von der SEC für die bei ihr einzureichenden Berichte erstellt wurden und die von den registrierten Unternehmen bei der Berichterstellung hinsichtlich Form und Inhalt streng beachtet werden müssen. Während diese an die SEC gerichteten Berichte der interessierten Öffentlichkeit früher ausschließlich in den Büros der SEC zur Einsichtnahme zur Verfügung standen, vollzieht sich die Informationsübertragung und der Informationszugang heute zunehmend auf elektronischem Wege. Alle berichtspflichtigen Unternehmen sind in das sogenannte EDGAR-System (Electronic Data Gathering Analysis and Retrieval) eingebunden. Die Annahme und (formale) Überprüfung der eingereichten Berichte erfolgt vollelektronisch. Nach Einspeisung können weltweit alle Interessenten die Berichtsinhalte, z.B. über Internet, abrufen. Eine derartige Nutzung bestehender Informationsübertragungsmöglichkeiten ist in Deutschland bislang nur bei der Ad-hoc-Publizität vorgesehen, wo die Deutsche Gesellschaft für Ad hoc-Publizität alle Meldungen online, z.B. über Internet, Videotext oder BTX, zur Verfügung stellt (vgl. Fülbier, 1999, S. 68 ff.).

Die SEC-Berichte sind auch den betreffenden Börsen zuzuleiten. Aufgrund börseneigener Bestimmungen sind ihnen und der Öffentlichkeit über elektronische Informationsverbreitungsdienste oder Pressemitteilungen weitere Informationen zu übermitteln. Den Aktionären werden Informationen hauptsächlich im Rahmen der regelmäßigen Berichterstattung auch unmittelbar zugesandt. So kommt den aktuellen Aktionären zur Vorbereitung der jährlich stattfindenden Hauptversammlung ein Annual Report zu. Sofern das Management oder Dritte bei den Aktionären um die Erteilung von Stimmrechtsvollmachten werben, was in den USA der Regelfall ist, wird auch die Versendung sogenannter Proxy Statements obligatorisch, um die Aktionäre mit entscheidungsrelevanten Informationen zur Vorbereitung auf die Abstimmung zu versorgen. Quartalsmäßig werden zudem Zwischenberichte an die Aktionäre versandt.

- **Publizitätsinhalt:** Hinsichtlich der Publizitätsinhalte bestehen zwischen den USA und der BRD zum Teil erhebliche quantitative und qualitative Unterschiede. Den höchsten Detaillierungsgrad haben die gegenüber der SEC offenzulegenden Informationen. Die unmittelbar an die Aktionäre gerichteten Informationen stellen diesbezüglich nur eine Teilmenge dar. Die höhere US-amerikanische Publizitätsdichte dokumentiert sich insbesondere im Umfang der Jahresberichterstattung, die neben dem testierten Konzernabschluß (Basic Financial Statements: Bilanz, GuV, Notes, Eigenkapitalveränderungsrechnung und Kapitalflußrechnung) noch eine mehrere Jahre umfassende Zusammenstellung weiterer Financial und Nonfinancial Information umfaßt. Unterschiede ergeben sich neben der überwiegend auf die Informationsfunktion ausgerichteten US-amerikanischen Rechnungslegung aus der im Vergleich zum deutschen Lagebericht umfassenderen MD&A, in der die Kapital-, Liquiditäts- und Ertragssituation des Konzerns retrospektiv und prospektiv zu analysieren ist, sowie aus der großen Menge der Nonfinancial Information (z.B. Angaben zum Management, dessen Qualifikation, Verwandtschaftsverhältnisse untereinander, Vergütung und Aktienbesitz; Angaben zu bestimmten Transaktionen insbesondere mit Unternehmensinsidern, Angabe bedeutender Verträge, u.U. mit Stellungnahme der Wirtschaftsprüfer; Liste der Tochtergesellschaften; auf der Basis einer weitgehenden Segmentierung Angaben zur Geschäftstätigkeit, zu schwebenden Gerichtsverfahren oder zu Meinungsverschiedenheiten mit den Wirtschaftsprüfern). Ein Großteil der über die Jahresberichterstattung in Deutschland hinausgehenden Informationen beruht auf subjektiven Schätz-, Bewertungs- oder Prognoserechnungen sowie Absichtsbekundungen und besitzt trotz der weitgehend fehlenden intersubjektiven Nachprüfbarkeit für die Unternehmensbeteiligten eine hohe Entscheidungsrelevanz (vgl. Brotte, 1997, S. 193 ff.).
  Im Vergleich zu den quantitativen und qualitativen Unterschieden in der Jahresberichterstattung sind die inhaltlichen Unterschiede bei den sonstigen Publizitätspflichten geringer. Dies gilt insbesondere für die Emissionspublizität und die Ad-hoc-Publizität (vgl. Fülbier, 1999). Bei der Zwischenberichterstattung ist der US-

amerikanische Quartalsabschluß anders als sein deutsches Pendant ausschließlich auf Basis konsolidierter Daten zu erstellen. Schon wegen des nach deutschem Börsenrecht weiterhin existierenden Wahlrechts, den Einzelabschluß als Grundlage heranzuziehen, ist der Informationsgehalt des US-Quartalsabschlusses höher einzustufen.

- **Zeitnähe:** Während hinsichtlich der Zeitnähe bei der situationsgebundenen Publizität keine wesentlichen Unterschiede auszumachen sind, haben US-amerikanische Unternehmen ihre periodischen Berichte schneller als deutsche Unternehmen zu veröffentlichen. Die frühere Offenlegung, in Verbindung mit den verkürzten Kommunikationswegen, insb. über EDGAR, hat für den interessierten Kapitalmarktteilnehmer den Vorteil, einen vergleichsweise höheren Anteil entscheidungsrelevanter Daten zu erhalten. Dieser Unterschied liegt u.a. in den kürzeren Fristen begründet, innerhalb derer eine publizitätspflichtige Gesellschaft in den USA die geforderten Unterlagen der SEC einreichen muß. Bei der Zwischenberichterstattung stehen den Unternehmen 45 Tage und bei der Jahresberichterstattung 90 Tage zur Verfügung. I. d. R. werden die Annual Reports oder Quartalsberichte den Aktionären jedoch noch früher übermittelt. Neben den offiziell vorgegebenen Fristen ist hier vermutlich der höhere Druck von seiten des US-amerikanischen Kapitalmarktpublikums für die frühere Offenlegung verantwortlich.
- **Rechtsfolgen:** Das US-amerikanische Publizitätssystem ist in ein rechtliches Umfeld eingebettet, das unterlassene Angabepflichten bzw. irreführende oder falsche Veröffentlichungen mit wesentlich strengeren Sanktionen als in Deutschland ahndet. So sehen SA und SEA die zeitweilige oder endgültige Rücknahme der Registrierung und Börsennotierung sowie hohe Geldstrafen in Millionenhöhe und mehrjährige Freiheitsstrafen für Unternehmensvertreter vor. Dazu kommen weitreichende Haftungsbestimmungen, die den betroffenen Unternehmen, dem jeweiligen Management und z.B. auch den involvierten Wirtschaftsprüfern nicht nur die Verantwortung für etwaige Kursmanipulationen, sondern auch für die Vollständigkeit und Richtigkeit der Veröffentlichungen zuweisen. Die zwangsläufig unsichere Prognosepublizität soll, insbesondere durch das Konstrukt »sicherer Häfen«, vor der ganzen Strenge des Haftungsrechts geschützt werden, aus dem ansonsten individuelle, kollektive oder aus den Rechten des Unternehmens abgeleitete Klagerechte bewußt oder grob fahrlässig geschädigter Kapitalmarktteilnehmer resultieren. Diese in Deutschland so nicht institutionalisierten Klagerechte sind ein zentraler Garant für die Befolgung der Publizitätsregeln, da sie in ihrer Häufigkeit und in der Höhe der Schadensersatzforderungen zu einer peniblen Einhaltung kapitalmarktrechtlicher Vorschriften zwingen.

2.3 Implikationen für die deutsche Regulierungssituation

In Deutschland ist die gegenwärtige Regulierungssituation der Rechnungslegung von einer Phase der Neuorientierung bestimmt. Es ist zu erwarten, daß der Gesetzgeber und vor allem das neue private Rechnungslegungsgremium bisherige deutsche Rechnungslegungspositionen innerhalb des Konzernabschlusses stärker an internationale bzw. US-amerikanische Standards annähern werden. Ähnliches gilt für die Regulierung der Unternehmenspublizität, die sich bereits seit einigen Jahren, im Rahmen eines sich verstärkt auch in Deutschland etablierenden Kapitalmarktrechts, in die US-amerikanische Richtung bewegt.

Der kritiklosen Übernahme US-amerikanischer Regeln stehen jedoch zwei wichtige Überlegungen entgegen. Zum einen haben sich die US-Regeln in einem anderen sozioökonomischen Umfeld entwickelt und können nicht ohne weiteres in das deutsche übertragen werden. So ist die weitreichende Publizität in den USA z.B. nur schwer ohne das dortige Klagesystem denkbar, das in Deutschland aber bisher kein Pendant findet. Zum anderen bedürfen Regulierungen in einer Marktwirtschaft grundsätzlich der normativen Rechtfertigung. So ist nicht zwingend, daß börsennotierte Unternehmen ohne kodifizierte Publizitätsverpflichtung keine Unternehmensinformationen veröffentlichen würden. Die bestehenden Anreize zur freiwilligen Publizität (vgl. z.B. Firth, 1979; Dye, 1990; Wagenhofer, 1990) stellen die Selbstverständlichkeit von gesetzlichen Publizitätspflichten in Frage. So führt z.B. die Unsicherheit über die Renditeentwicklung aus dem Unternehmensengagement bei risikoaversen Anlegern dazu, daß sie ihre Zahlungsbereitschaft für den Unternehmensanteil reduzieren. Durch Publikation von entscheidungsrelevanten Daten kann das Unternehmensmanagement versuchen, die Informationsunsicherheit der Anleger zu reduzieren (vgl. grundlegend zum »signalling« Spence, 1974; zur Übertragung auf Fragen der Rechnungslegung Dye, 1983). Nach Auswertung dieser, z.B. von Wirtschaftsprüfern verifizierten Informationen, bilden die potentiellen Anleger ihre Erwartungen über künftige finanzielle Rückflüsse, die ihnen nach dem Erwerb des Unternehmensanteils zustehen. Je besser sie in der Lage sind, aus den präsentierten Daten die Rendite-/Risikoposition zu prognostizieren, um so geringer wird ihre subjektive Unsicherheit. Auf diese Reduktion werden risikoaverse Anleger mit einer höheren Zahlungsbereitschaft für den angebotenen Unternehmensanteil reagieren. Insofern sinken c.p. die Kapitalkosten für Unternehmen mit guter Unternehmenspublizität. Letztere wäre damit kein lästiges Übel, sondern ein wichtiger Wettbewerbsfaktor.

Auf der anderen Seite kann nicht ausgeschlossen werden, daß Publizitäts- wie auch Rechnungslegungsregulierungen möglicherweise existierende Marktineffizienzen (Marktversagen) beheben bzw. reduzieren. Aber gerade hierauf stützt sich ihre normative Begründung (vgl. z.B. Feldhoff, 1992). So stellt insbesondere die SEC selbst ihre Tätigkeit mittels derartiger Begründungen immer wieder in Frage (vgl. z.B. Sommer, 1978; mit eher negativem Ergebnis Stigler, 1964; Benston, 1973). Diese Selbstkritik der SEC könnte möglicherweise die Sorge nach ungerechtfertigter Regulierung zerstreuen. Demgegenüber stehen jedoch die teilweise desillusionierenden Erkenntnisse der positiven Regulierungstheorie, die insbesondere in Verbindung mit der Neuen Politischen Ökonomie und der Bürokratietheorie aufzeigen, daß Regulierungen »nur« Wirtschaftsgüter darstellen, die von Politikern und Bürokraten zur Erzielung eigener Vorteile angeboten und von den Regulierten aus den unterschiedlichen Gründen nachgefragt werden (vgl. Stigler, 1971; Posner, 1974). Da derartige Regulierungen einer normativen Rechtfertigung bedürfen, wird selbige auf dem »market for excuses« nachgefragt und dort auch von geneigter wissenschaftlicher Seite zur Verfügung gestellt (vgl. Watts/Zimmerman, 1979).

Solange eine grundsätzliche Regulierungsnotwendigkeit weder eindeutig bejaht, noch verneint werden kann, erscheint es sinnvoll, sich auf die Betrachtung der realen Bedeutung US-amerikanischer Regulierungen zu beschränken und zu akzeptieren, daß diese Regeln zur Zeit - ob gerechtfertigt oder nicht - weltweit und auch in Deutschland ein Vorbild für die Regulierer zu sein scheinen. Ob diese Vorbildfunktion auch für die Zukunft gerechtfertigt ist, soll im folgenden hinterfragt werden.

3. Neue Anforderungen an bestehende Publizitäts- und Rechnungslegungssysteme

Zahlreiche Veränderungen im Umfeld der Unternehmensberichterstattung erfordern eine kritische Überprüfung bestehender Publizitätsvorschriften und nicht zuletzt auch der Rechnungslegung. Im folgenden sollen beispielhaft einige Trends aufgezeigt werden, deren Auswirkungen auf das berichtende Unternehmen und seine Umwelt die Abbildungsqualität der traditionellen Unternehmenspublizität in Frage stellen.

Durch die sich verkürzenden Produktlebens- und Entscheidungszyklen werden zeitnahere Unternehmensinformationen einerseits und die generelle Verkürzung der Berichtsperioden andererseits erforderlich. Während eine jährliche Berichterstattung industrieller Fertigungsunternehmen den Adressaten schon kaum noch hinreichende Informationen liefern kann, erfordert der organisatorische Charakter innovativer Forschungs- oder Dienstleistungsunternehmen kürzere Berichtsperioden. Informationen besitzen nur dann die gewünschte Entscheidungsrelevanz, wenn der Informationsempfänger sie in seinem Entscheidungsprozeß berücksichtigen kann. Da letztlich nur der Adressat entscheiden kann, welche Aggregations- und Berichtszeiträume er für sein Entscheidungsmodell präferiert, müßte ein Publizitätssystem eine große Flexibilität besitzen.

Neben der Länge der einzelnen Berichtsperioden ist auch der Zeitraum von Bedeutung, der vom Abschlußstichtag bis zum Zeitpunkt des Informationseingangs beim Adressaten vergeht. Durch die Möglichkeiten der Telekommunikation können auch komplexe Verträge räumlich unbegrenzt und in kürzester Zeit abgeschlossen werden. Somit verlieren publizierte Informationen im Zeitablauf schneller als in der Vergangenheit ihre Entscheidungsrelevanz. Dies gilt vor allem für Wertansätze von Vermögensgegenständen und Schulden, die an organisierten Märkten gehandelt werden (vgl. SIEGEL, 1997, S. 86). Insofern kann eine jährliche oder auch quartalsweise Publizität von Unternehmensdaten unter Umständen nicht hinreichend zeitnah sein. Um diese Probleme abzufedern, wurde das Konzept der Ad-hoc-Publizität geschaffen (vgl. PELLENS, 1991). Doch auch eine fallweise Veröffentlichung von Informationen zu unternehmenswertrelevanten Ereignissen scheint kaum in der Lage, bei permanenten kontinuierlichen Veränderungen der Unternehmensumwelt entscheidungsrelevante Informationen zu liefern.

Durch die Senkung der Markttransaktionskosten werden Produkte mit immer höherer Komplexität handelbar. So lassen sich nahezu sämtliche Kombinationen von Risiken unterschiedlicher Ausprägung am Markt veräußern. Für den Unternehmenserfolg ist es letztendlich entscheidend, welche offenen Risikopositionen existieren und wie sich die darauf einflußnehmende ökonomische Umwelt verändert. Obwohl die Rechenschaft über offene Risikopositionen des Unternehmens eine zentrale Managementaufgabe darstellt, ist das traditionelle Berichtswesen zur Aufgabenerfüllung nur noch unzureichend geeignet. Durch die gezielte Veräußerung von risikobehafteten Unternehmensaktivitäten läßt sich deren Realisationszeitpunkt fast beliebig steuern, so daß die Einzelbewertung des zugrundeliegenden Geschäfts und der Risikoveräußerung kritisch zu hinterfragen ist.

Durch den Markt für Risiken läßt sich letztendlich das Gesamtunternehmensrisiko veräußern. So wirkt z.B. die Ausgabe von Stock-Options als Entlohnungsbestandteil des Managements wie eine Übertragung des Unternehmensrisiko von den Altaktionären an die Unternehmensleitung. Eine solche Entscheidung bedarf der Bildung von Erwartungen über die künftige Entwicklung des Unternehmensrisikos. Um diese Risikopolitik des Unternehmens bewerten zu können, benötigt der Anleger daher entsprechende Informationen über jene Erwartungsbildung und über den Einsatz von Risikoabsicherungsinstrumenten. Diese Angaben müssen auf geeignete Weise in die quantitativen Angaben des Jahresabschlusses integriert werden, um die Kosten der Informationsaufarbeitung auf Adressatenseite gering zu halten.

Der Wandel von der Industrie- zur Dienstleistungsgesellschaft stellt weitere Anforderungen an Rechnungslegung und Publizität. Die angebotenen Produkte sind zunehmend immaterieller Natur und entziehen sich, wie auch die Vorstufen im Produktionsprozeß und die einzelnen Produktionsfaktoren, einer traditionellen Bilanzierung. So läßt sich das Humankapital von speziell ausgebildeten Arbeitnehmern nur unzureichend durch Lohnkosten erfassen. Auch sind die Ergebnisse aus Forschung und Entwicklung vor allem für junge Unternehmen meist die zentralen Erfolgsfaktoren, die der dringenden Abbildung im Berichtswesen bedürfen.

Auf diese veränderten Rahmenbedingungen haben die Unternehmen u. a. durch eine veränderte Struktur in der Unternehmensabgrenzung reagiert. Eine Basis der periodischen Rechnungslegung und Publizität ist die Identifikation der rechnungslegenden Einheit. Diese Identifikation wird um so komplexer, je mehr Kooperationsformen zwischen dem klassischen rechtlich und wirtschaftlich selbständigen Unternehmen über den Konzernverbund bis hin zur reinen Interaktion über Märkte existieren. Je nach Vertragsgestaltung und Informationsinteresse des Anteilseigners kann die sinnvolle rechnungslegende Einheit unterschiedlich abgegrenzt werden. So werden z.B. die wirtschaftlichen Aktivitäten einer Forschungskooperation, an der ansonsten konkurrierende Konzerne beteiligt sind, für die Aktionäre aller beteiligten Konzerne von zentraler Relevanz sein. Durch den Einsatz von hochspezifischen Produktionskonzepten, wie »just in time«, kann selbst bei vordergründigem Vorliegen einer bloßen Marktbeziehung zwischen Zulieferer und Produzent realiter eine so große Abhängigkeit gegeben sein, daß letztlich eine nach den bisherigen Kriterien getrennte Berichterstattung wenig informativ erscheint.

Die exemplarischen Beispiele verdeutlichen, daß die Rechnungslegungs- und Publizitätsregulierung – auch US-amerikanischer Prägung – kaum mehr in der Lage ist, eine Unternehmensberichterstattung zu induzieren, die das wirtschaftliche Entscheidungsumfeld des berichtenden Unternehmens adäquat abbildet. Dies verwundert wenig, da Rechtsnormen und sonstige Regulierungen in einem sich ändernden Umfeld einem steten Wandlungsdruck unterworfen sind. Daher soll im folgenden untersucht werden, wie bestehende Regulierungen an diese neuen Anforderungen angepaßt werden können.

4. Mehr Markt im Rechnungslegungsprozeß

4.1 Das Entscheidungsproblem der Regulierer

Die in der Einleitung erwähnten neuen rechtlichen Rahmenbedingungen bieten – zeitlich befristet – den deutschen börsennotierten Konzernunternehmen die Möglichkeit zur Wahl zwischen alternativen Rechnungslegungssystemen. Wegen der zeitlichen Limitierung wird sich der deutsche Gesetzgeber bzw. das DRSC zumindest mittelfristig mit der Frage nach der superioren Rechnungslegungsregulierung auseinander setzen müssen. Speziell die oben erwähnten Änderungen der Rahmenbedingungen erfordern ein Überdenken der bestehenden Rechnungslegungs- und Publizitätsregulierung.

Für dieses Entscheidungsproblem benötigt der Regulierer einen normativen Bewertungsrahmen für die Beurteilung unterschiedlicher Rechnungslegungsregeln und damit auch ganzer Rechnungslegungssysteme. Die Entwicklungsmöglichkeit eines solchen Bewertungsrahmens wird jedoch aus wissenschaftlicher Sicht kritisch gesehen. So stellt schon Demski auf Basis von mathematischer Argumentation fest, daß ein

Rechnungslegungsstandard nur dann einem anderen vorgezogen werden kann, wenn er dessen kompletten Informationsgehalt als Teilmenge enthält und wenn die Kosten der Informationsgewinnung vernachlässigt werden (Demski, 1973; relativierend Cushing, 1977). Die rechnungslegungstheoretische Forschung scheint insofern bisher nicht in der Lage, die Frage nach dem »richtigen Standard« wissenschaftlich konsistent zu beantworten (vgl. schon American Accounting Association, 1977; jüngst wieder Mueller, 1998). Damit steht der Regulierer vor einem Dilemma: Einerseits besteht seine Aufgabe darin, ein gesamtwirtschaftlich möglichst optimales Regulierungssystem für die Rechnungslegung und Publizität zu generieren und anzubieten, andererseits kann er von der Wissenschaft keine entscheidende Hilfestellung in der Identifizierung der gesamtwirtschaftlich effizienten Ergebnisse eines Rechnungslegungs- und Publizitätsprozesses erwarten. Somit stellt sich die Frage, wie kann künftig sicher gestellt oder zumindest die Wahrscheinlichkeit erhöht werden, daß die Rechnungslegungs- und Publizitätsregulierungen den aufgezeigten Anforderungen gerecht werden? Diese Frage impliziert die Notwendigkeit, zwischen »guten« und »weniger guten« Regulierungen zu unterscheiden. Da in einer Marktwirtschaft das Ergebnis vorhandener, als hinreichend effizient angesehener Märkte dem Ergebnis einer Regulierung schon rein definitorisch überlegen ist und Regulierungen somit maximal nur Second-best-Lösungen anbieten können, könnte die Forderung an den Rechnungslegungs- und Publizitätsregulierer lauten: Ermögliche, wo immer nach den jeweiligen Markteffizienzkriterien möglich, eine weitgehende Marktentscheidung über Rechnungslegungs- und Publizitätsstandards!

Im folgenden soll daher ein Konzept skizziert werden, das die Einbindung von Marktprozessen in Fragen des Bilanzansatzes, der Bilanzbewertung, des Bilanzausweises und der Jahresabschlußpräsentation eher ermöglicht, als die bestehende Ausgestaltung der Rechnungslegung- und Publizität. Grundlagen des hier präsentierten Konzepts finden sich bereits bei Sorter und nachfolgenden Schriften. (vgl u.a. Sorter, 1969; Everest/Weber, 1977; Cushing, 1989; Havelka/Khazanchi, 1994).

4.2 Etablierung von Marktlösungen durch datenbankgestützte Publizitätsprozesse

Marktprozesse erfordern das Recht der Wirtschaftssubjekte, zwischen verschiedenen am Markt angebotenen Alternativen wählen zu können. Dazu brauchen neue Marktteilnehmer die Möglichkeit, ihre Produkte am Markt präsentieren zu können. Bislang ist dies nur sehr eingeschränkt möglich. So kann z.B. ein potentieller Anbieter eines neuen Bewertungskonzeptes dieses nur schwer als Alternative zu bestehenden Konzepten positionieren, da ein anderer bestimmter Wertansatz durch Regulierung vorgeschrieben wurde. Dadurch kann hinsichtlich unterschiedlicher Bewertungsmethoden nur dann ein echter Wettbewerb stattfinden, wenn eine multiple Rechnungslegung mit alternativen Wertansätzen möglich wird. Der Prozeß der Bewertung ist eine Schnittstelle im Publizitätsprozeß, die bislang marktfern ausgestaltet ist.

Eine Analyse des Rechnungslegungs- und Publizitätsprozesses macht einige solche technisch separierbare Schnittstellen deutlich, die bislang innerhalb der berichtenden Unternehmen durch vertikale Integration koordiniert werden. So wird der Vorgang der Aggregation und Bewertung bislang lediglich vom rechnungslegenden Unternehmen vorgenommen. Durch die Einbindung einer Transaktionsdatenbank und durch die geeignete Definition von öffentlichen Aggregations- und Bewertungsschnittstellen wird es Drittanbietern möglich, standardisierte Aggregations- und Bewertungsmodule zu generieren und anzubieten. Die Adressaten der Unternehmenspublizität erhielten durch solche Produkte die Möglichkeit, zwischen unterschiedlichen Verfahren der Aggregation und Bewertung zu wählen. Die Sicherheit und Integrität der unterliegenden Transaktionsdatenbank könnte durch geeignetes Schnittstellendesign und durch die Kapselung der Transaktionsdaten mit den freigegebenen Methoden gewährleistet werden. Ein so konzipiertes EDV-gestütztes Berichtssystem würde Parallelen zu Konzepten der Management Information Systeme (MIS) aufweisen, die vielfältige Unternehmensinformationen für interne Zwecke bereits zeitgleich anbieten. In Analogie hierzu könnte das hier vorgeschlagene Konzept als Public Information System (PIS) bezeichnet werden.

Ein zentraler Anspruch der periodischen Rechnungslegung ist die Bestimmung eindeutiger Wertansätze und damit die Vermögens- und Schuldenermittlung zu einem Stichtag und des Periodenerfolgs. Das Konzept der »richtigen Wertermittlung« ist jedoch aufgrund der Vielzahl unterschiedlicher Adressaten und Zielsetzungen von publizierten Rechnungslegungsdaten wenig erfolgversprechend. Letztlich gibt es keinen objektiv korrekten Wertansatz für Vermögensgegenstände und Schulden und damit für den Periodenerfolg. Dies gilt insbesondere dann, wenn für die zu bewertenden Vermögens- oder Schuldenpositionen keine Marktpreise bestehen, oder diese starken risikobedingten Schwankungen unterworfen sind. Gerade diese oben erwähnten Risiken führen dazu, daß ein eindeutiger Wertansatz kaum geeignet ist, die wirtschaftliche Position des berichtenden Unternehmens korrekt abzubilden. Die Veröffentlichung von Bandbreiten oder Wertverteilungen für bestimmte stark risikobehaftete Vermögens- oder Schuldenpositionen würden es dem Adressaten ermöglichen, ggf. in Verbindung mit individuell adäquaten Bewertungsverfahren wie einfache Minimum- oder Maximumregeln oder durch die Bildung von Szenarien, eine für ihn passende Abbildung des Risikos zu generieren.

Neben den Bandbreiten könnte jedes Unternehmen weiterhin klassische Wertansätze publizieren, wie die historischen Anschaffungs- oder Herstellungskosten, die aktuellen Marktwerte oder die Fair Value. Damit wären die Informationsempfänger in der Lage, ihren Präferenzen entsprechende Wertansätze auszuwählen und ihre Ergebnisse mit anderen Wertansätzen zu vergleichen.

Um dieses PIS effektiv nutzen zu können, müssen die Publizitätsadressaten spezielles Know-how aufbauen. Viele traditionelle Rechnungslegungsadressaten, speziell Kleinanleger, werden dazu aufgrund vorhandener Zeitrestriktion nicht in der Lage sein. Diese Problematik der erweiterten Publizität wird unter Berücksichtigung von Informationsauswertungskosten auch als Phänomen des »information overload« diskutiert (vgl. American Accounting Association, 1977, S. 38f.). Durch die Etablierung neuer Marktprozesse könnte dieses vermeintliche Dilemma jedoch gelöst werden. Informationsintermediäre können Softwareprodukte anbieten, welche die von den Unternehmen publizierten Datenbankinformationen verdichten und auf einem beliebigen Komplexitätsniveau, also z.B. von der multidimensionalen Bilanz bis zur einfachen Earnings per Share Ziffer anbieten. Solange die Informationsschnittstellen des PIS ausreichend standardisiert sind und diese Standards frei zugänglich sind, dürfte auf diesem Markt für Retrievaltools ein funktionierender Wettbewerb herrschen.

Viele der hier genannten Daten sind kaum noch intersubjektiv nachprüfbar, sondern entstammen einer subjektiven Bewertung des Managements. Eine Nachprüfbarkeit dieser Wertansätze und Aggregationsmethoden zu gewährleisten, ist wegen des oben erwähnten subjektiven Charakters der Informationen unmöglich. Die Wirtschaftsprüfung wird damit gezwungen sein, neue Wege zu gehen. Noch in größerem Umfang als heute wird die Prüfung der Korrektheit einzelner Wertansätze durch die Prüfung von Prozessen und Verfahren in der Wertgewinnung ersetzt werden. Ferner ist denkbar, daß neben geprüften Methoden und Ergebnissen auch ungeprüfte Komponenten des Rechnungslegungsprozesses von Unternehmen angeboten werden. Hier ist darauf zu achten, daß dem Adressaten durch entsprechende Kennzeichnung deutlich wird, welche Methoden durch die Wirtschaftsprüfung zertifiziert wurden und welche ungeprüft vom Unternehmen bereitgestellt werden. Somit entsteht ein Wettbewerb zwischen geprüften und ungeprüften Methoden und Daten. Die Wirtschaftsprüfung kann sich dem Wettbewerb stellen und so den Beweis erbringen, daß sie der Rechnungslegung und Publizität einen »added value« verleiht.

Dieses hier skizzierte EDV-gestützte Publizitätssystem impliziert tiefgreifende Änderungen in der Infrastruktur der Rechnungslegung und Publizität. Eine komplette Überarbeitung der Regulierung erscheint jedoch nicht erforderlich, da die Unternehmen ggf. freiwillig und auf Eigeninitiative von sich aus entsprechende Systeme implementieren werden, wenn die Kosten-Nutzen-Relation entsprechend ausgewogen ist. Der Regulierer hat hier primär dafür zu sorgen, daß solchen Innovationen nicht historisch bedingte Regulierungen entgegenstehen.

5. Fazit

In der gegenwärtigen Phase der Neuorientierung der deutschen Rechnungslegung und Publizität ist der Regulierer gehalten, sich nicht nur an bestehenden Lösungen zu orientieren. Zunehmend schneller evolvierende Märkte lassen erkennen, daß eine Bewegung hin zu einem als statisch empfundenen Regelgeflecht keine Lösung darstellen kann. Selbst das häufig als internationales Benchmark angesehene und viel dynamischer als sein deutsches Pendant ausgestaltete US-amerikanische Rechnungslegungs- und Publizitätssystem steht unter erheblichem Anpassungsdruck, will es in einer sich wandelnden Umwelt seine Hauptaufgabe, anonyme Kapitalmarktteilnehmer über eine möglichst weitreichende Informationsversorgung zu schützen und damit die Funktionsfähigkeit der Kapitalmärkte sicherzustellen, erfüllen. Für den deutschen Regulierer gilt somit das gleiche wie für den US-amerikanischen Normensetzer, der veränderte Marktbedingungen zu erkennen sucht, um auf sie reagieren zu können.

Literaturverzeichnis

American Accounting Association (1977), A Statement on Accounting Theory and Theory Acceptance, o.O. 1977.

Benston, George J. (1973), Required Disclosure and the Stock Market: An Evaluation of the Securities Act of 1934, in: American Economic Review 1973, S. 132–155.

Brotte, Jörg (1997), US-amerikanische und deutsche Geschäftsberichte: Notwendigkeit, Regulierung und Praxis jahresabschlußergänzender Informationen, Wiesbaden 1997.

Cushing, Barry E. (1979), On the Possibilty of Optimal Accounting Principles, in: Accounting Review 1979, S. 308–321.

Cushing, Barry E. (1989), On the Feasibility and the Consequences of a Database Approach to Corporate Financial Reporting, in: Journal of Information Systems 1989, S. 29–52.

Demski, Joel S. (1973), The General Impossibility of Normative Accounting Standards, in: Accounting Review 1973, S. 718–723.

Dye, Ronald A. (1983), Communication and Post-Decision Information, in: Journal of Accounting Research 1983, S. 514–533.

Dye, Ronald A. (1990), Mandatory Versus Voluntary Disclosures: The Cases of Financial and Real Externalities, in: Accounting Review 1990, S. 1–24.

Everest, Gordon C. / Weber, Ron (1977), A Relational Approach to Accounting Models, in: Accounting Review 1977, S. 340–359.

Feldhoff, Michael (1992), Die Regulierung der Rechnungslegung: Eine systematische Darstellung der Grundlagen mit einer Anwendung auf die Frage der Publizität, Frankfurt am Main u.a. 1992.

Firth, Michael (1979), The Impact of Size, Stock Market Listing, and Auditors on Voluntary Disclosure in Corporate Annual Reports, in: Accounting and Business Research 1979, S. 273–280.

Fülbier, Rolf Uwe (1999), Regulierung der Ad-hoc-Publizität: Ein Beitrag zur ökonomischen Analyse des Rechts, Wiesbaden 1999.

HAVELKA, Douglas / KHAZANCHI, Deepak (1994), An »Events« Model for Information Aggregation, in: Journal of Computer Information Systems, Winter 1994–95, S. 72–81.

KÜTING, Karlheinz / WEBER, Claus-Peter (1994), Internationale Bilanzierung, Herne u.a. 1994.

LOSS, Louis (1988), Fundamentals of Securities Regulation, 2. Aufl., Boston u.a. 1988.

MUELLER, Gerhard G. (1998), Qualitative Characteristics of Financial Accounting Standards, Gebhard, Günther/Pellens, Bernhard (Hrsg.), Zeitschrift für betriebswirtschaftliche Forschung-Sonderheft 2/1998, [Veröffentlichung in Vorbereitung].

PELLENS, Bernhard (1991), Ad-hoc-Publizitätspflicht des Managements börsennotierter Unternehmen nach § 44a BörsG, in: Die Aktiengesellschaft 1991, S. 62–69.

PELLENS, Bernhard (1995), Publizität, in: Gerke, Wolfgang/Steiner, Manfred (Hrsg.), Handwörterbuch des Bank- und Finanzwesens, Stuttgart 1995, Sp. 1589–1600.

PELLENS, Bernhard (1998), Internationale Rechnungslegung, 2. Aufl., Stuttgart 1998.

POSNER, Richard A. (1974), Theories of economic regulation, in: Bell Journal of Economics and Management Science 1974, S. 335–358.

SIEGEL, Stanley (1997), The Coming Revolution in Accounting: The Emergence of Fair Value as the Fundamental Principle of GAAP, in: Wirtschaftsprüferkammer-Mitteilung, Sonderheft Juni 1997, S. 81–90.

SOMMER, jr., A. A. (1978), The U.S. Securities and Exchange Commission Disclosure Study, in: Journal of comparative corporate law and securities regulation 1978, S. 145–155.

SORTER, George (1969), An »Events« Approach to Basic Accounting Theory, in: Accounting Review 1969, S. 12–19.

SPENCE, A. Michael (1974), Market Signalling: Information Transfer in Hiring and Related Screening Processes, Cambridge u.a. 1974.

STIGLER, George J. (1964), Public Regulation of the Securities Market, in: Journal of Business 1964, S. 117–142.

STIGLER, George J. (1971), The Theory of economic regulation, in: Bell Journal of Economics and Management Science 1971, S. 3–21.

WAGENHOFER, Alfred (1990), Informationspolitik im Jahresabschluß, Freiwillige Informationen und strategische Bilanzanalyse, Heidelberg 1990.

WATTS, Ross L. / ZIMMERMAN, Jerold L. (1979), The Demand for and Supply of Accounting Theories: The Market for Excuses, in: Accounting Review 1979, S. 273–305.

WEBER, Claus-Peter (1991), Praxis der Kapitalkonsolidierung im internationalen Vergleich, Stuttgart 1991.

WEBER, Claus-Peter (1993), Informationsgehalt der originären und derivaten Rechnungslegungsgrößen: Jahresabschluß vs. DVFA/SG, in: Loistl, Otto (Hrsg.), Effiziente Kommunikation zwischen Unternehmen und der Investment Community, Beiträge zur Wertpapieranalyse, Heft 29, Dreieich 1993, S. 112–120.

WEBER, Claus-Peter / EIDEL, Ulrike (1997), Hat das Ergebnis nach DVFA/SG noch eine Chance?, in: Küting, Karlheinz/Weber, Claus-Peter (Hrsg.), Das Rechnungswesen auf dem Prüfstand, Frankfurt am Main, 1997.

V. Konzernsteuerung und Controlling

Erfolgswirtschaftliche Jahresabschlußanalyse bei Bilanzierung nach International Accounting Standards (IAS)

Adolf G. Coenenberg / Alexander Reinhart*

Inhalt

* Steuerberater Prof. Dr. Dr. h.c. Adolf G. Coenenberg, Inhaber des Lehrstuhls für Betriebswirtschaftslehre, Wirtschaftsprüfung und Controlling, Universität Augsburg; Dr. Alexander Reinhart, Lehrstuhl für Betriebswirtschaftslehre, Wirtschaftsprüfung und Controlling, Universität Augsburg.

1. Einleitung

Ziel des Beitrages ist es, die wesentlichen Auswirkungen einer Umstellung der Rechnungslegung deutscher Unternehmen von HGB nach IAS auf die Datenbasis und die Bildung von Kennzahlen für die erfolgswirtschaftliche Jahresabschlußanalyse darzustellen.

Die **Prognose zukünftiger Erfolge** stellt eines der primären Ziele der erfolgswirtschaftlichen Abschlußanalyse dar. Aufgrund fehlender zukunftsorientierter Informationen bleibt dem Analysten i.a. nur die Möglichkeit, durch **approximative Hochrechnung** der in Abschlüssen enthaltenen vergangenheitsorientierten Daten Rückschlüsse auf die zukünftige Entwicklung der Ertragslage zu ziehen. Hierbei hat die erfolgswirtschaftliche Abschlußanalyse mit der **Ermittlungsfunktion** und der **Erklärungsfunktion** zwei **Grundfunktionen** zu erfüllen (vgl. hierzu COENENBERG, 1997, S. 666 sowie KÜTING/WEBER, 1997, S. 193), um eine möglichst realistische Prognose zukünftiger Erfolge zu ermöglichen. Um diesen beiden Funktionen gerecht werden zu können, untergliedert sich die erfolgswirtschaftliche Abschlußanalyse in unterschiedliche Teilgebiete, die je nach Sachverhalt in ihrer **Kombination** dem Analysten zu einer aussagefähigen Ermittlung und Interpretation des Unternehmenserfolges verhelfen sollen (vgl. Abbildung 1).

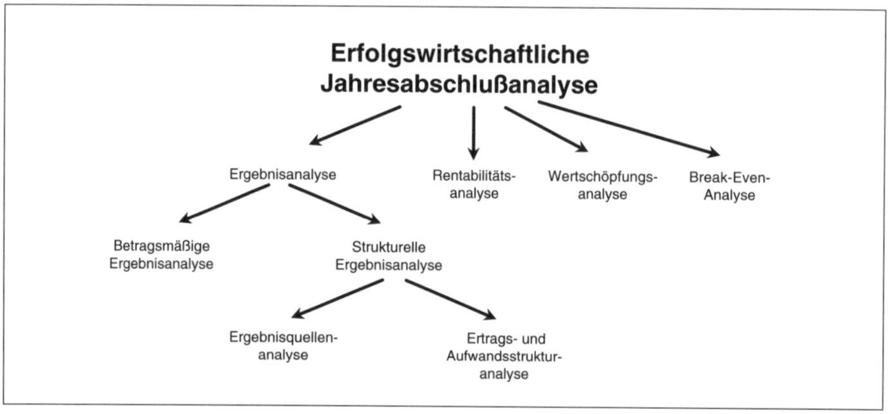

Abb. 1: Teilgebiete der erfolgswirtschaftlichen Abschlußanalyse

Die folgenden Ausführungen beschränken sich auf die **strukturelle Ergebnisanalyse** sowie die **Rentabilitätsanalyse**. Eine umfassende Analyse der Wirkungen einer Bilanzierung nach IAS auf die Ergebnisanalyse, die Wertschöpfungs- und die Break-even-Analyse findet sich bei REINHART (1998). Die Wirkungen einer Bilanzierung nach IAS auf die finanzwirtschaftliche Jahresabschlußanalyse werden von MARC COENENBERG (1998) untersucht.

2. Strukturelle Ergebnisanalyse

Die strukturelle Ergebnisanalyse versucht, das Gesamtergebnis der Berichtsperiode nach seinen Ursachen in Teilergebnisse zu zerlegen und die Struktur der Ertrags- und Aufwandsgrößen zu analysieren. Sie besteht somit aus einer Ergebnisquellenanalyse und einer Analyse der Aufwands- und Ertragsstruktur.

2.1 Ergebnisquellenanalyse

Um die Nachhaltigkeit des Periodenergebnisses zu beurteilen, bedarf es einerseits einer Ergebnisspaltung nach den Kriterien der **Regelmäßigkeit** und der **Betriebszugehörigkeit** (vgl. Coenenberg, 1997, S. 686 ff. sowie Küting/Weber, 1997, S. 227 f.). Andererseits bringt die nach IAS vorgeschriebene Ergebnissegmentierung die Möglichkeit, das Unternehmensportfolio im Hinblick auf dessen Ergebniswirksamkeit zu analysieren.

2.1.1 Ergebnisspaltung

Die Ergebnisspaltung bezweckt, das Gesamtergebnis nach den Kriterien der Regelmäßigkeit und der Betriebszugehörigkeit in die drei Ergebniskategorien ordentliches Betriebsergebnis, Finanzergebnis und außerordentliches Ergebnis aufzuspalten, wie in folgender Abbildung verdeutlicht ist.

Betriebszugehörigkeit **Regelmäßigkeit**	Betriebliche Erfolgskomponenten	Betriebsfremde Erfolgskomponenten
Regelmäßig anfallende Erfolgskomponenten	Ordentliches Betriebsergebnis	Ordentliches betriebsfremdes Ergebnis (= Finanzergebnis)
Unregelmäßig anfallende Erfolgskomponenten (außergewöhnliche oder periodenfremde) Erfolgskomponenten	Außerordentliches Ergebnis (im betriebswschwirtschaftlichen Sinne)	

Abb. 2: Betriebswirtschaftliches Erfolgsspaltungsschema

Prinzipiell sind die Gliederungsschemata für die GuV gemäß § 275 Abs. 2 und Abs. 3 HGB ebenfalls an einer dreifachen Erfolgsspaltung orientiert. Der Hauptunterschied zwischen einer bilanzanalytisch orientierten Erfolgsspaltung und einer betriebswirtschaftlichen Erfolgsspaltung liegt in der separaten Erfassung aperiodischer Erfolgskomponenten und somit ihrer Zuordenbarkeit zum außerordentlichen Ergebnis. Das führt dazu, daß das Ergebnis der gewöhnlichen Geschäftstätigkeit sowie das außerordentliche Ergebnis enger abgegrenzt sind als bilanzanalytisch erwünscht. Deshalb sind i.R.d. Ergebnisspaltung unter Zuhilfenahme der Anhangsangaben die drei Ergebniskategorien neu zu ermitteln. In ähnlicher Weise liegt auch IAS 8 eine weite Fassung des Terminus *»ordinary activities«* und eine enge Fassung des Terminus *»extraordinary activities«* zugrunde. Aus diesem Grund müssen auch für die Analyse von IAS-Abschlüssen die Kategorien Betriebsergebnis, Finanzergebnis und außerordentliches Ergebnis unter Heranziehung der gültigen IAS neu definiert werden.

Die Hauptschwierigkeit bei der Ermittlung eines gespaltenen Erfolges unter **betriebswirtschaftlichen** Gesichtspunkten aus den Daten eines IAS-Abschlusses beruht dabei auf dem Fehlen eines klar vorgegebenen **Gliederungsschemas** der GuV durch die IAS. So sehen die IAS keine zwingende Angabe aller Aufwendungen in der Gewinn- und Verlustrechnung vor, sondern stellen es den Unternehmen frei, zahlreiche Angaben auch in die *»notes«* oder die Erläuterungen aufzunehmen. Daß dieses Fehlen einer Gliederungsvorgabe durch den Grundsatz der Wesentlichkeit oder durch die Vorgaben von IAS 8.16 kompensiert werden kann, erscheint fraglich. Ebensowenig entsprechen die **Mindestbestandteile** der IAS-GuV in ihrer Gliederungstiefe der vom HGB vorgegebenen Form. Nach der Einschätzung von Cairns wird das International Accounting Standards Committee (IASC) auf absehbare Zeit an der formlosen Vorgabe über die Inhalte und Bestandteile einer GuV festhalten (Cairns, 1995, S. 144). Er sieht dies vor allem in der Tatsache begründet, daß eine Vereinheitlichung des Aufbaus der Gewinn- und Verlustrechnung nach IAS nicht wesentlich zu einer Verbesserung des Verständnisses eines fachkundigen Lesers beitragen kann. Diese Auffassung scheint u.E. jedoch besonders aus Sicht der externen Abschlußanalyse nicht nachvollziehbar. Ist es doch gerade eine Vorgabe gewisser Pflichtangaben, die für eine Vereinheitlichung der Angaben in der Gewinn- und Verlustrechnung sorgen kann, da hierdurch ein gewisses Maß an Mindestinformationen gewährleistet wird.

Trotz dieser grundsätzlichen Schwierigkeiten ist es insbesondere durch die Regelungen von IAS 1 und durch die zahlreichen sonstigen Angabepflichten seitens der IAS auch bei einer Analyse von IAS-Abschlüssen möglich, eine betriebswirtschaftlich angelegte Erfolgsspaltung vorzunehmen. Hierzu müssen aber ggf. die in die jeweiligen Teilergebnisse einfließenden Daten aus den Angaben der *»notes«* oder den sonstigen Angaben unterhalb der GuV entnommen werden.

Bei der Analyse von IAS-Abschlüssen können dem ordentlichen Betriebsergebnis bei Anwendung des Gesamtkostenverfahrens (GKV) relativ eindeutig die Positionen »Umsatzerlöse«, »Erhöhung/Verminderung des Bestands an fertigen und unfertigen Erzeugnissen«, »andere aktivierte Eigenleistungen« sowie »Aufwendungen für Roh-, Hilfs- und Betriebsstoffe sowie bezogene Leistungen« zugerechnet werden. Aufgrund der Vorschriften von IAS 1.80 können diese Positionen direkt aus der GuV entnommen werden. Das gleiche gilt bei Anwendung des UKV (vgl. IAS 1.82) für die Positionen »Umsatzerlöse«, »Herstellungskosten der zur Erzielung der Umsatzerlöse erbrachten Leistungen« sowie »Vertriebskosten«, die ebenfalls relativ unproblematisch dem ordentlichen Betriebsergebnis zugeordnet werden können (vgl. Reinhart, 1998, S. 314f.).

Auch die Positionen »Löhne und Gehälter« und »Sozialabgaben und Aufwendungen für Altersversorgung« (GKV) sowie die »allgemeinen Verwaltungskosten« (UKV) sollten aufgrund des allgemeinen Fehlens von Angaben über die Anteile betriebsfremder Aufwendungen an diesen Positionen nach dem Kriterium der **»überwiegenden Zugehörigkeit«** in die Berechnung des ordentlichen Betriebsergebnisses eingehen.

Für eine aussagekräftige Darstellung des Zustandekommens des ordentlichen Betriebsergebnisses ist es zweckmäßig, bei Anwendung des GKV die planmäßigen Abschreibungen jeweils getrennt nach immateriellen *»assets«* (einschließlich *»goodwill«*) und Sachanlagevermögen in das Ermittlungsschema mit aufzunehmen. Die außerplanmäßigen Abschreibungen sind hingegen dem außerordentlichen Ergebnis zuzuordnen.

Schwierig gestaltet sich die zutreffende Verteilung der »sonstigen betrieblichen Erträge« sowie der »sonstigen betrieblichen Aufwendungen«. Soweit diese aperiodische Erfolgskomponenten, Liquidationserfolge und/oder Bewertungserfolge umfassen, gehören sie bilanzanalytisch zum außerordentlichen Ergebnis. Soweit sich diese Komponenten nicht quantifizieren lassen, erscheint eine imparitätische Behandlung ähnlich der empfohlenen Vorgehensweise bei HGB-Abschlußanalysen angebracht. Demnach sind die »sonstigen betrieblichen **Aufwendungen**« vom **ordentlichen** Betriebsergebnis abzuziehen, während die »sonstigen betrieblichen **Erträge**« vollständig dem **außerordentlichen** Ergebnis hinzuzurechnen sind.

Auf der Grundlage vorstehender Überlegungen ergibt sich folgendes Ermittlungsschema für das ordentliche Betriebsergebnis. Dabei wird von einem Vorsteuerergebnis ausgegangen, da es aufgrund fehlender Informationen nicht möglich ist, den ausgewiesenen Ertragsteueraufwand (IAS 12.80(a) i.V.m. IAS 1.75(e)) angemessen auf die jeweiligen drei Teilergebnisse zu verteilen. Da es den IAS an einer starren Gliederungsstrukur der GuV fehlt, sind viele der enthaltenen Größen aus den Angaben unterhalb der GuV oder den Angaben der *»notes«* zu entnehmen (vgl. Reinhart, 1998, S. 317 f.). Diejenigen Positionen, die **Pflichtbestandteil** einer IAS-GuV sind, werden in Tabelle 1 durch einen * gekennzeichnet (siehe nächsten Seite).

Dem Finanzergebnis sind sowohl die Erträge und Aufwendungen aus ***»current investments«*** als auch aus ***»long-term investments«*** zuzuordnen. Bei *»long-term investments«* kann zwar eine enge Verbundenheit zur eigentlichen Geschäftstätigkeit vorliegen, allerdings erscheint bilanzanalytisch eine **Ausklammerung** dieser Erfolgskomponenten bei der Abgrenzung des ordentlichen Betriebsergebnisses als Maßstab für den nachhaltigen Erfolg sinnvoll, zumal diese Komponenten zur Verstetigung des Erfolgsausweises und damit zur Mißerfolgskaschierung herangezogen werden könnten (vgl. u.a. Coenenberg, 1997, S. 688 sowie Küting/Weber, 1997, S. 248). Aus den gleichen Gründen werden hier auch Erträge bzw. Aufwendungen aus assoziierten Unternehmen erfaßt, die anhand der *»Equity«*-Methode bilanziert werden. Da die Abschreibungen sowie die Zuschreibungen sowohl von *»current investments«* als auch von *»long-term investments«* aus den jeweiligen *»investments«* resultieren, sind die hierdurch

<table>
<tr><th colspan="2">Angabepflicht aufgrund von IAS</th><th colspan="2" rowspan="2">Bezeichnung der Position</th></tr>
<tr><th>GuV</th><th>UKV</th></tr>
<tr><td colspan="2">IAS 1.75(a)*</td><td></td><td>Umsatzerlöse</td></tr>
<tr><td rowspan="5">IAS 1.80*</td><td rowspan="6">Positionen fehlen bei der Anwendung des Umsatzkostenverfahrens</td><td>+/(–)</td><td>Erhöhung (Verminderung) des Bestands an fertigen und unfertigen Erzeugnissen</td></tr>
<tr><td>+</td><td>Andere aktivierte Eigenleistungen</td></tr>
<tr><td>–</td><td>Aufwendungen für Roh-, Hilfs- und Betriebsstoffe sowie für bezogene Leistungen</td></tr>
<tr><td>–</td><td>Löhne und Gehälter</td></tr>
<tr><td>–</td><td>Sozialabgaben und Aufwendungen für Altersversorgung</td></tr>
<tr><td>IAS 19.22 sowie.51</td><td></td><td></td></tr>
<tr><td rowspan="3">Positionen fehlen bei der Anwendung des GKV</td><td rowspan="3">IAS 1.82*</td><td>–</td><td>Herstellungskosten der zur Erzielung der Umsatzerlöse erbrachten Leistungen</td></tr>
<tr><td>–</td><td>Vertriebskosten</td></tr>
<tr><td>–</td><td>Allgemeine Verwaltungskosten</td></tr>
<tr><td>IAS 4.15(c)
IAS 22.72(d) (iii)</td><td>Position fehlt bei Anwendung des UKV</td><td>–</td><td>Planmäßige Abschreibungen von immateriellen »assets« einschließlich »goodwill«</td></tr>
<tr><td>IAS 4.15(c)
i.V.m. IAS 16.66(e) (vii)</td><td>Position fehlt bei Anwendung des UKV</td><td>–</td><td>Planmäßige Abschreibungen von Sachanlagevermögen</td></tr>
<tr><td>IAS 1.80*</td><td>IAS 1.82*</td><td>–</td><td>Sonstige betriebliche Aufwendungen</td></tr>
<tr><td colspan="2"></td><td>=</td><td>Ordentliches Betriebsergebnis nach IAS</td></tr>
</table>

Tab. 1: Bestandteile des ordentlichen Betriebsergebnisses nach IAS

hervorgerufenen erfolgswirksamen Aufwendungen bzw. Erträge ebenfalls i.R.d. Ermittlung des Finanzergebnisses zu berücksichtigen.

Bei der Analyse von Tochtergesellschaften mit Ergebnisabführungsverträgen ist bei IAS-Abschlüssen auf die folgende Besonderheit hinzuweisen: Aufgrund von **Gewinnabführungsverträgen** abgeführte Aufwendungen sind nach IAS nicht als Aufwand i.R.d. Ergebnisermittlung zu berücksichtigen, sondern vielmehr direkt erfolgsneutral als Ergebnisverwendung zu behandeln (IAS 32.30). Das gleiche gilt für **Zinsen auf Genußrechtskapital**. Insofern sind diese Aufwendungen **nicht** i.R.d. Ergebnisspaltung nach IAS zu bereinigen (vgl. Reinhart, 1998, S. 318).

Die übrigen in das nachfolgende Ermittlungsschema des Finanzergebnisses nach IAS (vgl. Tabelle 2) eingehenden Bestandteile werden diesem Teilergebnis anhand des Kriteriums der überwiegenden Zugehörigkeit zugeordnet, da eine Aufteilung dieser Positionen auf die drei Teilergebnisse nicht möglich ist. Auch bei der Anwendung dieses Ermittlungsschemas sind etliche der hierin enthaltenen Größen aus den Angaben unterhalb der GuV oder den Angaben der »*notes*« zu entnehmen. Diejenigen Positionen, die **Pflichtbestandteil** einer IAS-GuV sind, sind durch * gekennzeichnet:

GuV-Position gem.		Bezeichnung der Position
IAS 25.49(b)(i)	+/(-)	Erträge (Aufwendungen) aus »*current*« und »*long-term investments*«
IAS 28.28*	+/(-)	Erträge (Aufwendungen) aus assoziierten Unternehmen, die anhand der »*Equity*«-Methode bilanziert werden
IAS 18.35(b)(iii) IAS 25.49(b)(i)	+	Zinsen und ähnliche Erträge
IAS 18.35(b)(iv); IAS 25.49(b)(i)	+/(-)	Erträge (Aufwendungen) aus Lizenzgebühren und Tantiemen
IAS 18.35(b)(v); IAS 25.49(b)(i)	+	Dividenden
IAS 1.75(c)* IAS 25.49(b)(i)	-	Zinsen und ähnliche Aufwendungen
	=	**Ordentliches betriebsfremdes Ergebnis (Finanzergebnis) nach IAS**

Tab. 2: Bestandteile des ordentlichen betriebsfremden Ergebnisses (Finanzergebnis) nach IAS

Zum bilanzanalytisch außerordentlichen Ergebnis werden folgende Erfolgskomponenten zusammengefaßt:

1. Außergewöhnliche, d.h. ungewöhnliche und zugleich selten, d.h. unregelmäßig anfallende Aufwendungen und Erträge;
2. aperiodische Aufwendungen und Erträge;
3. Liquidationserfolge, die sich aus der Veräußerung von Gegenständen des Anlage- und Umlaufvermögens ergeben; und
4. Bewertungserfolge (Zuschreibungserträge).

Dieser Abgrenzung folgend stellt Tabelle 3 ein Ermittlungsschema des außerordentlichen Ergebnisses nach IAS dar, in dem diejenigen Positionen, die **Pflichtbestandteil** einer IAS-GuV sind, durch einen * gekennzeichnet wurden (siehe nächste Seite).

Da die gem. IAS als außerordentlich einzustufenden Erträge und Aufwendungen definitionsgemäß die Kriterien ungewöhnlich und zugleich selten, d.h. unregelmäßig, erfüllen, sind diese Erträge und Aufwendungen grundsätzlich in das außerordentliche Ergebnis nach IAS einzubeziehen.

Wie bereits bei der Ermittlung des ordentlichen Betriebsergebnisses dargestellt, werden die »**sonstigen betrieblichen Aufwendungen**« immer dann dem **ordentlichen** Betriebsergebnis zugerechnet, wenn sich eine genaue und sichere Zuordnung zum

Angabepflicht aufgrund von IAS			Bezeichnung der Position
GuV	UKV		
IAS 8.11(a)*		+	Außerordentliche Erträge
IAS 1.80*	IAS 1.82*	+	Sonstige betriebliche Erträge
IAS 8.20(e)		+/(-)	Erträge (Aufwendungen) aus Geschäftsaufgaben bzw. der Veräußerung von Geschäftseinheiten
E50.114(e)(iv) IAS 22.72(d)(v)		-	Außerplanmäßige Abschreibungen von immateriellen »*assets*« einschließlich »*goodwill*«
IAS 25.49(b)(iii)		-	(Außerplanmäßige) Abschreibungen von »*long-term investments*« auf den niedrigeren Wert aus Anschaffungskosten oder Marktwert
IAS 25.49(b)(iii)		-	(Außerplanmäßige) Abschreibungen von »*current investments*« auf den niedrigeren Wert aus Anschaffungskosten oder Marktwert bzw. bei reiner Marktbewertung auf den niedrigeren Stichtagswert
IAS 25.49(b)(iii)		+	Zuschreibungen bei Wegfall der Gründe außerplanmäßiger Abschreibungen von »*long-term investments*«
IAS 25.49(b)(iii)		+	Zuschreibungen bei Wegfall der Gründe außerplanmäßiger Abschreibungen von »*current investments*«
IAS 16.66(e)(v)		-	Außerplanmäßige Abschreibungen von Sachanlagevermögen
IAS 21.42(a)		+/(-)	Erträge (Aufwendungen) aus Währungsumrechnungsdifferenzen
IAS 29.9		+/(-)	Inflationsbedingte Erträge (Aufwendungen)
IAS 8.11(b)*		-	Außerordentliche Aufwendungen
		=	**Außerordentliches Ergebnis nach IAS**

Tab. 3: Bestandteile des außerordentlichen Ergebnisses nach IAS

außerordentlichen Betriebsergebnis nicht aus entsprechenden Angaben in den »*notes*« ableiten läßt. Da dies regelmäßig nicht der Fall sein dürfte, wurden diese Aufwendungen nicht i.R.d. Ermittlung des außerordentlichen Ergebnisses nach IAS berücksichtigt. Entsprechend sind die »**sonstigen betrieblichen Erträge**« in das außerordenliche Ergebnis mit einzubeziehen, wenn quantitative Angaben zur Aufspaltung auf Betriebsergebnis einerseits und außerordentliches Ergebnis andererseits nicht vorliegen.

Auch wenn die IAS die Erträge und Aufwendungen aus **Geschäftsaufgaben** bzw. der Veräußerung von **Geschäftseinheiten** im Regelfall dem Ergebnis aus gewöhnlicher Geschäftstätigkeit zurechnen (IAS 8.21), sind diese sowohl aufgrund ihres betriebsfremden und unregelmäßigen Charakters als auch aufgrund des Umstandes, daß es sich hierbei um Liquidationserfolge handelt, i.R.d. Erfolgsspaltung dem außerordentlichen Ergebnis zuzuordnen.

Den Bewertungserfolgen sind die Erträge bzw. Aufwendungen aus **Währungsumrechnungsdifferenzen** sowie die **inflationsbedingten** Erträge und Aufwendungen zuzurechnen. Aus diesem Grund sind auch diese grundsätzlich in die Berechnungen des außerordentlichen Ergebnisses mit einzubeziehen.

Ebenfalls den Bewertungserfolgen, und somit dem außerordentlichen Ergebnis, zuzurechnen sind grundsätzlich **erfolgswirksam** verrechnete Erträge oder Aufwendungen aus **Neubewertungen**. Da es nur in Ausnahmefällen zu einer erfolgswirksamen Verrechnung von **Neubewertungserträgen** kommt, muß hierbei sehr differenziert vorgegangen werden. Eine erfolgswirksame Verrechnung von Neubewertungserträgen ist immer dann geboten, wenn diese Aufwertung eine in den Vorperioden erfolgswirksame Abwertung aufgrund einer Neubewertung rückgängig macht. Eine Berücksichtigung der **erfolgswirksamen** Effekte aufgrund von Neubewertungen scheitert aber an der fehlenden Verpflichtung der IAS, diese Beträge separat im Abschluß offenzulegen (vgl. Reinhart, 1998, S. 321 f.). Eine derartige Angabe ist weder bei einer Neubewertung von »*intangible assets*« noch des Sachanlagevermögens, der »*long-term assets*« und der »*current assets*« von den IAS vorgeschrieben. Außerdem sind bei der hier verfolgten weiten Fassung eines bilanzanalytisch außerordentlichen Ergebnisses alle außerplanmäßigen Abschreibungen zu berücksichtigen.

2.1.2 Ergebnissegmentierung

Die Rechnungslegungsvorschriften nach HGB bieten nur sehr eingeschränkte Möglichkeiten einer Segmentanalyse, da lediglich die Umsatzerlöse segmentiert darzustellen sind (§§ 285 Nr. 4, 314 Nr. 3 HGB). Nach IAS 14 gehen die Segmentierungsvorschriften erheblich weiter. Wie nach HGB gelten als Segmentierungskriterien der Tätigkeitsbereich und die geographischen Regionen. Nach der Bedeutung für das Ergebnis und das wirtschaftliche Risiko hat das Unternehmen die beiden Segmentierungsebenen nach »*primary*« und »*secondary segments*« zu differenzieren. Die Berichterstattungspflicht geht für beide Segmentebenen unterschiedlich weit, so daß auch unterschiedliche Segmentanalysen möglich sind. Für die primäre Segmentierungsebene sind die folgenden Angabepflichten für die erfolgswirtschaftliche Segmentanalyse von Bedeutung:

- **Segmentumsatz**, getrennt nach internem Umsatz (Innenumsatz) und Umsatz mit Dritten (Außenumsatz) (IAS 14.51):
  Diese Angabepflicht ermöglicht eine umsatzbezogene Segmentanalyse anhand zweier Kennzahlen:

$$\frac{\text{Außenumsatz des Segments}}{\text{Gesamtumsatz des Unternehmens bzw. Konzerns}}$$

$$\frac{\text{Innenumsatz des Segments}}{\text{Innenumsatz + Außenumsatz des Segments}}$$

  Die erste Kennzahl gibt den Anteil des Segmentes am gesamten Geschäftsvolumen des Unternehmens an. Die zweite Kennzahl zeigt die Abhängigkeit des Segmentes vom Geschäftsgang des Konzerns.
- **Segmentergebnis** (IAS 14.52):
  Das Segmentergebnis errechnet sich aus der Differenz zwischen den Segmentumsatzerlösen und den Segmentaufwendungen (IAS 14.16). Komponenten des Finanzergebnisses, Ertagssteuern, außerordentliche Erfolgskomponenten sowie Liquidationserfolge sind bei der Ermittlung des Segmentergebnisses grundsätzlich nicht zu berücksichtigen. Es läßt sich deshalb als segmentspezifisches Betriebsergebnis interpretieren, so daß sich der Ergebnisbeitrag je Segment durch die folgende Kennzahl messen läßt:

$$\frac{\text{Segmentergebnis}}{\text{Ordentliches Betriebsergebnis des Unternehmens bzw. Konzerns}}$$

- **Segmentvermögen** (IAS 14.55):
  Mit dem Segmentvermögen wird das dem Segment direkt oder indirekt zurechenbare Anlage- und Umlaufvermögen gezeigt, das die Ressourcenbasis zur Erzielung des Segmentergebnisses darstellt (IAS 14.16). Durch Gegenüberstellung von Segmentergebnis und Segmentvermögen läßt sich die Segment-Gesamtrentabilität definieren. Eine Bereinigung des Segmentergebnisses um den Zinsaufwand ist dabei nicht erforderlich, da das Segmentergebnis – wie ausgeführt – grundsätzlich als operatives Ergebnis, also vor Zinsergebnis, bemessen wird:

$$\text{Segment-Gesamtkapitalrentabilität} = \frac{\text{Segmentergebnis}}{\text{Segmentvermögen}}$$

  Die Segment-Gesamtkapitalrentabilität (SGKR) kommt insofern eine besondere Bedeutung zu, als sie die Ergebniswirksamkeit des Unternehmensportfolios und ihrer Veränderung zeigt. Auf Segmentebene lassen sich bei diversifizierten Unternehmen außerdem bessere Vergleiche mit anderen Unternehmen anstellen. Bei Kenntnis der gewichteten Eigen- und Fremdkapitalkosten des Unternehmens (*weighted average cost of capital*; WACC) läßt sich der Wertbeitrag (bzw. die Wertvernichtung) der Segmente analysieren:

$$\text{Segment-Wertbeitrag} = (\text{SGKR} - \text{WACC}) \times \text{Segmentvermögen}$$

- **Abschreibungen** und **Wertberichtigungen** auf Segment-»*assets*« (IAS 14.58), sowie die Höhe wesentlicher **nicht-auszahlungswirksamer Aufwendungen** (IAS 14.61): Von diesen Angaben kann abgesehen werden, wenn das Unternehmen ein **Segment-»*Cash Flow-Statement*«** i. S. v. IAS 7 offenlegt (IAS 14.63). Ersatzweise läßt sich der jeweilige Segment-»*Cash Flow*« durch die Angabe dieser Größen zumindest näherungsweise ermitteln (vgl. REINHART, 1998, S. 334):

	Segmentergebnis
+	Abschreibungen und Wertberichtigungen auf Segment-»*assets*«
+	Nicht-auszahlungswirksame Aufwendungen
=	**Segment-»*Cash Flow*«**

Im Gegensatz zu den Angabepflichten der Primärsegmente sieht IAS 14 wesentlich geringere Angabepflichten für Sekundärsegmente vor. Im einzelnen handelt es sich um Segmentumsätze, Segmentvermögen sowie die Investitionen im abnutzbaren Vermögen.

2.2 Ertrags- und Aufwandsstrukturanalyse

Die **Ertrags**- und **Aufwandsstrukturanalyse** dient der Untersuchung und der Ermittlung der Anteile einzelner Teilergebnisse und einzelner Erfolgskomponenten an der Ergebnisentstehung. Hierdurch ist es möglich, die Ursachen von Veränderungen einer Erfolgsgröße durch Veränderungen derjenigen Komponenten zu erklären, die diese Erfolgsgröße maßgeblich beeinflussen. Bei der Analyse HGB-konformer Abschlüsse wird als erster Analyseschritt versucht, die Veränderung des Gesamtergebnisses vor Ertragsteuern zu erklären, indem hierzu die unter Abschnitt 2.1.1 dieses Kapitels ermittelten Teilergebnisse ins Verhältnis zum Gesamtergebnis vor Ertragsteuern gebracht werden (vgl. stellvertretend COENENBERG, 1997, S. 693 und KÜTING/WEBER, 1997, S. 262 f.). Die sich hieraus ergebenden Kennzahlen stellen sich wie folgt dar:

$$\frac{\text{Ordentliches Betriebsergebnis}}{\text{Gesamtergebnis vor Ertragsteuern}}$$

$$\frac{\text{Ordentliches betriebsfremdes Ergebnis}}{\text{Gesamtergebnis vor Ertragsteuern}}$$

$$\frac{\text{Außerordentliches Ergebnis}}{\text{Gesamtergebnis vor Ertragsteuern}}$$

Da sich sowohl alle drei Teilergebnisse als auch das Gesamtergebnis vor Ertragsteuern auch aus IAS-Abschlüssen ermitteln lassen, können diese Kennzahlen ebenso bei der Analyse von IAS-Abschlüssen Anwendung finden.

Im Rahmen der Aufwandsstrukturanalyse werden bei Gliederung der GuV nach dem Gesamtkostenverfahren üblicherweise folgende Kennzahlen verwendet:

$$\textbf{Personalintensität} = \frac{\text{Gesamtpersonalkosten}}{\text{Gesamtleistung}}$$

$$\textbf{Materialintensität} = \frac{\text{Materialaufwand}}{\text{Gesamtleistung}}$$

Die Personalintensität läßt sich dabei in zwei aussagefähige Unterkennzahlen zerlegen:

$$\textbf{Personalintensität} = \frac{\text{Lohnniveau}}{\text{Belegschaftsproduktivität}}$$

$$\textbf{Lohnniveau} = \frac{\text{Gesamtpersonalkosten}}{\text{durchschnittliche Mitarbeiterzahl}}$$

$$\textbf{Produktivität der Belegschaft} = \frac{\text{Gesamtleistung}}{\text{durchschnittliche Mitarbeiterzahl}}$$

Die Belegschaftsstärke ist sowohl nach HGB als auch nach IAS (IAS 1.102d) angabepflichtig. Da das GKV nach IAS 1.80 zulässig ist, bestehen insoweit auch im IAS-Abschluß dieselben Analysemöglichkeiten wie im HGB-Abschluß. Bei Gliederung der GuV nach dem UKV sind die obigen Kennzahlen sowohl im HGB- wie im IAS-Abschluß nur sehr eingeschränkt anwendbar. Die Gesamtleistung ist in beiden Fällen nur approximativ ermittelbar; zudem besteht für den Materialaufwand im IAS-Abschluß sowie im Konzernabschluß nach HGB keine Angabepflicht.

Wird im IAS-Abschluß von der Gliederung der GuV nach dem Umsatzkostenverfahren Gebrauch gemacht (IAS 1.82), so bieten sich für die Aufwandsstrukturanalyse die Kennzahlen der Funktionskostenintensität an:

$$\textbf{Herstellungsintensität} = \frac{\text{Herstellungskosten}}{\text{Umsatz}}$$

$$\textbf{Vertriebsintensität} = \frac{\text{Vertriebskosten}}{\text{Umsatz}}$$

$$\textbf{Verwaltungsintensität} = \frac{\text{Allgemeine Verwaltungskosten}}{\text{Umsatz}}$$

$$\textbf{Forschungs- und Entwicklungsintensität} = \frac{\text{FuE-Kosten}}{\text{Umsatz}}$$

Problematisch ist die Kennzahl der FuE-Intensität im HGB-Abschluß, wenn nicht, wie in vielen Fällen üblich, eine freiwillige Aufgliederung i.R.d. GuV gegeben wird oder die periodischen FuE-Kosten dem Anhang oder Lagebericht zu entnehmen sind. Im IAS-Abschluß sind die periodischen FuE-Kosten angabepflichtig (IAS 9.30). Soweit die FuE-Kosten i.R.d. UKV gesondert ausgewiesen werden, umfassen sie auch die Abschreibungen auf eventuell aktivierte Entwicklungskosten, soweit diese nicht in anderen Vermögensgegenständen aktiviert wurden (vgl. MENN, 1997, Rn. 80).

3. Rentabilitätsanalyse

3.1 Eigenkapitalrentabilität

Die Eigenkapitalrentabilität stellt eine zentrale Zielgröße erwerbswirtschaftlich orientierter Unternehmen dar (vgl. ARBEITSKREIS »EXTERNE UNTERNEHMENSRECHNUNG« DER SCHMALENBACH-GESELLSCHAFT e.V., 1996, S. 1992) und ist aus Sicht von Unternehmenseignern von besonderer Bedeutung. Die Eigenkapitalrentabilität wird wie folgt bemessen:

$$\textbf{Eigenkapitalrentabilität} = \frac{\text{Jahresüberschuß}}{\text{durchschnittliches Eigenkapital}}$$

Aus Sicht des Anlegers zeigt die so ermittelte Eigenkapitalrentabilität die Verzinsung (Dividende und Thesaurierung, jedoch ohne Kurs- und Wertsteigerungen) des von den Gesellschaftern in das Unternehmen eingebrachten Kapitals sowie der im Wege der offenen Thesaurierung im Unternehmen verbliebenen Gewinne (vgl. ARBEITSKREIS »EXTERNE UNTERNEHMENSRECHNUNG« DER SCHMALENBACH-GESELLSCHAFT E.V., 1996, S. 1992). Sowohl der Jahresüberschuß (IAS 1.75(i) sowie §§ 275 Abs. 2 Nr. 20 oder 275 Abs. 3 Nr. 19 HGB) als auch das Eigenkapital können jeweils direkt aus dem offengelegten Abschluß entnommen werden. Soweit statt des ausgewiesenen Eigenkapitals das um die Gewinnausschüttung und den auf Fremdgesellschafter entfallenden Gewinnanteil bereinigte Eigenkapital verwendet wird, sind die notwendigen Bereinigungsdaten sowohl aus dem HGB- wie aus dem IAS-Abschluß entnehmbar.

3.2 Aktienrentabilität

Die im vorigen Abschnitt dargestellte Eigenkapitalrentabilität bezieht sich auf den Buchwert des Eigenkapitals. Aus der Sicht des Aktionärs ist insbesondere das Verhältnis von Ergebnis und Gewinnausschüttung zum Marktwert des Eigenkapitals von Bedeutung. Der IAS-Abschluß liefert durch die Verpflichtung zur Angabe des Ergebnisses je Aktie (IAS 33) für die Analyse der Aktienrentabilität eine wichtige Voraussetzung. Für eine Analyse der Aktienrentabilität bietet sich folgendes Kennzahlensystem (siehe nächste Seite) an (vgl. Reinhart, 1998, S. 380), deren Komponenten in den nachfolgenden Abschnitten erörtert werden.

3.2.1 Ergebnis je Aktie

Während deutsche börsennotierte Unternehmen bisweilen ausschließlich auf freiwilliger Basis das Ergebnis nach DVFA/SG veröffentlichen, das einen allgemein anerkannten Standard zur Ermittlung des Gewinns je Aktie darstellt (vgl. DVFA/SG (1996), Bender, 1996), sind Unternehmen anglo-amerikanischer Herkunft dazu verpflichtet, eine Reihe von »*Earnings Per Share*«-Daten offenzulegen (vgl. Kieso/Weygandt, 1995, Chap. 17; Kuhlewind, 1996, S. 205 ff.). Problematisch bei der Verwendung dieser Kennzahlen sind allerdings oft deren unterschiedliche Berechnungsgrundlagen. Auch nach IAS 33 ist die Veröffentlichung eines Ergebnisses je Aktie Pflicht. Nachfolgend werden die Richtlinien von IAS 33 und deren Vergleichbarkeit mit der nach DVFA/SG empfohlenen Kennzahl »Gewinn je Aktie« dargestellt.

IAS 33 unterscheidet zwischen »***Basic Earnings Per Share***« (*BEPS*) und »***Diluted Earnings Per Share***« (*DEPS*). Das *DEPS* unterscheidet sich vom *BEPS* dadurch, daß die in die Berechnung eingehenden Größen um alle Kapitalverwässerungseffekte, die durch die zukünftige Ausgabe potentieller Stammaktien (»*Potential ordinary shares*«; vgl. IAS 33.6) hervorgerufen werden könnten, zu bereinigen sind (vgl. IAS 33.24). Die grundlegende Berechnung der *BEPS* nach IAS 33 (vgl. IAS 33.10) läßt sich anhand folgender Formel darstellen:

$$\textbf{Ergebnis je Aktie} = \frac{\text{Auf Stammaktieninhaber entfallender Jahresüberschuß}}{\text{Gewogener Periodendurchschnitt der im Umlauf befindlichen Stammaktien}}$$

Auf den ersten Blick erscheint die Berechnung dieser Kennzahl keine größeren Probleme hervorzurufen. Bei genauer Betrachtungsweise wird jedoch sehr schnell ersichtlich, daß es aufgrund unterschiedlicher Definitionen sowohl der Nenner- als auch der Zählergröße zu erheblichen Verzerrungen und somit zu nicht mehr vergleichbaren Ergebnissen kommen kann (vgl. auch Bauman/Dowen, 1994, S. 283 ff.; Bender, 1996, S. 7 f. sowie Booth u.a., 1994, S. 395 ff.). Gemäß IAS 33.11 hat die in die Kennzahl einfließende **Gewinngröße** dem sich aus der GuV ergebenden Periodenergebnis zu entsprechen, das den Inhabern von Stammaktien zusteht. Aus diesem Grund ist das Periodenergebnis um ggf. verrechnete **Dividenden auf Vorzugsaktien** zu bereinigen. Abgesehen von diesen Dividenden auf Vorzugsaktien gehen jedoch sämtliche Erträge und Aufwendungen, wie bspw. Steueraufwendungen und außerordentliche Erträge oder Aufwendungen, in die Gewinngröße ein (IAS 33.12).

Aber auch die zu verwendende **Anzahl an Aktien** kann je nach Ermittlungsmethode variieren und hierdurch unterschiedlich hohe *EPS* hervorbringen. So sind zur Berech-

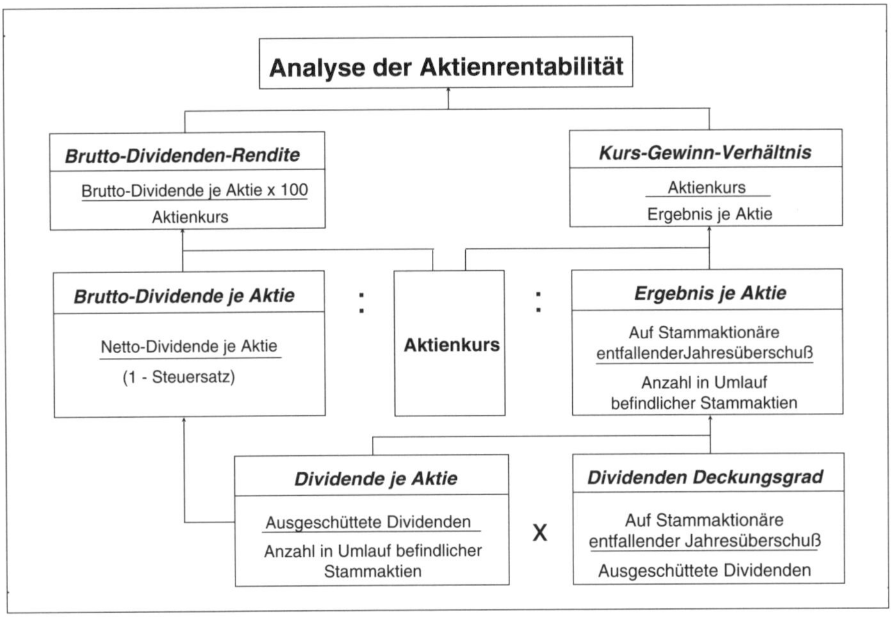

Abb. 3: Kennzahlensystem zur Aktienrentabilitätsanalyse

nung der Aktienanzahl nicht die am Ende der Periode ausstehenden Aktien zu verwenden. Dies liegt darin begründet, daß sich die Anzahl der Aktien während der Periode aufgrund von Ausgaben junger Aktien, von Gratisaktien aber auch durch Aktiensplitts verändert haben kann (IAS 33.15). Vielmehr ist der gewogene Durchschnitt sämtlicher während der Periode in Umlauf befindlicher Stammaktien heranzuziehen (IAS 33.14). Etwas diffiziler gestaltet sich die Berechnung der im Umlauf befindlichen Aktien, wenn sich die Anzahl der Aktien verändert, ohne daß es gleichzeitig zu einer Veränderung des Nettovermögens des Unternehmens kommt. Dies ist bspw. dann der Fall, wenn diese Veränderung der Aktienanzahl durch die Ausgabe von Gratisaktien, durch Aktiensplitts oder eine Umkehrung von Aktiensplitts begründet liegt (IAS 33.21). Hierbei hat eine Anpassung der im Umlauf befindlichen Aktien für alle im Abschluß offengelegten Perioden zu erfolgen, als hätte diese Veränderung bereits zum frühesten Zeitpunkt der berichteten Perioden stattgefunden (IAS 33.20 sowie IAS 33.22).

Bei Unternehmen mit komplexer Kapitalstruktur sind zur Ermittlung der sog. ***»Diluted EPS«*** *(DEPS)*, wie erwähnt, alle Kapitalverwässerungseffekte zu bereinigen. Neben der Bereinigung des heranzuziehenden Periodenergebnisses ist auch die entsprechende **Aktienanzahl** anzupassen. Dies erfolgt aufbauend auf die gem. IAS 33.14 und IAS 33.20 vorgenommenen Schritte zur Ermittlung der Aktienanzahl, die in die Berechnungen der *BEPS* einfließt (IAS 33.29). Zu dieser *»BEPS«*-Aktienanzahl ist die durchschnittliche Anzahl sämtlicher Stammaktien hinzuzurechnen, deren Ausgabe bei einer **vollständigen** Umwandlung aller potentieller Stammaktien zu erfolgen hätte, bezogen auf den Beginn der Berichtsperiode oder den späteren Zeitpunkt der Ausgabe der wandelbaren Wertpapiere (hinsichtlich ausführlicher Zahlenbeispiele zur Berechnung sowohl der *BEPS* als auch der *DEPS* vgl. REINHART, 1998, S. 350 ff.).

Aus Sicht der erfolgswirtschaftlichen Analyse deutscher Unternehmen stellt sich insbesondere die Frage, inwieweit die EPS-Kennzahl nach IAS 33 mit der von DVFA/SG entwickelten und empfohlenen Kennzahl »**Gewinn je Aktie**« vergleichbar ist.

Aufgrund der unterschiedlichen Berechnungsweisen erscheint ein Vergleich dieser beiden Kennzahlen schwer möglich. Insbesondere knüpft das Ergebnis nach DVFA/SG bspw. nicht direkt an die Erfolgsgrößen in der GuV an, wie dies die gem. IAS 33 zu ermittelnden *EPS* tun, sondern versucht den handelsrechtlichen Periodenerfolg um die Sondereinflüsse zu bereinigen, die einen Ertragsvergleich für ein Unternehmen im Zeitablauf und einen zwischenbetrieblichen Vergleich beeinträchtigen (vgl. BENDER, 1996, S. 98 ff.; COENENBERG, 1997, S. 703 sowie KÜTING/EIDEL, 1997a).

3.2.2 Kurs-Gewinn-Verhältnis und Kurs-»*Cash Flow*«-Verhältnis

Als isolierte Kennzahl ist das Ergebnis je Aktie nur sehr eingeschränkt aussagefähig. In Relation zum Aktienkurs ergibt sich nachfolgende Kennzahl:

$$\textbf{Kurs-Gewinn-Verhältnis} = \frac{\text{Aktienkurs}}{\text{Ergebnis je Aktie}}$$

Diese Kennzahl wird weder in IAS 33 noch in einem anderen derzeit gültigen Standard vorgeschrieben. Sie läßt sich allerdings aufgrund des verpflichtend offenzulegenden Ergebnisses je Aktie für Zwecke der externen Abschlußanalyse aus den Abschlußdaten ermitteln. Diese **Offenlegungspflicht** führt zu verbesserten Analysemöglichkeiten der Aktienrentabilität.

Wird an Stelle der *EPS* der »*Cash Flow je Aktie*« ins Verhältnis zum Aktienkurs gebracht, ergibt sich hieraus das dem Kurs-Gewinn-Verhältnis nachgebildete Kurs-»*Cash Flow*«-Verhältnis (vgl. auch SCHELD/DEMMING, 1993, S. 302). Seine Ermittlung kann aufgrund der nach IAS 7 verpflichtenden Offenlegung des Netto-»*Cash Flow*« und der ebenfalls offenzulegenden Anzahl der in Umlauf befindlichen Stammaktien (IAS 1.74(a)(iv)) aus den Abschlußdaten ermittelt werden:

$$\text{»}\textbf{\textit{Cash Flow}}\text{« }\textbf{je Aktie} = \frac{\text{»Cash Flow«}}{\text{Anzahl in Umlauf befindlicher Stammaktien}}$$

Das Kurs-»Cash Flow«-Verhältnis errechnet sich hieraus wie folgt:

$$\textbf{Kurs-»}\textbf{\textit{Cash Flow}}\textbf{«-Verhältnis} = \frac{\text{Aktienkurs}}{\text{»Cash Flow« je Aktie}}$$

Ellis/Williams befürworten, bei der Ermittlung des *»Cash Flow« je Aktie* nicht auf den gesamten finanzwirtschaftlichen *Netto-»Cash Flow«* zurückzugreifen, wie er in Summe im *»Cash Flow Statement«* nach IAS 7 ausgewiesen wird, sondern an dessen Stelle den **betriebsbedingten *Netto-»Cash Flow«*** zu verwenden (vgl. Ellis/Williams, 1993, S. 322). Dieser Empfehlung entspricht auch das Ermittlungsschema des Cash Flow nach DVFA/SG (DVFA/SG, 1996, S. 95). Das Kurs-*»Cash Flow«*-Verhältnis kann insofern eine wertvolle Ergänzung zum Kurs-Gewinn-Verhältnis sein, als mit dem *»Cash Flow«* eventuell bilanzpolitische Steuerungen ausgeschaltet werden (vgl. Küting/Weber, 1997, S. 220; Perridon/Steiner, 1995, S. 518).

3.2.3 Dividende je Aktie und Dividenden-Deckungsgrad

Ebenso wie bei »Ergebnis je Aktie« und »Kurs-Gewinn-Verhältnis« folgt auch der Einbezug der **Dividende je Aktie** oder der **Brutto-Dividende je Aktie** in die Abschlußanalyse der starken Orientierung der IAS am aktuellen und potentiellen Investor. Beide Größen stellen einen festen Bestandteil in der angloamerikanischen Abschlußanalyse dar (vgl. stellvertretend Ellis/Williams (1993) und Walsh (1996)).

Mit Verabschiedung von IAS 1 wurde die direkte Angabe der *»Dividend Per Share«* (*DPS*) vorgeschrieben (IAS 1.85). Hierdurch soll der Bedeutung dieser Größe bei Abschlußanalysen Rechnung getragen werden.

Da es sich bei der ausgeschütteten Dividende um eine **Netto-Dividende**, d.h. nach Steuerabzug, handelt, ist es aus Sicht eines Investors für einen Vergleich einer Investition mit einer Alternativinvestition nützlich, dieser Netto-Dividende die vom Unternehmen im Namen des Aktionärs abgeführten Steuern hinzuzurechnen (vgl. Reinhart, 1998, S. 366 f.). Die **Brutto-Dividende** (***Gross Dividend Per Share***) läßt sich hierfür durch folgende Kennzahl herleiten:

$$\textbf{Brutto-Dividende je Aktie} = \frac{\text{Dividende je Aktie}}{\text{(1-Steuersatz)}}$$

Die Brutto-Dividende kann auch i.R.d. HGB-Abschlußanalyse durch die verpflichtende Angabe des an die Aktionäre auszuschüttenden Betrages (§ 174 Abs. 2 Nr. 2 AktG i.V.m. § 325 Abs. 1 HGB) und der Anzahl der Aktien je Gattung (§ 160 Abs. 1 Nr. 3 AktG) ermittelt werden.

Aus der Division des Ergebnisses je Aktie durch die Dividende je Aktie entsteht als resultierende weitere Kennzahl der Dividenden-Deckungsgrad:

$$\textbf{Dividenden-Deckungsgrad} = \frac{\text{Ergebnis je Aktie}}{\text{Dividende je Aktie}} = \frac{\text{Auf Stammaktieninhaber entfallender Jahresüberschuß}}{\text{Ausgeschüttete Dividende}}$$

Diese Kennzahl wird primär dazu verwendet, die Wahrscheinlichkeit von Dividendenzahlungen abschätzen zu können. Ein Dividenden-Deckungsgrad von zwei bedeutet bspw., daß sich der Jahresüberschuß halbieren müßte, ehe eine Dividendenausschüttung durch Rücklagen zu finanzieren wäre. Im Umkehrschluß wird unterstellt, daß je höher der Dividenden-Deckungsgrad ist, um so eher mit höheren Dividendenzahlungen zu rechnen ist.

Im Rahmen der IAS-Abschlußanalyse kann der Dividenden-Deckungsgrad aus der Pflichtangabe »Ergebnis je Aktie« und »Dividende je Aktie« (IAS 1.85) errechnet werden. Bei HGB-Abschlußanalysen ist eine externe Ermittlung des Dividenden-Deckungsgrades indes von der freiwilligen Angabe eines Ergebnisses je Aktie abhängig.

3.3 Gesamtkapitalrentabilität

Eine insbesondere aus Sicht der Kapitalgeber wichtige Kennzahl stellt die Gesamtkapitalrentabilität dar, die das dem gesamten Kapital, also auch dem Fremdkapital zurechenbare Ergebnis in Relation zum Gesamtkapital mißt:

$$\textbf{Gesamtkapitalrentabilität (vor Steuern)} = \frac{\text{Gesamtergebnis vor Ertragsteuern + Zinsen}}{\text{Gesamtkapital}}$$

$$\textbf{Gesamtkapitalrentabilität (nach Steuern)} = \frac{\text{Jahresüberschuß + Zinsen}}{\text{Gesamtkapital}}$$

Die Gesamtkapitalrentabilität zeigt die Verzinsung des von Gesellschaftern eingebrachten Kapitals, der im Wege der Thesaurierung im Unternehmen verbliebenen Gewinne sowie des von Fremdkapitalgebern zur Verfügung gestellten Kapitals (vgl. Arbeitskreis »Externe Unternehmensrechnung« der Schmalenbach-Gesellschaft e.V., 1996, S. 1992). Beide dargestellten Kennzahlen lassen sich grundsätzlich sowohl in der HGB- als auch in der IAS-Abschlußanalyse einsetzen. Sowohl aus HGB- als auch aus IAS-Abschlüssen sind die jeweiligen einzusetzenden Größen direkt entnehmbar. Das **Gesamtergebnis vor Ertragsteuern** kann i.R.d. IAS-Abschlußanalyse durch Addition der Ertragsteuern der Periode, die gem. IAS 1.75(e) Pflichtbestandteil der GuV sind, zum ebenfalls in der GuV offenlegungspflichtigen Jahresüberschuß (IAS 1.75(i)) errechnet werden. Die Hinzurechnung der **Fremdkapitalzinsen** zum Gesamtergebnis vor Ertragsteuern bereitet ebenso keine Probleme, da sich der Zinsaufwand sowohl nach HGB (§ 275 Abs. 2 Nr. 13 oder § 275 Abs. 3 Nr. 12 HGB) als auch nach IAS (IAS 1.75(c)) direkt aus der GuV ablesen läßt (vgl. Reinhart, 1998, S. 369 f.).

Da die Ergebnisgröße vor Bedienung des Fremdkapitals ermittelt und auf das Gesamtkapital bezogen wird, ist die Gesamtkapitalrentabilität ein von der Finanzierungsstruktur unabhängiger Indikator. Sie eignet sich deshalb auch für den Vergleich von Unternehmen mit unterschiedlicher Finanzierungsstruktur. Rechtsformspezifische und landesspezifische Steuerbelastungsunterschiede werden durch die Verwendung der Gesamtkapitalrendite vor Steuern eliminiert. Soll zusätzlich die Rentabilitätswirkung unterschiedlicher Finanzierungsstrukturen analysiert werden, so ist es zweckmäßig, von einer Nach-Steuer-Betrachtung auszugehen. Mittels des *»Leverage-Effektes«* läßt sich die Wirkung unterschiedlicher Finanzierungsstrukturen durch folgende Formel erfassen:

$$EKR = GKR + (GKR - p) \times {}^{FK}/_{EK}$$

Dabei sind:	EKR	= Eigenkaptialrentabilität
	GKR	= Gesamtkapitalrentabilität
	p	= Fremdkapitalzinslast
	FK	= Fremdkapital
	EK	= Eigenkapital

Aus der *»Leverage«*-Formel wird deutlich, daß steigende Verschuldung ${}^{FK}/_{EK}$ die Eigenkapitalrentabilität so lange steigert, wie die Gesamtkapitalrentabilität die Fremdkapitalzinslast übersteigt, und umgekehrt. Daraus ergeben sich für die Rentabilitätsanalyse zwei ergänzende Kennzahlen:

$$\textbf{Fremdkapitalzinslast} = \frac{\text{Zinsaufwand}}{\text{Fremdkapital}}$$

$$\textbf{Verschuldungsfaktor} = \frac{\text{Fremdkapital}}{\text{Eigenkapital}}$$

Beide Kennzahlen sind durch die Angabepflichten von Zinsaufwand (§§ 275 Abs. 2 Nr. 13 und 275 Abs. 3 Nr. 12 HGB; IAS 25.49(b)(i)) und Eigenkapital (§ 266 Abs. 3 A. HGB; IAS 1.66(m)) sowohl i. R. d. HGB- als auch i. R. d. IAS-Abschlußanalyse ermittelbar. Das anzusetzende Fremdkapital kann in seiner einfachsten Form durch Subtraktion des Eigenkapitals von der Bilanzsumme ermittelt werden.

3.4 Betriebliche Rentabilität des langfristigen Kapitals und Rentabilität des betriebsnotwendigen Vermögens

Für die Beurteilung der nachhaltigen Erfolgsfähigkeit von betrieblichen Investitionen können insbesondere zwei Kennzahlen herangezogen werden (vgl. Coenenberg, 1997, S. 704; Schult, 1991, S. 104):

$$\textbf{Betriebliche Rentabilität des langfristigen Kapitals} = \frac{\text{Ordentliches Betriebsergebnis}}{\text{Langfristiges Kapital}}$$

oder

$$\textbf{Rentabilität des betriebsnotwendigen Vermögens} = \frac{\text{Ordentliches Betriebsergebnis}}{\text{Betriebsnotwendiges Vermögen}}$$

Das benötigte **ordentliche Betriebsergebnis** nach IAS wurde unter Abschn. 2.1.1 definiert. Das **langfristige Kapital** ergibt sich aus der Addition von Eigenkapital, Verbindlichkeiten mit einer Restlaufzeit von länger als fünf Jahren und Pensionsrückstellungen.

Die Abgrenzung des **betriebsnotwendigen Vermögens** ist sowohl bei der Analyse von HGB- als auch nach IAS-Abschlüssen sehr schwierig, da es beiden Abschlüssen an Informationen darüber fehlt, welche Bilanzpositionen der betrieblichen Nutzung dienen und welche nicht. Aus diesem Grund ist auch i.R.d. IAS-Abschlußanalyse dem Kriterium der überwiegenden Zugehörigkeit bei der Ermittlung des betriebsnotwendigen Vermögens zu folgen. Da die »sonstigen Vermögensgegenstände« nicht aus einem IAS-Abschluß entnommen werden können, kommt für IAS-Abschlüsse folgendes modifizierte Schema in Betracht:

	Gesamtvermögen (wie unter Abschn. 3.3 dieses Kapitels dargestellt)
–	Finanzanlagen (IAS 28.28; IAS 31.25 und IAS 1.66(c) und (d))
–	Wertpapiere des Umlaufvermögens (IAS 25.8)
=	**Betriebsnotwendiges Vermögen nach IAS**

Tab. 4: Ermittlungsschema des betriebsnotwendigen Vermögens nach IAS

3.5 Umsatzrentabilität

Die Umsatzrentabilität wird zur Messung des Grades der Gewinnerzielung aus dem Umsatzprozeß verwendet. Hierzu wird das Ergebnis ins Verhältnis zum **Umsatz** gebracht. Die Umsatzerlöse können für diese Zwecke sowohl nach HGB (§ 275 Abs. 2 Nr. 1 oder § 275 Abs. 3 Nr. 1 HGB) als auch nach IAS direkt der GuV (IAS 1.75(a)) entnommen werden. Je nach Analyseumfang können dem Umsatz unterschiedliche Ergebnisgrößen zur Ermittlung der Umsatzrentabilität gegenübergestellt werden. Eine unmittelbar mit der Gesamtkapitalrentabilität vor Steuern in Beziehung stehende Kennzahl ist:

$$\textbf{Umsatzrendite} = \frac{\text{Ergebnis vor Ertragsteuern + Zinsaufwand}}{\text{Umsatz}}$$

Wie in Abschnitt 3.3 ausgeführt, sind die erforderlichen Daten für diese Kennzahl sowohl aus HGB- als auch aus IAS-Abschlüssen unmittelbar zu entnehmen. Die Umsatzrentabilität ist mit der Gesamtkaptialrentabilität durch ihre multiplikative Verknüpfung mit dem Kapitalumschlag verbunden:

$$\textbf{Kapitalumschlag} = \frac{\text{Umsatz}}{\text{Gesamtkapital}}$$

Auch diese Kennzahl ist sowohl aus dem HGB- als auch IAS-Abschluß ermittelbar.

Wurde i. R. d. Ergebnisquellenanalyse (vgl. Abschn. 2.1) das **ordentliche Betriebsergebnis** ermittelt, so eignet sich dieses insofern besser, da es sich hierbei um ein rein umsatzbezogenes Ergebnis der gewöhnlichen Geschäftstätigkeit handelt. In diesem Fall ergibt sich folgende vorziehungswürdige Kennzahl:

$$\textbf{Umsatzrentabilität} = \frac{\text{ordentliches Betriebsergebnis}}{\text{Umsatz}}$$

Literaturverzeichnis

Arbeitskreis »Externe Unternehmensrechnung« der Schmalenbach-Gesellschaft – Deutsche Gesellschaft für Betriebswirtschaftslehre e. V. (1996), Empfehlung zur Vereinheitlichung von Kennzahlen in Geschäftsberichten, in: Der Betrieb 1996, S. 1989–1994.

Assmann, H.-D. (1997), Global Cheese or Regulatory to the Globalization of Financial Markets, in: Wirtschaftsprüfer Kammer Mitteilungen, Sonderheft Juni 1997, S. 171–174.

Bartram, W. (1996), Die Umsatz-Rentabilität - zentrale Kennzahl zur Unternehmensbeurteilung, in: Die Wirtschaftsprüfung 1996, S. 393–403.

Bauman, W. S./Dowen, R. J. (1994), Security Analyst Forecast And The Earnings Yield Anomaly, in: Journal of Business Finance & Accounting, März 1994, S. 283–291.

Baumann, K. H. (1987), Die Segmentberichterstattung im Rahmen der externen Finanzpublizität, in: Havermann, Hans (Hrsg.), Bilanz- und Konzernrecht, Festschrift für Reinhard Goerdeler, Düsseldorf 1987, S. 1–24.

Bender, J. (1996), Grundsatzfragen der Ergebnisbereinigung nach DVFA/SG, Stuttgart 1996.

Bernards, O. (1995), Zur Bilanzanalyse diversifizierter Unternehmen, in: Betriebs-Berater 1995, S. 1283–1286.

Bierman, H. (1995), Bubbles, Theory, and Market Timing, in: The Journal of Portfolio Management 1995, S. 54–56.

Booth, G. G. / Martikainen, T. / Perttunen, J. / Yli-Olli, P. (1994), On the Functional Form of Earnings and Stock Prices: International Evidence and Implications for the E/P Anomaly, in: Journal of Business Finance & Accounting, April 1994, S. 395–408.

Bruns, H.-G. (1997), Der Gang an die New York Stock Exchange: Das Beispiel der Daimler-Benz AG, in: Wirtschaftsprüfer Kammer Mitteilungen, Sonderheft Juni 1997, S. 31–36.

Bryan, S. (1996), Interpretations body proposed for IASC, in: Accountancy - International Edition, Juni 1996, S. 7.

Burger, A. / Schellberg, B. (1995), Vergleichende internationale Jahresabschlußanalyse, in: Der Betrieb 1995, S. 2433–2437.

Büschgen, H. E. (1967), Gewinn pro Aktie, in: Die Wirtschaftsprüfung 1967, S. 85–95.

Cairns, D. (1995), A Guide to Applying International Accounting Standards, North Yorkshire 1995.

Cheng, A. / Hsu, H.Y. K. / Noland, T.R. (1995), The Volatility of the Pe Ratio and its Components: A Contrast of Japanese and U.S. Markets, in: Managerial Finance 1995, S. 25–36.

Coenenberg, A.G. (1974a), Jahresabschluß und Kapitalmarkt. Zur Diskussion empirischer Foschungsansätze und -ergebnisse zum Informationsgehalt von Jahresabschlüssen für Aktionäre, in: Zeitschrift für betriebswirtschaftliche Forschung 1974, S. 647–657.

Coenenberg, A.G. (1984), Jahresabschlußinformation und Aktienkursentwicklung, in: Blum R./ Steiner M. (Hrsg.), Aktuelle Probleme der Marktwirtschaft in gesamt- und einzelwirtschaftlicher Sicht. Festgabe für Louis Perridon, Berlin 1984, S. 307–332.

Coenenberg, A.G. (1997), Jahresabschluß und Jahresabschlußanalyse, 16. Aufl., Landsberg am Lech 1997.

Coenenberg, M. (1998), Internationalisierung der Rechnungslegung und ihre Auswirkungen auf die Analyse von Vermögen- und Finanzanalyse von Kapitalgesellschaften, Diss., Köln 1998.

DVFA/SG (1996), Ergebnis nach DVFA/SG, Gemeinsame Empfehlung, Busse v. Colbe, W./Becker, W./Berndt, H. u. a. (Hrsg.), 2. Aufl., Stuttgart 1996.

Ellis, J. / Williams, D. (1993), Corporate Strategy and Financial Analysis, London 1993.

Fairfield, P.M. (1994), P/E, P/B and the Present Value of Future Dividends, in: Financial Analysts Journal, August 1994, S. 23–31.

Fess, P.E. / Warren, C. S. (1987), US-GAAP Guide – Accounting Principles, 15. Aufl., Cincinnati 1987.

Fuchs, M. (1996), Leasingverhältnisse nach den International Accounting Standards, in: Der Betrieb 1996, S. 1833–1836.

Grossfeld, B. (1997), Internationales Bilanzrecht als Internationales Unternehmensrecht, in: Wirtschaftsprüfer Kammer Mitteilungen, Sonderheft Juni 1997, S. 25–30.

Haller, A. / Park, P. (1994), Grundsätze ordnungsmäßiger Segmentberichterstattung, in: Zeitschrift für betriebswirtschaftiche Forschung 1994, S. 499–519.

Hauschildt, J. (1995), Erfolgsanalyse, in: Handwörterbuch der Revision, 3. Aufl., Sp. 544–553.

Helmkamp, J. G. / Imdieke, L. F. / Smith, R. E. (1989), Principles of Accounting, 3. Aufl., New York u.a. 1989.

IDW (Hrsg.) (1995), Rechnungslegung nach International Accounting Standards – Praktischer Leitfaden für die Aufstellung IAS-konformer Jahres- und Konzernabschlüsse in Deutschland, Düsseldorf 1995.

International Accounting Standard (IAS) 1 (revised 1997), Presentation of Financial Statements, in: IASC (Hrsg.), International Accounting Standards 1998, London 1998.

International Accounting Standard (IAS) 4 (reformatted 1994), Depreciation Accounting, in: IASC (Hrsg.), International Accounting Standards 1998, London 1998.

International Accounting Standard (IAS) 7 (revised 1992), Cash Flow Statements, in: IASC (Hrsg.), International Accounting Standards 1998, London 1998.

International Accounting Standard (IAS) 8 (revised 1993), Net Profit of Loss for the Period, Fundamental Errors and Changes in Accounting Policies, in: IASC (Hrsg.), International Accounting Standards 1998, London 1998.

International Accounting Standard (IAS) 12 (revised 1996), Income Taxes, in: IASC (Hrsg.), International Accounting Standards 1998, London 1998.

International Accounting Standard (IAS) 14 (revised 1997), Segment Reporting, in: IASC (Hrsg.), International Accounting Standards 1998, London 1998.

International Accounting Standard (IAS) 16 (revised 1993), Property, Plant and Equipment, in: IASC (Hrsg.), International Accounting Standards 1998, London 1998.

INTERNATIONAL ACCOUNTING STANDARD (IAS) 17 (revised 1997), Leasing, in: IASC (Hrsg.), International Accounting Standards 1998, London 1998.

INTERNATIONAL ACCOUNTING STANDARD (IAS) 18 (revised 1993), Revenue, in: IASC (Hrsg.), International Accounting Standards 1998, London 1998.

INTERNATIONAL ACCOUNTING STANDARD (IAS) 19 (revised 1993), Retirement Benefit Costs, in: IASC (Hrsg.), International Accounting Standards 1998, London 1998.

INTERNATIONAL ACCOUNTING STANDARD (IAS) 21 (revised 1993), The Effects of Changes in Foreign Exchange Rates, in: IASC (Hrsg.), International Accounting Standards 1998, London 1998.

INTERNATIONAL ACCOUNTING STANDARD (IAS) 22 (revised 1993), Business Combinations, in: IASC (Hrsg.), International Accounting Standards 1998, London 1998.

INTERNATIONAL ACCOUNTING STANDARD (IAS) 25 (revised 1994), Accounting for Investments, in: IASC (Hrsg.), International Accounting Standards 1998, London 1998.

INTERNATIONAL ACCOUNTING STANDARD (IAS) 28 (reformatted 1994), Accounting for Investments in Associates, in: IASC (Hrsg.), International Accounting Standards 1998, London 1998.

INTERNATIONAL ACCOUNTING STANDARD (IAS) 29 (reformatted 1994), Financial Reporting in Hyperinflationary Economies, in: IASC (Hrsg.), International Accounting Standards 1998, London 1998.

INTERNATIONAL ACCOUNTING STANDARD (IAS) 31 (reformatted 1994), Financial Reporting of Interests in Joint Ventures, in: IASC (Hrsg.), International Accounting Standards 1998, London 1998.

INTERNATIONAL ACCOUNTING STANDARD (IAS) 32, Financial Instruments: Disclosure and Presentation, in: IASC (Hrsg.), International Accounting Standards 1998, London 1998.

INTERNATIONAL ACCOUNTING STANDARD (IAS) 33, Earnings per Share, in: IASC (Hrsg.), International Accounting Standards 1998, London 1998.

INTERNATIONAL ACCOUNTING STANDARDS COMMITTEE (1995), IASC Insight, Dezember 1995, London 1995.

KIESO, D. E. / WEYGANDT, J. J. (1995), Intermediate Accounting, 8. Aufl., New York u.a. 1995.

KOMMISSION FÜR METHODIK DER FINANZANALYSE DER DEUTSCHEN VEREINIGUNG FÜR FINANZANALYSE UND ANLAGEBERATUNG (DVFA)/ARBEITSKREIS »EXTERNE UNTERNEHMENSRECHNUNG« DER SCHMALENBACH-GESELLSCHAFT-DEUTSCHE GESELLSCHAFT FÜR BETRIEBSWIRTSCHAFT (SG) (1996), Ergebnis nach DVFA/SG, Gemeinsame Empfehlung, Busse v. Colbe, W./Becker, W./Berndt, H. u.a. (Hrsg.), 2. Aufl., Stuttgart 1996.

KUHLEWIND, A.-M. (1996), Die amerikanische Gewinn- und Verlustrechnung: Ermittlung und Darstellung des Unternehmenserfolgs im amerikanischen Jahresabschluß, in: Ballwieser, W. (Hrsg.) (1996), US-amerikanische Rechnungslegung – Grundlagen und Vergleiche mit dem deutschen Recht, 2. Aufl., Stuttgart 1996, S. 183–214.

KÜTING, K. / EIDEL, U. (1997a), Earnings per Share – US-GAAP und IAS versus DVFA/SG, in: Blick durch die Wirtschaft vom 6.6. 1997, S. 11.

KÜTING, K. / HAYN, S. (1997), Globalisierung der Bilanzregeln – Zehn Grundsatzfragen zum Handlungsbedarf und der Gestaltung des Übergangs auf die Konzernrechnungslegung nach IAS oder US-GAAP, in: Blick durch die Wirtschaft vom 17.1. 1997, S. 11.

KÜTING, K. / WEBER, C.-P. (1997), Die Bilanzanalyse – Lehrbuch zur Beurteilung von Einzel- und Konzernabschlüssen, 3. Aufl., Stuttgart 1997.

MARCIN, R. / WILLIAMS, M. (1995), Rare Gems, in: Barron's, October 1995, S. 15–19.

MELLWIG, W. / WEINSTOCK, M. (1996), Die Zurechnung von mobilen Leasingobjekten nach deutschem Handelsrecht und den Vorschriften des IASC, in: Der Betrieb 1996, S. 2345–2352.

MENN, B.J. (1997), Kommentierung von IAS 9, in: Baetge, J. u. a. (Hrsg.), Rechnungslegung nach International Acounting Standards (IAS). Kommentar auf Grundlage des deutschen Bilanzrechts, Stuttgart 1997.

MÖCKLI, M. (1997), Segmentberichterstattung in der Schweiz – Überblick über theoretische Grundlagen und empirische Ergebnisse, in: Der Schweizer Treuhänder 1997, S. 275–284.

PAULSEN, J. W. (1995), Are Stock Prices Reasonable? Why traditional earnings measures may be less than reliable, in: Barron's, Oktober 1995, S. 19.

PERRIDON, L. / STEINER, M. (1995), Finanzwirtschaft der Unternehmung, 8. Aufl., München 1995.

REINHART, A. (1998), Die Auswirkungen der Rechnungslegung nach International Accounting Standards auf die erfolgswirtschaftliche Abschlußanalyse von deutschen Jahresabschlüssen, Frankfurt am Main/Berlin u. a. 1998.

SCHEDLBAUER, H. (1989), Erfolgsbereinigung um stille Reserven, in: Coenenberg, A. G. (Hrsg.), Bilanzanalyse nach neuem Recht, 2. Aufl., Landsberg am Lech 1989, S. 135–152.

SCHELD, G. A. / DEMMING, C. (1993), Fundamentale Aktienanalyse, in: Das Wirtschaftsstudium 1993, S. 298–306.

SCHERRER, G. (1996), Grundlagen der US-amerikanischen Konzernrechnungslegung, in: Ballwieser, W. (Hrsg.) (1996), US-amerikanische Rechnungslegung – Grundlagen und Vergleiche mit dem deutschen Recht, 2. Aufl., Stuttgart 1996, S. 215–264.

SCHULT, E. (1991), Bilanzanalyse. Möglichkeiten und Grenzen externer Unternehmensbeurteilung, 8. Aufl., Freiburg im Breisgau 1991.

SHROFF, P. K. (1995), Determinants of the Returns-Earnings Correlation, in: Contemporary Accounting Research 1995, S. 41–55.

WINKELHAGE, J. (1996), Die Konzernbilanz muß internationalen Standards genügen – Deutsche Bilanzen sind als Informationsquellen für Investoren kaum geeignet, in: Blick durch die Wirtschaft vom 2. 12. 1996, S. 9.

Harmonisierung des externen und internen Rechnungswesens auf Basis internationaler Bilanzierungsvorschriften

Hans-Georg Bruns*

Inhalt

* Dr. Hans-Georg Bruns, Mitglied des Direktoriums, Leiter Rechnungswesen Konzern Daimler-Benz AG, Stuttgart.

1. Problemstellung

Im Jahre 1993 startete die Unternehmenspraxis weitreichend wirkende betriebswirtschaftliche Neuerungen im Rechnungswesen.

Im Frühjahr kündigte Siemens an, sein internes Rechnungswesens umzustrukturieren, und löste damit eine breite wissenschaftliche Diskussion aus (als Startpunkt Ziegler, 1994, S. 175 ff.). Im Herbst desselben Jahres markierte die erstmalige Notierung eines deutschen Unternehmens – der Daimler-Benz AG – an der New York Stock Exchange (NYSE), einen Meilenstein für das externe Rechnungswesen.

Spätestens seit diesem Zeitpunkt wird auch über eine Annäherung dieser beiden – nach deutschem Verständnis getrennten – Rechnungskreise nachgedacht.

Momentum gewann die Diskussion einerseits durch den 51. Deutschen Betriebswirtschafter Tag 1997, der den neuen Herausforderungen für Controlling und Rechnungslegung von Unternehmen im internationalen Wettbewerb gewidmet war, und andererseits durch das Inkrafttreten von Gesetzen zur Förderung des deutschen Kapitalmarktes, insbesondere des Kapitalaufnahmeerleichterungsgesetzes (KapAEG) und des Gesetzes zur Kontrolle und Transparenz im Unternehmensbereich (KonTraG).

Als treibende Entwicklungskraft für diese Annäherung der Rechnungskreise wird immer wieder die zunehmende Internationalisierung, besonders die der Kapitalbeschaffung, genannt (vgl. Haller, 1997, S. 270 f.; Börsig/Coenenberg, 1998, S. VII; Küpper, 1998, S. 153; Weber, 1998, S. 5 f.). Die Globalisierung des Kapitalmarkts und die Konzentration erheblicher finanzieller Mittel bei institutionellen Investoren, die einem zunehmenden Performance-Druck ausgesetzt sind, führen bei den Unternehmen zu einem deutlich sensibleren Umgang mit der knappen Ressource Kapital.

Im Wettbewerb um Kapital hat das Unternehmen einen Vorteil, das eine risikoadäquate Verzinsung der eingesetzten Mittel verspricht und erreicht oder, anders ausgedrückt, eine wertsteigernde Unternehmensführung konsequent betreibt.

Das Bekenntnis zur wertorientierten Unternehmensführung wird im Kapitalmarkt nur dann akzeptiert, wenn es auf Informationen basiert, die verständlich und nachvollziehbar sind und auch zeitnah zur Verfügung stehen. Darüber hinaus müssen diese Informationen noch verläßlich und glaubwürdig sein. Diese Eigenschaften erfüllen Zahlen der externen Rechnungslegung besser als noch so subtile und betriebswirtschaftlich feinsinnige interne Instrumente. Sie haben den Vorzug, daß sie bereits vom Wirtschaftsprüfer nachvollzogen und für einen – aus Sicht des Investors notwendigen – zwischenbetrieblichen Vergleich geeignet sind.

Diese Informationsanforderungen stellen die traditionellen betriebswirtschaftlichen Steuerungsinstrumente deutscher Unternehmen, die nicht auf den Daten und Regeln des externen Rechnungswesen aufbauen, immer stärker in Frage: Ausgangspunkt ist dabei die Diskussion um die Anwendung von international anerkannten Rechnungslegungsstandards in Deutschland (vgl. Haller, 1997, S. 271). Aus diesem Grunde startet auch diese Betrachtung in Kapitel 2 mit einer Darstellung der Konzepte der internationalen Bilanzierungsvorschriften.

Daran schließt sich im 3. Kapitel die Untersuchung an, ob eine Harmonisierung von externem und internem Rechnungskreis unter Beachtung der unterschiedlichen Rechnungszwecke möglich ist.

Im 4. Kapitel werden schließlich die vorherigen Überlegungen unter dem Aspekt der Eignung der amerikanischen Generally Accepted Accounting Principles (US-GAAP) für die Unternehmenssteuerung zusammengeführt und ein praktisches Umsetzungsbeispiel anhand des Daimler-Benz-Konzerns dargestellt.

2. Konzepte von Bilanzierungsvorschriften

2.1 Deutsches Handelsrecht

Die in den römischen Verträgen festgelegte Zielrichtung der Vereinheitlichung von Rechnungslegungsvorschriften in Europa mußte bei der Umsetzung notgedrungen Kompromißlösungen zulassen. Die einschlägigen EU-Richtlinien erlauben eine große Bandbreite von gleichwertigen Bilanzierungsalternativen bei denselben wirtschaftlichen Grundtatbeständen. Da die Richtlinien zudem noch in nationales Recht transferiert werden müssen, kann im Ergebnis nicht von einem praktizierten einheitlichen EU-Konzept für die Rechnungslegung gesprochen werden. Jedes Land hat die Transformation anders vorgenommen und somit gleicht sich das Umwandlungsergebnis in keinem Land der EU. Aus diesem Grund wird exemplarisch das HGB als nationales Recht für Deutschland den international anerkannten Rechnungslegungsstandards IAS und US-GAAP gegenübergestellt, um darauf aufbauend die grundlegenden konzeptionellen Unterschiede kurz zu skizzieren (vgl. dazu auch Castan, 1993, S. 17 ff.).

In Deutschland bestimmt der Gedanke des Gläubigerschutzes die Rechnungslegung. Bei diesem Grundsatz hat der Bilanzierende alles zu unterlassen, was zu einer Verschlechterung der Stellung der Fremdkapitalgeber führen könnte; Ziel der angewendeten Bilanzierungsmethoden ist also die Sicherung des ursprünglich vorhandenen Eigenkapitals. Ausflüsse des Gläubigerschutzes stellen die grundsätzliche Zulässigkeit stiller Rücklagen und die Ausdehnung des Vorsichtsgedankens bei der Bewertung dar. Man anerkennt, daß der Bilanzierende einen Spielraum zur Gestaltung hat, d.h., Bilanzpolitik betreiben kann. Eine Übertreibung des Gläubigerschutzes entmündigt die Anteilseigner durch Verschweigen des »tatsächlichen« Ergebnisses, entwertet ihre Anteile durch Verfälschung des »tatsächlichen« Bilanzkurses, erhöht die Gefahren feindlicher Übernahmen durch zu niedrig bewertete Vermögensgegenstände und kann insbesondere dann kontraproduktiv durch Vermitteln neuer bzw. falscher

Steuerungsinformationen wirken, wenn Verluste durch Auflösung stiller Rücklagen egalisiert werden.

Neben dem ausgeprägten Vorsichtsprinzip sorgt auch das Prinzip der Maßgeblichkeit der Handelsbilanz für die Steuerbilanz in Deutschland für eine Verfälschung von Steuerungsinformationen. Der traditionell sehr enge Zusammenhang zwischen Handels- und Steuerbilanz generiert Daten, die nicht den Aufstellungszwecken der jeweiligen Bilanz dienen, sonderen über die umgekehrte Maßgeblichkeit in der anderen Bilanz Wirkungen zeigen. Gemildert wird diese Aussage zur Steuerzahlungsoptimierung und konservativen Gewinnermittlung allerdings durch die Tatsache, daß hiervon der Einzelabschluß, grundsätzlich aber nicht der Konzernabschluß betroffen ist.

Die deutsche Orientierung an Substanz und Stichtag bei Bewertungsvorgängen führt nicht immer zu einer zutreffenden Darstellung der wirtschaftlichen Lage und des Ertragspotentials. Im Konzept der Erfüllung von Gesetzesnormen bedeuten »wahre« Ansätze lediglich Einhaltung der gesetzlichen Vorschriften.

Diese skizzierte Ausrichtung der externen Rechnungslegung in Deutschland auf die vorsichtige Bemessung von Auszahlungen an die Eigentümer und den Fiskus unterscheidet sich damit deutlich von den Aufgaben des internen Rechnungswesens, woraus unterschiedliche Kennzahlen zur Steuerung resultieren, worauf im Laufe der Untersuchung noch einzugehen ist.

2.2 US-amerikanisches Bilanzrecht

Der Darstellung des nationalen deutschen Bilanzierungskonzepts mit vom Gesetzgeber erlassenem Bilanzrecht (Kodex) folgt nun quasi als Gegenüberstellung in der Abbildung 1 die Skizzierung der nationalen US-amerikanischen Rechnungslegungsvorschriften, die keiner einheitlichen Rechtsquelle entstammen (case law).

Rechnungslegungsziel der US-GAAP ist die Vermittlung von Informationen für Investoren. Diese haben ein Interesse, die Jahresabschlußrechnung möglichst vollständig ausgewiesen zu bekommen. Hieraus folgt nicht unbedingt eine höhere Dividende, aber eine Maximierung des Gewinns je Anteil, so jedenfalls ist die Zielvorstellung. Als Ausflüsse des Anteilseignerschutzprinzips können die Vermeidung stiller Rücklagen, eine großzügigere Auslegung des Realisationsprinzips sowie eine weite Auslegung des Begriffs Vermögensgegenstand betrachtet werden. Die Übertreibung des Gedankens kann über einen hohen Dividenden- und Tantiemenabfluß auch zu einer Schwächung des Unternehmens führen. Im Unterschied zur vorherigen Konzeption besteht keine Verbindung zwischen Handels- und Steuerbilanz, aber das Vorsichtsprinzip existiert, wenn auch in deutlich abgeschwächter Form.

Generalnorm der US-amerikanischen Rechnungslegung ist der Grundsatz der »Fair Presentation« (vgl. Frankenberg, 1993, S. 42; zum Folgenden auch Pellens, 1998, S. 149 f.). Danach soll die wirtschaftliche Lage des bilanzierenden Unternehmens wirt-

US-GAAP	Unterschiede in der Philosophie	HGB
Investoren	Adressaten	Gläubiger Eigentümer Steuerbehörden
»fair presentation«	Prinzipien	Vorsicht Maßgeblichkeit der Handelsbilanz für die Steuerbilanz
Zutreffende Darstellung der wirtschaftlichen Lage und des Ertragspotentials	Bewertung	Orientierung an Substanz und Stichtag
externe Kennzahlen = interne Kennzahlen	Controlling-Instrumente	spezielle interne Kennzahlen

Quelle: Daimler-Benz AG, Steuerungsgrößen im Daimler-Benz Konzern 1997

Abb. 1: Vergleich der Grundzüge von US-GAAP und HGB

schaftlich richtig, d.h. realistisch und wahrheitsgemäß, dargestellt werden. Dieser Grundsatz, dessen Einhaltung der Prüfer auch im Testat anzugeben hat, ist als »Overriding Principle« ausgestattet, also eine übergeordnete Vorschrift, die zur Auslegung von anderen Normen und zur Beantwortung neu aufgeworfener Fragen heranzuziehen ist. Dadurch ist das Konzept viel flexibler und läßt sich leichter neuen Entwicklungen anpassen als gesetzliche Bilanzierungsnormen.

Diese dargestellten Anforderungen des externen Rechnungswesens als Entscheidungsunterstützung für Investoren unterscheiden sich prinzipiell nicht von den Anforderungen seitens der Planungs- und Steuerungsaufgaben des internen Rechnungswesens, was eine Annäherung von externem und internem Rechenwerk nahelegt.

Obwohl die US-GAAP nationale Vorschriften sind, haben sie internationale Anerkennung als Standard erlangt, da sie aufgrund ihrer Konzeption und Qualität den Kapitalmarkt fördern und die Informationsnachfrage der Investoren am besten befriedigen. Zu dieser Anerkennung trägt neben den in über 65 Jahren erworbenen Erfahrungen auch die »normative Kraft des Faktischen« bei, denn ein Listing an der mit Abstand größten Börse (gemessen an der Marktkapitalisierung) – der New York Stock Exchange (NYSE) – ist nur bei Rechnungslegung nach den amerikanischen Vorschriften möglich.

2.3 International Accounting Standards

Die IAS sind internationale Rechnungslegungsstandards, die auf Initiative des privatrechtlich organisierten International Accounting Standards Committee (IASC) seit 1973 entwickelt werden (Weber, 1998, S. 11). Es handelt sich hier um Empfehlungen ohne Rechtskraft, die erst in nationales Recht übernommen werden müssen. Da inhaltlich die Rechnungslegungsauffassung des IASC wesentlich von der US-Seite beeinflußt ist, lassen sich die bei 2.2 skizzierten Ausführungen in der Regel auch auf die Grundsätze und Standards des IASC übertragen (Haller, 1997, S. 271).

3. Möglichkeiten der Harmonisierung von externem und internem Rechnungswesen

3.1 Rechnungswesenpraxis im internationalen Vergleich

Die zahlenmäßige Erfassung der Geschäftsvorfälle und die damit verbundene Berichterstattung wird als externes Rechnungswesen bezeichnet, wohingegen die kalkulatorische Berechnung der betrieblichen Leistungserstellung einen wesentlichen Bestandteil des internen Rechnungswesens darstellt (vgl. Coenenberg, 1993, Sp. 3678).

In letzter Zeit entstand eine Diskussion über eine Angleichung dieser beiden Rechnungskreise. Vor dem Hintergrund der beschriebenen Bilanzkonzeptionen werden nun die Zielsysteme der betrieblichen Teilrechnungen beleuchtet und auf Kompatibilität untersucht.

Aus der Darstellung der verschiedenartigen Bilanzkonzepte kann man unschwer auf ein unterschiedliches Verständnis des betrieblichen Rechnungswesens in den USA und in Deutschland, genauer gesagt der Aufgabenverteilung zwischen internem und externem Rechnungswesen, schließen. Die organisatorische Ausprägung dieser unterschiedlichen Auffassungen zeigt sich u. a. in der Trennung bzw. Zusammenfassung der Bereiche Bilanzen und Controlling.

In beiden Ländern besteht eine Aufgabenteilung, die aus den unterschiedlichen Rechnungszwecken und Adressaten resultiert. In Deutschland entstanden die Rechnungskreise Bilanzierung und Controlling, während in den USA die Trennlinie zwischen Financial Accounting und Management Accounting gezogen wird (vgl. Horváth, 1993, Sp. 328). Bilanzierung bzw. Financial Accounting richten sich vorrangig an externe Adressaten, während beim Controlling bzw. Management Accounting die betrieblichen Entscheidungsträger im Vordergrund stehen (vgl. Schildbach/Feldhoff, 1993, Sp. 30 ff.).

Der zentrale Hauptunterschied zwischen amerikanischem und deutschem Rechnungssystem besteht darin, daß in den USA keine zwei vollständig voneinander

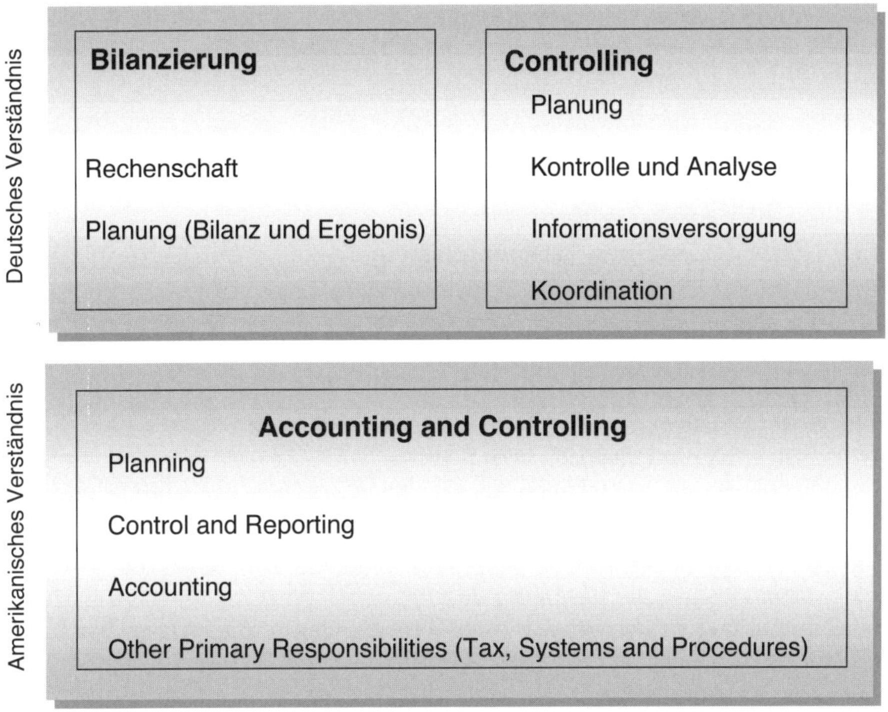

Abb. 2: Rechnungswesen – Aufgabenverständnis in den USA und in Deutschland

getrennten Erfolgsrechnungssysteme existieren wie häufig in deutschen Unternehmen mit der Gewinn- und Verlustrechnung und der Betriebsergebnisrechnung. Diese Trennung findet sich auch in den deutschsprachigen Ländern Österreich und Schweiz, nicht dagegen in vielen anderen europäischen Staaten, insbesondere denen, die angelsächsisch geprägt sind. Eine konsequente Trennung zwischen interner und externer Erfolgsermittlung, wie in Deutschland traditionell üblich, konnte sich in den USA gar nicht entwickeln (vgl. zum Folgenden Haller, 1997, S. 272 f.). Dies wird deutlich, wenn man deren Zielsetzungen vergleicht. Die externe Rechnungslegung in den USA hat die Hauptaufgabe, Entscheidungsinformationen für Investoren bereitzustellen. Diese zentrale Aufgabe und der zur Erfüllung derselben aufgestellte Anforderungskatalog für Rechnungslegungsinformationen zeigt eine weitgehende Übereinstimmung mit den Anforderungen, die international generell an interne Rechnungswesenteile gestellt werden.

Durch diese Deckungsgleichheit, der Ausrichtung auf entscheidungsorientierte Informationslieferung, ist eine systemimmanente Konvergenzneigung vorgegeben.

Die Übernahme internationaler Rechnungslegungsstandards bildete somit die Basis für die Diskussion über die Anpassung des internen Rechnungswesens an die externe Rechnungslegung.

Weiter ergibt sich aus der amerikanischen Zieldeckungsgleichheit die Notwendigkeit, die folgende Diskussion vorrangig »durch die deutsche Brille« zu sehen.

3.2 Vereinbarkeit der Zielsysteme des externen und internen Rechnungswesens

3.2.1 Ziele der externen Rechnungslegung

Es klang gerade schon an: Die Ausgestaltung von Rechnungssystemen läßt sich ursächlich auf die zugrunde liegenden Zielsysteme zurückführen. Bei der Zieldiskussion ist aber immer zu beachten, daß eine solche innerbetriebliche Datenzuordnung auch gleichzeitig unter gesellschaftlich geprägten Einwirkungen (Rechtssystem, Kultur, Wirtschaft) erfolgt (vgl. Pellens, 1998, S. 19ff.).

Zahlungsbemessungs- und Informationsfunktion werden in deutschen Lehrbüchern als bestimmende Zwecke des externen Rechnungswesens angesehen (als Beispiel Coenenberg, 1993, Sp. 3679, 3684). Primäres Rechnungsziel ist dabei die Ermittlung des Periodengewinns als Jahresüberschuß per gesetzlicher Normierung durch das Handelsrecht und für die Bemessung der Steuerzahlungen. Als weiterer Zweck wird ferner die Dokumentation der Geschäftsvorfälle als Rechnungslegung gegenüber den Unternehmensbeteiligten genannt.

Wenngleich der Zahlungsbemessungsfunktion, also Festlegung der Gewinnausschüttung und Steuerzahlung im Einzelabschluß, die Priorität eingeräumt wird, ist über die zunehmende Internationalisierung durch die Möglichkeiten des KapAEG für den Konzernabschluß zu vermuten, daß die Informationsfunktion stärker aus dem Schatten treten wird (allgemein zum anlegerorientierten Rechnungswesen Ordelheide, 1998, S. 16, 22ff.).

3.2.2 Ziele des internen Rechnungswesens

Unter der Informationsfunktion als Hauptzweck des internen Rechnungswesens lassen sich die vielfältigen Zwecknennungen der Literatur subsumieren (Coenenberg, 1993, Sp. 3679, 3687). Diese beinhalten die Abbildung bzw. Dokumentation der Leistungserstellung, die zieladäquate Steuerung des innerbetrieblichen Faktorkombinationsprozesses und die Kontrolle des betrieblichen Erfolgs auf bestimmte Bezugsobjekte wie Produkte, Prozesse. Es ist offenkundig, daß diese vielfältige Informationsbereitstellung für Planungs-, Steuerungs- und Kontrollrechnungen nicht durch eine einzige Ergebnisgröße geleistet werden kann (zum Folgenden Küpper, 1998, S. 152).

Da die Handlungsspielräume bei der Gestaltung des internen Rechnungswesens keiner Einschränkung durch Unternehmensexterne unterliegen, finden sich naturgemäß eine Vielzahl von Ergebnisgrößen als Rechnungsziele. Es ist von stück- und periodenbezogenen Kosten-, Erlös-, Deckungsbeitrags- und Gewinngrößen verschiedener Art über Rentabilitätsziffern bis zu mehrperiodigen Kapital- und Endwerten alles vertreten.

3.2.3 Gründe für die Zielvereinheitlichung

Daß unterschiedliche Rechnungszwecke verschiedene Rechnungsinhalte erfordern, ist eine alte, feststehende Erkenntnis, ebenso, daß zwischen den beiden getrennten Rechnungskreisen eine Vielzahl von Verknüpfungen existiert. So liefert die Finanzbuchhaltung als das Basissystem des externen Rechnungswesens wichtige Informationen für die Kostenrechnung, und die handelsrechtlichen Herstellungskosten werden konzeptionell von der Kostenrechnung festgelegt (Bsp. von Küpper, 1998, S. 144). Erinnert man jetzt noch an die Tatsache, daß schon unter den Zwecken der externen Rechnungslegung alleine, nämlich Rechenschaft, Gewinnermittlung und Information, Zielkonflikte auftreten (vgl. Busse von Colbe, 1996, S. 304 ff.), so gelangt man leicht zu dem Schluß, daß mit der Differenziertheit der Rechnungssysteme auch die Häufigkeit von Zielkonflikten steigt. Eine neue Dimension gewinnt die Komplexität des Rechnungswesens durch die europäische Integration und Globalisierung der Wirtschaft (Küpper, 1998, S. 153). Die bei zwei Rechnungskreisen auftretende Möglichkeit, für denselben Zeitraum zwei verschiedene Ergebnisgrößen zu erhalten, sorgt sowohl intern bei Mitarbeitern aus unterschiedlichen Kulturkreisen als auch extern bei Analysten und nicht-rechnungswesenbewanderten Anteilseignern für nicht unerhebliche Verwirrung.

Aus dieser Internationalisierungsentwicklung heraus nimmt die Bedeutung des Informationszieles des Rechnungswesens deutlich zu und führt zu dem immer lauter werdenden Ruf nach einer Angleichung von externem und internem Rechnungssystem. Auch die zunehmende Kapitalmarktorientierung mit der stärkeren Beachtung der Anteilseigner trägt über das Vehikel von kapitaltheoretischen Konzepten (Wertsteigerungsmanagement) zur Entwicklung von internen Erfolgsrechnungskonzepten auf Basis von externen Rechnungswesendaten bei (Küpper, 1998, S. 153). Nicht zu vergessen ist schließlich die Ressourcenschonung, wenn ein einheitliches Rechnungswesenssystem existiert (Siener, 1998, S. 28).

3.3 Erfüllbarkeit der Aufgaben des internen Rechnungswesens mit Zahlen der externen Rechnungslegung

Die gesamte Aufgabenbandbreite des internen Rechnungswesens mittels der Daten der externen Rechnungslegung abdecken zu wollen, ist illusorisch.

Zielführender scheint die Beschränkung der Betrachtung auf die Komponente »Erfolgsrechnung« zu sein, da beide Rechenkreise hierzu Gestaltungsvorschläge entwickelt haben (vgl. Küting, 1998, S. 15 f.). Theoretische Konzepte stellen eine Reihe von Anforderungen an interne Erfolgsrechnungen, die erfüllt werden müssen, um Steuerungszwecken zu genügen (nach Küpper, 1995, S. 42). Als erstes wird die Ausrichtung am wichtigsten Ziel, dem mehrperiodigen Erfolgsziel der Unternehmung, genannt.

Die kapitaltheoretischen Zielgrößen Kapitalwert- bzw. Marktwertmaximierung, nach denen auch die internationalen Bilanzierungsvorschriften ausgerichtet sind, erfüllen diese Anforderung. Damit eine interne Rechnung diesen Zielen folgen kann, müssen aber Zahlungen als Basisgröße verwendet werden. Dann lassen sich auch konzeptionell begründete Kosten aus den erwarteten Zahlungsströmen herleiten. Als Nebeneffekt daraus resultiert eine begriffliche Klarheit, deren Effizienzeffekte nicht zu unterschätzen sind (Küpper, 1998, S. 156).

Als zweite Anforderung tritt die Berücksichtigung unvollkommener Information auf. Auch die hier angesprochene Frage der Zuverlässigkeit der Daten spricht für die Verwendung von Zahlen der externen Rechnungslegung. Die Regelungsdichte bei der Ermittlung ist höher, viele Wahlrechte entfallen bei Verwendung internationaler Bilanzierungsvorschriften, und die Zahlen unterliegen einer Überprüfung durch Revision und Wirtschaftsprüfer.

Zudem werden innerbetriebliche Handlungsspielräume zur Ergebnisbeeinflussung verringert, und es findet ein Abbau der Differenzen zwischen externen und internen Rechnungen statt, nicht zuletzt durch die Beschränkung kalkulatorischer Kostenarten.

Als dritte und letzte Anforderung wird die Berücksichtigung von Informationsasymmetrie aufgestellt (ähnlich Anreizverträglichkeit bei Haller, 1997, S. 272). Hiermit wird auf die mögliche Gefahr einer Informationsverzerrung hingewiesen, die aus der Art der Koppelung von Rechnungsdaten zum Anreizsystem und den Individualpräferenzen besteht. Im Vergleich zu kalkulatorischen Rechnungen haben hier Rechnungen, die auf Zahlungen basieren, den Vorteil, daß sie nachvollziehbar und prüfbar sind.

Wenn man den aufgestellten Anforderungskatalog der Erfolgsrechnung betrachtet, so finden sich die Vorteile klar bei der Verwendung von Daten aus der externen Rechnungslegung. Dabei steht außer Frage, daß die existierenden externen Rechnungen manchmal modifiziert werden müssen, um internen Steuerungszwecken zu genügen. Die Erfüllbarkeit der Aufgaben des internen Rechnungswesens mit Zahlen der externen Rechnungslegung ist aber prinzipiell gegeben (veranschaulichende Beispiele unter Punkt 4.3 und bei Weber/Weissenberger, 1998, S. 30 ff.).

3.4 Vollständige oder Teilharmonisierung

Als Fazit der bisherigen Ausführungen resultiert die Möglichkeit einer Teilharmonisierung. Die Vielzahl und die Bandbreite der Aufgaben von externem und internem Rechnungswesen lassen keine vollständige Vereinheitlichung zu.

Um die harmonisierbaren Teilbereiche eingrenzen zu können, wird das interne Rechnungswesen in zwei Bereiche untergliedert. Auf der einen Seite die entscheidungsorientierte Kostenrechnung mit kurzfristigen Entscheidungsmodellen auf Produkt- und Prozeßebene und auf der anderen Seite Steuerungs- und Kontrollaufgaben mit periodenbezogener Ergebnisrechnung für unternehmerische Geschäftseinheiten (vgl. Küting, 1998, S. 15).

Die entscheidungsorientierte Kostenrechnung wird als eigenständiger Bereich auch weiterhin Bestand haben (vgl. Küting/Lorson, 1998b, S. 492f.). Daten der externen Rechnungslegung liefern keine Entscheidungshilfen für Losgrößenbestimmung u.ä. Zudem werden diese klassischen Aufgaben der Kostenrechnung meist dezentral von den einzelnen Konzerngesellschaften eingesetzt.

Damit kann aus Konzernsicht der Grundsatz festgestellt werden: Je operativer das interne Rechnungswesen (hier die organisatorische Ausprägung: Controlling), desto geringer die Möglichkeiten einer Integration.

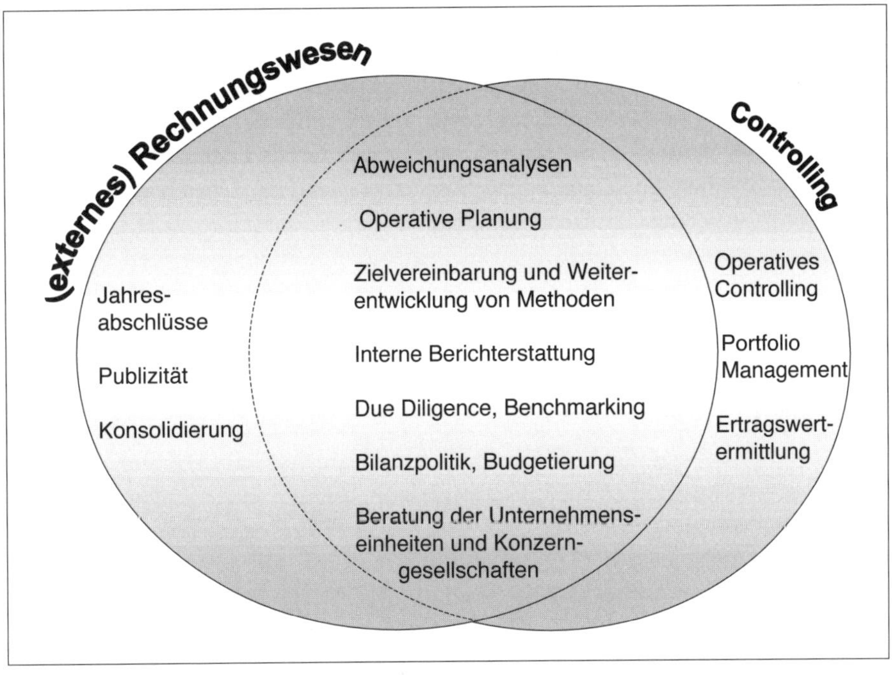

Abb. 3: Aufgaben des Rechnungswesens und des Controllings auf Konzernebene

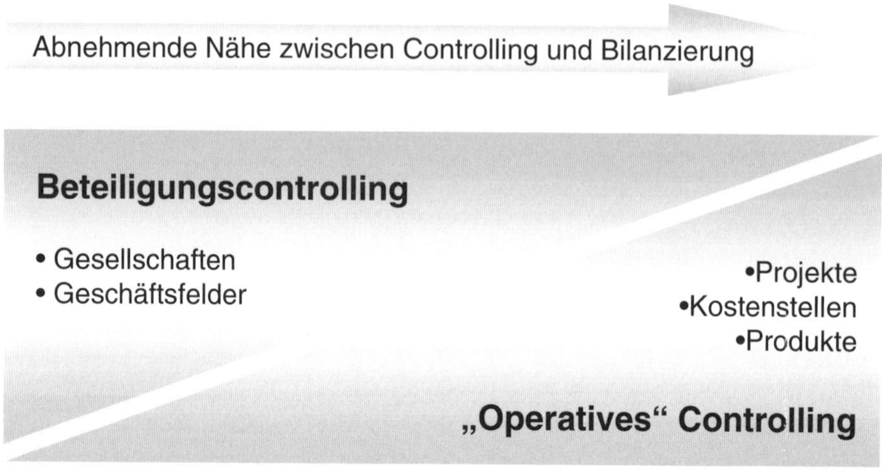

Abb. 4: Grundsatz zum Integrationsraum

Die Steuerungs- und Kontrollaufgaben mit periodenbezogenen Ergebnisrechnungen können dahingegen sehr gut nach den Prinzipien des externen internationalen Rechnungswesens ausgestattet werden (Bsp. bei Küting/Lorson, 1998a, S. 470, 473). In einer Umfrage zu diesem Themenkreis werden dabei die Chancen einer Vereinheitlichung – konzernweit einheitliche Kennzahlen, Vereinfachung des Controlling, internationale Verständlichkeit und Kosteneinsparung – deutlich positiver gesehen, als die Risiken wie eine schlechtere Erfüllung von Controllinganforderungen (vgl. Horváth/Arnaout, 1997, S. 262 f.). In der Praxis arbeiten einige Großkonzerne (Siemens, Bayer, Daimler-Benz) schon mit harmonisierten Konzernsteuerungskonzepten auf Basis internationaler Bilanzierungsvorschriften.

4. Eignung von internationalen Bilanzierungsvorschriften für die Unternehmenssteuerung am Beispiel von US-GAAP

4.1 Verwendung eines business modell

Die intensive Transparenz der US-Rechnungslegung nach außen kann auch im Innenauftritt durch eine wertorientierte Steuerung ein Pendant finden (vgl. auch im Folgenden Bruns, 1998, S. 23). So werden oft im Zuge einer Umstellung der externen Berichterstattung auf internationale Bilanzierungsvorschriften gleichzeitig einschneidende Änderungen für das interne Rechnungswesen wirksam (so auch Horváth/

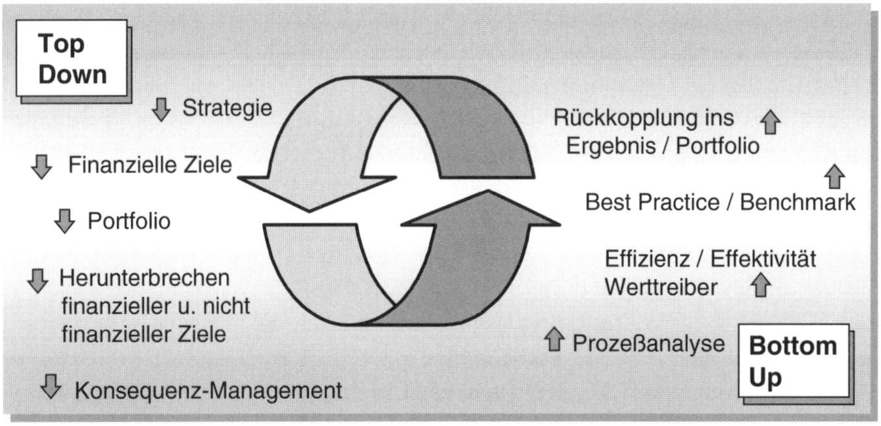

Quelle: Bruns 1998, S. 24

Abb. 5: Ansatz eines Geschäftsmodells

Arnaout, 1997, S. 266). Richtig angewandt werden können die geänderten, daran anknüpfenden Kennzahlen und Systeme allerdings nur, wenn die Prinzipien und das Wirkungsgefüge hinter den Steuerungsgrößen bei allen Beteiligten bekannt sind und verstanden werden.

Die Implementierung eines Geschäftsmodells bedeutet, die in der Abbildung aufgeführten Prozeßbausteine als kontinuierlichen Führungs- und Steuerungsprozeß auf allen Ebenen zu installieren.

Vorhandene Abläufe, Methoden und Instrumentarien werden in diesen Regelkreis integriert; notwendige Änderungen oder Ergänzungen, wie z.B. die Schaffung von Durchgängigkeit in den Planungs- und Berichtssystemen, wird durch die Betroffenen im Laufe der Implementierung vorgenommen.

4.2 Widrigkeiten und Hindernisse für die Unternehmenssteuerung bei Verwendung externer Rechengrößen

Die Verwendung eines ganzheitlichen Geschäftsmodells erleichtert die gedankliche Systematisierung der vielfältigen Neuerungen zur Steuerung. Nichtsdestotrotz sind die bestehenden Steuerungsgrößen und Systeme nicht paßgenau mit den Anforderungen zur Anwendung von externen Rechengrößen (ebenso Telkamp, 1997, S. 62). Schwierigkeiten bestehen vor allem bei stark diversifizierten Unternehmen hinsichtlich einer Einheitlichkeit der Steuerungsgrößen, da den spezifischen Umweltsituationen jeweils aus Gründen der Vergleichbarkeit die gleichen Kennzahlen gegenüberstehen müssen.

Ziel muß bei allen Hindernissen immer sein, möglichst wenige, unvermeidbare und kommunizierbare Abweichungen von der externen Berichtsgröße zu erreichen. Welche Schwierigkeiten bei Verwendung des, aus der offiziellen Gewinn- und Verlustrechnung hergeleiteten, Operating Profit nach US-GAAP für eine interne Steuerung auftreten können, wird exemplarisch am Beispiel der folgenden drei Sachverhalte erläutert.

4.2.1 Behandlung des Goodwill und Push-Down-Accounting

Anders als nach dem HGB besteht nach US-GAAP kein Wahlrecht zur Behandlung des Geschäfts- oder Firmenwerts (Goodwill). Dort ist der Goodwill zwingend zu aktivieren und über seine voraussichtliche Nutzungsdauer (i.d.R. linear) abzuschreiben. Die Nutzungsdauer orientiert sich an der Art des erworbenen Geschäfts.

Grundsätzlich ist der Aufwand aus der Abschreibung von erworbenen Geschäftswerten Bestandteil des Operating Profit. Unter Steuerungsgesichtspunkten sind aber zwei Begründungen für eine abweichende Vorgehensweise denkbar. Einmal wird auf die Ungleichbehandlung mit originär entstandenen Goodwills hingewiesen, die aufgrund der Quantifizierungsproblematik nicht in der Steuerungsgröße enthalten sind. Der andere Argumentationsstrang orientiert sich an der Management-Ebene: So kann sich bei Anwendung des Purchase Accounting bei Entscheidungen auf höchster Konzernebene ein Geschäftswert ergeben, der nicht dem betroffenen untergeordneten Unternehmensteilen angelastet werden kann, sondern nur dem Top Management. Hier müßte also auf die Beeinflußbarkeit bei der Definition und Zurechnung abgehoben werden.

Die Ebene der Managemententscheidung spielt auch beim sogenannten »Push-down-Accounting« eine Rolle. Hierunter versteht man, daß – bei einer vollständigen Bilanzierung nach US-GAAP – die im Rahmen der Konsolidierung aufgedeckten stillen Reserven und der entstehende Geschäfts- oder Firmenwert dem Tochterunternehmen zugeordnet und innerhalb dessen Abschluß ausgewiesen werden. Aus Sicht der internen Steuerung wird durch das »Push-down-Accounting« sichergestellt, daß alle Konzernaktiva – sofern entgeltlich erworben und noch vorhanden – wirtschaftlich verursachungsgerecht zugeordnet werden. Dadurch wird der Verzinsungsanspruch auf das wirklich eingesetzte Kapital eingefordert.

Zu beachten ist jedoch, daß das »Push-down-Accounting« zu Fehlinterpretationen verleiten kann, wenn Unternehmen mit entgeltlich erworbenen Goodwills und Unternehmen mit selbst geschaffenen Goodwills verglichen werden. Darüber hinaus kann von einer verursachungsgerechten Zuordnung dann nicht die Rede sein, wenn ein Unternehmen wegen zu erwartender, allerdings bei anderen Konzernunternehmen auftretenden, Synergien erworben wurde.

4.2.2 Vorsorgen für Strukturmaßnahmen

Bei den Strukturmaßnahmen ist grundsätzlich zwischen effektiven Aufwendungen einer Periode und verpflichtenden Vorsorgeaufwendungen zur Bildung künftiger Verbindlichkeiten und Rückstellungen zu unterscheiden.

Während die interne Steuerungsgröße nach dem Realisationsprinzip die effektiven Aufwendungen einer Periode berücksichtigen sollte, erlaubt der Operating Profit eine Einbeziehung von zukünftig anfallenden Strukturkosten, also eine Erwartungsgröße. Es ist zwar möglich, den Begriff Strukturaufwendungen eindeutig zu definieren, wie es im US-amerikanischen Bilanzrecht geschieht, und von »gestalterischen« Rückstellungen für Strukturmaßnahmen abzugrenzen, dennoch lassen sich Gestaltungsspielräume nicht voll ausschließen.

Die Strukturkosten unverändert in die Steuerungsgröße zu übernehmen, wird also dadurch gestützt, daß nach US-amerikanischem Recht ganz konkrete und nachvollziehbare Entscheidungen der Unternehmensleitung, z.B. Identifikation der betroffenen Mitarbeiter, vorliegen müssen.

4.2.3 Drohverlustrückstellungen

Die Wirkung von Drohverlustrückstellungen, die grundsätzlich im Operating Profit gebildet werden, muß unter Steuerungsgesichtspunkten in zweierlei Hinsicht gesehen werden: Einerseits geht von einer heute ausgewiesenen Ergebnisbelastung im betreffenden Geschäftsfeld bereits ein Steuerungsimpuls für die zukünftige Abarbeitung des Auftrags und für neue Aufträge eine stärkere Gewinnorientierung bei Auftragsabschluß aus. Andererseits besteht die Gefahr, daß Drohverlustrückstellungen bilanziell zur Ergebnisgestaltung eingesetzt und sie somit von ihrer Höhe her falsche Signale für die unternehmerische Steuerung geben.

Bei Fremdwährungsgeschäften hängt die Bildung der Drohverlustrückstellungen erheblich vom Fremdwährungskurs, bei internationalen Geschäften oft vom US-Dollar, ab. Bei einem Übergang auf US-GAAP und dem damit notwendigen Rückstellungsansatz auf Basis von Teilkosten wird das Problem entschärft. Aus Sicht des betroffenen Unternehmensteils muß das Gewicht der Drohverlustrückstellungen durch die Verbindung des Grundgeschäfts mit dem jeweiligen Sicherungsgeschäft (geschlossene Position) – zumindest für interne Zwecke – aber weiter abgeschwächt werden.

Auch hier könnte sich unter dem Blickwinkel der Steuerung als Alternative die Anwendung des Realisationsprinzips anbieten, also nur die effektiv in der Periode anfallenden Verluste in der Steuerungsgröße zu erfassen.

4.3 Das Daimler-Benz-Modell

Nachstehend wird als Praxisbeispiel für die interne Steuerung mit US-GAAP das Modell der Daimler-Benz AG beschrieben.

Im Zentrum der Berichterstattung nach innen und nach außen steht der Operating Profit nach US-GAAP – eine Kennziffer, die aus der Gewinn- und Verlustrechnung abgeleitet wird und den betrieblichen Erfolg des Konzerns und seiner Geschäftsfelder wiedergibt. Für Steuerungszwecke wird der Operating Profit zum Kapital, das für die betriebliche Leistungserstellung eingesetzt wird (Capital Employed), in Bezug gesetzt. Diese so erhaltene relative Steuerungsgröße heißt ROCE (Return on Capital Employed).

Diesem ROCE wird eine Mindestverzinsung von 12% gegenübergestellt, die sich aus den Verzinsungsansprüchen des gebundenen Eigen- und Fremdkapitals errechnet. Den Verzinsungsansprüchen wiederum liegen die gewichteten durchschnittlichen Kapitalkosten für Fremd- und Eigenkapital zugrunde (Weighted Average Costs of Capital). Erst ab Erreichen dieser Mindestverzinsung gelten Geschäftsbereiche als wertsteigernd, denn ihre Erträge liegen langfristig über den Kosten des eingesetzten Kapitals. Umgekehrt mindern Geschäftsbereiche, die dieses Ertragsziel auf Dauer nicht erfüllen, den Unternehmenswert.

Darüber hinaus werden regelmäßig Benchmark- und Best-practice-Vergleiche mit der erzielten Verzinsung von Wettbewerbern durchgeführt, um Orientierungsgrößen

Operating Profit nach U.S.GAAP	Umsatzerlöse und sonstige Erträge ./. Umsatzkosten ./. Vertriebs- und allgemeine Verwaltungskosten ./. Forschungs- und Entwicklungskosten ./. Korrekturpositionen
=	
Capital Employed nach U.S.GAAP	Summe der Aktiva ./. Finanzaktiva ./. Latente Steuern ./. Aktiva der Finanz- u. Leasingaktivität + Erhaltene Anzahlungen = Betriebliche Aktiva ./. Verbindlichkeiten aus Lieferungen und Leistungen ./. Passivierte Verpflichtungen d. laufenden Geschäfts ./. Wertberichtigung betrieblicher Aktiva

Abb. 6: Definition des Return on Capital Employed

für die geschäftsbereichsspezifische Zielverzinsung zu erhalten. Auf diesen Vergleichen basierend werden die strategischen Zielrenditen pro Geschäftsbereich vereinbart. Ergänzend dazu wird die längerfristige Ertragskraft eines Geschäfts auf Basis der im Betrachtungszeitraum erwarteten Cash Flows und dem daraus ermittelten Ertragswert beurteilt.

Auf Basis des Operating Profit erfolgt auch eine Beteiligung am Unternehmenserfolg. Ein Teil der variablen Vergütung der Führungskräfte ist über den Operating Profit der jeweiligen Geschäftseinheit oder des Konzerns an den Erfüllungsgrad der Ergebnisziele gekoppelt. Dies gilt auch für die jährliche Erfolgsbeteiligung für Arbeiter und Angestellte, deren Höhe ebenfalls vom Operating Profit bestimmt wird. So wird der Operating Profit als Maßstab für die Leistung im Bewußtsein verankert und eine Verbindung zwischen Vergütung und Steigerung des Unternehmenswertes geschaffen. Dies stärkt die Identifikation mit dem Unternehmen und den Unternehmenszielen.

5. Ausblick

Die Integration von externem und internem Rechnungswesen wird erst seit kurzer Zeit verstärkt diskutiert. Den Ausgangspunkt bildet dabei oft ein Wechsel zu internationalen Bilanzierungsvorschriften, in deren Folge die tradierte deutsche Ausrichtung der betrieblichen Rechnungskreise in Frage gestellt wird. In Zukunft werden neue Regelungen die Annäherungen des externen und internen Rechnungswesens verstärken. Es sei hier auf die Neuregelung des SFAS 131 zur Segmentberichterstattung hingewiesen. Dort steht der »management approach« im Vordergrund; Segmentdaten werden vom Grundsatz her direkt dem internen Berichtswesen an die oberste Entscheidungsebene entnommen und gegebenenfalls auf die Werte des externen Rechnungswesens übergeleitet. Darüber hinaus zeichnet sich ab, daß künftige Bilanzierungsregelungen zunehmend vom fair value-Gedanken – insbesondere von der Bewertung auf Basis diskontierter Cash Flows – geprägt sein werden.

Nicht zuletzt wird als Voraussetzung für die Verwendbarkeit von Daten des externen Rechnungswesens für Steuerungszwecke eine deutliche Beschleunigung der Abschlußerstellung und damit eine hohe Zeitnähe erwartet. In diesem Zusammenhang ist ebenfalls mit einer Zunahme der Häufigkeit und einem höheren Detaillierungsgrad unterjähriger Abschlüsse zu rechnen.

Eine weitere interessante Entwicklung ist auch im Aufeinanderzubewegen zweier im deutschen Sprachraum bisher eher selbständiger Bereiche und Berufsbilder zu beobachten. Durch Zusammenlegen der Aufgaben werden Controller und Bilanzer sich zum gemeinsamen »Biltroller« wandeln und als gesamtheitlicher »Business Advisor« agieren. Hierauf wird sich die Universitätsausbildung zunehmend einzustellen haben.

Literaturverzeichnis

Börsig, Clemens / Coenenberg, Adolf Gerhard (Hrsg.) (1998), Controlling und Rechnungswesen im internationalen Wettbewerb, Stuttgart 1998.

Bruns, Hans-Georg (1998), Die Umstellung der Rechnungslegung auf IAS/US-GAAP aus Sicht des Konzernmanagements, in: Auer, Kurt (Hrsg.), Die Umstellung der Rechnungslegung auf US-GAAP/IAS – Erfahrungsberichte, Wien 1998, [wird in Kürze erscheinen].

Busse von Colbe, Walther (1996), Rechnungslegungsziele und Ansätze zur internationalen Harmonisierung der Rechnungslegung deutscher Unternehmen, in: Ballwieser, Wolfgang (Hrsg.), US-amerikanische Rechnungslegung, 2. Aufl., Stuttgart 1996, S. 301–318.

Castan, Edgar (1993), Rechnungslegung in der Europäischen Gemeinschaft, München 1993.

Coenenberg, Adolf Gerhard (1993), Rechnungswesen und Unternehmensrechnung, in: Wittmann, Waldemar u. a. (Hrsg.), Handwörterbuch der Betriebswirtschaft, Teilbd. 3, 5. Aufl., Stuttgart 1993, Sp. 3677–3696.

Daimler-Benz AG (Hrsg.) (1997), Steuerungsgrößen im Daimler-Benz Konzern, Stuttgart 1997.

Frankenberg, Peter (1993), Jahresabschlüsse im internationalen Vergleich, Wiesbaden 1993.

Haller, Axel (1997), Zur Eignung der US-GAAP für Zwecke des internen Rechnungswesens, in: Controlling 1997, S. 270–276.

Horváth, Péter (1993), Controlling, in: Chmielewicz, Klaus/Schweitzer, Marcell (Hrsg.), Handwörterbuch des Rechnungswesens, 3. Aufl., Stuttgart 1993, Sp. 322–334.

Horváth, Péter / Arnaout, Ali (1997), Internationale Rechnungslegung und Einheit des Rechnungswesens, in: Controlling 1997, S. 254–269.

Küpper, Hans-Ulrich (1995), Unternehmensplanung und -steuerung mit pagatorischen oder kalkulatorischen Erfolgsrechnungen?, in: Schildbach, Thomas/Wagner, Franz W. (Hrsg.), Unternehmensrechnung als Instrument der internen Steuerung, Düsseldorf 1995, S. 19–50.

Küpper, Hans-Ulrich (1998), Angleichung des externen und internen Rechnungswesens, in: Börsig, Clemens/Coenenberg, Adolf Gerhard (Hrsg.), Controlling und Rechnungswesen im internationalen Wettbewerb, Stuttgart 1998, S. 143–162.

Küting, Karlheinz (1998), HGB/IAS/US-GAAP: Zukunft der deutschen Rechnungslegung und Auswirkungen auf das Controlling, in: Reichmann, Thomas (Hrsg.), Tagungsband »Controlling 1998« des 13. Deutschen Controlling Congress am 18. Juni 1998 in Düsseldorf, Dortmund 1998, S. 7–23.

Küting, Karlheinz / Lorson, Peter (1998a), Anmerkungen zum Spannungsfeld zwischen externen Zielgrößen und internen Steuerungsinstrumenten, in: Betriebs-Berater 1998, S. 469–475.

Küting, Karlheinz / Lorson, Peter (1998b), Konvergenz von internem und externem Rechnungswesen: Anmerkungen zu Strategien und Konfliktfeldern, in: Die Wirtschaftsprüfung 1998, S. 483–493.

Ordelheide, Dieter (1998), Wettbewerb der Rechnungslegungssysteme IAS, US-GAAP, HGB, in: Börsig, Clemens/Coenenberg, Adolf Gerhard (Hrsg.), Controlling und Rechnungswesen im internationalen Wettbewerb, Stuttgart 1998, S. 15–54.

Pellens, Bernhard (1998), Internationale Rechnungslegung, 2. Aufl., Stuttgart 1998.

Schildbach, Thomas / Feldhoff, Michael (1993), Adressaten, in: Chmielewicz, Klaus/Schweitzer, Marcell (Hrsg.), Handwörterbuch des Rechnungswesens, 3. Aufl., Stuttgart 1993, Sp. 30–36.

Siener, Friedrich (1998), Interne Steuerung mit US-GAAP – Auswirkungen eines nach US-GAAP erstellten Konzernabschlusses (im Vergleich zu HGB) auf die interne Steuerung und die externe Analyse –, in: Reichmann, Thomas (Hrsg.), Tagungsband »Controlling 1998« des 13. Deutschen Controlling Congress am 18. Juni 1998 in Düsseldorf, Dortmund 1998, S. 26–43.

STATEMENT OF FINANCIAL ACCOUNTING STANDARDS (SFAS) No. 131, Disclosures about Segments of an Enterprise and Related Information, in: FASB (Hrsg.), Original Pronouncements, Norwalk/Connecticut 1997.

TELKAMP, Heinz-Jürgen (1997), Thesen für Podiumsdiskussion Block B (Neuausrichtung der Controllingsysteme), in: Schmalenbach-Gesellschaft/Deutsche Gesellschaft für Betriebswirtschaft (Hrsg.), Kongreßleitfaden des 51. Deutschen Betriebswirtschafter-Tages am 29./30. 9.1997 in Berlin.

WEBER, Jürgen/WEISSENBERGER, Barbara E. (1998), Finanzorientiertes Controlling, Advanced Controlling Band 6, Vallendar 1998.

ZIEGLER, Hasso (1994), Neuorientierung des internen Rechnungswesens für das Unternehmens-Controlling im Hause Siemens, in: Zeitschrift für betriebswirtschaftliche Forschung 1994, S. 175–188.

Internationalisierung der Führungskennziffern?

Führungskennzahlen in der deutschen Geschäftsberichterstattung

Friedrich Janssen / Michael Scheren*

Inhalt

* Dr. Friedrich Janssen, Mitglied des Vorstandes der Ruhrgas AG, Essen; Dr. Michael Scheren, Leiter des Hauptbereiches Externes Rechnungwesen der Ruhrgas AG, Essen.

1. Einleitung

Im Zuge der Globalisierung der Kapitalmärkte hat die öffentliche Diskussion in Wissenschaft und Praxis über die Berücksichtigung der Interessen der Anteilseigner unter dem Schlagwort »Shareholder Value« zunehmend an Bedeutung gewonnen. Hieraus resultieren aktuelle Entwicklungen wie die Bestrebung, die deutschen Rechnungslegungsvorschriften an die US-GAAP bzw. die IAS anzupassen, da diesen Normen eine bessere Erfüllung der Informationsfunktion des Jahresabschlusses für die Shareholder zugesprochen wird. Hiermit einher geht eine Entwicklung hin zur offeneren Berichterstattung gegenüber Aktionären, Analysten und der übrigen interessierten Öffentlichkeit. Eine unmittelbare Folge der verstärkten Ausrichtung auf den Anteilseigner ist die zunehmend systematische Orientierung der Unternehmensführung und -steuerung an der Steigerung des Unternehmenswertes verbunden mit deren Kommunikation nach außen (vgl. zur Notwendigkeit eines Shareholder Value Reporting Müller, 1998, S. 124ff.).

Ein wesentliches Instrument zur Unternehmensführung und -steuerung sind Kennzahlen. Sie können zur Definition und Messung der Erfüllung von Unternehmenszielen eingesetzt werden. Kennzahlen helfen, strategische Unternehmensziele zu operationalisieren (vgl. u.a. Börner, 1972, S. 271). Durch die Planung und Vorgabe von Zielwerten – sowohl für die Gesamtunternehmung als auch für Tochterunternehmen bzw. Geschäftsbereiche – und regelmäßige Soll-Ist-Analysen können die Entwicklung des Unternehmens überprüft und Ansatzpunkte zur Verbesserung des Zielerreichungsgrades aufgezeigt werden (vgl. zu Funktionen von Kennzahlen allgemein Reichmann, 1995, S. 19f.). Nicht zuletzt sind Kennzahlen auch zur strukturierten und kompakten Information externer Adressaten, wie z.B. der Anteilseigner, über die wirtschaftliche Situation des Unternehmens geeignet und erlauben schneller und besser Quervergleiche zu anderen Unternehmen.

Welche Kennzahlen den beschriebenen Zielsetzungen am ehesten gerecht werden, ist in Theorie und Praxis nicht eindeutig. In den USA werden bereits seit einiger Zeit verstärkt Shareholder Value-orientierte Kennziffern eingesetzt (vgl. C & L Deutsche Revision, 1997, S. 6). Im folgenden Beitrag soll untersucht werden, wie sich der Einsatz von Ziel- und Steuerungsgrößen in deutschen Unternehmen im Rahmen der Unternehmensführung und -kommunikation entwickelt hat. Insbesondere soll hierbei betrachtet werden, ob aus der internationalen Praxis, vor allem in den USA, ein Einfluß auch in diesem Unternehmensbereich festgestellt werden kann. Als Basis zur Beurteilung der Entwicklung wurde die Geschäftsberichterstattung deutscher Unternehmen gegenüber den Shareholdern gewählt. Für den externen Adressaten ist die Publikation von Steuerungs- oder Zielgrößen in den Geschäftsberichten ein Indikator für deren Einsatz in der Unternehmensführung. Grundlage der folgenden Ausführungen ist daher eine Analyse der Geschäftsberichterstattung deutscher Unternehmen hinsichtlich angewandter Ziel- und Steuerungsgrößen.

2. Ziel- und Steuerungsgrößen in der Geschäftsberichterstattung

Eine empirische Untersuchung der Geschäftsberichterstattung der vorangegangenen fünf Geschäftsjahre zeigt, daß die Publikation von Ziel- und Steuerungsgrößen zugenommen hat. Untersucht wurden die Geschäftsberichte der Dax 30-Unternehmen, da anzunehmen ist, daß diese Unternehmen aufgrund ihrer exponierten Stellung am Kapitalmarkt eine Vorreiterrolle bei der Anwendung und insbesondere bei der Kommunikation von Steuerungsgrößen einnehmen (vgl. Kap. 4 sowie Kap. 3.2.2, 3.3.2, 3.4.2 und 3.5.2.2). Die Relevanz der Kennzahlenthematik wird durch die zahlenmäßige Entwicklung über die letzten fünf Jahre der Dax 30-Unternehmen, die in ihrem Geschäftsbericht Angaben zu Ziel- und Steuerungsgrößen veröffentlichen (vgl. Abbildung 1), bestätigt:

Während 1993 lediglich ein Dax 30-Unternehmen eine Zielrendite veröffentlichte, machten 1997 bereits 19 Unternehmen Angaben zu Ziel- und Steuerungsgrößen in ihrem Geschäftsbericht. Bemerkenswert ist insbesondere die Zunahme in den Berichten für 1996 von 7 (1995) auf 17 Unternehmen. In der Berichterstattung gibt es jedoch qualitative Unterschiede: einige Unternehmen erwähnen lediglich verbal, welche Kennziffer sie zur Unternehmenssteuerung anwenden, eine ganze Reihe äußert sich zu Zielvorstellungen, wenige gehen ausführlich auf ihre Steuerungsgrößen und die damit verbundenen Zielsetzungen ein. Im Ergebnis zeigt die Untersuchung,

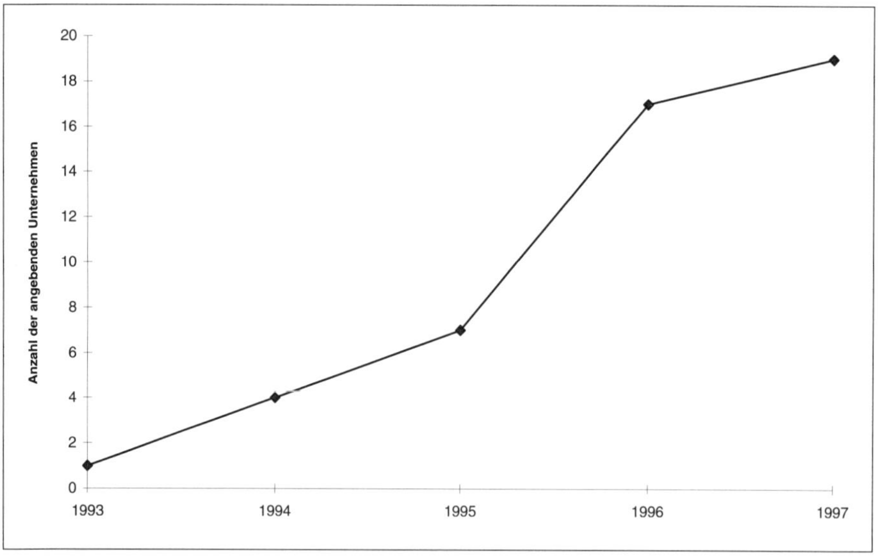

Abb. 1: Entwicklung der Veröffentlichung von Ziel- und Steuerungsgrößen 1993-1997 in den Geschäftsberichten der Dax 30-Unternehmen

(1) daß die Aussagen im Geschäftsbericht zu Führung und Steuerung deutlich zugenommen haben, und
(2) daß sich eine qualitative Entwicklung innerhalb der beobachteten Führungskennziffern feststellen läßt.

Im einzelnen werden in den Geschäftsberichten folgende Führungskennziffern genannt:

Traditionelle Kennzahlen (Kap. 3.2)	Umsatzrentabilität Eigenkapitalrentabilität Gesamtkapitalrentabilität
Modifiziert-traditionelle Kennzahlen (Kap. 3.3)	Kapitalrenditen/ROI (in diversen Definitionen)
Zahlungsstromorientierte Kennzahlen (Kap. 3.4)	CF-Rendite/CFROI
Wertzuwachsorientierte Kennzahlen (Kap. 3.5)	DUB und EVA

Tab. 1: Veröffentlichte Führungskennzahlen in der Geschäftsberichterstattung der Dax 30-Unternehmen in 1997

Im folgenden werden die verschiedenen erhobenen Führungskennzahlen dargestellt und auf Basis eines Anforderungskatalogs hinsichtlich ihrer Eignung zur international zunehmend an Bedeutung gewinnenden wertorientierten Unternehmenssteuerung beurteilt. Anhand der empirischen Untersuchung wird die Entwicklung der Verwendung von Führungskennzahlen auf Basis der Geschäftsberichterstattung durch deutsche Konzerne aufgezeigt.

3. Führungskennzahlen

3.1 Anforderungen an Führungskennzahlen zur wertorientierten Unternehmenssteuerung

Zur Evaluierung der in diesem Abschnitt dargestellten Führungskennzahlen ist es zunächst notwendig festzulegen, welchen Anforderungen die Kennzahlen entsprechen sollen. Die Kriterien wurden im Hinblick auf die Unterstützung einer wertorientierten Steuerung der Tochterunternehmen bzw. strategischen Geschäftsfelder oder Sparten eines diversifizierten, börsennotierten Konzerns ausgewählt.

(1) Eignung zur Erfolgsdefinition und -messung

Grundlage für die Unternehmenssteuerung, insbesondere für eine wertorientierte Steuerung, ist die Definition einer geeigneten Erfolgsgröße, damit der Erfolg des Unternehmens und einzelner Teilbereiche gemessen und beurteilt werden kann. Die Objektivität einer entsprechenden Maßzahl sollte durch einen möglichst begrenzten Spielraum zur Gestaltung gewährleistet werden (vgl. zur entsprechenden Kritik an der Abhängigkeit von Gewinngrößen von angewandten Bewertungsverfahren Rappaport, 1995, S. 20 f.).

(2) Einbezug künftiger Erfolge

Die Unternehmenssteuerung ist auf den längerfristigen Erfolg des Unternehmens auszurichten. Damit ist zur Beurteilung des Periodenerfolgs nicht nur das Ergebnis der betrachteten Periode, sondern auch das in der Periode für die Zukunft vorbereitete Erfolgspotential zu berücksichtigen (vgl. Günther, 1997, S. 58). Anderenfalls besteht die Gefahr einer systematischen Benachteiligung junger, innovativer Unternehmensbereiche gegenüber bereits etablierten Geschäftsfeldern (vgl. Lorson, 1996, S. 2508).

(3) Berücksichtigung des zur Erfolgserzielung eingesetzten Kapitals

Neben der Messung des Erfolgs ist insbesondere zur Steuerung der Kapitalressourcen wichtig, daß eine Führungskennzahl das zur Erzielung des Erfolgs eingesetzte Kapital einbezieht.

(4) Einbezug von Kapitalkosten und Risikoerwägungen

Nicht nur die absolute Höhe des eingesetzten Kapitals, sondern insbesondere auch die damit verbundenen Kosten sind in die Beurteilung des Erfolgs einzuschließen. Hierzu zählen nicht nur die in der GuV erfaßten Fremdkapitalkosten, sondern insbesondere auch die von den Eigenkapitalgebern erwartete Verzinsung ihres eingesetzten Kapitals. In der Erwartungshaltung der Investoren spiegelt sich auch die Einschätzung des Risikos der Unternehmenstätigkeit wider (vgl. Günther, 1997, S. 55). Risiken bestehen in der operativen Tätigkeit des Unternehmens (= Geschäftsrisiko) und in der Finanzierung des Gesamtkapitals durch Fremd- und Eigenkapital (= Finanzielles Risiko) (vgl. Rappaport, 1995, S. 21 ff.).

(5) Beachtung des zeitlichen Anfalls von Zahlungen

Aufgrund inflatorischer Wirkungen und potentieller Zinserträge ist der zeitliche Anfall von Zahlungen zu berücksichtigen (vgl. Rappaport, 1995, S. 7 f.).

(6) Transparenz und Verständlichkeit

Transparenz und Verständlichkeit einer Führungskennzahl sind für ihre Akzeptanz innerhalb und außerhalb des Unternehmens wichtig. Die für die Höhe der Kennziffer(n) Verantwortlichen müssen nachvollziehen können, wie Ergebnisse zustandekommen, um hieraus Ansatzpunkte zur Verbesserung abzuleiten. Für externe Adressaten ist eine Kennzahl nur dann eine verläßliche Hilfe bei der Beurteilung eines Unternehmens, wenn ihre Ermittlung rekonstruierbar ist und dadurch ihre Aussagekraft beurteilt werden kann. Ferner wird hierdurch eine Vergleichbarkeit mit anderen Unternehmen und damit ein externes Benchmarking ermöglicht (vgl. COENENBERG, 1996, S. 148 f.).

(7) Unternehmensinterne und -externe Verwendbarkeit

Intern zur Steuerung verwendete und nach außen kommunizierte Kennzahlen sollten einander entsprechen bzw. sich zumindest ineinander überführen lassen. So ist gewährleistet, daß die Steuerungskriterien den Zielen der externen Adressaten entsprechen (vgl. PABST, 1997, S. 243 sowie allgemein zur Diskussion über eine Annäherung des internen und externen Rechnungswesens KÜTING/LORSON, 1998, S. 483).

(8) Eignung zur vergleichenden Erfolgsmessung verschiedener Geschäftsfelder

Zur Steuerung von Tochterunternehmen, Sparten oder Geschäftsfeldern ist deren jeweiliger Beitrag zum Gesamterfolg des Unternehmens anhand einheitlicher Größen zu messen, die den Größen für das Gesamtunternehmen entsprechen. Dadurch werden die einzelnen Beiträge miteinander vergleichbar und ein Benchmarking der verschiedenen Geschäftsbereiche ermöglicht (vgl. PABST, 1997, S. 243). Ferner wird eine Zielkongruenz des Gesamtunternehmens und der Teilbereiche geschaffen: eine Verbesserung der Größe eines Geschäftsbereichs trägt auch zur Verbesserung der Gesamtunternehmensgröße bei (vgl. COENENBERG, 1996, S. 147). Eine geeignete Kennziffer muß sich daher auf einzelne Geschäftsbereiche herunterbrechen lassen.

3.2 Traditionelle Kennzahlen

3.2.1 Traditionelle Kennzahlen in der Theorie

Als traditionelle Kennzahlen werden im folgenden die in Theorie und Praxis seit vielen Jahren eingeführten Kenngrößen zusammengefaßt.

Zum Zweck der Erfolgsmessung eines Unternehmens finden sowohl absolute als auch relative Kennzahlen Anwendung. Als absolute Kennzahlen werden der handelsrechtliche Jahresüberschuß, der Umsatz und der Operating Profit in der Geschäftsberichterstattung verwendet. Relative Erfolgskennzahlen bilden einen Quotienten aus einer Erfolgsgröße im Zähler und einer Bezugsgröße im Nenner (vgl. BEA, 1993, Sp. 1717 ff.). Hierbei sind die Umsatzrentabilität (UR), die Eigenkapitalrentabilität (EKR) und die Gesamtkapitalrentabilität (GKR) als traditionelle Kennzahlen zu nennen. Mit Ausnahme der Umsatzrentabilität informieren die genannten Rentabilitätskennzahlen über die erwirtschaftete Verzinsung einer eingesetzten Kapitalgröße für einen bestimmten Zeitraum. Allen erwähnten Kennzahlen ist gemein, daß durch die Verwendung jahresabschlußbezogener Größen eine Periodisierung des Erfolgs gemäß dem Geschäftsjahr des Unternehmens stattfindet (vgl. CHMIELEWICZ, 1993, Sp. 1514ff.).

Folgende theoretische Grundvarianten der Definitionen (vgl. KÜTING/WEBER, 1997, S. 302ff.) liegen den relativen Kennzahlen zugrunde.

$$UR = \frac{\text{Jahresüberschuß}}{\text{Umsatzerlöse}};$$

$$EKR = \frac{\text{Jahresüberschuß}}{\text{Eigenkapital}};$$

$$GKR = \frac{\text{Jahresüberschuß} + \text{Fremdkapitalzinsen}}{\text{Gesamtkapital}}$$

Mit der **Umsatzrentabilität** wird die Aussage getätigt, wieviel Gewinn durch den Umsatz einer DM ausschüttungs- bzw. thesaurierungsfähig erzielt worden ist. Durch die Verwendung des Umsatzes anstelle der Gesamtleistung kann die Vergleichbarkeit zwischen Unternehmen mit Anwendung des Umsatzkosten- und Gesamtkostenverfahrens erreicht werden (vgl. ARBEITSKREIS »EXTERNE UNTERNEHMENSRECHNUNG« DER SCHMALENBACH-GESELLSCHAFT – DEUTSCHE GESELLSCHAFT FÜR BETRIEBSWIRTSCHAFT E.V., 1996, S. 1992).

DIE **Eigenkapitalrentabilität** zeigt hingegen, wie erfolgreich mit dem bilanzierten Kapital der Eigentümer des Unternehmens gewirtschaftet wurde (vgl. REICHMANN 1995, S. 80). Dafür wird der Jahresüberschuß des Unternehmens in bezug zum Eigenkapital gesetzt. Das Ergebnis zeigt die Verzinsung der Summe der von den Anteilseignern zur Verfügung gestellten Mittel und der durch Thesaurierungen im Unternehmen verbliebenen Gewinne.

Die klassische Form der **Gesamtkapitalrentabilität** berücksichtigt auf der Kapitalseite das Eigenkapital sowie das Fremdkapital. Der sich ergebende Prozentsatz zeigt die Verzinsung der gesamt zur Verfügung stehenden Mittel von Eigen- und Fremdkapital. Bei der Gesamtkapitalrentabilität werden durch die Addition des Zinsaufwandes zum Jahresüberschuß die Zinszahlungen an die Fremdkapitalgeber ausdrücklich berücksichtigt, wodurch der Vergleich zwischen Unternehmen mit unterschiedlichen Finanzierungsstrukturen möglich wird. Aus Gründen der Vergleichbarkeit wird alternativ das Vorsteuerergebnis vorgeschlagen, um rechtsformspezifische Steuerbelastungsunterschiede zu eliminieren. Für die Steuerung dezentraler Einheiten haben diese Aspekte besondere Relevanz, da die Finanzierungsstruktur der jeweiligen Teileinheit im Konzernverbund an Bedeutung verliert und im Konzern verschiedene steuerliche Gestaltungsmöglichkeiten angewendet werden (vgl. ARBEITSKREIS »EXTERNE UNTERNEHMENSRECHNUNG« DER SCHMALENBACH-GESELLSCHAFT – DEUTSCHE GESELLSCHAFT FÜR BETRIEBSWIRTSCHAFT E.V., 1996, S. 1992 F.).

3.2.2 Traditionelle Kennzahlen in der Geschäftsberichtspraxis

Absolute Kennzahlen wie der **Jahresüberschuß** und der **Umsatz** werden in der Geschäftsberichterstattung naturgemäß genannt und oftmals in mehrjährigen Jahresüberblicken angeführt. Sie werden zumeist nicht direkt als Steuerungsgröße bezeichnet, sondern fließen in weiterführende Rechnungen und Kennziffern ein. Für eine Erfolgsbeurteilung fehlt es an einer Bezugsgröße, die eine relative Vergleichbarkeit herstellt (vgl. Baetge, 1998, S. 26).

Die Daimler-Benz AG stellt in ihrem nach US-GAAP aufgestellten Abschluß von 1996 fest, daß der **Operating Profit** die zentrale Größe der Erfolgsanalyse sein wird (vgl. Daimler-Benz AG, 1996, S. 45). Der Operating Profit entspricht dem betrieblichen Erfolg des Konzerns bzw. der Geschäftsbereiche und setzt sich aus Umsatz und sonstigen Erträgen abzüglich der Umsatzkosten und sonstigen Aufwendungen zusammen. Die Kennzahl wird jedoch nicht für sich allein als Steuerungsgröße verwendet, sondern fließt in die Rechnung der Verzinsung des eingesetzten Kapitals als Erfolgsgröße ein, worauf später noch eingegangen wird.

Bei der Verwendung relativer Kennzahlen werden die Umsatzrentabilität, die Eigenkapitalrentabilität sowie die Gesamtkapitalrentabilität häufig zur Erfolgsmessung angewendet (vgl. Abbildung 2). Dabei werden i.d.R. Zielgrößen für das Gesamtunternehmen bzw. die Geschäftsbereiche vorgegeben.

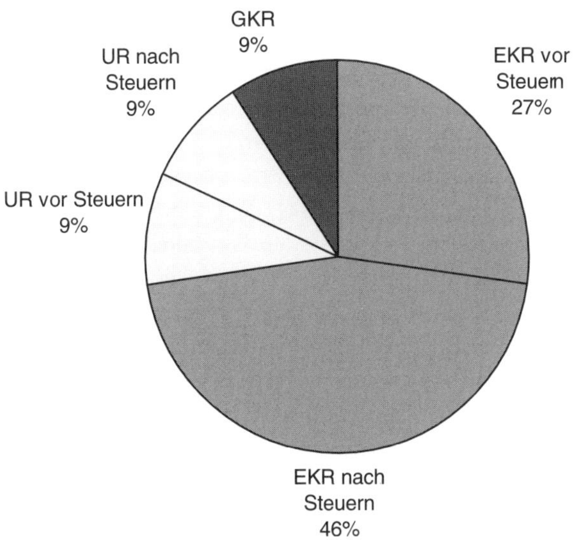

Abb. 2: Anwendung traditioneller Kennzahlen durch die Dax 30-Unternehmen im Geschäftsjahr 1997 (Relativer Anteil an der Gesamtzahl der Unternehmen, die traditionelle Kennzahlen anwenden)

Folgende Tabelle gibt einen Überblick über die Veröffentlichung traditioneller Kennzahlen als Ziel- oder Steuerungsgrößen durch Unternehmen des Dax 30 im Geschäftsjahr 1997.

Umsatzrentabilität vor Steuern	Volkswagen AG
Umsatzrentabilität nach Steuern	Henkel AG
Eigenkapitalrentabilität vor Steuern	Deutsche Bank AG, Dresdner Bank AG, Preussag AG
Eigenkapitalrentabilität nach Steuern	Bayerische Vereinsbank AG, Commerzbank AG, Degussa AG, Henkel AG, VEBA AG
Gesamtkapitalrentabilität vor Steuern	BASF AG

Tab. 2: Veröffentlichung traditioneller Kennzahlen als Ziel- und Steuerungsgrößen durch die Dax 30-Unternehmen im Geschäftsjahr 1997

Von den zwei Unternehmen, die 1997 die **Umsatzrentabilität** explizit als Zielgröße veröffentlichen, verwendet das eine den Jahresüberschuß als Erfolgsgröße, während das andere das Ergebnis der gewöhnlichen Geschäftstätigkeit in den Zähler einstellt. Als Nenner wird grundsätzlich der Umsatz laut GuV herangezogen. Die Zielgrößen werden bei der Netto-Umsatzrentabilität mit 4,5% und bei der Brutto-Umsatzrentabilität mit 6,5% quantifiziert.

Von den Unternehmen, die eine traditionelle Kennzahl quantifizieren, wählen mehr als zwei Drittel, das sind acht Unternehmen, die **Eigenkapitalrentabilität**. Dabei sind Unterschiede in den jeweiligen Definitionen festzustellen. Drei Unternehmen verwenden das Ergebnis vor Steuern, die fünf anderen Unternehmen das Ergebnis nach Steuern als Zählergröße. Beim Eigenkapital wird i.d.R. vom Jahresdurchschnittsbestand der Bilanzansätze ausgegangen, wobei sich ein Unternehmen auf den Anfangsbestand des Eigenkapitals bezieht. Ferner werden die Anteile anderer Gesellschafter unterschiedlich berücksichtigt. Vier Unternehmen belassen sie in der Erfolgs- wie auch in der Kapitalgröße, wohingegen drei Unternehmen sie herausrechnen. Ein Unternehmen macht hierzu keine Angaben. Bei den angestrebten Zielwerten ist eine große Übereinstimmung zu beobachten. So geben fünf Unternehmen eine Ziel-Eigenkapitalrentabilität nach Steuern von 15% an. Bei den Unternehmen, die eine Eigenkapitalrentabilität vor Steuern definieren, wurde zweimal ein Zielwert von 25% und einmal ein Ziel von mehr als 20% gesetzt.

Die Ergebnisse der empirischen Analyse haben gezeigt, daß nur eines der Unternehmen, die explizit von Kennzahlen zur Steuerung des Konzerns bzw. der dezentralen Geschäftsbereiche sprechen, die **Gesamtkapitalrentabilität** in der klassischen Definition verwendet. So nennt lediglich die BASF AG die Gesamtkapitalrentabilität als Zielgröße. Dabei wird ein Wert von mehr als 10% im Durchschnitt über einen

Konjunkturzyklus als Vorgabe definiert. Bei der Berechnung fließen das Vorsteuerergebnis inkl. der Ergebnisse anderer Gesellschafter sowie der Zinsaufwand als Erfolgsgröße ein; Bezugsbasis ist das durchschnittliche Gesamtkapital.

3.2.3 Eignung der traditionellen Kennzahlen zur wertorientierten Unternehmenssteuerung

In der folgenden Betrachtung werden die in Kapitel 3.1 erarbeiteten Kriterien zugrunde gelegt. Ein gemeinsamer Nachteil sämtlicher traditioneller Kennzahlen entsteht durch die Übernahme bilanzieller Größen als Kennzahlenbestandteile. Hierbei bestehen die mit dem Jahresabschluß gegebenen Probleme der **bilanzpolitischen Gestaltungsmöglichkeiten**. (vgl. ausführlich zu den Grenzen und Problemen der Analyse anhand des Jahresabschlusses u.a. Küting, 1998, S. 907ff.; Baetge, 1998, S. 55ff.; Günther, 1997, S. 50ff.; Rappaport, 1995, S. 19ff.). So können Jahresüberschuß und Kapital jeweils signifikant beeinflußt werden, was eine objektive Messung des Erfolgs behindert. Eine Homogenisierung der Rechnungslegungsvorschriften, wie sie als ein Ziel der Internationalisierung der Rechnungslegung angesehen wird, könnte ein Schritt zu einer objektiveren Messung darstellen.

Der Jahresabschluß als Datenquelle begründet durch die einperiodige Abbildung eine Beschränkung auf das jeweilige Geschäftsjahr. **Künftige Erfolge**, die zur Erfolgspotentialmessung von großer Bedeutung sein können, werden somit nicht berücksichtigt.

Zur Beurteilung, inwieweit traditionelle Kennzahlen die Höhe des zur Erzielung des Erfolgs **eingesetzten Kapitals** berücksichtigen, muß eine differenzierte Betrachtung erfolgen. Die Umsatzrentabilität kann dafür keinen Maßstab darstellen, da sie den Umsatz und nicht einen Kapitalbetrag als Bezugsgröße einbezieht. Bezüglich der Eigenkapitalrentabilität ist ein Urteil nur eingeschränkt möglich. Zwar ist die Kapitalbasis gegeben, jedoch wird nur ein gewisser Teil des im Unternehmen arbeitenden Kapitals berücksichtigt. Als Indikator, wie effizient ein Erfolg erwirtschaftet wurde, läßt sich die Eigenkapitalrentabilität nur hilfsweise gebrauchen. Die Gesamtkapitalrendite nimmt das Gesamtkapital (= Bilanzsumme) in den Nenner auf. Somit wird das Kriterium grundsätzlich erfüllt. Für die Erfolgsmessung ist aber nicht das gesamte durchschnittliche bilanzielle Kapital relevant. Vielmehr müßte eine Betrachtung des für den Geschäftsprozeß notwendigen Kapitals stattfinden (vgl. zu diesem Aspekt die weiterführenden Ansätze der modifiziert-traditionellen Kennzahlen).

Weiterhin werden **Risikoerwägungen** vernachlässigt. Investoren erwarten eine dem Risiko des Unternehmens entsprechende Rendite. Dieser Aspekt bleibt im Rahmen der Ermittlung der klassischen Kennzahlen unberücksichtigt. Es besteht jedoch die Möglichkeit, bei der Ableitung einer zu erreichenden **Zielgröße** die Riskoeinschätzungen mit Hilfe eines Zuschlages einzukalkulieren. Auf diesem Weg könnten dementsprechend auch die **Kapitalkosten** in die Betrachtung einfließen. Ferner wird durch die jahresabschlußbezogenen Größen der **zeitliche Anfall von Zahlungen** außer acht gelassen.

Grundsätzlich sind die traditionellen Kennzahlen in ihrer klassischen Form **transparent**, da sie basierend auf dem handelsrechtlichen Jahresabschluß für den Adressaten **verständlich** und nachvollziehbar sind. So können sie gleichzeitig an **interne** und **externe** Adressaten kommuniziert werden.

Abschließend bliebe zu beurteilen, ob traditionelle Kennzahlen zur **Erfolgsmessung untergeordneter Teileinheiten** dienen können. Die Steuerung eines divisionalisierten Konzerns bzw. die vergleichende Erfolgsmessung verschiedener Geschäftsfelder im Hinblick auf eine zu erreichende Wertschaffung erfordert ein **Herunterbrechen** der Kapitalgröße auf die einzelnen Bereiche. Beim Eigenkapital ist dieses jedoch nur mit großen Problemen möglich. Grundsätzlich ist daher die Gesamtkapital- und Umsatzrendite zur Erfolgsbeurteilung vorzuziehen (vgl. Günther, 1997, S. 50). Die Schlüsselung von Kapital auf die einzelnen Geschäftsbereiche bleibt dennoch problematisch.

Eine Weiterentwicklung, die einige der aufgezeigten Mängel behebt, sind die modifiziert-traditionellen Kennzahlen.

3.3 Modifiziert-traditionelle Kennzahlen

3.3.1 Modifiziert-traditionelle Kennzahlen in der Theorie

Auf der Grundlage der traditionellen Kennzahlen wurden zumeist unternehmensindividuell in der Praxis Kennziffern für Steuerungszwecke entwickelt, die im folgenden als modifiziert-traditionelle Kennzahlen bezeichnet werden. Grundsätzlich lehnen sie sich in ihrer Struktur an der Gesamtkapitalrentabilität bzw. einem spezifisch definierten Return on Investment an (vgl. allgemein zum ROI Hahn, 1996, S. 134). An die Stelle des Gesamtkapitals tritt allerdings in der Kennzahlendefinition das jeweils investierte Vermögen der Geschäftsbereiche.

Für den Zweck der Steuerung eines Unternehmens ist dieser Ansatz durchaus zielorientiert, da somit eine Relation zwischen Mittelverwendung (= Aktiva) und dem sich daraus ergebenden Erfolg geschaffen wird. Dies entspricht der kausalen sachlogischen Beziehung zwischen Zähler und Nenner (vgl. Coenenberg, 1997, S. 578). Dabei sind Korrekturen schwerpunktmäßig bei der Kapitalgröße notwendig. Ferner ist es zielführend, die Erfolgsgröße, die i.d.R. auf der buchhalterischen Ergebnisgröße »Ergebnis der gewöhnlichen Geschäftstätigkeit« basiert, der zugrundeliegenden Kapitalgröße ökonomisch sinnvoll anzupassen. Grundsätzlich soll das errechnete Vermögen den jeweils für die betriebliche Tätigkeit notwendigen Vermögenseinsatz zeigen (zur Berechnung des betriebsnotwendigen Vermögens vgl. Coenenberg, 1997, S. 705). Unter Steuerungsaspekten ist darzustellen, welche Ressourcen zur Erbringung der

Geschäftstätigkeit eingesetzt und welche Ergebnisse damit erzielt werden. Als Ergebnis kann eine Aussage bis hin zu Rentabilitäten einzelner Investitionsprojekte getätigt werden. Die Vorgabe einer von jedem Geschäftsbereich mindestens zu erzielenden Rendite stellt einen Ansatz zur Optimierung der Allokation knapper Ressourcen dar (vgl. ADAM, 1996, S. 361).

3.3.2 Modifiziert-traditionelle Kennzahlen in der Geschäftsberichtspraxis

Die Untersuchung zeigt, daß die Unternehmen, die eine derartige Kennzahl zu Steuerungszwecken erheben, i.d.R. entweder von einer »Verzinsung des investierten Vermögens« bzw. von einer »Verzinsung des eingesetzten Kapitals« sprechen oder einen unternehmensspezifischen Terminus wählen. So nennt z.B. die Mannesmann AG ihre Kennzahl »Brutto-Betriebsvermögens-Rendite«. Tabelle 3 zeigt die Unternehmen, die Angaben zur Zusammensetzung der Kennzahlen veröffentlichen. Seit dem Geschäftsjahr 1996 werden derartige Kennzahlen vermehrt in der Geschäftsberichtserstattung verwendet.

Unternehmen	**Kennzahl**	**Definition** (sofern im GB veröffentlicht)
Mannesmann AG ab 1996	Brutto-Betriebs-Vermögens-Rendite	$\frac{\text{Brutto-Betriebs-Ergebnis}}{\varnothing\ \text{Brutto-Betriebs-Vermögen}}$
Daimler-Benz AG ab 1996	Rendite auf das eingesetzte Kapital	$\frac{\text{Operating Profit}}{\varnothing\ \text{Capital employed}}$
Siemens AG ab 1996	Rendite auf das investierte Vermögen	$\frac{\text{Ertrag}}{\text{Investiertes Vermögen}}$ *(ohne Herleitungsrechnung)*
Thyssen ab 1996	Rendite des verzinslichen Kapitals	$\frac{\text{Erg. der gew. Geschäftstätigkeit}}{\text{Eingesetztes Kapital}}$ *(ohne Herleitungsrechnung)*

Tab. 3: Unternehmen mit Angaben zur Definition einer modifiziert-traditionellen Steuerungsgröße

In den Geschäftsberichten werden nur vereinzelt konkrete Informationen über die durchgeführten Bereinigungen gegeben. So führen lediglich Mannesmann und Daimler-Benz Rechnungen an, aus denen ersichtlich ist, wie sich die entwickelten Kennzahlen zusammensetzen. Ein einheitliches Vorgehen ist nicht zu erkennen. Je nach unternehmensindividueller Konzeption fließen zum Teil unterschiedliche Posten in die Erfolgs- und Vermögensgröße ein. Die folgende Tabelle zeigt die jeweiligen Bestandteile der definierten Kennzahlen, die in den Geschäftsberichten auch quantifiziert werden.

Unternehmen	**Definition**	
	Erfolgsgröße	**Kapitalgröße**
Daimler-Benz	Ergebnis vor Finanzergebnis und Ertragsteuern + Zinsen auf Anzahlungen bei langfristiger Auftragsfertigung + Equity-Ergebnis Airbus Industrie + Forschungskosten der Daimler Benz AG + Den Segmenten nicht zurechenbare Posten = **Operating Profit**	Immaterielle VG + Grundstücke, Gebäude, Anlagen + Vorräte (davon RHB, UFE, FE, Geleistete Anzahlungen) + FoLL + So. Forderungen u. VG = **Betriebliche Aktiva** - Verb. aus LL - So. Verb. - Erhaltene Anzahlungen - Passivierte Verpflichtungen laufendes Geschäft - Wertberichtigungen zu betriebl. Aktiva = **Betriebliches Kapital (Capital employed)**
Mannesmann	Ergebnis der gew. Gesch.-tätigkeit + Goodwillabschreibungen + Zinsergebnis und Sonstiges = **Brutto-Betriebs-Ergebnis**	Immaterielle VG u. Sachanlagen + Kumulierte Goodwillabschreibungen + Beteiligungen + Vorräte vor Wertberichtigung + FoLL + Übrige Forderungen u. so. VG + RAP - erhaltene Anzahlungen auf Bestellungen - Verb. LL - Verb. ggü. verb. Unt. u. Unt. mit denen ein Beteiligungsverhältnis besteht = **Brutto-Betriebs-Vermögen**

Tab. 4: Definitionen der modifiziert-traditionellen Kennzahlen am Beispiel der Daimler-Benz AG und der Mannesmann AG

3.3.3 Eignung modifiziert-traditioneller Kennzahlen zur wertorientierten Unternehmenssteuerung

Grundlage der nachfolgenden Bewertung bilden die in Kapitel 3.1 erarbeiteten Maßstäbe. Bei der Beurteilung der modifiziert-traditionellen Kennzahlen bleibt grundsätzlich festzustellen, daß ebenfalls jahresabschlußbezogene Daten als Grundlage der Berechnungen dienen. Dadurch werden sie dem Vorwurf der **bilanzpolitischen Gestaltbarkeit** ausgesetzt, wodurch die **Objektivität** nicht gewährleistet erscheint. Im Zuge der durchzuführenden Bereinigungen kann jedoch der bilanzpolitische Spielraum verringert werden.

Die Bereinigungen ermöglichen eine betriebswirtschaftlich korrektere Einbeziehung des Erfolgs sowie des Kapitals. So wird z.B. durch die Hinzurechnung der Forschungskosten (siehe Daimler-Benz in Tabelle 4) das Erfolgspotential und somit **künftige Erfolge** erfaßt. Ferner wird die Eignung zur Erfolgsmessung verbessert, da nun die Verzinsung der real betrieblich gebundenen Mittel (**eingesetztes Kapital**) errechnet wird. Somit kann eine zielorientierte Aussage bezüglich der Effizienz der Geschäftstätigkeit getätigt werden.

Problematisch bleibt indes, daß sich eine **Risikobeurteilung** nicht in den Kennzahlen niederschlägt. Der Vollständigkeit halber muß jedoch angeführt werden, daß eine Berücksichtigung des Risikos von mehreren Unternehmen dadurch erfolgt, daß sie den erzielten Kapitalrenditen die **Kapitalkosten** gegenüberstellen, worin neben den Fremdkapital- auch Eigenkapitalkosten enthalten sind. Letztere sollen den unternehmensspezifischen Risikofaktor zum Ausdruck bringen. Infolge der einperiodigen Betrachtungsweise wird der **zeitliche Anfall von Zahlungen** außer acht gelassen.

Die **Transparenz** und **Verständlichkeit** wird je nach Umfang und Komplexität der Modifikationen im Vergleich zu den traditionellen Kennzahlen abnehmen. Eine Herleitungsrechnung mit verbalen Erläuterungen, warum und in welcher Höhe bestimmte Bereinigungen durchgeführt werden, ist deshalb wünschenswert. Diese ist auch notwendig, um die ermittelte Kennzahl zur **internen Steuerung** und gleichzeitig zur **externen** Kommunikation verwenden zu können.

Durch Einbeziehung der bereichsspezifischen Vermögenseinsätze sowie deren Beiträge zum betrieblichen Erfolg läßt sich die ermittelte Kennzahl auf die jeweiligen Geschäftsbereiche **herunterbrechen**. Dadurch wird ein **Benchmarking** zwischen den Bereichen ermöglicht. Die Bereichsverantwortlichen können ceteris paribus durch Reduzierung des einzusetzenden Kapitals bzw. durch Steigerung des betrieblichen Erfolges die Rentabilität ihres Bereiches und gleichzeitig die des Gesamtunternehmens erhöhen. Damit wird die Zielkonvergenz zwischen Gesamtunternehmen und Teilbereichen geschaffen.

3.4 Zahlungsstromorientierte Kennzahlen

3.4.1 Zahlungsstromorientierte Kennzahlen in der Theorie

In seiner Grundbedeutung ist der **Cash-flow** der Saldo aus Einzahlungen und Auszahlungen einer Periode (vgl. Dellmann, 1998, S. 159 ff.; Küting/Weber, 1997, S. 122 ff.). Er stellt somit die Veränderung der Liquidität innerhalb des Betrachtungszeitraums dar und dient zur Beurteilung der Finanzlage eines Unternehmens. Die Aussagekraft des Cash-flow wird durch eine Aufspaltung in seine Quellen erhöht. Wird der Cash-flow vor Investitionsausgaben berechnet, ist er ein Indikator für die Innenfinanzierungskraft des Unternehmens. Zu Zwecken der Analyse wird der Cash-flow häufig näherungsweise aus den Jahresabschlußdaten ermittelt: entweder direkt von den Umsatzerlösen oder indirekt vom Jahresüberschuß/-fehlbetrag ausgehend.

Da der Cash-flow nicht bzw. in geringerem Maße als der buchhalterische Gewinn durch bilanzpolitische Maßnahmen beeinflußt werden kann, wird er teilweise auch als Erfolgsindikator angesehen und zur Bildung von Renditekennziffern herangezogen (vgl. kritisch: Hardtmann, 1996, S. 143 ff.).

Eine in der Literatur vielfach diskutierte Steuerungskennzahl ist der **CFROI**, der von der Boston Consulting Group (BCG) entwickelt wurde (vgl. z.B. Hachmeister, 1997, S. 556 ff.; Günther, 1997, S. 220 f.). Es handelt sich hierbei um einen internen Zinsfuß, der die Verzinsung des investierten Kapitals durch die mit Hilfe des Kapitals erwirtschafteten – für den Betrachtungszeitraum als konstant angenommenen – Cash-flows messen soll. (vgl. zur Berechnung des CFROI Lewis, 1994, S. 40 ff.). Die Rentabilität eines Geschäftsbereichs gilt jedoch erst dann als attraktiv, wenn der CFROI die gesamten Kapitalkosten übersteigt.

3.4.2 Zahlungsstromorientierte Kennzahlen in der Geschäftsberichtspraxis

In der Praxis dominiert zur Berechnung des Cash-flow die indirekte Methode, wobei die Genauigkeit der Bereinigungen des Jahresüberschusses/-fehlbetrages um nicht zahlungswirksame Positionen variiert. Weit verbreitet ist die Veröffentlichung eines Cash-flow, der nach der Empfehlung der Deutschen Vereinigung für Finanzanalyse e.V. (DVFA) und der Schmalenbach-Gesellschaft für Betriebswirtschaft e.V. (SG) ermittelt wurde. Zur Steuerung wird der Cash-flow von zwei Unternehmen des Dax 30 als Bestandteil einer relativen Kennziffer verwendet.

Lediglich die Bayer AG gibt im Geschäftsbericht an, mit dem CFROI zu steuern. Bei der von der **Bayer AG** verwendeten Größe handelt es sich um eine vereinfachte Version des CFROI-Konzepts (vgl. Hachmeister, 1997, S. 559) mit folgender, jedoch **nicht im Geschäftsbericht veröffentlichten** Definition (vgl. Menn, 1995, S. 228 ff.):

$$\frac{\text{Brutto-Cash-flow}}{\text{Investitionswert}}$$

(Brutto-Cash-flow = Operatives Ergebnis – Ertragsteuern + Abschreibungen +/- Veränderung der langfristigen Rückst.; Investitionswert = Sachanlagen zu Anschaffungswerten + Vorräte + Forderungen – zinslose Verbindlichkeiten +/- übriges Working Capital)

Im Geschäftsbericht 1996 veröffentlicht die Bayer AG für den CFROI einen Zielwert von 11% (vgl. BAYER, 1996, S. 23). Ferner wird angegeben, daß »jeder Geschäftsbereich ... außerdem individuelle Renditeziele verfolgt, die sich an den Ergebnissen und der Marktposition der jeweils besten Wettbewerber orientieren« (BAYER, 1996, S. 23). Unterschiede zum Konzept der BCG liegen insbesondere in der vereinfachten Ermittlung des Brutto-Cash-flow sowie in der Vernachlässigung der Zeitraumbetrachtung.

Die Preussag AG nennt im Zusammenhang mit ihrem Steuerungskonzept eine Ziel-Cash-flow-Rendite von 15% (vgl. PREUSSAG, 1996/97, S. 43), ohne jedoch eine genauere Definition anzugeben. Die folgende Betrachtung der Eignung von Cash-flow-basierten Kennzahlen zur Unternehmenssteuerung beschränkt sich daher auf den CFROI der Bayer AG.

3.4.3 Eignung zahlungsstromorientierter Kennzahlen zur wertorientierten Unternehmenssteuerung

Die folgende Beurteilung beruht auf den in Kapitel 3.1 erarbeiteten Kriterien.

Durch die Bereinigung des operativen Ergebnisses um Abschreibungen und Zuführungen zu langfristigen Rückstellungen sollen »Verzerrungen aus der Abschreibungspolitik und ... Bewertungsmaßnahmen« (MENN, 1995, S. 231) ausgeglichen und die **Objektivität** der Maßzahl erhöht werden. Da jedoch lediglich in begrenztem Umfang eine Korrektur der Erfolgsgröße durchgeführt wird, bleiben Gestaltungsmöglichkeiten bestehen.

Erfolgspotentiale werden bei der Ermittlung des Cash-flow kaum berücksichtigt, da F&E – Aufwand sowie Aufwendungen für selbsterstellte immaterielle Vermögensgegenstände des Anlagevermögens die Kennzahl mindern. Das zur Erfolgserzielung **eingesetzte Kapital** wird berücksichtigt. Die von den Kapitalgebern eingegangenen **Risiken** und die damit zusammenhängenden Renditeforderungen werden erfaßt, sofern sich der im Geschäftsbericht angegebene Zielwert an den Kapitalkosten orientiert. Kein direkter Bezug zu diesem Kriterium ist hingegen in den individuellen Renditezielen der Geschäftsbereiche zu sehen, die sich nicht nach den Kapitalgebern, sondern nach den Wettbewerbern richten. Eine derartige Vorgehensweise ist jedoch für ein Benchmarking mit anderen Unternehmen geeignet. Dem **zeitlichen Anfall** von Zahlungen und damit einhergehenden Zinseffekten wird nicht Rechnung getragen.

Der Aufbau der Kennzahl ist grundsätzlich **verständlich**. Die **Transparenz** nach außen könnte gesteigert werden, wenn die Zusammensetzung des CFROI und eine Ableitung des Zielwertes kommuniziert würde. Prinzipiell ist die Kennzahl jedoch **sowohl intern als auch extern verwendbar**.

Mit den bekannten Zurechnungsproblemen läßt sich der CFROI auf einzelne Geschäftsbereiche herunterbrechen. Eine direkte **Vergleichbarkeit der Ergebnisse der Teilbereiche** ist zunächst nicht gegeben. Durch die Berücksichtigung insbesondere der unterschiedlichen Risiken der Geschäftsbereiche bei der Festlegung der Zielvorgaben kann den Besonderheiten jedoch Rechnung getragen und über die Höhe des Zielerreichungsgrades ein Vergleich ermöglicht werden.

3.5 Wertzuwachsorientierte Kennzahlen

3.5.1 Der Delta-Unterschieds-Brutto-Cash-flow (DUB)

In ihrem Geschäftsbericht für das Geschäftsjahr 1997 gibt die Bayer AG als künftige, **zusätzliche** Steuerungsgröße den Delta-Unterschieds-Brutto-Cash-flow (DUB) an. Es handelt sich hierbei um die Veränderung des Überschusses des Brutto-Cash-flow gegenüber dem Vorjahr. Die Größe wird nicht weiter erläutert. Aus einem Bericht des managermagazins (vgl. Nölting, 1998, S. 116) geht hervor, daß der Überschuß des Brutto-Cash-flows durch Multiplikation der Differenz von CFROI und dem Kapitalkostensatz mit dem Investitionswert [(CFROI – Kapitalkostensatz) × Investitionswert] ermittelt wird.

Der DUB unterscheidet sich somit vom CFROI als Steuerungsgröße in zwei Punkten: zum einen wird keine Rendite bzw. Renditedifferenz, sondern eine **absolute Größe, die die Erhöhung des Unternehmenswertes** durch die Geschäftstätigkeit des Unternehmens im vergangenen Geschäftsjahr **darstellt**, betrachtet. Zum anderen wird eine Wertsteigerung nicht mehr lediglich dadurch erzielt, daß der erwirtschaftete Überschuß die Kapitalkosten übersteigt, sondern der absolute Überschußbetrag ist jährlich zu steigern. Dies bedeutet, daß bei konstanten Kapitalkosten entweder bei unverändertem Investitionswert der CF erhöht oder durch zusätzliche Investitionen in den als rentabel erkannten Bereich bei konstantem CFROI die Investitionsbasis erhöht werden muß.

Auf der Basis der hier zugrundegelegten Kriterien entspricht die Beurteilung des DUB der des CFROI. Tendenziell trägt er in noch stärkerem Maße zur Lenkung von Kapital in rentable Bereiche bei. Um als internes Steuerungs- und als externes Kommunikationsinstrument einsetzbar zu sein, wäre jedoch die Darstellung der Ermittlung des DUB für die Adressaten hilfreich.

3.5.2 Der Economic Value Added (EVA)

3.5.2.1 Der EVA in der Theorie

Der Economic Value Added (EVA) stellt den Betrag dar, um den der betriebliche Gewinn einer Periode die Kapitalkosten zur Finanzierung des betrieblich genutzten Kapitals übersteigt. Er dient der Messung des Wertzuwachses des Unternehmens in einer betrachteten Periode. Die Kennzahl liegt dem Beratungskonzept der US-amerikanischen Beratungsfirma Stern Stewart & Co. zugrunde (vgl. STEWART, 1991, sowie in der deutschen Literatur insbesondere HOSTETTLER, 1997).

In der Literatur wird die **Berechnung des EVA** wie folgt angegeben: Das betriebliche Kapital kann ausgehend von der Bilanzsumme von der Aktivseite her berechnet werden, indem aktivierte, nicht betrieblich genutzte Vermögensgegenstände (z.B. Wertpapiere des Umlaufvermögens) herausgerechnet, nicht-aktivierte, jedoch im Rahmen der betrieblichen Leistungserstellung genutzte Werte (z.B. nicht aktivierte Leasinggegenstände, bewertet mit dem Barwert der künftigen Leasingraten) hinzuaddiert werden (vgl. HOSTETTLER, 1997, S. 111 ff.; RÖTTGER, 1994, S. 29 f.). Der betriebliche Nachsteuergewinn, der Net Operating Profit After Tax (**NOPAT**) kann direkt ermittelt werden, indem die Umsatzerlöse um betriebliche Aufwendungen – einschließlich adjustierter Steueraufwendungen – vermindert und um die erfolgswirksamen Auswirkungen der Anpassungen des Kapitals ergänzt werden (vgl. RÖTTGER, 1994, S. 30; zur indirekten Ermittlung HOSTETTLER, 1997, S. 150 ff.). Zur Ermittlung der **Kapitalkosten** wird das betriebliche Kapital mit dem gewichteten Kapitalkostensatz (WACC) multipliziert. Die **Differenz zwischen NOPAT und den Kapitalkosten** entspricht dem Betrag, der nach Abzug aller Kosten, einschließlich sämtlicher Kapitalkosten, durch die Betriebstätigkeit des Unternehmens erwirtschaftet wurde und stellt damit den Wertzuwachs des Unternehmens dar.

3.5.2.2 Der EVA in der Geschäftsberichtspraxis

Von den Dax 30-Unternehmen gibt lediglich die Siemens AG in ihrem Geschäftsbericht explizit an, das EVA-Konzept zur Steuerung anzuwenden, ohne jedoch an dieser Stelle Einzelheiten zu publizieren. Einem Artikel im Handelsblatt (vgl. SCHMITZ, 1997, S. 14) ist zu entnehmen, daß Siemens den EVA als Differenz zwischen dem Ergebnis vor Finanzierungszinsen nach Steuern und den Kapitalkosten ermittelt. Interne Zielwerte für den EVA werden aus der Kapitalmarktbewertung ähnlicher Unternehmen abgeleitet. Die Kapitalkosten für die verschiedenen Bereiche werden unter Beachtung der unterschiedlichen Risiken festgelegt.

Die Thyssen AG veröffentlicht sowohl einen Zielwert für die Rendite auf das verzinsliche Kapital als auch den Ist-Wert für das Geschäftsjahr und die Höhe des

Kapitalkostensatzes. Ferner gibt das Unternehmen als zentrale Größe innerhalb seines zum 1. Oktober 1996 erweiterten Planungs-, Steuerungs- und Kontrollsystems den Wertbeitrag als »Differenz zwischen erwirtschafteter Kapitalrendite und dem Kapitalkostensatz ..., multipliziert mit dem Wert des eingesetzten Kapitals« an. Der Wertbeitrag wird »für den Gesamtkonzern, für Unternehmensbereiche und für operative Einheiten ... ermittelt« (Thyssen AG, 1996/97, S. 23). Damit entspricht die Wertbeitragsrechnung zumindest im Grundsatz dem EVA-Konzept. Weitere Angaben zur Berechnung des Wertbeitrags werden von Thyssen jedoch nicht publiziert.

3.5.2.3 Eignung des EVA zur wertorientierten Unternehmenssteuerung

Die folgende Bewertung wird anhand der in Kap. 3.1 erarbeiteten Kriterien durchgeführt. Der EVA wird aus jahresabschlußbasierten Größen abgeleitet und unterliegt dementsprechend Gestaltungsmöglichkeiten. In der Definition von Stern Stewart & Co. wird eine Vielzahl von Korrekturen vorgeschlagen, um eine ökonomisch sinnvolle Kennzahl zu bilden, die teilweise die **Objektivität** der Ermittlung erhöhen (z. B. die Aktivierung von Leasinggegenständen). Die Auswahl der Bereinigungen beinhaltet jedoch auch wiederum Potential, den Wert zu beeinflussen.

Aufwendungen zur Erzielung **künftiger Erfolge** wirken sich durch die Aktivierung bspw. von F & E – Aufwendungen und Firmenwerten nicht in der laufenden Periode negativ aus. Das zur Erfolgserzielung **eingesetzte Kapital** wird im Rahmen der Ermittlung der Kapitalkosten berücksichtigt und sorgfältig ermittelt. Die **Kapitalkosten** sind Bestandteil der EVA-Berechnung. Im Rahmen ihrer Ermittlung wird den **Risikoerwartungen** der Kapitalgeber Rechnung getragen.

Obwohl Stewart die Zahlungsstromorientierung des Konzeptes betont (vgl. Stewart, 1991, S. 86), beruht die Ermittlung des EVA auf buchhalterischen Größen (vgl. Ballwieser, 1994, S. 1387 f.) und es handelt sich um eine einperiodige Kennzahl. Der **zeitliche Anfall von Zahlungen** und Zinseffekte werden in diesem Steuerungskonzept nicht berücksichtigt.

Durch die Ableitung der Kennzahl aus Jahresabschlußgrößen ist eine **transparente** und nachvollziehbare **Definition** möglich. Je umfangreicher jedoch die Bereinigungen sind, umso wichtiger ist eine ausführliche Darstellung und Erläuterung der Ermittlung, um die **Verständlichkeit** der Kennzahl zu gewährleisten. Eine **Verwendung** als **internes Steuerungs- und externes Kommunikationsinstrument** ist dann möglich. Durch die Fokussierung auf das betriebliche Vermögen und betriebliche Aufwendungen bzw. Erträge dürfte auch ein **Herunterbrechen der Kennzahl auf einzelne Bereiche** durchführbar sein. Die Berücksichtigung der unterschiedlichen Risiken der Teilbereiche in den Kapitalkosten ermöglicht einen **Vergleich der Wertbeiträge der verschiedenen Geschäftsfelder**.

4. Zur qualitativen Entwicklung des Einsatzes von Führungskennzahlen in Deutschland

Anhand der Untersuchung der Geschäftsberichte der Dax 30-Unternehmen (Zusammensetzung Stand: 31.12. 1997) wird im folgenden aufgezeigt, wie sich die Berichterstattung zu Führungskennzahlen in Deutschland in den vergangenen fünf Jahren verändert hat.

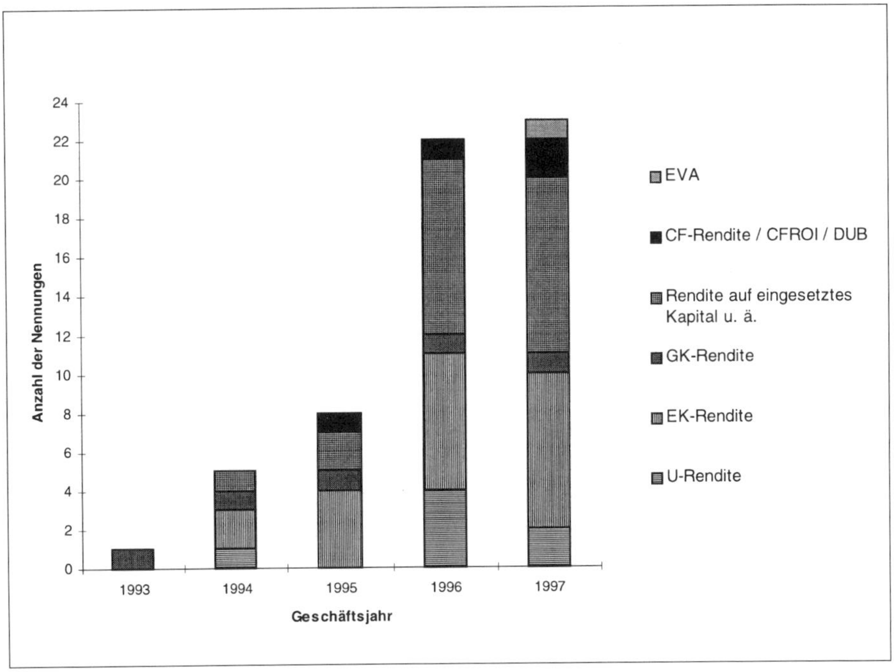

Abb. 3: Entwicklung der Berichterstattung der Dax 30-Unternehmen über Ziel- und Steuerungsgrößen 1993-1997 (Mehrfachnennungen enthalten)

Abbildung 3 verdeutlicht für den Zeitraum 1993–1997 nicht nur die zunehmende Bedeutung von Ziel- und Steuerungsgrößen in der Kommunikation der betrachteten Unternehmen, sondern auch die qualitative Entwicklung der veröffentlichten Kennzahlen. Die Zahl der Nennungen sowohl der Eigenkapitalrentabilität als auch modifiziert-traditioneller Kennzahlen als Ziel- und Steuerungsgrößen hat in den vergangenen Jahren stark zugenommen. Über die Gründe kann nur gemutmaßt werden. So spricht für die Eigenkapitalrentabilität, daß ihre Definition grundsätzlich bekannt ist und sie einfach zu kommunizieren ist.

Modifiziert-traditionelle Kennzahlen vermitteln dagegen den Anspruch, das Unternehmen anhand betriebswirtschaftlich relevanter Größen zu steuern. Sie werden seit 1996 deutlich zunehmend publiziert. Konsequent umgesetzt wird der Gedanke des Shareholder Value durch den CFROI (bzw. den DUB) und den EVA, die von US-amerikanischen Beratungsunternehmen propagiert werden. Ihre Bedeutung in der Geschäftsberichterstattung ist jedoch bislang (noch?) gering.

Die Analyse der Geschäftsberichterstattung umfaßte auch eine Untersuchung, inwiefern Unternehmen, die mehrere Kennzahlen als Zielgröße angeben, bestimmte Zusammensetzungen des »Kennzahlen-Portfolios« bevorzugen. Eine eindeutige Aussage läßt sich hierzu jedoch nicht treffen: Zwei Unternehmen nennen bzw. nannten neben der Umsatzrentabilität auch die Eigenkapitalrentabilität. Zwei weitere Unternehmen geben bzw. gaben in einem früheren Geschäftsjahr an, daß Eigenkapitalrentabilität und Rendite auf das eingesetzte Kapital als Ziele dienen. Auch bezüglich der Frage, ob bestimmte Parallelitäten bezüglich des Wechsels von verwendeten und publizierten Kennzahlen auftreten, ergibt sich kein befriedigendes Ergebnis, zumal sich über den erhobenen Zeitraum die Berichterstattung nicht stetig darstellt: So entfielen bei einigen Unternehmen die im Vorjahr veröffentlichten Kennzahlen bzw. es wurden keine konkreten Informationen in bezug auf Steuerungsmethoden mehr gegeben.

Die Untersuchung eines Zusammenhangs zwischen angewandten Rechnungslegungsvorschriften und Unternehmenssteuerung ergab, daß sich alle Unternehmen, die nach US-GAAP oder IAS bilanzieren, zu einer wertorientierten Unternehmenssteuerung bekennen. Die Berichterstattung zu Führungskennzahlen zeigt jedoch diesbezüglich kein einheitliches Bild. 70% aller Dax 30-Unternehmen geben an, sich in der Unternehmensführung am Wertzuwachs zu orientieren. Dies unterstreicht die aus der Entwicklung der Geschäftsberichterstattung ablesbare Tendenz.

5. Zusammenfassung und Ausblick

Aufgrund der Beobachtung einer zunehmenden Anwendung Shareholder Value-orientierter Steuerungskennzahlen durch US-amerikanische Unternehmen wurde der Frage nachgegangen, ob im Hinblick auf die Unternehmenssteuerung ein ähnlicher Einfluß der angelsächsichen, insbesondere der US-amerikanischen Unternehmenspraxis auf deutsche Unternehmen festzustellen ist wie bezüglich der Rechnungslegung, d.h., ob auch deutsche Unternehmen vermehrt wertorientierte Steuerungskennzahlen anwenden. Ausgehend von der wachsenden Bedeutung der Publikation von Ziel- und Steuerungsgrößen in den Geschäftsberichten deutscher Unternehmen insbesondere seit 1996 wurde die Eignung der von den Dax 30-Unternehmen veröffentlichten Kennzahlen zur Unternehmenssteuerung anhand von Kriterien, die im Hinblick auf die Gewährleistung einer wertorientierten Unternehmensführung erarbeitet wurden, untersucht. Die Untersuchung hat ergeben, daß traditionelle Kennzahlen aufgrund ihrer verhältnismäßig einfachen Definition zwar besser verständlich und einfacher zu kommunizieren sind, aber aufgrund ihrer nicht ausreichenden ökonomischen Aussagekraft und Vernachlässigung wichtiger Aspekte, wie z. B. der Kapitalkosten, für die Steuerung von Unternehmen nicht zweckmäßig sind. Mit zunehmender Aussagekraft nimmt die Transparenz der Kennziffern zwar ab, ihre Eignung zur Unterstützung der Unternehmensführung jedoch zu. Die modifiziert-traditionellen Kennzahlen erweisen sich aufgrund der ökonomisch fundierteren Definitionen bereits als weitgehend zur Steuerung geeignet. Der Unterschied zu den wertzuwachsorientierten Kennzahlen liegt insbesondere darin, daß deren Ermittlung die gesamten Kapitalkosten beinhaltet und zum Ausweis eines absoluten Betrages als Wertzuwachs führt.

Die Ergebnisse der Untersuchung geben jedoch lediglich Auskunft über die publizierten Kennziffern. Zum einen verwenden möglicherweise mehr Unternehmen Ziel- und Steuerungsgrößen, veröffentlichen darüber jedoch keine Informationen. Zum anderen kommunizieren Unternehmen womöglich nicht konsequent die Kennzahlen die sie zur Steuerung verwenden: entweder, um unternehmensspezifische Informationen nicht preiszugeben, oder aufgrund der Annahme, daß die angewandten Steuerungskennzahlen von Adressaten nicht oder mißverstanden werden könnten.

Sowohl die quantitativ vermehrte Berichterstattung über wertorientierte Unternehmensführung als auch die qualitative Verbesserung der kommunizierten Kennzahlen läßt den Schluß zu, daß die zunehmende Bedeutung ausländischer Kapitalmärkte, insbesondere des US-amerikanischen Kapitalmarktes, nicht nur großen Einfluß auf die deutsche Rechnungslegung, sondern auch auf die Unternehmenssteuerung und deren Kommunikation durch die Unternehmen, die einen großen Kapitalbedarf besitzen, hat. Es ist daher begründet zu vermuten, daß in den USA verbreitete Steuerungskonzepte zur Unterstützung einer wertorientierten Unternehmensführung im Sinne der Anteilseigner, wie z. B. der EVA, auch in deutschen Unternehmen zunehmend angewandt und kommuniziert werden.

Literaturverzeichnis

Adam, Dietrich (1996), Planung und Entscheidung, Modelle-Ziele-Methoden, 4. Aufl., Wiesbaden 1996.

Arbeitskreis »Externe Unternehmensrechnung« der Schmalenbach-Gesellschaft – Deutsche Gesellschaft für Betriebswirtschaft e.V. (1996), Empfehlungen zur Vereinheitlichungen von Kennzahlen in Geschäftsberichten, in: Der Betrieb 1996, S. 1989–1994.

Baetge, Jörg (1998), Bilanzanalyse, Düsseldorf 1998.

Ballwieser, Wolfgang (1994), Adolf Moxter und der Shareholder Value-Ansatz, in: Ballwieser, Wolfgang/Böcking, Hans-Joachim u. a. (Hrsg.), Bilanzrecht und Kapitalmarkt, Düsseldorf 1994, S. 1377–1405.

Bayer AG (1996), Geschäftsbericht 1996.

Bayer AG (1997), Geschäftsbericht 1997.

Bea, Franz Xaver (1993), Rentabilität, in: Chmielewicz, Klaus/Schweitzer, Marcell (Hrsg.), Handwörterbuch des Rechnungswesens, 3. Aufl., Stuttgart 1993, Sp. 1717–1728.

Börner, Dietrich (1972), Kennzahlen als Hilfsmittel der Unternehmensführung, in: Rühle von Lilienstern, Hans (Hrsg.), Die informierte Unternehmung, Berlin 1972, S. 267–279.

C&L Deutsche Revision (1997), Wertorientierte Unternehmensführung, Die Ergebnisse einer internationalen Studie von C&L bei 300 Unternehmen in 13 Ländern zum Thema Shareholder Value, Frankfurt am Main 1997.

Chmielewicz, Klaus (1993), Periodisierung, in: Chmielewicz, Klaus/Schweitzer, Marcell (Hrsg.), Handwörterbuch des Rechnungswesens, 3. Aufl., Stuttgart 1993, Sp. 1514–1525.

Coenenberg, Adolf Gerhard (1996), Einheitlichkeit oder Differenzierung von internem und externem Rechnungswesen: Die Anforderungen der internen Steuerung, in: Schmalenbach-Gesellschaft – Deutsche Gesellschaft für Betriebswirtschaft e. V. (Hrsg.), Globale Finanzmärkte: Konsequenzen für Finanzierung und Unternehmensrechnung, Stuttgart 1996, S. 137–161.

Coenenberg, Adolf Gerhard (1997), Jahresabschluß und Jahresabschlußanalyse, Grundlagen der Bilanzierung nach betriebswirtschaftlichen, handelsrechtlichen, steuerrechtlichen und internationalen Grundsätzen, 16. Aufl., Landsberg am Lech 1997.

Daimler-Benz (1996), Geschäftsbericht 1996.

Daimler-Benz (1997), Geschäftsbericht 1997.

Dellmann, Klaus (1998), Cash-Flow, in: Busse von Colbe, Walther (Hrsg.), Lexikon des Rechnungswesens: Handbuch der Bilanzierung und Prüfung, der Erlös-, Finanz-, Investitions- und Kostenrechnung, 4. Aufl., München/Wien/Oldenburg 1994, S. 139–143.

Günther, Thomas (1997), Unternehmenswertorientiertes Controlling, München 1997.

Hachmeister, Dirk (1997), Der Cash Flow Return on Investment als Erfolgsgröße einer wertorientierten Unternehmensführung, in: Zeitschrift für betriebswirtschaftliche Forschung 1997, S. 556–579.

Hahn, Dietger (1994), PuK, Controllingkonzepte: Planung und Kontrolle, Planungs- und Kontrollsysteme, Planungs- und Kostenrechnung, 5. Aufl., Wiesbaden 1996.

Hardtmann, Guido (1996), Die Wertsteigerungsanalyse im Managementprozeß, Wiesbaden 1996.

Hostettler, Stephan (1997), Economic Value Added (EVA), Bern, Stuttgart, Wien 1997.

Küting, Karlheinz (1998), Die Grenzen der externen Erfolgsanalyse und ihre Konsequenzen, in: Deutsches Steuerrecht 1998, Teil I: S. 907–912, Teil II: S. 948–952.

Küting, Karlheinz / Lorson, Peter (1998). Konvergenz von internem und externem Rechnungswesen: Anmerkungen zu Strategien und Konfliktfeldern, in: Die Wirtschaftsprüfung 1998, S. 483–493.

Küting, Karlheinz / Weber, Claus-Peter (1997), Die Bilanzanalyse, Lehrbuch zur Beurteilung von Einzel- und Konzernabschlüssen, 3. Aufl., Stuttgart 1997.

Lewis, Thomas G. (1994), Steigerung des Unternehmenswertes, Landsberg/Lech 1994.

Lorson, Peter (1996), Erfolgsrechnung und -überwachung in globalen Konzernen, in: Der Betrieb 1996, S. 2505–2511.

Mannesmann AG (1997), Geschäftsbericht 1997.

Menn, Bernd-Joachim (1995), Die spartenorientierte Kapitalergebnisrechnung im Bayer-Konzern, in: Küting, Karlheinz/Weber, Claus-Peter (Hrsg.), Das Rechnungswesen im Konzern. Intern – Extern, Stuttgart 1995, S. 217–234.

Müller, Michael (1998), Shareholder Value Reporting – ein Konzept wertorientierter Kapitalmarktinformation, in: Müller, Michael/Leven, Franz-Josef (Hrsg.), Shareholder Value Reporting: veränderte Anforderungen an die Berichterstattung börsennotierter Unternehmen, Wien 1998, S. 123–144.

Nölting, Andreas (1998), Hebel-Wirkung, in: managermagazin, Heft 5, 1998, S. 114–125.

Pabst, Heribert Josef (1997), Reengineering im Konzernberichtswesen, in: Küting, Karlheinz/ Weber, Claus-Peter (Hrsg.), Das Rechnungswesen auf dem Prüfstand: Antworten auf die Konzernierung der deutschen Wirtschaft im Spannungsfeld der Globalisierung, Frankfurt am Main 1997, S. 241–248.

Preussag AG (1996/97), Geschäftsbericht 1996/97.

Rappaport, Alfred (1995), Shareholder Value, Stuttgart 1995.

Reichmann, Thomas (1995), Controlling mit Kennzahlen und Managementberichten, 4. Aufl., München 1995.

Röttger, Bernhard (1994), Das Konzept des Added value als Maßstab für finanzielle Performance: Darstellung und Anwendung auf deutsche Aktiengesellschaften, Kiel 1994.

Schmitz, Wieland (1997), Die Kapitalkosten wurden nicht verdient, in: Handelsblatt vom 2.12. 1997, S. 14.

Stewart, G. Bennett (1991), The quest for value: a guide for senior managers, New York 1991.

Thyssen AG (1996/97), Geschäftsbericht 1996/97.

Auswirkungen der internationalen Bilanzierungspraxis auf Unternehmensrechnung und Controlling

Bernd-Joachim Menn*

Inhalt

* Bernd-Joachim Menn, Leiter Bilanzen der Bayer AG, Leverkusen, Mitglied des Board des IASC (bis 1998).

1. Internationalisierung der Rechnungslegung

1.1 Kapitalmarktorientierung im Zuge der Globalisierung

Die **Globalisierung** der Geschäftstätigkeiten hat zu einer überproportionalen Ausweitung der Kapitalmärkte geführt. Die Kapitalbeschaffung ist weltumspannend, wobei es gilt, die Währungsrisiken und Finanzierungskosten des Unternehmens zu minimieren. Um internationale Kapitalmärkte effizient zu nutzen, sind die Unternehmen gefordert, eine den Vorstellungen der Kapitalgeber entsprechende, realistische und umfassende Darstellung der Unternehmens-Performance zu liefern. Für die Anleger ist es wichtig, aus den Finanzdaten die Managemententscheidungen ablesen und ihre Auswirkungen auf die Zukunft analysieren zu können. Dies wird erreicht durch umfassende und detaillierte Publizität, Bilanzierung nach international verständlichen Regeln sowie frühzeitige öffentliche Verfügbarkeit der Abschlußdaten. Die einseitige Ausrichtung auf den Kapitalmarkt nötigt die kontinentaleuropäischen Gesellschaften häufig zu einer Neuausrichtung der Rechnungslegung, die traditionell unterschiedlichen Zwekken dient.

1.2 Wandel der Unternehmensrechnung: Vom Financial Accounting zum Business Reporting

Ein wesentliches Merkmal der kapitalmarktorientierten Berichterstattung ist die Entwicklung vom **Financial Accounting zum Business Reporting**. Durch eine »kundenorientierte« Berichterstattung sollen die Kapitalmarktteilnehmer möglichst zeitnah, umfassend und in verständlicher Form über die wirtschaftliche Lage des Unternehmens unterrichtet werden. Die Informationsfunktion des Jahresabschlusses wird dann erfüllt, wenn die Rechnungslegungsdaten entscheidungsrelevant sind und interne und externe Unternehmensbeteiligte in die Lage versetzen, künftige Cashflows zu prognostizieren. Nach den internationalen Usancen gehören neben die herkömmlichen Bilanz- und Ergebnisdaten Kapitalfluß- bzw. Cashflow-Rechnungen, umfassende Segmentberichte sowie detaillierte geschäftsbezogene Erläuterungen.

Während Bilanz und GuV primär einen Einblick in die Vermögens- und Ertragslage geben, beschreibt die **Kapitalflußrechnung** die finanzielle Lage des Konzerns. Nach IAS 7 (revised 1992) werden bei den Liquiditätsveränderungen operative, investive und finanzielle Zu- bzw. Abflüsse unterschieden. Hierdurch kann der Investor die Aktivitäten nachvollziehen und das Potential einschätzen, Einzahlungsüberschüsse zu erwirtschaften, finanzielle Verpflichtungen zu erfüllen sowie Dividenden zu zahlen. Gleichzeitig stellt die Kapitalflußrechnung ein wichtiges Instrument für die Unternehmenssteuerung dar.

Mit der Anwendung des IAS 14 (revised 1997) wird die Einheitlichkeit von extern geforderter **Segmentberichterstattung** und interner Geschäftsbereichsrechnung forciert, indem für die Segmentidentifizierung grundsätzlich die intern bestehende Entscheidungsstruktur zugrunde gelegt wird (Management Approach). Auf diese Weise wird den Adressaten ein Einblick in das Unternehmen gegeben, wie er auch dem Management, gleichwohl in einer detaillierteren Form, vorliegt. Gleichzeitig wird der Einfluß des internen Rechnungswesens auf die Entwicklung der IAS deutlich: Indem Daten, die zur internen Steuerung und Kontrolle erhoben werden, in das externe Rechnungswesen Eingang finden, steigt der Nutzen für die Jahresabschlußadressaten. Der Entscheidungsrelevanz wird eine ebenso große Bedeutung zugemessen wie den Grundsätzen der Objektivität und Zuverlässigkeit.

Den Anlegern werden geschäftsbereichsorientierte Ergebnis-, Vermögens- und Finanzgrößen zur Verfügung gestellt, die diese im Rahmen ihrer Diversifikationsstrategie berücksichtigen können.

Die Darlegung divisionaler bzw. regionaler Stärken und Schwächen schafft Vertrauen und führt letztlich zu einer Stärkung der Kapitalmarktposition des Unternehmens. Parallel dazu wird das Management mit einer entscheidungsorientierten, segmentierten Rechnungslegung in die Lage versetzt, externe und interne Abrechnungsaufgaben miteinander zu verbinden. So hilft die Veröffentlichung der segmentierten Kennzahlen, die Akzeptanz von Akquisitions- oder Desinvestitionsentscheidungen zu fördern.

Der **Lagebericht** deutscher Unternehmen ist in Annäherung an die US-amerikanische Management's Discussion and Analysis of Financial Condition and Results of Operations (MD&A) vor allem um solche Angaben zu erweitern, die eine Beurteilung zukünftiger Entwicklungen erlauben. Damit spiegelt der Lagebericht gleichermaßen Reaktion und proaktives Handeln des Unternehmens auf wirtschaftliche Veränderungen wider. Insbesondere die sogenannten Noncore Information, die auf subjektiven Schätz-, Bewertungs- oder Prognoserechnungen und Absichtserklärungen beruhen, besitzen für die Jahresabschlußadressaten eine hohe Entscheidungsrelevanz, auch wenn eine intersubjektive Nachprüfbarkeit nicht immer gegeben ist. Durch Erläuterungen des Managements zu Chancen bzw. Risiken des Unternehmens, wie z.B. der Eintritt in neue Märkte, Konzentration auf das Kerngeschäft oder Akquisitionen, ist die **Prognose künftiger Cashflows** für externe Adressaten leichter möglich. Ebenso wird der wachsenden Bedeutung langfristiger, nicht bilanzwirksamer Vertragsbindungen (Leasing, Unternehmenskooperationen) durch entsprechende Angaben Rechnung getragen.

Die erweiterten Publizitätsanforderungen lassen sich z.B. anhand der Geschäftsberichte des Bayer-Konzerns nachvollziehen. Die umfassenden Angaben zu Akquisitionen, Forschungs- und Entwicklungsaktivitäten und geplanten Investitionen führten zu einer deutlichen Ausweitung des Lageberichts.

Der Umfang des **Anhangs** erhöhte sich durch detaillierte Angaben z.B. zu den Ertragsteuern, den Pensionsversorgungssystemen und zu den Finanzinstrumenten sowie durch erweiterte Informationen zu den angewandten Bilanzierungs- und Bewertungsmethoden seit 1993 von 5 auf 25 Seiten.

1.3 Internationale Bilanzierungsstandards

Im Vordergrund der internationalen Rechnungslegung steht der **Konzernabschluß**. Da in einigen Ländern, vor allem in Deutschland, die Bilanzierung im Einzelabschluß mit unmittelbaren Konsequenzen für die Gewinnverwendung und die Höhe der Steuerzahlungen verbunden ist, werden Anpassungen an internationale Standards vor allem im Rahmen der Konzernbilanzierung vorgenommen. In Anbetracht der vielfältigen Leistungs- und Finanzbeziehungen innerhalb eines Konzerns gibt letztlich auch nur der konsolidierte Abschluß einen zutreffenden Einblick in die Vermögens-, Finanz- und Ertragslage des Gesamtunternehmens.

Die Möglichkeit der eigenständigen Konzernbewertung, die betriebswirtschaftlichen Grundsätzen folgt, ist aufgrund des durch die EU-Richtlinien überarbeiteten Handelsrechts (vgl. §§ 300 Abs. 2 und 308 Abs. 1) explizit gegeben, indem Bilanzierungswahlrechte unabhängig von ihrer Handhabung im Einzelabschluß neu ausgeübt werden dürfen.

Für **börsennotierte Unternehmen** bestehen verschiedene Möglichkeiten, international zu bilanzieren. Grundsätzlich existieren mit den US-GAAP und den International Accounting Standards des **IASC** zwei Rechnungslegungssysteme, bei denen die Informationsvermittlung, d.h. die Bereitstellung entscheidungsrelevanter Daten – vor allem für die Aktionäre – als Rechnungslegungszweck dominiert.

Vor dem Hintergrund des deutschen Bilanzrechts kann ein Unternehmen neben dem HGB-Abschluß einen davon unabhängigen, parallelen Zweitabschluß nach US-GAAP oder IAS erstellen. Um aber den Ausweis unterschiedlicher Ergebnisse und Eigenkapitalien zu vermeiden, besteht häufig die Möglichkeit in der Erstellung eines »**Dualen Abschlusses**«. Hierbei werden einerseits die Wahlrechte des HGB so in Anspruch genommen, daß eine Anpassung an die IAS erreicht wird. Andererseits werden bestehende IAS-Optionen (Benchmark- bzw. Allowed Alternative Treatment) im Sinne des HGB ausgeübt.

Während die US-GAAP als nationale ausländische Vorschriften anzusehen sind, entstehen die **Standards des IASC** im Wege eines internationalen Entwicklungsprozesses und gewähren Mitwirkungsmöglichkeiten für Bilanzexperten vieler Länder und Gruppierungen. Es besteht die Chance, unterschiedliche kulturelle, wirtschaftliche und rechtliche Strukturen in **einem** Rechenwerk einzufangen. Dieser Aspekt ist gerade für global agierende Unternehmen von großer Bedeutung.

Durch die Zusammenarbeit zwischen IASC und **International Organization of Securities Commissions (IOSCO)** hat dieses internationale Kooperationsprojekt eine deutliche Aufwertung erfahren. Die Anerkennung der IAS durch IOSCO und damit durch die wesentlichen internationalen Börsen wird noch für dieses Jahr erwartet.

In Anbetracht der dezentralen Struktur des Bayer-Konzerns mit über 400 Tochterunternehmen bedeutet eine international einheitliche Rechnungslegung mehr Vergleichbarkeit innerhalb des Konzerns, wodurch z.B. die Konzernabschlußerstellung und die laufende Performance-Messung der Teileinheiten des Konzerns vereinfacht werden. Darüber hinaus werden die Analysen im Vorfeld von Desinvestitionen, Akquisitionen und anderen Investitionsvorhaben erleichtert. Insbesondere mit zunehmender Bedeutung strategischer Allianzen und Joint-ventures bewirkt die Normierung der Beurteilungsgrundlage für Unternehmensbewertungen erhebliche Ressourceneinsparungen, da spezielle nationale Rechnungslegungsnormen bei der Renditerisikoprognose in den Hintergrund treten.

2. Controlling im internationalen Konzern

2.1 Unternehmens-Controlling

Das Controlling übernimmt die zeitliche und sachliche **Koordination** sämtlicher Führungshandlungen im Sinne der Zielsetzung des Gesamtunternehmens. Dies beinhaltet die Schaffung der Grundlagen für strategische und operative Entscheidungen der Unternehmensführung. Das Ziel besteht darin, die Effizienz der Managementaktivitäten zu erhöhen und die Anpassungsfähigkeit des Unternehmens an sich verändernde interne und externe Bedingungen zu verbessern. Das Controlling auf Unternehmensebene dient zur Sicherung der **Effizienz und Wirtschaftlichkeit** einzelner Leistungsbereiche.

Die Koordinationsfunktion des Controlling beinhaltet vor allem Aufgaben im Bereich der **Planung** und **Kontrolle**. Auf der Ebene des Unternehmens bzw. einzelner Beteiligungen oder Sparten stehen dezentrale Einzelplanungen, wie z.B. Produktions- oder Vertriebsplanung im Mittelpunkt. Diese sind nachfolgend zu einem konsistenten Gesamtplan zusammenzufügen. Die Pläne dienen als Ausgangspunkt der **Kontrollaktivitäten**, indem Plan- und Istgrößen abgeglichen werden. Neben der Planung und Kontrolle obliegt dem Controlling die **Informationsversorgung** der Entscheidungsträger.

Mit der Bereitstellung geeigneten Datenmaterials liefert das Controlling die Grundlage für die Definition von Unternehmenszielen und Ausrichtung von Handlungen. Die Daten bilden beispielsweise die Basis für zukünftige Investitionsentscheidungen. Darüber hinaus müssen objektive Maßstäbe und Bemessungsgrundlagen für eine erfolgsorientierte Entlohnung der Führungskräfte geschaffen werden.

Das Unternehmens-Controlling hat auf der **operativen Ebene** die Aufgabe, zentrale

Zielgrößen in sogenannte **Wertgeneratoren** umzubrechen, die zur kurzfristigen Steuerung einzelner Bereiche eingesetzt werden können. Diese geschäftsspezifischen Größen erlauben die dezentrale und unterjährige Steuerung im Sinne der Gesamtzielsetzung. Zur Gewährleistung einer marktorientierten, zukunftsgerichteten Unternehmensführung ist das Unternehmens-Controlling auch auf die Unterstützung **strategischer Entscheidungen** auszurichten. Es gilt, die Lücke zwischen der strategischen und operativen Planung zu schließen. Wichtig ist dabei die Schaffung eines geeigneten Berichtssystems, das eine durchgehende Verbindung zwischen finanzwirtschaftlichen langfristigen Kenngrößen und operativen Steuerungsparametern ermöglicht. Nur so können strategische Entscheidungen unterstützt und ein Portfolio-Management aktiv begleitet werden.

2.2 Konzern-Controlling

Aufgabe des **Konzern-Controlling** ist es, für die Gesamtheit der zu einem Konzern zusammengeschlossenen Einheiten durch geeignete Koordinationsmaßnahmen **positive Verbundeffekte** zu erreichen.

Für einen Konzern ergeben sich aus der rechtlichen Selbständigkeit der Tochterunternehmen, den unterschiedlichen ökonomischen, sozialen und rechtlichen Bedingungen der ausländischen Gesellschaften sowie insbesondere durch die größen- und strukturbedingte Komplexität weitreichende Handlungsfelder. Spezielle Themen des Konzern-Controlling sind die Überwachung des **Unternehmensportfolios**, die Harmonisierung der **Zielsysteme** von Tochterunternehmen mit dem des Gesamtkonzerns und die Sicherung des **Informationsflusses** innerhalb des Konzerns. Darüber hinaus sind spezielle Bewertungs- und Lösungsmodelle für Akquisitionen und Desinvestitionen sowie für Integration und Performance-Messung von Tochterunternehmen zu entwickeln.

Besondere Bedeutung kommt der Definition und Überwachung einer **konzerneinheitlichen Zielsetzung und Strategie** zu. Diese müssen in ein langfristiges Planungsziel umgesetzt und für die einzelnen Unternehmensbereiche bzw. Tochtergesellschaften operationalisiert werden. Auf diese Weise sollen die Vergleichbarkeit zwischen den einzelnen Teilbereichen sichergestellt und gleichzeitig eine effektive Steuerung und wirksame Kontrolle in einer dezentralen Unternehmensorganisation ermöglicht werden.

Über ein mehrperiodig ausgerichtetes, umfassendes Controllingsystem können auftretende Interdependenzen und Informationsasymmetrien aufgefangen sowie manipulatives Verhalten durch dezentrale Entscheidungsträger vermieden werden.

Zur Wahrnehmung der unterschiedlichen Aufgaben des **Konzern-Controlling** ist eine Unterscheidung in solche mit **operativem** und überwiegend **strategischem** Charakter sinnvoll.

Das **operative** Konzern-Controlling ist für die Informationsversorgung sowie die kurzfristige Planung und Kontrolle verantwortlich. Die Grundlage des Informationsversorgungs- und des Planungssystems bilden im internationalen Konzern die Monats-, Quartals- und Jahresabschlußinformationen auf der Grundlage anerkannter Bilanzierungsregeln. Dabei ist von Bedeutung, daß durch die Anwendung internationaler Standards verstärkt Prognosedaten einfließen. Damit umfaßt ein Berichtssystem, das sich an den Bedürfnissen der Investoren orientiert, auch die entscheidungsrelevanten Daten für das Konzernmanagement. Die Verantwortung für dieses Berichtssystem sollte in der Fachabteilung, die mit der Bilanzierung und Berichterstattung des Konzerns betraut ist, liegen.

Der direkte Zugriff auf die aktuellen Zahlen bewirkt eine starke Integration des Bilanzbereichs in die – auf die Istsituation aufsetzende – **kurzfristige Planung**. In enger Zusammenarbeit mit den Geschäftsbereichen sollte diese Abteilung die von den einzelnen Einheiten aufgestellten Teilpläne zusammenführen, auf ihre Plausibilität hin überprüfen und zu einem Gesamtplan konsolidieren. Die operative Planung auf **Basis von Istzahlen** gewinnt - infolge der immer stärkeren Dynamik der ökonomischen Rahmendaten (z.B. Währungskursentwicklung, Preisarbitrage) – an Bedeutung.

Die **Kontrolle** der kurzfristigen Performance in Form einer Plan-Ist-Abweichungsanalyse ist ebenfalls von den Mitarbeitern durchzuführen, die die Entwicklungen auf der Istebene unter Berücksichtigung der gesetzten Prämissen nachvollziehen können. Sie sind dadurch in der Lage, direkte Hilfestellungen bei der Planüberprüfung und bei Korrekturmaßnahmen zu leisten.

Die Aufgaben des **strategischen Controlling** umfassen die Mitwirkung bei der strategischen Planung sowie die **Koordination der Konzernziele** mit den daraus abgeleiteten Teilzielen der Bereiche. Die strategische Konzernplanung basiert auf der Einschätzung langfristiger Markt- und Produkttrends sowie der Analyse der Wettbewerbssituation. Hieraus werden geeignete Strategievorhaben und -ziele aus Sicht des Gesamtkonzerns abgeleitet, die von Jahr zu Jahr an veränderte Rahmenbedingungen anzupassen sind.

3. Messung der betrieblichen Performance mit Hilfe internationaler Standards

3.1 Betriebswirtschaftliche Ausrichtung der Standards

Der »**True and Fair View**« in das Unternehmensgeschehen steht im Mittelpunkt der internationalen Bilanzierung. Dementsprechend stellen die Bilanzierungsgrundsätze weniger auf fiskal-, wirtschafts- oder sozialpolitische Faktoren als auf betriebswirtschaftliche Aussagen ab.

Diese wirtschaftliche Ausrichtung ermöglicht und forciert zugleich die Neuorientierung des gesamten Rechnungswesens eines Unternehmens. Die grundlegenden Prinzipien der Bilanzierung nach IAS stimmen weitgehend mit den Anforderungen an das interne Rechnungswesen überein.

Die Bereitstellung entscheidungsrelevanter Informationen wird bei den IAS durch den Grundsatz »**Substance over Form**« unterstrichen. Dieser bewirkt, daß der Darstellung der realen wirtschaftlichen Gegebenheiten Vorrang vor der rechtlichen Form gegeben wird.

Es wird die Ermittlung eines »ökonomischen« Gewinns durch eine realistische Bewertung angestrebt. So soll eine Unterbewertung der Aktiva bzw. Überbewertung der Passiva vermieden werden. Auch werden die Ermessensspielräume bei der Bildung von Rückstellungen oder der Bemessung der Abschreibungen eingeengt.

Generell ist gemäß Framework, Par. 37 die willkürliche Bildung stiller Reserven wegen der dadurch fehlenden Neutralität der Bilanz verboten. Dadurch werden sowohl der Informationsnutzen der externen Rechnungslegung erhöht als auch die Eignung für interne Steuerungs- und Kontrollzwecke verbessert.

Nach den IASC-Grundsätzen liegt ein **Vermögenswert** vor, wenn wirtschaftlicher Nutzen in Form von liquiden oder zahlungsmittelähnlichen Mitteln voraussichtlich zufließen wird. Dies bedeutet, daß immaterielle Vermögenswerte grundsätzlich wie materielle zu behandeln sind. Insbesondere bei **immateriellen Vermögenswerten** ist eine hinreichende Wahrscheinlichkeit für einen künftigen Mittelzufluß sicherzustellen. Da Identifizierbarkeit und Verläßlichkeit der Bewertung bei diesen Vermögenswerten erschwert sind, werden an deren Aktivierung strenge Anforderungen gestellt.

Diese führen in den meisten Fällen dazu, daß Entwicklungs- oder andere strategische Kosten nicht kapitalisiert, sondern direkt als Aufwand gebucht werden. Dies entspricht überwiegend den Usancen im internen Abrechnungsbereich und stellt eine Rechnungslegungskonvention dar. **Selbsterstellte** Wirtschaftsgüter werden somit nur in Ausnahmefällen aktiviert.

Die Nichtaktivierung ist Grundlage für die Bewertung am Kapitalmarkt; zum Ausgleich wird von forschungs- und entwicklungsintensiven Unternehmen eine höhere Kapitalverzinsung verlangt.

Verbindlichkeiten liegen nach internationalen Maßstäben nur dann vor, wenn gegenwärtige Verpflichtungen gegenüber Dritten bestehen, die künftig zu einem Ressourcenabfluß führen. Hierunter fallen auch die sog. Verbindlichkeitsrückstellungen, nicht dagegen die Aufwandsrückstellungen. Damit kommt den Rückstellungen im internationalen Kontext eine weit geringere Bedeutung zu als nach dem Gläubigerschutz- bzw. Vorsichtsprinzip.

Innerhalb der Ansatz- und Bewertungsgrundsätze nehmen das **Accrual Principle**, sowie seine beiden Ausprägungen **Matching** und **Realisation Principle**, eine besondere Stellung ein. Danach ist die Zuordnung von Erträgen und Aufwendungen auf die einzelnen Perioden an strikt wirtschaftlichen Gesichtspunkten auszurichten. So werden bei langfristiger Auftragsfertigung Gewinne entsprechend dem Leistungsfortschritt ausgewiesen. Auf diese Weise werden Aufwendungen und »realisierbare« Erträge periodengerecht und nicht erst bei vollständiger Auftragserfüllung erfaßt. Das wirtschaftlich und nicht formal verstandene Realisationsprinzip wird durch zwei eigenständige IASC-Standards (IAS 11 (revised 1993) und IAS 18 (revised 1993)) verdeutlicht.

3.2 Die IAS als Performance-Maßstab

Bei Betrachtung konkreter Standards des IASC wird die Eignung für interne Steuerungszwecke noch deutlicher. Es zeigt sich, daß ihre Anwendung zu identischen Wertniveaus im Rechnungswesen führt.

Gemäß IAS 16 (revised 1993) sind **Sachanlagen** so abzuschreiben, daß eine möglichst realitätsnahe und verläßliche Quantifizierung des erwarteten wirtschaftlichen Nutzens erreicht wird. Rein an steuerlichen Maßstäben orientierte Abschreibungsmethoden oder Methodenwechsel werden diesem Erfordernis nicht gerecht. Die häufig steuerlich motivierte degressive Abschreibung ist demnach international praktisch ohne Bedeutung.

Nach IAS 2 (revised 1993) sind auch **Abschreibung**smöglichkeiten zur Vorwegnahme künftiger Wertschwankungen oder erhöhte Abschreibungen im Rahmen einer vernünftigen kaufmännischen Beurteilung nicht möglich.

Die Bewertung der **Vorräte** erfolgt nach dem Vollkostenprinzip, indem in die Herstellungskosten neben den Einzelkosten auch fertigungsbezogene Anteile der Gemeinkosten zwingend einzubeziehen sind.

Die bilanzielle Behandlung des **Goodwills** als Unterschiedsbetrag zwischen Kaufpreis und Zeitwert des erworbenen Nettovermögens kann erheblichen Einfluß auf die Darstellung der wirtschaftlichen Lage des Unternehmens haben. Nach deutschem Recht ist sowohl die erfolgsneutrale Verrechnung mit den Rücklagen als auch eine Aktivierung mit erfolgswirksamer aber auch erfolgsneutraler Abschreibung zulässig.

Nach IAS 22 (revised 1998) ist dagegen der Goodwill zu aktivieren und in der Regel über max. 20 Jahre erfolgswirksam abzuschreiben. Eine längere Abschreibungsdauer kommt nur in Betracht, wenn die 20 Jahre überschreitende Nutzungszeit eindeutig nachgewiesen werden kann. In diesen Fällen sind die der Entscheidung zugrund liegenden Kriterien darzulegen und jährlich im Rahmen eines Impairment-Tests zu verifizieren. Die Annahme einer unendlichen Nutzungsdauer ist nicht zulässig.

Die Bemessung der **Pensionsrückstellungen** erfolgt international nach der Projected Unit Credit Methode. Dabei werden die unter dynamischen Gesichtspunkten nach Eintritt des Versorgungsfalls zu erwartenden Leistungen gleichmäßig über die gesamte Beschäftigungszeit eines Mitarbeiters verteilt. Nach IAS 19 (revised 1993) werden Pensionsverpflichtungen – anders als nach deutschem Steuerrecht – entsprechend der wirtschaftlichen Realität ausgewiesen. Dies wird u.a. durch den Ansatz eines realen langfristigen Kapitalmarktzinses und der Einbeziehung erwarteter Gehalts- und Rentenentwicklungen erreicht.

Gemäß IAS 12 (revised 1996) sind **latente Steuern** nach der Bilanzmethode für temporary differences anzusetzen. Damit wird der Steuerabgrenzung ein weitaus größeres Gewicht beigelegt als nach deutschem Recht, wonach lediglich zeitliche Unterschiede zwischen handels- und steuerrechtlicher Erfolgsermittlung zu berücksichtigen sind.

Nach der Bilanzmethode sind aktive und passive latente Steuern als Forderungen bzw. Verbindlichkeiten anzusetzen, wenn die handelsrechtliche und steuerliche Basis der Vermögenswerte und Schulden voneinander abweichen. Zu diesen temporary differences gehören auch solche Abweichungen, die durch erfolgsneutral vorgenommene Bewertungsänderungen eintreten und erst bei Auflösung zu Ergebnisdifferenzen führen (quasi-permanente Differenzen). Bei der Bewertung werden erwartete Steuersatzänderungen einbezogen, die zum Zeitpunkt des Ausgleichs der Differenz gelten werden (sog. Liability-Methode).

Um die tatsächliche Performance des Unternehmens in der betreffenden Abrechnungsperiode insgesamt zu verdeutlichen, ist eine **strukturierte Eigenkapitaldarstellung** gemäß IAS 1 (revised 1997) wichtig.

Vor allem durch die Unterscheidung zwischen ergebniswirksamen und ergebnisneutralen Veränderungen steigt der Informationsgehalt des Abschlusses. Zusätzlich werden die Eigenkapitalbewegungen differenziert in solche Positionen, die durch Transaktionen mit Aktionären verursacht sind (Kapitaleinzahlungen und Dividenden) und solche, die sich aus dem Geschäftsbetrieb ergeben.

Aus IAS 32 ergeben sich für **Finanzinstrumente** erhebliche Offenlegungspflichten, die deren Bedeutung für die Leistung und finanzielle Situation des Unternehmens erkennen lassen. Übereinstimmend zu den Konventionen des internen Rechnungswesens sollen Beträge, Zeitpunkte, Risiken und Eintrittswahrscheinlichkeiten der Finanzmittelflüsse dargelegt werden. Noch nicht endgültig entschieden ist die Frage der Bewertung der Finanzinstrumente.

Langfristig strebt das IASC eine durchgehende Marktbewertung der originären und derivativen Finanzinstrumente an. Probleme bestehen neben der grundsätzlichen Ermittlung der Wertansätze vor allem bei solchen Instrumenten, die der Finanzierung des eigenen Vermögens dienen. So führen Marktpreisänderungen der Instrumente, die zur Finanzierung von zu Anschaffungskosten bilanzierten Vermögenswerten eingesetzt werden, zu starken Ergebnisschwankungen, die ceteris paribus in keinem direkten Zusammenhang zur Performance der Gesellschaft stehen.

Die **Akzeptanzprobleme** einer weitgehenden Marktbewertung haben dazu geführt, daß das IASC einen als Interimslösung vorgesehenen Exposure Draft herausgebracht hat, der im wesentlichen die derzeitige Praxis der internen Unternehmensrechnungen widerspiegelt.

Dieser sieht vor, daß Instrumente, die kurzfristig handelbar sind, zu Marktwerten und solche, die langfristig bis zu ihrem Verfallsdatum gehalten werden, zu Anschaffungskosten angesetzt werden. Neu ist, daß bisher nicht bilanzierungsfähige derivative Instrumente mit Marktwerten in der Bilanz anzusetzen sind.

4. Konzeption eines wertorientierten Controlling

4.1 Wertorientiertes Abrechnungs- und Berichtssystem

Die Ausrichtung unternehmerischer Entscheidungen kann infolge der Globalisierung nicht mehr ausschließlich auf unternehmensinterne Zielgrößen beschränkt werden. Mit der Inanspruchnahme internationaler Kapitalmärkte sind auch die Erwartungen der Investoren zu berücksichtigen. Dies muß jedoch nicht zu Zielkonflikten führen. So liegt es im **gemeinsamen** Interesse von Management und Investor, den **Unternehmenswert** und damit auch den Vermögenswert der Kapitalgeber **dauerhaft zu steigern**. Zu diesem Zweck muß das gebundene Kapital eine angemessene Verzinsung erbringen. Gleichzeitig muß verhindert werden, daß überschüssige Mittel in langfristigen Strategien gebunden werden, die keinen Wertzuwachs schaffen. Aufgabe des Controlling ist es, dieses durch geeignete Instrumente vorzubereiten, zu betreuen und gegebenenfalls auch in Frage zu stellen. Es gilt, den Beitrag und die Auswirkungen auf den Unternehmenswert objektiv, d.h. gleichermaßen für Unternehmensführung und Kapitalgeber meßbar zu machen.

Die langfristigen Kapitalkosten des Unternehmens ergeben sich aus der von den Kapitalgebern erwarteten Verzinsung. **Wertorientierung** bedeutet für das Unternehmen, Mittel in die Bereiche zu lenken, deren Rentabilität die Kapitalkosten übersteigt und umgekehrt Mittel dort abzuziehen, wo die Renditen unterhalb der Kapitalkosten liegen. Wertorientierung im Sinne der Kapitalgeber kann auch dazu führen, daß erwirtschaftete Cashflows an die Aktionäre auszuschütten sind, wenn die möglichen Investitionen die Kapitalkosten nicht verdienen.

Bei Bayer wird die **Verbindung zwischen Investor und Management** durch ein betriebswirtschaftlich ausgerichtetes und international verständliches Abbildungs- und Berichtssystem unterstützt. Dabei erfordert die Marktorientierung der Abrechnung (Kapital- und Absatzmärkte) ein einheitliches, auf gleichen Zielinhalten basierendes Rechnungs- und Berichtswesen. Management, Mitarbeiter und Investoren können sich auf ein geschlossenes Regelwerk konzentrieren. Damit werden die Akzeptanz der Daten des Rechnungswesens, der Zielvorgaben und der Wirtschaftlichkeitsrechnungen gefördert und Mißverständnisse aufgrund divergierender interner und externer Berichtsinhalte vermieden.

Die **Verwendung einheitlicher Zahlen für die interne und externe Berichterstat-**

tung in Verbindung mit einer marktnäheren Bewertung und schnelleren Publizität schafft eine erhöhte Datentransparenz. Dies reduziert für den Anleger das Risiko, durch den gezielten Einsatz des bilanzpolitischen Instrumentariums von der Unternehmensleitung zu einer falschen Anlageentscheidung verleitet zu werden. Das zusätzlich geschaffene Vertrauen führt letztlich zu niedrigeren Kapitalkosten des Unternehmens.

Tatsächlich ist die Verwendung unterschiedlicher Zahlen unter Hinweis auf verschiedene Adressatenkreise nicht mehr zu rechtfertigen; z.B. muß die **erfolgsabhängige Entlohnung** von Führungskräften auf einheitlichen Bemessungsgrundlagen basieren. Eine leistungsorientierte Vergütung, die an vollkommen unterschiedliche Erfolgsmaßstäbe anknüpft, führt unweigerlich zu Konflikten innerhalb des Unternehmens.

Auf den ersten Blick erscheint es angesichts des Informationsumfangs paradox, daß eine sachgerechte internationale Berichterstattung die Komplexität des Rechnungswesens zu reduzieren vermag. Tatsächlich werden durch die Vermeidung von Überschneidungen und unnötigen Schnittstellen die **Effizienz gesteigert** und **Kosten eingespart**. Die Akzeptanz – und damit auch die **Durchsetzungskraft des Controlling** – wird durch ein Abrechnungssystem, das an die externen Größen anknüpft, in einem international organisierten Konzern erheblich verbessert. Mit der Etablierung einheitlicher Begriffe steigt darüber hinaus die **Kommunikationsfähigkeit der internen Rechnung**.

Zur Anpassung an die externe Rechnungslegung sind Modifikationen der internen Abrechnung notwendig. So sollten die Kosten und Leistungen um **kalkulatorische Positionen** bereinigt werden. Die in der internen Rechnung bisher ausgeübte **Steuerungsfunktion** des kalkulatorischen Zinses läßt sich sachgerechter **durch** eine **Verknüpfung des Istergebnisses mit einem Sollergebnis**, welches das Verzinsungserfordernis beinhaltet, erreichen.

Durch die bereichsbezogene Zuordnung allgemeiner und sonstiger Kosten wird auch die Verantwortung und Kontrolle für diese Positionen deutlich. Bei der Bemessung der Herstellungskosten sollten Vollkosten auf Basis von Istkosten angesetzt werden, um eine korrekte Marktbewertung zu gewährleisten.

Dies schließt nicht aus, daß für spezifische Fragestellungen der internen Abrechnung und objektbezogene Kalkulationen (z.B. öffentliche Aufträge) zusätzlich abweichende Rechnungen durchgeführt werden.

Die den einzelnen Nutzern bereitgestellten Daten differieren im Idealfall nur noch hinsichtlich ihres **Detaillierungsgrades**. Ausgehend von den wertorientierten externen Daten sind die Besonderheiten interner Berichtseinheiten so zu instrumentalisieren, daß den speziellen Gegebenheiten von produktions- bzw. konsumnahen Bereichen Rechnung getragen und gleichzeitig den Zielgrößen des Unternehmens entsprochen wird.

4.2 Pretiale Lenkung der Konzerneinheiten mittels Profit-Center-Organisation

Die Einführung der Profit-Center-Organisation ist die Antwort auf globale und komplexe Konzernstrukturen. Sie bewirkt bei geeigneter Konzeption eine Marktorientierung innerhalb des Unternehmens. Die Motivation wird durch Gewährung größtmöglicher Selbständigkeit gefördert. Darüber hinaus ist in einem integrierten Konzern die Koordination der einzelnen Bereiche durch zentrale Strategien und Planvorgaben notwendig.

Profit-Center sind Unternehmensbereiche mit eigener Gewinnverantwortung. Deshalb sind sie mit ausreichenden Entscheidungskompetenzen auszustatten, die sie in die Lage versetzen, **eigenverantwortlich** die wesentlichen Erfolgsbestandteile zu beeinflussen. Im Idealfall besteht die Konzernorganisation aus abgegrenzten, selbständigen und unabhängigen Bereichen mit eindeutiger Zuordnung der Erfolgskomponenten.

Die Ergebnisverantwortung und die Motivation des Managements werden durch marktgerechte Verrechnungspreise zwischen den Profit-Centern gefördert. Dabei zeigen sich auch die Schwachstellen der Bereiche, die bisher durch Kostenverrechnung begünstigt wurden. Allerdings bestehen zwischen den einzelnen Profit-Centern Interdependenzen in Form von unterschiedlich ausgeprägten **Markt-, Ressourcen- und Prozeßverbindungen**.

Die **alleinige** Ausrichtung auf Profit-Center führt häufig zu Disfunktionalitäten im Verbund, da die Markt- und Wettbewerbsorientierung der ehemals partnerschaftlichen Mobilisierung von Leistungsreserven entgegenstehen können. So lassen sich die mehrperiodige Ressourcenbindung des Kapazitätsaufbaus kaum bewerten und strategische Konzernziele nicht immer optimal berücksichtigen. Zur Lösung dieser **Verbundeffekte** sind geeignete Restriktionen einzuführen. Dabei kommt es darauf an, das Zusammenspiel der Profit-Center spannungsfrei zu halten, d.h. einen Ausgleich zwischen größtmöglicher Autonomie und gleichzeitiger Sicherung der Zielsetzung des gesamten Konzerns zu schaffen. Dazu sind **geeignete Ziele** zu definieren und Instrumente einzusetzen, die dem Unternehmen als Ganzes und seinen Teileinheiten klare Maßstäbe geben.

Eine wesentliche Grundlage hierfür ist ein **einheitliches Rechnungswesen**, verbunden mit einem **wertorientierten Berichtswesen**. Die Wertorientierung beinhaltet finanzielle Zielvorgaben, anhand derer einerseits die Werttreiber und andererseits objektivierte, aus dem Kapitalmarkt abgeleitete Zielvorgaben ermittelt werden.

4.3 Cashflow als wertorientierte Steuerungsgröße

Das traditionelle Abrechnungssystem ist auf eine Erfassung und Bewertung der Vermögensgegenstände vom Rohstoff bis zum Endprodukt ausgerichtet. Die Wertorientierung erfordert eine **Ergänzung um dynamische, mehrperiodige Aspekte**. Es gilt, den Blick weg vom kurzfristigen Periodengewinn auf die langfristige Wettbewerbsfähigkeit zu richten. Hierbei hat sich der **Cashflow** als eine wesentliche Steuerungsgröße bewährt. Er zeigt auf, inwieweit das Unternehmen in der Lage ist, Einzahlungsüberschüsse zu erwirtschaften. Er informiert somit über die finanzielle Lage des Unternehmens. Gleichzeitig können auf Basis des Cashflow zahlungsorientierte, mehrperiodige Rechnungen zur Beurteilung von Projekten, Investitionen bzw. Akquisitionen entwickelt werden.

Die Konzeption der **Finanzierungsrechnung nach IAS 7** (revised 1992) stellt eine geeignete Grundlage auch für die interne entscheidungsorientierte Abrechnung dar. Durch die klare Gliederung zwischen operativen, investiven und finanziellen Finanzströmen wird den unterschiedlichen Funktionen der wertorientierten Steuerung Rechnung getragen. Für Controlling-Zwecke ist vor allem die **direkte Ermittlung** der operativen Mittelzu- und -abflüsse (Einzahlungen/Auszahlungen) sachgerecht. Die in der Praxis übliche indirekte Vorgehensweise ist auf die traditionellen Systembedingungen zurückzuführen.

Bei dezentraler Organisationsstruktur steht die Geschäftsführung vor der Aufgabe, den einzelnen Geschäftsbereichen nachvollziehbare Maßstäbe zu geben, anhand derer die Leistung gemessen und die Zielsetzung des Konzerns erfüllt wird.

Auf der Grundlage dieser **Zielvorgaben** sind die Investitionsmittel in die Profit-Center zu lenken, die eine Wertsteigerung für das Gesamtunternehmen bewirken. Die wesentliche Maßgröße hierfür ist der **Brutto-Cashflow** (BCF). Er ist als langfristige Steuerungsgröße definiert und stellt den Überschuß der operativen Einnahmen über die Ausgaben vor jeglicher Mittelverwendung dar. Gegenüber dem operativen Ergebnis bietet der BCF den Vorteil, daß Verzerrungen entfallen, die durch unterschiedliche Abschreibungsmethoden, Altersstruktur der Anlagen und bilanziellen Abgrenzungen entstehen. Der Brutto-Cashflow stellt bei Rentabilitätsauswertungen gleichzeitig die Zählergröße der Renditeziffer Cashflow Return-on-Investment (CFRoI) dar.

Als kurzfristige Steuerungsgröße wird bei Bayer der **Netto-Cashflow** eingesetzt. Dabei werden vom Brutto-Cashflow ausgehend die Veränderungen der kurzfristigen Mittelbindung, d.h. die Ausgaben für Vorräte und Forderungen und die Einnahmen aus nicht verzinslichem Fremdkapital berücksichtigt. Auf diese Weise entsteht eine Performancerechnung, die den Einfluß einer veränderten Mittelbindung im Working Capital auf die operativen Ergebnisse aufzeigt.

Ein weiteres, wesentliches Merkmal des wertorientierten Berichtswesens bei Bayer ist die stringente Verknüpfung zwischen den nach internationalen Grundsätzen ermittelten Istzahlen von Ergebnisrechnung, Bilanz und Finanzierungsrechnung mit budgetierten Werten und vor allem auch mit den strategischen **Zielvorgaben**. Diese Ziele werden als Vorgaben (**Hurdle**) aus dem Kapitalmarkt abgeleitet. Sie unterscheiden sich von den kurzfristigen Planzahlen durch ihren normativen, langfristigen Charakter.

Die strikte Periodenorientierung der Abschlußzahlen wird damit aufgebrochen und durch eine **mehrperiodige Betrachtungsweise** ergänzt. Fehlentscheidungen in Form von Über- oder Unterinvestitionen durch Periodisierung von Ein- und Auszahlungen werden auf diese Weise vermieden.

Die aus dem Markt abgeleiteten Geschäftsbereichsziele werden analog der Vorgehensweise bei Wirtschaftlichkeitsrechnungen mit Hilfe der **Kapitalwertmethode** ermittelt. Die einzelnen Bereiche werden dabei als Investitionsobjekte angesehen, die einer mehrperiodigen Betrachtung unterzogen werden.

Statt der Prognose der langfristig zu erzielenden Brutto-Cashflows werden **Brutto-Cashflow-Annuitäten** als langfristige Durchschnittswerte errechnet. Die Grundlage dafür sind die Investitionswerte, die strategischen Nutzungsdauern und die Kapitalkosten als Mindestverzinsungsansprüche der Kapitalgeber. Durch diese Vorgehensweise werden die praktischen Schwierigkeiten bei der Ermittlung künftiger Einnahmeüberschüsse vermieden. Der »Schneeballeffekt« der Planung wird durch die Preisbildung am Kapitalmarkt ersetzt.

Der nach den Standards des IASC ermittelte und bewertete **Investitionswert** enthält sämtliche Vermögenswerte, die einem Geschäftsbereich dienen und deren Anschaffungsausgaben eine Verzinsung erfordern. Sogenannte strategische Ausgaben für Forschung, Marketing sowie Personalentwicklung werden entsprechend den erwähnten Konventionen der Bilanzierung nicht aktiviert. Da sie hinsichtlich ihres langfristigen Einkommensüberschusses mit Risiko behaftet sind, werden diese Ausgaben durch entsprechende Modifikation des Kapitalkostensatzes berücksichtigt.

Die **strategische Nutzungsdauer** bestimmt sich nach dem Zyklus der Innovation, technischen und wirtschaftlichen Erneuerung eines Geschäftsbereichs. In der Praxis werden zur Ermittlung häufig einfache Verfahren, die sich an der Anlagennutzung orientieren, angewendet.

Die **Kapitalkosten** sind sui generis zukunftsbezogen, da die Investoren diese zur Abzinsung zukünftiger Cashflows heranziehen. Für die **Fremdfinanzierung** wird ein Anleihensatz entsprechend der strategischen Nutzungsdauer gewählt.

Die **Eigenkapitalkosten** umfassen die Verzinsung risikoloser Wertpapiere zuzüglich einer Risikoprämie. Diese besteht aus einem allgemeinen Marktrisiko sowie einem systematischen Risiko als Ausdruck für die Sensitivität der Unternehmensrendite im Verhältnis zur Rendite am Aktienmarkt.

Kaufkraftverluste werden im wertorientierten Berichtswesen bei Bayer nicht mittels Inflationierung der Investitionswerte, sondern über den Ansatz nomineller Kapitalkosten berücksichtigt. Die Einheitlichkeit in- und externer Rechnung ist damit gewahrt.

Die unterschiedliche Risikostruktur der einzelnen Geschäftsbereiche führt zu **differenzierten Kapitalkosten**, in denen sich das spezielle Risiko eines Geschäftsbereichs niederschlägt. So weisen die Bereiche, die aus Wettbewerbsgründen hohe Aufwendungen für Forschung oder Marketing aufzubringen haben, höhere Kapitalkosten auf, da aus Sicht der Kapitalgeber die schwer abschätzbare zukünftige Ertragsrealisierung dieser Vorleistungen ein zusätzliches Risiko darstellt.

Das Beispiel des Bereichs Life-sciences zeigt, daß bei der konventionellen Nichtaktivierung von Forschungs- und Entwicklungsaufwendungen ein Kapitalkostensatz von 15% notwendig ist, um einen CFRoI von 16% zu erwirtschaften. Dieser ergibt sich auch bei einer fiktiven Aktivierung von Forschungs- und Entwicklungsaufwendungen und einem durchschnittlichen Kapitalkostensatz von 9%.

Für das Gesamtunternehmen weichen die Kapitalkosten durch den vom Investor vorgenommenen Portfolioabschlag häufig von den kumulierten Sätzen der einzelnen Bereiche ab. In der Praxis verwendet man deshalb hilfsweise für die »**Hurdle**« einen einheitlichen Kostensatz, der die Unterschiede nivelliert.

Zusätzlich werden dann »**Targets**« benötigt, die das unterschiedliche Risiko in Form von differenzierten Kapitalkosten berücksichtigen. Durch die Aufsplittung und unterschiedliche Verwendung der Vorgaben lassen sich Akzeptanzprobleme überwinden. Gleichzeitig ist die Balance gefunden zwischen der Motivations- und Koordinationsfunktion im Rahmen der Profit-Center-Organisation.

Sofern der tatsächlich erwirtschaftete Cashflow des Gesamtunternehmens die Zielvorgabe übersteigt, stellt der Überschuß eine Wertsteigerung dar. Es wird mehr Cash generiert, als für die Bedienung der Kapitalgeber und die Reproduktion des Investitionswertes erforderlich ist.

Die **Vorgabe (Hurdle)** ist vor allem von Veränderungen des Investitionswertes abhängig, da die strategische Nutzungsdauer sowie die langfristigen durchschnittlichen Kapitalkosten nur geringe Schwankungen aufweisen. Deshalb ist es durch ein gezieltes Asset-Management möglich, die Zielvorgaben und damit auch den **Unterschieds-Brutto-Cashflow (UBCF)** positiv zu beeinflussen.

Der Unterschieds-Brutto-Cashflow verdeutlicht zwar, ob insgesamt wertsteigernd gehandelt wurde, zeigt aber nicht die Wertsteigerung des wachsenden Geschäfts. Diese kann durch den Vergleich der Unterschieds-Brutto-Cashflows aufeinanderfolgender Jahre sichtbar gemacht werden.

Der sog. **Delta-Unterschieds-Brutto-Cashflow (DUB)** trägt der dynamischen Entwicklung des Unternehmens Rechnung und eignet sich als Kriterium für die variable Vergütung des Managements.

5. Zusammenfassung

Die Einführung **kapitalmarktorientierter Bilanzstandards** in das Rechnungswesen ermöglicht es, intern und extern gleiche entscheidungsrelevante Informationen bereitzustellen.

Extern ist eine derart ausgestaltete Publizität eine gute Basis für eine faire Bewertung des Unternehmens durch den Markt. Indem der Kapitalmarkt die Risikostruktur des Unternehmens besser einschätzen kann, ergeben sich niedrigere Kapitalkosten. Gleichzeitig kann der Konzern selbst Rückschlüsse auf die Ansprüche und Erwartungen der Aktionäre an das Unternehmen ziehen.

Durch das kapitalmarktorientierte einheitliche Rechnungswesen wird die **Identifikation des Managements mit den Wertvorstellungen der Kapitalgeber** gefördert und die Verwendung von **Marktmechanismen für die interne Steuerung** forciert. Die Fokussierung auf nach internationalen Standards ermittelte Ergebnis-, Cashflow- und Vermögensdaten bewirkt die Optimierung des Einkommensstroms sowohl der Aktionäre als auch des Unternehmens.

Durch die **Internationalisierung des Berichtswesens**, die stärkere **Betonung der Zahlungsebene** und die **Verknüpfung mit Marktdaten** ist auch die Schaffung eines effektiven, operativen und strategischen Controlling möglich. Damit kann der langfristige Beitrag einzelner Geschäftsbereiche zum Unternehmenswert wirkungsvoll und flexibel überwacht und gesteuert werden. Es wird mehr Transparenz geschaffen. Objektivierte Ziele und verständliche, ökonomisch ausgerichtete Abrechnungen schaffen den notwendigen Anreiz, mit den Unternehmensressourcen und den Mitteln der Kapitalgeber wirtschaftlich umzugehen. Das Bewußtsein über die Kapitaleffizienz und den Wertgenerierungsprozeß wird gestärkt und die Bedeutung und aktive Gestaltbarkeit der Werttreiber deutlich. Gleichzeitig wird ein auf isolierte Optimierung ausgerichtetes Bereichsdenken überwunden.

Die wertorientierte Steuerung setzt entsprechende **organisatorische Vorkehrungen** voraus. Die Markt- und Wettbewerbsausrichtung des diversifizierten internationalen Konzerns verlangt nach einer weitgehenden Profit-Center-Organisation der Konzerneinheiten, um eine sachgerechte Allokation der Mittel und eine entsprechende Motivation der Entscheidungsträger zu fördern. Darüber hinaus ist es notwendig, klare und einheitliche Strukturen des Abrechnungssystems zu schaffen und die Kompetenzen der Bilanz- und Controllingfachleute organisatorisch zu bündeln. Nur so kann sichergestellt werden, daß die entscheidungsrelevanten Daten eindeutig definiert, sachgerecht interpretiert und analysiert werden.

Abgerundet wird das wertorientierte Steuerungssystem durch ein entsprechendes **Vergütungskonzept**, das die Bereitschaft des Managements fördert, die Erwartungen und Impulse des Marktes als Erfolgskriterien zu akzeptieren. Die zunehmende Bedeutung kapitaltheoretischer Konzepte, die Orientierung an den Rechnungszwecken Wertsteigerung und Verhaltenssteuerung sowie der Einsatz des Controlling als interne Koordinations- und Steuerungsfunktion führen zur **Konvergenz** des Rechnungswesens. Diese schafft die Voraussetzungen dafür, daß die Unternehmensstrategien intern und extern konkret und überzeugend vermittelt werden können.

Integrierte Konzernsteuerung:

Strategiekonform, wertorientiert, global konsistent, technisch auf dem neuesten Stand

Heinz-Jürgen Weiss*

Inhalt

* Dipl.-Wirtsch.-Ing. Heinz-Jürgen Weiss, Managing Partner, Arthur Andersen Managementberatung GmbH, Frankfurt/Eschborn.

1. Die Kompetitive Ausgangslage

Auch wenn die gegenwärtige Börsenlage in den drei Weltregionen und die politische Situation in Rußland uns scheinbar das Gegenteil glauben machen wollen, die Europäisierung und die Globalisierung der Wirtschafts- und Finanzmärkte schreitet fort. Diesem Trend (müssen) folgen die großen deutschen Konzerne, allen voran Daimler-Benz, demnächst DaimlerChrysler. Dies hat nicht nur Auswirkungen auf die Kapitalbeschaffung, SAP wird gehandelt an der New York Stock Exchange (NYSE) mit der Konsequenz Anforderungen der SEC an die Rechnungslegung erfüllen zu müssen, sondern viel mehr noch auf die konsistente, objektivierte interne Berichterstattung zum Zwecke der globalen Führung des Konzerns.

Das Wettrennen um das globale Kapital gewinnt der, der die höchste, langfristige Rendite nach Steuern möglichst risikoarm und nachprüfbar verspricht. **Investor Relations** sind mehr als eine Unterabteilung der PR. Es geht nicht um Image, sondern um **facts**. Die Taschen sind gläsern, nicht alleine deswegen, weil man sie freiwillig öffnet, sondern weil Informationstechnologie, Benchmarks und die (nicht nur am Absatzmarkt) erfolgreichere Konkurrenz dazu zwingt.

Datawarehouse versus Dezentralisierung?

Keine Frage, Intra-, Extra- und Internet sowie Breitbandkabel und Satelliten haben auch die Konzernberichtswelt entscheidend qualitativ verbessert und quantitativ beschleunigt. Aber es gibt diversifizierte, globale Konzerne wie z.B. ABB, die sind bereits zu komplex, um etwa über eine Datawarehouse Lösung gesteuert werden zu können.

Integrierte Konzernsteuerung, das ist die Verbindung von Unternehmenszielen (Strategie), Unternehmensprozessen und -strukturen (Ausrichtung auf die Strategie, Operationalisierung), Kommunikation und Informationssysteme und vor allem Menschen. Letztere haben ein Beharrungsvermögen, weil das geringste, was ihnen bei einer Veränderung droht, Neues zu erlernen ist. Integrierte Konzernsteuerung bedeutet, daß alle Kräfte einheitlich auf das Ziel ausgerichtet werden müssen, andernfalls behindern sie sich oder heben sich auf. Integrierte Konzernsteuerung ist die systematische Verbindung von Strategie, Ressourceneinsatz, Geschäftsprozessen, Steuerungs- und Meßgrößen sowie Motivationsanreizen. Nach geeigneten Entlohnungssystemen wie z.B. vorteilhafte Aktienoptionen ist die Informationstechnologie wichtigster Katalysator.

Aktuelle Fragen und typische Projekte der integrierten Konzernsteuerung zeigen Abbildung 1 und 2.

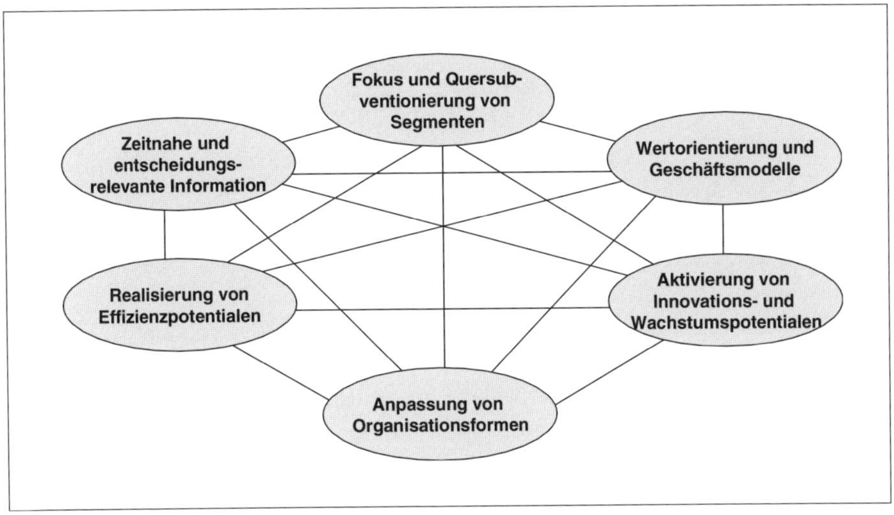

Abb. 1: Aktuelle Fragen zur integrierten Konzernsteuerung

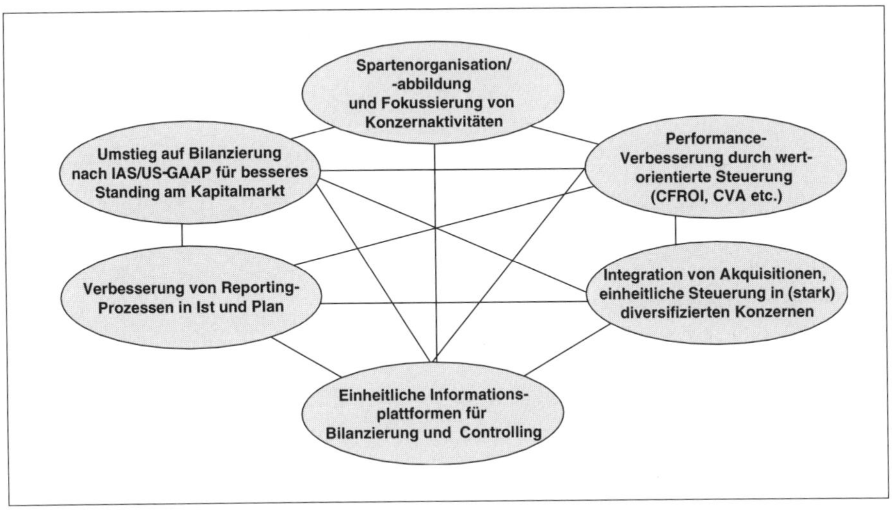

Abb. 2: Aktuelle Projekte zur integrierten Konzernsteuerung

2. Portfoliosteuerung und Kapitalmarktinformationen

Die Finanzstrategie eines Konzerns ist nicht unabhängig von der Geschäftsstrategie und umgekehrt. Wie bereits unter I. dargestellt wurde, ist die Quersubventionierung von Geschäftsbereichen und -feldern durchaus eine relevante Fragestellung. Auch ergibt sich aus den individuellen Stadien der Produktlebenszyklen unterschiedliche Chancen und Risiken auf den Cash Flow. Dies hat auch einen Einfluß auf die Volatilität bzw. den Wertzuwachs der Aktie. D.h. für eine Aktie muß das dahinter liegende Portefeuille von Geschäften entsprechend der Risiko- und Cash Flow-Erwartung strukturiert und analysiert werden. Dabei stellt sich die Frage, ob das vorhandene Controlling- bzw. Steuerungsinstrumentarium eine vernünftige Basis für Zukunftsaussagen bzw. deren Nachprüfbarkeit gegenüber bzw. für dem/n Kapitalmarkt darstellt. Ein Cash Flow orientiertes, strategisch ausgerichtetes Controlling liefert sowohl für den Investor als auch für das Management die gewünschten Informationen. Wenn jedes Geschäft (nicht jeder Geschäftsvorgang) individuell hinsichtlich seines Beitrags zum Wert des Konzerns (Cash Flow- und Risikobeurteilung) beurteilt wird, nähert sich mittelfristig der DCF-Wert (Discounted Cash Flow) des Konzerns abzüglich des Fremdkapitals der Börsenkapitalisierung an. Andererseits, entspricht die Summe der DCF-Werte aller Geschäftseinheiten (plus/minus Wert der Zentrale) dem DCF-Wert des Konzerns. Die Finanzstrategie des Konzerns sollte Sorge dafür tragen, daß die Querfinanzierung der Segmente werterhöhend sein muß.

Finanzanalysten leiten die Erfolgspotentiale und die strategische Ausrichtung eines Konzerns insbesondere aus der Segmentberichterstattung ab. Bei der Einschätzung der Umsetzbarkeit kommt der Beurteilung des Managements eine bedeutende Rolle zu. Diese Einschätzung wird beeinflußt von der (aufgedeckten) Prognosequalität, der Aktualität bzw. Schnelligkeit der Berichterstattung (weniger die **schlechte** Nachricht, denn die konsequente Handlung beeinflußt den Börsenkurs: vgl. Fokker und A-Klasse), der vermittelten Kompetenz und Führungsverhalten sowie der Organisationsgestaltung. Erst das Gesamtbild (und nicht etwa einzelne Kennzahlen) führt zu einer Aussage über zukünftige Cash Flows und EPS (Earnings Per Share). Daran mag man auch sehen, wie ungenau letztendlich diese Werte sind (eine Wachstumsrate von ± 2% kann leicht eine Veränderung des Shareholder Value von ± 40% nach sich ziehen). »Einheitliche Ausrichtung der Kräfte« war das postulierte Ziel der integrierten Konzernsteuerung.

Einzelne praktische Implikationen zeigt nachfolgende Abbildung auf.

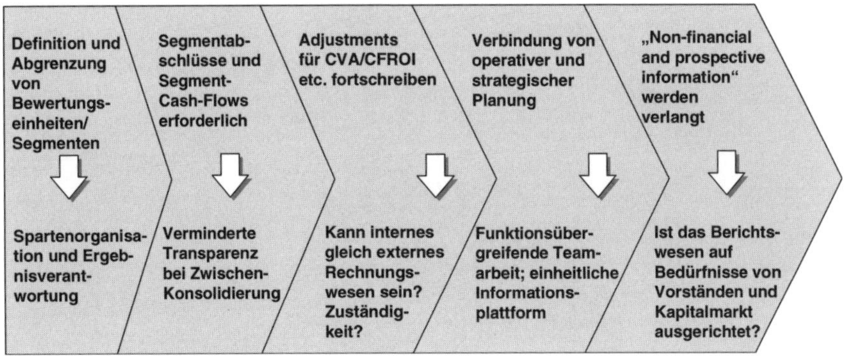

Abb. 3: Praktische Implikationen

3. Wertorientiertes Geschäftsmodell

Nicht nur, daß **Shareholder Value** zum »Unwort des Jahres« gekürt worden ist, in der Praxis haben sich auch einige Schwachstellen aufgetan, die einer erfolgreichen Implementierung im Wege stehen. So lassen sich beispielsweise oftmals Unternehmens- bzw. Segmentstrategie nur unzureichend quantifizierten oder den Prognosenwerten liegen unzuverlässige Datenbasen zugrunde oder die gemachten Annahmen sind nicht plausibel etc.. Shareholder Value ist weniger eine Rechenaufgabe denn eine Managementaufgabe. Die Basisdaten liegen häufig nicht in der für Shareholder Value Objekte notwendigen Managementstruktur nach Geschäftsfeldern, Unternehmensbereichen, etc., vor, sondern richten sich häufig nach der rechtlichen Organisation. Entsprechend problematisch gestaltet sich die Eigenkapitalaufteilung. Strategische und operative Ziele (langfristig vs. kurzfristig) liegen häufig im Konflikt. Die Mitarbeiter befürchten ein Konzept ähnlich der Gemeinkostenwertanalyse (welche falsch angewandt, zu indifferenzierten Freisetzung von Arbeitskräften führt) und mißtrauen deswegen der Vorteilhaftigkeit der wertorientierten Steuerung.

Deswegen ist die Shareholder Value Rechnung im Sinne einer integrierten Konzernsteuerung in eine **wertorientierte Unternehmenssteuerung** zu überführen.

Das »Arthur Andersen Integrierte Konzernsteuerungsmodell« hat im Sinne einer durchgängigen Steuerung drei Ebenen: die Portfolio-, die Geschäftsfeld- und die Prozeßebene.

Im Rahmen der Portfoliosteuerung werden auf Basis der spezifischen Unternehmensstrategie sowie auf der Datengrundlage der strategischen Planung die klassischen Shareholder Value Berechnungsmodelle aufgebaut. Hieraus werden Aussagen zur

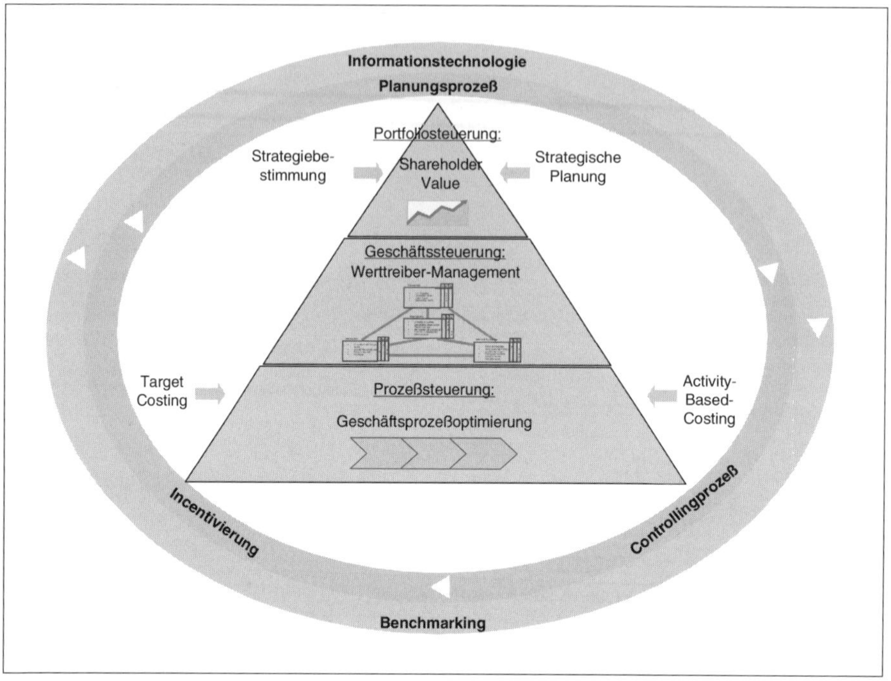

Abb. 4: Arthur Andersen Integriertes Konzernsteuerungsmodell

Geschäftsfeldsteuerung sowie für langfristige Investitions- bzw. Desinvestitionsentscheidungen abgeleitet, indem die Unternehmenswerte für das Gesamtunternehmen sowie die strategischen Geschäftsfelder bestimmt werden. Insbesondere für stark diversifizierte Konzerne müssen die Ergebnisse dieser langfristigen Portfoliosteuerung jedoch noch in operative Vorgaben und Ziele für die Geschäftssteuerung transformiert werden.

Auf der Ebene der Geschäftssteuerung innerhalb strategischer Geschäftsfelder ergänzt das Arthur Andersen Modell die Shareholder Value Steuerung um ein Werttreiber- und Performance Management. Als Werttreiber gelten dabei alle auslösenden Parameter bzw. Stellhebel, die als Resultat eine wesentliche Wertveränderung eines Geschäfts zur Folge haben. Werttreiber haben eine doppelte Herleitung sowohl aus den Shareholder Value Rechenmodellen als auch aus der geschäftsfeldspezifischen Strategie. Als Instrument zur Ableitung und Darstellung relevanter Werttreiber eignet sich beispielsweise die **Balanced Scorecard**.

Wertgenerierung erfolgt letztlich durch effiziente, strategiekonforme Prozeßgestaltung. Deshalb ist die dritte Ebene innerhalb des Arthur Andersen Steuerungsmodells als Prozeßsteuerung ausgeprägt. Hierbei soll eine permanente Optimierung der Geschäftsprozesse im Unternehmen stattfinden, indem relevante Steuerungsgrößen monetärer und nicht-monetärer Art konsequent über alle Unternehmensebenen herunter gebrochen und den jeweiligen Managementebenen für deren Eigensteuerungszwecke zur Verfügung gestellt werden. Instrumentell kann die Geschäftsprozeßoptimierung durch moderne Methoden der Kostengestaltung wie z.B. Activity-Based-Costing oder Target Costing unterstützt werden.

Ausgangspunkt der integrierten Konzernsteuerung ist die Erstellung eines aussagefähigen Unternehmenswertmodells. Dazu existieren verschiedene Ansätze, beispielsweise die Discounted Cash Flow Methode (DCF), bei der die zukünftigen freien Cash Flows und die gewichteten Kapitalkosten abgeleitet und der Marktwert des Gesamtkapitals (Bruttowert) durch Abzinsung der freien Cash Flows mit dem gewichteten Gesamtkapitalkostensatz ermittelt werden. Der Marktwert des Eigenkapitals ergibt sich dann gemäß der Komponentenmethode durch Abzug des Marktwerts des verzinslichen Fremdkapitals vom Bruttowert. Dabei ist es ratsam, soweit als möglich auf vorhandenen, gesicherten Planungszyklen im Unternehmen aufzusetzen und damit auch die Vertrautheit und Akzeptanz der verwendeten Daten durch das Management sicherzustellen. Eine vernünftige Grundlage liefern in aller Regel vorhandene, drei- bis fünfjährige nach GuV sowie Bilanz gegliederte Mittelfristplanungen, aus denen die entsprechenden Free Cash Flows abgeleitet werden können. Unter Heranziehung langfristiger Planungsprämissen und Eckwerte aus der strategischen Planung können dann auch die Free Cash Flows für den Zeitraum der strategischen Planung abgeleitet und für die Bestimmung des Fortführungswerts aufbereitet werden.

Den Bedürfnissen des Managements ist mit der Ermittlung des Shareholder Value nicht vollständig Rechnung getragen. Zwar sind der absolute Betrag des Shareholder Value oder eine Internal Rate of Return – bezogen auf den Unternehmenswert – zum Betrachtungszeitpunkt wichtige Spitzenkennzahlen, doch benötigt das Management im Sinne einer wertorientierten Konzernsteuerung auch Indikatoren, die anzeigen, inwieweit jährlich oder auch unterjährig bestimmte Shareholder Value Etappenziele erreicht wurden. Aus diesem Grunde bedarf die Shareholder Value Ermittlung eines Unterbaus in Form detaillierter Unternehmenswertmodelle, die auch operative Steuerungsgrößen umfassen. Die exakte Ausgestaltung des Unternehmenswertmodells muß stets unternehmensspezifisch erfolgen. Die erste Stufe bilden hierbei dynamische Kennzahlen wie der Net Present Value (NPV) oder die Internal Rate of Return (IRR). Ihnen folgen auf der zweiten Stufe statische, zeitpunktbezogene Spitzenkennzahlen. Oberste Kennzahl für die jahresbezogene bzw. unterjährige Steuerung kann z.B. die Cash Flow Gesamtkapitalrendite sein, die den erwirtschafteten Cash Flow eines Jahres ins Verhältnis zum Brutto-Gesamtkapital setzt. Die Cash-Flow-Umsatzrendite, die Kapitalkosten, der Net Cash Flow sowie der Operating Profit sind weitere wichtige Kennzahlen. Die Ebene der operativen Wertschöpfung wird mit den sogenannten **Shareholder Value-Steuerungsparametern** erreicht, die sich im wesentlichen aus Bilanz und GuV ableiten. Die Shareholder Value-Steuerungsparameter können unter-

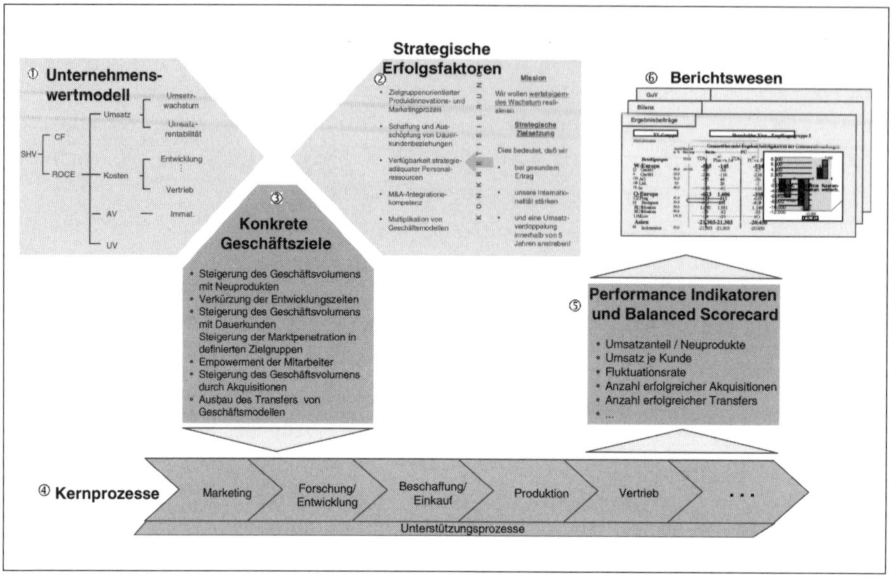

Abb. 5: Konzept und Aufbau eines wertorientierten Steuerungsmodells (Werttreibermodell)

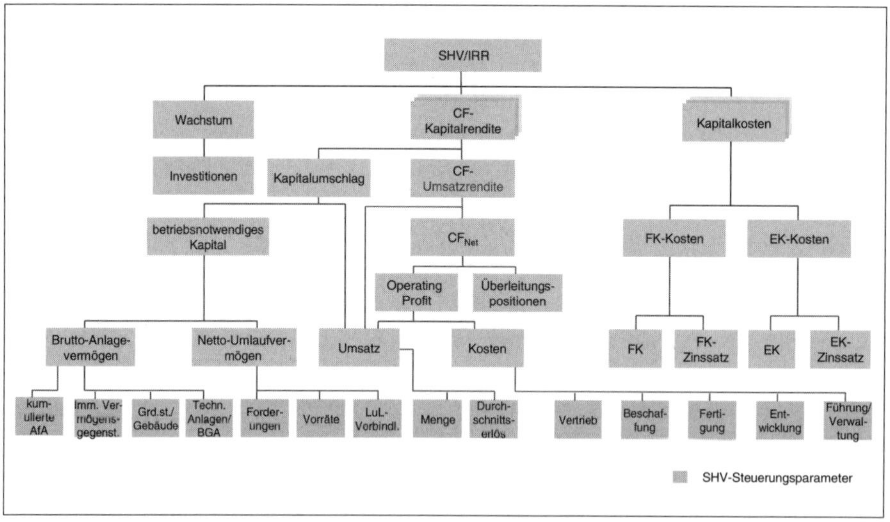

Abb. 6: Unternehmenswertmodell

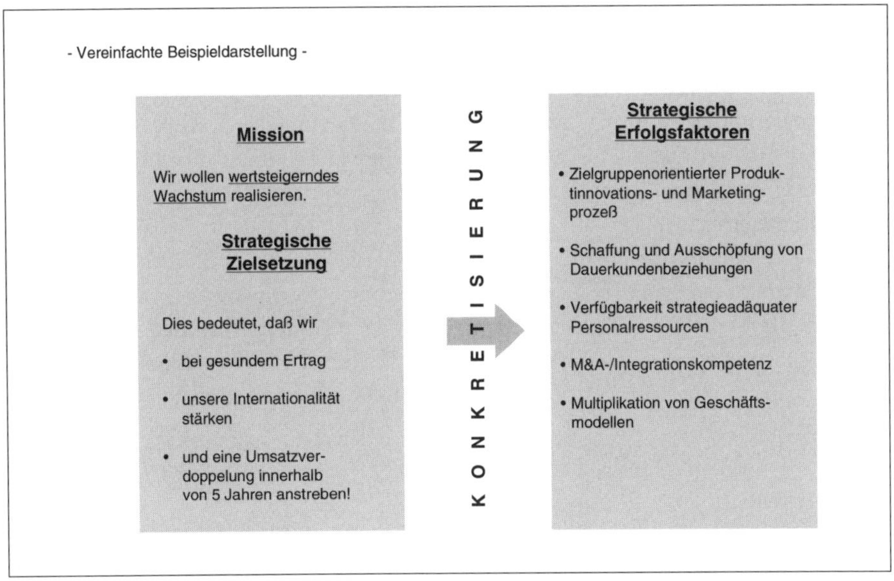

Abb. 7: Ableitung strategischer Erfolgsfaktoren

nehmensspezifisch weiter detailliert werden, z.B. im Kostenbereich durch die vertiefende Betrachtung von Prozeßkosten.

Ein derart gestaltetes Unternehmenswertmodell hat mehrere entscheidende Vorteile:

- Strategische Kennzahlen, wie beispielsweise der NPV oder die IRR, und operative Steuerungsperspektiven, wie beispielsweise die CF-Gesamtkapitalrendite, werden integriert;
- International gebräuchliche Steuerungsgrößen, wie beispielsweise der Operating Profit, sind Bestandteil des Systems.
- Die Zahlungswirksamkeit ist über die Cash Flow Betrachtungen auf unterschiedlichen Ebenen sichergestellt.
- Der Übergang auf interne, operative Steuerungsgrößen wird durch den Kostenaufriß nach Funktionen und die Ermittlung der relevanten Shareholder Value-Steuerungsparamter sichergestellt.

Um ein Auseinanderdriften von Shareholder Value Management und Business Management zu vermeiden, muß jeder Ansatz zur wertorientierten Unternehmenssteuerung zwangsläufig die Unternehmensstrategie integrieren. Bindeglied zwischen Unternehmensstrategie und Shareholder Value sind die **strategischen Erfolgsfaktoren**.

Weder die strategischen Erfolgsfaktoren noch die Shareholder Value-Steuerungsparameter genügen für sich alleine gesehen dem Anspruch einer durchgängigen wertorientierten Steuerung über alle Unternehmensebenen. Aus diesem Grunde werden über die **Business Driver** (konkrete Geschäftsziele) Parameter eingeführt, die operationale Vorgaben für das gesamte Unternehmen darstellen und die wesentlichen Stellhebel für den Geschäftserfolg abdecken. Hierbei ist darauf zu achten, daß die Business Driver sowohl eine positive Korrelation mit den Shareholder Value-Steuerungsparametern aufweisen als auch eine Konkretisierung der strategischen Erfolgsfaktoren darstellen müssen. Auf diese Weise ist gewährleistet, daß über die Business Driver Shareholder-Value in Form des Unternehmenswertmodells und Strategie in Form der strategischen Erfolgsfaktoren miteinander verbunden werden. Hierbei werden, ausgehend vom Unternehmenswertmodell, zunächst die Shareholder-Value-Steuerungsparameter auf ihre Wesentlichkeit für die Generierung von Shareholder Value untersucht.

Die Ableitung von Business Driver ist eine wichtige Teilmaßnahme, die durch den Einbezug strategischer Aspekte komplettiert wird.

Die Ermittlung der »Business Driver« erfolgt in enger Abstimmung mit dem Management und zwar auf der Ebene der Geschäftsfelder.

Die dritte Ebene der integrierten Konzernsteuerung des ARTHUR ANDERSEN-Modells befaßt sich mit der Optimierung der Geschäftsprozesse.

Ausgangspunkt der Ermittlung **erfolgskritischer Kernprozesse** ist das ARTHUR ANDERSEN Prozeßklassifizierungsschema, in dem weltweit vorbildliche Verfahren sind Prozeßgestaltungsmöglichkeiten aus unterschiedlichen Unternehmen und Branchen zu einem übergreifenden Prozeßschema zusammengefaßt und aufbereitet. Basierend auf dem Prozeßklassifizierungsschema werden die Kernprozesse mit denen des jeweiligen Unternehmens bzw. Geschäftsfeldes abgestimmt, modifiziert und bei besonders rele-

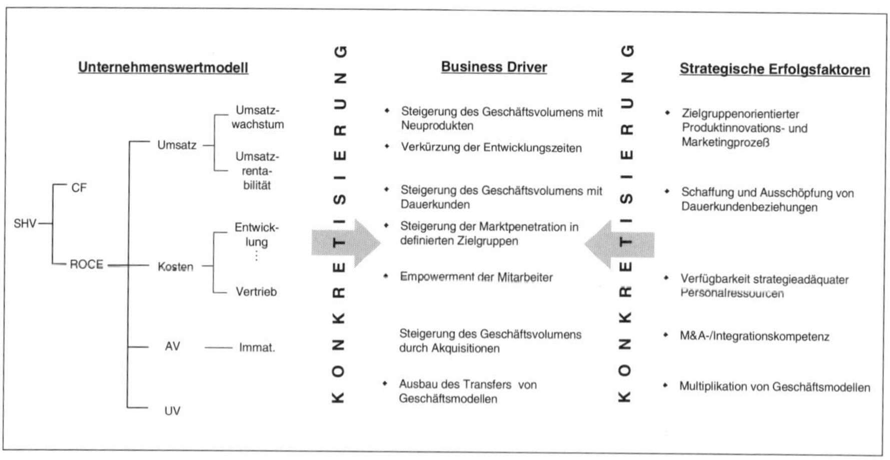

Abb. 8: Ableitung von Business Drivern

vanten Kernprozessen um entsprechende Detailprozeßstrukturen ergänzt. Die so auf das spezifische Geschäftsfeld adaptierte Prozeßstruktur wird anschließend mit den Business Drivern konfrontiert, wodurch sich wiederum die unter Wertsteigerungsgesichtspunkten relevanten Prozesse herausfiltern lassen. Dies wird durch eine Referenzdatenbank unterstützt, in die laufend aktuelle Erfahrungen eingepflegt werden und aus der sich häufig anzutreffende Korrelationen bzw. Schnittstellen von Prozessen und Business Drivern ableiten und branchenspezifisch auswerten lassen. Auf diese Weise wird schnell und anschaulich dargelegt, welche Prozesse in der Regel auf welche Business Driver wirken und damit für die weitere Prozeßgestaltung hervorgehobene Bedeutung besitzen. Auch die Ermittlung der relevanten Kernprozesse bedarf nochmals der geschäftsfeldspezifischen Adaption und Diskussion. Insbesondere ist darauf zu achten, daß die Anzahl der letztendlich für das jeweilige Geschäftsfeld als relevant eingestuften Prozesse überschaubar gehalten wird, damit die wertorientierte Steuerung nicht in einem unübersichtlichen Feld aller möglicher Prozeßkonstellationen untergeht. In einem Beispielunternehmen aus der Medienbranche, das stark im entwicklungs- und betreuungsintensiven Fachinformationsmarkt tätig ist, führte diese Vorgehensweise zu sieben Kernprozessen, die aus dem Prozeßklassifikationsschema für die weitere Bearbeitung selektiert wurden:

- Proaktive Bestimmung der Kundenbedürfnisse
- Definition der Business-Strategie
- Produktentwicklung/Prototyping
- Kundensegmentspezifisches Marketing
- After-Sales-Service
- Personalmanagement
- Ressourcen- und Finanzmanagement

Werttreiber sind alle auslösenden Parameter bzw. Stellhebel, die mittel- oder unmittelbar als Resultat eine wesentliche Wertsteigerung eines Geschäfts zur Folge haben. Über Werttreiber soll nicht nur eine Verbindung zwischen Shareholder Value und Unternehmensstrategie hergestellt, sondern der Einbezug aller Mitarbeiter in die wertorientierte Steuerung gewährleistet werden. Werttreiber ergänzen die traditionelle Sicht monetärer Steuerungsgrößen auf allen Unternehmensebenen, indem auch nichtmonetäre Parameter zur Steuerung herangezogen und für relevante Prozesse operative Einflußgrößen ermittelt werden wie z. B. Ausschußquoten, durchschnittliche Montagezeiten, Garantiekosten, Kundenzufriedenheit etc. Werttreiber beziehen sich unmittelbar auf Kernprozesse und damit mittelbar auch auf Business Driver. Wichtig ist, daß mit den Werttreibern Strategie- und Shareholder-Value-Konformität unmittelbar gemessen werden können. Wertsteigerung ist damit kein abstraktes Ziel mehr, sondern eine Vorgabe, die sich über alle Unternehmensebenen und Prozesse zieht und für jeden Mitarbeiter nachvollziehbar wird.

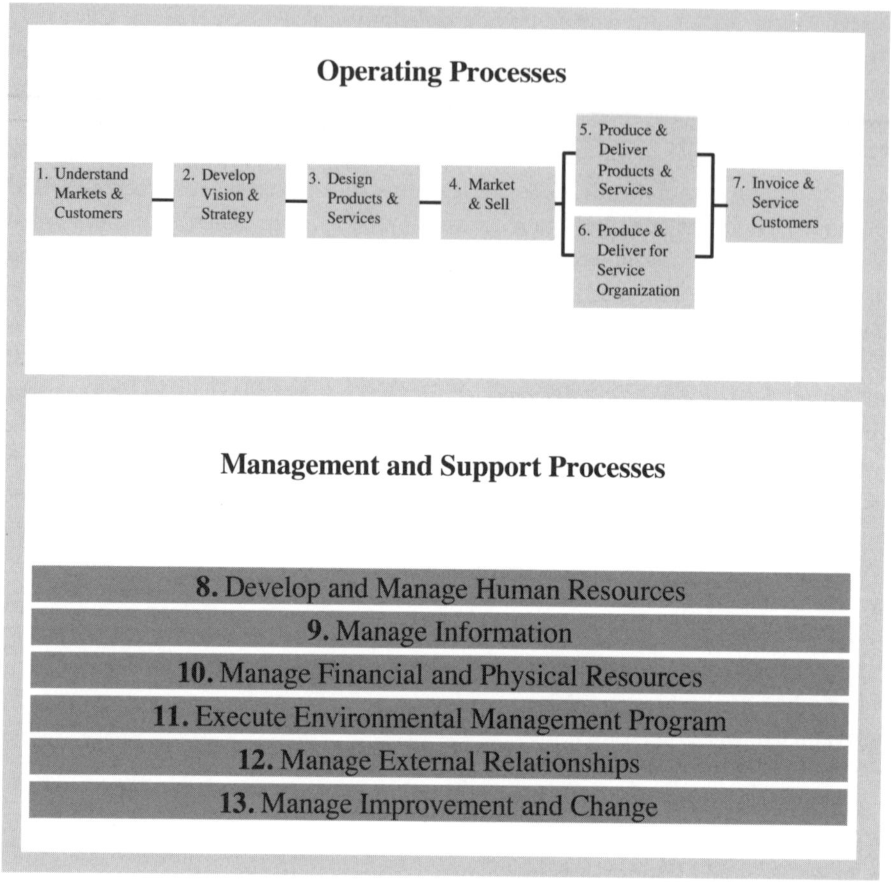

Abb. 9: Arthur Andersen Prozeßklassifizierungsschema

Integrierte Konzernsteuerung erfolgt über permanentes Monitoring wertsteigender Aktivitäten und Prozesse.

Deshalb müssen auch Shareholder-Value orientierte Informationen in das Berichtswesen integriert werden. Dies geschieht mittels einer sogenannten **Balanced Scorecard** (vgl. Abbildung 11). Grundgedanke der Balanced Scorecard ist die Aufbereitung und Darstellung unterschiedlicher, strategischer und operativer Steuerungsperspektiven für die Entscheidungsträger im Unternehmen. Dabei treten gleichrangig neben die traditionellen monetären Steuerungsgrößen Werttreiber aus den Bereichen »Customer Measures«, »Business Process Measures« und »Innovation/Growth/Learning«. Die in der Balanced Scorecard berichteten Informationselemente greifen Ursache-Wirkungs-Zusammenhänge zwischen operativen und strategischen Steuerungsindikatoren auf und stellen diese abgestimmt auf die jeweiligen »Scorecard Owner« dar. Damit lassen

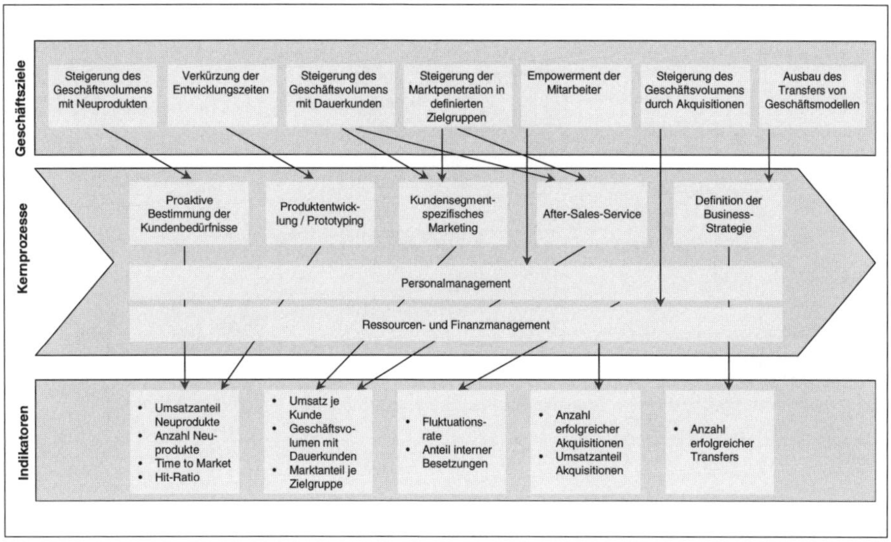

Abb. 10: Ermittlung von konkreten Geschäftszielen und Performance Indikatoren

sich frühzeitiger und verursachungsorientierter als durch traditionelle monetäre Steuerungsgrößen Abweichungen von der gewünschten strategischen Stoßrichtung und operative Plan-Ist-Abweichungen im Unternehmen signalisieren. Als aggregierte, konsolidierbare (finanzielle Kennzahlen), geschäftsfeldübergreifende Kennzahlen setzt der ARTHUR ANDERSEN-Ansatz die »Financials« an, die letztendlich das Resultat der vorgenannten Balanced Scorecard Dimensionen sind und unabhängig vom Geschäftsfeld auch für das Wert-Monitoring auf der obersten Ebenen stark diversifizierter Konzerne eingesetzt werden können. Als wesentliche Steuerungsgrößen innerhalb der Balanced Scorecard können die Werttreiber der zuvor identifizierten Kernprozesse herangezogen und auf die jeweiligen Scorecard Dimensionen zugeordnet werden.

Zur besseren Verwendung als Konzernsteuerungsinstrument kann die Balanced Scorecard auch mehrdimensional aufgemacht werden, so können die beispielsweise die drei Dimensionen Kosten, Zeit und Qualität angesetzt werden. Eine einzige Balanced Scorecard auf der Ebene des Topmanagements für das gesamte Unternehmen verfügbar zu haben, ist jedoch keine ausreichende Basis, um ein Gleichlaufen von Shareholder Value Steigerung und Verbesserung der operativen Performance zu erreichen. Vielmehr ist die Top Balanced Scorecard weiter herunterzubrechen und zu operationalisieren. Dies kann ebenfalls wieder über die identifizierten Kernprozesse und deren spezifische Werttreiber erfolgen. Hierbei ist entscheidend, daß dieselben Gedanken, die zur Erstellung der Top Balanced Scorecard geführt haben, auch auf den nachfolgenden Ebenen angewandt werden und somit ein mehrdimensionales, an der

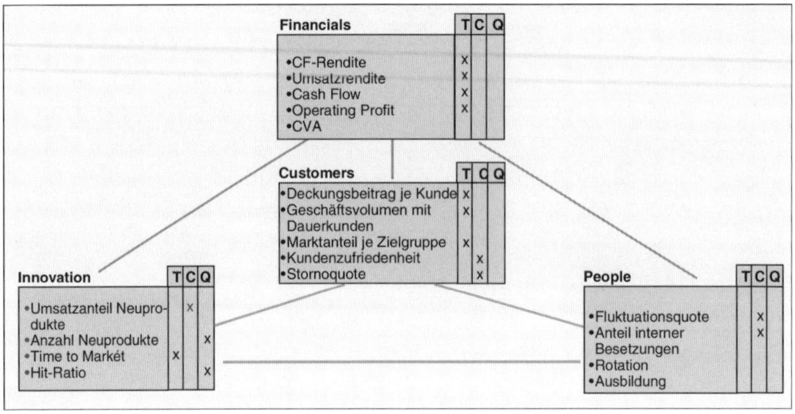

Abb. 11: Balanced Scorecard

unmittelbaren, operativen Prozeßleistung orientiertes Zielsystem im Unternehmen entsteht. Es werden also für jeden der identifizierten Kernprozesse dreidimensionale Werttreiber für Kosten-, Zeit- und Qualitätsziele abgeleitet und ggf. über die jeweiligen Unternehmensebenen weiter detailliert werden. Dadurch ist die Verbindung von Shareholder Value und Werttreibern bis auf beliebige Detaillierungsebenen, im Extremfall bis auf den einzelnen Mitarbeiter und die von ihm veranlassten oder beeinflussten Prozeßparameter hinunter, möglich.

Das integrierte Konzernsteuerungsmodell wird in fünf Etappen ermittelt (vgl. Abbildung 5):

1. Aufbau eines Unternehmenswertmodells
2. Intergration strategischer Erfolgsfaktoren
3. Ableitung konkreter Geschäftsziele (»business driver«)
4. Ableitung erfolgskritischer Kernprozesse
5. Ermittlung von Werttreibern und Balanced Scorecard

Ferner darf die Verbindung zwischen Werttreibern und Shareholder Value nicht als Einmalaktion erfolgen, vielmehr soll die permanente Anbindung der operativen Werttreiber an den Shareholder Value den entscheidenden Durchbruch hinsichtlich eines durchgängigen Steuerungssystems liefern und für Analyse- und Simulationszwecke genutzt werden. Von besonderer Bedeutung ist hierbei die Ableitung der Elastizitäten zwischen Werttreiberveränderung und Shareholder Value Veränderung und umgekehrt. So kann beispielsweise festgestellt werden, wie sich eine schnellere »Time to

Market« in geringeren Entwicklungskosten, höheren Marktanteilen und Premium-Preisen niederschlägt und welche Kosten und Erlöseinbußen entstehen, falls sich die »Time to Market« verlängert. Zur Bestimmung der vorgenannten Elastizitäten ist wiederum die enge Einbeziehung des spezifischen Unternehmenskontexts entscheidend. Diese kann auf Basis von Referenzwerten aus anderen Projekten derselben Branche nur gemeinsam mit den entsprechenden Fachmanagern sichergestellt werden. Hieraus ergibt sich ein nicht zu unterschätzender Verbundeffekt. Die entsprechenden Fachmanager des Middle oder Lower Management werden bei diesem Ansatz in die Konzeptionsphase mit einbezogen und erkennen somit frühzeitig das Zusammenspiel zwischen ihrer persönlichen, an operativen Werttreibern gemessenen Leistung und der Gesamtunternehmensleistung gemessen am Shareholder Value. Im laufenden Betrieb der wertorientierten Unternehmenssteuerung können auf Basis der definierten Elastizitäten dann Analysen und Simulationen angestrengt werden, die dabei behilflich sind, den Shareholder Value auf die Prozesse zurückzuführen, durch die er am nachhaltigsten beeinflußt wird, um diese dann zu optimieren. Ferner können durch diese Verbindungen auch Simulationen gefahren werden, inwiefern sich bestimmte prozeßoptimierende Maßnahmen auf den Shareholder Value niederschlagen und sich damit, im wahrsten Sinne des Wortes, nachhaltig rechnen. Damit ist auf Basis der vorgenannten Informationszusammenhänge **ein permanentes, wertorientiertes Controlling** etablierbar, das das Management auf allen Unternehmensebenen mit den notwendigen, wertorientierten Steuerungsgrößen versorgt. (vgl. Abbildung 5, Komponente 6)

Durch die Integration von Shareholder Value und Geschäftsmodellen lassen sich somit zahlreiche wichtige Effekte realisieren: Ein (Prozeß-)Benchmarking wird unterstützt, indem die eigenen Prozeßstrukturen mit denen von World-Class-Unternehmen verglichen und hinsichtlich ihres Impacts auf den ermittelten Shareholder Value in Relation gesetzt werden. Prozesse können durch die Operationalisierung und Transparentmachung ihrer Werttreiber einem permanenten Monitoring unterzogen werden. Prozeßmanagement wird damit fester Bestandteil der Führung auf allen Unternehmensebenen. Zur kostenseitigen Fundierung der Prozeßoptimierung sowie zur Prozeßgestaltung können Informationen aus dem Activity-Based-Costing sowie dem Target Costing in das oben genannte Monitoring integriert werden. Die Anstrengungen zahlreicher Unternehmen, ein permanentes Prozeßkostenmanagement aufzubauen, werden somit im Hinblick auf die Realisierung einer wertorientierten Konzernsteuerung sinnvoll einbezogen. Die Integration der unterschiedlichen Steuerungsebenen im vorgestellten Shareholder Value-Modell läßt Simulationen und Sensitivitätsanalysen zwischen operativen Werttreibern und dem Shareholder Value sowohl top-down als auch bottom-up zu und ist damit für eine Shareholder Value orientierte Planung und Steuerung sowie den Aufbau eines wertorientierten Controlling enorm hilfreich. Anreiz- und Tantiemesysteme können für alle Mitarbeiterebenen unmittelbar an die Erbringung wertsteigernder Leistungen geknüpft werden. Shareholder Value wird

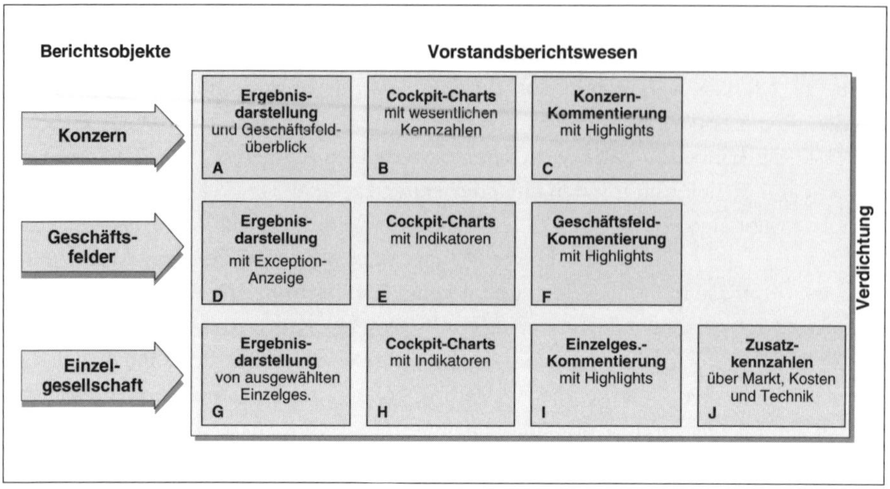

Abb. 12: Struktur des Konzernberichtswesens (Bsp.: quartalsmäßiges Vorstandsberichtswesen)

damit zum gemeinsamen Ziel aller Mitarbeiter und verbleibt nicht nur auf der Ebene des Topmanagements.

Der integrierte Konzernsteuerungsansatz hat erhebliche Bedeutung für die anderen »Sub«-Systeme des Konzerns. Gerade durch deren Optimierung werden »Quantensprünge« hinsichtlich der Verbesserung von Kosten/Qualität/Zeit erreicht.

Die Orientierung am Unternehmenswert ist im Wertesystem und der Führungsphilosophie zu verankern und bedarf i.d.R. eines »Cultural Change«. Bezüglich des Planungs- und Steuerungssystems ist die zukünftige Wertentwicklung der Unternehmung sowie der einzelnen Unternehmensteile auf Basis zukunftsorientierter Cash Flow Ströme zu formulieren. Für die Steuerung im operativen Bereich sind entsprechende wertorientierte Zielvorgaben zu erarbeiten, in die die interne und externe Berichterstattung zu integrieren und durch geeignete Wertkennzahlen zu überwachen ist. Die Personalführungs- und Anreizsysteme sind auf den Shareholder Value auszurichten. Organisatorisch sind abgrenzbare Geschäftsfelder mit marktfähigen In- und Outputs und deckungsgleichen Verantwortungsbereichen zu schaffen. Zur Messung der Wertschaffung einzelner Teileinheiten ist es notwendig, auch bei unternehmens- und konzerninternen Leistungen die In- und Outputs mit Marktpreisen zu bewerten.

Auch die Kommunikationspolitik des Unternehmens muß sich bei Einführung einer wertorientierten Unternehmenssteuerung wandeln. Dabei darf nicht nur der Ausbau von Investor Relations im Vordergrund stehen, vielmehr müssen die Stakeholder Relations im Rahmen der laufenden Berichterstattung, des Geschäftsberichts, der internen Kommunikation mit den Mitarbeitern und der allgemeinen Öffentlichkeits-

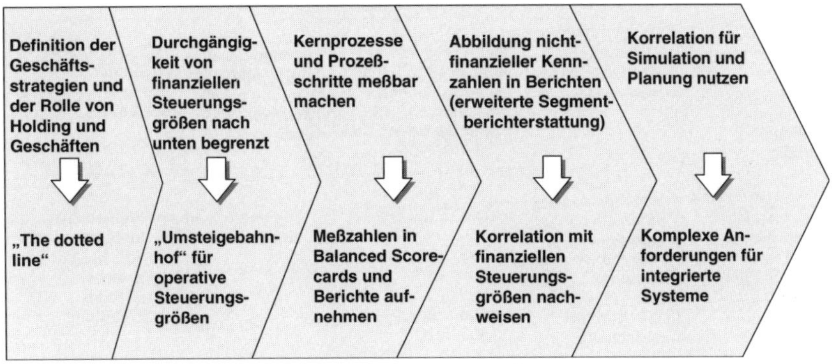

Abb. 13: Praktische Implikationen

arbeit ausgebaut werden. Wertorientierte Unternehmenssteuerung läßt sich somit genau dann realisieren, wenn es gelingt, ein geschlossenes Konzernmodell aufzubauen und die strikte Integration strategischer, jahresbezogener und operativer Steuerungsgrößen sicherzustellen.

4. Umstellung auf internationale Rechnungslegung

Der Umstellung auf IAS oder US-GAAP liegen prinzipiell zwei Ziele zugrunde. Zum einen wird mit Anwendung von internationalen Rechnungslegungsnormen – verbunden durch die Reduzierung der Bewertungsspielräume – eine erhöhte Marktorientierung erreicht, so daß die Kapitalbeschaffung auf den internationalen Finanzmärkten zu günstigeren Bedingungen ermöglicht wird. Zum anderen dient die Umstellung auf IAS oder US-GAAP auch der Vereinheitlichung der »Sprache« im Konzern. Diese Überlegungen **und** der kompetitive Kostendruck sowie die Notwendigkeit wesentlich schneller mit der Berichtserstellung zu sein, führt zu einer Zusammenführung von externer und interner Rechnungslegung und Berichtswesen.

Die Investorenorientierung (Shareholder Value) führt zu einer Integration des Rechnungs- und Finanzwesens. Die Notwendigkeit »einheitlicher Sprache« ergibt sich auch hier. Damit stellen sich für die »Finance Function of the Future« völlig neue Aufgaben (vgl. unten).

Die praktischen Implikationen ergeben sich aus nachfolgender Abbildung:

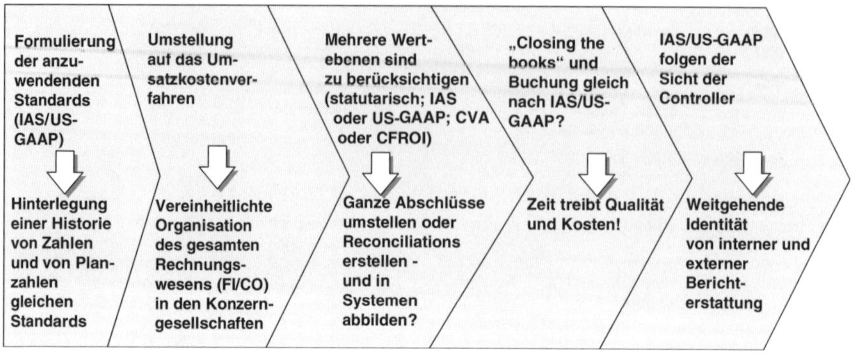

Abb. 14: Praktische Implikationen

5. Organisatorische Veränderungen

- »Finance Function of the Future«
- Technologische Plattform

In einer gemeinsamen Studie von EIU (Economist Intelligence Unit; The Evolving Role of Finance, 1998) und Arthur Andersen Management Beratung wurde festgestellt, daß heute 68% der Befragten (200 multinationale Unternehmen) angaben, mit der Automatisierung der Abwicklung von Geschäftsvorfällen um das Berichtswesen befaßt zu sein, 64% mit der Verbesserung der Informationssysteme und 52% mit der Entwicklung kreativer Finanzierungsinstrumente. Gefragt, wie sie die Kernaufgaben in fünf Jahren einschätzen, hatte zum Resultat: 82% befassen sich mit der Verbesserung der Informationssysteme, **77% unterstützen die Ausnutzung von Geschäftschancen und helfen Risiken vermeiden, 77% unterstützen die operativen Einheiten bei der Planung und Gestaltung von Geschäftsprozessen, Kennzahlen, Analysen u.s.w.** D.h. die »Finance Function of the Future« wird eine ganz andere strategische Dimension haben als die von heute.

Dies bedeutet, daß erhebliche »non-finance« Kenntnisse zusätzlich erworben werden müssen. Dies gilt für alle Bereiche des Unternehmens aber auch für Kommunikationsverhalten und Führungskompetenz. Die strategische Ausrichtung bei der integrierten Konzernsteuerung führt auch zwangsläufig zu einer Entbürokratisierung und verstärkter Personenorientierung. Trotz zentraler strategischer Ausrichtung werden überschaubare, flexibel und innovative Geschäftseinheiten geschaffen. Das Rollenverständnis von Konzernzentralen und Geschäftseinheiten verändert sich hin zu »Centers of

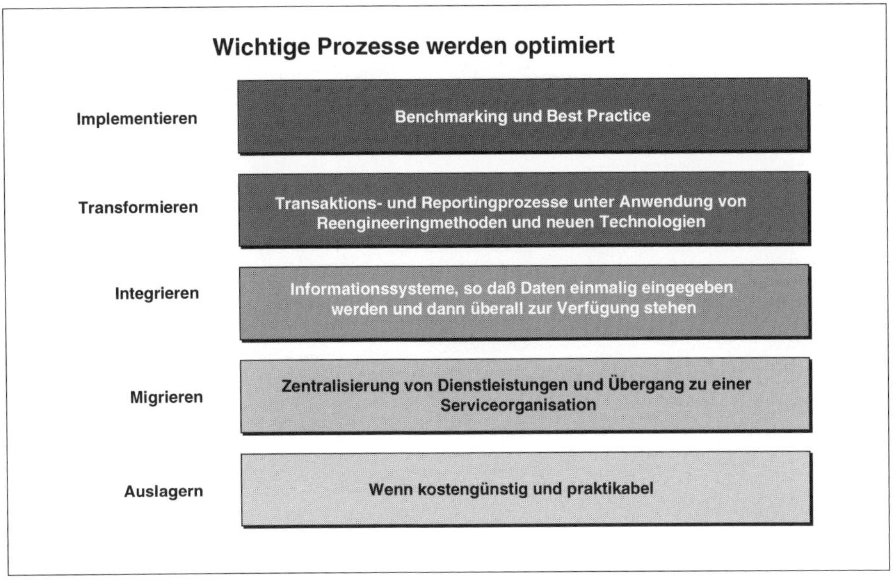

Abb. 15: Wichtige Prozesse werden optimiert

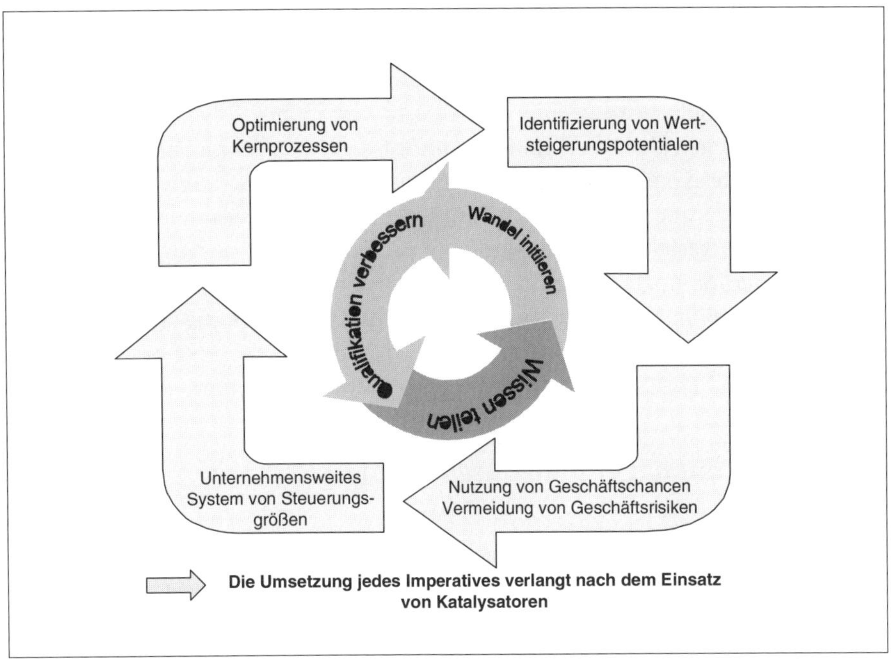

Abb. 16: Strategische Imperative für die Neu-Ausrichtung der Finanzfunktion

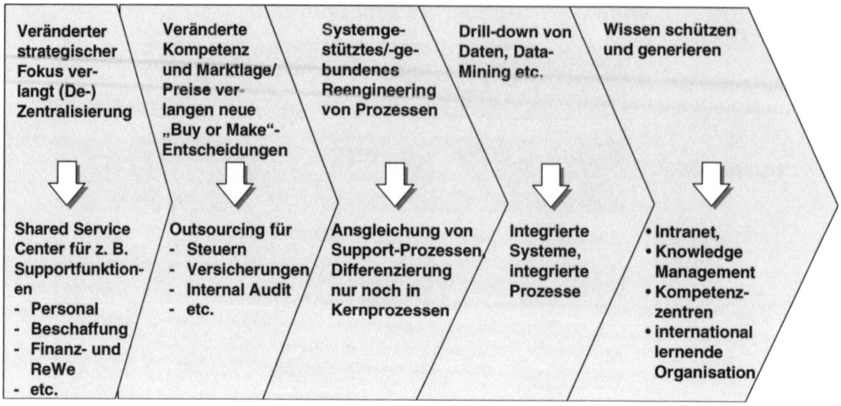

Abb. 17: Praktische Implikationen

Excellence« bzw. »Competence«. Hierarchien werden flacher, horizontale Organisation führt zu Prozeßoptimierungen. Eine Mehrdimensionalität der Berichterstattung und damit Entscheidungsfindung ist unausweichlich (Produkte, Regionen, Funktionen).

Problemlösungen sind kundenorientiert. Auch dies bedeutet eine **Werterhöhung**.

Der globale Wettbewerb zwingt zum Einsatz von »State-of-the-Art« oder »World Class« Instrumenten. Damit soll ein Kosten-, Zeit- oder Qualitätsvorsprung (nicht nur bei den Produkten sondern auch bei jeder relevanten Information) erreicht werden.

Es geht auch darum, »das Rad nicht jedes mal neu zu erfinden« sondern die lernende Organisation zu gestalten. Mit globalem Anspruch kann dies nur durch den Einsatz entsprechender Informations- und Kommunikationsinstrumente erreicht werden.

Die praktischen Implikationen aus Abbildung 16 für die integrierte Konzernsteuerung zeigt Abbildung 17.

6. Projektmanagement/Zusammenfassung

Die praktische Erfahrung lehrt, daß die Rückendeckung durch den Konzernvorstand die wichtigste Voraussetzung für die erfolgreiche Projektdurchführung bei der Einführung einer integrierten Konzernsteuerung ist. Es sei aber auch dringend geraten, dies auf die ersten drei Führungsebenen auszudehnen.

Das betriebswirtschaftliche Steuerungskonzept ist zu erarbeiten:

- Bewertungseinheiten
- Steuerungsgrößen (kurz-/langfristig)
- Geschäftsmodelle
- Qualifikation

Anschließend sind die Systeme auszuwählen und das Steuerungskonzept ist in den Systemen abzubilden. Dabei sind die Prozesse zu überarbeiten und entsprechend sind die betroffenen Mitarbeiter zu qualifizieren. Die Anreizmechanismen sind zu entwickeln (Vergütungssysteme) und Ziele sind zu vereinbaren.

Das »vollständige Bild« zeigt nachfolgendes Wabenmodell zur integrierten Konzernsteuerung:

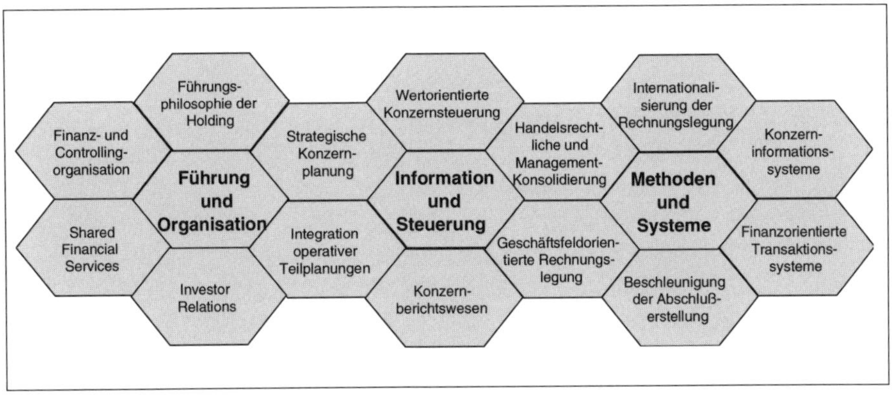

Abb. 18: Konzernsteuerungsmodell

Anreizsysteme und finanzorientiertes Controlling: Stock Option-Pläne als Motivationsinstrument der Unternehmensleitung*

Barbara E. Weißenberger / Jürgen Weber**

Inhalt

* Herrn Dr. Norbert Knorren sei für wertvolle Hinweise bei der Entstehung dieses Beitrags herzlich gedankt.

** Dr. Barbara E. Weißenberger, Arthur Andersen Zentrum für Externes Rechnungswesen und Steuerrecht, WHU Koblenz, Otto Beisheim Hochschule; Prof. Dr. Jürgen Weber, Inhaber des RWE-Stiftungslehrstuhls für Betriebswirtschaftslehre, insbesondere Controlling und Logistik, WHU-Koblenz, Otto Beisheim Hochschule.

1. Finanzorientierung als neue Herausforderung für das Controlling

Die Globalisierung der Finanzmärkte stellt an viele deutsche Unternehmen neue Anforderungen. War das traditionelle System der Kapitalbeschaffung noch durch eine starke Bankenorientierung gekennzeichnet, so stehen heute die globalen Kapitalmärkte im Vordergrund. Damit verlagern sich die Engpässe innerhalb der Unternehmensführung: Stärker als bisher muß – letztlich über die handelsrechtliche Publizität – aktuellen wie potentiellen Anlegern die finanzielle Attraktivität des Unternehmens als Anlageobjekt signalisiert werden.

Für das Controlling impliziert diese Entwicklung Gestaltungsbedarf nicht nur im Bereich der Rechnungslegung und des Berichtswesens, sondern auch bezogen auf die unternehmensinternen Anreizsysteme (vgl. Weber/Weissenberger, 1998, S. 7f.). Insbesondere muß mit Hilfe adäquater Vergütungssysteme sichergestellt werden, daß Zieldivergenzen zwischen Management und Eigenkapitalgebern aufgefangen werden. Ein möglicher Ansatzpunkt zur Umsetzung insbesondere für die Unternehmensleitung ist der Einsatz von Stock Option-Plänen.

Während der Einsatz von Stock Option-Plänen in den USA, Frankreich oder Großbritannien weit verbreitet ist (vgl. Kohler, 1997, S. 249ff.), kann in Deutschland ein verstärkter Einsatz erst in den letzten Jahren beobachtet werden (vgl. Knoll, 1997b, S. 36ff.). Dieser Trend ist begleitet von einer ebenso kritischen wie intensiven Auseinandersetzung in der Theorie wie auch im Rahmen von gerichtlichen Auseinandersetzungen (vgl. stellvertretend das von Meffert und Backhaus (1997) herausgegebene Sammelwerk zum Thema Stock Options).

Vor diesem Hintergrund stellt sich zum einen die Frage, ob bzw. in welcher Form Stock Option-Pläne als Motivationsinstrument geeignet sind. Zum anderen ist zu prüfen, wann der Einsatz von Stock Option-Plänen in Zusammenhang mit der Ausgestaltung anderer Führungsdimensionen im Unternehmen erfolgversprechend erscheint. Dies ist gerade vor dem Hintergrund relevant, daß alternative Vorschläge in vielen Fällen lediglich auf bekannte Anreizsysteme – beispielsweise mehrjährige Durchschnitte buchhalterischer Ergebnisgrößen (vgl. z.B. Bernhardt/Witt, 1997, S. 97f.) – zurückgreifen, die ebenfalls kontrovers diskutiert werden können.

Als ein mögliches Analyseraster zur Zusammenfassung und Weiterentwicklung der aktuellen Debatte bietet sich die koordinationsorientierte Controlling-Theorie an (vgl. grundlegend Horvath, 1978 sowie neuer Weber, 1995; Küpper, 1997). Sie unterstellt eine zunehmende Effizienz der Unternehmensführung, wenn die einzelnen Führungsdimensionen im Unternehmen – nach Weber beispielsweise Planung, Kontrolle, Information, Organisation und Personalführung – möglichst gut miteinander abgestimmt sind. Controlling trägt dann zu einer Rationalitätssicherung innerhalb der Unternehmensführung bei (vgl. Weber/Schäffer, 1998). Durch die Anwendung des Strukturierungsrasters der koordinationsorientierten Controlling-Theorie auf die vorliegende Themenstellung läßt sich zudem ein Bezug zur aktuellen Corporate Governance-Debatte herstellen (vgl. z. B. Abschnitt 4.2 des vorliegenden Beitrags).

Der folgende Abschnitt 2 gibt zunächst einen Überblick über Begriff und Einsatz von Stock Option-Plänen in der betrieblichen Praxis. Abschnitt 3 untersucht die Ausgestaltung von Stock Option-Plänen als Motivationsinstrument für die Unternehmensleitung innerhalb der Personalführungsdimension. Abschnitt 4 analysiert die Koordinationsbedarfe mit den anderen Führungsdimensionen. Dabei wird für die Zwecke dieses Aufsatzes eine Koordinationsrichtung von der Personalführung hin zu anderen Führungsdimensionen unterstellt. Abschnitt 5 faßt die Bedingungen für einen abgestimmten Einsatz von Stock Option-Plänen zusammen.

Dabei läßt sich zeigen – soviel sei an dieser Stelle vorweggenommen –, daß im Lichte der alternativ zur Verfügung stehenden Anreizsysteme und bei Beachtung der in den Abschnitten 3 und 4 genannten Bedingungen Stock Option-Pläne ein geeignetes Instrument zur Motivation der Unternehmensleitung im Rahmen eines finanzorientierten Controlling darstellen.

2. Gestaltung von Stock Option-Plänen

2.1 Begriff, Zielsetzung und Adressaten von Stock Option-Plänen

Unter einem Stock Option-Plan versteht man ganz allgemein ein Prämiensystem, in dem der Prämienempfänger – in aller Regel ein Mitglied der Unternehmensleitung – statt eines Geldbetrags reale oder fiktive Kaufoptionen auf die Aktien des eigenen Unternehmens erhält. Reale Optionen können bei Eintritt bestimmter Bedingungen, z. B. dem Überschreiten eines vorgegebenen Aktienkurses, ausgeübt werden, indem der Prämienempfänger zu einem festgelegten Bezugskurs Aktien erwirbt. Über den Verkauf der Aktien kann er den Zahlungsstrom zur Finanzierung seiner Konsumausgaben verbreitern und somit einen Nutzenzuwachs realisieren. Bei fiktiven Optionen erhält der Prämienempfänger eine äquivalente Geldsumme vom Unternehmen.

Bis vor kurzem wurden Stock Option-Pläne in Deutschland fast ausschließlich mit Hilfe der Ausgabe von Options- oder Wandelanleihen realisiert, über die der Prämienempfänger mit den beabsichtigten Options- bzw. Wandlungsrechten ausgestattet wurde. Firmen, die diesen Weg gehen, sind beispielsweise die Deutsche Bank 1996 bzw. Henkel 1997 (über die Ausgabe von Optionsanleihen) oder Daimler-Benz 1996 und 1997 bzw. Volkswagen 1997 (über die Ausgabe von Wandelanleihen).

Mit Inkrafttreten des KonTraG können Unternehmen nach dem neu gefaßten § 192 Abs. 2 Nr. 3 AktG auch ohne das Zwischenschalten einer Anleihe eine bedingte Kapitalerhöhung zur Umsetzung von Stock Option-Plänen durchführen. Es werden dann vom Unternehmen »nackte« Optionsscheine (»naked warrants«) emittiert und an die Prämienempfänger ausgegeben.

In allen Fällen wird das den Altaktionären zustehende Bezugsrecht junger Aktien zugunsten der Prämienempfänger ausgeschlossen. Daraus resultiert eine Kapitalverwässerung zu Lasten der Altaktionäre, sofern der Bezugskurs unter dem rechnerischen Wert der Aktie liegt. Dieser Wert errechnet sich im einfachsten Fall an einem effizienten Kapitalmarkt als Quotient aus dem risikoadjustierten Barwert der zukünftig zu erwartenden Gewinne (Ertragswert des Eigenkapitals) und der Anzahl der ausgegebenen Aktien.

Eine weitere Möglichkeit zur Ausgabe von Stock Option-Plänen wird in der Literatur (vgl. Claussen, 1998, S. 180) über die im Rahmen des KonTraG neu eingefügte Nr. 8 des § 71 Abs. 1 AktG gesehen. Unternehmen haben damit nach Ermächtigung durch die Hauptversammlung die Möglichkeit, eigene Aktien von bis zu 10% des Grundkapitals zu erwerben. Ein Erwerbszweck wäre die Weitergabe an die Teilnehmer von Stock Option-Plänen, wenn diese die ihnen zustehenden Optionen ausüben. Im Gegensatz zu Stock Option-Plänen auf der Basis einer bedingten Kapitalerhöhung wird kein Eigenkapital neu geschaffen; eine Kapitalverwässerung findet nicht statt.

Zum Erwerb der eigenen Aktien müssen andererseits jedoch in aller Regel beträchtliche liquide Mittel aufgewendet werden, die zu Investitionszwecken nicht mehr zur Verfügung stehen. Zudem besteht in Höhe des Werts der eigenen Aktien nach § 71 Abs. 2 AktG eine Ausschüttungssperre durch den Zwang zur Bildung einer Rücklage für eigene Anteile. In Deutschland gibt es nach Kenntnis der Verfasser derzeit kein Unternehmen, das auf dieser Basis einen Stock Option-Plan beabsichtigt. Auch in der Diskussion um Stock Option-Pläne findet diese Möglichkeit (noch) wenig Beachtung (vgl. z. B. Meffert/Backhaus, 1997). In der folgenden Analyse geht es deshalb primär um Stock Option-Pläne auf der Basis bedingter Kapitalerhöhungen.

Eine alternative Ausgestaltung von Stock Option-Plänen sind Phantom Stock Options, auch Stock Appreciation Rights genannt (vgl. Feddersen, 1997, S. 285). Dabei wird die oben dargestellte Vorgehensweise lediglich fiktiv nachvollzogen. Der Prämienempfänger erhält zum Ausübungszeitpunkt vom Unternehmen den Geldbetrag, den er über die Ausübung der Optionen und den folgenden Aktienverkauf am Kapitalmarkt hätte realisieren können. Phantom Stock Options sind materiell einer Barzahlung an den Prämienempfänger gleichzusetzen. In Deutschland werden sie z. B. von der SAP AG gewährt, nachdem ein auf einer Wandelanleihe beruhender Stock Option-Plan von SAP wenig erfolgreich war. Ein weiterer Grund ist die Vermeidung von Insider-Problemen (vgl. Abschnitt 3.1).

Mit Stock Option-Plänen werden – unabhängig von ihrer Ausgestaltung im Einzelfall – verschiedene Ziele verfolgt. Versucht man, Stock Options ökonomisch zu erklären, kann man beispielsweise die Beseitigung von Interessendivergenzen zwischen Aktionären und Management anführen. Das Management soll dahingehend motiviert werden, Führungshandlungen umzusetzen, die den (Ertrags-)Wert des Eigenkapitals so weit wie möglich erhöhen. Dies schlägt sich – einen hinreichend effizienten

Kapitalmarkt vorausgesetzt – im Aktienkurs nieder. Da durch den Einsatz von Stock Option-Plänen sowohl Aktionäre (über den Vermögenszuwachs) als auch das Management (über die Ausübung der Optionen) von einem hohen Aktienkurs profitieren, erscheint – zumindest auf den ersten Blick – die gewünschte Harmonisierung der Interessen als möglich. Nach Kenntnisstand der Verfasser verfolgen alle in Deutschland bisher umgesetzten Stock Option-Pläne primär diese Zielsetzung.

Eine weitere Zielsetzung spielt u. a. in den USA eine Rolle: Start-up-Companies bzw. sanierungsbedürftige Unternehmen, die mit einer angespannten Liquiditätslage konfrontiert sind, können über Stock Option-Pläne in Verbindung mit einem niedrigen Grundgehalt qualifizierte Führungskräfte attraktiv vergüten, ohne hohe Liquiditätsabflüsse zu verursachen. Gerade in Fällen, in denen der langfristige Unternehmensbestand noch nicht sichergestellt ist, überträgt ein solches Vergütungsschema den Führungskräften neben Chancen auch Risiken in vergleichsweise hohem Umfang (vgl. Kohler, 1997, S. 252).

Weitere Ziele beim Einsatz von Stock Option-Plänen sind die Bindung von Mitarbeitern an das Unternehmen, wenn die Ausübung der Optionen an die Zugehörigkeit zum Unternehmen geknüpft ist (vgl. Kohler, 1997, S. 251; allerdings zur rechtlichen Zulässigkeit kritisch Feddersen, 1997, S. 272), sowie die kostengünstige Beschaffung von Eigenkapital (vgl. Lehner, 1997, S. 43 f.).

Ein modellexogener Grund für den Einsatz von Stock Option-Plänen sind steuerliche Vorschriften, die aus Unternehmenssicht den Einsatz von Stock Option-Plänen favorisieren. Untersuchungen in den USA zeigen beispielsweise, daß Änderungen in der steuerrechtlichen Behandlung einen wichtigen Einfluß auf die mehr oder weniger hohe Einsatzintensität von Stock Option-Plänen im Zeitablauf haben (Winter, 1997a, S. 17 f.). Als alleiniger Erklärungsfaktor für den Einsatz von Stock Option-Plänen reichen steuerliche Regelungen offensichtlich jedoch nicht aus (vgl. hierzu die Untersuchung von Yermack, 1995, S. 263 ff.), was für die Bedeutung der o. a. ökonomischen Zielsetzungen spricht.

Vom Grundsatz her können sich Stock Option-Pläne an alle Träger von Führungshandlungen im Unternehmen richten. In der Praxis werden Stock Option-Pläne jedoch meist nur den obersten Führungsebenen angeboten, da ein besonders hoher Einfluß aus ihrem Arbeitseinsatz auf die Wertsteigerung des Eigenkapitals unterstellt wird (vgl. Bernhardt, 1997, S. 21). Eine Ausnahme stellt u. a. der Stock Option-Plan von VW dar, der auch tariflichen Mitarbeitern eine Teilnahme ermöglicht. Wenger kritisiert dies aufgrund einer relativ zur Arbeitsplatzbindung zu hohen Übertragung von unsystematischem Risiko als »falsch verstandene(r) Sozialromantik« (Wenger, 1997, S. 64) und aus ökonomischer Perspektive sinnlos (vgl. hierzu auch die Ausführungen in Abschnitt 4.4).

2.2 Stock Option-Pläne in der betrieblichen Praxis

Von der Vielzahl der Stock Option-Pläne, die in Deutschland in der betrieblichen Praxis beobachtet werden können, werden im folgenden die wichtigsten Elemente der Stock Option-Pläne von Daimler-Benz 1996 und von Henkel 1996 vorgestellt.

Während der erstere in der Literatur weitgehend einhellig als dysfunktional charakterisiert wurde (vgl. symptomatisch die Einschätzung von SCHWETZLER, 1997, S. 16), wird der Plan von Henkel selbst von der Stock Option-Plänen gegenüber sehr kritischen WENGER-Schule als »beste(s) Programm« (KNOLL, 1997b, S. 40; ähnlich BERNHARDT, 1997, S. 22) in Deutschland bezeichnet. Optionspläne anderer deutscher Unternehmen, wie z.B. der Deutschen Bank, Puma oder der Metallgesellschaft, werden u.a. von KNOLL (1997b), BERNHARDT/WITT (1997) und KOHLER (1997) ausführlich dargestellt.

2.2.1 Das Beispiel Daimler-Benz AG 1996

Der Stock Option-Plan der Daimler-Benz AG (vgl. zu der Darstellung im folgenden KOHLER, 1997, S. 252f.; KNOLL, 1997b, S. 36 i.V.m. S. 38f.) wurde über eine Wandelanleihe (Volumen: 40 Mio. DM, Verzinsung: 5,9%) abgewickelt. Bezugsberechtigt waren die ersten drei Führungsebenen mit insgesamt 178 Personen. 55% der Wandelanleihe wurden erworben.

Die Laufzeit der Wandelanleihe beträgt 10 Jahre. In jedem Jahr können zu vier Zeitpunkten Wandlungsrechte in Eigenkapital im Verhältnis 1:1 ausgeübt werden. Pro erworbene Aktie muß ein Wandlungspreis von 83,77 DM entrichtet werden; dies ist der Börsenkurs am Tag nach der Hauptversammlung 1996, auf der der Stock Option-Plan verabschiedet wurde. Bedingung für die Ausübung des Wandlungsrechts ist neben einem ungekündigten arbeitsvertraglichen Verhältnis mit einem Unternehmen des Daimler-Benz-Konzerns eine Steigerung des Börsenkurses gegenüber dem Wandlungspreis von 15%.

Trotz der langen Laufzeit der Wandelanleihe wurde die Mehrzahl der Wandlungsrechte von den betroffenen Personen bereits relativ kurzfristig ausgeübt. Mit zunehmender Haltezeit der Wandlungsrechte steigt jedoch unter bestimmten Annahmen der Wert dieser Wandlungsrechte – die frühe Ausübung wird dann schwer nachvollziehbar. KNOLL (1997a) argumentiert, daß dies weder mit steuerlichen Vorteilen noch mit negativen Insider-Informationen erklärt werden kann und spricht von einer ökonomisch wenig sinnvollen »Entreicherung« des Managements (S. 2140). Denkbar wären in diesem Zusammenhang jedoch auch einzelfallbezogene Erklärungen, z.B. eine mit zunehmendem Vermögen überproportional wachsende Risikoaversion. Allgemeingültige Schlüsse können hier unseres Erachtens noch nicht gezogen werden.

2.2.2 Das Beispiel Henkel KGaA 1996

Der Stock Option-Plan von Henkel (vgl. zu der Darstellung im folgenden LEHNER, 1997, S. 36–42) wurde über eine Optionsanleihe mit variablem Zinssatz (6 Monats - LIBOR) abgewickelt. Die Optionsscheine mit einer dreijährigen Laufzeit wurden sofort nach der Begebung abgetrennt und den Bezugsberechtigten - 180 Mitarbeitern der ersten drei Führungsebenen - unentgeltlich zur Verfügung gestellt. Jeder Teilnehmer am Stock Option-Plan erhält dabei so viele Optionen, daß seine Prämie im Maximalfall 15% des kumulierten jährlichen Grundgehalts bzw. 45% des Grundgehalts im dritten Jahr der Laufzeit ausmacht.

Die Anleihe selbst wird von einer Bank übernommen bzw. kann von den Bezugsberechtigten zusätzlich gezeichnet werden; sie spielt für die weitere Prämiengestaltung keine Rolle und wird am Ende der Laufzeit von Henkel zum Nennwert zurückgezahlt.

Die Optionen können durch die betroffenen Führungskräfte nur am Ende der Laufzeit im Januar 2000 ausgeübt werden. Der Bezugskurs für die jungen Aktien ist noch nicht festgelegt. Er wird über den Vergleich der prozentualen Kurssteigerung der Henkel-Vorzugsaktie gegenüber dem DAX festgelegt. Diese Kurssteigerungen wird auf der Basis von Durchschnittskursen aus dem 2. Halbjahr 1996 bzw. 1999 ermittelt. Dabei wird der Wert der den Aktionären in diesem Zeitraum zugeflossenen Bardividenden und Nebenrechten berücksichtigt. Für jeden Prozentpunkt, um den die Henkel-Vorzugsaktie sich besser als der DAX entwickelt hat, wird der Bezugspreis gegenüber dem aktuellen Börsenkurs um 2 DM reduziert. Der maximale Abschlag ist mit 30 DM, d.h. 15% Outperformance, festgesetzt.

2.2.3 Vergleich der dargestellten Stock Option-Pläne

Die dargestellten Stock Option-Pläne von Daimler-Benz und Henkel unterscheiden sich vor allem in den folgenden Punkten:

- *Index-Basierung*: Während bei Henkel der Stock Option-Plan nur dann zu positiven Prämien führt, wenn sich die Henkel-Vorzugsaktie besser entwickelt als der DAX, genügt bei Daimler-Benz eine Kurssteigerung unabhängig von der Entwicklung alternativer Anlagemöglichkeiten. Damit profitieren bei Daimler-Benz die Führungskräfte bereits von einfachen Kurseffekten durch Inflation (bei unterstellter Inflationsrate von 2% p.a. ergibt sich beispielsweise c.p. eine Kurssteigerung in 10 Jahren von knapp 22%; bereits nach dem achten Jahr ist die Zielvorgabe von 15% überschritten).
- *Ausübungszeitpunkt*: Der Optionsplan von Henkel sieht nur einen einmaligen Ausübungszeitpunkt am Ende der dreijährigen Laufzeit vor (europäische Option). Bei Daimler-Benz können die Optionen mit Einschränkungen zu jedem beliebigen

Zeitpunkt während der zehnjährigen Laufzeit ausgeübt werden (amerikanische Option). Damit kann im Daimler-Benz-Modell auch von kurzfristigen Kursspitzen profitiert werden.

- *Prämiensumme*: Während bei Henkel die Prämiensumme begrenzt ist, können die Führungskräfte des Daimler-Benz-Konzerns aus dem Stock Option-Plan quasi unbegrenzt profitieren. Dies erscheint gerade in Verbindung mit den beiden erstgenannten Aspekten und bezüglich der häufig kritisierten »Selbstbedienung« der Unternehmensleitung bei Stock Option-Plänen (vgl. für viele Bernhardt, 1997, S. 21; Meffert, 1997, S. 3) problematisch.
- *Freiwilligkeit der Teilnahme*: Bei Daimler-Benz konnten die betroffenen Führungskräfte im Gegensatz zu Henkel über die Teilnahme am Stock Option-Plan – nicht zuletzt auch aufgrund der Ausgestaltung als Wandelanleihe – selbst entscheiden. Damit werden jedoch nur Führungskräfte, die ohnehin erwarten, die Zielvorgabe einer Kurssteigerung von 15% zu erreichen, am Programm partizipieren. Gerade dann ist aber die Effizienz von Stock Options als Motivationsinstrument eher gering.

3. Stock Option-Pläne als Motivationsinstrument der Unternehmensleitung: Eine theoretische Analyse

Stock Option-Pläne als Motivationsinstrument der Unternehmensleitung sind ein Element der Personalführungsdimension innerhalb der Unternehmensführung. Bevor in Abschnitt 4 die Koordination mit den vier übrigen Führungsdimensionen untersucht werden kann, muß zunächst die Tauglichkeit von Stock Option-Plänen als Motivationsinstrument per se innerhalb der Personalführungsdimension hinterfragt werden (dimensionsinterne Koordination).

Hierbei geht es zunächst um die Frage, inwieweit von Stock Option-Plänen eine Motivationswirkung ausgeht. An zweiter Stelle ist zu untersuchen, ob Stock Option-Pläne anreizkompatibel sind, d.h. ob die zu erwartenden Prämienzahlungen nur dann steigen, wenn gleichzeitig die Ziele der Aktionäre besser erreicht werden. An dritter Stelle ist zu prüfen, ob der Einsatz von Stock Option-Plänen wirtschaftlich ist.

3.1 Motivationswirkung von Stock Option-Plänen

Die Motivationswirkung von Stock Option-Plänen entsteht letztlich über Kursgewinne, die nach dem Erwerb junger Aktien und deren Verkauf an der Börse realisiert werden können. Im Vergleich zur Entlohnung direkt in Aktien (vgl. zu dieser Form von Prämiensystemen Marchlewski/Schätzle, 1998, S. 40) profitieren die Prämienempfänger durch die Hebelwirkung von Optionen in stärkerem Maße von Kurssteigerungen. Bei fallenden Aktienkursen kann der Optionswert maximal bis auf null sinken; der Inhaber verzichtet dann auf ihre Ausübung.

In diesem Zusammenhang wird häufig kritisiert, Optionsinhaber partizipierten im Gegensatz zu Aktionären nur eingeschränkt an Verlusten der Gesellschaft; aus diesem Grund sei eine Entlohnung in Aktien vorzuziehen (vgl. BERNHARDT/WITT, 1997, S. 97 m.w.N.; KREKE, 1997, S. 47; MEFFERT, 1997, S. 3). Ein solcher Standpunkt verkennt jedoch, daß erwartete Erträge aus der Ausübung von Optionen ökonomisch ebenso einen Vermögenswert darstellen wie Aktien selbst.

Bei sinkenden Aktienkursen des Unternehmens vermindert sich so nicht nur das Vermögen der Aktionäre, sondern auch das Vermögen der Optionsinhaber, bei letzteren nämlich um die Reduktion der erwarteten Erträge aus den Stock Options. Durch die begrenzte Laufzeit von Stock Options erfolgt bei schweren Managementfehlern mit langfristigen Auswirkungen sogar eine spürbare Bestrafung, falls die Optionen bis zum Ende der Laufzeit wertlos sind. Bei einer Entlohnung in Aktien könnten die betroffenen Manager möglicherweise ihre Fehler »aussitzen« und deren Beseitigung durch andere abwarten – allerdings besteht diese Gefahr auch bei sehr langfristig ausgelegten Stock Option-Plänen.

Damit Stock Option-Pläne die gewünschte Motivationswirkung entfalten können, muß zum einen die Beziehung zwischen Managementleistung und Prämiengewährung transparent sein (vgl. WINTER, 1996a, S. 73 f.) So erfolgt beispielsweise die Ermittlung der Outperformance im Optionsplan von Henkel bewußt auf einem vergleichsweise einfachen Schema (vgl. LEHNER, 1997, S. 34).

Gleichzeitig muß sichergestellt werden, daß die betroffenen Führungskräfte mit Stock Option-Plänen in Verbindung mit den eigenen Aktionen positive Nutzenerwartungen verbinden. Einschränkungen können hier u. a. aus der steuerrechtlichen Gestaltung sowie aus der mangelnden Berücksichtigung von Insider-Problemen herrühren.

Die Besteuerung von Stock Option-Plänen in Verbindung mit einer bedingten Kapitalerhöhung beim Prämienempfänger ist noch nicht abschließend geklärt. Im Kern geht es um die Frage, ob der Ausübungszeitpunkt (und damit der Ausübungsgewinn) oder der Einräumungszeitpunkt (und damit der Wert der Optionen bei Gewährung) maßgeblich für die Besteuerung ist. Derzeit geht die Meinung dahin, daß bei nicht übertragbaren Optionen eine Versteuerung erst im Ausübungszeitpunkt stattfindet. (vgl. FEDDERSEN, 1997, S. 274–286; PELLENS/CRASSELT, 1998b, S. 1433 m.w.N.).

Soll dagegen zum Einräumungszeitpunkt besteuert werden, stellt sich die Frage nach der Bewertung der Optionen zu diesem Zeitpunkt. Der innere Wert, d.h. die Differenz zwischen Bezugskurs und Börsenkurs, ist häufig – wie auch im oben dargestellten Optionsplan von Daimler-Benz – zum Einräumungszeitpunkt gleich null. Der Zeitwert der Optionen, der nach finanzmathematischen Methoden, z. B. von BLACK/SCHOLES (1973), ermittelt werden kann, ist u. a. zusätzlich noch von der Volatilität der Aktie oder der Restlaufzeit der Option abhängig.

Henkel versucht steuerliche Probleme im Einzelfall dadurch aufzufangen, daß in individuellen Ausnahmen die Ausgabe der Aktienoptionen durch eine äquivalente Barzahlung ersetzt wird (LEHNER, 1997, S. 39). Allerdings besteht hier die Gefahr, daß von einzelnen Führungskräften die Motivationswirkung des Stock Option-Programms durch geschickte Verhandlungen und Einzelfallregelungen unterlaufen wird. Solange andererseits die steuerrechtlichen Konsequenzen nicht abschließend geklärt sind und für die betroffenen Teilnehmer eine Restunsicherheit besteht, ist die Motivationswirkung von Stock Option-Plänen beeinträchtigt.

Problematisch sind auch die insiderrechtlichen Konsequenzen von Stock Option-Plänen. Dabei geht es weniger um die Ausübung der Optionen, als um den – vom Konzept her auch beabsichtigten – Verkauf der jungen Aktien. Die Teilnehmer an Stock Option-Plänen sind in aller Regel Primär-Insider nach WpHG. Ungewollte Verstöße gegen das Insider-Handelsverbot drohen insbesondere dann, wenn ein solcher Primär-Insider Kenntnis von bestimmten Insider-Informationen hat, deren Auswirkungen auf den Aktienkurs jedoch unterschätzt (vgl. FEDDERSEN, 1997, S. 292 ff.). Befürchtungen eines solchen Verstoßes können ebenfalls die Motivationswirkung von Stock Option-Plänen beeinträchtigen.

In der Literatur wird vorgeschlagen, solche Insider-Probleme durch die Festlegung begrenzter Zeiträume, in denen Primär-Insider ihre Papiere verkaufen dürfen (sogenannte »Trading-Windows«) oder durch das Zwischenschalten eines weisungsfreien Dritten, z. B. einer Depotbank, die über die Aktien nach eigenem Ermessen verfügen kann, zu vermeiden (FEDDERSEN, 1997, S. 294 f.). Die letztgenannte Möglichkeit wird in Deutschland bisher jedoch nur wenig genutzt.

3.2 Anreizkompatibilität

Stock Option-Pläne sind aus Sicht der Aktionäre dann anreizkompatibel (vgl. LAUX/LIERMANN, 1993, S. 373), wenn die von der Unternehmensleitung daraus erwarteten Zahlungsströme nur dann ansteigen, wenn gleichzeitig auch die Ziele der Aktionäre besser erfüllt werden, d. h. der Wert des Eigenkapitals gesteigert wird.

Im Rahmen von Stock Option-Plänen wird der Zielerreichungsgrad der Aktionäre über die Höhe des Aktienkurses ermittelt. Je höher der Aktienkurs, desto höher der Ertrag, den das Management aus den übertragenen Optionen realisieren kann. Dabei sollte als untere Grenze für die Ertragserwartungen des Aktionärs eine entsprechend risikoadjustierte Verzinsung des Eigenkapitals angesetzt werden.

Dieser Forderung kann durch die Kopplung der Optionsbedingungen an einen adäquaten Börsenindex entsprochen werden. Dies wird inzwischen vergleichsweise breit vertreten (vgl. für viele MENICHETTI, 1996, S. 1690 f.; DSW, 1997, S. 1 f., oder KOHLER, 1997, S. 260). Im Einzelfall können dabei jedoch Probleme, z. B. die Auswahl des Indexes, der möglichst ähnlich strukturierte Unternehmen enthalten sollte, resultieren. Dem Argument WENGERS (1997, S. 61 f.) in diesem Zusammenhang, daß in einer langfristigen Perspektive die Koppelung an einen Index an Bedeutung verliert, ist nicht uneingeschränkt zuzustimmen, da es hierbei nicht nur um das Auffangen kurzfristiger Kursschwankungen geht, sondern auch die Reduktion von agency-Kosten (vgl. Abschnitt 3.3) eine Rolle spielen kann.

Damit scheint das Kriterium der Anreizkompatibilität zunächst erfüllt. Mehrere Einschränkungen sind jedoch auch hier zu nennen. So stellt der Aktienkurs an einem nicht streng effizienten Kapitalmarkt nur einen verzerrten Maßstab für die Zielerreichung der Aktionäre dar, denn er wird neben der Wertentwicklung des Eigenkapitals auch durch andere Faktoren beeinflußt. Durch Stock Option-Pläne werden jedoch alle Aktionen des Managements positiv entlohnt, die zu einer Aktienkurssteigerung führen. Im Sinne einer »folly of rewarding B, while hoping for A« (KERR, 1975, S. 769) weicht das Management möglicherweise auf Führungshandlungen aus, die zwar den Aktienkurs (B) erhöhen, nicht aber den Wert des Eigenkapitals (A).

Dazu gehört beispielsweise eine geschickte Informationspolitik (vgl. WINTER, 1997, S. 14 m.w.N.) oder die Reduktion von Dividendenzahlungen, um durch thesaurierte Gewinne den Kurs nach oben zu treiben (vgl. LAMBERT/LANEN/LARCKER, 1989, S. 409ff.; anders jedoch DEFUSCO/ZORN/JOHNSON, 1991, S. 36ff.). Allerdings kann letzteres durch die Einbeziehung der ausgezahlten Dividenden in die Ermittlung des Bezugspreises der jungen Aktien – wie beispielsweise im Optionsplan von Henkel 1996 – aufgefangen werden. Weiterhin besteht die Gefahr, daß Stock Option-Pläne das Management zu risikoreicheren Strategien motivieren, da der Optionswert von der Volatilität der Aktie positiv beeinflußt wird (vgl. hierzu die Simulation von WINTER, 1997b, S. 5–13).

Eine zweite Einschränkung der Anreizkompatibilität besteht in den Einflußmöglichkeiten, die das Management auf die Gestaltung von Stock Option-Plänen hat. Im einfachsten Fall ändert es ex post die Optionsbedingungen: So hat z.B. das Management von Apple den Ausübungskurs für die eigenen Stock Options in den neunziger Jahren mehrfach gesenkt (vgl. BERNHARDT/WITT, 1997, S. 90).

Aber auch durch ex ante vorliegende Gestaltungsspielräume, wie beispielsweise der Festlegung des Einführungszeitpunktes, kann das Management die erwarteten Erträge aus Stock Option-Plänen zu seinen Gunsten beeinflussen, ohne zusätzliche Maßnahmen zur Wertsteigerung des Eigenkapitals zu ergreifen. So unterstellt z.B. SCHWETZLER (1997, S. 8), daß in den USA beobachtete positive Kapitalmarktreaktionen auf die Ankündigungen von Stock Option-Plänen einzelner Unternehmen ihren wahren Grund darin besaßen, daß die Stock Option-Pläne gerade dann angekündigt wurden, als ohnehin eine günstige Kursentwicklung abzusehen war (vgl. hierzu auch WINTER, 1997a, S. 15, der in diesem Zusammenhang gleichzeitig signalling durch positive Insider-Informationen unterstellt).

Enthält der Optionsplan zudem keine Kopplung an einen Index (s.o.) oder stehen regelmäßigen Ausübungsterminen (amerikanische Option) keine Haltefristen der jungen Aktien entgegen, besteht die Gefahr, daß die Unternehmensleitung unangemessen von kurzfristigen Kursspitzen profitiert: Gerade in diesem Zusammenhang wird der »Selbstbedienungscharakter« (vgl. für viele Bernhardt, 1997, S. 21; Meffert, 1997, S. 3) von Stock Option-Plänen kritisiert.

3.3 Wirtschaftlichkeit

Unterstellt man trotz der in den Abschnitten 3.1 und 3.2 vorgetragenen Einschränkungen eine anreizkompatible Motivationswirkung von Stock Option-Plänen, so ist ihr Einsatz bei überhöhten Kosten dennoch nicht zu rechtfertigen. Da die Quantifizierung der Nutzenwirkung von Stock Options kaum möglich ist (vgl. Becker, 1987, S. 26), muß sich die Diskussion im wesentlichen auf die Betrachtung der Kostenseite beschränken. Zwei Aspekte sind hier relevant: Zum einen die Kosten der Übertragung exogener Risikofaktoren an ein als risikoavers angenommenes Management, zum anderen die Verwässerung des Kapitals der Altaktionäre bei der Ausgabe junger Aktien.

Die im Rechnungswesen als Controllability-Prinzip (vgl. Ferrara, 1967, S. 43 ff.; Antle/Demski, 1998, S. 700 ff.) diskutierte Forderung, das Management im Rahmen eines Prämiensystems nur für solche Ergebnisse belohnen, die es direkt verantworten kann, d.h. also ihm keine exogenen Risiken zu übertragen, ist zwar auf den ersten Blick die günstigste Form der Motivation. Bei asymmetrischer Informationsverteilung, wie sie zwischen Aktionären und Management vorliegt, ist das Controllability-Prinzip jedoch nicht mehr anwendbar. Die Kritik an Stock Option-Plänen bezüglich der Übertragung exogener Zufallseinflüsse (vgl. z.B. Bernhardt, 1997, S. 21 f.) läuft daher ins Leere.

Hintergrund für den Einsatz von Stock Option-Plänen zu Anreizzwecken ist die Annahme eines Zielkonflikts (moral hazard) zwischen Aktionären und Management. Dabei wird unterstellt, daß das Management primär solche Investitionen bevorzugt, die den eigenen Nutzen fördern und die nicht unbedingt den Wert des Eigenkapitals erhöhen. Damit werden Aktionärsinteressen unterlaufen. Aufgrund der Trennung zwischen Eigentum und Leitungsmacht sind parallel zu diesem Zielkonflikt Informationen asymmetrisch verteilt. Die Aktionäre können nicht differenzieren, ob eine unzureichende Wertsteigerung des Eigenkapitals auf Führungsfehler des Managements oder auf exogene Zufallskomponenten, z.B. ungünstige Marktentwicklungen, die das Management selbst nicht verantworten kann, zurückzuführen ist.

Es ist eine grundlegende Erkenntnis der normativen Principal-Agent-Theorie, daß bei asymmetrisch verteilter Information dem Management zu Anreizzwecken zumindest ein Teil der exogenen Unsicherheit in Form von ergebnisabhängigen Vergütungsbestandteilen übertragen werden muß (vgl. Wagenhofer, 1993, S. 172 f. m.w.N.). Stock Option-Pläne müssen zur Erzielung einer Motivationswirkung deshalb notwendigerweise »ungerecht« sein, d.h. Zufallseinflüsse, wie beispielsweise Kurssteigerungen im Rahmen einer Hausse oder Kurssenkungen in Folge einer Baisse, berücksichtigen.

Allerdings verursacht die Übertragung exogener Zufallseinflüsse, die Chancen wie Risiken beinhalten, i.d.R. auch Kosten. Hintergrund ist der Disnutzen, der durch die Übertragung des exogenen Risikos bei einem als risikoavers angenommenen Management entsteht. Der Disnutzen drückt sich in einer Abschwächung der motivationalen Wirkung des Stock Option-Plans aus. Diese Abschwächung wird modelltheoretisch über agency-Kosten gemessen. Je schwächer der Zusammenhang zwischen der Tätigkeit des Managements und dem Aktienkurs, beispielsweise bei Aktien mit sehr hoher Kursvolatilität, um so höher sind die agency-Kosten.

Stock Option-Pläne müssen deshalb so gestaltet werden, daß die agency-Kosten aus der Übertragung exogener Risiken den Nutzen aus der Motivationswirkung variabler Entlohnungsbestandteile nicht überkompensieren. Aus diesem Grund ist die in der Praxis immer wieder pauschal geäußerte Forderung nach einer Erhöhung variabler Entlohnungsbestandteile (vgl. z.B. Kohler, 1997, S. 256; Marchlewski/Schätzle, 1998, S. 39) in Zusammenhang mit der individuellen Risikoneigung des betroffenen Managements zu relativieren: Bei sehr hoher Risikoaversion hat der ergänzende Einsatz von Stock Option-Plänen möglicherweise kontraproduktive Wirkungen. Die frühzeitige Ausübung der Stock Options in dem von Daimler-Benz 1996 initiierten Plan durch den Großteil des Managements genauso wie seine mangelnde Akzeptanz (vgl. Abschnitt 2.2.2) könnten hierfür ein Indiz sein.

Die agency-Kosten aufgrund der Übertragung exogener Risiken können u.a. durch eine Indexanbindung reduziert werden, sofern der Betrachtungszeitraum des Managements in irgendeiner Form zeitlich begrenzt ist. Die Informationen des gewählten Index fungieren dann als zusätzliches Kontrollinstrument, so daß insgesamt eine bessere Verbindung von Prämie und Managementleistung möglich wird. Dieses Argument wird bisher wenig verwendet, da aufgrund der Börsenhausse der letzten Jahre die von Stock Option-Plänen betroffenen Manager vor allem von der vorteilhaften Seite der Risikoübertragung profitieren durften. In einer längeren Periode fallender Kurse dürfte das Argument der Risikoreduktion durch eine Indexanbindung jedoch stärker in den Vordergrund treten.

Eine Kapitalverwässerung durch Stock Option-Pläne findet immer dann statt, wenn – wie in Deutschland allgemein üblich – die Aktienausgabe über eine bedingte Kapitalerhöhung erfolgt. Um die Bezugsrechte den Teilnehmern des Stock Option-Plans zukommen zu lassen, müssen die Altaktionäre vom Bezugsrecht ausgeschlossen werden.

Spiegelt der Bezugskurs für die jungen Aktien nicht vollständig die Wertentwicklung des Eigenkapitals bis zum Bezugstag wider, so findet eine Reichtumsübertragung von Alt- zu Neuaktionären statt: Die neuen Aktionäre partizipieren dann an Wertzuwächsen, die vor Entstehung ihrer Eigentumsrechte geschaffen wurden und die an sich den Altaktionären zustehen. Selbst bei einer nur geringen Differenz zwischen

Börsenkurs und Bezugspreis ist eine erhebliche Kapitalverwässerung möglich, wenn der Börsenkurs nicht alle Informationen über den Wert des Eigenkapitals enthält (vgl. Rammert, 1998, S. 706 ff.; a.A. Kohler, 1997, S. 262).

Andererseits sind die Volumina von Stock Option-Plänen in aller Regel geringer als bei traditionellen Kapitalerhöhungen. Bei Henkel stehen z.B. 1 Mio. junger Aktien 146 Mio. Altaktien gegenüber (vgl. Lehner, 1997, S. 35 ff.). Kohler (1997, S. 263 ff.) ermittelt beispielhaft für einige Stock Option-Pläne, darunter den skizzierten Plan von Daimler-Benz, Verwässerungsquoten bezogen auf die einzelne Aktie, die nahezu gegen null gehen. Bei Henkel würde sich nach der Kohler'schen Rechnung die Beteiligungsquote von 0,6849% auf 0,6803%, d.h. lediglich um rund 2‰ vom Ausgangswert, verändern.

Eine solche Rechnung täuscht jedoch über die gesamten Verwässerungskosten hinweg: Durch die gewollte Differenz zwischen Bezugs- und Börsenkurs der Aktie zum Zeitpunkt der Ausübung findet, selbst wenn der Börsenkurs den rechnerischen Wert der Aktie genau widerspiegelt, eine Kapitalverwässerung statt. Die Teilnehmer am Stock Option-Plan bei Henkel sparen bei vollständiger Ausübung und maximalem Abschlag immerhin 30 Mio. DM (1 Mio. junger Aktien × 30 DM maximaler Abschlag zum Börsenkurs im Bezugspreis) gegenüber dem aktuellen Börsenpreis eines entsprechenden Aktienpaketes ein. Von diesem Betrag werden aufgrund der relativ geringen Anzahl junger Aktien 99,3% (146 Mio. Altaktien zu 147 Mio. Aktien nach Ausübung) durch die Altaktionäre getragen. Damit ergibt sich eine Verwässerung von immerhin rund 0,20 DM je Aktie (30 Mio. DM Abschlag zu 147 Mio. Aktien). Deren Bedeutung muß zum einen zum Nennwert gesehen werden (bei 5 DM-Aktien im vorliegenden Fall z.B. immerhin 4%), aber auch in Relation zum jeweils gültigen Börsenkurs. Liegt der rechnerische Wert der Aktie zum Ausgabezeitpunkt über dem Börsenkurs, ist die Kapitalverwässerung je Aktie entsprechend höher.

Lehner (1997, S. 43) stellt den Verwässerungskosten Transaktionskostenvorteile entgegen, die entstehen können, wenn die Beschaffung von notwendigem Eigenkapital über Stock Option-Pläne günstiger ist als über eine traditionelle Kapitalerhöhung. Inwieweit dieser Vorteil signifikanten Einfluß hat, muß im Einzelfall geprüft werden. Es ist jedoch nach Ansicht der Verfasser zu vermuten, daß die Verwässerungskosten nur dann signifikant reduziert werden, wenn sie ohnehin gering sind, weil z.B. das Management die jungen Aktien nur mit einem geringen Abschlag zum Börsenkurs beziehen kann.

Sowohl agency-Kosten als auch Kapitalverwässerungskosten sind aus Sicht der Aktionäre dann gerechtfertigt, wenn die durch den Stock Option-Plan ausgelöste Steigerung des Unternehmenswerts diese Kosten übersteigt. Dies setzt jedoch u.a. die Erfüllung der vorgenannten Bedingungen einer ausreichenden Motivationswirkung bzw. Anreizkompatibilität voraus.

3.4 Zwischenfazit zum Einsatz von Stock Option-Plänen

Als Zwischenfazit läßt sich festhalten, daß Stock Option-Pläne grundsätzlich wirtschaftliche Motivationsinstrumente darstellen können. Bei ihrer Einführung ist sicherzustellen, daß die Motivationswirkung nicht durch steuerliche Nachteile bei den Bezugsberechtigten konterkariert wird. Potentielle Insider-Probleme sind durch die Gestaltung der Optionsbedingungen wie auch des Verkaufs der bezogenen Aktien so weit wie möglich aufzufangen. Einschränkungen innerhalb der Anreizkompatibilität lassen sich durch die Kopplung an einen Index sowie die Begrenzung diskretionärer Spielräume des Managements auffangen. Von Bedeutung sind jedoch die Kosten der Motivationswirkung, die sich im wesentlichen aus agency-Kosten durch die Übertragung exogener Risikokomponenten zu Anreizzwecken und aus Kosten der Kapitalverwässerung zusammensetzen.

Eine generelle Aussage zur Vorteilhaftigkeit von Stock Option-Plänen läßt sich an dieser Stelle jedoch nicht ableiten. Vielmehr ist es notwendig, die Probleme beim Einsatz von Stock Option-Plänen in der Abstimmung mit den übrigen Führungsdimensionen zu untersuchen. Dies ist das Ziel des folgenden Abschnitts 4.

4. Koordination von Stock Option-Plänen innerhalb der Unternehmensführung

4.1 Wertorientierte Ausrichtung der Unternehmensplanung

Die zentrale Hypothese, die hinter dem Einsatz von Stock Option-Plänen als Motivationsinstrument steht, ist die Korrelation zwischen Führungshandlungen, die den Wert des Eigenkapitals erhöhen, und dem Aktienkurs des Unternehmens. Die Unternehmensleitung soll damit für wertschaffende Maßnahmen belohnt bzw. für wertvernichtende bestraft werden.

Um diesen Zusammenhang in der betrieblichen Praxis nutzbar zu machen, ist eine Koordination der Anreizgestaltung mit der operativen und strategischen Unternehmensplanung notwendig. Diese muß zwei Aufgaben erfüllen:

- In abgrenzbaren Einzelfallentscheidungen auf oberster Führungsebene, z.B. im Bereich von Unternehmensakquisitionen, muß der Auswahlprozeß zwischen den zur Verfügung stehenden Handlungsalternativen durch solche Entscheidungsinstrumente unterstützt werden, die die Alternative mit dem höchsten Wertschaffungspotential identifizieren.
- Innerhalb der laufenden operativen und strategischen Planung müssen für die untergeordneten Führungsebenen Handlungsrahmen und Abstimmungsmechanis-

men derart implementiert werden, daß in der Gesamtheit der Führungshandlungen ein möglichst hoher Wertzuwachs geschaffen wird.

Im ersten Fall geht es um Planung im Sinne einer entscheidungsorientierten Investitionsrechnung; im zweiten dagegen um ein Verständnis von Planungssystemen als Koordinationsinstrumente oder »Planungssprache« (Pfaff/Weber, 1998, S. 156). In beiden Punkten ist durch den Bezug zur Wertschaffung eine zukunftsorientierte Vorwegnahme geistigen Handelns (vgl. Weber, 1998, S. 37 f.) notwendig (vgl. Englert/Scholich, 1998, S. 687 ff.).

Die Arbeit mit vergangenheitsorientierten Größen des externen oder internen Rechnungswesens (Umsätze, RoI, Betriebsergebnis lt. GuV oder Kostenrechnung) ist bei Einsatz von Stock Option-Plänen nicht mehr zielführend, weil dann der Bezug zwischen Anreizgröße und unternehmerischen Willensbildungsprozessen fehlt: Das notwendige Handwerkszeug, um den vorhandenen Anreiz in wertsteigernde Führungshandlungen umzusetzen, ist nicht vorhanden. Im Extremfall unterscheidet sich dann die Wertsteigerung des Eigenkapitals bei Vorhandensein eines Stock Option-Plans nicht mehr von der Wertsteigerung bei Verzicht auf dessen Einsatz.

Die hierzu notwendigen Instrumente werden seit einigen Jahren intensiv unter dem Stichwort Shareholder Value diskutiert. Die drei bekanntesten Konzepte sind dabei die Discounted Cash Flow-Methode (DCF), die Economic Value Added-Methode (EVA) sowie der Cash Flow Return on Investment (CFROI) (vgl. zu Überblick und Würdigung der drei Verfahren Knorren/Weber, 1997 a, 1997 b m. w. N.).

Die DCF- wie die EVA-Methode rekurrieren vergleichsweise stark auf klassische Konzepte der Unternehmensbewertung. Im Kern steht die Diskontierung zukünftiger Zahlungs- bzw. Ertragsüberschüsse auf den Gegenwartswert (vgl. zu DCF Copeland/Koller/Murrin, 1993, zu EVA Stewart, 1996). Beide Methoden lassen sich unter bestimmten Annahmen über das Lücke-Theorem konzeptionell ineinander überführen (vgl. Hachmeister, 1995, S. 151 f.; Richter, 1996, S. 32 ff.).

DCF- wie EVA-Methode eignen sich grundsätzlich für die Unterstützung von Führungsentscheidungen im erstgenannten Fall. Dies wird auch durch Beispiele aus der Unternehmenspraxis belegt: In einer Studie, die die Unternehmensplanung in 42 deutschen DAX-Unternehmen erfaßt, zeigt sich, daß mehr als 80% der befragten Unternehmen die genannten oder ähnliche Verfahren im Bereich der Unternehmensbewertung einsetzen (vgl. Pellens/Rockholtz/Stienemann, 1997, S. 1935).

Der CFROI als drittes Konzept wird – vereinfacht formuliert – als der interne Zinsfuß einer Zahlungsreihe berechnet, die als jährliche Einzahlung den erwirtschafteten bzw. geplanten Cash-Flow des betrachteten Jahres für eine Laufzeit, die der durchschnittlichen Nutzungsdauer des abnutzbaren Betriebsvermögens entspricht, ansetzt und als Auszahlung der Anfangsperiode den preisadjustierten Anschaffungskosten des Betriebsvermögens (vgl. Lewis, 1995).

Im Vergleich zur DCF- und EVA-Methode ist der CFROI weniger manipulationsanfällig (vgl. Knorren/Weber, 1997 b, S. 36 ff.). Damit eignet er sich vor allem für die

Unternehmensplanung als Abstimmungs- und Koordinationsinstrument, da er sich im Vergleich zu den beiden anderen genannten Shareholder Value-Konzepten durch höhere Erwartungssicherheit, Objektivität und Überprüfbarkeit auszeichnet.

Allerdings ist ein Herunterbrechen des CFROI bis auf die untersten Führungsebenen in der Regel nicht möglich, sondern nur bis zur Ebene strategischer Geschäftseinheiten. Zu beachten ist auch, daß der CFROI durch die Berechnungsmethodik eher ein zahlungsorientiertes Nachkalkulieren vergangener Perioden darstellt und zur eigentlichen Abbildung der Wertschaffung nur begrenzt geeignet ist (vgl. KÜTING/LORSON, 1997, S. 16).

Um die Shareholder Value-Orientierung dennoch bis in die operativen Unternehmensbereiche eindringen zu lassen, bieten sich wertorientierte Kennzahlensysteme an. Sie werden in der Literatur teilweise als Werttreiber-Hierarchien dargestellt (vgl. z.B. HAHN/MIROW/SIEGERT/PFEIL, 1997, S. 508 ff.; WAGNER/WOBBE, 1997, S. 171 ff.; SCHRÖDER, 1998, S. 81 ff.). KLINGEBIEL (1998, S. 9 ff.) argumentiert, daß auch hinter den aktuell diskutierten Balanced Scorecard-Systemen (vgl. KAPLAN/NORTON, 1996) eine Kausalkette zur Steigerung des Unternehmenswertes liegen kann.

Damit die Unternehmensplanung insgesamt mit den im Rahmen des Anreizsystems einzurichtenden Stock Option-Plänen abgestimmt ist, muß ein Bezug zwischen den zu erreichenden Zielen und den erhofften Aktienkurssteigerungen nicht nur auf sachlicher (Planergebnis), sondern auch auf zeitlicher Ebene (Planungshorizont) gewährleistet sein. Da die Steigerung des Unternehmenswerts tendenziell eher durch die langfristige Kursentwicklung wiedergegeben wird, sollten die Stock Option-Pläne nur Kurssteigerungen im Rahmen des Planungshorizontes belohnen. Dies kann entweder durch die Ausgestaltung als europäische Option (Ausübung der Option nur am Ende der Laufzeit möglich) oder durch Haltefristen der im Rahmen der Optionsausübung erworbenen Aktien sichergestellt werden (vgl. SCHWETZLER, 1997, S. 16). Beispielhaft ist hier die Firma Henkel zu nennen, bei der die Ausübung der Optionen nur am Ende der dreijährigen Laufzeit möglich ist, die gleichzeitig dem Planungshorizont des parallel implementierten Shareholder Value-Programms entspricht (vgl. LEHNER, 1997, S. 33).

4.2 Aufsichtsrat als notwendiger Träger der Kontrollfunktion

Fremdkontrolle findet innerhalb der Unternehmensführung auf zwei verschiedenen Ebenen statt. Zum einen werden im Rahmen der feed back-Funktion ex post Ist- und Soll-Ergebnisse miteinander verglichen. Zum anderen kann Kontrolle jedoch auch ex ante stattfinden, nämlich im Rahmen der strukturellen Gestaltung von Prozessen. Dies wird bezogen auf sich wiederholende Führungshandlungen auch als feed forward-Funktion bezeichnet (vgl. WEBER, 1998, S. 141).

Bei einer ex ante stattfindenden Kontrolle werden die Ergebnisse der zu gestaltenden

Sachverhalte so weit wie möglich antizipiert und Maßnahmen zur Beseitigung von Abweichung bereits in die Prozeßgestaltung integriert. Dies spielt immer dann eine wichtige Rolle, wenn eine nachträgliche Änderung der einmal gestalteten Strukturen schwierig und/oder kostspielig ist.

Dies ist typischerweise bei Anreizsystemen der Fall, bei denen sich der Anreizgeber – im Fall von Stock Option-Plänen die Aktionäre – gegenüber dem Anreizempfänger – hier die Unternehmensleitung – zur Zahlung der Prämie unter den vereinbarten Bedingungen vertraglich verpflichten muß. Findet eine solche Selbstverpflichtung nicht statt, entfällt die Motivationswirkung des Anreizsystems. Eine ex post-Kontrolle hat dann primär bestätigenden Charakter.

Inhaltlich bedeutet die ex ante durchgeführte Kontrolle von Stock Option-Plänen, daß die in Abschnitt 3 dargestellten Einschränkungen der Motivationswirkung, Anreizkompatibilität und Wirtschaftlichkeit bei ihrer Gestaltung so weit als möglich berücksichtigt werden. Hier liegt ein Schwerpunkt in der aktuellen Diskussion von Stock Option-Plänen (vgl. MEFFERT/BACKHAUS, 1997).

Eher kursorisch wird in den meisten Fällen jedoch die Frage nach dem Träger der Kontrollfunktion behandelt. Um einen wirtschaftlichen und anreizkompatiblen Stock Option-Plan zu gestalten, kann dieser Träger nicht die Unternehmensleitung als Anreizempfänger selbst sein. Diese an sich triviale Aussage wird dadurch relativiert, daß derzeit die zentralen Gestaltungsparameter so gut wie aller in Deutschland implementierten Stock Option-Pläne von der Unternehmensleitung selbst festgelegt werden. Gerade an diesem Punkt entzündet sich auch die Kritik der »Selbstbedienungs-Mentalität«.

Da aus gleichen Gründen auch keine andere unternehmensinterne Instanz mit der ex ante-Kontrolle von Stock Option-Plänen betraut werden kann, muß sie einer unternehmensexternen Instanz übertragen werden. Als bereits institutionalisierte Funktionsträger einer Aktiengesellschaft kommen hierfür der Aufsichtsrat oder sogar die Hauptversammlung selbst in Betracht.

In letzterem Falle würden die Aktionäre die Delegation der Anreizgestaltung an die Unternehmensorgane zumindest partiell wieder rückgängig machen; allerdings sprechen nicht nur Praktikabilitätsgründe gegen eine solche Lösung. Die Bildung eines Hauptversammlungsausschusses, der – neben dem Aufsichtsrat – die Gestaltung von Entlohnungsverträgen für die Unternehmensleitung überprüft, wäre ein Novum, dessen aktienrechtliche Zulässigkeit fraglich ist, da nach § 87 Abs. 1 AktG dem Aufsichtsrat die Festsetzung der Bezüge der einzelnen Vorstandsmitglieder obliegt. Zudem ist zu fragen, ob ein separat gewählter Hauptversammlungsausschuß tatsächlich besser die Interessen der Aktionäre vertreten kann als der Aufsichtsrat, der ja ebenfalls von den Aktionären unter Berücksichtigung der Vorschriften des Mitbestimmungsgesetzes gewählt wird.

Durch die rechtlichen Vorschriften zweifelsfrei gedeckt ist die Bildung eines Entlohnungsausschusses (»compensation committee«) im Aufsichtsrat, vergleichbar zu dem im Rahmen der Einführung des KonTraG angesprochenen Bilanzausschuß (vgl. z.B.

den Gesetzesentwurf der Bundesregierung zum KonTraG, BT-Drucksache 13/9712, S. 22). Solche Entlohnungsausschüsse sind in den USA – häufig unter zusätzlicher Einschaltung eines externen Entlohnungsberaters – üblich; die Mitglieder werden direkt von den Aktionären gewählt (vgl. BERNHARDT/WITT, 1997, S. 89). Allerdings haben auch sie nicht die in den USA ebenfalls problematische Gestaltung von Stock Option-Plänen geändert (vgl. WENGER, 1998). Dies liegt möglicherweise in Interessenverflechtungen von Aufsichtsratsmitgliedern zu Lasten der Aktionäre begründet, die in Deutschland in jedem Fall auch zu beobachten sein dürften.

Ein möglicher Kompromiß zwischen beiden Vorschlägen, der nach herrschender Rechtslage unmittelbar umsetzbar ist, würde darin bestehen, die Mitglieder des Entlohnungsausschusses im Aufsichtsrat im Rahmen eines für Aktionäre transparenten Procederes zu bestimmen, das gleichzeitig die Unabhängigkeit der betroffenen Aufsichtsratsmitglieder von der Unternehmensleitung, z.B. keine Querverflechtung von Aufsichtsrats- und Vorstandsmandaten, sicherstellt. Die Modalitäten der Wahl der Mitglieder des Entlohnungsausschusses sowie deren Berichtspflichten sollten in die Satzung der Gesellschaft integriert werden. Auch die Entwicklung genereller Regelungen (vgl. v. WERDER, 1996) für eine ordnungsmäßige Kontrolle von Entlohnungssystemen im Rahmen der Überwachungstätigkeit des Aufsichtsrats wäre denkbar.

4.3 Information gegenüber den Aktionären: Bilanzierung von Stock Option-Plänen

Ein zentrales Problem bei der Gestaltung von Stock Option-Plänen ist die Information der Aktionäre einerseits über die Leistungen, die damit den betroffenen Führungskräften zufließen, und andererseits die Kosten, die mit der Durchführung von Stock Option-Plänen verbunden sind. Bei letzteren spielen insbesondere die Kapitalverwässerungskosten eine Rolle, da die agency-Kosten aus einer – möglicherweise ineffizienten – Risikoaufteilung empirisch kaum meßbar sind.

WENGER (1997, S. 56ff.) fordert zu Recht, daß zunächst der Hauptversammlung vor der Beschlußfassung über Stock Option-Plänen deren zentrale Parameter mitgeteilt werden müssen. Dazu gehört u.a. im Jahr der Beschlußfassung der nach »anerkannten Methoden der Finanzierungstheorie ermittelt(e)« (WENGER, 1997, S. 56) Höchstwert der Optionen

Diese Form der Information ist jedoch nach Ansicht der Verfasser eher dem Bereich der ex ante-Kontrolle (vgl. Abschnitt 4.2) zuzuordnen. Im Rahmen der Informationsdimension innerhalb der Unternehmensführung steht vielmehr die Integration der bestehenden Anreizsysteme in die handelsrechtliche Publizität im Vordergrund. Aktuelle (und potentielle) Aktionäre sollen erkennen, auf welche Summe sich der (Personal-)Aufwand zur Realisation der gegebenen Überschüsse in toto, d.h. auch unter Berücksichtigung sämtlicher Elemente des Anreizsystems, beläuft. Nur so ist eine hinreichende überbetriebliche und/oder zeitliche Vergleichbarkeit der erwirtschafteten Überschüsse möglich.

In Deutschland gibt es derzeit noch keine gesetzliche Vorschrift zur Bilanzierung von Stock Option-Plänen. PELLENS/CRASSELT (1998a) greifen in einem Vorschlag auf die US-amerikanische Regelung des SFAS 123 zurück. Diese Vorschrift fordert den Ansatz von Stock Options als Personalaufwand, der zum Marktwert (fair value) nach finanzmathematischen Methoden wie beispielsweise dem BLACK/SCHOLES-Modell bewertet werden muß. Die Gegenbuchung findet auf der Passivseite der Bilanz im Eigenkapital (Kapitalrücklage) statt (vgl. hierzu auch NIEHUS/THYLL, 1998, S. 147ff.).

Zwar wird diese Vorgehensweise von NAUMANN (1998) scharf kritisiert, der dies u.a. unter rein formalen Gesichtspunkten damit begründet wissen will, daß die Ausgabe von Stock Options weder der Gesellschaftssphäre zuzurechnen ist noch daß die ersparten Personalaufwendungen Relevanz für die Gesellschaft besitzen. PELLENS/CRASSELT (1998b) und damit der Vorgehensweise des SFAS 123 ist hier jedoch zuzustimmen, die über die faktische Werthaltigkeit von Stock Options zum Zeitpunkt ihrer Ausgabe (dies ergibt sich quasi automatisch aus ihrer Motivationswirkung, die bei völlig wertlosen Optionen ja nicht bestehen würde) und die sich daraus ergebende wirtschaftliche Betrachtungsweise sowohl den Ansatz von Personalaufwendungen als auch die Dotierung der Kapitalrücklage begründen.

Die Information über die aus Stock Options resultierende Kapitalverwässerung wird ansatzweise über die Kennzahl des Diluted Earnings Per Share gemäß SFAS 128 (vgl. NIEHUS/THYLL, 1998, S. 130ff.) gegeben, in die auch die im Rahmen von Stock Option-Plänen ausgegebenen und noch nicht ausgeübten Optionen einbezogen werden müssen (MILLER, 1998, S. 13.16).

Eine vergleichbare Regelung zur Bilanzierung von Stock Option-Plänen und zu der daraus resultierenden möglichen Kapitalverwässerung könnte für Deutschland zumindest für die kapitalmarktrelevantere Konzernrechnungslegung verpflichtend gemacht werden. Da eine solche Regelung u.a. das Jahresergebnis und damit wichtige Kennzahlen, wie z.B. die Eigenkapitalrendite, erheblich belasten kann, sind – vergleichbar zu den USA – erhebliche Widerstände im Standard Setting Process zu erwarten.

Selbst in den USA ist es dem FASB nicht gelungen, die 1995 erlassene Regelung des SFAS 123 als verbindlich durchzusetzen (vgl. WENGER, 1997, S. 59). Wahlweise besteht auch heute noch die Möglichkeit, Stock Option-Pläne nach der alten APB 25 zu bilanzieren. Nach dieser Vorschrift erfolgt die Bewertung von Stock Options nicht zum Marktwert, sondern zum inneren Wert (intrinsic value) bei Ausgabe, der jedoch, da in aller Regel zu diesem Zeitpunkt der Bezugskurs dem Börsenkurs entspricht, gleich null ist. Durch diese Bewertung weicht die Bilanzierungspflicht von Stock Options quasi zu einem Bilanzierungswahlrecht auf.

An dieser Stelle sei deshalb von den Verfassern dieses Beitrags ein Appell an das nach Inkrafttreten des KonTraG neu gegründete Deutsche Rechnungslegungs Standards Committee (DRSC) gerichtet, in dessen Verwaltungsrat auch der Jubilar dieser Festschrift berufen wurde, an einer kapitalmarktfreundlichen und verbindlichen Regelung der Bilanzierung von Stock Option-Plänen mitzuwirken.

4.4 Unternehmensorganisation und Erfolg von Stock Option-Plänen

Werden Stock Option-Pläne nicht nur dem Vorstand der Gesellschaft, die die betroffenen Aktien ausgibt, zugänglich gemacht, sondern auch Führungskräften untergeordneter Ebenen, wie z.B. den Leitern Strategischer Geschäftseinheiten oder den Geschäftsführern von Tochtergesellschaften, unterliegt die Koordination der Anreizgestaltung mit der Unternehmensorganisation einem Dilemma: Einerseits haben Führungskräfte auf dieser Ebene im Rahmen von Willensbildungs- und -durchsetzungsprozessen fraglos einen erheblichen Einfluß auf den Wert des Eigenkapitals und damit auf den Aktienkurs. Andererseits ist der Bezug von Aktienkursänderungen zur eigenen Leistung durch Verbundeffekte verzerrt. Eine solche Verzerrung ist zwar bereits auf Vorstandsebene gegeben; sie nimmt jedoch mit jeder tieferen Führungsebene weiter zu.

Je stärker diese Verzerrung zum Tragen kommt, um so geringer ist die Motivationswirkung von Stock Option-Plänen. Zwei Phänomene können dabei beobachtet werden. Zum einen werden durch die wachsenden Verbundeffekte zwischen organisatorischen Einheiten auf unteren Führungsebenen immer mehr exogene Risikokomponenten übertragen (vgl. WENGER, 1997, S. 64 m.w.N.). Damit nehmen die agency-Kosten, die sich in einer verringerten Leistungsbereitschaft ausdrücken, bei unterstellter Risikoaversion entsprechend zu. Die Motivationswirkung kann so weit reduziert werden, daß im Grenzfall – vergleichbar zu Belegschaftsaktien – Stock Option-Programme lediglich eine verhaltenstheoretisch begründbare Angleichung der individuellen Wertesysteme begründen. Diese Angleichung kann zwar ebenfalls erwünscht sein; aus Kostengesichtspunkten erscheinen Stock Options hier jedoch als wenig effizientes Anreizinstrument.

Ein weiteres Phänomen sind möglicherweise aber auch free rider-Effekte. Sie können auftreten, wenn der Aktienkurs an einem nicht streng effizienten Kapitalmarkt erst auf bestimmte Schwellenwerte einer Verbesserung des Shareholder Value mit diskreten Kurssprüngen reagiert. Hierdurch kann ein Anreiz entstehen, ohne eigenen Einsatz von den Leistungen der anderen Teilnehmer am Stock Option-Plan zu profitieren. Bei erfolgreichem free riding Einzelner werden – im Gegensatz zu einer kontinuierlichen Entwicklung des Aktienkurses mit den Veränderungen des Shareholder Value – die Prämien der anderen Teilnehmer am Stock Option-Plan nicht reduziert, sofern insgesamt der notwendige Schwellenwert für eine Kurssteigerung erreicht wird. In aller Regel sind durch free rider-Probleme jedoch dysfunktionale Auswirkungen zu befürchten.

Um Stock Options als Anreizsystem auf unteren Führungsebenen erfolgreich zu implementieren, bedeutet dies, daß der Einfluß der einzelnen Teilnehmer auf den Wert des Eigenkapitals als Aktienkurstreiber möglichst klar nachvollziehbar ist. Die Übertragung exogener Risiken hängt zunächst von der Gestaltung der Konzernstruktur ab: Innerhalb einer Stammhaus-Holding sind Verbundeffekte z.B. sehr viel stärker zu beobachten als in einer geschäftsführenden oder sogar Finanzholding, in der sich die Ebenen unter dem Konzernvorstand durch vergleichsweise hohe Autonomie auszeichnen (vgl. Weber, 1997, S. 70).

Ergänzend ist denkbar, daß die Ausübungsbedingungen, die innerhalb der Stock Option-Pläne formuliert werden, so weit wie möglich auch den individuellen Beitrag der Führungskräfte zur Steigerung des Shareholder Value einbeziehen. Dies ist vom Grundsatz her so lange möglich, wie die angesprochenen Mitglieder der Unternehmensleitung klar abgrenzbare Produkt-Markt-Kombinationen führen (vgl. Englert/Scholich, 1998, S. 687). Die Konsequenz wären dann z.B. Ausübungsbedingungen, die den Abschlag im Bezugspreis zum Börsenkurs nicht nur in Abhängigkeit von der Gesamt-Performance des Unternehmens (vgl. hierzu nochmals das Beispiel Henkel) festlegen, sondern die auch z.B. spartenbezogene Ziele integrieren. Eine weitere Möglichkeit ist die Ausgabe von Tracking Stocks (vgl. Natusch, 1997, S. 1141). Im Rahmen solcher Finanzinnovationen werden Investoren spartenbezogene Vermögensrechte zugeordnet. Allerdings ist damit möglicherweise eine verringerte Objektivität und Transparenz der Stock Option-Pläne verbunden. Sie ist mit den erkauften Vorteilen abzuwägen.

5. Zusammenfassende Würdigung der Ergebnisse

Faßt man die Diskussion der bisherigen Abschnitte zusammen, so können Stock Option-Pläne unter der Voraussetzung, daß eine abgestimmte Implementierung im Rahmen aller Führungsdimensionen erfolgt, ein sinnvolles Motivationsinstrument der Unternehmensleitung im Rahmen eines finanzorientierten Controlling darstellen. Eine pauschale Ablehnung von Stock Option-Plänen, wie sie in frühen Veröffentlichungen, allerdings i.d.R. bezugnehmend auf noch unzureichend ausgestaltete Stock Option-Programme, teilweise geäußert wurde, kann nicht vertreten werden.

Bezogen auf die Führungsdimensionen Planung, Kontrolle, Information und Organisation ergeben sich aus koordinationsorientierter Sicht folgende Punkte:

- Der Einsatz von Stock Option-Plänen ist nur in Verbindung mit einer wertorientierten Gestaltung der Unternehmensplanung sinnvoll.
- Die Kontrolle von Stock Option-Programmen erfolgt im wesentlichen ex ante durch deren strukturelle Gestaltung. Als Kontrollträger wird – analog zum US-amerikani-

schen Vorbild – ein Entlohnungsausschuß, ggf. unterstützt durch Entlohnungsberater, innerhalb des Aufsichtsrats vorgeschlagen.

- Der Einsatz von Stock Option-Plänen ist in der externen Rechnungslegung als zentralem Informationsinstrument der Kapitalanleger abzubilden. Als Vorbild wird eine Bilanzierung analog zu SFAS 123 angestrebt; die Kosten der Kapitalverwässerung könnten durch die entsprechende Ermittlung der Diluted Earnings Per Share zumindest ansatzweise offengelegt werden.
- Bei der organisationalen Koordination ist die individuelle Leistung der angesprochenen Führungskräfte auf der zweiten bzw. dritten Ebene zu berücksichtigen. Möglichkeiten sind die bereichsindividuelle Ausgestaltung der Ausübungsbedingungen oder die Ausgabe von Tracking Stocks.

Aus führungstheoretischer Sicht ergibt sich zunächst keine zwangsläufige Überlegenheit von Phantom Stock Options. Ihre Vorteilhaftigkeit wird wesentlich aus steuerlicher Sicht begründet (vgl. WENGER, 1998), da die Kosten der Kapitalverwässerung bei Stock Option-Programmen in Verbindung mit einer bedingten Kapitalerhöhung von den Altaktionären steuerlich nicht geltend gemacht werden können. Werden Stock Options allerdings als Personalaufwand zum sog. fair value bilanziert, erfolgt eine steuerliche Berücksichtigung dieser Aufwendungen bei den betroffenen Unternehmen, die zu den Kapitalverwässerungskosten zumindest ansatzweise einen Ausgleich schafft.

Möglicherweise spielt auch auf einer verhaltenstheoretischen Sicht der Erwerb von Aktien durch die betroffenen Führungskräfte eine Rolle bei der Motivationswirkung von Stock Option-Plänen. Dies könnte gegen (aber auch für) Phantom Stock Options sprechen. WINTER (1997a, S. 9f.) kritisiert in diesem Zusammenhang die herrschende Diskussion, die konzeptionell im wesentlichen auf inhaltstheoretische Motivationsüberlegungen abzielt, den Motivationsprozeß selbst jedoch vernachlässigt.

Schließlich ergibt sich auch keine grundsätzliche Unterlegenheit von Stock Option-Plänen gegenüber anderen Entlohnungssystemen, wie z.B. multiplikatorbasierten Geschäftsführerbeteiligungen (vgl. KREKE, 1997, S. 49f.), die ähnlich angreifbar sind.

Problematisch ist bei Stock Options allerdings die große Hebelwirkung auf den Prämienbetrag bei Aktienkursänderungen. Dabei soll jedoch nicht die Reichtumsübertragung an die Führungskräfte kritisiert werden, die unabhängig von ihrer Höhe immer dann gerechtfertigt ist, wenn den Altaktionären ein positiver Nettonutzen zufließt. Es geht vielmehr um die dadurch erleichterte Möglichkeit des Managements, ohne den von den Aktionären gewünschten Einsatz von Stock Option-Programmen zu profitieren. Es ist deshalb zu hoffen, daß zukünftig bei der Einführung von Stock Option-Plänen die angesprochenen Aspekte ihrer Gestaltung und der abgestimmten Einordnung in die gesamte Unternehmensführung berücksichtigt werden.

Literaturverzeichnis

ACCOUNTING PRINCIPLES BOARD Opinion (APB) No. 25, Accounting for Stock Issued to Employees, in: FASB (Hrsg.), Original Pronouncements, Norwalk/Connecticut 1997.

ANTLE, R. / DEMSKI, J.S. (1988), The Controllability Principle in Responsibility Accounting, in: Accounting Review 1988, S. 700–718.

BECKER, F.G. (1987), Anreizsysteme für Führungskräfte im Strategischen Management, 2. Aufl., Bergisch-Gladbach u.a. 1987.

BERNHARDT, W. (1997), Stock Options – eine Bewertung aus der Perspektive von Aktionären, in: MEFFERT, H./BACKHAUS, K. (Hrsg.), Stock Options und Shareholder Value, Münster 1997, S. 17–27.

BERNHARDT, W. / WITT, P. (1997), Stock Options und Shareholder Value, in: Zeitschrift für Betriebswirtschaft 1997, S. 85–101.

BLACK, F. / SCHOLES, M. (1973), The Pricing of Options and Corporate Liabilities, in: Journal Political Economy, 1973, S. 637–654.

BT-Drucksache 13/9712, Beschlußempfehlung und Bericht des Rechtsausschusses zu dem Entwurf eines Gesetzes zur Kontrolle und Transparenz im Unternehmensbereich (KonTraG) vom 28.1. 1998.

CLAUSSEN, C. P. (1998), Wie ändert das KonTraG das Aktiengesetz?, in: Der Betrieb 1998, S. 177–186.

COPELAND, T. / KOLLER, T. / MURRIN, J. (1993), Unternehmenswert, Frankfurt u.a. 1993.

DEFUSCO, R.A. / ZORN, T.S. / JOHNSON, R.R. (1990), The Effect of Executive Stock Option Plans on Stockholders and Bondholders, in: Journal of Finance 1990, S. 617–627.

DSW e.V. (1997), Stock Options für Vorstände und Führungskräfte, Pressemitteilung Oktober 1997, Düsseldorf.

ENGLERT, J. / SCHOLICH, M. (1998), Unternehmensführung auf der Basis eines umfassenden Shareholder Value-Management-Konzepts, in: Betriebs-Betrater 1998, S. 684–689.

FEDDERSEN, D. (1997), Aktienoptionsprogramme für Führungskräfte aus kapitalmarktrechtlicher und steuerrechtlicher Sicht, in: Zeitschrift für das gesamte Handelsrecht und Wirtschaftsrecht 1997, S. 269–299.

FERRARA, W.L. (1967), Responsibility Reporting versus Direct Costing – Is There a Conflict?, in: Management Accounting 1967, S. 43–54.

HACHMEISTER, D. (1995), Der Discounted Cash Flow als Maß der Unternehmenswertsteigerung, Frankfurt am Main u.a. 1995.

HAHN, D. / MIROW, M. / SIEGERT, T. / PFEIL, A. (1997), Kapitalwertorientierte Geschäftsfeldplanung im Konzern, in: Hahn, D./Taylor, B. (Hrsg.), Strategische Unternehmensplanung – Strategische Unternehmensführung, 7. Aufl., Heidelberg u.a. 1997, S. 490–522.

HORVÁTH, P. (1978), Controlling – Entwicklung und Stand einer Konzeption zur Lösung der Adaptions- und Koordinationsprobleme der Führung, in: Zeitschrift für Betriebswirtschaft 1978, S. 194–208.

KAPLAN, R.S. / NORTON, D. P. (1996), The Balanced Scorecard, Boston 1996.

KERR, S. (1975), On the Folly of Rewarding A, While Hoping for B, in: Academy of Management Journal 1975, S. 769–783.

KLINGEBIEL, N. (1998), Performance Management – Performance Measurement, in: Zeitschrift für Planung, 1998, S. 1–15.

KNOLL, L. (1997a), Vorzeitiges Ausüben von Manager-Optionen – steuerliche Verzerrung oder schlechtes Vorzeichen?, in: Der Betrieb 1997, S. 2138–2140.

KNOLL, L. (1997b), Aktien-Optionsprogramme im Vergleich, in: Die Personalwirtschaft 1997, S. 34–42.

KNORREN, N. / WEBER, J. (1997a), Shareholder Value, Advanced Controlling Band 2, Vallendar 1997.

KNORREN, N. / WEBER, J. (1997b), Implementierung Shareholder Value. Advanced Controlling Band 3, Vallendar 1997.

KOHLER, K. (1997), Stock Options für Führungskräfte aus der Sicht der Praxis, in: Zeitschrift für das gesamte Handelsrecht und Wirtschaftsrecht 1997, S. 246–268.

KREKE, J. (1997), Shareholder Value und Stock Options: Erfahrungen der Douglas Holding AG, in: Meffert, H./Backhaus, K. (Hrsg.), Stock Options und Shareholder Value, Münster 1997, S. 46–50.

KÜPPER, H.-U. (1997), Controlling. Konzeption, Aufgaben und Instrumente, 2. Aufl., Stuttgart 1997.

KÜTING, K. / LORSON, P. (1997), Erfolgs(potential)orientiertes Konzernmanagement, Betriebs-Berater 1997, Beilage 8.

LAMBERT, R. A. / LANEN, W. N. / LARCKER, D. F. (1989), Executive Stock Option Plans and Corporate Dividend Policy, in: Journal of Financial and Quantitative Analysis 1989, S. 409–425.

LAUX, H. / LIERMANN, F. (1993), Grundlagen der Organisation, 3. Aufl., Berlin u. a. 1993.

LEHNER, U. (1997), Der Stock Incentive Plan für den Führungskreis 1 der Henkel Gruppe, in: Meffert, H./Backhaus, K. (Hrsg.), Stock Options und Shareholder Value, Münster 1997, S. 28–45.

LEWIS, T. (1995), Steigerung des Unternehmenswertes, Landsberg/Lech 1995.

MARCHLEWSKI, F. / SCHÄTZLE, R. J. (1998), Performance Management mit aktiengestützten Incentive-Modellen, in: Die Personalwirtschaft 1998, S. 36–40.

MEFFERT, H. (1997), Einführung in die Problemstellung, in: Meffert, H./Backhaus, K. (Hrsg.), Stock Options und Shareholder Value, Münster 1997, S. 1–5.

MEFFERT, H. / BACKHAUS, K. (Hrsg.), Stock Options und Shareholder Value, Münster 1997.

MENICHETTI, M. (1996), Aktien-Optionsprogramme für das Top Management, in: Der Betrieb 1996, S. 1688–1692.

NATUSCH, I. (1997), Neue Wege der Beteiligungsfinanzierung deutscher Unternehmen durch die Ausgabe von »Tracking Stocks«, in: Der Betrieb 1997, S. 1141–1148.

NAUMANN, T. K. (1998), Erwiderung zu dem Beitrag von PELLENS/CRASSELT, in: Der Betrieb 1998, S. 217, in: Der Betrieb 1998, S. 1428–1431.

NIEHUS, R. J. / THYLL, A. (1998), Konzernabschluß nach US-GAAP, Stuttgart 1998.

PELLENS, B. / CRASSELT, N. (1998a), Replik zur Stellungnahme von NAUMANN, in: Der Betrieb 1998, S. 1428, in: Der Betrieb 1998, S. 1431–1433.

PELLENS, B. / CRASSELT, N. (1998b), Bilanzierung von Stock Options, in: Der Betrieb 1998, S. 217–223.

PELLENS, B. / ROCKHOLTZ, C. / STIENEMANN, M. (1997), Marktwertorientiertes Konzerncontrolling in Deutschland, in: Der Betrieb 1997, S. 1933–1939.

PFAFF, D. / WEBER, J. (1998), Zweck der Kostenrechnung?, in: Die Betriebswirtschaft 1998, S. 151–165.

RAMMERT, S. (1998), Der vereinfachte Bezugsrechtsausschluß – eine ökonomische Analyse, in: Zeitschrift für betriebswirtschaftliche Forschung 1998, S. 703–724.

RICHTER, F. (1996), Konzeption eines marktwertorientierten Steuerungs- und Monitoringsystems, Wiesbaden 1996.

SCHRÖDER, E. F. (1998), Kennzahlen des wertorientierten Controlling zur Steuerung von Geschäften, in: Controller Magazin 1998, S. 81–90.

SCHWETZLER, B. (1997), Aktienoptionsprogramme für das Management, in: Meffert, H./Backhaus, K. (Hrsg.), Stock Options und Shareholder Value, Münster 1997, S. 6–16.

Statement of Financial Accounting Standards (SFAS) No. 123, Accounting for Stock-based Compensation, in: FASB (Hrsg.), Original Pronouncements, Norwalk/Connecticut 1997.

Statement of Financial Accounting Standards (SFAS) No. 128, Earnings per Share, in: FASB (Hrsg.), Original Pronouncements, Norwalk/Connecticut 1997.

Stewart, G. B. (1996), The Quest for Value, New York 1996.

Wagenhofer, A. (1993), Kostenrechnung und Agency Theorie, in: Weber, J. (Hrsg.), Zur Neuausrichtung der Kostenrechnung, Stuttgart 1993, S. 161–186.

Wagner, H.-P. / Wobbe, R. (1997), Steuerung dezentraler Einheiten über Shareholder Value: Wertorientiertes Controlling im Hüls-Konzern, in: Roth, A./Behme, W. (Hrsg.), Organisation und Steuerung dezentraler Unternehmenseinheiten, Wiesbaden 1997, S. 169–190.

Weber, J. (1995), Einführung in das Controlling, 6. Aufl., Stuttgart 1995.

Weber, J. (1997), Beteiligungscontrolling – ein zentrales Element erfolgreicher Konzernführung, in: Roth, A./Behme, W. (Hrsg.), Organisation und Steuerung dezentraler Unternehmenseinheiten, Wiesbaden 1997, S. 67–93.

Weber, J. (1998), Einführung in das Controlling, 7. Aufl., Stuttgart 1998.

Weber, J. / Schäffer, U. (1998), Sicherstellung der Rationalität von Führung als Controlleraufgabe? Arbeitspapier, Vallendar 1998.

Weber, J. / Weissenberger, B.E. (1998), Finanzorientiertes Controlling. Advanced Controlling Band 6, Vallendar 1998.

Wenger, E. (1997), Aktienoptionsprogramme für Manager aus der Sicht des Aktionärs, in: Meffert, H./Backhaus, K. (Hrsg.), Stock Options und Shareholder Value, Münster, S. 51–69.

Wenger, E. (1998), Stock options und schlechte Vorbilder, in: Frankfurter Allgemeine Zeitung vom 20.7. 1998, S. 19.

von Werder, A. (1996), Grundsätze ordnungsmäßiger Unternehmensführung (GoF) – Zusammenhang, Grundlagen und Systemstruktur von Führungsgrunsätzen für die Unternehmensleitung (GoU), Überwachung (GoÜ) und Abschlußprüfung (GoA), in: von Werder, A. (Hrsg.), Grundsätze ordnungsmäßiger Unternehmensführung (GoF), Zeitschrift für betriebswirtschaftliche Forschung-Sonderheft 36/1996, Düsseldorf 1996, S. 1–26.

Williams, J.R. (1998), A comprehensive restatement of current promulgated Generally Accepted Accounting Principles, GAAP-Guide 1998, Miller, San Diego 1998.

Winter, S. (1996), Prinzipien der Gestaltung von Managementanreizsystemen, Wiesbaden 1996.

Winter, S. (1997a), Zur Eignung von Aktienoptionsplänen als Motivationsinstrument für Manager. Arbeitspapier, Berlin 1997.

Winter, S. (1997b), Anreize zur Risikoübernahme durch Aktienoptionspläne. Arbeitspapier, Berlin 1997.

Yermack, D. (1995), Do corporations award CEO stock options effectively?, in: Journal of Financial Economics, Bd. 39, S. 237–269.

Schriftenverzeichnis

Prof. Dr. Claus-Peter Weber

1. Bücher

Der Übergang auf die neue Rechnungslegung, 4. Auflage, Stuttgart 1986 (gemeinsam mit Karlheinz Küting).

Der Konzernabschluß nach neuem Recht, 2. Auflage, Stuttgart 1988 (gemeinsam mit Karlheinz Küting).

Die neue Rechnungslegung für Versorgungsverpflichtungen von deutschen US-Töchtern, Stuttgart 1988 (gemeinsam mit Reinhold Höfer, Richard M. Leblond, Dieter Oppermann und Manfred Pisters).

Der Übergang auf die DM-Bilanzierung: eine praktische Hilfe zur Umstellung der DDR-Bilanzen, Stuttgart 1990 (gemeinsam mit Karlheinz Küting).

Praxis der Konzernbilanzanalyse, Grundsatzfragen zur Erstellung einer Konzernbilanz, Stuttgart 1990 (gemeinsam mit Karlheinz Küting und Horst Zündorf).

Das Konzernrechnungswesen des Jahres 2000, Stuttgart 1991 (gemeinsam hrsg. mit Karlheinz Küting).

Praxis der Kapitalkonsolidierung im internationalen Vergleich, Stuttgart 1991.

Konzernmanagement, Rechnungswesen und Controlling, Stuttgart 1993 (gemeinsam hrsg. mit Karlheinz Küting).

Internationale Bilanzierung. Rechnungslegung in den USA, Japan und Europa, Herne/ Berlin 1994 (gemeinsam mit Karlheinz Küting).

Das Rechnungswesen im Konzern. Intern-Extern, Stuttgart 1995 (gemeinsam hrsg. mit Karlheinz Küting).

Handbuch der Rechnungslegung, Kommentar zur Bilanzierung und Prüfung, Band Ia, 4. Auflage, Stuttgart 1995 (gemeinsam hrsg. mit Karlheinz Küting).

Das Rechnungswesen auf dem Prüfstand, Frankfurt a.M. 1997 (gemeinsam hrsg. mit Karlheinz Küting).

Der Konzernabschluß, Lehrbuch und Fallstudie zur Praxis der Konzernrechnungslegung, 4. Auflage, Stuttgart 1997 (gemeinsam mit Karlheinz Küting).

Die Bilanzanalyse, Lehrbuch zur Beurteilung von Einzel- und Konzernabschlüssen, 3. Auflage, Stuttgart 1997 (gemeinsam mit Karlheinz Küting).

Handbuch der Konzernrechnungslegung, Kommentar zur Bilanzierung und Prüfung, Band II, 2. Auflage, Stuttgart 1998 (gemeinsam hrsg. mit Karlheinz Küting).

2. Beiträge in Kommentaren und Sammelwerken

Probleme bei der Einführung des Umsatzkostenverfahrens in den externen Erfolgsausweis nach dem neuen Bilanzrecht, in: Rechnungswesen und EDV, 7. Saarbrücker Arbeitstagung 1986, Kostenträgerrechnung – Standardsoftware – Neue Bilanzrichtlinien – CIM, gemeinsam hrsg. von Wolfgang Kilger und August-Wilhelm Scheer, Heidelberg 1986, S. 570–600.

Die neuen Rechnungslegungsvorschriften nach deutschem Handels- und Steuerrecht, in: Die neue Rechnungslegung für Versorgungsverpflichtungen von deutschen US-Töchtern, gemeinsam hrsg. von Reinhold Höfer, Richard M. Leblond, Dieter Oppermann, Manfred Pisters und Claus-Peter Weber, Stuttgart 1988, S. 1–12.

Meinungsverschiedenheiten zwischen Kapitalgesellschaft und Abschlußprüfer (§ 324), in: Abschlußprüfung nach neuem Recht, hrsg. von Jörg Baetge, Stuttgart 1988, S. 111–127.

Kommentierung des Art. 23 EG HGB, in: Handbuch der Konzernrechnungslegung, Kommentar zur Bilanzierung und Prüfung, gemeinsam hrsg. von Karlheinz Küting und Claus-Peter Weber, Stuttgart 1989, S. 1823–1831 (gemeinsam mit Horst Zündorf).

Kommentierung des Art. 24 EG HGB, in: Handbuch der Konzernrechnungslegung, Kommentar zur Bilanzierung und Prüfung, gemeinsam hrsg. von Karlheinz Küting und Claus-Peter Weber, Stuttgart 1989, S. 1833–1847 (gemeinsam mit Horst Zündorf).

Kommentierung des Art. 27 EG HGB in: Handbuch der Konzernrechnungslegung, Kommentar zur Bilanzierung und Prüfung, gemeinsam hrsg. von Karlheinz Küting und Claus-Peter Weber, Stuttgart 1989, S. 1849–1869 (gemeinsam mit Horst Zündorf).

Übergangsvorschriften. Einführung zum Handelsgesetzbuch – Vorbemerkungen, in: Handbuch der Konzernrechnungslegung, Kommentar zur Bilanzierung und Prüfung, gemeinsam hrsg. von Karlheinz Küting und Claus-Peter Weber, Stuttgart 1989, S. 1815–1831 (gemeinsam mit Horst Zündorf).

Möglichkeiten der Bilanzpolitik, in: Handbuch der Rechnungslegung, Kommentar zur Bilanzierung und Prüfung, gemeinsam hrsg. von Karlheinz Küting und Claus-Peter Weber, 3. Auflage, Stuttgart 1990, S. 75–102.

Rechnungslegung und Handelsbilanzen in den USA, in: Grundzüge des US-amerikanischen Steuerrechts, hrsg. von Jörg-Dieter Kramer, Stuttgart 1990, S. 147–173.

Vorschriften des Aktiengesetzes (AktG), in: Handbuch der Rechnungslegung, Kommentar zur Bilanzierung und Prüfung, gemeinsam hrsg. von Karlheinz Küting und Claus-Peter Weber, 3. Auflage, Stuttgart 1990, S. 2201–2245.

Die Purchase-Methode: Theoretisch richtig, aber mit zahlreichen Anwendungsproblemen verbunden!, in: Das Konzernrechnungswesen des Jahres 2000, gemeinsam hrsg. von Karlheinz Küting und Claus-Peter Weber, Stuttgart 1991, S. 87–99.

Anlagespiegel, in: Handwörterbuch des Rechnungswesens, gemeinsam hrsg. von Erich Kosiol, Klaus Chmielewicz und Marcell Schweitzer, 3. Auflage, Stuttgart 1992, Sp. 1–7.

Prüfung der Kapitalkonsolidierung, Interessenzusammenführung, in: Handwörterbuch der Revision, gemeinsam hrsg. von Adolf G. Coenenberg und Klaus v. Wysocki, 2. Auflage, Stuttgart 1992, Sp. 983–988.

Die duale Konzernrechnungslegung – Eine Antwort deutscher Unternehmen auf internationale Grundsätze ordentlicher Konzernberichterstattung?, in: Konzernmanagement: Rechnungswesen und Controlling, gemeinsam hrsg. von Karlheinz Küting und Claus-Peter Weber, Stuttgart 1993, S. 71–94.

Kommentierung des § 248 HGB (Bilanzierungsverbote), in: Handbuch der Rechnungslegung, Kommentar zur Bilanzierung und Prüfung, Band Ia, gemeinsam hrsg. von Karlheinz Küting und Claus-Peter Weber, 4. Auflage, Stuttgart 1995, S. 577–598 (gemeinsam mit Jörg Baetge und Dirk Fey).

Kommentierung der §§ 258–263 HGB, in: Handbuch der Rechnungslegung, Kommentar zur Bilanzierung und Prüfung, Band Ia, gemeinsam hrsg. von Karlheinz Küting und Claus-Peter Weber, 4. Auflage, Stuttgart 1995, S. 1203–1215.

Pflichten und Verantwortlichkeiten von Vorstand und Aufsichtsrat im Konzern, in: Das Rechnungswesen im Konzern. Intern-Extern, gemeinsam hrsg. von Karlheinz Küting und Claus-Peter Weber, Stuttgart 1995, S. 67–83.

Rückstellungen für Jubiläumszuwendungen in der Handels- und Steuerbilanz, in: 50 Jahre Betriebs-Berater, 50 Jahre Rechtsentwicklung, hrsg. von Reinhold Trinkner, Heidelberg 1996, S. 394–400 (gemeinsam mit Karlheinz Küting).

Die Struktur des deutschen Konzernabschlusses im Vergleich zum Konzernabschluß nach US-amerikanischem Recht, in: Wirtschaftsprüferkammer-Mitteilungen, Sonderheft Juni 1997, S. 57–61.

Hat das Ergebnis nach DVFA/SG noch eine Chance?, in: Das Rechnungswesen auf dem Prüfstand, gemeinsam hrsg. von Karlheinz Küting und Claus-Peter Weber, Frankfurt a.M. 1997, S. 319–335 (gemeinsam mit Ulrike Eidel).

Überlegungen zu einer Erweiterung der Ziele der Jahresabschlußprüfung, in: Jahresabschluß und Jahresabschlußprüfung. Probleme, Perspektiven, internationale Einflüsse. Festschrift zum 60. Geburtstag von Jörg Baetge, gemeinsam hrsg. von Thomas R. Fischer und Reinhold Hömberg, Düsseldorf 1997, S. 781–810.

Ergebnisdarstellung im Konzern, in: Handbuch der Konzernrechnungslegung, Kommentar zur Bilanzierung und Prüfung, Band II, gemeinsam hrsg. von Karlheinz Küting und Claus-Peter Weber, 2. Auflage, Stuttgart 1998, S. 751–764 (gemeinsam mit Jens E. Harms und Karlheinz Küting).

Kommentierung des § 301 (Kapitalkonsolidierung), in: Handbuch der Konzernrechnungslegung, Kommentar zur Bilanzierung und Prüfung, Band II, gemeinsam hrsg. von Karlheinz Küting und Claus-Peter Weber, 2. Auflage, Stuttgart 1998, S. 1153–1454 (gemeinsam mit Michael Dusemond und Horst Zündorf).

Kommentierung des § 302 (Kapitalkonsolidierung bei Interessenzusammenführung), in: Handbuch der Konzernrechnungslegung, Kommentar zur Bilanzierung und Prüfung, Band II, gemeinsam hrsg. von Karlheinz Küting und Claus-Peter Weber, 2. Auflage, Stuttgart 1998, S. 1455–1489 (gemeinsam mit Burkhard Eckes).

Kommentierung des § 307 (Anteile anderer Gesellschafter), in: Handbuch der Konzernrechnungslegung, Kommentar zur Bilanzierung und Prüfung, Band II, gemeinsam hrsg. von Karlheinz Küting und Claus-Peter Weber, 2. Auflage, Stuttgart 1998, S. 1611–1626 (gemeinsam mit Horst Zündorf).

Kommentierung des § 309 (Behandlung des Unterschiedsbetrags), in: Handbuch der Konzernrechnungslegung, Kommentar zur Bilanzierung und Prüfung, Band II, gemeinsam hrsg. von Karlheinz Küting und Claus-Peter Weber, 2. Auflage, Stuttgart 1998, S. 1641–1664 (gemeinsam mit Horst Zündorf).

Möglichkeiten und Grenzen der Konzernbilanzanalyse, in: Handbuch der Konzernrechnungslegung, Kommentar zur Bilanzierung und Prüfung, Band II, gemeinsam hrsg. von Karlheinz Küting und Claus-Peter Weber, 2. Auflage, Stuttgart 1998, S. 205–250.

ADRs und US-Rechnungslegung, in: Der Zugang zum US-Kapitalmarkt für deutsche Aktiengesellschaften, hrsg. vom Deutsches Aktieninstitut, Frankfurt a.M. 1998, S. 175–188 (gemeinsam mit Sven Hayn).

3. Aufsätze in Zeitungen und Zeitschriften

Aktivierung von Dividendenansprüchen, in: Die Wirtschaftsprüfung 1976, S. 329–330 (gemeinsam mit Martin Willich).

Darstellung des Eigenkapitals nach dem Bilanzrichtlinien-Gesetz insbesondere bei Einzelkaufleuten und Personenhandelsgesellschaften, in: Buchführung, Bilanz, Kostenrechnung 1984, Fach 2, S. 641 (gemeinsam mit Karlheinz Küting).

Die Darstellung des Eigenkapitals bei der GmbH nach neuem Bilanzrichtlinien-Gesetz, in: GmbH-Rundschau 1984, S. 165–177 (gemeinsam mit Karlheinz Küting).

Bilanzrichtlinie-Gesetz: Die Neufassung enthält wesentliche Änderungen für Kapitalgesellschaften mit höheren Anforderungen, in: Handelsblatt, Nr. 68/1985, S. 18 (gemeinsam mit Karlheinz Küting).

Die Bestimmung der Wertuntergrenze der Herstellungskosten nach dem Entwurf eines Bilanzrichtlinien-Gesetzes, in: Der Betrieb 1985, S. 2517–2523 (gemeinsam mit Karlheinz Küting und Wolfgang Knop).

Die Übergangsvorschriften für den Einzelabschluß, in: Der Betrieb 1986, Beilage 17/1986 zu Heft 31/1986, S. 2–12 (gemeinsam mit Bernd Haeger und Horst Zündorf).

Die Übergangsvorschriften für den Konzernabschluß, in: Der Betrieb 1986, Beilage 17/1986 zu Heft 31/1986, S. 12–16 (gemeinsam mit Uwe Damm und Horst Zündorf).

Die Wertaufholungskonzeption des neuen Bilanzrechts, in: Der Betrieb 1986, S. 653–661 (gemeinsam mit Karlheinz Küting und Jens E. Harms).

Das neue Bilanzrecht: Eine Herausforderung an die deutsche Bilanzierungspraxis – 30 Thesen zum neuen Bilanzrecht, in: Der Betrieb 1987, S. 1–10 (gemeinsam mit Karlheinz Küting).

Die Equity-Methode im Übergang auf die neue Konzernrechnungslegung, in: Betriebs-Berater 1987, S. 1496–1502 (gemeinsam mit Karlheinz Küting und Horst Zündorf).

Einzelfragen der Eliminierung von Zwischenergebnissen nach neuem Konzern-Bilanzrecht – unter besonderer Berücksichtigung konzernbilanzpolitischer Aspekte, in: Zeitschrift für Betriebswirtschaft, Ergänzungsheft 1/1987, gemeinsam hrsg. von Horst Albach und Karl-Heinz Forster, S. 299–319 (gemeinsam mit Karlheinz Küting).

Capitalyse: Internationaler Vergleich der Autokonzerne. Erster weltweiter Branchenvergleich, in: Capital Nr. 9/1988, S. 177–193.

Das Bilanzrichtlinien-Gesetz in der praktischen Anwendung, in: Der Betrieb 1988, S. 1–10.

Rückstellungen für Jubiläumszuwendungen in der Handels- und Steuerbilanz, in: Betriebs-Berater 1988, S. 2280–2286 (gemeinsam mit Karlheinz Küting).

Der Einfluß von Veränderungen des Beteiligungsbuchwertes auf die Kapitalkonsolidierung, in: Betriebs-Berater 1989, S. 1852–1864 (gemeinsam mit Horst Zündorf).

Der Posten »Geschäfts- oder Firmenwert« im Konzernabschluß, in: Der Betrieb 1989, S. 333–340 (gemeinsam mit Horst Zündorf).

Zur Abgrenzung der Eigenkapitalgröße im Rahmen der Kapitalkonsolidierung, in: Die Aktiengesellschaft 1989, S. 420–430 (gemeinsam mit Horst Zündorf).

Start im Osten – Abschied vom westlichen Alltag, in: Blick durch die Wirtschaft, Nr. 223/1990, S. 1.

Start im Osten – Die schwere Aufgabe der Wirtschaftsprüfer, in: Blick durch die Wirtschaft, Nr. 239/1990, S. 1.

Steuern Sparen wie die Konzerne, in: Impulse Nr.11/1990, S. 192–205.

Zum Begriff »Anteile« in § 301 HGB, in: Betriebs-Berater 1990, S. 169–177 (gemeinsam mit Horst Zündorf).

Kapitalkonsolidierung im mehrstufigen Konzern, in: Betriebs-Berater 1991, S. 1082–1090 (gemeinsam mit Karlheinz Küting und Michael Dusemond).

Start im Osten – Auf der Suche nach dem Unternehmer, in: Blick durch die Wirtschaft, Nr. 10/1991, S. 1.

Start im Osten – Investitionsgewinne für die Investoren, in: Blick durch die Wirtschaft, Nr. 92/1991, S. 1.

Jahresabschlußprüfung im Zeichen rückläufiger Konjunktur, in: Die Wirtschaftsprüfung 1993, S. 729–739.

Grundlage für die Besteuerung ist der Einzelabschluß – Informationsinstrument Konzernabschluß, in: Blick durch die Wirtschaft, Nr. 214/1994, S. 1 (gemeinsam mit Karlheinz Küting).

Assoziierte Unternehmen im neuen Bankkonzernbilanzrecht, in: Der Betrieb 1995, S. 233–238 (gemeinsam mit Horst Zündorf).

Die Zusatzversorgung der Arbeitnehmer des öffentlichen Dienstes im Jahresabschluß ihres Arbeitgebers, in: Der Betrieb 1995, S. 437–442 (gemeinsam mit Peter Küpper).